기업법 총서 I

사단법인
한국기업법학회
KOREA BUSINESS LAW ASSOCIATION

주주 의결권의 법리

pnc
publishing and culture
피엔씨미디어

| 발간사 |

먼저 『기업법총서 제Ⅰ권 주주의결권의 법리』의 발간을 기쁘게 생각합니다. 그동안 한국기업법학회는 한국연구재단으로부터 우수학술지로 선정되어 발간지원을 받아서 29권째 발간해온 학술지 『기업법연구』에 기업법과 관련된 주옥 같은 논문들을 발표하여 왔고 이를 통하여 기업법의 연구와 법제 개선 등에 기여해 왔음을 자부할 수 있습니다.

본 학회에서는 학술지에 발표된 논문들이 시일이 지남에 따라 법률개정과 새로운 판례의 형성 등으로 인하여 더 이상 현실에 맞지 않는 부분도 있어서 한 주제를 정하여 그에 관한 논문을 최신 내용으로 수정 보완하여 체계화한 『기업법총서』의 발간을 기획하게 되었습니다. 이에 따라 먼저 『기업법총서 제Ⅰ권』은 "주주의결권의 법리"를 주제로 정하였고 이에 관한 논문들을 저자분들께 요청하여 최신 내용에 맞게 수정 보완하였으며 또 필요한 부분은 새로 집필을 의뢰하였습니다. 이 자리를 통하여 정성과 노력을 모아서 논문을 집필해 주신 저자분들께 감사드립니다.

본 학회의 『기업법총서』 시리즈는 기업법 관련 주요 주제들을 선정하여 향후 지속적으로 출간함으로써 학계와 실무계 및 산업계에서 기업법 분야의 전문연구서로써 기여할 수 있으리라 기대합니다.

『기업법총서』의 간행위원회는 본 학회 회장을 역임하셨고 기업법 분야에서 저명하신 성균관대학교의 최준선 교수님께서 위원장을 맡아주셨고, 연구이사이신 권재열 교수님(경희대), 노혁준 교수님(서울대)을 비롯하여 박영준 교수님(단국대), 이영철 교수님(열린사이버대)께서 간행위원으로 기획부터 심의 및 편집에 이르기까지 많은 수고를 하셨습니다. 이 자리를 통하여 위원장님을 비롯한 간행위원 모든 분들께 깊은 감사를 드립니다.

아울러 본서가 출간될 수 있도록 후원해 주신 한국상장회사협의회 김진규 상근부회장님, 법무법인 양헌의 최경준 대표변호사님께 깊은 감사말씀을 드립니다. 또한 법무법인 율촌의 소순무 변호사님께도 본서의 발간을 성원해 주신 데 대하여 감사의 말씀을 드립니다.

『기업법총서』의 발간은 한국기업법학회의 학문적인 작은 기여이자 본 학회를 후원해 주신 학계와 법조계 및 산업계의 따뜻한 성원의 손길에 대한 조그만 보답이라고 생각하며 학회가 발전할 수 있도록 성원해 주신 모든 분들께 깊은 감사를 드립니다.

끝으로 어려운 여건에도 본서의 출판을 맡아주신 피앤씨미디어의 박노일 사장님, 심성보 편집이사님을 비롯한 편집진에게도 감사드립니다.

감사합니다.

2015년 11월

한국기업법학회 제9대 회장 정 완 용

| 머리말 |

『기업법연구』가 창간된 이래 2015년까지 제29권이 발간되었습니다. 기업법학회의 정완용 회장께서는 그동안 『기업법연구』를 통하여 발표되었던 논문 중에서 특정 주제와 관련하여 실무에 꼭 필요한 논문을 모아 별도의 논문집을 만들자는 제안을 하셨습니다. 그 이름은 『기업법총서』로 하고, 매년 주제를 달리하여 시리즈로 출판하기로 한다는 것입니다. 특정 주제에 관하여 30여 년 간에 발표된 주요 논문을 한 곳에 모아 놓으면 그 자체가 훌륭한 논문집으로 재탄생될 것입니다. 연구자들이 관련 주제에 대한 연구의 흐름을 한눈에 파악할 수 있게 하고, 이미 out-date된 논문은 현실에 맞게 수정함으로써 이번 기회에 새롭게 발표하는 이중의 효과가 있습니다.

학회 집행부는 이 일을 추진하기 위하여 상임이사를 중심으로 한 간행위원회를 구성하고 그 간행위원장을 위촉하였는데, 송구스럽게도 제가 위원장으로 위촉되었습니다. 간행위원회는 그간 여러 차례 회의를 개최하여 간행방향을 결정하였습니다. 우선 논문은 주로 『기업법연구』에서 발췌하는 것을 원칙으로 하되, 체계상 빠진 부분은 다른 논문집에서 저자의 동의를 얻어 차용하기로 하였습니다. 아울러 수록할 논문의 선정은 이 책의 주독자층이 회사법률 실무를 담당하는 분들이 될 것으로 예상하여, 이론적인 것보다는 실무에 도움이 될 수 있도록 한다는 원칙을 정하였습니다. 따라서 법률규정이 존재하고 실무에서 쟁점이 되고 있는 주제를 선정하고, 수록할 논문도 실무적 관점에서 다룬 논문으로 한정하여 선정한다는 데 모든 간행위원들의 의견이 일치하였습니다. 수록할 논문의 선정은 대부분 간행위원회의 만장일치를 통하여 이루어졌습니다. 그러나 위의 원칙에 따르다 보니 이론적, 학문적으로 매우 우수한 논문임에도 채택하지 못한 논문이 다수 있었습니다. 관련 주제에 관하여 논문을 쓰셨으나 이곳에서 채택되지 못한 회원 여러분께 죄송한 양해의 말씀을 드리면서, 동시에 넓은 아량을 기대합니다. 계속해서 발간될 기업법총서 다음 호에서 분명히 수록될 기회가 올 것임을 기대하여 주시면 고맙겠습니다.

『기업법총서』 제 I 권의 주제는 『주주의결권의 법리』로 정하였습니다. 최근에 기업지배구조의 개선, 기업의 인수 및 합병, fund의 경영간섭 등과 관련하여 주주의 의결권과 그 제한이 핵심적인 쟁점으로 떠오르고 있습니다. 제 I 권에는 19명이 쓴 총 21편의 논문을 실었습니다. 본서에 재수록을 허락하여 주시고 바쁜 일정 가운데 원고를 up-date해 주신 집필자 여러분께 깊은 감사를 드립니다. 아울러 바쁜 가운데서도 간행위원회 회의에 빠짐없이 참석해 주시고 격의 없는 토론을 통하여 오늘 이처럼 훌륭한 책자가 발간될 수 있도록 애써 주신 정완용 학회 회장님과 간행위원 여러분의 노고에 감사드립니다.

제 II 권의 주제는 장차 간행위에서 논의하여 확정해야 할 사항이지만, 요즘 활발하게 논의되고 있는 기업재편이 될 가능성이 크므로 관심 있는 회원께서는 좋은 논문을 준비해 주시면 앞으로 기업법총서 제 II 권의 발간에 크게 도움이 되겠습니다.

존경하는 기업법학회 회원 여러분!

새롭게 선보이는 기업법총서 제 I 권 『주주의결권의 법리』의 발간을 축하해 주시고, 꼭 한 권씩 소장하여 연구에 활용하시기를 권합니다.

감사합니다.

2015년 11월 30일

기업법총서 간행위원회 위원장

최준선 배상

총 차례

제 1 장 주주의결권의 의의

Ⅰ. 의결권의 개념

- 주주평등원칙과 1주 1의결권에 관한 소고 (김태진) ··· 3
- 회사법상 의결권 규제의 합리화 방안 (서완석) ··· 65

Ⅱ. 의결권과 종류주식

- 종류주식의 활용과 법적 과제 -의결권에 관한 종류주식을 중심으로- (박철영) ··· 116
- 차등의결권제도의 도입과 상장 (고창현) ··· 150
- 황금주(Golden Shares)제도에 대한 입법론적 소고 (허항진) ··· 196

Ⅲ. 주주제안제도

- 주주권 실현을 위한 주주제안제도 (김지환) ··· 237

제 2 장 결의와 의결권 행사

Ⅰ. 결의요건

- 상법상 주주총회 결의요건완화를 위한 제언 (최준선) ··· 259

II. 결의의 방법

- 집중투표제도 의무화 -상법개정시안중 집중투표제도의 의무화에 대한 반론- (박수영) 287

III. 대리행사

- 상법상 의결권대리행사의 문제점에 관한 소고 (안성포) 312
- 의결권 포괄위임의 효력 -대법원 2014. 1. 23. 선고 2013다56839 판결과 관련하여- (김연미) 334

IV. 서면에 의한 행사

- 상법상 서면투표제도의 운영 (권재열) 365

제 3 장 주주총회의 전자화와 활성화

I. 주주총회의 전자화

- 주주총회 및 위임장권유 제도의 전자화에 관한 연구 -미국의 제도를 중심으로- (육태우) 397
- 주주총회 의결권 행사의 활성화 방안 -전자위임장 권유제도 및 전자투표를 중심으로- (김순석) 431
- 의결권 행사의 전자화와 그 활성화를 위한 법적 과제 (정승화) 466
- 주주총회의 전자투표제도 '의무화'와 문제점 (김병태) 505

II. 주주총회의 활성화

- 출석프리미엄을 통한 주주총회의 활성화 방안 (정성숙) 543

제 4 장 의결권 행사의 특수문제

- 의결권행사 자문기관(Proxy Advisor Firm)을 둘러싼 외국의 규제논의 -최근의 동향과 시사점- (안수현) 565
- 연기금 의결권행사제도의 문제점 및 개선방안 (김순석) 592

제 5 장 주주총회 결의의 하자

Ⅰ. 주주총회 결의의 하자를 다투는 소송

- 위임장권유와 주주총회결의의 취소 (양만식) 633

Ⅱ. 주주의결권 행사에 대한 이익공여

- 이익공여 금지 위반과 주주총회 결의 취소 -대법원 2014. 7. 11.자 2013마2397 결정을 중심으로- (정쾌영) 665
- 주주권 행사와 관련한 이익공여금지 소고 (최준선) 685

찾아보기 704

| 차 례 |

제 1 장 주주의결권의 의의

Ⅰ. 의결권의 개념

- 주주평등원칙과 1주 1의결권에 관한 소고 (김태진) ······ 3

제 1 절 서설 — 주주평등원칙 관련 문제점 ······ 3
1. 문제 제기 • 3
2. 주주평등원칙이 문제되는 사안 • 4

제 2 절 주주평등원칙에 관한 국내의 논의 ······ 6
1. 일반적인 해석론 • 6
2. 판례의 입장 • 10

제 3 절 주주평등원칙에 관한 비교법적 고찰 ······ 15
1. 주주평등원칙의 등장배경: 독일 • 15
2. 미국의 경우 • 19
3. 일본의 경우 • 25
4. 소 결 • 39

제 4 절 주주평등원칙에 관한 재해석과 재구성 — 1주 1의결권 원칙에 대한 소고를 겸하며 ······ 40
1. 새로운 해석의 필요성 • 40
2. 주주평등원칙의 재해석 • 41
3. 주주평등원칙의 재구성 • 44
4. 주주평등원칙과 1주 1의결권원칙 • 51

제 5 절 사안별 구체적인 검토 ······ 54
1. 자사주 처분의 문제 • 54

2. 적대적 M&A에 대한 방어수단 인정 여부 • 55
3. 다양한 종류주식의 인정 여부 • 56
4. 주주간 합의와 정관자치의 한계 • 57
5. 주주우대제도 • 58
6. 주주총회의 운영 관련 • 62
제6절 맺음말 63

- **회사법상 의결권 규제의 합리화 방안** (서완석) 65
제1절 서 론 65
제2절 주주의결권의 중요성과 발달과정 67
1. 기업지배구조와 주주의결권의 중요성 • 67
2. 주주의결권의 발달과정 • 71
제3절 20세기의 주주민주주의 76
1. 정치적 민주주의와 주주민주주의 • 76
2. 주주민주주의의 발전과정 • 77
3. 주주민주주의에 대한 Dunlavy 교수와 Rodrigues 교수의 견해차 • 78
4. 사 견 • 85
제4절 우리나라 회사법상의 의결권 규제의 합리화 방안 88
1. 1주 1의결권의 강행규정성에 대한 검토 • 88
2. 대주주 등의 의결권 제한에 대한 검토 • 92
3. 주주총회 결의의 요건에 대한 검토 • 103
4. 특별이해관계가 있는 주주에 대한 의결권제한에 대한 검토 • 109
제5절 결 론 113

II. 의결권과 종류주식

- **종류주식의 활용과 법적 과제** -의결권에 관한 종류주식을 중심으로- (박철영) 116
제1절 서 론 116
제2절 종류주식 다양화의 구성원리 118

1. 정관자치 • 118
2. 주주평등원칙 • 119
제 3 절 종류주식의 활용방안 123
1. 종류주식의 설계 • 123
2. 종류주식의 주요 속성별 활용방안 • 124
3. 거부권(정관에 의한 종류주주총회 결의)의 활용 가능성 • 135
제 4 절 종류주식의 발행과 내용변경 138
1. 종류주식의 발행방식 • 138
2. 정관변경 • 140
3. 종류주주총회 • 142
4. 보통주의 취급 • 146
제 5 절 결 론 148

- 차등의결권제도의 도입과 상장 (고창현) 150
제 1 절 서 론 150
제 2 절 차등의결권제의 종류 152
1. 거부권 주식(황금주) • 153
2. 차등의결권 주식 • 153
3. 테뉴어 보팅 제도 • 154
제 3 절 차등의결권 도입에 따른 장단점 155
1. 차등의결권 제도의 장점 • 156
2. 차등의결권 제도의 단점 • 158
제 4 절 해외 사례 159
1. 미 국 • 159
2. 영 국 • 169
3. 일 본 • 171
4. 프랑스 • 185
제 5 절 결론—차등의결권제도 도입 방법 및 범위에 관한 제언 189
1. 차등의결권 주식 • 189
2. 테뉴어 보팅 제도 • 193

- **황금주(Golden Shares)제도에 대한 입법론적 소고** (허항진) ········ 196
제 1 절 머리말 ········ 196
제 2 절 황금주제도 일반론 ········ 198
1. 황금주의 의의 • 198
2. 황금주의 법적 성질 • 200
3. 황금주의 기능 • 202
제 3 절 황금주제도의 도입방식 및 유형 ········ 205
1. 회사의 결정권에 영향을 주기 위한 황금주 • 205
2. 주주구조(shareholder structure)에 영향을 주기 위한 황금주 • 209
3. 황금주 도입요건 및 행사절차 • 210
제 4 절 황금주에 대한 EU법원의 판결 내용 및 기준 ········ 212
1. EU법원의 판결내용 • 212
2. EU법원의 판결기준 • 222
제 5 절 황금주제도의 도입여부 및 입법과제 ········ 226
1. 전통적 황금주제도 • 226
2. 변형된 황금주(종류주주총회에 의한 거부권)제도의 도입여부 • 230
제 6 절 맺음말 ········ 235

Ⅲ. 주주제안제도

- **주주권 실현을 위한 주주제안제도** (김지환) ········ 237
제 1 절 머리말 ········ 237
제 2 절 주주권 실현을 위한 주주제안제도 ········ 239
1. 제안주주의 자격요건 • 239
2. 주주제안 사항의 범위와 그 효력 • 242
3. 주주제안 제출기한 • 250
4. 주주제안의 거절 절차의 정비 • 252
5. 제안주주의 실질주주명부 열람과 위임장 권유 • 253
제 3 절 마무리 ········ 256

제 2 장 결의와 의결권 행사

I. 결의요건

- 상법상 주주총회 결의요건완화를 위한 제언 (최준선) 259
제1절 서 언 259
제2절 미국 델라웨어 주 회사법상 주주총회의 운영 261
1. 주주총회의 운영 • 261
2. 정기총회와 임시총회 • 262
3. 주주총회의 생략 • 262
4. 의사정족수·결의 요건 • 263
제3절 영국 회사법상 주주총회의 운영 268
1. 주주총회의 운영 • 268
2. 정기총회와 임시총회 • 269
3. 의사정족수·결의 요건 • 270
제4절 우리나라 주주총회의 결의요건 완화방안 274
1. 섀도보팅제도 폐지예정에 따른 문제점 • 274
2. 결의요건의 완화 • 276
3. 상장회사의 경우 소수주주권 행사 요건 • 280
제5절 결 어 285

II. 결의의 방법

- 집중투표제도 의무화 -상법개정시안중 집중투표제도의 의무화에 대한 반론- (박수영) 287
제1절 서 론 287
제2절 집중투표제도의 의의와 장·단점 289
1. 집중투표제도의 의의 • 289
2. 집중투표제도의 실시유형 • 290
3. 집중투표제도의 장·단점 • 291
제3절 입법례 293

1. 미 국 • 293
2. 일 본 • 295
3. 러시아 • 296
제4절 현행 집중투표제도 ………… 297
1. 일반 주식회사(비상장회사)의 집중투표제도 • 297
2. 상장회사의 집중투표제도 • 299
3. 집중투표실시의 회피 • 301
제5절 이사와 감사위원회위원의 선출방식 ………… 301
제6절 집중투표제도의 의무화 ………… 304
1. 개정시안의 주요내용 • 304
2. 집중투표제도 의무화 찬성론 • 306
3. 집중투표제도 의무화 반대론 • 308
제7절 결 론 ………… 310

Ⅲ. 대리행사

- **상법상 의결권대리행사의 문제점에 관한 소고** (안성포) ………… 312
제1절 서 론 ………… 312
제2절 대리인의 자격 ………… 313
1. 발행회사는 의결권행사의 대리인이 될 수 있는가? • 313
제3절 의결권대리행사의 요건 ………… 324
1. 대리권의 증명 • 324
2. 총회별 대리권의 수여여부 • 325
3. 상법상 백지위임장에 대한 규제의 필요성 • 329
제4절 결 론 ………… 332

- **의결권 포괄위임의 효력** -대법원 2014. 1. 23. 선고 2013다56839 판결과 관련하여- (김연미) ………… 334
제1절 머리말 ………… 334
제2절 대상판결의 소개(대법원 2014. 1. 23. 선고 2013다56839판결) ………… 335
1. 이 사건 부동산 프로젝트 금융의 개요 • 335

2. 주식질권의 설정 • 336
3. 기한의 이익 상실과 위임장의 사용 • 337
4. 소송의 경과 및 법원의 판단 • 338
제 3 절 의결권 포괄위임의 기능 및 법적 문제점 339
1. 의결권 포괄위임의 이용 • 339
2. 의결권 포괄위임의 기능 • 344
3. 의결권 포괄위임의 법적 문제점 • 345
제 4 절 의결권 포괄위임에 대한 새로운 해석 350
1. 새로운 해석의 필요성 • 350
2. 철회불가능 위임장(Irrevocable Proxy)에 대한 미국의 논의 • 351
3. 쟁점별 검토 • 356
4. 소결: 새로운 담보로의 활용 • 361
제 5 절 결 어 362

Ⅳ. 서면에 의한 행사

- 상법상 서면투표제도의 운영 (권재열) 365
제 1 절 머리말 365
제 2 절 서면투표제도의 의의 367
1. 서면투표의 개념 • 367
2. 서면투표제도의 취지 • 369
3. 서면투표제도의 한계 • 373
제 3 절 주요 국가의 입법례 375
1. 일 본 • 375
2. 독 일 • 377
3. 미국과 영국 • 377
4. 소 결 • 378
제 4 절 서면투표제도의 문제점과 그 해결방안 379
1. 회사의 부담증가 • 379
2. 정보개시의 충실성확보 • 380
3. 수정동의에 대한 주주의 의사반영 • 382

4. 의사진행상의 동의에 대한 대응 • 386
5. 서면투표와 위임장의 병용 • 387
6. 개표관리의 공정성확보 • 390
제5절 맺음말 393

제 3 장 주주총회의 전자화와 활성화

Ⅰ. 주주총회의 전자화

- **주주총회 및 위임장권유 제도의 전자화에 관한 연구** -미국의 제도를 중심으로- (육태우) 397
제1절 들어가며 397
제2절 미국에서의 주주총회 및 의결권행사의 전자화 398
1. 전자주주총회 • 398
2. 전자투표 • 400
제3절 미국에서의 위임장권유제도의 전자화 402
1. 전자주주총회에서의 위임장권유 • 402
2. 전자적 방법에 의한 위임장권유 • 404
3. 전자투표의 방법에 의한 위임장수여 • 412
제4절 맺으며: 우리 법제에의 시사점 426

- **주주총회 의결권 행사의 활성화 방안** -전자위임장 권유제도 및 전자투표를 중심으로- (김순석) 431
제1절 서 설 431
제2절 의결권 대리행사 권유의 전자화(전자위임장 권유제도) 434
1. 의결권 대리행사 권유의 의의 • 434
2. 의결권 대리행사 권유제도의 특징 및 활용 동향 • 435
3. 상법상 의결권의 대리행사와 자본시장법상 의결권 대리행사 권유 규제의 차이점 • 438
4. 의결권 대리행사 권유의 법적 성질과 위임계약의 성립

시기 • 438
5. 의결권 대리행사 권유에 대한 2013년 자본시장법의 개정 • 439
6. 미국 및 일본의 전자위임장 권유제도 • 440
7. 전자위임장 권유제도의 도입 절차 • 441
8. 도입에 따른 검토과제 • 442
제3절 전자투표 ······ 446
1. 의결권 행사 전자화의 현황 및 전자투표 플랫폼 • 446
2. 상법상 전자투표제도의 검토 • 449
3. 전자투표제도의 활성화 방안 • 458
제4절 섀도보팅 폐지 유예에 관한 2014년 개정 자본시장법의 검토 ······ 460
1. 개정 내용 • 460
2. 개정 이후 전자투표 및 전자위임장 제도 이용현황 • 461
3. 문제점 검토 • 462
제5절 결 어 ······ 464

- **의결권 행사의 전자화와 그 활성화를 위한 법적 과제** (정승화) ··· 466
제1절 서 설 ······ 466
제2절 의결권 행사제도의 개요 ······ 467
1. 의결권 행사제도의 변천과정 • 467
2. 의결권 행사방법 • 470
3. 의결권 행사의 전자화 현황 • 472
제3절 외국의 입법례 ······ 487
1. 미 국 • 487
2. 영 국 • 489
3. 독 일 • 491
4. 일 본 • 492
제4절 의결권 행사의 전자화에 관한 법적 과제 ······ 494
1. 의결권 행사의 전자화 강화를 위한 법적과제 • 494
2. 전자적 의결권 행사의 활성화를 위한 법적 과제 • 501
제5절 맺는 말 ······ 503

- 주주총회의 전자투표제도 '의무화'와 문제점 (김병태) 505
제1절 서 론 505
제2절 전자투표제도의 장점과 문제점 508
1. 전자투표제도의 장점과 기능 • 508
2. 전자투표제도의 단점 및 문제점 • 512
제3절 전자투표제도의 의무화(강제화) 추진 516
1. 의무화 논의의 배경과 내용 • 516
2. 의무화에 대한 주요 외국 입법례 • 518
제4절 전자투표제도의 의무화 구현 방법 521
1. 모든 회사에 대한 의무화 규정을 두는 방법 • 522
2. 일정한 회사에 대한 의무화 규정을 두는 방법 • 523
3. 주주의 전자투표청구권을 인정하는 방법 • 524
4. 간접적인 의무화 구현 방법 • 525
제5절 전자투표제도의 의무화에 대한 문제점 528
1. 반(反) 기업민주주의 • 529
2. 주주총회 형식화 문제해결의 한계 • 530
3. 특정주주(소액주주)만을 보호하는 비강제적 의결권 행사 • 531
4. 의무화에 따른 성과의 부족 • 532
5. 기업의 반대와 개별적 사정의 존재 • 534
6. 주주총회 의결의 질적 저하 초래 • 535
7. 주주의 의결권 행사 제약 • 536
8. 국제적 입법추세에 역행 • 537
9. 현장주주총회의 형해화 초래 • 538
10. 비용과 시간에 대한 기업의 이중 부담 • 538
제6절 결 론 539

II. 주주총회의 활성화

- 출석프리미엄을 통한 주주총회의 활성화 방안 (정성숙) 543
제1절 서 론 543
제2절 출석프리미엄의 지급근거 545

1. 법률상의 근거 • 546
2. 정관상의 근거 • 546
제 3 절 출석프리미엄의 지급조건 ………… 547
1. 수령에 필요한 행위 • 547
2. 수령권자 • 549
제 4 절 출석프리미엄의 재원 ………… 550
1. 준비금의 전용 • 551
2. 이익배당금의 전용 • 551
3. 비 용 • 553
제 5 절 출석프리미엄의 지급형식 ………… 553
1. 이익 또는 준비금의 일정비율 • 554
2. 1주당 혹은 액면가에 따른 비율 • 554
제 6 절 관련문제 ………… 555
1. 주주평등의 원칙 • 555
2. 이익공여와 관련된 문제 • 557
3. 출석프리미엄 지급시의 문제 • 558
4. 경영진의 이익배당안 • 559
5. 프리미엄지급청구권의 생성과 소멸시효 • 560
6. 지급가능한 이익이 존재하지 않는 경우 • 561
제 7 절 결 론 ………… 561

제 4 장 의결권 행사의 특수문제

- 의결권행사 자문기관(Proxy Advisor Firm)을 둘러싼 외국의 규제 논의 -최근의 동향과 시사점- (안수현) ………… 565
제 1 절 서 론 ………… 565
제 2 절 의결권 행사 자문산업이 자본시장에 미치는 효과 ………… 569
1. 의결권행사 자문회사의 의의 • 569
2. 자본시장 및 기업지배구조에 미치는 영향 • 570

3. 의결권행사 자문산업의 성장 배경 • 571
제3절 국제적으로 활동하는 의결권행사 자문회사의 사업 현황 ……………… 573
1. 의결권행사 자문회사의 사업모델 • 573
2. 의안분석 관련 정책과 조직 등 • 573
3. 사업실태 • 575
제4절 외국의 의결권행사 자문기관의 규제움직임 ……………………………… 578
1. 증권감독기관의 규제 검토배경 • 578
2. 국가별 규제움직임 • 583
제5절 시사점-결론에 갈음하여 ……………………………………………… 587

- 연기금 의결권행사제도의 문제점 및 개선방안 (김순석) ……………… 592
제1절 서 설 ……………………………………………………………… 592
제2절 우리나라 연기금의 구조 및 의결권 행사 현황 ……………………… 594
1. 연기금의 구조 • 594
2. 국민연금의 주식투자 비중 • 595
3. 국민연금의 의결권 행사 현황 • 597
제3절 주요국의 연기금 구조 및 의결권 행사 제도의 시사점 ……………… 599
1. 미 국 • 599
2. 일 본 • 603
3. 뉴질랜드 • 608
제4절 우리나라 연기금의 의결권 행사 제도 ……………………………… 610
1. 국민연금 의결권행사지침의 기본구조 • 610
2. 국민연금 의결권 행사세부기준(지침 제7조) • 613
제5절 우리나라 연기금 의결권 행사 제도의 문제점 및 개선방안 ………… 615
1. 국민연금기금 의결권 행사지침의 구체화 • 615
2. 운용주체에 대한 신인의무의 강화 • 619
3. 연기금의 투자운용 방식 • 623
4. 의결권행사 자문회사의 활용 • 624
5. 국민연기금의 지배구조의 개선 • 625
제6절 결 어 ……………………………………………………………… 628

제 5 장 주주총회 결의의 하자

I. 주주총회 결의의 하자를 다투는 소송

- **위임장권유와 주주총회결의의 취소** (양만식) 633

제 1 절 문제제기 633

제 2 절 위임장권유제도와 의결권행사 635

1. 개 설 • 635
2. 위임장권유에 대한 법적 규제 • 637
3. 의결권대리행사의 "권유"의 의의 • 638
4. 위임장 권유규제의 적용범위 • 642
5. 위임장권유를 둘러싼 법 규제 • 644

제 3 절 주주총회소집통지서 발송전의 대응 648

1. 주주제안권의 행사 • 648
2. 회사 측에 의한 주주제안권의 적법성 확인 • 652
3. 위임장권유를 할 것인가의 판단(주주측) • 653

제 4 절 소집통지서발송후의 대응 656

1. 의결권행사서면 획득을 위한 권유행위와 위임장권유규제 • 656
2. 의결권행사촉진과 이익공여 • 657
3. IR활동의 중요성 • 657
4. 위법한 권유행위에 대한 대항수단 • 658
5. 주주총회결의취소의 소 • 661

제 5 절 결론—사안의 해결 663

II. 주주의결권 행사에 대한 이익공여

- **이익공여 금지 위반과 주주총회 결의 취소** -대법원 2014. 7. 11.자 2013마2397 결정을 중심으로- (정쾌영) 665

제 1 절 서 설 665

제 2 절 사실관계 및 법원의 판단 667

1. 사실관계 • 667

2. 채권자들의 가처분신청 이유 • 667
3. 법원의 판단 내용 • 668
제3절 평 석 ······ 669
1. 개 설 • 669
2. 이익공여와 의결권 행사에 관한 문제 • 670
3. 사전투표의 시기에 관한 문제 • 679
제4절 결 론 ······ 683

- 주주권 행사와 관련한 이익공여금지 소고 (최준선) ······ 685
제1절 서 론 ······ 685
1. 이익공여금지규정의 입법취지 • 685
2. 입법례와 현황 • 692
제2절 사례 분석 ······ 693
1. 사안의 개요 • 693
2. 쟁 점 • 695
3. 대법원 결정 • 696
제3절 검 토 ······ 697
1. 이익공여금지 위반 • 697
2. 주주총회결의 취소사유 • 698
제4절 결 론 ······ 701

찾아보기 ······ 704

제 1 장

주주의결권의 의의

기업법총서 I

Ⅰ. 의결권의 개념

- 주주평등원칙과 1주 1의결권 원칙에 관한 소고 _ 김태진
- 회사법상 의결권 규제의 합리화 방안 _ 서완석

Ⅱ. 의결권과 종류주식

- 종류주식의 활용과 법적 과제 _ 박철영
- 차등의결권제도의 도입과 상장 _ 고창현
- 황금주(Golden Shares)제도에 대한 입법론적 소고 _ 허항진

Ⅲ. 주주제안제도

- 주주권 실현을 위한 주주제안제도 _ 김지환

주주평등원칙과 1주 1의결권에 관한 소고

출전: 기업법연구 제22권 제3호

김 태 진*

제1절 서설—주주평등원칙 관련 문제점

1. 문제 제기

주주평등원칙이란, 회사는 동일한 사정 하에서는 모든 주주를 동등하게 대우하고 자의적인 차별행위를 하지 말 것을 내용으로 한다.[1] 그리고 국내에서는 이 법리를 민법의 신의칙처럼 주식회사 관련 규정들의 전체를 관통하는 대원칙으로 해석[2]한 다음, 주주평등원칙의 내용에 대하여 주로 논의가 이루

---

* 고려대학교 법학전문대학원 부교수.

1) 김재범, "주주평등의 원칙을 개관함", 안암법학 제4권(1996. 8), 안암법학회, 680면.

2) 제주지방법원 2008. 6. 12. 선고 2007가합1636판결[확정]: "무릇 주주평등의 원칙은 주주의 법률상 지위가 균등한 주식으로 단위화되어 있으므로 주주를 그 보유주식의 수에 따라 평등하게 취급하여야 한다는 것으로, 형식적으로는 회사와 주주간 법률관계에 있어서 주주를 그 지위에 따라 평등하게 취급하여야 한다는 것이고, 실질적으로는 각 주주의 회사에 대한 권리의무가 그 보유주식의 수에 비례하여 정해져야 한다는 것이다. 비록 상법은 주주평등의 원칙에 관한 일반적·원칙적 규정을 두고 있지는 아니하나, 주주의 가장 중요한 권리인 의결권(상법 제369조 제1항)을 비롯하여 이익배당청구권(상법 제464조), 신주인수권(상법 제418조) 등에서 이와 같은 주주평등의 원칙을 구체적으로 구현하고 있다. 이러한 주주평등의 원칙은 주식회사의 기본원칙인 동시에 주주의 권리로서 재산권인 주주권의 내용을 이루는 것으로서 그에 대한 예외는 대한민국 헌법 제37조 제2항에 의하여 법률이 정한 경우에 한하여 인정될 뿐이므로, 이 원칙에 반하는 정관의 규정 또는 주주총회나 이사회의 결의는, 불평등한 취급을 당한 주주가 동

어졌었다. 구체적으로는, 이익배당 관련한 신주와 구주 간 차등배당, 대주주와 소수주주 간의 차등배당, 신주발행시 제3자배정의 문제, 실권주의 처리문제, 수종의 주식, 주식소각, 주식거래(주식양도에 관한 승인, 영업양도)[3]와 같이 회사의 차별적인 행위에 대하여 자신의 권리나 이익을 침해당한 주주는 주주평등원칙의 법적 보호를 받는다는 관점에서 설명되었고, 그 인정 요건도 비교적 간단, 명료하였다.

그러나 상법상 명문의 근거가 없는 주주평등원칙을 민법상 신의성실원칙처럼 회사법의 모든 영역에 필요한 대원칙으로 전제하여 회사법의 모든 영역에 걸쳐 인정하는 것이 법률의 명확성, 확정성의 이념에 비추어 과연 타당한 것인지, 위 원칙이 주식회사의 본질적 요소인지 여부에 대하여 의문이 들었고, 본고에서는 바로 이 점을 검토해 보기로 한다.[4] 특히 뒤의 I.2항에서 열거된 여러 문제점을 검토하기 위하여도 주주평등원칙의 의미를 살펴볼 실익이 있다고 생각되므로, 본고에서는 주주평등원칙에 관한 그 간의 국내의 논의와 비교법적 고찰내용을 정리한 다음 주주평등원칙에 관한 새로운 해석방안을 제시하고자 한다.

2. 주주평등원칙이 문제되는 사안

우선, 다양한 형태의 종류주식을 새롭게 인정할 수 있는지 여부가 문제된다. 주주평등원칙을 강행법규로 당연히 받아들이는 종래의 견해에 따르면 다양한 형태의 종류주식은 형식적으로 주주평등원칙에 위반되므로 허용될 수 없다는 결론에 도달할 것이다. 그러나, 오히려 관점을 바꾸어 생각해 보면, 권리 내용을 달리하는 다양한 주식 발행을 엄격하게 제한하는 종래의 해석으로 인하여 오늘날 각 회사가 창의적으로 자금을 조달하는 방안을 막고만 있는 것은 아닌지, 또 적대적 M&A에 대하여 각종 방어수단이 다양하게 마련되어 있

의한 경우 등의 특별한 사정이 없는 한, 무효라고 할 것이다."

3) 김재범, 앞의 논문 참조.

4) 일본에서도 이와 유사한 문제점이 제기된 바 있다: 上村達男, "株主平等の原則", 特別講義商法 I (竹内昭夫編), 有斐閣, 1995, 20面; 宍戸善一·増田健一·武井一浩·棚橋元, "定款自治の範囲に関する一考察", 商事法務 No.1675 (2003. 10) 등.

는 다른 나라들과 비교하여 다양한 방어수단을 개발할 수 있는 여지를 막고 있는 것은 아닌지 등의 문제 제기도 가능할 것이다.

또한 최근에 문제된 바와 같이, 회사가 자사주를 특정 주주에게만 처분한 것이 주주평등원칙에 반하는 것인지 여부도 주주평등원칙과 관련하여 검토되어야 할 것이다. 회사와 특정 주주 사이에 그 주주에게만 유리하게 달리 합의한 경우에도 당해 합의의 효력도 주주평등원칙의 관점에서 문제될 수 있다. 참고로, 특정 주주의 투자 손실을 전보하여 주기 위하여 회사가 그 특정 주주에게 일정금액의 금원을 지급하기로 하는 약정은 주주평등의 원칙에 반하여 무효라는 일본의 판례가 있다.[5)]

그렇다면 반대로, 주주총회의 결의를 통하여 특정 주주에게 불리한 결의를 하는 것은 주주평등원칙의 관점에서 허용될 수 있는지, 만약 그 특정 주주가 회사경영진과 견해가 다른, 이른바 적대적 매수자인 경우라면 어떻게 되는지에 대하여도 문제될 수 있겠다. 이에 대하여는 최근 일본 법원에서는 특정 주주에 대해서만 신주예약권을 부여하지 않는 등 차등 취급을 한 것이 문제된 사례가 있는데, 그와 관련하여 논의된 내용도 뒤에서 살펴보기로 한다.

한편 주주평등원칙의 실질이 주주가 가지는 주식 수만큼의 비례적 이익이라면 회사의 수익(earnings)을 나눌 때, 잔여재산을 분배받을 때, 회사를 지배(control)할 때와 같이 모든 경우에 있어서 각 주주들은 보유하는 주식의 수만큼의 비례적인 이익을 가져야 하는바, 평가의 기준이 되는 기본단위는 동일하다는 전제 하에서만 성립 가능한 명제이다.

따라서 주주평등원칙의 또 다른 모습은 바로 1주 1의결권 원칙이라 할 수 있는데, 우리 상법은 1주 1의결권 원칙에 대해서는 "의결권은 1주마다 1개로 한다"고 규정(제369조 제1항)함으로써 명문의 규정을 두고 있다. 또 우리 대법원은 1주 1의결권 원칙을 정한 상법 제369조 제1항을 강행규정으로 해석하여 이에 반하는 내용의 정관 규정이나 주주총회 결의는 무효라는 입장을 이미 밝힌 바 있다.[6)]

그러나 대법원의 이러한 판시에도 불구하고, 국내에서는 최근 여전히 복

---

5) 関俊彦, "株主平等の原則", 別冊ジュリスト会社法判例百選 No.180(2006. 4), 有斐閣, 28面.
6) 대법원 2009. 11. 26. 선고 2009다51820판결.

수의결권 내지는 차등의결권(dual class stock)에 대해 관심이 증가하고 있는 바[7] 주주평등원칙과 더불어 의결권의 평등이 가지는 의미를 함께 검토하고자 한다.

제 2 절 주주평등원칙에 관한 국내의 논의

1. 일반적인 해석론

(1) 주주평등원칙에 관한 논의의 개관

주주평등원칙이란, 회사는 동일한 사정 하에서는 모든 주주를 동등하게 대우하고 자의적인 차별행위를 하지 말 것을 주된 내용으로 하며,[8] 동종의 주식에 대하여는 그 권리 내용은 동일하며 동종의 주식을 가진 주주는 그 주주의 자격에 기한 법률관계에 대하여는 그가 가진 주식 수에 따라 평등취급을 받는다는 원칙으로 설명되기도 한다.[9] [10]

물론 과거 국내에서도 "상법상 주주평등원칙이란 포괄적 원칙을 인정한

---

7) 정혜련, "차등의결권에 관한 소고: 각국의 입법, 태도의 변화, 그리고 기업의 효율성을 중심으로", 기업법연구 제29권 제1호 2015. 3, 79~115면; 김정호, "차등의결권 주식의 도입가능성에 대한 연구" 경영법률 제24권 제2호, 2014, 129~164면; 문준우, "차등의결권주식을 상법에 도입하여야 하는 이유 및 도입방법", 상사법연구, 제31권 제2호, 2012, 243~269면; 김효신, "종류주식 다양화의 법적 문제: 복수의결권주식의 도입을 중심으로" 법학연구 제51권 제1호, 부산대학교 법학연구소, 2010. 2, 165~191면; 윤영신, "1주 1의결권 원칙과 차등의결권 원칙에 대한 검토", 상사법연구 제28권 제1호, 2009, 203~241면; 김형석, "황금주(Golden Shares) 제도에 관한 연구", 비교사법 제1권 제1호, 2009. 3, 267~320면; 유영일, "차등의결권주에 관한 연구－도입 필요성을 중심으로－" 상사판례연구 제21권 제4호, 2008, 93~135면 등 차등의결권 주식제도에 관한 외국의 입법례나 도입가능성 여부에 대해 다수의 훌륭한 선행논문이 있으므로 이 글에서는 이 부분에 대한 상세한 논의는 생략한다.

8) 김재범, 앞의 논문, 680면; 정상림, "평등원칙이 주식회사법에 미친 영향에 관한 연구", 단국대학교 박사학위논문, 2003. 12, 45면 등.

9) 정승욱, "주식회사 지배주주의 법적 책임에 관한 연구 －사실상 이사의 법리를 중심으로－", 서울대학교 박사학위논문, 1997. 12, 63면.

10) 이상훈, "다수주주권남용에 대한 회사법상의 소에 관한 연구 －회사이익개념을 중심으로", 서울대학교 박사학위논문, 1991(정승욱, 앞의 논문, 64면에서 재인용); 주주총회 결의에 있어 지배주주가 결의의 내용을 명백히 자신의 이익을 우선시키는 경우, 소수주주는 위 결의가 주주평등의 원칙의 위반 또는 다수결남용을 이유로 결의무효확인의 소를 제기할 수 있다.

(명문의) 근거가 없기 때문에 정관자유의 원칙을 인정하고 강행법 또는 공서양속위반의 경우에 이 예외를 인정하면 가(可)하다"고 주장하는 이른바 주주평등원칙을 부인하는 반대설[11]도 있었고, 주주평등원칙은 제도로서의 효력적 규정인 강행법과 같은 성질을 가지고 있다고 해석하는 통설에 비하여, 회사 전체의 이익 또는 회사의 목적을 현저하게 해하는 경우에는 이 평등원칙을 무시하거나 또는 이에 위반할 수 있다는 소수설[12]이 소개된 바 있다. 주주평등원칙을 부정했던 과거의 학설은 개별 행위나 결정이 공정한지 여부는 사안별로 구체적으로 판단할 수밖에 없다는 입장으로 이해된다.[13]

그러나 현재에 논의되는 내용들은, 이미 주주평등원칙을 회사법의 대원칙으로서 인정한다고 전제한 다음,[14] 그 근거로서 '평등원칙', 즉 법이 목적으로 하는 평등이념[15]에서, 또는 정의, 형평의 이념[16] 내지는 헌법상의 평등원칙과 자의금지의 원칙의 경우처럼 배분적 정의에 그 기원을 둔다고 설명하면서, 헌법상의 평등원칙은 국가권력에 대한 방어권으로서의 위치를 가지므로 공법상의 법률관계에 적용되지만, 주주평등원칙은 회사와 주주 사이에 존재하는 사법상의 법률관계에 적용된다는 점에서 다르다[17]고 보고 있다.[18]

상법은 주주(주식)평등의 원칙을 직접 명문으로 규정하지는 않으나, 상법

---

11) 서돈각, 「全訂상법강의」(상권), (필자: 재인용한 문헌상 출판사 및 년도 불명), 302면의 주61; 松本蒸治, "株式会社に於ける定款自由の原則と其の例外"商法解釈の諸問題」(中央大學五十週年記念論文集), 有斐閣 (1955) 참조: 이문봉, "주주평등의 원칙과 이에 관한 문제점", 사법행정 제11권 제2호, 1970, 한국사법행정학회, 30면에서 재인용.

12) 이문봉, 앞의 논문, 33면 참조(野津務'新会社法論' 63面가 그러한 소수설이며 일본의 明治시대 판례 중에서도 그러한 취지의 것이 있었다고 설명하고 있다).

13) 松本蒸治, 앞의 논문, 217면 참조: 上村達男, 141면에서 재인용.

14) 김재범, 앞의 논문 679면; 이철송, 「회사법강의(제15판)」, 박영사, 2008, 248면; 이철송, 「상법강의(제9판)」, 박영사, 2008, 261~262면; 정경영, 「상법학강의」, 박영사, 2007, 372면; 이기수, 「기업법(개정판)」, 세창출판사, 2004, 409면; 정동윤, 「회사법(제7판)」, 법문사, 2001, 184면, 최기원, 「회사법」, 한국방송통신대학교, 2000 등 다수

15) 서헌제, 「사례중심체계 회사법」, 법문사, 2000, 180면.

16) 안택식, 「주식회사법」, 형설출판사, 2005, 199~200면.

17) Lutter/Zöller, Kölner Kommerntar zum AktG (2 Aufl, 1988), §53a Rn. 3, 4: 김재범, 앞의 논문, 683면(주10)에서 재인용.

18) 다만, 정동윤, 앞의 책 61~62면에서는 회사법의 고유한 특성으로서 단체법적인 성질을 들고 있으며, (물론 거래의 안전 보호와 같은 개인법상의 원리가 지배하는 영역도 있음을 인정하지만) 회사법은 이른바 단체법, 조직법에 속하므로 민법의 사단법인 규정이나 국가 또는 지방자치단체의 조직법인 헌법 또는 행정법과 유사한 일면을 가진다고 설명하고 있다.

第369조 제1항에서 의결권 측면에서 모든 주식이 평등하다는 대원칙(1주 1의결권 원칙)을 밝히고 있고, 세부적으로 신주인수권의 내용(상법 제418조), 준비금의 자본전입에 의한 무상주교부(상법 제461조 제2항), 주주의 이익배당청구권(상법 제464조), 전환사채인수권(상법 제513조의2 제1항), 신주인수권부사채인수권(상법 제513조의2, 제516조의11), 잔여재산분배(상법 제538조) 등의 국면에서 각 주주에 대하여 '그가 가진 주식의 수에 따라', 다시 말하면, '주식을 평등'하게 취급하여야 한다는 취지의 규정을 두고 있다고 설명하고 있다.

그러나 법에서 스스로 주식 평등의 예외로서 종류주식의 발행(제344조, 제344조의2, 제344조의3, 제345조, 제346조),[19] 소수주주권의 인정(제366조, 제385조 제2항, 제402조, 제403조, 제466조, 제467조, 제520조, 제539조 제2항 등), 의결권행사의 제한(제368조 제4항, 제409조 제2항, 제369조 제3항) 등을 별도로 규정하고 있다.[20]

이에 대해 몇 가지 의문을 제기하고자 한다. 먼저, 주주평등원칙이 자연법적 대원칙으로서의 '평등'을 전제한 개념이라면 100주를 가진 주주이든, 단 1주를 가진 주주이든 이들을 "인간"으로서 "평등"하다고 이해하는 것이 시민사회의 이념으로서 정의와 형평의 관점에서 도출되는 '평등'의 의미에 더 부합한 것은 아닐까. 또 주주평등원칙이 명문의 규정 없이도 당연히 도출되는 회사법의 대원칙이라면, 왜 상법에서는 굳이 다수의 예외 규정을 두고 있는 것일까. 소수주주 보호나 자금조달의 편의성 등 일종의 기업정책적인 이유가 과연 고차원적 대원칙인 주주평등원칙에 대해 얼마든지 예외규정을 설정할 수 있는 정당한 사유가 되는 것일까.[21] 정책상 필요하다면 얼마든지 수정가능하고 예외를 둘 수 있는 것이라면 과연 우리는 그것을 대원칙이라고 부를 수 있는 것일까.

이러한 문제의식을 가지고 기존의 견해를 검토하기로 한다.

---

19) 2011년 개정 전 상법 제370조에서는 의결권 없는 주식을 규정하고 있었으나 2011년 4월 상법 개정으로 이 조문은 삭제되었다.

20) 같은 취지, 이철송, 앞의 회사법강의 309면 이하; 정찬형, 상법강의(상) (제16판), 2013, 박영사 677~678면 등.

21) 같은 취지, 山下友信編, 「会社法コメンタール３ー株式(１)」(上村達男 집필부분), 商事法務 (2013. 3) (이하 上村達男, 집필부분으로 인용함), 140면.

(2) 주주평등원칙에 관한 기존의 내용

국내의 통설적 견해는 상법에서의 '주주 평등'이란 회사가 주주 구성원들을 각 구성원별로 평등하게 대우해야 한다는 의미라기보다는, 물적 회사의 특성상 회사에 대한 관계에서 주주들이 가진 '주식'을 평등하게 본다는 의미로 파악하여 주주들의 지분비율에 따라 권리의무를 설정하는 것이야말로 바로 '평등'의 범주에 드는 것으로 보고 있다.22)

구체적으로는 자본의 구성단위인 주식의 균등성과 종류성을 전제로 하는 「자본적 평등」, 그 평등의 내용은 권리의 행사와 의무의 이행 등에 관하여 기회가 균등하게 주어져야 한다는 「기회의 균등」, 주주는 지주수에 따라 주주권을 갖는다는 「비례적 평등」 및 주식의 종류에 따른 「종류적 평등」이 주주평등원칙의 내용으로 설명되고 있다.23)

여기서 '비례적 평등'이란 보유주식에 따라서 권리의 내용이 결정되는 주식에 대하여는 그 보유주식수에 비례하여 취급되는 것을 의미한다고 보지만, 한편으로는 '종류적 평등'이라는 표현을 통해 종류주식이 발행된 경우에 서로 다른 종류의 주식 사이에는 주주평등의 원칙이 적용되지 아니하고, 같은 종류의 주식을 소유한 주주들 사이에서만 이 원칙이 적용된다고 설명하면서, 예컨대 이익배당 또는 잔여재산분배에 관한 종류주식(상법 제344조의2), 의결권이 없거나 제한되는 종류주식(상법 제344조의3), 상환주식(상법 제345조), 전환주식(상법 제346조) 상호간에는 주주평등의 원칙이 적용되지 않는다고 설명하고 있다.24)

물론 주주평등의 원칙은 종류주식에 대한 신주의 인수 및 주식의 배정(제

---

22) 회사와의 법률관계에서 중요한 것은 관련된 주주 개인의 인격이 아니라 그 주주의 경제적인 이익과 자본참여의 크기(지분)가 결부되는 것이기 때문이다. 같은 취지의 설명으로는, Hueck, S. 207; 정성숙, "독일회사법상 사원(주주)평등의 원칙", 영산법률논총, 제7권 제2호, 2010, 87면에서 재인용.

23) 정찬형, 앞의 책, 678면; 한편 이철송, 앞의 책 309면에서는 위 내용과 같은 취지이나, 다음과 같이 설명하고 있다: "주식평등의 원칙은 기본적으로 회사의 수익(earnings), 순재산(net assets), 그리고 회사지배(control)에 대한 비례적 이익(권리)으로 구체화된다. 수익(earnings)에 대한 비례적 이익은 이익배당에서의 평등을 뜻하고(상법 제464조 본문), 순재산에 대한 비례적 이익은 잔여재산분재에 있어서의 평등(제538조 본문)을 뜻한다. 그리고 회사지배에 있어서의 비례적 이익은 의결권의 평등(1주 1의결권의 원칙)을 뜻한다(상법 제369조 제1항) 주주의 권리는 이 밖에도 여러 가지가 있으나 대체로 위 세가지 비례적 이익에서 파생하거나 이를 유지 또는 실현하기 위한 것이다."

24) 김재범, 앞의 논문, 679면 이하.

344조 제3항), 주식병합에 있어 단주처리(제443조) 등에서 보듯이 회사와 주주 간에만 작용하는 원칙이며, 주주 상호간 또는 주주와 제3자 간에는 적용되지 않는다.

그리고 주주평등의 원칙은 강행법적 원칙이기 때문에 이에 위배되는 정관의 규정, 주주총회 또는 이사회의 결의, 대표이사의 업무집행 등은 회사의 선의·악의를 불문하고 무효라고 해석하고 있다. 주주평등 원칙에 위배한 주주총회의 결의는 결의의 내용이 법령에 위반한 경우에 해당하므로 결의무효사유가 된다.

그러나 불평등한 취급을 당하여 손해를 입은 주주가 동의하면 예외적으로 효력이 인정된다고 보고 있다.[25)]

요약하면 주주평등의 원칙이란 회사가 주주를 그 지위에 맞추어 평등하게 취급해야 한다는 것을 정한 것으로서, 주요 내용으로서 (i) 주식이라는 단일한 단위를 기준으로 한 평등(즉 주식 평등)이라는 점과, (ii) 고도의 강행법규성이 있으므로 이 원칙에 위반한 행위는 회사의 선의·악의를 불문하고 항상 무효가 된다는 점 등을 들 수 있다.[26)]

2. 판례의 입장

(1) 손실금보전합의의 유효성 여부

우리나라 법원 역시 위 1.1, 1.2에서 논의된 것과 같이 주주평등원칙을 이해하고 있는 것으로 보인다. 최근에 회사가 직원들을 유상증자에 참여시키면서 퇴직시 출자 손실금을 전액 보상하여 주기로 약정한 사례에서도, 하급심 법원[27)]은 다음과 같이 판시함으로써 통설적 견해와 입장을 같이 한다는 것을 볼 수 있다.

---

25) 정찬형, 앞의 책, 679면; 최준선, 「회사법(제9판)」, 삼영사, 2014, 240면; 송옥렬, 「상법강의 (제4판)」, 홍문사, 2014, 799면 등.

26) 上村達男, 앞의 집필부분, 140면.

27) 서울중앙지방법원 2005. 11. 29. 선고 2005가단105918, 2005가단105925(병합)판결 참조.

"주주평등의 원칙이란 형식적으로는 회사와 주주 사이의 법률관계에 있어서 주주를 그 지위에 따라 평등하게 취급하여야 하고, 실질적으로는 각 주주의 회사에 대한 권리의무가 그 보유주식의 수에 비례하여 정하여져야 한다는 원칙이고, 상법에서 제344조, 제345조, 제370조 등의 주주평등 원칙에 대한 예외규정을 두면서 이를 엄격하게 한정적으로 규정하고 있는 것은 주주평등의 원칙이 주식회사법상의 기본원칙임을 뒷받침하고 있는 것으로 볼 수 있어서 주주평등의 원칙은 주식회사법의 기본원칙이고 강행법규적 성질을 가진다고 할 것이고, 주주평등의 원칙에 위반하는 때에는 회사의 선의·악의를 불문하고 무효라고 볼 것이다."

"X은행의 은행장과 노동조합 위원장에 의하여 체결된 손실보전 합의와 X은행의 상임이사회 결의에 의하여 제정된 퇴직금 특례지급기준은 이 사건 유상증자에 참여하여 주주의 지위를 갖게 될 X은행의 직원들에게 퇴직시 그 출자 손실금을 전액 보전해 주는 것을 내용으로 하고 있어서, 회사가 주주에 대하여 투하자본의 회수를 절대적으로 보장하는 셈이 되고, 다른 주주들에게는 인정되지 않는 우월한 권리를 이 사건 자본금 증자에 참여한 X은행의 직원들에게만 부여하는 것이어서 주주평등의 원칙에 위반되는 것이다."

"손실보전합의 당시 및 퇴직금 특례지급기준 제정 당시 유상증자에 참여하여 주식을 인수한 직원들은 법률적으로 근로자로서의 지위 및 주식청약자 또는 주주로서의 지위를 겸하고 있었다고 볼 것인바, 손실보전합의 및 퇴직금 특례지급기준이 주식청약자 또는 주주로서의 지위로부터 발생하는 손실, 즉 퇴직이라는 일정 시점 무렵의 주식가격과 액면가 사이의 차액 상당의 손실에 대한 보상을 주된 목적으로 하고 있는 이상, 비록 손실보전합의 및 퇴직금 특례지급기준이 사용자와 근로자의 관계를 규율하는 단체협약 또는 취업규칙의 성격을 겸유하고 있다고 하더라도 주주평등의 원칙의 규율대상에서 벗어날 수는 없(다)."

대법원 역시 같은 취지로 주주평등원칙을 강행법규로 파악하여 이에 위반되는 법률행위의 효력은 무효라고 판시한 바 있다.[28)]

한편 법원의 입장 역시 주주 스스로가 불평등한 취급에 동의하는 것은 허

---

28) 대법원 2007. 6. 28. 선고 2006다38161,38178판결.

용된다고 보아 대주주에 대한 차등배당은 대주주 스스로의 배당포기라고 해석할 수 있는 경우에 한해 유효하다는 취지로 판시[29)]한 바 있다.

(2) 특정인에 대한 자사주 처분

최근 경영권 방어수단으로서 회사가 자기주식을 특정 주주에게 매도한 사안에서도 판결에서 주주평등원칙이 언급된 바 있다.

통상 한국 기업들의 경우 적대적 M&A가 시도되면 회사가 보유한 자기주식을 우호세력에게 매각하여 우호지분을 확보하는 것이 그 동안의 전형적인 방어수단이었는데, 하급심 법원이 회사가 자사주를 매각할 때에 특정 주주에게 일방적으로 매도하는 것은 주주평등원칙에 위반된다고 보았기 때문이다.

이른바 '대림통상' 사건[30)]에서, 회사의 자사주 처분에 대해 상법 제429조상의 신주발행무효의 소를 유추적용할 수 있는지 여부가 문제되었는바, 법원은 (i) 자사주가 제3자에게 양도될 경우 이를 양도받은 제3자는 회사에 대하여 의결권을 행사할 수 있게 되어 주주총회에서 의결권을 행사할 수 있는 주식수가 증가한다는 점에서 기존 주주들에게 회사가 신주를 발행하는 것과 유사한 경제적 효과가 있고, (ii) 자사주를 제3자에게 처분하게 되면 새로운 배당금 수령권자가 생기며, (iii) 자사주가 제3자에게 처분되면 유상증자가 이루어질 경우 자사주에 대한 신주발행이 이루어져 기존의 주주는 그만큼 배정받는 신주의 비율이 낮아지고, (iv) 전환사채 발행의 경우에도 주식회사의 물적 기초와 기존 주주들의 이해관계에 영향을 미친다는 점에서 사실상 신주를 발행하는 것과 유사하여 상법 제429조를 유추적용한 점 등을 이유로 신주발행무효소송의 유추적용을 긍정하였다.

---

29) 대법원 1980. 8. 26. 선고 80다1263판결(주주의 차등배당률은 주주총회에서 결의할 성질의 것이 되지 않는다); 같은 취지의 설명으로는 이철송, 앞의 책, 792면 참조.

30) 서울서부지방법원 2006. 6. 29. 선고 2006카합393결정(의결권행사금지가처분); 동 법원 2006. 6. 30. 선고 2005가합8262판결. 이 사건의 개요는 다음과 같다: 2004년 연말 기준으로 회사의 1대 주주의 지분율은 34.11%, 2대 주주의 지분율은 29.98%인바, 원래 2대 주주는 1999년 회사에 대한 적대적 M&A를 방어하기 위하여 1대 주주의 요청을 받아들여 백기사로 참여하면서 당해 회사의 지분을 가지게 된 것이었다. 그 후 1대 주주는 지분율이 47.49%인 상태에서 회사분할사안을 특별결의로써 승인하려고 하자, 2대 주주가 이에 반기를 들고 회사가 2005년 5월 31일 신탁계약 연장결정을 하였다가 같은 해 7월 1일 신탁계약을 해지한 후 특정 주주에게 매각한 행위는 무효라고 주장하면서 위 주주총회에서 회사가 매도한 자사주의 의결권 행사를 금지해 달라는 가처분을 신청하였다.

그리고, 법원은 대림통상 사건에서 회사는 재무상으로나 회사 운영상으로나 자사주 신탁계약을 해지하고 자사주를 매각할 특별한 사정이 보이지 않고, 2005년 5월 31일 회사는 자기주식 가격의 안정을 위해 자기주식 신탁계약을 연장하였다가 그로부터 불과 1개월도 안 되어 재무구조 개선의 명목으로 수탁기관과의 사이에서 자기주식취득 신탁계약을 해지한 점, 회사는 불과 한 달 보름 사이에 2대 주주에게는 매수할 기회를 주지 않은 채 상당한 지분을 일시에 다른 특정 주주에게 매도한 점, 그로부터 한 달 뒤에 있었던 유상증자시 1대 주주에 비하여 2대 주주는 신주발행의 배정 비율이 기존보다 줄어들어 신주인수권이 제한되었던 점, 이로 인하여 2대 주주의 지분율은 기존의 29.98%에서 23.6%로 감소한 반면, 1대 주주 측은 34.11%에서 47.49%로 증가되어 당초 5%미만의 차이가 23%이상 격차가 발생한 점을 고려하여, 이 사건 자기주식 처분행위는 주주평등의 원칙에 반하고 주주의 회사 지배에 대한 비례적 이익과 주식의 경제적 가치를 현저히 해하는 경우에 해당하여 무효라고 판시하였다.[31]

그러나, 위 사안과 달리, 자사주 처분은 신주발행과 구분되어야 한다는 이유로 유추적용을 부정한 하급심 판결[32]도 다수 있으므로, 자사주 처분과 관련하여 아직 법원의 확립된 입장이 무엇인지는 명확하지 않다. 오히려 대림통상 사건 이후 하급심에서는 자사주 처분은 신주발행과 다르므로 유추적용을 부정하는 입장이 다수인 듯하다.

2011년 개정 상법은 자기주식취득금지 규제를 대폭 완화하면서, 자기주식처분에 대해서는 주식을 처분할 상대방 및 처분방법 등을 정관에 규정이 없

---

31) 대림통상 사례와 유사한 예로서, 2003년경 소버린이 SK(주)의 자사주 처분행위의 금지를 구한 사건이 있다. 그러나 엄밀히 보자면 소버린 사례에서는 자사주를 채권단 등 우호지분에게 처분하는 것이어서 특정 주주에 대한 매각이 문제된 것은 아니었다. 소버린 사건에서 법원은 회사의 자사주 처분으로 인하여 기존 주주들의 주식보유비율이 변경되고 희석화된다고 하더라도 그와 같은 사유만으로 자사주 처분에 관한 이사회 결의를 무효로 볼 수 없다고 한 다음, 다만 자사주 처분이 현 경영진의 경영권 유지 또는 대주주의 지배권 유지 등에 주된 목적이 있는 것으로서 아무런 합리적인 이유도 없이 회사와 다른 주주들의 이익에 반하는 등 경영권의 적법한 방어행위로서의 한계를 벗어난다면 이는 주식회사의 이사로서의 주의의무에 반하는 것으로서 위법하다고 볼 여지가 전혀 없는 것은 아니라고 판시하였다(그러나 당해 사건에서 자사주 매각 결의는 경영권 방어를 위한 적법한 경영판단이라고 보았다).

32) 수원지방법원 성남지원 2007. 1. 30. 선고 2007카합30결정; 서울중앙지방법원 2007. 6. 20. 선고 2007카합1721결정 등.

는 경우 이사회가 결정하는 것으로만 규정하고 있을 뿐이다(상법 제342조).

그러나 자사주 처분의 실질은 신주발행이나 다름없으므로 특히 경영권 분쟁 상황에서 경영진이 우호적인 특정인에게 자사주를 처분하는 것은 지배구조 측면에서 분명히 문제가 있다. 대표적인 예로서, 2015년 9월 15일 삼성물산과 제일모직이 합병절차를 마친 후 통합된 삼성물산의 신주가 재상장되었지만, 이 합병을 놓고 2015년 상반기[33] 삼성물산과 미국계 사모펀드인 엘리엇 매니지먼트(삼성물산의 지분 7.12%[34] 보유하고 있음; 이하 "엘리엇"이라 한다)가 격렬하게 대립하면서 또다시 자사주처분을 신주발행을 볼 것인지 여부가 문제되고 있다. 엘리엇 측은 삼성물산이 백기사로 나선 KCC에게 자사주 899만주(5.76%)를 처분한 것은 위법한 자사주처분이며 신주발행의 법리가 유추되어야 한다고 주장하면서 KCC의 의결권 행사금지 가처분을 신청하였으나 1심 재판부인 서울중앙지방법원은 2015년 7월 7일 자사주 처분에는 신주발행의 법리는 유추되지 않는다는 입장을 견지하여 엘리엇이 삼성물산 측을 상대로 한 주식처분금지가처분신청을 기각하였다.[35]

실제로 엘리엇은 IT 기업 등에 투자하여 주주가 된 이후 경영참여 명분으로 경영진에게 자산 매각 등 고도의 구조조정을 요구하는 등 경영에 간섭하여 자신들의 시세 차익을 실현하는 헤지펀드로 유명하다. 과연 주주의 속성 내지는 특성(예컨대 시세차익을 추구하는 헤지펀드 등)으로 인해 불이익을 주거나 다

---

33) 2015년 5월 26일 삼성물산과 제일모직 합병이 발표되자 같은 해 6월 4일 엘리엇은 합병반대선언을 하고 같은 달 9일 주총결의에 대한 가처분을 신청하였다. 같은 달 10일 삼성물산은 자사주 5.76%를 KCC에게 매각하였다. 7월 1일 제1심 법원은 엘리엇의 위 가처분신청을 기각하였고 같은 달 10일 삼성물산의 대주주인 국민연금은 합병 찬성 입장을 밝혔으며 같은 달 17일 삼성물산과 제일모직은 각기 임시주주총회에서 합병을 승인가결하기에 이른다. 9월 4일 합병 후 존속법인인 삼성물산은 기업결합신고 및 합병등기절차를 마쳤으며 같은 달 15일 삼성물산 신주가 재상장되었다. 재상장된 삼성물산 주식의 종가는 16만 3,000원으로 2.84% 상승한 수치였다. 관련 기사: www.thescoop.co.kr/news/articleView.html?idxno=17653.

34) 엘리엇은 2015년 6월 2일까지는 삼성물산 지분 4.95%(773만 2,779주)를 보유하고 있었는데, 불과 하루만에 2.17%(약 339만주)를 추가 확보하여 지분비율이 7.12%(1,112만 5,297주)가 되었고 주식 등의 대량보유상황보고(이른바 5% 보고)를 하였다. 그러나 1일만에 삼성물산 지분을 2.17% 확보하는 것이 쉽지 않은 터라 2015년 9월 15일 국회 정무위원회 국정감사에서 진웅섭 금융감독원장은 엘리엇에 대해 차명주식 보유 여부(속칭 파킹거래) 등을 조사 중이라고 밝혔다: 김중호, "삼성물산 경영권 분쟁 엘리엇 차명 주식보유 의혹, 금감원 조사 착수", 노컷뉴스(2015. 9. 15.자) www.nocutnews.co.kr.

35) 주주총회 개최금지 및 결의의 효력정지 가처분 신청에 대해서도 제1심과 서울고등법원은 받아들이지 아니하여 이 항고사건은 현재 2015년 9월 현재 대법원에 계류 중이다.

른 주주들과 달리 취급하여도 되는 것인가?[36)]

참고로, 삼성물산과 엘리엇 사이의 분쟁 이후인 2015년 8월 3일 자사주 처분과 관련하여, 제3자에 대한 신주발행과 마찬가지로 주주평등원칙을 지키되 신기술의 도입, 재무구조 개선 등 회사의 경영상 목적을 달성하기 위해 필요한 경우에는 제3자에게 처분할 수 있도록 하는 상법 일부 개정법률안이 발의되었다.[37)]

제 3 절 주주평등원칙에 관한 비교법적 고찰

1. 주주평등원칙의 등장배경: 독일

1602년 네덜란드에서 동인도회사가 등장한 이래 주식회사는 자본주의의 총아로서 각국의 경제에 가장 영향력 있는 경제주체로 성장, 발전하였다.[38)] 설립에 대해서는 특허주의가 적용되던 17세기 당시 주식회사에서는 주주의 유한책임도 확립되지 않았고, 또한 당시의 주식은 각 주식의 금액이 천차만별이었다는 점에서 알 수 있듯이 자본의 구성단위로서의 의미도 없었다. 그 이후 18세기 후반에 이르러 정치, 사회적으로 시민계급이 대두되고 경제적으로 산업혁명에 따른 산업자본가의 진출이 두드러지면서 주식회사의 설립이 인허주의로 넘어 갔고, 주식회사의 기관이 전제적 조직에서 민주적 조직으로 변모

36) 삼성물산에 합병반대의사를 전달하고 주식매수청구권을 행사한 주주의 수는 법인을 포함하여 총 146명이고, 청구주식 수는 총 1,171만 687주이다. 엘리엇이 삼성물산에 매수청구한 주식대금 약 4,000억 원을 받게 되면 그 중 약 10%인 400억 원 상당을 양도차익에 대한 세금으로 납부하여야 할 것으로 예상된다. 현행 법인세법 제98조에 의하여 국내에 사업장이 없는 외국 법인이 국내에서 상장사 주식을 장외매각(주식매수청구절차는 장외거래로 간주된다)하게 되면 실제로는 투자손실이 있더라도 주식매매대금의 10%를 양도차익 명목으로 납부하여야 하고, 매각대금을 지급하는 측(삼성물산)이 외국법인의 법인세 원천징수의무를 지기 때문이다. 삼성물산은 자본시장법 시행령에 따라 산정한 1주당 57,234원을 주식매매가액으로 보고 있다.

37) 의안번호 1916300호로 2015년 8월 3일 박영선 의원 등 11인에 의하여 제안되어 같은 달 4일 법제사법위원회에 회부되어 심사 중에 있다.
상세한 내용은 국회 의안정보시스템(http://likms.assemly.go.kr)

38) 이동승, "주주의 신주인수권에 관한 연구－그 배제요건을 중심으로－", 고려대학교 박사학위논문, 1998. 8, 4면 참조.

하기 시작했다. 18세기 후반에는 주주의 유한책임이 승인되었고, 지분의 평등과 다수결원칙이 당연한 원칙으로 전제되었으며, 1807년 프랑스 상법전에 의해서 근대 주식회사의 기초가 마련되기에 이른다.[39] 그런데 당시 유럽 내에서 후진 자본주의 국가였던 독일에서는, 외국자본이 독일회사의 자본을 취득하려는 것을 방지하기 위한 목적으로, 이른바 '복수의결권주식'이 독일 자국 내에서 횡행하였는데, 그 결과 원래 의결권의 수가 2개 내지는 50개 정도였던 것이 나중에는 수 백 내지 수 천 개를 가지는 예도 흔할 정도였으며 극단적인 경우 1개의 복수의결권주식에 4만 8천 9백 개, 나아가 30만 개의 의결권을 부여한 예도 있었다.[40]

따라서 독일에서는 정관 자유라는 미명 하에 아무런 견제수단 없이 다수파에 의한 전횡이 발생하자, 주식회사 내부에서 귀족적 전제지배가 부활되지 못하도록 하기 위하여 이러한 복수의결권주식을 통제하는 이론으로서 의결권의 남용법리, 고유권 이론 등이 생겨났고, 그와 같은 맥락에서 확립된 것이 주주평등의 원칙이었던 것이다.[41]

즉, 연혁적으로 볼 때 주주평등원칙은 독일에서 주식회사제도가 전개되면서 성립한 역사적 존재에 불과하다.[42]

일찍이 판례에 의하여 주주평등원칙이 확립된 독일은 주식법 개정시(1937년, 1965년)에도 이를 명문화하지 않았으나, 1976년 EC 제2차 회사법 지침(제42조: 가입국에 대해 주주의 평등 취급에 대하여 각 국이 동일한 상태가 되도록 규정)이후 1978년 주식법을 개정하면서 비로소 제53a조에 "주주는 동일한 조건 하에서는 동일하게 취급되어야만 한다"라고 규정함으로써 위 원칙은 명문으로 인정되었는바,[43] 이미 학설과 판례가 위 원칙을 이미 인정하고 있었으므로 명문화는 단지 이를 확인하는 것에 불과하였다.[44]

---

39) 이동승, 앞의 논문, 7~8면.

40) 정상림, 앞의 학위논문, 59면도 같은 취지로 설명.

41) 大隅健一郎, "議決権株に就いて(一)", 法学論叢(二三巻一号), 108面; 上村達男의 앞의 논문 18면에서 재인용.

42) 정상림, 앞의 학위논문, 60면; 같은 취지로 이철송, 앞의 회사법강의, 246면; "주식평등의 원칙은 18세기를 풍미한 정치적, 법적 평등사상이 동시대에 태어난 주식회사에도 영향을 미쳐 탄생"하였다.

43) 같은 취지, 이철송, 앞의 회사법강의, 246면 참조.

44) 김재범, 앞의 논문, 684면 각주 10 참조.

그러나 주주평등원칙에 반한 회사의 행위에 대해 주주에게 손해배상청구권이 성립하는지에 대하여, 독일의 지배적인 견해는 이를 부정적으로 보고 있는바,[45] 그 결과 주주평등의 원칙의 해석상 주주에게 독일 민법상의 불법행위로 인한 손해배상책임을 허용하지는 않고 있다.

따라서 주주평등원칙상 회사가 주주평등원칙에 위반하여 자의적인 차별을 한 경우 회사에 대하여 평등하게 대우하여 줄 것으로 요구할 수 있는 적극적인 측면이 있기는 하지만(단 그것이 가능하고 법적으로 허용되는 한도 내이어야 한다), 그렇다고 하여 회사가 특정 주주에게 금전적인 이익을 부여했다는 것을 이유로 (상대적인 불이익을 입은) 주주들이 그와 동일한 이익의 지급을 청구하거나 정산금의 지급을 청구할 수는 없다.[46] 이러한 결과는 일부 주주에 대한 출자금 반환의 효과가 있기 때문이다.

그러므로 회사법상 주주평등의 원칙은 회사의 부당한 차별행위로부터 정당한 주주의 지위를 보전하는 데 그 목적이 있으므로 불평등행위를 취소하거나 무효로 만들어 위반상태를 제거하는 데에 있다.[47]

한편 독일의 경우도 최근에는 주주평등원칙으로부터 주주의 성실의무 등 기타 일반 법리로 점차 학계의 관심이 이동하고 있다는 평가가 있다.[48]

반면에, 영미법계를 살펴보면 (위에서 논의한 것과 같이 다수결의 전횡을 방지하기 위한) 주주평등원칙은 등장하지 않는다. 1주 1의결권원칙과 관련해서 보더라도, 18세기 영국 사업회사에서는 지배집중을 위해 거의 항상 대주주는 소(수)주주 이상의 비율로 의결권을 가지고 있었으며, 영국에서 특허장을 얻었던 펜실베니아의 한 회사는 펜실베니아주의 비거주자에게는 1의결권, 펜실베니아주에 1000에이커 이상의 토지를 가진 자에 대해서는 2주식에 대하여는 2의결권, 6주식 이상에 대하여는 3의결권이 인정되었던 경우도 있었다.[49] 오히

45) lutter/zollner; 김재범, 앞의 논문, 705면 각주 55에서 재인용, Bungeroth, S. 26; 정성숙, 앞의 논문, 93면 각주 58에서 재인용.

46) Bungeroth, S. 25.; 정성숙, 앞의 논문, 92면 각주 54에서 재인용.

47) 같은 취지, 김재범, 앞의 논문, 705면.

48) Dirk A. Verse, 「Der Gleichbehandlungsgrundsatz im Recht der Kapitalgesellschaften」 (2006), S577f: 森本滋, "會社法における株主平等原則", 商事法務 No.1825, (2008. 2), 11면에서 재인용

49) David L. Ratner, "The Government of Business Corporation: Critical Reflection on the Rule of 'One Share, One Vote'", 56 *Cornell L. Rev*, 5 (1970); 정상림, 앞의 학위논문, 58면에서 재인용. 앞의 학위논문에 의하면, 미국의 1836년 펜실베니아법은 2주까지는 1주당 1의결권, 2주 초과

려 영국의 경우 불공정취급을 직접 규정하고 있으며, 나아가 프랑스는 다수결 남용법리를 기초로 대응하고 있을 뿐 일반화된 주주평등원칙 규정은 없다[50]고 한다.

그러므로 비교법적으로 볼 때, 특정 주주가 다른 주주 이상의 비율로 의결권을 가질 것인지 여부를 결정하는 문제는 정관자치의 문제로 해결하는 것이 더 일반적이라 할 것이고, 다수의 횡포를 막기 위한 의미의 주주평등원칙은 주식회사법의 내재된 논리적인 요청에 따라 성립된 것이 아니라 지배주주의 권리남용을 통제하는 수단으로서 독일에서 등장한 이론에 불과하다고 할 것이다.

물론 주주평등의 원칙을 주장하여 다수 주주를 제재하려는 자는 다음과 같은 점 때문에 입증책임 면에서 유리한 지위에 선다고 한다.[51] 즉, 지배주주가 불평등한 취급을 정당화할 수 있는 사유를 입증해야 되며, 지배주주와의 불평등성이 입증되면(즉 지배주주가 정당화사유를 입증하지 못하면: 저자 보충) 지배주주가 불평등의 원인이 되는 특별한 이익을 반환해야 하는 것이 아니라 소수주주에게 추가이익이 지급되도록 하는 방안에 의해서 해결하는 것이 가능하므로, 다른 근거에 의해서 해결하는 것보다 유리할 수 있다[52]는 것이다. 그리하여 주주평등의 원칙이 다수결원칙에 의존하고 있는 주주총회에서 지배주주의 의결권 행사를 통한 남용행위에 따른 소(수)주주의 이익침해를 저지해 줄 수 있음으로써, 다수의 권한행사에 한계점을 설정하여 준다고 한다.

그러나 주주평등원칙은 강행법규적인 원칙임에도 불구하고, 특정한 경우를 제외하고는 그 역할이 미약하기 때문에 지배주주의 권리남용에 대해서 실질적으로 효과적인 방지기능을 하지는 못하고 있다는 평가도 받고 있다.[53] 그 이유로는 다음과 같은 3가지가 설명되고 있다: (i) 원래 주주평등원칙은 그 근

10주 이하는 2주당 1의결권, 10주 초과 30주 이하까지는 4주당 1의결권, 100주 초과는 20주에 1의결권을 인정하였으며, 이 규정은 1849년에 폐지되었다. 매사추세츠 주의 경우 1809년, 1830년의 일반제조회사법은 이와 관련한 특별한 규정이 없지만, 은행의 경우 주주는 10의결권, 보험회사의 경우 주주는 30의결권, 철도회사의 경우 주주는 전체의 10분의 1이상의 의결권을 가지는 것을 금지하는 등 업종별로 제한하였다.

50) 森本滋, 앞의 논문, 5 면.

51) 이하 박세화, "지배주주의 의무와 책임에 관한 연구－충실의무와 무한책임을 중심으로－", 연세대학교 박사학위논문, 1997. 6, 21면 참조.

52) BGH, WM 1972, 931; 박세화, 앞의 학위논문, 21면에서 재인용.

53) H. Wiedemann, Gesellschaftsrecht Bd. I, C. H. Beck, 1980, S. 427－428; 박세화, 앞의 학위논문, 21면에서 재인용.

본 목적이 주주의 재산과 경영권에 대한 감독권을 보호하는 데 있으므로 이 원칙은 주주들을 실질적으로 평등하게 대우해야 한다는 원칙이 아니다; (ii) 회사법 자체가 주주평등의 원칙의 예외를 인정하는 경우가 있고, 형식적으로는 주주평등의 원칙에 부합하지만 실질적으로는 일부 주주의 이익을 침해하는 경우도 있다. 또한 지배주주의 손해가 발생한다고 해도 비교적 소(수)주주의 손해보다 작은 상황에는 그로 인하여 회사 외적인 이익을 얻을 수 있는 경우라면 이를 감행할 우려가 있는데, 이런 경우는 주주평등의 원칙에는 위반되지 않아서 위의 원칙으로는 소(수)주주보호가 되지 않는다. 그리고 주주평등원칙의 위반이 되기 위해서는 자의적인 불평등취급이 있어야 하므로 그 판단이 용이하지 않은 단점이 있다; (iii) 주주평등의 원칙은 회사와 주주사이의 법률관계에 적용되는 원칙이므로 주주 사이 특히 지배주주와 소(수)주주 사이의 이익충돌의 문제에 대해서는 적용할 수 없다는 비판[54]이 있다.

2. 미국의 경우

(1) 주주평등원칙 관련 논의

아쉽게도 미국의 경우 한국에서와 같이 주주평등원칙 원칙 위반이 정면으로 문제된 사례는 거의 찾아보기 어려운 것 같다. 이를 두고 미국에서는 주주평등원칙이라는 개념 자체가 없다고 단정하는 견해[55]도 있으나, 주주평등원칙의 내용을 어떻게 볼 것인지, 즉 주식의 평등으로 볼 것인지, 주식의 균일분할성(1주 1의결권)으로 국한된 것으로 보는지, 아니면 다수결의 횡포에 대한 소수주주의 보호라는 관점까지 확대해서 볼 것인지 등 다양한 관점에 따라 표현방식은 달라질 수 있겠다. 국내 학자 중에도 미국 모범사업회사법("모범회사법") 상 주식을 '회사에 대한 소유지분을 분할한 단위'라고 정의하고 있음을 들어 미국의 법제도 주식평등의 원칙을 명문으로 반영한 입법례의 하나로 보고 있는 견해[56]가 있다.

---

54) BGHZ 103, 184 ff; Lutter, JZ 1976, S 225, 228 ff; 박세화, 앞의 논문, 22면에서 재인용.
55) 上村達男, 앞의 논문, 13면.
56) 이철송, 앞의 회사법강의, 246면.

하지만, 일반적으로 미국의 경우 국내의 통설에서 말하는 바와 같은 다수의 횡포에 대한 소수자 보호의 이념상 도출되는 주주평등의 원칙은 회사법상 등장하지 않고, 지배주주의 권리남용에 대하여는 실정법의 규정보다는 지배주주의 충실의무 또는 이사의 의무에 관한 이론으로 해결하고 있다.[57] 주식의 균일분할성의 측면에서는, 모범회사법과 각 주의 회사법이 원칙적으로 1주1의결권 원칙을 유지하고 있으므로 일응 인정된다고 볼 수도 있으나, 이는 임의규정에 불과하여 회사가 정관에 의해서 이를 배제할 수 있고, 증권거래소의 차등의결권에 대한 상장규제도 제한적이므로 사실상 회사법의 기본원칙으로서의 의의를 상실하였다고 할 수 있다.[58]

원래 미국 각 주의 회사법의 경우 제정 초기에는 1인 1의결권 및 출자비율별 의결권 부여방식(의결권수를 체감시키거나 상한을 설정하는 방법으로 일정한 제한을 하였다)을 택하였다가, 경제계의 요청에 따라 19세기말경에 이르러 1주 1의결권원칙을 확립하였는데, 그 후 1주 1의결권원칙을 임의규정화하여 그 채택여부를 회사와 주주의 선택에 맡기게 된 것이다.[59] 그 결과 1980년대 후반부터 이미 상장된 회사의 경우에는 상장된 이후 새롭게 dual class structure를 채용하여 복수의결권주식을 발행하는 것은 기존 주주의 권리를 침해하는 경우로서 엄격히 금지되지만, 비상장회사가 IPO 단계에서 의결권에 차등구조를 가진 주식을 발행하는 것은 인정하고 있다. 왜냐하면 IPO 단계에서는 투자자가 dual class structure 임을 스스로 인지하고 투자판단을 하는 것이기 때문에 허용된다고 본 것이다. 블룸버그의 자료에 의하면 2010년부터 2014년까지의 5년간 미국의 차등의결권 주식의 IPO 사례는 평균적으로 최소 8개사 내지 최대 12개사로서 평균적으로 약 10개사 정도이며 주로 인터넷이나 소프트웨어 관련 업종 기업들이었다.[60]

---

57) 박세화, 앞의 학위논문, 20면.

58) 미국에서는 1주에 복수의 의결권을 부여하는 것도 가능한 만큼 의결권에 차등이 있는 2종류 이상의 주식을 발행하는 구조(dual class structure)가 이용되고 있다.

59) David L. Ratner, "The Government of Business Corporation: Critial Reflections on the Rule of 'One Share One Vote'", 56 Cornell L. Rev. 1(1970), pp.5~15; 박철영, 앞의 학위논문, 210면에서 재인용.

60) 小阿瀬達彦, "シリコンバレー流´ 日本上陸議決権種類株式(Dual class structure)を用いたIPO", 大和総研 Report, 2015. 3. 26, 6面.

그러나 미국 법제 하에서도 특정 주주를 차등 대우(즉, 차별)하게 되면 평등원칙 위반 여부가 문제될 수는 있다. 왜냐하면 주주평등원칙까지는 아니지만, 이른바 보통법(common law)상의 평등대우원칙(equal treatment rule)법리[61]는 여전히 존재하기 때문이다. 그리고 사례 중에는 배당에서 있어 주주에 대한 동등한 대우원칙을 언급한 판례법[62]도 있었다. 또한 미국 학자 중에서도, 예컨대, Brudney 교수는, 배당과 관련한 자신의 1983년도 논문에서 국내에서 논의되는 주주평등원칙의 내용과 매우 유사한 지적을 하고 있다.[63]

다만 미국 회사법상 일반적으로는 회사의 본질을 위와 같이 지극히 계약적인 것으로 접근하기 때문에 대부분의 경우 법원에서 주주들과 회사 간의 관계에서 평등대우가 문제되기 보다는, 회사가 소수주주에 대하여 공정하게 취급하였는지에 초점이 맞추어져 판례가 형성되어 왔고, 그 결과 (지배)주주의 충실의무와 이사의 신인의무(fiduciary duty)라는 법리로 판례법이 발달하여 왔다.[64] 주주도 다른 주주에 대하여 이사 및 임원과 유사한 신인의무를 부담하

61) 회사의 원래 주주들에게만 추가 배당금을 더 지급하기로 정한 회사의 차별적인 배당정책에 대하여 실제 소송에서 나머지 주주들(즉, 원고들)이 회사에 대하여 평등대우원칙 위반을 주장한 사례(Eil Notti, James Grotha, Glen Kerr, Sam Pedro, Ella Ring, et al, v. Cook Inlet Region, Inc, United States Court of Appeals, Ninth Circuit, 2001)가 있다. 원고들은 회사의 차별적 배당정책(discriminatory dividend policy)가 미국 수정헌법상 평등원칙(The Fifth Amendment)에 반하다고까지 주장하였고, 그에 대하여 회사 측은 평등원칙(equal treatment rule)위반이 있다고 하더라도 이것은 회사법상의 문제로서 계약위반일 뿐, 헌법상 천명된 평등원칙과 연계되지 않는다고 주장했다(2001 WL 34105408 (C.A.9) pp.1~33)

62) Alaska Plastics v. Coppock, 621 P.2d 270, 277 (Alaska 1981) (*"the excluded shareholders must participate equally in the payments received by other shareholders"*); Hanson v. Kake Tribal Corp, 939 P2d 1320, 1324 (Alaska 1997) (*"One of the rights of a shareholder of a business corporation is the right to enjoy equal rights, preferences, and privileges on his or her shares"* citing AS 10.06.305); Wolff v. Arctic Bowl, Inc, 560 P.2d 758,767 (Ak 1977) (controlling shareholders owe fiduciary duties to the minority): 앞의 각주의 서면 2001 WL 34105408, 20면에서 재인용.

63) Victor Brudney, "Equal Treatment of Shareholders in Corporate Distributions and Reorganizations", 71 Calif. L. Rev. 1073, 1076 (1983) "The governing law requires substantively and formally equal treatment of shareholders in dividend distributions. When dividends are paid to members of a single class of shareholders, each shareholder must receive an amount equivalent to that paid to the other members of the class. The corporation statues of most jurisdictions are not explicit on the subject, and corporate charters do not generally spell out the matter in detail. But the case law leaves little doubt that, although members of the class may be given a choice, non may be required to accept payment different in form or amount than is offered to the others".

64) 정승욱, 앞의 학위논문, 64면.

여 지배주주가 회사의 업무에 관하여 의결권을 행사함에 있어서 신인의무를 위반하는 경우에는 '소수에 대한 사기(fraud on the minority)', '소수에 대한 억압(oppression of minority)' 또는 불공정(unfair)한 행위로 취급된다.[65]

(2) 평등원칙 위반이 문제된 사례: Nixon 판결

이하 주주들에 대한 평등취급 여부가 문제되었던 Nixon v. Blackwell[66] 사건을 살펴보기로 한다. 위 사안의 사실관계는 다음과 같다.

델라웨어주법에 따라 설립된 E.C. Barton & Co. 회사는 미시시피 델타에서 소매용 목판재를 판매하는 회사인데, 의결권이 있는 Class A주식과 의결권이 없는 Class B주식을 발행하여 대부분을 설립자인 Mr. E. C. Barton이 보유하고 있었다. 1967년 설립자의 사망으로 그 유지에 따라 Class A주식의 49%는 8명의 충실한 그의 직원들에게, Class A주식 51%와 Class B주식 14%는 위 8명의 직원을 위하여 15년간 독립된 트러스트에게 이전되었고, 의결권이 없는 Class B주식 중 61%는 설립자의 부인에게, 그 나머지 21%는 딸과 손녀에게 상속되었다. 1973년 회사는 딸과 손녀의 주식과 부인에게 남아 있는 Class B의 주식을 매수하였으나, 부인이 그 전에 위 딸을 제외한 나머지 3명의 자식들에게 증여한 Class B주식 30%는 매수하지 못하였다. 위 회사는 비상장회사(closely held corporation)였으므로 모든 주식은 시장성이 없었기 때문에 회사는 우선 위 자식들(즉, 비종업주주)이 보유한 Class B주식을 공개매수하기로 하였는바(이른바 self-tenders), 3인 중 1인은 이에 응하였지만 2명은 응하지 아니하였다. 그 다음으로 1975년 회사는 매년 회사로부터 기부를 받아 운영되는 ESOP(employee stock ownership plan)을 설립하여 이익분배에 있어 절세를 도모하면서 종업원이 연봉에 따라 위 Plan의 주식을 받도록 하였고, 퇴직하는 종업원은 Class B주식 또는 그에 상응하는 현금을 받도록 정하였다. 또한 회사는 설립자 생전부터 중요한 업무집행자 또는 이사가 사망한 경우에는 회사가 보험금을 받을 수 있도록 하는 보험(key man insurance policies)에 가입하고 있었

---

65) Henn & Alexander, Laws of Corporations, 3rd Ed. St. Paul. Minn West Publishing Co, 1983, p.654; 정쾌영, "주주평등의 원칙에 대한 재고", 상사판례연구 제23집 제4권, 2010, 137면에서 재인용.

66) Nixon v. Blackwell 626 A.2d 1366 (Del. Supr. 1993).

으나, 1982년 추가로 key man 생명보험에 가입하면서, 회사와 9명의 중요 업무집행자, 이사 간에 추가로 계약을 체결하면서, 9명의 key man이 사망하거나 고용계약이 종료될 경우 회사는 이들에게 각자 보유하는 Class A주식을 Class B주식으로 전환할 수 있는 전환권(call option)을 부여하기로 하고(그 경우 회사는 새로운 key man에게 Class A주식을 재발행할 수 있게 된다), 회사는, 위 생명보험으로부터의 보험이익으로 기존의 key man들이 보유하게 된 Class B주식을 ESOP 가격(ESOP value)과 적어도 같은 금액이거나 80%에 해당하는 금액으로 구입해 주기로 정하였다(단, 이 때 재매입부분에 관하여는 구속력이 없는 권고 결의(non- binding recommendation)로 행하였다).

이에 위 회사의 비종업원 주주 14인은 ESOP 및 위 생명보험을 통하여 종업원 주주(즉, key man들)를 불공정하게 우대하는 차별적인 회사 방침(discriminatory policy that unfairly favored Class A employee stockholders over Class B nonemployee stockholders)은 이사의 신인의무위반(breach of fiduciary duties)으로 제소하였다.[67]

이 사건에 대하여, 델라웨어주 대법원은, 경영판단원칙(business judgement rule) 대신 완전공정성 기준(entire fairness test)이 적용되어야 하는 것은 맞지만, 피고들이 완전공정성에 관한 입증책임을 다하지 못하였다고 하여 원심을 파기환송하였다. 더불어, 완전공정성기준이 적용된다고 하여 그것만으로 결론이 도출되는 것은 아니며 자동적으로 회사의 의사결정자에게 책임을 부과하거나 그 결정을 무효로 하는 것은 아니라고 보았다. 또한 환금계획(liquidity plan)에서 비종업원주주도 평등하게 대우해야 한다고 본 형평법원의 판단과 관련하여, Unocal 판결(Unocal Corp. v. Mesa Petroleum Co, 493 A. 2d 946, 957 (Del. 1985): discriminatory exchange offer held valid) 및 Cheff 판결(Cheff v. Mathes, 199 A.2d 548, 554-56 (Del. 1964): selective stock repurchase held valid)을 인용하여 주주는

67) Blackwell v. Nixon, No. 9041, 1991 Del. Ch.: 델라웨어주 형평법원(Delaware Court of Chancery)에서는, 이사들은 ESOP 및 key man 보험을 통하여 자신들의 이익을 도모하였기 때문에 당해 이사회 결의는 자기거래이고, 완전공정성기준(entire fairness test)를 적용해야 한다고 보았으며, 그 결과, 원고들은 보유한 주식을 공정한 가격으로 환금할 수단이 없는 반면, 이사들은 자신들의 주식을 환금화할 수단을 강구한 것인바, 이는 불공정하므로 이사들의 신인의무위반을 인정하였다.

모든 목적에 있어 평등하게 대우받아야 할 필요는 없다[68]고 하면서 ESOP 및 key man 생명보험은 회사의 통상의 관행이며 회사의 이익이 된다고 판시하였다.

또한 아래에서 보듯이, 델라웨어주 대법원은, 많은 학자들이 투자자들에 대한 평등대우를 이사의 신인의무의 한 요소로 설명하는데, 그러한 질문을 하려면 과연 투자자들이 똑같은 대우를 받기로 계약하였는지 아니면 동등함에 상응하는 대우를 받기로 계약하였는지부터 질문해야 할 것이라고 지적하고 있음을 주목할 필요가 있다:

"To hold that fairness necessarily requires precise equality is to beg the questions: Many Scholars, though few courts, conclude that one aspect of fiduciary duty is the equal treatment of investors. Their argument takes the following form: fiduciary principles require fair conduct; equal treatment is fair conduct; hence, fiduciary principles require equal treatment. The conclusion does not follow. The argument depends on an equivalence between equal and fair treatment. To say that fiduciary principles require equal treatment is to beg the question whether investors would contract for equal or even equivalent treatment."[69]

따라서, 델라웨어주 판결이 가지는 영향력을 고려해 볼 때, 소수주주에 대한 공정한 취급인지 여부가 중요하며, 그 경우에도 계약에 의하여 해결할 수 있는 문제는 계약에 의하여 해결하고 법은 관여하지 않는다는 미국 법원의 태도로 이해된다.[70]

---

68) 위 Nixon 판결 원문은 다음과 같다: "It is well established in our jurisprudence that stockholders need not always be treated equally for all purposes".

69) Frank H. Easterbrook, Daniel R. Fischel, The Economic Structure of Corporate Law 110 (1991) (emphasis in original): Nixon 판결에서 재인용.

70) 다만, 회사에게 지배주주의 주식을 취득하도록 하면서 소수주주에게는 그러한 기회를 부여하지 않은 사례에서 그것이 신인의무위반이라고 판단한 사례도 있다(Donahue v. Rodd Electrotype Co, 328 N.E.2d 500(Mass.1975)). 그러나 델라웨어주 대법원은 Nixon 판결에서 델라웨어 주법상 폐쇄회사의 주주는 계약에 의하여 주주간의 관계를 조정가능한 이상 계약에 의하여 해결해야 한다고 보았기 때문에 Donahue 판결의 이른바 기회평등원칙은 채택하지 않았던 것으로 보인다. 따라서 본 사안이 만약 소수주주의 불공정한 축출이었다면 아마 법원에 의한 보호를 명

3. 일본의 경우

(1) 주주평등원칙에 관한 기존의 논의

가. 종래의 통설

일본의 회사법은 헤르만 뢰슬러라는 독일인이 기초한 초안을 바탕으로 하여 제정된 구 상법(메이지23년 법32호)에 처음으로 마련되었고, 제2차 세계대전 이전 2번의 개정과 전후 총 17번에 걸친 개정이 있었으며, 2005년에는 회사법제의 현대화 작업을 통하여 그 간의 개정사항 및 새로운 논의를 포함하여 통합, 정리한 회사법(이하 "신회사법"이라 한다)을 제정하기에 이르렀다(그 후 약간의 개정이 몇 차례 있다가 2014년 6월 대대적인 개정이 이루어졌다). 이러한 일본 회사법의 개정과정에 대하여, 일본 회사법이 독일법을 계수하여 출발하였으나 전후 미국의 영향을 강하게 받아 미국법적인 요소를 수용하고 거듭된 개정을 통하여 일본 독자적인 회사법을 마련하였다는 평가를 하는[71] 견해도 있다.

2005년 개정 이전의 구 상법 하에서는 주주평등원칙은 의결권이나 이익배당청구권 등에 있어서 구체적으로 '주식'의 평등에 관한 규정은 있었지만, 주주평등원칙에 관한 일반규정은 없었다. 그럼에도 불구하고 한국과 마찬가지로 주주평등원칙은 주식회사법상 당연한 대원칙이라고 이해되었다.[72] 그리고 2005년 신회사법 제109조 제1항에서 '회사는 주주를 그 보유한 주식의 내용 및 수에 따라서("應じて") 평등하게 취급하여야만 한다'고 명기함으로써 드디어 주주평등원칙에 관한 일반 조항을 두게 되었다.[73]

하였을 것으로 보인다.

71) 神田秀樹, 「会社法(第十版)」, 弘文堂, 2008, 31面.

72) 이러한 내용을 소개한 글로서, 大杉謙一, "新会社法における株主平等の原則ー株主優待制度·買収防衛策·長期株式保有の奨励策などを題材にー", 松沢還暦記念論文集「会社法と商事法務」, 3面; 위 논문에 의하면 주주평등원칙에 관한 명문의 규정이 신회사법에 마련되었으나, 위 규정은 종래의 상법학계에서의 해석론에 종지부를 찍은 것이 아니라, 일본의 법령현대화작업과 더불어 이루어진 법제면에서의 기술적인 통일(즉 최근 법제 업무에 따른 표기, 형식의 정비작업)의 일환으로서의 의미를 가진다고 한다.

73) 이 조항의 해석을 두고, "이 규정은 주주평등원칙에 관한 일반규정이 아니라 주식의 내용, 수에 따른 취급을 의무로 정한 것이다"라는 견해(南保勝美, "新会社法における株主平等原則の意味と機能", 法律論叢 七九巻 2·3合併号, 2007년, 340面 이하 참조; 森村, 앞의 논문, 6면에서 재인용)가 있는바, 일본의 최고재판소가 신주예약권이 문제된 불독소스판결에서 주주평등원칙을 유추적용한 점, 당해 조문의 위치가 주식의 내용과 종류주식의 발행 사이라는 점 등에

일본에서도 주주평등원칙은 일반적으로 단체의 구성원이 평등한 처우를 받는 것은 정의와 형평의 이념상 모든 단체에게 공통된 것이며, 이것이 주식회사에 있어서는 각 주주는 그가 보유한 주식의 수에 따라 평등한 대우를 받아야 한다는 형태로 나타난 것으로 이해되고 있었다.[74] 그리하여 이 원칙의 제1의미로서, 각 주식의 내용은 원칙적으로 동일한 것이라고 해석되어 왔고, 법이 정관에 의하여 다른 내용의 종류주식의 발행을 인정한 것은 평등원칙의 예외인바, 주주평등원칙은 이러한 평등이념의 주식회사법적인 변용(變用),[75] 즉, 회사는 권리 내용 등이 다른 주식(종류주식)을 발행할 수 있지만, 동일 종류의 주식 상호간에는 주주는 그 권리 등에 관하여 보유주식 수에 따라서 '비례평등'한 대우를 받아야 하며, 이 원칙에 반하는 정관, 주주총회, 이사회 결의, 이사의 업무집행 등은 무효[76]라고 보았다.

그리하여 주주평등원칙은 기능적으로는 지배주주의 자본다수결의 남용 등에 의한 차별적인 취급으로부터 일반 주주를 보호하는 기능을 가진다고 한다.[77] 이와 같이 볼 경우 주주평등원칙이 가지는 장점으로는, 지배주주의 자본다수결의 남용을 규제하는 여러 법리 중 비교적 그 적용 요건이 객관적으로 명확하다는 점을 들 수 있는 반면, 그 단점으로는, 기계적이고 경직된 요건이라는 점과 지배주주와 회사 간의 이익상반거래와 같이 주주 이외의 자격에서 행하는 지배주주의 권한남용(즉, 형식적으로는 모든 주주가 평등하게 손해를 입음)에 대하여는 대처할 수 없다는 점을 들 수 있겠다.[78] 그리고 주주평등원칙을 적용한 결과로서, (i) 법에서 정한 경우(종류주식 및 '전주식양도제한회사'에 있어서 의결권 등에 관하여 정관의 정함을 통하여 주주별로 다른 취급을 하는 것) 이외에

비추어 제109조 제1항의 직접적인 적용대상은 주식의 내용 등에 관한 것으로 한정한다고 볼 수도 있으나, 森村교수는 오히려 위 조항은 회사와 주주간의 주주로서의 자격에 근거한 법률관계 처리의 일반적인 법원칙이라고 해석하면서 동 조항의 해석을 둘러싼 문제를 제기하고 있다(森村, 앞의 논문, 6면).

74) 이러한 내용을 소개한 글로서, 神田秀樹, 앞의 책, 65면.

75) 그러한 통설을 취하고 있는 입장으로, 鈴木竹雄, "株主平等の原則", 法協四八巻三号(商法研究 II 235~245面);八木弘, "株主平等の原則と固有権", 「株式会社法講座」 424面; 北沢正啓, 「会社法」, 148面; 落合誠一, "株主平等の原則" 「会社法演習 I」208面; 竜田節, 「会社法(第四版)」,184面 외 다수 있음: 上村達男, 앞의 논문에서 재인용.

76) 江頭憲治郎, 「株式会社法(第2版)」, 有斐閣, 2008, 125면.

77) 江頭憲治郎, 위의 책, 125면; 鈴木, 앞의 책, 106면도 같은 취지라고 함.

78) 江頭憲治郎, 위의 책, 126면.

는 주식의 권리내용 등의 차별화는 인정되지 않으며(각 주식의 평등), (ii) 법에서 정한 소수주주권이나 법정 보유기간 요건과 같은 경우를 제외하고는 보유 주식수에 비례하지 않는, 주주 권리에 대한 차별은 허용되지 않는다.[79]

나. 주주평등원칙 부정론

물론 일본 내에서 주주평등원칙 부정론[80]도 한때 존재하였던 적이 있었다. 그 논거로서, 주식회사의 사원인 주주의 권리의무관계를 처리함에 있어 정의와 형평의 관념의 일부로서 주주의 비례적 취급이 필요할 수 있겠으나, 그것은 개별 정관 규정이나 주주총회 결의시마다 사안별로(case-by-case) 판정하면 충분하고 정관자유의 대원칙에 대립하는 주주평등원칙을 인정할 필요가 없다고 보았고, 오히려 주주평등원칙을 인정함으로써 정의와 형평에 반하는 경우도 초래할 수 있으므로 해석상 배척해야 한다고 보았다. 주주평등원칙 부정론은 통설에 밀려 그 동안 잊혀져 있었으나(뒤에서 보게 되겠지만) 上村교수가 학설적 의의를 재평가하면서[81] 다시 주목받게 되었는데, 부정론의 경우 결과적으로는 영미에서처럼 개별구제수단으로 해결하는 방법론과 마찬가지가 된다.

한편 주주평등원칙 부정론에 의하면, 주주평등원칙을 강행법적 대원칙으로 전제하여 논의하게 되면 그 예외를 무슨 근거로, 어느 범위까지 인정할 것인지 해석하기가 매우 곤란하여 주주평등원칙이 그 본래의 기능을 충분히 발휘하지 않는 한 이러한 예외로 인한 부작용을 무시할 수 없다고 보았다. 주주평등원칙을 아예 부정하는 위 결론에는 동의하기 어려우나, 오늘날 주주평등원칙을 재평가함에 있어서 그 논거만큼은 참고할 만한 견해라고 생각한다.

다. 주주평등원칙에 관한 신 경향: 새로운 견해의 대두

그러나 주주평등원칙의 구체적인 적용범위를 두고 최근 미묘한 문제가 많이 발생하여, 위 원칙의 법리를 확장하여 해석하거나(예컨대, 회사가 주주에게

---

79) 江頭憲治郎, 앞의 책(제2판), 125~126면.

80) 松本蒸治, “株式会社に於ける定款自由の原則とその例外”, 「商法解釈の諸問題」, 217面; 上村達男의 앞의 논문, 18면에서 재인용.

81) 즉, 上村達男교수는, 이 견해에 대하여, 주주평등원칙을 부정하였다고 하여 그 주장 자체가 정의와 자연법에 반한다고는 보기 어려우며, 이론적으로 매우 귀중한 학설이라고 평가하였는바 타당하다고 생각한다.

무상배정하는 신주예약권의 내용에도 주주평등원칙의 취지가 미치는지 등), 또는 권리내용의 차별화를 엄격하게 제약하는 해석이 각 회사의 자금조달에 관한 회사의 창의적인 활동을 방해하고 있으므로 제한하여 해석할 필요가 있다는 점을 인식하고 위 원칙의 적용범위를 구체적 타당성에 비추어 어떻게 포섭할 것인지에 관한 검토가 필요하다는 견해가 제기되고 있다.[82] [83] 단체법상 정의, 형평이라는 윤리적 측면을 강조하거나 주식의 균일성이라는 기술적 측면을 강조하는 등 근래에 제기되는 새로운 해석론에 관하여는 아래에서 목차를 달리하여 살펴본다.

그러나 새로운 견해에 의하든, 종래의 견해에 의하든, 법이 정한 예외에 해당하는 경우 이외에는 주주평등원칙(각자의 견해에서 주장하는 주주평등원칙의 내용)에 반하는 정관의 정함이나 주주총회의 결의, 이사회 결의, 이사의 업무집행행위는, 회사의 선의, 악의를 불문하고 무효라고 한다는 점에는 대체로 의견이 일치하는 것 같다. 그리고 일본의 해석론[84]상으로도 개별적인 취급에 있어서 불이익을 받는 주주가 스스로 그러한 불이익을 승인한 때에는 주주평등원칙과 다른 취급을 하는 것이 허용된다고 본다.

(2) 주주평등원칙에 관한 규정과 다양한 종류주식

가. 신회사법의 제정과 입법경위

일본 신회사법의 입안담당자에 의하면, 주주평등원칙에 관한 회사법 제109조의 규정을 둔 취지는, 잉여금의 배당(제454조 제3항), 주주총회에서의 의결권(제308조 제1항), 잔여재산의 분배(제504조 제3항) 등 개별 조항이 있지만, 일반적으로 적용될 주주평등원칙에 관한 명문의 규정을 두기 위해서였다고 설명하면서, 제 1의미로는 주식의 수에 따른 취급을, 제 2의미로는 주식의 내용에 따른 취급을 정한 것이라고 밝히고 있다.[85] 또한 종래의 구 유한회사법

82) 江頭憲治郎, 앞의 책(제2판), 126면.

83) 森村교수는 "주주평등원칙에 관한 일반규정을 마련하는 것은 비교법적으로도 예외적이며 주주평등원칙을 일반적으로 강조하는 것이 시대의 흐름에 맞지 않는 것('時代遅れ')이라고 해도 과언은 아니다"라고 하면서 "주주평등원칙을 중시하는 것은 독일과 일본의 특수한 사정이고, 개별적인 구제 법리가 발전하고 그 실효성에 대한 신뢰가 결여되어 있기 때문에 경직적인 평등원칙에 의존할 수밖에 없었다"는 上村達男교수의 지적을 같이 소개하고 있다: 森村, 앞의 논문, 5면.

84) 神田秀樹, 앞의 책, 65~66면.

85) 相沢哲·葉玉匡美·郡谷大輔, 「論点解説 新·会社法 －千問の道標－」, 商事法務, 2006, 107면 이하.

에 허용되던 속인적인 정관규정을 신회사법하의 비공개회사에게 허용하기 위한 목적도 고려되었다고 한다.[86] 위의 제 1의미에는 보유주식 수에 따른 비례적인 취급을 정한 것에 한하지 않고, 경우에 따라서는 보유주식 수에 관계없이 주주를 평등하게 취급해야 할 경우나 주주우대제도처럼 일정한 목적을 달성하기 위하여 주식 수를 단계별로 구별하여 달리 취급하는 경우 등 합리성을 가진 경우도 포함시키고 있다. 또 제 2의미란 주식의 내용이 다른 경우 각각의 다른 주식을 가진 주주에 관하여는 다른 취급이 허용된다는 뜻이라고 한다.

그러나 제 2의미와 관련하여서는 다음과 같은 비판이 있다. 즉, 입안자는 종래의 통설과 같은 취지로 정관의 기재내용 즉, 주식의 내용을 정관에 '어떻게' 정할 것인지는 주주평등원칙이 적용되지 않는다고 보고 있는 듯하나, 신회사법상 주주의 동의를 얻지 않고 이사회의 결의만으로 기존 주주에 대하여 주식이나 신주예약권을 무상으로 배정하는 것이 가능한바(제186조 제3항, 제278조 제3항), 배정된 주식이나 신주예약권은 경제적으로 기존의 주식의 가치의 일부가 변용된 것이므로 배정된 주식 등의 내용에 차별적인 취급을 두는 것이 무제한으로 인정된다고 하게 되면 이는 주주평등원칙을 간단히 그리고 무제한 잠탈할 수 있으므로 주식의 내용에 대하여도 주주평등원칙이 적용되어야 한다는 것이다.[87]

나. 다양한 종류주식

한편, 현행 일본 신회사법을 살펴보면, 각 주식의 권리의 내용은 동일한 것이라는 점을 원칙으로 하되, 그 내용에 대한 예외로서 일정한 범위와 조건하에서는 (i) 모든 주식의 내용으로서 특별한 것[88]을 정할 수 있고(제107조), (ii) 권리의 내용이 다른 복수의 종류 주식을 발행할 수 있는바(제108조; 종류주식제도), 이는 주식에 의한 자금조달을 다양하게 하고 지배관계를 다양하게 할 수 있는 기회를 주식회사에게 부여하기 위한 것이다[89]. 특히, (ii)의 종류주식

86) 大杉謙一, 앞의 논문, 6면.
87) 大杉謙一, 앞의 논문, 9~11면.
88) (i)에서 정하는 특별한 정함이란, ① 주식양도제한(회사의 승인 필요; "양도제한주식"), ② 주주가 회사에 대하여 주식의 취득을 청구할 수 있는 내용("취득청구권부 주식"), ③ 회사가 일정한 사유 발생을 조건으로 하여 강제적으로 주식을 취득할 수 있는 내용("취득조항부주식")의 3가지에 한정된다.
89) 神田秀樹, 앞의 책, 68면.

제도에 의하여 신회사법상 내용이 다른 종류주식으로 인정된 것은 다음의 9가지 경우이다: ① 잉여금의 배당, ② 잔여재산의 분배, ③ 주주총회에서의의결권을 행사할 수 있는 사항("의결권제한 종류주식"), ④ 양도제한("양도제한주식"), ⑤ 주주가 회사에 대하여 주식의 취득을 청구할 수 있는 취득청구권("취득청구권부 종류주식"), ⑥ 회사에 의한 강제취득("취득조항부 종류주식"), ⑦ 주주총회 결의에 근거하여 전부취득할 수 있는 내용("전부취득조항부 종류주식"), ⑧ 정관에 근거하여 종류주주총회의 승인을 요하는 내용("거부권부 종류주식"), ⑨ 종류주주총회에서의 이사, 감사의 선임에 관한 내용("선해임 종류주식"). 그러나, 그 밖에도 ⑩ 비공개회사(전주식양도제한회사)의 경우는 잉여금배당, 잔여재산분배, 의결권에 관하여 주주마다 달리 취급할 수 있다는 취지를 정관에 미리 정해 둘 수 있는데[90] 그러한 정함이 있는 주식은 주식회사와 조직변경 등에 관한 규정과의 관계에서 내용이 다른 종류주식으로 간주된다(이른바 "속인적 간주 종류주식").[91] [92]

(3) 주주평등원칙에 관한 새로운 논의

가. 주주평등원칙을 정책원리로서 파악하는 견해

새로운 견해 중에 주목할 만한 견해로서 주주평등원칙을 일종의 정책원리로서 파악하는 견해가 있다. 즉, 주주평등원칙이 실정법적인 원칙이 아니지만, 강행법규성을 가지는 이유로서, 종래의 통설이 들고 있는 '법의 이념인 형평성', '정의형평의 이념', '자연법적인 요청' 등의 이유에 대하여, 그토록 실정

---

90) 정관에 그러한 정함을 두기 위한 정관변경을 위한 주주총회의 승인결의요건은, 총 주주의 반수 이상(그 이상의 비율로 정관에서 정하고 있는 경우에는 그 비율 이상)이고 그것이 총주주의 의결권의 4분의 3(그 이상의 비율로 정관에서 정하고 있는 경우에는 그 비율 이상)에 해당하는 다수로써 (결의)하여야 한다고 정하고 있다(신회사법 제309조 제4항); 한편 발행하는 주식의 전부를 양도제한(즉 회사의 승인을 요하도록 하는 정관의 규정을 두는 경우)하는 정관변경을 위한 주주총회의 승인결의 요건은 당해 주주총회에서 의결권을 행사할 수 있는 주주의 반수 이상(그 이상의 비율로 정관에서 정하고 있는 경우에는 그 비율 이상)이고 당해 주주의 의결권의 3분의 2(그 이상의 비율로 정관에서 정하고 있는 경우에는 그 비율 이상)이상에 해당하는 다수로써 (결의)하여야 한다(신회사법 제309조 제3항 제1호)고 정하고 있어 신회사법상 결의요건을 다양화하였음을 알 수 있다.

91) 神田秀樹, 앞의 책, 68~69면.

92) 이러한 속인적 제한에 대하여, 특정 주주가 가진 주식에 대하여 복수의결권을 부여하는 것이 당해 제도 취지에 반하여 부정되어야 한다는 견해가 있으나, 일본 내 통설은 벤처캐피탈 등 복수의결권을 허용해야만 하는 필요성이 있음을 들어 복수의결권의 형태도 인정하고 있다: 江頭憲治郎, 앞의 책, 159면.

법의 상위에 있는 근본적인 이념에 근거한 것이라면 왜 하위개념인 실정법에서 수종의 주식, 우선주, 무의결권주식 등 이른바 예외로 인정되는 규정을 둔 것인지 위 근본이념으로부터는 설명되지 않는다는 점을 이론적 출발점으로 하고 있다.

그리고 주주평등원칙이 다수결의 남용에 대한 제약원리로서 중요한 역할을 담당하고 있음에도 불구하고, 그 예외를 결정하는 원리가 명확하지 아니하여 마치 결과적으로는 법이 정하기만 하면 예외를 자유롭게 설정할 수 있다는 식으로 널리 이해될 수 있고, 그로 인하여 주주평등원칙의 본래의 의의가 사라져 버릴 가능성도 있다는 점을 지적하고 있다.

그러므로 주주평등원칙이 진정한 대원칙으로서의 역할을 다하려면, 그 정책적 의도를 명확히 해 둘 필요가 있는데, 주주평등원칙은 대주주 내지는 다수주주의 전횡을 배제한다는 정책 목적을 가진 원칙으로서, 일국의 주식회사법 질서 전체의 기능을 수행하는 본질적인 원칙으로서 강행법규성을 인정할 수 있다고 본다.[93] 또 이 견해에 따르면 일본 상법에서 주주평등원칙의 예외를 둔 이유는 바로 입법정책적인 이유에서 그렇게 한 것이고, 주주평등원칙을 논의할 실익이나 주주평등원칙의 기능은 바로 다수결의 남용으로부터 소수주주의 이익을 보호하기 위한 것이라는 점도 다수결원리의 수정이라는 정책적인 기능에 불과하다고 본다.[94]

즉 주주평등원칙에 관한 입법정책적인 이유의 실질적 근거를 '입증책임론으로서의 기능'으로 보아, 개별 행위나 정관규정의 위법성 여부를 일일이 증명하는 것이 곤란하므로 일단 대주주의 남용행위가 있었음을 입증할 책임을 전환시키기 위한 논리적 전제로서 주주평등원칙이라는 관념을 도입한 것이어서, 역으로 주주평등원칙에 형식적으로 반하지만 실질적으로는 정의와 형평에 반하지 않고 오히려 적극적인 존재이유를 가지고 있음을 입증해야 한다는 것이다.[95]

---

93) 上村達男, 앞의 집필부분, 148면. 동 교수는 이 부분과 관련하여 예전에는 정의·형평이 아니라 정책원리로서 강행법규성이 있는 이상 주주평등의 원칙은 이론으로서 상관습법이라 생각하였으나, 이 부분으로 인해 이론 전체가 부정되는 경우가 있으므로 본문과 같이 일본 주식회사법 질서 전체의 평가를 바탕으로 주식회사법질서의 근간을 이루는 기본원칙(公序)으로 입장을 바꾸었음을 밝히고 있다.

94) 上村達男, 앞의 논문, 16면. 당해 논문이 작성될 당시 일본 상법 중 주식회사편을 지칭한다.

95) 이 견해에 따르면 회사가 주주들을 불평등하게 취급한 경우 형식적인 불평등만 있으면 일단

그렇게 본다면 주주평등원칙은 대주주의 전횡에 대한 통제논리임과 동시에 입증책임전환의 논리라는 정책적인 존재의의를 가질 수 있다고 한다.

그러나 이것만으로는 왜 주주평등원칙의 예외가 존재하는지 설명하기에 부족하므로 각각의 예외조항들에 대한 개별적인 정책적 합리성을 다음과 같이 설명한다. 즉, (i) 소수주주의 발언력 강화 목적(즉, 각종 소수주주권은 자본다수결의 횡포를 막기 위하여 마련된 것으로서, 기본 이념은 주주평등원칙과 마찬가지로 소수주주를 보호하기 위함이다); (ii) 자금조달의 편의 목적(수종의 주식, 전환주식, 무의결권주식 등 다양한 자금조달가능성을 제기함으로써 회사의 본래의 경영계획을 수행하기 위하여 필요한 자금을 제공하기 위한 것으로 설명된다) 그런데, 위 (ii)항의 목적에 대하여는 이것이 과도하게 강조될 경우, 자금조달목적보다는 기업지배권 유지의 목적으로 악용될 수 있어 주주평등원칙의 본래 목적을 벗어나 오히려 주주평등원칙을 형해화 할 우려가 있다[96]고 보았다.

그러면서도, 위의 논의와는 별개로, 주식 단위의 균일성과 품질의 동일성이라는 개념은 주주민주주의에서 유래한 것이 아니라고 보고 있다. 즉, 주식의 균등성은 자본조달기구인 주식회사제도의 본질상 자본조달을 용이하게 하여 시장에서의 거래에 적합한 형태로서 균일한 단위, 동일한 품질이 필요했기 때문이라고 해석하고 있다.

나. 주주평등원칙을 법기술적인 개념으로 파악하는 견해

한편, 이념적인 의미에서의 평등대우원칙을 논하기 보다는 주식회사에 있어서 주주평등의 원칙은 좀더 기술적인 요청을 바탕으로 인정되어야만 한다는 비판을 제기하는 견해[97]가 있다. 즉, 일본의 神田교수는 주주평등원칙을

주주평등원칙 위반으로서 무효라고 추정되고, 그 추정을 뒤집기 위하여 그 사항이 주주평등원칙의 정책적 목적인 대주주의 전횡을 방지한다는 관점에 반하지 않는 사항이고, 동시에 다른 합리적인 정책목적이 있음을 적극적으로 입증하여야 한다고 본다. 이러한 입증이 없는 한 주주평등원칙 위반사항은 전부 무효라고 한다: 上村達男, 앞의 논문, 20~21면.

96) 上村達男, 앞의 논문, 22면: 이러한 면을 고려하여 동 교수는 이것이 주주평등원칙에 있어서 '위험한 예외'라고 부르고 있다. 한편 의결권에 관하여 달리 정할 수 있는 주식을 발행하는 것에 대하여 미국에서 이용되고 있다는 이유로 안이하게 일본에도 무조건 도입되어야 한다고 보아서는 아니되며, 그 도입을 위하여는 신중한 접근이 필요하다고 언급하고 있다. 그러나 그 이후 일본은 2005년 신회사법을 제정하면서 의결권에 관하여도 내용이 다른 주식을 발행할 수 있다는 조항을 반영하기에 이르렀다.

97) 神田秀樹, 앞의 책, 65~66면.

다음과 같이 설명하고 있다: "이 원칙은, 주식이 주주의 지위를 균일의 비율적인 단위로 정한 것이라는 점을 뒤집어 표현한 것이라고 해석하여야 한다. 바꾸어 말하면 주주평등취급이라는 원칙이 없다면 주주와 회사 간의 법률관계 또는 주식의 양도 등을 합리적으로 처리할 수 없게 되고, 나아가 누구도 안심하고 주식회사의 주주로서 출자할 수 없게 되어 주식회사 제도가 성립할 수 없게 되는 것이 바로 이러한 주주평등원칙을 인정하게 된 이유이다."

그리고 주주평등원칙을 법기술적인 측면에서 도출되는 것이라고 본다면 위에서 본 바와 같은 수종의 주식은 평등원칙과는 직접적인 관계는 없다고 보고 있다.[98] 이러한 견해에 따르면, 주주평등의 원칙의 실질은 각 주식의 내용이 동일하다면 그러한 주식의 각 주주들은 동일하게 취급되어야 한다는 내용만이 남게 된다.[99]

이 견해에 대하여, 영미에서는 주주평등원칙이 존재하지 않아도 주식회사 제도가 성립하지 않는 것이 아닌 이상 위 근거는 적절하지 않다는 비판이 있다.[100]

다. 엄격한 평등원칙과 일반적인 평등원칙으로 나누어 보는 견해와 그 수정론

엄격한 평등원칙(보유주식 수에 따른 평등취급)과 일반적인 평등취급의 요청(형평의 원칙에 따라 합리적으로 평가)을 구별하는 견해도 있다.[101] 일본의 森本교수는 (i) 주주의 재산권으로서 그 지분권을 확보하기 위하여 보유주식 수에 비례한 엄격한 주주평등원칙, (ii) 주주의 감독시정권에 관계된, 주주에 대한 평등한 취급 및 (iii) 단체의 구성원이 공정하고도 타당한 대우를 받아야 한다는 일반적인 정의, 형평의 이념에 따라 도출되는 주주평등대우의 3가지의 경우로 구분하여, (i)에서는 엄격한 주주평등원칙을 적용하여야 하는데 이는 주주의 지분이라는 재산권 내지는 경제적 이익을 확보하기 위한 규정인바, 그 예외는 매우 한정된 형태로 기술적, 경제적으로 어쩔 수 없는 경우에만 허용해야 한다고 보았으며, (iii)의 경우 회사는 모든 주주를 공정하고도 타당하게

98) 神田秀樹, 앞의 책, 65면.

99) 신회사법의 제109조 제1항의 내용과 동일하다. 종래에는 이러한 측면은 주주평등원칙의 제2의 의미로 해석되어 왔다고 한다: 神田秀樹, 앞의 책, 65면.

100) 上村達男, 앞의 집필부분, 147면.

101) 出口正義, 「株主權法理の展開」, 文眞堂, 1991, 148面; 森本滋, 앞의 논문 4면에서 재인용.

대우하여야만 하는 원칙(즉, 자의적이고 불공정한 차별적 취급금지원칙)으로, (ii)의 경우 주주민주주의의 이념에 따라 기본적으로 단독주주권이나 권리행사의 남용, 경제적 합리성의 관점에서 소수주주권으로 분류한 다음 (i)을 제외한 (ii), (iii)의 경우에는 주주의 권리를 확대한다는 의미에서 정관자치를 인정하자고 주장하였다.[102]

또한 같은 맥락에서 종래의 통설이 주식의 내용과는 무관한 경우에도 엄격한 주주평등을 적용하고자 하는 경향은 문제가 있다면서, 일본 헌법 제14조[103] 에서도 합리적인 구별은 허용하고 있는데, 엄격한 주주평등원칙은 헌법에서조차 허용하는 구별을 왜 허용하지 못하는지 그 근거가 명확하지 않다는 비판을 하고 있다.[104]

그리고 위 견해에 동감하면서도, 엄격한 주주평등원칙과 일반적인 평등원칙의 적용대상을 구분할 경계가 애매하다는 점을 언급하면서, 양자를 준별하는 것이 아니라 이를 연속적으로 보아야 한다는 수정론이 최근에 제기되었는바, 주주간의 차별적 취급은 그 목적이 정당하고 그 수단이 상당한 경우에 한하여 허용되어야 한다는 것이다.[105] 한편 위 수정론에 따르면 주주평등원칙의 한 요소로 설명되는 '주식의 균일성'은 증권시장에서의 주식거래를 가능하게 하는 중요한 요소이지만 주식 이외의 상장증권도 마찬가지이므로(즉, 균일성이 필요하다) 주식의 균일성 자체는 평등원칙의 핵심이 될 수 없고, 의결권의 수나 이익배당의 문제는 개별 조항으로 해결하면 되는 것이지, 주식의 균일성이라는 법기술적인 측면으로 파악하여 이를 평등원칙의 내용으로 굳이 생각할 실익이 없다는 지적을 하고 있다.[106]

(4) 일본 법원의 입장- 차등배당사건과 불독소스사건

가. 1970년 차등배당사건

일본의 법원은 1970년 회사와 특정 주주 사이의 약정이 유효한지 여부를

---

102) 森本滋, "株主平等平等原則と株式社員?論", 商事法務 No. 1401, 1995. 9, 2~7面.

103) 일본 헌법 제14조: 모든 국민은 법 앞에 평등하고, 인종, 신조, 성별, 사회적 신분 또는 가문(원래 용어는 '門地')에 의하여 정치적·경제적 또는 사회적 관계에 있어서 차별받지 않는다.

104) 大杉謙一, 앞의 논문, 8면.

105) 大杉謙一, 앞의 논문, 9~11면.

106) 大杉謙一, 앞의 논문, 8면.

판단하면서 주주평등의 원칙을 근거로 한 최초의 판결을 내렸다. 이는 일본 최고재판소의 이익배당에 관한 최초의 판례임과 동시에 주주평등원칙에 관한 최초의 판례[107]인 것이다.

위 판결의 사안을 살펴보면, 회사가 일반 주주에 대하여는 무배당할 것을 결의하는 과정에서, 특정 대주주 X가 본인 및 가족소유의 206,500주에 대한 무배당에 불만을 품고 자신의 손실을 전보하여야 하므로 본인을 회사 고문으로 취임시켜 달라고 요청하자, 이에 회사가 매월 X에게 그 직전 결산기에 이미 지급된 배당금액과 이익배당률을 X 소유주식 전량에 적용하여 산출한 금액에 상당한 금원을 경영협력에 대한 보수 명목으로 지급하기로 결정하였는바, 그 이후 회사가 매월 지급하기로 한 금액을 지급하지 않자, X가 회사를 상대로 위 약정(증여계약)의 이행을 구한 사건이었다. X는 위 금원을 자신의 회사에 대한 협력에 상응한 보수라고 주장하였으나, 일본 최고재판소는 X에 대한 이전의 배당금액을 기준으로 증여계약이 체결된 점을 들어 본 건 증여계약은 X의 투자상의 손실을 전보하는 의미이고, 이와 같이 주주 중 X만을 특별하게 유리하게 대우하여 이익을 제공하였으므로 주주평등의 원칙에 반하여 위 증여계약은 무효라는 원심의 판단을 지지하였다. 다만 위 판결에 대하여 무효원인을 주주평등원칙 위반에서 찾을 것인지 여부를 두고 일본 내에서 주주평등원칙이 아니라 민법의 공서양속위반을 근거로 하여야 한다는 견해 및 주주평등의 원칙 위반 이전에 배당가능이익이 존재하고 배당절차를 준수하였어야 하는데 위 증여는 이러한 절차적 요건을 충족시키지 못하므로 위법배당이어서 무효라는 견해[108]가 있었다.

나. 2007년 불독소스 사건

또한 최근에는 적대적 M&A에 대한 매수방어수단으로서 실시된 신주예약권의 무상배정과 관련하여 특정 주주를 불리하게 취급하는 것이 주주평등원칙의 관점에서 다시 문제된 바 있다[109] 이른바 '불독소스' 사건[110]에서 일본

107) 最判昭和45年(1970년)11月24日民集二四巻一二号一九六三頁.

108) 奥島孝康, 判例ハンドブック「会社法」, 法学セミナー 11月号 (1982), 日本評論社.

109) 神田秀樹, 앞의 책, 66면 각주 2에서 설명.

110) 일본의 전통적인 소스제조사인 불독소스주식회사에 대하여 미국계 펀드인 스틸파트너즈가 자신 및 관계사를 동원하여 지분을 매집하고 주식 전량에 대하여 공개매수를 시도하자, 불독소

최고재판소는 주주평등원칙과 관련하여 다음과 같이 밝히고 있다.

"신주예약권 무상배정이 신주예약권자의 차별적인 취급을 내용으로 하는 것이라 하더라도, 그것이 주식의 내용 등에 직접 관계하는 것이 아니기 때문에 바로 주주평등원칙에 반한다고 할 수는 없다. 그러나 주주는 주주로서의 자격에 근거하여 신주예약권을 배정받게 되는바, [회사]법 제278조 제2항은 주주에게 배정되는 신주예약권의 내용 및 수 또는 그 산정방법에 관한 정함은 주주가 가지고 있는 주식의 수에 따라 신주예약권을 배정하는 것을 내용으로 하는 것이어야 한다고 규정하는 등 주주에게 배정하는 신주예약권의 내용이 동일할 것을 전제로 하고 있다고 해석되고, [회사]법 제109조 제1항에서 정한 주주평등의 원칙의 취지는 신주예약권무상배정의 경우에 있어서도 미친다고 하여야 한다."

그리고 위 결정내용에 대한 해설로서 최고재판소 조사관인 森富義明 판사는 주주평등원칙을 다음과 같이 정리하고 있다.[111] 즉, "회사법 제109조 제1항은 주식회사는 주주를 그 보유한 주식의 내용 및 수에 따라 평등하게 취급하여야 한다는, 이른바 주주평등원칙을 정하고 있다. 이 원칙은, 주주가 주주의 자격에서 회사로부터 평등한 대우를 받아야만 하는 것(기회의 균등, 비례적 평등)이기 때문에 신주예약권자 간의 차별적인 취급을 내용으로 하는 신주예약권이 발행되었다고 하여 그 즉시 주주평등의 원칙과의 저촉이 문제되는 것은 아니다. 그러나 신주예약권의 무상배정의 경우 주주는 주주로서의 자격에

스 주식회사가 적대적 M&A에 대한 방어책으로서 오로지 위 공격자 및 관계사의 지분을 희석시킬 목적으로 공격자 및 관계사를 제외한 나머지 기존 주주들에게 신주예약권을 발행하기로 주주총회에서 결의한 것에 대하여, 2007년 7월 9일 일본 도쿄 고등재판소는 (i) 스틸파트너즈 및 그 관계사들이 이 건에서 '남용적 매수자'라는 점을 인정 한 뒤, (ii) 남용적 매수자에 대항하기 위하여 대상기업이 행한 신주예약권 무상배정의 필요성을 긍정하고 , (iii) 그러한 방어책 즉 남용적 매수자에 대한 본건 차별적인 취급은 상당성이 있는 조치라고 판시하면서 스틸파트너즈의 위 주주총회결의금지등가처분명령신청을 받아들이지 않았다. 스틸파트너즈는 원심 결정에 불복, 특별항고 및 허가항고신청을 하여 원심이 허가항고를 허가하는 결정을 하였고, 그리하여 2007년 8월 7일 최고재판소가 본 건 판시에 이른 것이다(最高裁 平成19年8月7日第二小法廷決定, 民集615巻5號, 2215面; 判例時報 No.1983 (2007. 12), 判例時報社, 56~67面; 判報, 金融法務事情 No.1820 (2007. 12), (社)金融財政事情研究会, 47~54面; 大塚和成, "商事判例", 銀行法務21 No.686 (2008. 3), 100面 등 참조(원심의 구체적인 판시내용은 이전 "미국 법제하에서의 적대적 M&A 방어방법의 한국 법제하에서의 활용가능성", 증권법연구 제8권 제2호(2007년 12월), (사)증권법학회, 329~330면에서 이미 살펴 본 바 있다).

111) 森富義明, "時の判例", ジュリストNo.1355, (2008. 4), 112~114面.

근거하여 그 배정을 받는 것이고, 회사법도 주주에게 배정하는 신주예약권의 내용이 동일한 것이라는 점을 당연한 전제로 생각하고 있으므로 주주평등원칙의 취지는 신주예약권의 무상배정의 경우에도 미친다고 보아야 한다."

또한 주주평등원칙의 적용범위와 관련해서는, "① 당사자가 임의로 주주평등원칙의 예외를 정할 수 있는 것은 법이 규정한 경우에 한정된다는 견해(鈴木竹雄「株主平等の原則」法協48巻3号361頁等), ② 주주평등원칙을 관철시키는 것이 회사 자체의 이익을 해하는 경우에는 동 원칙에 반할 수 있고, 동 원칙은 회사의 합리적 필요성과 이익 앞에서 양보되어져야 한다는 견해(大隅健一郎=今井宏·会社法論(上)[第3版]337頁等), ③ 주주평등원칙의 적용은 명문의 규정이 있는 경우에 한하고, 그 밖의 경우에는 법의 일반원칙의 적용을 받는다는 견해(松本蒸治·商法解釈の諸問題 217頁等) 등의 논의가 있다.[112] 그러나 주주평등원칙이 보호대상으로 하는 개별 주주의 이익은 일반적으로는 회사의 존립, 발전 없이는 생각할 수 없으므로 회사의 기업가치가 훼손되고 주주의 공동의 이익이 침해되는 것과 같은 경우에까지 엄격하게 주주평등원칙을 관철하는 것은 적당하지 않다고 보여진다. 일반원칙인 형평의 이념(주주평등원칙 자체가 이 형평의 이념에 근거한 것이다)에 반하거나 상당성을 결하는 것과 같은 차별적인 취급이 허용되지 않는 것은 당연하지만, 그렇지 않는 한은, 주주 공동의 이익이 침해되는 경우에 이를 방지하기 위하여 이루어지는 차별적인 취급은 주주평등의 원칙(의 취지)에 반하지 않는다고 하여야 한다"고 하여, 회사의 기업가치, 주주공동의 이익이 침해되는 등의 예외적인 상황에서는 특정 주주에 대한 차별적인 취급이 정당시될 수 있다고 보았다.

그렇다면 그러한 판단을 어떻게 내릴 것이냐 하는 방법론이 문제될 수 있는데, 그에 대하여는, "특정 주주에 의한 경영지배권의 취득에 수반하여 회사의 기업가치가 훼손되고 주주 공동의 이익이 침해되는지 여부에 관하여는, 최종적으로는 회사 이익의 귀속주체인 주주 자신에 의하여 판단하여야 한다고 판시하고 있지만, 이것은 판단의 정당성을 상실할 정도로 중대한 하자가 존재하지 않는 경우에 한정된다"고 하여 주주의 판단을 존중하되, 법원이 일정한 경우 개입할 수도 있음을 유보하고 있다. 위 조사관 역시, "주주의 판단을 존

112) 원문에서 인용하고 있는 각주이므로 그대로 본문에 포함시켰다: 저자 주.

중하는 경우에도 적어도 당해 판단의 형성과정의 적부에 있어서는 사법심사가 미친다는 점을 명확히 한 것이라고 말할 수 있다"고 보았다.

특히 위 결정은 일본 최고재판소가 주주평등원칙의 적용범위, 그 심리판단방법 뿐 아니라 이른바 매수방어방법의 정당성 여부에 관하여 최초로 판단한 것이라는 점에서도 매우 의미 있는 결정이었다. 아직은 주주평등원칙의 적용범위 및 판단방법 등을 일반화시키기에는 후속 사례들이 축적되지 아니하여 단언하기 어려우나, 어찌되었든 위 결정이 실무에 미치는 영향은 매우 클 것으로 예상된다.

다만, 이 사건 결정에 대하여 동경대학의 神田교수는 다음과 같은 의견을 개진하고 있다. 즉, "차별적인 행사조건 등을 부가한 신주예약권무상배정도 [회사법] 제109조 제1항에서 정한 평등원칙에는 반하지 않지만 평등원칙의 배후에 있는 형평의 이념(최고재판소가 말한 「평등원칙의 취지」)에 비추어 볼 때 그 합리성이 문제되어야만 하며 그 합리성은 실질적으로 판단해야만 한다. 제278조 제2항이 주주가 가지는 주식의 수에 따라 신주예약권을 배정하여야 한다고 정하고 있는 것은 무상배정을 정의한 것에 불과하고(즉 이와 같이 처리하는 것이 무상배정이다), 제109조 제1항의 평등원칙과는 무관하다"라고 평가하고 있다.

그러나 이는 주주평등원칙을 기술적인 측면으로 해석하고 있는 데에 기인한 것이라고 보여지고, 오히려 사견이긴 하나, 신주예약권의 문제 역시 주주가 주주로서의 자격에 근거하여 배정을 받는 것이므로 주주들에 대한 회사의 자의적인 차별은 제한되어야 하고, 그러한 한도 내에서 주주평등원칙이 유추적용된다는 점에 대한 일본 최고재판소의 결론에는 찬성하는 바이다.

그러나 구체적으로 이 사안에서 내린 결론을 일반화하기에는 조심스럽다. 일부 주주에 의한 전제(專制)적인 회사 지배를 합리화할 명분으로 남용될 우려가 있고, 또 소수주주의 이익이 부당하게 침해되더라도 이를 견제하거나 시정할 수단이 달리 없어 보이므로 이 사안을 풀어나간 구체적인 해결방식에는 문제가 있어 보인다. 학계에서도 위 결론에 대해서 명백한 주주평등원칙 위반이라는 견해,[113]와 엄격 해석의 입장을 떠나 합리적으로 해석하였다는 점에서

113) 이철송, 앞의 책, 309면: 특정 주주가 경영권을 장악함으로써 주주 공동의 이익을 해한다는 것은 순수한 자본단체인 주식회사에는 맞지 않으며, 어느 주주에게나 경영권 장악의 기회가 균

긍정적인 입장[114] 등 견해가 나뉘고 있다.

4. 소 결

주주평등원칙을 비교법적으로 고찰한 결과, 특히 최근 일본에서 제기된 새로운 견해들의 주장은 경청할 만 하다고 생각되고, 종래의 경직된 해석론에서 벗어나 현실의 필요성에 따라 유연하게 해석될 필요가 있다고 생각한다.[115]

주주평등원칙이 강조되지 않는 영미와 달리 일본이나 독일 등 이른바 후발 자본주의 국가에서 주주평등원칙이 등장하게 된 배경은 무엇인지 먼저 살펴볼 필요가 있다.[116] 실은 영미와 달리 그 시절 독일에서는 강행법규성을 바탕으로 하여 법 해석론이 매우 경직되어 있었기에 주주의 권리를 침해하는 행위나 결정이 있어도 이를 위법한 것으로 처리할 수 있는 구제법리가 충분히 발달하지 못했던 것이다. 그 점은 일본 역시 마찬가지이다. 따라서 주주평등원칙의 발현은 주주의 권리 침해에 대해서 개별적인 구제수단이 불충분하였기 때문이었다.

등하다는 점에서 명백히 주주평등원칙에 반한다고 지적하고 있다.

114) 이영철, "포이즌필과 주주평등의 원칙" 기업법연구 제23권 제3호(통권 제38호), 한국기업법학회, 2009 등.

115) 같은 취지로는 송옥렬, "포이즌필의 도입과 그에 따른 법정책적 쟁점", 한국상사법학회 2008년 춘계학술대회 발표자료, (사)한국상사법학회, 73면 참조: "회사법에서 분명히 주주평등의 원칙을 선언하고 있는 일본에 있어서도 이 원칙은 유연하게 해석될 필요가 있다는 주장이 다양하게 개진되고 있다는 사실이다. 이러한 변화는 명문의 규정이 없이 주주평등의 원칙을 인정하고 있으며, '민법상의 신의성실의 원칙에 비견될 수 있는 일반조항적인 최고원리'라고 이해하는 경우도 많은 우리나라의 해석에도 시사하는 바가 크다고 하겠다. 주주평등의 원칙이 어떤 선험적으로 주어진 것이 아닌 이상, 필요한 경우에는 충분히 제한이 가능하다고 보아야 하지 않을까?".

116) 上村達男, 앞의 집필부분, 147면.

제 4 절 주주평등원칙에 관한 재해석과 재구성
— 1주 1의결권 원칙에 대한 소고를 겸하며

1. 새로운 해석의 필요성

주식회사는 사원인 주주가 자본적으로 결합하므로 주주의 평등은 두수에 따른 평등이 아니라, 각 주주가 가지고 있는 주식에 따른 평등(즉 비례적 평등의 원칙)이라고 보는 것이 종래의 확고한 통설적 입장이었다.

이에 대해 절대적인 비례적 평등은 실제 사안에 적용하는 데에 한계가 있음을 인식하고서, 일본 회사법 제109조 제1항의 '그 보유주식의 내용과 수에 따라(応じて)'라는 문구의 의미를 살려서 정당성이 확보되는 한도 내에서 어느 정도 차별적 취급이 허용된다는 견해 등 주주평등의 원칙에 대한 새로운 견해들이 일본에서 유력하게 제기되고 있음은 이미 살펴 본 바와 같다.[117]

필자가 이 글의 원형이 된 2008년 논문에서 주주평등의 원칙에 대한 새로운 해석론을 주장한 이후, 국내에서도 주주평등의 원칙을 보다 유연하게 보아야 한다는 시각에 서서, 주주평등의 원칙이 어디까지나 주주의 이익을 위하여 만들어진 제도라는 관점에서 보아 비록 주주평등의 원칙을 위반하더라도 회사의 주주들에게 이익을 가져올 수 있다면 유연하게 해석할 필요가 있다는 견해[118], 다수파 주주의 이익과 소수파 주주의 이익이 상반되거나 회사 전체의 이익을 위하여 필요한 경우에는 합리적인 근거가 있는 한도 내에서 주주들 사이에 차별적인 취급도 가능하다는 견해[119] 등이 유력하게 제시되고 있다.

미국과 일본에서 다양한 의견이 있다고 하여 반드시 한국에서도 동일하게 적용되어야 한다는 당위성은 존재하지 않는다. 그러나, 주주평등원칙이 정의·형평·평등사상 등의 이념에 따라 주식회사제도가 성립함과 동시에 전 세계에서 보편적으로 인정된 법원칙이라면 모르겠으나, 위에서 살펴본 바와 같

117) 森本滋, 앞의 논문, 8면; 大杉謙一, 앞의 논문, 11면 등.
118) 송옥렬, 앞의 논문, 107~108면.
119) 정쾌영, 앞의 논문, 149면.

이 실상은 그러하지 않고 오히려 독일이라는 국가의 특수한 상황 하에서 등장한 이론이었다는 점을 고려해 볼 때 그 원칙을 불변의 진리처럼 고려할 필요는 없다는 생각이 든다. 민법상의 조합이나 합명회사와 같은 인적 단체야말로 조합원이나 사원평등원칙이 인정되어 있는 듯 보이지만, 잘 살펴보면 이러한 인적 단체에 대하여도 계약자유 내지는 사적 자치의 원칙이 기본이고, 손익분배도 '당사자가 손익분배의 비율을 정하지 아니한 때에는 각 조합원의 출자가액에 비례하여' 정하도록 되어 있음을 알 수 있다(상법 제195조, 민법 711조 등). 즉, 출자 평등이라는 것도 결국 계약자유의 원칙에 앞서는 것이 아니다.[120]

그러므로 종래의 주주평등원칙 역시 초법률적인, 절대불변의 대원칙이 아니라,[121] 필요에 따라 탄력적으로 해석될 필요가 있다고 생각된다. 미국 회사법이 종래의 국내 교과서에서 설명되는 바와 같은 주주평등원칙을 인정하지 않고 있다고 하여 미국 회사법이 정의와 형평에 반하는 것이라고 할 수 없는 것처럼, 탄력적인 해석론을 취한다고 하더라도 우리 회사법이 정의와 형평에 반하게 되는 것은 아니다. 일본의 경우도, 평등원칙의 속박을 느슨하게 하기 위하여 일본 신회사법 제109조 제1항이 도입되었고, "수에 따라서"라는 문구를 통하여 엄밀한 비례적 취급을 요구하는 것이 아니라 주식의 수에 착목하는 한 합리적인 구별이 가능하게 되었다.[122]

2. 주주평등원칙의 재해석

이미 II.장에서 본 바와 같이 국내의 많은 학자들이 주주평등원칙이 다수의 횡포에 대하여 소수 주주를 보호하기 위함이라고 설명하면서도, 주식의 종

120) 같은 취지, 上村達男, 앞의 논문, 17면.

121) 같은 취지, 上村達男, 앞의 논문, 16면; "그러나 중요한 것은, 주주평등원칙 위반이라는 결론을 내릴 때에 추상적으로 정의에 반한다는 점을 근거로 하는 것이 아니라, 주식회사법질서의 관점에서 평가가 내려진다는 점이다. 따라서 주주평등원칙이 이러한 고차원적인 이념에 근거한 것이라고 보기에는 너무나 세속적인 예외가 많고, 상세히 따져보면 그다지 권위가 있는 이념이라고도 보기 어렵다. 그러나 일단 주주평등원칙 위반이라고 하게 되면 그러한 선고는 (저자주: 원문에서는 이 부분에 "水戸黄門の印籠の如く"라고 표현되어 있는바, 우리나라식 표현으로 의역한다면 '(악당들에게 자신이 정의의 사도임을 확인시켜 주는) 암행어사의 마패'의 정도가 될 듯 싶다) 상대방을 침묵시킬 정도의 박력을 가진다. 왜냐하면 그것은 정의, 형평의 이름하에서 내려진 판단인 이상 누구도 저항할 수 없기 때문이다."

122) 大杉謙一, 앞의 논문, 6~7면.

류와 내용에 따라 다른 취급이 가능하다고 하여 원칙과 예외를 함께 설명하고 있다.

그러나, 주주평등원칙의 원래의 의미인 '다수의 횡포로부터 소수자 보호'(기존에 독일에서 발생하였던 주주평등원칙의 제 1의미: 주식의 평등)를 위해 '모든 주식은 동등하다'는 기본 가치는, 이미 다른 주식들(즉, 종류주식 등)의 존재를 허용함으로써 변색되어 버렸다. 기존의 통설 역시 주주평등이란 발행된 같은 종류의 주식들 간에는 같은 취급을 받아야 한다는 '주식 평등'의미로 수정해석하고 있는 것도 같은 맥락으로 볼 수 있다.

그렇다면 일본에서 제기된 새로운 견해처럼, 주주평등원칙을 주식시장 유통성을 확보하기 위한 측면에서 주식으로 분할, 쪼개져 있다는 제 2의미(즉, 주식의 균일분할성)만 남아 있는 것으로 해석할 여지는 없는가?

그러나 주주평등원칙을 오로지 기술적인 의미로만 포섭하는 것도 문제라고 생각한다. 오늘날 대리인 비용문제나 통계수치를 활용한 각종 실증분석 등 다양한 경제학적 분석을 통하여 주주주권론 자체가 도전받고 흔들리고 있지만,[123] 여전히 많은 수의 기업들은 주주로부터 제공되는 자본을 중요한 원동력으로 삼고 있고 이러한 자본은 시장에서 조달되고 있으므로, 주식회사는 이러한 주주들의 집단의사에 따라 운영하는 것이 원칙이라는 점을 간과해서는 아니될 것이다.

오히려 시장을 통하여 많은 투자자들이 자본을 제공하고 이러한 자본을 바탕으로 대기업을 포함한 많은 회사들이 운영되고 있으므로, 회사는 주주의 의사를 무시해서도 안되며, 주주의 권리를 부당하게 축소해석하는 것도 바람직하지 않다고 본다(주주평등 원칙을 기계적·형식적으로 적용할 경우에는 경제적 효율성과도 충돌할 수도 있다[124]).

물론 이 점과 관련해서, 주주민주주의를 철저히 하는 것도 문제라는 지적

---

123) 竜田節, "日本のコーポレート·ガバナンスの基本的問題", 商事法務 No. 1692 (2004. 3), 5面: "동경대학교 경제학부의 岩井克人 교수는 포스트산업자본주의가 도래함에 따라 이윤의 원천이 설비 등의 물건에서 지적재산으로 이동하고 그 결과 자금과 그 제공자인 주주의 중요성이 급속하게 저하되었기 때문에 주주주권론의 정당성이 의심된다고 한다."

124) 같은 취지로는 Frank H. Easterbrook, Daniel R. Fischel, 「The Economic Structure of Corporate Law(1991)」; 송옥렬, 앞의 논문, 74면에서 재인용.

이 있다. 특히 상장회사의 경우 극히 적은 수의 주식을 보유한 것에 불과한 일반 주주에게는 의결권 행사를 위하여 정보를 입수, 분석하는 비용, 총회에 출석하기 위하여 희생하여야 하는 시간적, 경제적 비용과 주주총회에서 의결권을 행사함으로써 얻는 이익을 비교형량해 보면 오히려 일반 주주가 주주총회에 관심을 가지지 않는 것이 더 합리적인 행동이라는 점, 또 총회의 의결의 향방에 이해관계를 가지는 주주라 하더라도 그와 같이 결의되도록 찬성자를 모으는 데에는 비용이 발생하므로 스스로 적극적으로 행동하지 않고 다른 주주들의 행동에 무임승차하려는 동기가 강하다는 점, 특히 공개회사의 경우 현 경영진에 불만이 있으면 주주총회에서 의사를 표시하는 방법은 비용이 발생하므로 이 방법 대신에 당해 회사의 주식을 시장에서 매각해 버리는 방법을 선택한다는 점 등에 비추어 볼 때 주주민주주의를 철저히 하는 것이 과연 적절한 지를 신중하게 검토해야 한다는 견해[125]도 제기되고 있고 충분히 공감가는 바이다.

그러나 회사와 주주 간의 관계에서 주주의 의사에 따라 회사를 운영하여야 한다는 기본 구조를 부정하기는 어렵다고 본다. 따라서 그러한 기본 구조하에서 오히려 더 중요한 것은 주주가 되고자 하는 자들의 다양한 욕구(단기이익인지, 장기이익인지 또는 고배당인지, 회사 지배권인지)를 충족시켜 주고, 나아가 회사의 자금조달을 용이하게 하는 것이고, 이것이 기업의 현실적인 요청에도 더 부합한다. 그러한 현실적인 요청에 부응하기 위하여도 경직된 주주평등원칙이 아니라 유연한 재해석과 재구성이 필요하다.

주주민주주의의 핵심은 다수결에 의한 의사결정구조이고 그 바탕에는 '1주 1의결권'이라는 공식이 깔려 있다.[126] 하지만 모든 주주들에게 획일적으로

---

125) 落合誠一, 앞의 논문, 2면.

126) 신석훈, "차등의결권주식과 주주 민주주의" 한경비즈니스 제690호, 한국경제신문 (2009년 02월 23일)에 의하면, 1주 1의결권과 주주 민주주의에 대한 전제 조건으로서 '첫째, 모든 주주들이 회사의 잔여 이익 극대화라는 목표에 대해 동일한 이해관계와 동일한 선호를 가지고 있어야 한다. 둘째, 경영진은 틈만 나면 주주의 눈을 피해 자신들의 사적 이익을 추구하려고 할 것이므로 주주들의 강력한 감시가 필요하다는 것이다'라고 지적하면서, (落合교수가 지적한 문제점과 유사하게) 현실에서는 위 두 조건 모두 타당하지 않다고 논증하고 있다. 관련 내용은 아래 참조(2015. 9. 25. 최종 방문)
http://magazine.hankyung.com/business/apps/news?popup=0&nid=01&c1=1005&nkey=2009021900690000441&mode=sub_view

1주 1의결권 원칙을 강제하기보다는 주주들의 다양한 선호도를 존중하고 계약을 통하여 주주들의 다양한 선호도를 자유롭게 표출하도록 하는 것이 보다 주식회사의 목적에 걸맞는 회사 전체의 이익으로 귀결될 수 있는 것이야말로 진정한 주주민주주의이며 이를 위한 최적의 제도적 장치를 마련하는 것[127] 역시 회사법의 목적이 아닐까 싶다.

3. 주주평등원칙의 재구성

(1) 억제적 해석론의 필요성 다시금 대두

과거에 우리 상법은 자본충실원칙을 엄격히 고수하면서 최저자본금제도나 자기주식 취득을 원칙적 금지(예외적으로 취득한 자기주식의 경우 처분 시한을 설정)하고 있었고, 사업재편의 자유나 합병대가의 유연화를 부정하는 등 원칙적으로 금지형태의 사전억제적이고 강행규정적 성격이 짙었다. 이는 과거 독일이나 일본도 마찬가지였다.

그러나 수차례에 걸친 상법 개정(가장 개정의 폭이 큰 것은 아무래도 2011년 상법 개정일 것이다)을 통해 자본충실원칙에 대해서 종전보다 많이 유연해 졌으며, 최저자본금제도를 폐지하였고, 배당가능이익한도 내에서는 원칙적으로 자기주식취득을 허용하였으며, 합병대가로 현금 이외에 현물이나 모회사 주식의 교부도 가능하게 변모하였다. 일본 역시 우리보다 앞선 2005년 회사법 제정을 기점으로 하여 이처럼 허용적인 법제로 바뀌었다.

법률의 규제방식이 이와 같이 사전금지체제에서 사후심사체제로 변화된 이상 우리 회사법의 해석론도 변모될 필요가 있다.

이와 관련한 논의가 있어 여기에 소개하고자 한다. 上村교수(早稲田大学)에 의하면, 과거의 법률은 '원칙적으로 금지, 예외적으로 허용'하는 입장을 취하고 있어 자연스럽게 법리나 해석론의 지향점이 금지의 원칙에 대한 예외를 구체적 타당성에 맞추어 유연하게 검토하는 방향으로 이루어졌지만, 법률에서 종전과 정반대로 '원칙적으로 허용, 예외적으로 금지'라는 입장으로 180도 방향을 수정하였다면 자유의 허용으로 인해 현재 상황은 옛날 독일에서 주주평

127) 같은 취지로 신석훈, 앞의 글 참조.

등원칙이 필요했던 그 상황에 근접하게 되었으며 이런 상황에서 계속 예전과 같이 허용적인 해석론을 펼쳐서는 안 된다는 것을 골자로 한다.[128)]

억제적인 해석론이 전개되지 않은 채 허용적인 해석론만 있으면 과도한 자유로 인해 주주평등원칙이 없었던 독일의 당시 상황(필자 주: 주주들의 권리가 위법하게 침해되어도 달리 구제수단이 없던 당시 상황)처럼 되어 버릴 우려가 있다고 보는 것이다. 여기서 주식의 균일성 요청은 어디까지나 주식이 거래되는 자본시장을 전제한 자본시장법상 문제로 본다.

현행 법률의 규제 상황이 옛날 독일의 상황과 동일하다는 동 교수의 지적에는 완전히 동의할 수 없지만, 과도한 자유에 대한 제한, 소수자 보호를 위한 장치가 필요하다는 점에는 동의한다. 그렇다면 주주평등원칙을 단순히 주식의 균일성에 근거한 의미 정도로 축소 해석하는 것에 그쳐서는 안 된다고 본다.

오히려 회사법의 세계에서는 (회사의) 개별 결정이나 행위에 대해 주주평등원칙을 강조하여 해석할 필요가 있는바 그 결과 개별 결정이나 행위에 대한 정당화 사유가 있음을 입증해야 하며 주주평등원칙은 실질적으로 입증책임의 전환사유가 된다.[129)]

그러한 측면에서 앞으로 더욱 허용적인 법제로 나아간다면 어느 정도 억제적 해석론이 필요하다는 점에 공감한다. 주주평등원칙에 대한 필자의 생각을 재구성하여 아래에 적어본다.

(2) 주주평등원칙의 본질은 주주에 대한 공정한 대우 — 비례의 원칙

주주평등원칙의 내용으로 주주(식)의 비례적 평등을 논하면서 다른 한편으로는 다수의 문헌에서 “주주의 비례적 평등은 다수결의 남용으로부터 주주들의 합리적 기대를 충족시키고 소수파 주주를 보호하는 데에 중요한 기능이 있다”로 표현하고 있는데, 본인은 이 표현은 더 이상 맞지 않다고 본다. 또 “비례적 평등 취급이 소수파에 대한 대주주 횡포”라는 표현도 모순이다.

어째서 주식을 비례적으로 평등하게 취급하는 것이 소수파 주주에 대한 대주주의 횡포와 동의어가 될 수 있는가?

---

128) 上村達男, 앞의 집필부분, 151면.
129) 上村達男, 앞의 집필부분, 152면.

여기서 문제되는 것은 대주주가 법을 무시하고 전횡적으로 회사를 지배함으로 인해 발생하는 소수파 주주들의 이익이 침해되는 현상이고, 그에 대한 구제수단이 필요한 것이지, 엄밀히 말해서 소수파 주주가 대주주처럼 회사를 지배하도록 만들 필요는 없다. 주식회사에서 소수파 주주들이 자신들의 의사를 회사 결정에까지 관철할 수 없는 불이익이 생기고 반면에 주식을 많이 보유한 대주주가 그 회사에 대한 지배권한이 큰 것은 주식의 속성상 당연하다. 오히려 비례적 평등 취급은 대주주의 우월함을 암시하고 있다.

따라서 주식의 비례적 평등으로부터 소수파 주주를 보호하는 문제로까지 연결하는 것은 모순이다. 주식의 비례적 평등으로부터는 회사가 왜 모든 주식을 평등하게 취급해야 하는지에 대한 답도 찾기 힘들다.

한편 주식의 비례적 평등만으로는 주주와 회사 사이의 모든 법률관계를 규율할 수 없다. 대주주의 회사 지배를 긍정하는 한 대주주에 의한 전횡 내지는 잠재적인 우려감으로부터 여전히 소수파 주주들의 이익을 보호해야 할 필요성이 남아 있기 때문이다. 이러한 필요성이 우리 상법에서 주주평등원칙이 여전히 거론되는 이유이며 정당화 근거이기도 할 것이다.

주주평등원칙의 현대적 의의를 찾는다면 그것은 주식회사법상 난공불락, 불가침의 대원칙으로서가 아니라, 어디까지나 소수파 주주 보호를 위한 해석론으로서의 기능에서 찾아야 하며, 소수파 주주를 보호하는 취지와 그 핵심은 회사와의 관계에서 주주들에 대한 공정한 대우를 확보하는 것이라 생각한다.[130]

헌법의 평등원칙이 법 앞에서 만민의 평등이듯이 주식회사에서도 주주이기만 하면 모든 주주들이 동등한 권리의무를 가진다는 명제가 항상 타당한 참은 아니다. 오늘날은 독일에서 주주평등을 외치던 시대와 많은 것이 달라졌다. '평등'이라는 단어가 주는 엄숙함에서 벗어날 필요가 있다.

예컨대 공기업[131]과 사기업을 법에서 명백히 구분하듯이, 공기업과 사기업 사이에는 지배구조의 틀과 의사결정과정의 구조에 있어 많은 차이점이 있

130) 주주에 대한 공정한 대우라면 어느 정도 차별이 있을 수 있음은 긍정한다는 의미에서 종전의 주주평등원칙 부정론과 유사해 보인다. 그러나 뒤에서 보겠지만 구성원으로서의 주주에게 균등한 기회를 균등하게 보장하여야 한다는 측면에서의 평등을 내포한다는 점에서 차이가 있다.
131) 공공기관의 운영에 관한 법률(법률 제12673호, 2014. 5. 28. 개정) 제4조, 제5조 참조.

다.[132] 서로 추구하는 목적 역시 다르다.

그 결과 공기업의 조직 원리에는 민주적 정당성을 위하여 민주주의 원리가 적용될 필요가 있는 반면, 사기업의 경우 민주주의는 그 조직원리가 될 수 없다. 왜냐하면 사적 영역에 대한 민주주의 원리의 관철은 헌법이 보장하는 私人과 私企業의 자유를 침해할 수 있기 때문이다.[133]

그러므로 사적 영역에서 일어나는 주주에 대한 불평등한 취급이 모두 금지되는 것이 아니라, 객관적인 잣대로 볼 때 자의적이거나 정당성이 결여된 불평등한 취급만을 금지해야 하며 결국 구체적인 사안에서 문제된 회사의 결정 내지는 조치가 정당화할 만한 사유가 있는지 여부를 판단하여 위법한 권리침해로부터 주주를 구제하는 것이 관건이다.

그러므로 주주평등원칙을 재구성하면 회사가 (일부) 주주에 대해 차별적으로 대우하였을 때 그러한 개별적인 행위 내지는 결정이 객관적으로 정당성을 가지는지를 심사하는 기준 내지 해석론으로서 의의를 찾을 수 있겠다. 그리고 주주평등원칙이 그와 같이 기능할 때의 진정한 의미는 평등보다는 '공정성'에 더 가깝다.

위에서 본 바와 같이 주주평등원칙을 재구성할 때 우리 법제에서 소수주주 보호수단 내지는 주주에 의한 권리구제수단과의 연관성도 살펴볼 필요가 있다.

원래 주주평등원칙이 연혁적으로는 이사 또는 대주주의 전횡을 방지하고 일반 주주를 보호하기 위하여 등장한 법원리이므로 역으로 경영진이나 이사 또는 대주주의 횡포를 주주가 사전적으로 방지하거나 사후적으로 손해배상을 구할 수 있는 법적인 장치가 이미 별도로 마련되어 있고 그것이 충분히 실효성이 있다면 이를 먼저 이용하는 것이 순서일 것이다.

그러므로 이러한 개별적인 구제수단에 의하여 해결할 수 있는 경우라면 그러한 개별 구제수단에 의하여 우선 해결하여야 한다고 본다.

---

132) 공기업의 경우는 국가의 소유 내지는 실질적 지배를 전제로 그 조직의 구성방법이나 절차를 민주화하고, 대표자의 임명을 합리적 절차 하에 민주적 정당성을 가진 대통령이나 주무부 장관에게 귀속시킴으로서 인적 정당성을 확보하고 경영에 대한 감시, 감독이나 경영평가를 하게 된다: 정호경, "공공기관 운영에 관한 법률상의 공공기관의 범위와 지정의 한계: 한국증권선물거래소를 중심으로", 인권과 정의 제394호, 대한변호사협회, 2009. 6. 참조.

133) 정호경, 위의 논문 참조.

물론 주주에 대한 불평등 내지는 자의적인 주주 차별 문제는 궁극적으로 이사의 업무 집행에 관한 선관주의의무 내지는 신인의무 또는 (논란의 여지는 있지만) 지배주주의 성실의무 등의 문제일 수도 있다. 하지만 중요한 고려요소는 객관적으로 해당 결정이나 행위를 정당화할 수 있을 정도로 업무집행상 공정성이 있는지 여부라고 하겠다.

그렇다면 공정성 여부를 어떻게 평가하느냐의 문제가 남는다. 이에 대해 법익침해에 대한 비례원칙을 제시한 견해[134]가 있는데 참고할 만하다고 본다. 우리 헌법상 사유 재산권 보호와 법률에 의한 기본권 제한의 한계 선상의 기준 역시 비례원칙이 되어야 하기 때문이다. 따라서 수단의 적합성, 필요성, 상당성(균형성) 여부를 따져 보아 공정한 행위 내지는 결정이었는지를 판단하면 되는데, 개별 사안에서 공정성 요건을 충족하고 있음을 회사 측에서 입증한다면 주주들을 달리 취급하는 것이 허용된다고 본다.

종래에는 회사가 주주들을 달리 취급할 경우, 그 다른 취급에 대한 적법성 평가기준으로서 주주평등원칙을 원용하면서, 그러한 다른 취급이 주주평등원칙에 반하는 것인지 여부를 구별하는 데에만 주로 논의의 초점을 두었다. 그러나 주주평등원칙 위반 여부를 곰곰이 검토해 보면 이는 바로 정관에 규정을 둠으로써 어느 범위까지 주주들을 달리 취급하는 것이 허용될 것인가의 문제와도 연결된다. 그러므로 정관자치의 정당성과 관련하여, 누가 결정할 것인지, 또 무슨 기준을 택할 것인지 등의 문제도 같이 검토되어야 하는바, 일본의 불독소스 사례에서 논의된 바와 같이, 절차 및 내용상 중대한 하자가 존재하지 않는 한, 회사의 기업가치와 주주의 공동 이익을 위하여, 근본적으로 이것은 주주 자신들이 판단할 문제라고 본다. 오히려 변화하는 시장 속에서 항상 모든 주주가 모든 면에서 동등하게 취급되어야 한다고 하여 강행법적으로 강요하기보다는 합리적인 사유 하에 자율을 허용할 필요가 있지 않을까?

(3) 구성원에 대한 평등 대우: 사람별 균등한 대우와 기회 보장이 필요한 국면

여기에서는 위에서 본 공정성 측면 이외에도 주주라는 사람별로 당연히

---

134) 山下徹哉, "株主平等の原則の機能と判断構造の検討(2)", 法学論叢 170巻 2號 (2011), 24面: 이 견해는 정당화사유 입증론이라 할 수 있다.

평등하게 취급해야 하며 그 때 보호받아야 하는 주주의 권리 측면을 언급하고 싶다.

다시 출발점으로 돌아가 주주평등원칙을 살펴볼 때 원래는 다수결의 남용으로부터 소수주주의 구제법리를 만들기 위해 필요한 것이었던 것이었고, 이를 위해 모든 주식은 평등함을 선언하여야 했었다. 그 당시에는 왜 다수결의 남용이 등장하였던 것인가? 이것은 당시 구성원 개인의 특성에 따른 차등의결권이 있었기 때문이다. 따라서 주주평등원칙은 구성원 개인의 인적 특성을 고려하지 말고 구성원이 누구이든지간에 평등하게 대우해야 한다는 의미에서 출발하였다.

이처럼 주주평등 원칙의 출발점은 실은 헌법의 평등원칙과 같은 연장선상에서의 구성원 평등의 정신이었다고 생각한다.

그리고 헌법상 평등원칙처럼 회사의 구성원인 주주들을 사람(人)별로 항상 동일하게 취급해야 하는 것은 아니지만, 주주라는 사람별로 주목하여 처리해야 하는 업무에 있어서는 이른바 두수(頭數)의 평등이 오늘날에도 여전히 요구된다.

예컨대 구성원으로서 주주들이 가지는 정관, 주주총회 의사록, 이사회 의사록, 재무제표 등 서류에 대한 각종 정보 수령권(상법 제391조의3, 제396조, 제448조)은 대주주라 하여 더 많이 가지고, 소수주주라 하여 더 적게 가지는 그런 차원이 아니다.[135] 주주총회 소집통지도 주주들에게 각자 발송되는 것이지 대주주라 하여 소집통지서를 다수 수령하는 것이 아니다. 1주의 주식만을 소유한 주주에게도 주주총회 소집통지서는 발송되어야 한다.

또 주주총회에 입장하거나 착석할 때에도, 총회장에서 발언할 때에도, 주주라는 사람별로 균등하게 대우해야 하며 여기에 차별적인 취급은 있을 수 없다.[136]

한편, 주주에 대한 공정한 대우의 의미 속에는 회사가 구성원들에게 기회를 균등하게 부여하는 측면도 포함한다고 이해된다. 기회를 구성원인 주주들

135) 단, 우리 상법상 회계장부열람권(상법 제466조)은 소수주주권(발행주식 총수의 100분의 3이상에 해당하는 주식을 가진 주주로 한정)으로 분류되므로 두수 평등이라 할 수 없다.

136) 近藤光男, 『最新株式会社法(第7版)』, 中央経済社, 2014. 7, 59面.

에게 균등하게 부여한 것으로 족하며, 그 이후는 사적 영역에서의 시장 원리(경쟁원리)에 맡기면 될 것이다. 예컨대 이와 같이 이해하게 되면 회사가 자기주식을 처분하면서 객관적으로 정당화할 만한 사정이 없는 데도 불구하고 특정인 내지는 특정 주주에게만 자의적으로 매도하는 것은 다른 주주들에게 균등한 기회를 부여하지 않았다는 점에서 공정하지 못한 것으로서 동시에 이른바 주주평등원칙에 위배한 것이라고 생각한다.

그렇다면 주주의 인적 특성에 따라 회사가 달리 취급하는 것은 항상 주주평등에 반하는 것인가? 주주의 지분율이 아니라 주주의 인적 특성에 따라 정관에서 달리 취급할 수 있음을 정한 경우 어떻게 볼 것인가?

정관에는 달리 그 구별 여부를 명시하지 않고서 회사가 어떤 결정을 내릴 때에 내부적인 자체 기준에 의해 주주의 속성에 따라 달리 취급하는 경우에도 주주평등에 반한다고 볼 것인가?

일본 최고재판소가 불독소스 사건에서 '신주예약권자의 차별적인 취급을 내용으로 하는 것이라 하더라도, 그것이 주식의 내용 등에 직접 관계하는 것이 아니기 때문에 바로 주주평등원칙에 반한다고 할 수는 없다'고 판시한 바와 같이, 주식의 내용 등과 전혀 무관한 사안에서는 주주평등의 원칙은 문제되지 않을 것이다.

그러나 기본적으로 주주의 속성에 따라 주식의 내용이나 취득·처분 형태를 달리 취급하는 것 자체는 그것이 정관에 의한 것이든 아니면 내부적인 잣대에 의한 것이든 주주를 불평등하게 대우한 것이므로 [달리 정당시할 사유가 없는 한] 이는 주주평등의 원칙에 반한다고 생각한다.

다만, 이와 구별해야 할 것으로서, 주주의 인적 특성이 중요한 폐쇄적인 주식회사에서 당사자들의 합의 하에 그러한 인적 속성에 따라 달리 취급할 수 있음을 정한 경우라면 그러한 합의는 유효한 것으로 보아 그 효력을 인정해야 한다고 본다. 예컨대 정관상 주식양도제한을 둔 경우(상법 제335조 제1항) 이사회가 주식양도를 승인할 때에 주식양도의 상대방이 누구인지에 따라 승인 여부를 결정하는 것은 가능할 것이다. 특히 합작투자(Joint venture) 약정에 의해 설립된 주식회사와 같이 물적 회사의 형태를 가지지만 실은 주주의 구성에 폐쇄성이 있어 해당 주주의 인적 특성이 매우 중요한 회사도 있을 수 있다(대부분 주식 양도 제한 규정을 두고 있을 것으로 예상된다).

이때의 주식양도제한규정은 주주의 인적 특성에 기반을 두기는 하였으나 당해 주식회사의 폐쇄성의 기준에 불과한 것으로 보아야 한다.[137]

그러나 주식소유가 고도로 분산되는 등 대규모 상장기업인 주식회사의 경우에도 그와 같이 해석할 수는 없다. 대규모 상장회사는 특정 주주의 인적 속성이 중요하지 않기 때문에 오히려 인적 속성을 이유로 특정 주주를 달리 취급하는 것은 앞서 본 공정성 요건을 충족하지 못한다고 생각한다.

4. 주주평등원칙과 1주 1의결권원칙

주주총회에서 의결권을 어떻게 배분할 것인지에 대해 원칙적으로 1주 1의결권 원칙을 택하고 있는데, 이는 주주평등원칙의 또 다른 발현형태이다.

주식회사의 특성상 주주들의 이익을 위하여 필요하여 도입한 수단이라면, 이번에는 역으로 주주들의 이익을 위해서는 꼭 의결권을 1주 1의결권으로 묶어 놓는 것은 불합리하다면 이를 없앨 수도 있는 것이다.

최근 중국의 전자상거래기업인 알리바바가 미국의 뉴욕거래소에서 상장되어 화제가 된 바 있다. 원래 홍콩증권거래소에서 상장하려고 하였으나, 알리바바의 의결권에 차등이 있는 종류주식에 대해 주주평등의 원칙을 침해하므로 그 종류주식을 인정할 수 없다는 입장을 밝히자 미국 거래소에 상장하는 것으로 방침을 바꾼 것이었다. 미국의 뉴욕 거래소와 나스닥의 거래소는 종류주식을 인정하고 있고, 창업자나 CEO가 의결권에 격차가 있는 종류주식을 보유하는 구글이나 페이스북과 같은 실제 사례도 있다. 구글이나 페이스북은 창업자나 CEO가 의결권에 차등이 있는 종류주식(보통주는 1주 1의결권이지만, 종류주식은 1주 10의결권)을 보유하고 있다.

일본에서도 2014년 3월 동경증권거래소 마더스에 상장된 사이버다인(Cyberdine; 筑波大学에서 출발한 로봇 벤처회사)의 경우도 의결권에 차등이 있는

---

137) 같은 취지로, 江頭,『株式会社法(第6版)』有斐閣 (2015), 235面(*이 글에서 달리 언급이 없는 경우에는 제2판을 인용한 것이다). 참고로 일본의 등기 실무는 일정 수 미만의 주식을 취득할 경우 양도승인이 있는 것으로 간주하는 것은 무효라 한다.

주식의 존재를 허용한 사례이다. 사이버다인社는 기술력 높은 연구개발형태의 로봇 벤처기업으로서 2014년 3월 창업자인 筑波大学의 산카이 요시유키(山海嘉之: さんかいよしゆき)교수가 보통주식의 10배의 의결권을 가지는 종류주식을 보유하면서 보통주식을 상장한 사례였다. 물론 사이버다인의 주식 상장 이전에도 일본 회사법상 경영상 일정한 중요사항에 대해 거부권을 행사할 수 있는 황금주(거부권부 종류주식) 등이 허용되자 황금주가 있음에도 불구하고 보통주식이 상장된 예(2006년 4월 國際石油開發帝石 홀딩스 주식회사)도 있었다.

사이버다인 사례의 경우 종류주식 그 자체가 차등의결권 내지는 복수의결권 주식은 아니고 이른바 단원주식제도를 이용한 사례로서 사이버다인이 발행한 종류주식의 단원주식수가 보통주식과 달랐다. 즉 보통주식의 단원주식수는 100주, 종류주식의 단원주식수는 10주로 되어 있음으로써 일본 회사법상[138] 1단원 1의결권이기 때문에 종류주식의 보유자는 보통주식의 10배의 의결권을 가지게 된 것이다.[139] 의결권 이외에는 이익배당이나 잔여재산 분배는 동일한 권리를 가진다.

일본 회사법상 의결권 행사에 관한 종류주식의 발행은 인정하고 있지만 "의결권에 격차가 있는 종류주식"은 인정되지 않는다고 해석되기 때문에 단원주식수를 이용하여 의결권에 격차가 있는 종류주식과 마찬가지의 효과를 얻은 것이다.

그 결과 사이버다인의 종류주식을 보유하는 사장이 경영에 안정적으로 계속 관여할 수 있게 되었다.

참고로 2008년 동경증권거래소의 상장규정이 개정되면서 신규상장신청기업의 경우 의결권 종류주식에 대한 상장이 가능하게 되었지만, 아래 표와 같이 Case 1의 경우에는 발행하고 있는 주식 모두 상장이 가능하지만, Case 2의

---

138) 일본 회사법의 경우 의결권의 수에 대해 다음과 같이 정하고 있다.
일본 회사법 제308조 ① 주주(주식회사가 총 주주의 의결권의 4분의 1 이상을 보유할 것 기타 사유를 통하여 주식회사의 경영을 실질적으로 지배하는 것이 가능한 관계에 있는 자로서 법무성령으로 정한 주주를 제외)는 주주총회에서 보유한 주식 1주에 대해 1개의 의결권을 가진다. 다만 단원주식수를 정관으로 정하고 있는 경우에는 1단원의 주식에 대해 1개의 의결권을 가진다.
② 전항의 규정에도 불구하고 주식회사는 자기주식에 대해 의결권을 가지지 않는다.

139) 다만 보통주식보유자의 권리를 지키기 위하여 다른 조항(보통주식의 4분의 3이 취득된 경우에는 보통주식으로 전환하는 등)이 규정되어 있다.

경우에는 의결권이 적은 주식만 상장이 가능하다.

▌표 1▌ 일본 신규상장신청기업의 상장가능한 의결권 종류주식[140)]

	발행하고 있는 주식	상장가능한 의결권 관련 종류주식
Case 1	보통주식 무의결권주식	보통주식 무의결권주식
Case 2	의결권이 적은 주식 의결권이 많은 주식	의결권이 적은 주식

주주평등원칙을 재해석할 때 주식의 의결권이 균등하다는 의미가 오늘날 가지는 의미는 기술적인 측면이 강하다. 즉 주식의 균일분할성(자본다수결)은 오늘날 주식의 거래를 촉진시키기 위한 측면의 의미이며 이 자체로는 소수주주 보호라는 의미를 도출하기는 힘들다고 본다. 그렇다면 주식의 양도성을 보장하고 유통시장에서의 원활한 거래를 해하지 않는다면 이 부분에서만큼은 유연한 해석도 가능하다고 본다. 다만, 현행 상법에서 1주 1의결권 원칙을 밝히고 있는 만큼 어느 정도로 유연한 태도를 취할 것인지 여부는 사회적인 합의와 그 합의를 반영한 입법적인 결단을 통하여 정해야 할 것으로 본다.

이와 관련해서 1주 1의결권 원칙 자체가 효율성 측면에서 항상 바람직한 결과를 가져오는 지에 대해 여전히 논란의 여지가 크다. 실증연구 결과를 보더라도 복수의결권주식제도가 반드시 기업가치를 상승시키는 것은 아니고, 그렇다고 해서 항상 기업가치를 하락시킨다고도 보기 어려워 어느 쪽이 옳다고 단정하기는 어렵다.

그러나 앞서 본 알리바바 주식이 미국에서 상장된 사례처럼 미국에서 차등의결권 내지는 복수의결권 주식 발행이 비교적 자유롭고 또 상장이 허용된다고 하여 이를 무제한적으로 허용하여서는 아니 된다고 본다. Cash flow에 대한 권리와 Control에 대한 권리의 비례관계를 깨뜨린다는 점에서 기업의 지배구조나 주주의 의결권 보호 차원에서 심각한 영향을 주는 것이므로, 미국

140) 中嶋克久·門沢慎 議決権種類株式に関する取引所の規制とその変遷ーCYBERDYNE 株式会社の上場事例の検討－, Plutus＋ Member's Report, Plutus Consulting, 2014. 5, 3面.

내에서도 일부 IT 기업이나 매우 한정된 산업의 기업들 위주로 활용되고 있으며 또 최초 상장만 허용된다는 점을 유의할 필요가 있다. 기존에 상장된 기업이 복수의결권 내지는 차등의결권 주식을 발행하는 것은 기존 주주의 이해관계를 심각하게 침해하므로 허용되지 않는다.

제 5 절 사안별 구체적인 검토[141)]

1. 자사주 처분의 문제

회사의 자기주식의 처분을 새로운 해석 하에서 어떻게 이해할 것인가? 물론 자사주 처분의 매각 상대방이 특정 주주가 아니라 일반 종업원이나 이사인 경우 주주평등원칙이 형식적으로는 침해되지 않았다(모든 주주에게 동등하게 기회가 주어지지 아니하였다)고 볼 여지가 있다. 그러나 현 경영진에 대한 우호적 지분을 확보하기 위하여 주식을 특정 제3자에게 양도하는 경우 이를 주주평등원칙과 결부시켜 주주총회 특별결의사항으로 정하는 것이 바람직한가? 다양한 측면에서 논의될 수 있으나 기본적으로 자사주 처분의 문제는 개별 구체수단의 법리를 우선시하여 상법상 제3자배정에 관한 조항 및 신주발행무효소송에 관한 조항을 유추적용할 수 있는지의 문제를 먼저 해결하고, 나아가 이사의 선관주의의무 내지는 이사의 책임으로 해결해야 할 문제라고 생각한다.[142)]

또한 앞서 본 바와 같이 재구성한 주주평등원칙 중 구성원들에 대한 기회를 균등하게 보장하지 않았다는 측면에서 동 원칙을 위반하였다고 볼 여지가 있다(정당성 입증 여부는 회사의 몫이다).

일본의 경우 회사의 자기주식 처분에 대하여 신주발행에 관한 규정을 유추적용해야 한다는 견해[143)]가 일본 회사법이 제정되기 이전에도 이미 있었다.

---

141) 지면관계상 각 쟁점에 대한 상세한 검토보다는 주요 쟁점이나 내용만 언급하기로 한다.

142) 회사의 자기주식 처분이 아니라 자기주식 취득과 관련하여, 이와 같이 검토한 견해가 있다(藤田友敬, "自己株式取得と会社法(上)", 商事法務 No. 1615 (2001. 12), 11~12面).

143) 藤田友敬, "自己株式取得と会社法(下)", 商事法務 No. 1616 (2001. 12), 6面.

2005년 성립한 일본 회사법에서는 자기주식의 처분은 신주발행과 동일한 절차에 의하며(일본 회사법 제199조), 위법·불공정한 자기주식 처분의 무효를 다투는 소송(형성소송)도 별도로 마련되어 있다(일본 회사법 제828조 제1항 제3호).

국내에서도 2015. 6. 17. 의원입법형태로 주주평등주의를 실현하기 위해 자사주 처분의 자의적인 행사를 제한하는 것을 골자로 하는 자본시장법 개정안이 발의되어 있는 상황이다(이종걸 의원 발의안).[144]

2011년 개정 상법에서 자기주식 취득에 있어서는 각 주주가 가진 주식 수에 따라 균등하게 취득하는 것을 원칙으로 하여 금지 원칙에서 유연하게 입장을 선회하였으나 종전의 자사주 처분에 대한 규제 대신에 이사회의 결의로 자사주 처분을 허용한 데에 따른 부작용이다. 법제 규제방식 변화에 대해 억제적 수단을 미처 마련하지 못하여 발생한 불비점이다. 따라서 앞서 본 바와 같이 억제적 해석론으로서 주주들의 권리를 보호할 필요가 있다.

2. 적대적 M&A에 대한 방어수단 인정 여부

한편 주주평등원칙이란 지배주주의 권리남용 등에 의한 차별적 취급으로부터 일반 주주를 보호하는 측면에서 접근한다면, 특히 적대적 M&A의 공격에 대한 방어수단 특히 그 중에서도 이른바 포이즌 필의 형태가 허용되는지 여부가 관련된다.

이와 관련하여 법무부의 2009년 개정안에서는 신주인수선택권을 허용하고 있었고 가까운 예로서 일본 회사법의 신주예약권을 생각해 볼 수 있다.

특히 일본의 기업가치연구회는 2005년 기업가치보고서를 통해 방어수단 중 신주예약권을 이용한 경우에는 다양한 논리[145]를 들어 이는 주주평등 원칙에 대한 위반이 아니라고 보았고, 일본의 최고재판소 역시 2007년 불독소스

144) 상세한 내용은 국회 의안정보시스템(http://likms.assemly.go.kr) 및 "자본시장법 개정안," 상장(2015년 7월호), 한국상장회사협의회, 2015. 7. 등 참조.

145) 예컨대, 현행법상 주주간 불평등을 인정한 종류주식의 발행이 허용되므로 매수자를 차별적으로 취급하는 방어수단의 도입을 주주평등원칙 위반으로 일률적으로 금지시킬 수 없고, 주주평등의 원칙이 형평의 원칙을 근거로 하므로 기업가치를 높이기 위해 합리적인 범위에서 방어수단을 인정하지 않는다면 그것이 오히려 형평에 반하며, 신주예약권 행사는 주주의 권리 및 의무의 내용은 아니라는 등을 논거로 하고 있다. 이상의 내용은 권재열, "일본에서의 적대적 M&A에 대한 방어수단의 합리성 판단," 증권법연구 제10권 제2호, 2009, 393면.

사건에서 "특정 주주에 의한 경영지배권 취득으로 회사의 존립, 발전이 저해될 우려가 발생하는 등 회사의 기업가치가 손상되고 회사 이익 나아가 주주공동의 이익을 해하게 되는 경우에는 그 방지를 위하여 당해 주주를 차별적으로 취급하더라도 그러한 취급이 형평의 이념에 반하여 상당성을 결하지 않는 한 이는 주주평등의 원칙에 반하지 않는다"고 이미 결정한 바 있다.

그러나 위 결정에 대한 비판론이 있고, 또 매수자 속성에 대한 평가가 먼저 이루어지고, 그 다음 방어수단이 적절한 지 평가하는 구조를 가지는데, 회사의 지배권을 취득하고자 하는 자는 시장 논리에 따라 경쟁 방식으로 접근하는데, 방어수단으로 대응할 때에는 시장 논리가 아니라 매수자 속성을 평가한다는 것 자체가 방어하는 측에게 더없이 유리한 구조라 근원적인 문제가 있다고 본다. 과연 공정한 취급이었는지 판단의 영역에 맡긴다.

3. 다양한 종류주식의 인정 여부

다양한 종류주식, 그 중에서도 이른바 황금주(거부권부주식)[146]는 새로운 주주평등원칙 하에서 어떻게 해석할 수 있는가? 위에서 본 바와 같이 다양한 종류주식을 인정할 지 여부는 일반 주주를 다수결의 전횡으로부터 보호한다는 측면보다는 기업의 자금 조달의 성격이 더 강하므로 좀더 유연하게 볼 여지가 있어 보인다.

거부권부 주식을 인정하고 있는 일본 법제 하에서의 일본 벤처캐피탈의 투자실무를 살펴보면, 거부권의 대상으로서, 자본의 증감, 조직변경, 배당 등 중요사항 뿐 아니라 기업지배구조관련 사항, 업무집행사항(재무 포함), 자회사 관리, 회사 규정 사항 등 거의 전부의 영역에 걸쳐서 규정하는 것이 가장 보편적이라고 한다. 거부권부주식[147]을 포함하여 다양한 형태의 종류주식을 허용

146) 황금주란 특정 기업에 대한 정부의 영향력을 장래에도 유지함과 동시에 적대적 매수에 대한 방어 수단으로서 해외 투자자에 의한 주식 보유에 대한 거부권 및 일반 투자가의 주식취득에 대한 인가권 등의 특권이 연동된 주식이다: 최현정, "황금주(Golden Shares)의 도입에 관한 입법론적 연구", 이화여자대학교 석사학위논문, 2004. 7, 6면.

147) 한국개발연구원, 한국가스공사 소유 및 지배구조 연구, 2002. 1, 155면; 최현정, 위의 논문, 56면에서 재인용: "기존의 주주들은 평등의 원칙에 반함을 주장할 수 있으며 해당 규정이 헌법상 평등원칙에 반함을 이유로 위헌법률심판제청 신청을 할 가능성도 있다"; 그 밖에도 주주의 측

하는 법제는 일본 이외에도 다수 있다.

2011년 개정 상법에서는 의결권배제·제한에 관한 종류주식 등 다양한 형태의 종류주식을 법제화하여 허용하였으나 아직까지 우리 상법의 해석상 법이 허용하지 않은 형태의 종류주식을 회사가 임의로 발행하는 것은 허용되지 않으므로, 당사자들이 설계하는 다양한 형태의 종류주식을 발행하는 것이 허용되기 위하여는 먼저 상법의 개정 작업이 필요할 것이다. 현실적으로는 1주 1의결권 원칙을 강행법규로 해석하는 판례[148]의 입장을 고려할 때 복수의결권 주식을 정관에서 정한다고 하더라도 그 해당 정관 규정은 무효로 해석될 것이다.

그러나 새로운 해석 하에서는 주주평등원칙과 1주 1의결권원칙을 유연하게 해석하므로 회사 이익을 최대화하고, 자금 조달을 용이하게 하기 위한 실질적 필요성이 인정된다면 다양한 형태의 종류주식을 인정하는 것이 궁극적으로는 바람직할 것으로 본다.

4. 주주간 합의와 정관자치의 한계

한편 회사법의 규정을 강행법규[149]라고 해석하더라도, 그 강행법규에 위

면에서 생각해 본다면 처음부터 황금주를 지니고 있던 기업의 주주인 경우에는 자신이 주식을 취득할 당시부터 이미 황금주가 존재하고 있음을 알고 있었던 경우이므로 상관없으나, 주식을 취득한 후 특별법 등에서 황금주의 도입을 받아들인다면 문제가 발생할 소지가 있다는 견해(최현정, 앞의 논문, 56면 참조)가 있다.

148) 대법원 2009. 11. 26. 선고 2009다51820판결.

149) 참고로, 일본 회사법을 강행법규라고 해석하는 근거에 대하여 종래의 논의를 간단히 살펴보면, 과거에는 "상법을 영리활동자체를 규율하는 행위법과 이를 위한 조직 내지는 설비를 규율하는 조직법으로 나누어 전자를 지배하는 원리가 임의법규인 데에 비하여, 후자의 경우는 강행법규라고 하여야 하고 이러한 강행법적 성질의 기초는 영리활동의 확보"라는 견해(田中耕太郎博士)가 있었다. 그 후 이를 비판하면서 "(앞의 견해는) 대외관계에 관한 법규에 대하여는 맞는 말일지 모르나, 대내관계에 관한 법규에서는 반드시 타당한 것이 아니다. 물론 대표이사의 권한을 법정하여 거래의 안전을 도모하고 또 자본의 충실, 유지에 의하여 회사 채권자에 대한 변제능력을 보장하고자 하는 것은 거래행위에 관련지어 이해할 수 있지만, 회사 내부에 있어서 이사의 전횡이나 배임행위 내지는 다수자의 소수자 압박을 방지하는 것은 거래행위 자체를 확보하는 것과는 그다지 관계가 없기 때문이다. 내부관계에 관한 법이 강행법규인 것은 이러한 행위를 자신의 힘으로 방지하는 것이 불가능한 자들을 위하여 법이 후견적 작용을 행하고 있기 때문이고 그러한 의미에서 약자보호의 정신에 근거한 것이라고 할 수 있을 것인바, 주식회사법의 강행법규성의 기초는 이러한 2가지의 이질적인 이유가 바탕이 된 것이고 조직법이론으로 설명할 수는 없다"는 견해(鈴木竹雄博士)도 있다: 神田秀樹, "株式会社法の強行法規性", 特別講義商法(竹内昭夫編), 有斐閣, 1995, 1~2面에서 재인용.

반하여 체결된 사인 간 계약의 효력까지는 부정되지 않는다고 보는 것이 일반적이다. 즉, 주주유한책임의 원칙과 달리 특정 주주가 채권자와 사이에 계약으로 출자액을 초과한 책임을 부담하기로 하는 약정이나, 특정 주주들 사이에 주식 양도시 상대방 주주의 동의를 요하도록 정해 두는 약정은 모두 강행법규에 위반되나, 그 자체로 해당 약정들이 무효가 되는 것이 아니고, 그 약정들은 유효한 계약이므로 위반시에는 위반한 당사자는 상대방에 대하여 손해배상책임을 부담하게 된다.[150]

그러나 주주간 합의 내지는 회사와의 계약을 통하여 정한 사항(예컨대 상법에서 정한 절차에 의하지 않고서 주식양도를 제한하는 내용의 합의)을 정관에 규정할 경우 당해 정관에 따라 위 합의 내용을 강제할 수 있는가? 정관의 효력은 현행 주주들 뿐만 아니라 장래의 주주, 나아가 회사와 거래하는 제3자에게도 영향을 주는데, 그렇기 때문에 상법은 특별히 회사가 결정하는 사항에 대하여만 정관에 정함을 둘 수 있도록 하는 여지를 둔 것이라고 해석된다.[151] 그렇다면 상법과 배치되게 정관에서 정할 경우 당해 내용은 상법의 규정 위반이어서 무효라고 보아야 할 것이다. 왜냐하면 회사법의 규정은 지금까지 대체로 모두 강행법규로서 이에 반하는 합의는 인정되지 않는다는 생각이 지배적이었고, 이에 대하여 회사법의 제반 규정과 다른 내용의 정관규정의 효력을 일률적으로 부인할 것은 아니라는 상당히 설득력 있는 의견들이 제시되고 있기는 하나, 상법의 해석상 이 부분은 입법적 해결이 없이는 극복하기 어려운 장애라는 지적[152]도 있다.

5. 주주우대제도

(1) 주주우대제도의 유효성 여부

주주우대제도란 회사가 주주에 대하여 회사의 사업에 관련한 편익을 부여하는 제도를 의미한다(예컨대 철도회사가 일정 주식 수 이상을 보유한 주주에 대

150) 神田秀樹, 앞의 책, 27面.

151) 같은 취지로 神田秀樹, 「特別講義商法」, 8면.

152) 윤영신, "회사법상 주식다양화의 한계 및 입법에 의한 다양화방안에 관한 연구", 민사판례연구(XXVII), 865면.

하여는 우대승차권을 부여하는 것). 특히 일본 기업들이 개인 투자자들로 하여금 주식을 장기보유하도록 유도하기 위하여 많이 도입[153]하고 있었고, 국내에서는 그다지 이용되지 않은 제도였다.

그러나 2008년 5월 26일부터 우리금융이 은행주의 주가 부양을 위하여 예컨대 우리금융 주식 10 내지는 100주 미만을 보유한 고객들을 '프리미엄' 등급으로 분류해 텔레뱅킹 수수료 및 자기앞수표 발행 수수료를 월 3회 면제하고, 5000주 이상 보유한 고객들은 최고 등급인 '플래티늄' 고객으로 분류해 통장, 증서 발행수수료를 면제해 주고 5년 동안 신용카드 연회비를 면제하는 것을 골자로 하는 주주우대 프로그램을 도입[154]하였는바, 향후의 귀추가 주목된다.

참고로, 종래에는 일본 내에서도 주주우대제도의 유효성을 둘러싸고 학설의 대립[155]이 존재하였는데, (i) 주주평등원칙 위반이어서 무효일 가능성이 높다는 견해[156], (ii) 우대의 정도가 경비하다면 주주평등원칙에는 위반하지 않는다는 견해[157], (iii) 회사의 합리적인 필요성이 있으면 주주평등원칙도 이에 양보해야 한다는 견해[158], (iv) 엄격한 주주평등원칙의 적용범위는 의결권의 수(신회사법 제308조 제1항[159]) 또는 배당(신회사법 454조 제3항[160])과 같이 명

153) 일본의 식품회사인 가고메는 100주 이상 보유한 주주에게 매년 2번씩 자사 제품을 공짜로 보내주고, 항공사인 ANA는 1000주 이상 보유한 주주에게 반기별로 탑승권 50% 할인권 및 공항시설무료이용권을 보내고 있다. 한편 다이와 IR에 따르면 2005년말 현재 자사제품 및 서비스를 무상이나 할인 제공하는 상장사는 952개로 전체 상장사의 25%를 넘는 것으로 조사되었다. 10년 전에 비하여 3배 이상 늘어난 수치라고 한다. 다만, 지나친 주주우대서비스는 회사 수익성을 악화시키는 요인으로 지적되었다: 관련 기사 http://news.naver.com/print_form.php?office_id=015&article_id=0000861373, 한국경제신문 2005년 12월 30일자 기사.

154) http://seoulfn.com/sub_read.html?uid=44142&section=section4:서울파이낸스신문 2008년 6월 19일자 기사 등 참조.

155) 江頭憲治郎, 앞의 책, 127면 참조.

156) 田中耕太郎, 「改正会社法概論(下巻)」, 岩波書店, 1955, 305面; 江頭憲治郎, 앞의 책 127면 각주 8에서 재인용.

157) 落合誠一, "株主平等の原則", 会社法演習 I, 有斐閣, 1983, 212면; 江頭憲治郎, 앞의 책 127면 각주 8에서 재인용.

158) 大隅健一郎=今井宏, 「会社法論 上巻 (第3版)」, 有斐閣, 1991, 337面의 注1: 江頭憲治郎, 앞의 책 127면 각주 8에서 재인용.

159) 신회사법 제308조 제1항: 주주(주식회사가 그 총주주의 의결권의 4분의 1이상을 보유하거나 기타 사유로 주식회사가 그 경영을 실질적으로 지배하는 것이 가능한 관계에 있는 것으로서 法務省令으로 정한 주주를 제외함)는 주주총회에서 그 보유한 주식 1주에 대해 1개의 의결권을 가진다. 다만 단원주식수를 정관으로 정한 경우에는 일단원의 주식에 대해 1개의 의결권을 가진다.

160) 신회사법 제454조 제3항: 제1항 2호에 열거된 사항에 관한 정함(주주에 대한 배당재산의 배정에 관한 사항: 저자 주)에 관한 정함은 주주(당해 주식회사 및 전항 제1호의 종류주식의 주주

문의 규정이 있는 범위로 제한되며 기타의 경우 법의 일반원칙으로부터 합리적으로 사무를 처리하도록 하는 요청(일반적 평등취급의 요청 및 자의성의 배제)이 있는 것에 불과하므로 주주우대제도는 기타의 경우에 속하는 것이어서 위법성이 없다고 하는 견해[161] 등이 있었다. 그러나 일본 회사법에서 주식 수에 따른 탄력적인 운용을 허용하고 있고 그 입법경위를 살펴보더라도 합리적 수준의 주주우대제도는 허용된다고 해석되고 있으며, 이러한 해석방향이 우리 상법의 경우에도 바람직하다고 보여진다.

(2) 주주우대제도의 한계와 상법 제467조의2

이러한 주주 우대 정책이 상법 제467조의2[162]에서 금지하는 주주의 권리행사와 관련하여 공여되는 재산상의 이익이어서는 안 될 것이다. 특히 경영자가 회사의 재산을 임의로 유출하거나 이용하여 자신에게 유리한 방향으로 주주권(의결권)이 행사되도록 인위적으로 조작할 목적으로 주주들이나 기타 제3자에게 재산상 이익을 제공하는 것은 결코 허용되어서는 안된다.

실제 국내에서도 경영권분쟁이 있는 회사의 정기주주총회에서 실시할 임원 선임결의의 사전투표에 참여하거나 그 정기주주총회에서 직접 의결권을 행사하는 주주들에게 골프장 예약권과 상품교환권을 제공한 사안에 대해, 대법원이 회사가 이러한 이익을 제공한 것은 주주권 행사와 관련되어 교부된 것으로서 그 액수도 사회통념상 허용되는 범위를 넘어서는 이상 '회사는 누구에게

(어느 종류 주식의 주주에 대하여 배당재산의 배당을 하지 않기로 한 경우임: 저자 주)를 제외)가 보유한 주식의 수(전항 제2호에 열거된 사항에 관한 정함이 있는 경우에는 각 종류의 주식의 수)에 따라서 배당재산을 배당할 것으로 내용으로 하는 것이어야 한다.

161) 森本滋, 「会社法 (第2版)」, 有信堂高文社, 1995, 120面의 注2 참조: 江頭憲治郎, 앞의 책, 127면 각주 8에서 재인용.

162) 제467조의2는 이른바 총회꾼의 횡포를 막고 주주총회의 운영을 정상화하기 위하여 1984년 도입되었다.
제467조의2(이익공여의 금지)
① 회사는 누구에게든지 주주의 권리행사와 관련하여 재산상의 이익을 공여할 수 없다.
② 회사가 특정의 주주에 대하여 무상으로 재산상의 이익을 공여한 경우에는 주주의 권리행사와 관련하여 이를 공여한 것으로 추정한다. 회사가 특정의 주주에 대하여 유상으로 재산상의 이익을 공여한 경우에 있어서 회사가 얻은 이익이 공여한 이익에 비하여 현저하게 적은 때에도 또한 같다.
③ 회사가 제1항의 규정에 위반하여 재산상의 이익을 공여한 때에는 그 이익을 공여받은 자는 이를 회사에 반환하여야 한다. 이 경우 회사에 대하여 대가를 지급한 것이 있는 때에는 그 반환을 받을 수 있다.

든지 주주의 권리행사와 관련하여 재산상의 이익을 공여할 수 없다'는 상법상 이익공여금지규정(상법 제467조의2, 제634조의2)에 위반하여 주주의 권리행사와 관련된 이익공여에 해당하므로 그 결의방법이 법령에 위반한 것으로 보았다.[163)]

따라서 주주에 대한 소정의 이익을 제공하는 것이 법률상 허용되기 위해서는 첫째, 그러한 이익 제공이 주주권 행사와 무관해야 되고(안건에 대한 찬반 여부와 무관해야 한다), 둘째, 제공되는 이익이 사회통념상 상당하다고 보여지는 소액의 한도이어야 할 것이다 — 예컨대 주주총회에 출석한 주주들에게 제공되는 의례적인 기념품으로서 타올이나 필기도구, 비누 등을 떠올리면 된다.[164)]

이러한 주주우대방침이 일견 주주평등원칙과는 관계없는 업무집행의 일환으로서 경영판단의 영역에 속하는 문제로 볼 수도 있겠으나,[165)] 사견으로는 업무집행에 관한 경영판단의 영역이라 하여 주주평등원칙이 적용되지 않는 것이 아니라, 오히려 (앞서 본 재구성된) 주주평등원칙을 적용하여 업무를 집행해야 하는 것이 원칙이고, 다만 모든 주주들에게 총회에 출석할 기회가 동일하게 부여되어 있는 이상 출석한 주주에게만 소정의 금품을 지급하는 것 자체는 평등 원칙에 위배되는 차별적 취급이 아니라고 이해된다.

(3) 이른바 충성배당(Loyalty dividend)의 문제 — 네덜란드의 DSM 사건

그렇다면 이른바 'loyalty dividend' 즉 주주의 주식보유기간이 길수록 추가 배당 등 혜택을 부여하는 회사의 방침은 어떠한가? 이것은 주주로 하여금 회사 주식을 장기보유할 인센티브를 제공하여 장기 주주 가치(long-term shareholder value)를 증진시킨다.

실제로 네덜란드 회사인 Koninklijke DSM N.V.(이하 "DSM"이라 한다)는 2007년 3월 28일 정기주주총회에서 이른바 3년 이상 주주명부에 기재된 주주는 추가 배당을 받는 안(즉 충성배당: loyalty dividend)을 포함하는 정관개정안을 제안하였고, 이에 반발한 일부 주주들이 이러한 정관개정안은 네덜란드 민법(Dutch Civil Code; 이하 "DCC"라 한다) 제2 : 92조의 주주평등(equality of shareholders)

---

163) 대법원 2014. 7. 11.자 2013마2397결정[가처분이의]. 단 이 결정에서 대법원은 결의방법의 법령 위반 사유라는 점만 지적하고 있으므로, 주주평등 원칙에 대한 위반은 아니라고 본 듯하다. 모든 주주들에게 기회를 부여한 이상 주주평등 원칙에 대한 위반은 없었다고 생각한다.

164) 이철송, 앞의 책, 993면.

165) 정쾌영, "주주평등의 원칙에 대한 재고", 상사판례연구 제23권 제4호, 156면 등.

에 위반한 것으로서 같은 종류의 주식이라면 동일한 권리를 가져야 한다는 것이 네덜란드 회사법의 근간이라고 주장하였다.[166)]

이에 대하여 2007년 12월 14일 네덜란드 대법원(Supreme Court of the Netherlands)은 위 조항은 모든 주식의 권리와 의무가 비례적 평등이라는 의미일 뿐, 반드시 강행규정이라 볼 수 없고, 회사가 이 목적을 위하여 새로운 종류주식을 발행할 필요가 있는 것도 아니라고 보아 충성 배당을 허용한 바 있다. 더구나 모든 주주에게 그러한 추가배당을 받을 수 있는 기회가 열려 있는 이상(즉 주주들의 선택사항이다) 적절하고 객관적으로 정당화할 수 있는 기준이 있다면 의도한 목적과 수단 사이에 공정한 관계가 성립될 수 있어 비례적 평등은 충족된 것으로 보아야 한다는 취지로 판시하였다.[167)] 재구성된 주주평등원칙의 관점에서 볼 때 구성원들에 대한 기회균등 측면을 충족하고 있어 동 원칙 위반은 아니라고 보며, 장기 주주 가치 제고에 도움이 될 수 있어 국내에서도 이 제도의 도입을 검토해 볼 만 하다고 생각한다.

6. 주주총회의 운영 관련

한편 주주총회의 실제 운영과 주주평등원칙의 문제를 다룬 일본 법원의 재미있는 판례가 있어 소개한다. 법률적 쟁점보다는 실무와 더 연관이 있는 본건 사안은, 시코쿠(四國)의 전력회사의 주주 수 명(이하 "이 사건 주주들"; 위 회사의 원자력발전에 반대하는 주주회의 멤버로 보임)이, 주주총회 당일 맨 앞 줄에 착석하기를 희망하여 새벽부터 총회장 밖에서 기다렸으나 총회장 안에 들어가서 보니 이미 주주석의 앞의 2열은 이미 종업원 주주로 보이는 사람들이 점거하고 있어 어쩔 수 없이 그 뒷 줄 좌석에 착석하였다. 이에 이 사건 주주들은 총회장의 앞 좌석에 착석하는 것은 출석한 다른 주주들을 설득하기에 유리하고 의장

166) Arnout Stroeve and Ingmar Wassenaar, "Dutch Supreme Court Allows Loyalty Dividen", Houthoff Buruma (2014. 12. 27): http://www.houthoff.com/_files-cms/file/Newsupdates/Corporate%20News%20Update%20DSM_December%202007.pdf

167) Geert Raaijmakers and Marlies St다, William J. L. Calkoen ed,「The Corporate Governance Review (2nd Ed.)」Law Business and Research (2012) p.216: http://www.nautadutilh.com/PageFiles/18253/Netherlands.pdf (최종방문일자 2015. 9. 15)

의 지명을 받기도 용이하다는 장점이 있는바, 회사가 일반 주주와 이 사건 주주들을 착석의 자유에 있어 차별적 취급을 한 것은 주주평등원칙에 반하여 위법이고 따라서 주주총회 결의의 취소까지는 구하지 않으나 이 사건 주주들이 입은 정신적 손해로서 1인당 적어도 10만엔의 손해를 배상하라고 청구한 것이다.[168)]

이에 대하여 일본 지방재판소는 "일반적으로 주주총회를 설계하고 의사진행 등을 담당하는 자는 각 주주가 자신의 권리인 질문이나 안건을 제출하는 것을 원활하게 할 수 있도록 배려하여야 하기 때문에 이 점에 있어서 총회 준비자의 권한이 남용되는 일이 있어서는 아니된다. 그러나 본 건의 경우 불리한 착석을 강요받았다는 원고들은 제5열 내지는 제7열째에 착석하여 수시로 질문이나 안건을 제출하였고, 임원진과도 충분한 대화를 나누었으며 착석 위치로 인하여 주주권 행사에 관하여 구체적인 불이익을 받았다고는 보기 어렵다[169)]"고 판시하여 이 사건 주주들의 청구를 기각하였다. 실무상 주주총회의 총회장의 앞 좌석은 총회장의 분위기를 결정지을 수 있는 중요한 자리임에는 틀림없지만, 위 사안의 사실관계에서는 단순히 특정 주주가 앞의 좌석을 선점하였다고 하여 바로 그 자리에 앉지 못한 주주에 대하여 주주평등원칙의 위반이 있었다고 보기는 어려울 것이며 그렇다면 위 판례의 논거는 타당하다.

그러나 회사 경영진의 의도가 비판적인 주주의 발언을 봉쇄하고 말살시켜 경영진이 의도한 결의를 도출하기 위함이고 그에 따라 일부 반대 주주의 발언을 아예 봉쇄해 버릴 정도라면 주주총회 결의 자체의 절차적 하자의 문제로 다툴 여지는 있다고 보여진다.

제 6 절　맺음말

회사를 현대의 리바이어던(Leviathan)이라 비유하기도 한다.[170)]

회사 자체 내에서 야기되는 각종 부조리 뿐 아니라, 대규모 주식회사의

---

168) 鈴木竹雄, "株主總會の設營と株主平等原則", 商事法務 No. 1289 (1992. 6), 2面.

169) 高松地裁 平成四年(1991년에 해당: 저자 주)三月一六日 平成二年(ワ)第三二一号; 鈴木竹雄의 앞의 논문, 2~3면 참조.

170) 같은 취지로, 이동승, 앞의 학위논문, 277면.

경우 회사의 소유와 지배의 괴리가 발생하고, 대주주, 경영자, 소액주주, 채권자 등 각 집단들 사이에 갈등이 있음은 부인하기 어렵다. 그래서 법경제학의 입장에서는 주주에 한정하지 않고 이익집단을 회사의 이해관계자(stakeholder)라는 개념으로 포섭하고 회사는 이러한 이해관계자들과의 계약의 집합체(the nexus of contracts)라고 보기도 한다.

회사는 자본주의의 경제체제를 떠받드는 支柱[171]라 할 수 있으므로 그 장점을 최대한 살리고, 폐해를 제도적으로 제거하도록 노력하는 것이 오늘날 회사법학에 주어진 과제이다.[172] 그러한 관점에서 종래에 설명되었던 주주평등원칙은 비교법적인 측면에서 주식회사법상 항상 당연히 도출되는 강행법적 대원칙으로 무조건적으로 수용하기에는 문제가 있음은 본문에서 이미 살펴본 바와 같다.

그러므로 주주평등원칙을 절대적인 법원칙으로서 기계적으로만, 형식적으로만 이해하여 경직된 법해석론에 경도되어 기업의 현실적 필요성에 의하여 발생하는 모든 새로운 논의를 원천봉쇄하기[173]보다는, 기업가치를 증대시키고 만약 침해된 주주의 권리가 있다면 이를 구제해 주는 방향으로 주주평등원칙을 재해석할 필요가 있다. 주주평등원칙의 현대적 의의와 기능을 자의적인 회사의 결정이나 행동으로부터 소수파 주주의 권리를 보호하는 측면에서 찾는다면 그 본질은 평등보다는 공정성에 가깝다고 할 것이고, 그럼에도 불구하고 여전히 절차적 측면에서는 주주 구성원에 중점을 둔 두수(頭數) 평등도 내포된 영역이 있음을 살펴보았다. 향후 구체적으로 문제되는 쟁점 별로 주주평등원칙이 적용될 경우 그에 따라 적법한 행위로서 허용되는 범위와 위법한 행위로서 금지되는 범위에 초점을 맞추어 세심하게 검토하는 노력이 필요하다고 본다.[174]

---

171) Berle, Foreword to the Corporation in Modern Society (E. Mason edited, 1959); 정동윤 3면 (각주 1)에서 재인용.

172) 이철송, 앞의 상법강의, 247~248면.

173) 같은 취지로는 Frank H. Easterbrook, Daniel R. Fischel, 「The Economic Structure of Corporate Law(1991)」; 송옥렬, 앞의 논문, 74면에서 재인용.

174) 기계적으로 적용하는 것은 경제적 효율성과도 충돌할 수도 있다: 같은 취지로는, 大杉謙一, 앞의 논문, 3면.

회사법상 의결권 규제의 합리화 방안

출전: 기업법연구 제28권 제2호

서 완 석*

제1절 서 론

주주가 주식회사에 대하여 자본을 출자하는 순간 그 자본은 회사의 자기자본이 되고, 주주는 위험자본의 출자자로서 이익배당이나 잔여재산분배청구권만을 가지는 지위에 서게 되며, 퇴사와 출자의 환급이 인정되지 않기 때문에 투하자본을 회수할 수 있는 유일한 방법은 주식양도이므로 물적 회사에서 그 개성이 중시되지 않는 주주에게 그 자익권을 지킬 수 있도록 의결권을 부여할 필요가 있고, 그 의결권은 위험자본의 부담액에 비례하도록 하는 것이 공평하다.[1] 그러므로 우리 상법은 주주의 의결권을 1주마다 1개로 하는 것을 원칙으로 하고 있고(상법 제369조 제1항), 그 구조 내에서 의결권은 경제적 소유권에 비례한다고 말할 수 있다.

그러므로 주주는 주식회사에 대한 재산권자로서의 지위 내지 이익을 확보하기 위하여 주주총회에 출석하여 주주총회의 의사형성에 참가할 수 있는 권리인 주주의결권을 가지며, 이를 통해 회사 재산의 관리나 운영에 참여할

* 가천대학교 법과대학 교수, 법학박사.

1) 加藤貴仁, 株主間の議決権配分(一株一議決権原則の機能と限界), 「商事法務」, 2007. 10, 66頁.

수 있는 법적 권리를 가진다. 그리고 이러한 권리는 주주권의 내용을 이루는 권리이므로 주주만이 가지며, 그 행사가 의무는 아니고, 공익권으로서 법이 특별히 인정한 경우를 제외하고는 주주총회의 결의로도 박탈할 수 없는 고유권이다.

그런데 비록 우리나라 상법에서는 명문의 규정 없이 해석상으로만 인정되고 있지만 주주평등원칙 즉 주식평등원칙은 대부분의 국가에서처럼 당연한 것으로 받아들여지고 있고, 1주 1의결권 원칙은 대리인 비용을 통제하는 효과가 있으며,[2] 지배권을 가지는 당사자에 대한 이익과 관련한 주식보유자에 대한 이익의 중요성을 극대화함으로써 효율적인 경영진이 선택될 수 있도록 해주고,[3] 대주주가 있는 회사에서는 대주주가 경영진을 감시·감독하도록 함으로써 지배구조를 개선하는 역할을 한다.[4]

그리하여 기업법은 주식을 평등하게 취급하며, 현존하는 법학 및 경제학 문헌들 또한 일관되게 이러한 취급을 지지한다. 그러나 이와 같이 주식을 평등하게 취급하게 되면 왜곡된 결과를 낳는 경우도 있으며,[5] 1주 1의결권 원칙이 회사의 지배권 경쟁에서 항상 주주의 이익을 극대화 해주는 것도 아니다. 또한 경제적 측면에서 볼 때, 1주 1의결권 원칙은 최선책이라기보다는 차선책이라 할 수 있고, 의결정족수와 규제 요건에 대한 왜곡, M&A에 대하여 경솔한 승인을 내릴 가능성, 증권집단 소송에 있어서의 저평가와 부당한 보상과 같이 상당히 해로운 결과를 낳는 일도 있다.[6] 오늘날 회사에서 주주들 간의 권력은 다양한 방식으로 배분된다. 이러한 다양성의 증거는 본질적으로 주주들 간의 권력관계를 규정짓는 주주의결권에서 분명히 나타나는데, 2004년 중반에 영국보험자협회(Association of British Insurers, ABI)가 수행한 '유럽의 300대 대기업에 대한 의결권 연구'에 따르면[7] 연구대상 회사들 중 1/3 이상이 1주 1의결권 원

---

2) Frank Easterbrook & Daniel Fischel, The Economic Structure of Corporate Law 63–89 (Harvard University Press, 1991).

3) Sanford Grossman & Oliver Hart, One Share–One Vote and Market for Corporate Control, 20 Journal of Financial Economics 175 (1988).

4) Andrei Shleifer & Robert Vishny, Large Shareholders and Corporate Control, 94 Journal of Political Economy 461 (1986).

5) Shaun Martin & Frank Partnoy, Encumbered Shares, 2005 U. Ill. L. Rev. 775.

6) Id.

7) Ass'n of British Insurers, Deminor Rating, Application of the One Share–One Vote Principle in

칙에 대한 예외 규정을 가지고 있음이 밝혀졌다.

한편 의결권은 재산권적 성질을 가지는 사원권으로 법에 특별히 정한 경우를 제외하고는 함부로 제한하거나 박탈할 수 없는 고유권임에도 불구하고, 권리의 일종이므로 그 한계에서 자유롭지만은 않다. 재산권의 행사는 공공복리에 적합하도록 하여야 하며(헌법 제15조 제2항), 권리의 행사는 신의에 좇아 성실히 하여야 하고(민법 제2조 제1항), 권리는 남용하지 못한다(민법 제2조 제2항). 그러나 소유와 경영이 분리된 상태에서 주주가 자신의 지분을 통해 재산을 관리할 수 있도록 한 것이므로 정당한 근거 없이 지나치게 제한하는 것 또한 문제가 될 수 있음은 자명하다.

그런데 우리 회사법은 감사나 감사위원의 선임과 해임, 집중투표, 정관변경 등의 경우에 소수주주의 보호를 위하여 대주주 등의 의결권을 제한하고 있다. 이와 같은 의결권 제한은 국제적 정합성에 맞지 않는 측면이 있고, 지나친 규제가 아니냐는 비판이 있다. 따라서 이 글은 회사법상의 의결권 규제에 초점을 맞추어 그 규제의 정도는 본래의 취지에 비추어 적절한지, 그리고 그 합리화 방안은 무엇인지에 대하여 논하되, 우리나라 회사법 상의 의결권 규제와 관련된 세세한 문제를 이 논문의 지면에 모두 다룰 수는 없는 문제이므로 특히 중요하다고 생각하는 문제만을 간추려 살펴보기로 한다.

제 2 절 주주의결권의 중요성과 발달과정

1. 기업지배구조와 주주의결권의 중요성

기업은 경제적 단체이면서 또한 필연적으로 주주, 경영자, 그리고 근로자들과 같은 개인들이 모여 이루어진 정치적 단체이고, 그들의 관계는 기업의 독특한 특징이라고 할 수 있는 특별한 권력 배분에 의해 조직화 된다.[8] 회사

Europe (Mar. 2005), http://www.deminor.be/download.do? doc=deminorratingDocs/ABIOneShareOneVoteFullReport.pdf.

8) Collen A. Dunlavy, Social conceptions of the corporation: Insights from the history of

라는 조직 내에는 ① 경영자와 근로자 간의 계층적 또는 통제－명령적인 수직적 관계, ② 주주(주인)와 경영자(대리인) 간의 수직적 관계,[9] 그리고 ③ 회사의 주주들(혹은 동일한 수준에 놓여 있는 어떤 다른 개인들) 간의 수평적 관계 등 다양한 관계들이 존재한다.[10] 주주관계가 어떻게 발달되어 왔는지에 대해서는 알려진 바가 그리 많지 않지만, 정기주주총회는 경영사학자들이 관심을 갖는 전형적인 블랙박스라고 한다.[11]

기업지배구조는 ① 기업의 모든 이해관계자들이 경영에 참여하는 것은 아니며, ② 의결권을 가진 자들 즉 모든 주주가 평등한 의결권을 갖는 것도 아니고, ③ 주주들의 회사에 대한 충성도가 낮아서 소유와 경영의 분리가 촉진된다는 점에서 시민사회 거버넌스(civic governance)와 다르지만, 주주들이 의결권을 행사하고, 이사를 선임하여 이사회를 구성한 후 그 조직에 대하여 일정한 권한을 부여하는 것은 시민사회에서의 국민이 그들의 투표권 행사를 통해 그들의 대표를 선출하여 그들로 구성된 조직체에게 일정한 권한을 부여하는 것과 유사한 면이 있다. 그러므로 주주와 경영자가 실질적으로 동일한 폐쇄회사에서는 주주의 의결권이 사실상의 사업결정권이라 할 수 있고,[12] 소유와 경영이 완전히 분리된 회사에서도 주주의 의결권이 밑받침되지 않으면 이사회와 경영진은 어떠한 권한도 가질 수 없으며,[13] 지배주주가 존재하는 회사의 경우[14]에는 지배주주가 의사결정에 필요한 회사의 정보에 쉽게 접근할 수 있

---

shareholder voting rights, 63 Wash. & Lee L. Rev. 1347, 1351 (2006).

9) 이러한 관계는 Adolf Berle과 Gardiner C. Means가 그들의 1932년판 저서인 '현대 기업과 사유재산(The Modern Corporation and Private Property)'에서 소개한 이후로 많은 경영학자들과 법학자들의 관심대상이 된 바 있다[Thomas K. McCraw, In Retrospect: Berle and Means, 18 Rev. Am. Hist. 578 (Dec. 1990)].

10) Dunlavy, supra note 8, at 1351~1352.

11) Colleen A. Dunlavy, Corporate Governance in Late Nineteenth－Century Europe and the U.S.: The Case of Shareholder Voting Rights, in Comparative Corporate Governance: The State of the Art and Emerging Research 5, 10 (Klaus J. Hopt et al. eds, 1998).

12) Stephen M. Bainbridge, The Case for limited Shareholder Voting Rights, 53 UCLA Law Review 601, 602 (2006).

13) Id.

14) 영미를 제외하고는 대기업의 소유와 경영이 완전히 분리되어 있지 않으며 대기업들을 포함한 거의 대부분의 기업들에 지배주주가 존재하는 것으로 밝혀지고 있다고 한다(Ronald J. Gilson, Controlling Family Shareholders in Developing Countries: Anchoring Relational Exchange, 60 Stanford Law Review 633 (2007).

고, 그에 대한 인센티브도 가지므로[15] 지배주주에 의한 내적 경영통제가 작동하여[16] 지배주주의 의결권이 강력한 경영자 통제장치가 된다. 따라서 기업지배구조의 초석은 의결권이라고 해야 옳다.[17]

시민사회 거버넌스에서의 투표권은 일반적으로 구성원들을 평등하게 대우하지만, 19세기 미국에서는 재산, 인종, 그리고 성별에 따라 다수자들보다 소수자들을 더 특별히 대우한 바 있다.[18] 마찬가지로 19세기 영미국가의 보통법도 다른 법령에 다른 의결권 규정이 없는 한, 주주 1인당 1개의 의결권을 가지는 것으로 보았으나,[19] 특별한 지배구조 형태를 구축하기 위해 주주들에게 특별한 의결권을 부여한 사례가 많았다.

그런데 주주들에게 1주당 1개의 의결권을 부여하는 규정은 돈의 민주주의, 즉 금권주의(plutocracy)와 밀접한 관련이 있다.[20] 금권주의는 이러한 의결권에서 구현된 기업의 사회적 개념을 가장 잘 묘사하고 있는데, 기업이 주주들의 투자에 비례하여 그들 간의 권력을 배분하고,[21] 주주들은 주주총회에서 자신들이 보유한 주식의 수에 따라 평등한 의결권을 행사하며, 이를 통해 회사의 지배가 발현되기 때문이다.[22] 민주주의 국가는 국민의 투표로 그 정치적 지도자를 선출하는 반면에 기업은 주주들의 의결권 행사를 통해 경영진을 선출한다. 시민사회 거버넌스에서는 재산이나 성별, 학력 등에 상관없이 누구나 평등하게 1인 1표를 행사하는 것을 원칙으로 하지만, 주주의결권은 1주 1의결권을 원칙으로 한다. 학자들은 이를 주주평등의 원칙이라 부르고, 주주의 자

---

15) 김화진, 기업지배구조와 기업금융, 박영사 (2012), 121쪽.

16) 서완석, 기업지배구조론에 관한 서설적 고찰, 「기업법연구」 제27권 제4호, 한국기업법학회 (2013), 144쪽.

17) Julian Velasco, The Fundamental Rights of the Shareholder 17 (Feb. 6, 2006).

18) Alexander Keyssar, The Right to Vote: The Contested History of Democracy in the United States 54~62 (2000).

19) Colleen A. Dunlavy, From Citizens to Plutocrats: Nineteenth-Century Shareholder Voting Rights and Theories of the Corporation, in Constructing Corporate America: History, Politics, Culture 66, at 73 History of Capitalism; 미국의 각주 법률에 의해 부여된 1200개의 회사 정관들 중 1/3(38%)가 이러한 범주에 속했다고 한다(Corporate Charters Database, http://history.wisc.edu/dunlavy/Corporations/c_database.htm).

20) Merriam-Webster's Collegiate Dictionary 896 (10th ed. 1999).

21) 미국의 긴 역사에서 금권정치를 억누르고 대중이 승리를 거둔 것은 1940년대 후반에서 70년대 전반에 이르는 짧은 기간에 불과하고 나머지 기간은 늘 금권정치가 승리를 거두고 있다.

22) 김화진, 앞의 책(주15), 124쪽.

격에 기인하는 회사에 대한 법률관계에서는 원칙적으로 그가 가지는 주식 수에 따라 평등하게 취급을 받기 때문이며, 이를 주식의 귀속자라는 측면에 맞추어 표현한 것이라고 설명하기도 한다.[23)]

그러나 여기에서 평등의 단위는 사람이 아니며, 보유주식 수에 비례한 평등이라는 의미이므로 이미 인적평등의 의미를 내포하고 있는 주주평등의 원칙이라는 표현보다는 개념의 혼동을 막기 위해서라도 주식평등의 원칙이라고 쓰는 것이 옳다고 본다.[24)] 많은 사람들은 회사의 소유권은 주주에게 있고 경영진에게는 주주들의 부를 극대화 할 의무가 있다고 주장한다.[25)] 그러나 법원은 일반적으로 지배권의 변화와 관련된 기업인수 방어나 전략의 재검토와 같은 제한된 상황을 제외하고는 적극적으로 회사의 소유권이 주주에게 있다는 판결을 내리고 있지는 않은 것 같다.[26)] 또한 주주소유권 이론은 경영진들이 주주를 제외한 회사의 다른 구성원들의 이익을 고려해야 하는 의무를 제한할 수 있는 기능을 해왔으며,[27)] 미국 대부분의 주들의 실정법도 그렇다.[28)]

주주가 의결권을 가지는 것은 주주의 출자로 회사가 설립되었으므로 당연히 주주가 회사의 주인이라는 생각에 기초해 있다. 그러나 주주소유권 이론은 오늘날 거센 도전을 받고 있고, 이론적으로도 정확하다고 할 수 없다. 다만 주주소유권이론이 그냥 이론일 뿐이라는 점을 잊고 있을 정도로 널리 인정을 받고 있기 때문이다. 주주는 회사의 주인이라기보다 주식의 주인인 것이고, 주식수가 많아서 지배적 위치에 있는 자가 주인의식을 가진 실질적인 주인이라고 할 수 있으며, 회사는 지배주주의 의사에 따라 움직일 것이므로 기업은 본질적으로 민주적이지 않다. 그러나 문제는 지배주주나 그의 대리인인 경영

23) 최기원, 「신회사법론(제11대정판)」, 박영사(2001), 268쪽; 임홍근, 「회사법」, 법문사(2001), 210쪽.

24) 같은 생각: 이철송, 「회사법 강의(제22판)」, 박영사(2014), 211쪽.

25) P. Dooley, Fundamentals of Corporation Law 97 (1995); Frank H. Easterbrook & Daniel R. Fischel, The Economic Structure of Corporate Law (1991); Margaret M. Blair & Lynn A. Stout, A Team Production Theory of Corporate Law, 85 Va. L. Rev. 247, 248~65 (1999); D. Gordon Smith, The Shareholder Primacy Norm, 23 J. Corp.L. 277, 277~78 (1998); Frank H. Easterbrook & Daniel R. Fischel, The Proper Role of a Target's Management in Responding to a Tender Offer, 94 Harv. L. Rev. 1161 (1981).

26) 예를 들어, Revlon, Inc. v. MacAndrews & Forbes Holdings, Inc, 506 A.2d 173 (Del. 1986) 참조.

27) Comm. on Corp.Laws, Am. Bar Ass'n, Other Constituencies Statutes: Potential for Confusion, 45 Bus. Law. 2253 (1990).

28) Id.

자가 주주의 이익을 극대화하기보다는 사익을 추구하는 경우이다. 그러한 경우에 기업은 주주들뿐만 아니라 오히려 사회적으로도 해악을 끼치게 되고 결국 국민주권이 중심이 된 민주주의(democracy)와 주주주권(자본주권)의 중심이 되는 시장(plutocracy), 즉 금권주의가 근본적으로 충돌하게 될 것이다.

2. 주주의결권의 발달과정

19세기는 세계 도처에 있는 현대적인 기업의 표준화와 급속한 전파가 이루어진 시기였지만, 초기의 기업들은 동시대의 다른 기업들과는 여러 면에서 달랐다. 또한 오늘날은 당연한 것으로 여기는 1주 1의결권 원칙에서 벗어나, 대주주보다는 소수주주에게 더 유리한 의결권 제한계획을 채택하고 있었다.[29] 최근에 법학 및 경제학자들은 지배주주들의 이기심으로부터 소수주주와 투자자들을 보호할 수 있는 방법을 찾고 있다. 그리고 오늘날 경영자들이 주주들에 대하여 혹은 지배주주들이 비지배주주들에 대하여 기회주의적으로 행동함으로써 부과되는 비용, 즉 대리인 비용은 기업지배구조에 관한 논의의 최정점에 자리 잡고 있다.[30]

다른 제한이 없는 한, 1주 1의결권 원칙만큼 회사에 대한 지배권을 용이하게 획득할 수 있는 방법은 없다.[31] 또한 1주 1의결권 원칙은 경제적으로 효율적인 원칙으로 평가되며,[32] 대리인 비용을 통제하는 효과를 발휘한다.[33] 학자에 따라서는 대주주의 경영진에 대한 통제와,[34] 경영권 시장의 기능을 제고하는 데 필요하다고 주장하는 경우도 있다.[35] 그리하여 1825년과 1835년 사이의 미국 기업들 약 1/3(35%)이 이와 같은 금권주의적 의결권 규정을 가지고 있

29) Henry Hansmann & Mariana Pargendler, The Evolution of Shareholder Voting Rights: Separation of O wnership and Consumption, 123 Yale L.J. 948 (2014).

30) Henry Hansmann & Reinier Kraakman & Richard Squire, The New Business Entities in Evolutionary Perspective, 2005 U. Ill. L. Rev. 5, at 14~15.

31) Dunlavy, supra note 8, at 1356.

32) Bernard Black & Reinier Kraakman, A Self-Enforcing Model of Corporate Law, 109 Harvard Law Review 1911, 1945~1946 (1996).

33) Easterbrook & Fischel, supra note 25 at 63~89.

34) Shleifer & Vishny, supra note 4 at 461.

35) Grossman & Hart, supra note 3.

없을 정도로[36] 오래 전부터 1주 1의결권 원칙은 회사에 없어서는 안 되는 매우 중요한 것이었고, 19세기 말쯤에는 이러한 원칙을 아주 당연한 것으로 여기는 분위기였다.[37] 그러나 19세기 초부터 이러한 원칙에 대한 반감의 싹도 움트고 있었다.[38]

예를 들어, 재산에 초점을 맞춘 1주 1의결권은 자본을 많이 투자한 사람이 회사에 대해 많은 영향력을 가지게 되므로 대주주들에게 회사의 이익과 권력이 독점될 가능성이 높고, 사람에 초점을 맞춘 1인 1의결권은 자본을 많이 투자한 사람이나 적게 투자한 사람이나 회사에 대한 영향력이 동일하므로 실질적으로 회사를 이끌어 나갈 대주주에게 적절한 권한을 부여할 수 없는 난점이 있다. 그래서 나온 것이 "신중한 중용(prudent mean)"의 의결권제도이다. 이는 자본출자액에 따라 의결권이 부여되지만 일정한 방법으로 의결권의 수에 제한을 가하는 방법인데, 재산과 사람 사이에서 균형을 찾으려는 의결권제도로서 1인 1의결권 제도와 1주 1의결권 제도의 중간 형태라고 할 수 있다.[39]

신중한 중용의 규정은 매우 다양한 형태를 띠고 있지만 주주들 간에 권력을 배분하는 방법을 이해하는 데는 도움이 된다. 이 방식은 ① 복수의 주식 수마다 1개의 의결권을 부여하거나 ② 주식 수에 가중치를 두어 의결권을 부여하는 방법, ③ 대주주가 의결권을 행사할 수 있는 의결권 수를 제한하는 방법 등 다양한 형태를 띤다. 예를 들어, 1934년에 설립된 미국 버지니아주의 많은 광산회사들은 5주당 1개의 의결권; 10주당 2개의 의결권; 15주당 3개의 의결권; 20주당 4개의 의결권; 30주당 5개의 의결권; 40주당 6개의 의결권; 60주당 7개의 의결권; 80주당 8개의 의결권; 100주당 10개의 의결권; 140주당 11개의 의결권; 180주당 12개의 의결권; 200주 이상 15개의 의결권 등을 정해 놓고 있었다.[40] 이와 같이 신중한 중용의 의결권 방식은 자본을 많이 투자한 사람에

36) Dunlavy, supra note 8, at 1356.

37) Id.

38) Pauline Maier, The Revolutionary Origins of the American Corporation, 50 Wm. & Mary Q. 77~78 (3d ser, Jan. 1993).

39) 1790년에 미국 재무장관이었던 Alexander Hamilton은 미합중국 제1은행에 대해 적절한 의결권 규정을 논의하면서 대주주들이 은행의 이익과 권력을 독점할 것을 우려하여 1주 1의결권을 거부함과 동시에 1인 1의결권은 대주주들에게 어떠한 권한을 부여하기에는 불충분한 점이 있다고 생각했다고 한다(Dunlavy, supra note 8, at 1357).

40) 1833~1834 Va. Acts 210(9개, 13개, 또는 14개의 투표권은 없었다).

게 더 많은 의결권을 주면서도 소유한 주식 수에 비해 적은 의결권을 부여함으로써 대주주들의 권한남용을 막는 제도로서,[41] 1인 1의결권 원칙보다 비민주적이지만 1주 1의결권 원칙보다는 더 민주적이다.

미국의 경우, 19세기 초까지는 이처럼 대주주의 의결권을 제한하려는 경향이 강해서 1825개 내지 1835개의 샘플기업 들 중에서 약 2/3(65)%가 신중한 중용의 규정을 가지고 있었다.[42] 역사적 맥락에서 보면 의결권은 회사법이나 특별법, 혹은 회사의 부속정관에 규정될 때, 그러한 규정들에 대한 제정 및 개정권한을 가진 자들의 이념적 성향, 또는 시대적 상황에 따라 달리 규정되었던 것이다. 다시 말해, 1주 1의결권 원칙이 표준은 아니었다.

미국의 경우, 1855년의 특별법에 의해 부여된 130개의 샘플기업들의 정관 중 2/3(68%)가 여전히 신중한 중용의 의결권 규정을 가지고 있었고,[43] 파트너십이나 협동조합들은 민주주적인 1인 1의결권 규정을 가지고 있었다.[44] 그러나 18세기 말과 19세기 초에 들어서면서 1주 1의결권 제도의 등장과 함께 미국 기업들의 자본조달의 어려움도 가속화되어 19세기 중반에 의결권 규정의 급격한 금권주의적 전환이 이루어졌다.[45] 왜냐하면 투자자들이 자신들이 투자한 액에 비례하는 지배권을 갖지 못하면 자금을 투자하려 하지 않았기 때문이다.[46] 결국 오랫동안 대주주의 권력을 제한해왔던 버지니아 주조차 1886년에 그러한 제한을 철폐하고 1주 1의결권 규정을 두게 되면서 미국에서는 1주 1의결권 규정이 대세로 자리 잡게 된다.[47] 그러나 이러한 1주 1의결권 원칙은 강행법규가 아니라 임의법규의 형식을 취하고 있었고,[48] 대주주들에게 회사

---

41) 박양균, 차등의결권 제도의 경제학적 분석, 「규제연구」 제18권 제1호 (2009년 6월), 147쪽 참조.

42) Dunlavy, supra note 8, at 1358.

43) Id.

44) Timothy B. Thering, Co-Operative Capitalism: The Story of the Minneapolis Co-Operative Coopers, 1868~90 (Dec. 14, 2001): 유영일, 차등의결권주에 관한 연구, 「상사판례연구」 제21집 제4권 (2008), 106쪽: 이선화, 의결권조정형 종류주식의 도입에 따른 법적 문제, 성균관대학교 대학원 박사학위논문(2010) 66쪽.

45) Dunlavy, supra note 8, at 1358.

46) Timothy K. O'Neil, Rule 19c-4: The SEC goes to far in adopting a one share, on vote rule, 83 Nw. U.L. Rev. 1057, 1062~1063 (1989).

47) Dunlavy, supra note 8, at 1358~1359; An Act to Give to Each Stockholder a Vote for Each Share He Holds in Incorporated Companies, Feb. 26, 1886, ch. 233, 1886 Va. Acts 246.

48) 이선화, 앞의 논문(주44), 66쪽.

의 지배권을 획득할 수 있는 기회를 늘려줌으로써 1895년과 1904년 사이에 1,800여개 회사가 흡수된 대합병운동(Merger Movement)과 약 20,000여 개의 새로운 법인이 설립되는 계기가 되었다.[49)]

그런데 미국에서의 의결권 규정의 금권주의적 전환과정은 유럽 국가들의 그것과 많이 다르다. 예를 들어, 1867년의 프랑스 일반회사 설립법(general incorporation law)은[50)] 회사 스스로 자신들에게 적합한 의결권 규정을 둘 수 있도록 하면서도,[51)] 회사 정관에 의결권에 관한 내용이 없는 경우에는 당연히 1주 1의결권의 원칙이 적용되는 것으로 보았다.[52)] 이는 영미 보통법이 정하고 있는 내용과 같으나, 미국의 경우, 실정법이 보통법을 뒤집을 수 있는 반면에 프랑스의 경우에는 선택사항이었다는 데 그 차이가 있다.[53)] 또한 이사 선임을 포함한 최초의 임원구성 주주총회(first constitutive meeting of the shareholders)에서 각 주주들의 의결권은 10주로 제한되었지만 정기주주총회를 다루는 의결권 규정의 문언은 의결권이 제한될 수 있다는 내용을 암시하고 있었다.[54)]

이와 마찬가지로 독일의 경우, 1884년의 주요 회사법 개정에서는 1주 1의결권을 규정하였으나, 제190조의 "모든 주식에는 의결권을 부여한다(Jede Aktie gewährt das Stimmrecht)"는 규정은 미국처럼 주주들이 소유한 각각의 주식에 대해 1개의 의결권을 부여한다는 점을 확실히 하기 위한 것이 아니라 의결권 없는 주식을 배제하기 위한 규정이었으며, 법률전문가들 또한 계속해서 대주주에 대하여 의결권을 제한할 것을 권고하였다.[55)] 그리하여 증권거래소에 상장

---

49) Naomi Lamoreaux, The Great Merger Movement in American Business, 1895–1904 (1985)(Dunlavy, supra note 8, at 1359 각주 38 참조).

50) Loi sur les sociétés, 24 July 1867, Tome XXX Bulletin des lois, sér. XI, partie principale, Titres I–IV, no. 1513(Dunlavy, supra note 8, at 1359에서 재인용).

51) 프랑스의 경우에는 0~4주의 의결권을 가진 소수의 주식을 소유한 주주에게는 의결권을 부여하지 않았지만, 5~10주는 1의결권, 11~20주는 2의결권, 21~40주는 3의결권, 40주 이상은 5의결권을 부여하는 등 대주주의 의결권을 제한하였다.

52) A. Vavasseur, Traité des Sociétés Civiles et Commerciales (avec Formules)[:] Sociétés Francaises et Étrangères – – Assurances – – Associations et Syndicats Professionels – – Taxes Fiscales, vol. 2, ¶ 896, 168 (Paris, Marchal et Billard 5th ed. 1897~1904) (Dunlavy, supra note 8, at 1359에서 재인용).

53) Dunlavy, supra note 8, at 1359~1360.

54) Id. at 1360.

55) Id.

된 회사에 대해서는 의결권 상한제도가 있었으며, 회사법은 5% 이상을 소유한 주주들에게는 5%, 10% 이상을 소유한 주주들에게는 10%의 의결권 상한을 두고 있었다. 독일에서의 1주 1의결권의 원칙은 "주식회사의 본질"이라는 추상적 이론보다 구체적인 사회환경을 기초로 하였다.[56)]

한편 영국의 경우에는 1845년부터 1905년까지 주식 수가 증가함에 따라 최초 10주까지는 1주당 1의결권, 매 5주 추가부터 100주까지 5주당 1의결권, 그 이상에 대해서는 10주당 1의결권을 부여하는 3단계의 신중한 중용의 의결권 제도를 가지고 있다가,[57)] 1주 1의결권 제도로 바꾸었다. 그렇다면 20세기로의 전환점에서 의결권의 금권주의적 변환은 미국에서만의 뚜렷한 현상이라고 할 것이고,[58)] 기업의 사회적 개념에서 볼 때는 미국이 유럽보다 비민주적이었다고 말할 수도 있다.[59)] 그러나 1920년대쯤 대주주들이 장악하고 있던 미국의 기업들은 Berle과 Means의 "현대기업과 사유재산(The Modem Corporation and Private Property)에서 언급한 현대기업으로 전환되면서도 여전히 금권주의적 의결권 규정은 가지고 있었지만, 소유와 경영의 분리 때문에 전문 경영인들이 등장하면서 1주 1의결권 규정 또는 무의결권 규정을 통해 기업을 장악하려 했던 대주주들은 급속히 사라졌다.[60)]

이와 동시에 19세기 중반부터 미국에서는 소수주주에 관한 관심이 증대되기 시작하면서 1870년과 1900년 사이에 소액주주들도 회사 정보에 접근할 수 있도록 집중투표제를 허용하기 시작했다.[61)] 주주들의 수가 늘고, 주식의 분산도가 커지면 당연히 소액투자자들의 수도 증가할 수밖에 없으므로 투자자들에게 소수주주의 권리문제는 매우 민감한 문제로 부각될 수밖에 없었기 때문이다. 당시 상황은 Dunlavy교수가 논문에서 소개한 월스트리트 저널 기사에 잘 소개되어 있다.[62)] 따라서 상대적으로 적은 투자를 한 이사진들은 위임

---

56) 江頭憲治郎 ほか, 種類株式 ④, ジュリスト 第1266号 127頁 (神作發言).

57) Frank Partony & Shaun Martin, Encumbered Shares," University of California, Berkeley Law and Economic Workshop (2004).

58) Dunlavy, supra note 8, at 1361.

59) Id.

60) Id. at 1361~1362.

61) 집중투표제는 시민사회 거버넌스의 비례대표제를 모델로 하였다.

62) 월스트리트 저널 기자가 그의 기사에서 "소수주주들에 의해서," "모든 주주들은 실제적으로 의미를 부여받는다"고 말한 것은 당시의 분위기를 잘 보여준다[How to Make Corporations

장제도를 활용하거나 의결권 신탁을 이용해 그들의 권력을 강화하려 했다.[63] 이는 소유와 경영의 분리를 통한 경영자 권력이 등장하면서 주주들은 상대적으로 수동적으로 변화되었지만 동시에 소액주주들의 권리증진에 대한 의식은 조금씩 늘어나기 시작했다는 증거이다.

일본은 1주 1의결권의 원칙과 대주주의 의결권 제한이 혼재되어 있다가 다시 1주 1의결권 원칙으로의 수렴경향을 보이는 발전 과정을 거쳐, 1950년 개정 상법에서 1주 1의결권 원칙이 확립되었다. 그러나 1938년의 무의결권주식제도 도입, 2001년과 2002년 상법 개정을 통한 다양한 종류주식제도 도입 등을 통해 1주 1의결권원칙에서의 일탈을 겪으며 그 기조는 아직도 그대로 유지되고 있다. 요컨대 일본에서도 1주 1의결권 원칙은 절대적인 것이 아니며, 사회적, 역사적 환경변화에 따라 변용되어왔다고 볼 수 있다.[64]

제 3 절 20세기의 주주민주주의

1. 정치적 민주주의와 주주민주주의

미국 George Mason 대학교 로스쿨 학장인 Henry G. Manne은 2007년 1월 2일자 월스트리트 저널에 실린 '주주민주주의의 모순어법(The Corporate Democracy Oxymoron)'이라는 글에서 "'주주 민주주의'는 20~30년마다 유행처럼 돌아오는데, 그러한 시기가 맹렬한 기세로 다시 돌아왔다"고 하면서 "회사 지배구조에 민주주의를 결합하려는 생각은 시장이라는 시스템에 정치적 이상을 부적절하게 결합시키려는 과정에서 나왔다. 그리고 이처럼 주주민주주의가 유행처럼 계속해서 찾아오는 이유는 지식인들이 시장작동 원리보다 정치적 모델과 사건들에 더 관심을 갖기 때문이다"라고 쓰고 있다.[65] 그는 또한 "현대 기업은

Honest, Wall St. J, July 26, 1904, at 1(Dunlavy, supra note 8, at 1362에서 재인용)].

63) The Seat of Evil, Wall St. J, Jan. 21, 1904, at 1; The Equitable Voting Trust, Wall St. J, June 21, 1905, at 1(Dunlavy, supra note 8, at 1362-1363에서 재인용).

64) 이선화, 앞의 논문(주44), 78-84쪽 참조.

시장의 산물일 뿐 정치적 결사체가 아니다"고 주장하면서, 기업에서의 경영자를 선출하는 과정도 궁극적으로는 정치적 형태의 선출과정보다는 주식을 많이 소유한 자의 의사가 반영될 수밖에 없다고 말했다.[66] 요컨대, 회사의 지배구조는 효율적 시장원리에 맡겨두는 것이 좋다는 것이다. 그러나 '민주주의'만큼 현대 사회에서 강력한 힘을 가진 용어도 없을 것이기 때문에 법학자들이나 경제학자들을 비롯한 많은 사람들은 정치적 영역에서의 민주주의와 기업 내에서의 민주주의를 비교하는 것에 대해 쉽사리 저항하기 어려울 것이다.

'주주민주주의'를 주장하는 자들은 시민 사회 거버넌스의 기준에 근거를 둔 기업의 사회적 개념을 강조하면서, 기업지배구조 내에 금권주의가 부활하는 것과 대주주의 손아귀에 권력이 집중되는 것을 막아야 하고, 그러기 위해서는 의결권을 민주화하고 그것에 의하여 주주들 간의 권력관계를 평등하게 만들어야 한다고 주장한다. 그러기 위해서는 '1인이 소유할 수 있는 주식수를 제한하거나, 주주들 간에 동등한 의결권을 행사할 수 있게 하는 등의 방법으로 소수주주도 대주주와 동등한 위치에서 지배구조를 요구할 권리가 있다고 주장한다.

2. 주주민주주의의 발전과정

20세기 중반에 접어들면서 미국에서는 주식소유의 분산 및 소유와 경영의 분리 확대, 그리고 경영자의 권력 증대를 통한 '주주 민주주의'가 등장하게 된다. 실제로 Berle과 Means의 저서가 출간 된 해에 미국 상원은 금융위원회를 조직하고, 1920년대에 월스트리트에서 이루어진 주가조작 사건들을 조사한 조사보고서(Pecora investigation)를[67] 내놓았다. 그리고 New York Times는 1929

---

65) http://online.wsj.com/news/articles/SB116768362469464053(최종방문 2014년 5월 2일).

66) Id.

67) 이탈리아 시실리 출신 페르디낭 페코라(Ferdinand Pecora)는 작전세력과 시세조종, 내부자거래, 외부자에 대한 불공평한 대우, 탈세 회계조작 등 다양한 불법행위들이 월스트리트에서 이루어졌음을 폭로한 조사보고서를 내놓았다. 이에 따라 루스벨트 대통령은 투기꾼들의 자유를 제한하는 다양한 조치들을 내놓았고, 1933년에는 은행과 투신업무를 엄격하게 분리하는 Glass-Stegall법이 제정되어 증권시장의 부침에도 불구하고 은행의 자본금이나 대출여력이 휘둘리지 않게 되었으며, 투신사들도 고객의 돈으로 투기등급 이하의 주식과 채권을 편입할 수 없게 되었고, 34년법(Securities Exchange Act of Law 1934)의 제정과 함께 작전세력과 내부자

년 주식시장 붕괴 이후 소액투자자들이 늘어나는 현상을 묘사한 "기업민주주의(corporate democracy)"라는 용어를 최초로 사용하였고, 이 용어는 '주주민주주의'라는 용어와 동일한 의미로 사용되었다.[68] 이 용어는 최근까지 널리 사용되고 있으며, 이제는 소수주주들이 정기주주총회에 참석하고, 정보접근권을 가지며, 의결권을 행사할 수 있는 기업지배구조를 묘사하는 데도 사용되고 있을 뿐만 아니라,[69] 최근에는 소수주주들이 손쉽게 자신들이 선호하는 이사후보를 추천할 수 있도록 하기 위해 회사가 발행하는 위임장 설명서에 주주 추천 이사후보를 포함시킬 수 있도록 한 위임장 접근 규칙(proxy access rule)과 임원보수에 대한 주주승인권(say on pay)으로까지 발전하고 있다.

주주민주주의는 2차 세계대전 이후에 소액투자자들에게 권한을 부여하기 위한 대중운동의 슬로건으로 등장하였는데, 주주 숫자의 증가, 주식소유권의 광범위한 분산, 그리고 사실상의 경영자지배를 그 출발점으로 삼는다.[70] 그리고 1956년에는 "미국을 이끄는 소수주주", "미국 기업의 양심" 등으로 알려진 Lewis D. Gilbert가 그의 회고록 제목을 "기업이 민주화 될수록 더 많은 이익배당을 받게 된다"[71]로 정한 것을 보면, 주주민주주의를 옹호하는 자들은 주주민주주의가 주주이익을 극대화해줄 수 있을 것으로 보고 있음을 알 수 있다.

3. 주주민주주의에 대한 Dunlavy 교수와 Rodrigues 교수의 견해차

(1) Dunlavy 교수의 견해

오늘날 주주민주주의를 옹호하는 자들은 많다. 그리고 그들 대부분은 이

거래, 시세조종 등이 불법화되었으며, 증권거래위원회(SEC)가 설립되었다[Chanceller, Edward, Devil Take The Hindmost: A Story of Financial Speculation, Farrar, Straus and Giroux, 1999; 강남규 역, 금융투기의 역사, 국일증권경제연구소, 329~330쪽 (2001) 참조].

68) Dunlavy, supra note 8, at 1363.

69) Id. at 1364.

70) Frank D. Emerson 과 Franklin C. Latcham교수는 자신들이 공동 저술한 "주주민주주의: 보다 폭넓은 시야에서 바란 본 기업(Shareholder Democracy: A Broader Outlook for Corporations)"에서 Berle과 Means의 견해를 벤치마킹하고 있다[Frank D. Emerson & Franklin C. Latcham, Shareholder Democracy: A Broader Outlook for Corporations (1954)].

71) Dunlavy, supra note 8, at 1365.

러한 형태의 민주주의가 1주 1의결권을 의미한다는 것을 당연하게 생각한다.[72] 그러나 앞에서 본 바와 같이 Dunlavy 교수는 19세기의 의결권 규정들은 현재 우리가 당연하다고 생각했던 것과는 거리가 멀었다고 말한다.[73] 또한 그녀는 현재의 주주민주주의의 1주 1의결권 모델은 "금권주의적(plutocratic)"이고, 회사를 통치함에 있어 더 많은 주식을 보유한 주주들이 더 큰 목소리를 낼 수 있기 때문이라고 하면서,[74] 바로 이 점이 주식 보유량에 관계없이 평등한 의결권을 부여했던 과거의 순수한 주주민주주의와 다른 점이라고 한다.[75]

또한 Dunlavy 교수는 시민사회조직과 기업조직은 각각 국가와 기업이라는 조직체를 가지고 있고, 그 구성원들 간에 권력을 나누어 갖는다는 점에서 상당히 유사하다고 하면서[76] 기업법학자들이 매우 익숙하게 생각하는 경영자와 근로자, 혹은 경영자와 주주 간의 수직적인 관계보다는 주주들 간의 수평적 관계에 더 관심을 보인다.[77] 그리고 사실상 1주 1의결권 원칙 때문에 대주주들이 소수주주들보다 더 큰 소리를 낼 수 있고, 이론상으로는 모든 주주들이 동등하다고 하지만, 1인 1투표권 원칙 위에 성립된 현대의 정치적 운용 시스템에 비해 1주 1의결권 하에서 더 불평등한 경우가 있을 수 있다고 한다.[78] 뿐만 아니라 시민사회 거버넌스에서의 19세기 정부는 재산의 소유권, 인종, 성별과 같은 이유로 공민권을 제한하다가 20세기 들어 이러한 제한을 철폐했지만, 기업지배구조는 더 금권적이고 더 비민주적인 경향으로 진행하면서 대주주들의 목소리는 더 커졌다고 한다.[79]

이와 더불어 Dunlavy 교수는 20세기에 들어 "주주민주주의"를 지지한다고 하는 자들이 경영자와 주주들 간의 수직적 관계를 공정하고, 당연한 것이

---

72) Usha Rodrigues, The Seductive Comparison of Shareholder and Civic Democracy, 63 Wash. & Lee L. Rev. 1389, 1391 (2006).
73) 19세기에는 대다수의 기업들이 1주 1의결권을 가지고 있지 않았다.
74) Dunlavy, supra note 8, at 1350.
75) Id. at 1357.
76) Id. at 1350.
77) Id. at 1366~1367.
78) James M. Buchanan & Gordon Tullock, The Calculus of Consent (Liberty Fund 1999); Daniel A. Farber & Philip p.Frickey, Law and Public Choice (1991).
79) Dunlavy, supra note 8, at 1360~1361.

며, 민주적인 것으로 묵인해왔기 때문에,[80] 경영자와 주주들 간에 힘의 불균형이 있더라도 아무런 문제도 없는 것으로 여겼으며, 경영권과 지배권이 분리되는 미국의 전문경영인 체제의 자본주의(technocratic capitalism)에서 보면 "주주민주주의"는 그저 이해관계를 가진 주주들이 충분한 정보를 제공받고 의결권을 행사할 수 있음을 의미한다고 주장한다. 그리고 그 이유는 회사의 업무수행에 관한 신뢰할 수 있을 만큼의 정확한 최신정보를 이용할 수 없을 때, 경영진에 대한 주주들의 효율적인 감독이 불가능하기 때문이라고 한다.[81] 또한 Dunlavy 교수는 이것이 민주적 또는 신중한 중용의(democratic or prudent−mean) 의결권 규정 속에 내재하는 기업에 대한 사회적 개념과 다른 점이라고는 말한다. 왜냐하면 신중한 중용의 규정이 대주주의 권한남용을 견제하려는 것이었던 데 비하여, 의결권이 부여되고 정보를 이용할 수 있는 권한이 부여되는 한, 10주의 주식을 소유한 자가 10개의 의결권을 가지든지 100만주를 소유한 주주가 100만개의 의결권을 가지든지 문제 삼지 않았기 때문이다. 물론 이렇게라도 해서 제한적이나마 주주들에게 권한을 부여한 것은 보수를 받는 경영자들 쪽으로 너무 심하게 기울어진 힘의 균형을 시정할 의도였으나 기저에 깔린 기업의 사회적 개념은 여전히 기본적으로 금권주의적이며, 이와 같이 주주와 경영자와의 관계가 수직적이라는 견지에서 정의된 주주민주주의의 개념은 오늘날까지도 여전하다고 한다.[82]

그리고 Dunlavy교수는 1980년대 중반 이후로 1주 1의결권 규정과 "주주민주주의"가 더 공고하게 결합되고, 더 뚜렷해지는 추세에 있다고 본다. 그리고 이는 복수의결권 또는 차등의결권주식이 발행되면서 소수독재적인 기업개념이 출현하는 것에 대한 반작용에서 나온 것이라 한다.[83] '주주민주주의'라는 용어는 이제 유럽에서도 수용되어 사용되고 있다.[84] 그러나 Dunlavy 교수는 이 용어를 사용하는 자들이 회사 내에서의 수직적 관계와 수평적 관계를 구별하지 못하는 우를 저지르고 있으며,[85] 자칫 1주 1의결권 규정들이 가진

80) Id.
81) J. E. Parkinson, Corporate Power and Responsibility, Clarendon Press·Oxford (1993), at 160.
82) Dunlavy, supra note 8, at 1365.
83) Id. at 1366.
84) 이에 대한 실례는 Id. at 1366~1367 참조.
85) Id. at 1367.

금권주의적 측면은 도외시한 채 민주적 제도와 자유주의 전통이 일치하는 것으로 착각[86]할 수 있다고 비판한다. 또한 주주민주주의는 주식간의 차별적 대우는 제거할지 몰라도 주주들 간의 차별적 대우는 제거할 수 없을 것이라고 주장하기도 한다.[87]

(2) Rodrigues 교수의 견해

Rodrigues 교수는 기업민주주의와 정치적 민주주의는 모두 직접민주주의, 대의민주주의, 그리고 변형된 대의민주주의[88] 등 세 가지의 다른 정치적 메커니즘을 가지고 있다고 본다.[89] 그는 정치적 세계에서의 직접 민주주의는 투표권자들이 문제를 직접 결정하는 것처럼 기업세계에서도 주주들이 직접 의결권을 행사하는 경우가 있지만, 직접 민주주의는 기업세계에서나 정치세계 모두에 있어 원칙이 아닌 예외라고 본다.[90]

생각건대, 정치세계에서 발생하는 대부분의 문제는 국민의 대의기관이 처리하고, 기업세계에서도 대부분의 의사결정은 이사회 등이 처리하며, 주주의 이해에 특히 중요한 영향을 미칠 수 있는 사항들만 주주들이 결정하게 되므로 그의 견해는 일리가 있다. 우리나라 상법의 경우, ① 회사의 기구나 업태의 기본에 관한 사항, ② 기관구성원의 선임·해임, ③ 업무운영과 주주의 이익을 위한 사항이 주주총회의 권한사항으로 되어 있고,[91] 미국의 경우에도 모범사업회사법, 델라웨어 일반회사법, 그리고 대부분의 주법들이 합병이나 회사의 모든 재산, 혹은 실질적으로 모든 회사의 재산을 매각하는 경우에 주주들이 직접 의결권을 행사할 수 있도록 하고 있지만,[92] 나머지 것들은 대부분

---

86) Caroline Fohlin, The History of Corporate Ownership and Control in Germany, in A History of Corporate Governance around the World: Family Business Groups to Professional Managers 223, 262 (Randall K. Morck ed, 2005).

87) Dunlavy, supra note 8, at 1367.

88) Georgia 대학교의 Usha Rodrigues 교수는 이를 "representative democracy once removed"라고 부른다. 여기서 once removed는 촌수를 따질 때 쓰는 표현으로 "한 세대 떨어진"이라는 의미이다.

89) Rodrigues, supra note 72, at 1392.

90) Id. at 1393.

91) 이기수·최병규·조지현, 「회사법(제6판)」, 박영사(2008), 381쪽.

92) Model Bus. Corp.Act § 11.04 (2005); Del. Code Ann. tit. 8, § 251(c) (2005); Model Bus. Corp.Act § 12.02; Del. Code Ann. tit. 8, § 271; Model Bus. Corp.Act § 14.02; Del. Code Ann. tit. 8, § 275 (same); Model Bus. Corp.Act § 10.03 ; Del. Code Ann. tit. 8, § 242(b)(2).

이사회 등에 맡기고 있기 때문이다. 그렇다면 주주가 해야 할 가장 중요한 일 중 하나는 주주총회에서 이사를 선임하는 일이다.

한편 Rodrigues 교수는 대통령 선거와 같은 정치적 행위와 기업에서 주주들이 이사를 선임하는 행위와 같이 자율지배구조(self-governance)라는 변형된 대의민주주의를 설명하면서,93) 미국에서 대통령 선출을 위한 선거인단을 구성할 선거인을 미리 선출하는 것과 기업에서 주주들이 이사 선임을 위한 의결권을 행사하고 거기서 선임된 이사들이 다시 CEO, CFO, 기타 회사를 사실상 경영해나갈 다른 임원들을 선출하는 경우를 예로 들고 있다.94)

Rodrigues 교수에 따르면 선거인단은 원래 일반대중의 투표권으로부터 자산가, 백인, 남성들과 같은 엘리트들의 투표권을 분리할 목적으로 고안되었으며, 이는 버지니아의 George Mason이 일반대중들에 의한 선거는 맹인들에게 색깔을 구별해보라고 하는 것과 다를 바 없고, 결국 선거인단 제도는 과연 일반대중이 대통령을 선출할 수 있을까에 대한 불신에서 비롯되었다고 주장한다.95) 실제로, 원래 선거인단 제도를 구상할 때는 자신들이 가진 지식과 판단에 따라 독립적 판단을 내릴 수 있는 미국 시민권을 가진 남성들로만 구성하려 했다고 한다.96) 그러나 선거인단은 이러한 취지와 달리 정당정치의 속성인 당리당략에 따라 정당후보자에게 투표하는 형태로 전락하여 지금까지 유지되고 있다.97)

Rodrigues 교수는 기업조직에서도 주주들은 회사를 경영할 자에 대해 직접 의결권을 행사하지 않고 나중에 경영자를 선임할 권한을 가진 이사회 구성원들을 선임하기 위해 의결권을 행사한다는 점에서 미국의 선거인단과 유사한 면이 있다고 한다.98) 그러나 기업과 국가는 ① 기업에 대한 투자는 완전히 자발적인 노력에 의해 이루어지고, ② 대의민주주의는 기업에서 제한적인 역할을 하는 데 그치며, ③ 경제적 이해관계와 주주총회에서의 의결권이 분리되

93) Rodrigues, supra note 72, at 1393.
94) Id. at 1393~1394.
95) Id. at 1394.
96) Paul Boudreaux, The Electoral College and Its Meager Federalism, 88 Marq. L. Rev. 195, 209 (2004).
97) Id.
98) Rodrigues, supra note 72, at 1395.

고, ④ 주주들은 주식매매를 통해 언제든지 회사를 떠날 수 있는 권한을 가지고 있는 등[99] 네 가지 차이가 있다고 한다.

첫째, Rodrigues 교수는 투자자들은 파트너십을 비롯한 여러 종류의 회사형태들 심지어 개인 기업에도 투자할 수 있고, 아예 투자를 하지 않을 수도 있다고 한다. 이 중에는 1인 1의결권을 가진 것들도 있다. 그러므로 투자자는 경영진들에 대해 목소리를 낼 수 있는 잠재력을 가지고 있는데도 기업형태에 1인 1의결권 체제를 강요한다면 투자자의 선택권을 부당하게 침해하는 것이 된다고 한다. 물론 시민사회에는 그러한 대안적 형태에 대해 선택할 수 있는 기회가 없다.[100]

둘째, Rodrigues 교수는 투표권은 시민사회에서는 기본적 권리이지만 기업 조직 내에서의 의결권은 반드시 그렇지 않다고 한다. 대부분의 경우에 투자자들은 정치적 영역에서와 같은 민주적인 경험을 추구하지 않으며, 기업법은 이사들이 정치적 영역에서와 같은 가치 선택을 할 것을 요구하지 않기 때문에 그들이 주주들의 대표자로서의 역할을 할 것도 요구하지 않는다고 한다. 그 대신 주주들은 이사들이 자신들에게 주어진 역할을 충실히 해줄 것인지를 놓고 의결권을 행사하므로 주주민주주의는 그들을 단속하는 제한적인 역할만 한다고 한다.[101]

셋째, Rodrigues 교수는 주주민주주의는 의결권자들에게 실질적인 선택권을 부여하지 않으므로 정치적 민주주의에 비해 비민주적이라고 한다.[102] 예를 들어, 이사 선임은 대부분 각 회사가 제시한 이사후보에 대해 찬성과 반대를 물어 찬성이 과반수가 되면 선임결의가 이루어진 것으로 보므로 주주들에게는 선택권이 없는 것이나 마찬가지라는 것이다. 그러므로 주주민주주의가 이론적으로는 좋을지 몰라도 주주의결권이 실질적인 의미나 힘을 가지고 있는 것은 아니라고 한다.[103]

---

99) Id. at 1397~1398.
100) Id. at 1398.
101) Id. at 1399.
102) Thomas W. Joo, A Trip Through the Maze of "Corporate Democracy": Shareholder Voice and Management Composition, 77 St. John's L. Rev. 735, 735 (2003).
103) Blasius Indus, Inc. v. Atlas Corp, 564 A.2d 651, 659 (Del. Ch. 1988)(주주의 특권은 이사의 권한의 적법성이 부여하는 관념적인 토대이다).

넷째, Rodrigues 교수는 주주들은 자신이 투자한 투자기업의 경영전략 및 성과가 만족스럽지 못할 때 주주권을 활용하여 적극적으로 개입(voice 전략)하기보다는 투자주식을 매각(exit 전략)해버리고 회사를 떠날 수 있는 권리가 있다고 하는데, 이를 “Wall Street Rule”이라고 부른다.[104] 물론 특정 국가의 구성원도 자신이 속한 나라를 떠날 수 있지만 주식을 매각하는 데 들어가는 비용과 비교할 수 없을 만큼의 많은 비용이 소요된다고 한다.[105] 이러한 점을 인식하여 Henry Manne은 “투표권자들의 견지에서 본 정부보다 주주의 견지에서 본 기업이 훨씬 더 민주적인 메커니즘”이라고 말했는지도 모른다.[106]

Rodrigues 교수는 최근에 봇물처럼 터지고 있는 주주행동주의도 Wall Street Rule과 연결 지을 수 있다고 하면서, 대주주들도 종종 회사의 변화를 이끌어내기 위해 때로는 소수주주들의 지원을 받아 기업의 경영활동에 적극 개입하는 경우가 있고, 대주주가 소수주주보다 기업에 대해서 더 많은 이해관계를 가지고 있기 때문에, 더 전투적이 될 수밖에 없으며, 이는 결국 모든 주주들에게 이익이 돌아가는 결과가 된다는 이유를 들어 1주 1의결권 원칙을 정당화시키고 있다.[107] 그녀는 또한 1주 1의결권이 좋은 제도인지의 여부는 우리가 대주주를 얼마나 신뢰하는지에 달려 있다고 주장한다.[108]

Ratner는 신뢰할 수 없는 경영자를 두려워하는 것에 원인이 있는 것이 아니라 대주주의 욕망을 의심하는 것에 더 많은 원인이 있다고 한다.[109] 그런데 Manne은 예외적인 경우를 제외하고 의결권 주주들의 이해상충은 존재하지 않는다고 하면서 이에 동의하지 않는다.[110] 다시 말해, 모든 주주들은 돈을 벌고자 하는 공통적인 목적을 가지고 있다고 한다.[111]

---

104) Thomas W. Joo, The Modern Corporation and Campaign Finance: Incorporating Corporate Governance Analysis into First Amendment Jurisprudence, 79 Wash. U. L.Q. 1, 57~58 (2001).

105) Rodrigues, supra note 72, at 1402.

106) Henry G. Manne, Some Theoretical Aspects of Share Voting: An Essay in Honor of Adolf A. Berle, 64 Colum. L. Rev. 1427, 1445 (1964).

107) Rodrigues, supra note 72, at 1404.

108) Id.

109) David L. Ratner, The Government of Business Corporations: Critical Reflections on the Rule of “One Share, One Vote,” 56 Cornell L. Rev. 1, 20~21 (1970).

110) Manne, supra note 106, at 1441.

111) 그러나 주주들 간에 이해의 충돌이 발생한다고 주장하는 견해도 있다: Robert P. Bartlett III, Managing Risk on a $25 Million Bet: Venture Capital, Agency Costs, and the False Dichotomy

이와 같이 견해가 다르다 보니 도대체 보다 더 민주적이거나 보다 덜 민주적이라는 것이 무엇을 의미하는지에 관하여 근본적인 의문이 생길 수밖에 없다. 비록 대주주들에 의해 지배를 받더라도 의결권을 가진 자들이 대주주들에게 그들의 권한을 행사하여 회사 경영에 변화를 촉구하는 목소리를 내도록 자극하는 시스템이 더 민주적일까? 아니면 각 의결권자들의 권한을 평등하게 보장하면서 대주주들이 경영진에 대해 아무런 말도 할 수 없는 시스템이 더 민주적일까? Rodrigues 교수는 그 대답은 주주민주주의가 경영자들과 대주주들 중에 어느 쪽을 두려워하느냐에 달려 있다고 말한다.[112]

또한 Rodrigues 교수는 기업지배구조에서 이사회의 중요성을 설명하면서, 독립이사(또는 사외이사), 그리고 경영진(또는 사내이사)들로 구성된 이사회가 있는 기업의 경우, 독립이사들은 경영진을 감독하는 자도 아니고, 그렇다고 해서 회사를 경영하는 위치에 있는 자들도 아니며, 오히려 그들은 적대적 기업인수, 임원보수수준, 이해상충 거래 등과 같은 문제가 발생했을 때, 적절한 판단기준을 제공하는 심판자 역할을 하며, 회사 경영진에게는 소독제 역할을 한다고 주장한다.[113]

요컨대, Rodrigues 교수는 Dunlavy 교수가 주장한 기업조직과 시민조직 간의 정치적 유사성은 어느 정도 인정하지만 차이점을 고려하지 않고 직접 적용하려는 논리는 위험하다고 주장하고 있다.

4. 사 견

Dunlavy교수와 Rodrigues 교수가 바라보는 주주민주주의에는 상당한 차이가 있다. Dunlavy 교수는 시민 사회 거버넌스의 기준에 근거를 둔 기업의 사회적 개념을 강조하여 표현하며 기업지배구조 속에서의 금권정치의 부활을 경계하고 있다. 그녀는 대주주의 손아귀에 권력이 집중되는 것을 우려하여 의

---

of the Corporation, 54 UCLA L. Rev. (forthcoming 2006); Stephen M. Bainbridge, Shareholder Activism and Institutional Investors (UCLA Law–Econ. Research Paper No. 05–20, September 2005).

112) Rodrigues, supra note 72, at 1405.

113) Id.

결권을 민주화하고 주주들 간의 권력관계를 평등하게 해야 한다고 주장한다. 그러한 입장에서 보면 한 사람이 보유할 수 있는 주식 수를 제한하거나 주주들 간에 동등한 의결권 행사를 보장하는 것이 진정한 주주민주주의를 실현하는 것으로 보일 수도 있다. 그러나 1인 1의결권을 제외한 1주 1의결권 규정이나 신중한 중용의 의결권 규정은 필연적으로 주주들을 차별대우 할 수밖에 없으며, 정치적인 의미에서의 "민주적 제도"와 정확히 일치할 수는 없다.

최근 강조되고 있는 기업의 사회적 책임은 결코 무시할 수 없는 가치다. 그러나 기업의 속성은 영리추구에 있고, 사회적 선을 실현하는 데 궁극적인 목적이 있는 것은 아니다. 부의 재분배 기능은 정치의 영역이지, 기업의 영역은 아니다. 그러나 물론 1주 1의결권에 의한 금권주의적 경향이 지나쳐서 사회적 악으로 취급될 경우에는 다른 논의가 가능할 것이다. 앞에서 살펴 본 바에서 보더라도 주주의결권의 역사는 정치적, 사회적 환경의 변화에 따라 수없이 얼굴을 바꾸어 온 것을 보더라도 그렇다.

또한 주주가 주주총회에 참석하여 결의에 참여하거나 서면결의에 참가하는 권리인 의결권의 목적은 정치적 행동이나 부의 재분배가 아닌 주주들의 이익 극대화이다. 물론 주주들 중에도 부의 재분배를 더 중요하게 생각하는 자가 있을 수 있으나 지금까지 논의되어 온 기업지배구조의 문제는 소유와 경영의 분리에서 발생하는 대리인 비용의 문제를 해결하여 주주일반과 이해관계자에게 정당한 이익이 귀속되도록 하거나 그러한 이익이 침해되지 않도록 함과 동시에 그들의 이익의 극대화를 기대하는 것이고, 그에 걸 맞는 지배구조를 갖추는 데 초점이 맞추어져 왔다.

우리나라의 경우, 자본시장의 개방이 확대되면서 외국인의 주식투자비중이 크게 상승하고, 외국인 주주의 국내기업에 대한 주주권 요구 및 경영간섭 사례가 증가하고 있다. 특히 법적으로는 소액주주의 권한과 경영에 대한 주주의 감시기능을 강화하기 위해 소수주주권 행사 요건이 크게 완화되고, 집중투표제가 도입되었으며, 감사 또는 감사위원회 선임 시 대주주의 의결권 제한, 금융회사의 계열사 의결권 제한, 이사선임에 대한 의결권 제한 등 소액주주들이 자신의 주주권 행사를 통해 회사에게 영향력을 행사할 수 있는 기회가 늘어났다. 이와 같이 우리나라에서의 주주행동주의는 주주민주주의를 표방함으로써 외환위기 이후 경기상승과 벤처붐에 따른 주가상승이 벤처거품 붕괴와 개인의 투자실적 부진으로 불만과 소외감에 사로잡혀 있던 주주들에게 호소력 있게 접근하고 있다.114)

그러나 주주민주주의와 결합된 주주행동주의가 주주이익을 대변하고 주식가치를 단기간에 상승시키는 등의 순기능도 갖고 있지만 투자지식이나 자본력이 개인보다 우세하며, 사회적 자본의 원천으로서의 경제적 기능이나 증권시장에 대한 영향력이 큰 기관투자자가 주주가치를 희생하면서 법적으로 자신들에게 부여된 주주권한을 이용하여 기회주의적인 행동을 할 수도 있고, 헤지펀드 행동주의처럼 순수한 주주의 이해관계와 충돌할 가능성도 있다. 다양한 행동주의자들이 최고의 가치로 내세우는 주주가치의 제고가 자칫 다른 주주들의 가치는 배제한 채, 그들만의 가치제고에 그칠 가능성도 있고, 경영자에 대한 감시와 규율을 통한 지배구조 개선으로 기업의 경영효율성을 제고함으로써 기업 가치를 높인다면서도 실제로는 주주 자신들의 사적 이익을 위해 주주행동주의를 이용하는 경우도 있을 수 있다. 우리 회사법은 주주의 권리는 당연히 보호하면서도 반대로 주주들의 무분별한 권리주장을 방지하여 회사의 경영을 보장하려는 철학에 기초해 있다.115) 결국 주주이익의 극대화를 위한 주주민주주의는 당연히 보호하여야 할 것이지만 거꾸로 주주민주주의를 표방하고 있으나 주주이익 극대화에 도움이 되지 않는 경우까지 보호할 필요는 없으며, 오히려 정치적인 의미에서 보면 비민주적으로 보일 수 있지만 회사 전체의 이익을 가져옴으로써 결과적으로는 주주 전체의 이익제고에 기여하는 의결권 제도에는 보다 전향적이고 유연한 태도를 갖는 것은 어떨까 하는 생각을 해본다.

---

114) 서완석, 주주행동주의의 문제점과 대처방안, 「성균관법학」 제26권 제1호, 성균관대학교 법학연구소 (2014), 242쪽.

115) 위의 논문, 225~226쪽.

제 4 절　우리나라 회사법상의 의결권 규제의 합리화 방안

1. 1주 1의결권의 강행규정성에 대한 검토

(1) 1주 1의결권 조항의 강행법규성 및 국제적 경향

가. 미 국

1주 1의결권을 최초로 법제화한 나라는 미국이다. 델라웨어주 헌법은 1897년에 주식회사의 이사를 선임하는 경우, 주주의결권은 보유주식마다 1개로 한다고 규정하였다. 그러나 이 규정은 나중에 정관에 다른 정함이 없는 한, 1주 1의결권 원칙이 적용되는 것으로 개정되어 지금까지 델라웨어주 회사법전에 규정되어 있다. 그러나 델라웨어주를 비롯한 많은 주들이 1주 1의결권을 임의규정으로 하고 있는 반면에 뉴욕주를 비롯한 몇몇 주는 강행규정으로 하고 있는 주도 있다.[116]

일반적으로 당사자들이 계약에 의해 그 비율을 바꿀 수 있기 때문에 1주 1의결권을 규정해놓고 있는 미국의 주법상의 규정들은 보충적인 역할을 하는 임의적 규정에 불과하다.[117] 그러나 대기업에 대해서는 1주 1의결권 규정이 강행규정으로 되어 있는데, 뉴욕증권거래소(New York Stock Exchange, 이하 'NYSE'라 함)가 금세기의 대부분의 기간 동안 거래소에 등록요건으로 1주 1의결권 규정을 요구해왔기 때문이다.[118] 상장기업들에 대해서는 일률적·보편적 취급이 필요하기 때문이다. 그러나 다른 거래소들이 계속해서 보다 완화된 규정들을 요구하면서 NYSE의 강행규정성은 1980년대에 기세가 많이 꺾였다. 특히 차등의결권주식이 경영권방어에 유리하다는 인식이 확산되면서 NYSE는 보다 유연한 상장기준의 채택압력에 직면하였고, 결국 1986년에 위와 같은 상장규정을 폐지하였다.

그러나 SEC는 거래소를 감독할 수 있는 권한의 일환으로 1988년 7월에

116) Martin & Partony, supra note 5, at 383.
117) Providence & Worcester Co. v. Baker, 378 A.2d 121, 123~24 (Del. 1977); Seibert v. Milton Bradley Co, 380 Mass. 656, 660, 405 N.E.2d 131, 134~135 (1980).
118) NYSE LISTED COMPANY MANUAL § 313.000 (1988).

Rule 19c－4의 제정을 통하여 미국 내의 증권거래소와 장외시장으로 하여금 주주의 의결권을 박탈 또는 제한하는 내용의 보통주 상장을 금지함으로써 1주 1의결권과 비슷한 규정을 공포였다.[119] 그러나 1990년의 연방항소법원의 Business Roundtable v. SEC 판결[120]은 연방주의에 근거하여 SEC의 권한이 아니라는 이유로 동 규정을 무효화했지만 그 판결은 선택적 적용배제 원칙(opt－out principle)이므로 동 규정의 이용가능성이 줄어드는 것은 아니었기에,[121] 미국 증권거래소들은 자발적으로 동 규정을 채택하여 시행해왔다. 그 후 1991년에 아메리칸 증권거래소(American Stock Exchange, AMEX)가 부분의결권주식, 무의결권보통주 등의 상장을 허용함에 따라 그 의미가 상당히 퇴색되었다. 그러나 SEC는 NYSE, AMEX, NASDAQ에게 1주 1의결권 원칙을 채택하도록 유도하였고, 현재 NYSE는 원칙적으로 차등의결권주식의 상장을 금하고 있다. 다만 무의결권주식의 경우에는 일정한 조건에 따라 상장될 수 있도록 규정하고 있다. 그리고 회사법상에 이러한 제한은 없다.[122]

나. 기타 국가

미국 이외에도 프랑스, 스웨덴을 비롯한 세계 각국의 많은 기업들이 1주 1의결권을 탄력적으로 적용하여 복수의결권 주식 등을 발행하고 있고, 일본의 경우에도 단원주 제도 및 다양한 종류 주식을 도입하여 1주 1의결권 원칙의 유연화를 도모하고 있는데,[123] 1주 1의결권 원칙을 사실상 포기한 것으로 이해하는 견해도 있다.[124] 독일의 경우에도 1998년 KonTrag의 제정을 통해 1주 1의결권 원칙을 법정하여 현실적으로 1주 1의결권 원칙을 유지하고 있지만 이것이 반드시 유일하게 선택해야 하는 것이라고 단정할 수는 없다.[125]

---

119) 동 규정은 네거티브적인 문구로 되어 있고, 기업이 주주들이 소유한 주식에 대한 의결권을 무효로 하고, 제한하거나 부당하게 축소하는 기업의 행위를 취하거나 그러한 주식을 발행하는 경우, 거래소에 등록을 할 수 없도록 하고 있다[17 C.F.R. § 240.19c－4 (1989)].

120) 905 F. 2d 406 (D.C. Cir. 1990).

121) Business Roundtable v. SEC, 22 Sec. Reg. & L. Rep.(BNA) 929 (D.C. Cir, June 12, 1990).

122) 김화진, 앞의 책(주15), 127쪽 참조.

123) 김수연, 1주 1의결권 조항의 강행법규성에 대한 비판적 검토, KERI Brief 13~14, 한국경제연구원 1쪽 참조 (2005. 5. 8).

124) 권종호, 종류주식제도의 개선방안, 한국증권법학회 발표문(2008. 8. 29), 2쪽.

125) 이선화, 앞의 논문(주44), 77쪽.

다. 우리나라

우리나라 회사법은 다른 외국의 입법례보다 훨씬 더 엄격하게 1주 1의결권 조항을 강행법규로 규정하고 있다(제369조 제1항). 즉, 애초에 의결권이 없거나 사후에 개별적으로 제한되는 몇 가지 경우를 제외하고는 예외 없이 1주 1의결권의 원칙을 고수하고 있다. 그러므로 1주 1의결권의 원칙은 강행법규로서 예외를 인정하는 경우를 제외하고는 정관으로 이에 반하는 제한을 할 수 없다는 것이 우리나라의 통설[126]·판례[127]의 견해이다.

(2) 회사법상의 문제점

주주는 의사결정에 따른 위험을 부담하지 않는 확정된 권리를 갖는 채권자를 비롯한 이해관계자들과 달리 의사결정에 따른 위험부담 때문에 회사의 가치를 극대화 시켜야 한다는 유인을 가지므로 그들에게 의결권을 부여하는 것이 옳다.[128] 그리고 1주 1의결권이라는 원칙은 주주들의 위험부담과 회사에 대한 영향력 간에 비례적 균등을 실현하고자 하는 배려에서 나온 것으로 주식회사의 자본 단체적 본질에서 유래한 제도임도[129] 인정할 수 있다고 본다.

그러나 의결권의 발달사와 ABI 수탁연구 결과에서의 다양한 입법례를 보더라도 강행법규성에 대한 역사적 근거는 박약한 것으로 보인다. 1주 1의결권 제도는 결코 시공을 초월하는 절대적 가치를 지닌, 변할 수 없는 원칙으로 기능했던 것이 아니고 경제적 상황의 변화에 따라 적절히 변용되어 왔기 때문이다. 특히 최근 파생상품 혁명을 비롯한 금융공학의 발전을 통한 자본시장의 발전은 1주 1의결권이라고 하는 익숙한 패턴을 위협하고 있다. 외부 투자자와 내부 투자자 모두 기꺼이 주식에 대한 의결권으로부터 주식에 대한 경제적 소유권(이해관계)을 분리할 수 있다. 그런데 이러한 분리는 종종 대중의 시야에서 벗어나 숨겨져 있고[130] 현행 규제로부터도 벗어나 있다.

---

126) 최준선, 회사법(제9판), 삼영사(2014), 363쪽; 권기범, 「현대회사법론(제4판)」, 삼영사(2012), 603쪽; 손진화, 「상법강의(제5판)」, 신조사(2014), 496~4978쪽; 임재연, 「회사법Ⅱ(2013)」, 61쪽; 최기원, 앞의 책(주23), 454쪽; 정찬형, 「상법강의요론(제12판)」, 박영사(2013), 442쪽; 최완진, 「신회사법요론」, 한국외국어대학교 출판부(2012), 158쪽; 서헌제, 「상법강의(상)」, 법문사(2003), 742쪽; 김재범, 주주의 의결권, 「주식회사법대계Ⅱ」, 법문사(2013) 119쪽.

127) 대법원 2009. 11. 26. 판결 2009다51820.

128) 같은 생각: 송옥렬, 「상법강의」, 홍문사(2011), 831쪽.

129) 이철송, 앞의 책(주24), 511쪽.

헤지펀드는 경제적 소유권으로부터 의결권을 분리한다는 점에서 특히 독창적이다. 때로는 그것들이 경제적 소유권보다 더 많은 의결권을 가지는 데 우리는 이러한 형태를 "공의결권(empty voting)"이라고 부른다. 또한 의결권을 획득할 수 있는 사실상의 능력을 가지고 있지만 의결권보다 더 많은 경제적 소유권을 가지고 있는 경우도 있는데, 그 경제적 소유권이 종종 드러나 있지 않기 때문에 "숨은 소유권(hidden ownership)" 또는 "소유권 숨기기"라고 부른다.[131] 이러한 금융기법의 등장은 1주 1의결권 조항에 대한 재검토가 필요하다는 점을 잘 보여주고 있다.

(3) 합리화 방안

회사법은 주주와 경영진 간에 발생하는 대리인 비용을 통제하기 위한 법이다.[132] 그리고 어떻게 하면 주주 전체의 이익을 증대시킬 것인지의 목적에 초점을 맞추어 다루어진다. 그리고 그러한 목적을 달성하기 위해 계속해서 기업지배구조 개선을 꾀하기 위한 다양한 방법을 시스템화 해나간다. 그렇다면 주주의 의결권의 내용과 강도를 어떻게 구성하여 대리인 비용을 감소시킬 것인지의 문제는 주주이익의 극대화라는 목적을 위한 수단에 불과한 것이므로 주주 이익을 위해서라면 변용될 수 있는 가변적인 성질을 가진 것으로 이해하여야 한다. 다시 말해, 헌법에 규정된 인간의 불가침적 천부인권으로서 평등권에 의해 부여되는 1인 1표라고 하는 정치적 개념과는 많은 차이가 있는 것이다.

무엇보다도 대부분의 사람들이 1주 1의결권의 강행법규성을 정치제도상의 투표권과 혼동하여 대주주의 기업독점을 막고 주주민주주의를 달성할 수 있는 수단으로 오해하는 측면이 있는 것 같다. 그러나 Dunlavy 교수는 현재의 주주민주주의의 1주 1의결권 모델이 가진 금권주의적(plutocratic) 측면을 강조하여 1주 1의결권이 가진 비민주적인 측면을 부각시키면서, 자칫 1주 1의결권 규정들이 가진 금권주의적 측면을 도외시한 채 민주적 제도와 자유주의 전통

130) 숨은 소유권(hidden ownership)은 실제 의결권을 가진 소유분이 은폐되어 있는 경우를 말한다(성희활, 국내 헤지펀드의 본격 도입에 따른 규제 체계 정비방향에 대한 고찰, KRX Market, 2010년 5월호 30쪽 참조).

131) 김지평, 주식에 대한 이해관계와 의결권의 분리에 대한 소고, BFL WP44GH(2010. 11), 45쪽.

132) 김화진, 주주와 경영진의 이상한 권력투쟁, 「서울대학교 법학」 제50권 제2호(2009), 415쪽.

이 일치하는 것으로 착각하는 것을 경계해야 한다고 주장하고 있다.

우리 회사법은 무의결권주식과 의결권이 제한되는 종류주식의 발행을 허용하고 있고(상법 제344조의3 제1항), 회사가 가진 자기주식(동법 제369조 제2항)과 상호주(동법 제369조 제3항)는 의결권이 없으며, 주주총회의 결의에 관하여 특별한 이해관계가 있는 자는 의결권을 행사하지 못하고(동법 제368조 제3항), 감사 및 감사위원의 선임과 해임 시 발행주식 총수의 100분의 3을 초과하는 주식의 경우, 의결권을 행사하지 못하며(동법 제409조 제2항, 제542조의12 제3항, 제4항), 상장회사가 정관으로 집중투표를 배제하거나 그 배제된 정관을 변경하려는 경우, 의결권 없는 주식을 제외한 발행주식 총수의 100분의 3을 초과하는 수의 주식을 가진 주주는 그 초과주식에 관하여 의결권을 행사하지 못하고(동법 제 542조의7 제3항), 의결권을 행사하거나 배당을 받을 자, 기타 주주 또는 질권자로서 권리를 행사할 자를 정하기 위하여 주주명부를 폐쇄하거나 기준일을 설정한 기간 중에 전환된 주식의 주주는 그 기간 중의 총회의 결의에 관하여는 의결권을 행사할 수 없다(동법 제350조 제2항)고 하는 등의 1주 1의결권 행사의 예외 규정을 두고 있다. 그런데 이러한 예외규정이 존재한다는 사실 그 자체가 이미 1주 1의결권의 강행법규성에 생채기가 났다는 것을 의미한다.

회사법의 기능 중 하나는 급변하는 경제 환경에 기업이 적절하게 대처할 수 있도록 조력하는 데 있다. 그럼에도 불구하고 1주 1의결권을 일률적으로 강제하다보면 현행 상법상에 도입된 의결권제한의 종류주식 이외에도 경영권 방어에 보다 효율적으로 대처할 수 있는 다양한 종류의 주식을 설계할 수 있는 가능성을 줄이고, 기업의 자본조달 및 IPO 활성화 등 창의적인 기업 활동을 제약할 수 있다. 그러므로 이제 우리나라도 1주 1의결권 제도의 유연화를 도모할 때가 되었다고 본다.

2. 대주주 등의 의결권 제한에 대한 검토

(1) 대주주 등의 의결권 제한의 입법취지 및 현황

의결권 없는 주식을 제외한 발행주식 총수의 3%를 초과하는 수의 주식을 가진 주주는 그 초과하는 주식에 관하여 감사의 선임에 있어서는 의결권을 행사하지 못한다(상법 제409조 제1항, 제2항).[133] 회사는 정관으로 이보다 낮은 비율을 정할 수 있다(동법 제409조의3). 이러한 의결권 제한은 회사의 규모에 관계없이 기본적으로 모두 동일하게 적용된다.

그런데 3% 요건은 1인이 소유한 주식수를 기준으로 판단하지만 상장회사의 경우에는 최대주주에 관한 한, 최대주주, 최대주주의 특수관계인, 최대주주 또는 그 특수관계인의 계산으로 주식을 보유하는 자, 최대주주 또는 그 특수관계인에게 의결권(의결권의 행사를 지시할 수 있는 권한 포함)을 위임한 자(해당 위임분만 해당)가 소유하는 상장회사의 의결권 있는 주식의 합계가 그 회사의 의결권 없는 주식을 제외한 발행주식 총수의 3%를 초과하는 경우, 그 주주는 그 초과하는 주식에 관하여 감사 또는 사외이사가 아닌 감사위원회를 선임하거나 해임할 때에는 의결권을 행사하지 못한다. 다만 정관에서 이보다 낮은 주식 보유비율을 정할 수 있다(동법 제542조의12 제3항, 동조 제3항 시행령 제38조 제1항). 이 특례의 적용을 최대주주 아닌 주주에게까지 확장하는 정관규정은 강행법규인 1주 1의결권 원칙에 반하므로 무효이다.[134]

적용대상인 상장회사는 자산총액 2조원 이상인 대규모상장회사와 자산총액 1천억 원 이상 2조원 미만인 상장회사이고, 적용대상인 주주는 최대주주에 한하며, 최대주주 아닌 주주는 그들의 특수관계인이 소유하고 있는 주식수와 합산하여 3% 이상의 주식을 소유하고 있어도 본인 개인의 지분이 3% 이하이면 의결권의 제한을 받지 않는다.[135] 그리고 최근 사업연도 말 현재의 자산총액이 2조원 이상인 상장회사의 의결권 없는 주식을 제외한 발행주식 총수의 3%를 초과하는 수의 주식을 가진 주주는 그 초과하는 주식에 관하여 사외이사인 감사위위원회 위원을 선임할 때에 의결권을 행사하지 못한다. 다만 정관에서 이보다 낮은 주식 보유비율을 정할 수 있다(동법 제542조의12 제4항, 동조 제4항 시행령 제38조 제2항). 또한 2인 이상의 이사의 선임을 목적으로 하는 총회의 소집이 있는 때에는 의결권 없는 주식을 제외한 발행주식 총수의 3% 이

133) 해임결의에 대해 의결권 제한하는 규정을 두고 있지 않은 점에 대해서는 타당치 않다는 견해가 있다〔이철송, 앞의 책(주24), 823쪽〕.

134) 대법원 2009. 11. 26. 판결 2009다51820.

135) 이는 헌법상 평등의 원칙에 어긋난다〔같은 생각: 이철송, 앞의 책(주24), 823쪽; 김병연, 감사(위원) 선임시 의결권 제한의 타당성 검토, 「상장회사감사회 회보」 제81호(2006. 9)〕 3쪽.

상에 해당하는 주식을 가진 주주는 정관에서 달리 정하는 경우를 제외하고는 회사에 대하여 집중투표의 방법으로 이사를 선임할 것을 청구할 수 있다(동법 제382조의2 제1항).

이와 같이 회사법이 주식회사의 감사 또는 감사위원을 선임할 때 3% 이상의 의결권 있는 지분을 보유하고 있는 주주의 의결권을 3%까지로 제한하는 이유는 주주총회에서 이사를 선임할 때, 보통결의로 선임하므로 대주주의 영향력이 결정적으로 작용하기 때문에 이를 실효적으로 견제하기 위해서는 감사의 중립성이 요구되고, 감사 선임 시에 대주주의 영향력을 억제하여 감사로 하여금 대주주의 영향력 하에 있는 경영진의 업무집행을 견제하는 역할을 적절하게 수행하게 하며,[136] 소액주주들의 의견을 최대한 반영함으로써 상장법인에 있어서 경영의 투명성을 제고하기 위한 취지로 마련된 것이다.[137] 3% 룰은 1962년 1월 20일에 제정되고 1963년 1월 1일부터 시행된 상법 제410조에서부터 규정된 후 1984년의 상법개정에서 409조로 조문의 위치만 바뀌었을 뿐 지금까지 그대로 유지되고 있다.[138]

(2) 문제점

우리나라 기업지배구조에 대한 비판의 대부분은 기업에 대한 소유권과 지배권이 대주주에게 집중되어 있기 때문에 주주중심의 투명경영이나 시장경쟁을 통한 경영규율을 기대할 수 없다는 점에 초점이 맞추어져 있다. 그리고 이러한 지배구조는 필연적으로 자원배분의 비효율성, 기업비리의 양산, 그리고 글로벌 경쟁시장에서의 경쟁력 저하라는 문제점을 갖는다. 물론 대주주 1인에 의한 강력한 기업지배체제를 통해 효율적인 기업성과를 달성할 수 있다는 긍정적인 측면도 있지만, 기업외부 이해관계자에 대한 정보가 차단됨으로써 기업경영의 투명성이 낮고, 주주나 이해관계자들이나 시장에 의한 감시와 견제가 이루어지지 않아 대주주 1인의 사익추구의 전유물로 전락하게 되는 부정적인 측면이 있다. 이러한 점에서 우리 회사법이 감사 선임에 있어 3% 룰을 통하여 대주주 등의 의결권을 제한하려 한 입법취지는 충분히 이해할 수 있다

136) 이철송, 앞의 책(주24) 822쪽; 최준선, 앞의 책(주126), 376쪽.
137) 서울중앙지방법원 2008.4.28. 2008카합1306 결정.
138) 임홍근 편저, 「한국상법전 50년사」, 법문사(2013), 185쪽.

고 본다.

그러나 상장회사감사회 회보의 칼럼란에 감사선임시의 의결권제한과 관련된 글을 쓴 한 변호사는 자신이 직접 맡아 처리한 3건의 사건이 공통적으로 (1) 소위 '3% 제한' 룰이 적용됨으로써 입법 당시의 의도대로 감사선임의 건은 소수주주가 행사할 수 있는 매우 중요한 권한이 되었고, 이를 접수한 회사의 대주주 입장에서는 상당한 부담으로 느끼고 있으며, (2) '3% 제한' 룰이 원래의 입법의도인 대주주의 전횡을 견제하기 보다는 소수주주 자신의 경제적 목적 또는 회사지배(M&A)에 대한 목적으로 이용되고 있고, (3) 감사선임의 건이 제안된 회사들은 대체적으로 안정적 경영 및 수익 달성으로 인해 평소 주주들로부터 큰 불만이 제기된 바 없는 회사였으나 감사선임을 위한 주주제안으로 인해 큰 소용돌이에 휘말림으로써 그 결론이 내려지기까지의 기간 동안 회사가 영업 등을 위해 집중해야 할 분야로부터 경영진의 관심이 분산되는 현상을 보여주었다고 한다.[139] 물론 위 칼럼에 실린 3건의 사례만으로 감사선임 시의 의결권 관련사건 전체를 일반화 할 수는 없지만 3% 룰을 주주 개인의 경제적 이익취득이나 기업지배력 획득 등을 위해 이용하는 사례가 있다는 사실은 확인 할 수 있다.

앞에서 본 바와 같이 감사(위원) 선임과 관련된 3% 룰은 대주주의 영향력을 억제하여 감사로 하여금 대주주의 영향력 하에 있는 경영진의 업무집행을 견제하는 역할을 적절하게 수행하려는 취지에서 만들어진 것이지, 소수주주들이 추천한 감사나 감사위원이 과반수를 차지할 것을 의도한 바는 아닐 것이다. 그럼에도 불구하고 의결권의 3% 제한이 집중투표제와 관련된 표결에 연결된다면 소수주주들이 추천한 감사위원이 과반수를 차지하는 사례도 발생할 수 있다.[140] 이러한 경우, 대주주의 부당한 영향력 배제를 통한 소수주주보호의 목적을 달성하기는커녕 1주 1의결권 원칙의 중대한 예외를 규정하고 있으면서 대주주가 오히려 역차별을 받을 수 있다는 비판에 직면할 수 있다. 더구나 소수주주가 연합하면 회사법이 의도한 본래의 목적과 달리 소수주주들이

139) 강경국, 감사선임시의 의결권 제한 관련 사례분석, 「상장회사감사회 회보」 제89호(2007. 5), 3쪽 참조.

140) 김병연, 앞의 칼럼(주135), 2쪽.

부당한 영향력을 행사하는 경우도 충분히 예견할 수 있다. 예를 들어, 소액주주가 제안한 감사선임안이 통과된 사안, 소액주주들이 연합하여 대주주가 상정한 감사선임안을 부결시킨 사안, 경영진이 제안한 감사위원회 설치를 반대하고, 외부감사인 선임을 제안한 소액주주 연합의 제안이 부결된 사안, 그리고 소액주주들이 대주주의 감사선임을 부결시키지 못한 사안[141] 등은 그러한 우려가 현실화된 사건들이다.

금년 3월 21일에는 경남권 중견 자동차 중장비 부품기업 대창단조에서 의결권 비율에서 큰 격차로 뒤지던 외국계 기관과 국내 투자자문사 등 소수주주가 지분율이 훨씬 높은 오너 등 현 경영진을 제치고 자신들이 요구하던 감사를 선임한 일이 있다.[142] 이 사태를 보면 2013년 7월 17일에 법무부가 입법예고했던 상법 개정안이 일반이사와 감사위원회 위원을 맡을 이사를 처음부터 분리선출하도록 규정한 것, 즉 감사위원의 선임단계 시부터 3% 의결권 제한 룰이 적용되어, 사내이사인 감사위원 선임 시는 최대주주와 그 특수관계인은 합하여 3% 이내로 의결권이 제한되고, 사외이사인 감사위원 선임 시는 최대주주 여부와 상관없이 각자의 의결권이 3%까지로 제한되도록 한 데 대해 재계가 극렬하게 반대한 이유도 수긍할 면이 있다고 생각한다. 대주주의 의결권을 3%로 묶어 놓고, 집중투표제가 이루어지면 최악의 경우 적대적 M&A 등의 경우에 외국계 헤지펀드를 등에 업은 경영권 위협세력이 자신들의 입맛에 맞는 이사 혹은 감사위원을 선임하는 역효과가 발생할 수 있을 것이라는 우려가 빈말만은 아닌 것이라는 것이 증명되었기 때문이다.

특히 문제가 되는 점은 감사와 달리 감사위원은 이사로서 이사회의 모든 의사결정에 참여하므로 감사와는 그 성질에 차이가 있음에도 불구하고 우리 회사법은 이를 동일시하여 감사위원 선임 시에도 3% 의결권 제한규정을 두고 있다는 점이다. 왜냐하면 감사의 경우에는 의사결정 및 업무집행권이 없이 단지 감시, 감독기능만을 수행하므로 그 선임 시 의결권을 제한하더라도 큰 문제가 없을 것이나 감사위원은 이사로서 이사회의 모든 의사결정에 참여하고,

---

141) 최준선, 대주주는 직접 경영하지 말라는 상법개정안, 데일리안 2013년 8월 23일자 기사 참조; 김병연, 현행 상법상 주식회사의 감사선임의 문제점, 2014년 한국경영법률학회 춘계공동학술대회자료집, 9~10쪽.

142) 주주총회 '반란' 가능케 한 3%룰 (매일경제 2014년 3월 25일자 기사 참조).

그러한 이사인 감사위원 선임에 대하여 주주가 의결권을 행사하는 것은 회사 경영에 참여하여 지배권을 실행하는 지극히 당연한 권리인데 이러한 권리를 제한하는 것은 재산권의 일종인 주주권의 본질적인 내용을 침해하는 것으로 볼 수 있기 때문이다.[143] 무엇보다도 왜 3%로 제한하였는지에 대한 명확한 근거를 찾을 수가 없다.

한편 2009년 상법 개정으로 전자투표가 가능해지고, 2010년 예탁결제원이 전자투표시스템을 도입하면서 정족수를 충족할 대체 수단이 생겼다. 그리고 2013년 5월 28일자로 공포된 개정 자본시장법은 2015년 1월 1일부터 주권 상장법인의 주주총회를 지원하기 위하여 예탁결제원이 의결권을 대리 행사하는 중립적 의결권행사제도(Shadow Voting)를 폐지하도록 했는데, 그동안 부실기업대주주, 경영진이 소수주주 참여를 제한하기 위한 방법으로 Shadow Voting 제도를 악용해왔다는 비판이 있어왔기 때문이다.

그런데 2012년을 기준으로 유가증권 상장회사의 30% 이상, 코스닥 상장회사의 39% 이상이 Shadow Voting 제도를 이용해왔고,[144] 2013년 기준 국내 상장사들의 최대주주 등 총지분율(주권 지분율 및 잠재적 주권지분율) 분포를 보면 총지분율 1/4 미만이 279개 상장사, 1/4이상 1/3 미만이 280개 상장사, 1/3 이상 1/2 미만이 631개 상장사, 그리고 1/2 이상이 549개 상장사인데,[145] 1/4 미만 요건도 충족하지 못하는 279개사는 정족수 부족으로 정기주주총회의 통과에도 문제가 발생할 수 있는 수준이어서 최대주주 지분 외에 우호지분도 별도로 관리해야 할 것이며, 특리 감사 선임의 경우 3% 이상 주주의 초과지분에 대해서는 의결권이 제한되므로 큰 문제가 될 수 있을 것이다.

3% 의결권 제한은 세계적으로도 입법례를 찾아볼 수 없는 제도이고, 이는 헌법에서 보장하는 재산권(헌법 제23조)을 침해하는 면이 있으며, 헌법상 평

143) 같은 생각: 고창현, 기업지배구조 상법 개정 제2차 공청회(2013. 9.10) 토론문 참조.

144) 최준선, 섀도보팅제도의 폐지에 따른 대안, KERI Column (2014-03-17), 한국경제연구원 참조.

145) 섀도보팅(Shadow Voting:그림자투표)제도 폐지-김혜일의 M&A 전문지식(http://blog. daishin.com/1351) 참조; 정부는 지난 25년 동안 주주총회에서 활용되어 온 shadow voting이 폐지될 경우, 원활한 주주총회 성립이 어려워져 최악의 경우 기업들이 상장폐지 위기에 직면하게 된다는 상장회사들의 반발을 고려하여 소액주주들의 지분이 전체 의결권 지분의 2/3를 넘는 상장회사에 대해서는 향후 3년간 shadow voting제도를 유예하기로 하였다(한겨레신문 2015년 1월 8일자 기사 참조).

등의 원칙(헌법 제11조 제1항)을 위반하는 것이고, 주주에 대한 차별적 취급을 위해서는 제한에 대한 뚜렷한 목적과 합리적인 기준이 있어야 함에도 불구하고 이에 대한 근거를 찾을 수 없는 자의적 기준[146]이라는 비판도 받을 수 있다. 또한 회사법이 의결권 행사의 기본원칙인 1주 1의결권 원칙의 예외를 인정하여 감사선임 시 대주주의 의결권을 3%로 제한해놓고서, 상장회사의 경우에는 일률적으로 3% 룰을 적용하지 않고 사외이사가 아닌 감사위원을 선임·해임하는 경우에만 제한하거나(제542조의12 제3항), 사외이사인 감사위원회 위원의 경우에는 선임하는 경우에만 제한하는 등(제542조의12 제4항) 일관성이 없는 규제를 하고 있다는 지적도 있다.[147]

또한 감사 또는 사외이사가 아닌 감사위원회 위원의 선임·해임에 관한 의결권 행사의 제한에 있어서 제2대 내지 제3대 대주주 등도 대주주에 범주에 들어가고 감사선임결의에 있어서 대주주의 의결권을 제한하는 목적이 대주주의 부당한 영향력을 배제하기 위한 것이라면서도 이들에 대해서는 의결권 행사의 제한을 하지 않고, 오직 최대주주와 그의 특수관계인만을 대상으로 하여 의결권 행사 제한을 하는 것(제542조의12 제3항)은 불평등하다는 비판도 있다.[148] 그리고 대주주의 특수관계인의 범위가 너무 광범위하며, "사실상 영향력을 행사하고 있는"이라는 개념도 추상적이고, 주관적인 측면이 강해서 법적 안정성을 해칠 수 있다는 견해도 있다.[149]

(3) 합리화 방안

Dunlavy 교수는 앞에서 본 바와 같이 주주민주주의라는 용어를 사용하는 자들이 회사 내에서의 수직적 관계와 수평적 관계를 구별하지 못하는 우를 저지르고 있으며, 자칫 1주 1의결권 규정들이 가진 금권주의적 측면을 도외시한 채 민주적 제도와 자유주의 전통이 일치하는 것으로 착각할 수 있다고 비판하고, 주주민주주의는 주식간의 차별적 대우는 제거할지 몰라도 주주들 간의 차

---

146) 이병규·최준선, 주주의결권제한의 위헌성 연구, 「성균관법학」 제21권 제3호(2009), 589쪽.
147) 최준선, 앞의 책(주126), 576~577쪽; 권종호, 우리나라 감사법제의 특징(2), 「상장회사감사회 회보」 제160호(2013.4) 11쪽; 김병연, 앞의 논문(주141), 9쪽.
148) 이철송, 앞의 책(주24), 823쪽; 최준선, 감사·감사위원 선임시 의결권제한법리의 문제점과 개선방안, 「상장회사감사회 회보」 제125호(2010. 5), 2쪽; 김병연, 앞의 칼럼(주 135), 2~3쪽.
149) 김병연, 앞의 논문(주141), 13~15쪽.

별적 대우는 제거할 수 없을 것이라고 주장하였다. 만일 Dunlavy 교수가 우리나라의 3% 룰을 알고 있다면 바로 이것이 '주주민주주의'의 표본이라고 말하지 않았을까 하는 생각을 할 정도로 세계적으로 유례가 없는 제도이다. 이 제도는 상법이 제정된 1960년대 초반부터 존재해온 제도이고, 최대주주의 전횡을 막고 소수주주들의 권리를 보호하기 위한 제도로서 '주주민주주의'라는 강력한 힘을 가진 용어 앞에서 쉽사리 저항하기 어려운 법학자로서 그 폐지를 논하는 것이 쉽지 않다는 점을 잘 알고 있다.

1997년 외환위기 이전에 우리나라 기업은 소유경영자에게 기업지배권이 집중되고, 경영통제장치로서 이사회, 감사, 외부주주 M&A시장 등 내·외부 통제 메커니즘이 효율적으로 기능할 수 있는 제도적 장치가 미흡하였다. 특히 이사회를 견제하는 감사는 지배주주와 독립성이 낮은 1인 체제로 되어 있었다. 그러나 1997년 이후 정부는 기업의 지배구조 개선을 위해 글로벌 기준으로 자리 잡고 있는 미국식 지배구조를 모델로 하여 사외이사제도 및 감사위원회제도의 도입, 외부감사제도 개선, 기업 M&A 시장 활성화 대책의 시행 등 많은 제도 개선 정책을 추진해왔다. 그 결과 우리나라 기업지배구조는 제도적으로 미국식 지배구조에 근접한 유형을 보이고 있지만 경영진을 견제하고 감시하는 기업의 내·외 통제 메커니즘은 아직도 취약한 상황이다.[150)]

특히 상법 등이 지배대주주가 감사선임을 좌우할 수 없도록 3%를 초과하는 주식에 대해서는 의결권을 제한하도록 규정하고 있지만 소수주주권 행사가 제한적이고, 일반주주들이 의결권 행사에 관심을 갖지 않는 현실을 고려할 때 대주주는 보유주식을 분산시키는 등의 방법으로 자신이 원하는 인물을 감사로 선임할 수 있으므로 감사는 대표이사 등의 이사로부터 독립성을 확보하기 어렵고, 이에 따라 그 기능이 제대로 수행될 수 없는 구조임을 부인하기 곤란하다.[151)]

이처럼 세계적으로 유례가 없는 3% 룰이라는 1주 1의결권 원칙의 예외규정에도 불구하고 감사의 독립성이 제대로 확보되지 않기 때문에 2013년 상법

150) 김병곤·김동욱, 한국기업의 지배구조 특성분석 및 개선방안에 관한 연구, 「금융공학연구」 제5권 제1호(2006), 187~188쪽 참조.

151) 위의 논문, 189쪽.

개정안에서 또 다른 예외를 만들려는 시도가 있었던 것이다. 예외는 또 다른 예외를 낳기 때문이다. Rodrigues 교수는 비록 대주주들에 의해 지배를 받더라도 의결권을 가진 자들이 대주주들에게 그들의 권한을 행사하고 회사 경영에 변화를 촉구하는 목소리를 내도록 자극하는 시스템이 더 민주적인지, 아니면 각 의결권자들의 권한을 평등하게 보장하면서 대주주들이 경영진에 대해 아무런 말도 할 수 없는 시스템이 더 민주적인지 묻고 있다. 그리고 그 대답은 주주민주주의가 경영자들과 대주주들 중에 어느 쪽을 두려워하느냐에 달려 있다고 말한다. 우리나라의 3% 룰은 후자에 속한다.

'청지기 이론(Stewardship theory)'은 인간은 이기적이고, 개인적이기 보다는 조직과 전체를 위해 자신의 이해관계에 따라 행동하지 않는다고 설명한다. 그리고 그 이유를 조직과 전체를 위해 행동하는 것이 결과적으로 자신에게 더 큰 만족감을 준다는 데서 찾고 있다. 따라서 대리인 문제를 해결하기 위한 기업의 통제장치가 오히려 관리자(steward)로 행동하고자 하는 경영자에게는 실망과 좌절감을 안겨주게 된다고 주장한다.[152] 가족기업의 지배구조와 성과를 대리인 이론과 청지기 이론의 관점에서 분석하고 있는 Danny Miller와 그의 부인 Isabelle Le Breton－Miller가 'Family Business Review' 2006년 3월호에 공동으로 기고한 논문에서도 주식시장에 상장된 가족기업이 다른 형태의 기업보다 우수한 성과를 기록하고 있다는 내용이 들어 있다.[153] 물론 지금까지 우리나라 재벌들이 이러한 이론과 배치되는 행동을 해 온 측면에 대해서는 통렬한 반성이 있어야 할 것이다.

또한 대리인 이론은 소유와 경영이 분리되면서 주인(principal)인 주주가 대리인(agency)인 경영자에게 직무를 위임하여 수행하도록 하는 관계에서는 대리인의 이기적 속성, 정보의 불균형, 그리고 이로 인한 감독의 불완전성 문제가 발생하게 된다고 설명하는 데, 이 이론은 인간은 이기적이며, 제한된 합리성을 가지고 위험 회피적으로 행동할 것이라는 가정에서 출발한다. 이러한 이론에 따를 때, 지배구조에 대한 논의의 핵심은 대리인 비용을 줄이는 데 있

152) 유규창·김정은·이혜정, Agency 이론과 Stewardship 이론에 의한 성과주의 인사제도의 재해석, 「조직과 인사관리연구」 제34집 제3권 (2010), 5~6쪽 참조.

153) Danny Miller & Isabelle Le Breton－Miller, Family Governance and Firm Performance: Agency, Stewardship, and Capabilities (2006), 19 Family Business Review 73.

다. 그러나 이 이론에 따르더라도 소유권이 집중된 구조 하에서는 지배주주에 의한 내적 경영통제가 작동하여 주주 등 이해관계자와 경영자 간의 이해충돌의 문제가 생기지 않기 때문에 대리인 문제가 발생할 여지가 적어지는 장점이 있다.[154]

기업이 공적(public) 자본시장에 처음 접근하는 수단은 기업공개(Initial Public Offering, IPO)이다. 그리고 IPO 시장은 자본시장 중심의 금융시스템을 육성하기 위해 매우 중요한 의미를 갖는다. 따라서 전 세계 IPO 시장규모는 최근 들어 급격히 확대되는 추세이다. 그러나 국내 IPO 시장은 2000년대 들어서 IPO 기업수 및 공모금액 모두 감소추세에 있는데, 여러 가지 원인에도 불구하고 결정적인 이유는 IPO 의사결정의 주체인 비상장기업의 대주주 또는 경영자가 기업공개를 꺼리는 것이 가장 큰 원인이라고 한다.[155] 소수주주의 보호문제는 절대 경시할 수 없는 문제이다. 그러나 자본시장이 위축된다면 환금성이 떨어지고, 주가가 하락하는 등으로 소수주주 또한 피해를 입을 수밖에 없다.

한편 '상황적응 이론(Contingency theory)'에 따르면 조직의 구조와 관리가 조직이 직면한 상황적 변수(환경, 기술, 조직의 크기)에 의존한다고 주장한다. 그러므로 기업경영에는 여러 접근법과 이론이 존재하며, 그것들이 모든 상황에서 항상 적응 가능하거나 또는 동일한 효과를 창출하지 않는다는 전제 하에 경영자가 각각의 상황조건에 가장 잘 어울리는 적합한 대응책을 선택하는 것이 최선임을 강조한다. 즉 이 이론은 기업을 조직하고, 이끌어 나가고 의사결정을 함에 있어 최선의 방법은 없다는 이론을 견지한다. 다시 말하면 최적의 조직, 리더십, 의사결정 스타일은 내적, 외적 요인에 달려 있다는 것이다.[156] 상법의 존재 이유는 기업생활을 원활하게 함을 목적으로 하므로 기업이 생성되고, 존속하며, 발전하는 것을 지원하는 데 있고, 이는 상법의 가장 기본적인 이념이다.[157] 소수주주보호는 쉽게 양보할 수 없을 만큼 중요한 가치를 가지

154) 서완석, 앞의 논문(주16), 144쪽.
155) 강형철, IPO 시장의 활성화를 위한 과제, 상장 2008년 3월호, 23~24쪽 참조.
156) Jae-Hwa Shin & Glen T. Cameron & Fritz Cropp, Occam's Razor in the contingency theory: A national survey on 86 contingent variables, Public Relations Review 32 (2006) at 282~286.
157) 이철송, 「상법총칙·상행위(제6판)」, 박영사(2012), 17쪽 참조.

지만 기업의 존재를 전제로 한다. 그리고 기업은 변화하는 시대적·경제적 상황에 맞게 변화하지 않으면 살아남을 수 없다.

3% 룰이 최초로 우리 상법에 규정된 1960년대 시기는 현재의 글로벌화된 기업환경과 많이 달랐다. 소유경영자에게 기업지배권이 집중되고, 경영통제장치로서 이사회, 감사, 외부주주, M&A시장 등 내·외부 통제 메커니즘이 효율적으로 기능할 수 있는 제도적 장치가 미흡하였다. 특히 이사회를 견제하는 감사는 지배주주와 독립성이 낮은 1인 체제로 되어 있었다. 그러나 아직도 전근대적인 측면이 남아 있다고는 하지만 우리나라의 경제 규모가 세계 12-15위에 해당하는 수준까지 발전했고, 사외이사제도 및 감사위원회제도의 도입, 외부감사제도 개선, 기업 M&A 시장 활성화 대책의 시행 등 많은 제도 개선이 이루어지고 있다.

특히 최근 정부는 M&A 시장을 2013년 40조원에서 2017년까지 70조원 대규모로 키우겠다는 발표를 한 바 있는데, 글로벌 경기회복에 대한 기대감이 높아지고 있고, 국내 기업 경쟁력 제고의 중요성이 점차 커지면서 이제는 M&A를 통해 성장 동력을 확보하려는 움직임도 늘고 있다. 그리고 국내에서의 해외 M&A(Cross-Border M&A)는 국내기업의 해외진출보다는 외국기업의 국내기업 인수가 주류를 이루고 있다. 이는 외환위기 이후 정부에서 외국인투자를 장려해온 데다 외국의 투자자들도 한국 M&A시장을 매력적인 것으로 인식하였기 때문이다.[158] 그럼에도 불구하고 보유주식의 다소를 기준으로 의결권을 제한하는 것은 국제적 정합성에 맞지 않고, 우회채널의 발달을 초래해 왜곡된 형태의 소유지분구조를 초래할 수 있으며, 국내기업의 역차별이라는 문제를 발생시킬 수 있다.[159] 그렇다면 우리나라의 회사제도도 경제규모에 걸맞게, 그리고 글로벌화 되고 있는 환경에 걸맞게 글로벌 기준에 적합해야 하며, 재벌의 소유구조 왜곡으로 인한 소수주주 보호의 문제는 공정거래법이나 지주회사법을 통해 해결하고 기본법인 상법에서는 보편적인 제도를 운영하는 것이 바람직할 것이다.[160] 그렇다면 이제 3% 룰은 폐지하고 그에 맞는 대안을

158) 김석균, M&A시장의 최근 동향과 특징, 「월간 기술과 경영」, 한국산업기술진흥협회 (2010. 9).
159) 이병규·최준선, 앞의 논문(주146), 590쪽.
160) 김순석, 규제개혁과 기업경쟁력, 「상장」 (2014. 4) 시사칼럼.

마련할 때가 아닌가 싶다. 이와 더불어 지배주주가 그 권리를 행사함에 있어 회사와 다른 주주의 이익을 고려하는 의무로서의 지배주주의 충실의무이론을 상법에 도입하는 것을 적극 검토할 것을 주문한다.

3. 주주총회 결의의 요건에 대한 검토

(1) 주주총회 결의의 요건 관련 규정의 입법적 연혁 및 현황

주주총회의 결의는 주주들의 표결 또는 서면투표를 거쳐 주주총회의 의사를 확정하는 절차이며, 또 표결 결과 확정된 주주총회의 의사표시 자체를 의미하기도 한다. 주주들은 각자의 의결권을 행사함으로써 결의에 참여하게 되고, 다수결의 원칙을 적용하여 표결이라는 주주들의 단일한 집단적 의사에 도달하게 되며, 이렇게 표결로써 확정된 결과는 주주총회 전체의 의사표시가 되어 회사의 대내적 규범이 되고, 회사의 대외적인 행동을 구속함으로써 결의에 찬성한 주주들은 물론이고 반대한 주주들에 대하여도 구속력을 갖는다.[161] 그리고 주주총회는 주주 전체로 이루어진 회의체 기관으로서 그 의사 결정은 주주의 총의에 기하여야 하는데, 반드시 주주 전원의 일치에 의하여야 한다는 의미는 아니고, 사단적 법률행위인 결의의 성질상 다수결의 원리가 지배하며,[162] 다수결은 두수에 의한 것이 아닌 자본적 다수결이고, 1주 1의결권 원칙은 이러한 자본다수결의 원칙을 나타내고 있다.[163]

우리 상법은 주주총회의 결의는 상법 또는 정관에 다른 정함이 있는 경우를 제외하고는 출석한 주주의 의결권의 과반수와 발행주식 총수의 4분의 1 이상의 수로써 하도록 하고(보통결의: 제368조 제1항), 소수주주의 보호가 특히 요청되는 정관변경이나 회사의 조직재편 거래 등과 같은 사안은 출석한 주주의 의결권의 3분의 2 이상의 수와 발행주식총수의 3분의 1 이상의 수로써 하여야 하며(특별결의: 제434조), 사안의 성격상 다수결을 허용할 수 없는 매우 중대한 사안에 대해서는 총주주의 동의를 요한다(특수결의: 제400조, 제604조 제1항).

---

161) 서헌제, 앞의 책(주126), 732~733쪽; 이철송, 앞의 책(주24), 537쪽.
162) 이철송, 앞의 책(주24), 539쪽.
163) 서헌제, 앞의 책(주126), 733쪽.

그런데 1995년 상법이 개정되기 전에는 보통결의에 의결정족수 이외에 의사정족수를 두어 발행주식 총수의 과반수에 해당하는 주식을 가진 주주가 출석한 때에만 회의가 성립하고 출석주주의 과반수 찬성으로 의결을 하였다. 그러나 1995년 개정 상법은 의사정족수는 폐지하고 의결정족수를 출석주주의 과반수와 발행주식 총수의 4분의 1이상(보통결의) 또는 3분의 1이상(특별결의)으로 완화하였다. 이로써 정관에 다른 규정이 없는 한 4분의 1정도의 주식만 보유하면 주주총회의 결의를 도출해낼 수 있게 된 것이다. 이러한 개정은 대규모 상장회사에 있어서 주식의 광범위한 분산과 주주의 증대로 인해 일반주주의 주주총회 출석률이 낮은 점을 고려하여 총회성립을 용이하게 하려는 것이다.[164]

(2) 문제점

현행 주주총회 결의요건은 보통결의의 경우, 발행주식 총수의 4분의 1 이상의 출석만으로도 주주총회가 성립하는데, 4분의 1만의 출석에 대해 대표성을 인정할 수 있는지에 대해서는 의문을 제기하는 견해가 있다. 이에 따르면, 이는 상장법인의 주주총회의 성립을 용이하게 하려는 데 초점을 맞추다가 나온 결과이며, 사실상 1인 주주총회가 가능해지는 결과를 낳을 수 있고, 입법의 중립성을 해친다고 비판한다.[165]

이러한 입장에서 보면 1995년 개정상법 이전에는 지배주주의 지분만으로는 총회의 의사정족수를 채울 수 없어서 소수주주들의 협력이 필요했지만 1995년 개정 상법 이후에는 그러한 협력이 필요 없으므로 지배주주와 그의 영향력 하에 있는 주주들만이 참석하여 잔칫상을 벌이도록 허용하는 꼴이 되어버렸다는 비판이 가능하며, 주주들의 회사에 대한 무관심만 부추기는 결과로 볼 수도 있다.

그러나 이에 대해서는 적어도 보통결의의 요건은 정관으로 결의의 요건을 가중 또는 경감할 수 있다[166]고 하거나, “충분한 사전적 정보공시의 확충을 전제로 한다면” 더욱 완화하여도 무방하다고 하는 견해도 있다.[167] 일체의

164) 위의 책, 734~734쪽: 최준선, 앞의 책(주126), 385쪽.
165) 이철송, 앞의 책(주24), 540쪽.
166) 정동윤, 「상법(상)(제6판)」, 법문사 (2012), 568쪽; 최준선, 앞의 책(주126), 386쪽.

정보와 참석기회를 주었음에도 불구하고 이를 포기하는 주주들을 억지로 끌어내어 정족수를 채우게 하는 것은 형식논리이며, 소요되는 회사의 비용은 결국 주주들에게 그 부담이 돌아가기 때문이라고 한다. 이 견해에 따르면, 독일 주식법 제133조는 원칙적으로 행사된 의결권의 단순 다수, 예컨대 찬성이 반대(기권표 제외)보다 1표라도 많으면 총회결의가 가결되며,[168] 영국회사법도 의사정족수와 의결정족수를 모두 요구하지만 당해 의안에 대하여 의결권 있는 주주(그 대리인도 무방)가 2인 이상 출석하면 총회가 성립하고, 이들 출석 의결권수의 과반수 찬성으로 결의가 성립하도록 하고 있는(영국 회사법 제318조 제1항 및 제2항, 제282조 제1항) 점 등이 그 근거가 될 수 있다고 하며, 적어도 보통결의만은 자신의 이익을 방어하기 위하여 관심을 갖고 출석한 주주들의 과반수로 의사결정을 하면 충분하다고 본다.[169]

미국의 회사법은 주주총회에서의 의사정족수를 채우기 위해 적어도 위임장에 의해 또는 개인적으로 1/3의 참석이 있어야 한다고 하는 강제적인 최소한의 주식수를 특정해놓고 있지만 1인회사가 아닌 경우[170]에는 영국의 회사법에는 이러한 최소한의 요건이 규정되어 있지 않고 정관에서 이러한 요건을 정하는 것이 관행으로 되어 있다.[171] 왜 영국에서는 이러한 제도가 정착되었는지에 대해서는 문헌으로 찾기 어려우나 Lord President Cooper가 "회의(meeting)라고 하는 단어가 그것에 어떤 특별한 의미를 부여하지 않는 한, 회의는 2명 혹은 그 이상의 사람들이 모인 그리고 회의는 1명으로 구성될 수 없는 집합체이다"[172]라고 말한 데서 영향을 받은 것이 아닌가 생각되며, 1990년에 영국에서의 주주총회는 자격 있는 주주 중 약 20%만 의결권을 행사했다[173]는

167) 권기범, 앞의 책(주126), 642쪽.
168) U. Hüffer, AktG, §133, Rn. 12.
169) 권기범, 앞의 책(주 126), 642쪽.
170) 1인 회사인 경우에는 자격을 가진 자 1인의 출석으로 의사정족수가 충족된다(CA 2006, s. 318(1). Brenda Hannigan. Company Law. 2nd ed, Oxford University Press, 2009. No. 15－69).
171) Deborah A. DeMott, The figure in the landscape: A comparative sketch of directors' self－interested transaction, 62－SUM Law & Contemp.Probs. 243, 249 (1999): 미국의 경우에도 펜실베니아주 등 27개주는 RMBCA처럼 최소한의 의사정족수를 규정하지 않고, 델라웨어주. 뉴욕주 등 23개주는 1인 회사가 아닌 한, 정관에 규정을 두면 의결권 총수의 1/3이상으로 정하고, 이와 같은 정함이 없는 경우에는 과반수로 정하도록 되어 있다[임재연, 「미국회사법」, 박영사(2004), 123쪽].
172) In re Prain & Sons [1947] S.C. 325, 328.

낮은 투표율에서도 그 취지를 찾을 수 있지 않을까 생각한다. 영국에서 요구되는 의사정족수는 일반적으로 2명이다.[174]

과반수 찬성에 과반수 의결이라는 보편적인 입법에서 벗어나 있는 또 다른 입법례를 살피면, 미국 델라웨어주 일반회사법상에서의 정족수가 의결권의 1/3 이상의 범위 내에서 정관으로 정할 수 있도록 되어 있고,[175] 영국의 영향을 받은 인도 회사법상에서의 의사정족수는 공개회사의 경우 5명 이상의 주주, 폐쇄회사의 경우 2명 이상의 주주로 되어 있으며 정관으로 정족수를 높일 수 있도록 되어 있다(제174조 제1항). 그러나 정족수는 주주가 보유한 의결권의 수가 아니고 주주의 인원수로 정해진다는 점과 결의 방식도 거수 또는 투표에 의해 의결권이 행사되는 점은 특색이라 할 수 있다.[176] 마찬가지로 영국의 영향을 받은 미얀마의 경우에도 주주총회의 의사정족수는 정관에 다른 규정이 없으면 2인 이상으로 정하고 있다.[177]

주주총회의 권한범위와 권한사항을 정하는 것은 각국의 입법정책에 따라 다르지만, 주주총회는 신속하고 탄력적인 의사결정을 생명으로 하는 기업경영 환경과 양립하기 어려워 전 세계적으로 그 권한은 점점 더 축소되고 이사회의 권한은 확대되는 추세이다.[178] 그러나 주주총회는 기업지배구조를 결정하는 매우 중요한 요소이고, 회사의 기본적인 사항에 관하여 의사를 결정하며, 이사와 감사에 대한 선·해임권을 통하여 회사의 업무집행을 감독하는 최고의 기관이고, 특히 직접 자기 자금을 투자한 주주가 가장 큰 이해관계를 가지고 있으므로 회사 경영에 대한 감시의 유인이 가장 크다. 그런데도 주주총회 권한의 축소가 계속 진행되어 존재의미를 상실한다면 주식회사의 부실 가능성

---

173) Chris Mallin, Institutional Investors and Voting Practices: An International Comparison, 9 Corp.Governance: An Int'l Rev. 118, 122 (2001).

174) 예를 들어, Companies (Table A to F) Regulations, 1985, S.I. 1985/805, amended by S.I. 2007/2541 and S.I. 2007/2826, tbl. A, art. 40 (U.K.); Companies Ordinance, (2004) Cap.32, § 114A(1)(c) (H.K.), available at http://www.legislation.gov. hk/eng/how.htm; Corporations Act, 2001, § 249T(1) (Austl.).

175) 델라웨어주 일반회사법 제216조.

176) 정용상, 인도회사법상 주주권과 주주총회, 「법과 정책연구」 제11집 제4호, 한국법정책학회 (2011), 1594쪽.

177) 정용상, 아세안국가의 회사법상 주주총회에 관한 연구, 「기업법연구」 제27권 제4호(2013), 112쪽.

178) 권기범, 앞의 책(주126), 574쪽.

은 증대할 수밖에 없다.

(3) 합리화 방안

앞에서 본 바와 같이 주주와 경영자가 실질적으로 동일한 폐쇄회사에서는 주주의 의결권이 사실상의 사업결정권이라 할 수 있고, 소유와 경영이 완전히 분리된 회사에서도 이사회와 경영진은 주주의 의결권을 기초로 하여 권한을 가질 수 있으며, 지배주주가 존재하는 회사의 경우에는 지배주주에 의한 내적 경영통제가 작동하여 지배주주의 의결권이 강력한 경영자 통제장치가 되므로 기업지배구조의 초석은 의결권이다. 그럼에도 불구하고 주식회사의 대주주들이나 경영진은 주주들의 의결권을 껄끄럽게 여기고 가능한 약화시키려는 시도를 한다. 그리고 주주들의 경영간섭이 신속한 경영의사결정에 방해가 된다는 이유를 내세우기도 한다. 그러나 주주들의 의사결정권은 신속한 의사결정이 갖는 위험성에 대한 제동장치 역할을 하고 제동장치가 고장 나면 주식회사는 부실로 연결되게 된다.

주식회사의 부실은 주주들뿐만 아니라 이해관계자 전부 더 나아가서는 국가적 문제이기도 하다. 문제는 주주총회가 현실적으로 본래의 역할을 제대로 수행하지 못하고 있다는 것인데, 그 이유로는 여러 가지가 있을 수 있겠지만 시세차익에만 관심을 가진 주주들의 무관심도 이유일 수 있다. 그러나 시간과 공간적 제약의 문제도 결코 무시할 수 없으며, 무엇보다도 주주총회의 형식화가 가장 큰 이유일 것이다. 이 때문에 최근 주주총회 활성화에 대한 논의가 활발하게 이루어지고 있는데, 주주총회의 기능을 활성화시키기 위해서는 다수의 주주가 주주총회에 참석하여 공정하고 투명한 절차에 따라 그 결의가 이루어지도록 해야 할 것이고, 주주에게 주주총회에 관한 충분한 정보를 제공함으로써 그들이 자신의 의결권을 최대한 용이하게 행사할 수 있도록 하여야 한다.

“모든 정보와 참석기회를 주었음에도 불구하고 이를 포기하는 주주들을 억지로 끌어내어 정족수를 채우게 하는 것은 형식논리이고, 소요되는 회사의 비용은 결국 주주들에게 그 부담이 돌아가기 때문”이라는 주장은 이미 형식화되어버린 주주총회를 전제로 한 주장이며, 쉽게 포기해서는 안 되는 주주민주주의와 소수주주보호라는 가치를 염두에 두고 제도적 개선을 통해 주주총회를 활성화시키자는 주장을 하는 쪽과의 논의의 장을 닫아버릴 가능성이 크다. 특히 충분한 사전적 정보공시의 확충을 전제로 한다면 더욱 완화하여도 무방하다는 주장은 Dunlavy 교수가 경영권과 지배권이 분리되는 미국식 전문경영 지향적 자본주의 하에서 이해관계를 가진 주주들이 충분한 정보를 제공받고 의결권을 행사할 수 있기만 하면 주주민주주의가 달성된 것으로 보는 것은 잘못되었다는 비판으로부터 자유로울 수 없을 것 같다. 또한 Dunlavy 교수와 어느 정도 대립각을 세우고 있는 Rodrigues 교수도 주주들이 이사들을 단속하는 역할을 해야 한다는 점에 대해서는 긍정하고 있다. 그리고 주주들이 이사 및 경영진을 단속할 수 있는 강력한 도구는 역시 주주총회이다.

오늘날 소액주주가 증가하고 있는 현실, Shadow Voting의 폐지, 실무계가 가지는 주주총회의 준비에 대한 과중한 부담[179] 등을 고려하여 주주총회 결의요건을 더 완화하자는 주장이 나올 수도 있겠지만[180] 현실적인 상황의 제약이나 한계에서 오는 불가피성을 강조하는 상황논리가 아닌가 싶고, 주주들이 주주총회에 참석할 수 없는 환경개선이 더 중요하다고 본다. 특히 우리나라의 경우, 감사나 감사위원회 선임 권한은 주주총회가 가지고 있는데, 주주총회가 사실상 1인 주주총회로 열린다면 감사 및 감사위원회는 Rodrigues 교수가 말한 소독기능을 전혀 할 수 없게 된다. 특히 상장회사의 경우, 주주총회의 개최일이 특정일에 집중되어 있어 주주들의 참석이 어렵다는 점은[181] 회사 측이 일부러 그러한 환경을 만들고 나서 주주들의 무관심을 탓하는 측면이 있다는 비판을 받을 소지가 다분하고, 2013년 평균 주주총회 시간이 32.4분[182]으로 매우 짧다는 점은 주주총회가 거의 그 기능을 하지 못하고 있다는 반증이다.

생각건대, 주주총회 활성화를 위해서는 회사의 경영진 및 주주의 인식전환이 필요하겠지만, 이와 더불어 중요한 것이 주주들이 자신의 의결권을 행사할 수 있도록 제도적 기반을 마련해주는 것이다.[183] 그렇다면 상법상 서면투

---

179) 최준선, 상법상 주주총회 결의요건완화를 위한 제언, 「기업법연구」 제27권 제4호 (2013), 81쪽.
180) 최준선, 앞의 칼럼(주148) 참조.
181) 한국상장회사협의회, 12월 결산 유가증권시장 상장법인 주주총회 일정 (2013. 3. 15) 참조.
182) 한국상장회사협의회, 2013 상장회사 주주총회백서 (2013. 8), 35쪽.
183) 황현영, 주주권 강화를 위한 전자투표제도의 법적 과제, 「법학논총」 제30집 제4호, 한양대학교

표, 의결권대리행사, 전자투표와 같은 제도의 활성화를 도모해야 할 것이나, 전자투표만큼 시·공간을 초월하여 편리하게 의결권을 행사할 수 있는 제도는 없는 것 같다. 그러나 전자투표제도가 도입되었음에도 불구하고 아직 이 제도를 채택하고 있는 회사의 수가 미미하므로 전자투표제도를 의무화하되, 상법상 의사정족수제도를 부활하는 것이 좋을 것이라 생각한다.[184]

4. 특별이해관계가 있는 주주에 대한 의결권제한에 대한 검토

(1) 특별이해관계가 있는 주주에 대한 의결권 제한을 둘러 싼 논의의 양상

우리 상법은 주주총회에 있어서 특별한 이해관계가 있는 자(이하 '특별이해관계주주'라 함)는 의결권을 행사하지 못하도록 강행법으로 제한하고 있다(제368조 제4항). 그리고 이러한 특별이해관계주주가 의결권을 행사한 경우에도 그 결의는 당연히 무효로 되는 것이 아니고, 다만 결의취소사유에 해당하게 된다(제376조 제1항). 그리고 의결권이 배제된 상태에서 이루어진 결의가 현저하게 부당하고 의결권을 행사하였더라면 이를 저지할 수 있었을 때에는, 그 주주로 하여금 부당결의의 취소 또는 변경의 소를 제기할 수 있도록 하고 있다(제381조). 특별이해관계주주가 의결권을 행사하였다는 사실로 족하고, 의결권을 행사한 결과 결의가 불공정하다거나 회사에 손실을 끼쳤다는 사실은 요하지 않는다.

본래 의결권은 주주의 권리이기 때문에 주주인 자기 자신의 이해득실을 고려하여 결의에 참가할 수 있는 것이고, 무조건 회사의 이익만을 위하여 행사할 것을 요구할 수는 없는 일이다. 그러나 총회의 결의사항에 대해서 주주의 자격과 무관한 주주 자신의 사익만이 존재할 때에는 이러한 점을 무시하고 주주로서의 공정한 의결권 행사를 기대하기 곤란하므로 그 의결권을 제한하려는 취지이다.[185] 그러므로 이러한 자는 대리인에 의하여서도 의결권을 행사할 수 없을 뿐 아니라 타인의 대리인으로서도 행사하지 못하는 것으로 해석되

법학연구소(2013), 324쪽.

184) 같은 생각, 위의 논문, 341~342쪽 참조.

185) 이범찬, 의결권 행사에 관한 제문제, 「법정학보」, 이화여자대학교 법정대학(1964), 116쪽.

고 있다.[186] 그러므로 특별이해관계주주가 가지는 의결권의 수는 정족수의 계산에는 산입되지만, 출석한 주주의 의결권의 수에는 산입하지 아니한다(제371조 제2항).

요컨대, 상법 제368조 제4항은 공정을 기대할 수 없다고 생각되는 이해관계 있는 주주에 의한 의결권행사를 제한함으로써 결의의 공정성을 확보하기 위한 규정으로,[187] 특히 오늘날과 같이 경제활동이 복잡하고 그 범위가 확대되는 투자활동에 있어서는 하나의 주주가 많은 회사의 주주의 지위를 겸하고 있는 경우가 많은데, 이 경우 한 회사의 수익력 증대를 위해 다른 회사를 희생시키는 경우, 또는 기업집단 전체의 이익을 위하여 소속 회사 중 어느 특정회사를 희생시키는 경우가 있고, 이를 결정하는 과정에서 지배주주에 의한 의결권 남용의 문제가 생길 수 있다.[188]

그런데 우리 상법 제368조 제4항은 어떠한 경우에 '특별한 이해관계'가 있다고 판단할 수 있는지, 그 적용범위는 어디까지인지에 대하여 아무런 기준도 제시하지 않고 추상적인 상태에서 포괄적 제한을 하고 있다. 이에 현재와 같은 사전적인 제한의 방식은 명확한 법집행에 한계가 있고, 헌법상으로도 헌법상 과잉금지의 원칙 위반이 된다고 비판하면서 특별이해관계주주인 경우를 한정적으로 법에서 규정하고, 나머지 경우는 다수결남용의 법리로서 사후에 보충적으로 해결하자고 하는 견해와[189] 현행제도는 의결권이 제한되는 특별이해관계주주의 인적 범위에 관하여 어려움이 생기고, 지나친 규제라는 비판의 소지도 있으며, 경우에 따라서는 다수주주의 판단을 배척하고 소수주주의 판단을 존중하는 결과가 될 우려가 있다는 비판[190] 등이 존재한다.

이러한 입법형태는 일본의 1981년 개정 전의 상법과 같다. 그러므로 일본에서도 규정의 방식이 일반적이어서 그 적용범위가 분명치 않고, 의결권제한제도의 이론적인 근거가 확실하지 않으며, 특별이해관계주주를 제외한 소수주

---

186) 이철송, 앞의 책(주24), 514쪽; 권기범, 앞의 책(주126), 607~608쪽; 임재연, 앞의 책(주126), 96쪽; 정찬형, 앞의 책(주126), 444쪽.

187) 김홍수, 특별한 이해관계가 있는 주주의 의결권 행사, 「연세법학연구」, 연세법학회(1992), 458쪽.

188) 이병규·최준선, 앞의 논문(주146), 579쪽.

189) 위의 논문, 581~586쪽.

190) Lynne L. Dallas, The Control and Conflict of Interest Voting System, 71 N.C. L. Rev. 1, 72 (1992); 김홍수, 앞의 논문(주187), 472쪽.

주가 결정권을 갖게 되는 것은 자본다수결원리를 뒤흔드는 것이라는 등의 비판이 있었다.[191] 이에 따라 일본의 1981년 개정상법은 개정 전 상법 제239조 제5항을 삭제하고, 결의에 관하여 특별이해관계주주가 의결권을 행사하여 현저하게 부당한 결의가 이루어진 때에는 결의취소의 사유가 되도록 하였다(제247조 제1항 제3호, 현행 회사법 제831조 제1항 제3호). 따라서 특별이해관계주주도 결의에 참가할 수 있지만, 그 의결권 행사로 인해 현저하게 부당한 결의가 이루어진 때에는 결의취소의 소에 의해 사후적으로 시정할 수 있게 하였다.

미국과 영국의 경우에는 특별이해관계주주의 의결권행사는 제한되지 않으며, 다수주주 또는 지배주주가 결의에 개인적 이해관계를 갖는다 해도 자유롭게 의결권을 행사할 수 있다. 다만 의결권 남용의 결과 그 결과의 내용이 공정성(fairness)을 결하여 소수주주에 대한 사기(fraud) 또는 압력(oppression)으로 되는 때에는 소수주주에 대한 충실의무(fiduciary duty) 위반으로서 사후적 구제의 문제가 된다.[192]

독일의 경우에는 카논법 이래 단체의 이익과 충돌되는 이익을 가지고 있는 사원은 의결권을 갖지 못한다고 하는 일반적 법원칙이 있었는데, 1884년 제2 주식회사 개정법은 당해 결의에 의해 면책을 받거나 채무면제로 되는 자 및 자기와의 법률행위의 체결에 관한 경우에는 의결권을 행사하지 못하도록 한 후, 1931년 개정 상법에서 검사인 선임의 경우, 그 검사와 관련이 있는 이사·감사인 주주의 의결권에 제한을 두었고, 1937년 주식법에서는 모집설립의 경우, 회사 창립을 위한 결의 시, 특별이익 또는 설립비용을 받은 자, 현물출자를 한 자, 재산인수의 상대방의 의결권을 배제하는 규정을 신설하였다. 그러나 그 후 1937년 주식법에서 주주와 회사 간에 법률행위를 체결하는 경우에 있어서 의결권을 배제하는 규정이 삭제되었고, 1965년 주식법은 어느 주주가 주주총회에서 결의를 함에 있어서 회사이익과 개인이익이 충돌하는 경우에 의결권행사를 일반적으로 금지하는 규정을 삭제하고, 중대한 이익충돌을 가져올 몇 가지의 제한된 경우만을 의결권이 배제되는 것으로 규정하고 있다.[193]

191) 김홍수, 앞의 논문(주187), 459쪽.
192) 김홍수, 앞의 논문(주187), 463쪽.
193) 이상 김홍수, 앞의 논문(주187), 460~461쪽 참조

즉, 독일 주식법 제136조 제1항은 "면책 또는 채무의 면제에 관한 결의 시 또는 그에 대하여 회사가 청구권을 행사할 것인지의 여부를 결의할 때, 그 자는 자기 또는 타인을 위하여 의결권을 행사할 수 없다"고 하는 사전적 의결권 배제조항을 두고, 제243조 제2항에서는 "주주가 의결권을 이용하여 회사 또는 다른 주주의 손해로 되며, 자기 또는 제3자의 특별 이익을 얻으려 하거나, 결의가 이러한 목적에 기여하는 경우에, 그 결의는 취소할 수 있다. 다만 결의 시에 다른 주주의 손해에 대하여 적절한 보상을 정한 경우에는 그러하지 아니하다"고 규정하는 사후적 의결권 규제제도를 두고 있다.

독일이 일본과 달리 특별이해관계주주에 대한 의결권 배제 규정을 삭제하였다가 다시 제한규정을 둔 이유는 일반적 금지규정이 갖는 단점을 피하기 어렵고, 명확한 법집행에 한계가 있어 법적 안정성을 해하며, 표면상 다른 사람을 내세워 이 금지를 쉽사리 회피함으로써 이익충돌 사례가 자주 은폐될 수 있을 것이고, 특히 대주주 또는 다수주주가 의결권 행사에서 배제됨으로써 중요한 의사결정이 소수주주의 수중에 놓이게 될 것이기 때문이라고 한다.[194]

(2) 문제점

우리 상법이 특별이해관계인의 의결권을 배제하려는 이유는 충분한 정당성을 갖는다. 그러나 이 제도는 주주의 기대에 반하는 것으로서 이론적 정당성을 찾기 어려울 뿐만 아니라 해석상으로 특별이해관계인에 해당하는지의 여부와 특별이해관계의 성질, 특별이해관계의정도 등을 결정하는 데 어려움이 있으며, 자본다수결 원리와 모순된다는 점 등의 문제를 가지고 있다.

(3) 합리화 방안

일본의 경우에는 1981년의 상법개정에서 특별이해관계주주의 의결권 배제에 관한 규정을 삭제함으로써 자본다수결원리에 위배되지 않는다고 하는 이점 외에 특별이해관계주주의 유무에 관한 판단 등의 어려움으로부터 벗어났다고 하나 소수주주 측에서 보면, 부당결의를 저지하기 위하여 특별이해관계주주의 의결권 행사의 유무에 관한 조사와 더불어, 그 결의의 내용이 부당

194) Thomas Raiser, Recht der Kapitalgesellschaften, 1983, Valen Verlag, S, 111; 이윤영 편저, 「서독회사법」, 학연사 (1989), 106쪽.

한지의 여부의 판단을 제소기간 내에 하지 않으면 안 된다고 하는 부담이 있고, 특별이해관계의 유무의 관하여 사전의 판단을 요구하지 않는 것은 회사는 물론 다수파주주의 모험주의를 부추기며, 회사이익 나아가서는 소수파주주의 이익침해를 가져올 가능성이 있고, 소수파주주는 결의내용에 대해 신뢰하지 않을 가능성을 높인다는 비판이 있다.[195]

결국 이 문제는 특별이해관계주주의 의결권에 대한 제한 규정을 삭제하고 미국이나 일본식으로 사후적 구제방식으로 할 것인지, 아니면 독일의 경우처럼 특별이해관계인의 경우를 법에서 한정적으로 열거하고 나머지 경우는 다수결남용의 법리로서 사후에 보충적으로 해결하는 방법을 택할 것인지의 문제로 귀결된다고 본다. 이에 대해서는 특별이해관계인의 의결권배제제도 자체를 폐기하자는 견해[196]와 독일식 제도를 따르자는 쪽으로 견해가 나누어지고 있다.

생각건대, 사전적 규제는 경직성과 비효율성을 가지고 있어서 경제, 사회의 변화에 따라 시의적절하지 못하며, 규제를 전제조건으로 한 새로운 이해관계가 발생할 가능성이 있다. 그리고 사후적 규제는 규제효과가 불확실하다는 문제점이 있다. 그렇다면 규제수단을 적절히 배합하는 것도 하나의 방법일 것이라고 생각한다. 따라서 일본이나 미국의 경우를 따르기 보다는 특별이해관계주주에 해당하는 경우를 법에 한정적으로 열거하고, 나머지 경우는 다수결남용의 법리로서 사후에 보충적으로 해결하는 방법이 옳다고 본다.[197]

제5절 결 론

회사법의 문제점을 논하고 그 대응방안을 찾는 데 있어서의 딜레마는 항

195) 安井威興, 特別利害関係株主の議決権行使と不當決議, 「法學研究」 第60巻 第12号, 慶應義塾大学 法学研究会 (1987), 209頁.
196) 이윤영, 특별이해관계인의 의결권배제, 「법학행정논집」, 고려대학교 법학연구원(1976), 302쪽.
197) 같은 생각: 김홍수, 앞의 논문(주187), 473쪽; 이병규·최준선, 앞의 논문(주146), 585~586쪽; 김동민, 회사분할의 주주총회에서 특별이해관계인이 갖는 의결권의 범위, 「상사판례연구」 제22집 제3권 (2009), 353쪽; 노일석, 특별이해관계인의 의결권제한, 「고시계」(1995.3), 60~61쪽.

상 Democracy와 Plutocracy 간의 갈등에 있다. 우리 회사법상 의결권 규제의 문제도 이 두 가지 가치를 어떻게 조화시키느냐에 있다고 본다. Dunlavy 교수는 대주주의 손아귀에 권력이 집중되는 것을 우려하여 의결권을 민주화하고 주주들 간의 권력관계를 평등하게 해야 한다고 한다. 그러나 기업의 속성은 사회적 선의 실현보다는 영리추구에 있다. 그러므로 주주가 주주총회에 참석하여 결의에 참여하거나 서면결의에 참가하는 권리인 의결권의 목적은 정치적 행동이나 부의 재분배가 아닌 주주이익의 극대화이다.

또한 상법의 기능 중 하나는 급변하는 경제 환경에 기업이 적절하게 대처할 수 있도록 조력하는 데 있다. 그럼에도 불구하고 1주 1의결권을 일률적으로 강제하다보면 경영권 방어에 효율적으로 대처할 수 있는 다양한 종류의 주식을 설계할 수 있는 가능성을 줄이고, 기업의 자본조달 및 IPO 활성화 등 창의적인 기업 활동을 제약할 수도 있으므로 이제 1주 1의결권 제도의 유연화를 도모해야 한다고 본다.

한편 대주주 등의 의결권을 제한하기 위한 3% 룰도 이제 우리나라의 경제규모에 걸맞게, 그리고 글로벌화 되고 있는 환경에 걸맞게 변해야 한다. 따라서 재벌의 소유구조 왜곡으로 인한 소수주주 보호의 문제는 공정거래법이나 지주회사법을 통한 해결을 도모하고, 기본법인 상법에서는 보편적인 제도를 운영하는 것이 바람직하므로 3% 룰을 폐지하고 그에 맞는 대안을 마련해야 할 것이며, 지배주주가 그 권리를 행사함에 있어 회사와 다른 주주의 이익을 고려하는 의무로서의 지배주주의 충실의무이론의 도입을 적극 검토할 것을 주문한다.

또한 주주총회가 현실적으로 본래의 역할을 제대로 수행하지 못하고 있는 것은 주주들에게 큰 책임이 있을 것이나 시간과 공간적 제약의 문제도 결코 무시할 수 없으며, 무엇보다도 주주총회의 형식화가 가장 큰 이유일 것이다. 그런데 주주총회 활성화를 위해서는 회사의 경영진 및 주주의 인식전환이 필요하겠지만, 이와 더불어 중요한 것이 주주들이 자신의 의결권을 행사할 수 있도록 제도적 기반을 마련해주는 것이다. 그리고 가장 마땅한 제도는 시·공간을 초월하여 편리하게 의결권을 행사할 수 있는 전자투표제도이다. 그러나 전자투표제도가 도입되었음에도 불구하고 아직 이 제도를 채택하고 있는 회사의 수가 미미하므로 전자투표제도를 의무화하되, 상법상 의사정족수제도를 부활하는 것이 좋을 것이라 생각한다. 또한 특별이해관계가 있는 주주에 대한 의결권제한 문제에 대해서는 특별이해관계주주에 해당하는 경우를 법에 한정적으로 열거하고 나머지 경우는 다수결남용의 법리로서 사후에 보충적으로 해결하는 방법이 옳다고 본다.

종류주식의 활용과 법적 과제
- 의결권에 관한 종류주식을 중심으로 -

출전: 기업법연구 제25권 제4호

박 철 영*

제1절 서 론

주식은 비례적 단위 형식으로 표시된 출자자의 지위로서 그 권리내용은 동일한 것이 원칙이다. 그러나 회사의 자본조달을 원활히 하기 위해서는 이에 대한 예외를 인정할 필요가 있기 때문에 우리 상법은 1962년 제정 당시부터 '수종의 주식'이라는 이름으로 권리내용이 다른 여러 종류의 주식 발행을 인정하였다. 영미에서 보편화되어 있던 이익배당우선주와 무의결권주식을 인정하고, 이를 상환주식 또는 전환주식으로 발행할 수 있도록 하였다. 이후 기업환경 및 회사법제의 많은 변화에도 불구하고 강한 주주평등원칙의 지배가 계속되어 주식의 종류는 확대되지 못하였다. 그러던 가운데 2005년 이후 기업의 자본조달 원활화를 도모하기 위해 새로운 종류의 주식 도입에 관한 논의가 전개되었고, 그 결과 2011년 개정 상법이 '종류주식'이라는 이름으로 의결권, 주식의 상환 및 주식의 전환에 관하여 내용이 다른 주식을 발행할 수 있도록 하였다.

주식은 기업의 자금조달수단인 동시에 회사에 대한 지배권이라는 성질도

* 한국예탁결제원, 법학박사.

가지고 있는데, 종류주식은 전통적으로 자금조달을 용이하게 하는 수단으로 이해되어 왔다. 투자자에게 유리한 조건(예를 들어, 투자위험의 경감이나 경제적 이익의 증대 등)을 주식의 내용에 포함시키면 분명 자금조달을 용이하게 하는 효과를 가져온다. 이러한 목적은 투자계약에 의해서도 어느 정도 달성할 수 있지만, 투자계약은 당사자간 채권적 효력 밖에 없기 때문에 그 실효성에 문제가 있다. 그런데 이를 주식의 내용에 포함시키는 것이 자금조달 면에서 어느 정도 효과가 있는지는 확실하지 않다. 따라서 새로운 종류주식에 대해서는 주식의 자금조달기능 외에 기업지배관계 조정이라는 측면을 새롭게 고려할 필요가 있다. 상법상 종류주식의 다양화는 회사에게 주식에 의한 자본조달 원활화와 지배관계 다양화의 기회를 동시에 부여한 것이라고 할 수 있다.[1)]

그런데 2011년 개정 상법은 당초 의도했던 바와 달리 의결권, 주식의 상환 및 주식의 전환에 관한 종류주식만을 허용하였을 뿐 주주간 이익충돌과 적대적 M&A 방어수단으로의 남용 가능성 등을 이유로 임원 선·해임권 및 거부권에 관한 종류주식은 허용하지 않았다. 그 결과 우리나라에서 발행할 수 있는 종류주식은 그 범위가 영미 뿐만 아니라 일본에 비해서 상당히 좁아서 기업현실에 부응하기 어려운 면이 있다. 그러나 이러한 문제는 앞으로의 과제이고, 현재로서는 새로 도입된 종류주식을 실제로 어떻게 활용할 것인지, 이에 따라 발생하는 새로운 법적 문제들을 어떻게 해결할 것인지를 고민하는 것이 더 중요하다. 그동안 입법과정에서 종류주식의 기능에 관해서는 그 도입 필요성의 문제로, 종류주식의 내용에 관해서는 그 발행조건에 관한 문제(이익배당 보통주의 상환, 상환재원 등)로 충분히 검토되었다고 생각된다. 그러므로 이 글에서는 상법이 허용하고 있는 범위 내에서 기업들이 어떠한 종류의 주식을 어떠한 방법으로 설계·발행할 것인지를 좀 더 구체적으로 살펴보고자 한다. 권리내용이 다른 여러 종류의 주식은 기업이나 주주 모두에게 유리한 선택을 제공할 수 있다는 판단 하에 다양한 활용 가능성을 모색하고자 하는 것이다. 실제 기업들이 설계·발행할 수 있는 종류주식은 여러 종류의 권리의 조합으로써 그 수가 매우 많은데, 여러가지 권리 중에서 의결권을 중심으로 설계될 것으로 예상된다. 따라서 의결권에 관한 종류주식(상법 제344조의3), 즉 주주총회

1) 神田秀樹, 「會社法」, 弘文堂, 2010, 71面.

에서의 의결권이 전혀 없거나(의결권배제주식) 주주총회 결의사항의 일부에 대하여 의결권이 제한되는(의결권제한주식)의 속성을 중심으로 검토하기로 한다.

제 2 절 종류주식 다양화의 구성원리

1. 정관자치

회사와 주주간의 계약적 관계에서 보면 주식의 종류와 내용은 영미의 경우와 같이 정관에 의하여 정하는 것이 합리적이다.[2] 하지만 주주평등원칙이 엄격히 적용되는 우리 상법 하에서 권리내용이 다른 종류주식은 상법이 허용하는 범위 내에서만 예외적으로 발행할 수 있다. 주주평등원칙의 엄격성이 주식의 종류에 관한 정관자치를 제약하고 있는 것이다. 그러나 후술하는 바와 같이 주주평등원칙이 절대적인 것이 아니라면 자본조달수단의 확대 기타 기업경영상의 필요에 따라 유연하게 확장될 수 있고, 그 결과 주식의 종류도 정관자치에 의하여 확대될 수 있게 된다. 개정 상법상 종류주식의 다양화는 이러한 점이 반영된 것이라고 할 수 있다.

이와 같이 종류주식의 다양화는 정관자치의 확대로 설명할 수 있는데, 그 구체적인 내용은 종류주식의 설계(발행), 종류주식의 내용변경(전환) 및 종류주주간 이해조정 등에 나타나게 된다. 1차적으로는 종류주식의 설계에 있어 정관자치가 확대된다. 회사는 종래의 이익배당 및 잔여재산분배에 관한 권리에 더하여 의결권 및 상환·전환에 관한 권리도 정관에 의하여 내용을 달리 정할 수 있다. 그리고 경영상 필요에 따라 이들 내용이 다른 여러 종류의 권리를 조합하여 새로운 주식을 설계할 수 있다.

2차적으로는 이러한 종류주식을 발행하는 방법에 있어서도 정관자치가 확대된다. 정관이 종류주식의 내용을 정하고 있기 때문에 어떠한 종류주식을 신규로 발행하는 외에 이미 발행된 주식도 정관변경에 의하여 다른 종류의 주

2) 森田 果, “株主間契約(1)”, 「法學協會雜誌」 第118卷 第3号(2001), 399面.

식으로 전환할 수 있다. 상법이 이에 관하여 직접 규정한 바는 없으나, 정관변경절차에 따라 종류주주총회의 결의를 거치면 가능한 것으로 해석된다.[3] 이는 종래에도 가능한 것이었지만, 주식의 종류(조합)가 무의결권우선주와 상환주식 및 전환주식에 한정되었기 때문에 주식 발행 이후의 경영상황에 따라 다른 구성이 요구되는 경우가 거의 없었다. 그러나 개정 상법 하에서는 주식의 종류와 그 권리간 조합이 크게 확대되었기 때문에 어떠한 종류주식을 발행한 후 이를 소멸시키지 않고 다른 종류로 변경할 필요가 많아진다. 따라서 종류주식에 관한 정관자치의 범위가 이미 발행한 주식의 내용을 변경하는 데까지 확장된다고 할 수 있다.

한편, 종류주식이 다양화되는 경우 종류주주간 이해충돌 문제도 정관자치에 의하여 해결할 것이 요구된다. 상법상 종류주주간 이해조정수단은 종류주주총회 밖에 없는데, 종류주식의 확대는 종류주주간 새로운 유형의 이해충돌을 가져오기 때문에 새로운 이해조정수단을 요구한다. 주주 간의 이해조정은 그 성질상 상법 보다는 정관에 의하여 마련하는 것이 합리적이다. 정관에 특별한 이해조정조항을 두거나, 상법 이외에 정관이 정하는 사항에 대하여 종류주주총회의 개최를 요구하거나, 경우에 따라서는 사업의 원활한 운영을 위하여 종류주주총회를 배제하는 등의 방법을 강구할 수 있다.[4]

2. 주주평등원칙

(1) 주주평등원칙의 유연화

상법상 종류주식(수종의 주식)은 주주평등원칙의 예외로 인정되었다. 주주평등원칙은 주주는 그가 가진 주식의 수에 따라 평등한 대우(비례적 평등)를 받아야 한다는 원칙으로 그 평등의 내용은 주주의 권리행사에 관하여 기회가 균등하게 주어져야 한다는 '기회의 균등'이다. 단체의 구성원이 평등한 취급을 받아야 한다는 원칙은 정의·형평의 이념에 기초하는 것으로서 모든 단체에 공통으로 적용되는데, 자본단체인 주식회사에 있어서는 '두수(頭數)의 평등'이

3) 이에 관해서는 아래 제4절 2.정관변경 참조.
4) 이에 관해서는 아래 제4절 3.종류주주총회 참조.

아니라 '주식의 평등'이라는 데 그 특징이 있다.5) 이러한 주주평등원칙은 일반적으로 자본의 구성단위인 주식의 균등성을 전제로 하는 것이고, 조직법상 고도의 강행성을 가지는 것으로 여겨져 왔다.

그러나 주식의 균등성은 주주평등원칙과 직접적인 관계가 없는 것으로 볼 수 있고,6) 이 경우 자금조달의 원활화 등 기업가치 제고를 위하여 완화할 수도 있게 된다.7) 주주, 즉 위험자본에 투자한 자에 대해서는 자본공헌도, 즉 지주수에 따라 회사의 의사결정 및 이익분배에의 참가를 보장하는 것이 합리적이다. 따라서 주주의 평등한 취급은 그 재산권 내지 경제적 이익의 확보를 목적으로 하는 것이라는 견해,8) 또는 주주와 회사와의 법률관계나 주식양도를 합리적으로 처리하고 누구라도 안심하고 주식회사에 출자할 수 있도록 하는 기술적 요청이라는 견해9)가 설득력이 있다. 주주평등원칙은 단체법의 일반원칙이 아니라 주주의 지분적 이익을 보호하기 위하여 인정되는 주식회사 특유의 원칙이기 때문이다.

상법상 종류주식이 다양화되는 것은 이러한 특성에 기인하는 것이다. 현대의 기업현실에서는 주식의 균등성을 더 이상 고수하기가 어렵고, 이를 전제로 주주평등원칙을 인정하면 주식의 균등성과 주주평등원칙에 계속해서 수많은 예외를 인정해야 하는 불합리한 결과가 발생한다.10) 그러므로 주주평등원칙이 비록 강행적인 원칙이라고는 하나 주식회사의 자금조달 원활화 등 기업가치 제고라는 정책적 목적에 따라 완화될 수 있고, 그 결과로써 상법상 권리내용이 다른 종류주식이 허용되는 것이라고 할 수 있다.

(2) 종류주식과 주주평등원칙의 관계

개정 상법은 종류주식을 도입하면서 주주평등원칙에 대하여 달리 규정하지 않았다. 따라서 종래와 같이 종류주식은 여전히 주주평등원칙의 예외로 인

---

5) 森本滋, "株主平等原則と株式社員權論", 「商事法務」 第1401号(1995), 2面.
6) 神田秀樹, 前揭書, 66面.
7) 김태진, "주주평등원칙에 관한 소고", 「기업법연구」 제22권 제3호(2008), 41면.
8) 森本滋, 前揭論文, 3面.
9) 神田秀樹, 前揭書, 68~69面.
10) 이선화, "의결권조정형 종류주식 도입에 따른 법적 과제", 「기업법연구」 제25권 제1호(2011), 20면.

식되고 있다. 그러나 종류주식에 있어서의 평등은 '주식의 수'에 따른 평등이 아니라 '주식의 내용'에 따른 평등, 즉 동일한 종류의 주식간 평등(종류적 평등)을 의미하게 된다. 일본의 회사법은 "주주를 그가 가진 주식의 내용과 수에 따라 평등하게 취급하여야 한다"고 이를 명시하였다(제109조 제1항).

이에 따라 새로운 종류주식제도 하에서는 종류주식과 주주평등원칙과의 관계를 어떻게 보아야 하는지가 다시 문제된다.[11] 종류주식에 있어서의 평등을 '종류적 평등'으로 보면 종류주식은 더 이상 주주평등원칙의 예외가 아니다. 주식의 균등성을 배제하여 아예 주주평등원칙의 적용범위 밖에 존재하는 것으로 보게 된다.[12] 종류주식을 주주평등원칙에 대한 예외로 보면 새로운 종류주식은 반드시 법률로 인정되어야 발행할 수 있는 것이 되지만, 주주평등원칙과 관계없는 것으로 보면 이를 정관에 의하여 자유롭게 설계·발행할 수 있는 것으로 생각할 수 있다. 우리나라의 경우에는 영미와 달리 전통적으로 주주평등원칙이 강하게 적용되어[13] 정관자치가 크게 제약되어 왔다. 영미에 비하여 주주(투자자)에 대한 사법적 보호가 충분하지 못하였기 때문에 지배주주의 전횡을 방지하여 소수주주를 보호하기 위한 정책적 이유에 기인하는 것이다.[14] 현재와 같이 상법 외의 각종 증권법적 규제에 의하여 투자자보호체계가 확립된 상황에서는 이러한 제약을 완화할 필요가 있는 것은 사실이지만,[15] 아직도 남용의 폐해를 우려하여 일정한 제약이 필요한 것으로 보고 있다. 그렇다면 종류주식을 주주평등원칙의 예외로 볼 것인지 독립적인 것으로 볼 것인지는 정책적 판단의 문제이면서도 단순한 표현의 문제이다.[16] 법률상 제약을 받는 점에서는 차이는 없다.

여기서 종류주식의 경우에는 '주식의 내용과 수'를 기준으로 평등한 취급

11) 일본에서도 종류주식 도입 초부터 문제가 되었다(吉川 純, "エクイティ·ファイナンスの新展開(12)", 「商事法務」 第1559号(2001), 91面 참조).

12) 前田 庸, 「會社法入門」, 有斐閣, 2009, 88面.

13) 예를 들면, 신주의 인수 등 경제적 합리성의 관점에서 주식의 종류마다 다른 취급을 하는 것이 당연하다고 생각되는 경우까지 주주평등원칙의 예외규정을 두고 있다(상법 제344조 제3항).

14) 上村達男, "株主平等原則", 「特別講義商法 I」, 有斐閣, 1995, 20面.

15) 森本滋, 前揭論文, 5面.

16) 森本滋 "會社法の下における株主平等原則", 「商事法務」 第1825号(2008), 8面. 따라서 일본 회사법상 규정(제109조 제1항)이 주주평등원칙을 정확히 표현한 규정인지에 대해서도 논란이 있다(近藤光男, 「株式會社法」, 中央經濟社, 2011, 58面).

을 하면 된다고 하면서도 상법이 종류주식의 범위를 한정하는 근거는 무엇인가 라는 의문이 발생된다. 이와 관련해서는 본래 주주평등원칙이 주식의 수에 따른 평등 또는 주식의 내용에 따른 평등 어느 하나만을 의미하는 것은 아니고 회사법 전체를 지배하는 고도의 법원리로서 정의와 형평으로부터 발생되는 규범이라는 점을 상기할 필요가 있다.[17] 주주평등원칙은 주식의 내용과 수가 다른 경우에도 정의와 형평의 관점에서 주주를 평등하게 취급할 것이 요구되는 경우(예를 들면, 주주총회에서의 발언권 등)에는 이른바 '두수(頭數)의 평등'을 요구한다.[18] 일본 회사법과 같은 명문의 규정이 있다고 하더라도 주식의 내용(종류)과 수가 다르면 해당 주주 간에 어떠한 차별도 허용된다고 해석할 수는 없다. 종류의 특성과 무관계한 자의적인 차별적 취급은 평등원칙에 반하는 것이다.[19] 또한 공개회사의 경우에는 다수의 소액주주로부터 폭넓게 자금을 조달하는 점에서 지배주주의 전횡을 방지하고 투명하고 공정한 경영을 확보하는 것이 중요하기 때문에 투자자 보호 측면에서 합리적인 이유없이 의결권 등 주주의 권리를 제한하는 것을 엄격히 규제할 필요도 있다.[20] 따라서 주주평등원칙은 주식의 내용과 수에 따른 평등원칙의 배후에 존재하는 정의·형평이라는 광의의 이념으로 이해할 필요가 있다. 이렇게 본다면 종류주식제도에 있어서도 주주평등원칙은 여전히 정관자치의 제약원리로서 주식의 종류를 제한하게 된다.[21]

---

17) 近藤光男, 上揭書, 58~59面.
18) 森本滋, 前揭論文, 5面.
19) 森本滋, 前揭論文, 8面.
20) 布井千博, "會社法大改正の檢討", 「銀行法務21」 第603号(2002), 64面.
21) 森本滋, 前揭論文, 8面; 大杉謙一, "新會社法における株主平等原則", 「會社法と商事法務」, 商事法務, 2008, 10面.

제 3 절 종류주식의 활용방안

1. 종류주식의 설계

상법상 종류주식 다양화의 1차적인 목적은 기업들이 자본시장에서 자금조달을 원활히 할 수 있도록 지원하는 것이지만, 이에 더하여 지배권 분배를 통하여 사업제휴, 사업승계, 적대적 M&A 방어 등 다양한 경영수단을 제공하는 기능도 중요하다.

그런데 개정 상법에 따라 발행할 수 있는 주식의 종류는 매우 다양하다. 상법은 종류주식을 이익배당, 잔여재산분배, 의결권, 상환 및 전환에 관한 종류주식 등으로 구분하고 있으나, 이는 내용을 달리 정할 수 있는 권리의 종류(유형)를 규정한 것일 뿐이고, 실제로 발행할 수 있는 주식의 종류는 이들 권리의 다양한 조합으로서 수 십 가지이다.

이러한 종류주식은 그 발행목적 내지 회사와 주주의 필요에 따라 설계되는데, 정관의 규정과 이사회 결의에 의하여 구체화 된다. 정관에서는 회사가 발행할 수 있는 주식의 종류를 정하고, 이사회가 실제 주식발행사항을 결정하는 때에 그 권리의 조합과 구제적인 내용을 정하게 된다. 예를 들면, 정관에서는 이익배당에 있어 우선권이 있는 주식(이익배당우선주)과 주주총회 일부 결의사항에 대해서만 의결권이 없는 주식(의결권제한주식)을 발행할 수 있다는 뜻을 정하고, 이사회가 신주발행 결의를 하는 때에 이익배당 우선주는 이익배당 의안에 관해서만 의결권을 행사할 수 있다는 뜻을 정하게 된다.

한편, 종류주식을 설계하는데 있어서는 재산권과 지배권이라는 양면적 성질을 어떻게 조화시킬 것인지가 가장 중요하다. 주식이 가지는 가장 기본권인 권리인 이익배당 및 의결권의 내용을 어떻게 구성할 것인지의 문제이다. 종류주식의 발행목적에 따라 다를 수밖에 없는데, 의결권에 관한 종류주식을 중심으로 설계될 것으로 생각된다. 종래에는 이익배당우선권과 무의결권의 결합이 당연한 것이었고 의결권에 관한 종류주식이 허용되지 않았기 때문에 종류주식의 설계는 별 의미가 없었다. 그러나 개정 상법 하에서는 다양한 조합이 있을 수 있는데, 이익배당에 관해서는 단지 우선권의 유무만을 정하면 되지만, 의결권에 관해서는 그 유무와 함께 제한되는 범위도 정하여야 한다. 또한 의결권의 제한은 회사지배관계에 큰 영향을 미치고, 그 결과 상환·전환조항의 부가 여부를 결정함에 있어서도 이익배당 보다는 의결권이 더 큰 관련성을 가지게 된다. 결국, 새로운 종류주식은 의결권 제한·배제주식을 중심으로 이에 다른 권리를 가감하는 방식으로 설계·발행될 것으로 예상된다.

2. 종류주식의 주요 속성별 활용방안

(1) 의결권의 일부제한

가. 의결권 일부제한의 근거

종래에는 이익배당우선주에 한하여 의결권이 없는 주식을 발행할 수 있었으나, 의결권의 제한은 배당우선권 등 특별한 권리와 대가(trade-off)관계에 있는 것이 아니다. 그러므로 회사는 주식의 종류에 관계없이 의결권이 제한되는 주식을 발행할 수 있는 것이다. 또한 의결권의 제한은 다른 권리와 독립적인 것이므로 반드시 모든 주주총회 결의사항에 대하여 의결권이 없는 것으로 해야 할 이유는 없고, 그 일부에 대해서만 의결권이 없는 것으로 할 수도 있다. 이러한 의결권의 제한은 벤처캐피탈 등과 같이 오직 투자를 목적으로 하여 배당 및 시세차익에만 관심이 있을 뿐 회사의 지배권에는 무관심한 주주가 존재하기 때문에 인정될 수 있다.[22] 이러한 주주와의 합의가 있는 이상 모든 주주총회 결의사항에 대하여 의결권이 없는 주식(의결권배제주식)을 인정하면서 그 결의사항 일부에 대하여만 의결권이 없는 주식(의결권제한주식)을 인정하지 않는 것은 오히려 불합리하다.[23]

한편, 개정 상법은 단지 "의결권이 제한"되는 것만을 규정하고 있는데(제344조의3 제1항), 의결권의 제한에는 '의결권을 행사할 수 있는 사항'을 제한하는 외에 1주에 대하여 1미만의 의결권을 부여하는 것과 같이 '의결권의 수'를 제한하는 방법도 있다. 차등의결권이 인정되는 영미의 경우에는 의결권의 수

---

22) 前田 庸, 前揭書, 97面.

23) 前田 庸, "商法等の一部改正する法律要綱案の解說(I)",「商事法務」第1621号(2001), 8面.

에 대한 부분적 제한이 인정되고 있으나,[24] 주주평등원칙상 차등의결권을 허용하지 않는 우리 상법 하에서 이러한 의결권 제한은 인정되지 않는다.

나. 의결권 제한범위

의결권제한주식을 발행하는 경우 어떤 결의사항에 대하여 의결권을 부여하고 또 어떤 결의사항에 대해서는 의결권을 제한할 것인지는 정관으로 정하게 된다. 다양한 방법으로 이를 정할 수 있는데, 의결권을 행사할 수 있는 사항을 한정하거나 의결권을 행사할 수 없는 사항을 정하게 될 것이다. 상법은 정관에 "의결권을 행사할 수 없는 사항"을 정하도록 하였는데(상법 제344조의3 제1항), 이는 의결권을 행사할 수 없는 사항이 확정되도록 하여야 한다는 것으로 해석된다. 예를 들면, "이익처분의안에 대해서만 의결권을 가지고 그 밖의 사항에 대하여는 의결권을 가지지 않는다" 또는 "이사 선·해임의안에 대해서는 의결권을 가지지 않는다" 등과 같이 정할 수 있다.

회사를 설립하는 경우에는 창립총회 결의사항에 대하여도 의결권을 제한할 수 있다. 상법상 창립총회는 주주총회와는 명확히 구분된다. 그러나 창립총회도 출자자의 총회라는 의미에서는 주주총회에 같은 실질을 가지고 있고, 창립총회에서도 이사선임과 같이 의결권제한주식의 활용이 예상되는 사항이 결의되기 때문에 창립총회 결의사항에 대해서도 의결권을 제한할 수 있다고 해석된다.[25]

그러나 종류주주총회 결의사항에 대해서는 의결권을 제한할 수 없다. 종류주주총회는 주주총회의 일부가 아니라 주주총회 결의의 효력발생요건으로서 특정 종류주주의 동의절차이기 때문이다. 종류주주총회 결의사항에 대해서도 의결권을 제한하면 그 목적에 반하는 결과가 된다.

다. 의결권 일부제한의 활용

회사가 의결권제한주식을 발행하는 가장 큰 이유는 회사지배권에 영향을 받지 않고 필요한 자금을 조달하기 위함이다. 따라서 그 목적상 반드시 주주총회에서 의결권을 행사할 수 있는 사항 전부에 대하여 의결권이 없는 것으로

---

24) 이러한 주식을 '부분의결권주식'(fractional voting right share)이라 한다. RMBCA §6.01 (c)(1).
25) 原田晃治, "平成13年改正商法の解說", 「商事法務」 第1642号(2002), 29面.

할 필요는 없으나, 종래의 무의결권주식은 100% 의결권이 없는 것만을 상정하였기 때문에 그 필요 이상으로 의결권이 제한되는 경우가 있었다.

회사지배권에 대한 영향을 배제하고자 하는 경우에는 의결권을 제한한다고 하더라도 그 경제적 권리의 확보를 위하여 이익배당에 관해서는 의결권을 행사할 수 있도록 하는 것이 합리적이다. 이익배당 우선주의 경우에는 특히 그러하다. 상법상 의결권 부활제도가 존재하지만, 우선배당을 하지 않는 의안이 제출된 당해 주주총회에서는 의결권이 부여되지 않기 때문에(상법 제370조 제1항 단서) 우선주주의 권리보호 면에서 한계가 있다. 적대적 M&A 방어수단으로 활용되는 경우에도 회사합병이나 임원선임 등 그 목적달성을 위하여 필요한 경우에만 의결권을 제한하는 것이 합리적이다. 의결권의 제한은 기본적으로 지배권에 관한 이해관계의 조정을 목적으로 하는 것이다.

이와 같이 의결권의 일부제한은 주주의 권리 침해를 최소화하는 이점이 있다. 실제로도 이러한 주식에 대한 수요는 많다. 경영권을 확보하고자 하는 창업주주와 투자수익을 위하여 자본참가를 하는 벤처캐피탈 등 투자주주 간에 투하자본 회수불능의 위험을 경감시키는 등 이해관계를 조정하는 관점에서 후자에게 이익처분안 등 일정한 사항에 대해서만 의결권을 부여하는 것이 대표적이다. 이 밖에도 아래에서와 같이 다양한 목적으로 활용될 수 있다.

(2) 이익배당 보통주식의 의결권 제한

가. 의결권 제한범위

이익배당 보통주에 대하여 모든 의결권을 제한하는 것은 일반투자자들의 권리보호수단을 제거하는 것이라는 점에서 그 타당성에 의문이 있을 수 있다.[26] 그러나 의결권 배제·제한주식이 인정되는 이상 전술한 바와 같이 의결권 제한이 우선배당권 등 다른 특별한 권리와 대가관계에 있는 것이 아니기 때문에 이익배당 보통주에 대한 의결권의 배제·제한을 금지할 이유는 없다. 의결권이 주식의 고유권이라 하여도 해당 주주가 이에 동의한다면 문제가 없을 것이다.

이익배당에 관한 권리의 내용에 따라 의결권이 제한되는 범위가 달라지

26) James D. Cox & Thomas Lee Hazen, *Corporations*, ASPEN Publishers, 2003, p.804.

지는 않는다. 즉, 이익배당에 관한 보통주와 우선주 모두를 의결권이 전혀 없는 의결권배제주식으로 할 수도 있고, 주주총회 결의사항 일부에 대해서만 의결권이 없는 의결권제한주식으로 할 수도 있다. 의결권제한주식인 경우 구체적으로 의결권을 제한할 수 있는 사항에는 차이가 없다. 보통주라 하더라도 재산적 권리의 확보에 필요한 사항(이익배당)에 대해서는 의결권을 제한하지 않거나, 이를 제한하는 경우에는 의결권을 행사할 수 있는 조건을 정하게 될 것이다.

나. 의결권 제한의 활용

회사가 의결권 배제·제한주식을 발행하면 회사지배권에 영향을 받지 않고 자금을 조달할 수 있는 외에 경영권 승계나 적대적 M&A 방어에 활용할 수 있고 주주총회 운영에 따른 주주관리비용 및 사무부담을 경감하는 등 여러 가지 이점을 누릴 수 있다. 그러나 종래와 같이 이익배당우선주을 의결권 배제·제한주식으로 발행하면 기업활동에서 생긴 이익을 성장투자에 이용하지 못하고 주주에게 돌려주게 되므로 전체 주주에게 불이익한 결과가 발생할 수도 있다. 언제 출현할지 모르는 적대적 M&A를 염려하여 우선배당 의결권제한주식을 발행하는 것은 배당부담을 고려할 때 유효한 방책이 되지 못한다.

종래 무의결권주식이 충분히 활용되지 못한 데에는 여러 가지 이유가 있지만, 우선배당에 따른 자본조달비용 내지 재무적 부담의 증가, 현실적으로 무의결권의 대가로 여겨지는 우선배당액의 합리적 결정의 어려움, 재산적 권리에 관한 주주간 이해충돌 등이 주요 요인이라고 할 수 있다.[27] 그런데 이러한 문제는 이익배당보통주를 의결권 배제·제한주식으로 발행하면 발생하지 않는다. 회사가 의결권에 관한 종류주식을 활용할 수 있는 기회가 크게 확대된다고 할 수 있다.

문제는 우선배당권도 없고 의결권도 없는 주식에 대하여 과연 투자자의 수요가 존재하는가 하는 점이다. 그러나 이러한 주식은 의결권이 있는 주식에 비하여 발행가액이 낮게 형성될 것이기 때문에 통상의 배당수준에서도 높은 투자수익을 기대할 수 있다. 또한 여기에 상환조항이나 전환조항을 부가하면

27) 박철영, "종류주식의 확대와 주주간 이해조정", 「상사법연구」 제24권 제2호(2005), 48~49면.

투자자의 여러 가지 수요를 충족시킬 수 있다. 따라서 실제 발행가능성은 충분하다고 할 수 있다.

(3) 의결권제한주식의 의결권 행사조건

가. 의결권 행사조건의 내용

회사는 의결권제한주식을 발행하는 경우 의결권을 행사할 수 없는 사항을 정하는 동시에 그 "의결권 행사 또는 부활의 조건"도 정할 수 있다(상법 제344조의3 제1항). 일정한 조건이 성취되는 경우에는 예외적으로 의결권을 부여할 수 있도록 한 것이다. 종래의 무의결권주식은 우선배당을 받지 아니하는 경우에 한하여 상법의 규정에 의하여 의결권이 자동적으로 부활되었는데, 새로운 의결권제한주식은 이를 정관에서 자율적으로, 또 다양한 조건으로 정할 수 있도록 한 것이다.

그런데 여기서 '의결권 행사조건'은 기본적으로 의결권을 행사할 수 없는 사항에 적용되는 조건이다. 즉, 의결권의 행사가 제한되지 않는 사항(의결권을 행사할 수 있는 사항)에 대하여 의결권 행사조건을 정하면 그 조건에 따라 동일한 종류의 주주를 차별하는 결과가 되어 주주평등원칙에 반하게 되는 문제가 발생한다. 일본의 회사법은 정관에 "의결권을 행사할 수 있는 사항"을 정하고, 여기에 일정한 행사조건을 붙일 수 있도록 규정하고 있다(제108조 제2항 제3호). 우리 상법은 분명 이와는 다른 규정을 두고 있기 때문에 의결권 행사조건은 "의결권을 행사할 수 없는 사항"에 대한 행사조건으로 해석할 수밖에 없다. 따라서 정관에 의결권을 행사할 수 있는 사항을 한정하는 경우에도[28] 의결권 행사조건은 의결권을 행사할 수 없는 그 나머지 사항에 관한 것이어야 한다.

이익배당의 내용과 관계없이 의결권을 제한할 수 있기 때문에 의결권을 행사할 수 있는 조건도 의결권제한의 목적 등을 감안하여 이사선임, 신주발행 등 다양한 사항으로 정할 수 있다. 예를 들어, 이익배당에 관한 권리 침해를 우려하여 "연속하여 ○회 이상 이익배당 또는 우선배당의 의안이 주주총회에 제출되지 않거나 제출된 의안이 부결된 때에는 의결권을 가진다"고 정하거나, 신주발행에 따른 지분의 희석을 감안하여 "발행주식총수의 ○○% 이상의 주

28) 앞의 2.(1) 의결권의 일부제한 참조.

식을 발행하는 내용의 의안이 주주총회에 제출된 때에 의결권을 가진다"고 정할 수 있다.

나. 의결권 행사조건의 활용

의결권제한주식에 붙이는 의결권 행사조건은 기본적으로 주주의 권리 보호 내지 주주간 이해조정의 수단이다. 그런데 일본의 경우에는 의결권을 행사할 수 있는 사항에 대하여 의결권 행사조건을 정할 수 있기 때문에 이를 적대적 M&A 방어수단으로 활용하기도 한다. 예를 들면, "주주가 보유하는 주식수가 발행주식총수의 ○○% 미만일 것"으로 하면 그 비율 이상 보유하는 주주는 의결권을 행사할 수 없게 되기 때문에 적대적 기업매수를 방어할 수 있게 되는 것이다. 이러한 의결권 행사조건은 일정한 주식보유비율을 기준으로 의결권을 제한하는 것이므로 주주평등원칙과의 관계가 문제되나, 주주간 차별이 주주공동의 이익을 보호하고 기업가치를 제고하기 위하여 필요하고 합리적인 범위 내에서 유효한 것으로 인정되고 있다.[29]

그러나 우리 상법이 규정하는 내용은 일본 회사법과 다르기 때문에 이러한 행사조건은 인정되지 않는다고 보는 것이 타당하다. 동일한 종류의 주식간에 의결권을 행사할 수 있는 주식보유비율 및 주식수를 달리 하는 것이 되기 때문에 주주평등원칙에 반한다고 보아야 한다.[30] 감사선임시의 의결권 제한과 같이 상법에 특별한 규정이 없는 한 이러한 차별을 법이 허용하는 불평등으로 보기는 어렵다. 또한 상법이 의결권제한주식을 도입한 취지는 종래의 무의결권주식에서 의결권이 제한되는 범위(주주총회의 결의사항)를 필요에 따라 달리 정할 수 있도록 한 것이고, 일본 회사법과 달리 기본적으로 적대적 M&A 방어수단으로서의 종류주식은 인정하지 않는다는 입장이다. 따라서 비록 이러한 의결권 행사조건이 기업 현실에는 부합하는 면은 있으나, 우리 상법의 해석론으로서는 무리가 있다. 결국, 의결권제한주식에 있어서의 의결권 행사조건은 종래의 의결권 부활과 마찬가지로 해당 주주의 권리 보호라는 목적에 한

29) 江頭憲治郎, "新會社法の理論的問題(1) – 株式關係を中心に", 「商事法務」 第1758号(2006), 7面 ; 葉玉匡美, "議決權制限株式利用した買收防衛策", 「商事法務」 第1742号(2005), 28面.

30) 김순석, "주식제도의 개선", 「상사법연구」 제28권 제3호(2009), 147면. 일본과 같은 해석론에 따라 이를 인정하는 견해로는 권종호, "방어수단으로서의 종류주식", 「상사법연구」 제27권 제2호(2008), 59면; 김태진, 앞의 논문, 25면.

하여 사용될 것이다.

(4) 의결권 배제·제한주식의 의결권 부활 배제

가. 의결권 부활의 배제

종래의 무의결권주식은 우선배당과 연동되어 있기 때문에 우선배당을 받지 않는 경우 당연히 의결권이 부활한다(상법 제370조 제1항 단서). 그러나 개정 상법상 새로운 의결권 배제·제한주식은 의결권 제한과 다른 우선적 권리와의 대가관계를 부인하는 것이기 때문에 강제적으로 의결권을 부활시킬 이유가 없다.31) 따라서 개정 상법은 의결권의 부활을 따로 규정하지 않고, 이를 정관에서 의결권 행사조건과 같이 선택적으로 정하도록 하였다.

이에 따라 의결권 배제·제한주식에는 의결권이 부활하지 않는 주식과 일정한 조건하에 의결권이 부활하는 주식이 있을 수 있다. 하지만 의결권의 부활 여부는 의결권의 내용이라기보다는 의결권제한에 부가되는 조건으로서 이것이 새로운 종류를 구성하지는 않는다. 의결권 부활의 범위나 조건에 대해서는 특별한 제한이 없다. 회사는 주주총회 결의사항의 전부에 대하여 부활요건을 정할 수도 있고, 그 일부에 대해서만 부활요건을 정할 수도 있다. 또한 의결권이 전혀 부활되지 않는 것으로 정할 수도 있다. 그 결과 종래 인정되지 않던 '영구무의결권주식'도 발행할 수 있다.

나. 의결권이 부활되지 않는 주식의 활용

종래 무의결권우선주를 발행하는 경우 우선배당을 하지 않으면 의결권이 자동적으로 부활되기 때문에 회사는 상당한 배당압박을 받고 이익의 내부유보가 어려웠다. 이는 회사가 무의결권주식을 활용하는데 커다란 장애가 되었다.

그러나 의결권에 관한 새로운 종류주식은 의결권의 전부 배제든 일부 제한이든, 이익배당에 관한 우선주든 보통주든 의결권이 부활하지 않는 것으로 할 수 있다. 의결권 부활조건이 없는 의결권 배제·제한주식을 발행하면 연구개발이나 인프라 투자가 필요한 회사는 이익의 내부유보를 통한 장기적인 성장투자정책을 취하기가 쉬워 진다. 다만, 이러한 경우 투자자 입장에서는 이익배당에 관한 권리를 확보할 수 있는 수단이 없게 된다는 점이 문제이다. 일

31) 鈴木隆元, "種類株式の多様化", 「ジュリスト」 第1220号(2002), 18面.

정한 요건이 충족되면 상환하거나(상환주식) 의결권이 있는 주식으로 전환할 수 있는 조건(전환주식)이 부가되어야 할 것이다.

(5) 의결권 배제·제한주식의 전환

가. 전환사유

회사가 다양한 종류주식을 발행하는 경우 주식의 전환은 주주간 이해충돌과 이로 인한 경영의 교착상태를 해소하는 수단이 된다. 뿐만 아니라 종류주식의 설계에 있어 여러 종류(권리)간 조합의 촉매제 기능을 할 수도 있고, 주식 발행 후에는 회사의 경영권 방어수단으로 활용될 수도 있다. 그러나 종래와 같이 주주의 전환권만을 인정하는 경우에는 이러한 목적을 효과적으로 달성할 수가 없기 때문에 개정 상법은 '전환사유부주식'으로써 회사의 필요에 의한 전환을 허용하였다. 즉, 회사는 정관에 정한 일정한 사유가 발생하면 주주가 보유하는 어느 종류의 주식을 다른 종류의 주식으로 강제 전환할 수 있도록 하였다(상법 제346조 제2항). 모든 주식을 전환할 것이 요구되는 것은 아니므로 전환사유에 해당하는 일부 주식만을 전환할 수 있다.

이 경우 회사가 전환권을 행사할 수 있는 '전환사유'를 정관에 명시하여야 한다. 상법상 전환사유의 설정에 제한은 없다. 그러나 주주의 의사를 묻지 않는 강제적인 전환은 주주의 권리를 침해할 수 있기 때문에 그 전환사유를 회사가 자의적으로 적용해서는 아니 된다. 특히, 전환주식 발행 후 회사가 임의로 전환사유를 확대·축소하는 것은 금지되어야 한다.[32] 일반적으로 객관성, 확정성 및 명확성의 요건이 요구되고 있다.[33]

회사에 의한 종류주식의 전환은 우선배당권, 의결권 등 전환 전 주식에 수반된 특정한 권리의 소멸을 목적으로 하는 전환과, 반대로 이러한 권리를 전환 후 주식에 부가하는 것을 목적으로 하는 전환으로 구분될 수 있다. 구체적인 전환사유는 주식의 종류(권리내용) 및 발행목적에 따라 정해질 것이다. 예를 들면, 일정비율 이상의 주식을 취득 또는 보유한 경우, 특정 종류주식이

32) 大杉謙一, "優先株の實務的問題(Ⅰ)", 「商事法務」 第1443号(1997), 21~22面.

33) 吉川 純, "エクイテイ·ファイナンスの新展開(8)−多様化をぐめる法的論点(2)", 「商事法務」 第1555号(2000), 44面; 이에 관한 자세한 내용은 김순석, "종류주식의 다양화와 자금조달의 유연성에 관한 법적 쟁점 분석", 「상사법연구」 제27권 제2호(2008), 41면 등 참조.

전환 등으로 인하여 일정 수 이상 감소한 경우, 일정기간 이상 우선배당을 하지 않거나 일정 수준 이상의 배당을 한 경우, 주가가 일정비율 이상으로 상승 또는 하락한 경우 등으로 다양할 수 있다. 일정한 기일의 도래를 취득사유로 정하는 것도 가능하다.

그런데 "발행 후 ○년이 경과한 후 이사회가 정하는 날" 등과 같이 이사회 또는 주주총회에서 전환기일을 정하도록 하는 것이 가능한지가 문제된다. 전환여부 및 전환시기가 확정되지 않았다는 점에서 전환사유를 정관에 확정적으로 정하도록 하는 상법의 취지에 반하는 것으로 볼 수도 있다. 그러나 이는 전환사유의 결정 자체를 이사회 또는 주주총회에 위임하는 것은 아니고, '발행 후 ○년의 경과'를 전환사유로 하고 그 구체적인 전환기일의 결정만을 위임한 것이므로 허용하는 것이 타당하다고 생각된다.[34] 실무적으로도 전환사유부주식의 전환은 주주에 대한 통지 또는 공고, 주권제출 등의 절차가 필요하기 때문에(상법 제346조 제3항) 전환청구권부주식과 달리 그 전환사유가 발생한 날이 아니라 이사회의 결의로 정한 전환기일(주권제출기간의 말일)에 전환이 이루어질 것이다.

나. 회사에 의한 전환권의 활용

(가) 적대적 M&A 방어수단

회사가 정한 전환사유가 발생하면 그에 해당하는 주식을 강제적으로 다른 종류주식으로 전환하는 것은 대표적인 적대적 M&A 방어수단인 포이즌 필과 사실상 동일하기 때문에 그 활용도가 매우 높다.[35] 미국에서도 적대적 M&A가 활발하였던 1980년 후반부터 의결권이 제한되는 주식의 강제전환에 의한 경영권 방어책이 널리 이용되고 있다.[36]

---

34) 前田 庸, "新株豫約權等座談會", 「商事法務」 第1629号(2002), 19面. 일본의 경우 회사법 제정 전에는 이러한 전환사유 결정방법이 허용되는지에 대하여 논란이 있었으나, 회사법에서는 이를 명문으로 인정하였다(日本會社法 제107조 제2항 3호, 제108조 제2항 6호).

35) 武井一浩/太田 洋/中山龍太郎, 「企業買收防衛戰略」, 商事法務硏究會, 2004, 61面; 권종호, 앞의 논문, 65면.

36) 上揭書, 55面. 그러나 미국의 경우 본래부터 회사에 의한 전환이 인정되고 있었기 때문에 강제전환의 개념이 이와는 다르다. 즉, 미국에서는 전환조항과 상환조항이 동시에 부가되는 경우 전환에 의하여 얻을 수 있는 이익이 상환가액을 초과하면 주주는 상환권을 행사하지 않고 전환권을 행사할 수밖에 없게 되는데, 이때의 전환을 강제전환(forced conversion)이라 한다(Robert W. Hamilton, *The Law of Corporation*, West Group, 2000, p.207).

구체적으로는 다음과 같은 두 가지 방법을 활용할 수 있다. 가장 대표적인 방법은 매수자가 보유하는 주식의 의결권을 제한하는 것이다(보통주식→의결권제한주식). 의결권 있는 주식을 의결권제한주식으로 전환하는 전환주식으로 발행하면서 전환사유를 "○○% 이상의 주식을 취득하는 경우"로 하면 평상시에는 의결권이 있으나 적대적 기업매수가 발생하는 때에는 의결권이 제한되기 때문에 기업매수의 목적을 저지할 수 있게 된다. 전환조건에 의하여 해당 주주가 보유하는 주식 전부를 전환하거나 그 비율을 초과하는 주식만을 전환할 수도 있다.

또 다른 방법은 매수자가 보유하는 지분율을 저하시키는 방법이다(의결권제한주식→보통주식). 사전에 우호적 제3자에게 의결권제한주식을 발행하면서 전환사유를 "○○% 이상의 주식매수가 성공한 경우"로 정하면 매수자의 지분율을 떨어뜨릴 수 있기 때문에 앞의 방법과 동일한 효과를 거둘 수 있다.

(나) 경영권 승계

주식회사, 특히 중소기업이 직면하게 되는 가장 큰 문제의 하나가 경영권 승계이다. 후계자가 회사지배권을 유지해야 할 필요가 있음에도 불구하고, 상속 및 유류분(遺留分) 등으로 인하여 후계자가 경영권 확보에 필요한 주식을 취득하지 못하는 문제가 발생한다.

이러한 경우 오너인 경영자가 처음부터 의결권 있는 주식과 의결권제한주식 또는 의결권배제주식을 함께 보유하고 있다가, 후계자에게는 의결권 있는 주식을, 다른 상속인에게는 의결권 배제·제한주식을 상속시키면 경영권 승계를 원활히 할 수 있다. 그러나 경영자 입장에서는 오직 경영권 승계의 원활화를 위하여 사전에 의결권 배제·제한주식을 취득하는 것은 현실적이지 못하다. 전환사유부주식은 이 문제를 해결하는 수단이 될 수 있다. 즉, 오너인 경영자가 보유하는 의결권 있는 주식의 일부를 상속 발생을 전환사유로 하여 의결권 배제·제한주식으로 전환하는 전환주식으로 하면 이러한 문제없이 경영권을 승계할 수 있게 된다.

(6) 의결권 배제·제한주식의 상환

가. 새로운 상환주식의 특징

종래의 상환주식은 이익배당 우선주에 부가되는 속성의 하나였지만, 개정 상법상 상환주식은 종류주식의 하나로서 다른 종류의 주식도 상환주식으로 할 수 있다(상법 제345조 제1항). 그러나 의결권에 제한이 없는 주식의 상환은 여전히 허용되지 않기 때문에(상법 제345조 제5항) 상환주식의 범위가 크게 달라지지는 않았다. 상환주식의 상환권 역시 종래에도 회사 또는 주주가 행사할 수 있었기 때문에 차이가 없다.

나. 상환권의 활용

개정 상법상 상환주식이 종래의 그것과 비교하여 크게 달라진 점은 없으나, 의결권에 관한 종류주식의 활용도가 높아지는 만큼 상환주식의 효용도 증가할 것으로 생각된다. 먼저, 주주가 상환청구권을 행사하는 상환청구권부주식은 투자회수(출구)의 수단으로 유용하다. 상장을 의도하지 않은 중소기업이 투자자, 특히 벤처캐피탈로부터 자금을 유치하기 위해서는 이들에게 적절한 투자회수장치를 마련해 주는 것이 필요하다. 상장을 지향하는 기업의 경우에도 반드시 목표기간 내에 상장한다는 보장이 없고, 투자액이 계획대로 회수되지 못할 위험은 항상 존재한다. 이러한 경우 상환청구권부주식을 활용하면 그러한 위험을 줄일 수 있다. 즉, “발행 후 ○년이 경과할 때까지 상장 또는 일정한 수준 이상의 배당이 이루어지지 않을 경우” 주주의 청구에 의하여 상환한다는 조건을 붙이면 투자회수의 기회를 확보할 수 있다.[37] 그 결과 회사의 자금조달기회가 증대될 수 있다.

또한 상환청구권부주식은 전술한 바와 같은 경영권 승계계획에도 도움이 될 수 있다. 후계자가 아닌 상속인의 입장에서 단지 재산권에 불과한 의결권제한주식(또는 의결권배제주식)은 계속 보유하기 보다는 이를 처분하여 다른 목적에 충당하는 것이 유리할 수 있는데, 비상장주식의 경우 환금성이 없다는 것이 문제다. 이러한 경우를 예상하여 당해 의결권제한주식에 상환청구권을 붙이면 즉시 환금성을 부여하는 결과가 되어 해당 상속인의 불만을 해소할 수

37) 中村兼平, “中小企業における種類株式の活用”, 「金融法務事情」 第1851号(2008.11.25), 40面.

있다.

그리고 회사가 상환권을 갖는 상환사유부주식은 현재와 같이 이익배당 우선주의 소멸수단으로 활용하는 외에 경영권 방어수단으로 활용될 수 있으나, 상법은 포이즌 필과 같은 경영권 방어수단으로서의 종류주식은 허용하지 않는다는 방침에 따라 이익배당 보통주의 상환을 허용하지 않았기 때문에 그 가능성은 없게 되었다. 이익배당 우선주를 의결권있는 주식으로 발행하면 같은 효과가 달성될 수는 있으나, 적대적 M&A를 대비하여 상당한 재무적 부담을 감수하는 정책은 별로 현실적이지 못하다.

3. 거부권(정관에 의한 종류주주총회 결의)의 활용 가능성

(1) 거부권의 성질

종류주주총회에서의 의결권이라고 할 수 있는 종류주주의 거부권은 본래 주식 고유의 권리(의결권)가 아니다. 종류주주총회는 소수의 종류주주에 보호수단으로서 회사의 기관이 아니고 그 결의는 주주총회 결의의 효력발생요건에 불과할 뿐이다. 따라서 일본의 2001년 개정상법(제222조 제9항)은 상법의 규정 외에 정관에 의해서 종류주주총회의 결의를 요하는 종류주주의 거부권제도를 도입하면서 이 거부권의 유무에 의하여 주식의 종류가 달라지는 것으로 보지 않고, 이를 단지 다른 종류주식에 부가되는 특별한 속성으로 보았다.[38] 거부권은 종류주식을 발행하는 경우 종류주주간 이해조정을 위하여 어느 종류주식에 특별히 추가되는 권리로 보았기 때문에 다른 권리내용은 동일하면서 거부권의 유무가 다른 주식은 발행할 수 없었다.

이러한 거부권은 이를 보유하는 특정주주가 그 지분율에 상관없이 회사의 의사결정에 강력한 영향력을 행사할 수 있도록 보장하는 효과가 있기 때문에[39] 그 본래의 목적과 달리 적대적 M&A 방어수단으로 인식되었다. 그 결과 일본의 2005년 회사법은 이를 지배권의 배분수단으로 이용하는 것을 인정하여 거부권 자체가 주식의 종류를 구성하는 것으로 하였다(회사법 제108조 제1항

38) 松尾健一, 「株主間公平と定款自治」, 有斐閣, 2010, 57面.
39) 永田伯治 外, "種類株式の自由化と關連する制度改正(上)", 「商事法務」 第1630号(2002), 32面.

제8호).[40] 적대적 M&A 방어수단으로의 필요에 따라 다른 권리내용은 동일하면서 거부권 유무에만 차이가 있는 주식을 허용한 것이다. 우리나라의 경우 상법 개정시 일본 회사법을 본받아 거부권부주식(정관에 의하여 특정한 사항에 대하여는 특정 종류주주의 종류주주총회 결의를 필요로 하는 주식)을 종류주식의 하나로 도입하는 방안을 추진하였으나, 적대적 M&A 방어수단으로서의 종류주식은 허용하지 않는다는 정책적 판단에 따라 거부권부주식의 도입을 포기하였다.[41]

그러나 종류주주총회는 상법에 의하든 정관에 의하든 기본적으로 종류주주간 이해조정의 수단이고, 이에 의한 거부권은 본질적으로 주식의 권리내용이 아니라는 점에서 거부권부주식을 종류주식의 하나로 구성하는 방식은 입법론으로서 자연스럽지 못하다. 일본에서도 거부권 유무에 의하여 주식의 종류를 구성하는 방식은 재고할 필요가 있다는 지적이 있다.[42] 종류주주총회의 성질상 거부권은 주식의 종류를 구성하는 권리가 아니고, 어떠한 종류주식에 부여되는 추가적인 속성으로 보아야 할 것이다.

(2) 거부권의 활용 가능성

개정 상법이 허용하지 않은 것은 종류주식으로서 거부권부주식, 즉 다른 권리내용이 동일하면서 거부권의 유무만 다른 주식일 뿐 거부권(정관에 의한 종류주주총회) 자체는 아니다. 종류주주총회는 어느 나라에서나 종류주주간 이해조정의 가장 합리적인 수단으로 활용되어 왔다.[43] 회사가 발행하는 종류주식이 다양화될수록 소수의 종류주주 보호 내지 종류주주간 이해조정의 필요

---

40) 加藤貴仁, “株主間の議決權分配”, 「商事法務」 第1802号(2007), 28面.

41) 2006년 상법 개정시안(제344조의4 제2항)에 반영된 거부권부주식은 경영권 방어수단이라기보다는 주주간계약을 수용하기 위한 것이었으나(그 도입에 신중을 기할 필요가 있다는 판단에 따라 정관 또는 총주주의 동의에 의한 정관변경으로만 도입할 수 있도록 하였다), 적대적 M&A 방어효과가 너무 강력하기 때문에 2008년 상법개정안에서 삭제되었다(김순석, 앞의 논문(주36), 163면).

42) 江頭憲治郎, 「株式會社法」, 有斐閣, 2009, 134面. 또한 다른 권리내용이 동일한 상태에서 거부권 유무만을 기준으로 다른 종류주식이 되는 결과 종류주주총회에 관한 규정을 적용함에 있어 “손해를 미칠 우려” 유무의 판단이 어렵게 되는 문제도 있다(山下友信, “種類株式間の利害調停－序論”, 「會社法と商事法務」, 商事法務, 2008, 113面).

43) 영미의 경우 종류주주의 권리를 변경하거나 기존의 이해관계에 중요한 영향을 미치는 사항은 반드시 법률이 아니라 정관으로써도 종류주주총회 결의대상으로 할 수 있다(Robert R. Pennington, Company Law, Butterworths, 2001, p.750).

가 커지므로 이에 종류주주총회에 의한 거부권을 활용할 필요가 있다.

우리 상법상 권리내용이 다른 종류주식을 발행하는 경우 특정한 주주총회 또는 이사회 결의사항에 대하여 정관으로써 종류주주총회의 결의를 요구하는 것은 금지되지 않는다고 해석된다. 이와 관련해서는 주주평등원칙과의 관계가 문제될 수 있다. 그러나 (i) 권리내용이 다른 종류주식 사이에서 거부권을 부여하는 것이므로 '주식의 종류'에 따른 평등원칙(종류적 평등)에는 반하지 않는다. 어느 종류주식에 대하여 다른 종류주식 보다 우월한 권한을 부여한다는 점에서는 정의·형평에 기초한 넓은 의미의 주주평등원칙에는 반할 소지가 있다. 그러나 (ii) 통상 이러한 거부권이 부여되는 종류주주는 다른 권리내용에 있어서는 열위에 있는 주주일 것이고, (iii) 이러한 거부권을 인정하는 정관변경에 대하여는 손해를 입을 수 있는 다른 종류주주의 동의절차(종류주주총회)를 거치게 되기 때문에 문제가 없다. 불평등한 취급을 받는 주주의 동의가 있는 이상 주주평등원칙에 반하는 문제는 없을 것이다. 2006년 상법 개정시안과 같이 총주주의 동의를 요구하는 경우에는 그러할 소지가 전혀 없다. 상법상 정관에 의한 종류주주총회의 근거규정은 없지만, 주주평등원칙에 반하지 않는 이상 정관자치에 속하는 문제로 볼 수 있다.

이와 같이 종류주식에 대하여 정관으로 거부권을 부가할 수 있다면 경우에 따라서는 적대적 M&A 방어수단으로도 활용할 수 있다. 상법이 거부권부주식을 허용하지 않는 취지에 반할 수 있지만, 전술한 바와 같이 종류주식으로서의 거부권부주식과 다른 종류주식에 부가되는 속성인 거부권은 분명히 다르기 때문에 문제가 없다고 본다. 이러한 거부권이 부가되었다고 하여 소위 말하는 '황금주'가 될 수는 없다.[44] 어떠한 종류주식에 거부권, 즉 정관으로 일정한 사항에 대하여 당해 종류주주의 종류주주총회 결의를 요하는 조건을 부가하였다고 하더라도 그 조건은 종류주주간 이해조정이라는 목적 달성에 필요한 것으로 한정되기 때문에 황금주와 같은 강력한 기능을 행사하기는 어렵

44) 일본과 우리나라에서 거부권부주식을 경영권 방어수단으로서의 기능에 초점을 맞추어 '황금주'(golden shares)로 부르는 경우가 많다. 그러나 외국에서의 황금주는 특정 주식 자체에 다른 주주의 회사에 대한 지배권을 배척할 수 있는 정도의 다수의 의결권 또는 중요한 의사결정을 단독으로 거부할 수 있는 특별한 권리를 부여한 것인 반면, 여기서의 거부권은 특정 종류주주가 종류주주총회에서의 특별결의로써 행사할 수 있는 권리라는 점에서 차이가 있다.

다. 만약, 거부권의 내용이 당해 종류주식의 특성과 관계없는 임의적인 것이라면 주주평등원칙에 반하게 될 것이다.[45] 이러한 거부권 남용의 폐해는 우려할 것이 아니라고 본다.[46]

제 4 절 종류주식의 발행과 내용변경

1. 종류주식의 발행방식

회사가 종류주식을 발행하기 위해서는 먼저 정관에 주식의 내용(종류)과 그 발행조건 등을 정해 놓아야 한다. 그 후 실제로 종류주식을 발행하는 방법으로는 3가지가 있을 수 있다. 하나는, 새로운 종류주식을 신규로 발행하는 방법으로 이사회의 결의로써 구체적인 종류주식의 내용이 결정된다. 다른 하나는, 정관변경을 통해 기존 주식의 내용(종류)을 변경하는 방법으로 주주총회 및 종류주주총회 결의절차를 거치게 된다. 또 다른 하나는, 먼저 발행하는 종류주식을 전환주식으로 발행한 후 그 전환조건에 따라 이를 새로운 종류주식으로 전환하는 방법인데, 전환사유부주식으로 하는 경우에는 이사회의 결의로 전환절차를 진행할 수 있다.

(1) 신규 발행

회사가 주주나 제3자로부터 새로운 자금을 조달하면서 그 신주를 기존의 주식과 권리내용이 다른 종류주식으로 발행할 수 있다. 새로운 종류주식의 내용이 기존 주주에게 손해를 미치게 되는 경우에는 그 내용을 정관에 정하는 단계에서 해당 종류주주의 종류주주총회 결의가 필요하게 된다. 기존의 종류주식에 대하여 신주(새로운 종류주식)의 배정을 달리하는 경우에는 상법 제436조의 규정에 따라 손해를 입는 종류주주의 종류주주총회 결의가 필요하게 된다.

---

45) 森本滋, 前揭論文(注19), 8面.

46) 거부권으로서의 종류주주총회 운영방법에 대해서는 박철영, 앞의 논문, 80~83면 참조.

또한 회사는 준비금의 자본전입 또는 주식배당을 통해서도 종류주식을 발행할 수 있다. 이 경우에는 실질적으로 주식가치가 하락되지 않고 소수주주 권리에도 영향이 적기 때문에 종류주주총회가 필요하지 않을 수 있다. 다만, 기존 2 이상의 종류주식에 대하여 동일한 내용의 종류주식을 배정하는 경우에는 어느 종류주주에게는 손해를 미칠 수 있다. 이 경우에는 상법상 종류주주총회 개최사유에 해당하지 않으나, 후술하는 바와 같이 상법 제436조를 유추적용하여 종류주주총회의 결의를 거쳐야 할 것이다.

(2) 기존 주식의 내용변경

회사가 어떠한 종류주식을 발행하고자 하는 경우 이를 신규로 발행하지 않고 기존 주식의 전부 또는 일부에 대하여 정관에 정한 권리내용을 변경하는 방법으로도 발행할 수 있다. 기존 주식의 권리내용을 변경하지 않고 새로운 권리를 추가하는 경우도 있고(예를 들면, 이익배당 우선주에 상환조항을 추가하는 경우), 기존 주식의 권리내용을 변경하여 다른 종류주식으로 전환하는 경우도 있을 수 있다(예를 들면, 이익배당 우선주에 대하여 의결권을 제한하였다가 그 제한을 폐지하는 경우). 새로운 출자나 자본의 유출 없이 지배권의 재구성 등 종류주식 발행의 목적을 달성할 수 있다는 이점이 있다.

그런데 이와 같이 기존 종류주식의 권리내용 변경을 위하여 정관을 변경하는 경우 통상의 경우와 같이 주주총회 특별결의의 방법으로 할 수 있는지가 문제된다. 기존 주주의 이익이 크게 침해될 수 있기 때문이다.[47]

(3) 전환주식의 전환

위와 같이 기존 주식의 권리내용을 변경하여 새로운 종류주식을 발행하는 것은 또 다른 정관변경절차를 거쳐야 하는 어려움이 있다. 사전에 그러한 변경사유를 예상할 수 있다면 처음부터 해당 주식을 전환주식으로 발행하는 것이 편리하다. 회사가 전환권을 행사할 수 있는 전환사유부주식으로 발행한다면 그 전환사유 발생 즉시 다른 종류의 주식으로 전환되기 때문에 시간과 절차 면에서 훨씬 유리하다.

---

47) 이에 관해서는 아래 2.(2) 기존 주식의 내용을 변경하는 정관변경 참조.

2. 정관변경

(1) 종류주식의 내용을 정하는 정관변경

회사가 종류주식을 발행하기 위해서는 당해 주식의 내용과 발행조건을 정관에 정하여야 하므로 반드시 정관변경절차를 거쳐야 한다. 정관변경은 상법의 규정에 따라 주주총회의 특별결의를 얻어야 하고(상법 제433조 제1항), 이로 인하여 어느 종류의 주주에게 손해를 입히게 될 때에는 그 종류주주로 구성되는 종류주주총회 결의를 거쳐야 한다(상법 제435조 제2항).

정관에는 상법의 규정에 따라 각각의 종류주식의 내용과 수 외에 각종 발행조건, 즉 의결권 행사조건, 이익배당의 조건 및 배당액 결정방법, 상환·전환의 사유 및 그 조건 등을 규정하여야 한다(상법 제344조의2 제1항, 제344조의3 제1항, 제345조 제1항, 제346조 제1항). 또한 상법상 종류주주총회 외에 다른 종류주주간 이해조정수단이 필요한 경우에는 정관에 이에 관한 특별한 정함을 두거나 전술한 바와 같이 특별히 정관으로 종류주주총회 결이를 요하는 규정을 두어야 할 것이다. 이러한 발행조건도 당연히 주주평등원칙에 따른 제약을 받는다.

(2) 기존 주식의 내용을 변경하는 정관변경

기존 주식의 권리내용을 변경하여 새로운 종류주식을 발행하는 경우 그 정관변경의 요건이 문제된다. 이 경우 기존 주주의 권리가 박탈·제한되거나, 기존 주식의 가치가 하락하거나 또는 기존 주주로부터 새로운 주주로의 이익전이가 일어나는 등 기존 주주에게 불이익한 변경이 있을 수 있기 때문이다.

가. 전환·상환조항을 추가하는 경우

정관변경으로 인한 기존 주주의 이익 침해는 특히 기존 주식을 상환사유부주식이나 전환사유부주식으로 하는 경우에 문제된다. 주주의 의사와 관계없이 회사가 강제로 전환권 또는 상환권을 행사할 수 있기 때문이다. 상법은 이에 대하여 특별한 규정을 두고 있지 않은데, 주주총회와 종류주주총회의 다수결에 의하여 이러한 이익의 침해가 정당화될 수 있는지, 즉 통상의 정관변경과 같이 특별결의에 의하면 되는지가 의문이다.

이와 관련해서는 이익소각에 관한 정관변경의 요건을 고려할 필요가 있다. 정관변경에 의한 이익소각은 주주에게 예측하지 못한 불이익을 주기 때문에 이때의 정관변경은 총주주의 동의에 의한 것이어야 한다는 것이 일본과 국내에서의 다수설이다.[48] 일본의 회사법(제110조, 제111조 제1항)은 전환조항과 상환조항을 부가하는 정관변경에 대해서는 예외적으로 해당 종류주주의 전원의 동의가 필요하다고 규정하였는데, 이익소각에 있어서의 취지를 그대로 반영한 것이다.[49] 기존 주식에 상환조항을 추가하는 것과 이익소각은 본질적으로 다르지 않다는 점에서 동일하게 해석하는 것이 타당하다. 따라서 이러한 경우에는 해당 종류주주의 종류주주총회의 다수결이 아니라 주주 전원의 동의가 있어야 할 것이다. 상법에 명문으로 규정하는 것이 바람직하다고 본다.

나. 의결권 제한조항을 추가하는 경우

주식의 의결권은 고유권으로서 주주의 동의가 없는 한 주주총회의 다수결에 의하여 박탈할 수 없는 것이다(고유권이론). 따라서 의결권을 제한하는 정관변경의 요건 역시 문제이다. 주식을 발행할 당시에는 완전한 의결권을 가졌던 주식을 사후에 정관변경을 통하여 의결권제한주식 또는 의결권배제주식으로 전환한다면 이는 고유권이라는 본질에 반하는 것이 된다.

주주에 따라서는 비록 의결권 있는 주식을 취득하였지만 의결권 자체에는 무관심한 주주도 있을 수 있기 때문에 의결권을 모든 주주에 대하여 당연한 고유권이라고 보기 어려운 면도 있다.[50] 하지만, 이러한 주주의 입장에서도 의결권 그 자체로서는 크게 중요하지 않지만 다른 재산권 권리를 확보·증진시키는 수단이라는 점에서 다수결에 의하여 박탈할 수 있는 것으로 보기는 어렵다. 현행 상법상 정관변경에 관한 규정은 의결권에 관한 종류주식을 염두에 두지 않은 것이기 때문에 이러한 의결권 제한에 관한 정관변경에 그대로 적용하는 것은 무리가 있다고 본다. 앞의 전환조항·상환조항의 경우와 마찬가지로 해당 종류주주 전원의 동의를 요하는 것으로 보아야 할 것이다.

48) 정찬형, 「상법강의(상)」, 박영사, 2010, 694면.
49) 法務省, 會社法制の現代化にする要綱試案補足說明, 第四部 第三6(1).
50) 주식에 있어 고유권은 고정적인 것이 아니어서 각 주주의 입장에서 어떠한 권리가 본질적 이익에 관련되는 것인지 여부에 따라 탄력적으로 판단할 필요가 있다(鈴木竹雄,, 「新版會社法」, 弘文堂, 1995, 91面).

3. 종류주주총회

(1) 개최요건

가. 개최사유(적용범위)

종류주주총회는 회사가 복수의 종류주식을 발행하는 경우 주주간 이해관계가 다르기 때문에 다수결원리가 적용되는 의사결정구조 하에서 불이익을 입는 소수의 종류주주를 보호하고 주주간 이해를 조정하는 법적 수단이다. 종류주식이 다양화 될수록 종류주주간 이해충돌가능성이 증대되므로 그 기능이 더욱 중요하게 된다.

상법상 종류주주총회의 결의가 요구되는 경우는 상법 제435조와 제436조에서 (ⅰ) 회사가 정관을 변경함으로써 어느 종류의 주주에게 손해를 미치는 경우, (ⅱ) 주식의 종류에 따라 신주인수, 주식병합·분할·소각, 회사합병·분할로 인한 주식의 배정에 관하여 주식의 종류에 따라 특수한 정함을 하는 경우, (ⅲ) 회사분할·분할합병, 주식교환·이전 및 회사합병으로 인하여 어느 종류의 주주에게 손해를 미치게 되는 경우 등을 열거하고 있다. 이 중 가장 많이 발생하는 사유가 (ⅰ)의 '정관변경'인데, 구체적으로는 주식의 종류 변경, 주식의 권리내용의 변경, 발행가능한 종류주식수의 변경 등이 이에 해당할 것이다.

그런데 다양한 종류주식이 발행되면 기존 이해관계가 변경되어 어느 종류의 주주에게 손해를 미침에도 불구하고 형식적으로는 이러한 요건에 해당하지 아니하는 경우가 발생할 수 있다. 예를 들어, 회사가 신주를 발행함에 있어 발행가 및 시가가 의결권있는 주식 보다 현저히 낮은 의결권제한주식 또는 의결권배제주식에 대하여 동일한 비율로 신주인수권을 부여하거나 동일한 비율로 상환하는 경우는 상법 제435조 및 제436조가 적용되지 않는다. 또한 회사가 어떠한 종류주식을 상환주식으로 발행하지 않은 상태에서 이를 주주와의 합의로 취득하는 경우(자기주식 취득)에도 다른 종류주주에게 손해(배당가능액의 감소, 매각기회의 불평등 등)가 발생할 수 있기 때문에 종류주주총회 개최여부가 문제된다.

생각건대, 상법상 종류주주총회 개최사유만으로는 종류주식에 의한 다양한 형태의 이익충돌 문제를 해결하기가 어렵다. 상법 제435조 및 제436조에 규정된 경우가 아니더라도 종류주주간 이해관계에 변경이 초래되어 어느 종류주주에게 손해가 발생하는 경우에는 정관에 다른 특별한 이해조정조항이 없는 한 제435조 및 제436조를 유추적용하여 종류주주총회의 동의절차를 거치도록 할 필요가 있다.[51] 상법 제435조 및 제436조에 열거된 사항은 한정적인 것은 아니고 예시적인 것으로 볼 수 있다.[52] 전술한 바와 같이 영미의 경우에도 종류주주총회는 정관변경, 회사합병 등에 한정되지 않아서 어느 종류주주가 가지는 권리에 불이익한 변경이 초래되는 경우 일반적으로 적용할 수 있다.[53]

나. 손해의 발생

종류주식을 발행한 회사에서 종류주주간 이해관계가 변동되어 어느 종류의 주주가 불이익을 입는 태양은 다양하다. 상법은 그 불이익을 "손해"로 규정하고 있는데(상법 제435조 제1항), 그 구체적인 의미가 무엇인지 명확하지 않다.

우선, 여기서의 손해란 일반·추상적 손해로서 종류주주의 비례적 권리가 변경 전보다 추상적으로 불이익하게 되는 경우를 의미하는 것이지 구체적 상황 하에서 실제로 손해가 발생할 것까지 요하는 것은 아니라고 해석하여야 한다.[54] 정관변경에 의하여 어느 종류주주가 입는 손해는 정관변경의 내용에 따른 회사의 업무집행행위가 있을 때 비로소 구체화되는데, 종류주주총회는 정관변경에 대한 종류주주의 동의절차로 요구되기 때문에 이때의 손해는 이론적·추상적인 손해일 수밖에 없다.

그리고 종류주식이 가지는 권리내용 일부에 대한 손해도 인정되어야 한다. 권리변경(다른 종류주식의 발행으로 인하여 기존 주식의 권리가 간접적으로 변경되는 경우를 포함한다)이 어느 일면에서는 유리하나 다른 일면에서는 불리하게 되는 경우에도 종류주주총회의 결의가 필요하기 때문이다.[55] 예들 들어, 의결권이 없는 이익배당우선주를 의결권이 있는 이익배당 보통주로 전환하는 경우, 의결권을 일부 제한하는 대신 우선배당률을 높이는 경우 등과 같이 불이

51) 박철영, 앞의 논문, 74면.
52) 相澤哲(編),「新會社法の解說」, 商事法務, 2006, 88面.
53) RMBCA §10.4, §11.04(e); Companies Act 1985 §125.
54) 吉川 純, 前揭論文(注39), 43面.; 洲崎博史, "優先株·無議決權株に關する一考察(2)",「民商法雜誌」第91卷 第4号(1984), 50面.
55) 洲崎博史, 上揭論文, 51面.

익보다 더 크다고 할 수 있는 이익을 받는 경우에도 손해가 인정되어야 한다. 이러한 경우 상대되는 권리가 서로 대가적 관계에 있지 않고, 그 경제적 가치의 대소를 정확히 평가할 수 없으며, 또한 유리한 점이 반드시 불리한 점을 충분히 커버한다고도 말할 수 없기 때문이다. 그러나 이를 과도하게 확대하여 실질적으로 보아 이익이 손해보다 현저하게 큰 경우에도 종류주주총회를 요구하는 것은 타당하지 않으므로 각각의 경우마다 이익과 손해를 실질적이고 종합적으로 판단할 수밖에 없다.[56)]

(2) 결의방법

종류주주총회는 주주총회의 특별결의와 같은 방법(출석한 주주의 의결권의 2/3와 그 종류주식 발행주식총수의 1/3 이상)으로 결의한다(상법 제435조 제2항). 이러한 결의요건은 주주총회의 결의와 달리 가중하는 것은 허용되지 않는다. 거부권이라는 제도의 성질상 종류주주의 보호가 어렵게 되기 때문이다.

그런데 전술한 바와 같이 정관을 변경하여 기존 종류주식에 전환조항·상환조항을 부가하는 경우에는 해당 종류주주총회의 특별결의가 아니라 총주주의 동의가 필요하게 된다. 따라서 상법상 종류주주총회의 결의요건에 이러한 특수결의를 추가하는 조치도 필요하다.

(3) 종류주주총회의 배제

가. 필요성

종류주식이 다양화되는 경우에는 주주간 이해조정수단으로서 가장 큰 기능을 수행하는 것이 종류주주총회이다. 그런데 종류주주총회는 해당 종류주주에게 거부권을 부여하는 결과가 되기 때문에 경우에 따라서는 오히려 해당 사업의 원활한 수행에 지장을 초래할 수 있다. 다른 종류주주의 입장에서는 거부권의 행사에 의하여 보유주식의 가치를 제고할 기회가 감소되기 때문에 또 다른 이익충돌이 발생할 수 있다. 다른 한편, 전술한 바와 같이 회사는 종류주주총회 개최요건인 '손해의 발생'을 사전에 판단하기가 어렵기 때문에 사후적인 소송위험을 피할 목적으로 종류주주총회를 개최하는 경우도 많다.[57)]

---

56) 이하의 내용에 대해서는 박철영, 앞의 논문, 76면.

57) 神田秀樹·武井一浩,「新しい株式制度」(有斐閣, 2002), 184面.

따라서 상법이 정한 사유에 해당하는 모든 경우에는 반드시 종류주주총회의 결의를 요구하는 것은 무리일 것이다. 본래 경영에 참여하지 않는 의결권 배제·제한주식의 주주가 회사합병 등 경영상 의사결정에 캐스팅보트(casting vote)를 행사하는 불합리한 결과도 발생한다. 이익배당에만 관심이 있는 주주에 대해서는 그 재산적 권리를 보호하면 충분하므로 많은 시간과 비용을 수반하는 종류주주총회를 반드시 요구하는 것은 불합리하다.[58] 어느 경우에는 종류주주총회를 생략하는 것이 전체 주주의 이익에 부합할 수 있다.

나. 배제방법

종류주주총회는 주주간 이해조정수단으로 요구되는 것이기 때문에 정관상 다른 이해조정조항이 있는 경우 이를 배제할 수 있다. 정관상 이해조정조항의 유효성이 인정되는 근거는 정관에 종류주식의 권리에 관하여 특수한 정함을 한 경우 이는 주주간 계약으로서 종류주주의 권리를 조정한 것으로 볼 수 있고, 이에 의하여 예고된 불이익은 종류주주도 감수하여야 할 것이라는 데 있다. 따라서 그 내용이 위법한 것이 아니라면 종류주주총회의 결의는 생략할 수 있다.[59] 이러한 정관상 이해조정조항은 종류주주총회에 비하여 이익충돌의 예측가능성을 높이고 사전적으로 이해관계를 조정할 수 있다는 장점이 있다.

이러한 정관상 이해조정조항을 두는 경우 이해조정을 위한 특수한 정함을 하는 대신 종류주주총회 자체를 배제하는 방법도 있을 수 있다. 종류주주총회가 회사의 필요적 기관이 아니고, 이에 의한 종류주주의 동의권(거부권)이 주식의 본질적 권리는 아니기 때문에 정관변경 이외의 경우에는 이 또한 정관상 이해조정조항으로써 배제할 수 있을 것이다.[60]

다. 소수주주 보호방법

위와 같이 정관에 의하여 종류주주총회를 배제하는 경우 그 다수결에 의

---

58) 무의결권우선주에 대하여는 회사 내부에서 반드시 비례적 이익을 보호할 필요는 없고, 현행 보호수단중 주식매수청구권을 인정하는 것으로써 충분하다고 할 수 있다(大杉謙一, "優先株の實務的問題(Ⅲ)", 「商事法務」 第1446号(1997), 28面).

59) 吉川 純, 前揭論文(注 9), 43面; 上柳克郎/鴻常夫/竹內昭夫(編), 「新版註釋會社法(3)」, 有斐閣, 1989, 41面.

60) 일본의 경우 회사분할·합병 등의 경우에 이와 같은 방법으로 종류주주총회를 배제하는 것이 가능하다고 해석한다(松尾健一, 前揭書, 243面).

하여 희생되는 소수의 종류주주 보호가 문제된다. 이 때 반대주주의 주식매수청구권제도를 적용할 수 있다면 문제를 해결할 수 있다. 정관에 의하여 종류주주총회가 배제된 상태에서 회사분할 등에 따라 어느 종류주주가 '손해를 입게 되는 경우'에는 당해 종류주주에게 주식매수청구권을 부여하는 방법을 강구해 볼 수 있다. 일본 회사법이 취한 방법이다(제116조 제1항). 주식매수청구권제도는 자본다수결에 근거하여 주식(기업)가치에 중대한 영향을 주는 조직재편행위가 행해지는 경우 반대주주에게 퇴사의 기회를 보장하는 한편 당해 주주가 입게 되는 손해를 보전하는 등 경제적 이익을 보호하기 위한 것이다.[61)]

회사합병 등과 같이 본래 주식매수청구권이 인정되는 경우에는 종류주주총회 배제 여부에 상관없이, 또한 손해발생 여부와 관계없이 주주총회 결의에 반대하여 주식매수청구권을 행사할 수 있기 때문에 이러한 수단을 강구할 필요가 없다. 그러나 회사분할, 주식분할 등과 같이 본래 주식매수청구권이 인정되지 않는 경우 정관으로 종류주주총회를 배제한다면 그에 따라 손해를 입게 되는 종류주주는 자신의 이익을 보호할 수 있는 수단이 전혀 없게 된다. 이러한 경우에는 종류주주총회 배제를 조건으로 주식매수청구권을 인정할 필요가 있다.

4. 보통주의 취급

(1) 보통주의 의의

종래에는 종류주식이 이익배당에 관한 우선주와 보통주 중심으로 발행되었기 때문에 '보통주'는 이익배당이나 잔여재산분배에 있어 표준이 되는 주식으로 정의되었다. 그리고 이 경우 '종류주식'은 통상 우선주만을 의미하는 것으로도 이해되기도 하였다. 그러나 개정 상법에 따라 종류주식이 다양화된 상태에서는 이러한 보통주의 개념 역시 달라져야 한다.

종류주식이란 주식의 권리내용이 다른 주식이다. 상법은 "이익배당, 잔여재산 분배, 주주총회에서의 의결권 행사, 상환 및 전환 등에 관하여 내용이 다

61) 神田秀樹, "株式買受請求權の構造", 「商事法務」 第1879号(2009), 5面.

른 주식"을 종류주식으로 규정하고 있다(상법 제344조 제1항). 이러한 종류주식은 당연히 2 종류 이상의 주식을 전제로 하는 것이고, 이 경우 어떠한 권리에 관한 것이든 표준이 되는 주식이 존재하게 된다. 이러한 주식이 '보통주'이다.[62] 이익배당에 있어서는 우선적 지위나 열후적 지위가 부여되지 않고, 의결권에 있어서는 그 행사범위에 제한이 없으며, 상환·전환에 있어서는 상환조항과 전환조항이 없는 주식이 보통주일 것이다.

회사가 종류주식을 발행하지 않는 경우에도 보통주라는 개념은 존재할 수 있다. 즉, 회사가 상법 제344조의 규정에 따라 정관에 종류주식에 관하여 아무런 정함을 두지 않은 경우에는 모든 주식의 내용이 상법에 따라 자동적으로 동일하게 정해지는데, 이 또한 '보통주'라고 할 수 있다.[63] 그러나 이 경우에는 주식이 1 종류만 존재하므로 이러한 보통주는 종류주식이라고 할 수 없다.

(2) 종류주식으로서의 취급

보통주도 주식의 종류 중 하나이므로 원칙적으로 모든 종류주식에 관한 규정이 그대로 적용된다고 할 수 있다. 그러나 보통주의 권리는 상법에서 정해지기 때문에 상법이 보통주에 관하여 따로 규정할 것은 없게 된다.

회사가 종류주식을 발행하는 경우 각 종류주식의 내용과 수를 정관에 정하여야 하는데(상법 제344조 제2항), 이를 형식적으로 해석하면 보통주에 관해서도 정관에 그 내용을 정하여야 한다. 그러나 보통주는 어떠한 권리가 부가되거나 제한되지 않은 가장 기본적인 주식으로서 정관에 그 내용을 따로 정할 것이 없다. 예를 들어, 회사가 정관에 의결권에 관한 종류주식으로 의결권배제주식을 정하면 회사는 당연히 의결권이 있는 주식과 의결권배제주식 2가지의 종류주식을 발행할 수 있게 된다.

한편, 개정 상법은 종래의 보통주는 상환주식으로 발행할 수 없도록 하는 취지에서[64] "상환주식은 종류주식에 한하여 발행할 수 있다"고 규정하고 있다(상법 제345조 제5항). 그런데 여기서 상법이 의도한 것은 정확히 말하면 이익배당에 관한 보통주가 아니라 '의결권에 제한이 없는 주식'이다. 상환에 의하여

62) 神田秀樹, 前揭書, 72面.
63) 神田秀樹, 前揭書, 72面.
64) 김순석, 앞의 논문(주33), 152면.

소멸시킬 수 없도록 하고자 한 것은 주식 그 자체 또는 이익배당에 관한 권리가 아니라 의결권이다. 종래에는 이익배당 보통주는 당연히 의결권이 있는 주식이고 우선주는 의결권이 없는 주식이었으나, 새로운 종류주식제도 하에서는 이익배당 보통주도 의결권이 제한될 수 있고 또 의결권에 제한이 없는 우선주도 있을 수 있기 때문에 개정 상법이 상환주식으로 발행할 수 없도록 한 것은 '의결권에 제한이 없는 주식'이라고 보아야 한다.[65] 개정 상법은 종래의 보통주, 즉 의결권이 있는 이익배당 보통주를 종류주식이 아닌 것으로 보고 그 의결권에 주목하여 이를 상환할 수 없도록 한 것인데, 보통주의 개념과 성격에 대한 혼란이 있다.

보통주도 종류주식의 하나이므로 이에 대해서도 종류주주총회에 관한 규정이 적용된다. 종류주주간 이해충돌이 발생하는 경우 보통주도 손해를 입을 수 있기 때문에 이는 당연한 요청이라고 할 수 있다. 예를 들면, 의결권제한 배당우선주에 대하여 우선배당권을 박탈하거나 의결권제한 배당우선주를 의결권 있는 배당보통주로 강제전환하는 정관변경이 있는 경우 당해 의결권제한 배당우선주의 종류주주총회 결의가 요구되는 것은 당연하다. 그리고 이에 더하여 배당우선권의 박탈 또는 강제전환에 의하여 의결권 배제·제한주식의 의결권이 부활된다면 의결권이 희석되는 의결권 있는 다른 주주의 이익 보호를 위하여 그들의 종류주주총회 결의도 필요하다.

제5절 결 론

회사가 발행할 수 있는 주식의 종류를 다양화 할 필요가 있다는 것은 누구나 공감하는 바이다. 우리 기업의 국제 경쟁력을 높이기 위해서는 창의적인 기업활동을 보장할 필요가 있고, 이에 관한 각종 법적 규제는 사전규제에서

---

65) 이러한 점을 감안하면, 개정 상법 제345조 제5항에서는 '의결권에 제한이 없는 주식(제344조의3에서 규정하는 의결권제한주식 또는 의결권배제주식이 아닌 주식)은 상환주식으로 발행할 수 없다'는 뜻을 정면으로 규정할 필요가 있다.

사후구제 중심으로 나가야 한다는 것에 대해서도 이의는 없을 것이다. 한편, 그동안 우리 상법이 주식회사에 대하여 주주평등원칙을 엄격히 적용하여 영미와 같은 정관자치를 폭넓게 인정하지 않았던 것은 지배주주의 전횡으로부터 일반주주 내지 소수주주를 보호하기 위한 것이었다고 볼 수 있다. 그동안 미국 등과 달리 우리나라에서는 주주(투자자)에 대한 사법적 보호가 충분하지 못하였기 때문에 주주평등원칙의 획일적인 적용에 나름대로 충분한 이유가 있었다. 그러나 현재에는 자본시장법 등 여러 가지 법제의 정비에 의하여 우리나라의 투자자보호시스템도 선진국 수준으로 크게 향상되었기 때문에 과거와 같은 강한 제약은 설득력이 약하다. 이러한 점을 종합해 보면, 개정 상법이 종류주식의 다양화를 수용한 것은 당연한 일이고, 오히려 미국과 일본 등에서 인정되는 종류주식을 인정하지 못한 것에 대한 아쉬움이 크다. 창의적인 기업활동을 촉진한다는 관점에서 원활한 자본 조달과 지배권의 합리적 분배가 정관에 의하여 자치적으로 이루어지도록 하는 것은 매우 중요하다. 종류주식은 이러한 기능을 효과적으로 수행할 수 있기 때문에 가능한 한 정관에 의한 자유로운 주식설계를 보장할 필요가 있다고 본다. 앞으로 추가적인 논의와 입법을 통해 종류주식의 범위가 확대될 수 있을 것으로 기대한다.

하지만 현재로서는 새로 도입된 종류주식들이 그 목적에 맞게 잘 활용될 수 있게 하는 것이 중요하다. 이 글에서는 개정 상법이 허용한 범위 내에서 기업들이 실제로 어떠한 주식을 어떠한 방법과 절차로 발행할 수 있는지, 그 가운데 상법이 예상하지 못했거나 상법의 규정만으로 해결되지 않는 문제들은 없는지를 검토해 보았다. 가장 큰 문제는 역시 종류주주간 이해조정의 문제이고, 정관변경 및 종류주주총회에 많은 과제가 남아 있음을 확인할 수 있었다. 특히, 정관에 의한 종류주주총회는 본래 주주간 이해조정을 목적으로 하는 것인데, 일본의 영향을 받아 이 보다는 경영권 방어기능이 부각됨으로써 부정적으로 인식된 면이 있다. 종류주주간 이해충돌의 정도와 그 합리적 조정 가능성은 종류주식 이용의 활성화에 큰 영향을 미칠 것이므로 이에 관한 계속적인 검토가 요구된다.

차등의결권제도의 도입과 상장

출전: 기업법연구 제29권 제3호

고 창 현*

제1절 서 론

최근 외국계 펀드를 주축으로 한 외국 투자자들에 의한 한국내 주요 상장 기업들에 대한 경영권 위협이 현실화되면서 차등의결권제 내지는 복수의결권제에 대한 국민적 관심이 높아지고 있다.[1] 또한, 국제적으로도 중국 전자상거래업체인 알리바바(Alibaba)가 애초 홍콩에 상장하려고 하였으나 홍콩증권거래소가 차등의결권제를 채택한 회사의 상장에 대하여 소극적인 입장을 취하자 거래소를 바꾸어 뉴욕에 상장하였고, 이에 홍콩은 차등의결권제를 채택한 회사의 상장을 허용하는 방향으로 규정을 개정하겠다고 선언함에 따라 차등의

* 김·장법률사무소 변호사.

1) 한국경제 2015. 1. 10. “차등의결권 제도 도입 논란”, 동아일보 2015. 3. 15. “주총의 계절, 다시 떠오른 차등의결권”, 조선비즈 2015. 3. 26. “한경연 ‘주식 장기투자 유도하기 위해 차등 의결권 등 보장해야’”, 머니투데이 2015. 5. 21. “네이버 라인, 경영권 확보 위해 ‘차등의결권’ IPO 검토”, 한국경제 2015. 6. 13. “정갑윤 국회 부의장 ‘차등의결권제도 도입 검토해야’”, 머니투데이 2015. 6. 21. “홍콩증시 ‘돌아와라 알리바바’”, 한국일보 2015. 7. 8. “美 기업 절반 이상이 포이즌 필 도입… EU 대부분 국가서 차등의결권 인정”, 동아일보 2015. 7. 9. “대기업 특혜 논란에… 포이즌 필, 차등의결권 번번이 무산, 매일경제 2015. 7. 22. “차등의결권 전격 추진한다” 등 참조. 2015. 6에는 국회(정갑윤의원) 주최로 차등의결권주식제도의 도입과 관련한 공청회도 개최되었다. 이동기, “차등의결권주식제도 도입의 검토”, 한국상장회사협의회 주최 1주 1의결권 원칙 검토와 차등의결권 제도 도입방안 세미나 발표자료(2015. 6. 12).

결권제 및 차등의결권제를 채택한 회사의 상장이 다시금 논란이 되고 있다.[2)]

우리 상법은 "의결권은 1주마다 1개로 한다"고 규정하여 "1주 1의결권 원칙"을 채택하고 있다(369조 1항). 다만, 정관 규정에 따라 발행주식총수의 4분의 1 범위 내에서 의결권이 없는 종류주식(의결권의 배제에 관한 종류주식)과 일정한 사항에 대하여 의결권이 제한되는 종류주식(의결권의 제한에 관한 종류주식)의 발행을 허용하고 있을 뿐이다(344조, 344조의3). 또한, 법률에서 1주 1의결권 원칙에 대한 예외를 인정하는 경우[3)]를 제외하고, 정관의 규정이나 주주총회의 결의 등으로 위 원칙에 반하여 의결권을 제한하더라도 효력이 없다는 것이 대법원 판례의 태도이다.[4)] 따라서, 우리나라에서 차등의결권제도를 도입하기 위해서는 국회에서의 입법이 필요하다.[5)]

---

2) Financial Times 2013. 9. 25. "Alibaba abandons $50bn Hong Kong listing", The Seattle Times 2014. 9. 15. "Hong Kong rethinks rules after Alibaba IPO loss" 기사 참조.

3) 감사나 감사위원의 임면, 집중투표제 배제와 관련된 정관변경 등의 경우에 소수주주의 보호를 위하여 대주주 등의 의결권을 제한하는 규정이 있다. 또한, 집중투표제에 따른 복수의 이사를 선임하는 경우에도 1주 1의결권의 예외가 적용된다.

4) 대판 2009. 11. 26. 2009다51820 등.

5) 2015. 8. 4. 의안번호 16309호로 차등의결권제도와 신주인수선택권의 도입을 위한 상법 일부개정법률안이 발의되었다. 정갑윤의원(대표발의) 등 12인의 의원이 발의한 동 법률안은 그 제안이유를 "최근 외국 투기자본들이 적대적 인수합병(M&A)를 통하여 국내기업의 경영권을 위협하고 있어 사회적인 논쟁과 우려를 낳고 있음. 이미 선진국들은 적대적 M&A의 문제점을 인식하고 그에 대한 방어 장치를 도입하고 있는 것과 달리 우리나라는 효과적인 법적, 제도적 방어수단이 확보되어 있지 않아 상장회사들은 대규모의 자사주 매입이나 변칙적 순환출자 등을 이용하여 대응하고 있는 실정임. 이러한 수단들은 법적, 경제적인 면에서 바람직하지 않을 뿐 아니라, 투입비용에 비해 방어의 효율이 낮음으로써 기업역량이 훼손된다는 문제점이 있음. 따라서 신주인수선택권을 도입함으로써 적대적 M&A의 공격과 방어법제 사이의 균형을 이루어 매수자와 대상자의 공정한 경쟁을 보장하고, 회사가 설비투자, 기술개발 등 생산적 투자를 위해 사용하여야 할 재원을 자사주 취득 등에 사용하는 등 적대적 인수합병 방어수단의 부재로 인하여 기업 역량을 낭비하는 것을 방지하려는 것임. 또한 차등의결권제도를 도입하여 정관에서 주식보유기간에 따라 차등의결권 주식을 부여할 수 있도록 함으로써 투기적 주식투자가 아니라 장기 주식보유를 유도하여 주식시장 활성화에도 기여하고, 차등의결권 주식을 통해 이익배당 비율과 의결권 비율의 분리 적용이 가능하도록 하여 직접적인 경영권 방어뿐만 아니라 자금조달의 용이성을 높일 수 있도록 하려는 것임"이라고 하고 있다. 차등의결권제도의 도입과 관련한 주요 내용으로 "적대적 인수합병의 경우 경영권 방어, 주식시장의 활성화 및 기업의 자금조달 용이성을 확보하기 위해 주주총회에서의 의결권에 관하여 내용이 다른 종류의 주식을 발행할 수 있도록 하는 차등의결권제도를 도입함"이라고 하면서, 상법 344조, 344조의3 및 369조를 개정하는 내용이다.

과연 차등의결권제를 입법화할 것인지, 입법을 한다고 할 때 어떤 범위와 내용의 제도를 도입할 것인지는 입법정책적인 판단이 필요한 사항이며 그 전제로 국민적인 합의를 요하는 사항이다. 이에 관한 상론은 본 글의 범위를 벗어나는 것으로 생략하기로 한다. 이하에서는 (i) 차등의결권제의 종류, (ii) 차등의결권제의 장단점, (iii) 해외에서의 이용사례를 차례로 살펴보고, (iv) 마지막으로 정책적 판단에 따라 차등의결권제를 입법화하기로 결정되었다고 전제하고 그 도입의 방법 및 범위에 관한 몇 가지 제언을 드리고자 한다.

제 2 절 차등의결권제의 종류

'차등의결권제'를 주식의 의결권에 관하여 동일하지 않고 차이가 있는 모든 경우를 의미하는 것으로 넓게 본다면 의결권의 배제에 관한 종류주식과 의결권의 제한에 관한 종류주식도 이에 포함될 수 있을 것이다. 그러나, 이 글에서는 이미 우리 상법상 인정되어 많은 논의가 된 제도는 제외하고 (i) 거부권 주식, (ii) 차등의결권 주식, (iii) 테뉴어 보팅 제도에 관하여 살펴보기로 한다. 물론 이 이외에도 다른 형태 또는 이를 복합한 형태의 차등의결권제가 있을 수 있고, 특히 일반 소액주주의 보호 필요성이 적은 폐쇄회사(비상장회사)의 경우에는 의결권의 배분에 관하여 매우 다양한 형태의 설계가 가능하겠지만 이 글에서는 논의의 대상을 차등의결권제를 채택한 회사의 상장 내지는 상장회사의 차등의결권제 채택과 관련된 것으로 한정하고자 한다.[6)]

6) 유럽집행위원회(European Commission)의 의뢰를 받아 ISS등 3개 기관이 EU내 상장회사의 소유와 지배의 비례관계(Proportionality Between Ownership and Control in EU Listed Companies)에 관하여 검토한 보고서에서는 소유와 지배의 비례관계에 괴리가 발생하는 "지배강화조치(Control Enhancing Mechanisms)"로 (i) 복수의결권 주식(Multiple voting right shares), (ii) 무의결권 주식(Non-voting shares), (iii) 무의결권 우선주식(Non-voting preference shares), (iv) 피라미드 구조(Pyramid structures), (v) 거부권 주식(Priority shares), (vi) 예탁증서(Depository certificates), (vii) 의결권 상한제(Voting right ceilings), (viii) 소유 상한제(Ownership ceilings), (ix) 초다수결의 조항(Supermajority provisions), (x) 황금주(Golden shares), (xi) (업무집행사원과 비업무집행사원이 분리된) 파트너십(Partnerships limited by shares), (xii) 상호주(Cross-shareholdings), (xiii) 주주간 계약(Shareholders agreements)등 13가지 조치를 규정하고 있다.

1. 거부권 주식(황금주)

'거부권 주식'은 주주총회 결의나 이사회 결의 등 회사의 의사결정이 필요한 사항에 관하여 주주총회 또는 이사회 결의 이외에 당해 종류주식을 보유한 주주의 동의(종류주주총회의 결의)를 요하도록 하는 취지의 정함이 있는 주식을 말한다. 일명 '황금주(golden share)'라고도 불린다.

이는 주식회사의 본질과 배치되는 면이 있을 뿐만 아니라 다른 주주들의 이익이 침해될 우려가 크기 때문에 일반적으로 거부권 주식을 발행한 회사의 상장은 허용되지 않는다. 다만, 국영기업을 민영화할 때 향후 당해 회사가 국가정책과 모순되는 내용의 의사결정을 하려고 하는 경우에 이를 저지할 수 있도록 정부에 거부권 주식을 발행하는 등 아주 예외적인 경우에 한하여 상장을 허용하고 있다.[7] 일반적으로 거부권 주식은 제한된 의안에 대한 의결권(거부권) 이외에 배당청구권, 잔여재산분배청구권 등 자익권은 없거나 있더라도 미미한 경우가 많다.

2. 차등의결권 주식

'차등의결권 주식(dual class stock)[8]'은 의결권에 관하여 내용이 다른 복수 종류의 주식을 말한다. 여기에는 종류별로 의결권의 수를 달리 정하여 예컨대, A 클래스 주식은 1주에 1개의 의결권을 가지는 반면 B 클래스 주식은 1주에 10개의 의결권을 가지도록 하는 것도 가능하고,[9] 종류별로 의결권을 행사할 수 있는 사항을 달리 정하여 예컨대, A 클래스 주식은 전체 이사 중 30%의 이

동 보고서에서는 일반적인 거부권 주식을 "Priority shares", 정부(governmental authorities)에게 발행된 거부권 주식을 "Golden shares"라고 하여 둘을 구분하고 있다. ISS et al, Report on the Proportionality Principle in the European Union, European Commission, 2007, pp.7~8.

7) 따라서, 국내 상장기업에 대한 해외 펀드를 비롯한 외국투자자들의 경영권 위협에 대한 대응수단으로 거부권 주식의 발행이 논의되는 것은 적절하지 않다고 본다.

8) 복수의결권 주식이라고 지칭하는 경우도 있는데 복수의결권 주식도 결국 차등의결권 주식의 일 유형에 해당하므로 본 글에서는 차등의결권 주식이라고 통칭하기로 한다.

9) 아래에서 보는 일본의 단원주제도의 경우 형식적으로 1주당 의결권 수가 다른 것은 아니지만 다른 숫자의 주식을 1단원으로 묶어 여기에 1개의 의결권을 부여하므로 실질적으로는 주당 의결권의 숫자가 달라진다.

사 선임에 대해서만 의결권을 행사할 수 있고, 나머지 70%의 이사 선임 및 기타 모든 주주총회 안건은 B 클래스 주식만이 의결권을 행사할 수 있도록 하는 것도 가능하다. 의결권 이외에 배당청구권, 잔여재산분배권 등 자익권의 경우 두 클래스 주식을 동일하게 정할 수도 있고 달리 정할 수도 있다.

3. 테뉴어 보팅 제도

'테뉴어 보팅(tenured voting)' 제도는 주식의 보유기간에 따라 추가적인 의결권을 부여하는 방법이다. 주식을 2년 이상 보유하면 의결권 수가 2배가 되는 이중의결권(double voting right) 제도를 채택하고 있는 프랑스가 대표적이다. 이중의결권을 통해 장기 투자자와 단기 시세차익을 노리는 일반 투자자를 구분하여 의결권에 대한 취급을 달리 하는 것이다. 이는 주식 자체에 부여된 의결권의 내용이나 수가 다른 것이 아니라(즉, 서로 다른 종류의 주식이 발행된 것이 아니라) 보유기간에 따라 주주들에게 부여되는 권리가 다른 것이라는 점에서 차등의결권 주식과는 다르다.[10] 이 권리는 타인에게 이전할 수 없고, 주식을 시장에서 처분함으로써 상실되며 매수자의 보유기간은 다시 기산된다.[11]

---

10) 2015. 8. 4. 정갑윤 의원이 대표발의한 상법 일부개정법률안(의안번호 16309)은 그 제안이유에서 "차등의결권제도를 도입하여 정관에서 주식보유기간에 따라 차등의결권 주식을 부여할 수 있도록 함으로써 투기적 주식투자가 아니라 장기 주식보유를 유도"한다고 기재하여 차등의결권주식뿐만 아니라 테뉴어 보팅 제도의 도입도 의도하고 있는 것으로 보인다. 그런데, 동 법률안에서는 "주주총회에서의 의결권의 수에 관하여 내용이 다른 종류주식"을 도입하면서(안 344조 1항), "회사가 정관에 따라 의결권을 행사할 수 있는 내용이나 수가 다른 종류주식을 발행하는 경우에는 정관으로 의결권을 행사할 수 있는 사항, 의결권의 수, 의결권행사의 조건을 정한 경우에는 그 조건 등을 정하여야 한다"고 규정하고 있을 뿐이다(안 344조의3 2항 신설). 그러나, 테뉴어 보팅 제도는 서로 다른 종류의 주식이 발행되는 것이 아니라 그 보유기간에 따라 의결권 수가 달라지는 것이다. 위 법률안과 같이 법률이 개정되는 경우 새로이 발행되는 종류주식에 대하여는 테뉴어 보팅 제도를 적용할 수 있겠지만 기발행된 보통주에 대한 테뉴어 보팅 제도의 적용은 불가능하다고 본다.

11) 정혜련, "차등의결권에 관한 소고", 기업법연구 제29권 제1호 통권 제60호(2015. 3), 한국기업법학회, 84면.

제 3 절 차등의결권 도입에 따른 장단점

차등의결권제도의 장단점에 대하여는 첨예하게 의견이 대립되고 있다. 차등의결권제도에 대한 의견 대립은 주주평등의 원칙에 기초한 "1주 1의결권 원칙(One share, One Vote principle)"으로 대변되는 회사에 대한 소유와 지배의 비례관계는 유지되어야 한다는 입장과 계약자유의 원칙에 기초한 "기관 구성의 자율권 원칙(Inherent Right to Self Organisation principle)"으로 대변되는 회사는 스스로 적합하다고 생각하는 구조로 조직할 수 있는 자율권이 보장되어야 한다는 입장의 대립이라고 할 수 있다.[12] 이에 대한 실증연구 사례도 다수가 있지만 차등의결권제도의 도입과 기업의 성과에 대한 여러 연구는 일관되지 않은 결과를 보여주고 있고, 소유(ownership)와 지배(control) 사이의 비례성을 유지하지 못하는 것이 지배주주의 사적 이익을 더 증진시키는지에 대하여는 충분한 증거가 제시되지 못하고 있다.[13] 특히, 유럽집행위원회(European Commission)의 의뢰를 받아 ISS등이 작성한 보고서에서 실증연구결과 소유와 지배의 괴리가 회사의 가치를 훼손한다고 볼 증거는 부족하다고 하면서, 1주 1의결권 제도를 강제화하는 것보다는 소유와 지배의 괴리에 관한 정확한 정보의 공개 등을 통하여 투명성(transparency)을 제고하는 것이 보다

12) ISS et al, op.cit, p.5.

13) 정혜련, 앞의 논문 89면. 차등의결권제도와 관련된 주요 실증연구 사례로는 ① Smart, Thirumalai, Zutter(2008): 37개 회사를 조사하여 차등의결권 통합공고에 대한 주식시장의 반응을 연구한 결과 통합공고 이후에 2.7%의 양의 유의미한 효과가 나타났다고 함(정혜련 103면), ② Howell (2009): 1992년 이후로 차등의결권 구조를 철폐하고 1주 1의결권을 채택한 미국 61개 회사를 연구한 결과 차등의결권구조를 철폐한 이후의 회사 가치나 성과에 대한 긍정적인 차이가 나타나지 않았음(정혜련 104면), ③ Vincent/Francis/Schipper(2005): 차등의결권 가진 회사가 일반회사보다 이익배당을 정기적으로 성실히 수행하고 있음 (김정호, "차등의결권 주식의 도입가능성에 대한 연구, 경영법률 24집 2호(2014. 1), 한국경영법률학회, 142면), ④ Gompers/Ishii/Metrick (2010): 현금흐름과 의결권 간의 괴리는 IPO이후의 주가에 영향을 미치지 못했고, 내부자(경영권자, 복수의결권 보유자)의 지분율과 기업가치 사이에는 정의 상관관계 존재 (김정호 142면), ⑤ Stephan Nuesch(2012): 일반적인 경영상황에서는 차등의결권 채택여부와 실적 사이에 유의미한 상관관계가 나타나지 않았으나, 외부로부터의 자금조달이 절실한 경우 차등의결권제를 시행하는 기업이 그렇지 않은 기업보다 경영실적이 좋았음 (김정호 143면), ⑥ Casper Rose (2002): 차등의결권주식 등 경영권 방어수단을 갖춘 기업이 그렇지 못한 기업보다 경영성과가 좋았음 (김정호 143면) 등이 있다.

더 중요하다는 결론을 내렸고,[14] 이에 따라 유럽집행위원회는 1주 1의결권 강행규정화를 포기하였다. 차등의결권제도와 관련하여 주로 논의되는 장단점은 다음과 같다.

1. 차등의결권 제도의 장점

(1) 경영권 안정

다수의 사례에서 차등의결권제를 택하는 이유는 창업자가 구상했던 기업의 색깔을 그대로 유지하여 기업경영의 주도적 역할을 계속하기 위함이라고 한다.[15] 1주 1의결권을 고집한다면 경영권방어를 위해 회사가 자기주식을 매입하거나 지배주주가 적정지분율 이상의 과다한 자본을 투자하는 등 경영권을 방어하기 위한 불합리한 현상이 초래되는데 차등의결권제는 경영권 방어에 필요한 불필요한 비용을 감소시키고 자원배분의 비효율을 제거할 수 있다고 한다.[16] 차등의결권제의 도입으로 경영진과 종업원의 지위가 안정되고 기업특수적 인적자본(firm-specific human capital)의 투자가 촉진됨으로써, 장래의 기업가치가 높아질 잠재적 가능성이 있다는 견해도 있다.[17]

(2) 자본조달의 유연화 및 자본시장 활성화

기업공개시 창업자들이 보통주 발행을 통해서 자금을 조달하고자 하면 자기지분이 희석되는 불이익을 감수하여야 하므로 기업공개를 회피하게 된다. 차등의결권제를 채택할 수 있다면 경영권확보에 필요한 법적수단이 제공되므로 안전하고 효율적으로 자금을 조달하여 기업을 공개할 수 있게 된다. 이들 기업의 신규상장이 활발해지면 자본시장 활성화에도 도움을 줄 수 있다고 한

14) ISS 등은 "Based on the empirical evidence, it cannot be said whether Disproportional Ownership destroys … total firm value. … Thus, it may be more important to ensure transparency of Disproportional Ownership structures than to mandate 'one share, one vote'"라고 하고 있다. ISS et al, op.cit, pp.12~13.

15) 김정호, 앞의 논문, 140면

16) 김효신, "종류주식 다양화의 법적문제: 복수의결권주식의 도입을 중심으로", 법학연구 51권 1호 통권 63호(2010. 2), 부산대학교, 175면.

17) 유영일, "차등의결권주에 관한 연구: 도입필요성을 중심으로", 상사판례연구 21집 4권(2008. 12), 한국상사판례학회, 103면.

다.[18] 또한, 기업공개 이외에도 신규투자자의 유치, 전략적 제휴, 합작투자 등 기업이 당면하는 다양한 상황에서 당사자들의 복잡한 이해관계를 조정하는데 유용하게 사용할 수 있는 수단이 될 수도 있다.[19] 또한, 차등의결권제를 이용하는 경우 기업은 자금조달수단에 유연성을 확보할 수 있고, 투자자도 투자대상에 대한 선택범위를 넓힐 수 있다. 기업은 지배주주에게 복수의결권을 부여하여 상대적으로 적은 자본을 투입하여 안정적인 경영권을 행사하면서도, 회사자본 대부분을 배당이나 또는 주가차익만을 원하는 일반투자가로부터 조달할 수 있게 된다. 한편, 배당이나 주가차익에만 관심이 있고 경영참여에는 관심이 없는 주주입장에서는 상대적으로 가격이 저렴한 무의결권주가 큰 매력이 될 수 있다.[20]

(3) 주주간의 현금흐름과 의결권에 대한 다른 선호를 반영

불비례적인 의결권 부여는 주주로서의 경제적 이익 외의 이유로 적극적으로 경영참가 유인이 있는 자(가령 벤처기업 경영자와 기업재건의 스폰서)에게 더 많은 의결권을 부여하여 적극적 의결권 행사의 유인을 증가시킬 수 있다.[21]

(4) 순환출자 또는 피라미드형 소유구조의 대체

순환출자나 피라미드 구조에서는 현금흐름권과 지배권의 괴리가 분명하게 드러나지 않기 때문에 소유구조의 효율성이 주가에 반영되기 어려우나, 차등의결권제가 도입되면 회사의 소유구조가 보다 명확해지기 때문에 개별기업의 소유구조에 대한 평가가 용이해지고 기업공개를 통하여 새로 증권시장에 진출하는 기업들의 지배구조가 피라미드나 순환출자형으로 가는 것을 방지해주는 효과도 기대할 수 있을 것이라고 한다.[22]

---

18) 유영일, 위의 논문, 102면.
19) 김효신, 앞의 논문, 176면.
20) 유영일, 앞의 논문, 103면.
21) 윤영신, "1주1의결권원칙과 차등의결권원칙에 대한 검토", 상사법연구 28권 1호 통권 62호 (2009. 5), 한국상사법학회, 225면.
22) 김효신, 앞의 논문, 176면. 반면, 우리나라는 상호출자나 피라미드식 소유구조가 혼합된 재벌이 존재하고 신규공개된 회사가 이러한 기업집단의 일원인 경우도 있을 것이며, 이러한 상황이라면 당해 신규공개기업에서는 복수의결권주식은 가장 효율적인 의결권배분구조라고 하더라도, 기업집단내의 다른 회사에서의 이익충돌에 영향을 미쳐 대리인의 비용증가를 가져올 수

2. 차등의결권 제도의 단점

(1) 무능한 경영자의 교체를 봉쇄

이는 소위 참호구축효과가 발생한다는 것으로 회사에서 대리인비용을 제한하는 여러 가지 방법 중에는 지배권시장에 의한 감독이 유효한 방안이 될 수 있는데 이를 무력화 시킨다는 것이다. 적대적 기업인수의 가능성 자체가 현 경영진이 회사가치를 감소시키는 행위를 억지하는 효과를 가질 수 있는데, 차등의결권제와 같은 지배권확대수단은 기존 지배주주와 경영진이 교체될 수 있는 가능성을 심각하게 감소시킴으로써 지배권시장에 의한 대리인비용 제한 방법이 작동할 수 없도록 한다는 비판이 있다.[23]

(2) 현금흐름과 의결권간의 괴리로 인한 대리인비용 발생

소유가 집중되어 있는 구조에서는 경영진과 주주의 이익충돌이 줄어드는 대신 지배주주와 소수주주간의 이익충돌로 인한 대리인 비용이 발생할 수 있다. 이러한 대리인비용은 현금흐름권에 비례하는 지배권을 가지는 1주 1의결권 원칙 하에서도 소유가 집중되면 발생하지만, 복수의결권구조에 따라 현금흐름권과 지배권의 괴리가 커지게 되면 대리인비용이 더욱 증가할 가능성이 있다. 1주 1의결권 구조에서는 현금흐름권의 가치가 감소하면 그 손해를 지분비율에 따라 지배주주도 부담함으로써 손해를 내부화하는데 반하여, 지배권확대의 경우에는 손해가 불비례적으로 다른 주주들에게 많이 귀속되어 지배주주는 손해를 외부화 할 수 있기 때문이라고 한다.[24]

(3) 기존주주의 이익 침해

이미 상장된 회사가 차등의결권제를 도입할 경우 기존주주의 의결권이 희석화 됨에 따라 예상치 못한 손해를 입을 가능성이 있다. 또한 정관변경 등을 위한 주주총회 특별결의에 따라 주주의 동의를 얻은 경우에도 집단적인 행동문제와 전략적 선택의 문제가 있기 때문에 진정한 주주의 의사를 반영한 결

있다는 견해도 있다(윤영신, 위의 논문, 233면).

23) 윤영신, 앞의 논문, 231면.

24) 윤영신, 앞의 논문, 222면.

정이라고 하기 어렵다는 측면도 있다고 한다.[25)]

(4) 우리나라의 특수한 환경에서는 부작용이 더 큼

우리나라의 경우 이사회의 중립의무나 복수의결권 등의 제한 원칙이 적용되지 않으며, 이사의 충실의무(duty of royalty) 등의 법원칙도 판례에 의해 확고하게 지지받지 못하고 있기 때문에 오로지 경영진과 지배주주 일가의 사적 이익을 위한 목적의 신주발행을 법원에서 다툴 수 있는 유효한 수단이 없다는 비판론이 제기되고 있다.[26)] 유럽에서의 논의는 복수의결권이 허용되는 상황에서 이것이 금지되면 지배권확대의 수요가 다른 지배권확대수단으로 전환될 것이라는 것이다. 그러나 우리나라의 경우 있던 제도가 금지되는 것이 아니라 금지되던 제도를 새로이 허용하는 것이고, 기존에 허용되던 피라미드형 주식소유구조는 그대로 허용된다는 차원이다. 그렇다면 기존의 피라미드형 구조가 전환되는 것이 아니라 새로이 차등의결권제도를 추가하여 양자를 모두 이용하게 될 경우도 있을 것이고, 경로의존성에 의해 전환이 되지 않는 경우도 있을 것이라는 견해도 있다.[27)]

제 4 절 해외 사례[28)]

1. 미 국

(1) 미국 델라웨어주 및 뉴욕주 회사법 규정

미국 델라웨어주 회사법 제212조는 회사가 정관으로 차등의결권을 둘 수 있도록 허용하되, 정관에 그러한 정함이 없는 경우 1주 1의결권 원칙임을 규

25) 김효신, 앞의 논문, 179면.

26) 김효신, 앞의 논문, 183면.

27) 윤영신, 앞의 논문, 234면.

28) 독일 주식법은 제12조(Voting Rights. No Multiple Voting Rights.)에서 “(1) Each share shall confer voting rights. Preferred shares that confer no voting rights may be issued in accordance with the provisions of this Act. (2) Multiple voting rights shall be prohibited”라고 하여 차등의결권을 명문으로 금지하고 있다.

정하고 있다.

Delaware General Corporation Law § 212. Voting Rights of Stockholders; Proxies; Limitations. (a) Unless otherwise provided in the certificate of incorporation and subject to section 213 of this title, each stockholder shall be entitled to one vote for each share of capital stock held by such stockholder…

미국 뉴욕주 회사법 제501조도 회사가 정관으로 각 종류(Class)별로 의결권에 대하여 달리 정할 수 있다고 규정하고 있다.

New York Business Corporation Law§ 501. Authorized shares. (a) Every corporation shall have power to create and issue the number of shares stated in its certificate of incorporation. Such shares may be all of one class or may be divided into two or more classes. Each class shall consist of either shares with par value or shares without par value, having such designation and such relative voting, dividend, liquidation and other rights, preferences and limitations, consistent with this chapter, as shall be stated in the certificate of incorporation. The certificate of incorporation may deny, limit or otherwise define the voting rights and may limit or otherwise define the dividend or liquidation rights of shares of any class, …

(2) 뉴욕증권거래소 상장규정

현행 뉴욕증권거래소 상장규정 제313조와 보충서 제10조는 이미 상장된 회사가 신규로 차등의결권 제도를 도입함으로써 기존 주주의 권익을 해하는 것을 금지하고 있다. 하지만, 상장 이전에 이미 차등의결권 제도를 도입한 회사의 상장이나 차등의결권 제도의 유지는 가능하다.

New York Stock Exchange Listing Rules §313.00 Voting Rights

(A) Voting Rights Policy

Voting rights of existing shareholders of publicly traded common stock registered under Section 12 of the Exchange Act cannot be disparately reduced or restricted through any corporate action or issuance. Examples of such corporate action or issuance include, but are not limited to, the adoption of time phased voting plans, the adoption of capped voting rights plans, the issuance of super voting stock, or the issuance of stock with voting rights less than the per share voting rights of the existing common stock through an exchange offer.

SUPPLEMENTARY MATERIAL

10. Companies with Dual Class Structures—

The restriction against the issuance of super voting stock is primarily intended to apply to the issuance of a new class of stock, and companies with existing dual class capital structures would generally be permitted to issue additional shares of the existing super voting stock without conflict with this Policy.

나스닥(NASDAQ) 주식시장규정 제5640조 및 해설서 제5640조도 뉴욕증권거래소와 동일하게 규정하고 있다.

NASDAQ Stock Market Rules – The Qualification, Listing and Delisting of Companies

5640. Voting Rights

Voting rights of existing Shareholders of publicly traded common stock registered under Section 12 of the Act cannot be disparately reduced or restricted through any corporate action or issuance. Examples of such corporate action or issuance include, but are not limited to, the adoption of time–phased voting plans, the adoption of capped voting rights plans, the issuance of super–voting stock, or the issuance of stock with voting rights less than the per share voting rights of the existing common stock through an exchange offer.

Interpretive Material – 5640. Voting Rights Policy

The following Voting Rights Policy is based upon, but more flexible than, former Rule 19c–4 under the Act. Accordingly, Nasdaq will permit corporate actions or issuances by Nasdaq Companies that would have been permitted under former Rule 19c–4, as well as other actions or issuances that are not inconsistent with this policy. In evaluating such other actions or issuances, Nasdaq will consider, among other things, the economics of such actions or issuances and the voting rights being granted. Nasdaq's interpretations under the policy will be flexible, recognizing that both the capital markets and the circumstances and needs of Nasdaq Companies change over time. The text of the Nasdaq Voting Rights Policy is as follows:

Companies with Dual Class Structures

The restriction against the issuance of super voting stock is primarily intended to apply to the issuance of a new class of stock, and Companies with existing dual class capital structures would generally be permitted to issue additional shares of the existing super voting stock without conflict with this policy.

(3) 미국의 차등의결권 관련 규제 연혁

미국에서 통상 "차등의결권제(dual class structure)"라고 하면 회사가 A 클래스 주식과 B 클래스 주식을 발행하고, 이중 한 클래스(예컨대 A 클래스 주식)는 일반 증권시장에서 유통되며 나머지 클래스는 창업자 등 일부 그룹에 유보되는 형태를 말한다.

1940년 뉴욕증권거래소가 무의결권부 보통주 상장을 금지시킨 이후에는 일반적으로 차등의결권제를 채택한 회사의 상장이 어려웠는데, 1980년대 들어 차등의결권제의 도입을 고려하던 대기업들이 다소 규제가 느슨한 NASDAQ에 상장하는 추세가 시작되었다. 이에 불안감을 느낀 뉴욕증권거래소는 차등의결권제를 채택한 회사의 상장을 허용하는 내용으로 상장규정을 개정하고자 미국 증권거래위원회(Securities and Exchange Commission)에 승인을 요청하였다.

차등의결권제에 부정적인 입장을 취해오던 미국 증권거래위원회는 이 같은 추세를 막기 위하여 "1주 1의결권(one share one vote)" 원칙을 규정한 Rule 19c－4를 제정하기에 이르렀다.[29] 하지만, 1990년 워싱턴DC 연방법원은 미국 헌법의 주요 원칙 중 하나인 "연방주의(federalism)"에 입각하여 주식의 의결권과 같은 기업지배구조 관련 규정은 전통적으로 개별 주법으로 정하여야 할 것으로 연방기관인 증권거래위원회가 규율할 권한이 없어 무효라는 판결을 선고하였다.[30]

위 판결에도 불구하고 뉴욕증권거래소는 증권거래위원회의 취지에 따라 1990년대 중반까지 차등의결권제를 채택한 회사의 상장을 허용하지 아니하였으나, 1994년 그 입장을 바꾸어 앞서 본 현행 상장규정과 같이 개정하였다.

전통적인 언론사(뉴욕타임즈, 워싱턴포스트) 및 IT기업(구글, 페이스북 등)을 비롯하여 포드(자동차), 허쉬(식음료) 등 주로 창업자의 철학이나 비전이 중요하게 여겨지는 업계를 중심으로 차등의결권제가 선호되고 있다.

(4) 주요 미국회사들의 차등의결권제 운영 사례

가. IT 기업: 구글(Google)[31] (델라웨어주법)

일반 보통주인 A 클래스 주식은 1주 1의결권이나, 창업자인 Larry Page, Sergey Brin 등에게 발행된 B 클래스 주식은 1주 10의결권의 차등을 두고 있다(정관 Section 2. (a)).

---

29) Stephen M. Bainbridge, The Scope of the SEC's Authority over Shareholder Voting Rights, *UCLA School of Law Research Paper No. 07－16*, 2007, pp.7－10.; Marco Ventoruzzo, Disappearing Taboo of Multiple Voting Shares, *Penn State Law Research Paper No. 3－2015*, 2015, pp.4~5.

30) Business Roundtable v. SEC, 905 F.2d 406 (D.C. 1990): "It would, moreover, overturn or at least impinge severely on the tradition of state regulation of corporate law. As the Supreme Court has said, 'corporations are creatures of state law, and investors commit their funds to corporate directors on the understanding that, except where federal law expressly requires certain responsibilities of directors with respect to stockholders, state law will govern the internal affairs of the corporation.'"

31) 페이스북(Facebook, Inc)의 정관(Restated Certificate of Incorporation dated May 22, 2012)도 구글의 차등의결권제와 매우 유사한 내용으로 규정하고 있다.

A 클래스 주식과 B 클래스 주식은 배당이나 잔여재산분배권, 기타 정관에서 특별히 규정하지 않은 모든 사항에 대하여 동일한 권리를 가진다(정관 Section 2. (b), (c), (e)).

B 클래스 주식은 보유자의 선택에 따라 언제든지 A 클래스 주식으로 전환할 수 있으며(정관 Section 2. (f)(ii)), 일정한 예외를 제외하고는 타인에게 양도하거나 보유자가 사망하는 경우 자동적으로 A 클래스 주식으로 전환된다(정관 Section 2. (f)(iii), (iv)).

Fourth Amended and Restated Certificate of Incorporation of Google Inc. dated June 22, 2012.

Section 2 Common Stock

(a) Voting Rights.

(i) Except as otherwise provided herein or by applicable law, the holders of shares of Class A Common Stock and Class B Common Stock shall at all times vote together as one class on all matters (including the election of directors) submitted to a vote or for the consent of the stockholders of the Corporation.

(ii) Each holder of shares of Class A Common Stock shall be entitled to one (1) vote for each share of Class A Common Stock held as of the applicable date on any matter that is submitted to a vote or for the consent of the stockholders of the Corporation.

(iii) Each holder of shares of Class B Common Stock shall be entitled to ten (10) votes for each share of Class B Common Stock held as of the applicable date on any matter that is submitted to a vote or for the consent of the stockholders of the Corporation.

(b) Dividends. Subject to the preferences applicable to any series of Preferred Stock, if any, outstanding at any time, the holders of Class A Common Stock and the holders of Class B Common Stock shall be entitled to share equally, on a per share basis, in such dividends and other distributions of cash, property or share of stock of the Corporation as may be declared by the

Board of Directors from time to time with respect to the Common Stock out of assets or funds of the Corporation legally available therefor; provided, however, that in the event that such dividend is paid in the form of shares of Common Stock or rights to acquire Common Stock, the holders of Class A Common Stock shall receive Class A Common Stock or rights to acquire Class A Common Stock, as the case may be, and the holders of Class B Common Stock shall receive Class B Common Stock or rights to acquire Class B Common Stock, as the case may be.

(c) Liquidation. Subject to the preferences applicable to any series of Preferred Stock, if any outstanding at any time, in the event of the voluntary or involuntary liquidation, dissolution distribution of assets or winding up of the Corporation, the holders of Class A Common Stock and the holders of Class B Common Stock shall be entitled to share equally, on a per share basis, all assets of the Corporation of whatever kind available for distribution to the holders of Common Stock.

(e) Equal Status. Except as expressly provided in this Article IV, Class A Common Stock and Class B Common Stock shall have the same rights and privileges and rank equally, share ratably and be identical in all respects as to all matters.

(f) Conversion.

(ii) Each share of Class B Common Stock shall be convertible into one (1) fully paid and nonassessable share of Class A Common Stock at the option of the holder thereof at any time upon written notice to the transfer agent of the Corporation.

(iii) Each share of Class B Common Stock shall automatically, without any further action, convert into one (1) fully paid and nonassessable share of Class A Common Stock upon a Transfer of such share, other than a Transfer: …

(iv) Each share of Class B Common Stock held of record by a Class B Stock holder who is a natural person, or by such Class B Stockholders's Permitted Entities, shall automatically, without any further action, convert into one (1) fully paid and nonassessable share of Class A Common Stock upon the death of such Class B Stockholder; …

나. 언론사: 뉴욕타임즈(New York Times)[32] (뉴욕주법)

구글이나 페이스북과는 달리 A 클래스 주식(뉴욕증권거래소에 상장되어 NYT라는 종목명으로 거래되고 있음)과 B 클래스 주식(19세기 후반에 회사를 인수한 사주의 자손들이 대부분 보유하고 있음)의 차이는 의결권의 비율이 아니라, 의결권을 행사할 수 있는 사안에 있다. 즉, A 클래스 주주는 이사의 30%만을 선임할 수 있으며, 정관에 명시된 사안이나 기타 법률 및 상장규정에 따라 정하여진 사안에 대하여만 의결권을 행사할 수 있고, 그 이외의 사안에는 의결권이 없다.

CERTIFICATE OF INCORPORATION of THE NEW YORK TIMES COMPANY As Amended and Restated on September 29, 1993; and As Amended on June 19, 1998, and June 22, 2007

FOURTH

The designations, preferences, privileges and voting powers of the shares of each class and the restrictions or qualifications thereof are as follows:

…

(II) The holders of the Class A Common Stock shall be entitled to one vote for each share thereof held by them in the election of 30% of the Board of Directors proposed to be elected at any meeting of stockholders held for that purpose (or the nearest larger whole number if such percentage is not a whole number) voting separately and as a class; and the holders of the Class B Common Stock shall be entitled to one vote for each share held by them in the election of the balance of the Board of Directors proposed to be elected at any such meeting, voting separately and as a class.

…

(IV) Except as provided in paragraphs I, II and III of this Article FOURTH and as

32) 구 워싱턴포스트사(The Washington Post Company), 현 그레이엄 홀딩컴퍼니의 정관(Restated Certificate of Incorporation of The Washington Post Company As Filled November 13, 2003)도 뉴욕타임즈와 매우 유사한 내용으로 규정하고 있다. 구 워싱턴포스트사는 2013년 워싱턴포스트지 및 기타 뉴스사업부문 영업을 아마존 창업자인 제프리 베조스가 소유한 내쉬 홀딩스에 매각하고 사명을 그레이엄 홀딩컴퍼니로 변경하였으며, 과거 사주인 캐서린 그레이엄의 자손들의 지배 하에 교육 및 방송미디어 등 사업체를 보유하고 있다.

> otherwise required by the laws of the State of New York, the entire voting power shall be vested solely and exclusively in the holders of the shares of Class B Common Stock, the holders of Class B Common Stock to be entitled to 1 vote for each 1 share thereof held upon all matters requiring a vote of stockholders of the Corporation and the holders of the Class A Common Stock shall have no voting power, and shall not have the right to participate in any meeting of stockholders or to have notice thereof.

다. 제조업: 포드자동차(Ford Motor Company) (델라웨어주법)

창업주인 Henry Ford의 자손들이 B 클래스 주식을 통하여 총 의결권의 40%를 보유하고 있다. B 클래스 주식은 Henry Ford의 자손등 정관에서 규정한 자들 사이에서만 매매가 되고, 그 밖의 자에게 매도하는 경우에는 일반주식으로 전환하여야 한다.

위와 같은 전환 및 매도를 통하여 B 클래스 주식수가 60,749,880주 미만으로 감소되는 경우에는 총 의결권의 30%를 보유하게 되며, 33,749,932주 미만으로 감소되는 경우에는 일반주식과 같이 1주 1의결권 만을 가지게 되고 위와 같은 처분제한도 없어지게 된다. 현재는 Class B 주식의 수가 전체 발행주식수의 2% 미만인 7,100만주 정도이다.[33)]

> FORD MOTOR COMPANY
> RESTATED CERTIFICATE OF INCORPORATION
>
> 1.3. Class B Stock. At every meeting of the stockholders each holder of Class B

33) 2015. 6. 30. 기준 Ford Motor Company 분기보고서(Form 10-Q)에 따르면 보통주 발행주식총수는 3,896,985,910주이고, B 클래스 주식수는 70,852,076주이다. Full Voting Power Preferred Shares는 현재 발행된 것이 없고, 보통주식수인 3,896,985,910에 2/3를 곱해서 이를 B 클래스 주식수인 70,852,076으로 나누면 B 클래스 주식 1주당 약 37개의 의결권이 주어진다. 보통주는 1주 1의결권이므로, 다음의 방식으로 계산하면 보통주식수가 얼마가 되는지와 무관하게B 클래스 주식이 전체 의결권 대비 보유하는 의결권의 비율은 40%가 된다. (71 million class B shares×37 voting rights per class B share)/(3.8 billion common shares voting rights+71 million class B shares×37 voting rights)=40%.

Stock shall be entitled, for each share of such stock held by him, to such number of votes (which may be or include a fraction of a vote) as shall be determined in accordance with the provisions of this subsection 1.3, which number of votes, so determined from time to time, is hereinafter referred to as the "Class B voting power per share."

1.3a. 40% of Total Voting Power. Until the total number of outstanding shares of Class B Stock shall first fall below 60,749,880, the Class B voting power per share shall be the quotient derived by dividing the total number of outstanding shares of Class B Stock into a number equal to two-thirds of the aggregate number of votes which could be cast by the holders of all of the outstanding shares of (i) Common Stock and (ii) Full Voting Preferred Stock (as defined in subsection 9.2), if any, if they were present at the meeting.

1.3b. 30% of Total Voting Power. From and after the time when the total number of outstanding shares of Class B Stock shall first fall below 60,749,880 and until such number shall first fall below 33,749,932, the Class B voting power per share shall be the quotient derived by dividing the total number of outstanding shares of Class B Stock into a number equal to three-sevenths of the aggregate number of votes which could be cast by the holders of all of the outstanding shares of (i) Common Stock and (ii) Full Voting Preferred Stock, if any, if they were present at the meeting.

1.3c. One Vote per Share Voting Power. From and after the time when the total number of outstanding shares of Class B Stock shall first fall below 33,749,932, the Class B voting power per share shall be one vote per share.

2.1. Ownership of Class B Stock. Until the time when the total number of outstanding shares of Class B Stock shall first fall below 33,749,932, holders of shares of such stock may (i) sell or otherwise dispose of or transfer any or all of the shares of such stock held by them, respectively, only to persons who at the time of transfer meet the qualifications set forth in clause (i), (ii), (iii), (iv), (v), (vi) or (vii) of subsection 2.2, and to no other persons, or (ii) convert any or all of such shares into shares of Common Stock for the purpose of effecting the sale or disposition of such shares of Common Stock to any person as provided in subsection 2.3…. From and after the time when the total number of outstanding share of Class B Stock shall first fall below 33,749,932, holders of shares of such stock may (i) sell or otherwise dispose of or transfer such shares to any person or (ii) convert such shares into shares of Common Stock for any purpose as provided in subsection 2.4, and any person may have the status of an owner or holder of shares of Class B Stock.

Holders of shares of Class B Stock may at any and all times transfer to any person the shares of Common Stock issuable upon conversion of such shares of Class B Stock.

2. 영 국

(1) 영국 회사법 규정

영국 회사법 제284조는 의결권에 관한 일반 원칙을 규정하고 있는데, 제4항은 제1항 내지 제3항에서 규정한 사항들은 임의규정으로서 정관에서 달리 정할 수 있다고 규정하고 있다. 영국 회사법은 이처럼 의결권에 관한 사항을 정관자치로 정하도록 하고 있으므로 앞서 본 여러 형태의 차등의결권제의 채택이 가능하다.

Companies Act 2006

§ 284 Votes: general rules

(1) On a vote on a written resolution—

(a) in the case of a company having a share capital, every member has one vote in respect of each share or each £10 of stock held by him, and

(b) in any other case, every member has one vote.

(2) On a vote on a resolution on a show of hands at a meeting—

> (a) every member present in person has one vote, and
> (b) every proxy present who has been duly appointed by a member entitled to vote on the resolution has one vote.
>
> (3) On a vote on a resolution on a poll taken at a meeting—
> (a) in the case of a company having a share capital, every member has one vote in respect of each share or each £10 of stock held by him, and
> (b) in any other case, every member has one vote.
>
> (4) The provisions of this section have effect subject to any provision of the company's articles.

(2) 영국회사들의 차등의결권제 운영 사례

가. 거부권 주식

영국은 1984년 국영기업이던 British Telecom의 민영화 과정에서 황금주를 최초로 도입한 바 있다. 당시 영국 정부가 민영화로 민간 자본의 경영권 행사에 따라 공공의 이익이 침해를 받을 것을 막기 위해 거래가 불가능한 특별주를 정부가 보유하도록 한 것이다. 영국 정부는 황금주를 통해 특정인이 British Telecom의 지분 15%를 매집하지 못하게 거부권을 행사하고, 이사 2명을 선임할 수 있는 권한을 가졌었다. 영국은 1980년대 British Airport Authority (BAA) 등 다른 국영기업의 민영화시에도 유사한 조치를 취하였다. 하지만, 2000년대 들어 EU에서 황금주 스킴이 위법하다는 입장을 취함[34]에 따라 영국은 2000년대 중반까지 황금주를 모두 소각하였다.

나. 차등의결권제

영국의 20대 대기업 중에서 차등의결권제를 정하고 있는 회사는 British

---

34) European Court of Justice 는 C－98/01 *Commission of the European Communities v. United Kingdom of Great Britain and Northern Ireland*, [2003] ECR I－4644 판결에서 위 BAA가 채택한 황금주 스킴(특정인이 BAA의 지분 15%를 매집하지 못하도록 하고, 회사의 주요 자산의 처분 등 일정한 사항에 대하여 거부권을 행사할 수 있도록 얻도록 한 것)이 자유로운 자본의 이동(free movement of capital)을 규정한 EU법 제56조("Within the framework of the provisions set out in this Chapter, all restrictions on the movement of capital between Member States and between Member States and third countries shall be prohibited")에 위반된다고 판결하였다.

Petroleum뿐이다. 동사는 보통주 이외에 두 종의 우선주(8% Cumulative First Preference Share와 9% Cumulative Second Preference Share)를 발행하고 있다. 하지만 보통주가 전체 자본의 99.7%를 차지할 뿐만 아니라, 우선주가 보통주보다 의결권이 더 낮아서 진정한 의미에서의 차등의결권제를 채택하고 있다고 하기도 어렵다.[35] 이처럼 영국은 법상으로는 차등의결권제의 채택이 가능하지만 1주 1의결권제가 선호되고 있으며, 외국에 상장하는 경우 이외에 런던에 상장된 기업들 중에서 차등의결권제를 채택하고 있는 경우는 거의 없다.

영국 프리미어 리그의 명문 구단인 Manchester United는 원래 런던에 상장되어 있었으나 2005년 글레이저 일가가 인수하면서 상장을 폐지하였고, 2011년경부터 부채해소를 위한 자금조달을 위하여 재상장을 추진하면서 경영권을 유지할 수 있도록 차등의결권제를 채택했는데, 런던 기타 EU 국가가 아니라, 홍콩, 싱가포르에 상장을 추진하다가 결국 뉴욕에 상장한 것도 영국 내에서는 차등의결권제가 일반화되지 않은 것과 무관하지 않은 것으로 생각된다.

3. 일 본

(1) 일본 회사법 규정

가. 거부권 주식

일본 회사법은 종류주식의 하나로 '거부권 주식' 즉, 주주총회 또는 이사회에서 결의할 사항의 일부에 관하여, 당해 주주총회 또는 이사회 결의 이외에 당해 종류주식의 종류주주를 구성원으로 하는 종류주주총회의 결의를 필요로 하는 취지의 정함이 있는 주식을 규정하고 있다(회사법 108조 1항 8호, 323조). 주주총회 등에서 승인되어도 당해 종류 주주총회에서 부결되면 당해 행위를 하는 것이 불가능하게 되기 때문에 거부권 주식이라고 부르고, 황금주라고 부르기도 한다.[36]

---

35) ISS et al, op.cit, p.78.
36) 江頭憲治郎·中村直人, "論點體系 會社法 1", 第一法規, 2012, 282면.

회사법

제108조 (다른 종류의 주식)
제1항 주식회사는 다음에 열거한 사항에 대하여 달리 정한, 내용이 서로 다른 두 가지 이상의 종류주식을 발행할 수 있다. …
8. 주주총회(이사회 설치회사의 경우에는 주주총회 또는 이사회...)에서 결의할 사항 중 당해 결의 외에 당해 종류주식의 종류주주를 구성원으로 하는 종류주주총회의 결의가 있을 것이 필요한 것.

제323조 (종류주주총회의 결의를 필요로 하는 취지의 정함이 있는 경우)
종류주식 발행회사에 있어서, 어떤 종류주식의 내용으로서, 주주총회(이사회 설치회사에 있어서는 주주총회 또는 이사회…)에서 결의할 사항에 대하여, 당해 결의 이외에 당해 종류주식의 종류주주를 구성원으로 하는 종류주주총회의 결의가 있을 것을 필요로 하는 취지의 정함이 있는 때에는, 당해 사항은, 그 정관의 정함에 따라, 주주총회, 이사회…의 결의 이외에, 당해 종류주식의 종류주주를 구성원으로 하는 종류주주총회의 결의가 없으면, 그 효력이 발생하지 않는다. …

나. 복수의결권 방식

일본 회사법상 1주에 복수의 의결권을 부여하는 것은 허용되지 않지만,[37] 단원주(單元株)제도를 이용하여 주식의 종류별로 의결권을 달리 정할 수 있다(회사법 188조 3항). 단원주 제도란 일정한 수의 주식에 대하여 1개의 의결권을 부여하는 것인데(회사법 188조 1항), 예컨대, 한 종류의 주식(A 종류주식)은 10주를 1단원으로 하고, 다른 종류의 주식(B 종류주식)은 100주를 1단원으로 하면 실질적으로 A 종류주식 1주는 B 종류주식 1주의 10배에 해당하는 의결권을 행사할 수 있는 것이다.

---

37) 江頭憲治郎, "株式會社法(第四版)", 有斐備, 2011, 134면.

> **회사법**
>
> **第188조 (단원주식수)**
> **제1항** 주식회사는 그 발행하는 주식에 대하여, 일정한 수의 주식으로써 주주가 주주총회 또는 종류주주총회에서 1개의 의결권을 행사할 수 있는 1단원의 주식으로 한다는 취지를 정관으로 정할 수 있다. …
> **제3항** 종류주식 발행회사는 단원주식수는 주식의 종류별로 정하여야 한다.

(2) 동경증권거래소 상장규정

가. 거부권 주식

동경증권거래소는 상장요건(질적심사요건) 중의 하나로 "공익 또는 투자자 보호의 관점에서 당 거래소가 필요하다고 인정한 사항"을 충족할 것을 요구하고 있고(유가증권상장규정 207조 1항 5호), 그 일환으로 "주주의 권리내용 및 그 행사가 부당하게 제한되지 않을 것"을 요구하고 있다(상장심사등에 관한 가이드라인 II. 6. (1) a). 거부권 주식을 발행한 회사는 주주의 권리내용 및 그 행사가 부당하게 제한되는 것으로 보고 있는 관계로 원칙적으로 상장은 허용되지 않는다. 다만, "민영화 기업이 그 기업행동이 국가의 정책목적에 현저하게 모순되지 않도록 국가를 배정 상대방으로 하여 거부권부 종류주식을 발행하는 경우"에 한하여 허용하고 있다(신규상장 가이드북 (시장 제1부, 제2부편) 2015, 77면).

> **동경증권거래소 유가증권상장규정**
>
> **第207조 (상장심사)**
> 제1항 본칙시장에의 신규상장신청이 이루어진 주권등의 상장심사는 신규상장신청자 및 그 기업그룹에 관하여 다음의 각호에 게기한 사항에 대하여 행하는 것으로 한다.
> …
> (5) 기타 공익 또는 투자자보호의 관점에서 당 거래소가 필요하다고 인정하는 사항
>
> **동경증권거래소 상장심사등에 관한 가이드라인 II. 주권등의 신규상장심사[본칙시장]**

6. (내국회사에 있어서 공익 또는 투자자보호의 관점)
신규상장신청자가 내국회사인 경우에는 규정 제207조 제1항 제5호에 정하는 사항에 관한 상장심사는 다음 (1) 내지 (6)에 기재한 관점 기타 관점에서 검토하는 것에 의하여 행한다.
(1) 주주의 권리내용 및 그 행사의 상황이 다음의 a 및 b에 게기한 사항 기타 사항에서, 공익 또는 투자자보호의 관점에서 적당하다고 인정될 것.
a. 주주의 권리내용 및 그 행사가 부당하게 제한되어 있지 않을 것
b. 신규상장신청자가 매수방위책을 도입하고 있는 경우에는 규정 제440조 각호에 게기한 사항을 준수하고 있을 것

신규상장 가이드북 (시장 제1부, 제2부편) 2015

III 상장심사의 내용 (유가증권상장규정 제207조 관계)
5. 기타 공익 또는 투자자보호의 관점에서 당 거래소가 필요하다고 인정하는 사항 (규정 제207조 제1항 제5호)
· 거부권부종류주식의 발행
… 거부권부종류주식을 발행하고 있는 회사는 원칙적으로 상장회사로서 부적격이라고 할 수 있습니다.
단, "회사의 사업목적, 거부권부종류주식의 발행목적, 배정 대상자의 속성 및 권리내용 기타 조건을 감안하여, 주주 및 투자자의 이익을 침해할 우려가 적다고 당 거래소가 인정하는 경우"에는 예외적으로 그 발행이 허용됩니다. 그 요건에 해당할 가능성이 있는 경우로서는, 민영화 기업이 그 기업행동이 국가의 정책목적에 현저하게 모순되지 않도록 국가를 배정 상대방으로 하여 거부권부 종류주식을 발행하는 것 같은 경우를 상정할 수 있습니다.

또한, 이미 상장된 회사가 거부권 주식을 발행하는 것은 금지되며 만약 그 발행을 결의하면 상장폐지사유가 된다(동경증권거래소 유가증권상장규정 601조 1항 17호, 동 시행규칙 601조 14항 3호).

동경증권거래소 유가증권상장규정

제601조 (상장내국회사의 상장폐지기준)
제1항 본칙시장의 상장내국주권등이 다음 각호의 하나에 해당하는 경우에는

그 상장을 폐지한다. 이 경우에 있어서 당해 각호의 취급은 시행규칙으로 정한다.
(17) 주주 권리의 부당한 제한
주주의 권리내용 및 그 행사가 부당하게 제한된다고 시행규칙으로 정하는 경우

동경증권거래소 유가증권상장규정 시행규칙

제601조 (상장내국회사의 상장폐지기준의 취급)
제14항 규정 제601조 제1항 제17호에 규정하는 시행규칙에서 정하는 경우란, 상장회사가 다음 각호의 하나에 기재한 행위를 한다고 당 거래소가 인정하는 경우 기타 주주의 권리내용 및 그 행사가 부당하게 제한된다고 당 거래소가 인정한 경우를 말한다.
(3) 거부권부종류주식 중, 이사 과반수의 선·해임 기타 중요한 사항에 대하여 종류주주총회의 결의를 요하는 취지의 정함이 있는 것의 발행에 관계된 결의 또는 결정…. 단, 주주 및 투자자의 이익을 침할 우려가 적다고 당 거래소가 인정하는 경우에는 그러하지 아니하다.

나. 복수의결권 방식

단원주를 이용한 복수의결권제를 채택한 회사의 경우 의결권이 낮은 주식만 상장이 가능하고, 의결권이 높은 주식은 상장이 허용되지 않고 있다(동경증권거래소 유가증권상장규정 205조 9호의2).

동경증권거래소 유가증권상장규정

제205조 (내국회사의 형식요건)
내국주권등에 관하여 제207조에서 정하는 본칙시장의 상장심사는 다음 각호에 적합한 것을 대상으로 하여 행하는 것으로 한다. 이 경우에 있어서 당해 각호의 취급은 시행규칙으로 정한다.
(9)의2 주권의 종류
a 의결권주주식을 1종류만 발행한 회사에 있어서 당해 의결권부주식
b 복수의 종류의 의결권부주식을 발행한 회사에 있어서 이사의 선해임 기타

중요한 사항에 관하여 주주총회에서 1개의 의결권을 행사할 수 있는 수의 주식에 관련된 잉여금의 배당청구권 기타 경제적 이익을 받을 수 있는 권리의 가액 등이 다른 종류의 의결권부주식보다도 높은 종류의 의결권부주식

c 무의결권주식

그리고, 의결권이 낮은 주식의 상장과 관련하여 동경증권거래소는 "상장심사등에 관한 가이드라인"에서 구체적인 요건을 규정하고 있다(동경증권거래소 상장심사등에 관한 가이드라인 II. 6. (4)).

동경증권거래소 상장심사등에 관한 가이드라인 II. 주권등의 신규상장심사[본칙시장]

6. (내국회사에 있어서 공익 또는 투자자보호의 관점)

신규상장신청자가 내국회사인 경우에는 규정 제207조 제1항 제5호에 정하는 사항에 관한 상장심사는 다음 (1) 내지 (6)에 기재한 관점 기타 관점에서 검토하는 것에 의하여 행한다.

…

(4) 신규상장신청에 관한 내국주권 등이 무의결권주식… 또는 의결권이 적은 주식(규정 제205조 제9호의2 b에 기재한 것을 말한다. 이하 같다)인 경우, 다음 a부터 h까지에 모두 적합할 것.

a. 의결권이 많은 주식 등{무의결권주식을 발행하고 있는 경우의 의결권부주식 및 의결권이 많은 주식(의결권이 적은 주식 이외의 의결권부주식을 말한다. 이하 같다)을 말한다. 이하 같다}에 의해 특정한 자가 경영에 계속 관여하는 것이 가능한 상황을 확보하는 것 등이 주주공동의 이익의 관점에서 필요하다고 인정되고, 또한 그 스킴이 당해 필요성에 비추어 의결권이 많은 주식등의 주주를 부당하게 이롭게 하는 것이 아닌 상당한 것임이 인정될 것. 이 경우 상당한 것인지 여부의 인정은 다음 (a)부터 (c)까지 열거한 사항 그 밖에 사항을 당해 필요성에 비추어 확인하는 것에 의해 행한다.

(a) 당해 필요성이 소멸한 경우 무의결권주식 또는 의결권이 적은 주식의 스킴을 해소할 수 있을 것.

(b) 극히 적은 출자비율로 회사를 지배하는 상황이 생긴 경우에 무의결권

주식 또는 의결권이 적은 주식의 스킴이 해소된다는 취지가 정관 등에 적절히 규정되어 있을 것.

(c) 당해 신규상장신청에 관한 내국주권 등이 의결권이 적은 주식인 경우, 의결권이 많은 주식에 대하여 원칙적으로 그 양도 등이 이루어졌을 때 의결권이 적은 주식으로 전환된다는 취지가 정관 등에 적절히 규정되어 있을 것.

b. 의결권이 많은 주식 등을 이용하는 주요한 목적이 신규상장신청자의 이사 등의 지위를 보전하는 것 또는 매수방어책으로 하는 것이 아님이 인정될 것.

c. 의결권이 많은 주식 등의 이용 목적, 필요성 및 그 스킴이, 신규상장신청서류 가운데 기업내용의 공시에 관한 것에 적절히 기재되어 있다고 인정될 것.

d. 의결권이 많은 주식 등의 주주가 신규상장신청자의 이사 등이 아닌 경우에는 다음 (a) 및 (b)에 적합할 것.

(a) 의결권이 많은 주식 등의 주주의 의결권행사 목적이나 방침이, 당해 필요성에 비추어 명백히 부적절한 것이 아니라고 인정되고, 신규상장신청서류 가운데 기업내용의 공시에 관한 것에 적절히 기재되어 있을 것.

(b) 신규상장신청자의 기업집단이 의결권이 많은 주식 등의 주주(신규상장신청자의 모회사 등일 경우에 한한다)의 기업집단과 사이에 원칙적으로 사업내용의 관련성, 인적관계 및 거래관계가 없을 것.

e. 서로 다른 종류의 주주 사이에서 이해가 대립하는 상황이 발생한 경우에 당해 신규상장신청에 관한 내국주권 등의 주주가 부당히 피해를 입지 않게 하기 위한 보호의 방책을 취하는 것이 가능한 상황임이 인정될 것.

f. 당해 신규상장신청에 관한 내국주권 등의 발행자가 다음 (a)부터 (c)까지 열거된 자와의 거래(같은 (a)부터 (c)까지 열거된 자가 제3자를 위해 당해 발행자와 사이에 행하는 거래 및 당해 발행자와 제3자 사이의 거래에서 (a)부터 (c)까지 열거된 자가 당해 거래에 관하여 당해 발행자에게 중요한 영향을 미치고 있는 것을 포함한다)를 행할 때, 소수주주의 보호 방책을 취하는 것이 가능하다고 인정될 것.

(a) 모회사

(b) 지배주주(모회사를 제외한다) 및 그 근친자

(c) 전 (b)에 열거된 자가 의결권의 과반수를 자기의 계산으로 소유하고 있는 회사 등 및 당해 회사 등의 자회사

g. 당해 신규상장신청에 관한 내국주권 등이 잉여금배당에 관하여 우선적 내용을 보유하고 있는 경우에는 원칙적으로 상장신청일의 직전 사업연도의 말일 후 2년 간 예상이익 및 상장신청일의 직전 사업연도의 말일 당시 분배가능액

이 양호하다고 인정되고, 당해 내국주권 등의 발행자가 당해 내국주권 등에 관한 잉여금배당을 행하기에 족한 이익을 계상할 수 있을 것.

h. 그 밖에 주주 및 투자자의 이익을 침해할 우려가 크다고 인정되는 상황이 없을 것.

(3) 일본회사들의 차등의결권제 운영 사례

가. 국제석유개발[38] — 거부권 주식

현재 일본 회사 중에서 거부권 주식을 발행한 회사로써 증권거래소에 상장된 회사는 국제석유개발이 유일하다. 국제석유개발은 석유, 천연가스, 기타 광물자원의 조사, 채광, 개발 및 생산사업을 영위하는 회사로서 원래 국영기업이었으나 민영화를 하면서 경제산업대신에게 1주의 거부권 주식을 발행하였다.

경제산업대신은 ① 이사의 선임 또는 해임의 경우(단, 보통주식의 20% 이상을 국가나 국가가 전액 출자한 국영기업 이외의 단일 주주나 그 공동보유자에 의하여 보유되는 경우에 한함), ② 회사나 회사의 자회사의 중요한 자산의 처분 등의 경우, ③ 일정한 사항의 정관 변경의 경우, ④ 일정한 예외를 제외하고 합병, 주식교환, 주식이전의 경우, ⑤ 자본금 감소의 경우, ⑥ 해산의 경우 등에 거부권을 가진다.

이 거부권 주식은 배당(중간배당 포함)이나 잔여재산분배에 관하여 보통주와 동일한 권리를 가지며, 경제산업대신은 언제든지 회사에게 보통주 1주와 동일한 가액으로 취득해 줄 것을 청구할 수 있으며, 만약 이 주식이 국가나 국가가 전액 출자한 국영기업 이외의 자에게 양도되는 경우에는 회사가 취득할 권리가 있다.

---

38) 현재의 정식 명칭은 '국제석유개발제석 주식회사'이다.

국제석유개발제석 주식회사 정관

제6조 (발행가능주식총수)

당 회사의 발행가능주식총수는 9,000,001주로 하고, 보통주식의 발행가능종류주식총수는 9,000,000주, 갑종류주식의 발행가능종류주식총수는 1주로 한다.

제12조 (이사의 선해임)

제1항 이사의 선임 또는 해임에 관한 당 회사 주주총회결의시점에서 당 회사 보통주식에 관한 총 주주의 의결권의 100분의 20 이상을 공적 주체 이외의 당 회사 보통주식의 단일한 주주 또는 단일한 주주와 그 공동보유자가 보유하고 있는 경우…에는, 당해 이사의 선임 또는 해임에 대해서는 당 회사 주주총회 결의에 더하여 갑종류주식의 주주(이하 본조 내지 제5장에서 '갑종류주주'라 한다)에 의한 종류주주총회(이하 본조 내지 제5장에서 '갑종류주주총회'라 한다)의 결의가 필요하다.

제13조 (중요한 자산의 전부 또는 일부의 처분등)

제1항 당 회사의 중요한 자산의 처분 등에 대해서는 당 회사 주주총회의 결의 또는 이사회 결의에 더하여 갑종류주주총회의 결의가 필요하다.

제2항 당 회사 자회사의 중요한 자산의 처분 등에 대해서는, 제33조에 기초한 이사회 승인결의에 더하여 갑종류주주총회의 결의가 필요하다.

제14조 (정관변경)

이하의 사항에 관한 정관변경에 대해서는 당 회사 주주총회의결의에 더하여 갑종류주주총회의 결의가 필요하다.

① 당 회사의 목적

② 당 회사 보통주식 이외의 주식에 대한 의결권(갑종류주식에 이미 부여된 종류주주총회에서의 의결권을 제외한다)의 부여.

제15조 (통합)

제1항 이하의 각 호에 해당하는 경우를 제외하고, 당 회사가 합병, 주식교환, 주식이전을 할 경우 당 회사 주주총회의 결의에 더하여 갑종류주주총회의 결의가 필요하다. (이하 생략)

제16조 (자본금의 액의 감소)

당 회사의 주주에 대한 금전 환급을 수반하는 당 회사의 자본금액의 감소에 대해서는 당 회사 주주총회의 결의에 더하여 갑종류주주총회의 결의가 필요하다.

제17조 (해산)

당 회사가 주주총회결의에 의해 해산을 하는 경우, 당 회사 주주총회결의에 더하여 갑종류주주총회의 결의가 필요하다.

제18조 (의결권)

갑종류주식은 당 회사 주주총회에서 의결권을 보유하지 않는다. 다만, 법령에 별도의 정함이 있는 경우에는 그러하지 아니하다.

제19조 (잉여금의 배당 및 중간배당)

갑종류주식에 대한 잉여금의 배당 또는 중간배당은 당 회사 보통주식에 대한 잉여금의 배당 또는 중간배당과 동액으로 행한다.

제20조 (잔여재산의 분배)

갑종류주주는 당 회사 보통주식에 대한 잔여재산분배의 금액과 동액의 잔여재산분배청구권을 보유한다.

제21조 (종류주식의 취득청구권 및 취득조항)

제1항 갑종류주주는 언제든지 당 회사에 대하여 서면으로 금전의 교부와 맞바꾸어 갑종류주식을 취득할 것을 청구할 수 있다.

제2항 당 회사는 갑종류주식이 공적 주체 이외의 자에게 양도된 경우, 이사회의 결의에 의해 당해 양수인의 의사에 관계없이 금전의 교부와 맞바꾸어 갑종류주식을 취득할 수 있다. 또한, 갑종류주주는 갑종류주식을 양도할 경우에는 당 회사에 대하여 그 취지 및 상대방의 명칭을 사전에 통지하여야 한다.

제3항 본 조에 기초한 갑종류주식의 취득가격은 제1항의 경우에는 취득청구일, 제2항의 경우에는 취득일의 전일(이하 이를 합하여 '취득가격기준일'이라 한다)의 시가에 따르는 것으로 한다. 당 회사 보통주식이 도쿄증권거래소에 상장되어 있는 경우에는, 당 회사 보통주식 1주 상당의 도쿄증권거래소에서 의 취득가격기준일의 종가와 동일한 가격을 취득가격기준일의 시가로 한다.

나. 사이버다인(Cyberdyne) — 복수의결권제

현재 일본 회사 중에서 복수의결권제를 채택한 회사로써 증권거래소에 상장된 회사는 사이버다인이 유일하다.[39]

39) 사이버다인은 2014. 3. 26. 동경증권거래소 마더즈시장에 상장되었다.

사이버다인은 츠쿠바대학의 산카이 교수가 설립한 회사로서 인간 로봇 정보기술을 복합융합시켜 인간의 신체기능을 개선 보조 확장하는 사이보그형 로봇인 로봇수트 HAL을 개발하였다. 사이버다인은 이 기술의 평화적 이용을 확보하고, 산카이 교수를 중심으로 이 기술의 연구 및 사업추진을 계속해 나가는 것이 기업가치 향상을 위해 필요하다는 등의 이유로 산카이 교수에게 보통주식과 비교하여 실질적으로 10배의 의결권을 가진 B종류주식을 발행하였다.

사이버다인이 발행한 보통주식과 B종류주식의 개요는 다음과 같다.[40]

	보통주식	B종류주식
잉여금 배당, 잔여재산 분배	동순위, 동액	
단위주식 수	100주 (100주에 대해 1개의 의결권)	10주 (10주에 대해 1개의 의결권)
양도제한	제한 없음	이사회의 승인 필요 (B종류주주 간의 양도에는 불필요)
종류주주총회의 의결권을 요하지 않는 취지의 정함	있음	없음
취득청구권	없음	있음 (B종류주식 1주를 보통주식 1주로 전환)
취득조항	없음	있음 (B종류주식 1주를 보통주식 1주로 전환)
주식의 분할, 주식의 합병 등	동시, 동일한 비율	
상장	도쿄증권거래소 마더즈 시장에 상장	비상장

40) 戸嶋浩二, “복수의결권방식에 의한 종류주 상장의 실무와 전망”, 상사법무 2032호 (2014. 5), 84면.

위 '취득조항'과 관련하여서는 (i) B종류주식에 대해 양도 또는 양도승인청구(회사법 136조, 137조)가 이루어진 경우에는 당해 양도승인청구가 이루어진 B종류주식에 대하여, (ii) B종류주주가 사망한 날부터 90일이 경과한 경우에는 당해 B종류주주가 보유하고 있던 B종류주식의 전부에 대하여, 취득조항이 발동되어 B종류주식 1주에 대해 보통주식 1주가 교부되는 것으로 정하고 있다(정관 18조 2항). 다만, (i) 양도승인청구에 대해서는 B종류주주 이외의 자가 취득한 경우에 한하여 취득조항이 발동하고, 또한 (ii) B종류주주가 사망한 경우 90일 이내에 다른 B종류주주에게 상속, 유증 또는 양도된 B종류주식에 대해서는 취득조항이 발동하지 않는다. 즉, B종류주주 간의 양도에 대해서는 취득조항이 발동하지 않는 것으로 되어 있다.

또한, 사이버다인은 소위 'Breakthrough 조항'과 'Sunset 조항'을 두고 있다. 'Breakthrough 조항'이란 극히 적은 출자비율로 회사를 계속적으로 지배하는 상황이 생긴 경우 차등의결권제가 폐지되도록 하는 것으로서 공개매수가 실시된 결과, 공개매수자가 소유하는 주식 수가 발행주식총수의 75% 이상이 된 경우 B종류주식 전체가 보통주식으로 전환되도록 되어 있다(정관 18조 1항 2호). 'Sunset 조항'이란 차등의결제를 유지할 필요성이 소멸한 경우 이를 폐지하는 것으로서 (i) 회사가 소멸회사가 되는 합병, 완전자회사가 되는 주식교환 또는 주식이전시에 B종류주식 전부가 보통주식으로 전환되며(정관 18조 1항 1호), (ii) 산카이 교수가 퇴임한 경우, 퇴임한 때 및 매 5년마다 '주주의사확인절차'를 실시하여 보통주식과 B종류주식의 단원주식수가 모두 100주인 것으로 간주하여 계산되는 의결권의 3분의 1 이상을 보유하는 주주의 의사를 확인한 결과, 당해 주주의 (단원주식수를 모두 100주로 간주하여 계산되는) 의결권의 3분의 2 이상에 해당하는 다수가 B종류주식의 전부를 보통주식으로 전환하는 것에 찬성한 경우에는 B종류주식 전부가 보통주식으로 전환된다(정관 18조 1항 3호).

CYBERDYNE 주식회사 정관 (2014. 8. 1. 개정)

제6조 (발행가능주식총수 및 발행가능종류주식총수)

제1항 당 회사의 발행가능주식총수는 3억 4,800만주로 한다.

제2항 당 회사가 발행하는 종류주식의 발행가능종류주식총수는 다음과 같다.

(1) 보통주식 3억 915만주

(2) B종류주식 3,885만주

제7조 (단원주식수)

보통주식의 단원주식수는 100주로 하고, B종류주식의 단원주식수는 10주로 한다.

제13조 (잉여금의 배당 및 잔여재산의 분배)

보통주식 및 B종류주식에 관한 잉여금의 배당 및 잔여재산의 분배는, 동 순위 및 동액으로 행한다.

제14조 (의결권)

보통주식을 보유하는 주주(이하 '보통주주'라 한다) 및 B종류주식을 보유하는 주주(이하 'B종류주주'라 한다)는 모든 사항에 대하여 주주총회에서 결의권을 행사할 수 있다.

제15조 (보통주식 종류주주총회의 결의를 요하지 않는 취지의 정함)

당 회사가 회사법 제322조 제1항 각 호에 열거한 행위를 하는 경우에는, 법령 또는 정관에 별도의 정함이 있는 경우를 제외하고 보통주주를 구성원으로 하는 종류주주총회의 결의를 요하지 아니한다.

제16조 (B종류주식에 대한 양도제한)

B종류주식을 양도에 의해 취득하려면 이사회의 승인을 요한다. 다만, 양수인이 B종류주주인 경우에는 이사회가 회사법 제136조 또는 제137조 제1항의 승인을 한 것으로 간주한다.

제17조 (B종류주식에 대한 취득청구권)

B종류주주는 언제든지 당 회사에 대하여 보유하는 B종류주식의 전부 또는 일부를 취득하는 것을 청구할 수 있고, 당 회사는 B종류주주가 취득 청구를 한 B종류주식을 취득하는 것과 맞바꾸어 당해 B종류주식에 대하여 B종류주식 1주에 대해

보통주식 1주를 교부한다.

제18조 (B종류주식에 대한 취득조항)

제1항 당 회사는 다음 각 호의 어느 하나에 해당하는 경우, 당해 각 호에서 정하는 날(이사회가 그 이전의 날을 정한 때에는 그 날)이 도래함으로써, 그 날에 당 회사가 발행한 B종류주식의 전부(당 회사가 보유하는 B종류주식을 제외한다)를 취득하고, B종류주식 1주를 취득하는 것과 맞바꾸어, B종류주식에 대하여 보통주식 1주를 교부한다.

① 당 회사가 소멸회사가 되는 합병, 완전자회사가 되는 주식교환 또는 주식이전(다른 주식회사와 공동으로 주식이전을 하는 경우에 한한다)에 관한 의안이 모든 당사회사의 주주총회(주주총회의 결의를 요하지 않는 경우에는 이사회)에서 승인된 경우: 당해 합병, 주식교환 또는 주식이전의 효력발생일의 전일

② 당 회사가 발행하는 주식에 대해 공개매수가 실시된 결과, 공개매수자가 소유하는 당 회사의 주식 수가 당 회사의 발행완료주식(당 회사가 보유하는 주식을 제외한다)의 총수에 대하여 차지하는 비율이 4분의 3 이상이 된 경우: 당해 공개매수에 관한 공개매수보고서가 제출된 날부터 90일째의 날

③ 주주의사확인절차에서 확인절차 기준일에 의결권을 행사할 수 있는 주주의 의결권(다만, 제7조에도 불구하고 보통주식 및 B종류주식 모두 단원주식수가 100주인 것으로 간주하여 의결권 수를 계산한다. 이하 본 호에서 같다)의 3분의 1 이상을 보유하는 주주의 의사가 확인되어, 의사를 확인한 당해 주주의 의결권의 3분의 2 이상에 해당하는 다수가 당 회사가 본 호에 기초하여 당 회사가 발행하는 B종류주식의 전부(당 회사가 보유하는 B종류주식을 제외한다)를 취득하고, B종류주식 1주를 취득하는 것과 맞바꾸어 B종류주주에 대하여 보통주식 1주를 교부하는 것에 찬성한 경우: 당해 주주의사확인절차의 날부터 90일째의 날
또한 본 호에서 '주주의사확인절차'란, (1) 산카이 요시유키가 당 회사의 이사를 퇴임한 경우(다만, 중임 기타 퇴임과 동시 또는 직후에 선임된 경우를 제외한다), 당해 퇴임의 날(당해 퇴임과 같은 날을 포함한다)부터 1년 이내에 종료하는 사업연도 중 최종의 것에 관한 정기주주총회 종결 시까지, 그리고 (2) 직전의 주주의사확인절차의 날 이후 5년 이내에 종료하는 사업연도 중 최종의 것의 종료 후 3개월 이내에, 각각 이사회의 결의에 의해 정하는 방법에 따라 확인절차 기준일에 의결권을 행사할 수 있는 모든 주주의 의사를 확인하기 위하여 이루어지는 절차를 말한다. 또한, 본 호에서 '확인절차 기준일'이란 주주의사확인절차를 위한 기준일로서 이사회가 결의로써 정하는 날을 말한다.

제2항 당 회사는 B종류주주에 관하여 다음 각 호 어느 하나에 해당하는 사유가

발생한 경우, 회사법 제170조 제1항에서 정하는 날에 당해 각 호에서 정하는 B종류주식을 취득하고, 당해 B종류주식 1주를 취득하는 것과 맞바꾸어 당해 B종류주주에 대하여 보통주식 1주를 교부한다. ① B종류주주 이외의 자가 B종류주식을 취득하는 것 또는 취득한 것에 대하여 회사법 제136조 또는 제137조에서 정하는 승인의 청구가 이루어진 경우: 당해 승인의 청구가 이루어진 B종류주식 ② B종류주주가 사망한 날부터 90일이 경과한 경우: 당해 B종류주주가 보유하고 있던 B종류주식의 전부(다만, 다른 B종류주주에 상속 또는 유증된 B종류주식 및 당해 90일 이내에 다른 B종류주주에게 양도된 B종류주식을 제외한다)

4. 프랑스

(1) 2014년 이전의 이중의결권(Double Voting Right) 제도

가. 프랑스 상법(Commercial Code) 규정

2014년 개정 전 프랑스 상법은 1주 1의결권을 원칙으로 하되, 주주가 2년 이상 주식을 보유한 경우 정관 규정 또는 주주총회 특별결의를 통하여 2배의 의결권을 부여할 수 있도록 허용하고 있었다. 이와 같이 일정 기간 이상 주식을 보유한 경우 보다 많은 수의 의결권을 행사할 수 있도록 하는 제도를 "테뉴어 보팅(tenured voting) 제도"라고 하는데, 2014년 개정 전 프랑스 상법은 의결권을 2배로 하는 '이중의결권제(double voting right)'를 정관 규정 또는 주주총회 특별결의를 통하여 선택할 수 있는 소위 '옵트·인(Opt-in)' 방식을 채택하고 있었다.

Commercial Code **Article L225-123** A voting right equivalent to twice that attributed to other shares may be attributed to fully paid shares which can be proved to have been registered in the name of the same shareholder for at least two years, depending on the proportion of the share capital they represent, by the memorandum and articles of association or a special shareholders' meeting.

Furthermore, in the event of an increase in capital by incorporation of reserve funds, profits or issue premiums, a double voting right may be conferred from the date of issue on registered shares allocated to a shareholder free of charge in proportion to any former shares for which he has the benefit of that right.

The voting right provided in the first and second sub−paragraphs above may be reserved to French shareholders and those that are nationals of a Member State of the European Community or a Member State of the European Economic Area.

나. 실제 사례

2014년 초 프랑스의 대규모 상장기업 지수에 해당하는 CAC 40에 포함되는 40개사 중 22개사가 정관으로 이러한 이중의결권제를 인정하고 있었다. 아래는 이중의결권제를 규정한 사노피(Sanofi)와 토탈(Total S.A.)의 정관 규정이다.

Articles of Association of Sanofi

Article 9 − Rights and obligations attached to each share

1) With regard to ownership of the corporate assets, sharing of profits and the liquidation surplus, each share entitles its owner to an amount in proportion to the number of existing shares.

2) Whenever it is necessary to possess a certain number of shares to exercise a right, the owners who do not possess that number of shares are responsible for taking any steps to combine the number required.

3) Each shareholder has as many votes as the number of shares he owns or represents subject to the provisions below.

A double voting right is assigned to each registered share that is paid for in full and that has been registered in the name of the same shareholder for at least two years.

The double vote ceases automatically for any share converted into a bearer share or transferred from one owner to another, subject to exceptions laid down by law. Bonus shares arising from an increase of share capital by incorporation of reserves, profits or share premiums receive the benefit of the double vote as from the time of their issue in so far as they have been assigned on the basis of shares already benefiting from this right.

Charter and Bylaws of Total S.A. (Last update on December 31, 2013)

ARTICLE 18 – HOLDING SHAREHOLDERS' MEETINGS – DECISIONS

Subject to the following provisions, each meeting member is entitled to as many votes as he possesses or as many shares as he holds proxies for.
However, a double voting right is granted, in the light of the share of the share capital they represent, to all registered shares paid up in full that have been entered in the name of the same shareholder for at least two years, as well as, in case of a capital increase by incorporation of reserves, profits or premiums on shares, to the registered shares that are allocated without charge to a shareholder in connection with previously existing shares for which he benefits from the said right. Any merger of the company would have no effect on the double voting right, which may be exercised within the absorbing company, if the latter's articles of association have created a similar right.
The double voting right shall terminate automatically in respect of shares that are converted to bearer form or are transferred. Nevertheless any transfer from registered share to registered share, due to inheritance ab *intestat* or testamentary inheritance, division of community property between spouses, or donation *inter vivos* to the benefit of the spouse or of relatives eligible to inherit shall not interrupt the period set above or shall retain the acquired right.

(2) 이중의결권제의 옵트·아웃(Opt-out) 방식으로의 전환

가. Florange Law

2006년 인도계 대주주가 지배하는 영국계 철강회사인 미탈스틸이 프랑스의 Arcelor철강을 적대적 M&A를 통하여 인수하였는데, 그 과정에서 프랑스 북

동쪽에 위치한 Florange시에 있던 공장을 폐쇄함에 따라 수많은 노동자들이 일자리를 잃는 등 사회적 관심이 집중되면서 2년 이상 주식을 보유한 주주에게 자동적으로 2배의 의결권을 부여하는 내용 등을 포함한 일명 "Florange Law"가 2014. 4. 1.부터 시행되었다.

Florange Law(법 제2014－384호, "Law to Recapture Real Economy")는 적대적 인수 시도로부터 기업을 보호하는 일련의 장치들을 담고 있는데, 그 중 하나가 프랑스 상법 L225－123조를 정관으로 정하는 경우 2년 이상 보유 주식 1주당 2의결권을 부여할 수 있는 소위 '옵트·인(Opt－in)' 방식에서 정관에서 금지하지 않는 이상 2년 이상 보유 주식에 대하여 자동적으로 1주당 2의결권이 부여되는 소위 '옵트·아웃(Opt－out)' 방식으로 전환하는 내용이다(동법 7조). 그리고, 과거 정관에서 이중의결권제를 규정하지 않았던 회사의 경우에 위 '2년'의 기간은 법 시행일로부터 기산되어, 2016. 4. 1.부터 이중의결권을 행사할 수 있게 된다.

나. 실제 사례

Florange Law 시행 당시 이미 정관 규정으로 이중의결권제를 규정하고 있던 회사의 경우에는 별다른 영향이 없었으나, 과거 1주 1의결권 원칙을 채택하고 있던 회사들의 경우 2015년 주주총회에서 정관 개정을 통하여 이중의결권을 배제할 것인지를 둘러싸고 상당한 논란이 있었다. 일부 회사들(예컨대, BNP Paribas, Renault, GDF Sue 등)은 경영진들이 1주 1의결권 원칙을 고수하기를 원한 반면, 다른 일부 회사들(예컨대, Vivendi, Veolia 등)의 경영진들은 이중의결권제가 적용되기를 원하였다.

2015년 주주총회 결과 경영진이 이중의결권을 배제하기를 원하였던 Renault의 경우 정부가 주식을 추가로 매입하기까지 하여 정관변경에 반대한 결과 정관변경에 찬성한 주식수가 의결정족수에 약간 미달하여 결국 이중의결권이 도입된 반면, BNP Paribas는 아래와 같이 정관을 개정함에 따라 1주 1의결권 원칙을 유지하게 되었다.

Articles of Association of BNP Paribas (amended on May 18, 2015)

Section V Shareholders' Meetings
Article 18
…….
As an exception to the last paragraph of article L.225-123 of the French Commercial Code, each share carries one voting right, and no double voting rights are conferred.

제5절 결론 — 차등의결권제도 도입 방법 및 범위에 관한 제언

앞서 본 바와 같이 우리나라에서 차등의결권제도를 도입하기 위해서는 입법이 필요한데, 차등의결권제 도입을 위한 입법을 할 것인지, 하는 경우 어떤 범위와 내용의 제도를 도입할 것인지는 매우 정치적이고 정책적인 판단이 필요한 사항으로 이에 관한 상론은 생략하기로 한다. 다만, 앞서 본 바와 같이 거부권 주식은 국영기업을 민영화하는 경우 국가가 회사의 중요사항에 대한 결정권을 유지하기 위한 수단으로 제한적으로만 사용되고 있을 뿐만 아니라(그나마도 세계적으로 점점 폐지되는 추세이다), 자본시장의 활성화나 경영권 안정화를 통한 기업가치 증대와는 별다른 관련성이 없는 관계로 도입의 필요성이 크지 않다고 본다. 이하에서는 차등의결권 주식과 테뉴어 보팅 제도를 도입하기로 결정하였다고 가정할 때 고려가 필요한 몇 가지 주요 사항에 관하여만 간략히 논의하기로 한다.

1. 차등의결권 주식

첫째, 차등의결권 주식(특히, 구글, 페이스북 등의 채택한 복수의결권 주식)의 도입을 위하여 상법을 개정할 것인지 아니면 중소기업기본법, 벤처기업육성에 관한 특별조치법 등 특별법에 규정할 것인지가 문제된다. 이는 어떤 내용의 차등의결권 주식을 도입할 것인지, 벤처기업 등 일부 한정된 비상장회사에 국한하여 도입할 것인지 아니면 상장회사까지 포함하여 도입할 것인지 등에 따라 달라질 수 있을 것이다. 우선 벤처기업 등 일부 비상장회사에 한정하여 도입하여 시행해 본 다음 순차적으로 그 범위를 넓혀가는 단계적 도입안을 채택하기로 한다면 해당 기업에게만 적용되는 특별법에 규정하는 것도 가능할 것이다. 하지만 주식의 의결권에 관한 사항은 주식회사의 가장 본질적인 사항이라는 점을 고려할 때 기본적으로는 일반법인 상법을 개정하는 것이 바람직하다고 본다.

둘째, 상법이나 특별법에 차등의결권 주식에 관하여 규정한다고 할 때 법에서는 차등의결권 주식의 발행이 가능하다는 취지의 원칙적인 내용만 규정하고 구체적인 내용은 정관으로 자치적으로 정하도록 할 것인지, 아니면 법에서 의결권의 최대비율, 양도제한, 차등의결권 소멸 사유 등 구체적인 내용까지 규정할 것인지가 문제된다. 외국의 경우를 보면 법에서 차등의결권 주식의 구체적인 내용까지 상세하게 규정하는 사례는 찾기 어렵다. 차등의결권 주식은 다양한 구조로 설계가 가능할 뿐만 아니라 벤처기업 등 창의적이고 탄력적인 운용이 필요한 기업들이 주로 사용할 것이라는 점을 감안할 때 우리나라의 경우도 법에서는 원칙적인 사항만 규정하고 구체적인 내용은 정관자치에 맡기는 것이 타당하다고 본다. 다만, 차등의결권 주식을 발행한 기업이 상장을 하는 경우에는 일반 소액주주의 보호를 위하여 어느 정도의 내용적 규제는 필요하다고 보는데 이에 관하여는 후술한다.

셋째, 차등의결권 주식을 도입할 경우 총주주의 동의가 필요한 것으로 볼 것인지, 아니면 주총 특별결의로 가능하도록 할 것인지가 문제된다. 차등의결권제를 도입한다고 하면 필연적으로 소수주주의 의결권에 대한 희석화가 발생하고 이로 인하여 기득권이 침해되는 결과가 초래되므로 기본적으로는 원시정관에 규정을 두거나 총주주의 동의가 필요할 것으로 생각된다. 만약 법으로 총주주의 동의가 아닌 가중다수결의 주주총회 결의로 차등의결권 도입을 허용하게 된다면 소수주주의 재산권 침해로 인한 위헌적 요소가 존재한다고 본다.[41)]

---

41) 다만, 이에 대하여는 차등의결권 도입을 위한 정관 변경에 반대하는 주주에게 주식매수청구권

다만, 예컨대, 의결권은 일반 주식의 2배이지만 배당청구권이나 잔여재산분배청구권은 일반 주식의 50%인 차등의결권 주식(양도 제한, 비상장주식)을 만들고 일정 기간동안 모든 주주들에게 동 주식으로 교환할 기회를 부여한 뒤 그 이후에는 차등의결권 주식에서 일반 주식으로의 전환은 허용하되 그 반대는 허용하지 않는다거나 함으로써 기득권 침해 및 이에 따른 위헌 시비를 최소화하는 방안도 강구할 수 있을 것으로 생각된다.

넷째, 위 이슈와 밀접히 관련되는 이슈로 차등의결권 주식을 도입할 경우 그 대상을 비상장회사에만 한정할 것인지, 상장회사에게도 신규 도입을 허용할 것인지, 상장회사가 신규로 도입하는 것은 금지하지만 비상장회사인 상태에서 차등의결권 제도를 채택한 회사의 상장을 허용할 것인지가 문제된다. 이와 관련하여 비상장회사에 대하여는 차등의결권 주식의 도입에 대개 긍정적인 견해들이 많다. 폐쇄회사에서는 기업지배권시장을 생각하기 어려워 기업인수에 대한 방어수단으로 도입되는 경우에 그 폐해가 크지 않고, 주주들간의 의결권을 회사의 특수한 사정에 따라 배분하여야 할 필요성은 공개회사에 비하여 더욱 크다고 할 수 있기 때문이다. 미국이나 유럽에서의 차등의결권에 대한 규제 논의는 주로 상장회사를 중심으로 이루어지고 있는 점도 참고가 될 수 있다. 이미 상장된 회사가 차등의결권 주식을 도입할 경우 기존주주의 의결권이 희석에 의해 손해를 입을 가능성이 크다. 특히 우리나라의 경우 지배주주에 대한 견제장치가 약하고 순환출자구조의 폐해가 중복하여 나타날 수 있어서 부작용이 큰 것으로 우려된다는 견해도 있다. 또한, 앞서 본 바와 같이 차등의결권 주식을 도입할 경우 총주주의 동의가 필요하다고 본다면 불특정 다수의 소액주주가 존재하는 상장회사의 경우에는 현실적으로도 차등의결권 주식의 도입은 불가능할 것이다. 해외에서도 가장 논란이 많은 것이 차등의결권 주식을 발행한 회사의 신규상장을 허용할 것인지의 문제이다.[42] 이 경우에는 기존주주들의 의결권이 희석화되는 문제는 발생하지 않는다. 또한, 기업공

을 인정하여 투하자본 회수를 인정하면 위헌이 아니라는 견해도 있다.

42) 다만, 단순 신규상장이 아니라 차등의결권 주식을 발행한 비상장회사가 상장회사와 합병이나 주식교환 등의 방법으로 우회상장하는 경우나 과거 상장폐지 되었다가 다시 상장하는 회사에 있어서 이전에 시장에서 주식을 구입한 일반주주가 존재하는 경우 등에는 상장주주 내지는 일반주주의 권리를 보호할 필요가 있다는 추가적인 문제가 있다.

개시점에서 차등의결권에 관한 사항은 증권신고서 및 사업설명서에 기재되어 투자자들에게 공개되고 그러한 사실이 주가에 반영되기 때문에 소수주주의 이익에 미치는 영향은 크지 않다고 평가된다. 스타트업 기업, 벤처기업의 자금조달 및 기업공개를 촉진하는 긍정적인 측면이 부각되기도 한다. 따라서, 원칙적으로 비상장회사인 상태에서 차등의결권 제도를 채택한 회사의 상장을 허용하는 것이 타당하다고 본다.

다섯째, 차등의결권 제도를 채택한 회사의 상장을 허용하더라도 일반주식(의결권이 낮은 주식)뿐만 아니라 차등의결권 주식(의결권이 높은 주식)의 상장까지도 허용할 것인지의 문제가 있다. 차등의결권 주식을 허용하는 기본적인 취지가 벤처기업의 창업자 등에게 의결권이 높은 주식을 발행하여 안정적인 경영권을 보장함으로써 자금조달을 위하여 신주(일반주식)를 발행하는 경우에도 의결권 희석화를 걱정하지 않고 기업경영에만 매진할 수 있도록 하기 위한 것으로 차등의결권 주식을 보유한 주주의 인적 속성이 매우 중요하고, 이로 인하여 차등의결권 주식은 통상 양도성이 제한되므로 차등의결권 주식의 상장은 허용하지 않는 것이 타당하다고 본다.

여섯째, 차등의결권 제도를 채택한 회사가 발행한 일반주식의 상장을 허용하더라도 거래소가 상장요건으로 차등의결권 주식의 내용을 규제할 것인지(예컨대, 차등의결권 주식의 의결권이 일반주식 의결권의 몇 배를 초과해서는 안 된다거나, 차등의결권 주식의 양도나 상속을 제한하여야 한다거나, 일정한 기간의 종료나 사유 발생시 일반주식으로 전환되도록 하여야 한다거나 하는 등으로 일정한 요건을 충족한 경우에만 일반주식의 상장을 허용할 것인지), 아니면 이 같은 사항은 공시주의(disclosure philosophy)에 입각하여 있는 사실 그대로를 증권신고서, 사업설명서 등에 기재하여 투자자들에게 공지하고 투자판단 여부는 투자자들에게 맡기고 거래소는 이에 관하여 관여하지 않을 것인지의 문제도 있다. 이에 관하여는 구체적인 규제의 정도에 관하여는 보다 세부적인 검토가 필요하다고 보지만 차등의결권 주식이 일반 소액주주들의 이해관계에 미치는 영향이 클 뿐만 아니라 너무 다양하고 상이한 내용의 차등의결권 주식을 발행한 회사들이 상장되어 거래가 되는 경우 투자자들의 혼란이 초래될 우려가 크다는 점을 감안할 때 어느 정도의 실체적 내용에 대한 규제(merit regulation)는 필요할 것으로 생각된다. 그리고, 이 사항은 형식적으로는 차등의결권 주식을 발행한 비상장회사가 상장할 경우에만 적용되고 비상장 상태로 남아있는 동안에는 적용이 되지 않겠지만 많은 기업들(특히 차등의결권 제도를 활발히 이용할 것으로 예상되는 벤처기업들)이 일정 시점 이후에는 상장을 계획할 것으로 예상되고 또 한번 차등의결권 주식의 구조와 내용을 정하여 발행한 이후에는 이를 사후에 변경하는 것은 쉽지 않은 것임을 고려할 때 실제 상장은 상당 기간이 지난 다음에 이루어질 가능성이 높다고 하여도 차등의결권 주식제도를 도입할 시점에 미리 상장요건을 정비하여 해당 기업들에게 예측 가능성을 부여하고 이에 맞추어 차등의결권 제도를 설계할 수 있도록 하는 것이 타당할 것이다.

2. 테뉴어 보팅 제도

첫째, 테뉴어 보팅 제도를 도입한다고 할 때 그 적용대상 기업을 어떻게 할 것인지의 문제가 있다. 이 제도는 일정한 보유기간에 따라 복수의 의결권을 인정하는 것으로서 주식의 의결권 내지 회사의 지배권과 관련하여 장기보유자를 단기보유자에 비하여 우대하는 제도로서 다수 주주의 빈번한 교체를 전제로 하고 있으므로 그 적용대상에 상장기업을 포함하는 것은 당연하다고 본다.

둘째, 테뉴어 보팅 제도의 도입을 위하여 상법을 개정할 것인지 아니면 자본시장과 금융투자업에 관한 법률(이하 "자본시장법") 등 특별법에 규정할 것인지가 문제된다. 테뉴어 보팅 제도의 대상을 상장회사로 한정하는 경우에는 자본시장법에 규정하는 것도 고려할 수 있을 것이다. 하지만 주식의 의결권에 관한 사항은 주식회사의 본질적인 사항일 뿐만 아니라 상장회사에 관한 사항 중에서도 재무와 공시에 관한 사항은 자본시장법에서 규정하고 있지만 기업지배구조와 관련된 사항은 상법으로 이관되어 있음을 고려할 때 설령 그 대상을 상장회사로 한정한다고 하여도 상법에 규정하는 것이 타당하다고 본다(만약 상장회사로 한정하는 경우에는 제3편 회사 제4장 주식회사 제13절 상장회사에 대한 특례 부분에 규정하면 될 것이다).

셋째, 테뉴어 보팅 제도를 도입할 때 총주주의 동의없이 다수결로 정할 수 있도록 하거나 법에서 일률적으로 규정할 경우 위헌의 소지는 없는지도 문제된다. 이 제도는 모든 주주에게 일정한 보유기간에 따라 복수의 의결권을 인정한다는 측면에서 주주평등의 원칙에 위반된다거나 재산권이 침해된다고 하기는 어렵다고 본다. 다만, 법 개정 후 곧바로 시행하여 과거의 보유기간에 따라 의결권에 차등을 두는 경우에는 재산권 침해 및 소급입법 문제가 있으므로 법 개정 후 그 시행은 복수 의결권이 인정되는 기간 이후로(예컨대, 2년 이상 보유한 경우) 복수 의결권을 인정하는 경우에는 그 기간의 기산은 과거의 보유기간은 무시하고 법 시행후 새로 기산하는 것으로 정하는 것이 타당하다고 본다.

넷째, 테뉴어 보팅 제도의 내용과 관련하여서는 복수 의결권이 인정되는 시기를 어떻게 정할 것인지(프랑스와 같이 2년으로 정할 것인지, 아니면 다른 기간을 정할 것인지), 의결권의 수를 어떻게 정할 것인지(프랑스와 같이 2배로 정할 것인지, 아니면 다른 배수를 정할 것인지), 단일 시기로 정할 것인지 아니면 복수의 기간 및 배수를 정할 것인지(예컨대, 2년 이상 보유한 경우 2배, 4년 이상 보유한 경우 3배와 같은 식으로 정할 것인지)의 문제가 있다. 이는 입법정책적인 문제이기는 하나 주식을 장기간 보유한다고 하여 그 배수를 너무 높이는 경우에는 주주가 보유하는 지분(경제적 리스크)과 의결권의 괴리가 심화되어 폐해가 커질 우려가 있으므로 바람직하지 않다고 본다.

다섯째, 테뉴어 보팅 제도를 도입할 경우 프랑스의 2014년 법개정 전과 마찬가지로 소위 옵트·인(Opt-in) 방식으로 할 것인지(즉, 법상 테뉴어 보팅 제도의 도입은 허용하되 주주총회 특별결의를 통하여 정관에 테뉴어 보팅 제도를 도입하기로 결의한 경우에 한하여 적용할 것인지) 아니면 법 개정 이후와 마찬가지로 소위 옵트·아웃(Opt-out) 방식으로 할 것인지(즉, 원칙적으로 테뉴어 보팅 제도가 적용되는 것으로 하되 주주총회 특별결의를 통하여 정관에 테뉴어 보팅 제도의 적용을 배제하는 조항을 두기로 결의한 경우에 한하여 적용되지 않도록 할 것인지)의 문제도 있다. 이 역시 입법정책적인 사항이기는 하지만 일단 테뉴어 보팅 제도를 도입하기로 결정하였다면 옵트·아웃(Opt-out) 방식을 채택하는 것이 적절한 것으로 생각된다. 그리고 관련된 이슈로서 정관으로 어느 정도 범위에서의 조정이 가능하도록 할 것인지도 문제가 된다. 예컨대, 원칙적으로 2년 이상 보유하면 의결권의 수가 2배로 되지만, 정관 규정으로 보유기간을 단축하거나 의결권의 수를 더 늘릴 수 있도록 할 것인지도 고려할 필요가 있다.

여섯째, 테뉴어 보팅 제도와 차등의결권 주식 제도를 둘 다 도입하여도 무방한지 아니면 둘 중 하나만 도입하여야 하는지의 문제가 있다. 법리상 두 제도가 반드시 양립하지 못하는 것은 아니므로 두 제도를 모두 도입하는 것도 가능하다고 본다. 하지만, 한 기업에 이 두 제도가 중첩적으로 적용되도록 하는 것은 바람직하지 않은 것으로 생각된다. 만약 두 제도를 모두 도입하는 경우에는 예컨대, 비상장기업에는 차등의결권 주식 제도만 적용되도록 하고, 이미 상장된 기업의 경우에는 테뉴어 보팅 제도만 적용되도록 하되, 차등의결권 주식을 발행한 회사가 상장되는 경우 동 회사에 대하여는 테뉴어 보팅 제도는 그 적용을 배제한다거나 하여 단일 기업에는 하나의 제도만 이용하도록 하는 것이 타당할 것으로 생각된다.

황금주(Golden Shares)제도에 대한 입법론적 소고

출전: 기업법연구 제23권 제2호

허 항 진*

제 1 절 머리말

인류의 역사에 있어 국가가 기업을 소유하는 현상은 일시적인 것은 아니며, 국가가 기업을 소유하는 현상은 앞으로도 전 세계의 모든 국가에서 계속 존재할 것으로 보인다. 그러나 오늘날에는 민간경제의 활력제고와 공기업이 안고 있는 비효율성을 극복하기 위해 공기업의 민영화가 세계적인 추세로 자리 잡아 가고 있다. 여기서 민영화(privatization)란 공기업이 공적인 소유 및 통제에서 사적인 소유 및 지배로 변화하는 것을 내포하는 동시에 공기업이 소유한 생산 자산의 총합이 유한책임의 주식회사로 넘어가고, 해당회사의 대부분의 주식이 개인이나 개별기관에 매각되는 것을 의미한다.[1] 법 규제적 측면에서 이러한 공기업의 소유 및 지배의 변화는 민영화 이전에는 공법(public law)이 해당 공기업을 규율하였으나 민영화 이후에는 사법(private law)이 민영화된

* 한국예탁결제원, 법학박사.

1) 이러한 민영화의 경제적 개념은 최근에 생긴 새로운 용어는 아니며 1776년의 아담스미스의 저서에서도 이를 발견할 수 있다(Andrei A. Baev. Is There a Niche for the State in Corporate Governance? Securitization of State-Owned Enterprises and New Forms of State Ownership, 18 Hous. J. Int'l L.1, 1995, p.2).

회사를 규율하게 되는 것을 의미하게 된다.

공기업 민영화의 기간과 범위는 해당 국가의 사회경제적 분위기, 경제적·법적 제도의 발전 정도, 민영화의 비용 및 효과 등에 의하여 주로 결정된다. 이러한 공기업의 민영화와 관련한 다양한 정치적·사회적 이유로 인하여 일부 국가는 국영 공기업의 민영화 과정에서 해당 기업에 대한 정부의 통제를 유지하기 위한 다양한 방법을 모색하게 된다.[2] 그중에서도 민영화된 기업의 주요 결정에 대하여 정부가 거부권(veto power)을 유지하는 것을 가능하게 하는 것이 전통적 의미의 황금주(Golden Shares)제도이다.

이러한 황금주제도는 정부가 공기업을 민영화한 후에도 자산처분, 경영권 변동, 합병 등 주요한 의사결정에 대한 거부권이나 승인권행사를 통해 계속적인 영향력을 갖기 위해 도입된 제도로서, 1984년 영국정부가 공기업인 브리티시텔레콤(BT)의 민영화시 처음 도입한 것이 그 효시이다. 그 이후 유럽의 여러 나라에서 정유·가스·통신·항공·은행 등 자국의 중요한 공기업을 민영화하는 과정에서, 국가의 이익보호를 위해 법률이나 정관을 통해 황금주를 보유하여 왔다. 그런데 이 제도와 관련하여 EU법원(European Court of Justice)은 2002년 6월 4일 3개의 판결을 통해 이러한 황금주제도는 유럽역내 자본이동의 자유와 영업소 설치의 자유를 저해하기 때문에 EU조약 위반이라고 판시하였고,[3] 그 이후 전 세계적으로 황금주의 존폐론에 대한 논의가 활발하게 전개되어 왔다.

우리나라도 최근 외국인의 국내증권 투자비중이 증가하면서 국가의 전략적 산업이나 기간산업을 영위하는 국내기업에 대한 적대적 M&A위협이 현실화되고 있는 상황이다. 이에 국민경제에서 중요한 위치를 점유하고 있는 기업의 경우나 국가적으로 중요한 기업에 대하여 황금주제도를 도입할 필요성이 있다는 주장이 꾸준히 제기되어 왔다. 이와 함께 최근에는 2006년 10월 법무

2) 예를 들어, 국가방위나 공공서비스 부문에 대하여는 정부의 통제를 존속시키는 것이 바람직할 수 있다. 그 외에도 정부는 국가의 중요한 전략적 산업의 폐쇄를 방지하거나 국가적 유물이나 유산을 생산하는 기업의 생산라인의 보전, 대량해고의 방지 등을 위해 민영화된 기업에 대한 지배유지를 할 수도 있다.

3) ECJ 4. 6. 2002 – Case C – 503/99 *Commission v Belgium*, ECR 2002, I – 4809 ; ECJ 4. 6. 2002 – Case C – 483/99 *Commission v France*, ECR 2002, I – 4781 ; ECJ 4. 6. 2002 – Case C – 367/98 *Commission v Portugal*, ECR 2002, I – 4731.

부가 입법예고한 상법개정안을 계기로 우리나라도 일본의 신회사법과 같이 종류주식의 하나로 거부권부주식을 도입하자는 주장이 재계를 중심으로 활발히 제기되어 왔다.[4]

이러한 배경을 바탕으로 본고에서는 우선 황금주의 의의 및 기능과 그 법적 성격에 대하여 개괄적으로 살펴 본 후(Ⅱ), 황금주제도의 활용이 비교적 활발한 EU국가를 중심으로 황금주제도의 도입방식 및 유형에 대하여 비교법적으로 고찰한다(Ⅲ). 그 다음으로는 EU법원의 황금주에 대한 판결내용 및 그 기준 등에 대한 분석을 행한 후(Ⅳ), 우리나라에서의 황금주제도 도입여부와 도입 시의 입법과제 등에 대하여 차례로 살펴하기로 한다(Ⅴ).

제 2 절 황금주제도 일반론

1. 황금주의 의의

(1) 황금주의 개념

황금주(Golden Shares)[5]란 1980년대에 영국 국영기업의 민영화과정에서 도입된 제도로서 통상 소수지분으로 회사의 주요결정에 거부권을 행사할 수 있는 특별한 권리가 부여된 주식을 말하나,[6] 극단적인 경우에는 1주에 대하여 이러한 권리를 부여하는 경우도 있다. 황금주는 그 자체가 주식은 아니며, 단

4) 2006년 상법 개정안의 내용에 대한 상세는 김순석, “황금주(Gloden Shares)제도에 관한 연구”, 「비교사법」, 제16권 제1호(2009.3), 309~313면 참조.

5) 황금주(Golden Shares)는 영국에서는 특별주식(the special share)·특별권리주식(the special right share)·마스터주식(master share)·황금주(Golden Shares)라고 불리우며, 프랑스에서는 ‘actions spécifiques’, 독일에서는 Gloden Aktien 또는 Spezialaktien이라고 불리운다. 그리고 이러한 황금주를 보유하고 있는 자는 특별주주(special holder)라고 한다(Audax Peter Rutabanzibwa, What is Golden in the Golden Share? : Company Law Implications of Privatisation, Comp.Law. 1996, 17(2), p.40).

6) 그러나 광의의 개념으로는 정부가 민영화된 기업의 주식을 보유하지 않은 경우에도 법에 특별한 규정을 두어 황금주의 권한을 부여하는 경우까지 포함하는 개념으로 사용하기도 한다(Alice Pezard, The Golden Share of Privatized Companies, 21 Brook. J. Int'l L. 85, 1995, pp.85~86; Ivan Kuznetsov, The Legality of Golden Shares under EC Law, Hanse Law Review (Vol.1 No.1), 2005, p.22).

지 통상의 일반주식에 비하여 특별한 권리를 보유하고 있기 때문에 일반주주들의 관점에서 황금으로 보이는 것을 비유적으로 표현하여 황금주라고 부르는 것이다.[7] 이러한 황금주는 일반적으로 법률이나 정관에 규정하지만 매각계약에 근거를 두는 경우도 있으며, 일정한 시간이 지나면 자동으로 폐기되는 조건이 붙는 것이 일반적이나 무기한 권리를 보장하는 형태로 도입되는 경우도 있다. 그 밖에 황금주에 부여되는 권리의 내용은 합병이나 영업양수도, 주요 자산의 거부권뿐만 아니라 임원 선임이나 감사파견까지 매우 다양하다.

(2) 황금주의 특성

황금주의 특성은 도입방식이나 유형에 따라 나라마다 조금씩 다를 수는 있으나 그 특수한 성질은 일반보통주나 우선주와의 비교를 통하여 쉽게 파악할 수 있다. 첫째, 폐쇄형 회사 등 일정한 예외를 제외하고는 주주는 통상 회사의 일상적 비즈니스에 대하여 직접 경영이나 통제를 할 수 없다. 이에 비하여 황금주는 특별주주(special shareholder)로 하여금 회사전반의 일에 관여하는 것을 허용할 뿐만 아니라 회사의 비즈니스 라인 결정에 개입하도록 한다.[8] 예를 들어, 황금주를 보유한 특별주주는 회사로 하여금 기존 비즈니스 라인을 유지할 것을 요구하거나 특별한 사업파트너와의 계약관계를 유지할 것을 요구할 수도 있고, 해당 회사가 종업원을 해고하는 것을 막을 수도 있다. 둘째, 황금주에는 반대 또는 승인의 권한이 부여된다.[9] 반대권한은 다양한 회사의 행위에 대한 거부권을 통하여 행사되고, 승인권한은 회사로 하여금 특정한 비즈니스행위를 하도록 강제하거나 회사의 이사나 집행임원의 선임에 대한 승인 시 행사된다. 셋째, 일반주주들은 정기주주총회나 임시주주총회에서 주요한 회사행위나 회사의 합병, 회사주요자산의 매각, 회사의 청산 등에 대한 결의를 할 수 있다. 이와 달리 황금주를 보유한 특별주주는 모든 주주총회에 대한 통지를 받을 권한은 있으나 해당 주주총회에 참석하여 의결권을 행사할 권

---

7) 한국증권법학회, 「상법개정연구보고서」, 2006.6, 120면.
8) Cosmo Graham & Tony Prosser, Golden Shares : Industrial Policy by Stealth?, Pub. L. 413, 1988, p.415.
9) Charles Vuylsteke, Techniques of Privatization of State-Owned Enterprises xi-xii, World Bank Technical Paper No.88, 1988, pp.165~167.

한은 없다.[10] 넷째, 일반주주가 회사의 자본이나 이익에 참여할 객관적 권리(objective right)를 보유하는데 비하여, 황금주에 대하여는 통상 회사의 자본이나 이익에 참가할 권리가 부여되지 아니한다.[11] 다섯째, 회사의 정관은 이사회와 주주총회의 결의를 통하여 변경할 수 있으나 황금주를 채택하고 있는 기업에서는 황금주를 소유하고 있는 특별주주의 동의가 없는 한 이러한 정관변경은 효력을 발생하지 아니한다.[12] 여섯째, 통상 일반주주들에게는 1주 1의결권 원칙이 적용되나 황금주를 보유한 특별주주에게는 해당 주식이 표창하는 지분에 비례하지 않는 압도적인 통제권을 부여되게 된다. 일곱째, 황금주는 그것이 달성하고자 하는 목적과 강력한 권한으로 인하여 일반적으로 정부가 보유하게 되며, 유통시장에서의 양도는 제한되게 된다.[13]

2. 황금주의 법적 성질

(1) 법적 성질의 규명필요성

조세목적상으로는 채권과 주식의 구분이 의미가 있을 수 있으나 국가가 소유하고 세제상 특별한 취급을 받는 황금주에 대해서는 그 구분이 큰 의미가 없을 수도 있다.[14] 그럼에도 불구하고 주식과 채권, 황금주의 법리적 구분은 학문적 목적상 매우 중요한 의미를 가지게 되며, 개념법리학(conceptual jurisprudence)을 채택하고 있는 대륙법계 국가에서는 이러한 구분이 더욱 중요한 의미를 가지게 된다. 아울러, 황금주의 특징에 대한 연구는 황금주의 본질을 이해하는데 도움이 될 뿐만 아니라 법제의 개발을 용이하는 측면도 가지고 있다. 또한, 황금주는 국가에 대하여 일반주주나 사채권자의 지위를 부여하는 것이 아니라 특별한 권리를 가진 특별주주의 지위를 부여하기 때문에 일반기업에 대한 국가의 역할을 분석하는데도 커다란 도움이 된다.

---

10) Ibid. p.166.
11) Ibid.
12) Andrei A. Baev. op.cit, p.25.
13) Charles Vuylsteke, op.cit, p.166.
14) Ibid.

(2) 주식과의 비교

황금주(Golden Share)라는 용어에 주식(share)이라는 용어를 사용되고 있어 황금주를 주식이라고 오해할 수도 있으나 엄밀한 의미에서 황금주는 일반주식과는 구분되는 요소를 가지고 있다. 요컨대, 일반주식에는 배당금 수령권, 양도성, 보유수량에 비례한 의결권 등이 포함되어 있으나 황금주는 반드시 회사에 대한 일정한 주식지분을 의미하지 않는다. 또한, 일정한 지분을 보유하지 아니한 황금주에 대하여는 배당금을 지급하거나 의결권을 부여하지도 아니한다. 더욱이 황금주는 양도하거나 질권을 설정할 수 없으며 재담보로 제공할 수도 없다. 가사 황금주가 주식을 표창한다고 하더라도 해당 황금주가 보유하는 주식의 수량에 상응하는 의결권을 부여하지도 않는다. 한편, 일반주식은 해당주식의 가치를 동 주식의 보유자에게 지급한다는 약속을 나타내지 않을 뿐만 아니라 주주의 요구에 의하여 현금으로 환가할 수도 없는데 비하여, 황금주를 보유한 특별주주는 언제든지 황금주를 그 액면가로 상환할 것을 요구하거나 일반주식으로의 전환을 청구할 수 있다는 차이도 존재한다.[15)]

(3) 채권과의 비교

황금주는 어느 정도 채권과 유사한 부분을 가지고 있다고 할 수 있다. 주주와 달리 채권자는 의결권을 보유하지는 않으나 계약(covenants)을 통하여 채권을 자신을 보호하는 장치로 이용할 수 있기 때문이다. 계약의 일반적 기능은 채권자가 자금대여계약에 규정된 일정한 최소수준의 자본유지요건(equity cushion)을 보호하거나 강화하는 수단으로 인식된다.[16)] 따라서 이러한 계약내용 중에 회사나 경영진의 전략적 결정 또는 행위에 대한 통제를 할 수 있는 광범위한 사항을 포함시킬 수가 있는 것이다. 이처럼 황금주를 보유한 특별주주와 마찬가지로 채권보유자는 계약(covenants)을 통해 회사의 목표나 전략의 결정에 대하여 어느 정도 통제를 할 수 있다. 즉, 채권자는 회사경영진의 자유로운 행위를 제약할 수 있는 계약내용 중에 ① 자산을 건전한 상태로 유지할

15) Charles Vuylsteke, op.cit, p.166.

16) William A. Klein & John C. Coffee, Jr, Business organization and Finance : Legal and Economic Principles(9th ed), Foudation Press, 2004, p.118.

것에 대한 요구, ② 배당금지급의 자유에 대한 제한, ③ 특정수준의 자산을 유지할 것 등을 포함시킬 수 있다는 점에서[17] 채권은 황금주와 매우 유사한 측면이 있다고 할 수 있다. 이와 함께 황금주를 보유한 특별주주의 상환청구권은 회사의 자금보유여부나 상환일, 또는 이와 유사한 규정의 제한을 받지 않는다는 점에서 전환사채 등과 같은 하이브리드증권(hybrid securities)을 연상시킨다.[18]

그러나 이러한 채권과의 유사성에도 불구하고 황금주는 채권에 수반되는 채무를 필요로 하지 아니하며, 통상 채권에 대하여는 이표에 의거 이자지급을 하게 되나 황금주가 표시하는 자본투자에 대하여는 이자지급을 하지 아니한다는 근본적인 차이가 존재한다.[19] 이와 함께 황금주를 보유한 특별주주는 채권과 달리 회사의 결정절차와 회사의 경영상태의 유지 등에 관심을 가지게 되는데, 이는 자금대여자의 최소수준의 자본유지요건(equity cushion)을 강화하거나 보호하려는 취지라기보다는 국가의 이익을 보호하거나 기타 공공정책적인 이유에서 비롯되는 것이라는 점에서도 채권과 구분된다.

3. 황금주의 기능

황금주제도는 민영화 이후에도 국가적 이익을 보호하기 위한 제도라는 공통점이 있으나 황금주가 보호하려는 이익의 구체적 범위는 황금주제도를 도입한 각 국가의 법에 따라 매우 다양하게 인정되고 있다. 이러한 다양성에도 불구하고 통상 황금주가 적용되는 범주는 크게 ① 국가의 전략적 산업, ② 정치적으로 민감한 경제적 이익, ③ 국가의 상징적 산업으로 구분되고 있다.

(1) 국가적으로 중요한 전략산업의 보호

황금주를 통해 전략적 산업에 대한 정부의 통제를 유지하다는 의미는 국가의 정치적 주권을 보호하기 위해서는 경제적 자립이 필요하다는 인식을 기초로 하는 것으로서, 국가는 내정에 대한 외국의 영향과 국가적 식민지화의

17) Ibid. p.200.
18) Andrei A. Baev. op.cit, p.30.
19) Leonard Hyman, Privatization : The Hows and Whys, 131 Pub. Util. Fort. 18, 1993, p.20.

가능성을 제거하기 위해 전략적인 산업을 유지하여야 한다는 명제를 그 기본 전제로 하고 있다.[20] 이러한 전략적 국가산업에는 일반적으로 방산·에너지·운송·통신·광업 등이 포함되며, 정부는 이러한 산업과 관련된 기업에 대하여 황금주를 보유하게 된다. 이에 비하여 은행산업도 국가의 중요한 자치영역이라고 생각하여 황금주를 유지하는 나라도 있다.[21] 이처럼 국가적 전략산업에의 황금주 보유를 통하여 정부는 ① 전략산업의 국내기반유지,[22] ② 민영화된 기업의 기존 생산라인의 유지,[23] ③ 외국인에 의한 전략적 산업체의 인수저지,[24] ④ 민영화된 기업으로 하여금 국가이익에 필요한 특정 프로그램이나 프로젝트를 수행[25]하도록 하는 등의 목표를 달성할 수 있게 된다.[26]

(2) 정치적으로 민감한 경제적 이익의 보호

민영화된 기업에 대하여 정부가 황금주를 보유하는 이유 중의 하나는 특정기업의 민영화가 사회적 불안정이나 정치적 변동을 초래할 수 있는 민감한 경제적 영역에 해당하기 때문이다. 그리고 이러한 영역에는 민영화 대상기업의 기존 고용상태유지나 저렴한 공공서비스의 유지, 국민에 대한 정보에의 동등한 접근허용 등 다양한 정치적 사항과 관련사항들이 포함될 수 있다. 우선,

---

20) Andrei A. Baev. op.cit. p.32.

21) 헝가리·노르웨이·이스라엘 등에서는 은행의 민영화 이후에도 정부가 대형은행의 전략적 의사결정에 대한 거부권을 행사하거나 경영진의 의사결정에 참여하기 위하여 황금주를 보유할 수 있도록 규정하고 있었다(나동민·함상문·김현욱, 「출자금융기관의 민영화 전략」, 한국개발연구원, 2002, 152~153면).

22) 예를 들어, 이스라엘 정부는 황금주의 보유를 통하여 이스라엘의 제조업체에 대한 광물 원재료의 공급중단을 하지 못하도록 하거나 국가 비상시에 운송장비의 징발을 위하여 불리한 노동환경, 조세나 관세 등으로 인한 운송업자들의 국적변경이나 임의적 국내외 운행정지를 불허하였다(Charles Vuylsteke, op, cit, p.167).

23) 예를 들어, 러시아에서는 방위산업으로부터의 바람직하지 않은 철수를 방지하기 위하여 방위산업체에 대해 정부가 황금주를 보유하고 있다(Julian Cooper, Transformation of the Russian Defense Industry, Jane's Intelligence Rev, 1994. 10, p.445).

24) 예를 들어, 프랑스 민영화법은 황금주의 보유를 통해 외국인이 중요한 국가방위산업체 지분의 20%이상을 참여하는 것을 제한(EC 투자자에게는 비적용)하고, 정부가 10%이상의 모든 지분처분에 대하여 통제를 할 수 있음을 규정하였다(Phillippe Sarrailhe, Privatization in 1993, 7 Int'l L. Practicum 28, 1994. p.31).

25) 예를 들어, 말레이시아 정부는 국익에 필요하다고 판단하여 4십억 RM이 소요되는 역외유조선 프로젝트(Offshore Petrol Vessel Project)를 새로운 소유자가 수행하도록 하기 위해 해군조선소 프로젝트(Naval Dockyard Project)에 황금주를 보유한 바 있다(Kartini Abd. Kadir, Malaysia : Independent Party to Decide Naval Dockyard's Price, Bus. Times(Malaysia), 1994.10, p.1).

26) Alice Pezard, op.cit, pp.85~87.

정부는 외국재벌이나 정치적으로 부적당한 자 등 바람직하지 않는 투자자에 의한 민영화된 특정기업의 소유를 제한하거나 새로운 소유자와 경영진에게 특정한 의무를 부여하기 위하여 황금주를 사용할 수 있다. 또한, 정부는 황금주의 메커니즘을 통하여 민영화된 회사의 새로운 고용주에게 근로자의 고용유지의무를 부과할 수 있다.[27] 그 외에 일부국가는 정치적인 사유로 정부가 물공급 및 하수처리회사나 언론사, 통신회사 등에 대하여 황금주를 보유하는 경우가 있다. 이 경우는 해당회사들이 국가의 안전에 커다란 영향을 미치지는 않으나 공공서비스의 조건이나 수수료 등의 급격한 변동을 막고, 특정부분에서의 경쟁을 유지하기 위해 정부가 공공 정책적 차원에서 황금주를 보유하는 경우에 해당한다.[28]

(3) 상징적 국가산업의 보호

모든 나라는 수세기에 거쳐 보호되어 온 고유한 유물과 유산을 보유하고 있다. 또한 세계적으로 널리 알려진 일부기업은 특정한 나라와 연관이 있는데, 이러한 기업들은 국가적 자부심, 문화적 특징 등과도 연결되어 있다. 따라서 미래세대를 위하여 이러한 상징적 국가산업을 유지하는 것은 분명히 공공이익에 해당하게 된다.[29]

---

27) 예를 들어, 이스라엘과 헝가리는 황금주를 통하여 민영화된 기업의 경영진이 정부의 동의없이 인력을 감축할 수 없도록 하였다(David Krivine, Privatize or Bust, Jerusalem Post, 1990.9, p.4).

28) Andrei A. Baev. op.cit, p.37.

29) 예를 들어, 러시아에서는 보드카 제조회사에 대하여 황금주를 보유한 바 있으며, 이태리도 국가적 유산으로 여겨지던 13개의 스파회사에 대하여 황금주를 보유한 바 있다(Ibid. p.39).

제 3 절 황금주제도의 도입방식 및 유형

1. 회사의 결정권에 영향을 주기 위한 황금주

(1) 일반회사법상 황금주를 도입하는 방식

가. 차등화된 의결권을 부여하는 방식[30)]

정부는 민영화된 기업에 대한 국가의 통제를 유지하기 위하여 특별한 주식에 대하여 보다 많은 의결권을 부여하는 방식을 채택할 수 있는데, 이러한 방식을 취하고 있는 일부법제도 있고 보다 제한적인 방식을 취하는 법제도 있다.[31)] 특히, 이러한 복수의결권주식의 도입은 프랑스나 이태리와 같은 로마법계의 국가에서 상당한 법적·정치적 논란을 가져온 바 있음에도 불구하고 EU 국가의 많은 나라가 복수의결권을 허용하고 있다. 예를 들어, 프랑스에서는 2년 이상 주식을 보유하는 주주에 대하여는 2배의 의결권을 부여할 수 있다.[32)] 특히, 덴마크·스웨덴·핀란드의 경우 경영권 방어수단으로 복수의결권주식이 널리 이용되고 있는데, 스웨덴의 경우 1주당 1개의 의결권이 있는 보통주 A주

---

30) 황금주에 부여된 특별한 권리는 회사에 대한 지배권으로서 다른 주주의 지배권을 배척할 수 있는 정도의 다수의 의결권이나 주요한 의사결정에 대한 거부권이라고 보는 입장이 있다. 그 결과 이 입장은 차등의결권주식(dual-class share)의 하나로서 1주당 복수의 의결권을 행사할 수 있는 주식인 복수의결권주식(multiple voting right shares)도 황금주의 범주에 포함시키게 된다(박철영, "종류주식의 다양화를 위한 법적 연구", 성균관대학교 법학박사 학위논문, 2004, 133면; Stefan Grundmann, Wiss. Mitarbeiter Dipl-Kfm, Florian Möslein, Golden Shares: State Control in Privatized Companies: Comparative Law, European Law and Policy Aspects, Social Sciences Research Network, 2004, pp.8~9). 이에 비하여 황금주를 제한적으로 해석하여 회사의 합병결의나 이사의 선임 또는 해임결의 등 중요사항에 대한 결의 시 거부권이 있는 특수한 주식으로 보는 입장도 있다(권종호, "적대적 M&A에 대한 방어수단의 국제비교와 시사점", 「기업법연구」, 제20권 제1호(2006), 111~112면; ISS Europe/S&S/ECGI, Report on the Proportionality Principle in the European Union, 2007. 5, pp.10~12). 엄밀한 의미에서 황금주는 그 개념상 복수의결권주식과는 구분된다고 할 수 있으나 기업의 경영권유지를 위하여 통상의 주식에 비하여 우월적인 특별한 권리가 부여된 주식이라는 측면에서는 상당한 유사성을 띠고 있다고 할 수 있다.

31) EU에서 복수의결권이 최초로 발생한 것은 제1차 세계대전 직후라고 할 수 있는데, 당시 EU국가의 회사들은 경영권을 유지하면서 전후 복구비용을 외국자본에 의하여 충당하기 위하여 이러한 복수의결권주식을 발행하였다.

32) 이를 이른바 Loyalty Shares 또는 Tenure Voting이라고 하며 별도의 종류주식으로 인정되지 않는다.

식과 1주당 10개의 의결권이 있는 B주식이 발행되고 있고,[33] 덴마크와 핀란드의 경우 보통주의 10배의 의결권이 있는 주식발행을 허용하고 있다. 한편, 네덜란드의 경우에는 액면가에 비례하여 의결권수가 정해지며,[34] 영국의 경우에는 발행된 누적우선주(cumulative preference share)보다 의결권이 많은 보통주의 발행이 가능하다.[35] 이에 비하여 벨기에·스페인·포르투갈·이태리·독일·그리스·폴란드·룩셈부르크·에스토니아 등의 회사법은 전술한 국가들과 달리 복수의결권을 엄격하게 금지하고 있다.

그 외에 복수의결권주식과 형태는 상이하나 거의 유사한 효과를 가져올 수 있는 수단으로 일반 공중에게는 무의결권주식만을 모집하고, 의결권 있는 모든 주식은 국가만이 소유하는 방식이 있다. 이 방식은 국영기업이 자본시장에 접근하기 위해 활용한 방법으로서 프랑스가 국영기업의 민영화 초기인 1983년부터 1985년에 걸쳐 이른바 '투자주권(certificats d'investissements)'을 이용한 것이 그 대표적인 사례이다. 그러나 이러한 투자주권은 배당금에 대하여 우선권을 부여하지 않기 때문에 우선주와는 구분된다.[36]

마지막으로 의결권에 한도를 부여하는 방식으로서 덴마크·스페인·포르투갈 등에서 비례의 원칙을 회피하기 위한 수단으로 인정된 방식이다. 이러한 의결권한도부여방식은 황금주의 주요한 목적인 외국인에 의한 기업매수를 방지하는데 기여할 수는 있으나 특정회사의 경영에 대한 국가의 통제는 이 수단만으로는 실효성을 거두기 어렵다. 그 결과 이 방식은 이사회 멤버에 대한 승인권과 같은 다른 추가적인 통제장치와 결합하는 경우에만 그 효력을 발휘할 수 있다는 한계가 있다.[37]

---

33) de Beaufort, *Les OPA en Europe*, 2001, p.591.

34) 예를 들어, 액면가 1천원인 주식이 1주의 의결권을 행사하는 경우, 액면가 1만원의 주식은 10주의 의결권을 행사하게 된다.

35) ISS Europe/S&S/ ECGI, op.cit, p.39.

36) 이 경우 주식으로부터 발생하는 수익(income)과 결정권한(decision power)은 분리되는데, 수익은 투자주권(*certificats d'investissements*)에 부여되고 결정권한은 의결권주권(*certificats de droit de vote*)에 부여된다. 초기에는 의결권주권의 양도가 불가능하였으나 1985년과 1988년에 법개정으로 양도가 가능하게 되었다. 그러나 이 경우에도 투자주권과 함께 양도하거나 투자주권의 소유자에게 양도하여야 하는 제약이 있다(Art. L 228~30 para. 6 Code de Commerce).

37) Stefan Grundmann, Wiss. Mitarbeiter Dipl－Kfm, Florian Möslein, op.cit, p.9.

나. 주주총회에 절대적 거부적 및 결정권을 부여하는 방식

주주총회에 절대적 거부적 및 결정권을 부여하는 방식을 채택하는 경우에는 전형적인 황금주의 실질적 특성을 가지게 되고, 일반회사법에서 허용될 수 있는 것에 비하여 훨씬 더 비례의 원칙(principle of proportionality)을 벗어나게 된다. 이러한 방식을 채택하고 있는 대표적인 나라로는 네덜란드와 영국을 들 수 있다. 네덜란드는 경영진이나 이사회의 멤버에 대한 임명권과 같은 특별한 결정권과 수익의 배분에 대한 결정권을 가진 특수한 우선주의 발행을 허용하고 있으며,[38] 실제로 1988년 네덜란드우정국의 민영화 당시에 이 방식을 이용한 바 있다.[39] 그러나 이 방식을 채택한 가장 대표적인 나라는 영국이라고 할 수 있다. 영국회사법에 의하면 하나의 특별한 종류의 주식을 발행(단지 1파운드 주식 1주 발행도 가능)할 수 있으며, 이러한 황금주를 보유한 특별주주는 이 주식에 부여된 권한에 따라 제반 결정사항을 거부하거나 승인을 할 수 있다.[40] 이와 같은 황금주는 개별회사별로 맞춤식 설계도 가능하여 황금주의 최대존속기간이나 자동종료사항 등을 설정할 수도 있다.[41]

(2) 민영화법상의 특별규정에 의해 황금주를 도입하는 방식

가. 주주총회에 절대적 거부적 및 결정권을 부여하는 방식

영미와 같은 일부법제에서 회사의 내부결정을 존중하는 경향이 강화되고는 있으나 회사의 주요결정사항에 대하여 절대적 거부권이나 승인권을 부여하는 황금주는 회사법의 영역을 뛰어넘는 조치에 해당한다고 할 수 있다.[42] 이에 따라 일반회사법상 실질적인 기능을 갖는 황금주의 도입이 불가능한 대부분의 대륙법계 법역에서 절대적 거부권이나 승인권을 행사할 수 있는 황금

---

38) Art.2 : 92(1)/201(1) Burgerlijk Wetboek. 이에 대한 상세는 De Savornin Lohmann, Duties and Liabilities of Directors and Shareholders under Netherlands Law, 1996, p.3 et seq.

39) Schuitt & Janssen, M&A in the Netherlands, 1996, p.7 et seq.

40) 이러한 황금주에 부여된 승인권한에 해당하는 사안에는 ① 회사의 해산, ② 새로운 종류의 주식발행, ③ 상당한 회사자산의 처분이나 특정자산의 처분, ④ 주주총회에서의 모든 결정사항에까지 미칠 수 있다.

41) 주주총회의 모든 결정사항에 대한 승인권을 행사한 사안은 Britoil 및 Enterprise Oil 사안의 경우가 유일하다(Tony Prosser & Cosmo Graham, op.cit, p.415).

42) 미국의 경우 거부권부종류주식에 대한 사항은 주(州) 회사법에서 규정하여야 하는 사항이나 실제로는 주주간 계약(Shareholder's Agreement)을 통하여 자유롭게 발행되고 있다(김순석, 앞의 논문, 290면).

주를 도입하기 위해서는 특별법을 필요로 한다.

프랑스는 1986년과 1993년에 두 번에 걸쳐 대규모 민영화가 이루어졌는데, 그때마다 민영화에 관한 특별법이 제정되었다. 그리고 이 법에 기초하여 프랑스 정부는 민영화된 회사에 대하여 거부권과 통제권을 행사할 수 있는 특별한 권리가 부여된 황금주인 이른바 'actions spécifiques'를 통하여 안보와 관련되거나 국민경제에서의 비중이 큰 특별자산의 이용이나 양도에 대한 거부권을 행사할 수 있었다.

프랑스와 마찬가지로 벨기에도 Distrigaz사와 Société national de Transfort par Canalisation사에 대한 황금주 보유를 통하여 자회사 지분뿐만 아니라 전선 및 수도시스템의 양도 등에 대한 거부권을 행사한 바 있다. 그러나 벨기에서는 황금주에 부여된 결정권이 에너지 부문에서의 특별한 전략적 정책문제를 해결하기 위한 최후의 수단(ultima ratio)으로 여겨졌다. 이에 따라 일반적인 상황에서는 단지 주주총회를 소집할 권리를 보유하거나 제2차 또는 그 이후의 회의에서 가중된 의결권을 가질 뿐이었다. 아울러, 벨기에 법은 국가가 그러한 특별한 결정권을 보유할 필요가 있는 경우에 한하여 황금주를 보유하여야 한다는 점을 구체적으로 규정하고 있다.

이태리도 1994년의 민영화법에 의해 관할부처장관에게 회사의 해산, 사업의 양도, 합병, 분사, 타국에의 지위양도, 회사의 목적이나 국가의 특별한 권리에 변경을 가져오는 정관의 변경과 관련한 결정에 대하여 거부권을 행사할 수 있는 권리를 부여하였다.[43] 스페인의 경우에도 Telefónica의 민영화시 이태리와 유사한 규정을 둔 바 있다. 그러나 스페인은 케이블네트워크나 안보와 관련된 특정자산의 사용이나 양도에 대하여도 규정하였다는 점과 사후적 거부권 대신에 사전승인요건을 규정하였다는 점에서 이태리와는 다르다.

나. 이사 등의 임명권을 부여하는 방식

황금주에 대하여 부여되는 이사 등의 임명권은 나라별로 매우 다양하다. 예를 들어, 프랑스의 경우 이사회에 참여할 수 있으나 의결권은 없는 정부의 대표를 선임할 수 있는 권리를 황금주에 부여하고 있고, 독일은 공공법인의

43) 이태리에서 관할부처장관이 이러한 거부권을 실제로 보유한 사례로는 ENI SpA와 Telecom Italia SpA를 들 수 있다.

정보를 제공하기 위하여 지방자치단체가 임명한 이사회멤버에게는 회사기밀의 유지의무를 완화하여 적용하고 있다. 이에 비하여 스페인의 경우에는 특정 결정사항에 대한 사전승인과정에서 내부정보가 공시되어야 하기 때문에 회사의 이사회에 정부의 감시자를 투입할 필요가 없다. 특히, 벨기에는 황금주에 의한 이사의 임명권이 매우 강한 영향을 미쳐 회사의 결정에 국가가 간접적으로 영향을 미치는 대표적인 나라라고 할 수 있다. 즉, 벨기에는 황금주를 보유한 정부에 의하여 임명된 대표자는 표면상으로는 단지 자문기능만을 보유하고 있으나 국가의 전략적 가이드라인에 배치된다고 생각되는 모든 결정사안에 대해서는 해당 장관에게 보고를 할 수 있다. 이러한 보고가 있는 경우 본래의 결정은 보류되게 되며, 관할부처장관은 8영업일 이내에 해당 결정을 무효화하여 이사회의 결정에 대하여 거부권을 행사할 수 있다. 한편, 이태리는 황금주에 부여되는 임명권이 타국보다 완화되어 있어 관할부처장관은 일반의결권을 포함한 다른 이사와 동일한 권리를 가진 이사를 이사회멤버의 4분의1까지 임명할 권리를 보유하고 있다.

2. 주주구조(shareholder structure)에 영향을 주기 위한 황금주

(1) 주주구조에 대한 의사결정권이 이사회에 있는 경우

영국의 황금주제도는 이사회에 주주구조에 대한 의사결정권을 부여하고 있는데, 이사회는 15%이상의 의결권을 보유한 자에 대하여 일정기간(통상 21일)내에 그 초과분을 처분하도록 요구할 수 있으며, 해당기간 동안 초과분의 대한 권리는 정지되게 된다. 그리고 이러한 처분의무를 준수하지 아니하는 경우에는 추가적인 통지 이후에 이사회가 직접 해당 초과분의 주식을 매각할 수 있다. 한편, 회사에 지급된 초과주식 매각대금은 그 이전의 소유자에게 지급되는데, 초과주식소유자는 주식매각의 무효 또는 철회를 할 수 있는 권한은 물론 주식매각으로 인한 손해배상청구권도 없으며, 이사회도 그 매각사유를 제공할 의무가 없다. 그 결과 이러한 이사회의 권한은 너무 가혹한 면이 있고 전통적 회사법과도 조화되지 않는다는 비판이 일부 제기되고 있다.[44]

44) Tony Prosser & Cosmo Graham, op.cit, p.417.

(2) 주주구조에 대한 의사결정권이 국가에 있는 경우

프랑스에서는 주주구조에 대한 의사결정권을 주주가 아닌 규제정책당국인 관할부처장관이 보유하며, 스페인에서도 주주구조에 대한 통제권은 주식과는 별개로 이루어진다. 그 결과 이러한 법제들에서는 10%를 초과하는 직·간접지분 취득을 위해서는 사전에 관할부처장관의 승인을 받을 것을 요구하고 있다.[45] 그 외에 1993년 이후의 프랑스와 같이 법령에 의하여 그 한도를 고정하거나 이태리처럼 불이행규칙(default rule)으로 주식의 보유한도를 5%로 설정하고 있는 나라도 있다.[46] 이에 비하여 포르투갈의 경우에는 관련법령이 규정한 바에 따라 한도초과분에 대한 매각의무가 부여되거나 의결권정지 또는 취득무효가 된다는 일반적 금지규정을 두고 있다.[47] 한편, 이러한 사전 규제를 가하고 있는 나라들과는 달리 벨기에 민영화법은 일정요건이 준수되지 않는 경우 관할부처장관이 사후에 이를 거부할 수 있도록 하고 있다.

3. 황금주 도입요건 및 행사절차

(1) 황금주 도입목적의 명확화

대부분의 민영화법은 황금주 도입 시 제도도입의 목적을 '국가이익(national interest)의 보호'와 같이 매우 광범위하게 정의하고 있어, 정부가 실제로 그러한 목적을 추구하고 있는지 여부를 검증하는 것은 사실상 불가능하다. 이와 관련하여 벨기에나 이태리에서는 정부의 통제권이 객관적이고 비차별적이며 투명하게 행사하도록 되어 있으며, 도입목적이 구체적으로 법령에 명시되어 있다. 이에 비하여 영국이나 네덜란드와 같이 일반회사법에 의하여 황금주제도를 도입하고 있는 나라들은 황금주의 행사요건을 구체적으로 명시하고 있지 않은데, 이는 이러한 나라들이 통제권의 신설 및 행사를 당사자 간의 문제로 보아 이에 대한 정당화 요건을 필요하지 않는 것으로 보는데 기인한다.[48]

---

45) Art.10 para.4 loi 86-912(프랑스); Art. 2, no.2. Royal Decree 8/1997(스페인).
46) 1994. 5. 31. Decreto-Legge n. 332, Art. 2 lit. a). b).
47) Art. 13 para. 3 Lei Quadro des Privatizações no. 11/90.
48) 이런 해석을 기초로 황금주는 모든 주주간에 의결권의 배정에 대한 합의가 있는 것이므로 수용 가능한 제도라는 견해가 있다(Audax Peter Rutabanzibwa, op.cit, p.43).

(2) 황금주의 적용범위 및 존속기간의 명시

특별한 민영화법에 의하여 도입되는 황금주의 경우에는 통상 정부의 통제권의 범위가 제한적이며, 존속기간이 없는 것이 일반적이다. 그러나 영국과 같이 황금주에 대한 상환이 인정되는 경우에는 그 존속기간을 제한할 수도 있고,[49] 초창기의 프랑스에서와 같이 황금주에 부여되는 특별한 권리가 일정한 기간 이후에 자동적으로 소멸하는 것으로 규정할 수도 있다.[50]

(3) 황금주 권한의 행사절차규정

황금주에 부여되는 통제권의 행사에 관하여 비교적 엄격한 절차적 보장시스템을 두고 있는 나라는 벨기에이다. 벨기에는 정부가 해당기업의 경영진에 이사를 파견하고, 경영진의 결정이 국가의 에너지 정책에 반하는 경우에는 이를 관할부처장관에게 보고하도록 되어있다. 그리고 이러한 파견이사의 보고가 있는 경우 관할부처장관은 관련결정에 대하여 이의를 제기할 수 있다. 그러나 이러한 이의 제기권은 단기간내로 제한되어 있고, 그 행사도 국가 전체에 대한 에너지공급의 구체적인 위기시로 제한하고 있다.[51] 이에 비하여 프랑스의 경우 황금주를 보유한 정부가 주주구조와 관련한 거부권 행사 시에는 헌법적인 사유로 인하여 그 거부이유를 제시할 의무가 부여되어 있다.

(4) 사법적 심사

행정법에 기초한 규제개입과 달리 회사법에 의하여 부여된 국가의 통제권은 행정법원에 의한 구체적 사법심사로부터 벗어날 확률이 매우 높은데, 이는 황금주제도의 도입시 적용되는 목적의 특정성이 매우 모호한데 기인한다. 황금주에 부여된 정부의 통제권 행사시에는 국가적 이익(national interest)라는 포괄적인 용어를 사용하거나 심지어는 이러한 요건이 없는 경우도 있고, 황금주를 행사하는 이유를 제시할 의무도 없어 실질적인 사법심사를 행하는 것은

49) Tony Prosser & Cosmo Graham, op.cit, p.414.

50) 1986년 민법화법은 부령에 의하여 황금주는 언제든지 보통주로 전환할 수 있고, 황금주가 발행된 지 5년 이후에는 자동으로 보통주로 전환되는 것으로 규정하고 있었다. 그러나 1993년 민영화법에서는 정부의 황금주 권리의 행사기간에 대한 제한을 두지 아니하였다.

51) 이형규, "상법개정안상 거부권부주식의 도입에 관한 검토", 「상사법연구」, 제25권 제4호(2007), 126면.

거의 불가능하다. 이와 관련하여 벨기에는 황금주의 행사요건을 '에너지 분야에서의 국익을 침해하는 경우'로 포괄적으로 규정하고는 있으나 법령에 의하여 그 행사요건을 엄격히 제한함으로써 EU법원으로부터 사법적 심사가 가능한 것으로 인정받았다. 또한, 프랑스헌법원(French Conseil Constitutionnel)도 '국가이익의 보호'라는 핵심기준에 의한 거부권에 대하여 사법적 심사가 가능한 것으로 보고 있다. 이에 비하여 사적약정을 기초로 황금주를 도입할 수 있는 것으로 보는 영국에서는 의결권을 할당하는 주주의 자유에 대하여 사법적 심사가 이루어질 수 있는 것으로 보고 있다.[52)]

제 4 절 황금주에 대한 EU법원의 판결 내용 및 기준

1. EU법원의 판결내용

(1) 2002년 EU법원의 판결

가. 포르투갈의 황금주에 대한 EU 법원의 판결

포르투갈은 1990년 4월 5일의 법 제11/90호 제13조 제3항에서 외국법인이 취득하거나 인수할 수 있는 주식의 한도에 제한을 두는 것을 허용하고 있었다. 이에 대하여 EU위원회는 동 법에 기초한 3개의 시행령(decree law)이 차별적 조치에 해당한다고 EU법원에 제소를 하였다. 이와 함께 "누구든지 정부의 승인 없이는 10%를 초과하여 주식을 소유할 수 없다"고 규정한 일부 시행령에 대해서도 동 부령이 비록 표면적으로는 비차별적으로 보일지라도 자유로운 자본흐름을 저해하는 것이라는 이유로 제소하였다.

문제가 된 포르투갈법의 차별성에 대하여 EU위원회는 그러한 보호적 조치의 뒤에 숨어 있는 진정한 의도는 포르투갈에의 투자를 통제하기 위한 것이며, 이러한 차별적 조치는 분명히 EC조약 제56조와 제43조에 저촉된다고 주장

---

52) 영국에서는 공법상의 1인 1표 원칙과 달리 당사자간에 별도의 약정이 없는 한 사법상의 1인 1의결권 원칙은 반드시 지켜야할 원칙이 아닌 것으로 보고 있다(Audax Peter Rutabanzibwa, op.cit, p.42).

하였다.[53] 또한, 일반공중에게 공표된 일련의 객관적이고 일관된 기준(objective and stable criteria)에 기초하고, 공익(general interest)상의 긴급한 요건을 정당화할 수 있으며, 비례원칙(principle of proportionality)을 충족시키는 법률만이 허용될 수 있는데, 포르투갈 법률은 이러한 요건을 충족시키지 못하고 있다고 주장하였다. 이러한 EU위원회의 주장에 대하여 포르투갈 정부는 국가의 금융자산에 대한 안전장치는 영업소설치의 자유와 자본의 자유로운 흐름을 제한을 정당화할 수 있는 긴급한 국가적 이익에 해당한다고 주장하였다. 아울러, 포르투갈의 관련 법규정은 단지 정책적 문제로서 포르투갈은 해당 규정에 명시된 권한을 사용하지 않았기 때문에 사실상 EC조약을 위반하지 아니하였다고 반박하였다.

이러한 쌍방의 주장에 대하여 EU법원은 이 사건을 자본이동의 자유에 기초하여 황금주 제약에 대한 적절한 분석을 할 수 있는 기회로 활용하였다.[54] 법원은 우선 EC조약 제56조가 자본이동의 제약을 금지하고 있다는 점에 주시하면서, 그러한 제약이 직접적 효과를 야기할 필요는 없으며, 자본의 자유로운 이동을 간접적으로 저해한 것으로 충분한 것으로 보았다. 그 다음단계로 EU법원은 차별적 규정이 실제로 사용되지 아니하였기 때문에 EC조약 56조를 위반하지 않았다는 포르투갈 정부의 주장에 대하여, 그러한 정책은 법적 확실성 원칙(principle of legal certainty)을 충족시키지 못하였다는 것을 이유로 받아들이지 않았다. 이와 함께 EU법원은 개인이나 법인을 불문하고 10%를 초과하는 의결권주식을 보유하는 경우에 사전에 승인을 받도록 규정하고 있는 시행령 제380/93의 비차별적 조치에 대하여도, 해당 조치는 누구에게나 적용되는 비차별적 조치이므로 EC조약을 위반하지 않았다는 포르투갈정부의 주장을 배척하였다. 즉, EU법원은 다른 EU회원국 투자자의 투자를 단념시킬 가능성이 있는 어떠한 규정도 자본의 자유로운 이동을 저해하는 것으로 보고 EC조약 제56조를 위반하는 것으로 보았다. 마지막으로 EU법원은 포르투갈의 관련법령이 사회적으로 중대한 일반이익(general interest)에 의하여 정당화될 수 있는

53) Case C-367/98, Commission v. Portugal, 2002 E.C.R. I-4731, para. 22.

54) Christine O'Grady Putek, Limited but Not Lost : A Comment on the ECJ's Golden Share Decisions, 72 Fordham L. Rev. 2219, 2004. 4, p.2257.

지 여부에 대하여도 검토하였는데, EU회원의 일반적 금융이익은 정당화요건이 될 수 없다고 판시하였다.[55] 이처럼 포르투갈의 황금주에 대한 EU법원의 판결은 2002년 6월4일에 EU법원이 판시한 3개의 판결 중 가장 단순한 판결로서, 비례성(proportionality)이나 필요성(necessity)과 관련한 문제는 아예 다루지를 아니하였다.

나. 프랑스의 황금주에 대한 EU 법원의 판결

프랑스는 정유회사인 Sociéte Nationale Elf－Aquitane의 민영화를 위한 1993년 12월 13일의 법령 제93－1298호 제2조 제1항과 제3항에 의하여 황금주를 도입하였다. 특히, 이 법은 경제부장관에게 자산의 처분과 관련한 회사의 결정을 거부할 수 있고, 이사회에 의결권이 없는 2명의 이사를 파견할 권리를 부여하고 있었다. 그러나 더욱 문제가 된 것은 일정수량을 초과하는 주식을 매수하고자 하는 투자자는 사전에 경제부장관의 승인을 받아야 한다는 것이었으며, EU위원회도 이러한 사전승인에 대하여 주로 문제를 제기하였다.[56]

이 사안에 대하여 EU법원은 프랑스 정부가 Sociéte Nationale Elf－Aquitane에 보유하고 있는 황금주가 자유로운 자본이동에 저해가 되는지 여부를 검토하였는데, 프랑스는 포르투갈과 마찬가지로 이러한 조치가 비차별적이기 때문에 EU조약 제56조에 위반되지 않는다고 주장하였다. EU법원은 이러한 프랑스의 주장을 배척하면서, 다른 EU회원국 국민의 투자를 저해할 가능성이 있는 그 어떠한 조치도 자본의 자유로운 이동을 저해할 수 있어 EU법에 위반된다고 판시하였다. 따라서 프랑스의 황금주가 EU조약 제56조에 위반되지 않기 위해서는 EU조약에 명시적인 예외규정이나 매우 중요한 공공이익요건에 의하여 정당화되어야 하며, 설령 그러한 제약 요건이 객관적으로 정당화된다고 하더라도 사전승인은 그 목적을 달성하기 위한 최소한의 제약수단이 되어야 한다고 판단하였다.

포르투갈과는 달리 프랑스의 경우 국가의 석유공급은 공공의 안전과 심대한 관련이 있어 그 방위가 정당한 국가적 이익에 부합하고, 자본이동에 대한 일부이동의 제약을 정당화할 수 있는 사유에 해당된다는 것을 EU 법원은

---

55) Case C－367/98, Portugal, 2002 E.C.R. I－4731, para. 52.
56) Case C－483/99, Commission v. France, 2002 E.C.R. I－4781.

인정하였다. 그럼에도 불구하고 EU법원은 공공 안전에 기초한 예외적 인정은 실제적인 충분한 위험의 존재를 필요로 하기 때문에 EU회원국은 안전보장이 절대적으로 필요한 경우에 한하여 그러한 조치를 취할 수 있는 것으로 보았다.[57] 또한, EU법원은 프랑스의 사전승인제도와 관련하여 동 제도는 어떤 경우에 승인 또는 거부되는지 여부에 대한 구체적이고 객관적인 기준이 결여되어 있어 있다고 보았다. 그리고 이러한 투명성과 법적 확실성의 결여는 과다한 재량권을 정부에 부여하게 되어 당해 목적의 달성을 위한 비례원칙에 반한다고 보았다.[58]

이처럼 EU법원은 프랑스의 황금주제도는 구체성 요건이 결여 되어 있고, 어느 경우에 사전승인이 허용되거나 거부되는지 여부에 대하여 적절하게 규정되어 있지 않아, EC 조약 제56조에 위반된다고 보았다. 그러나 프랑스 사안에서 가장 주목해야 할 사항은 EU법원이 일부 중요한 국가적 이익은 자본이동의 자유 및 영업소설치의 자유를 제약하는 정당화요건이 될 수 있다는 점을 인정하였다는 점이다. 또한, EU법원이 비록 투명성(transparency)과 비례성(proportionality)의 절대적 중요성을 명확히 하여 매우 높은 기준을 제시하기는 하였지만 이를 충족시키는 것이 완전히 불가능한 것은 아니라는 사실이라는 점을 유의할 필요가 있다.[59]

다. 벨기에의 황금주에 대한 EU 법원의 판결

벨기에의 황금주에 대한 판결은 EU법원의 판결중에서 가장 논란이 될 수 있는 중요한 판결이라고 할 수 있는데, 동 판결에서 문제가 된 것은 가스 및 에너지 배급관련회사인 Sociéte Nationale de Transport par Canalisations회사와 Distrigaz회사의 민영화에 관한 1994년 6월 10일의 왕령(Royal Decree)과 1994년 6월 16일의 왕령이었다.[60] 이 왕령들의 규정에 의해 벨기에 정부는 이 두 회사에 대한 황금주 보유를 통하여 ① 회사의 전략적 자산의 양도 및 매각이나 담보제공 시 이를 정부에 통보할 의무를 회사에 부여하는 동시에, ② 이

57) Ibid. para. 48.
58) Ibid. paras. 50~51.
59) Christine O'Grady Putek, op.cit, p.2262.
60) Case C−503/99, Commission v. Belgium, 2002 E.C.R. I−4809.

사회에 2명의 이사를 파견하여 이사회의 결정이 국가의 에너지정책에 불리한 영향을 미친다고 생각되는 경우, 동 파견이사들이 해당 결정을 취소할 수 있는 권한을 가진 관련부처장관에게 보고하도록 하였다.

특히, ②와 관련하여 이사회에 파견된 정부관리는 이사회결정일로부터 4영업일 이내에 해당 이사회의 결의내용이 취소되어야 한다는 내용을 관련부처장관에게 제안할 수 있고, 이러한 제안이 있는 경우에는 해당 이사회결정사항은 즉시 중지되도록 하였다. 파견이사로부터 취소제안을 받은 관련부처장관은 8영업일 이내에 해당 결정사항에 대한 취소조치를 하여야 하며, 동 기간 동안 아무런 조치를 취하지 않은 경우에는 이의제기 만료기간 이후부터 이사회결정사항은 효력이 발생하도록 하였다. 그러나 이러한 관련부처장관의 이사회결정사항에 대한 취소조치에 대하여는 벨기에 최고행정재판소(Conseil d'Etat)에 항소할 수 있도록 하였다.[61]

이와 관련하여 EU위원회는 1997년 통신(the 1997 Communication)[62]에 의거 벨기에 정부의 황금주는 자본의 자유로운 이동 및 영업소의 자유로운 설치에 대한 제약으로 작용하며, 명시적인 예외적인 사항에 해당하지 아니하는 한 EU법에 저촉된다고 주장하였다. 이에 대하여 벨기에 정부는 벨기에가 채택하고 있는 황금주는 공공의 안전 및 중요한 국가적 이익 요건에 부합하고 비차별적이기 때문에 정당화될 수 있다고 반박하였다.[63] 본 사안과 관련하여 EU법원은 에너지 공급과 국가의 에너지 정책을 보호하려는 벨기에의 황금주 도입목적은 정당화될 수 있으며, 석유공급과 마찬가지로 에너지공급을 안전망을 구축하는 것은 합법적인 공공이익에 해당한다고 평가하였다. 이처럼 EU법원은 벨기에의 황금주가 목적기준과 공공이익기준을 충족하여 자본이동에 대한 어

61) Ibid. para. 29.

62) 1997년에 EU위원회는 EU회원국의 정책당국이나 경제운영기관들이 EU조약 제43조 및 제56조에 대한 해석 및 적용지침을 주기 위하여 EU조약 제56조에 대한 위원회의 입장을 명확하게 기술한 Communication을 공표하였다. 이러한 Communication에 따르면 특정회사에 대한 지배지분취득은 자본이동으로 간주되어 그러한 투자에 대해서는 EU조약 제56조가 적용되는 동시에 영업소설치 자유의 범주에도 해당되어 EU조약 제43도 적용된다. 이처럼 EU 위원회는 1997년 Communication의 채택을 통하여 국제투자와 관련된 문제인 자본의 자유로운 이동과 영업소설치의 자유에 대한 회원국들의 부당한 제한을 좌시하지 않을 것임을 분명히 하였다(Ivan Kuznetsov, op.cit, p.24).

63) Case C-503/99, Commission v. Belgium, 2002 E.C.R. I-4809. para.12.

느 정도의 제약은 할 수 있다고 판단한 후, 그 다음 단계로 당해 황금주가 법적 확실성 및 비례의 원칙에 부합하는지 여부의 검토에 착수하였다. 이와 관련하여 벨기에의 황금주는 ① 사전승인을 요하지 아니하므로 투자자는 승인을 신청할 필요가 없고, ② 정부도 에너지 공급망의 변경과 같은 특정자산과 관련한 이사회의 결정에 대하여만 이의를 제기할 수 있으며, ③ 관련부처장관은 정부의 에너지 정책목적이 위험에 직면한 경우에만 개입할 수 있었다. 또한, 벨기에는 관련부처장관의 이사회결정사항에 대한 취소권 행사에 대하여 사법적 심사가 가능하였다. 이런 제반사항을 검토한 후 EU법원은 벨기에의 황금주는 법적 확실성 원칙과 비례성의 원칙에도 부합한다고 보았다.[64]

(2) 2003년 EU법원의 판결

가. 스페인의 황금주에 대한 EU법원의 판결

EU법원의 판결대상이 된 스페인의 황금주에 관한 법률은 '특정기업에 대한 국유주식의 매각규제를 위한 1995년 제5법'이었는데, 동 법은 민영화에 대한 구조와 국가의 일정한 권한 보유에 관한 내용을 규정하고 있었다. 이 법은 국가의 출자지분이 10%이상 줄거나 특정 투자자의 주식취득이 총출자지분의 10%를 초과하는 경우 회사의 특정한 결정사항에 대하여 사전승인제도를 채택하고 있었다. 그리고 정부가 이러한 황금주를 보유할 수 있는 분야는 석유·통신·담배·상업은행·전력 등 이었다.[65]

EU위원회는 프랑스·벨기에·포르투갈의 사안과 마찬가지로 사전승인제도는 그 자체가 자본흐름을 저해한다고 주장하였다. 이 사안에서 EU위원회는 석유를 보호하는 것은 자본의 자유로운 이동이나 영업소 설치의 자유를 제한할 만한 중대한 공공이익에 해당하며, 에너지·석유·전력 등은 국가이익에 매우 중요한 것임을 인정하였다.[66] 그러나 자본의 자유로운 이동이나 영업소 설치의 자유를 제한할 만한 중대한 공공이익에 해당한다고 하더라도 이는 매우 제한적으로 인정되어야 하며, 어떤 경우에도 법적 확실성과 비례성 원칙은 준

64) Ibid. para. 52.

65) Case C-463/00, Commission v. Spain, 2003 E.C.R. I-4581. para. 11.

66) 반면에 이러한 제약은 순수한 경제적 동기에는 적용되지 않아 담배회사나 상업은행 등은 제약금지의 예외에 해당하지 않는다고 하였다(Ibid. para. 35).

수되어야 한다고 하면서, 사전승인제도는 법적 확실성과 비례성 기준에 완전히 저촉된다고 주장하였다.[67)]

이러한 EU위원회의 주장에 대하여 스페인은 왕령 1995년 제5법에 규정된 사전승인제도는 영업소 설치권 및 자본의 자유로운 이동에 대하여 규정하고 있는 EU조약의 규정에 합치되도록 적용할 것이므로 EU조약의 규정을 위반하지 않았다고 반박하였다. 아울러, EU 조약 제295는 자산소유권제도(the system of property ownership)에 대한 EU회원국의 규정을 결코 침해하여서는 안된다고 명시하고 있기 때문에 스페인의 황금주제도는 EU조약이 보장하는 근본적인 자유를 침해하지 않았다고 주장하였다. 특히, 스페인은 자국의 황금주제도가 영업소 설치의 자유에 대하여는 영향을 미칠 수 있다는 점을 인정하면서도, 공공서비스의 지속성을 보호할 필요성과 중대한 공공이익의 요건이라는 측면에서 자국의 황금주는 정당화 될 수 있다고 주장하였다.

EU법원은 이러한 스페인 정부의 주장을 배척하면서 종전의 포르투갈·프랑스의 사안과 같이 스페인의 관련법은 자본의 자유로운 이동을 저해한다고 판시하였으나 영업소의 자유로운 설치에 대한 위배여부에 대하여는 심사를 하지 않았다. 특히, EU법원은 담배회사와 은행에 대한 황금주는 자유로운 자본이동의 제약을 정당화하는 불가피한 이익범주에 속하지 않는다는 EU위원회의 주장을 받아들였으나,[68)] 석유·통신·전력분야에 대해서는 특정한 상황에서 예외적으로 자본흐름의 제약을 정당화할 수 있는 분야임을 다시 한번 확인하였다. 그러나 스페인의 경우에는 잠재적 투자자의 사전승인신청이 어느 경우에 인정되는지 여부에 대한 명확하고 객관적인 기준이 결여되어 있어 법적 확실성의 요건을 충족하지 못하고 있다고 판시하였다.[69)]

나. 영국의 황금주에 대한 EU법원의 판결

EU법원의 판결대상이 된 영국의 황금주에 대한 법률은 1986년 공항법(The Airports Act of 1986)인데, 동 법은 영국공항을 관리하기 위하여 설립된 BAA(British Airports Authori쇼)와 관련된 것이다. 이 법에 의거 영국의 교통부장

---

67) Ibid. para. 36.
68) Ibid. para. 70.
69) Ibid. para. 74.

관(The Secretary of Transportation)은 BAA 회사정관 제10조에 따라 BAA 특정자산의 처분이나 통제의 변화에 대하여 서면동의권한을 보유한 1파운드의 황금주를 보유하고 있었다.[70] 아울러, BAA 회사정관 제40조는 정부로부터 위탁을 받은 자 이외의 자가 15%를 초과하여 의결권 있는 주식을 소유하는 것을 금지하고 있었다.[71]

이 사안과 관련하여 영국은 다른 나라들과 달리 BAA가 공공의 이익이나 안전 또는 공공정책과 관련된 중요한 회사라는 사실을 주장하는 대신에 회사법(company law)에 기초한 주장을 펼쳤다. 즉, 영국은 주식구조(share structure)와 관련된 사항은 자국의 문제로서 자국 회사법의 규제를 받는다고 주장하면서 황금주 보유의 정당성을 주장하였다. 이와 함께 영국 정부는 정부의 이러한 황금주 보유가 BAA 주식에의 접근을 막는 것은 아니기 때문에 EU 법에도 배치되지 않는다고 주장하였다.[72]

이에 대하여 EU위원회는 영국의 황금주에 대하여 두 가지 측면에서 공격을 하였는데, 하나는 영국의 황금주가 의결권주식의 취득가능성에 제한을 가하고 있다는 것이고, 다른 하나는 BAA의 청산이나 자산의 처분, 동 회사의 자회사에 대한 지배권 상실과 관련한 결정 시 사전 승인권을 보유하고 있다는 것이었다. 또한, EU위원회는 영국의 황금주는 교통부장관의 사전승인이 없이는 투자자가 회사의 경영권에 참여할 수 없도록 하고 있어 자본의 자유로운 이동과 영업소설치의 자유를 심각하게 저해하는 것이라고 주장하였다. 특히, 영국의 회사법에 기초한 황금주 주장에 대하여 EU위원회는 황금주에 부여된 권리는 해당 회사법의 통상적인 적용에서 비롯된 것이 아니고,[73] 단지 해당 국가의 특정한 법에 의하여 창설된 것이기 때문에 이를 인정할 수 없다고 반박하였다.[74]

---

70) 특히, 교통부장관은 ① BAA가 지정된 공항에 대한 지배주식의 보유를 중지하거나, ② BAA또는 지정된 공항을 보유하고 있는 BAA 자회사의 해산(이러한 해산에도 불구하고 BAA나 다른 자회사가 여전히 지정 공항을 보유하는 경우는 제외), ③ 지정 공항의 처분에 대하여 우선권을 보유하고 있었다.

71) Case C-98/01, Commission v. United Kingdom, 2003 E.C.R. I-4641. para. 11.

72) Ibid. para. 16.

73) EU위원회는 영국의회가 BAA 정관상에 황금주를 규정하도록 개입하였기 때문에 이를 영국회사법상의 통상적인 적용으로 볼 수 없다고 주장하였다(Ibid. para. 24).

74) Ibid. paras. 23~24.

이와 관련하여 EU법원은 본 사안 이전의 자본의 자유로운 이동에 대한 판례를 기초로 영국의 황금주가 EU조약에 규정된 권리와 양립할 수 있는지 여부를 심사하였다. 그리고 종국적으로는 영국의 황금주가 경영에 효과적으로 참여할 수 있는 범위를 제약하고 있어 자본의 자유로운 이동을 저해하며, 투자자가 소유할 수 있는 의결권주식의 한도설정은 EU조약 제56조에 위반하다고 판시하였다.[75] 여기서 한발 더 나아가 EU법원은 투자를 저해하는 것은 시장 접근에 대한 간접적 제약에 해당하므로 국가이익의 불가피한 경우나 EU협약상 예외로 인정되는 경우를 제외하고는 용인되지 않는다고 판시하였다. 특히, EU법원은 EU위원회의 주장을 수용하여 영국의 황금주 규정은 일반적 회사법의 일반적 범주에 속하지 않는 것으로 보았다.[76]

(3) 2007년 EU법원의 판결: 독일

황금주와 관련한 EU법원의 가장 대표적인 최근의 판결은 Volkswagen AG에 대하여 독일정부가 보유하고 있던 황금주에 관한 판결이다.[77] 독일정부는 제정된 지 45년 이상 된 이른바 Volkswagen법에 의거 황금주를 보유하고 있었는데, 동 법에 의하면 누구라도 20%를 초과하여 Volkswagen 주식을 보유한 자는 주주총회에서 최대 20%까지만 의결권을 행사할 수 있고,[78] 회사의 중요한 결정사항에 대하여는 정기주주총회에서 80% 이상의 찬성과 이사의 3분의 2 이상의 찬성이 필요한 것으로 규정하고 있었다.[79] 이와 함께 Volkswagen의 주식을 보유하고 있는 한 연방정부와 니더작센(Niedersachsen)주(州)는 감독위원회(supervisory board)에 각각 2명의 위원을 선임할 권리가 있음을 규정하고 있었다.[80]

이와 관련하여 EU위원회는 EU조약 제226조에 의거 독일정부에게 Vlokswagen에 대한 황금주 보유의 정당성을 소명하도록 공식통보를 하였고, 독일의 공식

75) Ibid. para. 44.

76) Ibid. paras. 48~49.

77) Case C-112/2005, Commission v. Federal Republic of Germany, 2007. 10. 23.

78) Volkswagen Act Article 2(1).

79) Volkswagen Act Article 4(2).(3).

80) Volkswagen Act Article 4(1). 당시 연방정부는 보유주식을 전부 매각한 상태였으나 니더작센주는 주식을 보유하여 감독위원회의 위원을 선임권을 보유함으로써 회사의 주요결정에 영향을 미치고 있었다.

1차 답변서가 황금주 보유의 정당성 소명에 미흡하다고 판단되자 EU위원회는 제2차 소명자료를 요청하였다. 그러나 독일정부가 이를 거부하자 2005년 3월 4일 EU위원회는 Volkswagen법이 ① 감독위원회에 각각 2명의 대표를 선임할 수 있는 권리를 연방정부와 니더작센주에 부여하고 있고, ② 주식의 20%를 초과보유 하더라도 의결권을 20% 이내로 제한하고 있으며, ③ 주주 75%의 찬성을 주총의결요건으로 하고 있는 일반회사들과 달리 80%이상의 찬성을 얻도록 하고 있다는 점을 들면서, 자본의 자유로운 이동을 규정하고 있는 EC조약 제56조와 영업소설치의 자유를 규정한 EC조약 제43조를 위반하였음을 이유로 독일정부를 상대로 소송을 제기하였다.[81)]

이에 대하여 독일정부는 Volkswagen법은 종전 이후에 소유주체가 없던 Volkswagen과 관련한 이해당사자간의 계약의 산물로 생긴 것이므로 국가의 조치로 볼 수 없다고 주장하였다. 즉, 독일정부는 이러한 이해당사자의 계약을 법으로 바꾸어 놓았을 뿐 실질적인 입법행위를 하지 않았으며, 단지 공식적인 입법권을 행사한 것에 지나지 않는다고 주장하였다. 여기서 한발 더 나아가 독일정부는 의결권의 제한은 오히려 종업원과 소수주주의 보호에 기여하며,[82)] Volkswagen법은 이행당사자간에 힘의 공평한 분배(equitable balance of powers)를 법에 포함시킨 것이기 때문에 황금주 보유의 정당화 요건중의 하나인 중요한 공공이익에 해당한다고 주장하였다.[83)]

본 사안과 관련하여 EU법원은 Volkswagen법의 규정이 자본의 자유로운 이동원칙을 규정하고 있는 EC조약에 저촉되는지 여부를 분석하였다. 이를 위해 EU법원은 우선 회사의 중요결정사항에 대하여 의결권 주식의 80%이상의 동의를 얻도록 함으로써 결과적으로 독일정부가 회사의 지배에 상당한 영향력을 행사할 수 있게 한 Volkswagen법 제4조 제3항과 개별 주식소유한도를 20%로 제한하여 정부의 영향을 강화하는 역할을 하는 제2조 제1항의 법률체

81) Gert-Jan Vossestein, Volswagen : the State of Affairs of Golden Shares, General Company Law and European Free Movement of Capital-A discussion of Case C-112/05 Commission v Germany of 23.10.2007-, ECFR, 2008, p.116.

82) Peer Zumbansen & Daniel Samm, The ECJ, Volkswagen and European Corporate Law: Reshaping the European Varieties of Capitalism, German Law Journal (Vol.8 No.11), 2007, p.1039.

83) Case C-112/2005, Commission v. Federal Republic of Germany, para. 70.

계에 대한 집중분석을 하였다.[84] 그리고 이러한 분석결과를 토대로 최소한 이 두 규정이 결합하여 다른 회원국이 직접 투자하는 것을 저해할 가능성이 있어 EC조약 제56조의 자본의 자유로운 이동에 저해가 된다고 판시하였다.[85] 이와 함께 EU법원은 연방정부와 니더작센주가 감독위원회에 각각 2명의 대표를 선임할 수 있도록 하고 있는 Volkswagen법 제4조 제1항에 대하여도 살펴보았다. 이와 관련하여 EU법원은 정부에게 실제투자에 비례하지 않는 수준의 영향력을 부여한 동 규정은 다른 주주들이 회사의 경영활동에 효과적으로 참여하는 것을 방해하는 것이며, 결과적으로 다른 회원들이 해당회사의 자본에 직접 투자하는 것을 저해하는 요인으로 작용한다고 보았다.[86]

2. EU법원의 판결기준

EU법원은 민영화된 회사에 대한 정부의 황금주보유의 적법성과 관련하여 황금주가 허용되는 경우에 대한 몇 가지 중요한 기준을 제시하고 있다. 이 기준에 의하면 정부가 황금주보유가 정당화되기 위해서는 ① 비차별원칙(non-discrimination principle), ② 자유재량배제원칙(non-discretion principle), ③ 비례성원칙(the principle of proportionality), ④ 공공안전원칙(principle of public security), ⑤ 법적 확실성원칙(principle of legal certainty)이 충족되어야 한다.

(1) 비차별원칙(non-discrimination principle)

EC조약 제56조에 규정된 자본의 자유로운 이동은 EU의 근본적인 자유조치 중의 하나에 해당한다. 따라서 외국인투자의 전면적인 불허나 외국인투자자의 투자를 심각하게 저해하는 등의 차별적 제한은 정당화될 수 없으며 EC조약과도 양립할 수 없게 된다. 그 결과 EU에서 황금주가 정당성을 획득하기 위해서는 비차별적 제한(non-discriminatory restrictions)요건을 충족하여야 하며, 이러한 비차별적 제한요건이 충족되더라도 공공이익에 의하여 정당화되지 아니하는 한 EC조약에 저촉되는 것으로 EU법원은 보고 있다. 이와 함께 EU회원

84) Peer Zumbansen & Daniel Samm, op.cit, p.1037.
85) Case C-112/2005, Commission v. Federal Republic of Germany, para. 56.
86) Ibid. para. 66.

국의 법률상 황금주에 부여된 특별한 권리가 명확하게 규정되어 있지 않거나, 어떠한 상황에서 해당 황금주가 행사되는 지를 명확하게 명시하지 아니하는 경우에도 차별성이 있는 것으로 보게 된다.[87]

이러한 판단기준하에 EU법원은 황금주는 국적에 따른 차별성을 띠면 아니되며, EC조약상 명시적 배제조항에 의하여 정당화되지 아니하는 한 황금주에 부여된 차별적 특별권리는 EC법에 위반되는 것으로 보았다.[88] 또한, EU법원은 차별적 제한이 EC조약에 저촉되는지 여부를 판단함에 있어 동 제한이 법률에 의하여 부여되었는지 아니면 회사의 정관에 의하여 부여되었는지의 여부와는 상관이 없으며, 동 제한이 있는 한 EC조약에 위반되는 것으로 보고 있다. 이와 같은 EU법원의 판단기준에 의하면 자본의 자유로운 이동에 대한 비차별적 제한이 정당화되기 위해서는 ① 해당 제한이 비차별적인 방식으로 이루어져야 하고, ② 최소 하나이상의 보호되어야 할 공공이익이 존재하여야 하며, ③ 제한은 목적달성을 위해 필요한 범위내로 제한되어야 한다.[89]

(2) 자유재량배제원칙(non-discretion principle)

EU법원은 황금주에 부여된 특별한 권리의 행사에는 자유재량이 배제되어야 한다고 판시하면서, 황금주를 이용한 특정사안에 대한 승인 및 거부절차는 EC조약에 명시적으로 규정된 예외적인 경우에만 가능하다고 보고 있다. 여기서 한발 더 나아가 이러한 승인 및 거부는 중대한 공공이익에 의하여 정당화되고, 정부당국의 자유재량을 제한하기 위하여 일반에 공표된 일관되고 객관적인 기준에 부응하는 것이어야 하며,[90] 이러한 승인 및 거부시스템을 채택하는 경우에는 행정당국의 결정결과를 예견할 수 있는 객관적 기초를 투자자에게 미리 제공하여야 한다고 한다.

이처럼 EU법원은 엄격한 조건하에 황금주에 회사의 일정한 결정 및 거래

87) Daniel Saam, Protection for Domestic Core Enterprises against Direct Investments by Foreign State-owned Investment Funds, 1 Legal Latitudes : Newsletter for the Transatlantic Business and Law Community 57, 2007, p.59.

88) 이러한 EU법원의 판단은 1997년 Communication Point 9를 기초로 이루어진 것으로 볼 수 있는데, 이에 따르면 "비차별적 조치는 일반에 공표된 객관적·일관적 기준(objective and stable criteria)과 공공이익을 위한 긴급한 필요에 의하여 정당화되어야 한다"라고 기술하고 있다.

89) Daniel Saam, op.cit, p.60.

90) Ivan Kuznetsov, op.cit, p.25.

에 대한 승인권을 부여할 수 있다는 점은 인정하고 있다. 그러나 황금주를 통한 사전승인제도는 투자자가 사전승인의 요건을 알 수 없어 법적 확실성의 원칙에 부합하지 않기 때문에 EU조약 제56조 제1항에 위반된다는 점을 분명히 하고 있다. 이와 같이 EU법원은 사전승인시스템은 법적 확실성 원칙에 위배된다고 보고 있으나 사후승인시스템에 대하여는 일정한 조건하에 이를 인정하는 태도를 보이고 있다.[91]

(3) 비례원칙(principle of proportionality)

1997년 Communication을 통해 EU위원회는 특별한 권리를 도입할 경우에는 비례원칙의 준수가 필요함을 강조한 바 있으며, EU법원도 황금주는 비례성원칙에 부합하여야 한다는 태도를 견지하고 있다. 이 경우 비례성의 구체적인 기준이 무엇인가라는 의문이 제기될 수 있는데, EU법원은 이러한 비례성의 기준은 문제가 되는 황금주를 통한 제한이 누증적으로 필요(cumulatively necessary)하고 추구하는 목적에 비례하여야 한다는 것을 의미하는 것으로 보고 있다.[92]

이와 함께 EU법원은 명확성과 객관성이 결여되어 있는 황금주를 채택하고 있는 법제는 해당 법률이 추구하는 목적의 달성을 위해 필요한 범위를 뛰어넘는 것이라고 판단함으로써 비례원칙이 자유재량을 배제하는 중요요소라는 점을 분명히 하고 있다.[93] 그럼에도 불구하고 EU법원은 사전에 공표되고 법적 구제장치가 포함되어 있는 객관적이고 자유재량을 배제하는 기준에 기초한 사후적 승인 또는 거부시스템에 대하여는 비례원칙에 부합하는 것으로 보고 있다는 점을 주목할 필요가 있다.

(4) 공공안전원칙(principle of public security)

초창기의 EU법원은 영업소 설치의 자유를 규정한 EC조약 제58조(현행 제48조) 제1항에 대한 예외적용의 정당화사유로 국가존립에 대한 중대한 위협이

---

91) Barnard C, The Substantive Law of the EU : The Four Freedoms(1 Ed), Oxford University Press, 2004, p.478.

92) Case－163/94, C－165/94, C－250/94 *Sanz de Lera* [1995] ECR I－4821, para. 21; Case－54/99 *Association de Scientologie de Paris*, 2000, E.C.R I－1335, para. 18.

93) Case C－483/99, Commission v. France, 2002 E.C.R. I－4781. para. 51.

있는 등 공공안전(public security)에 한정하여 제한적으로 인정하는 태도를 취하였다. 그 이후 EU법원은 상품의 자유로운 이동과 관련한 판결에서 석유제품공급 등은 본질적인 공공서비스에 해당하고, 동 서비스에 의존하는 국민들의 생존과 관련된 것이기 때문에 공공안전의 대상물에 속한다고 보았다.[94] 이와 관련하여 공공안전과 관련된 정당화 사유는 자본의 자유로운 이동에도 그대로 적용된다고 보고, 공공안전이라는 용어에는 공공위험의 방지뿐만 아니라 공익사업(public utilities)도 포함되는 것으로 보았다.[95] 이런 원칙하에 EU법원은 프랑스와 벨기에가 주장한 석유공급에 대해서는 공익사업의 범주에 포함시켰으나 포르투갈이 주장한 은행이나 보험에 대해서는 그 주장을 배척하였다.

(5) 법적 확실성원칙(principle of legal certainty)

EU법원은 특정국의 황금주 규정이 법적 확실성원칙을 준수하고 있는지 여부를 판단함에 있어 통제권의 제한여부, 행사절차의 설계, 사법적 심사의 가능여부를 그 기준으로 삼고 있다. 우선, 통제권의 제한여부와 관련하여 EU법원은 두가지요소를 분석하고 있는데, 하나는 관련 황금주 규정이 통제의 개입에 대한 조건을 두고 있는지 여부이고 다른 하나는 통제의 허용범위가 제한되어 있는지 여부이다. 이러한 요소들은 정부가 특정한 행위를 행하는 상황과 그러한 개입행위의 결과가 시장참가자들에게 알려지도록 하여 법적 확실성을 담보하게 된다. 그러나 이러한 통제에 대한 제한이 결여되어 있는 경우에는 정부가 어떤 행위에 개입할지를 미리 알 수 없어 법적 확실성이 확보할 수 없게 되는데, 그 대표적인 예로는 프랑스의 황금주제도를 들 수 있다. 그 다음으로는 절차적 정당성을 보유하여야 하는데, 벨기에의 경우에는 황금주 권한의 행사에 대한 신속한 행정소송이 가능할 뿐만 아니라 그 행사사유를 정식으로 제시하도록 규정되어 있어 EU법원으로부터 그 정당성을 인정받은 바 있다.[96] 마지막 기준은 사법적 심사와 관련된 것으로서, 구체적인 사법적 심

---

94) Case 72/83, Campus Oil, ECR 1984. 2727, para. 7.

95) Stefan Grundmann, Wiss. Mitarbeiter Dipl-Kfm, Florian Möslein, op.cit, p.28.

96) Case C-503/99, Commission v. Belgium, 2002 E.C.R. I-4809. para. 28 et seq, 49 and 51.. 프랑스의 경우에도 이와 유사한 절차적 요건을 부과하고 있었으나 프랑스가 이를 주장하지 아니하여 EU법원은 이를 판단하지 아니하였다(Case C-483/99, Commission v. France, 2002 E.C.R. I-4781. para. 30-33, 50 and 52).

사는 목적의 특정과 사유를 제시할 의무를 부여하는 것을 핵심전제조건으로 한다.[97] EU법원은 이러한 사법적 심사장치가 미흡한 경우에는 정부가 정당성을 제시할 수 없는 특정목적을 위하여 권한을 행사할 수 있으나, 국가의 결정이 사법적 심사의 대상이 되는 경우에는 그 권한행사에 신중을 기할 수 있는 것으로 보고 있다.

제 5 절 황금주제도의 도입여부 및 입법과제

1. 전통적 황금주제도[98]

(1) 전통적 황금주제도의 도입여부에 대한 찬반양론

가. 전통적 황금주제도의 도입을 찬성하는 입장

황금주의 도입을 찬성하는 입장의 논거는 다양하나 대체적으로 다음과 같은 사유를 그 논거로 제시하고 있다. 첫째, 외국인에 의한 국내 상장기업에 대한 적대적 M&A의 문제가 심각하게 대두되고 있는 현실에서 이에 대한 효과적인 방어수단을 마련하기 위해서는 공공의 이익내지 국가적 이익을 위해 필요한 분야에 대하여 제한적으로 황금주를 도입할 필요가 있다고 한다. 둘째, 정부가 국민경제 선순환을 위해 외국자본에 대한 방어장치로서 황금주를 활용하는 경우에는 오히려 필요한 좋은 의미의 관치가 될 수도 있는 만큼 금융주권을 수호하고 금융시장의 안정을 도모하는 동시에 국내자본과 외국자본의 균형적인 발전을 위해서는, 시장에 미치는 영향이 큰 대형은행의 민영화 등에 제한적으로 황금주제도를 도입할 필요가 있다고 한다.[99] 셋째, 전기·가스 등의 에너지 분야나 수도·통신·우편 등과 같은 공공서비스를 제공하는 기업에

---

97) Stefan Grundmann, Wiss. Mitarbeiter Dipl-Kfm, Florian Möslein, op.cit, p.30.

98) 이하에서는 논의의 편의를 위하여 정부가 공기업을 민영화한 후에도 소수지분(극단적인 경우에는 단 한주)을 가지고 특정기업의 중요한 의사결정에 온 전통적 황금주제도와 주주총회 또는 이사회의 중요결의사항에 관해 종류주주총회의 결의로서 거부권을 행사할 수 있도록 하는 변형된 황금주제도로 구분하여 설명하기로 한다.

99) 한국은행 금융정보팀, “금융기관민영화와 황금주”, 「금융정보」, 제20호(2004. 3), 4면.

대한 정부의 지배권유지는 산업의 안정과 국민생활보호를 위하여 필요하다고 한다. 넷째, 국가의 안전 및 안위를 위해서는 군수물자·핵·독극물 등의 생산을 다루는 국방분야나 공항분야에 대하여 정부가 영향력을 유지할 필요가 있다고 한다. 다섯째, 금융 등 기간산업체를 외국자본이 인수할 경우에는 시스템리스크가 발생하여도 이를 방치하고, 우리경제나 시장이 혼란을 겪건 말건 자신의 이익에만 열중할 우려가 있다고 한다.[100]

(2) 전통적 황금주 도입을 반대하는 입장

황금주의 도입을 반대하는 입장의 논거도 매우 다양하나 통상 다음과 같은 사유를 그 논거로 제시하고 있다. 첫째, 황금주는 사적 영역에 대한 국가의 전형적인 의무를 변질 시킬 수 있는 입법적 문제가 있고, 황금주 도입 시에는 회사민영화의 영역이 뚜렷하지 않게 되어 국가가 자유시장에 모순되는 행위를 하도록 할 우려가 있다고 한다.[101] 둘째, 황금주는 1주 1의결권원칙(one share one vote principle)을 훼손하여 주주평등의 원리에 위배되고 인수자의 자율권을 침해할 소지가 있다고 한다. 셋째, 외국투자가들이 가장 크게 고려하는 리스크중의 하나가 정부의 관치 의도나 태도에 관한 것이기 때문에 정부가 막강한 권한을 행사할 수 있는 황금주제도를 도입하게 되면 외국투자자들이 우리나라 금융회사나 공기업 인수에 매력을 느끼지 못하게 되어 민영화 과정에서 장애요인이 된다고 한다. 넷째, 정부의 황금주 보유는 민영화 기업의 경영전반에 걸쳐 정부의 역할을 축소하여 자율경영체제를 조기에 확립한다는 민영화 본래의 취지가 퇴색될 가능성이 있다고 한다. 다섯째, 상대적으로 다양한 경영권방어수단을 허용하고 있는 EU에서도 역내 자유로운 자본이동성을 중시하여 자본이동에 저해가 되는 황금주를 폐기하거나 그 제도 자체를 폐지하는 사례가 늘어나고 있다고 한다.[102]

---

100) 이에 대한 대표적인 사례로는 2000년대 초반 카드사태 발생 시 LG카드(현 신한카드)에 대한 회생방안 논의과정에서 외국인 대주주인 외환 및 한미은행이 국익보다 자사 이기주의에 의해 행동한다는 비판이 제기된 바 있었다.

101) Erika Szyszczak, Golden Shares and Market Governance, Legal Issues of Economic Integration, 2002, pp.255~284.

102) 예컨대, 영국정부는 기간통신사업자(British Telecom)에 대한 민영화시 황금주를 보유하고 있었으나 1997년 자체적으로 이를 폐지한 바 있다.

(3) 검 토

최근 주식시장이 전면 개방된 상황에서 정부가 황금주제도를 도입하여 외국투기자본을 막거나 국내기업의 경영권을 지켜주는 것은 현실적으로 곤란하다고 본다. 또한, 민영화된 기업의 입장에서 보더라도 기업은 현행법의 테두리 내에서 ① 자사주 취득, ② 다양한 우호세력의 구축, ③ 초다수결의제(Super Majority Voting Requirement)나 황금낙하산(Golden Parachute) 등 적대적 M&A 방어수단의 정관에의 규정, ④ 합법적 범위 내에서의 계열사간 출자 등을 통해 상당한 방어수단을 갖출 수 있기 때문이다. 이런 측면에서 황금주를 통한 추가적인 방어수단을 광범위하게 허용하는 것은 바람직하지 않다고 본다.

그렇다고 최근 황금주제도에 대한 EU법원의 판결내용이나 그에 대한 실행조치로 EU회원국들이 행하고 있는 황금주제도의 폐지경향을 사례로 들어 황금주의 도입을 반대하는 견해에도 동의하기 어렵다. EU의 경우에는 EU역내의 경제통합을 위해 자본의 자유로운 이동과 영업소설치의 자유가 절대보장되어야 할 특수한 상황이 존재하기 때문이다. 또한, EU법원의 판결내용을 살펴보더라도 황금주제도를 원천적으로 부정하는 것은 아니며, 황금주의 도입목적이 국방·에너지 등 공공이익을 위해 필요한 경우에는 비차별원칙, 비례원칙 등의 엄격한 제한하에 예외적으로 이를 인정하고 있다는 점도 유의하여야 한다.

한편, 우리 헌법 제126조는 "국방상 또는 국민경제상 긴절(緊切)한 필요로 인해 법률이 정하는 경우를 제외하고는 주식회사를 국유 또는 공유로 이전하거나 그 경영을 통제 또는 관리할 수 없다"고 규정하고 있다. 여기에서 사기업인 주식회사의 '경영을 통제하거나 관리'한다는 것은 비록 기업에 대한 소유권의 보유주체에 대한 변경은 이루어지지는 않으나 사기업경영에 대하여 국가가 광범위하고 강력한 감독과 통제를 행할 수 있다는 것을 의미한다.[103] 따라서 국가가 사기업의 경영에 대한 통제와 관리를 하기 위한 전제요건인 '긴절한 필요'를 충족하는 한 전통적 의미의 황금주를 도입할 수 있다고 할 것이다. 이런 맥락에서 우리나라도 국가의 전략적 산업이나 기간산업, 국방이나 에너지 분야에 대하여는 공공이익이나 국가안위를 보호할 목적으로 황금주제도를

103) 헌재 1998. 10. 29. 선고 97헌마345 결정.

이용할 수 있다고 본다.104) 그러나 이러한 헌법규정의 적용은 시장과 사기업의 경제적 자유를 최대한 존중하는 테두리 내에서 이루어질 필요가 있으므로 황금주의 적용범위와 유효기간은 특별법의 규정으로 매우 제한적으로 허용되어야 한다.

(2) 전통적 황금주제도의 도입범위 및 기준

가. 전통적 황금주제도의 도입범위 및 방법

황금주제도는 민영화 이후에도 국가적·공공적 이익을 보호하기 위해 이용되는 제도이기는 하나 불특정적·무제한적으로 도입될 수는 없다. 이런 측면에서 황금주가 보호하려는 국가적 이익의 구체적 범위는 ① 국가의 전략적 산업, ② 정치적으로 민감한 경제적 이익, ③ 국가의 상징적 산업 등으로 엄격하게 제한될 필요가 있으며, 황금주는 국방이나 에너지 등 국가의 안위나 중대한 공공의 이익을 위해 필요한 경우에만 예외적으로 인정되어야 한다. 따라서 방위산업이나 전력·통신·석유산업 등 국가의 안전이나 공공이익과 지대한 연관이 있는 산업에 대하여는 황금주제도를 도입할 필요가 있으나 은행 등 경쟁을 필요로 하는 금융부분에 대하여 황금주제도를 도입하는 것은 바람직하지 않다고 본다. 그러나 비록 황금주제도의 적용대상범주에 속하는 공기업이라고 하더라도 이미 민영화된 공기업에 대하여는 기존주주의 보호를 위하여 상법상 특별결의요건보다도 강화된 총주주 4분의3 이상의 동의를 얻도록 하는 것이 바람직하다고 본다.105)

---

104) 이와 관련하여 국가의 전략적 산업이나 기간산업 등 국민경제상 중요한 산업을 영위하는 국내기업에 대하여는 자본시장법(제167조), 전기통신사업법(제6조), 공기업민영화법(제18조, 제19조), 방송법(제14조), 신문법(제14조), 항공법(제6조)에 의거 외국인취득한도를 두고 있어 원천적으로 적대적 M&A가 불가능하다는 의견도 제기될 수 있다. 그러나 정관상 1인 취득한도가 3%로 제한되어 있는 한국전력과 법상 한도가 15%로 제한되어 있는 한국가스공사를 제외하고는 그 한도가 30%(신문)부터 49%(통신, 방송), 49.9%(항공)로 되어 있다. 따라서 주식분산이 잘된 회사일수록 외국인투자가가 언제든지 대주주로 부상하여 회사의 경영권을 행사할 수 있어 단순한 취득한도 통제로는 해당기업을 보호하기 곤란한 면이 있다. 또한 국가기간산업이나 전략산업 중에서도 석유·철강(기간산업)이나 반도체·조선(전략산업), 기타 일부 상장방산업체 등은 외국인의 적대적 M&A에 완전히 노출되어 있어 이들 기업에 대하여 여전히 황금주제도의 도입필요성은 존재한다고 보아야 한다.

105) 기존주주의 보호라는 측면에서는 총주주의 동의를 얻도록 하는 것이 이상적이나 현실적으로 총주주의 동의를 얻는 것은 사실상 불가능하다. 따라서 황금주제도의 실효성을 확보하기 위하여는 총주주의 4분의 3 정도의 동의가 합리적이라고 생각한다. 그러나 이 경우에도 주식매수

나. 전통적 황금주제도의 도입 및 행사기준

전통적 황금주제도는 정부가 공기업을 민영화한 후에도 소수의 지분을 가지고도 회사의 중요한 의사결정에 대한 거부권행사를 통해 계속적인 영향력을 행사하는 제도이다. 그 결과 황금주제도의 도입 시에는 소수주주가 다수주주의 의사결정을 부정하게 되어 자본다수결의 원리가 지배하는 자본단체로서의 민영화된 주식회사의 본질을 극도로 제한하게 된다. 이런 측면에서 전통적 황금주제도를 도입하는 경우에는 비차별원칙, 자유재량배제원칙, 비례원칙, 법적 확실성원칙, 사법적 심사원칙, 최소기간의 원칙 등의 엄격한 준수가 이루어져야 한다. 환언하면, 황금주에 부여되는 특별한 권리는 ① 내·외국인에게 동등하게 적용되어야 한다는 원칙(비 차별성 원칙), ② 정부의 사전적 승인·거부제도가 아닌 사후적 승인·거부제도로 운영되어야 한다는 원칙(자유재량배제원칙), ③ 필요한 최소한의 범위 내에서 행사되어야 한다는 원칙(비례성의 원칙), ④ 황금주의 행사기준이 사전에 일반에게 공표되어야 한다는 원칙(법적 확실성 원칙), ⑤ 그 정당성을 확보하기 위해서는 황금주가 사법적 심사(judical review)의 대상되어야 한다는 원칙(사법적 심사원칙), ⑥ 그 유효기간도 필요한 범위내로 한정되어야 한다는 원칙(최소기간의 원칙)의 엄격한 준수하에 이루어져야 한다고 본다.

2. 변형된 황금주(종류주주총회에 의한 거부권)제도의 도입여부

(1) 황금주와 주주평등의 원칙

주주평등의 원칙이란 주주가 회사와의 법률관계에서 평등하게 권리를 가지는 것을 말하며, 사원 개개인에 대한 평등이 아니라 사원의 지위를 의미하는 각 주식에 대한 평등의 원칙이라고 할 수 있다. 따라서 '주식평등의 원칙'이라고 하여야 하나 그 귀속자인 주주의 측면에서 '주주평등의 원칙'이라고 표현하고 있는 것이다.[106] 우리상법은 주주평등원칙을 명문으로 규정하고 있지는 아니하나 통상 이 원칙은 회사법의 근간을 이루는 강행법적 성격의 기본원칙

청구권 등 기존주주의 권리를 보호할 수 있는 장치도 동시에 강구되어야 할 것이다.

106) 森本滋, "株主平等原則と株式社員權者",「商事法務」弟1401号(1995), 2面.

으로 보고 있다. 그 결과 주주평등의 원칙에 위반되는 정관의 규정이나 주주총회 또는 이사회의 결의 등은 허용되지 않으며, 이러한 규정이나 결의는 총주주의 동의가 있거나 오직 법률의 규정에 의해서만 매우 제한적으로 인정될 수 있다. 이처럼 전통적 황금주의 경우에는 정부가 아주 적은 지분을 가지고도 전권을 행사할 수 있고 주주총회의 결정을 뒤집을 수도 있어 회사법의 강행적 기본원칙인 주주평등의 원칙을 심각하게 훼손할 수 있다. 따라서 다수의 EU국가에서 채택하고 있는 전통적인 의미의 황금주를 우리 상법상 도입하는 것은 어렵다고 본다.

(2) 회사법상 변형된 황금주의 도입가능여부

황금주에 부여되는 특별한 권리는 통상적인 주식의 내용으로 부여되는 권리가 아니므로 특별한 법적 근거가 필요하게 되는데, 황금주에 부여되는 권리는 특별한 정책적 필요에 의하여 부여되는 권리이므로 원칙적으로 회사법에 규정할 사항이 아니다. 따라서 영국과 같이 회사법상 복수의결권을 인정하는 일부국가에서는 회사법상 전통적 의미의 황금주를 도입하고 있으나 우리 회사법체계하에서는 전통적 의미의 황금주를 도입하는 것은 불가능하기 때문에 공기업의 민영화 등에 관한 특별법상에 이를 반영하여 황금주를 도입하는 수밖에 없을 것이다.

그러나 회사법상으로도 주주의 거부권과 같은 성질을 갖는 종류주주총회를 활용하면 전통적 의미의 황금주는 아니라고 하더라도 이와 유사한 효과를 가져 올 수 있는 변형된 황금주제도는 도입할 수 있다고 본다. 예를 들어, 회사법이 정한 종류주주총회의 개최사유 이외에 회사정관으로 회사의 중요사항에 대하여 특정한 종류주주의 종류주주총회를 거치도록 하는 경우에는 해당 종류주주에게 거부권이 부여되는 결과가 되는 것이다.[107)]

이러한 상법상 종류주주총회를 활용한 변형된 황금주제도를 도입에 대하여는 이러한 형태의 황금주는 경영권에 대한 과잉수단으로 남용될 수 있고, 소수의 종류주주에 의하여 다수주주의 의사결정을 부정하게 하여 지배관계상

---

107) 한국증권법학회, 앞의 보고서, 120면. 일본은 2001년 상법개정에 의하여 종류주주총회에 의한 종류주주의 거부권제도를 도입하였다(일본 신회사법 제108조 제108조 제1항 제8호). 일본의 거부권부종류주식에 대한 상세는 김순석, 앞의 논문, 294~300면 참조.

의 이익을 해칠 우려가 있으며, 자본다수결의 원리가 지배하는 자본단체의 본질을 훼손한다는 점을 들어 반대하는 견해가 있다.[108] 그러나 주주평등의 원칙을 반드시 초법률적인 절대불변의 대원칙으로 볼 필요는 없고,[109] 회사법상 종류주식제도는 주주평등원칙의 예외가 아니라 주식의 내용에 따라 평등하게 취급하는 것으로 해석하여야 한다.[110] 아울러, 주주가 행사여부를 자유로이 결정할 수 있는 권한과 법에 의하여 주주에게 강제적으로 부과되는 특별한 의무와는 구분되어야 하며, 후자의 경우에만 주주평등의 원칙이나 1주1의결권원칙에 반하는 것으로 볼 수 있다.[111] 따라서 회사가 종류주식을 발행하고 정관의 규정에 따라 종류주주총회의 결의로서 거부권을 행사하는 경우에는 주주평등의 원칙이나 1주 1의결권원칙에 반하지 않는 것으로 해석할 수 있다고 본다.[112]

이처럼 상법상 변형된 황금주의 도입가능성 및 적법성을 인정하더라도 그 발행요건을 어떻게 정하고 그 적법성을 어떻게 확보할 것인지에 대하여는 견해가 대립하고 있다. 우선 이러한 변형된 황금주의 도입을 적극 찬성하는 견해는 거부권부종류주식이 실질적으로 활용될 수 있도록 하기 위해서는 그 발행조건을 원시정관이나 총주주의 동의에 의한 정관변경이 아닌 주주총회의 특별결의로 완화할 필요가 있다고 주장한다.[113] 이에 비하여 반대견해는 거부권부종류주식의 발행은 총주주의 동의를 얻은 경우가 아닌 한 기존주주의 재산권을 침해할 소지가 다분하므로 위헌의 소지가 있다고 주장한다.[114]

살피건대, 회사의 설립이후에 발행하는 거부권부종류주식은 기존주주들의 의결권을 희석시키는 결과를 가져올 수 있어 이러한 종류주주총회에서의

---

108) 이형규, 앞의 논문, 135면.

109) 주주평등원칙에 관한 재해석내용에 대해서는 김태진, "주주평등원칙에 관한 소고", 「기업법연구」, 제22권 제3호(2008. 9), 37~40면 참조.

110) 森本滋, "會社法の下における株主平等原則", 「商事法務」 第1825号(2008), 8面.

111) 예컨대, Volkswagen 사안에서 20%를 초과하여 주식을 보유한 자는 의결권을 20%로 제한받는 불이익이 있는 반면, 20%이상을 보유한 타 대주주들로부터의 영향력으로부터 자신을 보호할 수 있는 반사이익을 동시에 가져와 회사의 경영에 효과적으로 참여하는 것을 보장해주는 긍정적인 역할도 하게 된다(Gert-Jan Vossestein, op.cit, p.130).

112) 같은 취지; 박철영, 앞의 논문, 139면.

113) 전국경제인연합회, "상법개정 입법예고(안)에 대한 의견", 2006. 11, 38면.

114) 경제개혁연대, "유승민 의원의 상법개정안에 대해 국회 법제사법위원회에 반대의견제출", 2006. 12. 4일 보도자료.

거부권 행사를 위한 거부권부종류주식은 매우 엄격한 조건하에서만 허용되는 것이 타당하다. 이런 견지에서 총주주의 동의를 통한 거부권부종류주식의 채택이 가장 이상적이나 현실적으로 이 방식은 실현이 거의 불가능하여 황금주제도의 실효성을 확보하기가 어렵다. 따라서 원시정관이나 상법상 특별결의요건에 비하여 보다 엄격한 총주주 4분의 3 이상의 동의에 의한 정관변경으로 거부권부종류주식의 채택이 가능하도록 하는 것이 바람직하다고 본다.

(3) 상장회사에 대한 변형된 황금주 도입허용여부

상법상에 주주의 거부권과 같은 성질을 가지는 종류주주총회를 활용한 변형된 황금주제도를 도입하는 경우, 증권거래소에 상장된 회사도 동 제도를 이용할 수 있는지 여부에 대한 논란이 제기될 수 있다. 일본에서는 거부권부종류주식을 발행한 회사의 상장이나 상장유지를 허용할 수 없다는 동경증권거래소와 경영권방어수단의 하나로 상장회사에도 거부권부종류주식의 도입을 허용하여야 한다는 경단련(經團連)과 경제산업성(經濟産業省)의 의견이 첨예하게 대립한 바 있다. 이와 관련하여 동경증권거래소는 거부권부종류주식이 회사법상 인정되는지의 여부와 상장회사로서 적당한지 여부는 별개의 문제이며, 미국 등에 있어도 거부권부종류주식 발행회사의 상장은 인정하지 않는다는 것을 근거로 반대한 바 있다. 이러한 동경증권거래소의 입장에 반대하는 견해는 변형된 황금주제도 도입 기업을 일률적으로 상장폐지대상으로 하는 것은 과잉구제로써 최종적으로는 투자자의 판단에 맡기는 것이 타당하며,[115] 이와 같은 매수방어책을 특정기업이 보유하고 있는 것은 공지의 사실에 해당하기 때문에 이것이 상장기준을 벗어난다는 것은 논리적으로 맞지 않다고 반박하였다.[116] 이와 같은 논란 끝에 동경증권거래소는 상장규칙을 개정해 상장기업들이 주주총회에서 특정주주에게 거부권을 주는 황금주를 조건부로 허용하기로 하였으나,[117] 과도한 방어책을 도입한 상장기업에는 6개월 이내에 이를 개

115) 時事通信士, 2005年 12月2日字 記事, "黃金株, 禁止に反對＝東證方針は過剩規制－經團連".

116) 時事通信士, 2005年 11月22日字 記事, "黃金株 禁止, 認められない＝東證の方針に異論－与謝野金融相".

117) 주주총회에서 결의한 이사과반수의 선임이나 해임 등에 대하여 거부권을 행사할 수 있는 과도한 황금주는 허용하지 아니하되, 주주의 총의로 소각할 수 있는 조항을 정하는 등 투자자보호에 일정한 배려를 하는 경우는 용인을 하기로 하였다(時事通信士, 2005年 12月 16日字 記事,

정하도록 하고, 이를 개정하지 않으면 상장폐지를 내릴 수 있도록 하였다.

우리나라도 회사법상에 종류주주총회를 활용한 변형된 황금주제도를 도입하는 경우에는 일본과 마찬가지로 상장회사에까지 그 제도를 확대하여 도입할 것인지를 둘러싸고 첨예한 논쟁이 벌어질 것으로 보인다. 이와 관련하여서는 벤처기업이나 합작회사 등에서 황금주를 활용할 수 있도록 하기 위해 황금주를 도입할 수 있는 회사의 범위를 비상장회사로 제한하자는 견해가 있고,[118] 상장회사에 대하여 변형적 황금주를 도입하는 경우에는 해당기업의 매수대상기업으로서의 매력이 떨어져 주가가 하락하기 때문에 해당회사 주주의 이익을 해칠 우려가 있다는 의견도 제기되고 있다. 그러나 이러한 황금주제도는 현실적으로 비상장회사보다는 상장회사가 활용할 유인이 훨씬 크다. 또한, 상장이전에 종류주주총회를 이용한 변형된 황금주를 도입하거나 상장 이후에 상법상 특별결의요건 보다도 강화된 결의요건을 통해 이러한 제도를 도입하는 경우에는 그 내용이 이미 시장가격에 반영되어 거래되거나 주주 대부분의 동의하에 도입되는 것이어서 기존주주의 보호문제나 주주평등원칙 위배논란도 발생할 여지도 적을 것으로 보인다. 그럼에도 불구하고 여전히 이 제도가 일부 악용될 소지는 여전히 잔존한다.[119] 따라서 상장기업이 종류주주총회의 거부권을 활용한 변형된 황금주를 도입함에 있어서는 엄격한 조건하에 허용하되, 그 악용을 차단할 수 있는 수단도 동시에 강구하여야 할 필요가 있다고 본다.[120]

"買収防衛の毒薬導入, 相談制に= 黃金株は條件付き容認 - 東證").

118) 김순석, 앞의 논문, 305면.

119) 경영권 승계가 필요한 대기업이 이러한 변형된 황금주제도를 악용하여 경영권승계를 도모할 수도 있다. 예컨대, 甲그룹이 신생계열사인 A사를 설립하여 ① 회사의 정관에 회사의 중요한 사항에 대하여 특정한 종류주주의 종류주주총회를 거치도록 하는 규정을 마련하고, 그룹승계예정자에게 해당 종류주식을 부여한다. ② 그 이후 甲그룹계열사들이 A사를 집중적으로 지원해 단기간 내에 회사를 키워 증권거래소에 상장을 한다. ③ 이후 수차례의 유상증자를 거쳐 자본금을 확충한 후 甲그룹계열사들의 지분을 사들여 A사가 그룹의 지주사가 된다. 이처럼 甲그룹의 승계예정자는 최초 A사에 대한 소규모의 투자를 통해 거부권부 종류주식을 획득하여 A사에 대한 경영권을 확보하는 동시에 그룹전체에 대한 안정적인 경영권도 확보할 수 있게 되는 것이다.

120) 예를 들어, 각주 100)의 사례에서 상장 전 변형된 황금주제도를 도입한 A회사에게는 ① 황금주제도의 채택내용의 공시의무 부여, ② 다른 회사의 주식매수를 엄격하게 제한하는 조치, ③ 투자자에 대한 주의환기조치 등이 필요할 것이다.

제 6 절 맺음말

황금주제도는 그 도입을 둘러싸고 국내외적으로 지속적으로 논란이 되고 있는 사안으로서, 우리나라에서도 2006년 6월 법무부가 상법을 개정해 비상장 기업과 공기업을 중심으로 제한적으로 거부권주식을 도입하겠다고 밝히면서 황금주 논란에 불씨를 당긴바 있다. 이처럼 황금주제도 도입에 대해서는 지속적인 찬반논란이 있어 도입여부 및 범위 등 구체적 방안에 대해서는 보다 면밀한 검토가 필요할 것으로 보이나 다음과 같은 사유로 엄격한 조건하에 전통적 황금주는 물론 변형된 황금주도 허용하는 것이 바람직하다고 본다.

우선 전통적 의미의 황금주제도의 도입여부를 결정함에 있어서는 우리나라의 현실에 비추어 해당 제도가 과연 현실적·실질적으로 필요한 제도인지 여부에 대한 검토가 선행되어야 한다고 본다. 이런 관점에서 볼 때 우리나라와 같이 남북 군사대치상황에 있고, 석유 등 중요에너지의 대부분을 외국의 수입에 의존하는 등의 특수한 상황에 있는 나라는 국가의 안위 및 공공이익의 목적상 국방·에너지 등의 특정분야에 대해 전통적 의미의 황금주를 도입할 명분이 충분히 존재한다고 본다.

이와 관련하여서는 황금주 도입의 반대론자들이 대표적인 사례로 들고 있는 EU에서 조차 중대한 국익과 밀접한 관계가 있는 경우에는 황금주의 필요성을 인정하고 있다는 점에 주목할 필요가 있다. 아울러, EU의 경우에는 EU 역내의 조속한 경제통합을 위해 자본의 자유로운 이동을 저해하는 황금주에 대하여 매우 엄격할 수 밖에 없는 EU만의 특수성이 있다는 점도 유의할 필요가 있다.[121] 특히, 최근 프랑스와 독일에서는 중동국가나 아시아국가와 같이 자금이 풍부한 국가의 적대적 매수로부터 전략적 회사를 보호하기 위하여 황금주제도의 이용을 적극 고려하고 있다는 사실은 우리에게 매우 시사하는 바가 크다.[122]

---

121) Christine O'Grady Putek, op.cit, p.2285.

122) David Gow, Loss of Germany's VW law spells end of the road for golden shares, The Guardian(on line edition), 2007. 10. 특히, 프랑스 대통령 사르코지는 국영기업인 Gaz de France가 가스 및 환경그룹인 Suez그룹의 지분 약35%를 취득하도록 하여 해당 그룹을 사실상

한편, 종류주주총회를 활용한 변형된 황금주제도의 도입은 현행 회사법 체계상 그 도입에 특별한 문제점은 없다고 본다. 다만, 회사의 설립이후에 발행하는 거부권부종류주식은 기존주주들의 의결권을 희석시키는 결과를 가져올 수 있고 회사법의 중요원칙인 주주평등원칙의 가장 중요한 발현인 자본다수결주의에 대한 중대한 예외에 해당한다. 따라서 이러한 변형된 황금주는 원시정관이나 대다수 주주의 동의 등 기존주주의 보호를 전제로 매우 엄격한 조건하에서만 발행이 허용되어야 한다고 본다.

국유화한 바 있으며, 독일 Simens사의 압출(squeeze out)을 위하여 핵관련회사인 Areva와 엔지니어 그룹인 Alstom사의 합병을 시도하는 것으로 알려지고 있다.

주주권 실현을 위한 주주제안제도

출전: 기업법연구 제22권 제2호

김 지 환*

제 1 절 머리말

기업경영의 투명성 제고를 위한 방안의 하나로 1998년 개정 상법에서 주주제안제도를 도입하고1) 오랜 세월이 흘렀다.2) 주주제안제도의 도입 초기에는3) 주로 외국계 펀드나 기업지배구조개선을 목적으로 하는 시민단체 등이 삼성전자(주)나 SK텔레콤(주)를 상대로 사외이사제도의 도입안이나 집중투표제도의 도입안 나아가 소액주주를 대표하는 이사·감사 선임안 등을 주목적으로 주주제안을 하는 시도가 있었다.4) 그러나 최근에는 주주제안을 하는 목적

* 경남대학교 법학과 교수.

1) 이범찬/임충희/이영종/김지환, 「會社法」, 삼영사, 2012, 233쪽.

2) 주주제안제도는 1997년 증권거래법에서 먼저 도입된 것을 1998년 개정상법에서 수용한 것이다.

3) 미국의 경우 주주제안권(shareholder proposal) 행사는 다음과 같은 3단계를 거쳤다고 한다. 즉, 1940년대와 1950년대는 제안자가 주로 기업지배구조의 개선(corporate governance)을 위하여 사용하였고, 1970년대와 1980년대 중반은 주로 기업의 사회적 책임(corporate social responsibility)의 수단으로 사용하였으며, 1980년대 중반 이후에는 기관투자자 주주 행동주의의 발전과 함께 더 많은 사외이사 요구, 포이즌 필(poison pill)반적대적 기업매수 조항 삭제 등 다시 기업지배구조에 중점을 두는 시기라고 한다(Lewis D. Solomon/Alan R. Palmiter, CORPORATIONS, Aspen Law & Business, 1999, p.164).

4) 1999년 8월 참여연대의 SK텔레콤(주) 임시주주총회에서의 사외이사 선임에 대한 주주제안, 2001년 삼성전자(주) 정기주주총회에서 참여연대가 제안한 이사선임의 건 등을 들 수 있다.

이 적대적 M&A의 수단으로 삼기 위함인가 하면, 그 주체도 개인투자자, 당해 회사의 노조 및 우리사주조합, 기관투자자[5]등 매우 다양화되어 가고 있다. 다만 아직까지 주주제안의 의제나 의안은 이사선임이나 배당 요구, 정관변경에 관한 사항에 한정되고 있는 실정이다.

한편, 주주제안의 실효성을 확보할 수 있는 사회적 환경도 뒷받침되고 있다. 소액주주의 경우 주주 자신의 이익을 도모하기 위한 의식이 높아졌고, 나아가 적극적으로 행동에 옮기려는 시도가 엿보이며, 인터넷의 발달 특히 포털사이트(portal site)의 대중화는 소액주주의 결집화 장소, 의사소통의 장소, 소액주주에 대한 정보공시의 장소로서 기능하고 있다.

그럼에도 불구하고 주주제안의 성공 가능성은 현실적으로 쉽지 않다. 주주제안은 주주총회 안건에 관하여 사전에 주주와 경영진간에 의사소통을 해본 후 원만히 합의가 되지 않고 대립하는 경우에, 경영진의 반대에도 불구하고 주주총회의 안건으로 삼고자 하기 때문에 경영진은 주주제안을 수용하지 않으려는 경향이다. 뿐만 아니라 주주제안 사항이 적대적 M&A나 임원 임면의 건이라면, 회사의 경영진은 그러한 주주제안이 주주총회에 상정되지 못하도록 1차적으로 여러 기술적 조치를 취하는가 하면, 주주총회에 상정된 경우에도 그러한 안건이 통과되지 못하도록 하려 할 것이다. 회사가 주주제안을 거부하기 위하여 취하는 여러 조치 중에는 합법을 가장한 위법한 행위도 있고, 또 제도의 미비로 애초부터 주주에게 불리한 상황이 벌어지도록 방치한 사항도 있다.[6]

이 글에서는 실무적으로 주주제안제도를 이용함에 봉착하게 되는 문제점을 짚어 보면서, 주주의 주주권 실현에 문제가 될 수 있는 사항을 검토해 보기로 한다.

---

5) 미국의 기관투자자 역할은 Margaret M. Blair, Ownership and Control, The Brooking Institution, 1995. p.145.

6) 물론, 주주제안권을 남용하는 경우 소유와 경영의 분리에 따른 전문 경영인에 의한 경영의 효율적인 경영에는 장애가 될 소지도 있다(권종호, "우리나라 주주제안제도의 문제점과 개선방안", 「상장협(춘계호)」, 2000, 24쪽). 그러므로 주주제안제도는 주주의 이해관계와 전문 경영인의 경영의 효율성이란 측면에서 형평성 시각에 입각한 조화를 이루게 할 필요성이 있다.

제 2 절 주주권 실현을 위한 주주제안제도

1. 제안주주의 자격요건

(1) 문제의 제기

이사회가 주주총회의 안건으로 제안한 의안은 주주총회 당일에 출석한 주주가 단독주주권으로 수정동의를 할 수 있다.[7] 그런데 사전에 주주제안을 할 수 있는 주주의 자격은 다음과 같이 소수주주권자이어야 한다. 즉, 상법상 의결권 없는 주식을 제외한 발행주식총수의 100분의 3 이상을 소유한 주주가 주주제안권(363조의2 1항)을 행사할 수 있다. 이 때 발행주식 수와 보유주식 수를 계산함에 있어서 의결권을 행사할 수 없는 주식 수는 산입하지 않는다. 또한 상장회사의 경우에는 6월전부터 계속하여 상장회사의 의결권 있는 발행주식총수의 1천분의 10(최근 사업년도말 자본금이 1천억원 이상인 법인의 경우에는 1천분의 5) 이상에 해당하는 주식을 보유한 주주가 제안권을 행사할 수 있다(542조의6 2항).[8]

그런데 과연 주주총회에 출석한 주주의 경우 비록 의안에 관한 수정동의 또는 반대동의라 하더라도 단독주주가 할 수 있음에 반하여,[9] 주주제안권은 이와 같이 소수주주권으로 하는 것이 모든 회사에 있어서 옳은 것일까.

(2) 외국의 입법례

미국은 1933년 증권법 및 1934년 증권거래소법에 근거하여 제정된 주주제안에 관한 SEC 규칙 14a-8에서 단독주주권으로 하고 있었다. 그러나 주주제안권 행사의 증가로 인한 회사비용부담의 증가, 이에 비한 주주제안 가결건

7) 수정동의사항은 현행법상 의안에 한하는데, 예컨대, 이사의 선임인수의 변경, 의안의 변경, 정관변경안의 내용의 수정, 이사후보자이외의 자의 추천, 배당금의 증감, 이사나 감사의 보수 한도 수정 등을 들 수 있다(久保利 英明/中西敏和, 「株主總會のすべて」, 商事法務研究會, 2001, 304頁).

8) 은행법 제23조의5 4항, 금융지주회사법 42조 4항, 여신전문금융회사법 50조의7 5항, 자본시장법 29조 6항 및 350조(금융투자업자)에서 각 산업의 규모와 특성에 맞게 제안권 행사 요건을 상법과 달리 규정하고 있다.

9) 松山 遥, 「敵對的株主提案權とプロキシーファイト」, 商事法務, 2007, 7頁.

수의 적음에 대한 비판으로 말미암아,[10] 1983년 SEC 규칙 개정에서 제안주주는 의결권주식의 1% 또는 시장가격으로 1000 달러 이상의 소유를 가진 자로 주주제안의 제출이전부터 1년간 주식을 보유할 것을 요구하게 되었다. 1998년 개정은 발행주식총수의 1% 또는 시장가치로 2000달러 이상의 주식을 1년 이상 보유하고 동시에 주주총회 개최시에 주주의 지위를 유지하도록 주주제안권 행사자격요건을 더욱 엄격하게 하였다.[11]

일본의 경우 종래는 총주주의 의결권의 100분의 1이상의 의결권 또는 300개 이상의 의결권을 6개월 전부터 계속하여 보유하고 있는 주주에게 주주제안권 행사자로 규정하고 있었다(일 구상법 232조의2).[12] 현행 회사법은, 첫째 공개회사의 경우에는 위와 같고,[13] 둘째 공개회사가 아닌 이사회설치회사에 있어서 주주의 제안권은 공개회사와 달리 주식의 보유기간 6개월의 요건이 없으며(일 회사법 303조 3항), 셋째 이사회설치회사이외의 회사의 경우에는 단독주주권으로 주식의 보유기간의 요건도 없이 일정한 사항을 주주제안할 수 있도록 하고 있다(일 회사법 303조 1항). 뿐만 아니라 이 경우에는 청구기간의 제한도 없으므로, 주주총회 당일의 장소에서 의제제안권을 행사하는 것도 가능하도록 하고 있다.[14]

(3) 검 토

대규모 주식회사의 경우 주주제안권을 단독주주권으로 하는 경우 회사비용의 증가, 주주제안권 남용의 우려, 주주총회장의 의사진행의 어려움 등의 문제가 발생할 수 있다. 또한 주주제안의 실효성을 확보하기 위해서는 제안된 의제나 의안이 주주총회의 표결에서 통과되어야 하는데, 단독주주나 소액주주의 제안으로 그런 결과를 달성하기는 매우 어렵고, 따라서 주주제안권 행사자를 소수주주권으로 하는 것은 의미가 있다 할 것이다. 그럼에도 불구하고 당

10) 미국에서 주주제안이 도입된 1930년대 중반부터 1985년전까지 약 40여년 동안 단지 2개의 주주제안이 가결되었다고 한다(Lewis D. Solomon/Alan R. Palmiter, op.cit, p.164).

11) Ibid, p.164.

12) 弥永眞生, 「リーカルマインド會社法」, 有斐閣, 1999, 128頁.

13) 그러나 현행 회사법의 경우 정관의 규정으로 보유주식수나 기간을 위 사항 보다 단기로 정할 수 있다는 점이 구 상법과 다르다(일회사법 303조).

14) 江頭憲治郎, 「株式會社法」, 有斐閣, 2007, 302頁.

일 주주총회의 장에서 회사가 제안한 의제에 한하여 의안의 경우 수정동의나 반대동의를 단독주주로 할 수 있다는 형평성 문제에서 보면 주주제안권을 상법과 같이 100분의 3의 소수주주권[15]으로 하는 것은 문제가 있다고 본다.

입법례를 보더라도 일본의 경우에는 소규모의 주식회사에 있어서는 주주총회 당일에도 주주제안을 할 수 있도록 하며, 이 경우 단독주주권으로 하고 있다.[16] 또한 미국 SEC 규칙 14a－8에서 발행주식총수의 1% 또는 시장가치로 2000달러 이상의 주식을 1년 이상 보유하고 동시에 주주총회 개최시에 주주의 지위를 유지하도록 한 점과 비교해 보아도 현행 상법의 지주요건은 엄격하다. 특히 미국 SEC 규칙이 단독주주권으로 하다가 위와 같은 지주요건을 갖추도록 한 이유는, 1970년대와 1980년 중반까지 일어났던 환경보호, 사회주의국가와의 사업 축소 등과 같이 기업의 사회적 책임에 관한 주주제안 — 이른바 권고적 제안 — 까지 가능하고, 이런 제안은 회사의 비용으로 위임장에 기재할 수 있었기 때문에,[17] 어느 정도 주주제안요건을 제한할 필요성이 있었다. 그러나 우리 현행 상법상 주주제안이 반드시 회사의 비용으로 위임장에 기재하도록 규정하고 있지는 않는 바, 미국과 동일시 할 수는 없다고 본다.

요컨대, 적어도 이사회를 설치하지 않은 주식회사의 경우나 소규모 자본금인 주식회사의 경우에는 주주제안의 지주요건을 더욱 완화하는 것이 타당하지 않을까 한다. 오히려 주주총회 개최일까지 주주로서의 지위를 유지하도록 하는 것이 주주제안의 실효성 확보에는 더욱 합리적이라 생각된다.[18]

---

15) 우리 상법상 100분의 3의 지주요건은 소수주주권이기도 하지만, 대주주의 자격요건으로 보기도 한다. 왜냐하면 감사 선임시에 100분의 3을 초과하는 주식을 보유한 주주가 그 초과분에 관하여 의결권을 행사할 수 없도록 하였는데, 이 규정의 취지가 대주주로부터 감사가 선임되는 것을 막기 위함이고, 그 기준이 100분의 3이라고 한다면, 결국 100분의 3의 기준은 대주주로서의 지주요건이다. 물론 소수주주권 행사는 소액주주 공동으로 지주요건을 갖추면 되므로, 감사선임의 지주요건과 동일시 할 수는 없다.

16) 독일의 경우에도 의제제안권은 소수주주권이지만 반대제안권 및 선거제안권은 단독주주권(독주식법 126조)으로 하고 있다고 한다(최병규, "주주제안제도", 「인권과 정의」, 265호, 1998, 54쪽).

17) Lewis D. Solomon/Alan R. Palmiter, op.cit, p.164.

18) 동지: 정경영, "주주제안제도에 관한 비교법적 고찰", 「상사판례연구 제16집」, 한국상사판례학회, 2004, 115쪽; 정준우, "주주제안권의 행사요건과 그 문제점", 「상사법연구 제21권 3호」, 2002, 294쪽.

2. 주주제안 사항의 범위와 그 효력

(1) 문제의 제기

2004년 SK텔레콤(주)의 정기주주총회를 앞두고 시민단체인 참여연대는 그 당시 이사 2명에 대하여 자진사퇴권고 결의안의 주주제안을 하였다. 이사 해임의 결의안을 주주제안한 것이 아니라 이처럼 자진사퇴권고 결의안을 제안한 것은 구 증권거래법상 임기 중에 있는 임원의 해임에 관한 주주제안을 못하도록 한 규정 때문이다(구 증거법 191조의14, 동시행령 84조의21 3항 6호; 현재는 상법시행령 12조 4호).

그런데 우리 상법과 동 시행령은 주주총회에서 의결권행사 가능한 사항에 한해서만 의제나 의안제안을 할 수 있는지, 다시 말해 주주제안 사항이 주주총회에서 통과되면 구속력이 발생하는지, 아니면 단지 권고적 제안이 가능한지, 다시 말해 주주제안 사항이 주주총회에서 통과되어도 이사회는 이에 구속을 받지 않는지에 관해 분명하지 않다. 따라서 위와 같이 SK텔레콤(주)의 사건처럼 실제 이사 자진사퇴권고 결의안이 통과된다 하더라도 권고적 효력만 있다고 한다면 당해 이사가 사퇴를 거부하여도 법적으로 문제될 것은 없다. 그렇지 않고 자진사퇴권고 결의안 통과에 의해 사퇴하도록 강제된다면 이는 사실상 상법시행령 상 금지된 임원의 해임에 관한 주주제안을 못하도록 한 것에 위반된다. 요컨대, 우리 현행법상의 주주제안 사항의 범위와 그 효력에 관하여 검토할 필요성이 있다.

(2) 현행법상의 입장

현행 상법이 권고적 제안까지 할 수 있는지에 관해 명백하지 않기 때문에 해석론으로 해결하여야 한다. 먼저 현행법상의 주주제안 사항의 범위에 관하여 검토를 한 후 이어 그 효력과 함께 고찰해 본다.

상법상 주주제안은 법령 또는 정관에 위반되지 않는 사항에 관하여 주주제안할 수 있다(363조의2).[19] 2008년 상법개정안 제363조의2 제3항에서는 이에 덧붙여 대통령령이 정하는 사항을 추가하고 있다. 상법 시행령은 법령 또는

---

19) 김재범, “주주제안의 대상”, 「상사법연구 제18권 제3호」, 2000, 61쪽.

정관위반 사항외에도 ① 주주총회에서 의결권의 100분의 10 미만의 찬성밖에 얻지 못하여 부결된 내용과 같은 내용의 의안을 부결된 날부터 3년 내에 다시 제안하는 경우, ② 주주개인의 고충에 관한 사항, ③ 소수주주권에 관한 사항, ④ 임기 중에 있는 임원의 해임에 관한 사항(이 사유는 상장회사의 경우에만 해당함, 542조의2 1항), ⑤ 회사가 실현할 수 없는 사항 또는 제안이유가 명백히 허위이거나 특정인의 명예를 훼손하는 사항인 경우 주주제안 배제사유로 규정하고 있다(상법시행령 12조 각호).[20] 여기서 흥미로운 사실은 2000년 3월 4일 개정된 구 증권거래법 시행령은 종래「주주총회의 의결사항이 아닌 사항」이 주주제안 배제사유로 하고 있었던 것을(구 증거법 시행령 84조의14 3항 1호) 삭제했다는 점이다.

(3) 외국의 법제

가. 미 국

미국은 1933년 증권법 및 1934년 증권거래소법에 근거 공정한 의결권행사를 장려하는 방안으로 주주제안에 관한 SEC 규칙 14a-8을 제정하였다.[21] 그 당시엔 주주제안은 위임장 설명서(proxy statement)에 기재하도록 하고 주주총회의 적절한 의제(proper subject)라면 무엇이든 주주제안의 사항으로 할 수 있도록 하였다.[22] 그러나 이는 1972년 및 1976년 개정에서 제안자 1인당 제안 건수는 무제한에서 2건으로 제한되고, 13가지 항목 즉, ① 주회사법상 부적절한 의제, ② 회사의 법위반을 야기하는 사항, ③ 오류사항(misleading) 등, ④ 개인적 고충 사항, ⑤ 경영업무와 관계없는 사항, ⑥ 회사의 지배외의 사항, ⑦ 회사의 일반적인 경영 활동, ⑧ 이사와 직원의 선임, ⑨ 회사제안에 대한 반대, ⑩ 현실적 무의미, ⑪ 실질적으로 중복, ⑫ 과거에 제출된 사항, ⑬ 구체적 배당액 등은 주주제안을 할 수 없도록 하였다. 현행 SEC 규칙 14a-8은 다음의 13가지 사항을 배제사유로 하고 있다. ① 증권발행회사의 본점 소재지법에서 증권소지인의 결의대상으로서 적절하지 않은 것, ② 실행한다면 증권발행

20) 최준선, 「회사법(제3판)」, 삼영사, 2007, 333쪽; 이범찬/임충희/김지환, 앞의 책, 221쪽.

21) Larry D. Soderquist/A. A. Sommer, Jr./Pat K. Chew/Linda O. Smiddy, Corporations and Other Business Organizations, MICHIE, 1991, p.799.

22) Eric A. Welter, The Shareholder Proposal Rule: A Change to Certainty, Geo. Wash. Law. Rev. 60, 1992, pp.1990~1991.

회사가 주법, 연방법 또는 외국법을 위반하게 되는 경우, ③ SEC의 위임장규칙에 반하는 것, ④ 증권발행회사, 경영진 또는 기타의 자에 대하여 개인적 청구권 또는 인적 고충의 구제(redress of personal grievance)를 요구하는 것, ⑤ 증권발행회사의 사업에 실질적으로 관련되지 않는 사항에 관한 것, ⑥ 증권발행회사가 실행할 수 있는 범위를 초과한 사항에 관한 것, ⑦ 증권발행회사의 일반적인 영업활동에 관련하는 사항에 관한 것,[23] ⑧ 임원의 선임에 관한 것, ⑨ 등록회사가 제출해야 할 의안에 상당한 것, ⑩ 결의대상으로서 실익이 결한 것으로 보이는 것, ⑪ 위임장자료에 포함되어진 다른 주주에 의한 제안과 실질적으로 동일한 것, ⑫ 실질적으로 동일한 제안이 과거 5년 이내에 주주총회에서 제안된 적이 있고, 그 제안이 투표총수에 대하여 일정한 비율 미만의 찬성표밖에 얻지 못한 경우, ⑬ 이익배당액에 관련하는 것인 경우[24] 등이다.

---

23) Cracker Barrrel 사건 참조(한철, "고용문제와 주주제안권", 「비교사법 제6권 제2호」, 한국비교사법학회, 1999.12, 634~636쪽).

24) 13 Substantive bases for exclusion; The proposal is not a proper subject for action by shareholders under the laws of the jurisdiction of the company's organization(Rule 14a－8(i)(1)), The proposal would, if implemented, cause the company to violate any state, federal or foreign law to which it is subject(Rule 14a－8(i)(2)), The proposal or supporting statement is contrary to any of the Commission's proxy rules, including rule 14a－9, which prohibits materially false or misleading statements in proxy soliciting materials(Rule 14a－8(i)(3)), The proposal relates to the redress of a personal claimor grievance against the company or any other person, or is designed to result in a benefit to the shareholder, or to further a personal interest, which is not shared by the other shareholders at larg(Rule 14a－8(i)(4))e, The proposal relates to operations that account for less than 5% of the company's total assets at the end of its most recent fiscal year, and for less than 5% of its net earnings and gross sales for its most recent fiscal year, and is not otherwise significantly related to the company's business(Rule 14a－8(i)(5)), The company would lack the power or authority to implement the proposal(Rule 14a－8(i)(6)), The proposal deals with a matter relating to the company's ordinary business operations(Rule 14a－8(i)(7)), The proposal relates to an election for membership on the company's board of directors or analogous governing body(Rule 14a－8(i)(8)), The proposal directly conflicts with one of the company's own proposals to be submitted to shareholders at the same meeting(Rule 14a－8(i)(9)), The company has already substantially implemented the proposal(Rule 14a－8(i)(10)), The proposal substantially duplicates another proposal previously submitted to the company by another shareholder that will be included in the company's proxy materials for the same meeting(Rule 14a－8(i)(11)), The proposal deals with substantially the same subject matter as another proposal or proposals that previously has or have been included in the company's proxy materials within a specified time frame and did not receive a specified percentage of the vote. Please refer to questions and answers F.2, F.3 and F.4 for more complete descriptions of this basis(Rule 14a－8(i)(12)), The proposal relates to specific amounts of cash or stock dividends(Rule 14a－8(i)(13)).

나. 일 본

일본 구상법은 주주제안사항이 법령이나 정관에 위반하는 경우, 동일한 의안이 총회에서 의결권의 10분의 1 이상의 찬성을 얻지 못한 날부터 3년을 경과하고 있지 않은 경우를 제안배제사유로 들고 있었다(일 구상법 232조의2 2항).[25] 2005년에 제정된 일본 신회사법에서는 주주총회의 결의사항에 한하여 주주제안 사항으로 할 것을 명문화 하고 있다(일 회사법 303조의2). 이것은 종래 일본 구상법상 주주제안의 본질에 비추어 보아 주주총회 결의사항에 한하여 제안할 수 있다고 해석하는 견해를 아예 명문화한 것이다.[26] 따라서 주주제안 대상에 회사에 대한 단순한 권고나 조언 등은 포함되지 않는다.[27]

(4) 검 토

일본 신회사법상 주주제안의 대상은 법령이나 정관에 위반되지 않는 사항 중에서 주주총회결의사항에 해당하는 경우에만 주주제안(의무적 제안)할 수 있도록 하고 있다. 반면에 미국의 경우 주주총회결의사항이라 하더라도 이사의 선임 등에 대해서는 주주제안을 할 수 없도록 하되, 주주총회결의사항에 해당하지 않는 것으로 하고 있다는 점에서 차이가 있다. 우리 상법의 경우 명문 규정이 없지만 주주제안은 주주총회에서 결의할 수 있는 사항에 한한다고 해석할 수 있다. 그런데 상법 시행령은 구 증권거래법상 종래 제안배제사유로 규정하였던 「주주총회의 의결사항이 아닌 사항」을 삭제한 것에 비추어 보면 입법자의 의도는 일응 권고적 제안도 가능한 것으로 하기 위함 때문이라 추정되기도 한다. 또한 배제사유를 살펴보면 권고적 제안이 가능하다는 것을 염두에 둔 것이라 생각된다. 하지만「회사가 실현할 수 없는 사항 또는 주주총회의 의안으로 상정할 실익이 없거나 부적합한 사항」을 배제사유로 한 것으로 보면, 실제 권고적 제안이 허용된다고 보기도 어렵다.

우리 현행법상 주주제안배제사유의 구체적 검토를 위하여, 먼저 현행법상 열거된 주주제안 배제사유의 타당성을 검토해 보고, 다음으로 제안대상의

25) 弥永眞生, 앞의 책, 128頁.

26) 大隅健一郎/今井 宏, 「會社法論(中)」, 有斐閣, 1992, 43頁.

27) 위의 책 36頁.

범위를 주주총회의 결의사항으로 한정할 것인가 아니면 권고적 사항까지 포괄할 것인지를 살펴보기로 한다.

가. 현행법상 배제사유의 문제점

주주제안배제사유로 열거한 사항 중 문제될 소지가 있는 것은 상법 및 동시행령 규정이다. 첫째, 상장회사에 한해서만 임기 중의 임원의 해임에 관해 주주제안을 할 수 없도록 한 것은 문제가 있다. 미국 SEC 규칙은[28] 이와 반대로 이사의 선임에 관한 주주제안을 금지한[29] 반면,[30] 해임에 관한 주주제안은 가능하도록 하고 있다. 일본의 경우 이사의 선임이든 해임이든 모두 주주제안이 가능하다. 경영의 투명성을 제고하고 주주 자신의 이익을 실현하기 위하여는 법령에 위반하거나 그 우려가 있는 이사, 경영 자질이 부족하거나 무능력한 이사를 해임하도록 주주제안하는 것이 실효적이다.[31] 또한 경영감시 등의 기업지배구조(corporate governance)개선을 위해서나 적대적 기업매수의 수단으로 새로운 이사선임의 주주제안을 하도록 하는 것은 대단히 유용하다[32] 할 것이다.[33] 기본적으로는 이사의 선임과 해임이 주주의 권한으로서 최종적으로 주주총회에 전속한다는 것은 각국 공통인데, 이사의 선임과 해임이 이사회만 제안할 수 있고, 주주는 제안할 수 없다는 것은 이해할 수 없다. 미국의 경우에도 이사 선임의 주주제안이 가능하도록 논의하고 있다고 하고,[34] 회사가 정관으로 소수주주에게 이사추천권을 부여하는 회사가 있기도 하다.[35] 그런 측

---

28) 17 CFR 240.14a－8(i)(8)(2003).

29) Cox/Hazen/O'Neal, CORPORATIONS, Aspen Law & Business, 1997, p.343.

30) 이사선임에 대한 주주제안이 금지되어도, 이사선임을 권고하는 권고적 제안은 가능하다.

31) 同旨; 이철송, 「회사법강의(제15판)」, 박영사, 2008, 414쪽.

32) Charles R. T. O'kelly/Robert B. Thompson, Corporations and Other Business Associations, Aspen Law & Business, 1999, p.227.

33) 2002년에서 2004년 사이에 미국에서의 주주제안을 조사해 보면, 이 시기에는 특히 포이즌 필(poison pill) 제거 등 반기업매수조항의 제거 등에 집중되었고, 주주들의 지지도 종전보다 훨씬 높았다고 한다(Randall S. Thomas/James F. Cotter, "Shareholder proposals in the new millennium: shareholder support, board response, and market reaction", Journal of Corporate Finance 13, 2007, p.369); 한편, 증권거래법은 소수주주에게 사외이사후보추천권을 부여하고 있다. 법원은 소수주주가 상법상 주주제안권 또는 증권거래법상 사외이사후보추천권을 선택적으로 행사할 수 있다고 한다(대전지법 2006. 3. 14.자 2006카합242 결정).

34) 吉行幾眞, "取締役の選任に關する株主提案權", 「一橋論叢 第133卷 第1號」, 2005. 1, 59頁.

35) 뉴욕증권거래소에 상장하고 있는 Hanover Compressor Company는 1999년에서 2002년에 걸쳐 행하여진 분식결산 때문에 2002년에 주주대표소송이 제기되었으나, 2003년 5월에 화해가 성립

면에서 상법 시행령에서 상장회사에 한해서만 이사의 해임에 관한 주주제안을 배제하고 있는 규정은 삭제되어야 한다고 본다.

둘째, 주주제안의 배제사유 중에서 「회사가 실현할 수 없는 사항(상법시행령 12조 5호)」에 대해 정형화된 판단방법이 있을 수 없으므로 실현불가능을 이유로 회사가 주주제안을 거부할 경우 불가능 여부에 관한 판단을 놓고 분쟁이 예상된다는 비판이 있다.[36] 또한「실익이 없는 사항」에 관해서 극히 넓게 이해한다면 상정해 보아야 결의될 가망성이 없는 사항이 포함된다고 볼 수 있어 이 경우 주주제안의 허용 여부에 관해 이사회에 광범위한 재량을 주게 되어 주주제안제도의 근본적인 취지를 몰각시킬 우려가 있다고 하는 지적이 있다.[37] 생각건대, 불필요한 분쟁을 막기 위해서는 위의 규정을 개정하는 편이 옳을 것이다.

나. 정관규정에 의한 주주제안 범위와 효력

먼저 정관 규정에 의해 주주제안권을 박탈할 수 있는가, 또는 현행 법령보다 제안배제사유를 더욱 열거한 정관 규정이 유효한가.[38] 주주제안제도는 주주에게 주주총회의 의제나 의안을 제출할 수 있는 중요한 권리에 관한 단체법적 규정이라 할 수 있고, 주주제안규정은 강행법규로 보아야 하므로 주주제안권을 박탈하는 정관의 규정은 무효다고 해석하는 견해가 있으며[39] 이 견해는 타당하다. 상법이나 동 시행령상 주주제안 배제사유 이외에 정관 규정으로 배제사유를 추가한 경우에 그 정관 규정의 효력에 대해서는 그러한 제한이 실질적으로 주주제안권을 박탈하는 것과 동일한 정도의 제한이 아닐 경우에는 유효할 수 있다는 견해가 있다.[40] 오히려 주주제안제도가 주주의 회사 주권

하고, 발행주식총수의 1% 이상을 보유하고 있는 주주에 대하여 이사의 후보자를 2명 지명할 권리를 부여하였다. 또한 Apria Healthcare Group Inc.는 2003년 6월에 자발적으로 주주에 의한 이사후보자의 지명에 관한 정책(Policy Regarding Alternative Director Nominations by stockholders)을 공표하고, 의결권총수의 5% 이상의 주식을 2년 이상 계속하여 보유하고 있는 주주 또는 주주 그룹에 대하여 이사의 후보자를 2명 지명할 권리를 인정하였다고 한다(吉行幾眞, 위의 논문, 66頁 각주 9)).

36) 정경영, 앞의 논문, 119쪽.

37) 이철송, 앞의 책, 412쪽.

38) 유효하다는 견해는 김원기, "상법(개정안)의 주주제안권", 「고시연구 제25권 제10호」, 고시연구사, 1998. 9, 143쪽.

39) 정경영, 앞의 논문, 123쪽.

론[41]에 입각한 제도이고 경영자 지배에 대한 주주의 권한분배론 측면에서 제도화된 것이며, 다수파 주주에 대한 소수파 주주의 견제장치라는 측면에서 정관에 의한 주주제안배제사유의 열거는 무효라 할 것이다. 그러나 상법 시행령에 열거된 제안배제사유를 정관에서 배제하는 것은 유효하다고 본다.[42]

우리 현행 법령에서 정관의 규정으로 일상적인 이사의 업무집행에 관한 사항을 주주제안할 수 있을까. 미국의 경우 주회사법이나 SEC는「일상적인 영업활동(company's ordinary business operations)」을 배제사유로 하고 있어[43] 부정적인 입장인 것처럼 보이나, 오랜 기간에 걸쳐 SEC는 위 사항의 예외를 인정하는 다수의 판단을 내리고 있다.[44] SEC는 업무에 관련되는 중요한 제안은 그것이 특별한 지시없이 이사회에 대한 권고로서 표현되는 경우에는 주법에 의한 주주의 의결사항의 적절한 대상으로 판단하고 있다.[45] 우리 현행 상법과 유사한 내용을 가진 일본 구상법에서는 해석상 주주제안은 주주총회에서 결의하는 사항일 것을 요한다고 하고,[46] 따라서 권고적 제안은 할 수 없으며, 회사의 경영상의 업무에 관한 사항의 제안도 정관에 그 사항을 총회의 결의사항으로 하는 뜻의 정함이 없는 한 부적법하다고 한다.[47] 이것은 구속력이 없는 주주총회결의는 무의미한 것으로 생각하기 때문으로 보인다. 그런데 현행 일본 신회사법은 주주총회의 결의사항에[48] 한하여 주주제안할 수 있도록 명문화하고 있다(일회사법 303조 1항).[49] 요컨대, 의무적 제안 사항만 인정하고 권고

---

40) 정경영, 위의 논문, 123쪽.

41) 關俊彦,「會社法概論」, 商事法務, 2007, 201頁.

42) 일본 회사법 303조의2 참조.

43) John E. Moye, The Law of Business Organizations, West Legal studies, 1999, p.257.

44) Cox/Hazen/O'Neal, op.cit, pp.343－344.

45) SEC 규칙 14a－8(i)(1)의 注記에는 주주제안이 권고(recommendation) 또는 제언(suggestion)에 속하는 경우에는 기본적으로 당해 주주제안을 회사측이 위임장설명서에 기재하는 것은 적절하다는 해석이 명기되어 있다.

46) 大隅健一郎/今井 宏, 앞의 책, 36頁.

47) 大隅健一郎/今井 宏, 위의 책, 36頁.

48) 주주총회는 원칙적으로 회사법에서 규정하는 사항 및 주식회사의 조직, 운영, 관리 기타 주식회사에 관한 일체의 사항에 관하여 결의할 수 있다(일회사법 295조 1항). 다만, 이사회설치회사에서의 주주총회는 법령이나 정관에서 규정한 사항에 한하여 결의를 할 수 있도록 하고 있다(일회사법 295조 2항). 이사회설치회사의 경우 주주총회 결의사항을 한정하면서 정관자치를 폭넓게 인정한 것이다.

49) 江頭憲治郎, 앞의 책, 301頁.

적 제안사항은 인정하지 않는다.

이사의 업무집행에 관한 사항이나 이사회의 권한사항은 주주제안권의 대상이 되지 않는데, 이것을 주주제안할 수 있을까. 그런 사항의 경우 정관변경의 제안을 먼저 하고, 그것이 가결된 때에 그 정관변경으로 추가된 사항에 관한 구체적 의안을 심의하는 형태의 2단계 주주제안은 가능하다[50]는 것이 일본의 다수설이다.[51] 이 같은 견해에 의할 때 어느 범위까지 업무집행에 관한 사항을 주주제안으로 할 수 있을지 문제된다. 다수설은 사항의 성질상 주주총회에 권한을 부여하는 것이 타당하지 않은 사항이나 법이 특히 주주총회 이외의 기관의 권한으로 한 사항을 제외하고 한정 없이 주주총회의 결의사항으로 할 수 있다고 한다.[52] 이에 반하여 이사회의 결의사항을 정관으로 주주총회의 결의사항으로 하는 것은 권한분배측면에서 강행법규 위반으로 그런 정관변경은 무효라는 견해,[53] 적어도 대규모회사에서 경영자의 업무집행권한은 존중되어져야하기 때문에 위와 같은 2단계 주주제안은 이사회를 구속하지 않거나[54] 단지 권고적 제안에 불과하다는 견해[55]가 있다. 어찌하던 다수설에 의하더라도 업무집행에 관한 주주제안을 행하기 위해서는 주주총회의 특별결의로 정관변경을 먼저 하여야 하는데, 현실적으로 그런 정관변경의 주주제안이 총회의 특별결의로 가결될 확률은 극히 희박할 것이다.[56] 즉, 2단계 주주제안은 현실성이 없다.

우리나라의 경우 정관변경을 통하여 이사의 업무집행사항을 주주제안할 수 있는지, 이사회결의사항을 제한하고 이를 주주총회의 결의사항으로 이동하여 주주제안할 수 있는지의 문제가 발생하는데, 적어도 현행 상법상은 일본의 논의와 유사하다고 볼 수 있다.[57] 왜냐하면 미국과 달리 이사회제안과 주주제

50) 長阪 守, "日米の株主提案權の行使範圍と可決時の效力", 「私法 第68卷」, 日本私法學會, 2006, 221頁.

51) 龍田節, 「會社法大要」, 有斐閣, 2007, 162頁.

52) 久保大作, "社會的目的による株主提案權の行使", 「企業法の理論(上)」, 有斐閣, 2007, 504頁.

53) 八木弘, 「會社法(上)」, 千倉書房, 1965, 231頁.

54) 森田章, "提案權による株主提案の範圍", 「商事法の解釋と展望」, 有斐閣, 1984, 70頁.

55) 木呆 由美, "株主總會および株主の機能分化からみた株主提案權の意義", 「國際硏究論叢 13卷」, 大阪國際大學, 2000, 83頁.

56) 이런 해석은 과도한 법실증주의적 관점이라고도 볼 수 있다.

57) 정경영, 앞의 논문, 123쪽.

안의 법적 성질은 동일하고, 주주제안과 이사회제안 사항의 범위는 동일하며 그 효력도 같다고 해석되기 때문이다.[58] 그리하여 정관의 규정으로 이사회권한사항을 주주총회권한사항으로 할 수 있는지에 관한 견해의 대립도 일본과 유사하다고 생각된다.

결론적으로, 상법상은 정관의 변경이 없이는 이사의 업무집행에 관한 사항이나 사회정책적 주주제안 등은 우리 현행법상 인정되지 않는다.[59] 이것은 주주의 정보접근권 관점이나 기업지배 관점에서나 업무집행에 관한 주주제안이 정관변경을 거쳐야만 가능하다고 한다면, 이것은 오히려 회사의 주주 주권론에 위배될 수 있다. 또한 제안사항이 이사선임으로 보통결의로 가결된다면 이사회에 구속력을 주는데도 불구하고, 단순히 포이즌 필(poison pill)과 같은 기업매수방어책을 도입하지 말라는 제안을 정관변경의 특별결의를 거치도록 한다면 합리적 형평성에서도 문제가 있다. 입법론으로서는 구속력을 가지는 의무적 제안과 구속력이 없는 권고적 제안을 나누어 규정하되, 권고적 제안의 경우 오히려 주주제안의 행사요건을 완화해 주는 것이 바람직하다고 본다. 다만 이 경우 제안권남용에 대한 고려는 필요하다 할 것이다.

3. 주주제안 제출기한

주주제안을 하고자 하는 주주는 주주총회일 6주전까지 서면으로 제안하여야 한다(363조의2 1항, 542조의6 2항). 6주간의 기간을 둔 이유는 이사가 제안요청을 받고 주주명부폐쇄, 소집통지 등 기타 총회를 준비하는데 시간이 필요하기 때문이다. 미국의 SEC 규칙 14a－8(e)은 전년도 정기주주총회 기준으로 120일전[60]에 제안하도록 하고 있다.[61] 일본의 경우는 주주총회일의 8주전(이

58) 長阪, 守, 앞의 논문, 221頁.
59) 권고적 제안이 인정되지 않는다는 견해; 최병규, 앞의 논문 57쪽; 김재형, "증권거래법상의 주주제안권", 「법학논총 제4집」, 조선대학교, 1998. 6, 718쪽; 박찬우, "주주제안권", 「비교사법 제6권 제1호」, 한국비교사법학회, 1999. 6, 460쪽: 권고적 제안을 인정하자는 견해; 우홍구, "주주제안권 제도", 「월간고시 통권 238호」, 1993. 11, 108쪽; 정의종, "개정 상사법의 주주제안권", 「인권과 정의 제270호」, 대한변호사협회, 1999. 2, 63쪽.
60) 1983년 개정에서 주주제안의 제출기한이 90일에서 120일전으로 연장되었다.
61) Lewis D. Solomon/Alan R. Palmiter, op.cit, p.165.

기간을 정관으로 단축할 수 있다)에 의제나 의안을 제안하도록 하고 있다(일 회사법 303조 2항 후단, 305조 1항). 그러나 이사회설치회사이외의 회사에 있어서는 단독주주는 주주총회장소에서 당해 주주가 의결권을 행사할 수 있는 일정한 사항에 대하여 청구기간의 제한도 없이 의제제안권을 행사하는 것도 가능하다.[62]

여기서 문제되는 것은 다음 사항이다. 첫째는 주주총회일 6주전까지 서면으로 주주제안하여야 하는데, 소집통지서 발송이 주주총회일 2주전이고 보면, 일반 소액주주가 6주전에 주주총회개최사실을 알기는 힘들다. 이에 대하여 주주제안을 6주전에 하라고 함은, 현실적으로는 주주가 제안을 하면 이를 6주 이후에 열리는 총회에서 다루어 달라는 의미를 갖는다고 해석하는 견해가 있다.[63] 그러나 적절한 시기를 놓친 주주제안이 권한분배측면에서나 현실적 실효 측면에서 바람직할 리 없다. 따라서 6주간의 기간을 계산할 때는 미국의 SEC 규칙과 같이 전년도 정기주주총회일을 기준으로 당해 정기주주총회의 6주로 계산하도록 하는 편이 훨씬 합리적이다. 2008년 5월 상법개정안 제363의2 제1항은 6주간의 기간계산에 있어 정기주주총회의 경우 직전연도의 정기주주총회일에 해당하는 당해 연도의 해당일을 기준으로 하도록 명시하고 있다.

둘째, 이사회가 소집하는 임시주주총회의 경우 주주가 6주전에 주주총회 개최 사실을 알고 주주제안을 하기는 정기주주총회 보다 더욱 힘들다.[64] 대부분은 소수주주가 임시주주총회를 소집청구하면서 주주제안도 함께 이용하는 실정이다. 생각건대, 이사회가 개최하는 임시주주총회의 경우 6주 이전에 미리 이사회에서 임시주주총회를 공시하도록 함이 어떨까 한다. 그렇지 않으면, 일본의 입법례와 같이 소규모폐쇄회사의 경우 6주간의 기간을 단축해 주던가, 정관으로 기간을 단축할 수 있도록 하는 것이 합리적이라 생각된다. 특히, 주주총회소집절차를 밟지 않은 전원출석총회의 경우에는[65] 주주총회 당일에 주

62) 江頭憲治郎, 앞의 책, 302頁.
63) 이철송, 앞의 책, 416쪽.
64) 미국 SEC 규칙 14a-8(e)는 임시총회의 주주제안은 (120일전이 아니라) 위임장권유가 행해지기 전 합리적인 시기에 제안이 도달하도록 하고 있다.
65) 전원출석주주총회는 유효라는 것이 학설과 판례의 일관된 입장이다(이범찬/임충희/김지환, 앞의 책, 259쪽).

주제안을 할 수 있도록 허용하는 것은 어쩌면 당연한 입법태도일 것이다.

4. 주주제안의 거절 절차의 정비

주주제안을 하는 경우 이사회가 주주제안사항이 법령 또는 정관에 위반한다거나 또는 증권거래법상 제안배제사유에 해당한다는 이유로 거절하는 경우가 허다하다. 특히, 적대적 M&A를 위한 주주제안이나 대주주를 견제하고 기업 투명성을 제고할 목적으로 소수파 주주의 추천인 이사의 선임 등의 안건은 이사회가 이런 저런 이유로 거절하는 것이 일반적이다.[66] 그러한 경우 부당하게 거절당한 주주가 취할 수 있는 조치는 법원에 부당거절을 결정한 이사회결의취소나 무효의 소를 제기하거나 의안상정 등의 가처분을 신청하는 것이다.[67] 그런데 법원의 판단이 늦어 주주총회 개최 통지 및 공고가 되어 버렸다든지, 의결권대리행사의 권유 기간에 장애가 된다든지 하는 문제가 발생할 수 있다. 이 문제를 해결하기 위해서는 주주제안이 이루어진 경우에 회사는 일정 기한 내에 주주제안을 수용할 것인지 여부를 제안주주에게 서면으로 통지하게 하여야 한다.[68] 참고 입법례로는 미국을 들 수 있다. 미국의 경우 경영자는 14일 이내에 제안주주에게 수용여부를 알려 주어야 하고(SEC 14a-8(f)), 주주제안을 거절하고자 하는 경우 제안주주에게 위반사항을 정정할 기회를 주어야 하며, 거절사유를 적시하여 SEC 위원회에 제출하여야 한다. SEC가 주주제안의 거절이 합리적이라 판단될 때는 불문책서면(No Action Letter)[69]을 발

66) 1999년 참여연대가 SK텔레콤(주) 임시주주총회에서 주주제안한 사항에 관해, SK텔레콤(주) 이사회가 주주제안수용여부를 공식 결정하지 않아 서울지방법원에 주주제안상정가처분 신청을 한 적이 있다. 그러나 회사측이 일정한 요건하에 주주제안을 반드시 수용하기로 한 방침을 통보해옴에 따라 가처분신청을 취하하였다.

67) 서울북부지법 2007. 2. 28.자 2007카합215결정; 부당하게 거부된 제안주주가 주주총회소집연기가처분, 거부된 의안상정가처분 등을 신청하는 경우 허용하기 어렵다는 견해는, 이철송, 앞의 책, 417쪽.

68) 권기범, 「현대회사법」, 삼지원, 2001, 554쪽.

69) SEC의 불문책서면(No Action Letter)은 민간업자 등이 실시를 예정하고 있는 구체적거래·구체적 행위가 SEC소관법령에 비추어 문제가 없는가라고 하는 당해 업자의 조회에 대하여 SEC부국이 하는 회답을 말한다. 그러나 불문책서면(No Action Letter)은 행정명령이나 법집행의 권한을 가진 행정청으로서의 SEC 자체 행위는 아니다. 때문에 불문책서면(No Action Letter)은 SEC의 공식견해는 아니다.

행하여 주고,[70] 회사는 불문책서면(No Action Letter)을 근거로 주주제안을 거절한다.

한편, 부당하게 거절통지를 받은 주주의 경우 법원에 의안상정가처분 신청을 하되, 이러한 의안상정가처분 결정이 내려지기 전까지 개최된 주주총회는 무효로 취급하며, 의안상정가처분 결정이 내려진 시점이 주주총회소집통지 기간인 2주간 내라면 주주총회 개최일자를 주주제안까지 포함하여 개최될 수 있도록 변경하도록 하는 것이 타당하다.[71] 왜냐하면 부당하게 거절되어 주주총회에서 논의되지 못할 경우 임시주주총회 개최절차를 밟아서 할 수밖에 없는데, 이것은 회사의 비용, 절차의 효율성 측면에서도 바람직하지 못하기 때문이다.[72]

5. 제안주주의 실질주주명부 열람과 위임장 권유

상법상 주주명부는 회사의 본점에 비치되어야 하고, 명의개서대리인을 둔 경우에는 주주명부 또는 명의개서대리인의 영업소에 그 복본을 비치하여야 한다.[73] 또한 회사는 주주와 회사채권자의 주주명부 열람청구에 응하여야 한다(396조 2항).

주권상장법인 또는 협회등록법인의 경우에는 회사가 정기주주총회전에 실질주주명부를 작성한다.[74] 실질주주명부란 한국예탁결제원으로부터 통지받은 실질주주명세를 기초로 하여 작성된 것으로서 회사가 주주명부폐쇄일을 정한 경우 폐쇄 기준일 현재 주주명부상의 한국예탁결제원 명의주식에 대한 실질소유자를 기록·관리하는 법정장부를 말한다. 실질주주명부는 회사의 명의개서대리인이 작성하는 것이 일반적이고, 작성된 실질주주명부는 비치하도록 하고 있다(자본시장법 316조).

일반적으로 주주가 주주제안을 한 사항은 다수파 주주나 회사의 경영진

70) Lewis D. Solomon/Alan R. Palmiter, op.cit, p.165.

71) 이 견해에 반대하면서 오히려 소수주주가 임시주주총회의 소집을 청구하여 이용하도록 한다는 견해는, 이철 송, 앞의 책, 417쪽.

72) 서울북부지법 2007. 2. 28.자 2007카합215 결정 참조.

73) 이범찬/임충희/김지환, 앞의 책, 141쪽.

74) 김건식, 「증권거래법」, 두성사, 2006, 386쪽.

에 의해 제안된 사항과는 상반되고, 다수파와 소수파의 대결양상의 모습이 된다. 주주제안을 한 소수주주는 자신이 제안한 사안이 주주총회의 표결에서 승리하기 위해서는 다수파 주주들이 확보한 의결권 보다 더 많은 의결권을 확보할 필요성이 있다. 그런 효율적 방안 중 소액주주나 기관투자자로부터 의결권 대리행사에 관한 위임장을 획득하는 것이고, 그 전제조건으로서 주주제안을 한 주주가 주주명부 또는 실질주주명부의 열람이 필요하다. 그런데 상법 제396조 제2항은 회사로 하여금 주주명부를 비치하게 하고 주주들이 열람, 등사를 청구할 수 있도록 규정하고 있다. 하지만 자본시장법상 실질주주명부가 작성된 경우(자본시장법 316조) 이와 같은 상법의 명문규정이 없기 때문에 논란이 있다. 하급심은 상법 제396조 제2항의 규정은 실질주주명부 열람, 등사에는 미치지 않는다는 판례(서울중앙지법 2004. 3. 13 2004카합742 결정; 서울중앙지법2006. 11. 2 2006카합3202 결정)와 실질주주명부에도 미친다는 판례(서울중앙지법 2007. 3. 15 2007카합654 결정; 서울남부지법 2007. 5. 22, 2007카합1364)로 나뉘어 있다. 학설은 실질주주명부에의 기재는 주주명부에의 기재와 동일한 효력을 가진다는 자본시장법 제316조 제2항을 근거로 주주의 실질주주명부 열람청구를 인정하면서도, 소유자의 주민등록번호 등 다수의 정보에까지 열람청구권이 미치는 것은 아니라는 견해가 유력하다.[75] 전자의 하급심 판결과 같이 주주의 실질주주명부의 열람청구를 부정하게 되면, 회사는 주주총회소집통지를 하면서 위임장 권유를 할 수 있음에 반해, 제안주주는 이런 권리행사가 사실상 불가능하게 되어 형평성의 원칙에 반하게 된다. 경영자 자신의 이익을 위해서 위임장 권유를 하면서도 그 비용은 회사가 부담하고 있는 실정에 비추어 보면, 제안주주가 자신의 비용으로 위임장권유조차 할 수 있는 길을 막아 놓고 있다고 해석하는 것은 대단히 불합리한 해석이라 본다. 이것은 미국의 입법례처럼 주주제안이 회사의 비용으로 위임장을 송부하는 경우 주주제안할 수 있도록 한

---

75) 이철송, 앞의 책, 366쪽; 에이디피엔지니어링(주) 2008년 정기주주총회에서 주주제안을 한 주주가 실질주주명부 열람 및 등사를 청구하자 회사는 주주명부의 열람은 허용하되, 주주개인정보 보호라는 이유로 주주의 주민번호와 시, 군, 구 단위 이하의 주소는 열람을 허용하지 않겠다고 하였다. 주민등록번호의 열람은 개인정보보호의 차원에서 불허하는 것이 타당하나, 위와 같이 주소의 열람은 반드시 개인정보보호의 차원에서 생각할 것은 아니고, 오히려 열람가능케 하되, 이를 누설한 경우에 형사적, 민사적 책임을 묻는 것이 타당하다고 생각한다.

것과 비교하면 더욱 그렇다.[76)]

주주에게 실질주주명부의 열람청구를 인정한다고 해석하는 경우에도 문제가 있다. 사례가 되는 것은 다음과 같다. 현대증권(주) 제47회 정기주주총회(2008년 5월 30일)를 앞두고 현대증권(주) 소액주주운동본부측(노조측) 주주가 주주제안을 하고[77)] 의결권대리행사의 권유를 하기 위해 실질주주명부의 열람을 청구하자, 회사가 개인정보보호법상의 개인정보보호를 이유로 실질주주명부의 열람을 거절하였다. 이에 노조측의 주주가 법원에 실질주주명부열람 가처분 신청을 하고 법원의 허가를 얻어 실질주주명부의 열람이 가능하게 되었다. 하지만 이 경우 가처분결정이 나기까지 시일이 걸린다. 종래 법원의 결정 이후에도 위임장 권유의 효력이 발생하기 위하여는 위임장 권유자는 참고서류와 위임장용지 사본을 금융감독위원회에 제출하고 2일이 지난 후 참고서류와 위임장용지를 피권유자에게 송부(및 비치)할 수 있었다(구 증거법 시행령 85조 3항). 만일 참고서류와 위임장 사본 등에 대해 금감원의 정정명령(유가증권의 발행 및 공시등에 관한 규정 139조)을 받게 된다면 시간의 여유가 별로 없다. 극단적으로 예를 들면 주주총회 개최일 하루 전에 법원에서 실질주주명부열람 결정이 나면 위임장 권유 자체를 행사할 수 없게 된다.

요컨대, 입법론적으로 주주에게 실질주주명부의 열람청구권이 있다는 것을 밝힐 필요가 있다. 뿐만 아니라 위임장 권유를 위한 시간적 여유에 대한 대책을 강구할 필요성이 있다.[78)] 특히 적대적 기업매수를 위한 주주제안권 행사의 경우 경영자가 자사의 피용자를 동원하여, 피용자 등으로 하여금 소액주주에게 위임장을 받아 오도록 하는 것은 대단히 불공평하고, 이에 대한 제재조치도 강구하여야 한다고 본다. 또한 주주제안시 미국이나 일본과 같이 위임장 권유나 서면투표를 함께 행사하도록 하고,[79)] 위임장 권유의 비용에 관한 입법적 해결책도 모색[80)]해 볼 필요성이 있다.[81)]

---

76) 현행 상법은 소집통지서에 주주제안을 기재하도록 하고 있으나, 이것은 정보공시측면에 불과하고, 따라서 위임장 권유에 기재하는 것과는 성질과 효과가 다르다.

77) http://www.shareholderpower.kr

78) 김건식, 앞의 책, 246쪽.

79) 동지: 권종호, 앞의 논문, 42쪽.

80) 제안 주주에게 회사의 비용으로 위임장권유나 서면투표제도를 이용할 수 있도록 제도화하여야 한다는 주장은 현실적으로 실효성이 적다는 비판이 있을 수 있다. 그러나 주주제안제도가

제 3 절 마무리

고도로 주식의 소유가 분산된 결과 주주권은 형해화되고 제도상 예정된 경영자 감시는 전혀 작동되지 못하는 경영자지배 현상이 나타났다. 1990년대 이래로 이런 문제를 시정하기 위하여 기업지배구조 개선의 노력이 세계적으로 끊이지 않고 있다. 기업지배구조 개선은 경영자 통제장치를 마련하여 주주권을 회복하는 것이 그 핵심 내용이다. 주주제안권은 경영자와 주주간의 공평한 의결권행사(fair corporate suffrage)를 도모하고 형해화한 주주권을 회복하여 주주와 경영자의 적절한 권한분배에 유용한 제도이다.

종래 분산되어 가던 주식소유구조도 기관투자자의 주식 소유 집중으로 옮아감에 따라 합리적 무관심(rational apathy)[82]의 전제조건도 깨뜨려졌다. 또한 인터넷의 발달과 보급은 주주의 정보수집, 주주간 의사소통(communication)의 원활화를 초래하여 소액주주의 주주행동주의를 뒷받침하였다.

그럼에도 불구하고 주주제안권 행사에는 다음의 사항을 개선할 필요가 있다. 첫째, 소규모 주식회사의 경우 주주제안권의 행사 자격요건을 완화할 필요성이 있고, 둘째, 상법상 의무적 제안뿐만 아니라 권고적 제안까지 할 수 있도록 입법적 개선이 요망되며, 셋째 임시주주총회의 경우 주주제안 제출기간에 대한 합리적 개선이 필요하다. 넷째 주주제안을 회사가 부당하게 또는 기술적으로 거절하는 것을 막기 위해 거절절차에 대한 정비가 필요하며, 다섯째 제안주주에게 실질주주명부열람권이 있음을 명문화하고, 주주제안의 실효성 확보 차원에서 제안 주주에게 회사의 비용으로 위임장권유나 서면투표제도 또는 전자투표제도를 이용할 수 있도록 제도화하여야 할 것이다.

남용될 우려가 있는 경우 주주대표소송과 같이 제안주주에게 담보제공을 하게 함으로써 방지할 수 있다고 본다.

81) 권종호, "經營者監視メカニズムとしての委任狀勸誘制度", 동경대 박사학위논문, 1997, 358~368쪽.

82) 주주행동의 결과에 따라 그 결과가 달라질 가능성도 적고, 자신이 이익을 향수할 수 있는 비율도 적으므로, 위임장을 읽지 않고 경영자에게 찬성하는 쪽이 합리적 선택이라고 하는 것을 말한다(長阪 守, "アメリカにおける株主提案權制度の理論と現實", 「阪大法學 第53卷 第2號」, 2003. 8, 490頁).

제 2 장

결의와 의결권 행사

Ⅰ. 결의요건
- 상법상 주주총회 결의요건완화를 위한 제언 _ 최준선

Ⅱ. 결의의 방법
- 집중투표제도 의무화 _ 박수영

Ⅲ. 대리행사
- 상법상 의결권대리행사의 문제점에 관한 소고 _ 안성포
- 의결권 포괄위임의 효력 _ 김연미

Ⅳ. 서면에 의한 행사
- 상법상 서면투표제도의 운영 _ 권재열

상법상 주주총회 결의요건완화를 위한 제언

출전: 기업법연구 제27권 제4호

최 준 선*

제1절 서 언

현행 상법상 주주총회의 의사정족수(성립요건)가 폐지되고 의결정족수(결의요건)가 크게 완화된 것은 총회 결의의 대표성 저하 및 지배권의 집중으로 입법의 보편성을 해치고 단체의사결정의 기본원리를 해한다는 비판이 있다.[1) 정족수, 의결권수의 계산에 관한 상법 제371조도 문제가 있다.[2) 본래 2015년 주주총회부터 폐지될 예정이던 이른바 섀도보팅(그림자투표)제도가 2018년부터는 폐지될 예정이다. 또한 전자주주총회의 의무화도 지속적으로 논의되고 있다. 이와 같이 주주총회 결의요건과 관련 문제가 사회적 이슈가 되고 있어서 주주총회의 결의요건에 관한 상법규정의 방향을 재검토할 필요가 생겼다. 한국상장회사협의회가 매년 발행하고 있는 우리나라 상장회사의 주주총회 백서를 보면,[3) 주주총회에는 대주주 중심으로 참여하고 소액주주는 거의 참여하

* 성균관대학교 법학전문대학원 교수.

1) 이철송, 「회사법강의」, 2013, 542면.

2) 최준선, "개정이 시급한 상법(회사법) 규정에 대한 연구", 「기업법연구」, 제26권 제1호, 2012. 3. 33면; 최준선, 「2011 개정상법 회사편 해설」, 한국상장회사협의회, 2011. 12, 115~117면 참조.

3) 한국상장회사협의회, 「2013 상장회사 주주총회백서」, 2013. 8.

지 않으며, 대주주가 없는 회사, 즉 주식소유가 널리 분산되어 기업지배구조가 건전한 것으로 칭송받는 회사일수록 섀도보팅제도의 활용 없이는 주주총회의 성립조차 어렵다는 것을 나타내고 있다. 또 기업의 주주총회 준비 실무자들은 주주총회 운영과정에서의 애로사항은 각종 법률상의 의무 및 일정 준수, 의결정족수 확보, 총회꾼의 금품요구 등이라고 한다.

본고에서는 비교법적 차원에서 미국 델라웨어 주 회사법과 영국 회사법상의 주주총회에 관한 규정을 살펴보고, 우리 상법상 주주총회 결의요건에 관한 규정의 개정방향을 제시하고자 한다.

주지하는 바와 같이 미국에서는 각 주 회사법이 존재하지만 미국 주요 대기업이 설립준거법으로서 선택하고 있는 델라웨어주 일반회사법상(the General Corporation Law of the State of Delaware: DGCL)의 주주총회에 관한 규정을 대상으로 한다. 다만, 델라웨어주법에는 인터넷을 이용한 전자주주총회에 관하여 상세하게 규정하고 있으나 그 내용이 방대하여 본고에서는 이에 관한 논의는 생략하기로 한다.

영국의 경우 2006년 회사법(The Companies Act, 2006) 및 상장규칙(The Financial Services Authority Listing Rules)을 중심으로 논의한다. 1985년 영국회사법에는 Table A라는 것이 붙어 있었는데, 이는 주무장관이 정한 모범정관이라고도 할 만한 것으로, 회사는 Table A의 규정의 전부 또는 일부를 부속정관(articles of association)으로서 채택할 수 있고, 또 회사가 부속 정관을 등기하고 있지 않은 경우, 혹은 등기하고 있어도 Table A의 규정을 배제 혹은 변경하고 있지 않는 한, Table A의 규정은 회사의 부속 정관으로서의 효력을 가지는 것으로 되어 있었다(1985년 영국회사법 §8(1), (2)). 2006년 회사법에서는 Table A는 폐지되었지만 1985년 회사법에 따라 설립된 회사에게는 여전히 Table A가 적용된다. 영국 회사법의 경우에도 영국의 주주총회에 관한 회사법상의 제도 전체를 개관하지는 않겠다. 따라서 총회의 소집이나 결의의 하자 같은 것은 다루지 않는다. 검토의 대상은 주로 공개회사(public company)로 한정하기로 하고,[4] 전자

4) 영국 회사법상 公開會社란, 주식회사 또는 주식 자본을 갖는 보증유한책임회사(company limited by guarantee and having a share capital)를 말하는 것으로, 기본정관에 공개회사임을 규정하고 있고, 또 회사를 공개회사로서 등기 또는 재등기 규정을 준수하고 있는 회사를 말하며, 私會社(private company)란, 공개회사가 아닌 회사를 말한다(2006년 회사법 §4 (1), (2)).

주주총회에 관한 부분은 논의에서 제외하기로 한다.

제 2 절 미국 델라웨어 주 회사법상 주주총회의 운영

1. 주주총회의 운영

세계 어느 나라나 공통적인 것이지만 주주는 이사를 선임 및 해임하고, 기본정관과 부속정관의 변경 등 회사의 기본사항에 관하여 찬성 또는 반대함으로써 그 권한을 행사한다. 보통 미국의 주회사법상 주주총회에 부여된 권한은 매우 한정되어 있다. 반면에 이사회의 권한은 매우 광범위하다. 델라웨어 주 일반회사법 § 141(a)는 "기본정관에 별도로 정하지 않는 한 회사의 영업 및 업무(business and affairs)는 이사회 또는 그 지시에 의해 이루어진다"는 뜻을 규정하고 있다.[5] 따라서 이사회의 권한사항이더라도 기본정관에 의거하여 주주총회의 권한으로 위임할 수 있다. 여기서 업무(affairs)라는 용어는 기업매수에 대한 방어행위처럼 통상의 영업의 범위를 벗어나는 사항을 의미하는 것으로 풀이할 수 있다.[6]

우리 회사법도 델라웨어주 일반회사법에 따라 과거 주주총회의 권한사항으로 되어 있던 것을 이사회의 권한사항으로 개정한 것이 더러 있다. 예컨대 재무제표를 이사회에서 승인하는 경우 이사회의 결의에 의한 이익배당,[7] 자기주식의 취득, 처분, 소각[8] 등이 그것이다.

---

5) §141 (a) The business and affairs of every corporation organized under this chapter shall be managed by or under the direction of a board of directors, except as may be otherwise provided in this chapter or in its certificate of incorporation.

6) 黑沼悅郎, "アメリカにおける株主總會に關する規整－デラウエア州法を中心として", 日本商事法務 제1584호, 2001. 1. 15. 11면 각주 2).

7) 상법 제462조, DGCL §141(a), §170(a).

8) 상법 제341조, 제341조의2, 제342조, 제343조, DGCL §160(a), §243(a).

2. 정기총회와 임시총회

회사는 대표이사의 선임을 위해 정기총회(annual meeting, 연차총회)를 개최하여야 한다. 정기총회의 개최장소와 일시는 부속정관에 정하든지 아니면 부속정관에 정한 방법에 따른다.[9] 대체로 부속정관은 이사회의 결의에 따라 정기총회 개최장소 및 때를 정할 수 있도록 하고 있다. 다만, 이전의 정기총회로부터 13개월 이내에 총회일이 정해지지 않을 경우 주주 또는 대표이사는 법원에 주주총회의 개최를 청구 할 수 있다.[10] 1997년 개정한 §211에 따라 이사를 선임하기에 충분한 주식 수를 보유한 주주의 서면동의로 정기총회를 대체할 수 있다. 공개회사의 경우에는 거래소 규칙으로 정기총회를 생략할 수 없도록 정하고 있다.[11]

정기총회 이외의 총회를 임시총회(special meeting, 특별총회)라고 한다. 임시총회는 이사회 또는 기본정관이나 부속정관에서 정한 자의 청구에 의해 개최한다.[12] 정관에서 일정비율의 주주의 청구가 있으면 주주총회를 개최한다고 정할 수도 있다.[13]

3. 주주총회의 생략

주주총회의 보통결의이든 특별결의이든 상관없이 주주총회에서 어떤 사항을 결의함에 충분한 수의 주식을 가진 주주의 서면동의(consent or consents in writing)에 의한 행위가 있으면 주주총회의 개최 없이 총회결의와 같은 효과를 인정하는 제도를 인정한다. 기본정관이 정한 최소 의결권 수 이상에 해당하는 발행주식 수의 소유자는 동의서에 서명하여 회사의 등록 사무소 등에 등기우편 등에 의하여 송달함으로써 총회의 개최 없이, 사전 통지 없이, 의결 없이 결의에 갈음하는 결의를 성립시킬 수 있다.[14] 서면동의에 의하여 주주총회결

9) DGCL §211(a), (b).
10) DGCL §211(c).
11) NYSE listed company manual 302.00.
12) DGCL §211(d).
13) 예를 들면 뉴욕 주 회사인 General Electronic Company의 부속정관에서는 40% 이상을 보유한 주주에게 임시총회의 소집청구권을 부여하고 있다.

의를 갈음할 경우 전원일치가 아닌 서면동의인 경우에는 주주에 대하여 사후 통지를 하여야 한다.[15] 서면동의에 의한 의결은 결의에 충분한 수의 서면이 델라웨어주 내의 등록사무소 또는 본점에 배달된 때에 효력이 생긴다. 다만, 최초의 동의서면이 도달한 날로부터 60일 이내이어야 한다.[16]

주주총회의 생략에 관한 위의 규정은 폐쇄회사를 염두에 둔 규정이다. 이 제도에 따라 일반적으로 과반수의 주식을 소유한 주주는 언제라도 서면동의의 방법으로 이사 전원을 교체시킬 수도 있게 된다. 다만, "기본정관에 다른 정함이 있는 경우를 제외한다"고 규정하고 있으므로 기본정관에서 서면동의에 의한 총회결의를 배제할 수 있다.[17] 우리 상법에서는 자본금 총액이 10억 원 미만인 회사에서 주주 전원의 동의가 있는 경우에만 서면결의로써 주주총회를 갈음할 수 있도록 하고 있다(상법 제363조 제5항).

4. 의사정족수·결의 요건

(1) 의사정족수

주주총회의 의사정족수에 관하여 보면, 미국은 펜실바니아주 등 27개주가 RMBCA처럼 최소의사정족수를 규정하지 않고 있고, 델라웨어주, 뉴욕주 등 23개주는 1인회사가 아닌 한, 정관에 규정을 두면 의결권 총수의 1/3의 이상으로 정하고, 이와 같은 정함이 없는 경우에는 과반수로 정하도록 하고 있다.[18] 따라서 많은 주에서는 최소정족수를 1/3 이상으로 하고 있다. 델라웨어주법에서도 회사는 기본정관 또는 부속정관에 의해 의결권이 있는 주식의 3분의 1을 하한으로서 의사정족수를 정할 수 있다고 되어 있다. 정관에 규정을 두지 않은 경우 의사정족수는 직접 또는 위임장을[19] 가지고 총회에 참석한 의

14) DGCL §228(a): Consent of stockholders or members in lieu of meeting.

15) DGCL §228(e).

16) DGCL §228(c).

17) DGCL §228(a). 黒沼悦郎, 전게논문, 11면, 각주 4).

18) 임재연, 「미국회사법」, 123면.

19) 델라웨어주 일반회사법 §212는 위임장에 특정의 형식을 요구하지 않고 주주가 유효한 위임장을 부여 할 수 있는 수단을 열거하고 있다(DGCL §212(c)). 1998년의 개정에서는 정보기술의 진전에 대응하여 위임장부여의 수단이 확대되었다. 즉, 주주의 의결권행사 위임은 전보, 전신, 그 밖의 전자적 송신(electronic transmission)수단으로 할 수 있다(DGCL §212(c)). 다만, 전보,

결권을 가진 주식의 과반수로 한다.[20] 따라서 대부분의 소규모 회사는 정관에 의사정족수를 의결권이 있는 주식의 과반수로 정하고 있다고 보면 된다.

(2) 보통결의

이사 선임 외의 보통결의는 기본정관 또는 부속정관에서 별도로 정하지 않는 한 직접 또는 위임장을 가지고 총회에 참석한 의결권을 가진 주식의 과반수로써 한다.[21] 이사선임에 관하여는 직접 또는 위임장을 가지고 총회에 참석한 이사의 선임에 관한 의결권을 가진 주식의 최다득표에 의하여 이사가 선임된다.[22] 델라웨어주 회사법상 이사의 임기는 보통 1년이며, 매년 정기총회(연차총회)에서 선임한다. 기본정관에 규정이 있으면 이사를 3개의 클래스로 나누어 매년 1클래스, 임기 3년의 이사를 선임하는 방식을 취할 수 있다.[23] 주식의 종류 또는 組(any class or series of stock, 종류주식 또는 조별주식)에 따라 이사의 선임에 있어서 의결권이 많거나 적을 수도 있고, 선임한 이사의 임기가 보통보다 길거나 짧을 수도 있다.[24] 이사의 해임은 주주총회의 특별결의에 의한다(후술).

회사와 이사 간의 거래에 관하여 델라웨어주 일반회사법 §144는 원칙적으로 이를 금지하면서도, ① 그 거래의 주요 내용이 이사회나 위원회에 공개되고, ② 이해관계가 없는 이사의 과반수에 의한 승인을 받거나 주주총회의 승인이 있고, ③ 거래가 회사에 대하여 공정한 경우에는 무효로 되지 아니한다고 규정한다. 보통은 이사회의 결의로 자기거래를 승인하며 주주총회에서 승인하는 사례는 거의 없다고 한다.[25] 만약 주주총회의 결의로 하도록 되어 있다면 출석의결권의 과반수로써 하는 보통결의에 의한다.

기타 판례법상 주주총회는 이사나 집행임원에게 이들이 일정한 행동을

전신 또는 그 밖의 전자전송방법은 주주가 그 권한을 부여하였음을 나타내는 정보를 포함하든지 아니면 그러한 정보와 함께 제출하여야만 한다. 또 사본, 팩스, 기타 신뢰할 수 있는 위임장의 복제물도 위임장으로 인정된다(DGCL §212(d)).

20) DGCL §216.
21) DGCL §216(2).
22) DGCL §216(3).
23) DGCL §141(d).
24) DGCL §141(d).
25) 黒沼悦郎, 전게논문, 11면.

취하도록 권고제안을 결의할 수 있도록 하고 있다. 주주는 임원의 업무집행에 간섭할 수 없지만 예컨대 대표이사에게 특정 집행임원을 해고하도록 권고할 결의를 할 수 있고, 이사가 받을 보수에 대한 권고(say on pay)를 할 수도 있다. 다만, 이와 같은 권고제안결의에는 법적 구속력은 없다. 권고제안결의도 출석 주주의 과반수 결의인 보통결의에 의한다.

(3) 특별결의

특별결의를 할 경우에는 출석의 유무에 관계없이 의결권을 가진 주식의 과반수에 의한 찬성을 요한다.[26] 다만, 정관에서 이 결의 요건을 강화할 수는 있다.[27] 특별결의를 요하는 사항은 다음과 같은 것이 있다.

가. 이사의 해임

이사는 이사선임에 대한 의결권이 있는 주주의 과반수에 의하여 언제든지 이유를 불문하고 해임될 수 있다.[28] 다만, 기본정관에 다른 정함이 없는 경우에는 주주는 DGCL §141(d)에 정한 바에 따라 이사회를 class로 나누어 이사를 구성한 경우에는 이사에게 해임사유가 있을 때만 해임할 수 있고,[29] 누적투표를[30] 통하여 선임된 경우,[31] 그리고 종류주식 또는 조별주식의 주주가 기본정관에 의하여 1인 이상의 이사가 선임된 경우에는 해임에 제한이 있다.[32]

나. 기본정관 및 부속정관의 변경

기본정관(certificate of incorporation)에는 회사의 명칭, 목적, 발행하는 주식의 종류 및 총 수 등의 기본사항을 기재하고, 그 밖에 주법으로 정해진 사항을 기재할 수 있다.[33] 많은 주에서는 1980년대의 주법 개정에 의해 이사의 책임

---

26) DGCL §242(b)(1)·(2)·(3), §251(c), §253(c), §255(c), §271(a), §275(a)·(b).

27) DGCL §102(b)(4). 우리의 경우 보통결의는 출석한 주주의 의결권의 1/2, 발행주식총수의 1/4 이상(상법 제368조 제1항), 특별결의는 출석한 주주의 의결권의 2/3, 발행주식총수의 1/3 이상으로 규정한 것(상법 제434조)과는 차이가 있다.

28) DGCL §141(k). 많은 주에서 이유를 불문하고 이사를 해임할 수 있도록 하고 있는데, 예컨대 캘리포니아주 일반회사법 제303조, 뉴욕주 사업회사법 제706조는 무조건 해임의 인정 여부를 기본정관으로 정하도록 위임하고 있다. 黑沼悅郎, 전게논문, 11면 각주 3).

29) DGCL §141(k)(1).

30) 우리 상법의 집중투표를 말한다.

31) DGCL §141(k)(2).

32) DGCL §141(k).

33) 黑沼悅郎, 전게논문, 10면.

제한규정을 기본정관에 둘 수 있도록 하였다.[34] 그러나 집행임원의 책임을 제한할 수는 없도록 하여, 집행임원의 책임은 매우 엄격하다.[35] 델라웨어주법도 이사의 충실의무위반의 경우, 고의에 의한 불법 또는 위법행위, 불법배당·불법주식매수 등과[36] 자기거래 등의 경우에는 책임을 제한할 수 없다. 기본정관의 변경은 이사회가 제안하고, 의결권을 가진 주식의 과반수 및 종류주식수의 과반수에 의한 승인을 받아야 한다.[37] 이와 같은 결의요건은 정관으로 가중할 수 있지만 경감할 수는 없다.[38] 기본정관의 변경이 어떤 종류의 주식에 불이익이 미칠 때는 당해 종류의 주식 과반수에 의한 승인도 필요하게 된다.[39] 다만, 정관이 회사법에서 정한 것보다 종류주식의 결의요건을 가중한 경우, 그와 같이 가중된 요건에 의한 의결 없이는 그 정관의 규정을 변경, 개정 또는 폐지될 수 없다.[40]

부속정관(bylaws)은 주주총회에 관한 사항, 누적투표제도의 채택 여부, 임원의 직제, 이사회에 관한 사항 등 회사내부의 사항을 정하는 것이며, 회사성립 후에 이사회가 제정한다.[41] 기본정관과 부속정관의 내용에 모순이 있을 경우에는 기본정관이 우선한다. 부속정관은 이사회가 이를 변경할 수 있지만, 주주가 제안하여 주주총회 결의에 의해 변경할 수도 있고 양자가 충돌할 때는 주주총회에 의한 변경이 우선한다.[42]

다. 기타 중요한 사항에 관한 결의

회사의 합병, 회사자산의 양도, 해산, 회사자산의 전부 또는 실질적 전부의 양도 등 회사의 기본사항에 변경이 있을 경우 주주총회의 특별결의에 의한

34) 예컨대 DGCL §102(b)(7).

35) 우리 상법의 경우에는 상법 제400조(이사의 회사에 대한 책임 감면)를 준용할 수 있도록 하여(상법 제408조의9), 집행임원도 최근 1년간의 보수 총액의 6배를 초과하는 금액에 대하여는 책임을 면제할 수 있도록 하고 있다. 다만 상법 제450조(이사, 감사의 책임해제)는 준용되지 아니하므로 재무제표의 승인 후 2년이 지나더라도 책임의 소극적 면제는 되지 않는다.

36) DGCL §174.

37) DGCL §242(b)(1).

38) DGCL §102(b)(4).

39) DGCL §242(b)(2).

40) DGCL §242(b)(4).

41) 黑沼悅郎, 전게논문, 10면.

42) DGCL §109.

승인을 받아야 한다.[43] 주주총회의 승인은 의결권이 있는 주식의 과반수의 결의로 한다. 우리나라와 마찬가지로 간이합병의 경우에는 존속회사의 주주총회의 승인을 요구하지 않는 주법이 많다. 또 이러한 승인 결의는 전술한 바와 같이 주주의 서면동의에 의한 행위로써 대체할 수 있다.

그 밖에 델라웨어주법에서는 이해관계자와의 일정한 사업결합을 금지하고, 이해관계가 없는 주주가 가진 주식의 66과 2/3에 의한 찬성이 있을 때는 금지가 해제할 수 있음을 정해놓고 있다.[44] 또한 델라웨어주 회사법은 1995년에 §251(g)가 제정되어 일정한 경우 주주총회의 결의 없이도 완전자회사를 합병하거나 지주회사체제로 구조조정할 수 있도록 하였다.[45] 다만, 주주총회의 결의 없이도 완전자회사를 합병할 경우는 주주의 권리가 감축되는 현상이 생기지 않는 때에 한하여 이를 할 수 있다.[46] 우리는 합병 등 구조조정의 경우 주주총회의 특별결의를 요하는데 비하여 델라웨어 주 회사법에서도 주주총회의 특별결의라는 점에서는 차이가 없으나, 특별결의의 요건은 의결권을 가진 주식의 과반수결의를 요하는 점에서 차이가 있다.

합병에 반대하는 주주에게는 주식매수청구권(appraisal rights)이 부여된다.[47] 합병 외의 회사의 조직변경의 승인과 관련하여 반대주주의 매수청구권이 인정되는지는 주법에 따라 다르다.[48] 개정모범사업회사법은[49] 회사자산의 양도에 관하여 매수청구권을 인정함에 반하여, 델라웨어주 회사법 §271은 이를 인정하지 않는다.[50]

---

43) DGCL §251(주내 회사의 합병), §271(자산의 매매, 임대, 교환), §275(회사의 해산) 등.
44) DGCL §203(3).
45) DGCL §251(g)(1).
46) 黑沼悅郎, 전게논문, 10면.
47) DGCL §262.
48) 黑沼悅郎, 전게논문, 10면.
49) RMBCA §13.02(a)(Right to Appraisal).
50) DGCL §271(Sale, Lease or Exchange of Assets; Consideration; Procedure).

제3절 영국 회사법상 주주총회의 운영

1. 주주총회의 운영

주주총회에서 의결권의 행사는 표결(poll)이 요구되지 않는 한 거수(show of hand)에 의하여 한다.[51] 주주총회의 결의안은 정관이 정하는 바에 따라 표결에 부칠 수 있다. 의결권의 수는 정관에 다른 정함이 없으면 다음과 같이 부여된다.[52] 거수의 경우 참석한 주주 또는 의결권 대리인은 정관에 다른 정함이 없으면 1인당 하나의 의결권을 가진다.[53] 결의가 표결(poll)에 의한 경우, 주주는 1주(share)당 하나의 의결권을 가진다.[54] 대규모의 회사인 경우는 대리인 등이 참여하는 경우도 있고 전자투표를 하는 경우도 있어서 거수가 적당하지 않으므로 표결을 하는 경우가 많다. 한편, 표결에 의한 의결권을 행사하는 경우에는 2주 이상의 주식을 가진 주주는 의결권을 통일하여 행사할 필요가 없다고 규정하여[55] 의결권 불통일행사를 인정한다. 의결권이 제한되는 경우도 있으며, 3배의 의결권이 인정되는 경우도 있다.[56]

Stock이 발행된 경우는[57] £10당 하나의 의결권을 가진다.[58][59] 주주는 대

---

51) Brenda Hannigan, Company Law, 2nd ed, Oxford University Press, 2009, No. 15-8; Ben Pettet, op.cit, 147.

52) CA 2006, s. 284(4).

53) CA 2006, s. 284(2). Brenda Hannigan, op.cit, No. 15-8. 1985년 회사법에서는 정관에 다른 정함이 없으면 의결권 대리인에게는 거수에 의한 경우 의결권을 인정하지 않았으나 2006년법에서 변경되었다.

54) Brenda Hannigan, op.cit, No. 15-8; Ben Pettet, op.cit, 147.

55) CA 2006, s. 322.

56) Brenda Hannigan, op.cit, No. 15-8. Bushell v. Faith [1969] 1 All ER 1002.

57) 2006년 개정회사법 이전에는 납입주식(paid-up share)을 stock으로 변경할 수 있었다. Stock은 납입주식의 액면가와 동일한 가치를 가진다. Share의 경우는 주식수로 표현되는데 비하여 stock의 경우는 금액으로 표현된다. 따라서 예를 들면 stock의 경우는 액면금액 £10당 1개의 의결권이 부여된다. 과거에는 share에는 고유번호를 부여하여, 주식양도에 대한 업무처리에 과도한 부담을 주었다. 1985년 회사법은 share에 고유번호를 부여하는 것을 면제하였고, 이로 인해 share를 stock으로 변경할 필요성이 없어졌으므로 2006년 개정법은 share를 stock으로 변경하는 것을 금지하고 있다(CA 2006, s. 540(2)). 따라서 share는 stock을 포함한다(CA 2006, s. 540(4)).

58) CA 2006, s. 284(3). 자본이 없는 회사의 경우는 사원 1인당 하나의 의결권을 가진다. 심영, "영국회사법", 최준선 외 5인 공저, 「선진 회사법제 구축을 위한 비교법적 연구」, 2007 법무부 연

리인에 의하여 의결권을 행사할 수 있다.[60] 대리인은 부속정관의 정함에 따라 총회의 의장이[61] 될 수 있고,[62] 표결(poll)을 요구할 수 있는[63] 등 본인과 다름없는 권한을 행사할 수 있다.

회사법은 표결과 관련한 정관의 규정이 무효인 경우를 정하고 있다. 첫째, 표결에 부칠 것을 요구할 권리를 배제하는 정관규정은 무효이다.[64] 다만, 총회의 의장을 선출하는 경우와 총회를 연기(adjournment)하기 위한 투표의 경우는 그러하지 아니하다.[65] 둘째, 의결권을 가진 5인 이상의 주주의 표결 요구, 자기주식을 제외한 의결권 있는 주식의 10%를 대표하는(represent) 주주의 표결 요구, 또는 자기주식을 제외한 의결권을 부여한 납입자본의 10%를 보유하는 주주의 표결 요구에 효력을 인정하지 않는 정관의 규정은 무효이다.[66] 의결권의 5% 이상을 소유한 주주, 100명 이상의 주주로서 주주의 stock 평균이 £100 이상인 주주는 이사에게 표결에 대한 독립적 보고를 요구할 수 있다.[67] 표결의 결과는 거수에 의한 투표 결과에 우선한다.[68]

2. 정기총회와 임시총회

영국에서도 주주총회는 정기주주총회(annual general meeting)와 임시주주총회(extraordinary general meeting)로 구분할 수 있다.[69] 2006년 개정 회사법은 주주

구과제, 2007, 129면.

59) 우리 상법 제369조 제1항은 주주의 의결권은 한 주에 한 개를 원칙(株數主義, 1주1의결권의 원칙)으로 한다고 규정하고 있다. 최준선, 전게, 「회사법」, 362면.

60) CA 2006, s. 324.

61) 회사는 정관으로 의장을 정할 수 있다(CA 2006, s. 319(2)). 정관은 또한 의장이 될 수 없는 자를 정할 수 있다(CA 2006, s. 319(2)). 정관에 의장을 정하지 않은 경우나 의장이 될 수 없는 자만을 정한 경우에는 총회에서 결의로 의장을 선출할 수 있다(CA 2006, s. 319(1)). 심영, 전게서, 127면.

62) CA 2006, s. 328.

63) CA 2006, s. 329.

64) Brenda Hannigan, op.cit, No. 15-14.

65) CA 2006, s. 321(1).

66) CA 2006, s. 321(2). Brenda Hannigan, op.cit, No. 15-14.

67) CA 2006, s. 342(2). Brenda Hannigan, op.cit, No. 15-15.

68) Ben Pettet, op.cit, 147.

69) 심영, 전게서, 122면. 영국 회사법상 주주총회에 관한 규정에 관한 일본 자료로는 北村雅史, 「イギリス會社法における株主總會に關する規整」(日本商事法務 제1584호, 2001. 1. 25)가 있으

가 적정한 시기에 정보를 얻도록 하기 위해 공개회사의 정기주주총회(annual general meeting) 개최시기를 결산종료일 후 6개월 이내로 하고 있다.[70]

모든 주주는 주주총회(general meeting)에 참석할 권리를 가지고 있고, 특정 종류의 주식을 가진 주주는 그 종류주주총회(class meeting)에 참석할 권리를 가진다. 공개회사의 정기주주총회에서는 회사의 직전 영업연도 회계서류[71] 및 이사보고서의[72] 심의,[73] 이사의 선임과[74] 회계감사인의 선임,[75] 이익배당안 승인, 보수 결정[76] 등의 권한을 가진다.

3. 의사정족수·결의 요건

(1) 의사정족수

영국회사법은 주주총회의 의사정족수(quorum)에 관한 규정을 두고 있다. 1인회사(single member private company)에 관해서는 자격을 자진 자(qualifying person) 1인의 출석으로 의사정족수를 충족한다.[77] 자격을 가진 자란 주주 자신, 법인주주의 경우 주주총회에 대한 법인의 대표로 승인을 받은 자 또는 의

나, 이 자료는 1985년법을 기준으로 작성된 것으로서 2006년에 개정된 것을 반영하지 못하고 있으므로 인용에 주의를 요한다.

70) CA 2006, s. 336(1). Brenda Hannigan, op.cit, No. 15－3.
1985년 회사법에서는 정기주주총회를 연 1회 개최하고 두 정기주주총회간의 기간이 15개월을 넘지 못하도록만 규정하였었다(CA 1985, s. 366).

71) 연말 결산서류(annual accounts)에 해당하는데 우리나라의 대차대조표·손익계산서 및 그 부속명세서에 해당한다.

72) 이사 보고서(directors' report)는 연말결산서류의 첨부문서로서 우리의 영업보고서에 해당한다.

73) CA 2006, s. 437.

74) CA 2006, s. 160.

75) CA 2006, ss. 485(4), 489(4).

76) 영국에서는 이사의 보수를 어느 기관이 결정하는가에 관해서는 회사법에 규정이 없고, 회사의 지배구조(corporate governance)에 관한 각 위원회의 권고에 따라 정관에 규정을 두고 주주총회의 보통결의에 의하여 결정하는 것이 보통이다. 대규모 공개회사에는 업무 담당자의 보수 결정은 업무를 담당하지 않는 이사(non－executive director)를 멤버(member)로 하는 보수위원회(remuneration committee)에서 결정한다. 이사의 보수 합계액 및 최고액이 지급된 이사의 보수의 상세 내용은 연말 결산서류의 부속명세서에 공개하고, 상장회사에서는 각 사람마다 보수의 내용을 명시해서 상세히 공개한다(상장규칙 12·43 A(c)). 스톡 옵션(stock option)에 관해서는 일반적으로는 이사회가 결정할 수 있다고 해석하나, 상장회사의 경우는 상장규칙에 따라 주주총회의 보통결의를 거쳐야 한다(상장규칙 13·13조, 13·13A조).

77) CA 2006, s. 318(1). Brenda Hannigan, op.cit, No. 15－69.

결권 대리인(proxy)을 말한다.[78] 1인회사 이외의 경우에는 부속정관에 다른 정함이 없으면 자격을 가진 2인의 현실적 출석으로 의사정족수를 충족한다.[79] 출석자가 2명 모두 주주 본인인 경우 외에, 주주의 대리인이나 법인주주의 대표자를 포함하여 2명의 자연인이 출석하고 있는 경우도 의사정족수를 충족시킨다.[80] 다만, 2인이 모두 동일 법인의 대표인 경우나 동일 주주의 의결권 대리인인 경우는 의결정족수를 충족하지 못한다.[81] 이상의 의사정족수에 관한 요건은 보통결의, 특수결의, 특별결의의 어느 경우에도 원칙적으로 적용된다. 따라서 영국의 경우는 의사정족수는 큰 의미가 없다. 정족수는 회의가 끝날 때까지 유지되어야 하며, 이를 유지하지 못하면 총회를 중단하고 연기하여야 한다.

한편 영국에서도 비공식적 전원출석총회가 인정된다. 이 원칙은 1969년 Re Duomatic Ltd. 사건에서 유래한 것으로 'the duomatic principle'이라고 한다.[82] Duomatic principle은 정관규정,[83] 주주간의 합의,[84] 주주보호에 관한 규정을 제외한 임의법규에[85] 우선할 수 있다.[86]

(2) 보통결의

결의는 보통결의(ordinary resolution)와 특별결의(special resolution)가 있다. 보통결의 또는 특별결의에 대한 정의규정은 없다.[87] 회사법 또는 정관에 더 강화된 다수결 또는 만장일치를 정함이 없는 경우에는 보통결의로 한다.[88] 보통결의는 출석한 주주의 의결권의 단순다수결(simple majority), 즉 과반수로써 한다.[89] 단순 다수결 결의는 거수로 하든 표결을 하든 마찬가지이다.[90]

---

78) CA 2006, s. 318(3).
79) CA 2006, s. 318(2); Ben Pettet, op.cit, 147.
80) CA 2006, s. 318(3).
81) CA 2006, s. 318(2).
82) Informal unanimous agreement. Re Duomatic Ltd [1969] 1 All ER 161 at 168. Brenda Hannigan, op.cit, No. 15−73.
83) Re Duomatic Ltd [1969] 1 All ER 161.
84) Re Euro Brokers Holdings Ltd v. Monecor (London) Ltd [2003] 1 BCLC 506, CA.
85) Re Wright v. Atlas Wright (Europe) Ltd. [1999] 2 BCLC 301, CA.
86) Brenda Hannigan, op.cit, Nos. 15−73; 15−78.
87) Ben Pettet, op.cit, p.143.
88) CA 2006, s. 281(3). Brenda Hannigan, op.cit, No. 15−17.

(3) 특별결의

특별결의는 출석한 주주의 의결권의 75% 이상(의결권의 3/4 이상)의 수로써 한다.[91] 주주총회의 결의가 특별결의가 되기 위해서는 소집통지에 제안된 내용과 특별결의로써 결의할 것을 기재하여야 하고,[92] 기재하지 아니한 경우 특별결의를 하더라도 무효이다.[93] 1985년 회사법에서는 특별결의와 특수결의(extraordinary resolution)를 규정하였고, 두 결의 간의 차이점은 특별결의는 21일 이상의 통지기간을 요하였고 특수결의에는 통지기간에 대한 규정이 없었다.[94] 그러나 2006년 회사법에서는 특별결의에 필요한 통지기간을 삭제하였다.

주주총회의 주요 특별결의 사항은, 정관변경,[95] 회사명의 변경,[96] 무한책임회사가 유한책임의 공개회사 또는 폐쇄회사로 조직변경하는 경우,[97] 자본감소,[98] 자본금의 지출[99] 등이다.[100] 합병의 경우에는 각 회사의 주주총회에서는 원칙적으로 의결권의 75% 이상의 찬성에 의한 결의가 필요하다.[101] 회사분할의 경우에도 주주총회의 특별결의가 필요하다.[102] 납입자본의 5% 미만의 소규모합병, 소규모분할 등의 경우에는 주주총회 특별결의가 필요 없다.[103] 이 밖에 기업인수(takeover)의 경우에도 특별결의가 필요하다.[104]

기본정관(memorandum of association)의 변경은 항목마다 규정되어 있는데, 대체로 특별결의사항이지만, 자본증가 같은 것은 보통결의사항이다.[105] 부속

---

89) CA 2006, s. 282. 심영, 전게서, 128면; Brenda Hannigan, op.cit, No. 15－17.

90) Brenda Hannigan, op.cit, No. 15－17.

91) CA 2006, s. 283. Brenda Hannigan, op.cit, No. 15－20; Ben Pettet, Pettet's Company Law, 3rd Ed, Pearson Longman, 2009, 147.

92) CA 2006, s. 283(6).

93) Brenda Hannigan, op.cit, No. 15－22.

94) CA 1985, s. 378.

95) CA 2006, s. 21(1).

96) CA 2006, s. 77(1).

97) CA 2006, ss. 90(1)(a) and 105(1)(a).

98) CA 2006, s. 641(1).

99) CA 2006, s. 716(1).

100) 심영, 전게서, 128면; ; Ben Pettet, op.cit, 143.

101) CA 2006, s. 907. 다만 ss. 916, 917, 918의 예외가 있음).

102) CA 2006, ss. 922 and 928.

103) CA 2006, ss. 916(5), 917(5), 918(4), 931(5) and 932(4).

104) CA 2006, ss. 969 and 972.

정관(articles)의 변경은 주주총회의 특별결의에 의한다.[106]

(4) 서면결의

1985년 회사법에서는 폐쇄회사의 경우는 총주주의 동의로 정기주주총회(annual general meeting)를 생략하고 서면결의(written resolution)를 이용할 수 있었다.[107] 영국에서는 이른바 "선택적 체제"(selective regime)를 허용하여, ① 이사에게 신주발행 및 배정권을 5년 이상의 기간 동안 부여할 수 있고, ② 연간회계보고서(annual accounts)를 주주총회에 상정하지 않기로 할 수 있고, ③ 정기주주총회를 개최하지 않을 수 있고, ④ 감사인을 매 해 새로이 선임하지 않을 수 있고, ⑤ 임시주주총회 개최시에는 절차를 간소화할 수 있도록 하였다.[108] 주주총회의 생략과 관련하여서는 미국의 경우도 유사한 제도가 있다는 것을 위에서 보았다. 이것은 소유와 경영이 일치하고 있는 경우(주주와 이사가 동일 인물인 경우)에는 주주총회의 역할을 고집하는 것이 무의미한 점을 반영한 것이다.[109]

2006년 개정회사법은 소규모 폐쇄회사의 경우는 정기주주총회를 개최하는 것이 부담이 된다고 판단하여 폐쇄회사의 경우는 정기총회를 생략할 수 있는 의사결정절차를 보다 손쉽게 하고 있는데, 이것은 '규모를 먼저 생각하라'는 원리('think small first' philosophy)에 따른 것이다.[110] 즉, 2006년 회사법에서는 폐쇄회사의 경우는 정기주주총회를 개최하지 않는 것을 원칙으로 하고, 회사가 선택하여 정기주주총회를 개최할 수 있도록 하였다.[111] 다만, 임기가 만료되지 않은 이사 또는 감사를 해임하는 경우에는 서면결의가 허용되지 않고 주주총회를 개최하여야 한다.[112] 법령에 의하여 서면결의가 허용되지 않는 사

---

105) CA 2006, ss. 9(4)(a) and 617ff.

106) CA 2006, s. 21(1).

107) CA 1985, s. 366A. 심영, 전게서, 124면.

108) 노혁준, 「주요국가의 기업규제 개혁법제에 관한 비교법적 연구(Ⅲ) – 영국 –」, 한국법제연구원, 2008, 54면.

109) Gower's Principles of Modern Company Law 567(6th ed.1997).

110) Brenda Hannigan, op.cit, No. 15–2.

111) CA 2006, s. 281(1). Brenda Hannigan, op.cit, No. 15–2; Ben Pettet, op.cit, 150; 노혁준, 전게서, 56면.

112) CA 2006, s. 288(2).

안에 대하여 서면결의를 허용하는 정관규정은 무효이다.[113] 반면에 공개회사의 경우에는 명시적으로 서면결의를 배제하여[114] 총회를 의무화하고 있지만,[115] 이에 대하여는 비판의 여지가 있어 보인다.[116]

서면결의의 경우에도 보통결의는 총의결권의 과반수로써 하고,[117] 특별결의는 주주 의결권의 75% 이상의 수로써 한다.[118] 1985년 법에서는 서면결의는 총주주의 동의(만장일치)를 요하였으나, 2006년 개정법에서는 일반 주주총회결의와 동일한 결의요건을 적용한 것이 가장 큰 변화라 하겠다.[119]

제 4 절 우리나라 주주총회의 결의요건 완화방안

1. 섀도보팅제도 폐지예정에 따른 문제점

섀도보팅제도의 폐지가 계속 논의되고 있다. 섀도보팅제도는 주권을 발행한 회사가 요청하는 경우 예탁결제원이 주주총회 참석 주주의 찬반투표 비율에 따라 중립적인 방법으로 의결권을 행사하게 하는 제도이다. 섀도보팅이 도입된 이유는 성원 미달로 주주총회가 무산되는 것을 막기 위해서였다. 주주총회의 보통결의가 성립하기 위해서는 출석주주의 의결권의 1/2 이상, 발행주식 총 수의 1/4 이상이 찬성해야 한다(특별결의의 경우는 출석주주의 의결권의 2/3, 발행주식 총 수의 1/3 이상). 수천만 주 또는 수억 주를 발행한 대기업의 경우 25% 이상의 주주가 총회에 참석하기 어렵고, 따라서 주주총회의 성립조차도 어려운 점을 감안하여 도입된 것이다. 그러나 실제로는 이 제도가 소수 경영진이나 대주주의 경영권 강화 수단으로 악용돼 왔다는 지적, 또는 오히려

113) CA 2006, s. 300.
114) CA 2006, s. 281(2).
115) Brenda Hannigan, op.cit, No. 15-3.
116) Brenda Hannigan, op.cit, No. 15-25.
117) CA 2006, s. 282(2).
118) CA 2006, s. 283(2); Ben Pettet, op.cit, 150.
119) Brenda Hannigan, op.cit, No. 15-24.

주총활성화의 장애요인이 됐다는 지적이 있었다. 또한 실제 출석하지 않은 주주가 출석한 주주와 동일한 비율로 출석한 것으로 간주하는 것은 정상적인 의결권행사의 모습이 아니라는 것, 섀도보팅제도가 의안의 찬반비율에는 영향을 미치지 않는다고는 하나, 의결정족수에 합산됨에 따라 의안의 승인 여부에 결정적인 영향을 미치게 되므로 중립적인 견지에서의 의결권행사라고 볼 수 없다는 점[120] 등이 폐지론의 근거였다.

그러나 섀도보팅제도를 폐지할 경우 총회성립 자체가 어려울 수 있다. 국내 개인투자자의 주식 1개 종목 평균보유기간이 6개월 미만인 경우가 48.8%에 이른다고 한다.[121] 보통의 주주들은 회사의 경영에 크게 관심이 없으며 주가 차액을 남기고 떠날 날만 기다린다고 보는 것이 맞다. 또한 섀도보팅은 실제 행사한 의결권의 비율에 따라 주주총회가 성립될 수 있도록 도와주기만 할 뿐, 총회결의 결과에는 영향을 주지 못하는 점에서 크게 비난할 일도 아니다. 전자투표가 하나의 대안이나, 전자투표를 한다고 해서 주주들의 참여율이 갑자기 높아질 것으로는 생각되지 않는다.[122] 컴퓨터에 접속하고 인증절차를 거쳐서 상당한 노력을 기울여야만 권리의 행사가 가능한 전자투표보다는 서면에 체크하여 우체통에 넣기만 하면 되는 서면투표가 더 간편한데, 실제로는 서면투표도 거의 이용되고 있지 않다. 주주총회가 3월 중순과 말 금요일에 일제히 개최되고, 이른바 슈퍼주총데이에는 400 내지 500개 회사가 동시에 총회를 개최하는 것도 문제라고 비난한다. 그러나 미국도 일본도 도입하지 않은 IFRS를 우리나라만이 2011년에 도입하여 이에 따라 연결재무제표와 그 주석서까지 작성하여야 하는 기업재무팀은 연말부터 기진맥진할 정도로 일해야 겨우 3월에 열릴 총회를 준비할 수 있기 때문에,[123] 3월말, 그것도 금요일에 집

---

120) 한국상장회사협의회, 전게 「2013 상장회사 주주총회백서」, 27면.

121) 한국거래소 2013. 2. 20. 조사.

122) 2013년 주주총회에서 서면투표를 실시한 회사는 조사에 응답한 407개 회사 중 75개사로 18.5%, 전자투표만 실시한 회사는 없으며, 전자투표와 서면투표 모두를 실시한 회사는 1새사분으로 0.2%, 서면투표 및 전자투표 모두를 실시하지 않은 회사가 331개사로 81.3%였다. 한국상장회사협의회, 전게 「2013 상장회사 주주총회백서」, 23면. 서면투표 및 전자투표를 실시하지 않는 이유는 "모든 주주에 대하여 의결권행사사면 및 참고서류를 송부하여야 하는 점, 의안 수정의 경우 대처가 어려운 점, 전자투표의 경우 해킹 등 보안문제에 대한 신뢰부족 등의 이유가 원인"이라고 분석하고 있다. 한국상장회사협의회, 전게 「2013 상장회사 주주총회백서」, 23면.

123) 2013년 주주총회에서 IFRS의 시행, 상법상 주주총회 승인대상 재무제표의 범위의 확대 등으로

중해서 총회를 연다고 비난하여서는 안 된다. 주주총회를 3월에 개최한 회사가 724개 상장회사 중 652개사로 78.0%에 이르고, 금요일에 개최되는 회사가 590개사로 71.4%에 이른다.124) 예컨대 감사 선임시 모든 대주주는 3%를 초과하는 의결권 행사할 수 없는데(3% rule), 섀도보팅제도조차 폐지되면 출석의결권의 총계가 발행주식총수의 1/4 이상이 될 수 있을 것인지는 지극히 불투명하다. 2013년 주주총회에서 예탁결제원 예탁주식에 대한 의결권 대리행사를 요청한 회사는 144개사로 전체 상장회사 724개 회사의 35.8%에 이른다. 예탁결제원 예탁주식에 대한 의결권 대리행사제도를 폐지하는 것에 대한 의견에 대하여도 74.6%인 300개 회사가 존속하여야 한다고 응답하였다.125) 섀도보팅제도 폐지는 간단한 문제가 아닌데 아무런 대책 없이 밀어붙였다는 비난을 피하기 어려울 것이다. 실무계의 입장을 도외시한 책상머리 입법이라 하겠다. 총회를 개최하였으나 의사정족수 미달로 총회가 유회되는 사태, 또는 감사를 선임하지 못하는 사태가 발생할 가능성이 크다.

2. 결의요건의 완화

필자의 생각으로는 먼저, 기업 내부의 권한의 분배 내지 지배구조는 기본정관의 변경으로 쉽게 변경할 수 있도록 하여야 한다. 미국에서는 이사의 권한이 강화되고 있고 주주의 권한은 상대적으로 위축되어 있다. 그럼에도 불구하고 이사의 선임과 해임권을 행사하여 회사의 경영을 통제할 수 있는 힘은 가지고 있다. 특히 서면동의에 의한 결의 생략제도를 이용하면, 대주주가 이사에 대하여 전권을 행사할 수 있다는 것을 알 수 있다. 또한 주법이 정하고 있는 권한의 분배 내지 지배구조는 기본정관의 변경으로 쉽게 변경할 수 있다는 점에서 매우 유연한 태도를 가진 것으로 볼 수 있다.

의사정족수와 관련하여서는 우리나라는 기왕에 의사정족수를 규정하지

결산작업 소요시간이 부족하여 어려움이 있다고 응답한 회사가 433개 회사 중 276개사로서 63.8%에 이르렀다. 2012년 주주총회에는 동일한 질문에 대하여 303개 회사 중 155개 회사, 51.2%가 어려움이 있다고 응답하였다. 한국상장회사협의회, 전게 「2013 상장회사 주주총회백서」, 3~4면.

124) 한국상장회사협의회, 전게 「2013 상장회사 주주총회백서」, 8, 10면.

125) 한국상장회사협의회, 전게 「2013 상장회사 주주총회백서」, 26~27면.

않고 있으므로 새삼 의사정족수제도를 명시적으로 규정할 필요는 없다고 본다. 외국의 입법례를 보면, 영국에서는 2인 이상의 주주의 출석으로 의사정족수가 충족되며, 델라웨어주 회사법은 의결권의 3분의 1 이상의 범위 내에서 정관으로 정할 수 있다. 그리고 미국의 27개 주 회사법은 의사정족수에 관한 규정을 두고 있지 않다. 독일과 중국은 의사정족수 규정이 없으며, 프랑스는 의결권의 5분의 1 이상의 출석으로 의사정족수가 성립한다.[126] 굳이 영국과 같이 2인 이상의 주주의 출석으로 정하거나 델라웨어주 회사법처럼 의결권의 1/3 등으로 정할 필요는 없다고 본다. 일본 회사법 제309조 제1항은 주주총회의 보통결의요건에 관하여 "정관에 별단의 정함이 없는 경우, 의결권 있는 주식의 주주의 과반수 이상의 출석과 출석한 당해 주주의 과반수 이상의 찬성으로써 결의"하도록 하고 있다. 이에 따라 많은 회사가 정족수 요건을 정관에서 완전히 배제하고 단순히 출석주주(인원수를 묻지 않고)의 의결권의 과반수로 결의하고 있다.[127]

다음으로 의결정족수를 보면, 미국의 경우 주주총회 보통결의는, 의사정족수가 충족되고 정관에서 달리 정하지 않는 한 찬성한 의결권이 반대하는 의결권보다 다수인 경우 당해 의안은 채택된 것으로 한다.[128] 특별결의를 할 경우에는 출석의 유무에 관계없이 결의권을 가진 주식의 과반수에 의한 찬성을 요하지만, 정관에서 이 결의 요건을 강화할 수는 있다. 의사정족수나 의결정족수를 변경하는 정관의 개정은 동일한 의사정족수를 충족시켜야 하며 또한 당시 발효하고 있거나 향후 채택될 예정인 의사정족수 및 의결정족수 중 더 큰 쪽의 정족수로 충족시켜야 한다.[129] 영국의 경우에도 보통결의는 출석한 주주의 의결권의 단순다수결(simple majority), 즉 과반수로써 한다. 특별결의는 출석한 주주의 의결권의 75% 이상(의결권의 3/4 이상)의 수로써 한다. 영국은 거수투표를 원칙으로 하고 있고, 미국과 영국 다 같이 주주총회의 생략이 가능하도록 하고 있다.

본고에서 특별히 상세하게 논의하지는 아니하였으나 호주의 경우에도 의

126) 최준선, "주주총회 결의제도의 개선방향", 「상사법연구」, 2014, 47면.
127) 神田秀樹, 「會社法」, 제13판, 2011, 180면.
128) RMBCA §7.25(c).
129) RMBCA §7.27.

사정족수를 주주 2인으로 하고 있다.[130] 1인회사의 경우는 주주가 결의내용을 기재하고 서명함으로써 결의가 이루어진 것으로 본다.[131] 보통결의는 출석하여 의결권을 행사한 주주의 과반수로 한다. 특별결의는 의결권을 행사한 주주의 75%로 한다.[132] 특별결의는 소집통지에 특별결의가 제안되었다는 것과 의안의 내용이 기재되어야 한다.[133] 중국 주식회사의 경우에도 주주총회의 결의는 회의에 출석한 주주의 의결권의 과반수로 의결한다. 주주총회에서 회사정관의 변경, 등록자본의 증자 및 감자를 결의하거나, 회사의 합병, 분할, 해산 또는 회사형태를 변경하는 결의를 할 때에는 반드시 회의에 출석한 주주의 의결권의 2/3 이상이 찬성하여야 한다.[134]

이상과 같은 주요국의 결의요건을 감한할 때, 우리나라의 주주총회의 결의요건의 개정방향을 제시한다면 다음과 같다.

현재 보통결의요건인 발행주식 총수의 1/4 이상의 찬성과 특별결의의 경우 1/3 찬성은 섀도보팅제도가 폐지되면 더 이상 유지하기 어렵다고 본다. 따라서 보통결의는 출석한 의결권의 과반수, 특별결의는 출석한 의결권의 2/3로 정하는 것이 가장 합리적이라 생각한다. 필자의 생각으로는 현행법을 개정하지 않고도 정관변경만으로 보통결의요건을 이와 같이 경감할 수 있다고 본다(긍정설).[135] 문제는 현행법상 이를 할 수 없다는 견해가 있다(부정설). 부정설의 입장에서는 “이 요건은 조리상 허용할 수 있는 최소한의 요건이므로 이를 가중할 수는 있으나 감경할 수는 없다”고 한다.[136] 상법 제368조 제1항은 “이 법 또는 정관에 다른 정함이 있는 경우를 제외하고는”이라고 명문으로 정하고 있으므로 부정설은 상법이 정한 명문의 규정에 반하는 해석이다. 일본의 경우도 우리와 동일하게 정관으로 요건을 변경할 수 있도록 하고 있는데, Toyota

130) CA 2001, s. 249T(1).

131) CA 2001, s. 249B.

132) CA 2001, s. 9.

133) CA 2001, s. 249L(c).

134) 중국 회사법 제104조 제2항.

135) 최준선, 전게, “주주총회 결의제도의 개선방향”, 47면; 정동윤, 「상법(상)」, 2012, 568면; 송옥렬, 전게서, 847면; 정경영, 「상법학강의」, 2009, 482면; 권기범, 「현대회사법론」, 2005, 593~594면; 최준선, 전게 「회사법」, 385면.

136) 이철송, 전게 「회사법강의」」, 544면; 최기원, 「신회사법론」, 2005, 427면; 정찬형, 「회사법강의」, 2013, 487면; 김동훈, 「회사법」, 2010, 253면.

Motor Corporation 등 일본 기업들은 정관에서 정족수 요건을 폐지함으로써 이 문제를 해결하고 있다.[137] 따라서 주의적 규정으로 보통결의의 경우는 정관으로 상법이 정한 요건보다 가중 또는 완화할 수 있도록 하고, 특별결의의 경우는 정관으로 이 요건보다 가중할 수는 있어도 완화할 수는 없는 것으로 정하는 것이 타당하다고 본다. 그리고 오늘날 주주의 수, 특히 소액주주의 수가 폭발적으로 증가한 현실에서 소액주주의 특별결의사항을 대폭 줄이고 주주총회의 대부분을 보통결의로써 하도록 하는 것이 타당하다고 본다. 현재 합병결의기 특별결의로 되어 있으므로 대부분의 회사가 합병 대신 자산양수도라는 편법으로 합병의 목적을 달성하고 있음은 주지의 사실이다.[138] 경제개혁연대가 조사한 자료[139] 중 인수비용 대비 자산의 비중이 100% 이상인 사례에서도, 회사의 순자산의 100%를 초과하고 심지어는 300~400%에 이르는 자산인수도 모두 이사회 결의에 의해 결정되었으며, SK텔레콤의 하이닉스 지분인수도 이사회 결의만으로 이루어졌다.[140]

‖ 표 1 ‖ M&A 기업들의 인수비용 현황 (단위: 백만원, %)

피인수기업	인수기업	인수시기	인수비용(1)	(1)/순자산
진로	하이트홀딩스	2005-08-03	1,038,231	118.46
대우건설	금호산업	2006-12-15	1,671,426	168.45
극동건설	웅진홀딩스	2007-08-16	500,104	257.17
밥캣	두산엔진	2007-12-01	624,478	198.15
하이마트	유진기업	2007-12-09	19,500	438.53
대한통운	아시아나항공	2008-03-14	1,630,393	147.67
대한통운	금호렌트카	2008-03-14	298,293	351.52

출처: 경제개혁연대

137) 최준선, 전게, "주주총회 결의제도의 개선방향", 48면.
138) 최준선, 전게, "주주총회 결의제도의 개선방향", 41면.
139) 이은정, "2012년 19대 정기국회 입법과제3: 주주권강화방안", 경제개혁리포트 2012-07호, 2012. 5. 16. 8면.
140) 이숭희·황현아, "영업양수도의 새로운 쟁점과 개선방안", 2014년 4개학회 공동학술대회, 『경제환경변화에 대응한 상사법제의 개선방안』, 2014.7.4.~7.5, 162면 각주 31 참조.

3. 상장회사의 경우 소수주주권 행사 요건

2015년 미국계 hedge fund인 Elliott Management가 삼성물산(주)와 제일모직(주)의 합병에 반대하면서 삼성물산의 등기이사 7인에 대하여 상법상 違法行爲 留止를 청구하였다.[141] 유지청구권 관련, 상법 제402조(일반조항)는 '발행주식 총수의 100분의 1 이상에 해당하는 주식을 가진 주주'가 행사할 수 있고, 상법 제542조의6 제5항(상장회사 특례조항), 상법 시행령 제32조는 '자본금 1,000억 원 이상인 상장회사의 경우 6개월 전부터 계속하여 발행주식 총수의 10만분의 25 이상에 해당하는 주식을 보유한 자'가 행사할 수 있다. 상장회사 주주의 경우 둘 중 어느 한 조항의 요건만 갖추면 유지청구권 행사할 수 있는지(선택적 적용 긍정), 특례조항의 요건을 갖추어야만 유지청구권 행사할 수 있는지(배타적 적용)가 문제된다. Elliott은 2월에 주식을 매수하여 6월 현재 아직 6개월의 보유요건을 갖추지 못하였기 때문이다. 법원은 삼성물산과 같은 상장회사의 경우 원칙적으로 특례조항만 적용된다고 보아야 하고, Elliott은 특례조항의 보유기간 요건 갖추지 못하였으므로, 특례조항에 따라 유지청구권을 행사할 수 없는 자이므로 등기이사 7인에 대한 유지청구권 행사는 모두 부적법하여 각하되어야 한다고 판시하였다.

이러한 법원의 결정은 타당한 것으로 판단된다. 2009년 상법 개정 이전에도 소수주주권인 임시주주총회소집청구권에 대한 논의가 있었다. 즉, 구 증권거래법 제191조의13 제5항에 의하면, 6월 전부터 계속하여 주권상장법인 또는 협회등록법인의 발행주식총수의 1000분의 30(3%, 대통령령이 정하는 법인의 경우에는 1000분의 15, 1.5%) 이상에 해당하는 주식을 대통령령이 정하는 바에 의하여 보유한 자는 상법 제366조에서 규정하는 주주의 권리(임시주주총회소집청구)를 행사할 수 있다고 되어 있었다. 당시 상법 제366조는 5%를 소지한 주주가 임시주주총회소집청구를 할 수 있었으므로, 상장회사의 경우에는 지분 요건이 5%에서 3%로 완화된 대신 6개월의 보유가 필수적이었다. 그런데 1998.12.28.

141) 서울중앙지방법원 제50민사부 2015. 7. 1. 2015카합80582 결정(총회소집통지 및 결의금지등 가처분); 서울고등법원 제40민사부 2015. 7. 16. 2015라20485 결정(총회소집통지 및 결의금지 등 가처분); 서울중앙지방법원 제50민사부 2015. 7. 7.자 2015카합80597 결정(주식처분금지가처분); 서울고등법원 제40민사부 2015. 7. 16. 2015라20503 결정(주식처분금지가처분). 이 중 상장회사의 소수주주권 행사요건에 고나한 판단은 2015카합80582 결정이다.

상법개정으로 상법 제366조의 지분율 요건이 5%에서 3%로 낮아지면서, 구 증권거래법 상 청구요건과 동일하게 상장회사든 비상장회사든 다 같이 3%의 요건을 갖추면 되게 되었고, 오히려 상장회사의 경우에는 6개월 보유기간 추가되어 비상장회사의 경우보다 임시주주총회소집청구요건이 더욱 엄격하게 되었다. 이것은 상장회사의 경우에는 소수주주건 행사요건을 완화하고자 한 법의 취지와 맞지 않다. 이 부분은 2009년 상법개정에서 개정이 되었다. 2009년 개정상법은 구 증권거래법 제191조13의 소수주주권 관련 규정을 상법상 상장회사 특례규정으로 편입하였다. 구 상법은 소수주주권을 행사하기 위한 요건으로 주식소유비율만 규정하고 있었으나 상법 개정안 제542조의5는 증권거래법의 내용을 반영하여 주식의 일정 보유기간을 요건으로 추가하면서 주식소유비율을 상법 일반 규정보다 완화하였다.[142)]

또 한 가지 주목할 것은 2009. 1. 30. 상법 제13절 상장회사에 대한 특례가 신설되어, 상장회사의 특례규정이 상법 일반규정에 우선하여 적용하도록 한 것이다(상법 제542조의2 제2항).[143)]

법원은 2009년 이전의 판결에서는 구 증권거래법 제191조의13 제5항이 상법 제366조(98년 개정 이전 5%, 개정 이후 3%)의 적용을 배제한다고 볼 수 없다고 하면서, 두 규정이 선택적으로 적용될 수 있다는 취지로 판시하였다.[144)]

---

142) 이 문제와 관련하여 그간의 논의는 주식회사법대계(II), 2013, 24~25면(김교창 변호사님 집필)에 자세하게 소개되어 있다. 여기서 재인용하여 보면, 김건식·최문희, "증권거래법상 상장법인의 특례규정의 문제점과 개선방안" 「BFL」 제23호(2007. 5), 1011~113면; 송옥렬, "감사위원회의 구성을 통한 경영권 방어" 「BFL」 제20호(2006. 11), 93면 이하; 조민제·김영심, "소수주주권행사에 관한 상법과 증권거래법상의 특례규정의 관계" 「법조」 통권 568호(2004. 1), 178면 이하; 장상균, "상법상 소수주주의 주주총회소집청구권의 행사요건" 「대법원 판례해설」 통권 제51호(2005. 6), 423면; 송현웅, "주주제안권행사의 제문제" 「BFL」 제27호(2008. 1), 51면 이하; 권기율(법제사법위원회 전문위원), 상법 일부개정법률안 검토보고 회사편, 2008년 11월, 189면 등은 선택적 행사가 가능하다는 입장이다.

143) 제542조의2(적용범위) ① 이 절은 대통령령으로 정하는 증권시장(증권의 매매를 위하여 개설된 시장을 말한다)에 상장된 주권을 발행한 주식회사(이하 "상장회사"라 한다)에 대하여 적용한다. 다만, 집합투자(2인 이상에게 투자권유를 하여 모은 금전이나 그 밖의 재산적 가치가 있는 재산을 취득·처분, 그 밖의 방법으로 운용하고 그 결과를 투자자에게 배분하여 귀속시키는 것을 말한다)를 수행하기 위한 기구로서 대통령령으로 정하는 주식회사는 제외한다. ② 이 절은 이 장 다른 절에 우선하여 적용한다.

144) 대법원 2004. 12. 10. 선고 2003다41715 판결.

제366조(소수주주에 의한 소집청구) ① 발행주식총수의 100분의 3 이상에 해당하는 주식을 가진 주주는 회의의 목적사항과 소집의 이유를 적은 서면 또는 전자문서를 이사회에 제출하여 임시총회의 소집을 청구할 수 있다. <개정 2009. 5. 28.>	**제542조의6(소수주주권)** ① 6개월 전부터 계속하여 상장회사 발행주식총수의 1천분의 15 이상에 해당하는 주식을 보유한 자는 제366조(제542조에서 준용하는 경우를 포함한다) 및 제467조에 따른 주주의 권리를 행사할 수 있다.
제402조(유지청구권) 이사가 법령 또는 정관에 위반한 행위를 하여 이로 인하여 회사에 회복할 수 없는 손해가 생길 염려가 있는 경우에는 감사 또는 발행주식의 총수의 100분의 1 이상에 해당하는 주식을 가진 주주는 회사를 위하여 이사에 대하여 그 행위를 유지할 것을 청구할 수 있다.	**제542조의6(소수주주권)** ⑤ 6개월 전부터 계속하여 상장회사 발행주식총수의 10만분의 50(대통령령으로 정하는 상장회사의 경우에는 10만분의 25) 이상에 해당하는 주식을 보유한자는 제402조(제408조의9 및 제542조에서 준용하는 경우를 포함한다)에 따른 주주의 권리를 행사할 수 있다.

이와 같이 2009년 법률이 개정되어 상장회사의 특례규정이 상법 일반규정에 우선하여 적용하도록 하였음(상법 제542조의2 제2항)에도 불구하고 학자들 중에는 과거처럼 선택적 적용설을 취하는 견해가 있다. 그 주장을 살피면, 비상장회사의 경우에는 소집청구를 하는 시점에서 100분의 3 이상의 주식을 보유하면 족하지만, 상장회사의 경우에는 1,000분의 15이상을 6월 전부터 보유하는 자에 한해 소집청구를 할 수 있고, 이 두 개의 요건은 선택적인 것으로 해석되므로 상장회사의 발행주식총수의 100분의 3 이상을 가진 주주로서 보유기간이 6월 미만인 자는 상법 제366조에 의해 주주총회의 소집을 청구할 수 있다고 하며, 일반적인 용례에 비추어 '우선적용'의 의미를 배타적으로 해석할 수 없다고 하고, 배타적 적용을 주장하는 견해에 대해 이해관계의 안착을 상장회사에 국한해서만 고려하고 비상장회사에 대해서는 고려하지 않는 것은 합리적인 차별이 아니어서 위헌적 사고라고 한다.[145] 따라서 6개월 보유 기간이 부족하더라도, 3%이상 보유하고 있는 상장회사 주주는 소수주주권 행사 가능하다고 한다.[146]

145) 이철송, 전게 「회사법강의」, 12면.
146) 이철송, 전게 「회사법강의」, 12면, 487면; 송옥렬, 「상법강의」, 2014, 888면; 임재연, 「회사법 I」,

이에 대하여 2009년 개정상법 이후에는 상장회사 특례규정이 배타적으로 적용되어야 한다는 견해는 개정상법이 제542조의2 이하에서 특례를 도입하였으므로 이전의 선택적 적용을 인정하는 해석은 타당하지 않고, 상장회사의 경우에는 6개월 이상 주식을 보유하여야 하는 대신 소유비율을 완화된 특례규정에 의하여야 한다고 한다.[147] 또한 특례규정에서 소수주주권의 행사요건으로 보유요건을 둔 것은 상장회사의 부담을 줄여주기 위한 것으로, 상장회사의 주식은 빈번히 이전되는데 소수주주권 행사를 목적으로 일시 주식을 취득하여 소수주주권을 악용 또는 남용하려는 자가 있을 수 있으므로 이를 차단하여 부담을 줄여 주려는 것이라는 견지에서, 2009년 상법 개정 이전에도 상장회사의 경우 특례 요건만이 적용되었어야 하나, 상법 개정 이후에는 법문으로도 이러한 우선 적용이 명시되었다고 본다.[148] 이 밖에, 개정 상법에 따르면 상장회사의 경우 소수주주권에 대하여 특례규정이 상법 일반규정에 저촉되지 않는 범위에서 우선적용된다는 견해가 있다.[149]

관련 판례를 보면, 구 증권거래법상의 대법원 판례 2004. 12. 10. 2003다41715, 대전지방법원 2005. 3. 14.고지 2006카합242 결정, 대전지방법원 2006. 3. 14, 2006카합242는 선택적 적용을 긍정하였다. 반면에 배타적 적용설을 취한 입장으로 서울지방법원 2002. 9. 5.고지 2002비합23 결정, 동 2002. 9. 30. 고지 2002비합50결정, 인천지방법원 2010. 3. 4. 2010카합159, 서울중앙지방법원 2010. 12. 27 2010비합512(다만, 이 판결은 서울고등법원 2011.4.1. 2011라123에서 파기되었다), 서울중앙지방법원 2011. 1. 13. 2010카합3874이 있다.

서울고등법원 2011. 4. 1. 선고 2011라123 결정은, "… 상법 제542조의2 제2항 에서 상장회사에 대한 특례규정의 적용범위에 관하여 일괄하여 상법의 다른 규정에 '우선하여 적용한다'는 규정이 있다고 하더라도, 이는 특례규정과 관련된 모든 경우에 상법 일반규정의 적용을 배제한다는 의미라기보다는 '1차

2014, 30~32면.

147) 최준선, 전게 「회사법」, 248면, 349면, 359면.

148) 김교창, "상장회사의 특례에 관한 2009년 개정상법의 논점", 「인권과 정의」, 제396호, 2009.8, 69면.

149) 정찬형, "2009년 개정상법 중 상장회사에 대한 특례규정에 관한 의견", 「상사법연구」, 제28권 제1호, 2009, 273~274면; 최문희, "2009년 개정 상장회사 특례규정의 검토", 「BFL」, 제35호, 2009. 5, 122면.

적'으로 적용한다는 원론적 의미의 규정이므로, 상법 일반규정의 배제 여부는 특례의 각 개별 규정에 따라 달리 판단하여야 한다. 나아가 상법 제542조의6 제1항은 상법 제366조의 적용을 배제하는 특별규정에 해당한다고 볼 수 없고, 상장회사의 주주는 상법 제542조의6 제1항이 정하는 6개월의 보유기간 요건을 갖추지 못한 경우라 할지라도 상법 제366조 의 요건을 갖추고 있으면 그에 기하여 주주총회소집청구권을 행사할 수 있다"고 판단하였다.

그 후 주주대표소송에 관한 사건에서 1심은 6개월 보유기간 요건 갖추지 못하였고, 그 하자가 치유되지 못한다는 이유로 원고의 소 각하하였는데(서울중앙지방법원 2012. 10. 5. 선고 2011가합80239 판결), 2심에서는 제반 사정 고려할 때 사실심 종결 당시 6개월 보유 요건 갖추었으면 하자가 치유된다고 하여 본안 판단하였고(서울고등법원 2013. 7. 18. 선고 2012나86163 판결), 이 사건은 대법원 2013다210534호로 상고하였으나 이유 없어 상고가 기각되었다. 이 판결은 6개월 보유요건을 갖추어야 한다는 것을 전제로 하면서, 사실심 종결 당시까지 이를 갖추면 하자가 치유된다고 판시한 것이다. 그러므로 현재 법원의 stance는 6개월의 요건을 갖추어야 하고, 사실심 종결 당시 6개월 보유 요건 갖추었으면 하자 치유된다는 것으로 요약된다.

주목할 것은 일본 회사법의 경우는 상장회사의 경우는 비상장회사의 경우와 지주비율에서 차이가 없으면서도 6개월의 보유요건을 추가로 요구하고 있는 점이다. 즉, 상장회사의 경우에는 6개월의 요건이 추가된 것이다(예컨대 일본회사법 제847조 제1항－상장회사의 경우, 제2항－비상장회사의 경우 참조). 6개월의 요건은 투기주주가 즉각 상장회사의 주식을 취득하여 바로 회사에 무리한 요구를 하는 것을 억지하기 위한 것이다. 입법의 과정이나 취지에서 볼 때 6개월의 보유요건은 반드시 지켜져야 한다.[150] 상법이 요구하는 지주비율, 예컨대 3%는 상장회사의 경우라면 매우 큰 숫자이므로 언제든지 소수주주권 행사하게 하여야 한다는 주장도 있으나, 상장회사라고 해서 모두 대규모 회사만 존재하는 것이 아니고, 자본금 20억의 상장회사도 존재하고, 100억 이하는 많다. 그 경우 3%면 겨우 6천만원 내지 3억원이면 소수주주가 무슨 일이든 할

150) 주식회사법대계(II), 2013, 24면(김교창 변호사님 집필); 최준선, 전게「회사법」, 248면, 349면, 359면.

수 있게 된다. 일본은 상장회사도 똑같은 비율을 요구하는 것은 어떻게 설명할 것인가? 결국 Elliott 사건에서의 서울지방법원의 위의 결정은[151] 타당하다.

제5절 결 어

우리나라의 경우 의사정족수에 관하여는 별도로 규정하지 않지만, 섀도보팅제도가 폐지된 이후에는 보통결의조차 성립되지 못할 위험이 크다. 전자투표제도의 강제 자체도 기업의 자율성을 해치는 것이지만, 전자투표제도가 대안이 될 수도 없다. 전자투표를 시행한다면 주주총회에 어떤 주주가 얼마나 참여할지 아무도 예측할 수 없기 때문이다.

본고에서 필자는 주주총회 보통결의는 출석한 의결권의 과반수, 특별결의는 출석한 의결권의 2/3로 정할 것을 제안한다. 다만, 보통결의의 경우는 정관으로 이 요건보다 가중 또는 완화할 수 있도록 하고, 특별결의의 경우는 정관으로 이 요건보다 가중할 수는 있어도 완화할 수는 없는 것으로 정할 것을 제안한다. 덧붙여, 특별결의사항을 대폭 줄이고 주주총회의 대부분을 보통결의로 전환할 것을 제안한다. 그 예로는 이사의 해임, 합병, 분할, 영업양도, 영업양수, 주식교환과 주식이전, 정관변경 등은 주주총회의 보통결의로 하는 것이 타당하다.

이 논문을 제출한 2013년 이후 주주총회 및 의결권에 관한 다수의 논문이 나왔다. 우선 전자투표제도 의무화로 인하여 이에 대한 논문이 다수 제출되었고,[152] 이와 짝을 맞추어 전자위임장제도에 관한 논문도 제출되었다.[153] 이 외

151) 서울중앙지방법원 제50민사부 2015. 7. 1. 2015카합80582 결정.

152) 김병태, "주주총회의 전자투표제도 '의무화'와 문제점", 「기업법연구」, 제27권 제3호, 2013. 9, 79~114면; 이윤석, "주주총회 전자투표 제도에 관한 연구", 제주대학교, 「법과 정책」, 제19권 제1호, 2013, 285~309면; 곽관훈, "전자투표제도 활성화를 위한 법적과제", 「IT와 법연구」, 제7집, 2013. 2, 145~172면; 김재두, "전자주주총회 법적 연구", 경영법률학회, 「경영법률」, 2013. 1, 223~252면.

153) 육태우, "주주총회 및 위임장권유 제도의 전자화에 관한 연구", 「기업법연구」, 제28권 제1호, 2014. 3, 9~44면; 장영수, "전자위임장권유제도의 도입에 관한 법적 연구", 「증권법연구」, 제15권 제1호, 2014, 169~202면.

에 주주총회 성립을 원활하게 하기 위하여 의결권의 위임에 관한 논문[154] 및 관련 논문이[155] 제출되었다. 그리고 주주총회 결의제도 전반에 관한 개선방안은 필자의 「주주총회 결의제도의 개선방안」을 참고하면 좋겠다.[156]

---

154) 양만식, "주주총회의 활성화와 위임장권유", 「법학논총」, 제38권 제1호, 2014. 4, 183~244면; 김연미, "의결권 포괄위임의 효력", 「기업법연구」, 제28권 제4호, 2014. 12, 9~39면.

155) 염미경, "의결권행사자문회사의 문제점과 법적규제 동향", 「강원법학」, 제41권, 2014. 2, 687~720면; 성승제, "의결권신탁에 대한 고찰", 제28권 제3호, 2014. 9, 29~57면.

156) 최준선, "주주총회 결의제도의 개정방향", 「상사법연구」, 제33권 제2호, 2014, 35~78면.

집중투표제도 의무화
- 상법개정시안중 집중투표제도의 의무화에 대한 반론 -

출전: 기업법연구 제27권 제3호

박 수 영*

제1절 서 론

우리나라는 1997년 외환위기이후 기업지배구조개선의 차원에서 상법을 개정하면서 이사선임시 회사의 소수주주들로 하여금 그들의 이익을 대표할 수 있는 이사를 선임될 수 있도록 하는 집중투표제(cumulative voting)를 도입하였다. 소수주주의 이익을 대표할 수 있는 이사의 선임이 가능하도록 하기 위하여 2인 이상 이사의 선임시 의결권있는 발행주식총수의 100분의 3 이상의 주식을 보유한 주주의 청구가 있는 경우 1주마다 선임할 이사의 수만큼의 표(의결권)를 갖도록 하여 이를 이사후보자 1인에게 집중하거나 후보자들에게 분산하여 행사할 수 있도록 하여 이사를 선임할 수 있도록 하고 있다(상법 제382조의2).

2013년 3월 법무부는 지배주주의 부당한 사익추구행위를 견제하고, 소액주주의 이익을 보호하며 경영 투명성을 높여 기업의 경쟁력을 제고하기 위하여 "기업지배구조 상법개정위원회"를 발족시켰고, 동 위원회는 최근 이사회

* 전북대학교 법학전문대학원 교수, 법학박사.

감독 기능 정상화·독립적 사외이사 제도 구축, 다중대표소송 단계적 도입, 집중투표제 간접적 의무화, 전자투표제 단계적 의무화 등을 주요 내용으로 하는 상법개정시안을 내놓았다.

WTO 체제출범 이후에 전세계의 자본시장이 개방되면서 자국의 자본시장규모가 곧 경쟁력을 판단하는 기준이 되어 가고 있기 때문에 각국에서 행해지는 기업지배구조개선은 자본시장육성과 투자자보호 양자를 궁극적인 목적으로 하고 있으며, 각국은 자국의 경제상황을 고려하여 자본시장육성과 투자자보호 양자를 조화롭게 융합하여 개선작업을 진행하고 있는 추세라 할 수 있다.[1)]

우리나라도 1997년 IMF 구제금융 이후부터 정부주도로 관련법령을 개정하여 소위 법제도적 기업지배구조 개선작업을 단행하고 있으며, 이를 "정부의 존형 기업지배구조(government led corporate governance)"라 평하기도 한다. 그러나 우리나라의 기업지배구조개선작업은 외국과는 달리 자본시장육성보다는 투자자보호를 우선 과제로 삼고, 이를 실현하기 위해 기업의 자율성을 인정하는 임의규정보다는 이를 부정하는 강행규정 중심으로 법을 개정하였다는 평가를 받고 있으며, 그 이유로는 우선 대부분의 법률들이 경영투명성 제고와 소수주주보호 강화에 중점을 두고 법개정이 이루어졌기 때문이라는 비판을 받고 있다.[2)]

또한 대통령 선거 과정에서 소액주주 등 비지배주주들이 독립적으로 사외이사를 선임할 수 있는 시스템 구축, 국민연금 등 공적 연기금의 의결권 행사 강화, 집중투표제의 단계적 도입 등을 기업지배구조 개선 공약으로 내건 바 있으며, 이에 따라 대통령직인수위원회도 이 같은 공약을 140대 국정과제로 선정했다. 그 산물의 일환이 개정위원회의 개정시안이다.

본고에서는 기업지배구조 상법개정위원회의 개정시안중에서 집중투표제도의 의무화추진에 대하여 고찰하고자 한다.

---

1) 주요국가의 기업지배구조관련 법제도 정비에 관하여는 전삼현, "대표소송과 집중투표제를 통한 기업지배구조개선 검토", 「專門經營人研究」 제9집 제1호, 2006, 96~101면 참조.
2) 전삼현, 위의 글, 93~94면.

제 2 절 집중투표제도의 의의와 장·단점

1. 집중투표제도의 의의

주주의 권한 범위에 속하는 사항을 經常事項(ordinary matters)과 非常事項(extraordinary matters)으로 구분할 경우, 주주의 이사선임권(상법 제382조 제1항, 제385조)은 경상사항에 속하는 것으로서 이사의 행위에 대한 일종의 감독권으로서 가치가 있으며,[3] 회사의 기관구성에 관여한다는데 의의가 있다.

우리 상법상 이사의 선임의 방법으로서는 단순투표제와 집중투표제가 있다. 단순투표제(straight voting)는 주주총회에서의 출석한 주주의 의결권의 과반수와 발행주식총수의 4분의 1 이상의 수로써 하는 보통결의(상법 제368조 제1항)에 의한 방법이고, 집중투표제(cumulative voting)는 소수주주의 이익을 대표할 수 있는 이사의 선임이 가능하도록 하기 위하여 2인 이상 이사의 선임시 의결권있는 발행주식총수의 100분의 3 이상의 주식을 보유한 주주의 청구가 있는 경우 1주마다 선임할 이사의 수만큼의 표(의결권)를 갖도록 하여 이를 이사후보자 1인에게 집중하거나 후보자들에게 분산하여 이사를 선임하는 방법을 말한다(상법 제382조의2). 집중투표제의 시작은 소수자에 대한 대표선출권부여라는 정치적 이념을 바탕으로 한 것으로, 이사선임을 위한 것이 아닌 하원의원을 선임하기 위한 것이었다. 1870년 Illinois주는 헌법(Illinois Constitution of 1870)을 개정하면서 주하원의 의원을 선임하기 위한 투표방식으로서 집중투표제를 도입하였고, 모든 기업에 집중투표를 강제하는 조항을 두었다.[4]

집중투표제가 1998년 상법에 도입됨에 따라 주주는 이사선임을 통한 단순한 감시·감독차원을 넘어서서 소수주주를 대표할 자를 이사로 선임할 수 있게 되었고, 대주주에 의하여 선임된 이사의 독단적인 경영을 견제할 수 있

---

3) 권재열, "집중투표제의 강행규정화논의에 대한 비판적 검토", 「규제연구」 제11권 제1호, 2002, 6면.

4) Richard S. Dalebout, "Cumulative Voting for Corporation Directors: Majority Shareholders in the Role of a Fox Guarding a Hen House", BRIGHAM YOUNG UNIVERSITY LAW REVIEW Vol. 1989 No. 4, p.1203.

게 되었다. 집중투표제도를 도입한 취지는 종래의 이사선임방식에서는 대주주가 이사회를 장악하여 경영을 전횡함으로써 소수주주의 이익이 도외시되기 때문에 소수주주에게도 소수주주의 이익을 위해 일할 이사를 선출할 수 있도록 하여 소수주주의 의견이 이사회에 반영됨으로써 업무집행기관내에서의 감시와 견제를 통해서 경영의 투명성을 제고하고자 하는 것이었다.

2. 집중투표제도의 실시유형

집중투표의 실시유형에는 이를 강제(mandatory)하는 방식과 강제하지 않고 허용하는(permissive) 방식이 있는데, 후자는 다시 두 가지로 나누어진다. 하나는 집중투표제를 원칙으로 인정하지 않되 정관에 의하여 도입할 수 있도록 하는 opt－in방식이고, 다른 하나는 정관에 아무런 언급이 없으면 집중투표제를 실시하는 것이고, 이를 배제하기 위하여는 정관에 규정을 두어야 하는 opt－out방식이다. 우리 상법은 집중투표제를 도입할 당시부터 'opt－out 방식'으로 설계되었다. 이에 많은 기업들이 정관변경을 통하여 집중투표제를 미리 배제하여 그 제도의 활용성이 떨어진다는 비판이 제기되었다. 이에 집중투표제를 활성화하기 위하여 강행규정화하고 의무화하자는 논의가 2000년과 2003년에 있었고,[5] 2004년에는 공정거래위원회가 사외이사제와 집중투표제 등 내부통제장치를 갖춘 기업에 대해 부당내부거래 직권조사를 3년간 면제하는 내용의 '직권조사면제기준'을 발표하기도 하였다.

2013. 4. 1 현재 정관규정으로서 집중투표를 배제하고 있는 상장기업의 수는 유가증권시장 주권상장법인 722개사(외국회사 5개사 제외) 중 665개사로서 상장기업 전체의 92.1%에 달하고 있다. 그렇다고 정관에 집중투표제도를 배제한다는 규정을 두고 있지 않은 나머지 57개사가 집중투표제를 도입하였다고 할 수는 없으며, '정관에 배제규정을 두고 있지 않은 회사'로 표현하는 것이 옳다.

---

5) 2000년 6월 법무부에 제출된 연구용역보고서 「국제경쟁력 강화를 위한 한국의 기업지배구조 최종보고서 및 법개정권고안」에서 집중투표제를 의무화할 것을 권고하였고, 이후 집중투표제의 의무화에 대한 논의가 있었다.

3. 집중투표제도의 장·단점[6)]

집중투표제도를 실시할 경우 장점으로서 다음과 같은 사항이 논의된다.[7)]

(1) 지배주주 이외의 소수주주도 이사 선임에 영향력을 행사할 수 있게 되어 지배주주와 기타 주주간의 견제와 균형을 통해 지배주주에 의한 기업경영의 전횡을 방지할 수 있으며,[8)] 이로써 소액주주들의 권리를 강화시키는 역할을 할 수 있다.

(2) 이사회에서 지배주주의 간섭을 받지 않는 이사로 하여금 지배주주의 은밀한 사익추구에 관한 정보를 사전에 파악함으로서, 지배주주의 개인적 이익 추구를 방지하는 중요한 역할을 할 수 있다.[9)]

(3) 대주주집단과 경영자 사이에 이익배당과 관련하여 의견이 대립되는 경우 등에 있어서 소수파집단에 의하여 선출된 이사의 조정자로서의 역할을 기대할 수 있고, 다수파에 의하여 선출된 이사의 활동을 감독할 수 있다.[10)]

(4) 지배주주뿐만 아니라 소수주주를 위한 이사들이 선임되어 이사회의 구성원으로서 회사의 경영에 참여할 수 있어서 민주적이며, 발행주식총수의 과반수 이상을 소유하는 대주주들의 지배권이 침해되지 않으면서도 이를 견제할 수 있다.

이에 반하여 집중투표제도를 실시할 경우 다음과 같은 단점이 있다고 보

---

6) 집중투표제의 도입에 의한 기업가치와 회계투명성 등의 상관관계에 관한 실증연구를 다룬 논문들이 있으나, 대상기업의 수가 적기 때문에 실증연구의 의미를 찾기는 어렵다고 본다. 집중투표제의 도입에 의한 기업가치와 회계투명성 등의 상관관계에 관한 실증연구를 다룬 논문으로는 배현정·최웅용·전성일, "회계투명성과 가치경영: 집중투표제와 사외이사제도를 중심으로"–, 경영교육연구 Vol.54, 2009; 배현정·최웅용·전성일, "집중투표제와 사외의사 제도가 회계투명성 및 기업가치에 미치는 영향', 한국국제회계학회 학술대회 발표논문집, 2006; 고윤성·신현한, "소액주주 보호와 기업가치에 관한 연구 –집중투표제를 중심으로–", 한국회계학회 학술대회 논문집, 2005; 고윤성·신현한, "집중투표제 도입 기업의 특성과 기업가치에 관한 연구", 벤처경영연구 제9권 제2호, 2006, 등이 있다.

7) 집중투표제도의 장·단점과 집중투표제 의무화의 장·단점은 구별하여야 하나, 대부분의 문헌들을 이를 혼용하여 설명하고 있다.

8) 정경영, "독립적 사외이사, 집중투표", 기업지배구조상법개정 공청회, 2013. 6, 14면.

9) 김정호, "집중투표제, 자율적 선택의 대상", 2002.11, http://www.cfe.org/mboard/bbsDetail.asp?cid=mn20061221201642&pn=7&idx=541

10) 전삼현, 앞의 글, 111면.

고 있다.

(1) 이사회 구성원의 이질성으로 인하여 이사회 내부에 당파적 대립이 발생할 우려가 있고, 그러한 경우에는 각 파의 의견조정 및 타협의 과정에서 장시간이 소요되고 이사회의 운영의 기동성과 효율성을 상실하게 된다.

(2) 집중투표를 실시하면서 출석주주의 확정·투표의 관리·투표의 집계 등 선임에 관한 사무절차가 번잡하게 되고, 빈번한 투표에 따르는 많은 분쟁이 야기될 수 있다.

(3) 이사들이 각자 자신을 뽑아준 주주들의 이익을 위해 전략적으로 행동할 경우 이사회가 내린 결정들이 일관성을 잃는 문제가 생길 수 있으며, 모순된 의사결정은 회사 재산의 낭비를 가져오고, 결국은 주주 전체가 손해를 보게 된다.[11)]

(4) 지배주주의 사익추구를 막기가 어려운 것처럼 소액주주를 포함한 다른 주주들의 사익추구 또한 막기 어렵기 때문에 회사의 영업비밀과 같은 중요한 정보의 유출가능성이 높아질 수 있다. 이로서 비밀을 유지해야 하는 사업들의 채산성은 떨어질 것이고, 결과적으로 주주들 전체의 수익률이 떨어질 것이다.

(5) 경영권 행사에 따른 이점이 사라지기 때문에 회사의 지배주주가 되려는 인센티브는 감소할 것이며, 2대 주주 또는 3대 주주가 되려는 인센티브는 커질 것이다. 따라서 회사들의 주주 구성은 현재와 같이 주식 소유비율이 현격히 높은 지배주주와 소액주주들로 구성되는 상태로부터 서로 비슷비슷하지만 상당한 영향력을 가진 여러 명의 주주들로 구성되는 상태로 바뀌게 될 것이며, 그로 인해 주주들간, 그리고 그들의 이익을 대표하는 이사들 간의 갈등은 더욱 커지게 될 것이다.

위에서 보는 바와 같이 집중투표제는 긍정적인 면과 부정적인 면을 동시에 가지고 있으며, 각 기업이 처한 상황에 따라 집중투표제를 실시할 것인지는 기업의 자율에 맡기는 것이 좋다.

---

11) 김정호, 위의 글.

제 3 절 입법례

현재 집중투표제를 실시하고 있는 국가로서는 미국, 일본, 러시아, 중국,[12] 대만[13] 등이 있으며,[14] 이중 의무화하고 있는 것은 러시아, 멕시코, 칠레 3개국 뿐이다. 유럽에서는 이사선임에 있어 집중투표제가 존재하지 않는다.[15]

1. 미 국

1870년에 Illinois주에서 회사법을 통해 집중투표제를 강행규정으로 처음 채택하였다. 그 이후 1880년까지는 7개 주가, 1900년까지는 18개 주가 강행규정으로 채택했다. 1945년에는 37개 주가 강행규정으로, 15개 주가 회사가 자발적으로 선택할 수 있는 임의규정으로 집중투표제를 채택했다. 1950년대 이후 집중투표제의 강행규정화를 채택한 주가 감소하기 시작하여 현재는 44개 주가 임의규정화하고 있으며, 매우 작은 수의 기업을 가지고 있는 5개 주(Arizona, Nebraska, North Dakota, South Dakota, West Virginia)만이 집중투표제를 강행규정화하고 있으며,[16] California와 Hawaii는 비상장회사(corporations not

12) 中華人民共和國公司法 第106條
股東大會選舉董事, 監事, 可以依照公司章程的規定或者股東大會的決議, 實行累積投票制. 本法所稱累積投票制, 是指股東大會選舉董事或者監事時, 每一股份擁有與應選董事或者監事人數相同的表決權, 股東擁有的表決權可以集中使用.

13) 臺灣公司法 第198條
股東會選任董事時, 除公司章程另有規定外, 每一股份有與應選出董事人數相同之選舉權, 得集中選舉一人, 或分配選舉數人, 由所得選票代表選舉權較多者, 當選為董事. 第一百七十八條之規定, 對於前項選舉權, 不適用之.

14) 집중투표제의 나라별 연혁에 대해서는 전삼현, 앞의 글, 113~115면; 박영준, "集中投票制 - 比較法的 考察을 中心으로 -", 企業法硏究 제14집, 2003, 374~391면; 長浜洋一, "累積投票 - アメリカにおける理念と現状 -", 早稲田法学 第41巻 第2号, 1966, 266~275頁 등 참조.

15) 독일의 경우는 일반적으로 노사동수로 구성된 감사회(Aufsichtsrat)에서 이사를 선임하기 때문에 집중투표제 자체가 존재할 필요성을 느끼지 못하고 있으며, 유럽은 이해관계자 자본주의(stakeholder's capitalism)라는 기본틀을 유지하고 있어 근본적으로 주주권이 약화되어 있다는 점에서 그 이유를 설명하고 있다: 전삼현, 앞의 글, 115면 참조.

16) Martin E. Personick, "Confidential and Cumulative Voting", ISS Background Report—Voting Issues 2006, p.17.

publicly traded)에 대해서만 집중투표제를 강행규정화하고 있다.

많은 회사들의 정관에서 집중투표제를 배제하였고, 심지어 집중투표제를 채택하고 있는 기업들도 이사를 종별로 나누어 임기별 이사제도를 운영하였으며, 1960년대 이후 미국의 경제불황으로 각 주가 기업유치에 적극적으로 나서면서 강제적 집중투표제의 쇠퇴가 시작되었다. 개별 주는 기업유치를 위해 규제가 축소된 기업환경을 조성하게 되었고, 이러한 각 주간의 경쟁은 회사법을 경영자에게 보다 유리하게 개정하는 방향으로 나타났다고 할 수 있다.[17)]

RMBCA는 §7.28(Voting for Directors; Cumulative Voting)[18)]에서 집중투표제를 규정하고 있으며, 정관에 규정되어있는 경우에만 집중투표청구권을 행사할 수 있도록 하여 소위 'opt-in방식'을 취하고 있다(RMBCA §7.28(b)). 집중투표청구권은 단독주주권이며, 주주총회일 최소 48시간 전에 회사에 통지하여야 행사할 수 있다(RMBCA §7.28(d)).

---

17) 전삼현, 앞의 글, 113~114면.

18) MODEL BUSINESS CORPORATION ACT §7.28 Voting for Directors; Cumulative Voting

(a) Unless otherwise provided in the articles of incorporation, directors are elected by a plurality of the votes cast by the shares entitled to vote in the election at a meeting at which a quorum is present.

(b) Shareholders do not have a right to cumulate their votes for directors unless the articles of incorporation so provide.

(c) A statement included in the articles of incorporation that "[all] [a designated voting group of] shareholders are entitled to cumulate their votes for directors" (or words of similar import) means that the shareholders designated are entitled to multiply the number of votes they are entitled to cast by the number of directors for whom they are entitled to vote and cast the product for a single candidate or distribute the product among two or more candidates.

(d) Shares otherwise entitled to vote cumulatively may not be voted cumulatively at a particular meeting unless:

(1) the meeting notice or proxy statement accompanying the notice states conspicuously that cumulative voting is authorized; or

(2) a shareholder who has the right to cumulate his votes gives notice to the corporation not less than 48 hours before the time set for the meeting of the shareholder's intent to cumulate his votes during the meeting, and if one shareholder gives this notice all other shareholders in the same voting group participating in the election are entitled to cumulate their votes without giving further notice.

2. 일 본

일본은 1950년 상법개정시 미국의 영향을 받아 이사회제도가 만들어져 주주총회의 권한이 축소되는 것의 보완으로서 소수파주주의 이익대표의 확보를 위하여, 다수파주주의 독점적 지배에 대하여 소수파주주의 보호수단으로서 집중투표제를 도입하였다.[19] 1950년 개정상법은 누적투표청구권을 단독주주권으로 인정하되 정관으로 누적투표를 배제하는 규정을 둘 수 있도록 하였으며 이 경우 발행주식총수의 1/4 이상을 갖는 주주는 누적투표를 청구할 수 있도록 하여 누적투표청구권을 소수주주권화하는 것을 가능하도록 하였다(일본 구상법 제256조의3 제1항, 제256조의4).

그러나 누적투표에 의하여 선임된 이사도 주주총회의 결의에 의하여 해임될 수 있었기에 사실상 누적투표제도는 그 실효성을 거두지 못하였고, 다수의 회사가 누적투표제를 정관으로 배제하여 오히려 회사경영상에 혼란만을 야기하여 심각한 폐해를 초래하였다는 비판을 받았다.

그후 1974년 상법을 개정하면서 경제계의 비판을 받아들여서 회사가 정관으로 이사선임시 누적투표를 배제할 것을 정한 경우에는 소수주주권의 행사에 의하여서도 누적투표를 청구할 수 없도록 하여 누적투표의 완전한 배제를 가능하도록 하였다(일본 구상법 제256조의3 제1항). 그 결과 현재 누적투표제를 실시하는 회사는 거의 없게 되어 사실상 그 의미를 상실하였다고 할 수 있다.[20]

현재는 신회사법 342조(累積投票による取締役の選任)에서 누적투표에 의한 이사선임을 규정하고 있으며,[21] 누적투표청구권은 단독주주권으로서 정관에

---

19) 堀口勝, "累積投票制度に関する若干の考察", 東洋法學 第54卷 第1号, 2010. 7, 86頁.

20) 누적투표제의 실효성을 확보하기 위한 최소한의 요건으로 ① 소수파주주가 신뢰할 수 있는 자를 확정하여, 그자를 후보자로 추천할 수 잇을 것, ② 소수파주주가 일정규모의 지주비율을 가질 것, ③ 소수파주주가 회사의 경영참가에 의욕적일 것 등을 들고 있다: 王偉杰, "会社法制における累積投票制度に関する考察", 法学政治学論究 第90号, 2011. 9, 142~143頁.

21) 会社法 第三百四十二条 (累積投票による取締役の選任) 株主総会の目的である事項が二人以上の取締役の選任である場合には´ 株主(取締役の選任について議決権を行使することができる株主に限る° 以下この条において同じ°)は´ 定款に別段の定めがあるときを除き´ 株式会社に対し´ 第三項から第五項までに規定するところにより取締役を選任すべきことを請求することができる°
2. 前項の規定による請求は´ 同項の株主総会の日の五日前までにしなければならない°

별단의 정함이 없으면 청구할 수 있고(일본 회사법 제342조 제1항), 주주총회일 5일전까지 청구하도록 하고 있다(일본 회사법 제342조 제2항). 또한 설립시 창립총회에서도 누적투표에 의하여 이사를 선임할 수 있도록 하고 있다(일본 회사법 제89조: 累積投票による設立時取締役の選任).[22]

3. 러시아

러시아는 주식회사에 관한 연방법(Федеральный закон Об акционерных обществах) 제66조 제4항[23]에서 집중투표제를 규정하고 있으며, 2004년 개

---

3. 第三百八条第一項の規定にかかわらず´ 第一項の規定による請求があった場合には´ 取締役の選任の決議については´ 株主は´ その有する株式一株(単元株式数を定款で定めている場合にあっては´ 一単元の株式)につき´ 当該株主総会において選任する取締役の数と同数の議決権を有する° この場合においては´ 株主は´ 一人のみに投票し´ 又は二人以上に投票して´ その議決権を行使することができる°
4. 前項の場合には´ 投票の最多数を得た者から順次取締役に選任されたものとする°
5. 前二項に定めるもののほか´ 第一項の規定による請求があった場合における取締役の選任に関し必要な事項は´ 法務省令で定める°
6. 前条の規定は´ 前三項に規定するところにより選任された取締役の解任の決議については´ 適用しない°

22) 会社法 第八十九条 (累積投票による設立時取締役の選任) 創立総会の目的である事項が二人以上の設立時取締役の選任である場合には´ 設立時株主(設立時取締役の選任について議決権を行使することができる設立時株主に限る° 以下この条において同じ°)は´ 定款に別段の定めがあるときを除き´ 発起人に対し´ 第三項から第五項までに規定するところにより設立時取締役を選任すべきことを請求することができる°
2. 前項の規定による請求は´ 同項の創立総会の日の五日前までにしなければならない°
3. 第七十二条第一項の規定にかかわらず´ 第一項の規定による請求があった場合には´ 設立時取締役の選任の決議については´ 設立時株主は´ その引き受けた設立時発行株式一株(単元株式数を定款で定めている場合にあっては´ 一単元の設立時発行株式)につき´ 当該創立総会において選任する設立時取締役の数と同数の議決権を有する° この場合においては´ 設立時株主は´ 一人のみに投票し´ 又は二人以上に投票して´ その議決権を行使することができる°
4. 前項の場合には´ 投票の最多数を得た者から順次設立時取締役に選任されたものとする°
5. 前二項に定めるもののほか´ 第一項の規定による請求があった場合における設立時取締役の選任に関し必要な事項は´ 法務省令で定める°

23) Федеральный закон Об акционерных обществах(주식회사에 관한 연방법)
Статья 66. Избрание совета директоров(наблюдательного совета) общества
4. Выборы членов совета директоров(наблюдательного совета) общества осуществляются кумулятивным голосованием.
При кумулятивном голосовании число голосов, принадлежащих каждому акционеру, умножается на число лиц, которые должны быть избраны в совет директоров(наблюдательный совет) общества, и акционер вправе отдать полученные таким образом голоса полностью за одного кандидата или распредели

정으로 모든 주식회사는 집중투표제를 의무적으로 도입하도록 하였다. 그러나 러시아의 경우는 경제체제의 변동으로 인하여 발생한 기형적인 소유구조로 인한 폐해를 방지할 목적으로 집중투표제를 강제하고 있다.[24)]

제 4 절 현행 집중투표제도

1. 일반 주식회사(비상장회사)의 집중투표제도

2인 이상의 이사의 선임을 목적으로 하는 주주총회의 소집이 있는 때에는 의결권없는 주식[25)]을 제외한 발행주식총수의 100분의 3 이상에 해당하는 주식을 가진 주주는 정관에서 달리 정하는 경우를 제외하고는 회사에 대하여 집중투표의 방법으로 이사를 선임할 것을 청구할 수 있으며(상법 제382조의2 제1항), 집중투표의 청구는 주주총회일의 7일 전까지 서면 또는 전자문서로 하여야 한다(상법 제382조의2 제2항). 집중투표청구의 서면은 총회가 종결될 때까지 이를 본점에 비치하고 주주로 하여금 영업시간내에 열람할 수 있게 하여야 한다(상법 제382조의2 제6항). 집중투표의 청구가 있는 경우에는 의장은 의결에 앞

ть их между двумя и более кандидатами.
Избранными в состав совета директоров(наблюдательного совета) общества считаются кандидаты, набравшие наибольшее число голосов.
제66조 이사회(감사위원회) 위원의 선출
4. 집중투표에 의하여 선출된 이사회(감사위원회) 위원의 선출
집중투표방식에 의하여, 각 주주는 회사의 이사회(감사위원회) 위원으로 선임할 사람의 수를 곱하여, 한 후보자에게 모든 표를 또는 둘 이상의 후보자들에게 표를 분산 할 수 있다. 이사회(감사위원회)의 위원으로는 가장 많은 표를 얻은 후보가 당선된다.

24) 러시아는 공기업의 사유화과정에서 경영자와 노동자가 연합하여 대기업의 의결권주식을 보유하는 현상이 발생하였다. 즉 경영자가 소유자로서 회사경영에 직접적으로 참여하는 경향이 두드러지게 되었다. 그 나머지 주식은 은행이나 투자기금 개인 등이 보유하는 소유구조를 형성하였다. 이러한 소유구조는 경영자로 하여금 기회주의적인 행동을 할 가능성이 많다고 보여졌기 때문에 소수주주를 보호할 목적으로 집중투표제를 모든 회사에 대하여 강제적으로 시행하게 되었다.

25) 여기서 의결권없는 주식이란 무의결권주식은 물론이고, 회사의 자기주식, 모회사의 주식을 가진 자회사, 주식의 상호소유관계에 있는 회사의 주식 등 의결권이 제한되는 모든 주식을 이른다: 崔埈璿, 「會社法(제10판)」, 2015, 445면.

서 그러한 청구가 있다는 취지를 알려야 한다(상법 제382조의2 제5항).

집중투표청구가 있는 경우에 이사의 선임결의에 관하여 각 주주는 1주마다 선임할 이사의 수와 동일한 수의 의결권을 가지며, 그 의결권은 이사 후보자 1인 또는 수인에게 집중하여 투표하는 방법으로 행사할 수 있으며(상법 제382조의2 제3항), 집중투표의 방법으로 이사를 선임하는 경우에는 투표의 최다수를 얻은 자부터 순차적으로 이사에 선임되는 것으로 한다(상법 제382조의2 제4항).[26)]

집중투표제도가 허용되는 것은 회사성립 이후의 주주총회에서의 이사선임의 경우이며, 설립시 발기인총회나 창립총회에 의한 최초의 이사선임시에서는 집중투표제도가 허용되지 않는다(상법 제296조, 제312조).[27)] 일본의 경우에는 창립총회에서도 누적투표에 의하여 이사를 선임할 수 있도록 하고 있다(일본 회사법 제89조).

이사 선임에 있어 집중투표를 정관으로 배제하지 않은 주식회사는 주주가 선임될 이사의 원수에 따라 회사에 대한 집중투표의 청구 여부를 결정할 수 있도록 하기 위하여 선임에 관한 주주총회의 통지와 공고에 선임할 이사의 원수를 반드시 기재하여야 한다.[28)]

---

26) 집중투표제도의 단점으로 지적되기도 하는 집중투표제도가 1주1의결권 원칙의 예외인지 아닌지는 문제가 될 수 없다. 집중투표제가 1주1의결권의 예외는 아니고, 순차적으로 행사할 의결권 개수를 동시에 한꺼번에 행사한다고 보는 견해(김지환, “이사의 임면”, 「株式會社法大系 Ⅱ」, 2013. 390면)가 타당하다.

27) 회사설립단계인 창립총회에서 집중투표제를 실시하는 것은 절차상 어렵고, 또한 창립총회에서의 이사 선임요건은 출석한 주식인수인의 의결권의 3분의 2 이상이며 인수된 주식의 총수의 과반수에 해당하는 다수결로(상법 제309조), 이는 주주총회의 특별결의요건 보다 강화되어 있어 의사결정에 신중을 기하고 발기인을 견제할 수도 있기 때문에 굳이 집중투표제를 인정할 실익이 없다: 김지환, 앞의 글, 391면.

28) 이사 선임에 있어 집중투표를 정관으로 배제하지 않은 주식회사는 이사 선임에 관한 주주총회의 통지와 공고에 선임할 이사의 원수를 반드시 기재하여야 한다. 왜냐하면 주주는 선임될 이사의 원수에 따라 회사에 대한 집중투표의 청구 여부를 결정할 것이기 때문이다(예컨대, 5인의 이사를 선임한다면 자신의 보유 지분에 의하여 이사 선임에 영향력을 미칠 수 있지만, 2인의 이사를 선임할 경우에는 별다른 영향력을 행사할 수 없는 주주는 선임될 이사의 원수에 따라 집중투표의 청구 여부를 달리 결정할 것이다). 따라서 정관에 의하여 집중투표를 배제하지 않은 주식회사가 주주총회의 소집통지에서 회의의 목적사항으로 ‘이사선임의 건’이라고 기재하였다면 이는 단수이사의 선임으로 보아야 하고, 복수이사의 선임을 할 경우에는 반드시 ‘이사 ○인 선임’의 건으로 그 인원수를 표기하여야 한다(서울고법 2010. 11. 15.자 2010라1065 결정).

2. 상장회사의 집중투표제도

상장회사에 대하여 집중투표(상법 제382조의2)의 방법으로 이사를 선임할 것을 청구하는 경우 주주총회일(정기주주총회의 경우에는 직전 연도의 정기주주총회일에 해당하는 그 해의 해당일)의 6주 전까지 서면 또는 전자문서로 회사에 청구하여야 한다(상법 제542조의7 제1항). 자산 규모 등을 고려하여 대통령령으로 정하는 상장회사(최근 사업연도 말 현재의 자산총액이 2조원 이상인 상장회사: 상법 시행령 제12조)의 의결권 없는 주식을 제외한 발행주식총수의 100분의 1 이상에 해당하는 주식을 보유한 자는 제382조의2에 따라 집중투표의 방법으로 이사를 선임할 것을 청구할 수 있다(상법 제542조의7 제2항). 비상장회사의 경우 집중투표로 이사의 선임을 요구하기 위해서는 주주총회일 7일 전까지 청구할 수 있음에 비하여 청구시간의 요건이 강화되었으며, 자산 2조원 이상인 상장회사의 경우 소수주주의 주식소유비율이 완화되어 있다.[29)]

청구기간에 대하여 현행 규정상 상장회사에서 소수주주가 집중투표의 방법으로 이사 선임을 청구하는 것은 총회일자가 미리 정해진 정기주주총회에서만 의미가 있으므로, 소수주주의 집중투표청구가 임시주주총회에서도 의미를 가지려면 상장회사 주주총회 소집통지 또는 공고기간과 상충되지 않도록 집중투표청구기간을 규정하여야 한다는 비판이 있다.[30)] 지분요건에 대해서는 자산총액 2조원 이상인 대규모 상장법인에서 주주가 의결권 있는 발행주식총수의 100분의 1 이상을 확보하기란 현실적으로 쉽지 않으므로, 집중투표제의 도입취지를 고려하여 그 활용도를 제고하기 위해서는 대규모상장회사에서의 지분요건을 좀 더 완화해야 한다는 비판이 있다.[31)]

---

29) 현행 규정은 집중투표에 의해 선임된 이사의 보호에 관한 규정은 두고 있지 않다. 그런데 상법이 집중투표제를 도입한 것은 경영에 대한 감시장치를 강화하고, 소수자주주의 권익을 대변할 수 있는 자가 이사회의 구성원으로 진입하는 것을 가능하게 하기 위함이므로 집중투표에 의해 선임된 이사의 보호에 관한 규정(특히 해임에 관한 규정)도 당연히 상법에 두었어야 한다. 왜냐하면 상법상 이사는 주주총회의 특별결의만 있으면 그 사유의 정당성 여부에 관계없이 언제든지 해임될 수 있으므로, 만약 보호규정이 없으면 소수주주에 의해 선임된 이사가 언제라도 지배주주에 의해 해임될 수 있기 때문이다: 정준우, "개정상법상 상장법인 특례규정의 적용과 그 한계", 「한양법학」 제22권 제4집, 2011, 420면.

30) 정찬형, "2009년 改正商法中 上場會社에 대한 特例規定에 관한 意見", 「商事法硏究」 제28권 제1호, 2009, 288면; 김홍기, "상장회사에 대한 특례", 株式會社法大系 Ⅲ, 2013, 741면.

31) 정준우, 앞의 글, 419면.

상장회사가 정관으로 집중투표를 배제하거나 그 배제된 정관을 변경하려는 경우에는 의결권 없는 주식을 제외한 발행주식총수의 100분의 3을 초과하는 수의 주식을 가진 주주는 그 초과하는 주식에 관하여 의결권을 행사하지 못한다(상법 제542조의7 제3항). 다만, 정관에서 이보다 낮은 주식 보유비율을 정할 수 있다(상법 제542조의7 제3항 단서). 상장회사가 주주총회의 목적사항으로 집중투표 배제에 관한 정관 변경에 관한 의안을 상정하려는 경우에는 그 밖의 사항의 정관 변경에 관한 의안과 별도로 상정하여 의결하여야 한다(상법 제542조의7 제4항). 이는 집중투표제도가 도입될 당시 많은 상장회사들이 정관에 집중투표를 배제하는 규정을 두어 집중투표제도의 실효성이 크게 감소되었기 때문에 이를 방지하기 위한 것이다. 이로 인하여 대규모 상장회사의 경우에는 집중투표를 배제하는 정관변경이 사실상 불가능하게 되었고, 일부의 상장회사에 대해서만 정당한 이유없이 (지배)주주의 의결권을 제한하여 (사실상) 정관에 집중투표의 배제규정을 둘 수 없도록 하는 것은 극히 형평에 어긋나며, 정당한 이유 없이 주주의 의결권을 제한하는 것으로서 이러한 규정을 두는 것은 균형을 잃는 입법의 남용이며[32] 다수결의 원칙에 대한 이중적 제한으로 재산권침해의 문제가 될 수 있다[33]는 비판이 있다.[34]

현행 상법 제542조의7은 다른 소수주주권 규정에서와는 달리 집중투표청구권자의 자격요건에 있어서 6개월의 보유기간 요건을 두고 있지 않으며, 이는 이사선임에 있어서 소수주주의 주주권행사가 실질적으로 보장 될 수 있도록 하기 위하여 보유기간 규정을 두지 않는 것이 타당하다고 한다.[35]

---

32) 정찬형, 앞의 글, 289면.

33) 김재범, "2009년 개정상법(회사편)의 문제점", 「法學論攷」 제33집, 2010, 114면

34) 문제는 대주주가 특정한 대주주만을 의미하는 것인지 아니면 그의 특수관계자도 포함하는 것인지가 명확하지 않다는 점인데, 현재로서는 전자로 해석할 수밖에 없다. 그렇지만 오늘날 대부분의 대규모상장법인에서 대주주 1인의 지분율은 많이 낮아졌지만, 그의 특수관계자를 비롯한 우호세력들의 지분율과 계열기업의 내부지분율은 여전히 높다. 따라서 입법론적으로는 동 규정의 효용성 제고를 위해 대주주의 특수관계자가 보유한 주식도 포함하여 지분율을 계산하되, 의결정족수의 미달로 주총결의가 이루어지지 못하는 경우를 예방하기 위하여 비록 대주주간의 역차별 문제가 발생되더라도 대주주는 최대주주로만 한정해야 할 것이다: 정준우, 앞의 글, 420면.

35) 김홍기, 앞의 글, 742면.

3. 집중투표실시의 회피

집중투표제도의 효용을 감소시키는 방법으로 주로 논의되는 것으로 인위적인 이사회규모의 조정과 시차임기제를 들고 있다.

일반적으로 집중투표의 실시를 회피하기 위한 방법으로 여러명의 이사가 임기만료 되었음에 불구하고 주주총회를 여러번 개최하여 그때마다 1명씩만을 선임하도록 하는 경우를 볼 수 있다. 이에 대하여 일본 하급심은 위와 같은 경우 정기주주총회에서 1인만을 선임하고 후행 임시총회에서 1인씩을 선임하기로 한 결의는 주주의 누적투표청구권을 방해하는 것으로서 결의취소의 원인이 된다고 하였다.[36)]

이에 비해 이사의 임기를 달리하여 주주총회에서 소수의 이사만을 선임하는 시차임기제(staggered board of directors, classified board)의 경우에 대해 미국의 법원들은 집중투표에 관한 규정을 위반한 것이 아니라고 판단하였다.[37)]

제 5 절 이사와 감사위원회위원의 선출방식

2009년 개정으로 상장회사에 있어서 감사위원회위원의 선임은 주주총회의 권한사항으로 되었고(상법 제542조의12 제1항), 주주총회에서 먼저 이사를 선임한 후 선임된 이사 중에서 감사위원회위원을 선임하는 일괄선출방식을 채택하게 되었다(상법 제542조의12 제2항).[38)]

일괄선출방식은 1단계에서 이사를 선임하고, 2단계에서 선임된 이사 중

---

36) 大阪高等裁判所 1963년(昭和38년)6월20일, 昭和37(ネ)1184 仮処分異議事件

37) Bohannan v. Corporation Commission, 82 Ariz. 299, 313 P.2d 379 (1957); Stockholders Committee for Better Management v. Erie Technological Products, Inc, 248 F.Supp. 380, 384 (W.D.Pa.1965).

38) 구증권거래법 적용당시에는 선임기관 및 선출방식에 대한 명문 규정을 두지 않고 3%의 의결권제한 규정만 두고 있어서(구증권거래법 제191조의11) 실무상 혼선을 야기하여 해석상 상장회사의 이사선임방식은 "분리선출방식"과 "일괄선출방식"이 혼용되었고, 2009년 2월 상법개정으로 편입되면서 일괄선출방식으로 통일되었다. 분리선출방식은 먼저 일반이사를 선출한 다음, 감사위원회위원을 선출하는 방식이다.

에서 감사위원회위원을 선임하는 것으로, 집중투표제는 이사를 선임하는 때에만 적용되므로(제382조의2) 1단계에서만 적용되고, 제542조의12 제3항 및 제4항에서 규정하고 있는 3% 의결권제한은 감사위원회위원 선임시에만 적용되므로 2단계에서만 적용된다.

현행 일괄선출방식의 문제점에 대해 일괄선출방식의 이사선임 1단계에서는 주주총회 결의시 대주주의 3% 의결권제한규정이 적용되지 않아 지배주주의 의사에 따라 선임된 이사 중에서 감사위원회위원을 선임하게 되며, 2단계에선 의결권제한규정이 있지만 사실상 대주주의 3% 의결권제한규정의 취지가 반영되지 않는 문제점이 있다는 지적이 있다. 즉 일괄선출방식의 경우 지배주주 및 특수관계인의 의결권제한규정이 적용되지 않으므로 소수주주들은 이사선임을 위한 지분율이 부족하여 소수주주를 위한 감사위원회위원을 선임하는 것이 어렵다고 한다.[39] [40]

이에 이번 개정시안은 제542조의12 제2항을 개정하여 분리선출방식을 도입하는 내용을 담고 있다. 분리선출방식은 주주총회에서 이사를 선임하는 단계부터 감사위원회위원을 분리하여 선출하므로 감사위원회위원 후보에 대하여서는 3% 의결권제한규정을 적용할 수 있어, 선임단계에서 지배주주로부터 감사위원회위원의 독립성을 확보할 수 있다고 보고 있다.[41] 따라서 분리선출할 경우 감사위원회위원이 되기 위해 먼저 일반 이사로 선임되어야 하는 의무

39) 정경영, 앞의 글, 9~10면.

40) 이에 대해 분리선출방식은 대주주 의결권제한규정의 취지에는 충실하지만 필연적으로 소수주주가 추천한 후보를 이사로 선임하는데 필요한 주식수를 증가시키므로 집중투표제에 의한 소수주주의 이사선임권을 약화시킬 뿐만 아니라, 상법의 이사선임시 감사위원이 될 이사의 선임인지 여부를 불문하고 상법 제382조의2 제3항과 부합하지 않으며, 일괄선출방식은 집중투표제의 취지를 살릴 수 있으나, 제1단계의 이사선임에서 대주주의 의결권이 제한받지 않으므로 대주주가 지지하는 자가 이사로 선임 될 가능성이 크므로 다음 단계에서 대주주의 의결권제한을 가하여 감사위원을 선임한다고 하더라도 거의 실익이 없을 수 있기 때문에 대주주의 의결권제한규정의 취지가 몰각 될 수 있다는 견해도 있다: 최문희, "증권거래법상 상법특례규정의 문제점 및 개선방안", 「강원법학」 제23권, 2006, 122면.

41) 분리선출방식의 도입근거로서 감사위원회가 감사의 기능을 한다는 점에서 감사선임시 상법이 채택하고 있는 대주주 의결권제한(제409조 제2항)은 감사위원회위원 선임시에도 적용될 필요가 있고 그럼으로써 동일한 기능을 담당하는 양제도간의 규제차익이 없어진다는 점과 집중투표제가 제한적으로 의무화된다고 하더라도 시차임기제 도입이나 이사정원 감소 등으로 집중투표제를 통한 소수주주권 보호가 무력화될 가능성을 배제하기 어렵다는 점을 고려한다면 분리선출방식의 도입이 필요하다고 한다: 정경영, 앞의 글, 11~12면.

조항이 삭제되므로, 감사위원회위원인 이사 선출시 지배주주 및 특수관계인의 3% 의결권 제한규정이 적용될 수 있어 지배주주 이외의 주주들이 감사위원회위원을 선임함에 있어 영향력이 강화될 수 있으며, 감사위원회위원인 이사를 선임할 경우 대주주의 의결권을 제한할 수 있어 감사선임시의 대주주에 대한 의결권제한제도와 형평을 기할 수 있다고 한다.[42)]

[개정시안]

현 행	개 정 시 안
제542조의11 (감사위원회) ① 자산 규모 등을 고려하여 대통령령으로 정하는 상장회사는 감사위원회를 설치하여야 한다.	**제542조의11 (감사위원회)** ① 자산 규모 등을 고려하여 대통령령으로 정하는 상장회사는 감사위원회를 설치하여야 한다. 이 경우 제415조의2 제1항 제2문을 준용한다.
② ~ ④ (생 략)	② ~ ④ (현행과 같음)
제542조의12 (감사위원회의 구성 등) ① (생 략)	**제542조의12 (감사위원회의 구성 등)** ① (현행과 같음)
② 제542조의11제1항의 상장회사는 주주총회에서 이사를 선임한 후 선임된 이사 중에서 감사위원회위원을 선임하여야 한다.	② ------------------------- 감사위원회위원이 되는 이사를 다른 이사들과 분리하여 -------.
③ 최대주주, 최대주주의 특수관계인, 그밖에 대통령령으로 정하는 자가 소유하는 상장회사의 의결권 있는 주식의 합계가 그 회사의 의결권 없는 주식을 제외한 발행주식총수의 100분의 3을 초과하는 경우 그 주주는 그 초과하는 주식에 관하여 감사 또는 사외이사가 아닌 감사위원회위원을 선임하거나 해임할 때에는 의결권을 행사하지 못한다. 다만, 정관에서 이보다 낮은 주식 보	③ -- 감사 또는 감사위원회위원이 되는 이사------------------------------.

42) 정경영, 위의 글, 10면.

유비율을 정할 수 있다. ④ 대통령령으로 정하는 상장회사의 의결권 없는 주식을 제외한 발행주식총수의 100분의 3을 초과하는 수의 주식을 가진 주주는 그 초과하는 주식에 관하여 사외이사인 감사위원회위원을 선임할 때에 의결권을 행사하지 못한다. 다만, 정관에서 이보다 낮은 주식 보유비율을 정할 수 있다.	④ 최대주주 이외의 주주에 대하여는 감사위원회위원이 되는 이사 선임 및 해임의 경우 제409조 제2항을 준용한다.

그러나 집중투표제를 의무화하면서 동시에 감사위원회위원의 분리선출이 강제될 경우 감사위원회위원을 선임하는 때에는 의결권 제한 규정으로 최대주주의 권한 행사가 제한되고, 감사위원회위원이 아닌 이사를 선임하는 때에는 집중투표제가 활용되면 이사회를 구성함에 있어 최대주주의 권한이 약해지게 되며, 주주권 등의 재산권 침해로 이어질 수 있다.

제 6 절 집중투표제도의 의무화

1. 개정시안의 주요내용

기업지배구조 상법개정위원회의 개정시안은 일반 주식회사의 경우에는 집중투표 배제규정이 없을 것을 전제조건으로 집중투표를 청구할 수 있도록 하는 현행 상법 제382조의2를 그대로 두지만, 상장회사의 경우에 한하여 집중투표를 배제하는 규정과 무관하게 소수주주권으로서 집중투표의 실시를 청구할 수 있도록 하고 있다. 즉 상장회사의 경우 그 특례규정인 제542조의7 제3항과 제4항에서 규정하고 있는 집중투표를 배제할 수 있는 방법을 삭제하여 집중투표를 실시하기 위한 전제조건인 “정관상 집중투표 배제규정이 없을 것

(opt-out 방식)"이라는 요건을 차단하여, 소수주주가 소수주주권행사를 위한 지분율 요건을 갖추고 행사할 경우 회사가 이를 채택하도록 간접적으로 의무화하는 내용을 담고 있다.

또한 소주주주의 행사 지분율 요건을 현행보다 완화하여 집중투표가 보다 용이하게 실시 될 수 있도록 하여 회사지배구조 형성에 관해 소수파주주의 지분율에 따른 비례적 영향력을 가질 수 있도록 한다는 차원에서, 집중투표청구를 위한 소수주주권 지분비율을 현행 자산총액 2조원 이상의 상장회사의 경우 의결권 없는 주식을 제외한 발행주식총수의 100분의 1 이상(1%) 인 것을, 자산총액 2조원 미만의 상장회사의 경우 의결권없는 주식을 제외한 발행주식총수의 1천분의 10(1%), 자산총액 2조원 이상의 상장회사는 1천분의 5(0.5%) 이상으로 하향시키는 내용이다.

[개정시안]

현 행	개 정 시 안
제542조의7 (집중투표에 관한 특례) ① 상장회사에 대하여 제382조의2에 따라 집중투표의 방법으로 이사를 선임할 것을 청구하는 경우 주주총회일(정기주주총회의 경우에는 직전 연도의 정기주주총회일에 해당하는 그 해의 해당일. 이하 제542조의8제5항에서 같다)의 6주 전까지 서면 또는 전자문서로 회사에 청구하여야 한다.	**제542조의7 (집중투표에 관한 특례)** ① 제382조의2 제1항의 정관규정에도 불구하고 2인 이상의 이사의 선임을 목적으로 하는 총회의 소집이 있는 경우 6개월 전부터 계속하여 상장회사의 의결권없는 주식을 제외한 발행주식총수의 1천분의 10(대통령령으로 정하는 상장회사의 경우에는 1천분의 5) 이상에 해당하는 주식을 보유한 자는 회사에 대하여 제382조의2 제3항 내지 제6항에 따라 집중투표의 방법으로 이사를 선임할 것을 청구할 수 있다.
② 자산 규모 등을 고려하여 대통령령으로 정하는 상장회사의 의결권 없는 주식을 제외한 발행주식총수의 100분의 1 이상에 해당하는 주식을 보유한 자는 제382조의2에 따라 집	② 제1항의 주주가 집중투표를 청구하는 경우 주주총회일(정기주주총회의 경우에는 직전 연도의 정기주주총회일에 해당하는 그 해의 해당일. 이하 제542조의8 제5항에서 같다)의 6주

중투표의 방법으로 이사를 선임할 것을 청구할 수 있다.	전까지 서면 또는 전자문서로 회사에 청구하여야 한다.
③ 제2항의 상장회사가 정관으로 집중투표를 배제하거나 그 배제된 정관을 변경하려는 경우에는 의결권 없는 주식을 제외한 발행주식총수의 100분의 3을 초과하는 수의 주식을 가진 주주는 그 초과하는 주식에 관하여 의결권을 행사하지 못한다. 다만, 정관에서 이보다 낮은 주식 보유비율을 정할 수 있다.	③ <삭제>
④ 제2항의 상장회사가 주주총회의 목적사항으로 제3항에 따른 집중투표 배제에 관한 정관 변경에 관한 의안을 상정하려는 경우에는 그 밖의 사항의 정관 변경에 관한 의안과 별도로 상정하여 의결하여야 한다.	④ <삭제>

2. 집중투표제도 의무화 찬성론

집중투표제의 의무화는 집중투표제도의 효용을 높이자는 것으로 이를 찬성하는 주장을 보면 다음과 같다.

(1) 집중투표는 수인의 이사를 따로 선임할 때 행사할 수 있는 주주의 투표권을 동시에 행사하는 것에 지나지 않으며, 상법상 감사선임 시 지배주주의 3% 이상 의결권을 제한하고 있는 점 등을 고려하면 자본다수결 또는 주식의 비례적 가치에 반하지 않는다.

(2) 집중투표제가 채택되면 이사 선임과정에서 주주들의 의사가 보다 정확하게 반영될 수 있고, 대주주와 소수주주간의 협의가 원활하게 이루어져 이사회의 독립성도 제고될 수 있다. 집중투표제에 의하여 선임된 이사가 그를 추천한 주주집단의 이익을 위하여 행동하는 경우 이사회 내부의 갈등이 심화되고, 회사의 이익에 부정적인 영향을 미칠 수 있다는 반론이 있지만, 이러한 부작용은 집중투표제가 채택되지 않음으로써 대주주의 독주를 견제하지 못하

는 데서 오는 폐해에 비하면 크다고 할 수 없다. 오히려 기업의 투명성을 제고함으로써 외국인 자본의 유치 등에 있어서 긍정적으로 작용할 것이다.[43]

(3) 이사는 회사에 대하여 선관의무 및 충실의무를 부담하므로 집중투표로 선임된 이사들이 회사의 전체이익을 무시하고 자기를 선출한 주주를 위한 분파적 행동을 할 것이라는 것은 기우에 불과하다. 보다 다양한 입장을 갖고 있는 이사들이 활발한 논의를 통해 합의를 이끌어 내 보다 올바른 결정이 도출될 수 있다고 본다면 집중투표제를 통한 이사회구성이 선호될 것이며, 최근에는 이사회 구성의 다양성(board diversity)을 강조하는 것이 국제적인 추세이다.

(4) 대부분의 회사에서 정관에 집중투표 배제규정을 두고 있어 사실상 집중투표제가 활용되지 못하고 있으므로, 정관에 집중투표 배제규정을 두는 것을 사전에 차단하여 집중투표제도의 효용을 높일 수 있다.

(5) 정관에 의한 집중투표제 배제와 일괄선출방식으로 인하여 소수주주들은 감사위원 선임에 있어 영향력을 행사할 수가 없게 되기 때문에, 주주의 권리보호 측면에서 분리선출방식과 집중투표제의 의무화가 필요하다.

(6) 집중투표제가 의무화되면 자연스럽게 기관투자자처럼 규모가 큰 소수주주들이 이사회 내부에서 실질적인 발언권을 가질 수 있게 되고, 이로 인해 이들은 회사의 각종 공시자료를 통해 얻을 수 있었던 정보보다 더 많은 정보를 얻을 수 있게 됨으로써 대주주의 경영상의 전횡을 효과적으로 견제할 수 있게 될 것이다.[44]

(7) 집중투표제를 의무화한 입법례가 적다는 것이 의무도입의 직접적 반대 논거가 될 수 없다.[45] 집중투표제도의 의무화가 세계적인 추세에 역행한다고 하나, 현재 각국의 경제사정과 기업의 지배구조 및 운영방식에는 여러 가지 면에서 차이가 있다. 따라서 아무리 외국에서 잘 정착된 제도라 하더라도 우리나라에 실정에는 적합하지 않을 수 있고, 반대로 외국에서 배제되고 있는

43) 柳珍熙, "集中投票制의 長短點과 그 實效性", 上場協 제44호, 2001, 43면.
44) 鄭埈雨, "現行集中投票制度의 批判的 考察", 「法과 政策硏究」 제5집 제1호, 2005, 331~332면.
45) 특히 미국과 우리나라의 경영환경이 크게 다르므로 우리나라의 경영의 투명성이 확립될 때까지 만이라도 집중투표제의 의무화를 도입하여 경영환경을 개선할 필요성이 있다는 견해도 있다. 그 논거에 대해서는 안택식, "사외이사의 공과와 내용조정", 「한국형 지배구조를 찾아서」 코스닥협회·건국대학교 법학연구소 공동학술대회 발표집, 2013. 7, 36~37면 참조.

제도라 하더라도 우리나라에서는 오히려 필요하고 적합한 제도가 될 수 있다. 따라서 아무리 국제적인 추세가 집중투표제도를 임의규정화 하는 것이라고 하여도 동제도의 의무화 여부를 결정함에 있어서는 무엇보다도 우리나라에서의 특수한 기업지배구조 및 경영상황을 종합적으로 고려하여 결정해야 된다. 따라서 만약 우리나라의 기업환경에서 집중투표제도의 의무화가 필요하다면 당연히 의무화해야 한다. 이런 면에서 동 제도를 국제적인 추세에 역행하여 의무화하는 것은 바람직하지 않다는 주장은 그 논리적인 설득력이 부족하다.[46)]

3. 집중투표제도 의무화 반대론

집중투표제의 의무화를 반대하는 주장을 보면 다음과 같다.

(1) 주주에게 1주 1의결권의 원칙에 따라 비례적으로 권리가 부여되는 주식회사제도에 집중투표제를 의무화하는 것은 주주평등의 원칙과 다수결 원칙에 위배된다.[47)] 집중투표제를 도입하면서 회사가 집중투표제의 실시여부를 선택할 수 있도록 임의규정화한 것은 회사의 자기결정권을 보장하는 한편, 지분에 의한 다수결의 원칙(상법 제369조)과의 배치 등 위헌적 소지를 최소화한 입법형태이다. 집중투표제를 의무화하는 것은 소수를 위해 다수의 이익을 희생시키는 것으로 오히려 주주평등의 원칙에 위배되므로 회사의 자율적 결정에 맡기는 것이 타당하다.

(2) 2009년 개정 상법은 상장회사가 정관으로 집중투표를 배제하거나 그 배제된 정관을 변경하려는 경우에는 의결권 없는 주식을 제외한 발행주식총수의 100분의 3(정관에서 이보다 낮은 주식 보유비율을 정할 수 있다)을 초과하는 수의 주식을 가진 주주는 그 초과하는 주식에 관하여 의결권을 행사하지 못하도록 하였다(상법 제542조의7 제3항). 이로써 사실상 절대다수의 주주가 지지하지 아니하는 경우에는 배제할 수 없도록 집중투표제의 배제요건을 강화하였

---

46) 鄭埈雨, 앞의 글, 337면.

47) 김지환, “한국형 기업지배구조의 바람직한 모습”, 「한국형 지배구조를 찾아서」 코스닥협회·건국대학교 법학연구소 공동학술대회 발표집, 2013. 7, 18면.

다. 주주에게 1주 1의결권의 원칙에 따라 비례적으로 권리가 부여되는 주식회사의 속성상, 절대다수의 주주가 위 상법에 따라 정관으로 집중투표제를 배제하기로 결정하였다면, 이러한 의사는 존중되어야 하는 것이 당연하다. 또한 이것이 민사법의 대원칙인 사적자치의 원칙에도 부합하는 것이다.

(3) 입법례에서 본바와 같이 미국과 일본은 집중투표제도를 도입하여 이를 의무화까지 하였었다. 그러나 미국은 Delaware주, New York주, Michigan주, Texas주 등이 집중투표제 의무화에서 임의규정으로 전환하였고, 현재는 Arizona, Nebraska, North Dakota, South Dakota, West Virginia 등 5개 주만 모든 회사에 대하여 강행규정화하고, California와 Hawaii는 비상장회사에 대해서만 강행규정화되었을 뿐, 나머지는 임의규정으로 운영되고 있다. 일본도 1950년에 도입하였으나 주주간 파벌싸움과 경영효율성 저하를 이유로 1974년 임의규정으로 전환하였다(일본 구상법 제256조의3 제1항, 일본회사법 제342조). 현재 집중투표제를 도입하는 국가는 미국, 일본, 러시아, 중국, 대만 등 20여개국에 불과하며, 이중 의무화하고 있는 것은 러시아, 멕시코, 칠레 3개국 뿐이다. 집중투표제의 의무화가 점차 줄어드는 추세에 우리나라만이 이를 의무화하는 것은 글로벌스탠다드에 반하는 것이라 할 수 있다.

(4) 집중투표를 의무화하면 안정적인 기업들을 대상으로 헤지펀드 등이 지분매수를 통하여 지분을 확보하고 자신들을 대신할 이사를 선임하여 직·간접적으로 경영권을 간섭하고 자신을 선임해준 주주를 위하여 전략적이고 당파적인 행위를 할 가능성이 높아 이사회의 효율적인 운영이 어려워질 수 있다.[48] 또한 경영에 적극적으로 참여하고자 하는 외국계 펀드인 경우 그들의 최종 목표는 펀드의 수익률을 상승시키고자 하는 것이기 때문에, 이들이 주주들의 이익을 증진시키는 방향으로 계속적으로 행동할 것이라고 판단하기는 어렵다.[49] 집중투표를 의무화하면 실질적으로 소수주주가 자신을 대변할 이사를 선임하는 것은 사실상 어렵게 되고, 기관투자자나 연기금, 헤지펀드 등

48) 외국 투기자본의 집중투표제를 통한 사외이사의 대표적인 사건으로 2006년 KT&G사건을 들 수 있다. KT&G사건에 대해서는 김태진, "2009년 1월 상법 개정에 의하여 감사위원인 사외이사 선임방법과 소수주주권 보호는 개선되었는가 －KT&G 사건을 계기로－", 「증권법연구」 제11권 제3호, 2010, 참조.

49) 신민, "집중투표제 강행규정화의 문제점", 「월간 경영계」, 2001, 17~18면.

이 주로 집중투표제를 이용하게 될 것이다.[50]

(5) 집중투표는 주주총회에서 2인 이상의 이사를 선임하는 경우에 적용되나, 회사가 임시주주총회를 통하여 이사를 1명씩 분산해서 선임하거나 임기가 종료했음에도 불구하고 이사후보를 추천하지 않음으로써 회사가 의도적으로 '선임되어야 하는 이사 수'를 줄일 경우 회피가 가능하므로 그 실효성이 의문시되고 불필요한 사회적 비용만 발생하게 된다.

(6) 상법의 이념은 기업의 유지강화와 거래의 안전보호로 구분할 수 있다. 기업과 대주주에 대한 과도한 규제는 상법의 기본원칙이 아니며, 기업에 대한 규제완화, 정관자치 등 기업의 자율성강화에 대한 역행이다.

제 7 절 결 론

현행 집중투표관련규정과 2013년 상법개정위원회의 개정시안에 의한 집중투표제의 의무화도입에 대하여 살펴보았다. 2000년, 2003년 집중투표제의 의무화시도에 대하여 많은 반대가 있었고, 이번 개정시안에 대해서도 반대와 개선방향들이 논의되고 있다.

2013년 3월 14일 대한상공회의소가 코스피 상장기업 230개사를 대상으로 주주총회 관련 기업애로 실태 조사의 결과에 따르면 98.1%가 집중투표제의 의무화보다는 현재처럼 기업 자율로 도입 여부를 결정해야 한다'고 답하였다.[51] 이는 집중투표의 도입여부를 기업의 자율에 맡겨달라는 것이다. 집중투표제는 긍정적인 면과 부정적인 면을 동시에 가지고 있으며, 각 기업이 처한 상황에 따라 추구하는 방향이 있을 것이므로 집중투표제를 실시할 것인지는 기업의 자율에 맡기는 것이 좋다.

---

50) 미국이나 일본의 경우에서 알 수 있듯이 자본시장의 자유화가 진전되면서 집중투표제를 통해 외국자본투자자가 경영에 참가할 수 있게 되어 기업경영에 혼란을 초래할 우려가 있다. 또한 미국이 불황을 극복하기 위하여 각 주들이 강행규정을 임의규정으로 개정한 사례들은 우리에게 시사하는 바가 크다고 할 수 있다: 전삼현, 앞의 글, 116면.

51) 문화일보, 2013. 3. 14, http://www.munhwa.com/news/view.html?no=20130314010318240800002

집중투표제도가 의무화되면 우선적으로 외국의 투기펀드들에 의하여 우리 기업들이 많은 피해를 볼 것이며, 대주주, 지배주주임에도 불구하고 불이익을 받도록 하는 것은 지분 다수결의 원칙에도 반한다고 본다. 따라서 집중투표제도의 의무화보다는 현행제도의 범위안에서 효율적인 운용방안을 모색하는 것이 필요하다고 본다. 따라서 집중투표제도를 의무화하지 않고 개정시안처럼 집중투표청구권의 행사요건을 자산총액 2조원 미만인 상장회사는 1%, 2조원 이상인 상장회사는 0.5%(6개월 주식보유 요건 있음)로 하향하여 집중투표청구권의 행사를 용이하도록 하는 방안으로 보완하여야 하며, 이를 위하여는 소수주주권의 지분비율과 상장회사의 자본금규모에 따른 대상구분은 합리적으로 조정되어야 할 것이다.[52]

또한 개정시안에 대하여 3%룰과 감사위원 분리선출 및 집중투표제 의무화를 모두를 적용하는 것은 지나치게 과도한 규제이므로, 일괄선출방식을 유지하면서 이에 집중투표제를 제한적으로 의무화하는 방식이나 분리선출방식을 취하면서 3%룰을 적용하는 방식 중에서 회사가 선택할 수 있도록 하는 방안 등 다양한 가능성을 염두에 두고 기업의 자율을 유도하여야 한다.

집중투표의 의무화보다는 인위적인 이사회규모의 조정이나 시차임기제를 통하여 집중투표제도의 효용을 감소시키는 방안에 대한 개선이 요구되며, 기관투자가를 포함한 소수주주의 활발한 의결권행사를 촉진하는 방안도 적극적으로 고려하여야 할 것이다.

---

52) 예컨대, 0.9%의 지분을 보유하고 있는 소수주주가 자본금 1천억 원 이상, 자산총액 2조원 이하의 회사에 대하여 이사후보에 대한 주주제안은 할 수 있으나, 집중투표를 청구할 수 없게 된다.

상법상 의결권대리행사의 문제점에 관한 소고

출전: 기업법연구 제19권 제1호

안 성 포*

제1절 서 론

상법 제368조 제2항에 의하면, “주주는 대리인으로 하여금 그 의결권을 행사하게 할 수 있다. 이 경우에는 그 대리인은 대리권을 증명하는 서면을 총회에 제출하여야 한다.” 이 규정은 의결권의 행사는 주식회사의 의사결정에 참여하는 주주의 의사를 표시하는 것이므로 반드시 주주가 스스로 총회에 출석하여 이를 행사할 필요는 없고, 대리인에 의하여도 행사할 수 있음을 의미하는 것으로 이를 정관으로 금지하거나 제한할 수 없는 강행규정으로 해석하는 것이 통설적인 견해이다.[1] 이러한 의결권대리행사는 주주가 스스로 총회에 출석하여, 질문·토론·제안에 참가할 수 없는 경우에 그 대리인으로 하여금 자기의 의결권을 행사시킴으로써 주주가 가지는 회사의 지배권능을 실효성 있게 보장하여 주는 것이므로 주주의 이익을 위하여 유익한 제도이다. 한

* 전남대학교 법학전문대학원 교수.

1) 이철송, 회사법강의, (박영사, 2013), 520면; 권기범, 현대회사법론, (삼영사, 2012), 616면; 최준선, 회사법, (삼영사, 2004), 335면; 정준우, “주주의 의결권 행사방법의 편의성 제고와 그 문제점”, 법학연구 제13집 제3호 (인하대학교, 2010. 12), 5~6면.

편 주식의 소유가 분산되어 주주수가 많아지면 회사경영에 관심이 없는 투자주주가 생기고 이들은 회사가 필요로 하는 주주총회결의의 성립을 방해할 정도로 증가할 수 있다. 이 경우에 회사는 적극적으로 의결권의 대리행사를 권유하여 주주총회결의의 성립을 위한 정족수를 확보할 수 있어 회사의 이익을 위한 제도로도 설명된다.

그러나 상법 제368조 제2항은 의결권의 대리행사와 관련하여 그 법적 근거와 전제조건인 대리권의 수여를 증명하는 서면의 제출에 대해서만 규정하고 있고, 대리인의 자격 또는 대리권의 내용 등 주주와 대리인의 관계에 대하여는 아무런 규정을 두고 있지 않아 다양한 해석이 가능하게 되어 있다. 특히 의결권을 행사하기 위해 제출해야 되는 서면, 이른바 위임장의 경우에 그 기재사항 중에서 대리인의 지정이나 표결에 관한 사항을 대리인, 회사 또는 임원들에게 백지로 수권하는 경우가 실무상 발생하기도 하는데, 이러한 백지위임장은 주주의 의사가 대리인에 의하여 왜곡될 수 있고, 경영자지배의 폐해를 발생하게 할 수 있다. 여기서 의결권대리행사에 대한 정확한 이해와 그 이론적 고찰을 통하여 의결권대리행사에서 생기는 문제점을 해결하기 위한 기준을 상법상 마련할 필요가 있다.

제 2 절 대리인의 자격

1. 발행회사는 의결권행사의 대리인이 될 수 있는가?

(1) 문제제기

상법은 의결권의 대리행사에 있어서 대리인의 자격에 관하여 특별한 제한을 두고 있지 않다. 그리하여 제한무능력자나 법인도 대리인이 될 수 있다. 그렇지만 발행회사 그 자신은 주주의 의결권을 대리하여 행사할 수 없다는 견해가 유력하다.[2] 만약 이를 허용하게 되면 상법 제369조 제2항과 달리 사실상 회사가 보유한 자기주식에 대해 의결권의 행사를 인정하는 것과 같게 되고,

2) 이철송, 위의 책, 521면.

또한 대리인인 회사가 위임인인 주주의 의사와 다르게 의사표시를 하더라도 주주총회의 결의에는 아무런 영향이 없다는 점을 이용한 남용의 가능성이 크기 때문이라고 한다.[3)]

그러나 상법상 자기주식의 의결권을 휴지시키는 것과 발행회사가 의결권 행사의 대리인이 되는 것은 별개의 문제로 보아야 한다. 회사가 자기주식의 의결권을 행사하는 방식은 자기명의의 주식, 즉 회사 자신이 본인이 되어 본인의 의결권을 직접 행사하는 것이지 대리인의 자격으로 의결권을 행사하는 것이 아니라는 점에서 "회사는 의결권의 대리인이 될 수 없다"라는 부정설의 논거가 될 수 없다. 회사의 대리권 남용에 대한 우려도 주주와 회사 사이에서만 발생하는 특수한 문제가 아니고 일반적인 본인과 대리인 간에도 발생할 수 있는 대리인의 권한남용의 문제로 볼 수 있다는 점에서 이 또한 부정설의 논거가 될 수 없다. 더욱이 실무상 발행회사가 백지위임장을 수여받는 경우도 있고, 발행회사 자신이 위임장을 권유하여 대리인이 되는 경우도 가능하기 때문에 이들을 입법적으로 금지하지 않는 이상 발행회사가 의결권행사의 대리인이 될 수 없다고 해석하는 것은 이미 실무상 이용되고 있는 발행회사의 위임장권유와 백지위임장의 문제점을 해결할 수 있는 대안이 될 수 없는 것으로 보인다.

(2) 전자투표제도와 입법상의 균형

가. 전자투표제도의 개관

상법은 주주가 주주총회에 출석하지 않고 의결권을 행사할 수 있는 방법으로 서면투표(제368조의3) 외에 전자투표를 허용하고 있다(제368조의4, 동법시행령 제13조).[4)] 회사가 전자투표를 채택할 경우에 주주총회 소집통지를 할 때에는 전자적 방법으로 의결권을 행사할 수 있음을 통지하여야 하고(제368조의4 2항), 주주총회의 소집의 통지나 공고에 전자투표를 할 인터넷 주소, 전자투표를 할 기간, 기타 전자투표에 필요한 기술적인 사항을 포함하여야 한다(동법시행령 제13조 2항). 그리고 회사는 의결권행사에 필요한 양식과 참고자료를 주주

3) 정준우, 앞의 글, 9면.

4) 이철송, 앞의 책, 550면; 김순석, "주주총회 의결권 행사의 활성화 방안 -전자위임장권유제도 및 전자투표를 중심으로-", 기업법연구 제28권 제4호, (한국기업법학회, 2014. 12), 214면 이하.

에게 전자적 방법으로 제공하여야 한다(제368조의4 3항). 회사는 전자투표의 효율성 및 공정성을 확보하기 위하여 전자투표를 관리하는 기관을 지정하여 주주 확인절차 등 의결권 행사절차의 운영을 위탁할 수 있다(동법시행령 제13조 4항). 회사, 전자투표관리기관 및 전자투표의 운영을 담당하는 자는 주주총회에서 개표가 있을 때까지 전자투표의 결과를 누설하거나 직무상 목적 외로 사용해서는 아니 된다(동법시행령 제13조 5항).

나. 전자위임장권유방식의 차용

상법상 회사가 전자투표를 채택한 경우, 회사 스스로 전자투표 시스템을 구축하여 운영하거나 전자투표관리기관과 업무위탁계약을 체결하여야 한다. 이러한 절차상의 결과를 가지고 상법이 의결권행사의 대리인으로서의 자격을 회사에게도 인정한 것으로 해석할 수 있는지 살펴 볼 필요가 있다.[5)]

전자투표의 흐름을 상정해 보면, 회사가 주주에게 전자투표의 시행을 통지하고, 인터넷을 통해 첨부된 의결권행사를 위한 양식(예를 들면, 투표용지)과

5) 독일에서는 2001년 1월 25일 “기명주식과 의결권행사의 간이화를 위한 법률”(Das Gesetz zur Namensaktie und zur Erleichterung der Stimmrechtsausübung, 약칭하여 NaStraG)에 의한 주식법(Aktiengesetz) 개정 이전에는 회사에 의한 의결권의 대리는 원칙적으로 인정되지 않았다. 다만, 예탁금융기관의 경우에 예탁금융기관에 의한 의결권의 대리만이 제한적으로 인정되고 있었다(주식법 제135조 1항). 자기주식에 대하여 의결권을 인정하지 않고 있는 주식법 제71조b와 제71조d와의 균형상 회사 자신은 주주의 의결권을 대리하지 못하는 것으로 보았다. 그러나 오래 전부터 주식법 제135조 제1항의 규정이 예탁금융기관이 아닌 일반 회사의 관리의결권(Verwaltungsstimmrecht, 미국의 proxy voting과 유사한 개념)을 부인하는 것인지 또는 주주의 개별적인 지시가 있는 경우에는 이 규정을 유추 적용할 수 있는 것인지에 대한 논의가 있어 왔다. 이 문제는 회계감사회사를 통하여 유상으로 의결권을 대리하게 한 독일 텔레콤의 사례(OLG Karlsruhe, ZIP 1999, 750, 752)를 통하여 관심을 불러 일으켰고, 2000년 주총시즌에는 많은 주식회사들이 주주총회를 위한 새로운 서비스의 일환으로 의결권대리행사를 담당하는 협력자들을 지정하기도 하였다. 또한 새로운 기술을 이용하여 간단하게 회사가 지정한 대리인에게 대리권을 수여하는 인터넷 투표(Internet-Voting)가 실행되어 지기도 하였다. 이와 같이 실무상 이미 이용되고 있었던 회사 자신의 의결권대리인을 미국법상의 위임장투표(proxy voting)와 같이 주식법상의 제도로 인정하여 표결방법을 실무에 적합하게 할 필요성이 제기되었다. 2001년 NaStraG는 회사가 의결권대리인을 지정할 수 있는 조문을 신설함으로써(주식법 제134조 3항 5문) 회사 자신도 주주의 의결권을 대리할 수 있게 되었다. 회사대리인은 성격상 다수의 주주들을 대상으로 대리행위를 제공하게 되므로 사실상 독일주식법 제135조에서 말하는 금융기관(Kreditinstitute)이라고 할 수 있다. 금융기관에 의한 의결권의 행사에 관한 규정(독일주식법 제135조 제1항 내지 7항)은 동조 제9항에 의하여 주주단체(Aktionäsvereinigung)와 주주총회에서 의결권을 행사하기 위하여 영업적으로(geschäftsmäßig) 주주에 대하여 권유하는(erbieten) 자에게 준용된다(안성포, “주주 의결권의 대리행사 -2001년 독일 NaStraG를 중심으로-”, 경영법률 제12권, (한국경영법률학회, 2001), 259~260면). 이에 대한 독일의 異說을 소개한 국내문헌으로는 이철송, 앞의 책, 521면 각주 1); 권기범, 앞의 책, 616면 각주 232).

참고서류를 열람한 주주는 인터넷을 이용한 전자적 방식으로 투표용지를 인터넷 주소(회사 또는 전자투표관리기관)로 보내게 된다. 이러한 흐름은 사실상 의결권권유자가 주주에게 위임장을 보내 의결권의 위임을 권유하고 주주가 대리권을 수여하는 뜻으로 위임장을 반송함으로써 의결권의 대리행사를 목적으로 하는 위임장권유(proxy solicitation)제도를 전자적 방법에 의한 의사표시로 대체하는 전자위임장권유제도와 유사하다. 2014년 12월 자본시장법시행령은 의결권의 대리행사를 권유하는 방법으로 인터넷 홈페이지를 이용하는 방법을 추가하였는데(동법시행령 제160조 제5호), 이에 따라 상장회사는 전자위임장 권유 관리기관 또는 자신의 홈페이지에 위임장 용지 및 참고서류를 등록하고, 이를 주주총회의 소집통지를 할 때 주주에게 알려줌으로써 의결권 대리행사를 전자적으로 권유할 수 있게 되었다.[6)]

다. 의결권의 대리행사에 있어서 발행회사의 법적 지위

위임장의 권유는 권유자가 주주에게 위임장을 보내 의결권의 위임을 권유하고 주주가 대리권을 수여하는 뜻으로 위임장을 반송함으로써 의결권의 대리행사를 목적으로 하는 위임계약이 성립한다(민법 제680조). 이 때 위임장의 송부를 위임계약의 청약으로 보고 주주의 반송을 승낙으로 보아, 주주의 위임장 반송으로 위임계약이 성립하고, 이때부터 권유자에게 수임인으로서 의무가 발생한다고 보는 통설적인[7)] 입장에서 볼 때, 전자투표나 전자위임장권유에 있어서 발행회사의 법적 지위를 수임인으로 보고 주주가 회사에 의결권행사의 대리권을 수여하는 모습으로 법리구성을 하는데 무리는 없어 보인다.

우리 민법의 태도나 해석론은 위임과 대리를 구별하고 있지만, 그것은 법률상, 본질상 또는 관념상 위임과 대리가 별개의 것이라는 것뿐이다. 거래의 관행은 위임이 있으면 당연히 대리권의 수여가 따르는 것으로 생각하는 것이 일반론이다.[8)] 따라서 위임사무가 법률행위(또는 준법률행위)를 하여야 하는 것일 때에는, 그 사무처리에 있어서 제3자와 관계를 갖게 되는 한, 위임은 대리권의 수여를 수반하는 것으로 법리구성을 할 수 있다. 결론적으로 발행회사는

---

6) 김순석, 앞의 논문, 212면.
7) 이철송, 앞의 책, 528면.
8) 곽윤직, 채권각론, (박영사, 1977), 411면.

의결권행사의 대리인이 될 수 있다.[9)]

(3) 정관에 의한 대리인의 자격제한

가. 문제의 소재

상법상 대리인을 누구로 선임하여야 하는지에 대하여 특별히 정하는 바가 없으므로, 자연인뿐만 아니라 법인도 대리인이 될 수 있고, 제한무능력자라도 무방한 것이며, 대리인의 자격은 특별한 제한을 받지 않는다. 그러나 실무에서는 정관으로 대리인의 자격을 주주로 제한하는 경우가 많은데, 이러한 정관규정의 효력이 문제가 되고 있다. 이에 대하여 학설은, ① 이러한 제한도 가능하다고 보는 유효설, ② 이는 원칙적으로 유효한데 합리적인 이유가 있으면, 주주 아닌 자를 대리인으로 선임하는 것을 제한할 수 없다는 제한적 유효설, ③ 이것은 실질상 주주권을 제한하는 것으로서 일률적으로 무효라고 하는 무효설 등으로 전개되고 있다.

나. 학설개관

(가) 유효설

이 설에 의하면 의결권행사의 대리인의 자격을 주주로 한정함으로써 주주 이외의 제3자에 의하여 주주총회가 교란되는 것을 방지하여 회사의 이익을 보호할 수 있고, 대리인의 자격을 회사의 구성원으로 제한한다고 하여 주주의 의결권행사 자체가 제한되는 것은 아니므로 그 정도의 제한은 회사의 자치로서 인정된다고 한다.[10)] 이러한 정관의 규정은 회사가 주주 아닌 대리인에 의한 의결권행사를 거절할 수 있다는 의미로 해석하여야 하고, 회사가 주주 아닌 대리인에 의한 의결권행사를 거절하지 않고 대리행사를 시키는 것은 무방하다고 본다. 또한 유효설에 의하는 경우에도 그러한 정관의 규정은 임의대리에만 적용되는 것이므로, 무능력자의 대리인 등과 같은 법정대리인은 그러한 정관의 규정에도 불구하고 당연히 대리인이 될 수 있다고 한다.[11)]

---

9) 권기범, 앞의 책, 616면.

10) 정찬형, 상법강의(상), (박영사, 2001), 728면; 서헌제, 상법강의(상), (법문사, 2003), 749면; 최준선, 앞의 책, 336면.

11) 정찬형, 앞의 책, 729면; 같은 의미의 하급심 판례인 서울지방법원 2003. 11. 20. 판결 2001가합18662에서는 "정관에 대리인의 자격을 주주로 제한하였다고 할지라도 이는 외부인의 개입으로 주주총회의 질서가 문란해지는 것을 방지하려는 것이므로 회사가 적극적으로 주주 아닌 대

(나) 제한적 유효설

대리인의 자격을 주주로 제한하는 정관의 규정은 원칙적으로 유효하다고 하면서도, 이를 엄격하게 해석하여 예컨대, 주주가 회사인 경우에는 반드시 대표기관이 의결권을 행사해야 되는 것은 아니고, 회사의 직원 기타 종업원에 의한 의결권의 대리행사는 가능한 것으로 보며 또한 주주의 가족에 의한 대리행사도 가능한 것으로 보아야 한다는 입장이다. 위의 경우들은 순수한 위임에 의한 대리가 아니라 주주의 분신인 일종의 대행자로 보아야 할 것이기 때문이라고 한다.[12] 따라서 이 설은 유효설의 입장에 서면서도 대리인의 자격을 정관으로 제한하는 것에 합리적인 이유가 있는가의 여부 등 개개의 사례를 구체적으로 판단하여 유효한 것으로 하자는 입장이다. 우리나라와 일본 판례에 나타나고 있는 주요 논지로는 다음과 같은 경우를 들 수 있다.

① 의결권행사의 대리인을 주주로 한정하는 정관규정에 대하여 구일본상법 제239조 2항(일본회사법 제310조 1항, 우리 상법 제368조 2항에 해당됨)은 대리인의 자격을 제한하는 합리적인 이유가 있는 경우에는 정관의 규정에 의하여 상당하다고 인정되는 정도의 제한을 가하는 것까지 금지하는 것으로 해석하지 않고, 대리인을 주주로 한정하는 취지의 정관규정은 주주총회가 주주 이외의 제3자에 의하여 교란되는 것을 방지하여 회사이익을 보호하는 취지에서 인정된 것이므로 합리적인 이유에 의한 상당한 정도의 제한이 가능하다.[13]

② 주주인 지방공공단체, 주식회사가 그 직원 및 종업원에게 의결권을 행사시키는 경우 특별한 사정이 없는 한 주주총회가 교란되어 회사이익이 침해되는 위험은 없으며, 대리행사를 인정하지 않으면 사실상 의결권행사의 기회를 탈취하는 것과 같은 것이므로 사용인에 의한 의결권행사를 회사가 허용하는 것은 정관규정에 반하지 않는다.[14]

③ 자본금 1억엔, 주주 총 397명 그리고 주식양도제한이 불분명한 회사에

리인의 의결권행사를 허용하는 것은 무방하다"고 판시하고 있다.

12) 최기원, 신회사법론, (박영사, 1999), 438면; 임홍근, 회사법, (법문사, 2000), 376면; 정동윤, 회사법, (법문사, 2000), 336면.

13) 最高裁判所 昭和43年(1968年) 11月 1日 判決(民集 第22卷 12号 2402頁).

14) 대법원 2009. 4. 23. 판결 2005다22701·22718; 最高裁判所 昭和51年(1976年) 12月 24日 判決(民集 第30卷 11号 1076頁).

서 변호사에 의한 의결권 대리행사에 대하여, 주주 아닌 자에 의한 대리권행사를 제한하는 정관규정은 총회의 교란을 방지하는 것을 목적으로 하는 것 외에 주주총회가 그 구성원 만에 의하여 운영되어야 하는 회의체의 본질에 따른 것이므로 유효하고, 회사가 변호사에 의한 대리권행사를 거절한 것은 적법한 것이다.[15]

④ 공개회사에 대한 사안에서 주주총회의 대리인으로 선임된 자가 주주총회에 출석하여 의결권을 행사하여도 주주총회가 교란되는 등, 회사의 이익이 침해되는 위험이 없다고 인정되는 경우에는 구일본상법 제239조 2항(일본회사법 제310조 1항)의 본질로 돌아가 그 자에 의한 의결권행사가 인정된다는 일반론을 전개하여야 하며, 수임자인 변호사가 본인인 주주의 의도에 반하는 행동을 한다는 것은 보통 생각할 수 없으므로, 주주총회를 혼란케 할 위험이 있다고는 일반적으로 인정되지 않으므로 변호사에 의한 대리행사를 거절한 행위는 회사의 정관 규정의 해석을 잘못한 것이다.[16]

⑤ 피고회사의 정관은 의결권행사의 대리인을 주주로 한정하는 것으로 정하고 있으므로 피고가 정관에 의하여 주주가 아닌 변호사에 의한 주주권 대리행사를 거부한 것은 위법이 아니다. 주주총회에 주주가 아닌 대리인이 출석하는 경우에 그 자의 직종을 확인하여 총회에서 혼란을 야기할 위험이 없다고 판단할 명확한 기준이 없고, 주주가 아닌 대리인에 의한 권리행사를 실질적 기준에 의하여 결정하게 한다면, 경영진이 총회장의 입장여부를 차별적으로 판단하여 주주의 권리가 침해될 위험이 있으므로 원고의 주장은 전제가 잘못된 것으로 채용할 수 없다.[17]

(다) 무효설

이 설은 주주총회는 회사의 최고기관이며 주주의 의결권은 주주의 중요한 권리이므로 법률로 대리인 자격의 제한을 두지 않는 한, 그 행사의 자유는 존중되고 아울러 의결권행사에 있어서 대리인선임도 주주가 자유로이 정할 수 있어야 한다는 것을 전제로 하고 있다. 그러면서 오늘날 주식의 광범위한

15) 東京地方裁判所 昭和57年(1982年) 1月 26日 判決(判時 1052号 123頁).
16) 神戸地方裁判所 尼崎支部 平成12年(2000年) 3月 28日 判決(判タ1028号 288頁).
17) 宮崎地方裁判所 平成14年(2002年) 4月 25日 判決(金融·商事判例 1159号 43頁).

분산으로 주주의 총회출석이 지리적·시간적·경제적으로 어렵기 때문에 대리인에 의한 의결권행사의 실익이 있는 것인데, 대리인의 자격을 주주로 한정하는 경우에는 다른 주주 중에서 신뢰할 수 있는 주주 대리인을 구하지 못하는 경우에 그 주주는 의결권행사를 사실상 할 수 없게 된다는 점에서 부당하다는 것이다.[18] 또한 대리인자격을 주주로 제한하는 것은 결국 의결권대리행사의 기회를 감소시킬 뿐만 아니라 실제로 의결권대리행사의 적정한 이용을 저해함으로써 의결권대리행사를 부당하게 제한하는 결과를 초래하고, 이것은 특히 주식의 양도가 제한되고, 소수의 주주로 구성되는 폐쇄회사의 경우에 더욱 뚜렷한 제약이 될 수 있다는 것이다.[19]

그러면서 실무상 의결권대리행사에 백지위임장이 널리 이용되고 있는 것에 대하여, 주주 스스로 총회출석이 곤란하고 적당한 대리인의 선임이 현실적으로 어렵기 때문이라고 할 수 있으나 회사경영자에 의한 백지위임장의 이용으로 주주총회가 본래 가져야 할 기능이 현실적으로 상실되고 있는 점을 감안한다면, 백지위임장의 활용을 촉진할 수 있는 대리인의 자격제한은 피해야 할 것이라고 한다. 즉, 공개회사의 경우 대중 주주들 간에는 서로 모르는 것이 보통인데, 주주가 직접 출석하지 못할 처지라면 의결권행사를 포기하거나 회사에 대리인을 지정하지 않고 백지위임을 할 수밖에 없게 되므로, 대리행사를 권유하게 되는 경영자나 대주주에게는 유리하지만 주주의 의결권행사에 대하여는 중대한 제약이 된다는 것이다.[20]

(라) 검 토

① 상법 제368조 제2항의 강행규정성

유효설은 상법 제368조 제2항의 입법취지가 주주의 의결권 행사 기회를 보장하는 것인 만큼 주주가 아닌 자를 배제하는 정관규정이 의결권의 대리행사를 금지하지 않으면 되는 것이지 그 행사방법이나 절차 등은 정관의 임의적 기재사항으로 하여도 의결권의 대리행사를 부당하게 제한하는 것은 아니라고

18) 안동섭, 상법강의(II), (법률행정연구원, 1999), 330면.

19) 이범찬, “의결권행사에 관한 몇 가지 문제점”, 「상법학의 현대적 과제」 (단야서정갑박사고희기념논문집, 1985), 245면.

20) 이철송, 앞의 책, 521면.

한다.[21] 반면에 무효설에 의하면 의결권은 본래 대리행사가 가능한 것으로 상법 제368조 제2항은 단지 이 주주의 권리를 강행법적으로 확립한 것이라는 견지에서 대리인자격을 정관으로 제한하는 것은 무효라고 한다.[22]

생각건대, 상법 제368조 제2항이 주주의 권리를 강행법적으로 확립된 것으로 해석한다면, 의결권행사의 대리인 자격을 주주로 제한하는 정관규정은 주주의 권리를 제약하게 되므로 무효로 보는 것이 논리적으로 타당하다. 상법 제368조 제2항의 입법취지가 주주의 이익을 위하여 의결권의 대리행사를 보장하는 것인 만큼, 대리인의 자격을 주주로 한정하는 경우, 다른 주주 중에서 신뢰할 수 있는 주주 대리인을 지정하지 못하는 경우에 그 주주는 의결권행사를 사실상 할 수 없게 되는 것이고, 특히 공개회사의 경우 대중 주주들 간에 서로 지면이 없는 것이 일반적인데 주주가 직접 출석 못할 처지라면 의결권행사를 포기하거나 회사에 백지위임을 할 수 밖에 없게 되므로 대리행사를 권유하는 경영자나 대주주에게는 유리하지만, 주주의 의결권행사에 대하여는 중대한 제약이 되어 주주권을 침해하게 되므로 그러한 정관규정은 무효로 보아야 한다.

② 합리적 이유에 대한 판단의 실효성

제한적 유효설은 구체적인 사정이 회사이익을 해친다고 볼 수 있는 합리적인 이유가 있으면 대리인의 자격을 제한하는 정관규정은 유효하다고 보면서도 회사가 적극적으로 주주 아닌 대리인의 의결권행사를 허용하는 것은 무방하다고 본다.[23] 즉 회사가 인정하면 주주 아닌 대리인도 의결권을 행사할 수 있다는 입장이다. 따라서 주주총회에서 주주 아닌 대리인의 의결권행사는 회사의 인정여부에 달려 있게 된다. 무효설에 의하면, 대리인이 그 회사의 주주가 아니라는 이유로 회사가 의결권의 대리행사를 거부하는 경우에는 주주의 의결권행사에 대한 부당한 제한이 되므로 이 주주총회의 결의는 결의취소소송의 원인(상법 제376조 1항)이 될 것이다.

그러나 합리적 이유가 되는 비주주에 의한 총회교란은 오히려 합리적 이

21) Hüffer, Aktiengesetz, 9. Auflage § 134 Rd. 25.

22) Münchener Kommentar zum Aktiengesetz, 2. Auflage § 134 Rd 42; OLG Stuttgart WM 1990, 1159, 1160.

23) 서울지방법원 2003. 11. 20. 판결 2001가합18662.

유가 될 수 없을 수도 있다. 주식양도의 자유를 인정하고 있는 법제에서는 주식취득이 자유롭기 때문에 1주를 가진 주주가 총회에 참석하는 것을 근본적으로 막을 수 없는 것이고, 이 때문에 대리인을 주주로 제한한다고 하여 총회 교란이 방지된다고 기대할 수 없는 것이 현실이다. 또한 비주주가 주주의 대리인으로 총회에 참석하는 것이 회사에 이익이 되지 않는다고 하는 것은 주주를 대리인으로 하는 경우에도 회사에 이익이 되지 않는다고 생각하는 자가 있을 수 있기 때문에 실질적 차이를 인정하기가 어렵다. 또한 비주주가 주주의 대리인으로 참석할 때에 총회를 교란할 위험이 없다는 사정 등의 합리적 이유를 회사가 판단하여야 하는데, 이를 판단하는 것은 사실상 어려울 뿐만 아니라, 오히려 회사의 경영진이 이를 자의적·차별적으로 판단한다면 항상 주주에게 불리한 결과만을 초래하게 될 것이다. 만약 경영진이 자의적·차별적으로 의결권의 대리행사를 인정하거나 거부한다면 이는 결의취소소의 원인이 될 것이고 이는 주총결의의 법적 안정성을 침해하게 되는 것이다.

일본의 판례에서도 회사가 합리적 이유를 판단하는 것에 대하여 일관된 논지를 전개하지 못하고 있다. 주주가 아닌 변호사가 대리인으로 선임된 사건을 다룬 2002년도 미야자키(宮崎) 지방재판소의 판결에 의하면, 의결권행사의 대리인을 주주로 한정하는 정관규정은 구일본상법 제239조 2항(우리 상법 제368조 제2항에 해당)에 위반하지 않는 것으로 보면서, 주주총회를 교란시킬 위험이 없는 직업의 종사자이면 주주가 아닌 자라도 총회장의 입장을 허용하여야 한다는 원고의 주장에 대하여, 회사가 비주주의 직종을 확인하여 총회를 교란하는 위험의 유무에 대하여 개별적·구체적으로 판단하여야 한다면, 원만한 총회운영을 저해할 위험이 증대하므로 비주주 대리인에 의한 권리행사의 가부에 대하여 실질적인 기준을 가져 오는 해석은 옳지 않다고 판시한바 있다. 이것은 주주총회가 교란될 위험이 없다고 인정된 경우에는, 주주 아닌 변호사인 대리인의 의결권 행사를 허용하는 것으로 정관규정을 한정 해석하여야 한다는 아마가사키(尼崎)支部의 2000년도의 판결과 대립되는 것이다. 그리고 아마가사키(尼崎)支部 판결과 같이 변호사에 의한 대리행사를 인정하여야 한다고 하면, 변호사 이외의 다른 직종의 자는 어떻게 판단하여야 할 것인지, 또한 변호사라 하여 총회를 교란할 위험이 절대적으로 낮다고 볼 수 있는 것인지, 실무상의 혼란을 가져 올 수 있다는 비난을 피할 수 없을 것이다.

③ 폐쇄회사와 공개회사 구분의 불필요성

일본 판례는 폐쇄적 회사에 대해서는 유효설과 같이 정관규정의 획일적 적용을 인정하고, 공개회사에 대해서는 정관규정의 한정 해석을 인정하면서 폐쇄회사와 공개회사에서의 주주 아닌 대리인이 의결권을 행사할 수 있는 합리적 이유에 대한 판단유무를 달리하고 있다. 즉, 정관규정에 의한 주식양도가 제한되는 폐쇄회사는 제3자가 회사운영에 관여하는 일이 없도록 주식양도 제한이 인정되고 있으므로 그 취지를 충실히 반영하여, 주주 아닌 대리인에 의한 의결권행사의 허용여부에 대한 개별적, 구체적 판단은 필요하지 않고, 정관규정은 획일적으로 적용되어야 한다는 것이다. 그러나 공개회사의 경우에는 주주총회의 대리인으로 선임된 자가 주주총회에 출석하여 의결권을 행사하여도 주주총회가 교란될 위험이 없다고 판단되는 경우에 한해서 그 자에 의한 의결권행사가 인정된다는 것이다.

생각건대 주식양도의 제한규정(상법 제335조 1항)과 의결권의 대리행사(상법 제368조 2항)의 입법취지는 다른 것이고 상관관계도 없다고 본다. 즉, 주주권의 양도를 제한하는 것과 주주권의 행사제한을 동일선상에서 판단할 수 없다는 생각이다. 따라서 주식양도제한회사에서 비주주의 경영관여를 방지하기 위한 것을 주주 아닌 대리인에 의한 의결권 행사를 제한하는 정관규정의 유효성을 지탱하는 근거로 볼 이유는 없다. 대리인은 본인인 주주의 주총의안에 대한 지시에 따라 의결권을 행사하여야 한다는 것은 일반론이기 때문이다. 그렇다면 제한적 유효설의 입장에서는 폐쇄회사나 공개회사의 구분없이 합리적 이유를 회사가 판단하여야 하는 것이지만, 그것은 위에서 살펴본 바와 같이 실효성과 객관성을 보장할 수 없다는 것이 문제가 된다.

④ 소 결

결론적으로 대리인의 자격을 주주로 한정하는 정관의 규정은 유효설과 제한적 유효설이 내세우는 실효성을 보장할 수 없으며, 주주에게만 불리한 결과를 가져오는 해로운 규정으로 될 가능성이 농후하므로 이를 무효로 함이 타당하다. 상법 제368조 2항은 의결권의 대리행사를 강행법적으로 보장한 규정이므로 상법에 제한규정을 두지 않는 이상 누구든지 대리인이 될 수 있는 것임을 인정하여야 할 것이다.

제 3 절 의결권대리행사의 요건

1. 대리권의 증명

의결권을 대리행사하기 위해서 주주의 대리인은 그 대리권을 증명하는 서면을 회사에 제출하여 대리인 자격을 증명하여야 한다(상법 제368조 2항 2문). 이때의 서면을 일반적으로 위임장(proxy)이라고 한다. 이 규정의 목적은 대리권의 존부에 관한 법률관계를 명확히 하여 주주총회 결의의 성립을 원활하게 하기 위한 것이다. 따라서 위임장은 위조나 변조 여부를 쉽게 식별할 수 있는 원본이어야 하고 특별한 사정이 없는 한 사본은 그 위임장에 해당하지 않는다.[24] 추후 대리권의 존부에 관한 다툼이 생길 경우 회사에게 위험부담을 주어서는 안 되기 때문이다.[25]

위임장의 작성방법에 대해서는 상법에 명문규정이 없으므로 주주가 누구에게 의결권 대리행사권한을 수여한다는 뜻을 기재하고 기명날인한 것이면 충분하다고 볼 수 있다. 따라서 법정대리인은 대리권 발생의 원인된 사실을 입증할 수 있는 서면을 제출하여야 하며,[26] 임의대리인은 주주가 대리권을 수여하는 뜻을 담은 서면을 제출하면 되는 것이다. 보통은 회사가 작성한 정형화된 위임장을 제시하나, 다른 서면으로 증명하더라도 무방하다.[27]

---

24) 대법원 1995. 7. 28 판결 94다34579.

25) 이철송, 앞의 책, 524면.

26) 임홍근, 앞의 책, 378면; 이 경우에 법정대리인은 호적등본 기타의 적절한 방법에 의하여 대리권을 증명하면 충분하다고 한다.

27) 宮崎地方裁判所 平成14年(2002年) 4月 25日 判決(金融 ·商事判例 1159号 431頁); 대리인이 제출한 주주 작성의 위임장을 私製 위임장이라는 이유만으로 신고인감과의 대조 등 진정여부의 확인을 하지 아니하고 접수를 거절한 사안에서, “의결권의 대리행사에 私製 위임장을 사용할 수 있는 것으로 확인하고, 회사는 私製 위임장이 제출된 때에는 제출자에 대하여 인감증명의 제출을 요구하거나, 신고인감과의 인영대조를 하는 등 작성명의가 진정한 것임을 확인하기 위한 수단을 이용하고, 그래도 확인할 수 없는 경우에는 비로소 대리인의 입장을 거부할 수 있다”라고 하였다. 私製 위임장의 효력에 대하여 본 판결은 유효하다는 것을 전제로 하고 있다.

위임장의 진정여부에 대한 조사는 소지인의 대리인자격을 증명하고 회사의 면책을 가져오는 데 중요한 역할을 하게 된다. 위임장의 진위를 조사할 의무는 회사가 부담하므로 대리인자격을 부정하는 입증책임도 회사에 있다. 조사는 위임장에 날인한 인감과 주주가 회사에 신고한 인감의 동일성을 대조·확인하는 것이다. 만일 위임자인 주주가 회사에 제출한 인감과 위임장의 인감이 일치하는 경우에는, 그 위임장은 진정한 것으로 추정되며, 회사 측에서 그 진정한 것이 아님을 입증하지 아니하는 이상, 회사는 그 위임장을 진정한 것으로 취급함으로써 면책되는 것으로 보아야 한다. 따라서 그 자가 실은 대리권이 없었다고 하더라도 주총결의의 하자로는 되지 않는다. 한편 위임장에 날인된 인감과 신고된 인감이 다른 경우에도, 대리인이 다른 방법으로 위임장의 진정함을 입증한다면 회사는 대리권의 행사를 거절할 수 없다고 보아야 할 것이다. 그러나 실무상 위임장의 총회제출은 총회개최 직전에 집단적으로 이루어지므로, 대량의 위임장을 단시간 내에 그 조사나 인감조회를 하는 것은 실제로 곤란하기 때문에 회사로부터 송부된 위임장용지에 주주의 기명날인 또는 서명이 있는 이상, 일단 주주가 진정으로 작성한 위임장으로 취급하는 것이 통례이다. 위임장의 진부에 관하여 특히 의심할 만한 사정이 없으면 간단한 조사에 의하여 의결권을 행사하게 한 경우에도 원칙으로 회사는 면책되는 것으로 해석되어야 한다(민법 제470조 참조).[28]

2. 총회별 대리권의 수여여부

대리권을 행사하기 위해서는 일본 회사법의 경우 매 총회마다 대리권의 수여를 필요로 한다는 명문규정을 두고 있으나(일본회사법 제310조 2항), 우리 상법은 그러한 규정을 두고 있지 않아 1회의 대리권 수여로 장래 개최될 여러 개의 총회에 대한 포괄적 수권이 가능한 것인지, 아니면 매 총회마다 위임장의 제출이 필요하다고 보아 총회별로 대리권을 수여하여야 하는 것인지 해석상 문제가 되고 있다.

28) 임홍근, 앞의 책, 379면.

(1) 총회별 대리권수여 불필요설

이 설에 의하면, 은행, 신탁회사 등에 의하여 관리를 받고 있는 회사 등의 경우에는 포괄적인 위임장을 이용하는 것이 실질적으로 편리하고 또 필요하므로 포괄적인 위임장의 제출을 인정하여야 한다고 본다.[29] 실제에 있어서도 외국인 주주의 경우에는 1회의 수권행위로 국내에 상임대리인을 두는 것이 부득이하므로 합리적인 범위 내에서 포괄적 위임장의 제출이 가능하다고 한다.[30]

(2) 총회별 대리권수여 필요설

이 설에 의하면, 대리권은 총회별로 수여되고 증명되어야 한다. 수개의 총회에 걸쳐 대리할 수 있다면 우리법상 인정되지 않는 의결권의 신탁을 사실상 가능하게 하고, 극단적인 경우 예컨대, "회사가 존속하는 동안 대리할 수 있다"는 식으로 대리권을 수여한다면 사실상 주주지위에서 분리하여 의결권만을 양도할 수 있다는 결과가 되는 것이며, 또한 한 통의 위임장에서 수 개의 총회에 포괄적으로 대리권을 수여하는 것은 이사 등에 의하여 회사가 지배수단으로 남용할 우려가 있다고 한다.[31] 따라서 의안별로 대리권을 수여할 필요까지는 없지만, 적어도 총회별로 대리권이 주어져야 한다는 것이다.[32]

(3) 검 토

생각건대, 대리권의 수여는 주식회사가 다수주주를 전제로 하고 있으므로 법률관계를 명확히 하고 원활한 총회운영을 위해서 위임장을 총회마다 회사에 제출하도록 하는 것이 근본적으로 타당하다. 위임장을 총회마다 제출하게 함으로써 회사 경영자가 수회의 총회에 걸쳐서 효력을 가지는 이른바 포괄적 위임장을 모아 자기들의 지위확보를 위하여 남용하는 것을 방지하고, 주주가 당해 총회에 부의된 의제나 의안의 요령에 따라서 대리인의 행동방향을 지시할 수 있어야 하기 때문이다. 그렇다면 이 문제는 포괄적인 위임장을 '인정

---

29) 정찬형, 앞의 책, 729면; 최준선, 앞의 책, 337면; 최기원, 앞의 책, 591면.
30) 권기범, 앞의 책, 619면.
31) 임홍근, 앞의 책, 378면.
32) 이철송, 앞의 책, 525면.

한다', '부정한다'의 문제가 아닌 의결권의 대리행사에 있어서 주주의 의사표시가 실질적으로 작용할 수 있게 하고, 회사경영자의 자의적 의결권행사를 방지하는데 초점을 맞추어야 한다.

이와 관련하여 금융위원회에서 소관하는 자본시장과 금융투자업에 관한 법률(이하 '자본시장법'이라 한다), 동법시행령, 동법시행규칙, 증권의 발행 및 공시에 관한 규정에서는 상장주권의 의결권대리행사의 권유와 관련하여 위임장에 관한 몇 가지 규제 장치를 두고 있다. 첫째, 의결권권유자는 의결권피권유자에게 주주총회의 목적사항 각 항목에 대하여 피권유자가 찬부를 명기할 수 있게 된 위임장용지와 참고서류의 교부에 의하여 권유하여야 한다(자본시장법 제152조 1항, 4항, 동법시행령 제160조, 제163조, 동법시행규칙 제18조, 증권의 발행 및 공시에 관한 규정 제3-15조). 의결권권유자는 위임장 용지에 나타난 의결권피권유자의 의사에 반하여 의결권을 행사할 수 없다(자본시장법 제152조 5항). 이들 규정은 가급적 주주의 명시된 의사를 반영시킴으로써 위임장제도가 경영자 지배의 수단을 막기 위한 것이다. 둘째, 의결권권유자는 권유에 앞서 피권유자에게 위임장용지와 참고서류에 필요한 사항을 기재하여야 한다(자본시장법 제152조 6항, 동법시행령 제163조). 이들 규정은 주주가 찬반의 판단을 위한 정확한 정보를 이용할 수 있게 하고 주주의 합리적 판단에 의한 실질적인 의결권 행사를 가능하게 하고, 나아가 주주총회의 형해화를 방지하는 것을 목적으로 한다.

이러한 자본시장법상의 위임장에 관한 규제규정은 최소한 그 적용을 받는 상장주권의 경우에 포괄적 위임장이란 개념을 사실상 무의미한 것으로 만든다. 자본시장법상 의결권권유자가 교부하는 위임장은 의안에 대한 찬부를 기재할 수 있는 양식이어야 하므로 매 총회마다 의안은 달라지게 되고, 대리인은 새로운 위임장을 매 총회에 제출해야만 된다. 설령 주주가 대리인을 지정하지도 않고, 찬부의 표기도 없이 정형화된 위임장에 단지 기명날인한 백지위임장을 반송하였다 하여도 그것은 포괄적 위임장이 아닌 특정주주총회에만 제출되는 1회용 위임장인 것이다.

또한 자본시장법의 규제를 받지 않는 위임장에 의한 대리권 행사에 있어서도 주주가 대리인을 지정하고 그 대리인이 의안에 대하여 주주가 지시한대로 표결할 것을 승낙하면 주주와 그 대리인의 관계는 위임에 의하여 처리된다. 따라서 대리인은 최소한 주주가 지시한 내용에 따라서 의결권을 행사할 의무가 있다고 본다. 또한 상법이 위임장의 제출을 서면으로 강제하고 있는 것은 회사가 의결권대리인의 자격을 용이하게 판단하기 위한 것이다. 이들 역시 특정총회를 위한 1회용 위임장을 전제로 하는 것으로 보아야 한다.

독일 주식법(Aktiengesetz)의 경우에, 2001년 1월의 NaStraG에 의하여 종래 예탁금융기관의 의결권대리행사시 그 유효기간을 15개월로 제한하던 규정이 삭제되었는데, 이것으로 고객이 예탁은행에 대하여 의결권행사에 대한 영구적 대리권(Dauervollmacht)을 부여할 수 있게 되었다.[33] 이것을 근거로 독일 주식법이 여러 개의 주주총회에 대한 포괄적인 대리권의 수여를 인정하고 있는 것으로 설명할 수 있을 것이다.[34] 그러나 독일 주식법 제135조 제1항 6문에서 금융기관이 예탁주식의 의결권을 대리행사하기 위해서는 금융기관으로 하여금 주주는 언제든지 대리권의 수여를 철회할 수 있다는 것과 금융기관 이외에 다른 방법으로 의결권을 대리할 수 있다는 가능성에 대하여 규정함으로써, 주주가 영구적 대리권의 수여로부터 구속을 받지 않도록 하고 있다. 또한 독일 주식법 제134조 3항에서는 구체적으로 회사가 지정하는 대리인에 대한 수권의 경우에 1회의 주총을 위하여 대리권이 수여되는 것을 전제로 하고 있다. 즉, 주주가 대리인에게 개별사안에 대하여 지시할 수 있는 가능성이 주어져 있어야 하고, 주주의 다른 지시가 없다면, 대리인은 회사의 제안에 따라 표결할 수 있다는 것을 대리권행사의 요건으로 한다.[35] 독일 주식법의 경우에 예탁금융기관에 대한 영구적 대리권의 수여가 가능하지만 그것은 대리인이 주주의 지시에 따라 의결권을 행사하게 되는 장치 하에 가능한 것임을 알 수 있다.

---

33) Seibert, Urlich, Die Stimmrechtsausübung in deutschen Aktiengesellschaften, AG 10/2004, S. 530.

34) 권기범, 619면 각주 256).

35) Hüffer, Aktiengesetz, 9. Auflage, § 134 Rn. 26b.

3. 상법상 백지위임장에 대한 규제의 필요성

(1) 백지위임장에 의한 의결권권유의 폐해

비상장주권의 경우에도 의결권의 대리행사는 백지위임장에 의한 의결권 대리행사의 권유에 따른 경우가 많다. 즉 의결권권유자는 주주총회의 소집통지를 주주에게 할 때 위임장 용지도 교부하고 주주가 총회에 출석하지 않을 경우에는 위임장용지에 기명날인하여 백지위임장으로 권유자에 제출하도록 권유하기도 한다. 이 때 총회에 출석하지 않는 주주는 권유자의 권유에 응하여 위임장용지에 기명날인만 하여 백지위임장으로 권유자에 반송하는 것이 통례이다. 따라서 권유자는 반송된 백지위임장으로 적당한 자를 대리인으로 지정하여 의결권을 대리행사 시킬 수 있다.[36)]

이와 같은 형태의 위임장권유를 방임하게 되면 권유자는 찬부를 기재하지 않는 위임장용지와 허위기재를 포함하는 참고서류를 사용하거나 또는 권유에 의하여 모은 위임장을 위법하게 처리하여 주주총회의 결의를 현저하게 불공정하게 할 우려가 있다. 상법은 이에 대하여 아무런 규정을 두고 있지 않다. 다만 위에서 살펴본 바와 같이 상장주권의 경우 자본시장법과 동법시행령 및 증권의 발행 및 공시에 관한 규정 등에서 위임장권유라는 사실행위를 규제하고 있지만, 비상장주권의 경우에는 이들 법령이 상법 제376조 제1항의 총회 소집절차 또는 결의방법의 법령에 해당되지 않으므로 자본시장법과 그 부속 법규의 위반은 주주총회의 결의취소원인이 되지 않는다.[37)] 위임장양식에 관한 아무런 규정이 없는 비상장회사에서 백지위임장에 의한 권유가 행하여진다면 그 주총결의는 더욱 불공정하게 될 가능성이 농후해질 것이다.

36) 이철송, 앞의 책, 525면; 이 경우에는 회사가 복임권을 행사한 것으로 보거나(민법 제120조) 아니면 주주가 권유자에게 자신의 대리인을 선임할 것을 위임하고 권유자가 이를 수행한 것으로 볼 수도 있다. 어떻게 보든 권유자가 지정한 대리인이 주주의 대리인이 된다는 점에서 차이가 없다고 한다.

37) 다른 견해로 김건식, 증권거래법, (두성사, 2004), 237면; 증권거래법의 적용을 받는 상장법인과 코스닥상장법인의 경우에 위임장권유는 법률상 반드시 요구되는 절차는 아니지만 주주의 의사형성에 영향을 주는 절차라는 점에서는 법률상의 절차인 소집이나 결의방법과 차이가 없으므로 결의취소사유에 해당한다고 본다.

(2) 서면투표제도와 입법상의 균형

상법 제368조의3이 규정하고 있는 서면에 의한 의결권행사는 총회결의의 성립을 용이하게 하는 동시에 死票를 방지하여 가급적 전체주주들의 의사를 집약할 수 있게 한다는 점에서 의결권의 대리행사와 유사한 제도이다.[38] 서면투표를 위임장권유와 비교할 때, 주주 본인이 주주총회에 출석하지 않고 의결권을 행사하는 수단이라는 점에서 공통되지만, 서면투표의 경우에는 주주가 주주총회에 출석하지 아니한 채 총회 밖에서 직접 의결권을 행사하는 제도인데 반해, 위임장권유는 대리인이 주주를 대신하여 주주총회에 출석하여 의결권을 행사하는 제도라는 점에서는 양자가 다르다고 할 수 있다. 그러나 이 점을 제외하고 절차적인 측면에서 보면 상법상의 서면투표와 자본시장법상의 위임장권유는 별 차이가 없다. 서면투표의 경우 회사가 주주에게 의결권행사에 필요한 서면(서면투표용지)과 참고자료를 첨부하면(상법 제368조의3 2항) 주주는 서면투표용지에 각 의안별로 찬부를 기재하여 이를 회사에 반송하는 형태로 의결권을 행사하게 된다. 이에 대해 위임장권유의 경우에는 의결권권유자가 피권유자에게 위임장용지와 참고서류를 교부하면, 피권유자는 위임장용지에 찬부를 기재하여 이를 권유자에게 반송하는 형태로 의결권을 행사하게 된다(자본시장법 제152조 1항, 4항, 동법시행령 제160조, 제163조, 증권의 발행 및 공시에 관한 규정 제3－15조). 이러한 외형상의 차이에도 불구하고 실제 절차면에서는 별 차이가 없는데, 그 이유는 명칭만 다를 뿐 실제 기능면이나 서류의 전달대상(주체)이 같기 때문이다. 즉 ① 서면투표에 있어서 「서면투표용지」 및 「참고자료」는 위임장권유의 「위임장용지」 및 「참고서류」에 상당하며, ② 서면투표에 있어서 「회사」는 위임장권유의 「권유자」에 해당하고, 그리고 ③ 서면투표에 있어서의 「주주」는 위임장권유의 「파권유자」와 동일인이기 때문이다.[39] 서면투표제도를 상법에 도입한 것은 위임장에 의한 주주의 의결권대리행사가 주주의 진정한 의사를 총회결의에 반영하는 데 있어서 만족한 결과를 가져오지 못한 데 그 원인이 있었다고 보아야 할 것이다. 그러나 서면투표제도를 상

38) 안동섭, 앞의 책, 347면 이하.

39) 권종호, “의결권행사의 전자화 등 전자주주총회 실현방안에 관한 연구”, 증권거래소 연구용역보고서, (한국증권법학회, 2004. 12) 65면.

법에 도입한 이후에도 백자위임장에 의한 의결권의 권유행위가 실무에서 사라지거나, 백지위임장의 폐해가 제거되지 않고 있다면, 자본시장법상의 위임장권유에 관한 규정을 상법에도 마련하여 상법의 적용을 받는 주식의 위임장권유를 서면투표제도와 상당하게 하는 것이 타당할 것이다.

(3) 백지위임의 효력

자본시장법과 달리 상법에는 위임장의 양식을 강제하는 규정이 없기 때문에, 실무상 위임장은 대리권수여의 뜻을 기재하고 주주의 기명날인 또는 서명만 있으면 충분할 것이다. 그렇다면 대리인이 지정되지 않은 백지위임장의 경우는 의결권대리행사의 권유의 문제로 본다고 하더라도, 대리인만을 지정하고 대리인에게 의결권의 행사 자체를 백지위임하는 경우에는 그 효력이 문제된다.

이에 대하여 위임과 대리를 구별하고 임의대리권의 발생 원인을 위임으로 보는 통설적인 견해에 의하면, 위임인(본인, 주주)이 수임인(대리인)에게 개별적 수권을 줄 수도 있고, 포괄적 수권을 줄 수도 있다는 것은 계약자유의 원칙에 비추어 당연하다 할 수 있다. 따라서 포괄적으로 주주권행사를 위임받은 자는 백지위임장을 소지함으로써 수임인으로서의 권한이 증명되고, 총회에 참석하여 그 백지위임된 주주권을 행사하고, 주총결의의 효력은 본인인 주주에게 미치게 된다. 문제는 백지위임을 받은 대리인이 포괄적 권한을 악용하여 주주나 회사재산에 불리하게 의결권을 행사하거나 기권해 버린 경우이다. 이에 대하여 판례는 "포괄적으로 위임을 받은 자는 그 위임인이나 회사재산에 불리한 영향을 미칠 사항이라고 하여 그 위임된 주주권행사를 할 수 없는 것이 아니다"라고 하면서 주주총회결의의 효력에는 아무런 영향을 미치지 않는다고 하였다.[40]

의결권의 대리행사제도는 일반적인 대리제도가 그러하듯이 주주 개인의 능력보완이나 사적 자치의 확장을 위하여 인정된 것이나, 백지위임의 경우에는 본래의 취지와 달리 '대리인 개인의 목적달성' 내지 '위임장의 私物化'가 생기게 될 위험을 항상 담고 있다. 여기서 의결권의 대리를 단순히 사법상의 거

40) 대법원 1969. 7. 8 판결 69다688.

래에 불과한 것으로 보고, 의결권대리권유와 달리 이론구성을 할 필요는 없다고 생각한다. 따라서 상법은 의결권의 대리를 주식회사의 지배구조상의 제도로 인식하여, 자본제공자인 주주의 의사가 최대한 회사의 의사에 반영되도록 할 의무가 있다. 즉, 백지위임을 원천적으로 막을 수 있는 장치가 상법에 필요한 것이다.

제4절 결 론

현행법상 주주총회에 출석하지 않는 주주가 의결권을 행사할 수 있는 제도로 상법상 의결권의 대리행사제도와 서면투표제도 및 전자투표제도 그리고 자본시장법상 의결권대리행사의 권유제도를 들 수 있다. 이들 제도는 모두 주주 본인이 주주총회에 출석하지 않고 의결권을 행사하는 방식이라는 점과 발행회사를 매개로 하여 의결권의 행사가 실행될 수 있다는 점에서 의결권행사의 대리라는 공통점을 가지고 있다. 이러한 의결권대리행사제도는 주주의 이익보호에 중점을 두는 미국과 달리 우리나라에서는 주주총회 운영의 편의를 도모하는 회사의 이익보호에 중점을 두고 있었다고 할 수 있다. 회사의 이익에 치중하는 그 동안의 입법과정에서 간과되었던 점으로 발행회사의 역할 내지 법적 지위의 문제점을 지적하지 않을 수 없다. 즉, 발행회사는 의결권을 대리할 수 없다는 점을 전제로 입법을 하였지만, 실무에서는 회사가 직접 의결권을 권유하거나, 제3자를 이용하여 권유하고, 백지위임장을 수령하는 형식으로 대리인의 역할을 수행해 왔다는 점이다. 향후에는 단순히 회사의 편의만을 고려할 것이 아니라 주주총회에서 주주의 의사가 실질적으로 반영될 수 있도록, 주주와 회사의 관계를 본인과 대리인의 관계로 직시하고, 본래 대리제도의 취지에 맞게 의결권을 행사하게 하는 방향으로 입법을 전개하여야 할 것이다.

주주총회에서 주주들의 의사가 제대로 반영될 수 있기 위해서는 첫째, 주주들이 안건에 관하여 제대로 의사형성을 할 수 있도록 충분한 정보를 갖고 있어야 한다. 둘째, 주주들의 의사를 정확히 반영할 수 있는 장치를 갖추어야 한다. 이러한 의사형성에 필요한 정보공시나 의사반영장치에 관하여 상법은 별로 규정하고 있는 바가 없다. 특히 의결권의 대리에 관하여는 상법 제368조 2항만을 규정하고 있을 뿐이다. 자본시장법에서는 상장주권에 한하여 주주에게 의결권의 대리행사를 권유하는 경우 일정한 공시의무와 아울러 위임장용지의 형식을 규정하고 있다. 이를 상법으로 수용하여 ① 위임장권유를 인정하는 규정을 신설하고 ② 주주의 찬부의 지시에 따라서 의결권을 행사하도록 하며 ③ 위임장처리 등에 관한 명문규정을 두며 특히, 회사 또는 회사에 의하여 위임장을 모으는 자격을 가지게 된 자에게 위임인을 기재하지 아니하고 반송하는 위임장에는 주주총회의 의장이 이사회가 제출한 의안에 찬성하는 의결권을 주주명의로 행사한다는 뜻을 명백하게 기재하여야 하고, 찬부의 기재가 없거나 또는 기권의 표시가 있는 때에는 이를 반대표로 보아 주주에게 불리함이 발생하지 않도록 하여야 할 것이다. ④ 주주총회의 소집통지서에 의안설명자료를 기재하도록 규정하여 그 위반을 결의취소원인으로 구성하여야 한다.

의결권 포괄위임의 효력

- 대법원 2014. 1. 23. 선고 2013다56839 판결과 관련하여 -

출전: 기업법연구 제28권 제4호

김 연 미*

제 1 절 머리말

주주가 타인에게 의결권을 대신 행사하도록 위임하는 경우, 이는 주주의 권리를 확장하는 수단으로서 그 타인은 주주의 이익을 위하여 주주의 지시에 따라 의결권을 행사하여야 하고 주주는 언제든지 위임을 철회할 수 있다고 보는 것이 일반적인 견해이다. 그러나 이와 같이 주주의 이익 또는 편익을 위한 것이 아니라, 주주와 일정한 계약관계 등을 형성한 자가 그러한 관계에서 인정되는 권리의 유효성을 보장받는 수단으로 주주로부터 위임장을 교부받으며, 이 경우 주주의 지시에 따르는 것이 아니라 위임장을 교부받은 자가 자신의 이익을 위하여 의결권을 행사하도록 약정하는 경우를 볼 수 있다(편의상 이 글에서는 이러한 위임을 "의결권 포괄위임"이라 칭한다).

이러한 장치는 부동산 프로젝트 금융이나 경영권 양도와 관련하여 실무적으로 많이 이용되고 있으나, 그러한 약정과 위임장에 대하여 당사자들이 애초에 의도한 대로 효력을 인정할 수 있는지에 대하여는 의문이 있다. 특히 이

* 성균관대학교 법학전문대학원 부교수.

러한 장치에 따라 주주로서의 지위와 의결권이라는 권능이 분리되는 결과가 초래되는데, 이러한 분리를 당사자가 의도한 대로 인정할 것인지, 분리를 인정한다면 주주가 사후에 권능을 회복하는 것까지 제한할 것인지, 또한 분리된 의결권의 행사는 누구의 이익을 염두에 두고 행사하여야 하는지 등 파생되는 문제들에 대해서는 뚜렷한 답이 제시되고 있지 못한 실정이다.

최근 의결권 포괄위임에 관하여 매우 중요한 대법원 판결이 나왔다. 이 글에서는 대법원 판결을 계기로 의결권 포괄위임에 대하여 검토하고자 한다. 주주권의 일체성에 기반한 포괄적인 분석보다는 실무상 필요성과 실익, 실제 문제되는 쟁점 위주로 검토를 진행하고자 한다.

제 2 절 대상판결의 소개 (대법원 2014. 1. 23. 선고 2013다 56839판결)

1. 이 사건 부동산 프로젝트 금융의 개요

甲과 乙은 중국 베이징에 있는 빌딩("이 사건 빌딩")을 인수한 후 매각하는 사업("이 사건 사업")을 추진하는 과정에서, 국내외 금융기관으로부터 자금을 조달하고자 하였다. 이를 위하여 甲과 乙이 취한 거래구조는 다음과 같다[1]:

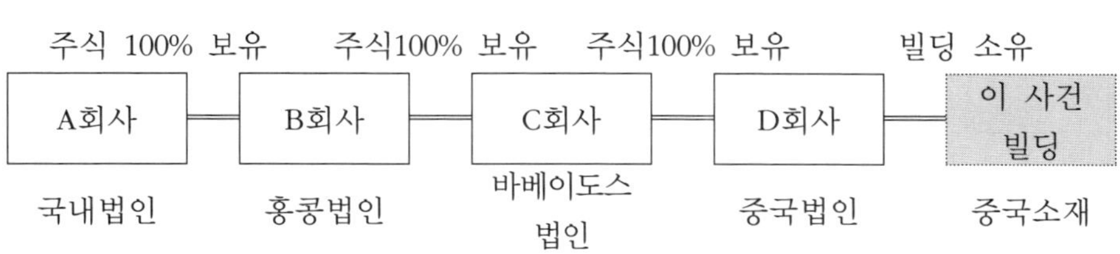

甲과 乙은 국내 시행사인 A주식회사의 주식을 60:40으로 보유하며, A주식회사는 홍콩법인인 B회사의 주식 100%를 보유하고, B회사는 다시 바베이도스

---

1) 편의상 법인의 형식과 지분을 회사/주식으로 지칭한다.

법인인 C회사의 주식 100%를 보유하고, C회사는 다시 중국법인인 D회사의 주식 100%를 보유하며, 중국법인 D회사는 이 사건 빌딩을 소유하였다. 한편, 이 사건 빌딩 자체와 중국법인인 D회사의 주식은 중국에서 대출을 받으면서 담보로 제공되었다.

甲과 乙은 A회사를 통하여 국내 금융기관들로부터 이 사건 사업에 필요한 자금을 대출받았다.

2. 주식질권의 설정

A회사에 대한 대출금채권("이 사건 대출금채권")은 최종적으로 W은행이 양수하였으며, W은행은 이 대출금채권을 담보하기 위하여 A회사의 주식, B회사의 주식과 C회사의 주식 전부에 대하여 질권을 설정받기로 하였다.

이를 위하여 W은행 및 甲과 乙 사이에 2010. 1. 22. 체결된 주식근질권설정계약에는 다음과 같은 내용이 포함되어 있다[2]:

[제4조 "의결권 행사의 위임" 제목 아래]

① 각 근질권설정자는 A회사의 주주로서 의결권을 포함한 어떠한 권리도 근질권자의 사전동의없이 행사하지 않으며, 향후 A회사의 모든 정기주주총회 및 임시주주총회에서 담보주식에 대한 의결권행사를 근질권자에게 위임하기로 한다.

② 이를 위하여 위임장을 근질권자가 합리적으로 요구하는 수만큼 작성하여 근질권자에게 교부하며, 근질권자가 수시로 의결권 행사를 위하여 합리적으로 요구하는 문서 및 기타 서류(추가적인 위임장의 교부 포함)를 작성하여 교부하기로 한다.

③ 각 근질권설정자는, 근질권자가 위 ②에 따라 교부받은 위임장에 그 재량에 따라 관련 주주총회의 의결에 관한 사항과 대리권을 행사할 자를 기재하여 그 주주총회에서 의결권 및 담보주식에 대한 주주로서의 권리를 행사할 수 있음을 인정하고 동의한다.

[제8조 "근질권의 실행" 제목 아래]

2) 번호는 저자가 임의로 붙였으며, 강조도 저자의 임의에 의한 것이다.

> ④ 대출금의 기한도래 또는 기한의 이익의 상실로 인하여 피담보채무를 이행하여야 할 때에는 근질권자는 근질권을 실행할 수 있고, 이 경우 근질권자는 일반적으로 적당하다고 인정되는 방법, 시기, 가격 등에 의하여 담보주식을 임의 처분하고 그 취득금을 충당하거나 일반적으로 적당하다고 인정되는 방법, 시기, 가격 등에 의하여 피담보채무의 전부 또는 일부의 변제에 갈음하여 담보주식을 취득할 수 있다.
> ⑤ <u>근질권자는 의결권 행사를 통한 임원의 변경 등 필요한 절차를 진행할 수 있고, A회사를 대신하여 관련 주주총회를 개최할 수 있다</u>.

이에 따라 甲과 乙은 보유한 A회사 주식에 대하여 주주총회 참석과 의결권 행사 등의 권한을, 수임인란을 백지로 하여 위임하는 내용의 위임장을 여러 장 작성하여 W은행에게 교부하였다.

3. 기한의 이익 상실과 위임장의 사용

이 사건 대출금채권은 5회에 걸쳐 만기가 연장되었으나, 최종만기인 2011. 6. 30.에 원리금이 상환되지 못하였다. W은행은 2011. 7.경 A회사의 대표이사인 甲에게 대출금 상환과 관련하여 필요한 조치를 취하겠다는 통고를 하였다.

한편 그 무렵 甲은 乙로부터 A회사의 주식을 인수하여 100%를 보유하게 되었다. W은행의 요구에 따라 甲은 2011. 8. 10. 자신이 보유하고 있는 A회사 주식 전부에 대하여 W은행을 ‘A회사의 주주총회 소집 및 참석, 주주총회 의안에 대하여 보유주식에 대한 의결권의 행사’ 등의 권한을 가진 대리인으로 선임한다는 위임장(“이 사건 위임장”)을 새로 작성하여 W은행에게 교부하였다. 이 사건 위임장에 의하면 ‘주주총회 의사록을 공증하기 위한 촉탁 및 이와 관련한 일체의 행위’에 관한 권한도 위임되었다.

W은행은 이 사건 위임장을 이용하여 2011. 8. 18. 甲을 대리한 丙(W은행의 직원임)이 참석한 상태에서 A회사의 임시주주총회(“이 사건 주주총회”)를 개최하여 甲을 대표이사에서 해임하고 다른 한명의 사내이사를 해임하고 새로운 이사 1명을 선임하였다는 내용의 주주총회의사록을 작성하고, 이를 근거로 A

회사의 임원 변경등기를 마쳤다.

4. 소송의 경과 및 법원의 판단

원고인 甲은, 甲과 다른 이사를 해임하고 새로 이사를 선임한 이 사건 주주총회는 주주총회 결의가 존재한다고 볼 수 없을 정도의 중대한 하자가 존재한다는 이유로 주주총회 결의 부존재 확인을 구하였다. 이에 대하여 제1심과 원심, 대법원은 일관되게 원고의 청구를 기각하였다.

이 사건 주주총회의 기초가 된 이 사건 위임장 및 그 사용과 관련하여 甲이 주장하는 하자는 크게 다음 두 가지이다[3]:

(i) 이 사건 위임장은 주주의 의결권을 포괄적으로 위임한 것이어서 무효이다.

(ii) 의결권의 대리행사를 위임한 甲의 의사에 반하여 甲을 대표이사에서 해임하고 새로운 이사를 선임하는 결의를 하였으므로, 이는 위임의 범위를 벗어나 의결권을 행사한 것이며, 주주인 甲의 권리를 부당하게 침해하는 것이다.

그러나 법원은 일관되게 원고의 (i)과 (ii)의 주장을 받아들이지 아니하였다.

우선 1심과 원심은 (i) 주주권의 행사를 위임함에는 구체적이고 개별적인 사항에 국한한다고 해석할 근거는 없고 주주권행사를 포괄적으로 위임할 수 있으므로, 위 (i)의 주장은 이유없다고 보았다.

다음으로 (ii)에 대하여는, 주식근질권설정계약이나 이 사건 위임장에는 의결권 행사의 범위에 관하여 아무런 제약이 없으며, 근질권설정계약에서도 근질권자가 주주총회를 개최하여 A회사의 임원을 변경하는 의결권을 행사할 수 있다고 명시하고 있고, W은행은 A회사의 경영진을 교체하는 것이 자신의 대출금 채권을 보존하는 최선의 방안이라고 판단해 이 사건 주주총회 결의를 하였으며, 주주권의 행사를 포괄적으로 위임받은 자는 그 위임자나 회사 재산

3) 이에 더하여 원고는 주주총회 소집결정, 소집통지와 주주총회 개최 자체가 모두 생략되고 주주총회의사록만 작성되었다는 점을 들어 주주총회 결의에 중대한 하자가 있다고 주장하였으나, 이 사건 주주총회 당시 甲이 1인 주주이었고 1인 주주의 위임장을 근거로 주주총회의사록이 작성되었으므로, 그 내용대로의 결의가 있는 것으로 인정되었다. 1인 주주에 의한 주주총회 결의의 절차에 관하여는 대법원 2004. 12. 10. 선고 2004다25123 판결 등 참고. 이 점의 당부에 대하여는 논란이 있을 수 있으나, 일단 이 글의 분석 범위에서는 제외한다.

에 불리한 영향을 미칠 사항이라고 하여 그 위임된 주주권행사를 할 수 없는 것이 아니라는 점에 비추어, 이 사건 주주총회 결의가 위임의 범위를 벗어난 것이라고 할 수 없다고 판단하였다.

대법원은 원심의 판단에 대하여 주주의 고유권한으로서의 의결권 및 의결권 행사의 대리·위임의 범위, 담보권 실행방법 등에 관한 법리를 위반한 위법이 없다고 하여, 이를 그대로 인정하였다.

제 3 절 의결권 포괄위임의 기능 및 법적 문제점

1. 의결권 포괄위임의 이용

대상판결의 사안은 부동산 프로젝트 금융(이른바 부동산 PF)과 관련하여 시행사의 주식에 대하여 질권을 설정하면서 해당 주식에 대한 위임장을 받은 경우이다. 실제로 부동산 프로젝트 금융에서 시행사 주식에 대한 담보제공과 더불어 의결권 포괄위임은 자주 이용되고 있으며, 그 이외에 의결권 포괄위임은 경영권 양도 또는 의결권계약과 관련하여 이용되기도 한다. 의결권 포괄위임의 대략적인 이용 실태를 살펴보면 아래와 같다.

(1) 프로젝트 금융과 관련하여

차주의 일반적인 상환능력 또는 특정 담보물의 가치를 근거로 금융을 제공하는 통상의 경우와 달리, 프로젝트 금융은 프로젝트 자체가 생산하는 수익흐름과 프로젝트가 형성할 자산을 근거로 금융을 제공하게 된다.[4] 이를 위하여 진정한 프로젝트 금융은 프로젝트 수행을 위한 별개의 법인격을 가진 법인을 설립하고, 해당 프로젝트의 수익흐름과 자산으로 상환재원을 한정(non-recourse)하는 것이 일반적이다.[5] 결국 프로젝트 금융의 담보자산은 프로젝트

4) 진홍기, "프로젝트 파이낸스의 이론적 존립근거와 금융구조에 대한 법적 고찰", 「상사법연구」 제27권 제3호, 2008, 212~213면.

5) 진홍기, 전게논문 218면.

자체와 프로젝트와 관련된 모든 자산이 되는데,[6] 권리 실행을 용이하게 하기 위하여 또는 프로젝트의 운영과 관련된 다른 위험을 막기 위하여 관련 자산에 담보권을 설정하거나 신용보강을 위한 여러 가지 장치를 둘 수 있다.

부동산 프로젝트 금융은, 특정한 부동산 개발과 관련하여 필요한 자금을 조달하는 것으로, 원칙적으로 해당 부동산의 개발성과로 원리금을 상환하는 구조이다. 예를 들어 아파트나 상가를 건설하여 분양하는 사업이라면, 결국 분양대금으로 원리금이 상환될 것을 기대하고 금융을 제공하는 것이며, 사업을 실제 시행하는 자의 자력을 기초로 금융을 제공하는 것은 아니다. 그런데 우리나라에서의 부동산 개발에 있어서는 토지를 매입하는 단계에서 이미 자금을 차입하였고 이를 담보하기 위하여 토지 자체에 선순위 담보권이 설정되어 있는 경우가 많으며, 아파트나 상가의 건설이 진행되는 동안 공사중인 건물 자체는 담보로 잡기 어려운 면이 있다. 해당 부동산 개발 프로젝트 및/또는 이와 관련된 자산을 담보로 하는 방안으로, 부동산신탁을 이용하거나, 해당 부동산 개발사업을 위하여 별도의 법인으로 시행사를 설립하고, 해당 시행사의 분양대금계좌 등 각종 계좌와 비용지급을 대주단이 관리하고, 해당 시행사가 프로젝트를 성실히 수행하고 다른 부채를 일으키지 않도록 감독하게 된다.[7]

이 과정에서 시행사의 주주들로부터 연대보증을 받거나 주주들이 소유한 시행사의 주식에 대하여 질권 기타 담보권을 설정하기도 하는데, 이는 금전적으로는 큰 보강효과는 없으며, 시행사의 적극적인 업무추진을 독려하고 추가 차입 등 프로젝트를 해하는 행위를 하지 못하도록 억제하는 등의 기능을 한다.[8] [9]

프로젝트 수행이 제대로 되지 아니하여 담보권을 실행하여야 하는 경우,

---

6) 진홍기, 전게논문 236면.

7) 부동산 PF 거래에서의 신용보강방법에 대하여는 나이스신용정보(주), "부동산 PF 유동화평가방법론" (2013. 2. 26) 참고.

8) 나이스신용정보(주), 전게자료 14면; 19면.

9) 예를 들면 자산유동화에관한법률에서는 유동화전문회사가 유동화증권 투자자들의 권리를 해하는 행위를 할 수 없도록 명문의 법규정을 두고 있는데 (동법 제19조 제2항: 자산유동화계획에 반하거나 유동화증권을 소지한 자의 권리를 해하는 사원총회의 결의는 효력이 없다), 이러한 명문의 규정이 없는 일반적인 프로젝트 금융이나 비등록유동화의 경우에는 동일한 목적을 달성하기 위하여 지분권 행사에 제한을 두게 된다.

이러한 시행사 주식에 대한 담보권은 매우 유용하다. 프로젝트가 완성되었다면(즉, 아파트나 상가건물이 완공되었다면) 즉시 해당 프로젝트(건물)를 처분하여 상환자금을 마련하여야 하겠지만, 프로젝트가 아직 처분이 가능한 정도로 완성되지 아니하였거나, 적절한 매수자를 찾기 어려워 처분이 쉽지 않은 경우에는 프로젝트를 계속 유지하면서 분양에 노력하여야 할 것이다. 프로젝트를 유지하는 경우에도 원래의 시행주체가 프로젝트 수행능력이 없거나 임무위배행위를 하여 프로젝트에서 제외하여야 할 경우가 있다. 이 경우 대주단은 사업권의 포기 또는 양도, 시행사의 주식 처분, 시행사 경영진 교체 등을 고려할 수 있다. '사업권'을 포기하거나 대주단이 지정하는 자에게 양도하라는 문구는 부동산 PF에서 흔히 사용되지만 법적인 의미는 분명하지 않으며, '사업권'이 해당 프로젝트와 관련된 영업 일체라고 한다면 사업권 처분은 영업양도로서 시행사의 주주총회 특별결의가 필요한 사항이 된다. 시행사의 주식 전부를 이전함으로써 영업양도 또는 '사업권 양도'의 효과를 거둘 수도 있으며, 이는 통상적인 주식에 대한 담보권 행사로 구성할 수 있다. 마지막으로 원래의 시행주체를 완전히 배제하지 아니하고 시행사의 경영진에 대주단측 사람을 추가하거나 대주단이 경영권을 장악하는 방안은, 시행사의 주주총회에서 이사 교체를 하여야 한다. 여기에서 시행사의 "경영"은, 일반적인 회사의 경영과 달리, 이미 계획되어 있는 프로젝트 자체의 수행을 의미하므로, 대주단이 경영권을 장악한다고 하여 담보권의 목적 이상을 달성하는 것이라고 볼 것은 아니다.

이와 같이 부동산 프로젝트 금융에서는 시행사 주식에 대한 질권을 설정하는 이외에, 대주단의 권리 실행에 시행사의 주주총회 결의가 필요한 경우 이를 용이하게 하기 위하여 해당 주식의 의결권행사를 위임받고 있다. 이러한 의결권행사의 위임은 질권설정계약 등 프로젝트 금융 관련 계약에 포함되어 있으며, 이에 추가하여 별도로 위임장을 받는 경우가 많다. 위임장은 프로젝트 수행기간을 고려하여 일정한 기간 동안 (예컨대 3년간) 포괄적으로 의결권행사를 위임하는 1장으로 작성될 수도 있지만, 프로젝트 수행기간 중의 여러 차례의 주주총회에서 사용될 수 있도록 여러 장을 교부하기도 한다. 위임장 교부단계에서 주주총회 날짜나 주주총회의 구체적인 의안은 기재될 수 없으며, 대주단 측에서 누가 참석할지도 확정할 수 없으므로 수임인란을 백지로 하거나 복위임을 허용하는 경우가 많다.

부동산 프로젝트 금융이 아닌 일반 프로젝트 금융에서도 프로젝트 주체의 주식을 담보로 잡는 경우가 있는데,[10] 역시 주식 자체의 금전적 담보가치보다는 프로젝트의 성실한 수행을 담보하기 위한 여러 기능을 고려한 것으로 보이며, 그 목적달성에 필요한 경우 의결권 포괄위임 약정을 함께 하게 된다.

(2) 경영권 양도 등과 관련하여

의결권 포괄위임이 이용되는 또 다른 경우는 경영권의 양도와 관련하여서이다. 회사의 지배주주가 지배지분을 양도할 때에는 단순한 주식의 매매가 아닌 '경영권'을 양도한다고 인식하며 경영권 프리미엄이 지급되는 것이 보통이다. 이 경우의 경영권은 여러 가지 의미가 있을 수 있지만, 결국 경영진(즉, 이사회 구성원인 이사들)을 구성할 수 있는 능력, 즉 주주총회에서 원하는 자를 이사로 선임할 수 있는 수의 의결권을 의미한다.

경영권의 양도에 따라 매수인이 지정하는 자들을 이사로 선임하여야 하는데, 매수인이 지배지분에 해당하는 수의 주식을 취득한 후 주주로서 주주총회에서 의결권을 행사하여 이사회를 구성할 수도 있지만, 명의개서 및 주주총회 소집에 소요되는 시간 등을 고려하여 미리 주주총회 소집절차를 밟고 매도인이 주주명부폐쇄일의 명의주주로서 매수인이 지정하는 자들을 이사로 선임할 수도 있다. 이에 더하여 경영권 프리미엄의 가격이 아직 확정되지 않거나 매수인측 인사가 일정 기간 회사 경영에 참여한 후 가격을 결정하기로 합의하는 경우에는, 주식의 완전한 양도 이전에도 매도인이 주주총회에서 매수인이 지정하는 자를 이사로 선임해주기로 약정할 수도 있다. 이와 같이 매수인이 이사 선임을 하기로 약정된 경우, 매도인은 매수인에게 위임장을 교부하여 매수인이 직접 의결권을 행사하게 허용할 수도 있다.

더 나아가 경영권 이전에 모두 합의가 되었으나 일부 가격 조정 문제로 또는 행정상 인허가 등을 기다리면서 주식의 이전을 보류하고 있는 경우에는, 주식 이전 이전에도 매수인이 회사를 운영하는 것을 허용할 필요가 있다. 아직 명의주주인 매도인이 매수인에게 포괄적인 위임장을 교부하면 이러한 목

10) 영종도 신공항고속도로 사업에 관하여 – 진홍기, 전게논문 241면.

적을 달성할 수 있다.[11]

이러한 경우 의결권 포괄위임은 경제적으로는 주식의 양도가 이루어졌으나 잔금에 대한 담보로 또는 기타 이유로 법적인 소유권이 매도인에게 남아있는 경우 매수인이 주주로서의 권리를 행사할 수 있도록 허용하는 기능을 한다.

유사한 형태로, 지배지분을 담보로 잡으면서 담보물 처분시 경영권 양도를 수월하게 하기 위하여 포괄적 위임장을 받아둘 수 있다. 이때에는 담보권을 실행하기 이전에는 위임장을 사용하여서는 아니되며, 주채무가 변제되면 위임장은 반환하게 된다.

(3) 의결권계약과 관련하여

여러 투자자들이 모여 새로운 회사를 설립하는 경우, 합작투자회사를 설립하는 경우, 회사가 전략적 투자자로부터 투자를 받는 경우, 재무적 투자자가 권리 보장을 위하여 일정한 사항을 요구하는 경우 등에는 주주간 계약이 체결되는 것이 보통이며,[12][13] 주주간 계약의 내용으로는 주식의 양도나 처분에 대한 제한 등의 사항도 있지만, 회사의 운영, 특히 회사법적으로는 의결권의 행사를 통하여 결정되는 일정한 사항에 대한 합의가 포함되는 것이 대부분이다. 이러한 주주들 사이의 합의를 실현하는 방법으로 정관에 반영할 수도 있지만, 정관에 반영하기 적절하지 않은 사항은 의결권 신탁(voting trust), 철회할 수 없는 위임장(irrevocable proxy), 경영계약(management agreement) 등 다양한 수단을 이용하게 된다.[14]

의결권계약과 관련하여 위임장을 교부하도록 요구하는 경우, 구체적인

---

11) 의결권 포괄위임과 더불어 재직중인 이사들이 사임서를 제공할 수도 있다. 이사 사임서의 이러한 기능에 대하여는 유아람, "담보 목적의 이사 사임서", 「민사판례연구 XXXIV」, 2012, 79면 이하 참고.

12) 진홍기, "주주들간 계약의 내용과 효력에 관한 연구", 「상사법연구」 제26권 제4호, 2008 (이하 "진홍기, 주주간 계약"), 180면.

13) 천경훈, "주주간 계약의 실태와 법리", 「상사판례연구」 제26권 제3호, 2013, 7~8면에서는 주주간 계약이 이용되는 유형을 (i) 대등한 당사자가 합작회사를 설립하면서 체결하는 경우, (ii) 소수주주이지만 회사의 상당한 지분을 취득하면서 기존 대주주와 체결하는 경우 (벤처캐피탈이 출자하는 경우), (iii) 다수당사자가 컨소시엄을 결성하여 회사를 설립하거나 회사를 인수하면서 체결하는 경우로 나누고 있다.

14) 진홍기, 주주간 계약, 183면.

의안에 대한 주주총회가 소집될 때 또는 특정당사자가 요구할 때 위임장을 교부한다는 약정을 주주간 계약에 포함시키게 되며, 더 나아가 그러한 경우에 위임장 교부를 거절하는 것에 대비하여 미리 위임장을 받아둘 수 있다. 미리 위임장을 교부받는 경우에는 위임의 범위를 엄밀하게 제한하여 작성할 수도 있지만, 구체적인 주주총회의 날짜나 의안이 확정되지 않은 경우가 대부분이므로, 의결권을 포괄적으로 위임하는 형태로 작성할 수도 있다.

2. 의결권 포괄위임의 기능

위에서 본 바와 같이 의결권 포괄위임은 여러 가지 목적을 달성하는 수단으로 이용되는데, 이는 일반적인 의결권 대리행사를 위한 위임과는 다른 양상을 보인다. 일반적으로 주식회사의 주주는 의결권을 반드시 직접 행사하여야 하는 것은 아니고 대리인을 통하여 행사할 수 있으며(상법 제368조 제3항), 이는 주주권 행사의 편의를 보장하기 위한 것이므로 정관으로도 금지할 수 없다.[15] 이러한 의결권 대리행사는 애초에 주주의 편의를 위하여 인정된 제도이나, 지분이 분산된 주식회사의 경우에는 주주총회에서 일정한 결의 또는 부결을 의도하는 자가 그에 충분한 지분을 가지지 못한 경우 다른 주주들로부터 의결권 위임을 받아 자신의 목적을 달성하는 수단으로 활용되고 있다.[16] 이러한 '대리인의 목적 달성을 위한' 의결권 대리행사는 위임계약으로 보는데, 위임인인 주주가 충분한 정보를 가지고 위임을 하고 가급적 주주의 의사가 반영될 수 있도록 해석을 하거나 여러 제도적 장치를 두고 있다.[17] 주식회사의 경우 자신의 투자에 비례하여 의결권을 행사하는 것이 원칙인데, 의결권 대리행사 권유의 경우 권유자가 자신의 투자지분을 넘어서, 아무런 권리를 가지지 아니한

---

15) 이철송, 「회사법강의(22판)」, 박영사, 2014, 520면; 정찬형, 「상법강의(상) (16판)」, 박영사, 2013, 847면.

16) 이철송, 전게서 527면.

17) 예컨대, 권유자의 의결권 대리행사의 권유를 청약으로 보고 주주의 위임장 교부로 위임계약이 성립하여 권유자가 구속된다고 해석하며, 권유자는 수임인으로서의 의무를 부담하지만 사퇴를 허용하지 아니한다. 반면 주주는 위임을 철회할 수 있다. 상장회사의 경우 의결권 대리행사 권유에 있어 주주의 판단에 필요한 일정한 정보를 제공하도록 강제하며, 의안별로 찬반을 표시할 수 있는 양식으로 위임장용지를 송부하여야 한다(자본시장 및 금융투자업에 관한 법률 제152조). 이철송, 전게서 528~529면 참고.

타인의 지분에 관하여 의결권을 행사하게 되므로, 가능한 한 실제 투자자의 의사가 반영되도록 장치를 마련하는 것이다.

그러나 위에서 본 의결권 포괄위임은 위임을 받은 자가 해당 주식에 관하여 아무런 권리를 가지지 아니한다고 볼 수 없으며, 주주는 아니지만 보호받을 가치가 있는 이해관계를 가진다. 해당주식에 대하여 담보권을 가지거나, 해당주식을 매수하였거나, 해당 주식의 주주와 의결권행사에 관하여 약정이 있는 경우 등, 모두 위임을 받은 자가 위임을 한 자에 대하여 의결권 위임을 요구할 상당한 근거가 있는 경우이다. 이와 같이 정당한 이해관계에 근거하여 의결권 위임을 받았다면 이를 존중할 필요가 있고, 이러한 이해관계에 우선하여 위임장 교부자의 일방적, 사후적 의사를 존중할 합리적인 이유는 생각하기 어렵다.

3. 의결권 포괄위임의 법적 문제점

그러나 의결권 포괄위임의 법 형식을 "의결권 대리행사"를 위한 "위임"으로 본다면, 실제 당사자들의 의도나 의결권 포괄위임을 교부한 목적과 부합되는 방향으로 운용될 수 있는지 의문이 있을 수 있다.

(1) 포괄위임/장기위임의 가능성

의결권 포괄위임의 목적달성을 위하여는 "포괄"적인 위임이 필수적이다. 경영권 양도와 관련된 위임장의 경우 양수인이 새로운 지배주주로서 모든 권한을 행사할 수 있도록 허용하여야 하며, 프로젝트 금융과 관련된 위임장의 경우 현 경영진의 프로젝트 방해행위를 저지할 수 있어야 하기 때문에 역시 위임의 범위를 제한하여서는 곤란하다. 예를 들자면 "이번 임시주주총회에서 특정인을 이사로 선임"하는 것에 한정되는 위임장 보다는, 주주로서의 의결권을 모두 위임하고 위임장을 받은 자가 목적 달성에 필요한 범위에서 이용하도록 하는 것이 일반적이다.

주주로서의 모든 의결권 행사를 포괄적으로 위임하는 것이 가능한가에 대하여는, 대법원은 이미 오래전에 "주주권의 행사를 위임함에는 구체적이고 개별적인 사항에 국한한다고 해석하여야 할 근거는 없고, 주주권을 포괄적으로 위임할 수 있다고 하여야 할 것"이라고 하여, 이를 인정하고 있다.[18] 가장 주주의 의사가 강력하게 반영되도록 요구되는 상장회사의 의결권 대리행사 권유의 경우 자본시장법에서 구체적인 사안 별로 주주의 의사를 표시할 수 있도록 작성된 위임장용지를 사용할 것을 강제하지만, 그러한 위임장용지에 불구하고 주주가 구체적인 사안별로 위임을 하지 않고 특정 주주총회와 관련된 모든 주주권 행사에 대하여 포괄위임을 하는 것은 여전히 가능하다.

이러한 포괄위임은 특정 주주총회를 기준으로 주주로서의 모든 권한을 위임할 수 있다는 의미이며,[19] 수회의 주주총회 또는 일정한 기간 동안의 모든 주주총회에 대하여 전부 위임을 하는 것이 가능하느냐는 별개의 문제이다.[20] 일단 장기 위임 약정의 효력에 대하여는, 7년의 기간 동안 의결권을 위임하기로 하는 약정에 대하여, "회사의 지배권의 분리와 관련하여 포괄적으로 대리권을 수여할 필요가 있어 그 기간이 특정될 수 있는 한 일정한 기간에 걸쳐 포괄적으로 대리권을 수여하는 것은 적법하다"고 판시한 대법원 판례가 있으므로,[21] 그러한 약정 자체를 무효로 볼 것은 아니라고 할 것이다.[22]

이러한 약정이 담보권설정계약서나 경영권양도계약서, 주주간 계약서 등

---

18) 대법원 1969. 7. 8. 선고 69다688판결.

19) 이철송, 전게서 527면은 69다688판결에서 포괄위임을 허용한 취지는 특정총회에서의 위임이 개별적·구체적인 사항에 국한되어야 하는 것은 아니라는 뜻이라고 해석한다.

20) 포괄위임의 허부를 논의할 때 포괄위임의 개념을 수 회의 주주총회 또는 일정 기간의 주주총회에 대한 위임을 포함하는 것으로 사용하기도 한다. 일본 회사법은 명시적으로 주주총회별로 위임장을 요구하고 있으나(310조 2항), 우리 법은 수 회의 주주총회에 관한 포괄 위임의 가부에 대하여 규정을 두고 있지 아니하다.

21) 대법원 2002. 12. 24. 선고 2002다54691 판결.

22) 의결권 행사를 위한 대리권을 주주총회마다 수여하여야 하는지, 아니면 수 개의 주주총회를 위한 대리권을 일괄 수여할 수 있는지에 대하여는 학설의 대립이 있다. 전자의 견해는 사실상 주주지위와 분리하여 의결권만을 양도하는 결과가 되므로 최소한 총회별로 대리권이 주어져야 한다고 주장한다(이철송, 전게서 525면). 그러나 수개의 총회에 관한 대리권을 일괄하여 수여할 수 있다는 것이 다수설이며(한국상사법학회 편저, 「주식회사법대계 II」, 법문사, 2013, 126~127면(임재범 집필부분)), 특히 외국에 거주하는 주주나 은행 등의 관리를 받는 회사, 회사의 지배권의 분배와 관련하여 필요한 경우 등 장기적인 대리권의 수여가 필요한 경우가 있으므로 이를 인정하자고 본다(정찬형, 전게서 849면; 최준선, 「회사법(9판)」, 삼영사, 2014, 366면). 이 문제를 주주와 대리인 사이의 관계와 회사가 대리권 증명서면을 어디까지 요구할 것인지의 관계로 나누어, 전자는 주주와 대리인 사이에서 합의로 결정하면 되고, 후자에 관하여는 회사가 정관이나 주주총회운영규정에서 위임장 제출시기를 별도로 규정할 수 있다고 보기도 한다(「주식회사법대계」, 128면).

에 기재된 것으로 당사자의 의사는 분명하게 되지만, 실제 주주총회에서 그러한 계약서를 제시하며 의결권을 행사하기는 매우 불편하고 회사가 그러한 위임장 이외의 서면을 인정하지 않을 위험도 있으며, 회사가 그러한 서면만으로 위임을 함부로 허용할 경우 주주총회 결의의 효력이 다투어질 우려가 있다.[23] 그래서 의결권 행사를 용이하게 하기 위하여 별도로 위임장을 교부받게 된다.[24] 수회의, 또는 일정 기간 동안의 모든 주주총회에 이용될 수 있는 하나의 포괄적 위임장이 가능한가는 또 다른 문제이다. 실무적으로는 일정 기간 동안 사용이 예측되는 숫자의 백지포괄위임장을 받아두고, 필요한 경우 주주에게 추가로 위임장을 요청할 수 있게 하고 있다. 예를 들자면 3년치의 주주총회에 사용될 수 있도록 백지포괄위임장 10장을 받아두고, 위임장 소지인은 정기주주총회 또는 임시주주총회가 열릴 때마다 백지위임장을 하나씩 꺼내어 날짜와 수임인 등을 기재하여 사용하는 것이다. 수회 또는 일정기간 동안의 위임약정 자체를 유효하다고 인정한다면, 이와 같이 한꺼번에 백지위임장을 여러장 받아두는 것을 문제삼을 이유는 없어 보인다.[25]

(2) 위임의 철회 여부 / 철회불능 위임의 가능성

위와 같은 수회 또는 일정 기간 동안의 포괄위임의 실효성을 확보하려면 그러한 수회 또는 일정 기간 동안 해당 위임을 철회할 수 없어야 한다. 주주가 언제든지 의결권 포괄위임을 철회할 수 있다고 한다면, 수회 또는 일정 기간의 포괄위임으로 달성하려는 목적이 너무나 쉽게 무력화되기 때문이다.[26]

위에서 본 주주로부터 7년의 기간 동안 의결권을 위임하기로 하는 약정을 인정한 대법원 2002. 12. 24. 선고 2002다54691 판결에서는, 그러한 약정에 따라 주주로부터 의결권을 위임받은 자가 주주로서의 의결권을 대리행사할

---

23) 주주총회에서 주주의 대리인의 자격은 위임장 제출로 확인하는 것이 일반적이다. 상법 368조 3항 후단 참고.

24) 계약서에는 일정한 경우 의결권을 위임한다는 내용만 들어 있고 실제 위임장을 교부받지는 않았다면, 위임 요건이 발생한 이후 위임장을 교부받지 못할 위험이 있게 된다. 이 경우 단행적 가처분으로 위임장 교부를 구할 수도 있다. 의결권 위임 가처분의 실제 사례와 문제점에 대하여는 천경훈, 전게논문 28~29면 참고.

25) 대상판결의 사안은 기한의 이익 상실 이후 새로 위임장을 작성하여 교부하였으므로, 이 문제에 대한 법원의 판단은 없었다.

26) 노혁준, "주식담보와 의결권의 포괄위임", 대한변협신문 (2014. 4. 1).

수 있게 되었지만, 이러한 사정만으로는 원래의 주주가 주주로서의 의결권을 직접 행사할 수 없게 되었다고 볼 수 없다고 판단하였다. 해당 사건의 사실관계는 사실상 도산상태에 들어간 회사의 1인 주주인 A가 경영권을 유지하는 대신 7년간 주주권 및 경영권을 포기하기로 노동조합과 약속하고 주주로서의 의결권 행사권한을 A와 친인척 관계가 없는 직원이자 대표이사인 B에게 위임하였으며, 이러한 약속을 근거로 채권자들 및 노동조합의 찬성을 얻어 화의절차를 개시하였는데, 화의인가 후 1인 주주인 A가 이러한 약속을 어기고 노동조합과 합의된 이사들(대표이사 B 포함)을 해임하고 자신의 측근들을 이사로 선임하는 주주총회의사록을 작성하여 임원 변경등기를 한 경우이었다. 이에 해임된 이사들이 해당 주주총회 결의의 부존재 확인을 구하는 소를 제기하였으나, 대법원은 A가 여전히 주주로서 권리를 행사할 수 있다고 보아 해당 주주총회 결의의 효력을 인정하였다.

일반적으로 대리권 수여는 본인이 언제든지 자유롭게 철회할 수 있고, 대리권을 철회하지 않는다는 합의가 있더라도 자유롭게 철회가 가능하다고 보고 있다.[27] 의결권 위임을 민법상 위임계약으로 파악하는 경우, 민법 제689조에 따라 언제든지 당사자 일방이 해지할 수 있다. 이에 대하여 민법학자들은 민법 제689조에 불구하고 위임이 위임인의 이익과 함께 수임인과 제3자의 공동의 이익을 목적으로 한 경우에는 위임인이 임의로 위임을 해지할 수 없다고 보고 있고 이에 따른 판례도 나오고 있으나,[28] 회사법의 해석·적용에 있어서는 이러한 개인법적 원리를 단체법적 상황에 그대로 적용할 수 없으므로 의결권행사 위임이 수임인과 제3자의 이익도 보호하기 위한 경우에도 위임인은 대리권을 철회하고 스스로 주주권을 행사할 수 있으며, 그러한 행사가 주주총회의 하자로 인정되지 아니하고 다만 당사자들 사이의 계약위반으로 해결하여야 한다는 것이다.[29] 이러한 견해에 따르면, 법적으로 효력이 인정되는 의결권 포괄위임에 불구하고 주주는 언제든지 약정에 위반하여 스스로 권리를 행사할 수 있다는 것으로, 결국 의결권 포괄위임의 효력을 부정하는 것과 다를

27) 박상근, "주주권의 포기와 의결권의 대리행사", 「상사판례연구」 VII권, 2007, 32면.
28) 아래 IV. 3.2 참고.
29) 박상근, 전게논문 33면.

바 없다.

의결권 포괄위임의 효력을 인정한다는 의미를, 의결권 포괄위임에 따라 수임인이 이미 의결권을 행사한 것은 효력을 인정하고 사후에 주주가 다툴 수 없다는 취지로 볼 수도 있으나, 1인 주주의 경우에는 언제든지 수임인의 의사에 따른 주주총회 결의를 뒤집는 주주총회의사록을 작성하여 회사에 유효하게 주장할 수 있으므로, 법적인 분쟁해결절차 — 주주총회 결의를 다투는 소 — 에 의한 다툼을 인정하지 않는다는 의미일 뿐, 실제로 그 내용을 언제든지 뒤집을 수 있게 된다. 대상판결의 사안에서는 일단 주주를 대표이사에서 해임하고 새로운 이사를 선임한 주주총회의 효력을 인정하였지만, 해당 주주는 언제든지 새로 선임된 이사를 해임하고 다시 스스로를 이사 및 대표이사로 선임할 수 있다고 한다면, 굳이 주주총회 결의를 다투지 않아도 주주는 목적을 달성하고 의결권 포괄위임의 바탕이 된 약정은 무력화되는 것이다.

(3) 포괄위임시 내용적 한계

마지막으로 위결권 포괄위임에 불구하고 수임인이 의결권을 행사하는 데에 내재적인 한계가 있는지의 문제가 있다. 대상 판결에서 원고의 이 사건 위임장의 사용이 위임의 범위를 벗어났다는 주장에는 “위임에 따른 권한행사는 주주인 자신의 의사와 이익을 침해하여서는 아니되는 것인데, 주주인 자신을 대표이사에서 해임하는 결의는 자신의 의사에 반하고 자신의 권리를 침해하는 것”이라는 의미가 담겨 있다.

결국 이는 수임인이 의결권 포괄위임에 따라 의결권을 행사할 때 누구의 이익을 기준으로 행사하여야 하는지, 수임인이 본인인 주주에 대하여 선관주의의무를 부담하고 본인인 주주의 이익을 최우선해야 하는지의 문제가 된다. 위 2.에서 보았듯이 의결권 포괄위임은 수임인이 단순히 위임인을 대리하여 의결권을 행사하는 관계가 아니라, 수임인 자신이 해당 주식에 대하여 일정한 이해관계를 가지고 있고 그러한 이해관계를 보장받기 위하여 의결권 포괄위임을 받게 되는 형태이다. 따라서 수임인이 자신의 정당한 이해관계를 지키기 위한 수단으로 의결권을 행사하는 것을 위임인이 용인한 것이며, 그 범위에서는 위임인인 주주의 의사에 반하거나 주주의 이익에 반하는 결과가 초래되더라도 주주가 묵인하여야 한다는 해석이 가능하다.

만일 수임인이 주주에 대하여 일정한 주의의무를 부담한다고 인정되는 경우 그러한 주의의무를 위반한 의결권 행사의 효력에 어떤 영향이 있는지의 문제가 남는다. 일반적인 의결권 대리행사에 있어서 의결권을 위임한 자와 위임을 받은 자 사이의 관계는 개인법적 관계에 불과하고, 수임인이 위임인의 지시나 그러한 관계에서 요구되는 주의의무를 위반하여 의결권을 행사하였더라도 회사법적으로는 효력을 다툴 수 없다고 보고 있다.[30] 그러나 회사법적으로 효력을 다툴 수 없다고 하여 그러한 주의의무가 공허한 것으로 볼 것은 아니고, 해당 수임인에 대하여 손해배상을 구하거나, 주의의무 위반이 예상되는 경우 가처분 등을 통하여 수임인의 의결권 행사를 저지하거나, 의결권 위임을 철회하는 등 다른 구제수단이 인정되어야 할 것이다.

제 4 절 의결권 포괄위임에 대한 새로운 해석

1. 새로운 해석의 필요성

위에서 보았듯이, 의결권 포괄위임은 주주의 권리행사의 편의를 위한 의결권 대리행사나 주주총회에서 결의 또는 부결을 달성하려는 자가 의결권 행사를 하지 않는 주주들의 의결권을 이용하는 의결권 대리행사 권유와는 근본적으로 다른 선상에서 출발한다. 의결권 포괄위임은 정당한 이해관계를 가진 자가 그 이해관계를 보호하고 달성하기 위한 수단으로 받는 것이며, 위임인도 그러한 관계형성에 명시적으로 합의하였고, 이러한 이해관계에 따라 의결권이 수임인에 의하여 행사됨을 용인한 것이다. 그럼에도 불구하고 형식적으로 의결권 대리행사의 형태를 띤다는 이유로 일반적인 "대리" 또는 "위임"의 법리와, 주주는 주주권을 행사할 수 있다는 원칙에 입각하여 모든 문제를 해결한다면, 이는 의결권 포괄위임을 이용하려는 당사자들의 의도를 무시하는 결과

30) 이철송, 전게서 526면.

가 될 수 있다.

한편, 미국에서는 irrevocable proxy[31)]의 개념을 도입하여 일반적인 대리나 위임과는 다른 법리를 인정하고 있는데, 우리나라에서의 의결권 포괄위임의 해석과 관련하여서도 시사하는 바가 크다. 이하에서는 미국에서의 irrevocable proxy에 대한 논의를 살펴본 후, 이에 따르면 위 III.에서 본 의결권 포괄위임과 관련된 법적 문제점들을 어떻게 해결할 수 있는지, 그러한 해결이 타당한 것인지를 살펴보겠다.

2. 철회불가능 위임장(Irrevocable Proxy)에 대한 미국의 논의

(1) Agency Relationship과 Power Coupled with Interest

주주가 대리인을 통하여 의결권을 행사하는 일반적인 경우는 통상적인 대리와 다를 바가 없으며, 대리에 관한 agency law의 적용을 받는다고 보고 있다.[32)] 그런데 대리 관계(agency relationship)의 경우 당사자 사이의 계속적인 관계가 중요하기 때문에, 본인과 대리인 모두 언제든지 agency relationship을 종료시킬 수 있다.[33)] 또한 본인은 대리권 부여 이후에도 언제든지 스스로 권리를 행사할 수 있으며, 언제든지 대리인에게 구체적인 지시를 내릴 수 있다. 또한 대리인(agent)은 본인의 이익을 위하여 대리권을 행사하여야 하는 fiduciary obligation을 부담하며, 본인의 지시에 반하여 대리권을 행사하여서는 아니된다.[34)]

그러나 agency 관계에 있어서도 함부로 철회하지 못하는 관계의 설정이 인정되고 있다. 일반적으로는 agency 관계가 유상으로 설정된 경우, 또는 대리인이 대리권의 행사로 발생하는 소득에서 분배를 받을 권리가 있는 경우에

---

31) 일반적으로 철회불능 위임장, 철회할 수 없는 위임장 등으로 번역되지만, 아래 설명에서 보듯이 일반적인 의결권 대리행사와는 다른 취지의 제도를 의미하며, 이 글에서 "의결권 포괄위임"이라는 용어로 설명하려는 장치와 유사한 기능을 한다.

32) Note, "The Irrevocable Proxy and Voting Control of Small Business Corporations", 98 U. Pa. L. Rev. 401, at 403.

33) Deborah DeMott, "Irrevocable Proxies", 82 Australian Law Journal 516. available at http://scholarship.law.duke.edu/faculty_scholarship/2817/ (last visited on October 30, 2014).

34) Note, supra note 32, at 403.

도 본인은 언제든지 agency 관계를 종료시킬 수 있으며, 불해지특약을 하는 경우에도 여전히 본인은 해지권을 가진다고 본다.[35] 반면, 대리인이 본인에게 자금을 공여하였고 그에 대한 담보로 본인이 일정한 권한(power)을 부여한 경우에는, 대리인은 그와 같이 부여된 "권한"에 대하여 "재산권(property right)"을 가지며, 담보의 필요성이 계속되는 한 본인은 이를 함부로 철회하거나 종료시킬 수 없다. 이러한 관계는 더 이상 일반적인 대리 관계(agency relationship)가 아니며, 권한을 부여받은 자는 수여받은 "권한"을 행사할 "권리"가 인정된다.[36]

이러한 "담보 목적의 권한 부여 또는 이해관계 있는 권한 부여"(power given as security 또는 power coupled with interest)는 일찍이 판례에 의하여 인정되었다. 1823년의 Hunt v. Rousmanier's Administrators 사건[37]에서 Marshall 대법관이 처음으로 "power coupled with interest"의 용어를 사용하였다. 이 사안은 저당권 대신 채권자에게 본인을 대신하여 본인 소유의 선박을 처분할 권한을 부여하였으며, 본인이 사망하자 그 상속인들이 그러한 대리권이 소멸하였다고 주장한 경우로, Marshall 대법관은 이 사안에서 부여된 처분대리권은 "power coupled with interest"가 아니므로 본인의 사망으로 소멸한다고 판단하였으나, "power coupled with interest"의 개념은 이후 독자적인 생명을 얻었다.[38]

Restatement of Law Agency 편에서는 "power given as security"를 다음과 같이 정의한다:[39]

> 담보 목적의 권한 부여는 권한부여자의 법률관계에 효력을 미치는 권한으로 … 권한을 수여받은 자 또는 제3자의 이익을 위하여 보유되는 것이다. … 이러한 권한은 법적인 또는 형평법적인 권원을 보호하기 위하여 또는 대리 관계에 따르는 본인의 의무 이외의 권한부여자가 권한을 수여받은 자에 대하여 부담하는 의무를 담보하기 위하여 부여된다. …

35) Note, *supra* note 32, at 403.
36) Note, *supra* note 32, at 403.
37) 21 U.S. (8 Wheat.) 174 (1823).
38) Note, *supra* note 32, at 403.
39) American Law Institute, 「Restatement of Law (Third) Agency」, 2006, §3.12 (1).

A power given as security is a power to affect the legal relations of its creator that is created in the form of a manifestation of actual authority and held for the benefit of the holder or a third person. This power is given to protect a legal or equitable title or to secure the performance of a duty apart from any duties owed the holder of the power by its creator that are incident to a relationship of agency under §1.01. […]

Hunt v. Rousmanier's Administrators 판결에 의하면, "이해관계 있는 권한 부여"가 인정되기 위한 "이해관계(interest)"는 매우 좁게 인정된다. 위임관계에 따른 보수청구권과 같은 위임과 관련된 채권적인 권리로는 인정될 수 없고, 부여된 권한의 목적물에 대한 권원(예컨대, 부동산 처분에 관한 권한 부여의 경우 해당 부동산에 관한 물권적 권리)이 있어야 한다.[40)]

이러한 담보 목적의 권한 부여 또는 이해관계 있는 권한 부여의 경우에는 담보의 필요성 또는 이해관계가 계속되는 한 권한부여자가 함부로 철회할 수 없으며, 명시적으로 철회하더라도 효력이 없다.[41)]

(2) 모델회사법에 따른 Irrevocable Proxy

Restatement of Law Agency 편에서는 주식의 의결권에 대한 "irrevocable proxy"도 "power given as security"와 마찬가지로 취급한다.[42)] 한편, American Bar Association에서 제정한 모델상사회사법(Model Business Corporation Act)에서는 "irrevocable proxy"에 대한 규정을 별도로 두고 있으며, 철회불능의 요건이 되는 이해관계(interest)를 다음과 같이 예시하고 있다.[43)]

① 질권자(a pledgee)

② 주식을 매수한 자 또는 매수하기로 약정한 자(a person who purchased or agreed to purchase the shares)

---

40) Restatement of Law (Third) Agency, *supra* note 39, §3.12 (1) comment c.

41) Restatement of Law (Third) Agency, *supra* note 39, §3.13

42) Restatement of Law (Third) Agency, *supra* note 39, §3.12 (2)

43) ABA-ALI, Model Business Corporation Act §7.22 (d)

③ 회사의 채권자로서 철회불능 위임을 조건으로 회사에 신용을 제공한 자(a creditor of the corporation who extended it credit under terms requiring the appointment)

④ 회사의 피용자로 고용계약에서 철회불능 위임이 요구되는 자(an employee of the corporation whose employment contract requires the appointment)

⑤ 7.31조에 따른 의결권계약의 당사자(a party to a voting agreement created under section 7.31)

이와 같이 인정되는 이해관계(interest)는 주식 자체에 대한 것일 수도 있고, 회사에 대한 것일 수도 있다. 오래된 판례에서 인정된 예들을 보면, 지급불능 상태의 회사의 채권자가 의결권을 일정한 수탁자에게 철회불능으로 위임할 것을 조건으로 담보권 실행을 유보한 경우,[44] 회사의 이사들이 철회불능 위임장을 부여받을 것을 조건으로 이사직을 수락하였고, 그 후 회사에 개인자금을 제공하거나 회사를 위하여 개인적으로 부채를 지게 된 경우,[45] 다른 투자자들로부터의 의결권위임을 조건으로 회사의 주식을 취득한 경우[46] 등이 있다.

미국의 많은 주가 모델상사회사법 7.22조에 따라 회사법을 제정하였는데, 인정되는 이해관계를 예시한 입법례도 있고, 한정적으로 열거한 입법례도 있으며, 더 넓게 해석되는 용어를 사용한 입법례도 있다.[47] 더 나아가 주 법원마다 irrevocable proxy의 근거가 되는 이해관계를 인정하는 범위가 다르며, 이를 power coupled with interest 보다 훨씬 넓게 인정하는 법원도 있고, 좁게 해석하는 법원도 있다.[48] 특히 의결권계약과 관련하여서는 입장이 분분하다.[49]

---

44) Mobile & Ohio Ry. v. Nicholas, 98 Ala. 92, 12 So. 722 (1893), supra note 32, at 405에서 재인용.

45) Chapman v. Bates, 61 N.J. Eq. 658, 47 Atl. 638 (Ct. Err. & App. 1900), supra note 32, at 406에서 재인용.

46) Hey v. Dolphin, 92 Hun 230, 36 N. Y. Supp. 627 (Sup. Ct. 1895), supra note 32, at 406에서 재인용.

47) Restatement of Law (Third) Agency, supra note 39, §3.12 Reporter's Note d.

48) Restatement of Law (Third) Agency, supra note 39, §3.12 Reporter's Note d. 예를 들면 델라웨어주 법은 1967년에 개정되면서 "회사에 대한 일반적인 이해관계"라는 용어를 사용한다.

49) Kenneth B. Davis, Jr, "Pledged Stock and the Mystique of Record Ownership", 1992 Wis. L.

(3) Irrevocable Proxy의 효력

irrevocable proxy로 인정되면 주주는 권한을 철회할 수 없고, 더 나아가 주주가 스스로 권한을 행사하는 것도 허용되지 않는다. 즉, "irrevocable proxy"에 의하여 주주의 지위와 의결권이 분리되는 것이다.[50]

irrevocable proxy의 경우 수임인은 자신의 이익을 위하여 의결권을 행사할 수 있고, 위임인에 대하여 fiduciary obligation을 부담하지 않는다. 위임인은 수임인에 대하여 구체적인 지시를 할 수 없으며, 자신에게 불리한 방향으로 의결권을 행사하지 말라고 다툴 수 없다. 즉, 수임인은 자신의 이해관계에 기반한 권한으로 의결권을 행사하는 것이며, 위임인의 수하 또는 업무를 처리하는 자의 지위에서 의결권을 대리행사하는 것이 아니다.[51]

최근의 델라웨어 주 사안을 보면 이 점을 분명히 하고 있다(In re IAC/InterActive Corp.사건).[52] 사실관계는 다음과 같다:[53] 케이블방송사인 Liberty Media Corp.은 방송송신망을 가진 IAC의 29.9% 주주이지만 보통주 이외에 초과의결권주식을 보유하여 61.7%의 의결권을 가지고 있었다. 그러나 케이블방송사가 방송송신망을 지배하는 것을 허용하지 않는 미국연방통신위원회의 규제에 따라, Liberty Media Corp.은 IAC의 대표이사인 Barry Diller에게 irrevocable proxy를 부여하였고, Diller는 이를 조건으로 대표이사직을 수락하였다. 이후 IAC에서 4개의 회사를 분할하는 분할계획에 대하여 IAC의 주주총회가 있었으며 그 총회에서 Diller는 Liberty Media Corp. 소유의 의결권을 행사하여 결의가 성립되었다. 이에 따라 Liberty Media Corp.는 분할로 설립되는 회사들의 주식을 취득하게 되었는데, 분할계획에 의하면 분할로 설립되는 회사들은 보통주만을 발행하고 초과의결권주식은 발행하지 아니하였다. 이에 따라 Liberty Media Corp.의 지분은 분할로 설립된 회사들에 대하여도 유지되었지만, 의결권은 상당히 감소하게 되었다. Liberty Media Corp.는 Diller가 의무를 위반했

Rev. 997 at 1064.

50) Restatement of Law (Third) Agency, supra note 39, §3.12 comment d.

51) DeMott, supra note 33.

52) 2008 WL 837032 (Del. Ch. Mar. 28, 2008)

53) DeMott, supra note 33에서 재인용.

음을 이유로 위임장을 철회하고 새로 대표이사를 선임하려 하였으나, 법원은 Diller의 의결권 행사는 정당하고 Liberty Media Corp.에 대한 의무위반이 없다고 보았다.

irrevocable proxy의 경우 자신의 이익에 따라 의결권을 행사할 수 있다고 인정함에 따라, 주식회사의 의사결정에 왜곡이 생긴다는 주장이 있을 수 있다. 일반적으로 보통주주들에게 주주총회에서 일정한 사항을 결정할 의결권을 부여하는 것은 이들이 기업의 잔존가치를 취득하게 되는 자들로(residual claimers), 이들의 이익을 극대화하는 방향으로 의사결정이 이루어질 때 장기적으로 회사가 발전할 수 있다는 논리에 근거한다.[54] 그런데 의결권을 위임받은 자가 자신의 이익을 위하여 의결권을 행사하도록 하면, 회사에 대하여 충분한 이익을 가지지 않은 자가 궁극적인 의사결정을 하게 되어 가장 효율적인 의사결정이 이루어지지 못하게 된다는 것이다.[55] 예를 들어 회사의 채권자가 irrevocable proxy를 부여받은 경우, 이 자는 결국 채권자의 입장에서 의결권을 행사할 것이고, 자신의 채권의 만족에 충분한 정도의 위험만을 감수하는 의사결정을 할 것으로 기대되는데, 그 결과 보통주주들에게 돌아갈 잔존가치는 줄어들 가능성이 크다는 것이다. 반면 이미 회사가 우선주 이외에도 의결권을 다양하게 구성하는 것이 허용되면서 잔존가치보유자로서의 보통주주에게 의결권을 부여한다는 이상은 깨어졌고, 오히려 irrevocable proxy의 행사로 선임된 이사들도 irrevocable proxy 행사자에 대하여 뿐만 아니라 회사 및 모든 주주들에 대하여 선관주의의무를 부담한다는 점에서, 특정 이해관계자에 혜택을 주는 의사결정이나 집행을 방지할 수 있다는 견해도 있다.[56]

3. 쟁점별 검토

(1) 포괄위임/장기위임의 가능성

앞에서 본 바와 같이, 의결권 포괄위임은 주주가 의결권을 대리행사할 대

54) 송옥렬, 「상법강의(제4판)」, 홍문사, 2014, 1003면.
55) DeMott, *supra* note 33.
56) DeMott, *supra* note 31.

리권을 부여하는 형태로 이루어지지만, 그 실질은 위임을 한 주주의 편의와 이익을 위한 것이 아니라 독자적인 이해관계를 가진 수임인의 정당한 이익을 보호하기 위하여 당사자의 합의 아래 교부되는 것이다. 수임인이 보호받을 만한 정당한 이익을 가지고 있고, 의결권 포괄위임이 그러한 이익을 보호하는 데에 적합한 수단이라면, 특별한 사정이 없는 한 당사자의 합의에 따른 담보장치로서의 의결권 포괄위임을 인정해주어야 할 것이다.

포괄위임은 목적달성에 필요한 범위에서 이루어져야 할 것이지만, 위임되는 범위를 제한하는 것은 기술적으로 쉽지 않다. 예를 들어 재무제표의 승인과 관련하여서만 의결권을 위임한다거나, 주주총회 특별결의사항에 한정하여 의결권을 위임한다는 식으로 제한을 한다면, 한 회의 주주총회에서 여러 가지 안건을 다루는 실무와 맞지 않는다. 한 번의 주주총회에 여러 당사자가 출석하여 안건별로 의결권을 행사하는 것은 의사진행의 면에서 번거롭다. 미국에서 논의되는 irrevocable proxy의 예들도 대부분 기간을 정하여 모든 의결권을 포괄적으로 부여하고 있다. 반면, 채무를 담보하기 위하여 포괄위임장을 받아두지만 피담보채무의 기한의 이익이 상실되거나 일정한 조건이 달성된 경우에만 위임장을 사용하겠다는 식으로 제한을 두는 것은 가능하다.

의결권 포괄위임으로 보호하고자 하는 이해관계의 존속기간 동안의 모든 주주총회에서의 의결권을 위임하는 형식의 장기 위임 계약 역시 허용되어야 할 것이다. 장기 위임의 경우 질권설정계약서나 주식매매계약서 등에 일정 기간 동안 의결권을 포괄위임한다는 약정을 기재하고 별도로 위임장을 여러 장 받아두게 되며, 받아둔 위임장용지를 모두 사용하거나 내용에 변경이 생겨 사용할 수 없게 되는 경우에는 추가로 위임장을 부여하기로 약정을 하게 된다.[57] 위임장을 새로 받아야 하는데 이를 거부하는 경우 위임장 없이 계약서의 포괄위임 문구만으로 의결권을 행사할 수 있는지, 위임장 교부를 거부하면서 주주총회장에 입장을 시키지 않으면 해당 주주총회의 절차에 하자가 있다고 다툴 수 있는지는, 회사의 주주구성비, 의결권 포괄위임을 한 자의 회사에

57) 대상판결의 경우 주주의 변동이 생겨 위임장을 다시 작성하여 교부하였다. 회사의 명칭이 바뀌거나, 주식 분할, 병합 등으로 위임대상에 변동이 생기거나, 의결권 포괄위임약정과 함께 주식이 이전되는 경우 새로운 위임장이 필요하게 된다.

서의 지위 등을 고려하여 구체적 사안별로 결정하여야 할 것이다. 1인 주주로 회사의 경영에 깊이 간섭하는 자가 의결권 포괄위임을 한 경우에는 그 자의 인식을 회사의 인식과 동일시할 수 있을 것이다.

더 나아가 위임장 교부를 거부하거나 위임의 철회를 시도하는 등 의결권 포괄위임의 취지에 반하는 행동을 보이는 경우에는 실제 주주총회에서도 의결권 행사를 인정하지 않을 가능성이 크므로, 미리 의결권 행사허용 가처분 등을 받아 둘 필요가 있다. 미국에서는 irrevocable proxy에 대한 분쟁의 경우, injunction 등으로 특정이행(specific performance)을 구하는 것이 효율적인 구제수단이며, 손해배상은 적절한 구제수단이 아니라고 본다.[58]

(2) 위임의 철회 여부

의결권 포괄위임의 효력을 제대로 인정하려면, 의결권 포괄위임에 따라 위임인의 주주로서의 권리가 제한되고 이러한 제한은 위임인이 임의로 철회할 수 없도록 하여야 한다. 미국의 irrevocable proxy 제도도, 임의 철회를 제한하는 데에 초점을 두고 있다.

국내 문헌들은 철회불능 위임장을 언급하면서도 모두 일치하여 대리의 일반이론에 따라 언제든지 수권행위를 철회할 수 있다고 보고 있다.[59] 그러나 의결권 포괄위임의 경우 일반적인 대리권 부여 또는 위임법리와는 기능과 목적이 달라서, 대리의 일반이론이나 위임의 법리를 그대로 적용하여야 하는지 의문이 있다. 더 나아가 당사자의 자유로운 해지를 법문으로 인정하는 위임의 경우에도 해지권 불행사 합의의 효력을 인정하거나,[60] 위임계약이 제3자의 이익과 결부되어 있어 해지를 부정한 경우가 있다.[61] 민법 제689조의 자유해지는 무상위임이 일반적이던 시절의 산물로, 위임이 포섭하는 생활관계가 다양

---

58) 이는 통상적인 대리와 다른 점이다. agency relationship의 경우 구제수단은 금전적인 배상 또는 보상이 원칙이며, 특정이행은 인정되지 않는다. 반면 irrevocable proxy의 경우에는 손해가 얼마인지 산정할 수 없고 금전적인 손해배상으로는 충분히 구제되지 않는다고 보아, 특정이행을 구하는 것이 원칙적인 구제수단이다. Restatement of Law (Third) Agency, supra note 39, §3.10 comment b.

59) 노혁준, 앞의 글; 권오성, "의결권구속계약에 관한 소고", 「변호사」 제38집, 2008, 300면; 포괄위임의 경우 철회를 허용한 사례로는 대법원 2002. 12. 24. 선고 2002다54691 판결.

60) 대법원 2000. 4. 25. 선고 98다47108 판결.

61) 대법원 1987. 6. 23. 선고 85다카2239 판결.

해진 현대사회에서 모든 위임관계에 일률적으로 적용하는 것은 적절하지 않고, 합리적으로 제한해야 한다는 입장이 나오고 있다.[62] 이러한 새로운 해석을 시도하는 입장은, 회사법에서의 대리권 부여에서도 받아들여야 할 것이다.

미국의 irrevocable proxy에 대한 논의는 이 점에서 참고할 만하다. 미국의 irrevocable proxy는 형식에 치우쳐 "agency"로 파악하는 것이 아니라, 실질에 있어 agency relationship과 어떻게 다른지를 파악하고 그에 맞추어 규율을 하고 있다. 우리도 형식이 대리권 부여이고 대리라면 철회가능이라는 정형화된 사고에서 벗어나, 왜 당사자들이 의결권 포괄위임을 사용하며 철회의 자유를 인정하는 경우 어떤 부작용이 있는지를 고려하여 합리적인 해석을 시도하여야 할 것이다.

가처분사건 중에는 의결권 위임의 철회를 허용하지 않은 사례가 있다.[63] 사안은 A가 B에게 경영권을 양도하면서 의결권을 위임하는 위임장을 교부하였는데, 이후 A가 경영권 양도가 무효라고 주장하면서 해당 주식에 대하여 C에게 위임장을 교부하여 주주총회에서 C가 의결권을 행사하였다. B는, 해당 주식의 의결권은 자신에게 위임되었으므로 C가 의결권을 대리행사한 것은 무효하고 주장하면서 해당 주주총회 결의의 효력 정지를 구하는 가처분을 신청하였다. 법원은 이에 대하여, 일반적으로 중복위임장의 경우 앞의 위임을 철회하고 뒤의 위임을 새로 한 것으로 보아 뒤의 위임을 유효하다고 보는 것이 상당하지만, 앞의 위임에 일방적으로 철회할 수 없는 특별한 사정이 있는 경우에는 앞의 위임만이 유효하다고 보았다. 주식 및 경영권 양도에 수반한 위임장은 주식과 경영권 양도가 유효한 한 의결권 위임만을 철회하지 않는다는 묵시적 특약이 있는 것으로 보아, 이 사건에서 B에 대한 의결권 위임은 일방적으로 철회할 수 없다고 하여, 가처분신청을 인용하였다.

앞에서 보았듯이 경영권 양도는 의결권 포괄위임이 이용되는 전형적인 거래이다. 가처분결정문에는 자세한 법리가 드러나지 않지만, 주식 매수자는 독자적인 이익을 가지고 있고 그러한 이익을 보호하기 위하여 위임장을 받은 경우에는 일반적인 대리의 법리나 위임의 법리를 기계적으로 적용할 것이 아

62) 박인환, "위임인에 의한 임의해지의 제한", 「민사법학」 제43권 제1호(2008) 245면.
63) 서울중앙지방법원 2008. 4. 29.자 2008카합1070 결정.

니라 합리적인 해결을 도모한 것으로 보인다.

(3) 포괄위임시 내용적 한계

다음으로 의결권 포괄위임의 수임인이 주주에 대하여 의결권 대리행사와 관련한 여하한 주의의무를 부담하는지의 문제를 살펴본다. 미국의 irrevocable proxy에 대하여는 권한부여자의 agent가 아니고, 따라서 권한부여자에 대하여 fiduciary의 지위에 있지 아니하며, 자신의 정당한 이익을 위하여 의결권을 자유롭게 행사할 수 있다고 보고 있다. 그러나 의결권 포괄위임의 경우에도 수임인의 목적달성에 필요한 범위에서 주주권 행사가 제한된다는 점 이외에는 여전히 위임인이 주주로서의 지위를 가지고 있다. 주식에 대한 담보설정과 관련하여 의결권 포괄위임을 한 경우에는 담보실행사유가 발생하기까지 주주이며, 경영권 양도와 관련하여 의결권 포괄위임을 한 경우에는 경영권 양도가 해지되거나 무효로 되면 경영권을 되찾아오게 되며 다시 완전한 주주가 된다. 의결권계약과 관련된 의결권 포괄위임은, 의결권계약의 집행수단으로서 포괄위임을 한 것일 뿐, 여전히 주주로서 또한 의결권계약의 당사자로서 지위를 가진다. 의결권 포괄위임을 받은 자가 의결권을 행사할 때 자신의 이익을 먼저 고려하는 것이 당연하지만, 그 범위를 넘어서 주주들의 기대이익을 침해하는 방식으로 의결권을 행사하는 것은 적절하지 않다고 할 것이다.

예를 들어 경영권 양도와 관련하여 의결권 포괄위임을 받았다면, 일단은 경영권 인수자로서 모든 의사결정을 자유로이 할 수 있지만, 경영권 양도가 해지되거나 무효로 되어도 경영권 양도인이 권리를 찾아올 수 없는 방식으로 의결권을 행사한다면 — 예를 들어 회사를 해산한다거나, 주요자산을 처분하거나, 합병 등 구조개편을 하는 경우 — 이 역시 당사자 사이의 합의와 신뢰에 반하는 결과가 된다. 의결권계약과 관련하여 업무수행의 편의상 포괄위임을 하였는데 구체적인 의결권계약의 내용과 달리 의결권을 행사한 경우 역시 임무위배로 보아야 할 것이다. 반면, 프로젝트 금융에서 프로젝트를 다른 법인격체에 이전하고 회사를 해산하는 것은 정당한 집행방법으로 인정될 수도 있는데, 이 경우 미리 프로젝트 금융 관련 계약서나 서류에서 그러한 집행방법을 예정하고 있다면, 예정된 대로의 권리행사는 권리행사시점에서 주주의 이해에 반하는 것으로 보이는 경우에도 허용하여야 할 것이다. 그 이외에 함부로 의결권 포괄위임을 받은 자에게 주주의 이익을 우선시할 의무를 부여하거나 주주의 의사에 반하는 의결권 행사를 금지하여서는 아니될 것이다.

(4) 의결권 포괄위임을 인정하는 이해관계의 범위

마지막으로 이와 같이 대리나 위임과 다른 법리가 적용되는 의결권 포괄위임을 어느 경우에 허용할 것이냐의 문제가 남는다. 미국의 irrevocable proxy에서 어느 범위의 interest를 인정할 것이냐에 해당하는 문제라고 할 것이다. 그런데 미국에서도 주별로 법원별로 다른 잣대를 사용하며, 일관된 태도를 보이고 있지 않다.

여기에는 하나의 정답이 존재하는 것은 아니라고 생각한다. 경영권 양도와 관련된 경우, 주식의 질권 또는 담보권과 관련된 경우, 프로젝트 금융이나 구조화금융에 있어 특수목적법인과 관련된 경우에는 의결권 포괄위임을 인정하는 것이 합리적이라고 생각되며, 의결권계약과 관련하여서는 의결권계약 자체의 효력이 분명하지 않은데 의결권 포괄위임까지 인정하기는 아직은 어렵지 않은가 생각된다. 법률관계의 명확성을 원한다면 미국 모델회사법의 조문을 각 주마다 적절하게 받아들여 입법화한 것과 같이, 우리도 입법자가 최종적인 의사결정을 하는 것이 바람직하다고 하겠다.

4. 소결: 새로운 담보로의 활용

이상에서 본 바와 같이, 의결권 포괄위임은 주주가 대리인에게 의결권을 대리행사할 '대리권을 부여'한다는 외형적인 법형식에 부합하는 내용과 목적만을 가지는 것이 아니라, 독자적인 목적과 기능을 가지고 있다. 또한 미국의 논의에서 보았듯이 이러한 독자적인 목적과 기능은 당사자 사이에 자의적으로 창출되었다기 보다는, 수임인이 법적으로 보호받을 가치가 있는 일정한 이해관계를 위임인과 형성하였고 그러한 이해관계를 보장할 효율적인 방법으로 합리적으로 선택된 것이다. 이 점에서 의결권 포괄위임은 수임인의 이해관계를 보장할 담보로서의 기능을 수행하게 된다.

통상 주식의 담보로 이용되는 주식 질권은 주식의 교환가치를 담보의 대상으로 파악하며 그에 따라 주주로서의 지위나 권리는 질권자가 행사할 수 없고 질권설정자인 주주에게 전속하게 된다.[64] 주식 질권의 피담보채권은 금전채권에 한정하는 것은 아니지만, 궁극적으로 주식의 교환가치를 대상으로 하므로 비금전채권인 경우에도 불이행으로 인한 손해배상채권 등으로 금전채권화될 것을 기대하고 있다. 반면, 의결권 포괄위임이 확보하고자 하는 것은 주식의 교환가치가 아니라, 주주인 위임인이 의결권을 "수임인의 이해관계를 해하는 방향으로 행사하지 않을 것" 또는 더 나아가 "수임인의 이해관계에 부합하게 행사할 것"이다. 이와 같이 주식의 교환가치가 아닌 주주로서의 권능을 담보의 대상으로 하려면, 주식 질권만으로는 목적을 달성할 수 없다. 주식의 양도담보의 경우에는 대외적으로 주식의 소유권이 이전하므로, 당사자들이 아직 대외적으로 주식의 소유권을 이전하기를 원하지 않는 경우에는 활용하기 어렵다.

이러한 점에서 의결권 포괄위임은 비금전채권의 이행을 담보하기 위한 비전형 담보로서의 기능을 수행한다고 볼 수 있다.

제5절 결 어

대상판결은 실무상 많이 사용되고 있으나 그 법적 효력에 대하여 분명하지 않았던 의결권 포괄위임에 대한 매우 중요한 선례가 될 수 있다. 부동산 프로젝트 금융에서 시행사의 주식에 대하여 질권을 설정받은 채권자가 해당 주식의 의결권을 포괄위임받은 사실관계에 있어서, 대상판결은 그러한 의결권 포괄위임과 관련된 위임장을 유효하다고 보았고, 해당 채권자가 의결권을 위임한 주주를 대표이사에서 해임하는 방식으로 의결권을 행사한 것에 대하여도 위법이 없다고 보았다.

그러나 대상판결이 의결권 포괄위임의 여러 가지 법적 문제에 대하여 명

64) 이철송, 전게서 421면.

확한 결론을 내려준 것은 아니다. 특히 의결권 장기위임과 관련하여 주주의 위임 철회를 인정한 대법원 2002. 12. 24. 선고 2002다54691 판결을 명시적으로 뒤집지 않음으로써, 여전히 의결권 포괄위임과 관련된 약정이 어느 범위에서 유효한 것으로 인정될 것인지에 대하여 의문이 남게 된다. 대상판결의 적용대상을 좁게 본다면, 주식의 질권실행방법으로 질권자가 회사의 임원을 변경할 수 있다고 약정하였고 그러한 약정에 따라 질권실행이 가능하게 된 시점 이후에 질권설정자인 주주로부터 위임장을 교부받은 주식의 질권자가 그러한 위임장을 사용하여 회사의 임원을 변경하는 주주총회 결의는 하자가 없다는 판단을 한 것에 불과하며, 포괄위임의 가부에 대한 명시적인 판단은 하지 않은 것으로 볼 수 있다. 더구나 해당 사안에서 주주가 주주총회 전에 해당 위임장을 철회하지 아니하였으므로 이러한 대상판결의 판시는 2002년 판결의 결과와 모순되지도 않는다. 위에서 본 의결권 포괄위임의 특수성을 고려하지 않는다면, 주주는 질권설정자임에도 불구하고 여전히 주주로서의 모든 권한을 가지고 있으므로, 이러한 임원 변경 주주총회 결의가 유효하다고 하더라도 질권설정자인 주주가 다시 스스로 주주총회를 개최하여[65] 다시 임원 변경을 할 수 있다는 결론이 되며, 이는 결과적으로 대법원이 효력을 인정한 주식질권자의 의결권 행사를 무력화시킬 수 있게 된다.

그러나 대상 판결의 의미를 이렇게 좁게 해석하기 보다는, 오히려 실무에서 빈번하게 이용되고 있는 의결권 포괄위임이 통상적인 대리관계나 위임관계와 어떻게 다른지 파악하고 그에 맞는 결론을 내려 준 것으로 보아야 할 것이다. 즉, 프로젝트 금융과 관련하여 프로젝트 회사의 주식을 담보로 잡으면서 의결권 포괄위임을 받은 관계는 통상적인 의결권의 대리행사와는 다른 형태로, 포괄위임을 받은 자가 의결권과 관련하여 독자적인 이해관계를 가지고 이를 보장하는 수단으로 주주로부터 권한을 부여받는 구조이다. 대상 판결은 이러한 주식 질권자의 이익을 보장하는 수단으로서의 의결권 포괄위임과 그 행사를 적극적으로 인정한 것으로 볼 수 있다.[66] 또한 경영권 양도와 관련하

65) 사안은 1인 주주가 지배하는 회사이므로 주주총회 소집 절차 등을 생략하고 주주총회 결의가 성립할 수 있다.

66) 이러한 해석이 대법원 2002. 12. 24. 선고 2002다54691 판결과 반드시 모순되는 것은 아니다. 미국 법원에서 "이해관계있는 권한 부여 (power coupled with interest)"를 인정함에 있어서도 일

여 의결권 포괄위임을 한 경우에는 의결권위임의 철회를 인정하지 않은 하급심 결정이 있는데, 이러한 경영권 양도와 관련된 의결권 포괄위임 역시 담보적 기능을 수행하고 통상적인 의결권 대리행사와는 다른 기능을 수행한다. 대상 판결의 취지는 경영권 양도와 관련된 의결권 포괄위임에도 확장 적용될 수 있다.

다만 이에 대한 법리를 어떻게 구성할 것이며, 어느 범위의 이해관계에 주주로서의 권한을 제한하는 것을 허용할 것인지의 과제가 남아있다고 하겠다. 일반적으로, 주주로서의 지위를 영구적으로 훼손하는 정도의 의결권 포괄위임은 허용하기 어려울 것으로 생각된다. 의결권 포괄위임을 탈법적인 목적으로 명목상 주주로부터 일정한 권한을 분리하여 취득하는 수단으로 이용하는 경우에는 그 효력을 인정하여서는 아니될 것이나, 수임인이 주식을 직접 취득하는 것을 어렵게 하는 규제가 존재하는데 해당 거래가 그러한 규제에서 원래 예정한 규제대상은 아니지만 기술적인 이유로 규제의 대상에 해당되는 경우에는, 이에 이용되는 의결권 포괄위임을 "규제를 잠탈"하려는 것으로 보기 보다는, 규제를 위반하지 않는 범위에서 당사자들이 원하는 목적을 달성하기 위한 합리적인 방안을 추구하는 것으로 허용하여야 할 것이다. 또한 의결권 부여를 임의로 철회하는 것이 신의칙에 의하여도 허용된다고 보기 어려운 정도의 관계가 인정되는 경우에는 철회할 수 없는 의결권 포괄위임을 허용하여야 할 것이다.

반적인 대리권 부여와 구별되는 권한을 인정받기 위하여는 의결권을 위임하는 약정이 있는 것만으로는 부족하고 그 이상의 이해관계(interest)를 요구하고 있으며, 2002년 판결의 사안의 내용만으로는 미국 법원이 인정하는 "이해관계있는 권한 부여(power coupled with interest)"를 인정할 이해관계가 부족하다고 볼 수 있기 때문이다.

상법상 서면투표제도의 운영

출전: 상사법연구 제19권 제1호

권 재 열*

제 1 절 머리말

회사법상 기업지배구조에 따르면 전문적인 경영자인 이사 또는 이사회에게 대폭적인 권한을 부여하여 일상적인 회사경영을 전속적으로 맡기는 한편 주주는 경영자의 임면권과 회사의 중요한 사항에 대한 결정권을 가지고서 회사경영자를 감시·감독할 지위를 점한다. 말하자면, 주주는 자신의 권한을 일반적으로 회의체기관인 주주총회를 통하여 행사하며, 법제도상 회사경영자를 지배·감독을 할 수 있는 위치에 있는 것이다. 그러나 현실에서 대규모 회사의 주주총회는 주주의 의사를 집약하고 이를 바탕으로 구체적인 사항에 대해 의사결정을 하는 기능을 이미 상실한 상태이다. 주주총회가 마치 "관객이 적은 극장"(zuschauersgeringes Theater)으로 형해화(skeletonization)되었으며, 이는 우리나라 뿐만 아니라 다른 나라의 경우에도 일반적으로 공통된 현상이다.1)

주주총회의 형해화는 회사경영자에 대한 주주의 감시·감독이라는 회사법의 기본적인 메커니즘까지 무력화시키고 있다. 이처럼 주주총회는 회사법이

* 경희대학교 법학전문대학원 교수.

1) 김지환, "주식회사의 지배구조에 관한 연구"(성균관대학교 대학원 박사학위논문, 1998), 86~87면.

요구하는 조건을 형식적으로 충족시키기 위해 운영되는 기관으로 전락한 상태이다. 이 같은 현실에서 주주총회제도를 개선하여 경영자에 대한 주주의 지배·감독기능을 복구시켜야 할 필요성이 있다. 이를 위해 우선적으로 생각할 수 있는 방법으로는 주주의 의결권행사를 용이하게 만들어서 개개 주주의 의사를 주주총회에 가능한 한 직접적으로 반영시킬 수 있는 메커니즘을 창출하는 것이다. 이러한 메커니즘의 예(例)가 바로 서면투표제도(written ballot)라 할 수 있다.[2] 한국에서의 서면투표제도는 1999년 12월에 개정된 상법에서 주주총회의 운영방법을 정비하기 위한 차원에서 도입된 것이다.[3] 즉, 서면투표제도는 본래의 고유기능을 상실한 주주총회를 실질적인 의미가 있는 기관으로 개선시키기 위한 수단으로서 도입된 것이며, 현행 상법에서는 주주는 정관이 정하는 바에 따라 서면투표를 할 수 있다(상법 제368조의3).

상법상의 서면투표제도는 주주가 주주총회에 참석하지 않고서도 직접적으로 그 의사결정에 참여할 수 있는 편리하면서도 획기적인 방법이다. 특히 대법원 2014. 7. 11.자 2013마2397 결정에서 사전투표(事前投票)를 허용한 것은 서면투표가 사전투표의 의미를 가지고 있음에 근거하는 것으로 보인다.[4] 다만, 상법은 서면투표에 관하여 단 2개의 항으로 이루어진 하나의 조문만 두고 있어서 이의 운용이나 해석에 대하여 구체적인 내용이 결여되어 있는 상황이다.

서면투표제도에 대하여 기대되는 편리성에도 불구하고 2013년 현재 유가증권시장에 상장한 기업 중에서 서면투표제를 채택한 곳은 10% 남짓할 뿐이다.[5] 이는 서면투표가 주주총회제도의 개선과 그 운용방법의 정비라는 측면에서 바람직한 제도이기는 하지만, 여전히 극복하여야 하는 여러 가지 문제점

---

2) 前田重行, 「株主總會制度の研究」(有斐閣, 1997), 64頁.

3) 1999년 12월 국회 본회의에서 상법개정안이 통과되어 공포되었다(법률 제6086호). 그 개정은 치열한 국제경쟁시대에서 경제적 재도약을 위하여 한국기업의 국제화가 요구됨에 따라 기업지배구조를 개선하고 이를 통하여 기업의 건전한 발전을 도모하는 데 그 목적이 있었다. 그러한 목적을 달성하기 위한 구체적인 방안들중의 하나이면서 주주총회의 운영방법을 정비하기 위한 차원에서 서면투표제도를 도입한 것이었다.

4) 정쾌영, "이익공여 금지 위반과 주주총회 결의 취소－대법원 2014. 7. 11.자 2013마2397 결정을 중심으로－," 「기업법연구」 제29권 제1호(한국기업법학회, 2015), 130면.

5) 정재규, "상장회사의 지배구조－상장회사의 지배구조 현황과 주요 개선과제－," 「연세 글로벌 비즈니스 법학연구」 제5권 제2호(연세대학교, 2013), 14면.

이 남아 있음을 시사한다. 말하자면, 현행 서면투표제도가 관련 비용의 절감을 비롯하여 제도적인 정비 등 다양한 장애물을 뛰어 넘어야만 주주의 의사가 왜곡없이 직접적으로 회사의 의사결정에 반영되는 수단으로 자리매김할 수 있다는 것이다.

본고는 먼저 서면투표제도의 의의와 주요국의 입법례를 살펴 본 후 이 제도의 운용과 해석하는 과정에서 발생할 것으로 예상되는 문제들을 제시하고 그 문제들의 해결방안에 관한 기존의 학자들의 견해를 검토한 후 필자의 입장을 밝히고자 한다.

제 2 절 서면투표제도의 의의

1. 서면투표의 개념

(1) 서면투표의 정의

주주는 원칙적으로 주주총회에 직접 출석하여 자신의 의결권을 행사하여야 한다. 주주총회에 출석하지 않은 주주는 수임인에게 자신의 의결권을 대리행사시킬 수 있다.[6] 의결권의 대리행사 외에 주주총회에 출석하지 않은 주주를 위하여 총회 밖에서 서면의 송부에 의해 의결권행사를 인정하는 것이 바로 서면투표제도이다. 그러므로 서면투표제도라는 함은 주주총회의 소집통지서에 의결권행사서면인 투표용지와 참고자료를 첨부하여 주주에게 송부하고 주주총회에 직접 출석하지 않는 주주가 그 용지에 필요사항을 기재하여 회사에 반송하면 회사는 주주가 의결권행사를 한 것으로 취급하는 제도로 정의할 수 있다(상법 제368조의3).

위에서 살펴본 바와 같이 서면투표제도는 1999년 개정상법에서 처음으로

---

6) 상법은 총회에서의 결의방법과 의결권행사에 관하여 다음과 같이 정하고 있다. 즉, 총회에서는 "출석한 주주"가 의결권을 행사하는 것이라고 규정함으로써(제368조 제1항) 주주의 의결권행사는 총회출석을 당연한 전제로 하고 있다. 총회에 출석하지 않은 주주는 대리인으로 하여금 출석하도록 하여 총회출석요건을 충족시킴으로써 의결권을 행사할 수 있다(제368조 제3항).

도입된 것이기는 하나 비단 상법의 적용을 받는 기업에 국한하여 서면투표를 할 수 있는 것은 아니다. 중소기업협동조합의 조합원에게도 서면에 의한 의결권행사가 법적으로 보장되어 있다.[7)]

(2) 구별할 개념

상법은 예외적으로 자본금 10억 원 미만의 소규모 회사의 경우 서면에 의한 결의로써 주주총회의 결의를 갈음할 수 있으며(제363조 제4항 전단), 나아가 결의의 목적사항에 대하여 주주 전원이 서면으로 동의를 한 때에는 서면에 의한 결의가 있는 것으로 본다(제363조 제4항 후단). 이 경우의 서면결의는 주주총회의 결의와 같은 효력이 있으며(제363조 제5항), 주주총회에 관한 규정을 준용한다(제363조 제6항). 상법 제577조에 따라 유한회사에 있어서 총사원의 동의가 있다면 사원총회의 결의를 서면으로 할 수 있다. 서면결의를 위해서는 총사원의 동의가 필요하다는 점은 유한회사가 소수의 사원밖에 존재하지 않는 폐쇄적 인적회사성을 가지고 있음을 전제로 한다. 이 방법에 의한 결의도 실제 개최된 총회에서의 그것과 동일한 효력을 갖는다. 이처럼 서면결의는 유한회사의 의사결정의 절차를 간이화하는데 유용한 수단이다.

소규모주식회사 내지 유한회사에서의 서면결의제도와 주식회사에서의 서면투표제도는 그 주주 또는 사원이 의사표시를 한 서면을 통하여 회사의 의사결정에 참가한다는 점에서 동일하다. 그러나 소규모주식회사와 유한회사의 서면결의는 그 자체가 사원총회에서의 결의를 갈음하기 때문에 현실적인 총회의 개최를 전제로 하지 않지만[8)] 주식회사의 서면투표는 주주총회의 개최를 전제로 한다는 중요한 차이가 있다.[9)] 특히 1인의 이사만 두고 감사를 두지 않은 소규모 회사에서 모든 의사결정을 서면결의만으로 하는 것도 적법하다. 이 같은 기능상의 차이를 고려하여 서면투표제도는 서면결의제도와는 상이한 별개의 것으로 취급되어야 한다. 이 때문에 주주총회를 전혀 개최하지 않고서

---

7) 중소기업협동조합법 제19조 제3항.

8) 유한회사에서 서면결의는 총회의 개최를 요구하지 않는다는 점에서 회의없는 결의(Beschlußfassung ohne Versammlung)라고 불리기도 한다. 정동윤, 「회사법」 제6판(법문사, 2000), 718면.

9) 이철송, 「회사법강의」 제23판(박영사, 2015), 550면. 이러한 차이를 부정하는 견해로서는 김정호, 「회사법」 제4판(법문사, 2015), 327면; 정찬형, 「상법강의(상)」 제17판(박영사, 2014), 855면이 있다.

모든 주주가 유한회사처럼 서면투표에 의하여 의사결정을 할 수는 없다.[10]

설령 주주총회를 전혀 개최함이 없이 모든 주주가 서면으로 의사표시를 하여 결의를 이끌어낸다고 하더라도 그것이 상법상 서면결의의 요건을 갖추었는지는 살펴 볼 수 있을지언정 바로 전원출석총회라고는 할 수 없다.[11] 다만, 서면투표가 정관에 의해 허용되고 그 절차와 요건을 전부 준수한 상황에서 모든 주주가 서면으로 투표한 결과 부득이하게 주주총회를 개최할 필요가 없는 경우는 용인될 수 있으나, 주주총회를 개최하지 않는 것을 먼저 상정하고 모든 주주의 서면에 의한 의결권행사를 인정하는 것은 현행 상법상 인정되지 않는다. 이처럼 서면투표제도는 주주총회의 실제적인 개최를 전제로 하여 총회개최전에 서면에 의한 의결권행사를 인정하고, 서면에 의해 행사된 의결권의 수를 총회에 출석한 주주의 의결권 수에 산입시키는 이른바 주주의 부재자투표라 할 수 있다.[12]

2. 서면투표제도의 취지

(1) 기존 제도의 현황

주주총회는 소유에 의해서 회사경영의 합리성·타당성을 판단하는 장(場)으로서 시장(market)의 불완전성을 보완하는 역할을 한다.[13] 이 때문에 주주총회는 의사결정기능, 경영진에 대한 감시·감독기능, 정보의 개시기능, 그리고 주주와 경영자사이 또는 주주간의 커뮤니케이션기능을 수행하여야 한다. 그러

10) 이와는 반대로 주주총회의 개최없이 주주전원에 의한 서면투표를 찬성하는 견해로서는 김정호, 위의 책, 327면이 있다.

11) 약간 다른 시각에서 살펴보자면, 주주총회소집통지서에 참고자료를 함께 송부하여 의안에 대한 정보를 개시하는 것은 서면투표의 실시에 대한 전제조건이며 다소 번거롭다고 하더라도 이는 주주민주주의를 위한 필수적 요건이다. 따라서 정보개시를 전제로 주주전원이 서면투표의 방법으로 이루어진 결의가 있더라도 법정의 소집절차에 의하지 않고 주주전원이 총회의 개최에 동의하고 출석하여 이루어진 전원출석총회의 결의와 서로 동일시할 수 없다. 川島いづみ, "株式会社のいわゆる全員出席総会における決議の效力,"「早稲田法学」第62巻3号(早稲田大学, 1987), 264~265頁.

12) 末永敏和, "改正商法下の株主総会—法的諸問題の検討—,"「商事法の解釈と展望－上柳克郎先生還暦記念」(有斐閣, 1984), 47頁.

13) 西尾幸夫, "変わる会社法, 変わるか日本の会社—株主総会の位置づけ—,"「法学セミナ」第537号(日本評論社, 1999), 12頁.

나 현실은 주주총회에 대한 법리적 기대를 충족시키지 못하고 무기능화·형해화되어 있다. 상법상 주주총회는 주식회사의 최고의사결정기관이지만, 대규모의 회사에서 주주총회는 현실적으로 주주의 의사를 집약하고 결정하는 역할을 제대로 수행하지 못하고 있는 것이다.

주주총회가 형해화된 이유를 몇 가지 제시하자면 다음과 같다. 첫째, 주주의 능력이나 심적 요인을 들 수 있다. 즉, 일반적으로 주주는 주가의 상승으로 인한 차액을 얻는 것을 목표로 하는 투기적인 성향을 가지고 있을 뿐 회사경영에 관한 지식이 미흡하거나 그에 대하여 아예 관심이 없는 경우가 많다. 특히 주주는 주금에 대한 납입의무 이외에는 어떠한 의무도 부담하지 않으므로 굳이 주주총회에 참석하기 보다는 자기가 가지고 있는 주식을 처분하는 것을 더 즐기는 경향이 있다. 둘째, 주주총회에 참석하기에는 지리적으로 너무 멀리 떨어져 있거나 시간을 낼 수 없는 경우가 있다. 즉, 주주총회 참석으로부터 얻는 편익이 비용보다 크기 때문에 주주총회 참석에 적극적이지 않다는 것이다. 셋째, 주주총회의 의결권행사에는 자본다수결의 원칙이 적용되는 결과 소수주주는 다수주주의 결정에 복종하여야 하는 일종의 경험칙(經驗則)이 지배한다. 또한 한 때에는 이른바 총회꾼이 주주총회를 방해하는 경우까지 발생하다 보니 일반주주가 주주총회에 참석하고자 하는 의욕이 상실되기도 한다는 것이다.14)

상법상 주주의 의결권행사를 용이하도록 하기 위해 의결권의 대리행사가 인정되고 있으며 이것과 결합된 위임장제도가 존재한다. 위임장제도는 대리제도를 기초로 해서 일반 주주가 의결권을 쉽게 행사하도록 도와주는 것이다. 위임장권유는 항상 행하여진다는 보장이 없고, 게다가 모든 주주에게 행할 필요가 없으므로 총회에 출석하지 않은 주주에게 위임장권유의 기회가 반드시 부여되는 것은 아니다. 현실적으로 주주가 상법상의 위임장제도를 통하여 자신의 의결권을 행사한다고 해도 주주의 의사를 늘 완전하게 주주총회에 반영시킬 수 있는가에 관하여 전적으로 긍정하기란 쉽지 않다. 예컨대, 주주로부

14) 김정호, 앞의 책, 316~317면; 정성숙, "출석프리미엄을 통한 주주총회의 활성화 방안," 「기업법연구」 제26권 제3호(한국기업법학회, 2012), 1~2면; 高岡義幸, "株主総会の機能と限界," 「広島経済大学創立三十周年記念論文集」(広島経済大学経済学会, 1998), 229~235頁.

터 반송된 위임장의 대부분은 총회의 의안에 대하여 찬성의 뜻을 표하거나 아니면 경영자에 대하여 의결권의 백지위임을 하는 것이 현실이어서 오히려 의결권의 대리행사는 경영자의 자기영속화의 수단으로 전락하고 있으며,[15] 때에 따라서는 총회장에서 대리인이 주주의 뜻에 반하여 의결권을 행사하는 경우가 발생할 수 있다.[16]

(2) 주주민주주의의 제고

다수의 주주로 구성된 대규모회사에서 모든 주주가 주주총회에 출석하는 것은 처음부터 물리적으로 불가능하다. 전국적으로 광범위하게 분산되어 있는 소수주주에게 총회에 참석할 것을 요구하는 것도 무리이다.[17] 사실 주주가 자신의 의결권을 대리행사시키고 싶다고 해도 자신에게 충실한 대리인을 찾는 것이 현실적으로 용이하지 않다. 따라서 주주민주주의의 실현을 위해서는, 출석할 수 없는 주주에게도 적절한 의결권행사의 기회를 부여하는 것이 가장 이상적이다. 그렇다면 서면투표가 가지고 있는 특별한 의미는 무엇인가? 그 대답으로서는 주주의 의결권행사의 편의성을 제고하여 주주총회의 원활한 진행에 이바지 할 수 있다는 점을 들 수 있다.[18]

일반적으로 주주민주주의(shareholder democracy) 또는 회사민주주의(corporate democracy)라 함은 주주주권(株主主權)과 절차중시를 통해 경영자에 대한 주주의 지배를 명실상부하게 확립하고자 하는 회사법의 이념을 의미한다.[19] 사실

---

15) 商事法務 編, 「株主総会ハンドブックシリーズ①」(商事法務, 2002), 153頁.

16) 최기원/김동민, 「상법학신론(상)」 제20판(박영사, 2014), 710면. 종래부터 의결권의 대리행사에 있어서 대리인이 본인인 주주의 지시에 반하여 의결권을 행사거나 또는 위임사항에 관계없이 의결권을 행사함으로써 발생하는 다툼은 본인(주주)과 대리인의 양당사자간의 문제에 지나지 않는다. 따라서 본인의 의사에 반한 의결권의 행사 또는 불행사가 있다고 해도 이는 총회결의의 성립절차에 관한 하자로 되는 것은 아니어서 주주총회결의취소의 소의 원인이 아니다. 그 경우에는 본인과 대리인사이의 계약위반으로 인한 책임문제가 발생할 뿐이다. 만약에 회사가 위임장을 권유하였다면 무권대리의 법리에 따라 주주의 명시적 의사에 반한 의결권행사는 무효이며, 또한 주주총회결의취소의 사유가 된다. 이철송, 앞의 책, 532면.

17) 近藤光男, 「最新株式会社法」 第7版(中央経済社, 2014), 209頁.

18) 정동윤, 앞의 책, 340면.

19) 권종호, "경영자감시수단으로서 위임장권유의 효율성—주식공개매수 및 주주제안권과의 비교를 통하여—," 「상사법연구」 제17권 제1호(한국상사법학회, 1998), 148면; 서완석, "회사법상 의결권 규제의 합리화 방안," 「기업법연구」 제28권 제2호(한국기업법학회, 2014), 21~30면; 水口宏, 「会社運営と株主の地位」(商事法務研究會, 1994), 136頁; 前田重行, 前揭書, 3頁.

주주총회제도의 개선과 주주민주주의 또는 회사민주주의의 이념은 서로 맞물려 있기는 하지만, 본래 주주민주주의의 이념은 회사의 실제적 경영에 정부가 간섭하는 것을 막기 위하여 제시된 것이었다.[20]

주주민주주의에서 가장 중요한 핵심요소는 주주의 참여(participation)이다. 주주민주주의에서의 주주의 지위는 민주국가에서의 국민의 지위로부터 유추할 수 있다. 주주민주주의는 국가정치에 있어서 민주주의의 이념과 개개 주주의 적극적인 역할이 강조된 초기 주식회사의 이념이 융합된 것이다. 민주주의국가에서 그 이념을 구체화하기 위하여 국민의 선거권이 강조되는 것과 마찬가지로 주주의 의결권이 주주민주주의에서는 당연히 강조되고 있다. 그리하여 주주민주주의는 자본다수결의 원칙의 범위 내에서 주주가 회사의 의사형성에 적극적으로 참가하여 경영자의 경영활동을 감시·감독하는 것을 주된 내용으로 한다.[21] 오늘날 경영자에 대한 감시·감독의 효율성의 관점에서 주주민주주의를 적대적 인수합병보다 더 선호하여야 하는 메커니즘이라고 주장되기도 한다.[22]

한국 대기업의 지배구조는 회사의 의사형성이나 결정에 소수주주가 능동적으로 참여할 수 있는 형편이 아니라는 점에서 주주민주주의의 제고는 한국기업의 당면과제이다. 주주민주주의를 드높이기 위해서는 개개 주주가 의결권 행사에 드는 비용을 줄여서 주주의 의사를 가능한 한 주주총회에 직접적으로 분명하게 반영시킬 수 있는 메커니즘을 창출하여야 한다. 서면투표를 함으로써 소수주주나 외국인주주도 의결권행사에 드는 제반비용을 줄일 수 있으며 회사측으로서도 주주의 수(數)에 구애받지 않고 주주총회의 장소를 마련할 수 있는 이점이 있다.[23] 이처럼 주주의 의결권행사의 편의를 도모함으로써 사표(死票)의 발생을 줄이고 그 결과 총회에서의 결의를 용이하게 성립시킬 수 있도록 도입된 것이 바로 서면투표제도이다.[24] 말하자면, 서면투표제도는 회사

---

20) Margaret M. Blair, Ownership and Control: Rethinking Corporate Governance for the Twenty-First Century 69(1995).

21) 前田重行, 前揭書, 10頁.

22) Martin Lipton, *Corporate Governance in the Age of Finance Corporatism*, 136 University of Pennsylvania Law Review 1, 69(1987).

23) 김정호, 앞의 책, 317면; 최준선, 「회사법」 제10판(삼영사, 2015), 369면.

24) 이철송, 앞의 책, 550면.

에 출석하지 않은 일반 주주를 위해서 의결권행사에 드는 제반비용을 절감시켜 의결권행사의 실질적인 기회를 확보하는 것을 목적으로 하는 획기적인 방법이다. 이밖에 서면투표제도는 대리인의 개입없이 의안에 대해서 주주의 의사를 직접적으로 총회에 반영하므로 대리인에 의한 의결권남용의 위험이 없다는 점이 의결권의 대리행사제도와 큰 차이이다. 궁극적으로 서면투표제도는 주주가 의결권행사를 용이하도록 하여 주주민주주의를 촉진시키는 데 기여하리라 생각한다.

3. 서면투표제도의 한계

주주총회는 주주들이 상정한 의안에 대해 토의를 거쳐서 표결을 통해 집단적 의사를 결정(collective decision-making)하는 주식회사의 최고의사결정기관이다. 어느 하급심 법원의 결정도 "주주들로서는 주주총회에 참석하여 충분한 토론을 통하여 자신의 입장과 의견을 개진하고 표결에 참가함으로써 의사를 표시하는 것이 회사의 의사결정과정에 있어 실질적으로 유일하게 보장된 권리"라고 판시하면서 주주총회에서의 의결권행사의 의의를 밝힌 바 있다.[25] 그러나 의사결정에 필요한 수(數) 이상의 주주가 서면에 의해 투표를 한다면 총회장에서의 출석주주들의 심의는 의미를 잃어버리게 된다. 이 때문에 주주가 서면투표를 통해 물리적인 총회에 참가하지 않은 채 의결권을 행사할 수 있다는 점에서 서면투표는 회의체인 주주총회의 본질에 조화되지 않는다는 비판에 직면한다. 결국 서면투표는 주주총회의 심의과정으로부터 분리된 의결권행사라는 점에서 다음과 같은 구체적인 문제점을 안고 있다.

첫째, 서면투표는 주주의 의사를 회사의 의사결정에 효과적으로 반영하는 수단이기는 하나 총회로부터 분리된 의결권행사방법을 인정하는 것이므로, 이는 주주총회를 회의체라고 이해하는 전통적 주주총회관(株主總會觀)으로부터 벗어난 상당히 과감한 수단이다.[26] 즉, 서면투표에 의한 의결권행사는 주주총회에 출석하지 않은 채 이루어지는 의결권행사를 인정한 제도이므로 당

25) 인천지방법원 2000. 4. 28.자 2000카합427 결정.
26) 前田重行, 前揭書, 101頁.

해 주주가 그 의결권행사의 대상인 의안에 대해 회의체 외에서 단지 의안에 대한 찬부(贊否)만을 나타낸 것에 지나지 않는다. 따라서 서면투표는 "주주가 총회에 출석하여 심의를 하고 그 후에 투표를 한다"는 전통적인 회사법이념에 충실하지 못하다.[27] 만약에 총의결권수(總議決權數)의 절대다수가 서면투표를 하였다면 그 의안에 대한 찬부는 이미 총회개최전에 결정되어 총회장에서 결과를 뒤집을 수 없게 되므로, 만약 총회전에 결정된 결과가 총회개최전에 대외적으로 알려진다면 주주는 주주총회에 참석하고자 하는 인센티브까지 잃게 된다. 그리하여 서면투표로 인하여 오히려 주주총회를 더 심각하게 형해화를 초래할 수 있다는 비난을 받을 수 있다.[28]

둘째, 서면투표를 하는 주주는 해당 의안에 대해 심의내용이나 확실한 문제점 및 쟁점, 그리고 다른 주주들의 견해 등을 제대로 알지 못한 채 사전에 의결권행사를 하여야 한다. 이는 부재자투표라는 서면투표의 특성으로부터 파생된 것이다. 즉, 주주에게 서면투표에 의한 의결권행사는 의안의 찬부(贊否) 판단에 즈음하여 의안에 대한 총회에서의 심의를 참고할 수 있는 기회와 총회에서의 질의응답으로부터 자료를 얻을 기회를 부여받지 못한 채 총회라는 회의체의 최종적 의사결정에 참가하는 것이다.[29]

이상과 같이 서면투표는 주주총회에서 심의기능과 양립할 수 없다는 결점이 있다. 이러한 결점을 극복하기 위해서는 우선적으로 서면투표에서 정보개시의 충실성이 확보되어야 한다. 한국 상법도 서면투표제도를 실시함에 있어서 회사에게 주주의 의결권행사를 위해 참고자료의 발송을 강제하고, 이를 주주의 의사형성에 필요한 정보로 이용할 것을 예정하고 있다. 이와 같이 정보개시를 충실하게 하였다고 해도 사전(事前)에 제공된 자료와 주주총회에 있어서 토의나 질의응답으로부터 얻는 판단자료와는 차이가 있으므로 서면투표는 이 문제에 대해 적극적으로 대처할 수 없다는 한계가 있다. 그러므로 현행

---

27) 末永敏和, 前揭論文, 47頁.

28) 정찬형, 앞의 책, 855면; 최준선, 앞의 책, 369~370면; 加藤修, 「議決権代理行使の研究」(慶応義塾大学出版会, 1982), 62頁; 末永敏和, 前揭論文, 47頁; 前田重行, 前揭書, 133頁.

29) 통상 회의체의 구성원이 회의체의 의사형성에 관하여 의결권을 행사할 경우에는 그 의사는 회의에 관한 제안자 등과의 질의응답이나 회원간의 토의를 자료로 하여 형성되는 것은 당연한 것이며, 그 과정에서 회의체의 존재의의가 인정된다. 前田重行, 前揭書, 137~138頁.

주주총회제도 하에서 총회에 출석하지 않는 주주에게 의결권행사의 기회를 주는 것을 인정한 이상 어떠한 방법을 취하든 이 문제를 극복하기는 어려울 것으로 판단된다.[30] 다행히 한국 상법은 정관의 규정에 의한 서면투표의 채택을 인정함으로써 모든 주식회사에게 서면투표를 강제하는 방법을 배제하였다. 모든 주식회사에게 서면투표를 강제하는 것은 주주총회가 가지는 진정한 의미를 포기하는 것과 다를 바 없다는 점을 고려한 결과이다.[31]

제 3 절 주요 국가의 입법례

1. 일 본

한국 상법상의 서면투표제도를 살펴봄에 있어서 일본법상의 서면투표제도가 매우 귀중한 자료가 된다. 일본의 경우 서면투표제도의 도입에 관한 논의는 기존의 위임장제도의 개선 내지는 대체를 목적으로 시작되었다. 서면투표제도의 도입이 심도있게 구체적으로 거론된 것은 1955년 무렵이다. 일본은 1955년부터 1956년에 걸쳐서 법제심의회(法制審議會)의 상법부회(商法部会)에서 주식회사의 최저자본제, 회사의 기관, 주식액면가의 인상 등에 관하여 근본적인 개정을 추진하였다. 이러한 정부의 움직임에 발맞추어 학계·실무계에서도 회사법의 개정에 관한 논의가 있었다. 특히 주주총회의 개선에 관한 논의 중에서 총회의 권한축소와 아울러 위임장제도의 개선 및 서면투표제도의 도입이 검토되었다. 당시 회사에 의한 위임장권유가 오히려 경영자에 의한 회사지배의 수단이 되고 있다는 인식이 있었기 때문이다. 또한 당시의 서면투표제도의 도입이유로 든 것은 위임장제도에 대신하여 총회에 출석하지 않은 주주에게 그 의사를 총회에서 반영시키는 수단을 부여하자는 것이었다.

이와 동시에 소주주(小株主)의 총회출석권을 부정하고, 그의 총회출석에

30) 上揭書, 138頁.
31) 임홍근, "상법개정요강안에 대한 토론의견(I)," 「상법개정공청회」(법무부, 1999), 53면.

갈음하는 것으로서 서면투표를 인정하자는 안(案)이 제기되기도 하였다. 이 안은 구체적으로 일정수미만의 주식을 보유한 주주는 자신의 의결권행사를 항시 서면투표에 의해서만 가능하다는 것을 주내용으로 하고 있었기에, 소주주를 주주총회로부터 배제하는 수단으로 서면투표를 고려한 것으로 판단된다. 그러나 이 안에 대하여는 주식의 민주화(民主化)에 역행하여 주주평등의 원칙에 반한다는 비판이 있으며, 서면투표제도하에서는 의안의 수정이 불가능하고 공정한 투표관리를 유지하는 것이 번잡하여 추가비용이 들며, 또한 실제로 실행할 경우에 많은 문제가 발생할 것이라는 비판이 제기되었다. 그리하여 서면투표에 관한 논의는 구체적인 입법안에 반영되지 못한 채 흐지부지되었으며 1978년「주식회사의 기관에 관한 개정시안」[32]에서 다시 등장할 때까지 관심을 끌지 못하였다. 이 1978년의 개정시안에서 서면투표제도의 신설에 관한 논의 및 검토가 이루어진 후 마침내 1981년 대회사에만 적용되는 구 상법특례법[33]의 제정으로 정식으로 도입되었다. 구 상법특례법이 과거에 자본금 5억엔 이상이거나 부채총액이 200억엔 이상인 주식회사 중에서 의결권이 있는 주주가 1천명 이상이 존재하는 회사에 한하여 서면투표를 실시할 수 있음을 규정한 것이었다.[34] 구 상법특례법이 이 제도를 도입한 목적은 총회에 출석하지 않은 주주의 의사를 총회에 적확(的確)하게 반영하기 위한 것에 있다고 설명되었으며, 그 입법이유는 위임장제도를 보완하여 오로지 주주의 의결권행사를 용이하게 하고 그 지위를 강화하는 데 있는 것으로 판단되고 있다. 그러므로 주주가 총회에 참석할 것인가 아니면 서면투표를 할 것인가는 자신의 선택에 달려 있다. 따라서 1981년 상법특례법은 소주주의 총회로부터의 배제를 위하여 서면투표제도의 도입이 최초로 논의되던 1955년 무렵과는 그 입법취지가 근본적으로 상이하다고 할 수 있다.[35]

그 후 2005년에 제정되어 그 다음 해 부터 시행된 일본 회사법은 주주명

---

32) 株式會社の機関に関する改正試案.

33) 이는 주식회사의 감사 등에 관한 상법의 특례에 관한 법률(株式会社の監査等に関する商法の特例に関する法律)을 말한다.

34) 株式会社の監査等に関する商法の特例に関する法律 第21条の2 第1項.

35) 加藤修, “議決権代理行使と書面投票,”「特別講義商法 I」竹内昭夫 編(有斐閣, 1995), 189~190頁; 山下友信, “書面による議決權行使,”「会社法演習 II」(有斐閣, 1986), 60頁; 前田重行, 前掲書, 71~77頁.

부상 의결권이 있는 주주의 수가 1,000명 이상인 회사에서는 서면투표제도를 의무화하고 있으며,[36] 그 이외의 회사는 정관의 규정에 의하여 재량적으로 서면투표제도를 채택할 수 있다. 이처럼 일본에서 대규모의 회사에 한하여 서면투표를 강제한 것은 주주의 수가 작은 소규모의 회사에서는 주주가 총회에 출석하는 것이 용이하므로 서면투표 자체가 그다지 중요한 의미를 갖지 못하다는 데 그 이유가 있다. 또한 이 제도의 시행으로 주주에 대한 정보개시의무와 총회소집비용이 증가하여 회사의 부담이 가중되므로 일정한 수의 주주를 가진 대규모의 회사만으로 그 대상을 한정하여 적용할 필요성이 고려된 결과이다.

2. 독 일

독일의 경우에는 유한회사(GmbH)에서 총사원의 동의를 전제로 하여 서면결의제도가 인정된다(GmbHG, §8 II). 이는 유한회사의 소규모성이라는 특징을 감안하여 사원총회를 반드시 현실적으로 개최할 필요가 없어 서면결의의 실시를 통해 사원총회의 개최에 드는 비용을 상당히 절감할 수 있다는 점에 기초하고 있다. 2009년 5월 29일 상장회사에서 주주권리행사에 관한 지침(이하 ‘주주권지침’로 줄임)(Richtlinie 2007/36/EG)을 독일 국내법으로 전환하기 위한 목적으로 “주주권지침을 국내법화하기 위한 법률”(Gesetz zur Umsetzung der Aktionärsrechterichtlinie; ARUG)이 제정되었다. ARUG는 정관에 규정이 있는 경우 주주가 서면투표에 의하여 의결권행사를 하는 것을 허용하고 있다. 한편, 주식법은 명문상 우편투표(Briefwahl)를 허용하고 있으며, 이에 따라 물리적인 주주총회에 참석하지 않더라도 서면에 의한 의결권행사가 가능하게 되었다.[37]

3. 미국과 영국

미국과 영국은 서면투표와 관련한 구체적인 입법을 두고 있지 않다. 왜냐

36) 会社法 第298條 第2項, 会社法 施行規則 第64條.
37) AktG §118(2).

하면 미국과 영국은 잘 발달된 위임장제도를 갖추고 있어서 주식회사에서 주주의 의사가 총회에 비교적 쉽게 반영될 수 있으므로 현실적으로 서면투표의 실시를 위한 별도의 규정을 마련할 필요성이 없기 때문이다.[38] 이들 국가에서는 서면투표대신에 주주총회의 결의에 갈음하는 서면동의 내지는 서면결의를 인정하고 있다. 미국에서는 폐쇄회사(close corporation)의 경우 주주총회를 개최하지 않고 서면동의(written consent)에 의하여 의결을 할 수 있다. 델라웨어주나 뉴욕주를 위시하여 여러 주에서 공개회사의 경우에도 주주의 서면동의로서 주주총회의 결의에 갈음할 수 있다고 규정하고 있다.[39] 영국에서도 비교적 소규모인 사회사(private company)에 한하여 모든 주주의 서면에 의한 결의(written resolution)를 인정하고 있다.[40] 이처럼 미국과 영국에서는 소규모의 회사에 한하여 그 의결절차를 간소화하기 위해 서면결의제도를 인정하고 있는 것이다.

4. 소 결

주요 국가의 형편을 살펴 볼 때, 일본과 독일을 제외한 다른 여러 국가에서는 주식회사에서의 서면투표제도의 채택에 관한 명문의 규정을 두지 않고 있음을 알 수 있다. 그러므로 한국이 서면투표제도를 도입한 것은 주주총회제도의 개혁을 위한 움직임 중에서 비교법적으로 상당히 앞선 파격적인 행보라 할 수 있다.

38) 前田重行, 前揭書, 103~113頁.
39) Del. Code Ann. tit. 8, §228; N. Y. Bus. Corp. Law §61.
40) Companies Act s.381A(1).

제 4 절 서면투표제도의 문제점과 그 해결방안

1. 회사의 부담증가

위에서 살펴 본 바와 같이 일본 회사법의 경우 서면투표제도는 의결권을 소유한 주주가 1,000인 이상 존재하는 회사에만 의무화하는 것으로 되어 있다. 서면투표를 실시하기 위해서는 회사가 주주에 대해 정보개시 등의 의무를 부담하는데, 이러한 정보개시에는 상당한 비용과 노력이 요구되므로 이 부담을 감당할 수 있을 정도로 규모가 있는 회사에 강제하는 것이 바람직하다고 보아 서면투표의 실시대상을 대회사로 제한한 것이다.[41]

한국 상법은 일본과는 달리 서면투표를 의무화하지도 않을 뿐더러 대상회사의 범위도 제한하지 않고 있다. 상법은 주식회사의 주주라면 정관이 정하는 바에 따라 서면투표를 할 수 있는 것으로만 규정할 뿐이다(상법 제368조의3 제1항). 법규의 해석상 서면투표는 회사규모의 정도나 구성원의 수에 상관없이 정관에서 허용하면 실시할 수 있다. 그러나 서면투표의 실시여부가 회사의 정관에 따른 자율적 선택사항이다보니 회사측으로서는 정보개시에 드는 많은 비용 때문에 서면투표의 실시를 기피할 우려가 있다. 이러한 비용증가는 서면투표의 활용에 부정적인 영향을 미치는 사항이다.[42]

1999년 서면투표도입과 관련한 상법개정 공청회에서 서면투표는 주주에 대한 정보를 제공하는 데 비용이 추가적으로 들뿐만 아니라 주주의 수가 많지 않은 소규모의 회사에서 서면투표를 실시할 경우에는 오히려 주주총회의 형해화를 초래할 수 있으므로 일정규모 이상의 회사에 대하여 제한적으로 시행할 필요가 있다는 견해가 제시된 바 있었다.[43] 그러나 오히려 소규모의 회사에서 회사운영의 절차간소화를 위한다면 서면투표제도는 큰 의미가 있고, 대규모의 회사의 경우에는 주주가 부담할 의사결정비용을 줄이는 방법으로 주

41) 前田重行, 前掲書, 82頁.
42) 송옥렬, 「상법강의」 제5판(홍문사, 2015), 913면.
43) 정준영, "상법개정요강안에 대한 토론의견(Ⅲ)," 「상법개정공청회」(법무부, 1999), 69면. 서헌제 교수도 1999년 개정상법을 설명하면서 이와 같은 취지의 주장을 피력하고 있다. 서헌제, 「사례중심체계 회사법」(법문사, 2000), 307~309면.

주의 참여를 유도하고 이를 통해 주주민주주의를 구현할 수 있다면 상법이 서면투표제도가 적용될 회사의 범위를 그 구성원의 다소(多少)나 자본규모의 대소(大小)에 의하여 차별을 두지 않고 정관에 위임한 것은 바람직한 입법이라고 할 수 있다. 따라서 이 제도를 활성화시키기 위해서는 회사의 경비를 줄이는 방법을 모색하여야 한다. 특히 다수의 학자들은 주주민주주의를 실현하기 위해서는 많은 시간과 비용이 들기 때문에 주주민주주의의 현실적 유용성에 관하여 회의적인 입장을 견지하고 있다는 점을 고려한다면 이러한 비용증가의 문제는 해당 회사로서는 매우 심각하게 고려하여야 할 필요가 있다.[44] 정관으로 모든 주주에게 서면투표를 허용하되,[45] 비용절감차원에서 서면으로 의결권을 행사하겠다는 의사를 표명한 주주에게만 투표용지와 참고자료를 발송하는 방안도 활용할 수 있다.

2. 정보개시의 충실성확보

(1) 문제의 소재

서면투표를 실시함에 있어서 주주에 대한 정보제공은 이 제도가 제대로 기능하는 데 매우 중요한 의미를 갖는다. 즉, 서면투표는 주주의 의결권행사 바로 그 자체이므로 의결권행사의 전제로서 그 대상인 결의사항과 그 의안에 대한 충실한 정보는 당연히 요구되는 것이다. 더군다나 서면투표를 하는 주주는 총회에 출석하지 않기 때문에 총회에서 질문권을 행사할 수 없으며 총회에서의 토의를 들을 기회를 가질 수도 없다. 이와 같은 약점을 보완하기 위해서는 서면투표에 있어서 주주에 대한 충실한 정보제공은 반드시 필요하다. 서면투표를 실시하면서 이와 같은 참고자료를 제공하지 않는다면 상법위반으로

---

44) Blair, *supra* note 20, at.76. 한편, 주주이익의 보호와 같이 서면투표를 실시함으로서 얻을 수 있는 편익이 이에 들어가는 비용을 상회하기 때문에 서면투표제도의 채택으로 인한 비용증가는 큰 문제가 되지 않는다고 보는 견해가 있다. 김병연, "주주총회에 있어서 서면투표제도," 「기업환경의 변화와 상사법-춘강 손주찬 교수 고희기념」(삼성출판사, 1993), 281면.

45) 이철송, 앞의 책, 551면. 일본에서 서면투표를 실시하기 위해서는 주주평등의 원칙에 따라 회사의 비용으로 주주총회에 제출된 모든 의안에 대하여 모든 주주에게 소집통지서에 투표용지와 참고서류를 첨부하여 송부(送付)하여야 하며 또한 반송(返送)된 투표의 개표와 관련하여 공정한 관리를 하여야 한다. 森本滋, "書面投票の制度的意義と機能,"「商事法の解釈と展望-上柳克郎先生還曆記念」(有斐閣, 1984), 120頁.

되어 주주총회결의취소의 사유가 된다.[46)]

그럼에도 불구하고 상법은 개시(disclosure)할 정보의 내용이나 질적인 면에 관하여는 특별히 정하지 않은 채 소집통지에 의결권의 행사에 대해 참고로 할 사항을 기재한 자료를 첨부하여야 한다는 뜻만 규정하고 있다(제368조의3 제2항). 이는 참고자료에서 제공하여야 할 정보에 관해서는 각 회사가 정관으로 정하도록 하여 회사자치에 위임하고 있는 것으로 읽힌다. 그 결과 회사는 정보의 충실한 개시를 기피하기 위하여 참고자료를 부실하게 제공할 우려가 제기된다.

(2) 해결방안

회사가 참고자료에서 개시할 정보를 정관에서 임의로 정하는 것에 대하여 비판적인 견해가 있다.[47)] 이 견해는 서면투표에 관한 일본의 경험을 참고로 하여 제시된 것이다. 일본은 구 상법특례법을 계승한 현행 회사법 시행규칙은 서면투표에 있어서 (한국 상법상 참고자료에 상당하는) 참고서류의 양식과 기재사항을 법무성령(法務省令)에 구체적으로 정하도록 강제하고 있다.[48)] 이처럼 회사가 임의로 정한 서면양식을 인정하지 않고 법령에 의해서 그 양식의 통일화를 이루고자 것이다. 양식을 자유롭게 선정하는 것을 허용한다면 회사는 주주가 의결권을 행사하는 데에 필요한 정보를 충분하게 개시하는 것을 기피할 우려가 있으므로, 이 같은 우려를 줄이기 위해서 양식의 통일화를 도모

---

46) 홍복기, 「회사법강의」 제3판(법문사, 2015), 348면. 상법상 서면투표는 주주총회제도의 일부를 구성하고 있다. 회사가 주주에 대하여 서면투표에 있어서 일정의 양식에 따른 투표용지나 참고서류를 송부하는 것은 주주총회소집절차의 일부라 할 수 있다. 또한 주주로부터 반송된 서면을 취급하는 것은 결의성립과정의 일부이다. 그러므로 주주에게 투표용지나 참고서류가 송부되지 않거나 그것의 양식이나 기재사항에 불비(不備)가 있다면 이는 총회의 소집절차에 하자가 있는 것으로 보아야 한다. 이러한 하자는 총회결의취소사유가 된다. 주주가 서면에 필요한 기재를 하고 기일까지 반송하였음에도 불구하고 회사가 이것을 무시하고 의결권행사로 취급하지 않거나 주주가 표시한 찬부의 표시에 반하여 투표수에 더한 경우 등은 결의의 성립과정에 하자가 있는 것으로 되어 역시 총회결의취소의 사유가 된다, 前田重行, 前揭書, 95~96頁.

47) 정준영, 앞의 자료, 69~70면.

48) 会社法 第298條 第2項, 会社法 施行規則 第66條 第1項 第2号. 일본법무성은 구 상법특례법에 따라 1982년 주로 참고서류에 기재할 사항에 대하여 자세하게 규정한 「대회사의 주주총회의 소집통지에 첨부하여야 할 참고서류등에 관한 규칙」(大会社の株主総会の召集通知に添付すべき参考書類等に関する規則)을 제정한 바 있었다(法務省令 第27号). 동 규칙은 미국의 聯邦委任狀規則(SEC Rules)을 참고하여 작성한 것이다.

한 것이다. 따라서 참고자료에 기재할 사항을 정관에 기재하기보다는 따로 시행규칙을 두어서 통일적으로 적용하자는 견해는 설득력이 있는 주장으로 들린다. 현재 별도의 세부규정을 두고 있지 않은 상태에서 참고자료에서 개시하여야 할 정보는 자본시장과 금융투자업에 관한 법률상 의결권의 대리행사를 권유하는 경우(자본시장법 제152조 제1항, 자본시장법 시행령 제163조 제2항)에 준하여 그 범위를 정하는 것이 바람직하다. 서면투표는 총회에 출석하지 않는 주주를 위한 것이므로 의안상정시에 하는 정보개시 수준이면 충분할 것으로 보인다.[49)]

이를 구체적으로 살펴보면, 먼저 이사선임의 경우에는 참고자료에 이사후보자의 성명, 주소, 직업, 소유주식의 수나 경력의 기재 및 이사후보자와 회사와의 이해관계의 유무에 관한 사항이 포함되어야 할 것이다. 특히 이사후보자와 회사와의 이해관계에 대해서는 회사와 당해 후보자와의 채권채무관계, 거래관계 등에 관한 구체적인 내용을 개별적 또는 예시적으로 열거하여 개시하여야 한다. 감사의 선임에 관하여도 동일한 정도의 정보가 참고자료에서 개시되어야 한다. 이사 및 감사의 해임에 대해서는 당해 이사와 감사의 성명, 주소, 그리고 최근의 약력과 해임사유를 기재할 필요가 있으며, 이 밖에 해임에 대한 당사자의 의견을 기재할 수 있어야 한다(상법 제409조의2 참조). 외부감사인의 선임을 주주총회에서 승인(주식회사의 외부감사에 관한 법률 제4조 제2항)하는 의안에서도 이사의 경우와 동일한 정도로 기재하여야 한다. 회사의 합병에 관한 건인 경우에는 합병대차대조표를 기재할 필요가 있다.[50)]

3. 수정동의에 대한 주주의 의사반영

(1) 문제의 소재

서면투표제도에서 가장 중요하게 다루어져야 하는 것은 주주총회에서 이미 상정된 의안에 대해 수정동의가 제출되었을 경우에 원안에 대해 이미 행사된 서면투표를 어떻게 취급할 것인지의 문제이다. 사실 주주총회의 소집통지

49) 이철송, 앞의 책, 551면.
50) 前田重行, 前揭書, 86~87頁.

에 회의의 목적사항으로 기재되어 있지 않은 사항에 대해서 결의할 수는 없지만, 그 의안에 대한 수정은 소집통지에 기재된 회의의 목적사항 범위 내에서 보충·변경할 수 있다.[51]

위임장제도하에서는 형식적으로 대리인이 존재하므로 의안의 수정에 대응하여 대리인은 본인의 지시가 없더라도 본인을 위해 그의 수임범위 내에서 재량적으로 의결권을 행사할 수 있다.[52] 그러나 서면투표에서는 서면의 반송이 바로 의결권행사자체로 보는 이상 수정동의에 대해서는 위임장의 경우와 동일하게 취급할 수는 없다. 서면투표는 서면에 기재되고 참고서류에 나타난 의안에 대해서 주주가 의사를 표명하는 것이다. 그 때문에 주주의 의사표명은 서면에 기재된 의안에 한해서만 인정되므로 주주의 찬부결정(贊否決定)에 자료를 제공할 수 없는 수정동의안에 대해 주주의 의사표명이 있는 것으로 보기는 곤란하다. 그러므로 의안의 수정안이 제출되고 이에 대한 찬부를 묻는다면 회사에 이미 반송된 서면은 그 투표대상을 잃은 것이라 할 수 있다. 이처럼 수정동의안이 제출된 경우에 이미 서면으로 의결권을 행사한 주주의 의사를 어떻게 해석할 것인지가 문제된다.

(2) 해결방안

서면투표제도를 채용한 회사의 물리적인 주주총회에 있어서 의안의 수정동의가 제출되었다면 이미 반송된 서면투표는 새로운 수정동의안과 관련하여 어떻게 취급하여야 할 것인가?[53] 이에 관하여는 다음과 같은 견해가 제시되어 있다. 먼저 수정동의안에 대해서는 서면에 의한 의결권행사가 불가능하기 때문에 당해 주주는 결석한 것으로 취급하자는 견해가 있다.[54] 이는 서면투표에

---

51) 목적사항의 동일성을 해하지 않는 범위 내에서 수정이 가능하다. 이철송, 앞의 책, 496면.

52) 대법원은 이미 오래전 부터에서부터 의결권의 포괄적 위임을 인정하고 있다(대법원 1969. 7. 8. 선고 69다688 판결). 최근에도 이러한 포괄적 위임이 가능함을 재확인한 바 있다(대법원 2002. 12. 24. 선고 2002다54691 판결; 대법원 2014.1.23. 선고 2013다56839 판결).

53) 이 밖에 회사가 서면투표를 실시하면서 수정동의안을 일정한 기간 내에 제출하게 하여 그 내용을 주주에게 송부하는 의결권행사서면과 참고자료에 함께 첨부하거나 또는 수정동의안의 제출 그 자체를 허용하지 않아야 한다는 견해가 있다. 정준우, "주주의 의결권 행사방법의 편의성 제고와 그 문제점,"「법학연구」 제13권 제3호(인하대학교, 2010), 33면. 그러나 이는 물리적인 주주총회의 개최 중에 수정동의안이 제출되는 것과는 거리가 있어 이하의 논의에서는 다루지 않는다.

54) 元木伸, "議決権の代理行使と書面投票等,"「商事法務」第937号(商事法務研究会, 1982), 14頁.

의해 의결권을 행사한 주주는 투표용지에 기재된 의안에 대하여 이미 찬부의 의사를 표명하였으므로 총회 당일 회의장에 제출된 수정동의안에 대하여는 찬부의 의사를 밝힐 수 없다. 그러므로 수정동의안에 대하여는 전혀 의사를 표명한 것으로 볼 수 없기에, 이에 대한 표결에서는 이미 송부되어진 서면투표는 출석한 주주의 의결권의 수에 산입되지 않는 것으로 보자는 주장이다. 이 견해는 일본 학계에서는 비교적 초기에 주장된 것으로서 결석설(缺席說)이라 한다.[55] 결석설은 이미 원안(原案)에 대하여 행사된 서면투표는 수정동의안이 제출된 경우에 그 대상을 잃어 무의미한 것으로 될 뿐만 아니라 그 서면투표한 주주는 수정동의안에 물리적으로 의사표명을 할 수 없다는 점을 고려한 것이라 생각한다. 그러나 이러한 주장에 대하여는 다음과 같은 비판이 있다. 첫째, 서면투표한 의결권의 수는 원안에 대해서는 의결권의 수에 산입되지만 수정동의안에 대해서는 결석으로 취급되어 의결권수에 산입되지 않으므로, 수정동의안에 대해서는 그만큼 의결권수의 부족현상을 낳게 된다. 특히 주주총회에서의 특별결의를 요하는 사안에 대해 제출된 수정동의안에 총회에 출석(대리출석을 포함)한 주주만으로 의사결정을 성립시킬 수 없는 경우에는 다시 총회를 개최하여야 하는 문제가 발생할 수 있다.[56] 둘째, 원안에 의결권을 행사한 주주는 수정동의안에 대하여 결석한 것으로 된 결과 이미 서면투표를 한 주주의 의사는 무시된 채 상당히 소수의 투표에 의해 결의가 성립하는 모순이 발생한다.[57] 셋째, 회사측이 주주의 의결권행사를 배제하여 그 의사를 관철시키기 위해 고의적으로 수정동의안을 제출할 가능성도 있다.[58] 이처럼 결석설은 주주의 의사에 대한 새로운 해석의 여지를 완전히 부정하고 주주의 의결권

---

55) 森本滋, 前揭論文, 126頁.

56) 上揭論文, 127頁.

57) 예를 들어, 의결권의 총수가 1,000인 회사에서 주주의 보통결의를 요하는 의안에 대하여 750의 의결권이 서면에 의해 행사되었고 250이 총회에 직접 출석하여 의결권을 행사하였다고 가정하자. 그리고 서면투표를 한 주주 중에서 원안에 찬성한 의결권이 400, 반대가 350이며, 총회에 직접 출석한 주주는 원안에 100이 찬성하였고 150이 반대하였다고 가정하자. 이 경우는 가부동수(可否同數)로서 부결된다. 그리하여 수정동의안이 제출되었는데 이에 대하여 직접 출석한 주주 모두가 찬성하여 찬성 250으로 가결·성립하였다고 하자. 이와 같이 1,000의 의결권이 참가하여 원안에 대해서는 가부동수로 인해 부결된 결과 750이나 되는 의결권이 배제되고 고작 전체 의결권수의 25%에 지나지 않는 출석한 주주에 의해 회사의 의사가 결정된다는 것은 서면투표가 목표로 하는 주주민주주의에 부합된다고 할 수 없다. 上揭論文, 128頁.

58) 김병연, 앞의 논문, 276~277면.

행사를 무효로 하는 것이다. 결국 서면투표를 한 주주는 원안에 대해서만 의결권을 행사할 권한이 있는 것으로 되며, 따라서 수정동의안에 관한 의결권행사에 관여할 기회를 완전히 박탈당하는 단점이 있다.

제2설은 원안에 찬성의 뜻을 기재한 서면투표는 수정안에 반대한 것으로 계산하고, 원안에 반대하거나 기권한 서면투표는 수정안에 기권한 것으로 취급하자는 견해이다.[59] 이 견해는 원안에 대한 서면투표는 수정동의안에 대해서 반대 또는 기권으로 취급함으로써 간접적이나마 수정동의에 대한 의사결정에 관여할 수 있는 기회를 가지게 된다는 점에서 결석설의 단점을 보완하고 있다. 그러나 이러한 견해에 대해서는 원안에 찬성의 의사표시를 한 서면투표를 획일적으로 수정안에 반대하는 것으로 취급하는 것은 지나친 의제(擬制)라는 비판이 가능하다. 다시 말하자면, 원안에 찬성한 주주가 수정안에 대하여도 찬성할 가능성이 있음에도 불구하고 이를 무시한 것은 문제가 있다. 원안에 대하여 수정안을 제출한 이유와 목적 및 수정안의 내용은 각 경우마다 동일하지는 않을 것이므로 원안에 대한 서면투표상의 찬부를 기준으로 하여 수정안에 대한 주주의 의사를 결정한다는 것은 무리가 있다.[60]

제3설은 제2설의 약점을 극복하기 위하여 제시된 견해로서, 원안에 대한 찬부의 여부에 상관없이 이미 행사된 서면투표를 수정동의안에 모두 기권한 것으로 취급하자는 주장이 있다. 이는 현재 일본의 유력설이다.[61] 제2설과 마찬가지로 제3설도 원안에 대하여 서면투표한 주주의 의사를 기권으로 '의제' 하는 점은 동일하다.

생각건대, 제2설에 따를 경우 원안에 찬성으로 서면투표한 주주는 수정동의에 대하여 모두 반대로 취급되나, 제3설은 수정동의안이 원안의 기본적인 내용을 대폭적으로 변경할 수 없다는 한계를 감안하고 있다. 사실 원안에 대한 찬성을 수정동의안에 반대한 것으로 일률적으로 의제하는 것보다는 오히려 제3설처럼 기권으로 의제하는 편이 수정안에 대하여 판단의 기회를 부여받

59) 최기원/김동민, 앞의 책, 713면; 西尾信一, "書面投票の実務的背景," 「商事法の解釈と展望－上柳克郎先生還曆記念」(有斐閣, 1984), 107頁.

60) 今井宏, "書面投票制度の二, 三の問題," 「商事法の解釈と展望－上柳克郎先生還曆記念」(有斐閣, 1984), 84頁.

61) 前田重行, 前揭書, 94頁.

지 못한 주주의 의사를 더 잘 반영한다.[62] 요컨대, 원안에 대해 서면투표를 한 주주가 수정동의안에 어떤 의사를 표명할 지는 분명하지 않으므로 원안에 대한 서면투표를 차라리 수정안에 대한 기권으로 보아 결의의 성립을 저지하고, 이를 통해 의사형성에 참가하는 것이 오히려 더 바람직하다.[63]

4. 의사진행상의 동의에 대한 대응

(1) 문제의 소재

주주총회에서는 회의의 연기·속행(상법 제372조) 및 의장의 선임(제366조의2 제1항) 등 회의의 운영에 관한 사항에 대해서 결의할 수 있다. 총회의 질서유지 및 의사의 정리에 관해서는 의장에게 일반적인 권한을 인정하고 있다(제366조의2 제2항). 회의의 운영에 관한 사항에 대해서도 그 최종결정권은 총회자신에 있어 의장은 필요에 따라 총회의 결의를 요구할 수 있다.[64] 그러나 서면투표에 즈음하여 또는 사전에 주주는 의사진행상의 동의(動議)가 제출될 것인지에 대해 예측할 수 없고 그 자료도 가지지 못한다. 수정동의를 제출한 경우와는 달리 의사진행상의 동의는 서면투표의 대상이 된 의안과도 관계가 없다. 그러므로 서면투표를 한 주주의 의사를 의제할 기반이 없다.[65] 이 때문에 서면투표로 의결권을 행사한 주주의 의사가 과연 의사진행상의 동의에 반영될 수 있는지의 문제가 발생한다.

(2) 해결방안

이 문제에 관해 대부분의 학자들은 의사진행에 관한 동의는 총회에 실제로 출석하고 있는 주주(또는 그의 대리인)에 의해 그 찬부가 결정되어야 하므로 부재자투표를 하는 주주가 이에 관하여 관여할 수 없다고 주장하고 있다.[66] 실제 회사가 제출한 의안에 대해 서면투표를 한 자가 회의의 연기나 속행, 질문시간의 제한 등의 동의안에 대하여 어떤 의견을 갖는지를 명확히 밝힐 수

62) 上揭書, 141~142頁.
63) 임재연, 「회사법Ⅱ」 개정2판(박영사, 2014), 91면; 森本滋, 前揭論文, 128~129頁.
64) 今井宏, 前揭論文, 86頁.
65) 前田重行, 前揭書, 142頁.
66) 김병연, 앞의 논문, 278면; 최기원/김동민, 앞의 책, 713면; 森本滋, 前揭論文, 130~131頁.

없다. 또한 총회에 참석하지 않은 자가 회의운영에 관련하여 의결권을 행사하는 것은 회의체의 성질에도 적합하지 않다. 이처럼 서면투표제도의 의의와 목적에 비추어 볼 때 의사진행상의 동의는 수정동의안에서의 그것과 다르므로 의사진행상의 동의에 대해 서면에 의한 의결권행사자의 관여를 인정할 수 없다.[67] 결국 당일 총회에 출석한 주주의 의사로서만 의사진행상의 동의여부를 이끌어 낼 수밖에 없다. 따라서 의사진행상의 동의안에 대한 찬부를 결정함에 있어서 서면투표는 의결권의 수에 포함시킬 수 없다고 본다.

일본에서는 투표용지에 "의사진행상의 동의에 대해서는 의장의 판단에 따라 의결권을 행사한다"라는 뜻의 위임문구를 부동(不動)의 문자로 기재하고 이에 대하여 주주가 찬부의 기재를 하는 난을 만들 수 있는가에 관한 논의가 제기된 적이 있었다. 그러나 이 경우에도 결의의 대상이 되는 동의의 내용이 특정되지 않았으며, 그 의결권행사에 참고가 되는 자료도 없다. 그럼에도 불구하고 의장의 판단에 따른 의결권의 행사를 인정하는 것은 서면투표제도의 취지에 정면으로 대립하는 것으로 된다는 이유에서 오늘날 일본에서 이러한 주장을 하는 자는 없다.[68]

5. 서면투표와 위임장의 병용

(1) 문제의 소재

주주의 의결권행사를 대리인이 위임받아 처리할 경우 그 수임한 대리인의 권한은 대개의 경우 수정동의·의사진행상의 동의 등에 미치는 것으로 해석된다.[69] 따라서 수정동의나 의사진행상의 동의에 대한 대응이라는 측면만

67) 위에서 논한 바대로 수정동의의 경우에는 원안에 서면투표한 주주가 수정동의안에 대해 어떤 의사를 표명할 것인지가 분명하지 않을지라도 그 서면투표를 바탕으로 수정동의안에 기권한 것으로 취급할 수 있다. 왜냐하면 수정동의안에 대한 결의의 성립에 있어서 참고자료에서 제공된 정보를 기초로 원안에 대하여 서면투표한 주주의 의사를 전부 배제하는 것은 총회에 대한 주주의 직접적·합리적 의사반영이라는 서면투표제도의 의의나 목적에 합당하지 않기 때문이다. 그러나 의사진행상의 동의에 대해서는 총회개최 전에 그 동의에 대한 합리적인 의사표명에 필요한 자료를 주주에게 제공할 수 없으므로 이에 대한 서면투표에 의한 찬부의 판단은 존재하지 않는다.

68) 今井宏, 前揭論文, 87頁; 森本滋, 前揭論文, 130頁.

69) 今井宏, 前揭論文, 87頁; 西尾信一, 前揭論文, 105頁. 총회장에서 수정동의나 의사진행상의 동

을 살펴본다면 총회에서의 의사결정에 중간개입자의 존재를 인정하는 위임장 제도가 오히려 합리적이라 할 수 있다. 때문에 서면투표의 단점을 극복하기 위해 서면투표와 위임장을 병용하는 것을 고려할 수 있다. 즉, 서면투표가 총회에서의 수정동의나 의사진행상의 동의 등을 예정하고 있지 않으므로 총회에 출석해서 행사하여야 할 주주의 의사표시에 대해서는 이를 위임장에 의해 처리하는 것을 생각할 수 있다.

(2) 해결방안

이상에서 논한 바대로 서면투표를 한 주주는 수정동의와 의사진행상의 동의에 대하여 적극적으로 대처할 수 없는 단점이 있다. 이를 극복하기 위하여 위임장을 서면투표와 병용여부와 그 방법에 관한 논의가 제기되어 왔다. 이에 관한 기존의 논의로서는 다음의 것을 들 수 있다. 첫째, 서면투표를 한 주주로부터 포괄위임장을 제출받는 것을 생각할 수 있다.[70] 그러나 서면투표를 한 의안에 대하여 위임장을 제출하면 이는 곧바로 대리인에 의한 출석으로 되는 까닭에 출석하지 않는 주주를 위하여 인정된 서면투표와는 서로 양립할

의가 제출될 것에 대비하여 미리 사전적(事前的)으로 대리인에게 이에 관한 의결권행사를 백지위임할 수 있는지의 여부는 경우에 따라 나누어 살펴보아야 한다. 먼저 위임장용지에 백지위임의 여부에 관하여 표시하는 난이 만들어져 있다면 백지위임은 가능하다고 생각한다. 백지위임의 경우에는 형식적으로 대리인이 존재하므로 그가 의안의 수정안이나 의사진행상의 동의에 대응하여 본인의 지시가 없어도 본인을 위하여 재량적으로 의결권을 행사하는 것이 가능하다. 주주총회 실무상 위임장용지에는 위임장권유에 즈음하여 의안의 수정안이 제출한 경우에는 백지위임한다는 문언이 일반적으로 인쇄되어 있다. 2015년 7월 17일 삼성물산과 제일모직간의 합병을 위한 주주총회에서 삼성물산의 주주에게 배부된 위임장 양식에는 "주주총회시 새로이 상정된 안건이나 각호 의안에 대한 수정안이 상정될 경우에는 대리인이 주주의 의사표시가 위 5번 항목에서 표시된 찬반의 취지에 합치된다고 합리적으로 판단되는 바에 따라 의결권을 행사할 것을 위임합니다"라는 문구가 포함되었다. 만약 그러한 문구가 없는 위임장이나 그 문구가 말소된 경우에는 수정동의나 의사진행상의 동의에 대하여 의결권대리행사의 권한이 부여되지 않은 것으로 해석하여야 할 것이다. 따라서 백지위임문구가 없거나 그 문구가 말소되었다면 대리인은 위임자의 의사가 분명하지 않다는 이유로 기권하여야 할 것이다. 森本滋, 前揭論文, 135頁; 前田重行, 前揭論文, 93頁.

70) 현재 일본의 경우에는 실제 관행상 이 방법이 통상적으로 인정되고 있다. "株主総会白書,"「商事法務」第1510号(商事法務研究会, 1998), 91~93頁. 일본에서는 서면투표를 실시하는 경우에도 결의의 성립을 위하여 회사는 일부의 대주주에 대하여 본인자신 또는 대리인에 의한 총회의 출석을 요청하는 경우가 적지 않다. 이는 이상에서 논한 바와 같이 서면에 의한 의결권행사는 수정동의안에 대해서는 찬성의 의사표시로는 절대로 취급되지 않으며 의사진행상의 동의(動議)에는 의결권의 수에 포함되지 않아 결의의 성립을 이끌어낼 수 없는 경우가 많다 보니 어쩔 수 없이 대주주 또는 대리인의 출석을 요청하는 것이라 하겠다. 今井宏, 前揭論文, 90~91頁.

수 없으며, 결국에는 서면투표한 의안에 대해서 중복출석한 것으로 된다. 따라서 그 어느 쪽이든지 철회하여야 하는 또 다른 문제가 발생한다.71)

다음에 서면에 미리 기재된 "의사진행상의 동의에 대해서는 의장의 판단에 따라 의결권을 행사한다"라는 문언을 인정하고 이에 찬성의 의사표시를 한 주주는 의장에게 일종의 위임장을 수여한 것으로 보자는 견해도 있었다. 이는 결국 의장에 대해 위임장을 수여한 것으로 되어 서면투표와 위임장의 병용을 긍정하는 것으로 된다.72) 그러나 의장에 대하여 조직적이고 대규모적인 위임이 이루어질 가능성이 많아 위임장권유제도의 폐해가 그대로 서면투표에 인정된다는 단점이 있다.73)

마지막으로 서면투표를 한 주주의 의사가 수정동의의 경우에 기권으로 취급되는 것과 의사진행상의 동의에는 의결권의 수에 전혀 포함되지 않는 것을 피하기 위하여 이에 관해서만 위임장을 교부하는 방법을 생각할 수 있다. 이는 원안에 대해서는 서면투표를 인정하고 대신에 총회장에서 제안된 동의에 대해서는 위임장에 의한 의결권의 대리행사를 인정하자는 견해이다.74) 이 견해에 관한 평가는 다음과 같이 둘로 나누어진다.

먼저 긍정의 입장에서는 일반적으로 투표용지에 기재된 의안의 일부에 대해서 서면투표를 하고 나머지에는 서면투표를 하지 않을 수 있는 것처럼, 서면투표를 한 주주가 필요에 따라 총회 도중에 자신 또는 대리인을 출석시키

71) 西尾信一, 前揭論文, 108頁. 만약 서면투표와 위임장이 둘 다 제출되었다면 양자의 의사표시의 선후(先後)나 날짜, 회사에의 도착의 선후 등을 기준으로 처리하여야 한다. 양자가 총회 전에 회사에 도착한다면 당해 주주의 의사를 존중하여 그에게 문의하여 처리하여야 하며, 연락이 되지 않는다면 서면투표를 철회한 것으로 보아 위임장의 방법으로 처리한다. 만약 주주가 이에 불복(不服)한다면 위임을 해제한다는 뜻을 회사에 통지하여야 한다. 총회당일에 위임장에 의하여 대리인이 출석한다면 서면투표를 철회한 것으로 취급하여야 한다. 서면에 의한 의결권행사는 총회에서의 표결에 따라 결의가 성립되는 시기에 실질적으로 효력이 발생하는 것이므로 서면투표의 제출기일후에도 결의성립의 시기까지는 주주가 원칙적으로 그 의결권행사를 철회할 수 있지만, 서면투표를 제출한 주주나 그 대리인이 총회에 출석하여 심의에 참가한다면 이는 서면에 의한 의결권행사를 철회하는 것으로 보아야 한다. 이 철회에 따라 당해 서면투표의 효력이 상실되므로 그 찬부의 표시와 대리인에 의한 의결권행사의 결과가 서로 상이하다면 당연히 후자가 우선한다. 왜냐하면 이 경우 위임장은 서면투표보다 본래적인 출석에 가깝다고 판단되기 때문이다. 今井宏, 前揭論文, 91頁; 西尾信一, 前揭論文, 108~109頁.

72) 西尾信一, 前揭論文, 109頁.

73) 안동섭, "주주총회의 활성화를 위한 연구," 「비교사법」 창간호(한국비교사법학회, 1995), 237면.

74) 西尾信一, 前揭論文, 109頁.

고 그 이후 서면투표를 철회하여 자신 또는 대리인에 따라 의결권을 행사할 수 있는 것으로 볼 수 있다고 주장한다. 이 경우에도 주주가 출석하기 전까지의 서면투표의 효력은 부정되지 않는다. 더 나아가 투표용지에 기재된 의안에 대해서는 서면투표를 하고 서면투표의 효력이 미치지 못하는 수정동의·의사운영의 동의 등에 대하여는 대리인을 총회에 출석시킨 것을 일괄적으로 부적법한 것으로 볼 수 없다고 평가하고 있다. 다만, 예외적으로 주주가 총회의 개회중 상시 대리인을 총회에 출석시키면서 그 권한을 수정동의 · 의사운영의 동의 등에만 한정하는 필요성은 실제상 대부분 인정되지 않는다는 것이다.[75]

이에 반하여 부정의 입장에서는 다음과 같은 비판을 제기하고 있다. 즉, 주주총회에 있어서 서면투표를 한 것 이외의 부분에 대한 위임장에 의한 출석은 이론적으로 가능할지는 모르나, 현실적으로 수정동의나 의사진행상의 동의에 대해서만 출석할 수 있다는 것은 상식에 지극히 어긋난다고 주장하고 있다. 그 이유로서 본래 회의라는 것이 하나의 일관된 전체로서 출석의 여부를 결정하는 것이 회의형태의 본연의 자세이므로 수정동의나 의사진행상의 동의에 대해서만 출석 또는 위임장을 인정할 수는 없음을 들고 있다.[76]

이상의 긍정설과 부정설중에서 부정설이 타당하다고 생각한다. 왜냐하면 주주민주주의의 구현을 위하여 서면투표를 인정하기는 하나 그렇다고 해서 서면투표를 한 주주와 직접적으로 주주총회에 참석하거나 의결권을 대리행사시킨 주주를 동일하게 취급할 수는 없기 때문이다. 만약에 서면투표를 허용하면서도 동시에 특정한 부분에 한정하여 의결권의 대리행사를 위임할 수 있다면 회사측이 총회의 진행과 관련하여 너무 많은 절차상의 부담을 지게 된다. 또한 부정설의 입장을 취함으로써 회사에 많은 이해관계가 걸려 있는 대주주는 직접 총회장에 출석하여야 하는 인센티브를 가지게 될 것이다.

6. 개표관리의 공정성확보

상법은 서면투표의 개표사무와 관련하여 공정성을 어떻게 확보할 것인지

75) 今井宏, 前揭論文, 93~94頁.

76) 西尾信一, 前揭論文, 109~110頁.

에 관하여 아무런 규정을 두고 있지 않다. 따라서 이에 관해서는 정관에 따로 정하여야 한다. 개표관리의 공정성을 확보하기 위한 방안으로 대체로 다음의 3가지 방법이 고려되고 있다.[77] 첫째, 서면의 개표 및 그 관리사무를 부편부당한(impartial) 자에게 맡기는 방법이 있다. 주주로부터 반송된 서면의 개표사무를 회사의 업무집행기관인 이사회가 담당하여 의안에 대한 주주의 의사를 확인하고 총회에 보고하는 것은 개표관리의 공정성확보라는 점에서 논란이 제기될 수 있다. 서면투표의 대상이 되는 의안은 이사회가 작성하고 제출하는 것이다(상법 제362조). 주주의 권한 중 가장 중요한 것으로 생각되는 이사선임의 경우[78]에는 이사회의 구성원인 이사자신이 차기 이사후보자로서 투표대상으로 되는 때가 많을 것이므로 이사가 자기 자신의 선임투표의 개표사무를 직접 행하는 것으로 된다. 따라서 서면투표에 관한 개표관리를 이사회가 직접 담당하는 것은 바람직하지 않다. 그러므로 서면투표의 개표관리를 제3자적인 기관(independent organ)에게 맡기는 것이 타당하리라 생각한다.[79] 그러나 제3자적 기관에 의한 개표관리가 바람직하기는 하나 주주총회마다 회사 외의 제3자적 기관에게 개표사무와 관리를 맡기는 것이 실무상 번잡하므로 실행이 곤란할 수도 있다. 따라서 그 대안으로서 총회의 의안을 작성하는 이사회를 배제하는 대신에 감사에게 개표관리를 맡기는 것이 개표의 공정성확보에 도움이 되리라 생각한다. 총회에서 감사선임의 안에 관한 개표사무를 감사가 직접 담당하는 것은 이사회가 그 사무를 담당하는 경우처럼 문제가 발생할 수도 있으나, 기타의 의안에 대해서는 감사가 이사회보다는 이해관계가 적을 것으로

---

77) 서면투표의 공정성을 확보하기 위한 방안으로서 주주자신의 사후확인, 검사인의 선임, 주주의 열람권보장 등을 제시하는 견해도 있다. 안동섭, 앞의 논문, 235면. 이밖에 주주총회 당일에 개표를 시작하고 동시에 이를 감시하기 위하여 주주로 구성된 선거감시단을 설치하여 운영하자는 견해가 있다. 김병연, 앞의 논문, 274면.

78) 주주의 이사선임권은 미국의 회사통치구조상 주주민주주의의 초석이라 평가되기도 한다. Jonathan P. Charkham, Keeping Good Company: A Study of Corporate Governance in Five Countries 188(1994).

79) 제3자적 기관으로서 참고할 만한 제도로서는 미국의 주주총회에서 이용되고 있는 선거검사인(inspectors (or judges or tellers) of election) 제도이다. 선거검사인은 총회에서 행사된 의결권을 집계, 계산 및 확인하여 개표의 공정성을 확보하는 데 중요한 기능을 수행하고 있다. 미국의 몇몇 주회사법전에서는 이사후보자, 이사 및 임원을 선거검사인으로 선임하는 것까지도 금지하고 있다. 前田重行, 前掲書, 91頁; Harry G. Henn & John R. Alexander, Laws of Corporations and Other Business Enterprises 508－509(3d ed, 1983).

판단된다는 데 그 이유가 있다.[80)]

둘째, 주주의 투표에 의하여 반송되어진 서면을 총회가 종결한 날로부터 2개월 동안 본점과 지점에 비치하여 주주에게 그 서면의 열람·등사권을 인정할 필요가 있다.[81)] 이렇게 열람청구권을 주주에게 인정함으로써 주주는 반송된 투표용지를 회사가 공정하게 취급하는가를 사후적으로 체크할 수 있다.[82)]

셋째, 소수주주가 검사인을 선임하여 그로 하여금 서면투표의 공정성을 조사하도록 하는 방법을 고려할 수 있다(상법 제467조).[83)] 그러나 검사인선임권이 소수주주에 한하여 인정되어 있기 때문에 대규모의 회사에서 이 요건을 충족시키기가 용이하지 않을 것으로 판단되며 또한 검사인의 선임은 법원을 통해서 이루어진다는 점에서 많은 시간과 비용이 들 것으로 생각한다.

이상에서 제시된 3가지 방법 중에서 이사회로부터 독립한 제3자적 기관에게 그 사무를 담당하도록 하는 것이 개표사무의 공정성을 확보하기 위한 가장 효율적인 방법이라 생각한다. 그 이유는 다음과 같다. 서면투표는 원래 주주총회에 출석하지 않는 주주를 위하여 고안된 제도이다. 이렇게 소극적인(passive) 주주가 사후적으로 자신의 서면투표를 열람하거나 검사인을 선임하기 위하여 법원에 청구하는 것을 기대하기란 쉽지 않다. 따라서 출석하지 않은 주주의 권한행사와 관계없이 서면투표의 개표상의 공정성을 확보할 수 있는 방법이 요구되는 데 그것이 바로 제3자적 기관으로 하여금 개표사무를 담당하도록 하는 것이다.[84)]

---

80) 前田重行, 前揭書, 91~92頁.

81) 서헌제, 앞의 책, 307면. 서면투표에 관련한 하자는 주주총회결의취소사유의 사유가 된다. 결의취소의 소는 총회결의의 날로부터 2월내에 제기되어야 한다(상법 제376조 제1항)는 점을 고려할 때 서면투표의 공시기간은 2개월이 적당할 것으로 생각된다. 따라서 기행사된 서면투표에 대한 주주의 열람권을 3월간 허용하자는 주장은 결의취소의 제소기간보다 더 장기간이라는 이유로 받아들이기 어렵다. 안동섭, 앞의 논문, 235면.

82) 참고로 1999년 개정상법이 국회에서 통과되기 이전의 상법개정안 제368조의3은 제6항에서 "이사는 총회가 종결한 날로부터 … 서면을 본점에 비치하여야 한다"라는 규정을 두었으나 최종법률안을 확정하는 과정에서 삭제되었다.

83) 前田重行, 前揭書, 93頁.

84) 上揭書, 92~93頁.

제5절 맺음말

1999년 상법개정으로 주주총회의 운영을 개선하기 위하여 서면투표제도를 도입하였다. 그리하여 주식회사에 있어서 정관이 정하는 바에 따라 주주총회의 소집통지서에 투표용지와 의결권행사의 참고자료를 첨부하여 송부하고, 주주총회에 출석하지 않는 주주는 의안에 대한 찬부를 그 투표용지에 기재하여 회사에 반송함으로써 의결권행사가 인정된다.

서면투표제도는 주주에 대하여 총회의 의사결정에 대한 접근을 용이하게 하여 총회운영의 편의성을 도모하는 것을 목적으로 한다. 즉, 주주총회에 출석하지 않은 주주에게 서면을 통해 총회에 참가하는 것을 가능하게 하여 그 의사를 총회의 의사결정에 직접적으로 반영할 수 있도록 한 것이다. 주주총회에 출석하지 않은 주주에게 총회의 의사결정에 대한 접근을 확보하기 위한 수단으로서 전통적으로 의결권의 대리행사가 인정되지만, 대리행사제도를 이용한다고 해서 주주의 의사가 총회의 의사결정에 늘 확실하게 반영된다고는 말하기 어려운 형편이다. 그래서 상법이 주주민주주의의 구현을 위하여 총회의 운영방법에 관한 개선책으로 도입한 것이 바로 서면투표제도이다.

서면투표제도의 가장 중요한 핵심은 주주총회 외에서의 의결권행사를 인정한 것이므로 총회에서의 설명을 듣거나 심의를 거치지 않은 채 의결권행사가 이루어진다는 점이다. 이 때문에 서면투표는 토론을 통해 의사결정을 하는 회의체로서의 주주총회제도와는 서로 모순되는 측면이 있다. 그리하여 서면투표제도는 오히려 주주총회의 형해화를 한층 더 촉진시킨다는 비판이 제기되고 있다. 또한 서면투표제도는 주주총회에 있어서 수정동의나 의사진행상의 동의에 적극적으로 대처하는 것이 곤란하다. 물론 서면투표제도의 의의와 목적을 고려하여 수정동의나 의사진행상의 동의에 대한 대처방안으로서 다양한 견해가 제시되고 있으나 서면투표제도와 주주총회의 합리적인 운영과의 조화를 어떻게 도모할 것인가는 여전히 극복하기 어려운 문제로서 앞으로 해결하여야 할 과제로 남아있다.

제 3 장

주주총회의 전자화와 활성화

기업법총서 I

I. 주주총회의 전자화

- 주주총회 및 위임장권유 제도의 전자화에 관한 연구 _ 육태우
- 주주총회 의결권 행사의 활성화 방안 _ 김순석
- 의결권 행사의 전자화와 그 활성화를 위한 법적 과제 _ 정승화
- 주주총회 전자투표제도 '의무화'와 문제점 _ 김병태

II. 주주총회의 활성화

- 출석프리미엄을 통한 주주총회의 활성화 방안 _ 정성숙

주주총회 및 위임장권유 제도의 전자화에 관한 연구
- 미국의 제도를 중심으로 -

출전: 기업법연구 제28권 제1호

육 태 우[*]

제 1 절 들어가며

그동안 우리나라의 상장회사들은 회사의 의사결정에 있어 필수적인 주주총회의 개최에 어려움을 겪을 수밖에 없었고, 이러한 문제를 해결하기 위하여 많은 부분 "그림자투표"(shadow voting)를 이용함으로써 이러한 문제를 어느 정도 해결해왔다. 하지만 2013년 5월 28일 개정된 자본시장법에서는 그림자투표를 폐지하여, 이를 2015년 1월 1일부터 시행하도록 하였다. 따라서 이에 대한 대안으로서 전자투표제도가 활용될 수 있는데, 우리 회사법에도 이미 직접적으로 현실적 주주총회(현장주주총회)에 참석하지 않고 본인의 집에서 전자적인 원격의사소통방식에 의하여 의결권을 행사할 수 있는 전자투표제도(상법 제368조의4)가 도입되어있다. 하지만 여기서 한 걸음 더욱 나아가 우리나라의 법무부는 최근 입법예고된 상법개정안에서 전자투표제의 단계적 의무화를 제안하고 있다.[1] 동 개정안의 내용은, 현재까지 전자투표제도가 각 회사의 선택에 맡겨져 있어서 활용도가 낮은 상황인데, 필요성이 큰 일정규모 이상의 상장회

* 강원대학교 법학전문대학원 부교수, 법학박사.
1) 법무부, 상법 일부개정법률(안) 입법예고(법무부공고 제2013－162호, 2013. 7. 17).

사에 대해서부터 우선적으로 전자투표의 실시를 의무화하자는 것이고, 본 제도가 도입되면 일반 주주의 주주총회 참여방식이 용이하게 됨으로써 주주총회의 활성화를 기대할 수 있다는 것이다.[2]

또한 그림자투표의 폐지에 대비하여, 자본시장법 상의 위임장권유제도를 활성화하는 것도 생각해 볼 수 있는데, 이미 전자적인 방법으로 의결권을 행사할 수 있는 시스템(전자투표시스템)이 갖추어져 있다면 주주에게 위임장을 권유하거나 주주가 위임장권유인에게 위임장을 발급할 때에도 전자적인 방법을 사용하는 것을 생각해 볼 수 있을 것이다. 이를 위하여 전자투표 및 위임장권유제도가 우리나라보다 먼저 시행되어 활발하게 이용되고 있고 여러 가지 시행착오도 미리 겪고 있는 미국의 사례를 참조할 가치가 있다고 생각한다.

따라서 본 논문에서는 먼저 미국에서의 전자주주총회 및 전자투표를 간략히 살펴보고, 역시 미국에서의 전자주주총회에서의 위임장권유, 전자적 방법에 의한 위임장권유 그리고 전자투표의 방법에 의한 위임장수여(위임장투표)를 집중적으로 검토한 다음, 결론적으로 이러한 제도를 통해 우리나라 제도에 적용될 수 있는 시사점들을 제시하는 것으로 순서를 구성할 것이다.

제 2 절 미국에서의 주주총회 및 의결권행사의 전자화

1. 전자주주총회

델라웨어 주를 비롯하여, 미국의 많은 주들은 "전자주주총회"(electronic shareholder forum)를 허용함으로써 인터넷을 통한 의결권행사를 인정하고 있고,[3] 전자주주총회를 인정하는 주에서는, 주주의 동의를 전제로, '주주총회의 소집통지' 역시 전자적 송신방법(form of electronic transmission)으로 할 수 있다.[4]

2) 김건식·정순섭 공저, 「자본시장법」 제3판, 두성사, 2013, 653~654면.

3) DGCL §211(a). 미국의 모범회사법(MBCA)에서는 전자주주총회를 명시적으로 인정하지는 않고 있지만, 전자적 송신방법(electronic transmission)에 의한 의결권의 위임을 인정하고 있는 것으로 보아, 전자주주총회의 개최가능성을 전적으로 부정한 것은 아니다(MBCA §7.22(b)).

4) DGCL §232; MBCA §1.41(b).

이 경우 전자주주총회와 관련하여, 소집통지에 주주명부에의 접근방법을 명시하고 주주명부를 전자망(electronic network)을 통해 공개할 수도 있다. 전자적 송신방법은 팩스 또는 전자우편을 이용할 수도 있고, 웹사이트에 게재하고 주주에게 통지할 수도 있는데, 어떠한 경우든 수신자가 종이에 직접 재현할 수 있어야 한다.[5)]

델라웨어 주회사법에서는 전자주주총회를 개최하는 경우, 이사회가 자체의 결단으로, 오로지 원격의사소통방식에 의한 주주총회의 개최만을 허용하고 그 밖에 다른 주주총회(현장주주총회)의 개최를 금지할 수도 있다.[6)] 이를 "virtual shareholders meeting"이라고 한다.[7)]

만약 주주총회가 오로지 원격통신수단에 의해서만 개최된다면, 주주명부는 전체 주주총회 개최기간동안 모든 주주에게 합리적으로 접근 가능한 전자망을 통해(on a reasonably accessible electronic network) 열람이 허용되어야 하고, 그 주주명부의 접근에 필요한 정보는 주주총회의 통지와 함께 제공되어야 한다. 하지만 이 주주명부에 전자우편주소나 기타의 전자적 연락정보(electronic mail addresses or other electronic contact information)가 포함될 것이 요구되는 것은 아니다.[8)]

1934년 증권거래소법 상의 Rule 14a－17에서는 회사 또는 특정주주가, 총회에 관련된 특정한 정보 또는 참고서류에 대한 책임귀속 없이, 전자주주총회를 운영하는 것을 허용한다. 그러한 회사나 주주는 (반독점법을 포함한) 연방증권법의 적용을 받는다.[9)]

전자주주총회가 활성화되면, 비용절감과 주주의 참여도 제고에 이바지할 수 있을 것이고, 소액주주들의 의결권행사가 수월하게 되어 의결권대리행사의 위임이 감소할 가능성도 있다. 이에 따라 적대적 기업인수 및 합병의 가능성을 감소시켜 경영진의 환영을 받을 가능성도 존재한다.[10)]

---

5) DGCL §232(c). 전자적 송신에 의한 통지는 발송된 때에 이루어진 것으로 본다(DGCL §232(b)).
6) DGCL §211(a)(1).
7) 임재연, 「미국기업법」, 박영사(2009), 217면.
8) DGCL §219(a).
9) Lawrence P. Stadulis, "Shareholder meetings and shareholder voting," ST007 ALI－ABA 571, IV. G.(July 21－22, 2011).
10) 임재연, 전게서(주 7), 217면.

2. 전자투표

(1) 의의 및 역사

미국에서의 전자투표(electronic voting)는 명의주주(record holder) 또는 증권의 실질소유자(간접보유주주; beneficial owner)가 전자매체, 예를 들어, 전자우편, 전화, 웹사이트, 등록된 소프트웨어 등(electronic media, such as e-mail, telephone, Web site, or proprietary software)을 이용하여 의결권을 행사하는 방식에 따른다.[11)]

전자투표는 "데이터그램"(datagrams)에 의한 투표를 허용한 1989년 델라웨어 주 회사법의 수정안(amendments to Delaware general corporate law in 1989)에 따라 소개된 이후 빠른 속도로 발전해 왔고, 현재는 미국에 있는 대부분의 회사들이 전화투표(telephonic voting)를 제공하고 있다.[12)]

미국에서는 1996년에는 처음으로 명의주주들에게 웹사이트에서 투표권을 행사하도록 한 회사들이 생겼는데, First Chicago Trust Company(현재는 Computershare)가 1996년에 온라인 투표 프로그램인 "Vote-by-Net"을 출범시켰고, 거기에 3개의 공개회사들(McDonalds Corporation, First Chicago NBD 및 Ameritech)이 참여하였다. 또한 1996년에는 명의주주들에게 온라인 직접투표(direct online voting)를 허용한 첫 번째 회사도 생겼다.[13)] 해당 온라인투표는 Bell & Howell의 정기주주총회와 연계하여 허용되었는데, 해당 총회는 전형적인 시간인 (15분의 문답시간을 포함한) 45분 동안 지속되었다. 이때 인터넷 참여자들(Internet attendees)은 전자우편을 통해 질문을 할 수 있었으며, 참관하는 방법으로서 실시간 참관(real-time viewing) 또는 총회의 재상영(a replay of the meeting)을 통한 참관 중에 고를 수 있었다.[14)]

(2) 전자투표 예정회사의 고려사항

미국의 회사들은 주주에게 전자적 방법에 의한 의결권행사를 허용하기

11) Amy L. Goodman, John F. Olson, Lisa A. Fontenot, Keir D. Gumbs and Andrew Brady, "Practical Guide to SEC Proxy and Compensation Rules," §13.04 (Aspen Publishers, 2013).

12) Id.

13) Q & A with Bell & Howell's William White, Off-Line, Spring 1996, at 28.

14) Amy L. Goodman, et al, supra note 11, at §13.04.

전에 다음과 같은 사항들을 고려하여야 한다.15)

첫째, 회사의 지배구조관련규정(corporate governance documents)에서 전자투표가 허용되는가?

둘째, 회사가 설립된 주의 관련법들이 전자투표를 허용하는가?16)

셋째, 자율규제기구(self-regulatory organization; "SRO")의 규칙에서 전자투표가 허용되는가?

넷째, 해당 회사의 투표결과집계대리인(tabulation agent)은 주관련법을 충족시킬 인증절차(authentication procedures)를 갖추고 있는가?

다섯째, 해당 회사의 투표결과집계대리인은 SEC의 지침(SEC's guidance)을 준수하기에 충분한 보안절차(security procedures)를 제공하고 있는가?

여섯째, 회사의 위임장설명서와 위임장카드는 전자투표에 대하여 적절하게 공개하고 있는가?

(3) 전자투표의 승인 및 본인인증

미국의 회사들은 주주들에게 우편 또는 전자우편에 의하여(by mail or by e-mail) 위임장을 반송할 수 있게 하는 선택권을 줌으로써, 전자투표에 관한 승인요건을 해결할 수 있다. 이러한 상황에서 주주들은 전자적 의사소통방법(electronic communications)의 사용을 강제당하지 않고 단지 선택할 수 있을 뿐이다. 이에 따라 전자투표에 대한 승인은 요구되지 않는다. 하지만 전자투표는 그 사용을 허용하는 주에서만 사용될 수 있을 것이다. 델라웨어 주와 캘리포니아 주 등을 제외하고, 미국에 있는 다수의 주들은 전자투표의 사용을 명시적으로 허락하지는 않고 있다.17)

한편, 신분확인을 위하여 PIN 번호 또는 그 밖의 접근번호(PINs or other

---

15) Id.

16) 증권의 실질소유자들(beneficial owners)은 실제로는 "의결권의 대리행사"(proxies)를 허용하지 않고, 그 대신에 단지 '그들의 관리인들(custodians)에게 그들의 의결권을 행사하는 방식(how to vote their shares)에 대한 지시'만 하기 때문에, 미국의 주회사법들은 일반적으로 의결권행사지침의 허용 여부에 관여하지 않는다. 이것이 Broadridge사가 15,000개의 공개회사들을 대신하여 증권의 실질소유자들에게 전자투표를 제공할 수 있는 이유이다.

17) Howard M. Friedman, "How Far Have We Traveled in Cyberspace by This Proxy Season?," 12 Insights 19 (Dec. 1998) (이 논문에서는 델라웨어 주와 캘리포니아 주 같은, 전자투표를 명시적으로 허용하고 있는 미국의 22개 주들을 제시하고 있다).

access numbers)를 사용하는 것이 필연적으로 적합한 본인인증을 뒷받침할 것인지에 대하여는 여전히 의문이 따른다. 최소한의 신분확인의 정확성을 확보하기 위한 시스템이 전적으로 코드번호의 사용에 의존하게 되면, 실무적으로는 전자투표가 활발히 이루어지는 현시대에, 투표관련사기(voting fraud)가 더욱 빈발하게 발생할 것임을 예상할 수 있다. 미국에서는 현재까지 도난이나 유용된 계좌번호(stolen or misappropriated account numbers) 및 인터넷 상의 부적절한 투표(improper voting over the Internet)에 관련된 사건이 발생하지 않았지만, 전자투표의 사용이 광범위하게 확대된 현 상황에서 언젠가는 그러한 문제를 피해갈 수 없을 것임은 명약관화하다.[18]

제 3 절 미국에서의 위임장권유제도의 전자화

1. 전자주주총회에서의 위임장권유

전자주주총회에서 만들어진 설명서에는 대부분의 위임장권유규칙이 적용되지 않는다.[19] 이와 관련하여 SEC가 공포한 Rule 14a－2(b)(6)과 Rule 14a－17의 두 조항은 Rule 14a－8 상의 주주제안[20]과는 별도 형식의 의사소통수단으로서, 전자주주총회를 활성화시키기 위한 노력의 결과물이었다.[21]

---

18) J. Robert Brown, Jr, "The Regulation of Corporate Disclosure," §9.07[1] (Aspen Publishers, 2013).

19) SEC Rule 14a－2(b)(6), 14a－17.

20) 때때로 주주들은 발행인에게 차기의 의결권대리행사시 주주들 자신의 제안을 포함해달라고 요구할 수 있다. 이러한 주주제안(shareholder initiative)을 촉진시키기 위한 목적으로, 모든 위임장설명서는 주주들에게 그 절차를 설명하여야 한다. 만일 주주가 주주총회 전에 발행인의 매니저에게 적절한 제안을 적시에 통지하면, 발행인은 해당 주주총회를 위하여 발행된 위임장설명서에 해당 제안을 포함시켜야 한다(SEC Rule 14a－8; Lawrence P. Stadulis, supra note 9, at VI. A; 육태우, "미국의 주주총회 및 위임장권유제도에 관한 연구," 「금융법연구」 제10권 제2호, 372면(한국금융법학회, 2013. 12)).

21) Amy Bowerman Freed & Roxanne Tinger, "SECURITIES LAW FOR NON－SECURITIES LAWYERS: PROXY SOLICITATION," SU041 ALI－CLE 329, X. (May 16－17, 2013).

(1) 위임장규칙의 면제

Rule 14a－2(b)(6)에서는 특정 유형의 의사소통(① 주주의 대리인으로 활동할 권한을 직·간접적으로 구하지 않고, ② 어떠한 형태의 취소, 기권, 동의, 권한부여에 대한 제공이나 요청도 하지 않는 사람에 의한(/을 위한) 전자주주총회에서의 의사소통)을, 주주총회에서 의결될 수 있는 쟁점들을 토론할 때 주주나 회사가 연루될 수 있는 공개적 활동에 대한 Regulation 14A 상의 제한대상[22]에서 제외함으로써, 위임장규칙을 적용하지 않는다.

SEC는 Rule 14a－2(b)(6)이 현재의 위임장권유과정에 있는 사람의 Regulation 14A 상의 능력을 대체하기 위한 것이 아니라, 그 과정을 보완하기 위한 것이라는 것을 강조하였다.[23]

(2) 의사소통요건

Regulation 14A 상의 제한대상에서 제외하여 위임장규칙을 면제하기 위해서는, 전자주주총회에서의 의사소통이 '차기의 정기 또는 임시 주주총회로 공고된 날로부터 최소한 60일 전'에(more than 60 days before the announced date of the company's next annual or special meeting) 이루어져야 한다.

만약 회사가 주주총회 개최일자를 총회 전 60일이 지나서(less than 60 days before the meeting) 공고하면, 주주총회에서의 의사소통은 '주주총회에 대한 공지 후 2일 이내'에(within two days after the announcement) 위임장규칙이 면제된다.

이러한 시간요건(timing requirements)을 충족시키지 못하는 의사소통은 위임장권유자료로서(as soliciting materials) SEC에 제출되어야 할 것이다. SEC는 회사들이 이와 같은 시간요건에 대한 위반을 피하기 위해, 주주총회 전 60일의 기간 동안 불특정다수에 대한 공지를 삭제하거나 전자주주총회를 비활성화하도록(either delete certain posting or have the forum "go dark" during the 60 day period before meetings) 권유하고 있다.

(3) 제3자책임

전자주주총회의 개최, 유지 또는 운영 때문에 특정주주 또는 발행인을 위

---

22) Regulation 14A: Solicitation of Proxies (Rules 14a－1 to 14b－2).

23) Lawrence P. Stadulis, supra note 9, at IV. G.

하여 행동하는 어떤 주주, 발행인 또는 제3자(a shareholder, registrant or third party acting on behalf of a shareholder or registrant, by reason of establishing, maintaining or operating an electronic shareholder forum)도, 그 타인이 전자주주총회에 제공하는 어떠한 형태의 설명이나 정보에 대하여 연방증권법 상의 책임을 지지 않는다.

(4) Section 13(d)

어떤 경우에는, 지분증권의 습득, 보유, 의결권행사 또는 처분에 관련된 주주총회 관련 의사소통(forum communications relating to acquiring, holding, voting or disposing of equity securities)은 결과적으로 Section 13(d) 상의 "집단"(group)의 형성이 되어 Schedule 13G[24]의 적격성(eligibility)에 영향을 미칠 수 있다.

2. 전자적 방법에 의한 위임장권유

(1) 서 설

전자적 방법에 의한 위임장권유(E-Proxy)도 가능하다. 즉, (이사선임시의 연차보고서를 포함하여) 위임장권유를 할 때 첨부할 위임장설명서는 전자적 방법으로 주주에게 제공될 수 있다. 전자매체(electronic media)를 이용하여 정보를 제공하기 위해서는, 주주들에게 충분히 통지하여야 하고, 주주들이 과다한 비용을 들이지 않고서도 해당정보에 접근 할 수 있어야 하며, 주주들이 요구할 경우 서면에 의한 정보제공도 해야 하고, 회사가 우편에 의하였을 때와 동일한 수준의 정보제공요건이 충족되어야 한다.[25]

SEC는 전자통신의 급속한 발전을 반영하여 "통지 및 접근 위임장모델"(notice and access proxy model)을 채택하였는데, 이를 통하여 위임장송달요건에

---

24) Schedule 13G은, 공개회사(public company)에서 사외주를 5% 초과하여(more than 5% of the outstanding stock) 소유권을 취득한 자가 SEC에 반드시 제출하여야 하는 Schedule 13D를 대체하여 SEC에 제출하여야 하는 것이다. 13G 상의 제출(13G filing)은 13D보다 더욱 수동적이어서, 13D보다 적은 신고요건(reporting requirements)을 갖추고 있다(http://en.wikipedia.org/wiki/Schedule_13G 참조).

25) SEC Release No. 33-7233, SEC Release No. 34-36435(1995); SEC Release No. 33-7856, SEC Release No. 34-47728(2000).

관한 예전의 해석보다 더 큰 유연성을 확보하였다. 본 모델의 기본방식은 최초서면통지(initial paper notices)를 송달함과 동시에, 전자적 방법으로 위임장참고자료들을 제공하는 것(provide the proxy materials electronically)이다.

(2) 통지 및 접근 위임장모델

1934년 증권거래소법(Securities Exchange Act of 1934)의 Rule 14a－16에 따르면, 2009년 1월부터 발행회사와 그 밖의 위임장권유 당사자는 위의 "통지 및 접근 위임장모델"을 취해야 한다. 발행회사와 기타 위임장권유인들은 주주들을 위하여 위임장권유자료들을 (SEC의 웹사이트가 아닌) 다른 공개 웹사이트에 전자적으로 게시하고, 이와 함께 주주들에게 "위임장권유자료의 인터넷상의 유용성에 대한 통지"(Notice of Internet Availability of Proxy Materials; "Notice")를 할 것이 요구되는데, 이 통지를 통해서 주주들은 위임장권유자료의 이용가능성과 해당 자료에 접근하는 방식 등을 알게 된다.[26] 발행인과 기타 위임장권유인들은 주주들에게 이러한 '통지서' 또는 '위임장권유관련 전체자료들' 중 어느 하나를 선택하여 송부하면 된다.[27]

가. 선택사항

(가) 통지유일방식

"통지유일방식"(Notice Only Option)은 발행인(registrant)이 주주들에게 위임장권유자료들이 인터넷상으로 유용하고 온라인 접근가능성이 있다는 통지서(notice of the internet availability of and online access to proxy materials)를 제공하는 것을 허용한다. 즉, 위임장권유인(a soliciting party)은 인터넷 웹사이트에 위임장권유자료들을 게시하고, 위임장권유자료들에 관련된 주주총회개최일로부터 최소한 40일 전에(at least 40 calender days) 주주들에게 위임장권유자료들의 전자적 유용성(electronic availability of the proxy materials)에 관한 통지서를 보내야 한다.

그럼에도 불구하고 위임장권유인은, 주주의 요청이 있는 경우, 요청한 주주들에게 서면 또는 전자적 방식에 의한 위임장권유자료들(paper or electronic copies of the proxy materials)을 제공해야 하고, 주주들이 장래의 주주총회에 관

---

26) SEC Release No. 34－56135(2007).

27) Amy Bowerman Freed & Roxanne Tinger, supra note 21, at XI.

련된 위임장권유자료를 받는 방법을, 서면 또는 전자적 방식 중에, 선택하는 것(to make an election to receive paper or electronic copies of proxy materials for future shareholder meetings)을 허용해야 한다. 회사들은 주주들에게 위임장수여 투표의 수단(a means to vote the proxy)을 제공해야한다.[28]

발행인은 위임장카드(proxy card)를 통지서와 함께 보낼 수 없지만, 첫 번째 통지서를 보내고 10일 이상(10 calender days or more)이 경과한 후에는 주주들에게 그 통지서의 사본과 함께 위임장카드를 보낼 수 있다.

발행인은 위임장설명서(proxy statement), 정보설명서(information statement), 연차보고서(annual report), 위임장양식(form proxy)의 사본을 이러한 자료들에 대한 요청이 있고 3 영업일 이내에 제공할 수 있다.[29]

(나) 전체 위임장권유자료 송부방식

"전체 위임장권유자료 송부방식"(Full Set Delivery Option)은 발행인들이 서면 형식으로 위임장권유자료들을 송부하고 그 복사본을 인터넷 웹사이트에 게시하는 것을 허용한다.

발행인은 먼저, (a) 위임장권유자료들 전체의 이용가능성에 대한 통지서(a Notice of Internet Availability of Proxy Materials with the full set of proxy materials)를 보낸 다음, (b) 그 통지서가 처음으로 주주들에게 발송된 날보다 늦지 않게(no later than the date the Notice of Internet Availability of Proxy Materials was initially sent to shareholders), 공개 웹사이트(a public website)에 그 위임장권유자료들을 게시하여야 한다.

즉, "전체 위임장권유자료 송부방식"(Full Set Delivery Option)은 적어도 주주총회 개최일로부터 최소한 40일 전에(at least 40 calender days before the date of the shareholder meeting) 첫 번째 통지와 함께, 위임장권유자료(위임장설명서, 연차보고서, 위임장양식) 전체를 배송할 것과 그 자료들이 송부되는 날 보다 늦지 않게 웹사이트에 위임장권유자료를 올릴 것을 요구한다.

하지만 발행인은 그 전(주주총회 개최일로부터 최소한 40일 전)까지는 위임장권유자료들의 인터넷상의 유용성에 관한 통지서 및 전체 위임장권유자료들

---

28) Id. at XI. A.

29) Lawrence P. Stadulis, supra note 9, at IV. E. 1.

(the Notice of Internet Availability of Proxy Materials and a full set of proxy materials)을 보낼 필요가 없다.[30)]

만일 그 통지를 통하여 주주들에게 송달된 위임장권유자료들의 눈에 잘 띄는 부분에 모든 필요한 정보들이 포함되어 있다면, 위임장권유인은 주주들에게 그 위임장권유자료들의 전자적 유용성을 알리기 위한 별도의 통지(a separate notice to inform shareholders of the electronic availability of its proxy materials)를 할 필요는 없다. 또한 주주들의 요청이 있더라도, 위임장권유인(발행인)은 위임장권유자료들을 추가적으로 서면이나 전자우편 상의 복사본(paper or e-mail copies of its proxy materials)으로 제공할 것이 요구되지 않는다.[31)]

나. 위임장권유자료들의 인터넷 상 이용가능성에 관한 통지서[32)]

위임장권유자료들의 인터넷 상 이용가능성에 관한 통지서(Notice of Internet Availability of Proxy Materials)에는 다음과 같은 요건이 충족되어야 한다.

① 일반적인 영어로(in plain English) 쓰여야 하고 인터넷 자료들에 대한 접근방법에 대한 상세한 설명(a prominent legend explaining how the Internet materials may be accessed)을 포함해야 한다.

② 해당 주주총회의 날짜, 시간 및 장소(the date, time, and location of the meeting or date of corporate action)가 포함되어야 한다.

③ 주주의 의결권행사의 대상이 되는 모든 사안에 대한 명백하고 불편부당한 설명(a clear and impartial identification of each matter the shareholder is voting on)이 포함되어야 한다.

④ 그리고 주주들이 무료로 제공되는 위임장권유자료의 복사본(copies of proxy materials to be provided at no charge)을 요청하는 데 사용될 수 있는 무료 전화번호, 전자우편 주소, 웹사이트 주소(a toll-free number, e-mail address, and website address)를 포함해야 하고, 주주총회의 참석 및 직접투표에 관한 정보(information about attending the shareholder meeting and voting in person)를 포함하고 있어야 한다.

---

30) Amy Bowerman Freed & Roxanne Tinger, supra note 21, at XI. B.

31) Lawrence P. Stadulis, supra note 9, at IV. E. 1.

32) Amy Bowerman Freed & Roxanne Tinger, supra note 21, at XI. C.

다. 통지 및 접근 위임장모델(Notice and Access Proxy Model)에서의 중요사항

① 통지서 양식(a form of the Notice)은 그 통지서가 처음으로 송부되는 날보다 늦지 않게 SEC에 제출되어야 한다.

② 통지서에는 통지에 대한 정보, 위임장권유자료들이 있는 웹사이트, 위임장권유자료목록, 주주가 위임장권유자료의 사본을 구할 수 있는 방법에 관한 지침, 주주총회 및 참고사항에 대한 정보, 투표요령 등의 주제를 포함하고 있어야 한다.

③ 발행인은 통지서가 주주들에게 송부되는 시점보다 늦지 않게 인터넷 웹사이트에 위임장설명서와 연차보고서와 함께 위임장카드(위임장용지; proxy card)를 게시해야 한다. 이와 동시에 발행인은 웹사이트에 전자투표컴퓨터시스템(electronic voting platform)이나 전화번호와 같이, 위임장투표를 실행하기 위한 적어도 한 가지 방법을 주주들에게 제공하여야 한다.

④ 통지 및 접근 위임장모델을 통하여 제공된 모든 위임장권유자료들은, 추가적인 권유자료들과는 달리, 발행인이 주주총회의 종료 시까지 주주들에게 비용을 받지 않고 통지서를 송부할 때까지, 웹사이트에 게재되어야 한다. 추가적인 위임장권유자료들도 역시 그 자료가 주주들에게 처음 송부되거나 공중에게 알려질 때까지 웹사이트에 게재되어야 한다.[33]

라. 발행인 아닌 일반주주의 위임장권유에의 적용

자신의 위임장권유를 수행하는 주주 등도 위 모델을 이용할 수 있다. 하지만 발행인의 경우와는 달리, 발행인이 아닌 권유자는 모든 주주에게 정보제공을 위한 자료들을 제공할 필요는 없고, 의결권대리행사를 권유하려고 하는 대상인 주주들에게만 선택적으로 정보를 제공할 수 있다.[34]

마. 금융중개기관에의 적용

금융중개기관(intermediary)도 증권의 실질소유자 또는 간접보유주주(beneficial owners)를 위하여 자신의 통지를 준비해야 하고, 증권의 실질소유자가 위임장권유자료를 서면 또는 전자우편 사본 중 하나의 방식을 선택하여 받을 수 있

---

33) Lawrence P. Stadulis, supra note 9, at IV. E. 2.

34) Id. at IV. E. 3.

게 하여야 한다. 증권의 실질소유자에게 송부된 금융중개기관의 통지서에는, 그 실질소유자가 발행인이 아닌 직접 자신의 금융중개기관에게 서면이나 전자우편 사본을 요청하도록 하는 사항이 있어야 한다.

조금 더 상세히 설명하자면, 거래소의 회원이나 1934년 증권거래소법에 의하여 등록된 증권회사 또는 은행 등의 수탁자가, 동법 제12조에 의하여 등록되고 고객의 계산으로 보유하는 증권에 대하여, SEC가 공익과 투자자보호를 위하여 필요하거나 적절한 것으로서 정하는 규칙과 규정을 위반하여 위임장을 부여하거나 거절하는 것은 위법이다.[35] 증권회사 또는 은행 등 기타 수탁자가 위임장권유를 받은 경우에는 증권의 실질소유자(간접보유주주)인 고객이 직접 위임장을 부여할 것인지 여부를 결정하도록 하기 위하여 그 위임장설명서(proxy statement)를 증권의 실질소유자에게 송부하여야 한다.[36] 증권업자는 발행인으로부터 받은 위임장권유자료를 수령 후 5거래일 이내에(no later than five business days after receipt of the proxy material, information statement or annual report to security holders) 증권의 실질소유자에게 전달하여야 한다.[37]

발행인은 명의주주로부터 증권의 실질소유자 또는 간접보유주주의 성명, 주소, 보유주식수 등의 정보를 제공받아, 발행인이 직접 "정보제공동의 증권실질소유자"(금융중개기관이 자신에 관한 정보를 발행회사에 제공하는 것을 반대하지 않는 증권의 실질소유자 또는 간접보유자; Non-Objecting Beneficial Owners; "NOBO")에게 위임장권유자료를 송부할 수도 있다. 하지만 이러한 신상정보에 반대하는 주주의 정보는 제공될 수 없다.[38]

35) SEA §14(b).
36) SEC Rule 14b-1, SEC Rule 14b-2.
37) SEC Rule 14b-1(b)(2); 육태우, 전게논문, 352면.
38) 임재연, 「미국증권법」, 박영사, 2009, 520면. 미국에서는 투자자에 의한 증권의 보유방식으로 실물증권의 직접보유방식, 무증서 형식의 직접보유방식(direct uncertificated holding system)인 직접등록방식(Direct Registration System; DRS), 그리고 간접보유방식이 있는데, 이 중 간접보유방식에서는 발행회사와 간접보유자인 증권의 실질소유자 간에는 직접적인 권리관계가 형성되지 않고, 발행회사는 간접보유자에게 직접적인 통신의 의무도 부담하지 않는 것이 원칙이다. 하지만 예외적으로 증권을 간접보유하는 주주가 증권보유와 관련된 자신의 정보가 발행회사에 노출되는 것을 반대하지 않는"정보제공동의 증권실질소유자"인 경우, 우선 ① DTC(금융중개기관을 위한 미국의 증권중앙예탁기관(CSD))가 Cede & Co 명의로 보유하고 있는 모든 금융중개기관의 명부를 발행회사에 제공하고, ② 발행회사는 이 명부상의 금융중개기관을 통해 취득한 간접보유주주의 정보를 취합하여 정보제공에 동의한 증권실질소유자들의 명부("정보제공동의 증권실질소유자명부"; "NOBO list")를 작성하고, ③ 이 명부에 명기된 간접보유자에 대해

금융중개기관은 위임장권유자료에 대한 접근을 돕기 위하여 증권의 실질소유자로 하여금 발행인(issuer)의 웹사이트를 참조하라고 지시할 것인지 아니면 금융중개기관 자신의 웹사이트를 참조하라고 할 지시할 것인지를 선택할 수 있다. 만일 발행인의 웹사이트에 접근하라고 지시한다면, 금융중개기관은 증권의 실질소유자에게 그가 투표지침(voting instructions)을 금융중개기관에게 제출할 수 있음을 알려 주어야 하지만, 해당 금융중개기관이 증권실질소유자에게 유리한 방식으로 위임장을 집행하지 않아왔다면, 그 금융중개기관은 발행인에게 직접적으로 유리한 방식으로(directly in favor of the issuer) 위임장을 집행할 수 없다.39)

바. 2010년의 위임장규칙 수정안

2010년에 SEC는 위임장권유에 대한 주주들의 낮은 응답률을 개선하기 위하여 1934년 증권거래소법 상의 위임장규칙에 대한 수정안을 채택하였는데, 그 내용은 발행인과 위임장권유인들이 통지문의 서식을 만들고 용어를 선택하는 데 추가적인 유연성을 허용한 것이고, 그 내용은 2010년 3월 29일 시행되었다.40) 그 수정된 규칙은 다음과 같다.

① 통지서에 포함된 정보는 특정한 주제들을 다루어야 하지만 구체적인 용어(specific language)를 포함하고 있을 필요는 없다.

② 발행인 기타 위임장권유인들은 그 통지서와 함께 위임장권유자료를 수령하여 검토하는 과정과 투표과정에 대한 설명을 송부할 수 있다.41)

발행회사는 모든 Corporate action 정보를 직접 송수신할 수 있다("주주소통규칙"; "Shareholders Communication Rule")(SEC Rule 14b−1(b)(3)). 그러나 이 제도가 발행회사와 투자자 사이의 직접적인 관계의 성립을 인정하는 것은 아니고, 주주의 의결권행사 등 특별한 Corporate action이 발생한 경우에 발행회사와 투자자 사이의 의사소통을 직접적으로 가능하게 하는 제도일 뿐이다(장영수, "주요국의 유가증권 보유방식과 투자자의 권리− Hague협약·Unidroit의 분류에 따른 간접보유투자자의 권리를 중심으로 −," 「증권예탁」, 한국예탁결제원, 2007, 44, 54~58면).

39) Lawrence P. Stadulis, supra note 9, at IV. E. 4.

40) Amendments to Rules Requiring Internet Availability of Proxy Materials, Inv. Co. Act Rel. No. 29131 (Feb. 22, 2010).

41) Lawrence P. Stadulis, supra note 9, at IV. E. 5.

표 1 미국에서의 위임장권유 절차[42)]

① 증권업자, 은행, 기타 금융중개기관에 대한 통지 및 조회	가능한 한 빨리 개시
② 위임장설명서의 준비 및 통지	5~10일을 기본으로 하여, 검토할 시간도 필요
③ 위임장설명서의 제출	SEC에 제출. 최소 10일*
④ 통지서의 제출	SEC에 제출. 그 통지서가 처음으로 발송되는 날보다 늦지 않게
⑤ 인쇄 및 발송	5~15일
⑥ 위임장권유자료(위임장카드, 위임장설명서, 연차보고서, 위임장투표의 집행방식)의 게재	통지서가 송부된 날보다는 늦지 않게 게재 그리고 주주총회의 종결 시까지 계속적으로 웹사이트에 게재**
⑦ 통지서의 송부	주주총회 개시하기 적어도 40일 전. 만일 "전체 위임장권유자료 송부방식"(Full Set Delivery Option)을 사용한다면 위임장권유자료를 포함하여 전달
⑧ 위임장양식(form of proxy)의 송부	만일"통지유일방식"(Notice-Only Option)을 사용하는 경우에는, 최초의 통지서의 발송이 있고 10일 이상(10 calender days or more)이 경과한 후에, 통지서의 사본과 함께 배송
⑨ 의결권대리행사의 권유	일반적으로 30~45일 정도 허용, 60일 정도가 필요할 수도 있음

* 예비위임장 참고서류(preliminary proxy materials)는 주주에게 송부되기 적어도 10일 전에 제출되어야 한다. 그러나 일반적으로 10일 이상의 기간이 권고된다. 합병과 같은 특정한 상황에서는 SEC 직원의 검토를 위하여 10일보다 훨씬 더 많은 기간이 허용되어야 한다. 만일 위임장이 뮤추얼펀드에서의 이사의 선임, 회계사의 승인 또는 투자자문계약 계속과 같은 일상적인 사안들에 관련된 것이라면, 펀드는 주주에 대한 송부와 동시에 최종위임장설명서(definitive proxy statement)를 SEC에 제출하기만 하면 된다.[43)]

** "전체 위임장권유자료 송부방식"(Full Set Delivery Option)에서는, 적어도 주주총회 개최일의 40일 전에(at least 40 calender days) 통지서와 함께 위임장권유자료(위임장설명서, 연차보고서, 위임장양식 등) 전체를 배송할 것과 그 자료들이 송부되는 날보다 늦지 않게 웹사이트에 위임장권유자료를 올릴 것을 요구한다.

42) 육태우, 전게논문, 351~352면 참조.

43) Lawrence P. Stadulis, supra note 9, at IV. A.

3. 전자투표의 방법에 의한 위임장수여

(1) 서 설

미국에서 다수의 주회사법은 전자적 송신방법(electronic transmission)에 의한 위임장수여투표(electronic proxy voting)를 인정하고 있다.[44] 이 경우 전자적 송신은 주주의 수권의 기초가 될 수 있는 정보를 담고 있거나 그러한 정보와 함께 제출되어야 한다.[45]

따라서 주 관련법에 의하여 구체적으로 허용되고 다른 조건들이 충족된다면, SEC는 주주들이 '전화 기타 전자적 투표시스템을 이용하여 전자적으로 투표하는 보충적인 방법'(a supplemental method for shareholders to vote electronically by using a telephonic or other electronic voting system)이 포함된 위임장권유관련 자료에 대하여 반대하지 않을 것이다.[46] 이러한 방법은 전화, 팩스, 온라인 투표를 포함한다.

2009년 위임장권유 기간 동안 의결권 행사된 주식의 약 91% 정도가 전자적 방법 또는 전화로(electronically or telephonically) 행사되었는데,[47] 이는 2006년 위임장권유 기간 동안의 약 88%보다 상승된 것이다.[48] SEC가 Rule 14a－16에서 전자위임장모델(e－proxy model)을 채택하였기 때문에, 전자투표의 방식에 의한 위임장수여는 계속적으로 주주들이 의결권을 행사하는 주요한 수단으로 기능할 것이다.[49]

전자위임장투표시스템은 두 가지 측면의 장점이 있다. 첫째로, 위임장투표가 전자적 방식으로 전달되면 의결권위임 집계분석(proxy tabulation)의 비용이 상당한 정도로 절감될 것이고, 둘째로, 어떠한 방식으로 투표할 것인지에

44) MBCA §7.22(b); DGCL §228(a).

45) DGCL §212(c)(2).

46) 1996 Generic Comment Letter (Feb. 15, 1996).

47) Broadridge사의 2009년 위임장 기간 동안의 통계는 <http://broadridge.com/investor－communications/us/2009proxystats.pdf>에서 참조 (Internet Availability of Proxy Materials, Release No. 34－55146 (Jan. 22, 2007)).

48) 2006년도 위임장기간(2006 proxy season) 동안 적어도 1천 7백 만 명 이상의 증권실질소유자들이 위임장권유자료의 전자적 송신에 동의하였고, 의결권이 행사된 주식의 대략 87.8% 정도가 전자적 방법 또는 전화로(electronically or telephonically) 투표되었다(Exchange Act Release No. 55146 (Jan. 22, 2007)).

49) Amy L. Goodman, et al, supra note 11, at §13.04.

대한 더 많은 선택권이 주어진다면 위임장권유에 대한 주주들의 반응도 더욱 증가하게 될 것이다.[50]

(2) 전자투표의 방법에 의한 위임장 수여의 유형

현재 미국에서는 전자투표의 방법에 의한 위임장 수여가 대략 다음과 같은 방식으로 이루어지고 있다.

가. 전화투표

미국의 회사들에서는 일반적으로 주주가 자신의 투표권을 행사하기 위해 전화로 참여하는 것이 허용되고 있다. 전화가 연결되면, 주주는 위임장카드(proxy card)에 인쇄되어 있는 개인식별번호(personal identification number; PIN)를 입력하고, 안내에 따라 자신의 선택을 입력하면 된다.[51]

나. 인터넷투표

인터넷투표를 통한 위임장의 수여(Granting a proxy by the Internet)는 인터넷을 이용하는 주주들이 선호하는 방식인데, 오늘날 꽤 일반화되었다고 볼 수 있다. 전형적인 과정으로서, 주주들은 위임장카드에 인쇄되어 있는 URL 주소(웹페이지 주소)에 가서 암호를 입력하고 자신들의 선택을 입력하면 된다.[52]

일부 발행회사들은 자체적으로 만든 웹사이트를 통해서 주주들이 위임장을 수여할 수 있도록 만들어왔다. 이에 더하여, 명의개서대리인(transfer agents)과 위임장권유대행회사(proxy solicitation firms)도 위임장수여를 위한 웹사이트를 만들어왔다. 전형적인 방식으로, 주주들은 신원확인을 위하여 통제번호(a control number) 및 자신들의 사회보장번호의 일부분(a portion of their social security number)을 입력하여야 한다.[53] 그러면 위임장카드와 유사한 화면이 뜨게 되는데, 주주는 화면상의 "찬성," "반대," 또는 "기권"의 박스("For," "Against," or "Abstain" box)에 "클릭"("clicks")하면 된다. 그러면 자신의 선택을 확정하겠냐는 질문이 뜨고, 주주가 그렇다고 확정을 하면, 위임장이 전송된다.[54]

---

50) Lawrence P. Stadulis, supra note 9, at VII. A.

51) Id. at VII. B.

52) Id.

53) Howard M. Friedman, "How Far Have We Traveled by Internet This Proxy Season?" 12 Insights 12 (Dec. 1998).

미국의 기관투자가들은 그동안 대부분 Broadridge사[55]의 등록 소프트웨어인 ProxyEdge(그 기원은 적어도 1992년까지 거슬러 올라감)를 통해 의결권을 행사해왔다. 현재 Broadridge사는 또한 웹사이트(http://www.proxyvote.com)에서 회사들이 그들의 주주들에게 의결권행사 서비스를 제공하도록 돕고 있다.[56]

(3) 법적 문제

SEC가 현재까지 우편에 의한 투표(voting by mail)에 대한 보충수단으로서의 전자투표(electronic voting)에 반대하지 않을 것이라고 설명해 왔다. 그럼에도 불구하고 미국의 투자회사 또는 펀드들은 여전히, ① 관련 주가 주주들의 전자투표를 허용한다는 것을 확인한 다음, ② 투자회사나 펀드의 설립정관(articles) 및 부속정관(bylaws)에서 전자투표를 허용하고 있음을 확인해야 한다.[57]

해당 주법에서 합법임을 전제로, 전자위임장투표에는 본인인증절차의 문제(issues of verification)가 뒤따른다. 모든 주주는 위임장카드를 전자적 방법으로 반송할 수 있다. 손으로 직접 반송되는 위임장카드(manually returned proxy cards)와는 달리, 전자위임장투표는 물리적인 서명(physical signature)을 포함하지 않는다. 미국에 있는 대부분의 회사들은 현재까지 PIN 번호가 기입된 인쇄된 위임장카드(a hard copy of the proxy card)를 송부함으로써 이 문제를 해결하고 있다. 전자위임장투표를 하는 주주는 전자우편을 송신할 때 PIN 번호를 기입하여야 한다.[58]

가. 미국 증권법상의 고려사항들

위임장의 유효성은 주법 차원의 문제(a state law matter)이기 때문에, 전자

54) R. Franklin Balotti, Jesse A. Finkelstein and Gregory P. Williams, "Meetings of Stockholders," §9.7 (Aspen Publishers, 2013).

55) Broadridge Financial Solutions, Inc.는 2007년도에 Automatic Data Processing (ADP)에서 분리·독립하여(as a spin-off from ADP) 설립된 미국의 금융산업서비스회사(a US servicing company for the financial industry)로서, 주된 사업분야는 전자위임장투표(electronic proxy voting)이다 (http://en.wikipedia.org/wiki/Broadridge_Financial_Solutions).

56) Amy L. Goodman, et al, supra note 11, at §13.04.

57) Lawrence P. Stadulis, supra note 9, at VII.

58) J. Robert Brown, Jr, "The Regulation of Corporate Disclosure," §9.07[1] (Aspen Publishers, 2013).

투표에 관한 SEC 지침은 주로 공시(disclosure)에 관련된 것이다. SEC 스태프에 따르면, 만약 어떤 회사가 전자투표를 허용한다면, 그 위임장설명서에는 투표절차 및 (주법에서의 전자투표와 관련된 공개적인 쟁점들을 부각시키는 것을 포함하여) 관련 주법 상의 해당 투표절차의 유효성이 기술되어야 한다. 또한 어떤 회사가 위임장카드상의 공개(proxy card disclosure)를 요구하지 않는 델라웨어 주에서 설립된 것이 아니라면, 위임장카드에는 전자투표와 관련된 투표절차가 기술되어야 한다.[59] SEC는 또한 전자투표를 위한 보안 및 신원확인 절차(security and authentication procedures)에 대한 제한적인 지침을 제공해왔다.

증권회사나 기타 피지명자의 명의로(in street or nominee names) 주식을 보유한 주주들은 보통은 명의주주(record holders)인 (대부분 Broadridge사와 계약을 체결한) 중개인이나 은행대리인(broker or bank agents)에게 의결권행사지침(voting instructions)을 제공한다. SEC는 실질소유자 또는 수익권자(beneficial owners)가 연방증권법에 따라 전자적인 방법으로 의결권행사지침을 제공하는 것이 허용된다는 것을 명확히 하였다.[60]

나. 주법상의 고려사항들

명의주주(record holders)에게 전자투표가 허용될 것인지 여부는 회사가 설립된 주의 관련법에 따른다. 위임장이 특정인에게 다른 주주의 주식을 대리투표할 권한을 수여하는지 여부는 주법이 결정하기 때문에, 명의주주는 오로지 주 관련법이 허용해야지만 전자적인 방법으로 위임장을 부여할 수 있다. 어떤 주법들은 위임장카드 상의 자필서명(manual signatures on a proxy card) 또는 대리권입증(authentication of proxies)을 요구하지만, 다른 주의 법들은 이러한 주제에 대하여 침묵하고 있는데, 판례법도 많지 않다. 대부분의 경우에 위임장관련 주법들(state proxy laws)은 유효한 위임장의 성립요건으로, 예를 들어, 위임장에서 누가 의결권을 행사할 권한을 가지는지를 지정할 것을 요구하거나(requiring the proxy to designate who has the authority to vote the stock) 또는 위

59) SEC 스태프는 전자투표에 관한 위임장설명서와 위임장카드 상의 공시(proxy statement and proxy card disclosure regarding electronic voting)를 요구하는 Item 21 of Schedule 14A and Rule 14a-9를 해석한 Interpretation No. 17 of the 1997 Telephone Interpretation Manual에서 이러한 지침을 제공하고 있다.

60) Amy L. Goodman, et al, supra note 11, at §13.04, A.

임장이 진본임을 뒷받침하는 어떤 증거가 있음을 확인할 것(ensuring that there is some evidence to support that a proxy is authentic) 등의 몇 가지 요건만을 부과하고 있다.[61]

많은 위임장관련 주법들은 인증조항들(authentication provisions)을 두고 있고, 이는 모범회사법 제7.22조(Section 7.22 of the Model Business Corporation Act)를 따르는 경향이 있다. 동조 (b)항은 전자위임장(an electronic proxy)이 자필서명된 위임장(a manually signed proxy)과 동등한 것이라고 간주하고 있다.[62] 모범회사법은 전자위임장과 관련하여, 주주의 대리권 수여라는 합리적인 증거(some reasonable indication that the stockholder authorized the proxy)를 요구하고 있다. 하지만 모범회사법은 유연성이 있어서, 전자위임장과 관련하여 어떤 유형의 증거가 포함되어야 하는지에 대하여 강제하지는 않는다.[63]

분명하지는 않지만, 미국의 전자서명법(Electronic Signatures in Global and National Commerce Act of 2000; "E－SIGN Act")은 자필서명(manual signatures)을 요구하는 주법들을 대신하는 것으로 여겨진다. 각 주의 입법부와 실무가들이 이와 같은 연방법이 자신들의 법에 어떻게 영향을 미칠 것인지에 대하여 씨름하

61) Amy L. Goodman, et al, supra note 11, at § 13.04, B.

62) MBCA Section 7.22. (b) A shareholder or his agent or attorney in fact may appoint a proxy to vote or otherwise act for the shareholder by signing an appointment form, or by an electronic transmission. An electronic transmission must contain or be accompanied by information from which one can determine that the shareholder, the shareholder's agent, or the shareholder's attorney in fact authorized the electronic transmission.

63) 모범회사법 제1.40(7A)조 역시 "전자적 방법에 의한 송신"(electronic transmission)이라는 용어를 포함하고 있는데, 이는 "수신자에 의한 정보의 보유, 회수 및 재생산에 적합한 서면의 물리적인 전송을 직접적으로 포함하지는 않는 과정"("any process of communication not directly involving the physical transfer of paper that is suitable for the retention, retrieval, and reproduction of information by the recipient.")으로 정의되고 있다. 공식주석서(Official Comment)에 따르면, 본법의 입안자는 "전자적 방법에 의한 송신"이 "넓게 해석되고, 컴퓨터와 모뎀 사이의 전자적 송신뿐만 아니라 자기 테이프(소리·화면·컴퓨터 정보 기록에 사용되는 테이프)나 컴퓨터 디스켓으로 저장되고 송부되는 데이터를 포함한, 전자적 방법에 의한 송신의 진화하는 방식을 포함"("broadly construed and include the evolving methods of electronic delivery, including electronic transmissions between computers via modem, as well as data stored and delivered on magnetic tapes or computer diskettes.")해야 함을 입법의도로 하였다. 흥미로운 점은, 델라웨어 주회사법 제232(c)조(Section 232(c) of the DGCL)도 "전자적 방법에 의한 송신"을 모범회사법의 본 조항과 유사하고도 부분적으로는 본 조항에서 유래된 용어로 정의하고 있다는 것이다. See Michael P. Dooley and Michael D. Goldman, Some Comparisons Between the Model Business Corporation Act and the Delaware General Corporation Law, Bus. Law.(Feb. 2001).

는 동안은, 이러한 불확실성은 한동안 계속될 것으로 보인다. 심지어는 전자서명법이 통과되기 전에도, 다수의 주들은 자필서명을 더 이상 요구하지 않도록 법을 현대화하고 있었다. 이러한 법의 형태는, 전화투표(telephonic voting)와 같은 대안적인 매체라는 좁은 범위를 정한 법들로부터, 모든 형태의 전자매체(any type of electronic media)를 포괄하는 광범위하고 유연성 있는 법들까지 아주 다양하다. 그 밖의 주들은 자필에 의한 위임장서명(a manual proxy signature)을 요구하거나 아니면 아예 해당 사안에 대해 아무런 언급을 하지 않는 법들을 가지고 있다.

회사는 명의주주들에게 위임장카드를 전자적인 방식으로 송부하고, 해당 주주가 인쇄하여 수기로 서명한 위임장을 우편을 통해 반송하게 할 수 있다. 만약 주법이 침묵하고 있으면, 회사는 동일한 주에서 설립된 다른 회사들이 이미 전자투표를 허용해왔는지 여부를 판단함으로써, 명의주주에 의한 전자투표가 시행될 수 있을지 여부를 우선적으로 결정할 수도 있다.[64)]

만약 전자적 방식에 의한 위임장투표(electronic voting of proxies)에 대한 언급이 없거나 이를 허용하지 않는 주에서 회사가 설립된다고 하더라도, 그 회사는 여전히, 증권의 실질소유자가 의결권행사지침을 제시하도록 허용함으로써(by allowing beneficial owners to electronically provide voting instructions), 투표절차를 현대화하는 신기술을 이용할 수 있을 것이다.

증권실질소유자의 의결권(The ability of beneficial owners to vote)은 주법에 의하여 제한되지 않는다. 왜냐하면 주법은 의결권행사지침(voting instructions)이 아니라 오로지 위임장(proxies)에 대해서만 적용되기 때문이다.

다. 회사지배관련 고려사항들

회사는 설립정관 및 부속정관(bylaws and articles of incorporation)을 검토함으로써, 자신의 회사지배관련문서들(corporate governance documents)에서의 전자투표의 허용 여부를 결정할 수 있다. 만약 이러한 문서들에 위임장이 "서명" 또는 "작성"되거나 "우편"으로 배송되어야 한다(proxies must be "signed," "written," or delivered by "mail")고 규정되어 있으면, 그 문서들은 명의주주에 의한 전자

64) Dynamics Corp. of Am. v. CTS Corp, 643 F. Supp. 215 (N.D. Ill. 1986) (데이터그램이 허용된 사례); Parashalle v. Realist Inc, 567 A.2d 19 (Del. Ch. 1989) (데이터그램이 허용되지 않은 사례).

적인 방법에 의한 투표를 허용하도록 수정되어야 한다. 회사는 전자투표를 활성화시키기 위하여 설립정관이나 부속정관의 조문을 사용할 수 있다. 최대한의 유연성을 확보하기 위하여, 예를 들어 "위임장의 전자적 송신이 해당 주법에서 허용되는 범위 내에서 사용될 수 있다"는 것과 같은, 광범위한 조항이 채택될 수 있다.

전형적인 회사지배관련문서들에는 의결권행사지침에 대한 언급이 없다. 따라서 회사의 설립정관 또는 부속정관에서 명의주주들(record holders)에게 전자투표를 허용하는 것에 대한 회사의 능력을 제한하고 있을지라도, 증권의 실질소유자들(beneficial owners)이 전자적 방법으로 의결권을 행사하는 것은 일반적으로 허용될 수 있다.[65]

라. 자율규제기구 관련 고려사항들

미국의 자율규제기구들(Self-Regulatory Organization; "SRO")은 전자투표를 직접적으로 규율하는 규칙을 채택하지는 않아왔다. 미국에 있는 증권거래소들은 금융중개기관 회원들(broker members)이 증권의 실질소유자들에게 의결권을 행사할 기회를 제공하는 것뿐만 아니라, 위임장권유자료도 송부하도록 요구하고 있는데, 자료송부는 전자적인 방법으로 이루어질 수 있다.[66]

(4) 전자위임장투표 관련 세부사항

가. 주주들의 투표참여(Returns)

투표를 권유하기 위한 특별한 노력이 기울여지지 않는 이상, 회사들은 전통적인 서면투표(traditional paper voting)에서 일반적으로 소요되는 비용보다 저렴하게(at lower rates) 주주들이 전자투표를 하게 된다는 것을 알게 된다. 예를 들면, 2008년과 2009년에 위임장 송부에 관하여 통지유일방식(notice-only model)을 따른 발행회사들에서의 주주참여는 감소한 바 있다. 어떤 주석가들은 온라인 투표가 전자우편, 전화 및 그 밖의 후속적인 권유들과 결합할 때 투표율이 상당히 증가한다고 지적한다.[67] 또 다른 주석가들은 전자적인 방법에

---

65) Amy L. Goodman, et al, supra note 11, at §13.04, C.

66) Id. at §13.04, D.

67) Charles J. Purcer, Electronic Shareowner Meetings, Optimizer Special Supplement at 29 (Nov. 2000). 이 논문은 <http://www.proxyservicescorp.com>에서도 열람할 수 있다.

의한 의사소통수단이 회사로 하여금 더 많은 주주들을 대상으로 투표를 독려할 수 있게 하여야 한다고 믿는다. 왜냐하면 이 경우 회사는 버튼 한 번 누름으로써(at the push of a button) 주주들에게 의결권행사에 관한 권유 또는 독촉을 할 수 있기 때문이다.[68]

투표지침 그리고 개인신원확인번호 및 통제번호의 글자크기 및 위치의 명확성 및 간결성(the clarity and brevity of the instructions and the font size and location of the personal identification and control numbers)이 뒷받침 되는 경우처럼, 간소화되고 정리가 잘 된 투표지침(Simplified or well-organized voting instructions) 역시 전자투표에 영향을 미치게 되어, 종종 의결권의 조기행사를 촉진할 수도 있다. 이는 경영진에게 투표결과를 조기에 판단할 수 있는 기회를 제공함으로써, 추가적인 권유가 필요한가(whether additional solicitation efforts are advisable)에 대한 경영진의 적시판단을 돕게 된다. 또한 온라인 투표는 회사 피용자의 투표비율(the level of employee voting)을 상당한 정도로 높여 준 것처럼 보인다. 이는 일반적으로 의결권을 행사하지 않는 단기주주들(short-term shareholders)의 점증하는 수를 상쇄해 왔다.[69]

나. 투표행위의 철회(Revocations)

주주들에게 전자투표가 허용된다면, 전자적 방법으로 철회하는 것도 가능하다. 미국의 주법에 따르면, 주주의 후속적인 의결권행사(any subsequent vote from a holder)는 이전의 투표행위(any prior votes)를 파기시킨다. 주법에서는 일반적으로 주주총회에서의 투표가 종료할 때까지 주주로 하여금 자신들의 투표행위를 철회할 수 있게 하고 있다.

하지만 각 주의 관련법과는 상관없이, Broadridge사와 같은 전자투표서비스 제공기관들은 주주총회에서의 투표가 종료되기 전에 투표 자료를 정리할 시간을 주기 위하여 전자투표마감시한(an electronic voting deadline to allow time for votes to be tabulated)을 정하고 있다. 전자투표는 실시간 처리(a real-time process)가 아니라 순환적 일괄처리(a batch cycle process; 예를 들면, 정기적으로(in

68) George Ponds Kobler, Shareholder Voting Over the Internet: A Proposal for Increasing Shareholder Participation in Corporate Governance, 49 Ala. L. Rev. 673 (Winter 1998).

69) Amy L. Goodman, et al, supra note 11, at §13.04 E. 1.

periodic intervals) 투표가 계수되는 것을 의미함)를 하게 되고, 이에 따른 계표문제(tabulation problems)가 발생한다. 위와 같은 마감(cut-off)은 회사들로 하여금 전자적 방법에 의한 사후적 철회(late electronic revocations)와 관련된 행정처리문제(administrative processing problems)를 해결하도록 돕기 위한 것이다. 결과적으로, 그 마감시간 이후에 증권의 실질소유자는 자신의 투표를 철회할 다른 방법을 찾아야 하는데, 예를 들면 명의주주로부터 위임장을 회수하거나, 총회에 직접 참석하여 철회하는 방법도 있다.

때로는 한 주주가 내용이 충돌하는 의결권행사지침(conflicting voting instructions)을 가진 복수의 위임장을 발행하는 경우가 생길 수도 있다. 이때 표면상으로 해당주주가 문제가 되는 위임장들을 적합한 방법으로 집행한 것으로 보이는 이상, 해당 위임장들은 모두 유효한 것으로 취급될 것이고, 이에 따라 나중에 집행된 위임장(the last executed proxy)만이 유효하게 되고 먼저 집행된 위임장(the earlier proxies)은 취소된 것으로 간주될 것이다. 즉, 이러한 문제는 어떤 위임장이 마지막으로 발급되었는지 여부에 따라 결정될 것인데, 이는 어떤 위임장은 우편으로(via postal mail) 보내졌고, 또 다른 위임장은 전자적 방법으로(electronically) 보내졌을 때 특별히 어려운 문제가 될 수 있다. 대부분의 주법상으로 불명확하긴 하지만, 전자위임장의 "집행"("execution" of an electronic proxy)은 발송되었을 때(the time that it was sent) 이루어진 것으로 간주될 가능성이 크다.

전자위임장이 발송된 시기를 정하기 위하여, 위임장투표가 발송될 때의 인터넷 양식(the Internet form through which a proxy vote is sent)은 그 전송의 시간 및 날짜를 기록하는 머리말(a header that date and time stamps the transmission)을 가지고 있는데, 이러한 정보는 대부분의 주에서 위임장 사이의 분쟁에 관한 의문을 해결하기 위한 방식으로 외부증거(extrinsic evidence)를 인정하지 않기 때문에 중요하다.[70]

다. 경쟁선거(Contested Elections)

미국의 회사들은 최근에서야 비로소 경쟁선거(a contested election)에서의

70) Id. at §13.04 E. 2.

전자투표를 허용해왔다. 2004년에 Broadridge사는 위임장권유경쟁(contested solicitations)에서 증권의 실질소유자들을 위한 전자투표선택권(electronic voting options for beneficial owners)을 제공하기 시작했다. 전자우편에 의한 고지(e-mail reminders)가 투표율(the level of votes returned)에 상당한 정도로 영향을 미칠 수 있기 때문에, 회사뿐만 아니라 반대주주들(a company and dissidents)도 경쟁선거에서 전자적 방법에 의한 의사소통(electronic communications)의 사용에 적극적이라는 점에서 공통적이다. 전자우편의 주요한 장점은 전자우편을 통해 주주에게 빠르고 저렴하게 의결권행사를 상기시킬 수 있다는 것이다. 전자우편에 의한 고지는 일반우편에 의한 고지(postal reminders)보다 투표율을 더욱 높인다는 것이 증명되어 왔다.[71]

라. 비용(Costs)

전자투표비용은 회사가 부담한다. 투자자들은 투표비용을 낼 필요가 없고, 회사가 이를 요구할 수도 없다. 명의주주들을 위한 전자투표시스템의 초기준비비용(The initial set-up costs for an electronic voting system for record holders)은 때때로 서비스제공자가 부담하기도 하지만, 전형적으로는 회사들이 수천 달러의 비용을 지급해야 한다. (이와 비교하여, Broadridge사의 증권실질소유자들을 위한 전자투표시스템의 비용(the cost for Broadridge's electronic voting system for beneficial owners)은 회사가 직접 부담하지는 않는다.) 이러한 비용은 비교적 적은 수의 명의주주를 가지고 있는 소규모회사들에게는 크게 느껴질 수 있다. 왜냐하면 전반적인 연간경비절감(the overall annual savings)이 초기비용(the initial expense)을 정당화할 때까지는 오랜 시간이 소요될 수 있기 때문이다.[72]

Rule 14a-16에 관한 논평(comment letters)에서 Broadridge사는, 2006년도 위임장권유기간 동안에 일련의 위임장권유자료들의 사본을 인쇄하고 우송하기 위한 평균비용(the average cost of printing and mailing a paper copy of a set of proxy materials)이 5.64달러라고 추산한 바 있다.[73] 2008년 6월 30일까지 Broadridge사가 전자위임장의 사용을 통하여 절감한 비용의 추산(Broadridge

71) Id. at §13.04 E. 3.
72) Id. at §13.04 E. 4.
73) Comment Letter of ADP (now Broadridge) dated Feb. 13, 2006.

estimates of cost savings using e-proxy through June 30, 2008)은 4.38달러의 평균 인쇄자료비용(an average print material cost)에 근거한다.[74]

SEC는 통지유일방식(notice-only model)에서의 통지 및 위임장권유자료 생산의 고정비용(the fixed costs of notice and proxy material production)이 통지문을 인쇄하고 우송하기 위한 0.42 달러를 포함하여, 주주 1인 당 2.36 달러라고 추산하였다. 처리, 용지, 인쇄 및 우송료를 포함하여 서면요구를 충족시키기 위한 변동비용(the variable costs of fulfilling a paper request, including handling, paper, printing and postage)은 요구받은 서면 당(per copy requested) 6.11 달러라고 추산된다. 하지만 이는 추산일 뿐이고, 각 서비스제공기관은 제공되는 서비스의 유형에 따라 다른 가격체계를 가지고 있다.

회사는 한 가지 이상의 가격책정방식(pricing approach)을 사용할 수 있다. 어떤 회사들은 고액의 초기비용 가격책정방식(a high set-up fee pricing approach)으로 "개당"("per piece") 또는 "거래당"("per transaction") 계산을 할 수도 있고, 다른 회사들은 비교적 저렴한 초기비용(a lower set-up charge) 및 비교적 더욱 고가의 개당 또는 거래당 비용(a higher per piece or per transaction fee)을 선택할 수도 있다. 그럼에도 불구하고, 만약 어떤 회사가 '전자투표'를 '전자적인 방법의 송달'(electronic delivery)과 결합시킨다면, 상당한 정도의 비용절감을 달성할 수 있을 것이다.

마. 보안(Security)

개인정보가 전자적인 방법으로 송부되는 것이 허용될 때, SEC는 회사가 완전무결성, 비밀유지 및 보안 문제(integrity, confidentiality, and security issues)를 고려해야 한다고 주장해왔다.[75] 분명하지는 않지만, "개인정보"("personal information")에는 주주들이 의사를 결정하는 방식(how stockholders decide to vote)도 포함된다고 주장하기도 한다. SEC의 지침은 이에 대하여 유연한 입장을 취하고 있고, 회사가 개인정보를 전송하는 데 사용해야 하는 방식을 특정하지 않고 있다.[76]

---

74) http://www.broadridge.com/notice-and-access/NAStatsStory.pdf.

75) Section II.A. and Section II.B. of the 1996 SEC Release.

76) Amy L. Goodman, et al, supra note 11, at §13.04 E. 5.

바. 본인인증(Authentication)

미국의 회사와 그들의 서비스제공기관들은 전자위임장카드(electronic proxy cards)의 진실성을 확보하기 위하여 여러 가지 방법을 사용한다. 그 중 가장 인기 있는 방식은 ① 모든 주주에게 고유한 개인인증번호(personal identification numbers; “PINs”)와 ② 전자서명기술(digital signature technology)이다. 예를 들면, Broadridge사는 주주들이 웹사이트에서 투표하기 위한 전제조건으로 PIN 번호와 12자리의 통제번호(a 12-digit control number)를 요구한다. 그리고 주주들이 투표지침을 전송할 때, 자신의 판단에 따라(at the shareholder's discretion), 최고의 암호화수준을 갖춘 인터넷 브라우저(browsers with the highest level of encryption available) 및 대부분의 개인용 컴퓨터에 있는 표준 브라우저(the standard browser on most personal computers) 중에 원하는 것을 선택하여 사용하도록 허용한다.

여태까지 이러한 방식을 포함한 기타의 방식들이 주 관련법에서 요구하는 진정성을 확보하기에 충분한 증거를 제공해 왔는지 여부에 대해서는 판례법이나 지침이 없다. 결과적으로 회사는 PIN 번호를 부여하는 방식이 투표과정의 진정성을 충분히 보증하는지 여부에 대한 평가(any evaluation of whether the method of assigning PINs is sufficiently secure to consider the process adequately authenticated)를 고려하고 문서화해야 한다. 오늘날 표준화된 관행은 아니지만, 회사는 해당 시스템 및 처리절차를 정기적으로 감독하기를 원할 수도 있다. 회사들은 또한 그 과정에 관한 서면화된 지침을 보관하고 싶어 할 수도 있다.

회사들은 위임장권유자료를 송부하거나 주주들에게 사내전산망이나 웹사이트에서 위임장권유자료들을 확보할 수 있는 시기를 통지하기 위하여, 전자우편주소(e-mail addresses)를 사용할 수 있다. 하지만 전자우편주소는 자주 바뀌기 때문에, 회사들은 전자우편주소의 유효성을 정기적으로 확인하기 위한 시스템을 갖추어야 한다. 새로운 주주에 관하여, 해당 시스템은 마지막 전자우편목록이 만들어진 후에 새로이 주주가 된, 기준일 현재의 사람들(any persons as of the record date who became shareholders after the last e-mail list was compiled)을 추적하여 수용하여야 한다.[77]

77) Id. at §13.04 E. 6.

사. 사내전산망 투표(Intranet Voting Issues)

회사는 피용자들이 자체 주식으로 의결권을 행사할 수 있도록 하기 위하여 내부전산망(intranet)을 사용할 수 있다. 사실상, 어떤 회사들은 피용자들이 오로지 전자적인 방법으로만 의결권을 행사할 수 있다고 규정해왔다.[78] 투표시스템을 확립하기 위하여, 회사는 먼저, 그 회사에 하나 이상의 내부전산망이 있는지 여부와 모든 피용자들이 의결권을 행사하기 위하여 웹페이지에 접속할 권한이 있는지 여부를 확인해야 한다. 만약 서비스제공자의 서버(a service provider's server)가 투표용 웹페이지(the voting Web page)를 관리한다면, 회사는 그 사내전산망 배후의 방화벽(the firewall behind its intranet)이 피용자들에게 서비스제공자의 웹사이트에의 접근을 허용한다는 것을 확인해야 한다. 또한 전자투표과정을 상세히 설명한 질의문답사항(Frequently Asked Questions; F&Q)도 준비되어서 내부전산망에 게재되어야 한다.[79]

예상치 못한 문제들에 대비하기 위하여, 회사는 사내전산망에서의 전자투표를 처음으로 실행할 때, 상당한 정도의 준비기간(a significant amount of lead time)을 허용해야 한다. 이와 관련하여 발생할 수 있는 잠재적인 문제에는 다음과 같은 것들이 있을 수 있다.

① 피용자들의 신원을 확인하는 방법 및 이와 관련된 비밀유지문제에 대한 결정.

② 만약 미국인들의 주민등록번호인 "사회보장번호"(social security numbers)가 사용된다면, 해당 번호가 없는 외국인 피용자들은 어떻게 처리되어야 하는지에 대한 결정.

③ 만약 회사가 후원하는 계획에 속하지 않는 주식(stock outside of company-sponsored plans)을 보유한 피용자에게 투표권이 주어진다면, 공유주식(stock held jointly)의 의결권행사가 내부전산망에서 전자적으로 이루어질 것인지 여부에 대한 결정: 만일 자료가 내부전산망에 게시된다면 공유주주들 중 어느 한쪽은 위임장권유자료에 대한 접근권한(access to the proxy material)을 갖지 못할 수도

78) 전자적인 방법으로 투표하도록 강제되었을 때 그에 대한 불만을 호소한 피용자가 있다는 증거는 없다. See Charles J. Purcer, supra note 67 at 29.

79) Amy L. Goodman, et al, supra note 11, at §13.04 E. 7.

있기 때문에, 이는 어려운 문제일 수 있다(피용자가 아닌 사람은 일반적으로 회사의 전산망에 접근하지 못할 것이다).[80]

아. 법률자문(Legal Opinions)

SEC 스태프는 특히 특정 위임장설명서가 검토를 요하는지 여부를 회사에게 물어볼 수 있기 때문에, 해당회사는 관련주법이 불명확할 경우 전자투표를 허용하기 전에 법률자문을 얻어야 할 경우도 있다. 회사들은 같은 주에서 설립된 다른 회사들이 전자투표를 허용해 왔는지 여부를 파악하고, 가능하다면 그 법적 근거에 대해서도 조사해야 한다.[81]

자. 기록보관(Record Retention)

회사는 주 관련법에 따라 서면의 위임장카드(paper proxy cards)를 보유해야 하는 한, 전자투표에 대한 기록(a record of electronic votes)을 보관해야 한다. 주법 상의 기록보관요건(a state retention requirement)이 없으면, 전자투표의 유효성에 관한 소송이 있을 경우를 대비하여 회사는 자신이 받은 해당 위임장수여투표를 증명하기에 충분한 일정기간동안(예를 들면, 여러 해 동안) 전자투표관련기록들을 보관하고 싶어 할 수도 있다. SEC는 위임장카드의 보관에 대하여 규제하지 않는다.[82]

자. 대투자가 홍보 관련 문제(Investor Relations Implications)

주주들이 그들에게 투표를 허용하는 웹페이지에 쉽게 접근할 수 있는지 여부도 중요한 문제이다. 투표 사이트의 도메인 이름(domain name)은 단순하고 직접적이어야 한다. 투표 사이트에는 회사의 대투자가 홍보관련 웹페이지와 온라인 위임장권유자료(the company's investor relations Web page and its online proxy materials)에 대한 자세한 링크가 있어야 한다. 회사는 이러한 서류들의 각 페이지에 눈에 잘 띄는 방식으로 링크시키는 것을 고려하여야 한다.

오로지 잘 훈련된 직원들만이 전자투표에 관한 전자우편 또는 전화상의 질문(e-mail or telephonic questions)을 취급해야 한다. 질문에 대한 답변은 기술

80) 공유주주들은 동일한 접근번호(control number)를 가져야 하고, 누구든지 온라인상으로 의결권을 행사할 때 그 번호를 사용할 수 있어야 할 것이다.

81) Amy L. Goodman, et al, supra note 11, at §13.04 E. 8.

82) Id. at §13.04 E. 9.

적이고 절차적인 문제(technical and procedural matters) 또는 위임장설명서에 있는 문제(matters disclosed in the proxy statement)에만 제한되어야 한다. 왜냐하면 위임장투표의 권유(a solicitation of votes)로 간주될 수 있는 설명(특히, 주주의 질문에 대한 전자우편상의 답변)은 어떤 것이라도 위임장규칙위반이 될 수 있기 때문이다.[83)]

전자우편에 의한 답변은 위임장규칙에서 "서면"("writing")으로 간주되므로, 추가적인 위임장권유자료(additional soliciting material)로서 SEC에 제출될 것이 요구될 수 있다.[84)] 주주들의 문의에 답변하는 직원들(Personnel responding to stockholder queries)은 업무를 위하여 대본원고(script) 및 일련의 "흔히 하는 질문들"(a set of "frequently asked questions")을 받아야 하는데, 그러한 질문은 변호사(counsel)에 의하여 검토된 후에만 제공되어야 한다. 또한 해당 직원들은 그 밖의 질문들을 상위감독자(supervisor)에게 전달하도록 훈련되어야 한다. 하지만 이러한 원고들은 추가적인 위임장권유자료로서 SEC에 제출되어야 함을 잊어서는 안 된다.[85)] 따라서 어떤 의결권행사자문기관들(proxy advisors)은 회사들로 하여금 그러한 원고를 사용하지 말라고 권고하고 있다.[86)]

제 4 절 맺으며: 우리 법제에의 시사점

미국에서는 델라웨어 주를 포함한 여러 주들이 전자주주총회를 허용함으로써 인터넷을 통한 의결권행사를 인정하고 있다. 전자주주총회의 활성화는 비용의 절감 및 주주의 참여도를 높이는 데 이바지할 수 있을 것이고, 소액주주들의 수월한 의결권행사로 이어져 의결권대리행사의 위임이 감소할 수 있

83) 대부분의 서비스제공기관들은 투표권자에게 기술적인 지원을 제공하기 위한 "도움창구"(help desk)를 지원한다. 어떤 도움창구는 전화서비스를 포함하고, 어떤 창구는 전자우편에 의한 지원에 제한된다.

84) Rule 14a-6(b)은 추가적인 위임장권유자료를 SEC에 제출할 것을 요구한다.

85) 현재 미국에 있는 대부분의 주요한 위임장서비스제공기관들은 전자투표시스템을 제공하고 있다.

86) Amy L. Goodman, et al, supra note 11, at §13.04 E. 10.

으므로, 적대적 기업인수 및 합병의 가능성을 감소시켜 경영진의 환영을 받을 가능성도 있다. 우리나라에서는 아직까지 전자주주총회까지 허용되고 있지는 않지만, 미국의 여러 주들처럼 언젠가는 궁극적으로 전자주주총회를 허용함으로써 주주들의 참여를 확대시켜나갈 수도 있을 것이다.

또한 주주총회를 주관하는 회사의 입장에서는 전자투표 시스템을 도입하게 되면 여러 지역에 분산되어 있고 특정일에 집중되어 있는 여러 회사들의 주주총회에 동시에 참여하기 어려운 주주들의 참가를 유도함으로써 주주총회에서의 의결정족수를 확보할 수 있게 되어, 궁극적으로는 주주총회개최의 원활화 및 운용비용의 절감 등을 통한 주주총회의 활성화를 도모할 수 있게 될 것이다. 특히 전자투표 네트워크를 통하여 회사와 주주 사이의 의사소통을 원활하게 할 수 있고, 주주는 회사로부터 충분한 정보를 실시간으로 확보할 수 있어서 주주에 의한 경영참여를 촉진하여, 건전하고 투명한 지배구조를 구축하는 데 크게 이바지할 것으로 기대된다.

또한 주주총회에서 대리인이 주주를 대신하여 의결권을 행사할 수 있다고 하여도 실제 주주총회에 대리인이 참석하여 의결권을 행사하기란 상당한 제약이 따르는 경우가 많음을 고려하지 않을 수 없다. 미국에서는 이러한 문제를 해결하기 위한 하나의 방법으로서, 역시 주식소유가 분산된 기업에서 의결정족수를 충족시키기 위한 목적으로 위임장권유가 행해지는 경우가 많고, 이는 또한 제3자가 회사의 경영권을 취득하기 위한 목적으로 사용되기도 한다. 또한 미국에서는 위임장권유제도의 전자화가 상당한 정도로 진행되고 있는데 우선, SEC는 전자주주총회를 활성화시키기 위한 노력의 일환으로, Rule 14a－2(b)(6)과 Rule 14a－17을 공포하였고, 두 조항에 따르면 전자주주총회에서 만들어진 설명서에는 대부분의 위임장권유규칙이 적용되지 않도록 하고 있다. 이에 더하여, SEC Rule 14a－16에서 “통지 및 접근 위임장모델”(notice and access proxy model)을 채택하여 2009년 1월부터 시행하였는데, 이 모델에 따르면 발행회사와 그 밖의 위임장권유 당사자는 위임장권유를 할 때 첨부할 위임장설명서를 전자적 방법으로 주주에게 제공할 수 있다. 또한 미국의 다수 주회사법들은 전자적 송신방법에 의한 위임장 수여(위임장투표)를 인정하고 있는데, 현재 위임장권유기간 동안 대부분의 주식의 의결권 행사가 전자적 방법으로 이루어지고 있어 비용절감 및 주주의 경영참여에 이바지 하고 있는 상황이다.

우리나라 자본시장법에서는 의결권권유자가 위임장용지 및 참고서류를, ① 의결권권유자가 의결권피권유자에게 직접 내어주는 방법, ② 우편 또는 모사전송에 의한 방법, ③ 전자우편을 통한 방법(의결권피권유자가 전자우편을 통하여 위임장용지 및 참고서류를 받는다는 의사표시를 한 경우만 해당), ④ 주주총회 소집통지와 함께 보내는 방법(의결권권유자가 해당 상장주권 또는 그 상장주권과 관련된 증권예탁증권의 발행인인 경우만 해당) 중 한 가지 방법으로, 의결권 대리행사의 권유 전이나 그 권유와 동시에, 의결권피권유자에게 전달하도록 하고 있는데(자본시장법 시행령 제160조), 미국의 법제를 참고하여, 위에서 소개한 통지 및 접근 위임장모델과 같은 전자적 방법에 의한 위임장권유 및 전자투표에 의한 위임장수여(위임장투표)를 도입하는 것을 고려할 수 있을 것이다.

또한 (위임장권유의 전자적 대행을 포함한) 위임장권유절차의 대행시스템의 구축을 생각할 수 있는데, 이러한 시스템을 통하여 주주들은 시간이나 비용에 있어서 효율적인 방식으로 의결권을 행사할 수 있고, 경영진을 포함한 회사도 용이하게 의결권을 확보할 수 있게 되어 주주총회를 더욱 활성화시킬 수 있을 것이다.

위임장권유의 전자적 대행은 전자투표시스템[87]과 매우 유사하게 진행되므로, 그 전자적 방식을 기존의 전자투표시스템에 장착하는 것을 고려할 수 있다. 즉, "위임장권유의 전자적 대행방식"은 ① 위임장권유자가 발행회사인 경우에는 위임장권유자료(찬반표시를 할 수 있는 위임장용지, 참고서류 등)를 작성 및 인쇄하여, ② 이를 금융위원회와 거래소에 제출하여 공시한 다음, ③ 위임장권유자와 위임장권유대행기관 사이에 대행계약을 체결하고 ④ 주주총회의 소집통지를 할 때 이와 함께 (또는 이 통지와는 별개로) 위임장권유를 전자적으

87) 주주총회에서의 전자투표는 먼저, ① 발행회사가 이사회 결의로 본 제도를 선택한 후 ② 주주총회 소집통지 시 전자투표를 한다는 것과 기타 안내문구 등을 삽입하고 ③ 전자투표관리기관(예를 들어 한국예탁결제원)의 주주명부 및 의안을 시스템에 등록하면, ④ 투자자는 정해진 기한 내에 안내받은 웹사이트에 접속하여 공인인증 후 전자투표 행사(예를 들면, 인터넷을 통해 의안별로 클릭하는 것)하고 ⑤ 전자투표관리기관은 이를 취합하여 발행회사에 인계하고, ⑥ 발행회사는 이를 실제 주주총회에 반영하는 순서로 진행된다.

로 할 수 있다는 취지 및 그 방식, 그리고 위임장권유자료들이 조만간 위임장권유대행기관(예를 들어, 전자투표관리기관으로서의 한국예탁결제원)의 전자투표시스템에 게시(업로드)된다는 사실 및 이에 따라 주주들은 소정의 기간 내에 (안내받은) 위임장권유대행기관의 인터넷 홈페이지에 접속해서 이를 발급하면 된다는 취지 등을 통지하고, ⑤ 발행회사가 위임장권유대행기관에 위임장권유자료들을 파일형태로 인계하면, ⑥ 위임장권유대행기관은 이를 전자투표시스템(혹은 위임장권유대행시스템)에 업로드하고, ⑦ 주주가 소정의 기간 내에 해당 시스템에 공인인증 등의 방식을 통해 주주의 신분을 확인하여 접속한 후 동 위임장권유대행기관의 대행전산시스템에 이미 업로드 되어있는 위임장용지에 찬반표시 등을 하고 서명란에 전자서명을 함으로써 위임장을 전자적으로 발급할 수 있으며(전자위임장투표), ⑧ 위임장권유대행기관은 이렇게 발급된 전자위임장을 취합하여 위임장권유자에게 인계하고, ⑨ 위임장권유자는 이를 주주총회에 가지고 가서 의결권을 대리행사하는 순서로 위임장권유대행시스템을 구성하면 될 것이다. 물론 위임장권유자가 발행회사나 경영진이 아닌 주주 등인 경우에는, 이 모든 절차에 선행하여, 발행회사로부터 주주명부와 의안 등을 확보하는 절차가 진행되어야 할 것이다.

이처럼 전자적 방법으로 위임장권유를 대행하고자 할 경우, 위임장권유자는 사전에 회사를 상대로 전자적 방법의 종류 및 내용을 제시하고, 서면 또는 전자적 방법에 의한 승낙을 얻어야 할 필요가 있으며, 그 승낙을 요구하는 자가 전자주주총회 소집통지에 의할 것을 승낙한 주주인 경우에는 회사는 정당한 사유가 없는 한 승낙을 거부할 수 없다고 해야 할 것이다.[88]

우리나라의 발행회사들도 앞으로 그림자투표의 폐지를 대비하여 전자투표 및 위임장권유제도 등을 이용하는 빈도가 많아질 텐데, 개별회사가 전자투표 및 위임장권유를 직접적으로 수행하기 위한 시스템을 유지 및 관리하는 데에는 시간이나 비용의 측면에서 여러 가지 어려운 점이 수반될 것이다. 따라서 발행회사들이 미국의 경우처럼 명의개서 및 위임장권유대행에 특화된 기관을 통하여 전자투표 및 위임장권유 제도 등을 이용하는 것이 바람직할 것인데, 우리나라에서는 한국예탁결제원이 이미 명의개서대리인업무 및 전자투표

88) 일본회사법시행령 제1조 1항 6호; 일본회사법 제310조 4항 참조.

관리기관으로서의 역할을 담당하고 있으므로, 한국예탁결제원에 그 대행을 맡길 수도 있을 것이다.[89] 즉 전문성과 공공성, 안정성을 갖춘 기관에 위임함으로써 회사로서는 저렴한 비용으로 주주총회의 전자화를 도모할 수 있으며, 주주로서는 이와 같은 기관이 전자투표 및 위임장권유의 대행에 관한 관리를 행함으로 인해 자신의 의결권행사의 결과에 관해 신뢰감을 높일 수 있다는 장점이 있다. 위임장권유의 위임을 받은 대행기관은 해당 발행회사로부터 주주명부를 확보하여 전자주주명부를 작정해야 하며, 주주총회에 상정될 모든 의안 및 위임장권유에 필요한 모든 서류를 전자화해야 할 것이다.

한편, 최근 많이 발생하고 있는 개인정보 유출사건과 관련하여, PIN 번호 또는 그 밖의 접근번호(PINs or other access numbers)의 도용을 통한 투표관련사기(voting fraud)가 염려된다. 아직까지는 미국이나 우리나라에서 도난이나 유용된 계좌번호의 사용이나 인터넷 상의 부적절한 투표에 관련된 사건이 보고된 적은 없지만, 앞으로 전자투표 또는 위임장투표의 사용이 필연적으로 활성화될 것이 예상되는 상황에서 이러한 위험성에 대한 대비가 필요할 것이고, 이를 위하여 위에서 언급한 미국의 사례를 유용하게 참조할 수 있을 것이다.

---

89) 미국에서는 발행회사들이 다양한 사안들에 관한 주주들의 지지를 확보하기 위하여 명의개서대리인(transfer agents)과 위임장권유대행회사(proxy solicitation firms)의 도움을 받는 경우가 많은데, 대부분의 명의개서대리인과 위임장권유대행자들은 그들의 고객들에게 전자투표시스템을 제공하고 있으며, 최근에는 두 기관이 연합하여 발행회사에 "원스톱 서비스"를 제공하기도 한다(육태우, 전게논문, 387면).

주주총회 의결권 행사의 활성화 방안
-전자위임장 권유제도 및 전자투표를 중심으로-

출전: 기업법연구 제28권 제4호

김 순 석*

제1절 서 설

현행 법상 주주총회에 출석하지 않는 주주가 의결권을 행사할 수 있는 제도로는 서면투표제도(상법 제368조의3 제1항), 전자투표제도(상법 제368조의4), 의결권의 대리행사제도(상법 제368조 제3항) 및 의결권대리행사의 권유제도(자본시장법 제152조 내지 제158조, 동법 시행령 제160조 내지 제164조, 동법 시행규칙 제18조, 증권의 발행 및 공시에 관한 규정 제3-15조)를 들 수 있다. 상법상 전자투표제도는 서면투표제도를 전자화하는 형식으로 이루어졌기 때문에 서면투표제도의 장단점은 전자투표제도에 그대로 적용된다고 할 수 있다.[1])

서면투표제도(또는 전자투표제도)와 의결권 대리행사의 권유제도는 모두 주주 본인이 주주총회에 출석하지 않고 의결권을 행사하는 방식이라는 점에서는 공통적이다. 전자는 주주 자신이 직접 의결권을 행사하는 방식으로서 타인의 의사가 개입할 여지가 없다. 반면, 후자는 대리인이 주주를 대신하여 주주총회에 출석하여 의결권을 간접적으로 행사하는 방식으로서 대리인이 주주

---

* 전남대학교 법학전문대학원 교수, 법학박사.

1) 김순석, 「전자주주총회」, 전남대학교출판부, 2008, 47~48면.

의 의사를 반영하여 의결권을 행사하는 것이 원칙이지만, 예외적으로 대리인이 주주의 의사에 반하여 의결권을 행사할 가능성도 배제할 수 없다.

이러한 제도상의 차이점으로 인하여 주주총회 운영상 서면투표제도(또는 전자투표제도)보다 의결권 대리행사의 권유제도가 회사에게 더 재량의 여지를 부여하게 된다. 우리나라 의결권 대리행사의 권유제도의 특징은 모든 주주를 대상으로 주주총회마다 반드시 위임장권유를 하여야 하는 강제권유방식이 아니라, 이사의 재량에 따라 필요한 경우에 모든 주주나 또는 특정한 주주를 대상으로 선택적으로 할 수 있다는 점이다. 또한 대리인의 선임이나 결의사항에 관하여 회사 측에 절대적인 재량권을 부여하는 백지위임이 이루어져도 유효하다. 이 경우 대리인이 주주의 의사에 반하는 의결권 행사를 하더라도 이는 주주와 대리인간의 위임계약상의 문제이며, 회사와의 관계에서 그 의결권 행사는 유효하고 주주총회결의의 효력에도 영향이 없다는 것이 통설이다.[2] 이에 따라 회사가 자신의 영향력 아래에 있는 자를 대리인으로 선임하면 주주총회 결의에 상당한 영향력을 행사할 수 있는 구조로 되어 있다. 이러한 면은 회사 측에게 재량의 여지가 없는 서면투표제도와 대비되는 점이다.[3]

현행의 의결권 대리행사의 권유제도를 유지하는 한 주주총회에 출석하지 않은 주주에게 의결권을 부여하는 방식으로서 회사에게 재량의 여지가 없는 서면투표제도(또는 전자투표제도)를 채택할 유인이 부족하다고 볼 수 있다.

의결권 대리행사의 권유제도는 연혁적으로 일본을 경유하여 미국 제도를 모델로 하여 도입되었다. 그러나 주주보호에 중심을 둔 미국[4]과는 달리 우리

---

2) 이철송, 「회사법강의[제22판]」, 박영사, 2014, 529면; 임재연, 「2014년판 자본시장법」, 박영사, 2014, 580면; 김정수, 「자본시장법원론[제2판]」, 박영사, 2014, 1018면. 반면 효력규정으로 보아 무효로 보는 견해로는 김건식·정순섭, 「자본시장법[제3판]」, 두성사, 2013, 376면; 한국증권법학회, 「자본시장법주석서 I」, 박영사, 2009(권종호 집필부분), 655면 참조. 한편 회사가 의결권 대리행사의 권유자인 경우에 대해서는 회사가 주주의 의사를 알고 있었으므로 주주의 의사에 반한 의결권행사는 무효이고(민법 제130조) 주주총회결의 취소의 사유가 된다는 견해(송종준, 「적대적 M&A의 법리」, 개신사, 2008, 138면; 이철송, 전게서, 529면; 임재연, 전게서, 580면; 김정수, 전게서, 1018면)와 유효하다는 견해(신영무, 「증권거래법」, 서울대학교출판부, 1988, 401면)로 학설이 구분된다.

3) 권종호, "주주총회의 IT화, 그 필요성과 방향성에 관하여", 「비교사법」 제11권 제4호(하) 2004, 188~189면.

4) 미국의 위임장권유제도는 원칙적으로 주주총회마다 모든 주주를 대상으로 실행하도록 사실상 의무화되어 있으며, 법률상 백지위임이 불가능하고, 주주의 지시에 반하는 의결권행사에 대해서는 명문으로 그 효력을 부인하거나 새로운 해석론 전개함으로써 해결할 수 있다(권종호, "서

나라는 일본처럼 주주총회 운영의 편의를 도모하는데 중점을 두고 있다. 그러나 일본은 대회사에 대하여 서면투표제도를 의무화하고 있으며, 상장법인이 모든 주주에 대하여 의결권 대리행사의 권유제도를 채택한 경우에는 서면투표제도를 채택하지 않을 수 있도록 하여 두 제도가 상호 보완적으로 운영되고 있다. 반면 우리나라의 경우 서면투표제도와 의결권 대리행사의 권유제도가 모두 회사의 임의적인 선택사항으로 되어 각각 독립적으로 운영되고 있다. 주주총회 의결정족수 요건과 섀도보팅(Shadow Voting) 제도[5] 아래에서는 서면투표나 의결권 대리행사의 권유제도를 굳이 선택하지 않더라도 지금까지 주주총회를 쉽게 운영할 수 있었다. 더구나 총회에 출석하지 않는 주주에게 의결권을 부여하는 제도를 운영한다고 하더라도 서면투표제도(또는 전자투표제도) 보다는 의결권 대리행사의 권유제도를 선호할 수밖에 없는 상황이다.

따라서 단순히 회사의 편의만을 고려할 것이 아니라 주주총회에서 주주의 의사가 실질적으로 반영될 수 있도록, 의결권 대리행사의 권유제도는 당초 동 제도가 입안되었던 미국이나 그 보완방식인 일본의 제도 등을 고려하여 수정, 개선할 필요가 있다고 본다.

여기서는 2015년부터 폐지될 예정이었던 섀도보팅제도가 전자투표 및 의결권 대리행사의 권유를 실시한 회사에 한정하여 2017년 12월말까지 3년간 폐지가 유예됨에 따라, 주주총회의 활성화 방안의 하나로 최근 관심이 높아진 전자적 방법에 의한 위임장 권유제도와 전자투표제도에 관하여 검토한다.

면투표제도, 과연 입법상의 성과인가?", 「상사법연구」 제19권 제2호, 2000, 492~493면.

5) 이 제도는 1991년 12월 증권거래법의 개정에 의해 도입되어 1993년 3월부터 시행되었다. 한국예탁결제원은 발행회사가 요청한 주식 수에 대하여 한국예탁결제원을 제외하고 참석한 주주가 가지는 의결권의 찬성과 반대의 비율대로 의결권을 행사한다(자본시장법시행령 제317조 제1항) (박철영, "의결권행사의 전자화와 Shadow Voting", 「상사법연구」 제29권 제4호, 2011, 110면).

제 2 절 의결권 대리행사 권유의 전자화 (전자위임장 권유제도)

1. 의결권 대리행사 권유의 의의

의결권의 대리행사라 함은 제3자가 특정한 주주를 위하여 주주총회에서 의결권을 행사하고, 그것이 주주 본인의 의결권행사로 간주되는 제도이다. 상법은 명문으로 의결권의 대리행사를 허용한다(상법 제368조 제2항). 이는 주주권행사의 편의를 보장하고 주식이 분산된 회사에서 의결정족수를 용이하게 확보할 수 있게 한다. 의결권의 대리행사는 정관으로도 이를 금지할 수 없다(통설). 의결권의 대리행사는 원래 주주가 각자의 대리인을 선임하는 것을 상정한 제도이다.[6)]

의결권 대리행사의 권유라 함은 상장회사에서는 대주주, 이사 등 특정인이 일반투자자를 상대로 집단적으로 의결권의 대리권수여를 권유하고, 그 수권을 받아 의결권을 확보하는 것을 말한다. 의결권을 대리행사하기 위하여 대리인은 대리권을 증명하는 서면, 즉 위임장을 회사에 제출하여야 하는데, 이러한 점을 고려하여 의결권 대리행사의 권유를 위임장권유(Proxy Solicitation)라고도 한다.[7)] 위임장권유에 대해서는 상법에는 규정이 없고, 자본시장법 제152조 내지 제158조, 동법시행령 제160조 내지 제164조, 동법시행규칙 제18조, '증권의 발행 및 공시에 관한 규정' 제3－15조에서 규제하고 있다.

자본시장법은 규제대상을 명확하게 하기 위하여 의결권 대리행사의 권유는 다음과 같은 행위를 말한다고 규정하고 있다. 즉, ① 자기 또는 제3자에게 의결권의 행사를 대리시키도록 권유하는 행위, ② 의결권의 행사 또는 불행사를 요구하거나 의결권 위임의 철회를 요구하는 행위, ③ 의결권의 확보 또는 그 취소 등을 목적으로 주주에게 위임장 용지를 송부하거나, 그 밖의 방법으로 의견을 제시하는 행위 등을 말한다(자본시장법 제152조 제2항).

---

6) 이철송, 전게서, 520면.
7) 한국증권법학회, 전게서, 649면.

2. 의결권 대리행사 권유제도의 특징 및 활용 동향

주주총회에서 정족수 확보를 위하여 회사가 선호하는 제도는 일반적으로 서면투표나 전자투표보다 위임장권유제도이다. 그 이유는 서면투표나 전자투표의 경우 회사가 원하는 것과 상관없는 투표결과가 나타날 수 있지만, 위임장권유의 경우 권유자가 피권유자인 주주들에게 회사가 원하는 방향으로 의결권을 행사하도록 유도할 수 있기 때문이다.[8)]

▌표 1▌ 상장회사의 위임장권유 추이[9)]

(단위: 건)

시장구분	2005	2006	2007	2008	2009	2010	2011	2012	2013
유가증권시장	97	106	116	128	155	150	153	174	192
코스닥시장	36	38	71	111	123	110	91	48	53
합 계	133	144	187	239	278	260	244	222	245

▌표 2▌ 상장회사의 위임장권유의 목적별 현황[10)]

(단위: 건, %)

권유목적	2005	2006	2007	2008	2009	2010	2011	2012	2013
정족수충족(A)	114	130	153	195	217	219	215	207	220
의결권경쟁(B)	19	14	34	44	61	41	29	15	25
A의 비율(%) [A/(A+B)]	85.7	90.3	81.8	81.6	78.1	84.2	88.1	93.2	89.0

[표 1]에서 나타나 바와 같이 상장회사의 위임장권유 추이는 2009년 278건을 정점으로 약간 감소하는 추세에 있지만, 유가증권시장의 경우는 지속적

8) 장영수, "전자위임장권유제도의 도입에 관한 법적 연구", 「증권법연구」 제15권 제1호, 2014, 175면.

9) 양만식·육태우, 「위임장권유의 전자적 대행을 위한 조사연구 –해외(미국·일본)의 사례연구를 중심으로–」, 한국증권법학회, 2013(이하 "용역보고서"라 한다), 125면; 금융감독원, "2013년 중 상장법인의 경영권 관련 공시 현황", 2014. 4. 1. 보도자료, 3면, <http://www.fss.or.kr/fss/promo/bodobbs_list_jsp>.

10) 양만식·육태우, 전게 용역보고서, 126면; 금융감독원, 전게 2014. 4. 1. 보도자료, 3면.

으로 증가하는 추세를 보이고 있다. [표 3]에서 나타난 것처럼 상장회사가 위임장권유를 하는 목적은 대부분 정족수를 충족하기 위한 것임을 알 수 있다.

▌표 3 ▌ 섀도보팅제도 폐지 이후 의결권 확보수단[11]

(복수응답)

구 분	유 가		코스닥		계	
	회사수	비 율	회사수	비 율	회사수	비 율
① 서면투표제도	40	10.1	41	8.1	81	9.0
② 전자투표제도	61	15.4	105	20.8	166	18.5
③ 의결권 대리행사 권유제도 (위임장 확보)	268	67.8	331	65.6	599	66.6
④ 보유주식이 많은 주주들을 대상으로 의결권 행사 요청	240	60.8	339	67.3	579	64.4
⑤ 기관투자자에게 의결권행사 요청	202	51.1	178	35.3	380	42.3
⑥ 고려하고 있지 않음	42	10.6	44	8.7	86	9.6
⑦ 기타	10	2.5	28	5.6	38	4.2
계(응답회사 수)	395	100.0	504	100.0	899	100.0
무응답	17		6		23	

○ 단위: 개사, %

* 기타: (유가)아직 특별한 대책 마련하지 못함(3건), 자사주 취득 후 임직원 성과급 지급 검토(1건)
(코스닥)아직 특별한 대책 마련하지 못함(17건), 서면투표제·전자투표제 도입 검토(1건)

한국상장회사협의회에서 유가증권시장과 코스닥시장 상장회사를 대상으로 2014년 3월에서 4월에 걸쳐 설문조사를 실시하여 922개사가 응답하였다. 설문결과에 따르면 섀도보팅제도의 폐지로 기업들의 자발적 노력에 의하여

11) 최준선, 「섀도보팅제 폐지가 상장기업의 의결권 행사에 미치는 영향 및 개선과제」, 한국상장회사협의회, 2014, 31면.

효과가 있을 것으로 생각하는 대안은, [표 3]에서 보는 바와 같이 '의결권 대리행사 권유제도(위임장 확보)'(599개 회사, 66.6%) 및 '보유주식이 많은 주주들을 대상으로 의결권 행사를 요청하는 것'(579개 회사, 64.4%)이다. 그 외에 '기관투자자에게 의결권행사를 요청하는 것'(380개 회사, 42.2%)도 있다. '서면투표'(81개 회사, 9.0%) 및 '전자투표'(166개 회사, 18.5%)는 상대적으로 낮게 기대하고 있다. 이는 서면투표나 전자투표의 경우 투표참여자 및 투표방향을 사전에 예측할 수 없기 때문으로 보인다.

▌표 4 ▌ 섀도보팅제도 폐지에 대한 대응방법[12)]

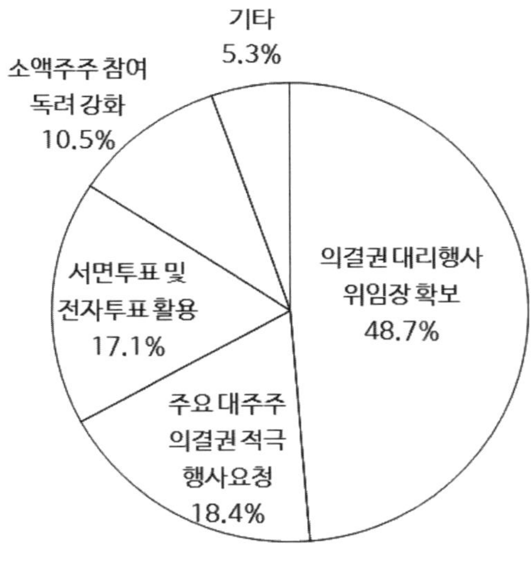

또한 대한상공회의소에서는 섀도보팅제도를 이용한 302개 상장회사를 대상으로 2014년 10월 실시한 설문조사를 실시하였다. [표 4]에 나타난 바와 같이 제도 폐지에 대한 대응방법으로서 '의결권 대리행사의 위임장 확보' 48.7%, '주요 대주주에 대한 의결권의 적극적인 행사요청' 18.4%, '서면투표 및 전자투표 적극 활용' 17.1%, '소액주주들에 대한 주주총회 홍보 및 참여 독려강화' 10.5% 순서로 나타났다. 이처럼 두 기관의 조사결과 공통적으로 의결권 대리

12) 대한상공회의소, "섀도보팅제도 폐지에 따른 기업의 대응과 과제 조사", 2014. 10, 5~8면, <http://www.korcham.net/EconNews/KcciReport/CRE01101.asp>.

행사 권유제도를 통해서 의결권 확보를 하겠다는 기업이 많다는 점을 향후 대응방안 마련에 시사적이라고 본다.

3. 상법상 의결권의 대리행사와 자본시장법상 의결권 대리행사 권유 규제의 차이점

상법이 규율하는 의결권 대리행사제도는 의결권의 단체법적 관점에서 대리의 허용 여부와 대리방식을 규율하는 것을 목적으로 한다. 반면 자본시장법이 규율하는 의결권의 대리행사 권유의 규제는 대리권수여의 권유행위가 집단적으로 이루어짐에 따라 발생하는 불공정성의 문제를 투자자보호의 관점에서 예방하기 위한 것이다.[13]

4. 의결권 대리행사 권유의 법적 성질과 위임계약의 성립시기

위임장의 권유는 권유자가 주주에게 위임장을 보내 의결권의 위임을 권유하고 주주가 대리권을 수여하는 뜻으로 위임장을 반송함으로써 의결권의 대리행사를 목적으로 하는 위임계약이 성립한다(민법 제680조). 이 경우 계약의 성립시점과 관련하여 견해가 대립한다.

(1) 위임계약청약유인설

권유자의 위임장 송부를 위임계약에 대한 청약의 유인으로 보고 주주의 반송을 청약으로 보아, 다시 권유자가 이를 승낙하여야만 위임계약이 성립한다고 본다. 이렇게 보면 권유자가 피권유자인 주주에게 반대의 의사표시를 하여 수권하는 경우 권유자가 승낙을 하지 않고 의결권을 행사하지 않을 수도 있으므로 부당하다.

(2) 투표유인행위설

주주가 위임장용지에 찬부를 기입하여 권유자에게 반송하는 행위는 서면에 의한 투표행위이며 위임장권유는 이러한 투표행위에 대한 유인행위라고

13) 이철송, 전게서, 528면.

보는 견해이다.14) 그러나 위임장 반송을 상법상 서면투표제도(제368조의3)와 동일시할 수 없다는 비판을 받는다.15)

(3) 위임계약청약설

위임장의 송부를 위임계약의 청약으로 보고 주주의 반송을 승낙으로 보아, 주주의 위임장 반송으로 위임계약이 성립하고, 이때부터 권유자에게 수임인으로서 의무가 발생한다고 보는 견해로 가장 타당하다(통설). 대리인이 피권유자의 의사에 반하여 의결권을 포기하거나 달리 행사한 경우에는 주주에 대해 손해배상책임을 부담하지만, 주주총회결의의 효력에는 영향이 없다.16)

5. 의결권 대리행사 권유에 대한 2013년 자본시장법의 개정

우리나라의 경우 주주들이 위임장권유를 함에는 경영진이 위임장권유를 준비하고 있다는 사실을 사전에 알 수 없으므로 시일이 촉박하여 현실적으로 이를 권유하는 데에 어려움이 존재한다.

이에 따라 2013년 개정된 자본시장법은 이를 보완하기 위하여 발행인이 아닌 의결권권유자는 발행인이 의결권 대리행사의 권유를 하는 경우에는 그 발행인에 대하여 다음 어느 하나에 해당하는 행위를 할 것을 요구할 수 있도록 하였다. 즉, ① 발행인이 아닌 의결권권유자에 대하여 주주명부(제316조에 따른 실질주주명부를 포함한다)의 열람·등사를 허용하는 행위, ② 발행인이 아닌 의결권권유자를 위하여 그 의결권권유자의 비용으로 위임장 용지 및 참고서류를 주주에게 송부하는 행위 등이다(동법 제152조의2 제1항). 또한 발행인은 이러한 요구가 있는 경우에는 요구받은 날부터 2일(대통령령으로 정하는 날17)은 제외한다) 이내에 이에 응하여야 한다(동조 제2항).

또한 위임장 용지 및 참고서류를 피권유자에게 제공하기 전에 금융위원회와 거래소에 제출한 후 대기하는 기간을 5일에서 2일로 단축하였다(동법 제153조).

14) 김용진, 「자본시장제도론」, 율곡출판사, 2007, 782면; 신영무, 전게서, 402면.
15) 김건식·정순섭, 전게서, 372면.
16) 대법원 1969. 7. 8. 선고 69다688 판결; 이철송, 전게서, 526면; 한국증권법학회, 전게서, 650면.
17) 대통령령으로 정하는 날이란 공휴일, 근로자의 날, 토요일을 말한다(자본시장법시행령 제163조의2).

6. 미국 및 일본의 전자위임장 권유제도

(1) 미 국

전자위임장 권유에 관한 규율로는 미국은 ‘통지 및 접근(Notice and Access)’ 방식을 활용한다. 미국은 1934년 증권거래법(Securities Exchange Act of 1934) Rule 14a－16을 제정하여, 2009년 1월부터 통지 및 접근 방식을 따르도록 하고 있다. 즉, 발행회사의 기타 위임장권유자들은 위임장 권유자료를 공개 웹사이트에 전자적으로 게시하고, 주주들에게 ‘위임장 권유자료의 인터넷상 이용 가능성에 대한 통지’를 하여야 한다. 이를 통해 주주들은 위임장 권유자료의 이용 가능성과 해당 자료에 접근하는 방식을 알게 된다. 발행인과 기타 위임장권유자들은 주주들에게 이러한 ‘통지서’ 또는 ‘위임장 권유 관련 전체 자료들’ 중 어느 하나를 선택하여 송부하면 된다. 또한 미국의 주회사법은 전자적 송신방법(electronic transmission)에 의한 위임장투표를 인정한다.[18] 통지 및 접근모델이 채택된 경우, 위임장 서류를 인터넷을 통해 열람한 주주는 ① 위임장 용지를 출력하여 찬반표시 및 서명을 하여 위임장을 수여하거나, ② 전화통화를 하여 수여하거나, ③ 인터넷을 이용한 전자적 방식을 통해 수여할 수 있다.[19] ③의 경우 주주들은 위임장 서류들이 게시된 인터넷 홈페이지를 접속한 후 개인식별번호를 통해 자신이 주주임을 인증받은 후, 위임장 용지에 안건별 찬반표기를 하는 방식으로 위임장을 수여한다.[20] 이러한 미국의 통지 및 접근 모델은 우리나라의 전자위임장 권유제도를 구축하는 데에도 참고가 될 수 있을 것이다.

(2) 일 본

일본의 경우에도 위임장은 전자적 방법으로 제출할 수 있는데, i) 전자메일에 의한 송신방법, ii) 웹사이트에 입력, iii) 전자디스크의 교부 방식을

---

18) SEC, “Release on Shareholder Choice Regarding Proxy Materials,” Exchange Act Release No. 34－56235 (Oct. 1, 2007)) [17 CFR Part 240], pp.7~8; 육태우, “주주총회 및 위임장권유제도의 전자화에 관한 연구”, 「기업법연구」 제28권 제1호, 2014, 17~18면; 장영수, 전게논문, 190면.

19) SEC Rule 14a－16(b)(4) [17 CFR 240.14a－16(b)(4)].

20) Covington & Burling LLP, “Electronic Proxy Delivery: SEC Adopt ‘Notice and Access’ Rule,” March 19, 2007, p.4; 장영수, 전게논문, 192면.

활용할 수 있다(회사법시행규칙 제222조). 전자위임장을 이용할 경우 사전에 회사에 대해 전자적 방법의 종류 및 내용을 제시하고, 서면 또는 전자적 방법에 의한 승낙을 받아야 한다(회사법시행령 제1조 제1항 제6호). 그 승낙을 요구하는 자가 전자소집통지를 승낙한 주주인 경우에는 회사는 정당한 사유가 없는 한 승낙을 거부할 수 없다(회사법 제310조 제4항). 또한 상장회사가 위임장권유에 관한 정령에 근거하여 위임장을 권유하는 경우에는 권유자는 위임장용지 및 참고서류의 교부에 대신하여 피권유자인 주주의 승낙을 얻어 이를 전자적 방법으로 제공할 수 있다. 이는 위임장 용지 및 참고서류를 교부한 것으로 간주된다(금융상품법시행령 제36조의2 제2항). 일본의 경우 위임장권유방식을 채택하고 있는 회사가 적기 때문에 위임장 권유의 전자화도 활성화되지 않고 있다.[21)]

7. 전자위임장 권유제도의 도입 절차

전자투표의 진행절차와 전자위임장의 권유절차는 유사한 과정을 거치게 된다. 따라서 미국의 전자위임장 권유제도인 통지 및 접근 모델을 활용하여 다음과 같은 절차를 거쳐 실행할 수 있을 것이다.

즉, 제1단계에서는 회사나 주주 등 위임장권유자가 권유방식으로 전자위임장 권유제도를 채택하고 이의 관리를 직접하거나 또는 전자위임장 권유 관리기관에 위탁하는 것이다. 제2단계는 위임장 권유에 필요한 사항을 권유자와 전자위임장 관리기관이 협력하여 전자위임장 권유 시스템에 입력하는 단계이다. 제3단계는 피권유자인 주주들에게 제2단계가 구축되었다는 사실을 알리는 것이다. 제4단계는 위임장 권유를 받은 주주가 위임장을 전자적 방식으로 작성하여 위임장을 전자적 방법에 의해 수여하는 단계이다. 제5단계는 전자위임장 관리기관이 위임장 행사결과를 취합하여 이를 권유자에게 인계하는 단계 등으로 구성된다.[22)]

21) 양만식, "주주총회의 활성화와 위임장권유 –일본의 경우를 중심으로–", 「법학논총」 제38권 제1호, 단국대학교 법학연구소, 2014, 234면.
22) 장영수, 전게논문, 194면.

8. 도입에 따른 검토과제

(1) 전자위임장 권유방식의 채택 및 전자위임장 권유 관리기관에 대한 업무위탁

자본시장법은 위임장권유자를 제한하지 않고 있다. 회사의 임원이나 주주, 사채권자, 주주총회의 목적사항과 이해관계가 있는 제3자도 위임장권유를 할 수 있다. 자본시장법 제152조의2 제1항은 '발행인이 의결권 대리행사의 권유를 하는 경우'라고 규정하여 발행회사 자체가 권유자가 될 수 있음을 인정하고 있다.[23]

이처럼 전자위임장 권유는 발행회사뿐만 아니라 주주나 제3자도 포함할 수 있으므로 전자위임장 권유 관리기관이 필요하게 된다. 물론 이러한 관리기관에 되는 데에는 특별한 진입장벽이 존재하지 않으므로 IT 기업 등의 경우에는 스스로 전자위임장 권유 관리 시스템을 개발하여 전자위임장 권유를 할 수도 있을 것이다. 그러나 전자투표와 마찬가지로 전자위임장 권유의 경우에도 그 관리기관을 활용하는 편이 비용이나 효율성 측면에서 더 바람직할 것이다.[24]

회사나 주주 등이 전자위임장 권유방식을 채택한 때 발행회사 스스로 시스템을 구축하여 운영하지 않는 한, 전자위임장 권유 관리기관과 업무위탁계약을 체결하여야 할 것이다.

(2) 위임장권유 자료의 교부

상장주권(그 상장주권과 관련된 증권예탁증권을 포함)의 의결권 대리행사의 권유를 하고자 하는 자("의결권권유자")는 그 권유에 있어서 그 상대방("의결권피권유자")에게 대통령령으로 정하는 방법에 따라 위임장 용지 및 참고서류를 교부하여야 한다(자본시장법 제152조 제1항). 이에 따라 의결권권유자는 위임장 용지 및 참고서류를 다음 어느 하나에 해당하는 방법으로 의결권 대리행사의 권유 이전이나 그 권유와 동시에 의결권피권유자에게 내주어야 한다. 즉, i) 의결권권유자가 의결권피권유자에게 직접 내어주는 방법, ii) 우편 또는 모사전송에 의한 방법, iii) 전자우편을 통한 방법(의결권피권유자가 전자우편을 통하

---

23) 김건식·정순섭, 전게서, 368~369면.
24) 육태우, 전게논문, 40면

여 위임장 용지 및 참고서류를 받는다는 의사표시를 한 경우만 해당), ⅳ) 주주총회 소집 통지와 함께 보내는 방법[의결권권유자가 해당 상장주권(그 상장주권과 관련된 증권예탁증권을 포함)의 발행인인 경우만 해당], ⅴ) 인터넷 홈페이지를 이용하는 방법 등이다(동법시행령 제160조).

인터넷 홈페이지를 이용하는 방법은 2014년 12월 9일 자본시장법시행령 개정으로 추가된 것이다. 따라서 전자위임장 권유제도를 도입하려는 기업은 전자위임장 권유 관리기관 또는 발행회사의 홈페이지에서 위임장 용지 및 참고서류를 등록하고, 이러한 사실을 주주총회 소집통지를 할 때 주주에게 알려야 할 것이다.

(3) 위임장 권유의 대상 주주

섀도보팅을 유예받을 필요성이 없는 회사의 경우, 일부 주주만을 대상으로 위임장 권유를 할 수 있는지 여부가 문제된다. 회사(발행인) 또는 그 임원이 회사의 비용으로 권유하는 경우에는 주주평등의 원칙상 허용되지 않는다고 보지만,[25] 권유자가 회사가 아닌 주주 등 제3자인 경우에는 일부 주주만을 상대로 위임장을 권유할 수 있다고 본다.[26] 특히 현재도 발행회사가 한국예탁결제원을 통하여 일정한 수량 이상을 보유한 대주주들의 명단을 확보하여 이러한 대주주들만을 대상으로 위임장을 권유하는 사례도 있는 것으로 보인다. 따라서 발행회사나 그 임원이 일부 주주를 상대로 하지 않고 모든 주주를 상대로 위임장을 권유하여야 한다는 명문의 규정을 두고, 이를 위반하는 경우에 대한 제재조항도 마련하여야 할 것이다.

반면 섀도보팅 폐지를 2017년 말까지 3년간 유예받고자 하는 회사는 전자투표를 채택하고 또한 의결권 있는 주식을 가진 모든 주주를 대상으로 의결권 대리행사의 권유를 하여야 한다(자본시장법 부칙(제11845호, 2013. 5. 28) 제18조).

---

25) 일본회사법에 따르면 의결권을 행사할 수 있는 주주가 1,000명 이상인 회사가 위임장 권유를 하는 때에는 모든 주주를 대상으로 위임장 권유를 하도록 규정하고 있다. 위임장 권유를 하지 않을 경우에는 모든 주주를 대상으로 서면투표의 기회를 제공하여야 한다(동법 제298조 제2항, 제311조).

26) 김건식·정순섭, 전게서, 370면; 임재연, 전게서, 577면; 한국증권법학회, 전게서, 656면.

(4) 전자위임장 권유 사실 등의 통지

권유자가 전자적인 방법으로 위임장을 권유하는 경우, 권유자는 피권유자인 주주들에 대하여 i) 위임장권유 절차가 전자적 방법으로 진행된다는 사실, ii) 위임장 용지 및 참고서류가 전자위임장 권유 관리기관의 웹사이트나 발행회사의 웹사이트에 등록되어 있다는 사실, iii) 당해 웹사이트의 주소, iv) 전자위임장 수여기간, v) 그밖에 주주의 전자위임장을 통한 권리행사에 필요한 사항 등을 통지하여야 할 것이다. 또한 전자위임장 권유 방식에 의해 위임장을 수여하는 경우 주주확인 방법, 위임장 수여의 철회나 변경 여부, 전자위임장 권유 관리기관에 관한 사항, 관리기관의 의무 등에 대해서도 규정해야 할 것이다. 이에 관해서는 전자적 방법에 의한 의결권 행사에 관해서 규정하고 있는 상법시행령 제13조를 참고할 수 있을 것이다.

(5) 위임장의 전자적 수여

전자위임장 권유제도가 도입되면 피권유자인 주주는 전자위임장 권유 시스템에 접속한 후 본인 확인 절차를 거친 후 '전자위임장 용지'에 기재된 의안에 대해 찬반표시 등 필요적 사항을 전자적으로 기재한 후 전자서명을 함으로써 시스템 상에서 '전자위임장'을 수여하게 된다.

그런데 자본시장법시행령 제160조는 위임장권유자가 '위임장 용지' 및 참고서류를 주주에게 교부하는 방식만을 규정하고 있다. 이에 따라 전자적 방식의 '위임장'[27] 수여를 위해서는 별도의 근거규정을 마련하여야 하는지 문제된다. 이에 대해 자본시장법시행령 제160조에서 열거한 위임장 용지 및 참고서류의 교부방식은 실물의 위임장 서류를 주주에게 교부하고, 주주는 필요한 사항을 기재한 후 권유자에게 실물의 위임장을 반송한다는 것을 전제로 하므로 불필요하다는 견해가 있을 수 있으나, 주주에 의한 전자적 위임장 수여에 관한 별도의 근거규정을 마련하는 것이 타당하다는 견해가 제기된다.[28]

상법 제368조 제2항에 따르면 주주가 대리인으로 하여금 의결권을 행사하게 하는 경우 그 대리인은 대리권을 증명하는 '서면'을 총회에 제출하여야

27) 위임장은 위임장 용지에 주주가 찬반 의사를 표시하고 기명날인하여야 한다.
28) 장영수, 전게논문, 198면.

한다. 판례에 따르면 대리권을 증명하는 서면은 원칙적으로 원본이어야 하고 사본이어서는 안 된다.[29] 또한 팩스로 보낸 위임장의 효력도 부정하고 있다.[30] 이는 위조나 변조 여부를 쉽게 식별하기 위한 것이다.[31]

전자위임장 권유제도를 도입하게 되면 대리인이 서면의 위임장을 제출하는 것이 아니라, 전자위임장 권유 관리기관으로부터 인계받은 전자위임장으로 서면을 대체해야 할 것이다. 발행회사가 직접 전자위임장 권유 시스템을 구축하여 위임장을 권유하여 그 결과를 주주총회에 반영하는 경우에도 서면의 위임장이 아니라 전자위임장을 제출하게 되는 것은 동일하다. 따라서 위임장 용지 및 참고서류를 전자적 방법으로 교부한 경우, 그 위임장 용지에 찬반의 표시를 하고 서명한 위임장을 전자적 방법으로 발행회사에 반송하면 그 전자위임장은 상법 제368조 제2항의 대리권을 증명하는 '서면'으로 본다는 규정을 '자본시장법'에서 특칙으로 규정하여야 한다. 현재의 판례가 대리권의 증명은 서면의 원본을 요구하고 있기 때문에, 이처럼 전자위임장의 효력에 관한 규정을 법률에서 분명하게 규정하여야만 분쟁의 소지를 방지할 수 있다고 본다.

전자투표의 경우 상법 제368조의4 제1항에서 "회사가 … 전자적 방법으로 의결권을 행사할 수 있음을 정할 수 있다"고 규정하고 있는 점에 비추어, 전자위임장 권유에 대해서도 자본시장법에서 "의결권행사 권유자는 전자적 방법으로 의결권 행사를 권유할 수 있다"라는 규정을 두고 더 자세한 규정을 시행령에 위임하는 방식으로 추진하여야 할 것이다.

(6) 전자위임장의 관리

전자위임장 권유 절차가 종료하면 전자위임장 권유 관리기관은 전자위임장을 취합하여 위임장권유자에게 인계하고, 권유자는 전자위임장을 근거로 주주총회에서 의안별로 찬반표시를 하는 방식으로 위임장에 의한 의결권의 대리행사를 하게 된다.

---

29) 대법원 2004. 4. 27. 선고 2003다29616 판결; 동 1995. 7. 28. 선고 94다34579 판결.
30) 대법원 2004. 4. 27. 선고 2003다29616 판결.
31) 송옥렬, 「상법강의[제4판]」, 홍문사, 2014, 910면.

제 3 절 전자투표

1. 의결권 행사 전자화의 현황 및 전자투표 플랫폼

(1) 전자투표제도의 현황

주주의 의결권 행사방법은 직접행사, 대리행사 또는 서면투표제도가 도입된 회사의 경우에는 서면투표에 의한 행사로 구분할 수 있다. 그러나 주주가 광범위하게 분포되어 있고 주주총회에 관심이 없는 경우가 많기 때문에 의결권행사 비율은 극히 저조하여 대주주 비중이 낮은 회사는 주주총회 개최에 많은 어려움을 겪어 왔다. 이러한 문제를 해결하기 위하여 1991년부터 한국예탁결제원에 의한 의결권 행사제도(이른바 그림자투표제도 또는 섀도보팅제도)가 도입되어 운영되어 왔으나 2013년 자본시장법 개정으로 인하여 2015년부터 폐지될 예정이었다.[32] 그러나 2014년 12월 자본시장법의 개정에 따라 섀도보팅제도의 폐지가 전자투표 및 의결권 대리행사의 권유 제도를 채택하는 상장회사에 한하여 2017년 12월말까지 3년간 유예되었다.

따라서 전자투표제도를 채택할 유인은 더 높아졌다. 우리나라 상장법인은 90%가 12월 결산법인이므로 주주총회가 짧은 기간 동안 일시에 열리고 있는 것이 현실이다. 따라서 전자투표에서 더 나아가 전자주주총회가 가능해지면 이러한 시간적 제약으로 인한 주주총회 참가의 어려움은 어느 정도 극복될 수 있을 것이다.

(2) 전자투표제도의 의의

전자투표제도는 2009년 5월 상법개정에 의하여 제368조의4 제1항을 신설함으로써 도입되어 2010년 5월부터 시행되었다. 전자투표제도란 주주가 주주총회에 출석하지 아니하고 전자적 방법에 의해 의결권을 행사하는 제도를 말한다. 회사는 이사회 결의로써 주주가 주주총회에 출석하지 아니하고 전자적

---

32) 이 제도에 대한 비판은 박철영, "의결권 행사의 전자화와 Shadow Voting", 「상사법연구」 제29권 제4호, 2011, 107~119면; 이철송, "현대회사의 소유구조의 변화와 회사법논리의 재정립", 「법경제연구(Ⅱ)」, 한국개발연구원, 1995, 79~84면 참조.

방법으로 의결권을 행사할 수 있음을 정할 수 있다(제368조의4 제1항). 이 제도는 주주총회 개최시기가 집중됨에 따른 회사의 의결권 확보의 어려움을 해소하고 주주의 주주총회 참석을 용이하게 하기 위하여 도입되었다. 도입근거로는 상법 제368조의4, 상법시행령 제13조이다.

한편 2010년 5월부터 전자투표제도가 시행됨에 따라 전자투표관리기관[33]으로서 한국예탁결제원이 2010년 8월부터 전자투표서비스를 시작하였다. 동 기관은 인터넷 기반의 전자투표시스템[34]을 구축하고 전자투표관리업무규정을 제정하여 전자투표관리업무를 개시하였다. 전자투표의 참가자로는 발행회사, 주주, 한국예탁결제원이다. 발행회사는 전자투표를 이사회 결의로 채택한 후 전자투표관리기관과 업무위탁계약을 체결하고, 주주총회 정보, 주주명부, 주주총회 결과 등을 전자투표관리기관에 통지한다. 주주는 전자투표시스템에 접속하여 본인이 전자투표를 할 수 있는 회사를 선택하여 의결권을 행사한다. 한국예탁결제원은 전자투표관리기관으로서 주주 및 주주총회의 정보관리, 전자투표 집계, 주주총회 결과 통지 등의 업무를 수행하게 된다.

(3) 전자투표의 운용절차

① 전자투표 채택: 회사는 이사회 결의로 전자투표를 채택하고 한국예탁결제원과 전자투표관리업무계약을 체결한다.

② 전자투표 신청: 회사는 전자투표시스템을 통해 전자투표를 신청하고, 주주명부·안건·참고자료·의결권제한내역 등을 등록한다.

③ 전자투표 행사안내: 회사는 주주총회 소집통지를 할 때 전자투표를 할 인터넷주소, 전자투표의 행사기간, 그 밖의 전자투표에 필요한 기술적인 사항(공인인증서, PC환경 등)을 주주에게 통지한다.

④ 전자투표 행사: 주주는 인터넷에 접속하여 공인인증에 기초한 공인전자서명을 통해 주주총회 전 10일부터 회일의 전일까지 전자투표를 한다. 전자투표 완료 후(주총 전일 오후 5시), 회사는 의안별로 의결권의 행사 결과를 한국

---

33) 전자투표관리기관은 법정의 기관이 아니며, 진입장벽이 존재하지 아니하므로 누구나 시스템을 구축하여 운영할 수 있다.

34) 한국예탁결제원은 전자투표시스템(K-evote)을 구축하고 2010년 8월 23일부터 전자투표관리업무를 개시하였다. <http://evote.ksd.or.kr> 참조.

예탁결제원으로부터 수령한다.

⑤ 주주총회 개최: 회사는 주주총회 개최일에 전자투표에 의한 의결권의 행사 결과를 현장 주주총회 결과에 산입하여 집계한다.

⑥ 전자투표 행사내역 기록비치·보존: 회사는 전자투표에 의한 의결권의 행사기록을 3월간 본점에 비치하고, 5년간 보존하여야 한다.

(4) 전자투표의 이용절차

가. 발행회사의 전자투표업무 이용절차

① 발행회사는 이사회 결의를 통해 전자투표제도를 채택하고, 한국예탁결제원과 전자투표관리 계약을 체결한다.

② 주주총회 3주전까지 전자투표이용을 신청하고 주주명부 등을 제출한다. 또한 주주총회 소집통지를 할 때 전자투표를 할 인터넷 주소, 전자투표의 행사기간 등 필요사항을 주주에게 통지한다.

③ 주주총회 2주전까지 주주총회 의안, 참고자료, 의결권 제한내역 등을 전자투표시스템에 등록한다.

④ 전자투표기간은 주주총회 회일 10일전부터 전일 오후 5시까지로 한다.

⑤ 전자투표 완료 후(주총 전일 오후 5시), 의안별 전자투표의 결과를 수령한다.

⑥ 주주총회 완료 후, 주총결과를 통보한다.

나. 주주의 전자투표업무 이용절차

① 주주는 발행회사로부터 주주총회 소집통지 내역(전자투표 포함)을 수령한다.

② 주주총회 회일 10일전부터 전일 오후 5시까지 범용 또는 증권거래용 공인인증서를 통해 전자투표시스템에 로그인하여 이용약관에 동의한 후, 의결권을 행사한다. 전자투표 가능회사를 조회하고 의안별로 의결권을 행사한다.

③ 주주총회 완료 후 주주총회의 결과를 조회한다.[35]

---

35) 한국예탁결제원, "전자투표관리업무 개요", 2014. 9, 2~4면.

2. 상법상 전자투표제도의 검토

(1) 전자투표제도의 도입 및 시행절차

상법에 따르면 회사는 이사회의 결의로 주주가 총회에 출석하지 아니하고 전자적 방법으로 의결권을 행사할 수 있음을 정할 수 있다(제368조의4 제1항). 회사는 주주총회 소집통지나 공고를 할 때에는 주주가 전자적 방법으로 의결권을 행사할 수 있다는 내용을 통지하거나 공고하여야 한다(동조 제2항). 전자적 방법으로 의결권을 행사할 수 있음을 정한 회사는 주주총회 소집의 통지나 공고에서 ① 전자투표를 할 인터넷 주소, ② 전자투표를 할 기간(전자투표의 종료일은 주주총회 전날까지로 하여야 한다), ③ 그밖에 주주의 전자투표에 필요한 기술적인 사항 등을 기재하여야 한다(상법시행령 제13조 제2항).

전자적 방법에 의한 의결권행사를 정한 경우 회사는 의결권행사에 필요한 양식과 참고자료를 주주에게 전자적 방법으로 제공하여야 한다(상법 제368조의4 제3항). 동일한 주식에 관하여 서면투표 또는 전자투표에 따라 의결권을 행사하는 경우 전자적 방법 또는 서면 중 어느 하나의 방법을 선택해야 한다(동조 제4항). 회사는 의결권행사에 관한 전자적 기록을 총회가 끝난 날부터 3개월간 본점에 갖추어 두어 열람하게 하고 총회가 끝난 날부터 5년간 보존하여야 한다(동조 제5항).

전자투표제도는 일반적으로 주주의 분산도가 높고 외국인투자자가 많거나 규모가 큰 상장회사[36]에서 그 활용도가 높을 것으로 보인다. 그러나 비상장회사도 회사 규모가 큰 경우 주주총회의 효율화나 기업지배구조 개선 등을 위해 전자투표를 활용하고자 하는 동기가 존재한다. 따라서 전자투표의 적용대상을 모든 회사로 한 것은 타당하다고 본다. 전자투표제도의 도입에는 시스템 구축 등 일정한 비용이 수반되며, 도입되더라도 주주들의 적극적인 참여가 있어야만 성공할 수 있다. 기업마다 IT화에 대한 대응상황이 다르기 때문에

---

36) 2014년 주주총회에서 일본의 전자투표제도 채택현황을 보면 응답회사 1,792개사 중 499개사가 채택하여 평균 27.8%가 도입하고 있는데, 자본금 규모가 큰 기업일수록 채택비율이 높게 나타나고 있다. 즉, 자본금 1천억 엔을 초과하는 기업의 경우 94.1%, 500억 엔 초과 1천억 엔 이하인 경우 82.6%, 300억 엔 초과 500억 엔 이하인 경우 66.1%, 100억 엔 초과 300억 엔 이하인 경우 36.2%, 50억 엔 초과 100억 엔 이하인 경우 20.4% 등이다(商事法務研究會 編, 「株主總會白書(2013年版)」, 「商事法務」 第2016号(2014), 138面).

전자투표제도의 도입을 회사가 임의적으로 선택하도록 한 점도 타당하다.[37] 또한 이 제도의 도입취지가 주주총회 개최의 효율화라는 점을 고려하여 정관 변경보다는 이사회의 결의를 통해 채택하도록 한 점도 적절하다고 본다. 더불어 서면투표(제368조의3)의 경우 정관변경에 의하도록 하고 있는데, 서면투표도 그 기능이 전자투표와 다르지 않다는 점에서 볼 때 정관변경보다는 이사회 결의에 의하도록 개정하는 것이 바람직하다.[38]

그러나 우리나라에서 전자투표제도가 도입된 지 5년이 경과하였으나 활성화되지 않고 있다. 그동안 우선 상장회사의 경우 이른바 한국예탁결제원을 통한 섀도보팅제도를 활용하여 대부분의 기업들이 특별한 노력 없이 주주총회의 의결정족수를 쉽게 충족할 수 있었기 때문이다. 우리나라 기업소유구조상 대주주의 지분이 30~35%에 달하고, 1995년 상법개정에서 의결정족수가 완화되어 출석의결권의 과반수와 발행주식총수의 4분의 1 이상이면 충족되므로(제368조 제1항), 대주주가 25% 이상의 주식만 보유하더라도 섀도보팅을 활용하면 주주총회 의결정족수를 무난히 충족시킬 수 있었다. 이러한 문제에 대응하기 위하여 2013년 자본시장법 개정으로 섀도보팅제도를 2015년 1월부터 폐지할 예정이었다. 그러나 2014년 12월 자본시장법이 개정되어(의안번호 12934호) 전자투표제 및 의결권 대리행사의 권유를 실시한 회사에 한정하여 2017년 12월말까지 섀도보팅제도의 폐지가 유예되었다. 따라서 그동안 섀도보팅제도를 활용하였던 상장회사의 경우 2015년 정기주주총회에서 전자투표를 도입할 것으로 예상된다.

(2) 주주의 본인확인

2009년 개정상법은 전자적 방법에 의한 의결권행사의 경우 주주 확인절차 등 전자투표에 의한 의결권행사의 절차와 그밖에 필요한 사항은 대통령령으로 정하도록 규정하고 있다(제368조의4 제3항 및 제6항). 이에 따라 상법시행령은 주주가 의결권을 전자적 방법으로 행사(이하 "전자투표"라 한다)하는 경우 주주는 「전자서명법」 제2조 제3호에 따른 공인전자서명을 통하여 주주 확인

37) 김순석, 전게서, 167~168면.

38) 김재범, "전자적 방법의 상법수용에 관련된 법률문제", 「상사법연구」 제28권 제1호, 2009, 260~261면.

및 전자투표를 하도록 규정하고 있다(상법시행령 제13조 제1항).

전자서명법에 따르면 "공인전자서명"이라 함은 다음의 요건을 갖추고 공인인증서에 기초한 전자서명을 말한다. 즉, ① 전자서명생성정보가 가입자에게 유일하게 속할 것, ② 서명 당시 가입자가 전자서명생성정보를 지배·관리하고 있을 것, ③ 전자서명이 있은 후에 당해 전자서명에 대한 변경여부를 확인할 수 있을 것, ④ 전자서명이 있은 후에 당해 전자문서의 변경여부를 확인할 수 있을 것 등이다(전자서명법 제2조 제3호). 여기서 "전자서명"이라 함은 서명자를 확인하고 서명자가 당해 전자문서에 서명을 하였음을 나타내는데 이용하기 위하여 당해 전자문서에 첨부되거나 논리적으로 결합된 전자적 형태의 정보를 말한다(동조 제2호). "전자문서"라 함은 정보처리시스템에 의하여 전자적 형태로 작성되어 송신 또는 수신되거나 저장된 정보를 말한다(동조 제1호). "전자서명생성정보"라 함은 전자서명을 생성하기 위하여 이용하는 전자적 정보를 말한다(동조 제4호). 또한 "인증서"라 함은 전자서명생성정보가 가입자에게 유일하게 속한다는 사실 등을 확인하고 이를 증명하는 전자적 정보를 말한다(동조 제7호). "공인인증서"라 함은 전자서명법 제15조의 규정에 따라 공인인증기관이 발급하는 인증서를 말한다(동조 제8호).

주주확인 및 전자투표를 공인전자서명을 통하여 하도록 규정한 것은 전자투표의 보안과 안정적인 시스템 운영을 위해 필요하다고 보는 견해가 있다.[39] 주주확인절차는 기술적이고 변화가 빠른 부분이기 때문에 시행령에 위임한 것은 타당한 입법이라고 생각한다.[40] 그러나 전자투표제도가 발달하여 활성화되어 있는 미국이나 일본의 경우에도 법 규정에서 주주확인의 방법까지 정하고 있지는 않으며 또한 전자인증이나 전자서명을 요구하고 있지도 않다. 미국의 대표적인 전자적 의결권행사 대행기관인 Broadridge사[41]는 ID와 통제번호(Control Number)를 통해 주주확인절차를 운영하고 있으며 지금까지

---

39) 정완용, "주주의 의결권행사의 전자화에 관한 고찰", 「상사법연구」 제28권 제3호, 2009, 393면; 정쾌영, "주주총회의 전자화에 관한 입법론적 고찰", 「상사법연구」 제21권 제3호, 2002, 337면.

40) 김순석, 전게서, 156면; 홍복기, "전자주주총회제도의 도입", 「상사법연구」 제22권 제3호, 2003, 211면.

41) 정식명칭은 Broadridge Financial Solution, Inc.으로 2007년도 Automatic Data Processing(ADP)에서 분리, 독립하여 설립된 회사로서 미국의 금융산업에 대한 서비스를 제공하며, 주된 사업분야는 전자위임장투표(electronic proxy voting이다.

특별한 문제가 없는 것으로 평가된다.

(3) 전자투표와 서면투표 중의 선택 및 의결권의 철회·변경

동일한 주식에 관하여 전자투표 또는 서면투표(제368조의3 제1항)에 따라 의결권을 행사하는 경우 전자적 방법 또는 서면 중 어느 하나의 방법을 선택하여야 한다(제368조의4 제4항). 이에 따라 회사가 서면투표와 전자투표 양자를 동시에 실시하는 경우 주주는 그 중 하나의 방법을 선택하여 의결권을 행사하여야 한다.

이 조항은 서면투표와 전자투표를 모두 허용하여 의결권을 행사하는 경우 발생하게 되는 의결권행사의 수정이나 철회의 문제를 단순화하기 위한 것으로 보인다. 양자를 모두 허용하는 경우 최종적인 의결권 행사로 인정하는 방식을 미리 정하여야 하는 등 복잡한 법률문제가 발생하기 때문이다.[42] 그러나 우리나라에서는 서면투표제도가 사실상 사문화되어 기업들이 거의 사용하지 않기 때문에, 우리 기업들이 의결권의 행사방식을 선택하는 경우에는 전자투표 방식만을 선택할 것으로 보인다.

전자투표를 한 주주가 일단 행한 의결권행사를 철회, 변경하는 경우가 있을 수 있는데, 총회 회일의 전일까지는 이러한 사후적인 의결권행사의 철회가 가능한지 여부가 문제된다. 상법시행령은 전자투표를 한 주주는 해당 주식에 대하여 그 의결권 행사를 철회하거나 변경하지 못한다고 규정하고 있다(상법 시행령 제13조 제3항).

이 조항을 의결권 행사기간 내의 철회나 변경까지 금지하는 것으로 해석하는 견해가 있다.[43] 전자투표관리기관인 한국예탁결제원의 전자투표관리업무규정도 전자투표권자는 전자투표를 한 후에는 이를 철회하거나 변경할 수 없다고 규정하여 같은 입장이다(동 규정 제13조 제3항).

그러나 전자투표와 서면투표를 동시에 실시할 경우 서면투표를 채택한 주주에게는 이러한 제한이 없는데 전자투표를 채택한 주주에게는 이러한 제한을 하는 것은 부당하다. 특히 법률도 아니고 시행령에서 이처럼 의결권 행

42) 김순석, 전게서, 159~160면.
43) 한국상사법학회, 「주식회사법대계 II」, 법문사, 2013(김병태 집필부분), 226면; 허항진, "개정 상법상 전자투표제도와 주요 법적 논점에 대한 소고", 「법학연구」 제38집, 2010, 314면.

사방법에 제한을 두는 것은 부적절하다. 전자투표를 도입할 경우 대부분 전자투표관리기관의 전자투표시스템을 활용하거나 발행회사의 홈페이지를 활용하게 된다. 주주총회 개최 전에는 전자투표를 철회하거나 변경하더라도 투표결과를 집계하는 데에는 크게 문제되지는 않을 것이다. 따라서 전자투표만을 채택한 회사는 최종투표결과를 가지고 당해 주주에 의한 의결권행사로서 처리하면 되기 때문에 주주는 의결권 행사기간(회일 전일)까지 전자투표의 철회·변경을 몇 번이라도 할 수 있다고 보아야 한다.[44]

상법시행령 제13조 제3항은 주주 의결권의 행사방법을 과도하게 제한하는 것이므로, 총회 출석을 통한 철회나 변경이 인정되는 것으로 개정되어야 할 것이다. 또한 서면투표와 마찬가지로 전자투표를 한 주주가 총회에 출석할 수 있으며, 이 경우 전자투표를 철회한 것으로 보아야 할 것이다.[45] 전자투표는 주주총회 참석하지 못한 주주의 투표 편의를 위한 제도인데,[46] 발행회사의 정족수 충족을 위한 도구로 변용되어 원활한 투표관리를 위하여 의결권 행사의 철회나 또는 변경을 하지 못하는 것으로 보는 것[47]은 본말이 전도된 것으로 타당하지 않다고 본다.[48]

(4) 수정동의

상법시행령은 전자투표의 종료일은 주주총회 전날까지로 규정하고 있다(상법시행령 제13조 제2항 제2호). 따라서 만일 주주총회에서 수정동의가 제출될 경우, 수정안의 표결에 대해 전자투표에 의한 의결권의 행사를 어떻게 취급할 것인가가 문제된다. 전자투표제도를 채택하고자 하는 회사로서는 의안 수정 시, 전자투표에 의한 의결권을 정족수에서 제외하면 가결이 곤란하게 될 우려

---

44) 곽관훈, "전자투표제도 활성화를 위한 법적 과제", 「IT와 법연구」 제7집, 경북대학교 IT와 법연구소, 2013, 152면; 정완용, 주주의 의결권행사의 전자화, 397면; 정준우, "주주의 의결권 행사방법의 편의성 제고와 그 문제점", 「법학연구」, 인하대 법학연구소, 2010, 36면.

45) 정준우, 전게논문, 36면. 서면투표를 한 주주가 총회에 출석하여 철회하거나 변경하는 것을 인정하는 견해는 이철송, 전게서, 549면; 上柳克郎·鴻常夫·竹內昭夫 編, 「新版注釋會社法(5)」, 有斐閣, 1987, 201面.

46) 김재범, "2009년 개정상법(회사편)의 문제점", 「법학논고」 제33집, 경북대학교 법학연구원, 2010, 111면.

47) 정찬형, "주식회사법 개정제안", 「선진상사법률」 제49호, 2010, 41면.

48) 송옥렬, 전게서, 914면.

가 있기 때문에 중요한 문제이다.

수정동의에 관한 문제는 서면투표에서도 동일하게 발생하며, 그 효력에 대해서는 결석설, 제도적 기권설, 기권설, 절충설 등으로 학설이 대립한다.[49] 우선 결석설은 전자투표한 의결권수를 수정안에 대한 의사정족수나 의결정족수에 산입하지 않는 견해이다.[50] 제도적 기권설은 원안에 찬성한 전자투표는 수정안에 반대한 것으로 보고, 원안에 반대하거나 기권한 전자투표는 수정안에 기권한 것으로 보는 견해이다.[51] 기권설은 원안에 대한 찬부에 상관없이 이미 행사된 전자투표를 수정동의안에 모두 기권한 것으로 취급하는 견해이다.[52] 한편 수정동의안에 대해서는 결의에 참여한 것으로 보고 전자투표자의 의결권은 섀도보팅처럼 현장 주주총회 출석자들의 의사를 비례적으로 반영하는 방식으로 취급하는 견해도 제기된다.[53]

생각건대 주주의 의사에 충실한 해결방안이 타당하고 본다.[54] 즉, 의결권 행사를 하는 전자적 기록에 주주의 의사를 보다 명확히 밝힐 수 있는 기재를 하는 것이 합리적이라고 생각한다. 즉, '어떠한 수정안이 제출되더라도 원안에 찬성한다', '어떠한 수정안이 제출되더라도 원안에 반대한다', 또는 '수정안이 제출되면 그 결의에 대해서는 기권한다' 등의 문구를 삽입하는 것이다.[55]

---

49) 각 학설의 장단점에 대해서는 김순석, 전게서, 157~158면 참조.

50) 元木 伸, "議決權の代理行使と書面投票等", 「商事法務」 第937号, 1982, 14面.

51) 안동섭, "주주총회의 활성화를 위한 연구", 「비교사법」 창간호, 1995, 237~238면; 우홍구, "서면투표에 의한 의결권행사", 「사법행정」 1990년 5월호, 21면; 西尾信一, "書面投票の實務的背景", 「商事法の解釋と展望」(上柳克郎先生還曆記念), 有斐閣, 1984, 107面.

52) 한국예탁결제원의 전자투표권자이용약관 제11조 제4항에 따르면 수정동의에 대해서는 기권으로 처리한다. 권기범, 「현대회사법론」, 삼지원, 2001, 566면; 권재열, "상법상 서면투표제도의 문제점과 그 해결방안", 「상사법연구」 제19권 제1호, 2000, 267면; 김병연, "상법상 서면투표제도와 그 문제점", 「연세법학연구」 제7집 제1권, 2000, 640~641면; 정쾌영, 전게논문, 335면; 森本滋, "書面投票の制度的意義と機能", 「商事法の解釋と展望」(上柳克郎先生還曆記念), 有斐閣, 1984, 128~129面; 山田尙武, "會社運營の電子化 – 株主總會の電子化を中心に –", 「ジュリスト」 No. 1206, 2001, 90面.

53) 정경영, "전자투표제도의 시행과 기업의 준비과제 – 상법 개정안을 중심으로 –", 「상장협연구」 제57호, 2008, 174면; 이형규, "전자투표제도의 필요성과 도입방안", 「경영법률」 제16집 제1호, 2005, 233면.

54) 김재범, "서면투표제도를 이용한 주주총회의 운영", 「경영법률」 제12집, 2001, 193~194면.

55) 동지, 정완용, 전게논문, 396면.

(5) 의결권행사 기한

전자투표의 종료일은 주주총회 전날까지로 한다(상법시행령 제13조 제2항 제2호). 전자주주총회가 개최되기 전 단계에서의 전자투표제도는 기본적으로는 서면투표제도와 같은 구조이기 때문에 총회에 출석하지 아니하고 전자투표를 하는 주주는 총회 회일의 '전일'까지 전자적 방법에 의한 의결권행사를 할 필요가 있다.

전자투표는 주주에 의한 온라인상의 조작이 거의 실시간으로 회사에 전달되기 때문에, '총회 회일 전일'까지라고 하면 회사로서는 전일의 24시까지 주주로부터 의결권행사를 받을 필요가 있다. 이는 주주로서는 IT화로 인한 장점이지만 회사로서는 철야작업을 강요당하게 된다. 실무상으로는 예컨대, 오후 5시까지 투표를 호소하는 회사도 있지만 이것도 권장사항에 불과하지 구속력은 없다. 따라서 법적 안정성을 위해 전자투표의 행사기한을 보다 명확히 입법화하는 것이 바람직할 것이다.[56]

의결권 행사기한에 대해서는 총회 전일의 영업시간 이내로 하자는 견해,[57] 총회 전일의 24시까지로 하자는 견해,[58] 총회 개회 직전까지로 하자는 견해,[59] 총회 개회 후 의결 전까지로 하자는 견해[60] 등 다양하다.

또한 마감시한은 전자투표의 철회문제와 연관지어 생각할 필요가 있다. 주주가 전자투표를 한 이후 총회에 출석하여 표결에 참가하고자 하는 경우 전자투표를 철회한 것으로 보아야 할 것이다. 따라서 주주총회장에 입장할 때 당해 주주가 전자투표를 하였는지 여부를 확인할 필요성이 있다는 측면에서 전자주주총회가 도입되기 이전의 전자투표는 최소한 총회 개회 이전에 마감하는 것이 바람직하다고 본다.

전자투표제도의 마감시한은 전자투표제도 자체뿐만 아니라 향후 전자주

---

56) 林 勇, "株主總會運營の電子化·彈力化と株主總會制度のゆくえ", 「21世紀の企業法制」(酒卷俊雄先生古稀記念), (株)商事法務, 2003, 624面.

57) 林 勇, c, 624面.

58) 양만식, 전게논문, 569면.

59) 홍복기, 전게논문, 30면.

60) 山田尙武, 林 勇, "株主總會運營の電子化·彈力化と株主總會制度のゆくえ", 「21世紀の企業法制」(酒卷俊雄先生古稀記念), (株)商事法務, 2003, 394면.

주총회제도의 도입 가능성과 IT기술의 발전 등을 고려하여 결정하여야 할 것이다. 제도 시행초기인 현재로서는 총회 전일의 영업시간까지로 마감시한을 정하고,[61] 장래 IT기술의 발전으로 전자투표가 안정적으로 실시간에 집계가 가능하게 되면, 더 연장할 수 있을 것이다. 2005년 일본 회사법의 경우도 특별한 정함이 없으면 총회 전일의 영업시간까지를 마감시한으로 하고 있다(일본 회사법 제312조 및 동 시행규칙 제70조).[62] 미국의 대표적인 전자투표관리기관인 Broadridge사의 의결권행사 사이트인 ProxyVote.com[63]은 주주총회 개최 전일 23시 59분까지 투표할 수 있다.[64]

(6) 전자투표관리기관

회사는 전자투표의 효율성 및 공정성을 확보하기 위하여 전자투표를 관리하는 기관을 지정하여 주주 확인절차 등 의결권 행사절차의 운영을 위탁할 수 있다(제368조의4 제4항). 회사 또는 전자투표를 관리하는 기관 및 전자투표의 운영을 담당하는 자는 주주총회에서의 개표 시까지 전자투표의 결과를 누설하거나 직무상 목적 외에 이를 사용해서는 아니 된다(제368조의4 제5항). 그러나 이 조항은 제재조치가 없어서 규제의 실효성 측면에서 문제된다.

2009년 개정상법에 따르면 회사가 전자투표를 채택한 경우 회사 스스로 전자투표를 관리하거나, 전자투표관리기관에 위탁하는 방식을 취할 수 있다. 미국이나 일본의 예를 보면 일부 정보통신기업의 경우 자신들이 개발한 프로그램이나 플랫폼을 통하여 전자투표나 전자주주총회까지 개최한 사례가 있다. 그러나 다수의 기업들은 전자투표를 전자투표관리기관에 위탁하는 형식을 취하고 있다. 미국의 Broadridge사가 대표적이며, 일본은 명의개서대리인을 맡은 두 개의 신탁은행이 시스템을 개발하여 운영하고 있다. 우리나라의 경우에도 한국예탁결제원에서 현재 전자투표시스템을 개발하여 2010년부터 시행하고 있다. 이러한 공공기관이 개발한 시스템과 민간기업이 개발한 플랫폼이 서로 경쟁하면서 효율성을 높여가는 것이 바람직하다고 본다.

---

61) 전자투표기간은 주주총회 회일 10일전 오전 0시부터 회일 전날 오후 5시까지로 하고 있다(전자투표관리업무규정 제14조 제1항).

62) 김순석, 전게서, 160~161면.

63) http://east-online.proxyvote.com

64) 허항진, 전게논문, 320면.

(7) 전자 시스템 결함의 경우 총회결의의 효력

전자시스템의 결함으로 인하여 주주가 의결권을 행사할 수 없게 된 경우나, 해킹, 바이러스의 감염에 의해 의결권 행사 데이터가 훼손되거나 소실된 경우에 주주총회 결의의 효력에 미치는 영향이 문제된다.

첫째, 전자시스템의 결함으로 인해 주주가 전자투표를 할 수 없는 원인이 주주가 계약하고 있는 인터넷 서비스 제공자의 서버가 다운되거나 통신회선의 장애로 인한 때에는, 회사에 귀책사유가 없으므로 회사는 면책되며 따라서 총회결의의 효력에는 영향이 없다.[65] 반면 회사가 전자시스템의 정비, 보수를 해태함으로 인하여 의결권 행사를 할 수 없게 된 경우에는, 만일 당해 전자투표의 수가 전체에서 점하는 비율이 낮고 또한 결의 결과에 영향을 미치지 않으면 결의방법의 하자이지만 재량기각의 대상이 될 것이다. 반면 결의 결과에 영향을 미칠 정도의 다수이면 결의취소(정도에 따라서는 결의부존재)의 원인이 될 수 있다.[66]

둘째, 전자투표에 의한 의결권 행사 이후 전자투표의 기록이 해킹이나 바이러스 감염에 의해 소실 또는 훼손된 경우에 정족수나 결의요건을 충족하지 못할 정도로 대량의 데이터가 소실 또는 훼손되었다면, 주주총회를 다시 개최하여 결의하여야 할 것이다. 그러나 손상된 전자투표에 관한 기록이 없어도 정족수나 결의요건을 만족하는 때에는 회사가 적절한 해킹, 바이러스 대책을 시스템상 강구하고 있는 한 결의의 효력에 하자는 없다고 본다.[67]

셋째, 전자투표관리기관의 정보처리시스템의 부실 등으로 인하여 서버가 다운되어 일부 주주가 전자투표를 할 수 없게 되거나, 보안시스템 등의 결함으로 전자투표에 흠결이 발생한 경우에는 주주총회결의 하자의 문제가 될 수 있다. 또한 해킹 등으로 인하여 전자투표가 정상적으로 이루어지지 않거나 전자투표 결과가 소실되어 의결정족수를 충족하지 못하는 문제가 발생하는 때에는 주주총회를 다시 개최하여야 할 것이다.[68]

---

65) 홍복기, 전게논문, 215면; 林 勇, 前揭論文, 626面; [株主總會のIT化]研究會, "株主總會のIT化の實務と問題點(下)", 商事法務 第1600号, 2001, 22面.
66) 山田尙武, 前揭論文, 90面.
67) 고재종, "가상공간상 주주총회의 운영에 관한 검토", 「상사법연구」 제21권 제1호, 한국상사법학회, 2002, 236~237면; 林 勇, 前揭論文, 626面; [株主總會のIT化]研究會, 前揭論文, 22面.

3. 전자투표제도의 활성화 방안

(1) 전자투표 채택에 대한 인센티브 제도의 마련

서면투표제도와 마찬가지로 전자투표제도 역시 도입여부는 주주가 아닌 회사가 결정할 사항이다. 따라서 전자투표제도가 활성화되고 보다 많은 주주가 이용할 수 있도록 하기 위해서는 회사가 자발적이고 적극적으로 참여할 수 있는 유인장치를 마련할 필요가 있다.

한국상장회사협의회와 코스닥협회는 회원사들의 정관 제·개정에 필요한 정보 등을 제공하기 위하여 표준정관을 마련하여 운영하고 있으며, 대부분의 상장회사들은 표준정관의 반영사항을 따르고 있다. 따라서 상장회사협의회의 표준정관에 전자투표제도에 관한 규정을 마련한다면 상장회사들의 전자투표제도를 도입 및 운영에 하나의 기준을 제시할 수 있고 나아가 전자투표제도의 활성화에 기여할 수 있을 것이다.

또한 한국기업지배구조센터에서는 국내기업의 지배구조 개선노력을 유도하고, 주주중시 경영을 조기에 정착시키기 위하여 기업지배구조 개선에 노력한 기업들을 선정하여 시상을 하고 상장수수료를 감면하는 등의 우대를 하고 있다. 기업지배구조 우수기업 선정을 위한 평가항목 가운데 가장 높은 배점을 차지하는 것이 주주의 권리보호이다. 주주의 권리보호 및 권리행사의 편의성을 평가하는데 집중투표제도·서면투표제도의 도입여부 및 주주제안 등 소액주주 보호여부 등을 세부평가 내용으로 한다. 전자투표제도는 시간과 공간의 제약을 받는 의결권 행사의 편의성을 높이는 제도인 만큼 주주의 권리보호 측면에서 중요한 사항이므로 기업지배구조우수기업 선정기준에 높은 점수를 배정하여 기업을 평가할 필요가 있다.

(2) 일정규모 이상의 발행회사에 대하여 전자투표의 단계적으로 의무화 방안 검토

2013년 전자투표를 의무화하는 상법개정안이 업계의 반대에 부딪혀 실현되지 못하였다. 전자투표제도를 모든 상장회사에 대하여 의무화하는 것은 중소규모의 상장회사로서는 상당한 부담이 될 것으로 예상된다. 따라서 규모가

68) 정완용, 전게논문, 401면; 고재종, 전게논문, 236면.

큰 상장회사부터 시범적으로 실시하여 발행회사와 주주 양 측으로부터 전자투표에 대한 반응과 시행상의 문제점을 검토한 후 개선방안을 마련하여 점차 확대해 나아가는 것이 바람직할 것으로 보인다. 또한 이러한 시범적인 실시로 전자투표의 실효성에 대한 발행회사의 반응이 긍정적으로 평가될 경우 전자투표제도가 섀도보팅 폐지 이후 주주총회 정족수를 확보하는 방안으로 자연스럽게 정착될 것으로 전망된다.

(3) 서면투표(또는 전자투표), 위임장권유제도(또는 전자위임장권유제도)의 개선

세계적으로 전자투표제도를 강제하는 국가는 거의 없는 것으로 보인다. 그러나 상장회사 주주들의 의결권 행사를 원활하게 하기 위하여 서면투표제도나, 위임장권유제도 중 하나의 제도를 택하여 주주가 원하는 경우 주주총회 결의에 참가할 수 있는 수단을 확보해 주는 것이 일반적이다. 일본의 경우 상장여부와 관계없이 주주수가 1,000명 이상인 회사의 경우 서면투표제도의 도입이 강제된다(일본회사법 제298조 제2항 본문). 또한 서면투표의 기회를 주주에게 제공하지 않으면서 위임장권유를 하려면 상장회사의 경우 모든 주주를 대상으로 권유하여야 한다(동법 제298조 제2항 단서, 회사법시행규칙 제64조, 제95조 제2호). 따라서 일본 상장회사는 서면투표제도와 위임장권유제도 중 한 가지를 선택할 수 있지만, 서면투표제도를 선택하지 않은 경우에는 반드시 모든 주주를 대상으로 위임장을 권유하여야 한다.[69] 미국의 경우에도 발행회사가 위임장을 권유하는 경우에는 모든 주주를 대상으로 하도록 규정하고 있다.

우리나라의 경우에도 서면투표(또는 전자투표)와 위임장권유(또는 전자위임장권유)제도 가운데 적어도 하나는 기업들이 선택하여 운영함으로써 모든 주주를 상대로 주주총회마다 이를 활용할 수 있도록 하는 방안을 강구할 필요가 있을 것이다. 그동안 우리나라는 주주가 주주총회에 참석하지 않고 의결권을 행사하는 수단을 발행회사가 정관이나 이사회 결의 등으로 선택하여 시행한 경우에만 주주가 활용할 수 있었다. 이제는 이와 반대로 발행회사가 전자투표나 전자위임장권유제도를 이용하여 주주가 원하면 이러한 제도를 통하여 주

69) 권종호, "전자투표제도 의무화의 필요성과 그 이유－서면투표·위임장투표와의 비교", 「경제법연구」 제12권 제2호, 2013, 49면.

주총회에 참석하지 않고도 의결권을 행사할 수 있도록 제도를 구축하는 것이 글로벌 스탠더드 관점에서 타당하다고 본다.

제 4 절 섀도보팅 폐지 유예에 관한 2014년 개정 자본시장법의 검토

1. 개정 내용

2015년 1월부터 폐지 예정이었던 섀도보팅 제도에 대하여 동 제도가 철폐될 경우 감사나 감사위원의 선임이 곤란한 상장회사들이 상당수 나타날 것으로 예상되는 등 부작용이 우려됨에 따라,[70] 2014년 12월 9일 국회는 섀도보팅 폐지를 유예하는 내용을 포함한 자본시장법개정안(의안번호 12934호)을 의결하였다. 동 개정법은 자본시장법(제11845호, 2013. 5. 28) 부칙 제18조를 신설하는 형태로 규정하고 있다. 개정 조항에 따르면 전자적 방법으로 의결권을 행사하게 하고(전자투표) 또한 의결권 있는 주식을 가지고 있는 모든 주주들을 대상으로 의결권 대리행사의 권유를 한 상장회사의 경우 섀도보팅 제도를 2017년 12월 31일까지 활용할 수 있다. 또한 이러한 요건을 충족한 상장회사는 주주총회 목적사항 중 ⅰ) 감사 및 감사위원회 위원의 선임 또는 해임, ⅱ) 주주의 수 등을 고려하여 금융위원회가 정하여 고시하는 기준에 해당하는 법인의 경우 주주총회 목적사항에 한정하여 섀도보팅 제도를 이용할 수 있게 되었다(동법부칙 제18조 제1항). ⅱ)에서 "금융위원회가 정하여 고시하는 기준"이란 주주명부 폐쇄 당시에 법인의 발행주식총수의 100분의 1 미만에 해당하는 주식을 가진 주주들의 주식의 합계가 의결권 있는 발행주식총수의 3분의 2를 초과한 경우를 말한다(금융투자업규정 제8－2조의3).

---

70) 전국경제인연합회·대한상공회의소·한국상장회사협의회·코스닥협회, "섀도보팅제도 폐지에 따른 주주총회 운영 정상화를 위한 경제계 공동의견", 2014. 11, 1~2면, <http://www.klca.or.kr/>.

2. 개정 이후 전자투표 및 전자위임장 제도 이용현황

2014년 12월 자본시장법 개정으로 전자투표와 전자위임장 제도를 동시에 채택한 상장회사에 대해 섀도보팅 제도가 2017년 말까지 유예되고, 한국예탁결제원의 전자위임장 시스템이 2015년 1월 22일 개설됨에 따라 두 가지 제도를 모두 이용하는 상장회사가 급속하게 증가하였다. 2015년 3월 31일을 기준으로 전자투표의 경우 425개사, 전자위임장의 경우 358개사가 한국예탁결제원과 업무위탁계약을 체결하였으며, 실제로 전자투표 및 전자위임장 시스템을 이용한 2014년 12월말 결산법인은 338개사로 대폭 증가하였다.

▌표 5▐ 전자투표·전자위임장 계약현황[71)]

('15. 3. 31 현재)

업 무	구 분	계	유가증권	코 스 닥	비상장
전자투표	'10~14년 계약	79사	48사	26사	5사
	'15년 계약	346사	114사	229사	3사
	총 계약사	425사	162사	255사	8사
전자위임장	'15년 계약	358사	121사	236사	1사

▌표 6▐ 전자투표·전자위임장 이용현황[72)]

('15. 3. 31 현재)

구 분		유가증권	코스닥	비상장	전 체
이 용 회사수	전 체	116사	220사	2사	338사
	2개 제도 모두이용	112사	214사	0사	326사
	전자투표만	4사	5사	2사	11사
	전자위임장만	0사	1사	0사	1사

71) 한국예탁결제원, "전자투표제도를 통한 주총문화 선진화 지원 -12월 결산법인 총 338사 전자투표·전자위임장 시스템 이용-", 보도자료(2015. 4. 29), 2면.

72) 한국예탁결제원, 전게 보도자료, 2면.

그러나 전자투표 및 전자위임장 권유제도를 채택한 상장기업의 주주가 실제로 전자투표를 통해 의결권을 행사한 비율은 주식수 기준으로 1.62%, 주주수 기준으로는 0.24%에 불과하다. 또한 전자위임장의 경우에도 그 행사비율은 주식수 기준으로 0.14%, 주주수 기준으로 0.003%에 불과하다. 따라서 소수주주에게 주주총회 의결권행사 기회를 확대시킨다는 취지가 현실에서는 제대로 작동하지 않는다는 것을 나타내고 있는데, 이러한 현상은 앞으로 우리나라 주주총회 의결권행사 제도의 개선방안을 마련하는 데에 커다란 과제를 제기하고 있다.

▌표 7 ▌ 전자투표·전자위임장 행사율[73)]

('15. 3. 31 현재)

구 분	주식수 기준	주주수 기준
전자투표 행사율	1.62%	0.24%
전자위임장 행사율	0.14%	0.003%
통합 행사율	1.76%	0.24%

3. 문제점 검토

(1) 전자투표 및 전자위임장에 의한 권리행사

2014년 12월 개정 자본시장법에 의해 섀도보팅 폐지를 2017년 말까지 유예하고자 하는 상장회사는 전자투표를 의무적으로 도입하고 또한 의결권의 대리행사 제도를 서면이든 전자적 방법이든 반드시 도입하여야 한다. 이에 따라 해석이나 제도의 운용상 몇 가지 검토해야 할 문제점이 나타난다.

미국이나 일본의 예에 비추어 볼 때 전자투표(또는 서면투표)나 모든 주주에 대한 위임장 권유 제도 가운데 하나만 선택하여 주주로 하여금 주주총회 회의장에 출석하지 않고 의결권을 행사할 수 있는 방법을 허용하고 있다. 그러나 우리나라는 입법과정에서 양자를 동시에 의무적으로 도입하는 기업에 한하여 섀도보팅 폐지기간을 유예하도록 규정하였다. 이에 따라 동 제도의 유

73) 한국예탁결제원, 전게 보도자료, 3면.

예혜택을 받고자 하는 기업은 양자를 동시에 도입하여야 한다.

상장회사는 전자투표를 의무적으로 도입하고, 또한 의결권 대리행사의 권유제도는 서면이나 전자적 방법으로 도입하여야 한다. 이 경우 주주총회에 참가하지 않는 주주는 ⅰ) 전자투표만을 이용하고 전자위임장 권유 제도는 이용하지 않거나, ⅱ) 전자투표는 이용하지 않고 전자위임장 권유 제도만을 활용하거나, ⅲ) 전자투표와 전자위임장 권유 제도를 모두 이용하여 의결권을 행사하거나, ⅳ) 양자를 모두 이용하지 않고 의결권을 행사하지 않는 경우 등으로 구분할 수 있다.

ⅰ)과 ⅱ)의 경우는 각각 전자투표나 전자위임장에 따라 의결권 행사가 이루어질 것이다. 문제는 ⅲ)의 경우이다. 상법시행령은 전자투표를 한 주주는 해당 주식에 대하여 그 의결권 행사를 철회하거나 변경하지 못한다고 규정하고 있다(동시행령 제13조 제3항). 이 조항의 해석에 대하여 전자투표를 통해 일단 의결권을 행사하면 주주총회 회일 전에는 철회나 변경을 하지 못한다는 견해를 취하는 경우, 전자투표와 전자위임장을 동시에 도입한 회사의 주주가 의도적이든 실수이든 양자를 통해 동시에 의결권을 행사하는 경우 전자투표에 의한 의결권 행사가 효력을 발휘한다고 볼 수 있을 것이다.

전자위임장에 의해 의결권을 행사하고 그 후 주주총회에 직접 출석하여 의결권을 행사하고자 하는 주주에 대해서는 아무런 제한규정이 없기 때문에 전자위임장에 의한 의결권 대리행사를 철회하고 자신이 직접 의결권을 행사할 수 있다고 보아야 할 것이다. 의결권 대리행사는 그 효력이 발생하기 전에는 본인이 언제든지 철회할 수 있다고 보아야 할 것이기 때문이다.

따라서 발행회사는 주주총회 이전에 전자투표와 전자위임장에 의한 의결권 대리행사가 중복되는지 여부, 그리고 전자위임장 만에 의해 의결권을 대리행사한 주주가 주주총회에 직접 출석하여 투표하고자 하는 경우 이를 확인하고 허용하기 위한 준비를 하여야 할 것이다. 물론 전자투표와 전자위임장 권유를 동일한 관리기관에 위탁하여 운용하는 경우에는 시스템적으로 두 가지 가운데 한 가지만 행사한다거나, 전자투표를 한 경우에는 전자위임장을 통한 의결권 대리행사를 할 수 없도록 할 수 있을 것이다. 그러나 양자가 동일한 관리기관이 아니거나, 발행회사가 직접 관리하는 경우 등에는 이를 확인하는 절차가 필요하게 될 것이다.

따라서 혼란을 방지하는 방법으로는 자본시장법시행령에서 전자투표를 한 주주는 전자위임장 권유 제도를 이용하지 못하도록 규정하고, 관련 시스템도 그러한 방식으로 개발하는 것이 필요하다고 본다.

(2) 전자위임장의 수여

2014년 12월 자본시장법시행령이 개정됨에 따라 의결권의 대리행사를 권유하는 방법으로 인터넷 홈페이지를 이용하는 방법이 추가되었다(동법시행령 제160조 제5호). 이에 따라 상장회사는 전자위임장 권유 관리기관 또는 자신의 홈페이지에 위임장 용지 및 참고서류를 등록하고, 이를 주주에게 소집통지할 때 알려줌으로써 의결권 대리행사를 전자적으로 권유할 수 있게 되었다. 그러나 홈페이지에 등록하는 위임장 용지에 주주가 필요한 사항을 기재한 후 기명날인을 함으로써 위임장이 완성되는데, 이 위임장을 회사에 전달하는 방식에 관해서는 규정하지 않고 있다. 따라서 주주는 회사가 알려준 홈페이지에 접근하여 위임장 용지를 출력하여 필요한 사항을 기재하고 기명날인한 후 이를 회사에게 송부하는 방법, 또는 전자적 방법으로 반송하는 방법을 생각할 수 있을 것이다. 그러나 전술한 바와 같이[74] 전자적 방법으로 반송하는 방법에 의한 위임장의 수여에 대해서는 현행 판례가 위임장은 서면에 의해야 한다고 판시하고 있는 점에 비추어, 법률상 전자위임장을 통한 의결권의 수여에 관한 근거규정을 마련하는 것이 타당하다.

제5절 결 어

우리나라는 세계적으로 IT화가 가장 진전된 국가이다. 그러나 진전된 IT 기술을 활용하여 사회제도를 얼마나 바람직한 방향으로 개선하느냐는 별개의 문제이다. 그 원인은 이러한 사회제도를 개선하는 데에는 구성원들의 가치판

---

74) 전술한 Ⅱ.8.5. 참조.

단과 사고방식, 정치, 사회, 경제, 문화적 여건이 복합적으로 작용하기 때문이다.

우리나라에서 주주총회가 형해화되어 운영되어 온 근본적인 원인은 해방 후 자본주의를 접한 지가 70년이 되었지만, 비상장회사의 소유자들은 주식회사에 대해서, 상장회사의 소유자들은 자본시장에 대해서 기본적인 이해가 부족하거나, 이러한 제도를 활용함에 따라 수반되는 의무의 이행을 부담스럽게 생각하는데 있다고 본다. 주주가 유한책임의 혜택을 누리는 주식회사를 운영하면 주식회사법상의 의무를 이행해야 하고, 상장해서 상장프리미엄을 누리면 자본시장법상의 의무를 부담하는 것을 당연하게 생각하고 이를 이행하여야 한다. 그러나 유한책임이나 상장 프리미엄은 당연한 것으로 간주하지만, 그에 따른 의무는 부담으로 느끼는 경향이 있다.

2014년 12월 자본시장법이 개정됨에 따라 섀도보팅제도가 일정한 조건 아래 2017년 12월말까지 그 폐지가 유예되었지만, 2018년 이후에는 결국 폐지될 것이 확실해 보인다. 장차 섀도보팅제도가 폐지되면 상장기업들이 주주총회를 운영하는데 더 많은 노력이 필요한 것은 사실이다. 세계적으로 독특한 제도였던 섀도보팅제도로 인하여 그동안 주주총회가 너무 유명무실하게 운용되어 왔던 것이며, 주주총회 운영을 위한 이러한 노력은 오히려 주주총회의 정상화 과정으로 이해해야 할 것이다.

주주의 의결권행사를 원활하게하기 위하여 미국은 위임장권유제도를 위주로 운영하고, 일본은 서면투표제도를 강제하고 있다. 우리나라의 경우에도 이러한 제도를 도입하는 것이 바람직하며, 장차 섀도보팅제도의 폐지를 계기로 기업들이 스스로 주주의 의결권행사를 보장하기 위한 제도의 도입에 적극적으로 참여하는 것이 타당하다고 본다.

의결권 행사의 전자화와 그 활성화를 위한 법적 과제*

출전: 기업법연구 제26권 제2호

정 승 화**

제1절 서 설

회사에서 주주총회는 회사의 기본적 사항에 관하여 의사를 결정하고 회사의 업무집행을 감독하는 회사의 최고기관이다. 그러나 우리나라의 주주총회는 토론문화의 미숙, 회사에 의한 주주총회 운영의 미흡, 주주의 회사에 대한 불신, 회사의 주주총회에 대한 인식 미흡, 일부 주주의 주주총회의 이용 등으로 아직도 많은 회사에서는 주주총회가 그 본래의 목적에 맞는 기능을 하지 못하고 있다. 이러한 주주총회가 회사의 소유와 경영의 분리, 주식소유의 분산, 주주의 회사 경영에 대한 무관심 등으로 형식화되었다.

그러나 자본시장 개방과 함께 외국인 주주가 증대되고 소수주주들의 권리 인식의 확대 등으로 인하여 주주중시경영 또는 주주행동주의의 새로운 패러다임이 발생하게 되었다. 이러한 패러다임에 부응하기 위하여 정보통신기술의 발달과 함께 주주총회의 소집과 결의 등에 있어 전자화가 진행되고 있다. 주주총회의 전자화는 두 단계로 나누어 볼 수 있는데, 첫 번째 단계는 현실공간에서 주주총회가 개최되는 것을 전제로 하여 정보통신기술을 이용하여 주

* 본고의 내용은 필자 개인의견으로서 필자가 속한 기관의 공식견해를 나타내는 것은 아님.
** 한국예탁결제원 본부장, 법학박사.

주총회 소집통지, 의결권 위임, 의결권행사 등을 전자화하는 것이다. 두 번째 단계는 주주총회 자체를 가상공간(cyberspace)에서 개최·운영하는 전자주주총회(사이버주주총회, 가상주주총회)가 있다.

이와 관련하여 우리 상법은 주주총회 소집 통지의 전자화와 의결권 행사의 전자화에 대하여는 이를 도입하였다. 그러나 주주총회 소집 통지의 전자화 중에서 회사가 주주의 동의하에 전자문서로의 통지는 회사의 무관심으로 거의 이용되지 아니하고 있다. 다만 상장법인에 적용되는 발행주식총수의 100분의 1 이하 주주에 대한 일간신문 공고 또는 웹공시로 통지에 갈음하는 웹공시 제도는 회사에 의해 비교적 활발히 이용되고 있다. 주주가 회사에 대하여 전자적으로 의결권을 행사하는 전자투표제도는 소수주주의 주주총회 참석에 대하여 호의적이지 않는 회사에서 그 채택을 기피하고 있다. 설사 회사가 전자투표제도를 채택한다고 할지라도 주주들이 얼마나 이를 이용할지 여부 또한 불투명한 것이 사실이다.

따라서 이하에서 주주총회의 활성화를 위하여 회사와 주주의 주주총회의 운영과 이용의 편의를 향상시키고, 이미 상법에서 마련하고 있는 주주총회의 전자화와 관련한 다양한 제도를 회사가 적극 이용할 수 있는 방안에 대하여 살펴보기로 한다. 이를 위하여 먼저 상법상 의결권제도의 변천과정과 의결권의 행사방법에 대하여 살펴보고, 의결권 행사와 관련한 전자화 현황, 외국의 의결권행사의 전자화 현황 등을 살펴보면서 전자적 의결권행사의 활성화를 위한 법적과제에 대하여 살펴보고자 한다.

제 2 절 의결권 행사제도의 개요

1. 의결권 행사제도의 변천과정

(1) 제정상법

제정상법상[1)] 주주총회의 결의는 상법 또는 정관에 다른 정함이 있는 경

1) 법률 제1000호, 1962. 1. 20. 제정된 상법을 말한다.

우 외에는 발행주식의 총수의 과반수에 해당하는 주식을 가진 주주의 출석으로 그 의결권의 과반수로써 하도록 규정하고 있었다(상법 제368조 제1항).

(2) 1995년 12월 29일 개정상법

주주분산의 확대와 주주의 주주총회에 대한 무관심 등을 따른 주주총회 개최의 어려움을 해소하고자 1995년 12월 29일 일부개정된 상법에서는 주주총회의 결의는 상법 또는 정관에 다른 정함이 있는 경우를 제외하고는 출석한 주주의 의결권의 과반수와 발행주식총수의 4분의 1이상의 수로써 하도록 하여 주주총회의 의사정족수를 완화하였다(상법 제368조 제1항).

(3) 1999년 12월 31일 개정상법

1999년 12월 31일 일부개정된 상법에서는 주주는 정관이 정한 바에 따라 주주총회에 출석하지 아니하고 서면에 의하여 의결권을 행사할 수 있도록 하면서 회사는 주주총회의 소집통지서에 주주가 서면에 의하여 의결권을 행사하는데 필요한 서면과 참고자료를 첨부하도록 규정하여 서면투표제도를 도입하였다(상법 제368조의3).

(4) 2001년 7월 24일 개정상법

2001년 7월 24일 개정상법에서는 회사가 주주총회를 소집할 때에는 주주총회일의 2주 전에 각 주주에게 서면 또는 전자문서로 통지를 발송하여야 한다고 하여 전자문서로 주주총회 소집통지를 할 수 있는 근거를 마련하였다(상법 제363조 제1항 본문).

(5) 2009년 1월 30일 개정상법

상장회사의 주주총회 소집통지의 특례와 관련하여 상장회사가 주주총회를 소집하는 경우 발행주식총수의 100분의 1 이하의 주식을 소유하는 주주에게는 정관으로 정하는 바에 따라 주주총회일의 2주 전에 주주총회를 소집하는 뜻과 회의의 목적사항을 둘 이상의 일간신문에 각각 2회 이상 공고하거나 금융감독원이나 한국거래소가 운영하는 전자공시시스템에 공고함으로써 주주총회의 소집통지를 갈음할 수 있도록 상법을 개정하였다(상법 제542조의4 제1항). 이를 통하여 주주총회 소집통지를 전자공시스템 게시로 대체할 수 있게 하였다. 이 규정은 원래 舊증권거래법에 있던 내용을 상법으로 편입한 것이다.

또한 집중투표에 관한 특례와 관련하여 상장회사에 대하여 집중투표의 방법으로 이사를 선임할 것을 청구하는 경우 주주총회일의 6주 전까지 서면 또는 전자문서로 회사에 청구할 수 있도록 하여 전자문서로도 집중투표를 청구할 수 있는 규정을 두고 있다(상법 제542조의7 제1항).

(6) 2009년 2월 6일 개정상법

2009년 2월 6일 개정상법에서는 회사가 주주총회의 소집 통지를 전자문서로 하는 경우에는 각 주주의 동의를 받도록 개정하였다(상법 제363조 제1항 본문). 이는 컴퓨터가 없거나 사용하지 않는 주주를 위하여 주주동의 요건을 신설한 것이다.

(7) 2009년 5월 28일 개정상법

2009년 5월 28일 개정상법에서는 이사회의 결의로 주주가 총회에 출석하지 아니하고 전자적 방법으로 의결권을 행사할 수 있음을 정할 수 있도록 규정하여 전자투표제도를 도입하였다(상법 제368조의4 제1항).

또한 주주총회 소집통지기간의 단축과 관련하여 회사의 자본금 총액이 10억원 미만인 회사가 주주총회를 소집하는 경우에는 주주총회일의 10일 전에 각 주주에게 서면으로 통지를 발송하거나 각 주주의 동의를 받아 전자문서로 통지를 발송할 수 있다고 규정하고 있으며(상법 제363조 제4항), 자본금 총액이 10억원 미만인 회사의 주주 전원의 동의가 있을 경우에는 소집절차 없이 주주총회를 개최할 수 있고, 서면에 의한 결의로써 주주총회의 결의를 갈음할 수 있도록 하였다. 결의의 목적사항에 대하여 주주 전원이 서면으로 동의를 한 때에는 서면에 의한 결의가 있는 것으로 보고(상법 제363조 제5항), 이를 통하여 소규모 회사의 주주총회 소집 통지기간 단축 또는 생략을 통하여 회사의 주주총회 소집의 편의를 도모하고 있다.

이와 같이 상법은 회사의 주주총회 개최의 원활화를 위하여 주주총회의 의사정족수와 의결권 정족수를 완화하였으며, 주주총회의 운영의 효율성을 위하여 회사의 주주에 대한 통지를 서면뿐만 아니라 주주의 동의를 받아 전자문서로 할 수 있는 근거를 마련하였다. 또한 주주의 의결권 행사의 편의를 위하여 주주가 회사에 전자적으로 의결권을 행사할 수 있는 전자투표제도를 도입하였다. 이와 같이 주주분포의 고도화와 주주의 의결권 행사에 대한 무관심을 극복하기 위하여 상법은 지속적으로 주주총회의 활성화를 위하여 노력하여 왔다.

2. 의결권 행사방법

(1) 개 요

기명주식을 가진 주주는 주주명부 또는 실질주주명부상에 등재만으로 주권의 제시 없이 의결권을 행사할 수 있고, 무기명주식을 가진 주주는 회일의 1주간 전에 그 주권을 회사에 공탁함으로써 의결권을 행사할 수 있다(상법 제368조 제2항). 주주는 의결권을 자기 스스로 직접 행사할 수도 있지만, 대리인을 통하여 행사할 수도 있고(상법 제368조 제3항), 주주가 수개의 의결권을 가지는 경우에는 의결권을 통일하지 않고 행사할 수도 있으며(상법 제368조의2), 주주는 의결권을 서면 또는 전자적 방법으로도 행사할 수 있다(상법 제368조의3, 제368조의4).

(2) 대리행사의 방법

의결권의 대리행사의 경우에 대리인은 회사에 대리권을 증명하는 서면인 위임장을 제출하여야 하는데(상법 제368조 제33항 제2문), 이를 매 총회마다 제출하여야 하는가 또는 포괄적인 위임장을 제출할 수 있는가와 관련하여 일정한 기간에 걸친 포괄적인 위임장의 제출도 가능하다고 본다.[2)]

(3) 예탁주권의 의결권 행사

가. 서 론

한국예탁결제원(이하 "예탁결제원"이라 함)[3)]에 예탁된 예탁주권의 의결권과 관련하여 (i) 실질주주명부에 등재된 실질주주가 직접 행사하는 방식, (ii)

2) 정찬형, 「상법강의(상)(제15판)」, (서울: 박영사, 2012), 843면.

3) 자본시장과 금융투자업에 관한 법률(이하 "자본시장법"이라 함) 제294조 제1항에 의하여 증권등의 집중예탁과 계좌간 대체, 매매거래에 따른 결제업무 및 유통의 원활을 위하여 설립되었다.

예탁자가 예탁결제원에 신청하여 예탁결제원이 행사하는 방식, (iii) 발행회사가 예탁결제원에 요청하여 예탁결제원이 행사하는 방식이 있다. 예탁주권의 공유자인 실질주주가 직접 주주총회에 참석하거나 대리인을 통하여 행사하는 것은 예탁결제원의 의결권 행사와 직접관련이 없다. 따라서 이하에서는 예탁자의 신청에 의한 예탁결제원의 의결권 행사와 발행회사의 요청에 의한 예탁결제원의 의결권 행사에 대하여 살펴보고자 한다.

나. 예탁자의 신청에 의한 예탁결제원의 의결권 행사

예탁자의 신청에 의한 의결권 행사는 예탁결제원 명의의 주식에 대하여 예탁자로부터 의결권의 행사를 신청 받아 예탁자가 신청한 내역에 따라 예탁결제원이 의결권을 대신 행사한다.[4] 이 경우 예탁결제원은 의결권 불통일행사의 뜻과 이유를 해당 주주총회 회일의 3일전까지 서면으로 발행인에게 통지한다. 또한 발행인이 상법 제368조의3에 따라 서면으로 의결권을 행사하도록 한 경우 예탁결제원은 서면에 의하여 의결권을 행사할 수 있다(증권등 예탁업무규정 제58조).

다. 발행회사의 요청에 의한 예탁결제원의 의결권 행사

예탁주권의 발행회사가 예탁결제원이 의결권을 행사하는 그림자투표제도(shadow voting)를 이용하기 위해서는 주주총회 소집통지 또는 공고 시에 예탁결제원의 명의로 명의개서된 주권을 소유하고 있는 주주가 주주총회일 5일 전까지 예탁결제원에 그 의결권의 직접행사·대리행사 또는 불행사의 뜻을 표시하지 아니하는 경우에는 예탁결제원이 주주의 의결권을 행사할 수 있다는 내용을 함께 통지 또는 공고하여야 한다(자본시장법 제314조 제4항 및 제5항 본문). 이는 발행회사의 주식분산이 고도화되어 실질주주들의 참석 없이는 주주총회의 의사정족수 성립 자체가 불가능할 수 있기 때문에 발행회사 주주총회의 의사정족수와 의결정족수 지원하기 위하여 도입된 제도이다.[5]

---

4) 2014년 12월 결산법인 정기주주총회에서 실질주주(외국인)가 예탁자를 통해 의결권 대리행사를 신청하여 예탁결제원이 대신 행사한 회사 수는 총 946사〔유가증권시장 724사 중 541사(74.7%), 코스닥시장 1,029사 중 399사(38.8%), K-OTC시장 92사 중 2사(2.2%), 예탁지정법인 395사 중 4사(1.0%)〕이다.

5) 2014년 12월 결산 상장법인 중에서 정기주주총회를 개최한 법인은 유가증권시장 724사(41.3%), 코스닥 1,029사(58.7%)이다(코넥스시장 상장법인 67사는 제외). 그리고 2014년 12월 결산 상장

예탁결제원의 그림자투표 행사와 관련하여 예탁결제원이 의결권을 행사할 수 없는 경우는 (ⅰ) 주권의 발행인이 예탁결제원의 의결권 행사에 관한 내용을 함께 주주에게 통지 또는 공고하지 아니한 경우, (ⅱ) 주권의 발행인이 예탁결제원으로 하여금 의결권을 행사하지 못하게 할 것을 금융위원회에 요청하는 경우, (ⅲ) 주주총회 회의 목적사항이 영업양도·양수·임대 등(상법 제374조), 자본감소(상법 제438조), 해산결의(상법 제518조), 회사의 계속(상법 제519조), 합병(상법 제522조), 조직변경(상법 제604조), 회사의 분할·분할합병(상법 제530조의3)인 경우, 다만, 「금융산업의구조개선에관한법률」에 의거 금융기관이 합병하는 경우는 제외한다(금융산업의구조개선에관한법률 제5조 제10항), (ⅳ) 실질주주가 주주총회에 직접 참석 또는 대리하여 의결권을 행사하는 경우, (ⅴ) 주권의 발행인이 투자회사인 경우 등이다(자본시장법 제314조 제5항 단서).[6)]

3. 의결권 행사의 전자화 현황

(1) 서 론

정보통신기술의 발달에 따라 상법에도 증권발행의 전자화와 주식회사 운영의 전자화가 점점 보편화되고 있다. 이와 관련하여 먼저, 증권발행의 전자화와 관련하여 상법은 유가증권의 전자등록 발행(상법 제65조), 주식의 전자등록 발행(상법 제356조의2), 신주인수권의 전자등록 발행(상법 제516조의7), 신주인수권증서의 전자등록(상법 제420조의4), 채권의 전자등록 발행(상법 제474조 제1항 제10의2호, 제478조 제3항, 상법 제 488조 제5호) 등 유가증권의 발행 및 관

법인 정기주주총회에서 상장법인 총 1,753사 중 312사(17.8%)가 그림자투표제도를 이용하였다. 이중에서 유가증권 시장은 724사 중 105사(14.5%), 코스닥시장은 1,029사 중 207사(20.1%)가 이용하였다. 그리고 자본시장법 개정(부칙 제18조 신설, '14.12)으로 인해 그림자투표제도는 상장회사만이 이용할 수 있다.

6) 그림자투표제도는 2014년 12월 30일 폐지되었다. 다만, 「상법」 제368조의4에 따라 주주가 총회에 출석하지 아니하고 전자적 방법으로 의결권을 행사하게 하고 의결권 있는 주식을 가지고 있는 모든 주주들을 대상으로 제152조에 따른 의결권 대리행사의 권유를 한 법인의 주주총회 목적사항 중 ⅰ) 감사 및 감사위원회위원의 선임 또는 해임, ⅱ) 주주의 수 등을 고려하여 금융위원회가 정하여 고시하는 기준에 해당하는 법인의 경우 주주총회 목적사항에 대하여는 2017년 12월 31일까지 한시적으로 그림자투표제에 따라 예탁결제원이 의결권을 행사할 수 있다(자본시장법 부칙(법률 제11845호, 2013. 5. 28) 제18조).

리를 전자적으로 할 수 있는 규정들을 다수 두고 있다. 또한 유가증권 이외에 전자선하증권의 발행(상법 제862조 제1항 내지 제5항), 해상화물운송장의 전자식 발행(상법 제863조 제1항), 여객항공권의 전자적 발행(상법 제921조 제2항), 항공화물운송장의 전자적 발행(제924조 제1항) 등에 관한 규정들을 두고 있다.

이러한 규정을 통하여 유가증권의 전자적 발행과 전자적 관리에 관한 규정을 통하여 회사, 주주, 채권자, 운송인 등이 효율적으로 신속하게 업무를 처리하고 권리를 행사할 수 있도록 하고 있다.

다음으로 주식회사 운영의 전자화와 관련하여 상법은 주식회사 운영의 효율성을 위하여 회사 공고의 전자공고(상법 제289조 제3항내지 제6항), 주주총회 소집의 전자공고(상법 제542조의4)에 관한 규정을 두고 있다. 또한 회사와 주주 또는 채권자 등과의 상호 통지를 전자문서로 통지할 수 있고, 주주명부 등을 전자문서 형태로 관리할 수 있는 근거를 마련하고 있다. 이와 관련하여 회사는 전자문서로 주주명부 관리(상법 제352조의2 제1항), 주주총회 소집 통지(상법 제363조 제1항), 사채권자집회 소집 청구(상법 제491조 제2항), 사원총회 소집 통지(상법 제571조 제2항) 등을 할 수 있다. 주주도 회사에 대하여 전자문서로 주주제안(상법 제363조의2 제1항), 소수주주의 임시총회 소집청구(상법 제366조 제1항), 의결권 불통일 행사 통지(상법 제368조의2 제1항), 집중투표 청구(상법 제382조의2 제2항, 제542조의7 제1항)를 할 수 있으며, 전자적 방법으로 의결권을 행사할 수 있다(상법 제368조의4). 이하에서는 의결권 행사의 전자화 관련된 사항을 중심으로 살펴보고자 한다.

(2) 전자문서에 의한 회사의 의사통지

상법은 주주총회의 소집통지 시에 각 주주에게 서면 또는 전자문서로 통지할 것을 규정하여 전자문서에 의한 주주총회의 소집통지가 가능하다(제363조). 서면에 의하던 주주총회 소집통지를 전자문서로 대체할 수 있도록 한 것은 서면에 의한 통지서 제작비용과 발송비용을 절감하려는 취지이다. 소집통지제도로서 서면은 입증기능과 반복적 접근 가능성 때문에 이용되는 것이고,[7] 우편제도에 의한 송달은 주주에 대하여 통지서의 전달이 보장되므로 활

7) 정대익 "전자공시제도에 대한 법적 고찰", 「상사법연구」(한국상사법학회), 제22권 제3호(2003),

용된다.[8]

전자문서의 경우에도 컴퓨터 장치에 의하여 작성 및 저장이 가능하므로 서면과 동일한 기능을 가질 수 있고, 전자메일로써 확실한 송달이 가능하므로 우편제도를 대체할 수 있다. 다만 전자문서가 서면과 동일하게 성립의 진정성이 인정될 것인지 그리고 전자메일에 의한 통지가 실시되었는지 여부가 문제된다. 이 문제는 전자문서를 이용하는 다른 제도에서도 공통적으로 제기되는 문제이다.[9]

전자문서 성립의 진정성 문제는 공인인증기관이 인증하는 전자서명의 방식에 의하여 그 성립의 진정성을 담보할 수 있다. 공인인증기관의 인증에 의한 전자서명의 법적 효력과 관련하여 공인전자서명이 있는 경우에는 당해 전자서명이 서명자의 서명, 서명날인 또는 기명날인이고, 당해 전자문서가 전자서명된 후 그 내용이 변경되지 아니하였다고 추정한다고 규정하고 있다(전자서명법 제3조 제2항). 회사는 공인인증서에 의한 전자서명 방식의 활용을 통하여 성립의 진정성이 담보된 전자문서를 보관한 후 그 사본을 주주에게 통지하여야 할 것이다. 또 회사가 각 주주의 동의를 받아 전자문서로 주주총회의 소집통지를 한 경우 통지의 존부 문제는 서면에 의한 통지와 마찬가지로 통지를 한 자가 그 사실에 대한 입증책임을 부담하여 해결하여야 한다(상법 제363조 제1항).[10]

(3) 전자문서에 의한 주주의 의사통지

회사가 전자문서로 주주에 대한 통지가 가능 하듯이 주주도 회사에 대하여 전자문서로 주주제안(상법 제363조의2 제1항), 임시총회 소집청구(상법 제366조 제1항), 의결권 불통일 행사 통지(상법 제368조의2 제1항), 집중투표 청구(상법 제382조의2 제2항, 제542조의7 제1항) 등이 가능하며, 전자적으로 의결권을 행사할 수 있다(상법 제368조의4). 이러한 규정을 통하여 주주는 전자문서에 의하여 서면방식 보다 신속히 권리행사를 할 수 있고, 그 비용과 노력도 절감될 수 있

253면.

8) 김재범, "전자식 방법의 상법수용에 관련된 법률문제", 「상사법연구」(한국상사법학회), 제28권 제1호(2003), 251면.

9) 김재범, 상게논문, 251면.

10) 김재범, 상게논문, 252면.

다는 점에서 상법에서 주주의 회사에 대한 의사통지를 전자적으로 하는 것을 허용한 것은 단지 서면방식을 전자문서방식으로 대체한 것 이상의 의미를 가진다 할 것이다. 즉 전자문서에 의한 주주의 의사통지는 주주권 증대에 기여할 것으로 판단되며, 주주가 저렴한 비용으로 신속하고 편리하게 의결권을 행사할 수 있다는 것은 정보통신기술을 경영에 접목한다는 입법취지에 매우 잘 부합한다.[11]

(4) 전자문서에 의한 의결권 위임

주주는 대리인으로 하여금 그 의결권을 행사하게 할 수 있는데, 이 경우에 그 대리인은 대리권을 증명하는 서면을 총회에 제출하여야 한다(상법 제368조 제3항). 이때 서면은 위임장의 원본을 말한다. 이와 같이 주주의 의결권의 대리행사를 인정하는 것은 주주의 개성이 중시되지 않기 때문인데, 이로 인하여 회사는 널리 분산된 주식에 대하여 용이하게 정족수를 확보할 수 있고 또 주주는 의결권을 용이하게 행사할 수 있다.[12]

의결권 대리행사의 방법과 관련하여 대리인은 위임장 원본을 제출하여야 하는데, 이를 매 총회마다 제출하여야 하는가 또는 포괄적인 위임장을 제출할 수 있는가의 문제가 있다. 이에 대하여 우리나라의 학설은 매 총회마다 제출하여야 한다는 견해와 포괄적인 위임장을 제출할 수 있다는 견해로 나뉘어 있다. 은행 등에 의하여 관리를 받고 있는 회사 등의 경우에는 포괄적인 위임장에 의하여 의결권을 대리행사 시킬 실제상의 필요가 있으므로, 일정한 기간에 걸친 포괄적인 위임장의 제출도 가능하다고 본다.[13] 우리 대법원도 주주는 그 의결권을 포괄적으로 위임할 수 있다고 판시하고 있다.[14]

그러나 상법은 주주의 의결권 대리행사와 관련하여 '대리권을 증명하는 서면' 즉 위임장을 총회에 제출할 것을 규정하고 있으나 이를 전자문서 방식으로 발부할 수 있는가에 대하여는 명시적인 규정을 두고 있지 아니하다. 따라서 현행 상법의 규정으로는 의결권 대리행사를 위한 서면인 위임장의 발부

---

11) 김재범, 상게논문, 254면.
12) 정찬형, 전게서, 841면.
13) 정찬형, 전게서, 843면.
14) 대판 1969. 7. 8. 69 다 688〈집 17② 민 316〉.

가 전자문서 방식으로 이루어지는 데는 한계가 있다고 본다. 다만, 주권상장법인의 경우 의결권권유자는 전자우편을 통한 방법 또는 인터넷 홈페이지를 이용하는 방법으로 위임장용지 및 참고서류를 의결권 대리행사의 권유 이전이나 그 권유와 동시에 의결권피권유자에게 내줄 수 있다(자본시장법시행령 제160조 제3호 및 제5호).

(5) 전자적 방식에 의한 회사의 공고

회사는 정관이 정하는 바에 따라 전자적 방법으로 공고할 수 있다(상법 제289조 제3항 단서). 이에 따라 회사가 전자적 방법으로 공고하려는 경우에는 회사의 인터넷 홈페이지에 게재하는 방법으로 하여야 하며(상법 시행령 제6조 제1항), 회사의 인터넷 홈페이지 주소는 등기되어야 한다(상법 시행령 제2항). 또한 회사가 전자적 방법으로 공고하려는 경우에는 그 정보를 회사의 인터넷 홈페이지 초기화면에서 쉽게 찾을 수 있도록 하는 등 이용자의 편의를 위한 조치를 하여야 하며(상법 시행령 제6조 제3항), 전산장애 또는 그 밖의 부득이한 사유로 전자적 방법으로 공고할 수 없는 경우에는 미리 정관에서 정하여 둔 관보 또는 일간신문에 공고하여야 한다(상법 시행령 제4항).

또한 회사가 전자공고를 하는 경우에는 (ⅰ) 법에서 특정한 날부터 일정한 기간 전에 공고하도록 한 경우: 그 특정한 날, (ⅱ) 법에서 공고에서 정하는 기간 내에 이의를 제출하거나 일정한 행위를 할 수 있도록 한 경우: 그 기간이 지난 날, (ⅲ) 기타의 경우에는 해당 공고를 한 날부터 3개월이 지난날까지 계속 공고를 하고, 재무제표를 전자적 방법으로 공고할 경우에는 상법 제450조에서 정한 기간까지 계속 공고하여야 한다. 다만, 공고기간 이후에도 누구나 그 내용을 열람할 수 있도록 하여야 한다(상법 제289조 제4항 및 상법시행령 제6조 제5항).

만일 공고기간에 공고가 중단(불특정 다수가 공고된 정보를 제공받을 수 없게 되거나 그 공고된 정보가 변경 또는 훼손된 경우를 말한다)되더라도, 그 중단된 기간의 합계가 공고기간의 5분의 1을 초과하지 않으면 공고의 중단은 회사가 공고의 중단에 대하여 고의 또는 중대한 과실이 있는 경우 이외에는 해당 공고의 효력에 영향을 미치지 아니한다(상법 시행령 제6조 제6항). 회사가 전자적 방법으로 공고를 할 경우에는 게시 기간과 게시 내용에 대하여 증명하여야 한다(상법 제289조 제5항).

(6) 전자투표제도

가. 의 의

주주총회의 운영에 전자적 방법을 도입할 경우 주주총회 소집통지의 전자화 단계, 의결권 행사의 전자화 단계(전자투표), 전자주주총회 단계로 구분할 수 있다. 전자주주총회는 다시 주주총회의 참여와 의사운영의 전자화 단계와 버츄얼주주총회(Virtual shareholder meetings) 단계로 구분할 수 있다.[15)]

이 중에서 전자투표란 주주가 주주총회에 출석하지 아니하고 전자적 방법으로 의결권을 행사할 수 있는 제도이다(상법 제368조의4 제1항). 전자투표를 통하여 주주는 의결권을 편리하게 행사할 수 있으며, 회사는 주주총회의 활성화를 도모할 수 있다. 그러나 주주총회 소집통지의 전자화나 의결권 위임의 전자화 자체는 전자투표제도라 하기 보다는 전자투표제도의 원활을 도모하기 위한 주변제도라 할 수 있다.

버츄얼주주총회는 주주총회 운영 자체를 전자 매체를 이용하므로 온라인에 의한 출석, 논의과정 및 표결절차에 참여하는 것이고, 전자투표제도는 주주총회 운영절차 중에서 의결권 행사 절차 즉, 투표절차만을 전자식으로 하는 것이다.[16)] 버츄얼주주총회의 방법으로는 물리적 공간에서 주주총회가 개최되고 동 장소에 참석하지 못하는 주주가 원격지에서 전자적 방법으로 총회에 참석하고 의결권을 행사하는 방법인 불완전버츄얼총회와 물리적 공간에서 주주총회 개최 없이 사이버공간에서만 주주총회가 개최되고 주주가 전자적 방법으로 주주총회에 참석하고 의결권을 행사하는 방법인 완전버츄얼총회가 있다. 어느 방법을 선택하든 원격지에서 동시투표가 이루어진다는 점에서는 동일하다. 버츄얼주주총회는 주주들의 의사가 보다 정확히 반영될 수 있다는 점에서 서면투표의 전자화 방식 보다는 효과적인 방법이라 볼 수 있으나 기술적 제약

15) 김재범, 전게논문, 257면, 주) 27; 김순석, 「전자주주총회」(한국예탁결제원, 2008), 22면 이하; 정경영, "전자주주총회의 법리에 관한 시론", 「비교사법」(한국비교사법학회), 제12권 제4호(2005), 453면.

16) 김재범, 전게논문, 257면.

과 버츄얼주주총회의 전산시스템의 유지 및 운영과 관련한 비용 상의 문제 등이 아직은 존재하고 있다.

나. 서면투표와 전자투표

전자투표는 주주총회에 출석하지 못하는 주주들에게도 의결권을 행사할 수 있는 기회를 부여한다는 점에서 서면투표와 동일하다. 다만 주주의 의결권 행사가 이루어지는 문서의 형태가 서면문서 또는 전자문서 여부에 따라 구별되며, 문서형태에 따라 전달방법이 달라지게 된다. 즉 서면투표는 우편으로 전달되며 주주총회 개최 전에 의결권을 행사를 해야 함에 따라 주주의 의사를 적절히 반영하는데 한계가 있다.[17] 반면에 전자투표는 전자우편 또는 인터넷 홈페이지 등을 통하여 주주의 의사가 전달되어 사전에 의결권을 행사한 전자문서를 회사에 보다 쉽게 전달할 수 있으며, 더 나아가 원격지에서 개최되는 주주총회에 실시간으로 참여하여 현장에서와 동일할 정도로 직접 의결권을 행사할 수 있다.

전자투표제도는 주주총회의 불출석을 전제로 한 서면투표제도의 전자화인가 혹은 전자주주총회로 나아가기 위한 하나의 단계로서 주주의 의결권행사를 전자적 방법으로 행하는 것으로 이해할 것인가의 문제가 있다. 상법은 서면투표제도(상법 제368조의3)와는 별도로 전자적 방법에 의한 의결권 행사, 즉 전자투표제도에 관한 규정을 신설하였다. 이러한 규정 체계와 관련하여 전자투표제도를 서면투표의 전자화로 보는 견해와 주주가 현장 주주총회에 출석하는 대신 의결권을 전자적 방법으로 행사하는 것으로 이해하여야 한다는 견해가 있다. 후자의 견해에 따르면 전자투표제도는 주주총회가 전자화되어 가는 단계에서 소집통지의 전자화로부터 시작하여 궁극적으로 전자주주총회로 발전하는 단계에서 전자적 방법에 의한 의결권의 행사라고 이해하는 것이 타당하다고 한다.[18]

사견으로는 전자투표제도는 주주총회의 불출석을 전제한 의결권의 전자적 행사로서 서면투표의 전자화로 보는 것이 타당하다고 본다.[19] 개정신탁법

17) 홍복기, "전자주주총회제도의 도입", 「상사법연구」(한국상사법학회), 제22권 3호(2003), 210면.
18) 정완용, "전자투표제도의 도입에 따른 법적 문제점 고찰", 「전자투표제도 활성화 방안」(국회 금융정책연구회, 2009. 7. 22), 28면.

의 경우에 수익자가 수탁자에게 서면 또는 전자문서로 수익자집회의 소집을 청구할 수 있으며(개정신탁법 제72조 제3항), 수익자 집회의 소집자 역시 수익자 및 수탁자에게 서면이나 전자문서(수익자의 경우 전자문서로 통지를 받는 것에 동의한 자만 해당한다)로 수익자총회에 관한 사항을 통지할 수 있다(개정신탁법 제72조 제5항). 수익자는 수익자집회에 출석하지 아니하고 서면이나 전자문서(소집자가 전자문서로 행사하는 것을 승낙한 경우만 해당한다)로 의결권을 행사할 수 있으며(개정신탁법 제73조 제3항 전단), 수익자가 둘 이상의 의결권을 가지고 있을 때에는 소집자에게 서면 또는 전자문서로 의결권불통일 행사의 뜻과 이유를 통지할 수 있도록 규정하고 있다(개정신탁법 제73조 제4항). 따라서 개정신탁법은 기명식 수익증권의 수익자총회를 상법의 회사의 주주에 대한 전자적 소집통지와 주주의 회사에 대한 전자적 의결권행사에 관한 규정과 유사한 체계를 가지고 있다. 다만 개정 신탁법은 상법과는 달리 전자투표에 관한 규정을 별도로 규정하지 않고 서면투표의 전자화, 즉 전자문서 방식에 의한 의결권행사로 규정하고 있다.

다. 필요성

전자투표제도의 필요성은 주주총회가 특정일에 집중 개최되고 전국적으로 분산 개최[20]됨에 따라 주주의 주주총회 참석이 곤란한 바, 주주들이 시·공간적 제약 없이 간편하게 의결권을 행사하여 주주의 의사를 주주총회에 반영함으로써 주주의 권리를 보호할 필요가 있기 때문이다. 특히, 자산운용사 등 다수 주식종목을 보유하고 있는 기관투자자는 신속·간편하게 의결권을 행사하여 시간과 비용을 절감할 수 있으며, 적극적인 의결권 행사로 투자자의 재산보호 등 사회적 책임 수행이 가능하다.

또한 회사는 전자투표제도의 이용으로 용이하게 주주총회 의사정족수를 확보하여 주주총회 개최를 원활히 하고, 주주총회 운영비용 절감과 주주총회

---

19) 岩村充/神田秀樹 編, 「電子株主總會の 研究」, (弘文堂, 2003), 14面.

20) 2014년 12월 결산 상장법인 1,753사 중 1,318사(75.2%)가 3일에 걸쳐 주주총회를 집중적으로 개최하였는데, 2015년 3월 20일(금)에 405사(유가증권시장 258사, 코스닥시장 147사), 3월 27일(금)에 789사(유가증권시장 276사, 코스닥시장 513사), 3월 30일(월)에 124사(유가증권시장 17사, 코스닥시장 107사)가 주주총회를 개최하였다. 주주총회 개최장소는 수도권을 중심으로 전국적으로 분산 개최하였다.

사무 간소화로 주주총회가 활성화될 수 있다. 회사는 전자투표 네트워크를 통하여 주주와 간편하고 신속한 정보교환 등 원활한 커뮤니케이션으로 주주참여 경영체계를 마련할 수 있다. 그리고 기업경영의 IT화를 반영하고 있는 세계적 입법추세에 부합하는 법제를 마련하여 주주총회 운영에 관한 국제적 정합성을 확보하고 기업의 글로벌 경영을 지원할 수 있다.[21)]

▌그림 1 ▌ 전자투표 인프라 운영구조

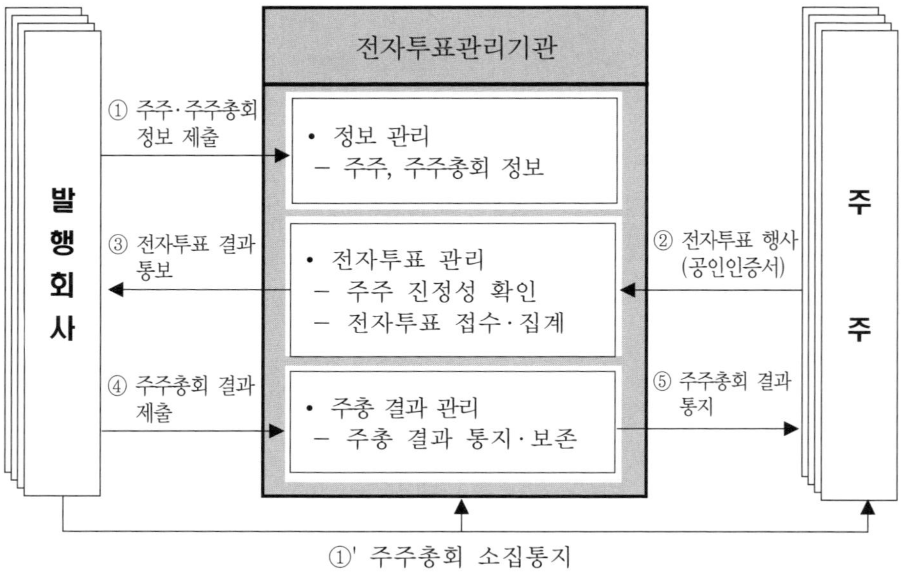

라. 전자투표 이용 결의

회사가 전자투표제도를 이용하기 위해서는 이에 관한 이사회의 결의가 필요하다(상법 제368조의4 제1항). 그러나 회사가 전자투표의 효율성 및 공정성을 확보하기 위하여 전자투표를 관리하는 기관을 지정하여 주주확인절차 등 의결권행사절차의 운영을 위탁하는 것은 회사가 정할 수 있다(상법 시행령 제5조의2 제4항). 이 경우 회사 또는 전자투표관리기관과 전자투표의 운영을 담당하는 자는 주주총회에서의 개표 시까지 전자투표의 결과를 누설하거나 직무

21) 일본, 미국, 영국 등 선진국은 주주중시경영 및 주주총회 비용절감 등을 위해 법제도 및 인프라를 정비하여 전자투표를 확대해 가고 있는 추세이다.

상 목적 외에 이를 사용해서는 아니된다(상법 시행령 제5조의2 제5항).

마. 전자투표권자명부의 작성과 전자투표권자

전자투표관리기관은 전자투표권자를 확정하기 위하여 회사가 제출한 주주명부와 실질주주명부를 기초로 하여 전자투표권자명부를 작성하여야 한다. 이에는 (ⅰ) 주주 및 전자투표권자의 성명(법인인 경우에는 명칭)·주소·주민등록번호(법인인 경우에는 사업자등록번호, 외국인인 경우에는 투자등록번호 등), (ⅱ) 주주가 소유한 주식의 종류와 수, (ⅲ) 전자투표권자가 의결권을 행사할 수 있는 주식수, (ⅳ) 그 밖에 전자투표관리업무에 필요한 사항 등을 기재하여야 한다. 전자투표관리기관은 전자투표권자명부를 작성하여 전자투표 기간 초일의 전날까지 이를 회사에 통지하여야 한다(전자투표관리업무규정 제12조).[22]

전자투표권자는 주주명부에 기재되어 있는 주주로 한다. 그러나 예외적으로 (ⅰ) 주식이 자본시장법에 따른 투자회사재산 또는 투자신탁재산에 속하는 경우에는 그 투자회사 또는 투자신탁의 집합투자업자, (ⅱ) 외국인 주주가 상임대리인을 선임한 경우에는 그 상임대리인, (ⅲ) 주식이 해외 주식예탁증권의 원주인 경우에는 그 원주의 보관기관에 대하여 그러하지 아니하다(전자투표관리업무규정 제11조).

바. 주주총회 소집통지 또는 공고 시 기재사항

회사가 전자투표제도를 이용하기로 이사회에서 결정한 경우 회사는 주주에게 전자투표 행사절차 등에 관한 사항을 사전에 안내하여 주주의 전자투표 행사를 지원할 필요가 있다. 이에 따라 회사는 주주총회의 소집통지나 공고를 할 때에는 주주가 전자적으로 의결권을 행사할 수 있다는 내용을 통지하거나 공고하여야 하며(상법 제368조의4 제1항 및 제2항), 이때 회사는 전자투표 행사절차에 관한 사항도 기재하여야 한다. 이와 관련한 주요기재 사항으로는 (ⅰ) 전자적 방법에 의하여 의결권을 행사할 웹사이트 주소, (ⅱ) 전자적 방법에 의한 의결권 행사기한(주주가 전자투표를 행사할 수 있는 기간－주주총회 회일 전일의 영업종료시점까지), (ⅲ) 전자투표의 의결권 산입 등 주주총회에서의 전자투표

---

22) 예탁결제원은 정관상 전자투표관리업무를 반영하여 금융위원회의 승인을 얻고 있으며(자본시장법 제299조 제2항), 또한 전자투표관리업무규정을 제정하고 이를 금융위원회에 보고하였다(자본시장법 제305조 제3항).

처리방법, (ⅳ) 기타 전자적 방법에 의한 의결권행사에 필요한 사항(주주신분 확인방식, PC 환경 등) 등에 관한 사항을 주주총회의 소집통지 또는 공고 시 기재하여야 한다(상법 시행령 제5조의2 제2항).

일본의 경우 회사는 주주총회 소집통지서에 전자투표 행사기한, 찬·반의 의사표시가 없는 전자투표의 취급방법, 이중투표의 효력 등을 기재하도록 하고 있다(회사법 제299조 제4항). 이러한 사항 이외에도 실무적으로 주주총회 소집통지서에 전자투표 웹사이트 주소, 기타 전자투표 행사절차 등을 기재하여 통지하고 있다.[23]

사. 의결권 행사기한

주주총회 결의는 참석주주의 의결권의 과반 수 이상과 의결권 있는 발행주식총수의 4분의 1 이상을 요건으로 하고 있으므로 주주총회 결의를 위해서는 참석주주가 확정되어야 한다. 그런데 전자우편 또는 인터넷을 이용하는 경우에는 참석주주를 확정하는데 어려움이 있다. 즉 주주가 인터넷 웹사이트 등을 통해 주주총회를 시청 또는 청취하고 있으나 적극적으로 의결권을 행사할 의지가 없는 경우에도 이를 참석주주 수에 포함시킨다면 의결정족수를 채우는데 어려움이 있을 수 있다. 따라서 사전에 주주의 참석여부를 확인할 수 있는 절차를 마련하는 것이 요구된다.

회사의 임의적인 전자투표 행사기한 운영에 따른 주주의 의결권 행사 제한을 방지하고자 전자투표의 행사기한을 미리 설정할 필요가 있다. 이와 관련한 주요내용은 주주는 의결권행사 양식에 의사표시를 하여 주주총회일 전일의 영업종료 시까지 회사에 제공함으로써 의결권을 행사한다. 즉 주주의 의결권 보장과 회사의 원활한 주주총회 운영간의 형평성을 고려하여 주주의 전자투표 행사기한을 주주총회일 전일까지로 규정하고 있다(상법 시행령 제5조의2 제2항 제2호).[24] 이에 따라 예탁결제원을 통한 전자투표 기간은 주주총회일의 10일 전부터 주주총회일 전날 오후 5시까지로 규정하고 있다. 다만, 위탁회사의 요청에 따라 전자투표관리기관이 필요하다고 인정하는 경우에는 전자투표

23) 일본의 전자투표제도 운영현황은 상장법인(3,400사) 대상 설문조사결과 제도 채택회사는 2015년 5월 기준으로 648사(19%)이다.

24) 홍복기, 전게논문, 214면 참조.

개시일을 조정할 수 있다. 주주총회가 연기되거나 속행되더라도 전자투표 기간은 연장되지 아니한다(전자투표관리업무규정 제14조).

일본의 입법례는 주주는 주주총회일 전일의 영업종료시점까지 전자투표를 행사하도록 하고 있다. 다만, 회사가 주주총회 소집을 위한 이사회에서 전자투표 행사기한을 결의한 경우 그에 따르도록 하고 있다(회사법 시행규칙 제63조, 제70조).

아. 주주 확인절차

전자투표는 주주가 주주총회에 출석하지 않기 때문에 본인여부를 확인할 수 있는 방안을 강구할 필요가 있다. 예를 들어 전자서명, 전자인증, 아이디 및 패스워드 등과 같은 다양한 방법을 강구할 수 있다.[25] 만일 주주가 아닌 자가 전자투표에 참석하여 의결권을 행사하는 경우에는 주주총회 결의 취소의 사유로 볼 수 있을 것이다.[26]

이에 따라 엄격한 주주 확인방식을 적용하여 주주가 아닌 자의 부당한 전자투표 행사를 방지하는 것이 필요하다. 이와 관련한 주요내용은 회사는 전자서명법상의 공인인증서[27]를 이용하여 주주의 신분을 확인하는 것이다(상법 시행령 제13조 제1항). 공인인증서의 경우 본인확인·전자문서의 진정성에 대한 법률적 효력이 부여되고, 전자투표 행사기록의 위변조가 방지되며, 전자문서의 송수신 시점 등의 확인이 가능하다(전자서명법 제3조 및 제20조).

한편 아이디와 패스워드를 통한 주주확인 방식의 문제점은 아이디 도용 및 유출이 용이하며, 전자투표 행사기록의 위변조 가능성, 그리고 주주총회 소집통지서에 아이디와 패스워드를 기재하여 주주에게 통보 시 주주총회 소

25) 양만식, “서면투표와 전자투표에 관한 문제점과 해결방안”, 「한국상사판례연구」(한국상사판례학회), 제16권(2004), 86면.

26) 판례의 경우 주주가 아닌 자가 결의에 참여한 경우(대판 1983. 3. 23. 83도748) 뿐만 아니라 의결권이 제한된 주주가 결의에 참여한 경우(대판 1965. 11. 16. 65다1683)도 주주총회결의 취소의 사유가 된다고 판시하였으며, 전자투표의 경우에도 이와 동일하게 취급해야 할 것이다.

27) 전자서명법상 “전자서명”이라 함은 서명자를 확인하고 서명자가 당해 전자문서에 서명을 하였음을 나타내는데 이용하기 위하여 당해 전자문서에 첨부되거나 논리적으로 결합된 전자적 형태의 정보를 말한다(전자서명법 제2조 제2호). 전자서명법상 “공인전자서명”이라 함은 전자서명생성정보가 가입자에게 유일하게 속할 것, 서명 당시 가입자가 전자서명생성정보를 지배·관리하고 있을 것, 전자서명이 있은 후에 당해 전자서명에 대한 변경여부를 확인할 수 있을 것의 요건을 갖추고 공인인증서에 기초한 전자서명을 말한다(전자서명법 제2조 제3호).

집통지서가 도달하지 아니하는 경우에는 주주의 전자투표 행사 권리가 제한되고, 타인이 수령하는 경우에는 주주가 아닌 자가 전자투표를 행사할 가능성 등의 우려가 있다. 현재 인터넷 뱅킹·온라인 증권거래 등 전자금융거래, 전자상거래 등에서 공인인증서의 이용이 일반화되어 있는 등 공인인증서를 통한 전자투표가 보다 안전한 방법이라 할 수 있다. 최근 들어서는 공인인증서와 휴대폰 인증을 동시에 사용하는 경우도 점점 증가하는 등 점점 첨단화되고 있는 해킹 수법에 대응하여 보안의 강화가 더욱더 중요한 문제로 대두되고 있다.

이와 관련한 일본의 입법례는 주주 확인절차에 대해 법령에서 규정하지 않고 있으며, 실무상 아이디와 패스워드 방식을 이용하여 주주를 확인(공인인증제도 비활성화)하고 있다. 회사는 주주총회 소집통지서에 비밀번호를 기재하여 주주에게 통지하며, 주주는 해당 비밀번호를 이용하여 신분 확인 후 전자투표를 행사하여 우리나라 보다는 전자투표 관리의 안전성이 취약하다고 보여 진다.

자. 전자투표권의 행사

(가) 의결권의 불통일행사

의결권의 불통일 행사를 하고자 하는 전자투표권자는 주주총회일의 3일 전에 전자투표관리시스템을 통하여 의결권 불통일 행사의 뜻과 이유를 위탁회사에 통지하여야 한다(전자투표관리업무규정 제15조).

(나) 집중투표와의 관계

회사는 주주가 이사선임에 관한 집중투표의 청구를 하는 경우 그 사실을 주주총회일의 7일 전까지 전자투표관리기관에 통지하여야 한다. 전자투표관리기관이 이러한 통지를 받은 경우에는 그 통지를 받은 날의 다음 날부터 전자투표권자가 집중투표의 방법으로 전자투표를 할 수 있도록 하여야 한다. 이 경우 집중투표의 방법으로 재투표하지 아니한 전자투표는 기권으로 처리한다(전자투표관리업무규정 제16조).

(다) 전자투표의 방법

전자투표권자는 전자투표관리시스템을 통하여 본인 확인절차를 완료한 후 주주총회의 의안 별로 찬성, 반대 또는 기권의 의사표시를 함으로써 의결권을 행사한다. 전자투표권자는 전자투표관리시스템을 통하여 전자투표를 한 후에는 이를 철회하거나 변경할 수 없다. 전자투표권자는 의결권을 행사할 수 있는 주식 전부에 대하여 전자투표를 하여야 한다. 다만, 일부 주식에 대한 전자투표가 부득이한 경우에는 그러하지 아니하다. 전자투표권자의 의사표시는 전자투표관리시스템에 그 내역이 입력된 때에 송수신된 것으로 본다(전자투표관리업무규정 제13조).

이와 관련한 일본의 입법례는 주주는 의결권 행사서면에 필요한 사항을 기재하여 전자적 방법으로 회사에 제공하고, 회사는 찬반의 기재가 없는 의안에 대한 처리방법을 주주총회 소집통지서에 기재한다(회사법 제299조 제4항 및 제312조 제1항, 동법 시행규칙 제63조 및 66조 제1항).

(라) 전자투표 결과의 통지

전자투표관리기관은 전자투표 기간이 종료된 후 그 결과를 회사에 통지하여야 한다. 그러나 전자투표 기간 중이라도 전자투표권자의 전자투표 내역을 위탁회사에 제공할 수 있다(전자투표관리업무규정 제17조).

(마) 주주총회 결과의 제출과 공지

회사는 주주총회가 종료된 후 7일 이내에 전자투표관리기관에 주주총회 결과통지서를 제출하여야 하며, 전자투표관리기관은 전자투표관리시스템을 통하여 전자투표권자가 주주총회의 결과통지서를 조회할 수 있도록 하여야 한다(전자투표관리업무규정 제18조).

차. 서면투표 이용제한

서면투표 등의 방법으로 사전에 의결권을 행사한 자가 전자투표를 행하는 경우에는 주주총회장에 참석한 경우와 동일하게 서면투표가 철회·번복된 것으로 보아야 할 것이다.[28] 이에 따라서 상법에서도 동일한 주식에 관하여 서면투표로 의결권을 행사한 주주는 전자투표를 행사할 수 없도록 명문화하고 있다(상법 제368조의4 제3항 및 제4항). 회사는 의결권 행사에 관한 전자적 기록을 총회가 끝난 날부터 3개월간 본점에 갖추어 두어 열람하게 하고 총회가 끝난 날부터 5년간 보존하여야 한다.

---

28) 양만식, 전게논문, 90면 참조.

카. 손해배상책임

전자투표관리기관은 전자투표관리업무와 관련하여 예탁결제원의 고의 또는 중과실로 인하여 위탁회사 및 전자투표권자에게 발생한 손해에 대하여는 이를 배상할 책임이 있다(전자투표관리업무규정 제21조).

타. 전자투표관리기관의 자격과 주요업무

상법은 전자투표관리기관의 자격에 관하여 특별히 규정하고 있지 아니하여 전자투표관리기관업무를 영위하기 위한 특별한 제한은 없다. 다만 회사는 전자투표를 위탁하여 운영할 수 있다는 상법상의 규정에 따라 전자투표관리기관과 전자투표의 위탁운영에 관한 위탁계약을 체결할 수 있다. 현재 국내에서 전자투표관리기관업무는 예탁결제원이 수행하고 있으며, 예탁결제원은 전자투표관리업무규정을 제정하여 전자투표관리기업무를 수행하고 있다. 동 규정에 따른 전자투표관리기관의 주요업무는 (ⅰ) 전자투표권자명부의 작성 및 관리, (ⅱ) 전자투표 행사 관리, (ⅲ) 전자투표 및 주주총회의 결과 관리 등이다. 전자투표관리기관은 회사로부터 제출받은 의결권 행사에 관한 참고자료 등 회사가 필요하다고 인정하는 자료를 전자투표기간 동안 전자투표권자가 전자투표관리시스템을 통하여 조회할 수 있도록 하여야 한다(전자투표관리업무규정 제3조).

▌표 1 ▌ 최근 4개년간 12월 결산법인 전자투표 이용실적

(단위: 사, 주, 명, %)

연도	이용사	주식수			주주수		
		의결권 있는 주식총수(A)	행사 주식수(B)	비율 (B/A)	총 주주수 (A)	행사 주주수(B)	비율 (B/A)
‘12년	36	85,697,123	1,028,804	1.2	13,939	49	0.35
‘13년	18	41,801,196	685,916	1.64	6,053	40	0.66
‘14년	8	15,222,530	393,760	2.59	2,181	21	0.96
‘15년	335	11,495,017,444	113,234,899	0.99	3,051,856	3,780	0.12
합계	397	11,637,738,293	115,343,379	1.61	3,074,029	3,890	0.52

출처: 한국예탁결제원

제 3 절 외국의 입법례

1. 미 국

주주총회의 전자화를 가장 적극적으로 추진하는 나라는 미국이다. 미국은 오래 전부터 기업들의 정보통신기술의 사용을 적극적으로 권장해 왔으며, 2000년 6월에는 델라웨어주에서 주주총회의 전자화를 위한 회사법 개정이 이루어졌다. 개정 델라웨어주 회사법의 경우 전자적 방법에 의한 주주총회 소집통지, 인터넷을 통한 전자주주총회(Virtual Sharehloder Meetings)의 개최와 의결권 행사를 허용하였다(Del, Gel. Corp.L.§211(a)).[29] 이후 텍사스주,[30] 미네소타주, 캔사스주[31] 등에서도 델라웨어주와 유사한 입법을 도입하였다.

(1) 전자적 방법에 의한 주주총회의 소집통지

델라웨어주 일반회사법은 주주총회의 소집통지를 전자적 방법으로 통지한 경우에 통지로서의 효력을 인정하는 규정을 따로 두고 있다(제232조 (a)). 다만 전자적 통지가 유효하기 위해서는 주주의 사전 동의가 필요하며, 사전 동의 이후에 이를 사후적으로 서면으로 취소할 수도 있다. 그러나 주주가 동의한 방식으로 회사가 2회 이상 연속으로 전자적으로 통지를 하였음에도 불구하고 주주에게 전달되지 않는 경우에는 회사 또는 명의개서대리인의 담당부서 또는 담당자가 전달이 불가능하다고 판단하는 경우에는 주주의 동의가 철회된 것으로 간주할 수 있다.[32] 이러한 철회로 주주총회나 결의를 무효로 만

29) Michael P. Docley & Michael D. Goldman, Some Comparisons Between the Model Business Corporation Act and the Delaware General Corporation Law, The Business Lawyer, vol. 56(February 2001), p.756; Douglas R. Cole, E-Proxies for Sale ? Corporation Vote-Buying in the Internet Age, 76 Washington Law Review 793, 813(2001); 權載烈 "美國 會社法의 最近 改正動向", 「법조」 통권 548호(2002년 5월호), 72면.

30) 2003년 전자주주총회제도 등의 도입을 내용으로 하는 텍사스주 상사회사법(Texas Business Corporation Act)을 개정하였다.

31) 2004년 5월 캔사스주 일반회사법은 델라웨어주 일반회사법과 거의 동일한 주주총회의 전자화에 관한 규정을 도입하였다(William Quick, "THE NEW CORPORATION LANDSCAPE: 2004 KANSAS GENERAL CORPORATION CODE", 「Journal of the Kansas Bar Associtionn」, July/August, 2004, p.30).

32) 텍사스주 회사법은 주주의 사전 동의가 있는 경우에 회사는 주주에 대하여 주주총회의 소집통

드는 것은 아니다(제232조 (a)).[33]

동법은 전자적 통지가 효력을 가지는 시점에 관하여 전송방식의 유형별로 규정을 두고 있다. 주주가 동의한 번호에 팩시밀리로 발송한 시점, 주주가 동의한 전자우편주소에 발송한 시점, 통지문 게시와 함께 특수한 게시에 관하여 주주에게 별도의 통지를 한 경우에는 게시와 통지 중 늦은 시점에, 기타 전자적 전송방식에 의한 경우 주주에게 발송한 시점에 통지가 이루어진 것으로 간주된다(제232조 (b)).[34]

(2) 인터넷상에서의 주주총회의 개최

델라웨어주 일반회사법은 가상주주총회에 관하여 "이사회는 그 재량에 의하여 주주총회가 어느 특정한 장소에서 개최되지 않고 원격통신의 방법(remote communication)에 의해 개최되는 것을 결정할 수 있도록 하고 있다(제211조 (a) (1)). 이에 따라 회사는 원격통신의 수단으로 화상회의, 인터넷 등을 통한 주주총회를 개최하는 것을 선택할 수 있다. 이 경우에 주주와 그 대리인의 출석은 원격통신의 방법에 의할 수 있으므로 회사는 주주총회의 소집통지서에 회사가 선택한 원격통신의 방법을 기재하여야 하며,[35] 주주의 진정성을 확인할 수 있는 합리적인 인증절차를 갖추어야 한다.[36]

이에 따라 이사회가 정한 지침과 절차에 따라 주주총회에 직접 출석하지 않는 주주 또는 그 대리인(proxyholder)도 원격통신의 방법으로 주주총회에 참석할 수 있고, 정족수의 산정이나 결의에 있어서 주주총회에 본인이 출석하여 투표한 것으로 볼 수 있다(제211조 (a)(2)).

지 등을 전자적으로 할 수 있는 규정을 두고 있다. 그러나 주주의 동의는 서면통지에 의하여 철회될 수 있으며, 연속 2회 이상 전자적 통지의 전달이 불가능한 경우에는 이를 회사의 통지전달자가 통지가 전달되지 않았음을 안 경우에는 사전 동의가 철회된 것으로 간주한다(Byron F. Egan, "CHOICE OF ENTITY ALTERNATIVES", Texas Journal of Business Law, Winte r2004 (39-WTR Tex. J. Bus. L. 379), p.387).

33) 정경영, "전자투표제도 도입을 위한 법제 정비방안", 「우리나라 주주총회의 IT화를 위한 전자투표제도 도입에 관한 연구」(한국상사법학회, 증권예탁원, 2004. 10. 22), 11면.

34) 정경영, 상게논문, 11면.

35) 홍복기, 전게논문, 184면.

36) 정쾌영, "주주총회의 전자화에 관한 입법동향 고찰", 「상사법연구」(한국상사법학회), 제21권 제3호(2002), 319면.

(3) 전자적 방법에 의한 의결권의 위임

델라웨어주 일반회사법은 특정한 형식의 위임장을 특별히 요구하지 않고, 주주가 유효한 위임장을 부여할 수 있는 수단들을 열거하고 있다(제212조). 1998년의 개정회사법에서는 정보기술의 발달에 따라 위임장 부여의 수단을 확대하였는데, 이에 따라 위임은 무선(telegram), 유선(cable), 기타 전자적 송신(electronic transmission)의 수단에 의하여도 위임장을 부여할 수 있도록 하였다. 다만, 전자적 송신에는 그것이 주주에 의하여 수권된 것을 나타내는 정보를 포함하거나 그러한 정보와 함께 제출되어야 한다(제212조 (c)(2)). 이에 따라 복사본, 팩스, 원격통신(tele communication) 기타 신뢰할 수 있는 복제물이 위임장으로 인정된다(제212조 (d)).

델라웨어주 일반회사법의 개정에 의하여 주주는 전자적 방법으로 위임장을 회사에 송부하는 것이 가능하게 되었다. 이후 많은 주에서 이러한 형태의 입법이 이루어지고 있다.[37)]

2. 영 국

영국은 2000년 5월에 전자적 방법에 의한 정보전달과 정보보관 등의 촉진을 목적으로 관계법률의 개정을 위한 전자통신법(Electronic Communication Act)을 제정하였다. 동법 제8조는 전자적 방법에 의한 정보전달 등의 필요성이 있다고 인정되는 경우, 해당 부처의 장에게 기존의 법률을 수정할 수 있도록 하고 있다. 이를 기초로 하여 2000년 12월 22일에 회사법의 주무부서인 무역산업부는 주주총회에서 전자적 방법의 사용을 허용하는 내용의 전자적 정보전달 명령(Electronic Communication Order 2000)을 제정하였다. 그 이후 2006년 회사법에서도 그 내용을 수용하고 있다. 동 명령은 주주총회의 소집통지, 결산서류 및 감사보고서를 전자적 방법으로 송부할 수 있도록 하였으며, 전자적 방법에 의한 의결권 대리 행사의 위임도 가능하게 하였다.

37) 홍복기, 전게논문, 185면,

(1) 전자적 방법에 의한 주주총회의 소집통지

영국의 2006년 회사법은 회사의 일반주주총회(general meeting)의 소집을 위한 통지(notice)는 서면형태(hard copy), 전자적 형태(electronic form) 또는 웹사이트형태로 이루어지거나 또는 이들을 혼용하여 이루어져야 한다고 규정하고 있다(회사법 제308조). 이들 방법 중에서 웹사이트에 의한 주주총회 소집통지를 공표하는 경우에는 (ⅰ) 회사의 주주총회 소집 통지라는 사실, (ⅱ) 주주총회의 장소, 일자 및 시간, (ⅲ) 공개회사의 경우에는 주주총회가 정기주주총회인지 여부를 반드시 명시하도록 규정하고 있다(회사법 제309조 제1항 및 제2항). 이러한 웹사이트 상 소집통지의 공표는 주주총회의 소집통지의 개시일로부터 주주총회의 종료일까지 계속 이용할 수 있어야 한다(회사법 제309조 제3항). 상장회사(quoted company)의 경우에는 주주총회일, 주주총회의 결의 내용 또는 주요내용의 개요, 찬성투표의 수, 반대투표의 수 등의 주주총회 투표결과를 웹사이트에서 이용할 수 있도록 하여야 한다(회사법 제341조 제1항).

회사가 주주총회의 소집을 위한 통지로 전자적 주소(electronic address)를 제공한 경우에, 주주총회의 절차와 관련되는 자료 또는 정보는 동 주소로 전자적 수단(electronic means)에 의해 보내질 수 있는 것을 동의한 것으로 보고 있다(회사법 제333조 제1항). 이때 '전자적 주소'란 전자적 수단에 의해 자료나 정보를 보내거나 수령하는 목적으로 이용되는 '주소(address)' 또는 '숫자(number)'를 의미한다(회사법 제333조 제4항).

따라서 주주총회 소집통지에 전자주소를 사용하는 것이 가능하며, 특히 주주의 동의가 있으면 회사가 개별적인 소집통지를 웹사이트 상에 주주총회의 소집사항을 게시하는 것만으로도 주주총회의 소집통지에 갈음할 수 있다.[38]

(2) 전자적 방법에 의한 의결권의 위임

의결권의 대리행사 주주가 직접 대리인을 선임하여 의결권을 행사하는 경우와 대리인이 되고자 하는 자로부터 의결권 대리행사의 권유를 받아서 의결권을 행사하는 경우가 있으나 양자 모두 법률적으로는 주주가 대리인에게

38) 정대익, 전게논문, 237면.

의결권 행사를 위임하는 것이다.[39)]

영국은 이 의결권 행사 대리권의 위임을 전자적 방법으로 행할 수 있도록 하고 있다(회사법 제333조 제2항). 이 규정에 따르면 회사 정관에 반대의 규정이 있더라도 의결권의 위임은 전자적 방법으로 할 수 있다(동 명령 제19조). 그러나 전자적 의결권 위임 이외에 의결권의 전자적 행사와 관련해서는 명문의 규정이 동 명령상에는 없으나, 많은 회사에서는 정관으로 전자우편 등 전자문서에 의한 투표를 인정하고 있다.[40)]

3. 독 일

독일은 2001년 1월 공포되어 2000년 1월 1일부터 소급 적용되고 있는 '기명주식과 의결권 행사의 간소화를 위한 법(Gesetz zur Namensaktie und zur Erlichterung der Stimmrechtsausübung: NaStraG)'에 이은 '주식법·대차대조법의 계속적인 개혁, 투명성과 공시에 관한 법률(Gesetz zur weiteren Reform des Aktien-und Bilanzrechts zu Transparens-und Pullizität: TransPug)'을 통하여 주식법(Aktiengesetz)을 대폭 개정하여 회사가 전자적 매체를 이용하여 운영할 수 있는 기반을 마련하였다.[41)]

(1) 전자적 주주총회 소집공고 및 통지

주주총회의 소집공고를 연방관보에 하는 경우에 전자연방관보(elektronischer Bundesanzeiger)[42)]에 의하여야 한다(주식법 제25조 제1문 참고). 정관으로 연방관보와 함께 회사가 전자정보매체를 회사의 공고지로 정하여 이 매체에 주주총

39) 영국에서 기관투자자의 비중이 높은 그 이유는 주식시장에 투자하는 기관투자자의 비중이 높다는 점과 개인투자자가 보유하고 있는 주식의 경우에도 회사의 주주명부에는 대부분 고객이 이용하는 증권회사인 기관투자자의 명의로 주식이 등록되기 때문이다. 그리고 이들 기관투자자가 의결권 등의 권리를 행사하며, 개인투자자가 의결권 등의 권리를 행사하기 위해서는 개인투자자 명의로 직접 주주명부에 등록하거나 기관투자자로부터 의결권 위임장을 발부 받아 의결권을 행사할 수 있다.

40) 정대익, 전게논문, 238면; 北村雅史, "イギリス会社法における株主総会に関する規整", 「商事法務」, No.1584 (2001), 25면.

41) 小柿德武, "ドイツにおける株主総会に関する規整", 「商事法務」, No. 1584(2001), 27면~28면.

42) 연방전자관보의 웹사이트는 www.ebundesanzeiger.de 이다. 주식회사의 경우에는 2003년 1월 1일부터 연방전자관보에만 공고를 할 수 있다(정대익, 전게논문, 주) 28에서 재인용).

회의 소집공고를 전자적으로 하는 것도 가능하다(주식법 제121조 제3항, 제124조 제1항, 제25조 제1문, 제2문). 전자연방관보와 함께 회사의 홈페이지도 정관이 정하는 경우에는 주주총회의 소집공고의 매체가 될 수 있다.[43] 또한 주주총회 소집통지를 비롯한 주주에 대한 다양한 통지도 전자매체를 이용한 통지가 가능하다(주식법 제125조 제2항). 그러나 주주에게 전자매체의 이용을 의무화할 수 없기 때문에 주주가 동의한 경우에 한하여 전자우편 등의 전자매체를 이용한 통지가 가능하다.

(2) 전자적 의결권 위임과 지시

회사는 의결권 위임과 관련하여 정관이 정하는 경우에는 서면형식 뿐만 아니라 전자문서 양식(Bildschirmformular)을 이용할 수 있다(주식법 제128조 제2항 제5문, 기명주식법 제1조 제10호 c). 즉 독일의 경우 의결권은 대리 행사할 수 있으며(주식법 제134조 제3항), 이 때 대리권의 수여는 서면에 의하는 것이 원칙이지만 정관에 정함이 있는 경우에는 팩스나 전자우편 등과 같은 전자적 방법으로 의결권을 위임하는 것도 가능하다고 해석하고 있다(주식법 제134조 제3항 제2문, 제135조 제1항).

동 개정 주식법은 전자적 방법에 의한 의결권 행사에 대하여 명시적으로 규정하고 있지 아니하며, 쌍방향 화상회의시스템을 이용한 주주총회의 개최 여부에 대하여도 명시적으로 규정하고 있지 아니하다. 그러나 학설에서는 주주총회가 일정한 회의장에서 개최되고, 정관의 정함이 있는 때에는 주주가 전자적 방법을 통하여 주주총회에 참가하고 그 의결권을 행사하는 것은 현행법하에서도 적법한 것으로 인정된다고 한다.[44]

4. 일 본

일본의 경우는 2001년 11월 상법개정을 통하여 전자적 방법에 의한 회사관계 서류 작성 및 공시, 주주총회 소집통지, 주주제안권의 행사 등을 허용함

43) 정대익, 전게논문, 232면.

44) Noack, U, Hautversammlung und Neue Media, Betriebsberater 1998, §2533~2536; Zwissler, Th, Gesellschafterversammlungen und Internet, GmbHRundschau 2000, §28~29; 정쾌영, 전게논문, 321면.

과 동시에 의결권행사의 전자화, 전자투표제도를 도입하였다(종전 회사법 제312조). 현재 전자투표제도나 전자적 방법에 의해 소집통지를 발송하는 회사의 비율이 지속적으로 증가하고 있다.[45)]

(1) 전자적 방법에 의한 주주총회의 소집통지

회사는 주주총회의 소집통지를 서면으로 발송하는 것을 원칙으로 하면서(회사법 제299조 제1항), 이사는 서면에 의한 통지를 대신하여 정령으로 정하는 바에 따라 주주의 승낙을 얻어 전자적 방법에 의하여 통지할 수 있으며, 이 경우에 당해 이사는 서면에 의한 통지를 발송한 것으로 보고 있다(회사법 제299조 제3항). 따라서 회사는 정관에 근거나 이사회의 결의 없이 주주의 승낙이 있는 경우에는 정령에서 정하는 바에 따라 전자적 방법으로 주주총회의 소집을 통지할 수 있다.

(2) 전자적 방법에 의한 의결권행사

주주의 전자적 방법에 의한 주주총회 의결권행사는 정령으로 정하는 바에 따라 주식회사의 승낙을 얻어 법무성령으로 정하는 때까지 의결권 행사 서면에 기재하여야 할 사항을 전자적 방법에 의하여 당해 주식회사에 제공하여야 한다(회사법 제312조 제1항). 주주가 전자적 방법에 의한 주주총회의 소집통지를 승낙을 한 경우에는 주식회사는 정당한 이유가 없으면 주주의 전자적 방법에 의한 주주총회의 의결권 행사에 관하여 승낙을 거절하여서는 안 된다(회사법 제312조 제2항). 따라서 회사의 전자적 방법에 의한 주주총회의 소집통지 요청을 승낙한 주주가 회사에 대하여 전자적 방법으로 의결권을 행사하는 것을 요청하는 경우에는 회사는 정당한 사유가 없는 한 이를 거절할 수 없다. 여기서 정당한 사유라 함은 회사의 주관적 사유라 하기 보다는 천재지변 등과 같은 객관적인 불가피한 사유로 해석하는 것이 타당하리라 본다.

주주가 전자적 방법에 의하여 행사한 의결권의 수는 출석한 주주의 의결권의 수에 당연히 산입된다(회사법 제312조 제3항). 주주의 요청에 의한 회사의 전자적 방법에 의한 의결권행사에 관한 승낙은 정관에 근거나 이사회의 결의

45) 권종호, “주주총회의 IT화－2001년 일본개정회사법을 중심으로－,” 「증권예탁」(증권예탁원), 제41호 (2002), 3면 이하 참조.

등은 필요로 하지 않는다. 주식회사는 주주총회일로부터 3개월 간 주주의 전자적 방법에 의한 주주총회의 의결권의 행사에 관한 규정에 따라 제공된 사항을 기록한 전자적 기록을 그 본점에 비치하여야 하며(회사법 제312조 제4항), 주주는 주식회사의 영업시간 내에는 언제든지 이러한 전자적으로 기록된 사항을 법무성령으로 정하는 방법에 의하여 표시한 것의 열람 또는 등사청구를 할 수 있다(회사법 제312조 제5항).

제 4 절 의결권 행사의 전자화에 관한 법적 과제

1. 의결권 행사의 전자화 강화를 위한 법적과제

(1) 웹 공시제도를 이용한 소극적 통지제도 도입

웹 공시제도라 함은 주주총회의 참고서류, 사업보고서 등 주주총회 소집통지와 함께 주주에게 제공하여야 하는 자료에 표시해야 하는 사항에 대하여 정관의 정함에 따라 인터넷 홈페이지에 게재하고, 그 인터넷 홈페이지의 주소 등을 등기하고 이를 주주에게 통지하면 당해 게재된 사항의 정보가 주주에게 통지된 것으로 보아 물리적인 서면 등에 의한 제공을 생략할 수 있는 제도를 말한다.[46)]

웹 공시제도와 관련하여 회사가 웹사이트(회사의 웹사이트 또는 제3자의 웹사이트)에 통지내용을 게시만 하거나 또는 통지사항을 게시하고 웹사이트 주소를 주주에게 고지한 경우에 통지의무가 이행되었다고 볼 수 있는지 여부에 대하여 이견이 있다. 전자의 경우에는 통지로써 효력이 없음이 분명하나 후자의 경우 영국은 법적으로 통지가 있는 것으로 갈음하고 있고(회사법 제308조 및 제309조), 이러한 통지도 적법한 통지로 보자는 견해가 있다.[47)] 그러나 통지의 개념에는 주주총회와 관련한 정보를 담은 전자문서의 송신이라는 것이 필수

46) 김순석, 전게논문, 8~9면.
47) 일본에서는 이러한 통지도 유효한 통지로 보고 있다(권종호, 전제논문, 15면 참조).

적 요소이므로 후자의 통지방법을 상법 제368조 제1항의 전자문서에 의한 통지로 보는 것은 현행 상법 하에서는 곤란하다.[48] 따라서 명시적인 입법조치가 있을 때만이 그러한 웹사이트상의 게시만으로 통지의무가 이행된 것으로 볼 수 있을 것이다.[49]

이러한 웹 공시제도의 장점은 만일 회사가 주주총회와 관련되는 직간접 정보를 인터넷 홈페이지에서 삭제하지 않고 계속 보존하여 주주들이 열람가능하게 하는 경우에는 주주는 주주총회와 관련되는 과거정보와 현재정보를 인터넷 홈페이지상에서 편리하게 조회하며 비교할 수 있을 것이다.

일본의 경우 주주총회의 참고서류에 기재하여야 하는 사항에 대하여 소집통지 발송 후 주주총회 전일까지 수정해야 하는 사항이 생긴 경우에 수정 후의 사항을 주주에게 주지하는 방법을 소집통지에 기재할 수 있는데(회사법 시행규칙 제65조 제3항), 그 방법은 실무상 인터넷 웹 사이트에 표시하는 경우가 많으며 이를 웹 수정이라고 칭하여,[50] 웹공시제도를 부분적으로 도입하고 있다고 볼 수 있다.

앞으로 회사의 주주에 대한 정보제공 의무는 push 방식(회사가 직접 정보를 주주에게 전송하는 방식)에서 pull 방식(회사가 지정된 웹사이트에 게시한 정보를 주주가 직접 접근하여 취득하는 방식)으로 전환될 전망인데, 이는 정보제공의 비용과 정보수요자인 주주의 정보에 대한 선택적 접근이라는 측면에서 볼 때 미래의 통지형태가 될 것이다. 이러한 통지방식이 일반화되는 경우에는 공고(간접공시)와 통지(직접공시)의 경계가 사라지고 결과적으로 기명주식과 무기명주식 모두 주주에 대한 주주총회에 관한 정보제공의 방법이 단일화된다.[51]

향후 회사의 주주에 대한 주주총회 소집통지의 전자화, 주주의 회사에 대한 의결권 행사의 전자화, 주주의 의결권의 제3자에게 위임의 전자화가 이루어지는 등 주주총회의 전자화가 성숙되고, 주주총회와 관련한 회사와 주주 사이의 의사표시 및 이와 관련되는 자료의 통지를 회사가 개개의 주주에게 일일

48) 정경영, "전자금융거래법안의 문제점에 관한 고찰 – 전자증권과 관련하여", 「증권예탁」(증권예탁원), 제44호(2002 – 4), 63면; 정대익, 전게논문, 249면.

49) 정대익, 전게논문, 249면.

50) 김순석, 전게논문, 9면.

51) 정대익, 전게논문, 249면.

이 서면 또는 전자우편으로 통지할 필요없이 회사의 정관상에 등기된 인터넷 홈페이지에 관련정보를 업로드(up-load)하여 이를 주주가 언제든지 확인할 수 있으면 이를 회사가 주주에 대한 통지로 갈음하는 것을 상법상으로 허용하는 것이 바람직하다고 본다. 그리고 이러한 웹공시제도의 채택은 회사의 규모, 회사의 성격 등을 고려하여 각 회사의 정관상 반영을 통하여 채택할 수 있을 것이다.

개정상법은 상장회사가 주주총회를 소집하는 경우 발행주식총수의 100분의 1 이하의 주식을 소유하는 주주에게는 정관으로 정하는 바에 따라 주주총회일의 2주 전에 주주총회를 소집하는 뜻과 회의의 목적사항을 둘 이상의 일간신문에 각각 2회 이상 공고하거나 금융감독원 또는 한국거래소가 운용하는 전자공시시스템을 통하여 전자적 방법으로 공고함으로써 주주총회의 소집통지를 갈음할 수 있도록 하고 있어(상법 제542조의4 제1항, 상법 시행령 제31조 제1항 및 제2항), 웹공시제도가 부분적으로 이용되고 있다.

(2) 의결권 위임의 전자화

상법은 주주의 의결권을 대리 행사하기 위해서는 대리권을 증명하는 서면을 제출할 것을 규정하고 있다(상법 제368조 제3항). 이때 대리권을 증명하는 서면은 위임장 형태이며, 이 위임장은 원본일 것이 요구되고 있다. 그러나 이를 전자문서 방식으로 대체할 수 있는 규정은 마련하고 있지 아니하다.

주주의 의결권에 대한 위임장제도가 활발히 이용될 수 있는 회사 또는 국가로는 첫째, 폐쇄회사 보다는 주주분산이 많이 이루어진 공개회사일 것이다. 둘째, 실질주주제도(beneficial owner)제도가 도입된 국가 보다는 나미니제도(nominee)[52]가 많이 이용되는 회사나 국가일 것이다. 셋째, 개인투자자가 주식

52) 영국 등의 일부 유럽 국가들은 원칙적으로 무기명주권인데 비해, 미국은 기명주권이 원칙이다. 다만, 미국에서는 편의상 주주가 주주 자신의 명의로는 등록하지 않고, 브로커나 은행 등의 명의로 주식을 소유하는 나미니제도가 예전부터 이용되고 있다. 나미니 명의로 되어 있는 주식에 관해서는 의결권행사나 배당금 지급도 나미니를 통해서 간접적으로 이루어지게 된다. 주주총회의 의결권은 지금까지 특히 개인주주가 그다지 관심을 보이지 않았는데, 그 때문에 주식의 단순한 명의인에 지나지 않는 나미니가 자유롭게 의결권을 행사할 수 있었다. 그러나 최근의 경향은 시장의 투명성, 신뢰성을 위해서라도 의결권을 행사하는 것의 중요성이나 영향에 관해서 투자자를 교육하여 주주권의 행사를 촉구하려고 하는 것이다. 현재 나미니 명의로 보유되고 있는 주식은 상장기업 주식의 70%에서 80%에 이르고 있다. 우선 NYSE 규칙 452에는 '관례적인(routine)' 의안에 관해서 주주총회의 예정일로부터 적어도 10일 전까지 나미니로

을 직접투자하기 보다는 간접 투자하는 비중이 높은 나라일 것이다. 넷째, 미국 등과 같이 나라의 면적이 넓어서 일반주주가 주주총회에 참석하는 것이 현실적으로 어려운 나라일 것이다.

주주가 주주총회에 참석하여 주주의 의사를 표시하는 것이 주주의 중요한 권리이자 회사를 감시하는 수단이지만, 개인투자자 입장에서 본인의 의사표시가 주주총회의 의안에 중요한 결정을 미치는데 한계가 있거나, 대주주·주요주주의 지분율이 높은 회사의 경우에는 주주가 직접 서면 또는 전자문서방식 중에서 어떠한 방법으로 던 의결권행사를 할 이유는 그리 높지 않을 것이다. 이러한 현실에서 일반개인주주의 주주총회 참석을 유도하기 위해서는 주주가 매우 편리하게 주주총회에 참석할 수 있는 다양한 수단을 마련하는 노력이 더욱더 절실하다고 본다. 이를 위하여 우리나라의 경우에도 미국, 영국, 독일 등과 같이 상법 제368조 제3항의 개정을 통하여 전자적 방식에 의한 의결권 대리행사가 가능하도록 하는 법개정이 필요하다.[53]

미국의 경우에는 나미니제도가 일반적이며, 실질주주가 주주총회에서 의결권을 직접행사하기를 원하는 경우에는 나미니인 수탁금융기관이 실질주주를 위하여 의결권 대리행사를 위한 위임장을 발부하는데, 이때 위임장 발부는 전자적 방식으로 가능하다. 실질주주는 위임장이나 전자우편을 통하여 전달받은 관리번호와 비밀번호를 전자투표관리기관의 웹사이트에 입력하여 단말기 상에서 온라인으로 위임장을 작성하여 송신함으로써 전자투표를 한다.[54] 미국 델라웨어주 일반회사법에서도 대리인을 선임하는 서면작성에 의하여 위임장을 수여할 수 있으며, 대리인에게 위임장을 전자적으로 전송함으로써 선임

되어 있는 브로커나 은행에 실질적 소유자가 특정의 투표지시를 하지 않는 경우, 나미니는 실질적 소유자를 대신해서 의결권을 행사할 수 있다고 규정되어 있다. 그러나 합병결의, 주주총회의 정족수 변경의안 등과 같이 '관례적이지 않은(non-routine)' 의안에 관해서는 나미니에게 대리행사 권한은 부여되어 있지 않다. 즉, 이러한 의안에 관해서 나미니는 실질적 소유자의 지시가 없는 경우에 권리를 행사할 수 없다(일본증권경제연구소, "증연리포트", 제1657호(2009. 12).

53) 정찬형, "주주총회 활성화를 위한 제도개선 방안", 「상사법연구」(한국상사법학회), 제23권 제3호(2004), 74면.

54) 정완용, 전게논문, 37면 참조. Daimler와 합병을 결의한 Chrysler의 마지막 주주총회에는 단지 139명의 주주만이 참석하였고, 위임장에 의한 의결권 대리행사(Proxy)를 통하여 행사한 주주는 440,000명이었다고 한다(정대익, 전게논문, 20면).

할 수 있도록 규정하고 있다(동법 212조 (a)항(2)).

영국의 경우에도 의결권 행사 대리권의 위임을 전자적 방법으로 행할 수 있도록 규정하고 있다(회사법 제372조 2A항).[55] 이 규정에 따르면 회사 정관에 반대의 규정이 있더라도 의결권의 위임은 전자적 방법으로 할 수 있다(동 명령 제19조).

독일의 경우에도 회사는 의결권 위임과 관련하여 정관이 정하는 경우에는 서면형식 뿐만 아니라 전자문서 양식(Bildschirmformular)을 이용할 수 있도록 규정하고 있다(주식법 제128조 제2항 제5문, 기명주식법 제1조 제10호 c).

(3) 전자공고의 제3자에게 위임근거 마련

회사는 정관이 정하는 바에 따라 전자적 방법으로 회사의 인터넷 홈페이지를 통하여 공고할 수 있으며, 회사의 인터넷 홈페지 주소는 등기되어야 한다(상법 제289조 제3항 단서, 상법 시행령 제6조 제 1항 및 제2항). 상법의 규정은 전자관보나 전자신문을 상정하고 만들어진 것이 아니라고 해석되어진다. 따라서 회사가 전자공고를 하는 경우에는 자사의 인터넷 홈페이지를 통해서만 가능하고 이를 제3자에게 위임하는 것은 현행 상법의 규정상 명시적으로 인정되고 있지 아니하다. 따라서 현행의 상법규정을 엄격히 해석하면 회사의 인터넷 홈페이지가 없는 경우에는 전자공고제도를 이용할 수 없다. 여러 회사 주식을 동시에 보유하고 있는 기관투자자 등의 경우에는 개개의 회사의 인터넷 홈페이지를 확인하고 검색하여야 하는 불편함이 있을 수 있다. 개개 회사가 인터넷 홈페이지를 직접 관리 및 운영함에 따른 인터넷 홈페이지 다운 등과 같는 장애가 발생하는 경우에 이에 신속히 대응하는 것이 곤란할 수 있다. 이러한 경우에 전자공고가 제대로 실행되었는지 여부를 둘러싼 사후 분쟁에 대비하여 입증의 문제를 해결할 필요가 있다. 회사가 직접 관리하는 인터넷 홈페이지 상에 전자공고를 하여야 함에 따른 부담 등으로 인하여 전자공고제도가 아직 널리 이용되고 있지는 아니하다.

따라서 일정한 물적 요건과 인적 요건을 갖춘 공공성 있는 전자공고기관을 통하여 전자공고를 하는 경우에는 전자공고가 활성화될 수 있을 것이다.

---

55) 양만식, 전게논문, 88면.

전자공고전문기관은 등록제로 하는 것이 바람직할 것으로 본다. 이 경우 여러 주식을 동시에 보유하고 있는 주주의 경우에는 전자공고전문기관이 운영하는 인터넷 홈페이지 한 곳에만 접속하여 다수의 회사의 과거, 현재, 미래의 전자공고 내용을 실시간으로 확인할 수 있는 장점이 있다. 따라서 전자공고를 제3자에게 위임할 수 있는 근거를 상법상에 마련하여 전자투표와 전자공고 및 의결권 전자위임제도간의 시너지를 도모할 필요가 있다.

이 경우에는 일본과 같이 많은 회사의 전자공고가 제대로 이루어졌는지 여부를 별도로 조사할 필요도 없이 단지 전자공고전문기관이 공고대행 업무를 적정하게 수행하였는지 여부를 사전 또는 사후적으로 감독하면 될 것이다.

전자공고제도가 이상적으로 운영되고 있는 독일의 경우에는 주주총회의 소집공고를 전자연방관보(elektronischer Bundesanzeiger)에 하도록 규정하고 있다(주식법 제25조 제1문 참고). 정관으로 연방관보와 함께 회사가 전자정보매체를 회사의 공고지로 정하여 이 매체에 주주총회의 소집공고를 전자적으로 하는 것도 가능하다(주식법 제121조 제3항, 제124조 제1항, 제25조 제1문, 제2문). 이에 따라 전자연방관보와 함께 회사의 인터넷 홈페이지도 정관이 정하는 경우에는 주주총회의 소집공고의 매체가 될 수 있다. 즉 독일에서는 회사의 인터넷 홈페이지, 연방전자관보, 기타 제3의 전자정보매체에 회사의 공고를 할 수 있다.

일본의 경우에는 우리나라의 상법과 같이 회사의 인터넷 홈페이지에 전자공고를 할 수 있도록 규정하고 있으며(회사법 제2조 제34호),[56] 전자공고가 적정하게 이루어졌는지 여부를 증명하기 위한 제3자인 증명기관제도를 도입하고 있다. 증명기관의 홈페이지 게재 사실 증명은 공고기간 중 홈페이지에 계속적으로 접근하여 증명하는 것이 아니라, 그 정도의 빈도로 공고게재 사실이 확인되어 있으면 계속적으로 게재되어 있는 것으로 추정하여도 좋다고 할 정도의 빈도로 조사하여야 한다. 게재사실이 증명되는 경우에는 계속적인 게재 사실이 추정된다는 내용의 증명서를 발급한다. 법무성이 공고 링크집 홈페

---

56) 제2조 제34호 전자공고: 공고방법 중 전자적 방법(전자정보 처리조직을 사용하는 방법 그밖에 정보통신기술을 이용하는 방법으로서 법무성령으로 정한 것을 말한다. 이하 같다)에 의하여 불특정 다수의 자가 공고하여야 할 내용인 정보의 제공을 받을 수 있는 상태에 두는 조치로서 법무성령으로 정하는 조치를 취하는 방법을 말한다.

이지를 개설하여 공고회사의 홈페이지가 많음으로 인한 정보취득의 어려움을 극복하는 데 도움을 주는 방안을 고려하고 있다.57)

(4) 전자투표관리전문기관의 등록제 도입

회사는 이사회의 결의로 주주가 총회에 출석하지 아니하고 전자적 방법으로 의결권을 행사할 수 있음을 정할 수 있으며(상법 제368조의4 제1항), 이 경우에 회사는 의결권 행사에 필요한 양식과 참고자료를 주주에게 전자적 방법으로 제공하여야 한다(상법 제368조의4 제3항). 또한 (ⅰ) 전자투표를 할 인터넷 주소, (ⅱ) 전자투표를 할 기간, (ⅲ) 주주의 전자투표에 필요한 기술적인 사항 등을 주주총회의 소집통지나 공고를 통하여 주주에게 알려야 하여야 한다(상법 시행령 제13조 제2항).

상법시행령에서는 회사는 전자투표의 효율성 및 공정성을 확보하기 위하여 전자투표를 관리하는 기관을 지정하여 주주 확인절차 등 의결권 행사절차의 운영을 위탁할 수 있다(상법 시행령 제13조 제4항). 이 경우에는 회사 및 전자투표관리기관의 전자투표 운영을 담당하는 자는 주주총회에서 개표가 있을 때까지 전자투표의 결과를 누설하거나 직무상 목적 외로 사용할 수 없다(상법 시행령 제13조 제5항).

이와 같이 상법 및 동법 시행령에서는 회사의 전자투표 운영의 효율성과 공정성을 확보하기 위하여 전자투표관리기관에 전자투표관리업무를 위임할 수 있도록 하고 있으나, 전자투표관리기관의 자격요건이나 사전적 사후적 관리 및 감독방법 등에 대하여는 일체 규정하고 있지 아니하다.

전자투표관리기관은 주주가 공인전자서명을 통한 주주 확인을 하는 경우 이를 확인할 수 있는 전산시스템과 주주가 전자투표를 행할 수 있는 전산시스템을 구비하여야 한다. 전자투표 기간 중에는 전산장애 없이 전자투표가 진행될 수 있도록 전산시스템을 철저히 관리할 수 있는 능력을 구비하고 있어야 한다. 또한 전자투표 기간 중에 예측할 수 없는 디도스 공격이나 헤킹 시도 등으로부터도 전자투표관리시스템을 안전하게 관리할 수 있어야 한다. 전자투표와 관련하여 지득한 사실들의 누설방지와 전자투표에 참여한 주주의 개인정

---

57) 일본 상법 中間試案(2003) 第2編 第一의 678 참고(정대익, 전게논문, 244면).

보 또한 철저히 보호되도록 하여야 할 것이다.

따라서 전자투표관리기관으로서의 역할을 수행하기 위해서는 일정한 전산설비요건, 인적요건 및 전자투표업무관리규정 마련 등을 등록요건으로 하여 주무관청에 등록을 하도록 하는 것이 바람직할 것으로 본다.

2. 전자적 의결권 행사의 활성화를 위한 법적 과제

(1) 전자적 주주총회 소집 통지와 전자적 의결권 행사의 연계

일본의 경우 주주총회의 소집통지를 서면에 의한 통지를 대신하여 주주의 승낙을 얻어 전자적 방법에 의하여 통지할 수 있으며(회사법 제299조 제3항), 주주가 전자적 방법에 의한 주주총회의 소집통지를 승낙을 한 경우에는 주식회사는 정당한 이유가 없으면 주주의 전자적 방법에 의한 주주총회의 의결권 행사에 관하여 그 승낙을 거절하여서는 아니 되는 것으로 규정하고 있다(회사법 제312조 제2항). 따라서 회사의 전자적 방법에 의한 주주총회 소집통지 요청을 승낙한 주주가 회사에 대하여 전자적 방법으로 의결권을 행사하는 것을 요청하는 경우에는 회사는 정당한 사유가 없는 한 이를 거절할 수 없도록 하여 회사의 주주에 대한 주주총회의 전자적 소집통지와 주주의 회사에 대한 전자적 의결권행사를 연계하고 있다.

이에 반하여 우리 상법은 회사는 주주의 동의를 얻어 주주에게 주주총회의 소집통지를 전자적으로 할 수 있으나, 주주의 회사에 대한 전자적 의결권 행사는 회사가 이사회 결의로 이를 허용한 경우에 한하여 행사할 수 있다(상법 제368조의4). 회사가 전자적으로 주주에게 주주총회의 소집통지를 하는 것은 회사와 주주 모두 전자적으로 의결권행사를 할 수 있는 환경과 수준을 갖추고 있다고도 볼 수 있다. 따라서 일본의 경우처럼 회사가 주주의 동의를 얻어 주주에게 주주총회 소집통지를 전자적으로 하는 경우에는, 회사도 주주가 회사에 대하여 전자적 의결권 행사를 요청하는 경우에는 정당한 사유가 없는 한 이를 거절하지 못하도록 하는 것이 회사와 주주간의 형평성 차원과 주주의 원활한 의결권 행사 지원을 위하여 바람직하다고 본다.

(2) 표준정관상 전자투표에 관한 사항 마련

한국상장회사협의회와 코스닥상장회사협의회(이하 "상장회사협의회"라 함)는 회원사들을 위하여 각각 표준정관을 만들어 제시하고 있으며, 대부분의 상장회사들은 이 표준정관의 반영사항을 참고하여 채택하고 있다. 그러나 상장회사협의회의 표준정관에는 '서면에 의한 의결권 행사'에 관하여는 반영하고 있으나, 전자투표제도에 관한 사항은 표준정관에 반영하고 있지 아니하다(한국상장회사협의회 표준정관 제27조의2, 코스닥상장법인협의회 표준정관 제25조).

이는 주주의 의결권 행사의 편의를 지원하고자 하는 전자투표제도에 대한 상장회사들의 인식이 미흡하다는 것을 반증하는 것이라고도 할 수 있다. 따라서 상장회사들의 주주들의 의결권 행사에 대한 인식제고와 더불어 상장회사의 표준정관에 서면에 의한 의결권행사와 더불어 주주가 회사에 대하여 전자적으로 의결권을 행사할 수 있는 전자투표제도에 관한 사항을 반영하는 것이 전자투표제도의 활성화를 위하여 필요하다고 본다.

(3) 거래소 상장의 의무요건으로 반영

유가증권시장상장규정 및 코스닥시장상장규정은 상장법인의 주주 및 주식관련 업무의 효율성과 공정성 확보를 통한 주주의 권리를 보호하고 업무리스크를 축소하기 위하여 상장회사의 상장요건으로 통일규격증권용지 사용의무, 명의개서대리인 선임의무 등을 규정하고 있다.[58]

전자투표제도 역시 주주총회에서 의결권을 행사하는데 있어서 시간과 공간상의 제약으로부터 벗어날 수 있는 등 주주의 권리를 보호할 수 있으며, 주주총회의 운영에 공정성 및 투명성을 확보하여 주주총회를 활성화할 수 있기 때문에 한국거래소의 상장규정에 전자투표제도의 도입을 적극 검토할 필요가 있다.

58) 김순석, "주주 의결권의 전자석 행사를 활성화하기 위한 법적 과제", 「전자투표제도 활성방안」(국회 금융정책연구회, 2009. 7. 22), 33면.

제5절 맺는 말

주식분산의 고도화와 단기차익 위주의 투자성향, 시간적 장소적 제약 등으로 인하여 주주회사의 최고의사결정인 주주총회의 운영이 형식화되어 왔다. 이에 상법에서는 주주총회의 기능 회복을 위하여 주주총회의 의사정족수와 의결정족수를 완화하고, 주주총회의 운영의 전자화를 통한 주주총회 운영의 효율성과 편의성을 제고하기 위한 노력을 지속적으로 해왔다. 그럼에도 불구하고 아직까지 주주총회와 관련한 의결권 행사의 전자화가 일부 미흡하고, 또한 이미 도입된 제도에 대하여서도 회사와 주주의 기피로 인하여 아직까지 활발히 이용되고 있지 못한 것이 현실이다.

이에 한편으로는 주주총회의 전자화를 더욱 강화하고, 도입된 전자적 의결권행사제도를 회사가 적극 이용할 수 있는 장치를 마련하여 주주총회가 주식회사의 최고의사결정기관으로 제 역할을 할 수 있도록 할 필요가 있다. 이와 관련하여 먼저, 주주총회의 전자화를 확대하기 위하여 의결권 행사의 위임도 전자적으로 할 수 있게 할 필요가 있으며, 웹공시제도를 통한 회사의 주주에 대한 통지를 확대할 필요가 있다. 특히 상장회사의 경우에는 영국과 같이 주주총회의 의안별 찬성과 반대의 투표수를 웹사이트를 통하여 공표하도록 하는 제도를 도입할 필요가 있다고 본다. 또한 전자공고의 경우에도 회사가 제3자에게 위임하여 전자공고를 할 수 있는 위임근거를 마련할 필요가 있으며, 전자투표관리기관의 등록제를 도입하여 전자투표관리기관의 신뢰성을 제고할 필요도 있다고 본다.

이미 도입된 의결권의 전자화제도가 더욱 활발히 이용될 수 있도록 주주총회 소집통지의 전자화와 의결권 행사의 전자화를 연계하여 전자적으로 주주총회 소집통지를 하는 회사가 주주의 전자적 의결권행사를 정당한 사유가 없는 한 거부할 수 없도록 할 필요가 있다. 이외에도 주주의 의결권행사의 편의를 위하여 주식분포가 잘되어 있는 상장회사에 대해서는 상장요건으로 전자투표제도의 채택을 의무화 하는 것도 적극 검토할 필요가 있다.

실무적으로는 전자투표의 경우 서면투표의 경우보다 기입상의 실수 가능성이 높다. 따라서 주주가 자신이 행사하려는 전자투표 내역을 전자투표를 실행하기 직전에 그 내용을 재검토할 수 있도록 전자투표 화면에 최종확인버튼을 별도로 마련하는 것도 전자투표의 안정적 운영을 위하여 필요하다고 본다.

전자투표에 사용되는 인터넷 시스템의 경우 일반인들이 쉽게 접할 수 있는 프로그램을 사용해야 한다. 만일 해당 프로그램을 사용하는데 비용이 요구되거나 전문적 기술이나 높은 사양의 PC 수준이 요구되는 경우 실질적으로 주주총회에 참가를 제한하는 것과 동일한 효과를 가져 올 수 있기 때문에 주주총회 결의취소의 사유가 될 수 있다. 또한 주주들이 주주총회 장에 참석한 것과 동일한 정도로 정보를 얻고 의견을 개진할 수 있도록 시스템을 갖추는 것이 요구된다.

이렇게 회사의 주주총회에 대한 인식제고와 전자적 의결권 행사제도가 활성화될 경우에는 가상공간에서의 전자주주총회의 개최도 그 도입을 적극 검토할 수 있을 것이라 생각된다.

주주총회의 전자투표제도 '의무화'와 문제점

출전: 기업법연구 제27권 제3호

김 병 태*

제1절 서 론

최근의 IT(Information Technology) 발전과 병행하여 상법상 회사편에서는 이를 반영하는 전자화 규정들이 많이 도입되었다. 이 가운데 주주총회에서 주주가 전자적 방법에 의하여 의결권을 행사할 수 있는 이른바 전자투표에 의한 의결권 행사 제도는(이하 '전자투표제도') 주주의 적극적인 의결권 행사를 도모하기 위하여 지난 2009년 5월 28일 상법개정으로(2010. 5. 29 시행) 새로이 도입되었다. 이때 상법상 '제368조의4'가 신설되면서 모름지기 전자주주총회의 기초가 마련되었다. 현행 상법상 주주총회에서 주주는 본인의 직접적인 방법 이외에도 대리인을 통해서 의결권을 행사할 수도 있고(제368조 3항) 서면투표 방식으로 의결권을 행사할 수도 있지만(제368조의2), 이러한 기존의 의결권 행사 방법 외에 또 다른 효율적인 방법으로서 전자투표가 가능하게 된 것이다.

그러나 전자화를 위한 다양한 입법적 노력에도 불구하고 전자투표제도는 상법상 허용되는 다른 전자적 방법 및 제도들과 함께 전자화에 따르는 새로운 법률적 이슈들로 아직도 논란의 대상이 되고 있다. 반면에 회사법은 아직 전

* 영산대 법과대학 교수, 법학박사(SJD), 미국변호사.

자화의 도입 초기단계이기 때문에 전자화에 따른 여러 문제들에 관한 판례나 이론 등이 충분히 축적되지도 않은 상황이다. 따라서 이에 불구하고 실무적으로 현재 활용되고 있는 기업의 전자화 업무에 대해서는 현행법을 중심으로 이해할 수밖에 없고, 여기에서 파생되는 문제에 대해서는 관련된 법해석을 통하여 문제를 해결할 수밖에 없는 실정이다.

한편 전자투표제도는 그 필요성과 기능을 고려하여 새로운 의결권 행사 방법으로 도입되었으나 이후 주주들의 큰 관심에도 불구하고 기업실무에서는 무관심하게 방치되다시피 하다가 최근 박근혜 정부의 출범과 함께 새로운 국면을 맞이하고 있다. 최근 정부가 발표한 경제정책에서는 다중대표소송제도를 새로이 도입할 뿐만 아니라 기업들의 외면 또는 반대로 실효적으로 추진되지 못한 것으로 지적되었던 기존의 전자투표제도와 집중투표제도를 함께 단계적으로 의무화하는 방향으로 정책기조가 이루어지고 있으며[1] 이를 반영하는 개별법안도 마련되고 있다.[2] 같은 맥락에서 정부주도하의 상법개정안 준비도 별도로 이루어지고 있다.[3] 양 법안들의 전자투표제도 관련 내용을 보면 모두 전자투표제도의 의무화를 주된 내용으로 하고 있다. 즉, 현행 상법하에서 이사회의 결의에 따라 회사자율로 전자투표제도의 채택 여부를 결정하도록 하고 있는 것을 변경하여 상장법인과 같은 일정한 기준에 해당하는 회사의 경우에는 이를 의무화할 수 있는 방향으로 현재 적극적인 논의가 진행 중이다.

전자투표제도는 주주총회에 참여하기 어려운 주주들, 특히 소액주주[4] 또는 비지배주주가 인터넷을 통해 의결권을 행사할 수 있도록 하면서 지배주주의 일방적 의사결정을 견제할 수단으로 주목받았고 상장회사들의 주주총회가

---

1) 연합뉴스, "집중·전자투표제 단계적 의무화 추진,"(2013. 3. 28).

2) 전자투표 및 집중투표에 대해서는 상법 일부개정법률안(정호준의원 대표발의), 의안번호 3690(2013. 2. 12) 및 이중대표소송에 대해서는 상법 일부개정법률안(김영주의원 대표발의), 의안번호 4397(2013. 4. 5) 참조.

3) 법무부, "기업지배구조 상법 개정 공청회," 공청회자료집(2013. 6. 14); 법무부, "「상법」 일부 개정(안) 입법예고," 법무부공고 제2013-162호(2013. 7. 17).

4) '소액주주'와 '소수주주'는 엄밀히 법적으로 구별되지만 실무에서는 혼용되어 사용되고 있다. 소액주주란 자본시장과 금융투자업에 관한 법률시행령 제120조에서 의미하는 '소액출자자'로서 최대주주와 특수관계인을 제외하고 해당 법인이 발행한 지분증권총수의 100분의 1에 해당하는 금액과 3억원 중 적은 금액 미만의 지분증권을 소유하는 자를 말한다. 반면에 소수주주는 지배주주에 대응하는 개념으로 상법 제360조의24 이하에서 의미하는 개념으로 법률상 일정한 보유주식수 비율에 따라 소수주주권으로 특별히 보호받는다.

특정일에 몰리는 경우 복수의 회사에 투자한 주주들에게는 매우 유용한 제도로서 기대되었다. 그러나 실제로는 의도와 달리 상법상 전자투표제도의 도입에도 불구하고 기업들이 이를 외면하면서 전자투표제도는 유명무실하다는 평가를 받게 되었다. 이러한 배경 속에서 현 정부의 경제민주화 정책에서는 전자투표제도의 의미 있는 부활이 재검토되고 있고 이러한 선상에서 주주운동의 일환으로 소액주주의 보호를 위한 해법과 기업지배구조의 개선을 위한 노력 가운데 전자투표제도의 의무화가 중요하게 다루어지고 있다.

따라서 이미 상법상 도입된 전자투표제도하에서 현재 진행되고 있는 '의무화' 또는 '강제화'의 움직임이 과연 바람직한가에 대하여는 많은 논란의 여지가 있으며 여기서는 이를 비판적인 시각에서 문제점을 검토하여 보고자 한다. 이를 위해서는 전자투표제도의 기본적인 장점과 단점에 대한 검토가 전제되어야 하기 때문에 그 검토결과를 기초로 하여 의무화의 필요성 여부를 살펴본다. 전자투표제도 의무화에 대한 문제점은 전자투표제도 자체의 단점 및 문제점의 내용을 기초로 하고 있지만 양자를 반드시 동일하게 볼 수는 없으므로 이를 분리하여 전자투표제도 자체의 장단점과 그 의무화의 장단점을 구별하여 검토한다.

다만, 전자투표제도에 대한 현행 상법에서도 법률상의 문제점이 있기 때문에 개별적 쟁점사항에 관한 검토 역시 중요한 연구대상이다.[5] 그러나 이에 관해서는 이미 기존에 많은 연구와 검토가 이루어졌고[6] 전자투표제도의 의무화 여부 문제와는 별도의 주제이기 때문에 여기서는 전자투표제도의 의무화 여부에 대한 법률적 검토에 국한해서만 살펴보기로 한다.

---

5) 예컨대, 상법상 전자위임에 관한 명문규정이 없기 때문에 전자투표의 전자위임 가능 여부에 대해서는 해석상 다툼이 있고, 또한 상법상 전자투표에 의한 의결권행사는 철회 및 변경하지 못하지만(상법시행령 제13조 3항) 이는 전자투표업무의 편의만을 고려한 규정으로서 전자화의 속성상 의결권 행사기한 이전까지는 철회 및 변경이 쉽게 이루어질 수 있는 현실을 간과하는 문제가 있다[김병태, "전자투표제도,"「주식회사법대계 Ⅱ」, 법문사,(2013. 2. 15), 225~226면].

6) 전자투표제도의 법률적 쟁점사항에 대해서는 정완용, "주주의 의결권행사의 전자화에 관한 고찰,"「상사법연구」 제28권 제3호(한국상사법학회, 2009); 이형규, "전자투표제도의 필요성과 도입방안,"「경영법률」 제16집 제1호(경영법률학회, 2005. 10); 허항진, "개정상법상 전자투표제도와 법적 논점에 대한 소고,"「법학연구」 제38집(한국법학회, 2010. 5); 김병태, 전게논문; 김순석,「전자주주총회」(전남대학교 출판부, 2008. 9) 등 참조.

제 2 절 전자투표제도의 장점과 문제점

1. 전자투표제도의 장점과 기능

(1) 주식 발행회사의 측면

회사가 전자투표제도를 채택하면 전통적 방식의 현장주주총회와 비교하여 주주총회 개최에 따르는 경비(예컨대, 주주총회 개최와 관련된 인쇄비, 발송비, 기념품비, 신문등 공고비, 회의운영비 및 자료비, 기타 비용 등)[7]와 관련업무의 시간을 절약할 수 있다.[8] 또한 전자투표제도의 도입으로 회사업무 절차를 신속히 처리할 수 있을 뿐만 아니라 전자문서화에 따른 회사의 주총업무 효율성을 증진시킬 수 있다. 이는 전통적 방식의 현장주주총회뿐만 아니라 또 다른 방식의 주총참여를 유도하는 서면투표제도와 비교하여도 전자투표제도는 회사의 비용과 시간을 절약시키고 간편한 업무처리에 도움을 줄 수 있는 장점을 가진다. 이에 따라 궁극적으로 회사는 주주총회를 활성화시킬 수 있는 기반을 다질 수 있게 된다.

전자투표제도는 또한 소액주주에게 적극적으로 의결권을 행사할 수 있는 기회를 부여하게 되어 회사의 측면에서 주주중시 경영을 실천하는 계기가 될 수 있고 이에 따라 기업 이미지를 제고할 수 있을 뿐만 아니라 브랜드가치를 올릴 수 있는 기회를 제공하여 준다. 주주중시의 경영은 결국 주주의 이익으로 귀결될 것이라는 인식의 확산으로 잠재적 출자자들까지 회사에 대한 긍정적 마인드를 가질 수 있는 계기를 만들어 준다. 따라서 주주총회를 통하여 주주의 의견을 중시하는 풍토가 조성되어 회사경영이나 주주총회의 운영이 주

---

7) 상장회사의 경우 2011년 기준으로 주주총회 개최와 관련하여 소요되는 비용은 평균 1,072만원으로 인쇄비가 297만원, 발송비 249만원, 신문공고비 152만원, 기념품비 126만원, 회의운영비 141만원, 기타비용 107만원 등이다[매일경제신문, "상장사, 섀도보팅 폐지에 부정적 의견,"(2011. 9. 26); 이데일리, "상장사 10개중 7개 섀도보팅제 존속 필요,"(2011. 9. 26)].

8) 정완용, 전게논문, 192면; 권종호, "주주총회의 IT화 －2001년 일본개정회사법을 중심으로," 「증권예탁」 제41호, 증권예탁원, 2002, 10~11면; 이형규, 전게논문, 215면; 허항진, 전게논문, 304면; 김병태, "(사례연구－상법) 주주총회의 전자적 방법에 의한 의결권행사(전자투표제도)," 「고시계」 12월호, 2010. 12, 39면.

주 중심으로 이루어지는 주주민주주의의 기반을 다질 수 있다.[9] 또한 전자투표제도를 통하여 주주총회의 의안에 대한 찬반 동향을 조기에 파악할 수 있고 전자화된 주주와의 네트워크를 통하여 보다 많은 기업정보를 제공할 수 있으므로 기업 투자가치를 더욱 제고하게 된다.

전자투표제도는 그동안 주주총회 참여에 소극적이었던 주주들에게 적극적인 의결권 행사 기회를 제공할 수 있기 때문에 회사는 안건처리를 위한 주주총회의 의결권을 사전에 확보할 수 있고 그 결과 주주총회 결의를 위한 정족수 확보에 도움을 줄 수 있다. 이전에는 주주총회의 정족수 미달로 주주총회 자체가 무산되기도 하였고 때로는 한국예탁결제원의 섀도보팅을 활용할 필요가 있었다. 그러나 전자투표제도를 활용하면 특히 개인주주, 기관투자자, 외국인주주를 대신하는 상임대리인 등이 전자투표시스템을 통하여 의결권을 행사하게 됨으로써 회사의 의결권 확보가 보다 용이하게 된다.

이외에도 현재 한국예탁결제원이 전자투표관리기관으로 선정되어 있는 상황에서 전자투표를 포함한 주주총회 및 섀도보팅 관리가 통합되어 있으므로 회사는 전자투표시스템을 통하여 전자적 방식으로 주주총회의 관리업무를 체계적이고 통합적으로 관리할 수가 있다.

(2) 주주(투자자)의 측면

회사의 출자자인 주주도 전자투표제도가 채택되면 실제 주주총회에 참석할 필요 없이 직장이나 가정에서 주주의 의결권을 간편하게 행사할 수 있으므로 주주총회 참석에 소요되는 시간과 비용을 줄일 수 있다.[10]

또한 전자투표제도가 갖는 신속성과 간편성 때문에 주주의 입장에서 의결권 행사가 보다 편리하고 용이해지면서 이로써 주주총회가 활성화될 수 있는 계기가 만들어질 수 있다.[11] 특히 많은 회사의 주주총회가 회계연도를 마친 이후 일정한 시점에 집중되어 있는 현 실정에서 전자투표제도는 다수의 회사에 투자한 주주가 모든 회사에 대한 의결권을 행사할 수 있는 기회를 제공하여 준다. 한국상장회사협의회의 발표에 따르면 상장회사 주주들의 주주총회

9) 권종호, 전게논문, 8면.
10) 정완용, 전게논문, 192면; 이형규, 전게논문, 215면; 허항진, 전게논문, 304면.
11) 허항진, 전게논문, 303면; 이형규, 전게논문, 213면; 정완용, 전게논문, 190면.

참석률이 10% 이하인 회사가 57.7%에 이르고 있으며 그 주된 이유는 기업들의 주주총회가 수도권(서울 48%, 경기도 28%)에서 주로 열리고 개최일도 특정일(3월 둘째 주, 셋째 주 금요일)에 집중되어 있기 때문인 것으로 분석하고 있다.[12] 따라서 여러 회사의 주식을 갖고 있거나 회사 일로 바쁜 주주들 또는 지방에 소재한 주주들은 주주총회에 참석하고 싶어도 참석할 수 없는 상황에서 전자투표는 이때 유용한 의결권 행사 방법으로서 효과적인 해결책이 될 수 있다.

그 외에도 전자투표제도하에서 주주의 적극적인 의결권 행사 기회가 부여됨으로써 주주의 회사경영에 대한 관심과 참여가 제고될 수 있다. 또한 주주의 입장에서도 전자투표제도와 연관되어 전자문서에 의한 주주통지를 받기 때문에 회사로부터의 주주총회 관련 통지를 확실히 수령할 수 있고 자신의 투표결과를 바로 조회하거나 보관하여 관리할 수 있는 장점도 있다.

(3) 증권시장의 측면

주식이 거래되는 증권시장 측면에서 보더라도 전자투표제도는 주주총회를 활성화시킬 수 있으므로 기업에 대한 가치 투자를 제고할 수 있을 뿐만 아니라 보다 많은 시장의 잠재적 투자자를 유치하여 증권시장의 활성화에 기여할 수 있게 된다. 주주의 적극적인 의결권 행사에 따라 잠재적 투자자의 기업에 대한 관심도가 높아지게 되기 때문에 이는 직접적으로 증권시장의 확대와 발전에 긍정적인 영향을 미치게 된다.

(4) 제도적 측면

이미 미국, 영국, 독일, 일본 등의 주요 선진국들은 전자주주총회 또는 전자투표제도를 도입하여 운영하고 있다. 우리나라가 전자투표제도를 도입하여 운영하는 것은 국제적 입법추세와 조화를 맞출 수 있는 것이고 이에 따라 글로벌 환경에 맞는 투자문화와 제도적 기반이 정착될 수 있다.[13] 외국의 예를 보더라도 미국은 이미 2000년 델라웨어주 회사법을 개정하여 전자투표제도와 전자주주총회제도를 도입하였고(델라웨어주 회사법 제211조) 일본에서도 주주총

12) 한국상장회사협의회, 「2010 상장회사 주주총회 백서」(2010. 7), 101면 및 16~17면.
13) 권종호, 전게논문, 11~12면; 이형규, 전게논문, 216면; 정완용, 전게논문, 192면; 허항진, 전게논문, 304~305면.

회의 전자투표를 채택하여 전자적 방법에 의한 주주의 의결권을 행사를 인정하였으며(일본 회사법 제298조) 영국에서는 전자적 방법으로 대리인 선임 및 의결권의 대리행사를 지시할 수 있을 뿐만 아니라(1985년 영국 회사법 제372조 및 제373조) 전자주주총회에서의 전자투표제도까지 허용하는 입법적 조치를 하고 있으므로(2006년 영국 회사법 제360A조) 이에 병행될 수 있는 전자투표제도가 우리나라에서 허용된 것은 의미가 크다.[14] 특히, 자본시장이 국제화되면서 우리나라에서도 외국인주주의 비율이 지속적으로 증가하고 있는 현실을 감안하면 외국인주주가 주주총회에서 전자적 방법으로 의결권을 행사할 수 있는 제도의 마련은 — 비록 경우에 따라서는 상임대리인을 통해야 하지만 — 기업의 해외자본조달에 크게 기여할 뿐만 아니라 우리나라 주식시장의 활성화 내지 국제경쟁력 강화에 역시 큰 도움을 줄 수 있다.[15]

또한 전자투표제도는 한국예탁결제원의 섀도보팅(Shadow Voting, 중립투표제도 또는 중립적 의결권 행사제도)의 문제점을 개선할 수 있는 계기가 될 수 있다.[16] 현재의 섀도보팅은 그 도입 취지와 달리 주주 전체의 의사를 반영하기보다는 회사의 경영자 또는 지배주주의 의사결정을 지원하는 제도로 실제 작용하여 일부 경영에 직접적인 이해관계를 갖는 주주들 중심으로 왜곡된 의사결정이 이루어진다는 문제가 지속적으로 제기되어 왔다.[17] 이 결과 섀도보팅은 주주총회를 형식화시키고 주주총회 본래의 기능을 상실시키는 일부 역기능이 있으므로 전자투표제도는 서면투표제도와 함께 섀도보팅을 개선하거나 또는 폐지하는 방향에서 주주전체의 진정한 의사가 반영된 주주총회가 만들어질 수 있으므로 제도적으로 긍정적인 의미를 지닌다.[18]

---

14) 김병태, "전자적 방법에 의한 주주의 의결권행사 – 전자투표제도," 전국경제인연합회 보고서(2013. 5) 참조.

15) 이형규, 전게논문, 216~217면; 이승진, 주주총회 전자투표제도의 도입, 「자본시장 Weekly」 2009 – 27호, 자본시장연구원, 2009. 7. 7~7. 13, 2면.

16) 정완용, 전게논문, 190~191면; 김병태, 전게논문, 39면.

17) 허항진, 전게논문, 303면.

18) 섀도보팅 제도는 현실적으로 상당수 상장법인이 이용하고 있으므로 전자투표제도의 도입을 이유로 섀도보팅을 단기간 내에 폐지하는 것은 주주총회의 운영과 관련하여 큰 문제가 발생할 수 있다. 섀도보팅은 발행회사들에게 여전히 유용한 제도이므로 전자투표제도와 섀도보팅 제도를 병행하여 운영하고 종국적으로 섀도보팅을 개선 또는 폐지하는 방향으로 나가는 것이 바람직하다고 보지만(같은 견해로는 정완용, 전게논문, 191면 및 허항진, 전게논문, 304면 참조), 지난 2013년 5월 28일 자본시장법의 개정에 따라 현 섀도보팅은 2015년부터 전면 폐지될 예정

이외에 전자투표제도는 그 성질상 주주총회 참석을 위한 관계자들의 이동을 최소화시키고 설명자료 등의 인쇄물도 최소한으로 절약시키게 되기 때문에 이산화탄소 배출량을 줄여 새로운 국가발전의 패러다임인 '저탄소 녹색성장'에도 기여할 수 있는 제도적 기능이 있다.

2. 전자투표제도의 단점 및 문제점

1) 전자투표제도의 도입과 관련하여 가장 크게 우려되는 것은 전자투표제도가 시스템적으로 불완전한 전자화의 기능적 한계를 지니고 있다는 것이다. 이는 전자투표제도에서만 발생하는 문제가 아니라 IT 관련 전반에서 제기되는 문제점이기도 하지만 전자투표제도는 그 성질상 전자화에 기초하고 있으므로 전자화에 따른 보안체계와 안정적인 시스템의 유지를 전제로 한다. 전산시스템의 불안정과 오류의 발생 및 해킹 등으로 인한 주주총회의 변질과 왜곡 현상을 완전히 배제하거나 예방할 수 없다면 전자투표제도는 근본적으로 불안정한 시스템적 결함을 갖게 되고 결국 회사와 주주 모두로부터 왜면 받게 된다.

전자화에 기초한 전자투표제도에서 주로 문제될 수 있는 경우로는 회사나 명의개서대리인 또는 전자투표관리기관의 웹사이트에 마련된 사이트상에서 의결권의 행사 여부 또는 그 내용을 조작하는 경우, 시스템의 고장이나 의결권 행사를 위한 대량의 액세스로 인한 서버의 다운 등으로 인하여 주주가 전자투표를 하지 못하는 경우, 해킹이나 바이러스 감염에 의한 의결권 행사 내용의 변경과 훼손이 있는 경우 등으로서 모두 주주총회 결의의 효력에 직접적인 영향을 미친다. 비록 이를 고려하여 주주총회 결의하자 등에 관한 규정을 법률상 두더라도 이는 스스로 전자투표제도의 불안정한 기술적 결함을 인정하는 법적장치로서 불안정한 제도를 입법하였다는 비난을 피하기 어렵다. 완벽한 전자투표제도의 운영을 위해서는 먼저 시스템적으로 안정적이고 신뢰

이었지만 다시 2014년 12월 30일 자본시장법 개정으로 2013. 5. 28.자 자본시장법개정(법 제11845호)의 부칙에 제18조를 신설하여 일정한 경우 섀도보팅 제도의 폐지는 2017년 12월 31일까지 한시적으로 유예할 수 있도록 하였다.

할 수 있는 기술적 조건이 충족된 상태에서 주주의 의결권 행사가 전자투표로 가능하여야 한다.

이와 관련된 최근의 심각한 사례를 살펴보면, 지난 2013년 3월 20일 일부 방송사와 금융사에 있는 약 3만 2000대에 달하는 컴퓨터가 작동을 멈추어 업무상 차질이 발생한 사건이 있었다.[19] 이 사건은 치밀한 사전 보안작업이 있었음에도 불구하고 전자화에 따른 보안의 취약성으로 인하여 근본적이고 완전한 문제해결이 불가능하거나 또는 그 재발 가능성이 크다는 것을 보여 주고 있다. 반면에 지난 2012년 4월 11일 총선에 앞서 시행된 통합진보당의 비례대표 후보경선 부정선거 사건에서는 위임계약도 없이 대리의결권을 행사한 전자투표의 법적효력이 문제가 되었으며[20] 이는 인터넷을 통한 전자투표의 결과를 의도적으로 조작할 수 있다는 가능성을 보여 주었다. 상법상 전자투표제도에 있어서도 이러한 전자적 방식의 보안문제는 동일하게 발생한다. 아무리 전자투표제도의 장점과 기능이 긍정적이라 하더라도 운영에 있어서 결정적인 순간에 단 한 번의 전산망 마비로 일시에 무용지물이 되거나 주주의 의사가 변질되는 투표결과가 나온다면 전자투표제도는 유명무실한 제도가 되는 치명적인 단점이 있으므로 이에 대한 근원적인 대책이나 해결방안이 필요하다.

2) 전자투표에 의한 전자주주총회는 주주와 경영진의 의사소통이 과거와 달리 비대면으로 인하여 단절되는 문제를 일으킨다. 현재의 전자투표제도는 온라인상 질의, 응답, 토론 등이 허용되지 않고 단순히 주주의 의사결정을 찬성, 반대, 기권 등의 형식으로 표시하는 것만을 허용하고 있다. 이를 대면에 의한 전통적 방식의 현장주주총회와 비교하여 보면, 전자투표제도가 자칫 주주총회의 운영과 의사결정을 위한 의결권수 충족을 위한 수단으로 전락될 수 있다는 위험성을 보여 준다. 이와 같이 전자투표제도가 의결권수 확보를 위한 수단으로만 전락하는 경우 전자투표제도의 순기능과 취지와는 정반대로 진정한 전체 주주의 의사결정을 실현하지 못하는 문제가 발생한다. 전자투표제도는 온라인상의 질의와 토론이 허용되어 비대면의 한계를 극복할 수 있는 진정

19) 심우민, "최근 전산망 마비사태와 사이버 테러 대응체계 개선방안," 「이슈와 논점」 제640호, 국회입법조사처, 2013. 4. 18, 1면.
20) 연합뉴스, "검찰, 통합진보당 부정경선 462명 사법처리,"(2012. 11. 15).

한 의미의 완전한 전자주주총회가 구현될 때 그 의미와 취지가 충분히 살아날 수 있다. 그러나 현실적으로 완전한 전자주주총회를 실현하는 것도 앞서 제기한 전자화의 본질적 한계에 놓여 있으므로 여전히 문제점을 안고 있다. 비록 완전한 전자주주총회의 모습으로 가상적 공간의 사이버주주총회가 법적으로 가능해지더라도 현장주주총회에서의 주주의 질의와 토론과 같은 동일한 효과를 기대하기는 힘들다.[21] 이는 전자투표제도가 외관상 주주의 주총참여를 도모하여 주주의 권리를 보호하는 것으로 보일 수 있지만, 다른 한편으로는 현장주주총회에서와 동일한 수준의 주주총회 토론과 질의가 기술적으로 어렵기 때문에 내용적으로는 오히려 주주의 권리를 제약할 수 있는 문제가 발생한다.

3) 전자투표제도하에서는 현장주주총회에서와 같이 주주총회에서 원활한 토론과 질문이 어렵기 때문에 전자투표에 의한 주주의 의결권 행사가 자칫 비합리적이거나 바람직하지 못한 방향으로 만들어질 수 있다. 즉, 주총안건에 대한 충분한 정보가 없거나 책임의식 없이 이루어진 전자투표는 반대를 위한 반대의 의결권 행사로 이어지거나 무의미한 의결권 행사로 전락될 수 있다. 따라서 전자투표의 편리성과 신속성으로 인하여 진정한 주주의 의사가 제대로 반영되지 못할 수도 있어서 오히려 전자투표제도는 주주총회의 본질을 훼손시킬 수도 있다. 더 나아가 전자투표제도하에서도 총회꾼에 의한 의사진행 방해나 주총결의의 변질 가능성이 여전히 존재하기 때문에 이에 대한 적절한 대책이 필요하지만 격지자간 및 사이버상이라는 문제와 전자화라는 속성상 예방 자체가 거의 불가능하다. 예컨대, 이러한 문제를 해결하기 위한 주주총회 의장의 질서유지권 등은 현장주주총회에서와 달리 전자투표제도하에서는 제대로 그 기능을 수행하기가 어렵다.

4) 전자투표제도는 '전체 주주'가 아니라 '일부 주주'를 위한 제도로 운영되어 주주평등의 원칙에 반할 수 있다. 주주의 의결권 행사는 주주 고유의 권리로서 그 행사 여부는 주주가 독자적으로 결정할 수 있다. 회사는 주주의 의결권 행사를 강제할 수 없고 반대로 의결권 행사에 대하여 이를 방해하거나 불가능하게 하는 제도를 도입할 수도 없다. 그러나 전자투표제도는 그 편리

21) 김순석, 전게서, 18면.

성에 따른 유용한 제도임에도 불구하고 전자투표제도를 활용할 수 있는 주주는 매우 제한적이다. 즉, 회사의 주주 가운데 전자투표에 동의하는 자로서 전자투표를 할 수 있는 개인적 능력과 전자화를 이용할 수 있는 환경을 갖춘 주주에 국한하여 전자투표제도는 그 의의가 있다. 결국 인터넷 사용에 어려움이 있거나 장애가 있는 주주 또는 전자적 장치를 이용할 환경을 갖추지 않은 주주 등과 같이 IT에 취약한 일부 주주는 자신의 의결권 행사 의지에도 불구하고 전자투표제도를 활용할 수 있는 능력 부족과 여건의 부족으로 인하여 전자투표제도에서 배제될 수밖에 없다. 이는 전자투표제도가 모든 주주를 동등하게 대우하여야 한다는 주주평등의 원칙에 위반한다는 논란의 여지를 발생시킨다. 비록 전자투표제도에서 배제되는 일부 주주는 기존의 현장주주총회에서의 의결권 행사가 보장되기 때문에 적어도 의결권 행사 자체는 최소한 보장된다고 하더라도 전자투표제도의 도입이 전체 주주가 아닌 일부 주주만을 위한 제도가 될 수 있다는 비난을 면하기 어렵다.

5) 전자투표제도는 '모든 회사'를 위한 긍정적인 제도가 아니라 '일부 회사'를 위한 제도가 될 수 있다. 전자투표제도를 실현하기 위해서는 회사의 입장에서도 전자시스템 구축과 전자투표관리기관과의 업무 등에 따르는 추가업무와 이중비용이 발생한다. 경우에 따라서는 중소기업과 같은 회사는 자칫 전자투표제도 운영을 위한 비용과 업무가 그 이전의 현장주주총회에서의 경우보다 과다하여 부담스러울 수도 있으므로 중소기업과 같은 전자투표제도의 필요성을 느끼지 못하는 회사들을 위한 배려가 전혀 없는 제도로 인식될 수 있다.[22] 따라서 전자투표제도는 '모든' 회사에게 긍정적으로 평가할 수 있는 바람직한 주주의 의결권 행사방법이라고 단적으로 평가하기는 힘들다.

22) 같은 견해로는 전국경제인연합회, "상법개정 방안 정책 토론회," 토론회 자료집(2006. 7. 6), 77면.

제3절 전자투표제도의 의무화(강제화) 추진

1. 의무화 논의의 배경과 내용

최근 이른바 '경제민주화' 논의가 전개되면서 기업지배구조 문제가 다시 논란의 중심으로 떠올랐다. 그 가운데 주주총회에서 소액주주들의 권리를 되찾기 위한 기업지배구조 개선의 첫걸음에 전자투표제도의 의무화 또는 강제화가 논의의 중심에 있다.

이미 박근혜 대통령은 지난해 대선을 앞두고 경제민주화를 공약으로 내세우면서 대주주의 전횡을 막고 소액주주의 권리를 강화하기 위하여 전자투표제 활성화 등을 강조하였고 대통령직 인수위원회 역시 상장사 주주총회에서 전자투표제 등을 활성화하는 방안을 검토하기 시작하였다. 그 배경에는 집중투표제도와 전자투표제도가 이미 상법상 도입되었지만 그 동안 회사의 자율에 맡겨두어 실제 실효성이 없었다는 평가 때문이다. 따라서 최근 새로운 정부의 출범시기에 접어들면서 집중투표제도와 전자투표제도의 의무화라는 강수를 둔 방식으로 주주총회를 활성화시켜서 궁극적으로는 소액주주 등 비지배주주들이 독립적으로 사외이사를 선임할 수 있는 시스템을 구축하자는 기조가 이루어지고 있다.

실제로 집중투표제도는 지난 1998년에 도입되었으나 사실상 사문화되었고 전자투표제도 역시 2009년에 도입되어 2010년부터 시행되었지만 유명무실한 제도로 전락된 것이 사실이다. 전자투표제도의 경우 제도시행 이후 현재까지 이를 도입한 회사는 불과 40개사에 불과하고 이마저도 페이퍼컴퍼니인 선박투자회사가 대부분이다.[23] 상장업체 가운데는 최근 중국기업인 차이나킹이 유일하고[24] 국내 대기업은 현재 전무한 상황이다.

전자투표제도는 기본적으로 주주총회에 무관심하거나 현장에 참여하기 어려운 소액주주가 인터넷을 통하여 간편하게 의결권을 행사할 수 있도록 마

23) 연합뉴스, "상장사들 기업 민주화 외면…전자투표 도입 거부,"(2013. 2. 21).
24) 매일경제신문, "차이나킹, 전자투표제 도입 – 주주의견 적극 반영,"(2012. 10. 18); 한국예탁결제원, "차이나킹 – 전자투표위탁계약체결," 공지사항(2012. 10. 19).

련된 제도이다. 특히 비전업 투자자인 소액투자자들이 근무 중에는 현장주주총회의 참석이 어려운 측면이 있기 때문에 이때에는 매우 유용한 제도인 것은 분명하다. 또한 매년 상장회사들의 주주총회가 특정시기에 집중되는 이른바 '슈퍼주총데이' 때문에 다수의 기업에 투자한 소액주주들에게도 전자투표제도의 효용성은 대단히 크다. 금년에도 2013년 주주총회 일자를 확정한 지난해 12월 결산법인 중 약 46%가량에 해당하는 262개의 상장회사가 일명 '슈퍼주총데이'라고 하는 3월 22일에 동시에 주주총회를 개최하였다.[25] 그러나 실제로 이들 가운데 전자투표제도를 활용하여 온라인상으로 전자투표의 기회를 주주에게 허용한 회사는 하나도 없었다. 외견상으로는 소액주주들의 권리를 활성화하기 위한 전자투표를 기업들이 모두 외면하고 있는 것으로 비치고 있는 것이다.

회사들이 전자투표제도에 대하여 소극적인 이유는 소액주주의 의결권 행사가 부담스럽고 지배주주가 회사를 운영하는데 소액주주들의 권리 행사는 성가시고 불편한 것으로 인식하는 경향이 크다고 일반적으로 지적한다. 더욱이 현재의 제도상 소액주주의 의결권 행사가 없어도 섀도보팅을 활용하여 회사의 주주총회에 필요한 의결정족수를 보충하고 있기 때문에 굳이 소액주주의 의결권 행사를 적극적으로 도모할 실익도 없다. 이 과정에서 지분율이 낮은 일부 지배주주나 자본투자자들만의 의사가 반영된 안건 처리가 주주총회에서 우선시될 수 있고 다수 소액주주들의 의사가 경시되는 상황이 발생하고 있다. 결국 이러한 폐해를 줄이기 위한 노력으로 상법 제368조의4에 따라 이사회 결의로 기업이 자율적으로 채택할 수 있는 전자투표제도를 보다 활성화시키기 위하여 그 의무화 또는 강제화를 상법개정에 반영하는 검토가 현재 활발하게 이루어지고 있다.

이러한 배경에서 지난 2013년 2월 12일에는 전자투표의 의무화를 반영하는 '상법 일부개정법률안'이 정호준의원의 대표발의로 이미 국회에 제출된 바가 있으며,[26] 2013년 4월 5일 법무부는 청와대 대통령업무보고에서 집중투표제 및 전자투표제의 단계적 의무화가 필요하다는 내용을 골자로 하는 2013년

25) 서울경제신문, "주총 시즌 외면 받는 전자투표제,"(2013. 3. 6).
26) 상법 일부개정법률안(정호준의원 대표발의), 의안번호 3690(2013. 2. 12).

도 업무계획을 보고하기도 하였다.[27] 이에 따라 법무부는 별도의 주제인 집행임원제도의 의무화, 다중대표소송제도의 도입, 집중투표제도의 의무화 등과 함께 전자투표제도의 의무화를 주된 내용으로 하는 상법개정안을 준비하였고 최근 2013년 6월 14일 공청회를 거쳐[28] 7월 17일 입법예고까지 절차를 진행시키고 있다.[29]

2. 의무화에 대한 주요 외국 입법례

주요 외국국가의 회사법상 '전자화' 관련 규정들을 살펴보면 법제화의 마련부터 실제 운영까지 이미 우리보다 앞서 나가고 있다. 특히, 대표적으로 미국, 일본, 영국, 독일 등에서는 전자투표제도 또는 전자주주총회에 관한 회사법제를 일반적으로 마련하여 두고 있다.[30] 그 외에 다른 많은 국가들도 회사관련법에서 전자투표제도를 비롯한 전자화 규정을 적극적으로 반영하고 있는 것은 물론이고 실무적으로도 활용하는 범위가 넓게 확산되고 있다. 예컨대, 스위스는 2003년 9월부터, 중국은 2004년 12월부터, 덴마크는 2009년 4월부터 등 이미 많은 국가에서 전자투표제도가 폭넓게 시행되고 있다.[31]

한편, 개별국가의 전자투표제도 '의무화' 여부에 대하여 보면, 대부분의 선진국들은 전자투표제도의 채택에 있어서 의무화를 부여하지 않고 있다. 즉, 회사의 이사회 결의에 의하여 회사사정에 따라 자율적으로 전자투표제를 채택할 수 있도록 하고 있는 점은 우리의 현행 상법태도와 동일하다. 우리나라도 국제적인 조류에 맞추어 전자투표제도를 지난 2009년 5월 상법개정으로 도입하면서 우리보다 먼저 전자투표제도를 도입하여 운영하고 있는 주요 외국의 입법례와 마찬가지로 회사의 이사회 결의에 의한 전자투표제도를 채택한 것이다.

---

27) 연합뉴스, "법무부 대통령 업무보고 주요내용,"(2013. 4. 5); 머니투데이, "법무부, 증권범죄에 선전포고,"(2013. 4. 5).

28) 법무부, "기업지배구조 상법 개정 공청회," 공청회자료집(2013. 6. 14).

29) 법무부, "상법 일부 개정(안) 입법예고," 법무부공고 제2013-162호(2013. 7. 17).

30) 미국, 일본, 영국, 독일, 대만 등 주요국가의 전자투표제도에 관한 상세한 입법과 운영 내용에 대해서는 김병태, 전게 보고서 참조.

31) 한국예탁결제원, 보도자료(2010. 8. 24).

주요 국가 중 특히 미국과 일본의 경우를 보면, 미국에는[32] 대표적으로 델라웨어주 회사법이 2000년 7월 회사법을 개정하면서 주주의 전자적 방법에 의한 의결권 행사에 관한 근거규정을 처음으로 두었다.[33] 델라웨어주 회사법은 전자적 방법에 의한 주주총회의 소집통지, 전자주주총회 개최, 전자적 방법에 의한 의결권의 대리행사 등을 폭 넓게 인정하고 있으므로 전자투표, 전자위임장, 전자주주총회 등 모름지기 완전한 전자주주총회의 모습을 갖추고 있다.[34] 특히 델라웨어주 회사법 제211조 제1항 (a)는 전자적 방법에 의한 의결권 행사를 인정할 것인지 또는 온라인상의 주주총회를 개최할 것인지 여부는 '이사회의 결의'에 따르도록 규정하여 회사의 재량에 위임하는 입법정책을 취하고 있다. 또한 정관의 다른 규정이 없는 한 회사는 이사회 결의에 의하여 '전자적 원격통신수단(means of remote communication)'에 의한 방법으로만 주주총회를 개최할 수도 있으므로[35] 가상공간에서 주주총회를 개최하는 전자주주총회까지 허용하고 있다. 델라웨어주 회사법상의 전자주주총회에 관한 규정과 전자투표제도의 허용 규정은 다른 주에도 영향을 주어서 대표적으로 아리조나, 콜로라도, 플로리다. 미시건, 네바다, 뉴욕, 노스캐롤라이나, 버지니아, 위스콘신 등의 주들은 델라웨어주와 유사한 회사법제를 두고 있다.[36)]

일본의 경우에는 2001년 11월 상법 및 상법시행규칙 등 일부를 개정하여 (2002년 4월 1일 시행) 주주총회 등 회사운영의 전자화 추진방안으로서 회사 관계서류와 주주총회 운영의 전자화를 구현하였다. 2005년 제정된 신회사법[37] 에서도 기존 상법상의 전자투표제도를 그대로 계승하여 전자적 방법[38]에 의

32) 미국은 연방제 국가이므로 개별 주마다 그 입법내용이 다르므로 회사의 전자투표제도를 인정하고 있는 개별 주를 중심으로 주주의 전자적 방법에 의한 의결권 행사내용을 파악하여야 한다.

33) James D. Cox & Thomas Lee Hazen, Corporations (2nd ed.), (Aspen Pub, 2003), p.337.

34) 델라웨어주 회사법상 정보통신기술과 관련된 조항으로는 예컨대, 제232조, 제141조, 제211조, 제219조, 제222조, 제224조, 제228조, 제229조, 제230조, 제231조, 제232조 등이 있다.

35) Del. Code Ann. tit. 8 §211(a)(1).

36) Ariz. Rev. Stat. Ann. §10–722; Colo. Rev. Stat. §7–107–402; Fla. Stat. Ann. §607.0722; Mich. Comp. L. Ann. §450.1421; Nev. Rev. Stat. Ann. §78.355; N.Y. Bus. Corp. L. §609; N.C. Gen. Stat. Ann. §55–7–22; Va. Code Ann. §13.1–663; Wis. Stat. Ann. §180.0722.

37) 일본에서는 지금까지의 상법, 유한회사법 등의 회사관련 법규가 통합되면서 지난 2005년 7월 26일에 새로이 단일의 '회사법'으로 제정·공포되었고(2006. 5. 1. 시행) 이를 이른바 '신회사법'이라고도 한다(神田秀樹, 「会社法」 第14版(弘文堂, 2012), 178面).

38) 일본 회사법상 '전자적 방법'이란 전자정보처리조직을 사용하는 방법, 그 외 정보통신의 기술

한 주주의 의결권 행사를 허용하고 있다.[39] 일본 회사법상 주주는 항상 주주총회에 출석하여 의결권을 행사할 수 있는 권리가 보호되기 때문에 전자투표제도는 주주의 승낙을 반드시 필요로 하지 않고 '이사회 결의'에 의하여 주주총회마다 재량으로 그 채택 여부를 결정할 수 있다. 즉, 일본에서는 전자투표제도의 채택 여부를 회사의 자율사항으로 하고 있다. 전자투표제도는 현장주주총회에 참석하지 않은 주주가 원격지에서 의결권을 행사할 수 있도록 하기 때문에 기존의 서면투표제도와 제도적 취지를 같이 하고 있으며 회사는 전자투표제도를 서면투표제도와 함께 병용할 수 있다.[40] 다만, 일본 회사법상 인정되는 서면투표제도는 특례법에 의하여 대규모회사 중 의결권이 있는 주주수가 1,000명 이상의 주식회사에 대해서만 강제적으로 적용하고, 그 이외의 회사는 이사회 결의에 의해 서면투표제도를 임의로 채택하도록 하고 있다.[41] 따라서 일본에서는 회사의 이사회 결의에 의하여 채택할 수 있는 전자투표제도는 서면투표제도가 강제적으로 적용되는 회사이건 임의적으로 채택하는 회사이건 모두에게 허용되고 있다.

반면에, 예외적으로 대만의 경우에는 이러한 국제적인 흐름과 달리 지난 2012년 회사법 개정을 통하여 일정 요건의 상장회사에 대해 전자투표제도의 시행을 의무화하는 입법태도를 취하고 있는 것은 주목할 만하다. 대만 회사법은 주주총회에서 주주가 의결권을 행사할 수 있는 방법 중 하나로 회사의 선택에 따라 서면투표와 전자투표를 모두 활용할 수 있도록 하고 있다. 그러나 대만에서는 외국인 주주가 많은 상황에서 주주총회의 시간과 공간의 제약으로부터 주주를 보호하고 주주가 서로 다른 회사의 주주총회가 같은 날에 개최되는 경우 일부 주주총회에 참석할 수 없었던 문제를 해결할 필요가 있었다. 대만 회사법 제177－1조는 이러한 방향에서 새로 신설되어 일정한 요건에 해당하는 회사에 대해서는 '대만 금융감독관리위원회(Financial Supervisory Commission R.O.C.)'가 전자투표제도를 채택할 것을 명할 수 있는 권한을 새로이 부여하였다. 이러한 회사법상의 권한 위임규정에 따라서 2012년 초 대만 금융감독관리

을 이용한 방법으로서 법무성령에서 정하는 것을 말한다(일본 회사법 제2조 34호).

39) 일본 회사법 제298조 1항 4호 참조.

40) 江頭憲治郎, 「株式会社法」 第4版, 有斐閣, 2011, 327面.

41) 일본 회사법 제298조 2항 및 일본 회사법시행규칙 제64조.

위원회는 자본금 100억 대만달러(미화 338백만 달러) 이상과 주주 10,000명 이상의 상장회사에 대해서는 주주의 의결권 행사 방법 중 하나로 반드시 전자투표의 실시를 의무화하는 규정을 발표함으로써[42] 전자투표 메커니즘의 제공을 의무화하였다.[43] 그리고 전자투표제도의 시행에 관한 내용은 주주총회의 소집통지서에 기술하도록 하였다.

대만은 전자투표제도의 의무화 시행 초기에 혼란을 방지하기 위하여 일부 상장회사에 대한 강제적인 전자투표제도의 채택에 대한 예외를 인정하고 있다. 즉, 한편으로는 대만에서 도입된 이사후보자 지명제도의 적극적인 활용을 도모하기 위하여 이사선임과 정관개정을 위한 주주총회의 경우에는 일정기간 유예기간을 설정하여 두고 차기 주주총회까지 전자투표제도의 의무적 도입을 연기할 수 있도록 하였다.[44] 이에 따라 133개 회사가 2012년도에 강제적인 전자투표제도를 이용하여야 하지만 이사선임과 정관개정을 위한 주주총회는 한시적으로 여기서 제외되기 때문에 2012년도 기준으로 전자투표를 시행하는 회사의 수는 83개사로 감소되어 약 1,200백만 주주가 전자투표제도의 대상이 되었다.[45]

제 4 절 전자투표제도의 의무화 구현 방법

현행 상법 제368조의4에 따라서 회사의 '이사회 결의'에 의하여 주주는 전자적 방법으로 주주총회의 의결권을 행사할 수 있기 때문에 전자투표제도를 회사가 자율적으로 선택하는 입법태도를 취하고 있다. 따라서 이미 입법화된

42) 行政院金融監督管理委員會 令, 訂定 「公司應採電子投票之適用範圍」(金管證交字第1010005306號), 2012. 2. 20.

43) 대만의 전자투표의 시스템 제공은 '대만 예탁 및 청산공사(TDCC; Taiwan Depository and Clearing Corp.)'가 수행하며 지난 2008년 5월에 설립되어 2009년 3월부터 정식 온라인 서비스인 'STOCKVOTE' 업무를 개시하였다[Taiwan Depository and Clearing Corporation Newsletter, "TDCC Officially Launches STOCKVOTE Platform," Issue 122(June 2009)].

44) Taiwan Depository and Clearing Corporation Newsletter, "Introduction to Electronic Shareholder Voting and the STOCKVOTE Platform," Issue 139(April 2012).

45) Taiwan New Economy Newsletter(台灣新經濟簡訊), No.137(June 2012), p.14.

현행 상법규정을 기초로 하여 만일 전자투표제도를 의무화 또는 강제화한다면 그 가능한 방법을 다음과 같이 고려해 볼 수 있을 것이다.

1. 모든 회사에 대한 의무화 규정을 두는 방법

이는 현행 상법 제368조의4 자체를 개정하여 '모든 회사'는 전자투표제도를 시행하여야 하는 의무규정을 직접 상법상 반영하는 방향으로 개정하는 방법이다. 이러한 방법에 의하면 상법상 기존의 현장주주총회를 원칙으로 하면서 상장, 비상장 구분 없이 모든 상법상 회사는 전자투표제도를 채택하도록 하는 규정을 두게 되어 현장주주총회와 함께 전자투표제도가 반드시 병행될 수 있도록 상법상 의무화 규정이 마련된다. 이러한 방법을 따르면 상법상 모든 주식회사는 전통적인 방식의 현장주주총회를 유지하면서 모든 주주에게 전자투표를 할 수 있는 기회를 반드시 제공하여야 한다. 만일 회사가 법률상 의무로 되어 있는 전자투표제도를 채택하지 않고 기존의 현장주주총회만 개최한다면 전자투표제도 미채택에 따른 주총결의하자가 존재한다. 반대로 회사가 정관규정이나 이사회 결의에 의하여 모든 주주에게 전자투표에 의한 주총결의만을 요구한다면 이는 완전한 의미의 전자주주총회를 의미하게 되어 현장주주총회가 아예 존재하지 않게 되므로 현재의 상법규정상 주총무효사유가 된다. 따라서 이 방법에 의하면 모든 주식회사는 전자투표제도가 반드시 포함된 기존의 현장주주총회 방식을 유지하게 된다.

그러나 전자투표제도를 의무화하는 이러한 방식은 회사의 규모와 개별사정을 무시한 일방적인 방법으로서 전자투표제도의 강제화는 실현될지라도 일부 회사가 수용하기에는 현실적으로 거의 불가능할 수 있다. 예컨대 소규모회사, 과반수이상의 지배주주가 있는 회사 또는 기타 전자투표제도가 불필요한 회사의 경우에는 전자투표제도 자체가 무의미하므로 상법상 모든 회사가 강제로 전자투표제도를 채택하도록 하는 이러한 방법은 적절하지 못하다고 본다.

2. 일정한 회사에 대한 의무화 규정을 두는 방법

이는 현행 상법 제368조의4 자체를 그대로 유지하면서 '일정한 회사'에 대해서는 전자투표제도의 의무화를 내용으로 하는 특별규정을 별도로 두는 방법이다. 한편으로는 현재의 상법규정대로 전자투표제도가 이사회 결의와 같이 회사의 사정에 따라 자율선택에 의하여 회사가 전자투표제도를 도입하도록 하고, 다른 한편으로는 상장회사 등과 같은 '일정한 회사'에 대해서는 전자투표제도의 의무화를 내용으로 하는 '상장회사특례 규정'을 기존의 상법 제13절 상장회사에 대한 특례(제542조의2 이하) 부분에 두어 상장회사에 대해서는 현장주주총회와 전자투표제도를 병존시키도록 하는 방법이다. 이는 현장주주총회와 전자투표제도를 회사의 자율로 병행하도록 하되 일정한 회사는 예컨대, 상장회사의 경우에는 상법상 전자투표제도의 채택을 의무화하여 비상장회사는 여전히 회사의 자율에 맡기고 상장회사는 의무적으로 전자투표제도를 채택하도록 하는 이원적인 방법이다.

현재 정호준의원이 2013년 2월 12일자로 대표발의한 상법개정안은 이러한 방식을 사용하여 모든 상장회사에 대한 전자투표의 의무화를 도모하고 있다.[46] 또한 최근 법무부 주도의 상법개정안 역시 상장회사 특례규정을 두어 상장회사 중 일정한 기준에 해당하는 회사에 대하여 제한적으로 전자투표제를 의무화하는 개정시안을 제안하고 있고,[47] 다만, 제도 시행의 추이를 지켜보며 확대할 수 있도록 시행령에서 대상회사를 구체적으로 정하도록 하는 등 단계적 의무화를 요구하고 있다.[48] 따라서 정호준의원의 상법개정안은 '모든'

46) 정호준의원이 대표발의한 상법개정안에 따르면 "제542조의5(전자적 방법에 의한 의결권 행사에 관한 특례) 상장회사는 이사회의 결의가 없어도 제368조의4에 따라 주주가 총회에 출석하지 아니하고 전자적 방법으로 의결권을 행사할 수 있도록 하여야 한다"를 신설하여 모든 상장회사는 전자투표제도를 채택하도록 하고 있다[상법 일부개정법률안(정호준의원 대표발의), 의안번호 3690(2013. 2. 12)].

47) 법무부 상법개정안에 따르면 "제542조의14(전자적 방법에 의한 의결권 행사) 주주의 수 등을 고려하여 대통령령으로 정하는 상장회사는 제368조의4 제2항부터 제6항까지의 규정에 따라 주주가 총회에 출석하지 아니하고 전자적 방법으로 의결권을 행사할 수 있도록 하여야 한다"를 신설하여 일정한 주주수를 갖고 있는 제한적인 상장회사는 의무적으로 전자투표제도를 채택하도록 하고 있다[법무부, "「상법」 일부 개정(안) 입법예고," 법무부공고 제2013-162호(2013. 7. 17)].

48) 천경훈, "전자투표제, 다중대표소송," 「기업지배구조 상법개정 공청회 자료집」, 법무부, 2013. 6. 14, 50면.

상장회사를 대상으로 전자투표제도의 의무화를 요구하는 반면에, 법무부 상법 개정안은 일정한 주주의 수를 기준으로 예컨대, 5,000명 내지 10,000명의 주주가 있는 상장회사를 염두에 두고[49] 구체적인 수는 시행령에 위임하는 방식으로 하여 '일정한' 상장회사에 대한 전자투표제도의 의무화를 추구하고 있는 점에서 상호 비교되지만 모두 직접적으로 전자투표제도의 의무화 내용을 상법상에 반영하고 있다. 특히, 법무부안의 기준이 되는 주주의 수에 대해서는 여러 의견이 있는데 예컨대, 주주 1,000명 이상 상장회사에 대하여 전자투표제도가 의무화 되어야 한다는 주장도 있다.[50] 대다수 기업들이 특정일시에 주주총회를 개최하여 소액주주의 참여를 가로막기 때문에 최소한 주주 1,000명 이상의 상장회사는 전자투표제도를 의무화하여 사외이사 선임 시 주주들이 효과적으로 참여할 수 있도록 할 필요가 있다는 것이다.[51]

그러나 모든 상장회사이건 그중 일부인 제한적인 상장회사이건 이러한 방법 역시 상장회사와 비상장회사의 구분이 규모의 차이에서 크게 살펴볼 수 있는데 전자투표제도가 왜 상장회사에 반드시 의무화되어야 하는지를 설명하기가 쉽지 않다. 주주수의 차이와 외국인주주의 존재여부 이외에는 상장회사의 소액주주와 비상회사의 소액주주를 달리 보호하거나 취급하여야 할 이유가 크게 존재하지 않는다. 또한 상장회사의 대상범위에 대해서도 주주의 수, 자본금, 자산총액 등과 같은 기준이 가능하고 구체적으로 주주의 수의 경우에도 세부적인 여러 주주수의 기준이 존재할 수 있기 때문에 대상회사의 범위를 정하는 것도 쉽지가 않다.

3. 주주의 전자투표청구권을 인정하는 방법

이는 현행 상법 제368조의4 자체를 그대로 유지하면서 주주에게 별도의 '전자투표청구권'을 인정하는 방법이다. 전자투표제도의 의무화가 소액주주의

49) 천경훈, 전게자료, 50면.

50) 매일경제신문, "주주 1000명 이상 상장회사 전자주총 의무화돼야,"(2012. 6. 12); 머니투데이, "법무부, 상장사 전자주총 도입 의무화 추진,"(2012. 6. 12).

51) 대만의 경우 2012년부터 자본액 100억 대만달러(약 3700억원), 주주 1만 명 이상의 상장기업은 전자투표를 의무적으로 시행하도록 강제하고 있다[대만 회사법 제177-1조 및 내일신문, "주총 활성화하려면 전자투표 의무화해야,"(2013. 5. 1)].

주주총회 참석을 유도하고 주주총회의 활성화를 위한 것이라면 그 결정권을 주주에게 부여하여 주는 방법이다. 이 방법에 의하면 회사는 현재와 같이 자율적으로 전자투표제도의 채택 여부를 결정할 수 있지만, 만일 전자투표제도를 채택하지 않은 회사의 경우 사전에 소액주주가 전자투표를 요청하면 해당 주주에게는 전자투표에 의한 의결권 행사를 인정함으로써 전자투표제도의 강제화가 별도로 실현될 수 있다. 현재 상법상 인정되는 소수주주권의 개념을 원용하면 전자투표를 희망하는 주주에게는 소수주주권의 형태로서 전자투표의 권리를 적극적으로 새로이 인정해 줄 수 있게 된다.

그러나 이 방법은 주주총회의 업무가 대단히 복잡해지는 문제가 있다. 뿐만 아니라 현행 상법상 주주는 전자투표에 동의한 상태에서도 전자투표를 하지 않는 한 현장주주총회에서 의결권을 행사할 수도 있기 때문에 만일 주주의 전자투표청구권을 인정하는 이러한 방법에서도 전자투표를 요청한 주주가 현장주주총회에서 의결권을 행사하는 경우에는 자칫 전자투표제도가 불필요하고 부담스러운 제도로 전락될 소지가 있게 된다.

4. 간접적인 의무화 구현 방법

이는 현행 상법 제368조의4 자체를 그대로 유지하면서 '간접적인 방법'으로 전자투표제도를 강제화할 수 있는 방법을 모색하는 것이다. 전자투표제도의 의무화를 위하여 위에서 살펴 본 직접적인 방법들은 많은 부작용과 거부감을 동반하고 제도의 혼란을 초래하기 때문에 현재의 상태대로 자율에 의한 전자투표제도를 유지하면서 간접적인 방법으로 전자투표가 강제될 수 있는 정책적 배려를 강구하는 방법이다.

예컨대, 현재 섀도보팅을 활용하고 있는 회사의 경우에 만일 자본시장과 금융투자업에 관한 법률(이하 '자본시장법') 제314조 제5항(예탁증권 등의 권리행사)의 섀도보팅을 폐지하면 이러한 회사들은 주총결의를 위한 정족수를 충족하기 위하여 주주의 주총참여를 독려하여야 하고 적어도 그러한 방법들 중에 하나로 가장 손쉽고 직접적으로 주주참여를 늘릴 수 있는 방법인 전자투표제도가 간접적으로 활성화되어 의무화의 효과를 어느 정도 거두게 된다. 섀도보팅은 한국예탁결제원이 주주총회에 참석한 주주들의 찬반투표비율에 따라 의결권을 대리 행사하여 주는 제도이기 때문에 정족수 미달로 주주총회가 무산되지 않도록 하는 방어적 역할을 수행한다.[52] 실제로 지난 2012년 12월 결산 상장회사 1,633개사 가운데 35.5%인 591개사가 섀도보팅을 요청한 바가 있다.[53] 만일 이와 같은 섀도보팅 제도가 폐지된다면 회사는 주주총회의 의결정족수 해결을 위한 방법을 달리 찾지 못하는 한 전자투표제도를 도입할 가능성이 커지기 때문에 결국 전자투표제도가 간접적으로 강제되는 결과가 만들어진다. 지난 몇 년간 정부 주도의 섀도보팅 폐지 움직임은 이러한 선상에서 전자투표제도의 활성화를 위한 노력으로 이해할 수 있다. 즉, 섀도보팅에 관한 자본시장법 제314조 제5항의 폐지를 위한 법개정이 지난 몇 년간 수차례 추진되었고,[54] 마침내 2013년 4월 30일 섀도보팅의 폐지를 포함하는 자본시장법 개정안이 국회를 통과하였다(2013. 5. 28. 공포).[55] 그러나 다시 2014년 12월 30일 자본시장법 개정으로 2013.5.28.자 자본시장법개정(법 제11845호)의 부칙에 제18조를 신설하여 일정한 경우 섀도보팅 제도의 폐지는 2017년 12월 31일까지 한시적으로 유예할 수 있도록 하였다.[56] 이에 따라 최근 금융위원회는 제

52) 섀도보팅은 기업의 요청에 따라 한국예탁결제원이 일부 경영에 적극적인 주주의 의사가 반영된 주총의결 내용대로 소액주주의 의결권을 대신 행사한다는 이유로 소액주주들의 권한을 제한하는 대표적인 제도로 지적되었고 주주총회를 활성화하는데 걸림돌이 된다는 지적을 받아왔다. 그러나 엄밀히 이야기해서 회사가 소액주주의 의결권 행사를 억제하기 위하여 섀도보팅을 활용하는 것이 아니라 소액주주가 주총참석을 하지 않기 때문에 회사가 의결정족수 관리를 위하여 섀도보팅을 요청하고 있다는 점도 유의할 필요가 있다. 회사가 섀도보팅을 요청하여도 소액주주는 여전히 주총에 참석하여 의결권을 행사할 수 있으므로 섀도보팅이 소액주주의 의결권을 억제 또는 제한하는 기능을 하고 있다는 지적은 모순이다. 다만, 회사가 섀도보팅에 의지하고 소액주주의 적극적인 주총참여를 유도하는 정책이나 노력을 적극적으로 펼치지 못한 것은 반성할 필요가 있다.

53) 내일신문, "상장사 35% 주총 '그림자투표' 신청,(2013. 4. 24). 유가증권시장에서는 상장사 총 699개사 중 213개사(30.5%)가, 코스닥에서는 총 964개사 중 378개사(39.2%)가 섀도보팅을 요청한 것으로 나타났다

54) 자본시장법 제314조 제5항 제6호 신설(조문환 의원 등 17인 의원입법 발의, 2010. 6. 23)하여 국회 상임위(정무위원회) 상정(2010. 11). 자본시장법 제314조 제4항, 제5항 폐지안이 국무회의 통과(2011. 11. 22).

55) 자본시장과 금융투자업에 관한 법률 일부개정법률안(대안), 의안번호 4747 (2013. 4. 30); 금융위원회, "자본시장과 금융투자업에 관한 법률 개정안 정무위 법안소위 통과," 공지사항 (2013. 4. 9).

56) 자본시장법 개정(2013. 5. 28. 법 제11845호)의 부칙 제18조 신설
① 예탁결제원은 「상법」 제368조의4에 따라 주주가 총회에 출석하지 아니하고 전자적 방법으로 의결권을 행사하게 하고 의결권 있는 주식을 가지고 있는 모든 주주들을 대상으로 제152조

한적인 섀도보팅 제도의 폐지 유예기준을 구체적으로 고시하였다. 즉, 섀도보팅 제도의 폐지가 유예되는 경우는 소액주주(발행주식총수의 1% 미만)들의 주식의 합계가 의결권 있는 발행주식총수의 3분의 2를 초과한 법인이어야 하고 상장법인이 전자투표 및 모든 주주를 대상으로 하는 의결권 대리행사의 권유를 시행한 경우, "감사 및 감사위원회위원의 선임 또는 해임" 및 "금융위원회가 정하여 고시하는 기준에 해당하는 법인의 일반 안건"에 대해서만 3년간 한시적으로 섀도보팅을 적용할 수 있도록 하였다.[57]

그러나 결국 섀도보팅은 향후 전면 폐지될 예정이기 때문에 주주총회 의결정족수를 위하여 섀도보팅에 의존하였던 기존의 상장회사는 의결정족수 관리를 위하여 이제 별도의 고민을 하여야 한다. 예컨대, 회사는 대체수단으로서 의결권대리행사권유제도의 활용 등을 고려하여 볼 수도 있겠지만 그 한계로 인하여 결국 손쉽게 의결정족수를 확보할 수 있는 전자투표제도를 도입하는 분위기가 조성될 것으로 예상된다.

이외에도 간접적으로 전자투표제도의 의무화 효과를 볼 수 있는 방법으로는 지난 2010년 11월부터 시행된 기업지배구조 우수기업 선정기준상 전자투표 항목의 신설을 들 수 있다. 이는 전자적 방법에 의한 의결권 행사제도를 도입한 회사에 대하여 일정한 추가점수(3점)를 부여하는 방식이다.[58] 이러한 방식은 결국 간접적으로 전자투표제도의 채택을 장려 또는 의무화 하는 방향으로 추진되고 있는 정책으로 이해할 수 있다.

또한 한국거래소의 상장 의무요건으로 전자투표제도의 반영을 고려하는 방안도 간접적인 전자투표제도의 의무화 내용으로 이해할 수 있다. 즉, 회사에 대한 상장요건으로 통일규격 증권용지 사용의무, 명의개서대리인 선임의무

에 따른 의결권 대리행사의 권유를 한 법인의 주주총회 목적사항 중 다음 각 호의 어느 하나에 해당하는 사항에 대하여는 제314조제5항의 개정규정에도 불구하고 2017년 12월 31일까지 종전의 규정에 따라 의결권을 행사할 수 있다.

1. 감사 및 감사위원회위원의 선임 또는 해임
2. 주주의 수 등을 고려하여 금융위원회가 정하여 고시하는 기준에 해당하는 법인의 경우 주주총회 목적사항

② 제314조제4항·제6항, 제449조제2항제13호 및 별표 8 제18호의 개정규정에도 불구하고 제1항에 따른 예탁결제원의 의결권 행사에 관하여는 2017년 12월 31일까지 종전의 규정에 따른다.

57) 금융위원회, "「금융투자업규정」 일부 개정규정 고시," 금융위원회 고시 제2015-4호(2015. 2. 3).

58) 한국예탁결제원, 「한국예탁결제원 전자투표관리업무 안내」, (2011. 2. 11) 참조.

등과 마찬가지로 요건중의 하나로 전자투표제도를 추가 반영함으로써 적어도 상장회사의 경우에는 전자투표제도가 도입될 수 있도록 간접적인 강제화를 도모하자는 일부 주장도 제기되고 있다.[59]

물론 이러한 간접적인 방식들은 접근방법과 내용에 따라서 외관상 전자투표제도의 채택이 강제적인지 아니면 회사자율에 의한 선택인지를 놓고 의무화 여부에 관한 논란의 여지가 있을 수 있다. 다만, 간접적인 방법에 의하여 회사가 전자투표제도를 채택하게 되는 외관상의 모습 이외에도 회사가 달리 대안을 찾지 못하거나 회사의 불이익 방지를 위하여 어쩔 수 없이 스스로 선택하여 전자투표제도를 채택하는 경우를 고려하여 본다면 결국 타율에 의한 강제적인 전자투표제도의 채택 방법으로 이해할 수 있다.

그러나 이러한 방법도 일반적인 전자투표제도의 문제로 지적되는 경우와 마찬가지로 주주민주주의의 근본요건인 상호 의견교환과 토론과정이 생략된다는 근본적인 문제가 있고 해킹 등 기술적 하자의 위험도 존재하며 기업간 편차가 크고 대부분의 회사가 전자투표제도를 시행할 수 있는 인프라가 구축되어 있지 않은 상태라는 점을 고려한다면[60] 전자투표제도의 활성화를 위한 무조건적인 간접방식 역시 일정한 문제점을 지니고 있다.

제 5 절 전자투표제도의 의무화에 대한 문제점

전자투표제도의 의무화 또는 강제화는 그 방법이 다양하게 구현될 수 있지만 모두 공통적으로 소액주주를 보호하고 주주총회를 활성화시키기 위한 고육책이다. 전자투표제도의 의무화는 그간 기업들의 무관심으로 방치되어 온 전자투표를 제도취지에 맞는 정상궤도로 올려놓기 위한 방법이고 일반 소액주주의 입장을 충분히 반영하기 위한 것이다. 따라서 전자투표제도의 의무화

59) 김순석, “주주 의결권의 전자석 행사를 활성화하기 위한 법적 과제”, 전자투표제도 활성방안 (국회 금융정책연구회, 2009. 7. 22), 33면; 정승화, “의결권 행사의 전자화와 그 활성화를 위한 법적 과제,” 「기업법연구」 제26권 제2호, 한국기업법학회, 2012, 149면.

60) 전국경제인연합회, “상법개정 방안 정책 토론회,” 자료집, 2006. 7. 6, 67면.

를 통하여 소액주주의 적극적인 의결권 행사를 도모할 수 있고 이로써 지배주주의 전횡을 막을 수 있기 때문에 의무화가 필요하다는 것이 이번 상법개정안의 기본 취지이다.[61]

그러나 전자투표제도 자체의 장점에도 불구하고 전자투표제도는 아직 해결되지 않은 단점과 문제점들이 있으며 이외에도 의무화 내지 강제화라는 '수단'으로 인하여 추가적인 문제들이 발생하고 있다. 따라서 전자투표제도의 의무화는 그 목표가 정당하더라도 수단이 의무화를 통한 강제적이라는 점 때문에 전자투표제도 자체의 문제점 이외에 의무화에 따르는 추가적인 문제점을 별도로 검토할 필요가 있다. 또한 전자투표제도의 의무화가 그 구현방법인 직접적인 방식에 의하거나 간접적인 방식에 의하거나 모두 전자투표제도가 강제화 된다는 측면에서 보면 모두 동일하게 다음과 같이 의무화에 따른 문제점이 존재한다고 본다.

1. 반(反) 기업민주주의

전자투표제도의 의무화는 기업민주주의에 반한다. 전자투표제도의 의무화에 따라 가장 문제가 되는 것은 강제성이라는 규제수단이 기업의 자율과 민주주의 질서에 역행한다는 것이다. 전자투표제도의 의무화를 통한 주주총회의 활성화는 한편으로 소액주주의 이익보호 측면에서 주주총회의 민주화를 추구한다는 것이지만, 반면에 회사의 측면에서 보호되어야 하는 회사의 자율성과 회사운영의 민주화라는 기업민주주의는 완전히 무시되고 있다. 최근에 기업에 대한 규제를 철폐하는 탈규제방식으로 전환되고 있는 흐름 속에서 기업에 부담을 증가시키고 규제를 강화하는 것은 소위 경제민주화의 목적과 내용에도 일치하지 않는다.

상법상 회사는 자율적으로 설립되어 운영되는 것이며 기본적으로 영리성에 기초하여 회사의 이익을 통한 출자자인 주주의 이익을 추구하여야 한다. 비록 소액주주의 보호와 주주총회의 활성화라는 이념과 목표에도 불구하고 타율적으로 전자투표제도를 강제화하는 것은 기업의 자율에 의한 회사운영과

61) 법무부, 전게 공청회 자료집, 61면 각주 1 참조.

이익추구라는 기업민주주의 질서를 후퇴시키고 규제위주의 편향된 방식으로 문제를 해결한다는 비난을 면하기 어렵다.

2. 주주총회 형식화 문제해결의 한계

주주총회의 형식화를 방지하기 위한 조치로 전자투표제도의 의무화가 주장되지만 강제화한 전자투표제도가 주주총회의 형식화 문제를 근본적으로 치유하지는 못한다. 지금까지 주주총회가 유명무실화된 가장 큰 이유는 주주총회가 특정 시기에 집중되어 있기 때문이다. 한국거래소에 따르면 작년 12월 결산 유가증권시장 상장사 중 3월 22일 금요일에 주주총회를 개최한 회사는 151개사에 달한다. 이는 조사 대상 회사의 무려 50%에 육박하는 수치다.[62] 가까운 일본의 경우에도 이른바 집중일이라고 불리는 6월 마지막 목요일의 특정일에 많은 회사의 정기주주총회가 개최되고 있다.[63] 이러한 현상들은 주주총회를 특정일에 집중함으로써 주주총회의 출석을 실질적으로 배제하여 주총회의를 원활히 진행하려는 의도가 숨어 있기도 하겠지만, 자본시장법에서 상장법인의 사업보고서를 주주총회 승인 후에 제출하도록 하고 있기 때문에 결산과 감사절차, 주총 소집절차 등 법률상 절차를 준수하면 물리적으로도 3월 중·하순으로 주주총회가 몰릴 수밖에 없는 현실적인 문제도 존재한다.[64] 그러나 이유가 무엇이건 실제로 많은 소액주주들은 특정일의 모든 주주총회에 적극적으로 참석하지도 않는 경향이 있으며 특정일의 주주총회 어느 한 곳도 참석하지 않는 경우도 의외로 많다는 점에 주목할 필요가 있다. 즉, 소액주주의 주주총회에 대한 무관심과 단기투자매매차익의 실현을 목적으로 하는 투자성향이 존재하는 것도 주주총회의 형식화를 초래하는 또 다른 주된 원인이 되고 있다. 소액주주는 일반적으로 자신의 의결권 행사가 주주총회의 의사결정에 영향을 주지 못한다는 생각에 의결권 행사를 적극적으로 고려하고 있지

62) 내일신문, "주총 22일에 몰려 … 소액주주 참여 불편," (2013. 3. 4).

63) 일본에서는 3월기 결산 회사가 많으며 이 경우 결산일을 기준일로 설정하는 관례에 의하면 기준일의 유효기간이 3개월 이내로 정해져 있기 때문에 기준일 제도의 관계에서 6월말까지 정기주주총회를 개최해야 하고 결국 6월 마지막 목요일에 주주총회가 집중되고 있다.

64) 송민경, "주총 내실화를 위한 법제개선방안: 주총 개최일 분산 및 주주의 정보 접근 제한 완화," 「CGS Report」 제3권 10호(통권 제33호) (한국기업지배구조원, 2013. 5), 2면.

도 않고 오히려 자신의 이익실현을 주식매매차익과 배당금에서 찾으려는 경향이 크게 존재한다.

이외에도 기관투자자들의 주주총회 참여율이 낮고 투자자에게 제공되는 정보가 부족하다는 점도 주주총회가 형식화된 주요 원인으로 지목되고 있다. 또한 현재의 섀도보팅이나 기관투자자의 형식적인 의결권 행사도 특정주주의 의사에 편중되는 주주총회의 형식화에 일조하고 있다.

이와 같이 주주총회가 형식화된 이유는 여러 가지 원인이 있으므로 주주총회의 형식화된 문제를 해결하기 위해서는 그 원인별로 해결방안을 강구하는 것이 필요하다. 따라서 전자투표제도를 의무화시키더라도 달리 형식화된 원인이 함께 치유되지 않는다면 주주총회의 형식화 문제는 근본적으로 해결되지 않는다. 즉, 주주총회가 형식화된 이유는 전자투표제도를 도입하지 않아서가 아니라 달리 그 원인이 따로 있는 것이고 전자투표제도는 간접적으로 주주총회의 형식화 문제를 일부 치유할 수 있을 뿐이다. 예컨대, 전자투표제도를 의무적으로 도입하더라도 궁극적으로 주주의 적극적인 의결권 행사에 대한 인식이 없다면 여전히 전자투표를 하지 않을 것이고 또한 특정일의 주주총회를 분산시켜도 그 결과는 크게 바뀌지 않을 것이다.

결국 주주총회의 형식화된 문제에 대하여 전자투표제도 자체의 의무화로 모든 문제를 해결할 수는 없는 것이고 오히려 주주총회의 관리를 위한 특별기구 등을 통하여 주총일을 분산시키거나 주주 의결권의 중요성을 교육하여 주주로서의 자발적인 주총참여가 유도되어야 한다. 또한 기관투자자의 공적기능의 일환으로 주총참여와 의결권 행사에 보다 적극적인 자세로 임할 수 있는 부수적인 정책적 배려가 오히려 필요하다.

3. 특정주주(소액주주)만을 보호하는 비강제적 의결권 행사

전자투표제도의 의무화는 소액주주의 주주총회 참석을 유도하여 지배주주 또는 기관투자자의 전횡을 견제하고자 하는 것이다. 이러한 논리의 이면에는 지배주주 등의 의결권 행사의 내용이 소액주주의 이해관계와 다르다는 가정적 사실을 전제로 한다. 실제로 주주총회 현장에서 소액주주의 불참으로 인하여 참석자 위주의 지배주주 또는 기관투자자의 의도대로 주주총회 결의가 이루어지는 경우도 있다. 특히 사외이사를 포함하는 이사 선임의 경우 소액주주의 불참으로 지배주주 등이 추천하는 후보자가 선임되기 때문에 전체주주의 의사가 반영되지 않고 따라서 적절한 견제역할이 이루어지지 않아서 지배주주들의 전횡과 부당한 행위들이 있는 것도 사실이다.

그러나 지배주주 또는 기관투자자의 의사가 소액주주의 의사에 항상 불일치한다고 볼 수는 없다. 주주의 이익과 회사의 이익은 지배주주나 비지배주주인 소액주주 모두의 공통된 목표이고 관심사이다. 때로는 특정주주 또는 특정인에게 유리한 주총결의 사항에 대하여 견제할 수 있는 장치가 필요하지만 그 특정주주는 지배주주만이 아니라 때로는 소액주주가 될 수도 있다. 따라서 상호 견제와 협조가 가능한 회사지배구조가 필요하고 이에 기초하여 주주간 및 주주와 회사 상호간 충분한 논의가 가능할 수 있는 바람직한 주주총회의 역할이 필요할 뿐만 아니라 소액주주와 지배주주 모두를 포함하여 주주라는 틀 안에서의 주주보호 장치를 고려하는 것이 바람직스럽다.

따라서 소액주주의 주주총회에 대한 무관심이나 무책임한 주주의 의결권 행사로 인한 주주총회의 결과가 '언제나' 그리고 '획일적으로' 지배주주 또는 기관투자자를 위한 전횡적인 이익도모라고 판단하는 것은 무리이고 사안별로 견제의 필요성을 검토하여야 한다. 전자투표제도의 의무화는 오히려 소액주주의 주주총회 참석과 간편한 의결권 행사를 도모한다는 사실 이외에는 의결권 행사를 강제하거나 강화하는 별도의 수단이 되지 않는다. 따라서 전자투표제도의 의무화는 주주전체가 아니라 소액주주의 입장만을 고려한 정책이라는 비판에도 불구하고 실제 소액주주의 의결권 행사까지 의무화시키지는 못하는 한계에 직면한다.

4. 의무화에 따른 성과의 부족

전자투표제도의 의무화에 대한 거부감과 문제점에도 불구하고 그에 따른 성과는 크지 않을 수 있다. 소액투자자의 투자성향과 행동을 고려하면 전자투표제도가 의무화되어도 소액주주의 주총 참여가 크게 확대되지 않을 수 있다.

전자투표제도의 의무화는 소액주주의 주주총회 참석을 촉진시키고 의결권을 강화한다는 논리를 전제로 하고 있지만 실제로 소액주주가 전자투표제도하에서 어느 정도 의결권을 행사하여 의도하는 비중을 차지하고 지배주주를 견제할 수 있을지는 미지수다. 오히려 일반 소액투자자는 회사의 경영에 직접적인 관심을 보이기보다는 투기 또는 투자목적으로 주식을 취득하는 경우가 많고 보유주식의 양도차익과 배당금에 더 큰 관심을 갖는 것이 현실이기 때문에 이들은 주주총회에 무관심해 질 수 있다.[65]

이러한 경우는 유사한 서면투표의 선례에서도 찾아볼 수 있다. 주주의 적극적인 의결권 행사를 도모하기 위하여 지난 1999년 12월 상법개정에 따라 도입된 서면투표제도의 경우를 보면 도입취지와 달리 그 성과는 기대수준에 크게 못 미치는 것으로 평가되고 있다. 공정거래위원회에 따르면 지난 2011년 하반기와 2012년 상반기 기간 중 46개 민간대기업집단(재벌)의 238개 상장사 중 서면투표제는 24개사(10.1%)가 채택하였으나 실제 이 제도를 활용한 회사는 10개사에 그쳤고 전체 의결권 행사 주식 중 서면투표로 의결권을 행사한 비지배주주의 주식은 평균 0.2%에 지나지 않았다.[66] 따라서 서면투표제도가 도입된 이후에 그 결과에서도 입증하듯이 소액주주의 서면투표 활용도는 기대와 달리 지극히 저조하여 주주총회 안건처리에 영향을 미칠 정도는 되지 못하였다는 사실을 보면 전자투표제도의 의무화 역시 상당한 결과를 기대하기는 어려울 것으로 보인다.

더욱이 유가증권 시장은 외국인 및 기관의 주식보유 비중이 60% 이상이기 때문에 국민연금 등 기관투자자들이 거수기 노릇을 하는 경우 소액주주의 힘이 미약할 수밖에 없는 현실이 있다. 개인투자자 비율이 90%가 넘는 코스닥 시장 역시 소액주주의 힘이 약한 것도 사실이다. 한 예로서 소액주주가 경영진을 압도할 것이라던 삼천리자전거 주주총회의 경우에서도 배당확대 등 소액주주안이 바로 부결된 경우는 대표적인 사례로 들 수 있다.[67] 또한 주주총회가 특정일에 집중되는 현상도 주주의 의결권 행사에 제약이 되어 예컨대,

65) 이상경(국회 정무위원), "전자증권, 전자투표제도의 도입 및 필요성," 2005년 정기국회 정책자료집(2005. 10. 11), 38면.
66) 공정거래위원회, "2012년 대기업집단 지배구조현황에 대한 정보공개," 보도자료(2012. 9. 28).
67) 서울신문, "코스닥社 66% '금요일 주총' 왜?,"(2012. 4. 7).

2013년도 3월 금요일에 주총을 연 코스닥 기업은 644개로 전체 12월 법인(980개)의 65.7%에 이르고 특히 2013년 3월 셋째 주 금요일인 22일에만 363개(37%)가 동시에 주총을 열었기 때문에 유가증권 시장과 마찬가지로 코스닥 기업의 일부 소액주주에게는 의결권 행사가 제약되는 원인이 되었다.

반면에 주주총회에 무관심하거나 매매차익만 노리는 다수의 소액주주들은 여전히 전자투표제도가 의무화되어도 의결권 행사에 적극적이지 못할 가능성이 크다. 이러한 결과는 또한 전자투표제도의 도입 이전에 주총일을 분산시키는 조치가 만약 이루어지더라도 크게 달라지지는 않을 것으로 보인다. 따라서 소액주주의 투자성향을 고려하면 전자투표제도를 의무화시키는 전략은 궁극적으로 의결권 행사의 수를 다소 증가시킬 수는 있을지라도 현격한 수치의 증가를 보이지 못할 수 있다. 결국 전자주주총회와 같이 소액주주의 의결권 행사를 위한 편의를 제공하는 정책도 중요하겠지만 먼저 주주총회와 주주의 의결권 행사에 관한 주주의 인식 변화가 필요하고 이에 대한 전문적인 주주총회 관리 전략이나 별도로 출자자의 인식변화를 위한 주주의 교육이 더 중요하게 다루어져야 할 것이다. 이를 위해서는 오히려 내실 있는 주주총회 운영을 위한 주주총회 자문기관과 같은 전문기구를 육성할 필요도 있다고 생각한다.[68)]

따라서 이전과 같은 주주의 성향과 행동이 전자투표제도하에서도 바뀌지 않는 한 전자투표제도의 의무화는 주주들에 대한 의결권 행사의 편의를 제공하는 정도의 의미밖에 없을 것이고 그에 따른 성과가 크게 기대되지 않는다면 전자투표제도의 의무화는 기업의 부담만 가중시키는 결과를 초래할 수 있다.

5. 기업의 반대와 개별적 사정의 존재

전자투표제도의 의무화는 제도의 직접적인 당사자인 기업들의 의사에 반한다. 한국상장회사협의회가 2010년 4월 1일부터 2011년 3월 31일까지 정기주주총회를 개최한 유가증권시장 상장회사 341개사를 대상으로 주주총회 실태

---

68) 매일경제신문, "주총 전자투표제 꼭 도입…의결권 자문기관도 키워야 – CGS 심포지엄, 주총 내실화 방향 제시,"(2012. 10. 30).

를 조사한 결과, 조사대상 기업의 대다수인 73.2%가 섀도보팅의 폐지를 반대하고 있고 또한 섀도보팅의 대안으로서 전자투표 등 인터넷을 통한 의결권행사 이용에도 부정적이어서 전향적으로 검토하겠다고 답한 기업이 7.3%에 불과하였다.[69] 즉, 현장에 있는 회사들은 전자투표제도의 도입에 매우 소극적이며 그 의무화에 대해서는 대다수가 반대하고 있다. 물론 그 이유는 소액주주의 단순한 주주총회 참여가 주총업무만 늘리는 성가신 일들이 되고 만일 이들이 연대하여 주주총회 의결에 영향을 줄 수 있는 정도가 되면 경계의 대상이 될 수 있기 때문일 것이다.

그러나 회사들의 이러한 입장은 개별회사의 사정마다 다를 수 있고 전자투표제도의 의무화 여부를 떠나서 회사가 필요하다고 판단하거나 회사의 여건이 준비되었다면 전자투표제도를 채택할 것이다. 반면에 아직 준비가 되지 않았거나 그 필요성을 느끼지 못하는 회사가 전자투표제도의 의무화에 따라 강제적으로 전자투표제도를 채택하여야 한다면 그로 인한 부담감과 거부감은 상당할 것이고 오히려 기업경쟁력도 저하시킬 수 있다. 비록 일반 소액주주들은 전자투표에 대하여 긍정적이며 전자투표제도의 의무화에 찬성한다고 하더라도 같은 당사자 입장에 서 있는 회사의 사정도 이해하고 형평성에 맞게 회사의 의사를 반영할 수 있는 제도의 도입이 필요하다.

6. 주주총회 의결의 질적 저하 초래

획일화된 전자투표제도의 의무화는 주주총회 의결의 질적 저하를 초래할 수 있다. 강제화 된 전자투표제도하에서 주주의 의결권 행사율이 다소 높아져서 주총의결의 정당성을 높여 준다고 할지라도 만약 안건에 관심도 없는 무책임한 의결권 행사나 부정확한 정보에 기초한 의결권 행사 등으로 단순히 투표율이 높아진 것이라면 이는 양적으로 투표율 상승을 보여주는 결과이지만 반면에 주주의 의결권의 질은 이전보다 저하될 수 있다. 따라서 강제화한 전자투표제도하에서 투표율이 높아진다고 해서 반드시 바람직한 결과만이 나오는

69) 이데일리, "상장사 10개중 7개 섀도보팅제 존속 필요," 2011. 9. 26; 한국경제TV, "대다수 상장기업 섀도보팅 존속 필요,"(2011. 9. 26).

것은 아니다.

전자투표제도하에서 주주의 의결권 행사율은 다소 상승할 수 있지만 그렇다고 해서 회사경영에 대한 주주의 관심도 또한 높아진다는 보장은 없기 때문에 회사경영에 관한 정보도 없이 그리고 안건을 충분히 이해하지 못한 상황에서 의결권을 행사하는 경우는 전자투표의 속성상 그 이전보다도 더 많이 발생할 수 있다. 특히 전자투표제도하에서 아직까지 온라인상의 질의응답과 토론이 허용되지 않는 상황에서는 무책임한 의결권 행사가 더 많이 발생할 수 있다. 이렇게 된다면 기존에 적극적으로 회사경영에 관심을 가지거나 이해관계를 가지는 주주 의결권의 비율을 좀 더 낮추게 되어 전체 주주총회 의결의 정당성을 더욱 저하시키게 된다. 강제화한 전자주주총회에서는 이른바 무책임한 의결권 행사나 온라인상의 총회꾼 개입에 의한 변질된 의결권 행사가 발생할 수도 있으며 이는 형식적으로 문제가 없는 주주총회 의결로 보일지라도 내용적으로는 질적으로 저하된 주주총회 결과가 될 것이고 자칫 이를 악용하는 경우도 발생할 소지가 대단히 크다.

7. 주주의 의결권 행사 제약

전자투표제도의 의무화는 오히려 주주의 의결권 행사를 제약할 수 있다. 전자투표제도의 일반적인 단점과 문제점에서 지적되었듯이 여전히 전자통신에 내재하는 해킹 등의 전산 및 온라인상의 불안정한 요소들이 존재한다. 이로 인하여 주주의 의결권 행사가 변질되거나 제약될 수 있으며 입법적으로 이와 같은 유사시를 대비한 법규정을 비록 철저하게 마련해 둔다고 하더라도 문제가 완전히 해소되지는 않는다.

또한 전자화에 익숙하지 않은 주주의 경우에는 강제화한 전자투표제도로 인하여 자칫 의결권 행사가 불가능해 질 수도 있다. 전자투표제도의 의무화는 모든 주주가 전자화에 대응할 수 있는 장비와 관련 교육을 충분히 제공받을 것을 전제로 하고 있으므로 그러하지 못한 경우에는 주주의 전자투표권이 제한되는 결과를 낳는다. 또한 이와 상관없이 컴맹이나 신체적 장애 등의 이유로 전자화를 손쉽게 이용하지 못하는 주주들에 대해서는 원천적으로 전자투표에 의한 의결권 행사를 배제시키게 된다. 비록 이 경우 현장주주총회가 여전히 유효하다고 하더라도 회사가 도입한 전자투표제도를 활용하고 싶어도 할 수 없는 일부 주주들에 대해서는 의무화된 전자투표제도가 오히려 주주의 권리를 제한하는 결과를 만들게 된다. 따라서 전자투표제도가 의무화되면 전자투표제도의 이와 같은 본질적인 문제점이 더욱 악화될 수 있고 의무화 형태에 따라서는 오히려 주주의 의결권 행사가 제약되는 결과를 초래할 수 있기 때문에 상법상 보호받는 주주평등의 원칙에 위반하는 경우도 발생할 수 있다.

8. 국제적 입법추세에 역행

의무화된 전자투표제도는 다른 주요 선진국가의 입법에서도 찾아보기 힘든 극히 예외적인 경우이다. 외국의 전자투표제도와 관련된 유사 입법례를 살펴보면, 회사법상 전자화를 우리보다 먼저 도입한 미국, 일본, 영국 등 OECD 대부분의 국가에서는 주주의 의결권 행사를 위한 편의성을 제공하고 전자투표제도의 확산을 위한 노력을 하고 있지만 이를 회사에 의무화 또는 강제화하는 경우는 찾아보기 힘들고 이사회 결의에 의하여 회사가 자율로 그 도입여부를 결정하도록 하고 있다.[70] 다만, 극히 예외적으로 대만의 경우에는 대만 회사법 제177－1조에서 전자투표제도를 일정한 상장회사에 의무화하는 근거규정을 두고 있을 뿐이다.

외국의 대부분 경우에는 오히려 주주의 적극적인 의결권 행사의 일환으로 전자투표제도를 활용하고 있고 이는 회사의 자율적인 선택에 의하여 전자투표제도가 구현되도록 하고 있는 것이 일반적이다. 우리나라에서도 지난 2009년 5월 상법개정시 전자투표제도를 도입하면서 '국제적 입법추세와 조화를 이루고 글로벌 환경을 구축하는 제도의 기반'이라는 제도적 측면의 장점과 기능을 중요하게 고려하였기 때문에 다른 외국의 입법례와 같이 회사가 자율로 이를 채택하도록 한 것이다. 그러나 1년의 유예기간을 거쳐 2010년 5월부터 전자투표제도가 시행 된지 이제 3년밖에 안되었고 다른 나라의 법제변화도 없는 상황에서 반대로 전자투표제도를 의무화하는 것은 오히려 국제적인 입

70) 개별국가의 전자투표제도에 관한 비교법적 고찰에 대해서는 김병태, 전게 보고서 참조.

법추세에 역행하는 결과를 낳게 된다.

9. 현장주주총회의 형해화 초래

전자투표제도의 의무화는 아직 완전한 의미의 전자주주총회가 불가능하고 현장주주총회가 병행되어야 하는 현행법하에서 과도하게 전자투표에 의존되어 양질의 토론과 질의응답이 생략될 수 있다. 이로 인하여 많은 주주들이 오히려 현장주주총회에 참석할 필요성을 느끼지 못할 수 있으므로 자칫 현장주주총회에서의 의사진행이나 토의결과를 적절히 반영하고 대처하지 못하는 문제가 발생할 수 있다.[71] 이는 주주총회가 회의체로서 운영되어야 하는 본질과 목적에도 어긋날 수 있으며 오히려 주주총회가 다시 형해화되는 결과를 낳을 수도 있다. 지나친 전자투표의 비율과 과도한 전자투표에 대한 의존은 이러한 문제를 더욱 악화시키며 더 나아가 이를 의무화하는 조치는 더욱 더 현장주주총회를 형해화시킬 수 있다.

10. 비용과 시간에 대한 기업의 이중 부담

전자투표제도의 가장 큰 장점은 회사와 주주 모두에게 주주총회와 관련된 시간과 비용을 절감시켜 주는 것이다. 전자투표제도가 의무화되면 적어도 전자투표를 하는 주주의 입장에서는 주총참석에 따르는 시간과 비용을 절약할 수 있다. 그러나 회사의 입장에서는 현행법상 전자투표제도가 현장주주총회를 완전히 배제하지 못하는 제한적인 전자주주총회에서만 허용되므로 적어도 회사는 현장주주총회와 전자투표를 함께 관리하는데 따르는 시간과 비용을 이중으로 부담하게 된다. 즉, 전자투표제도가 의무화되면 회사는 기존의 현장주주총회에 필요한 업무시간과 비용을 그대로 부담할 뿐만 아니라 이와는 별도로 회사가 전자투표 시스템을 구축하거나 한국예탁결제원의 전자투표 관리업무에 소요되는 추가적인 시간과 비용도 역시 고스란히 기업의 부담으

---

71) 법제사법위원회 전문위원 문광섭, "상법 일부개정법률안(정호준의원 대표발의) 검토보고," (2013. 4), 4~5면.

로 떠안게 된다. 이는 곧 기업경쟁력의 저해요인으로 작용하게 된다.[72] 특히 전자투표제도가 시간과 비용을 절감하는 기능을 장점으로 내세우면서도 정작 전자투표제도의 의무 도입으로 기존 주주총회에 소요되는 비용은 그대로 지출하면서도 전자투표제도 운영을 위한 추가비용과 시간까지 회사가 부담하게 만드는 것은 오히려 기업의 부담을 가중시키는 결과를 초래하는 것이다. 더욱이 아직 상황이 여의치 않거나 필요성을 느끼지 못하는 회사의 경우에는 의무화로 인한 기업의 부담감이 더욱 커질 수밖에 없게 된다.

제6절 결 론

우리나라에서 지금까지 주주총회가 활성화되지 못하고 형식화된 주요 원인은 주로 특정일에 집중된 주주총회 개최 시점, 현행 주주총회 제도의 여러 한계점, 주주총회 활성화에 대한 기업의 의지박약, 투자자의 무관심 등으로 요약할 수 있다. 반면에 전자투표제도는 소액주주의 적극적인 의결권 행사를 도모함으로써 주주총회를 활성화시키고 주주총회의 형식화로 인한 비합리적인 기업지배구조를 개선할 수 있는 유용한 제도로 볼 수 있다.

그러나 이와 같은 전자투표제도를 활성화시키기 위한 노력으로서 최근에 회사의 사정이나 의사를 무시한 채 이를 의무화하는 등 일방적이고 획일적인 제도운영을 도모하고 있는 것은 문제가 있다. 전자투표제도 자체는 앞서 살펴본 바와 같이 비록 일부 문제가 존재하지만 그 기능과 기대 효과가 더욱 크기 때문에 회사사정에 따라 자율적으로 운영하도록 하는 현행 상법상 규정을 그대로 유지하는 것이 가장 적합하다고 생각한다. 직접적인 의무화 규정에 따라 전자투표제도를 강제시키지 않더라도 외국의 사례를 보면 전자투표제도가 점차 확산되고 있고 우리나라에서도 그 필요성을 느끼는 회사들이 늘어날 것으로 기대된다. 더욱이 최근 자본시장법 개정으로 섀도보팅이 전면 폐지될 것이기 때문에 반사적으로 전자투표제도는 더욱 활성화될 것으로 보인다.

---

72) 한국경제신문, "대한상의, 서면투표제 의무도입 반대,"(2001. 5. 2).

따라서 전자투표제도는 주주의 권리보호와 발행회사의 주주중시 및 투명경영 측면에서 조만간 국내에도 정착될 것으로 기대되지만 그 의무화를 통한 전자투표제도의 확산은 앞서 제기한 여러 문제들로 인하여 많은 부작용을 낳을 수 있음을 유의하여야 한다. 전자투표제도의 도입은 회사의 개별 사정과 주주의 의사에 따라 스스로 정할 문제이지 획일적인 요건으로 전자투표제도가 채택되도록 강제성을 부여하는 것은 타율적인 회사운영으로 회사가 자칫 주총관련 업무의 책임을 회피하는 빌미를 제공해 줄 수가 있다. 오히려 전자투표제도의 강제적 도입을 지양하는 대신에 다음과 같이 주주총회 형식화 문제의 해결과 소액주주의 의결권 행사 보호를 위하여 그 원인별로 개별적인 정책적 고려를 하는 노력이 반대로 필요하다고 생각한다.[73)]

첫째, 전자투표제도의 취지를 살리면서도 전자투표제도의 의무화의 목표인 소액주주의 의결권 행사를 확대 보장하기 위해서는 현재의 회사재량에 의한 전자투표제 도입을 그대로 유지하면서 그동안 역시 제 기능을 못하고 방치되어 온 별도의 소액주주의 의결권 행사를 위한 제도적 장치를 활성화시키는 노력과 여건조성을 적극적으로 고려할 필요가 있다. 예컨대, 현재 소액주주의 보호 또는 소수주주권으로 허용되고 있는 상법상 의결권 대리행사(제368조 3항), 서면투표(제368조의3), 의결권 대리행사권유(자본시장법 제152조) 등을 적극적으로 활용할 수 있다면 소액주주의 의결권을 보호하고 대주주의 전횡을 방지할 수 있다. 또한 상법상 주주제안권(제363조의2)과 같은 주주의 권리를 적극적으로 수용하고 활용할 수 있는 방안 등도 여기에 일조할 수 있다.

둘째, 주주총회가 특정일에 집중되어 주주의결권 행사에 문제가 있다면 직접적으로 이 문제를 해결할 수 있는 방안을 강구하여야 한다. 예컨대, 이에 대한 해결책으로 상장회사의 주주총회 개최 시점을 법령 등의 제도적 장치를 통해 인위적으로 분산시키는 방법을 고려해 볼 수 있다. 실제로 대만은 상장기업의 주주총회가 특정일에 집중되는 현상을 해결하기 위해 2011년부터 하루에 개최 가능한 주주총회를 200개로 제한하고 있는 것은 참고할 만하다.[74)]

셋째, 전자투표제도의 의무화를 도입하지 않고도 주주총회의 주주 참여

73) 김병태, "(시론) 전자투표제 의무화 반대한다," 서울경제신문(2013. 6. 14).
74) 내일신문, "주총 활성화하려면 전자투표 의무화해야,"(2013. 5. 1).

율을 높일 수 있고 다수의 주주의사가 반영되어 특정주주를 견제할 수 있는 주주총회 운영수단을 별도로 고려하여 볼 수 있다. 전자투표제도의 의무화는 그에 대한 거부감과 부작용에도 불구하고 소액주주를 보호하는 유일한 해결책이 아니며 또한 주주총회의 활성화를 위한 절대적인 해답도 아니기 때문에 전자투표제도는 운영의 묘가 중요하고 회사와 주주 및 시장 모두의 긍정적인 평가가 동반되어야 한다. 따라서 오히려 현재와 같이 회사의 자율에 맡겨 전자투표제도를 운영하면서도 의무화 대신에 전자투표가 활성화될 수 있고 회사와 주주 모두가 만족할만한 제도의 설계가 필요하다. 특히 회사가 자율적으로 전자투표제도를 도입할 수 있는 방안을 강구하는 것이 필요하다. 예컨대, 정부가 지분을 보유하고 있는 상장기업부터 주주의 권리를 적극적으로 행사하여 회사가 전자투표제도를 채택할 수 있는 여건을 조성하거나 주주제안권 등을 활용하여 전자투표제도의 채택을 요구하면서 회사 스스로 전자투표제도를 채택하도록 하는 방안도 강구할 필요가 있다.[75] 여기서도 분명한 것은 법률에 의하여 회사가 전자투표제도를 의무적으로 채택하도록 하는 강제성은 철저히 배제되어야 하며 정부가 주주로서 전자투표제도의 채택을 위한 일정한 역할을 하되 궁극적으로 회사의 자율적인 판단에 따라 전자투표제도를 채택하도록 하는 것이다. 이외에도 전자투표제도를 회사자율에 맡기면서 정부나 연기금이 주주의 권리행사를 통하여 일정한 역할을 한다면 소액주주를 포함한 전체 주주의 권리와 이익을 보호할 수 있게 된다. 특히 소액주주를 보호하기 위하여 국민연금 등의 연기금이 앞장서서 적극적인 주주권을 행사하도록 하면서 기업 총수나 경영진, 지배주주의 전횡을 차단할 수 있도록 하는 주주의 의식전환과 이를 지원하는 방안이 적극적으로 이루어져야 한다. 이를 위해서 우선 국민연금 등 기관투자자의 주주권 행사에 있어 오너리스크가 높은 일부 기업에 대해서는 보다 적극적이고 책임 있는 주주의 권리행사가 이루어질 수 있는 조치가 필요하다.[76] 이는 국민연금과 같은 공적연금제도의 안정성을

75) 정부가 지분을 보유하고 있는 대표적인 상장기업들은 기업은행(68.6%), 조일알미늄(6.09%), 한국전력(21.17%), 한국가스공사(26.86%), 지역난방공사(34.55%), 윈스테크넷(5.10%) 등이 있다 [파이낸셜뉴스, "주주총회 전자투표제, 공기관부터 도입 추진,"(2013. 1. 15)].

76) 원종현, "재벌기업의 오너리스크와 투자자 보호 방안," 「이슈와 논점」 제382호, 국회입법조사처, 2012. 2. 14, 4면. 예컨대, 국민연금 등 대형 기관투자자들이 기업에 투자할 경우 사회적 투

위해서도 매우 중요한 조치가 된다. 또 다른 방법으로서 주주총회 관리기구 또는 전문기관을 운영하여 주주의 주총관련 교육과 회사의 주총업무의 지원 등을 수행할 수 있다면 주주의 적극적인 주총참여를 자연스럽게 유도해 나갈 수 있을 뿐만 아니라 회사의 의결권 확보를 위한 보조적 기능도 수행할 수 있을 것이다.

결론적으로 전자투표제도는 회사의 사정에 따라 자율적으로 그 채택 여부를 정하도록 하는 것이 건전한 기업지배구조를 위하여 바람직하며 정작 당사자인 회사와 주주 이외의 제3자 또는 법률에 의하여 그 채택 여부를 획일적으로 강제화하는 것은 기업경쟁력 강화에 도움이 되지 않는다. 오히려 주주총회의 활성화와 소액주주의 보호를 위해서는 현행 법률상의 여러 제도를 적극적으로 활용하면서 동시에 전자투표제도에 대한 인프라를 구축하고 일반인의 신뢰가 전제될 수 있는 여건조성이 우선적으로 강구되어야 할 것이다.

자의 관점에서 최고경영자의 도덕성이나 경영투명성 등을 중요하게 보아야 하고 경영자가 주주의 이익에 반하는 행동을 할 경우 적극적인 주주권을 행사하여 그 책임을 물을 수 있는 구조화가 필요하다.

출석프리미엄을 통한 주주총회의 활성화 방안

출전: 기업법연구 제26권 제3호

정 성 숙*

제1절 서 론

주주총회가 형해화 혹은 형식화되었다는 말은 예나 지금이나 계속되고 있는 것으로 보인다.[1] 이러한 원인을 주식소유의 분산, 소유와 경영의 분리, 주주총회의 권한과 기능의 축소, 주주총회에 대한 무관심 혹은 의결권의 대리행사권유 등에서 찾을 수 있지만, 소수주주는 일반적으로 일시적인 투자 내지 투기의 목적으로 주식을 취득하므로 회사의 경영에 관심이 없는 점, 지역적 또는 시간적 장애로 인하여 주주총회에 현실적으로 출석하지 못하는 점,[2] 주주가 특수한 신분을 가진 자이거나 경영상의 지식이 없거나 또는 회사의 임원 등과의 특수관계로 인하여 총회에서 사실상 적극적인 토론에 참여할 수 없는 점, 주주의 구조가 점점 더 국제화되고 있다는 점에도 그 원인이 있는 것으로

* 영산대학교 법과대학 부교수, 법학박사.

1) 김재범, "주주총회운영의 개선과제", 「상사판례연구」, 상사판례학회 2004, 169면; 정승화, "의결권 행사의 전자화와 그 활성화를 위한 법적 과제", 「기업법연구」 제16권 제2호(통권 제49호), 117면 참조; 정찬형, "주주총회 활성화를 위한 제도개선 방안", 「상사법연구」 제23권 제3호(2004), 한국상사법학회, 48면 이하.

2) 상장협의 2010년 주주총회백서에 따르면 지역적 시간적 장애와 관련하여 전자투표 등 인터넷을 통한 의결권 행사제도를 검토하겠다는 회사는 24개사(7.3%)에 불과했다.

언급되고 있다.[3] 이러한 형해화와 더불어 우리나라의 주주총회는 토론문화의 미숙, 회사에 의한 주주총회 운영의 미흡, 주주의 회사에 대한 불신, 회사의 주주총회에 대한 인식 미흡, 일부 주주의 주주총회의 이용 등으로 아직도 많은 회사에서는 주주총회가 그 본래의 목적에 맞는 기능을 다하지 못하고 있는 것으로 여겨진다.[4] 주주총회의 형해화 혹은 형식화 그리고 주주총회의 기능 약화는 결과적으로 건전한 회사로 성장하지 못한다는 것을 의미한다. 즉, 경영자의 전횡이 있거나 위법한 경영에 대한 감독이 제대로 이루어지지 않음으로 인하여 주주나 회사채권자의 이익이 침해되고 있음을 의미한다.[5] 회사경영에 대한 감시를 위하여 유용한 수단이 되는 것이 바로 주주총회인데 주주총회가 형해화되어 아무런 기능을 못한다면 주주가 자신의 이익을 지킬 수 있는 중요수단을 잃게 되며, 주주들의 총회 참석률이 저조하여 다수주주의 의사가 총회에서 확인될 수 없다면 주주총회는 일부 주주들에 의하여 좌우되고 이러한 운영으로 인하여 주주총회는 더욱더 유명무실해 질 수 밖에 없다. 가능한 한 많은 주주가 총회에 참석할 수 있도록 관련제도가 운영되어야 할 것이고, 경영에 관심을 가진 주주들이 적극적으로 총회에 참석하고, 충분히 제공된 정보를 가지고 판단하여 모아진 의사에 기초하여 회사경영이 이루어진다면 그러한 경영은 정당성을 가지게 될 것이다.[6] 주주총회의 형해화와 주주총회에 대한 대부분의 주주들의 태도와 관련이 있는 출석프리미엄은 주주총회에 출석한 대가로 주주에게 지급하는 금전을 말하며, 가능한 많은 주주가 주주총회에 참석할 수 있는 기회를 마련하여 주주 스스로 권리를 확보하고 건전한 기업지배구조를 실현할 수 있도록 하는 하나의 방안으로서 전혀 새로운 것이 아니며, 여전히 유럽의 일부국가에서 주주총회의 활성화를 위한 도구로 종종 언급되고 있다. 독일에서는 이미 1965년 주식법개정 이전에 이미 주주총회의 참

3) 정찬형, 앞의 논문 48면 이하; Vetter, AG 2006, 32 (33). 상장협의 2010년 주주총회백서에 따르면 주주총회장소의 수도권 집중(약 72%), 시기적으로 주총의 약 60%가 둘째, 셋째 금요일에 집중 등과 같은 그릇된 주주총회관행에도 형해화의 원인이 있다고 한다.

4) 정승화, 앞의 논문, 117면. 상장협에 따르면 주주총회의 운영에 있어서 개선점은 전문주주(총회꾼)에 대한 대처방안의 필요성, 감사 및 감사위원 선임시 의결정족수 확보의 어려움, 주주관심저하에 따른 의결권 확보의 어려움, 의결권 확보를 위해 예탁결제원의 의결권대리제도 유지 필요 등의 순으로 조사되었다(상장협, 2010 주주총회백서, 183면).

5) 김재범, 앞의 논문, 169면.

6) 김재범, 앞의 논문, 170면.

석을 대가로 금전적인 이익을 제공함으로써 출석동기를 부여하고자 하는 논의가 있었으며, 특히 1958년 그루쎈도르프(Grussendorf)는 회사에 대한 관심에 보답하고, 출석으로 인하여 지출한 비용을 보상하기 위해 주주총회에 스스로 출석하거나 혹은 대리인으로 하여금 출석케 한 주주에게 1주당 일정액의 금전을 지급할 것을 제안하기도 하였다.[7] 그와 같은 종류의 출석프리미엄은 또한 프랑스에서도 1960년대에 jetons de présence라는 명칭으로 그리고 2004년부터 스페인에서 prima de asistencia라는 명칭으로 보장되었고, 스페인의 경우 이미 성공사례를 보여주고 있지만,[8] 그 효율성에 대해서는 아직까지 논의된 바 없다.[9] 그럼에도 불구하고 2005년 이후에는 오스트리아에서 다시 논의되었고, 2006년 독일에서도 법 규정으로 출석프리미엄을 도입하고자 하는 논의가 있었다.[10] 이에 본 논문은 이러한 논의를 바탕으로 하여 출석프리미엄의 지급과 관련하여 어떤 방법으로, 어떠한 재원으로 그리고 어떠한 문제가 있을 수 있는지를 언급하고 결론으로서 정관에 어떠한 내용들을 규정할 수 있는지를 제시하고자 한다.

제 2 절 출석프리미엄의 지급근거

출석프리미엄(출석보너스)을 지급하기 위해서는 그 근거를 필요로 하는 바, 여기에는 두 가지의 가능성이 있을 수 있다. 하나는 출석프리미엄의 지급근거를 법률에 정하는 방법이고, 다른 하나는 정관에 관련규정을 두는 방법이

7) Lenz, “Steigerung der Hauptversammlungsteilnahme durch monetäre Anreiz?”, NZG 2006, 534.

8) 스페인의 표준주가지수 Ibex 35(das spanische Standardwerteindex Ibex 35)에 상장된 대부분의 대기업들은 주주총회에 참석한 주주들에게 출석프리미엄(prima de asistencia)를 지급하고 있다. 주당 2 내지 10센트 사이에서 프리미엄의 액이 결정이 되었다. 예를 들어 에너지-결합기업인 엔데사(Energiekonzern Endesa)는 주당 2센트의 프리미엄을 지급함으로서 2004년부터 2005년까지 37%였던 주주총회 출석률이 66%로 상승하였다.

9) Lenz, NZG 2006, 534.

10) 독일 법무부(Bundesmisterium der Justiz)도 주식법 제121조를 보충하는 방법으로, 동조에 법정의무로서 출석프리미엄을 지급하는 조항을 삽입하는 것을 심각하게 고려하기도 하였다(vgl. Anzinger/Schneider, AG 2008, 116).

다. 즉, 법정의무로 할 것이냐 아니면 사적자치에 맡겨둘 것이냐가 문제된다.

1. 법률상의 근거

먼저 예를 들어 상법에 "회사는 주주총회에 출석한 주주에게 출석프리미엄을 지급하여야 한다"는 것과 같이 법정의무로서 그것을 규정하는 방법이다. 그렇다면 회사는 출석한 주주에게 회사의 사정에 의존함이 없이 프리미엄을 지급하여야 한다. 그러나 이것은 회사라고 하는 일반적인 속성으로 인하여 모든 회사가 획일적으로 취급되어 회사의 특별한 목적 및 존재이유를 고려하지 못하게 된다는 점에서 문제가 있다. 왜냐하면 각 회사는 서로 다른 목적을 추구하고, 개별 회사마다 처한 상황이 서로 다르기 때문이다. 즉, 기존주주의 참석률이 높아 출석프리미엄을 지급할 필요성이 없는 회사 또는 이익배당의 일종으로 출석프리미엄을 지급할 능력이 없는 회사에게 그것을 강제하기 어렵기 때문이다.

2. 정관상의 근거

그와 반면에 주주들에게 정관에 관련규정을 둘 수 있도록 하는 경우에는 두 가지 측면에서 이점이 있을 수 있다. 첫째, 주주총회에 출석한 주주에게 출석프리미엄을 지급할 수 있는 규정을 정관에 둘 수 있도록 한다면, 이것은 각 회사로 하여금 출석프리미엄의 도입이 주주총회의 출석률의 상승에 의미가 있는지 아닌지를 회사가 처한 사정 혹은 주주의 구조를 고려하여 결정할 수 있다는 이점이 있다. 둘째, 회사로 하여금 출석프리미엄지급규정을 둘 수 있게 하는 것은 각 회사마다 지급과 관련된 조건을 각 회사의 사정에 따라 설정할 수 있다는 이점이 있다. 즉, 출석프리미엄의 지급이 다양한 종류와 방법으로 실현될 수 있을 것이다. 이러한 가능성은 출석프리미엄의 지급을 법률로 규정하는 경우에는 전혀 존재할 수 없다. 그 때문에 법률에 지급과 관련된 근거를 두는 것보다는 사적 자치에 맡겨 정관에 관련 근거를 둘 수 있도록 하는 것이 타당한 것으로 보인다.

그렇다면 다음으로 정관규정은 어떠한 내용을 포함하여야 하는지를 결정하여야 할 것이다.

제3절 출석프리미엄의 지급조건

출석프리미엄을 지급할 수 있다는 근거가 정관에 마련되어 있다면 다음으로 출석프리미엄을 수령할 수 있는 전제조건 즉, 주주의 어떠한 행위에 대하여 수령권이 부여되는지 그리고 어떤 주주가 수령권을 가지는지를 정하여야 한다.

1. 수령에 필요한 행위

(1) 주주의 출석과 대리인에 의한 출석

먼저 프리미엄을 수령할 수 있는 권리를 가지기 위해서 주주가 스스로 출석해야만 하는지 혹은 전자매체(전자적 통신수단) 혹은 대리인을 통하여 출석하는 것으로 충분한지가 문제될 수 있다. 그러나 의결권의 행사와 관련하여 주주가 스스로 참석하든지 혹은 전자매체를 통하여 참석하든지 혹은 대리인을 통하여 참석하든지 그것은 그다지 의미가 없다. 다만 차이는 의결권을 대리행사하게 하는 경우 대리인이 주주본인을 위하여 어떻게 의결권을 행사하는지와 관련하여 주주가 명령 혹은 지시를 할 수 있다는 점에 있다. 회사의 입장에서도 주주가 스스로 참석하든지 혹은 대리인이 참석하든 의결권자라는 점에서는 아무런 차이가 없다. 그렇다면 주주의 명령 혹은 지시에 의한 대리인의 의결권행사 혹은 전자매체를 통한 행사는 결정적인 기준이 될 수 없을 것 같다. 따라서 주주가 직접 주주총회에 참석할 필요는 없을 것 같다.

(2) 출석 혹은 의결권의 행사

다음으로 출석프리미엄을 지급함에 있어서 주주 스스로 혹은 주주의 대리인이 주주총회에 단순히 출석만 하는 것으로 충분한지 혹은 출석과 더불어 의결권을 행사해야만 하는지가 문제된다.

출석프리미엄의 도입목적이 주주가 총회에 적극적으로 참석할 수 있도록 유도하는 것뿐만 아니라 출석주주의 의결권의 행사를 통하여 다수의 주주의 의사에 기한 회사의 민주적인 의사결정을 할 수 있도록 하여 총회를 활성화하는데 있다는 점에서 의결권의 행사는 필수적인 것으로 보인다.

그러나 두 가지 측면에서 고려해야만 하는 사정이 있다. 첫 번째, 어떤 주주는 회의의 목적사항 전부에, 다른 주주는 일부에 의결권을 행사하거나 혹은 전혀 행사하지 않은 경우에 문제가 있을 수 있으며, 주주의 의결권행사를 개별적으로 어떻게 확인하는지도 문제가 된다.[11] 또한 모든 목적사항에 의결권을 행사한 주주에게만 출석프리미엄을 지급한다면 목적사항의 일부에만 의결권을 행사한 주주 혹은 전혀 의결권을 행사하지 않은 주주 및 중간에 회의장을 빠져나간 주주는 지급청구권이 없게 된다. 두 번째로 출석프리미엄지급을 의결권의 행사에 의존하게 한다면 우선주식을 소유한 주주들은 불이익을 받게 될 수 있다. 우선주주들은 일정한 경우에 부여되는 의결권 이외에 주주에게 부여되는 권리(주주권)를 향유한다.[12] 그러한 권리를 바탕으로 우선주주들이 주주총회에 참석한다는 것은 총회 내에서 바람직한 주주구조의 형성을 의미한다.[13] 특히, 그들의 발언권과 질문권을 통하여 주주들로 하여금 회사의 현안 문제점들에 관하여 인식할 수 있도록 하며, 회사의 이익을 위해서 의결권을 행사하도록 유도할 수도 있다는 점에서 출석프리미엄지급을 의결권의 행사와 결부시키는 것은 우선주주들로 하여금 주주총회로부터 멀어지게 할 우려가 있다. 이것은 회사가 바라는 것이 아닐뿐더러 출석프리미엄지급의 목적에도 부응하지 않는다. 따라서 출석프리미엄의 수령권한을 의결권의 행사가

---

11) Klühs, "Präasenzbonus füur die Teilnahme an der Hauptversammlung-Ein Vorschlag zur Steigerung der Hauptversammlungspräsenz bei Aktiengesellschaften", ZIP 2006, 107 (109).

12) Volhard in Münch. Komm. z. AktG, § 139 Rn. 1; Hefermehl, AktG, § 140 Rn. 2.

13) Klühs, ZIP 2006, S. 107 (109).

아니라 출석과 결부시키는 방법이 타당한 것으로 보인다.[14] 출석한 주주는 반드시 결의에 참석해야만 한다고 요구할 수 없고, 목적사항의 의결에 참여하지 않음으로써 자신의 의사를 표현할 수 있는 권리 즉, 의결권을 행사하지 않을 권리를 주주에게서 빼앗을 수 없기 때문이다.[15]

2. 수령권자

(1) 의결권이 있는 주주

정관에 출석프리미엄수령권한을 주주총회에 출석한 주주에게 부여한다는 규정을 둔다면 우선주식을 소유한 주주도 주주총회에 참석할 수 있는 권한이 있기 때문에 그들에게도 수령권이 있는지 아닌지를 확정해야만 한다.[16] 주주총회의 형해화는 의결권이 있는 주주의 참석이 저조하다는 것과 관련이 있다는 점에서 의결권이 있는 주주에게만 출석프리미엄을 지급하는 것이 당연한 것으로 보인다.[17] 의결권을 가진 출석한 주주에게만 출석프리미엄을 지급한다는 것은 보통주와 우선주의 불평등한 수령권을 정당화시킬 수 있는 하나의 객관적인 차별근거를 나타내기 때문이다.

그러나 의결권이 있는 주주에게만 출석프리미엄을 지급하게 된다면 우선주를 소유한 주주의 총회의 출석을 주저하게 할 수 있다. 왜냐하면 우선주주들은 배당우선권에 따른 의결권의 배제를 제외하고 주주로써의 지위와 결부되어 있는 모든 권리와 의무를 가지기 때문이다. 즉, 우선주주들에게는 주주총회에 참석할 수 있는 권리와 더불어 예를 들어 주주제안권(의안제안권, 의제제안권), 발언권, 기관구성원에 대한 손해배상청구권의 면제에 항변할 수 있는 권리, 소수주주권, 의사록에 대한 이의제기권 및 취소권 등[18]의 주주권이 부

---

14) Noack, "Handgeld füur die Teilnahme an der Hauptversammlung", BB 2005, 1. ; Deutsche Schutzvereinigung für Wertpapierbesitz – DSW v. 15. 09. 2005: Hohe Präsenz sichert Aktionärsdemokratie (http:www.dsw–info.de/Hohe_Praesenz_sichert_Aktionaers.568.0.html).

15) Spindler, "Deutsche Reformbestrebungen : Eine Prämie für die HV und Abstimmung?", Gesellschaftsrechtliche Vereinigung–Jahresband 2005, S. 53 (63); Klühs, ZIP 2006 S. 107 (109).

16) OLG Frankfurt, AG 1998, 304 (306).

17) DSW, HV–Präsenzen der DAX 30 Unternehmen(http.www.dsw–info.de).

18) Vollhard, in : MüKo, AktG, Bd. 4, 2.Aufl, 2004, § 139 Rdn. 1.

여된다. 이러한 권리의 정당한 행사에 대해서 회사는 관심을 두지 않을 수 없을 것이다. 결국 우선주주가 주주총회에의 출석하길 원하는지 혹은 출석프리미엄수령권을 의결권이 있는 주주에게만 부여할 것인지는 회사에 일임되어 있다.

(2) 주주의 증명

주주는 회사에 대해서 주주임을 증명함으로써 형식적으로 주주총회에서 주주로서의 권리를 행사할 수 있지만, 주주 이외의 자가 실질적인 주주자격을 가지는 경우가 있을 수 있기 때문에[19] 이와 관련하여 출석프리미엄수령권을 검토하는 경우 누구에게 주주총회출석과 관련된 프리미엄을 지급해야하는지의 문제가 발생한다.

우선 이익사용결의의 시점에 회사의 주주인 자에게 출석프리미엄수령권을 부여하는 것이 당연한 것으로 보인다. 이것은 특히, 출석프리미엄이 이익배당의 일종(독일 주식법 제58조 제4항, 제174조 제1항 제2호)으로 지급되는 때에도 마찬가지이다.[20]

또 다른 방법으로 출석프리미엄 수령권한을 이익배당결의 시점에 주주의 자격 대신에 주주총회의 참석권한과 결부시키는 것이다. 즉, 기명주식의 경우 주주명부에 기재된 자 그리고 무기명주식의 경우 기준일에 주식의 소유자로서 주주총회에 참석권과 의결권을 증명한 주주는 수령권한이 있다.

제 4 절 출석프리미엄의 재원

출석프리미엄의 수령을 위한 전제조건이 마련되었다면 그 다음으로 어떠한 재원으로 회사가 출석프리미엄을 지급할 것인지를 확정하여야 한다. 여기에서는 준비금을 전용할 수 있는지 혹은 대차대조표상의 이익으로 할 것인지

19) Simon/Zetzsche, “Aktionärlegitimation und Satzungsgestaltung”, NZG 2005, 369 (371).
20) Noack, BB 2005, 1.

혹은 비용으로 지급할 것인지를 정할 수 있을 것이다.

1. 준비금의 전용

준비금은 회사가 장래에 생길지도 모르는 필요에 대비하기 위하여 대차대조표상의 순재산액으로부터 자본금을 공제한 금액 가운데 일부를 장래 생길지도 모르는 필요에 대비하기 위하여 회사 내에 유보하여 두는 금액으로서, 기업이 매 결산기의 이익으로부터 법률에 의하여 강제로 적립하는 준비금(법정준비금)과 정관의 규정 또는 주주총회의 결의에 의하여 적립되는 준비금(임의준비금)이 있다. 법정준비금의 경우 원칙적으로 자본금의 결손 보전에만 충당하여야 하는데(상법 제460조 제1항), 예외적으로 이를 자본금에 전입할 수 있어(상법 제461조) 전용이 불가능하다. 그러나 임의준비금은 적립률이나 그 한도에 대하여 제한이 없으며, 적립목적에 따라서만 사용이 되며, 그 폐지·변경·유용은 그 적립근거에 따라 정관에 의한 것은 정관의 변경으로, 주주총회의 결의에 의한 것은 주주총회의 결의로 자유롭게 할 수 있다. 따라서 준비금이 있는 때에는 이것을 이익배당에 사용한다는 결정을 하지 않는 한 그 금액을 이익배당에 사용할 수 없지만, 주주총회의 결의에 의하여 적립된 임의준비금은 주주총회의 결의로, 또 정관의 규정에 의하여 적립된 임의준비금은 정관의 변경에 의하여 이익배당에 사용할 수 있기 때문이다. 따라서 정관에 주주총회에 출석한 주주에게 임의준비금의 전부 혹은 일부를 출석프리미엄으로 지급한다는 조항이 있는 경우 뿐만아니라 그러한 규정이 없는 경우에도 주주총회의 결의로 얼마든지 출석프리미엄을 지급할 수 있을 것이다. 따라서 임의준비금은 그 적립근거가 되는 정관 또는 주주총회의 결의에 다른 소정의 절차를 밟아 배당가능이익으로 환원시킨 후[21] 출석프리미엄으로 사용할 수 있을 것이다.

2. 이익배당금의 전용

주주의 이익배당청구권은 주주의 권리 중에서도 가장 중요한 자익권에

21) 정찬형, 「상법강의(상)」, 박영사, 2012, 1127면.

속하고, 또한 고유권이므로 주주의 동의 없이는 이를 박탈하거나 제한할 수 없으며, 이익사용결의에 따른 이익의 배당은 각 주주가 가진 주식의 수에 따라 지급한다. 그러나 회사는 이익배당, 잔여재산의 분배, 주주총회에서의 의결권의 행사, 상환 및 전환 등에 관하여 내용이 다른 종류의 주식을 발행할 수 있다고 정한 상법 제344조 1항을 넓게 해석한다면 이익이나 이자의 배당과 관련하여 예외를 둘 수 있는 것으로 보인다. 따라서 정관조항에 주주총회에 출석한 주주들에게 주주총회에 출석하지 않은 주주들 보다 더 많은 금액의 배당을 지급하는 규정을 둘 것인지 아닌지는 회사의 임의에 맡겨져 있다.

또한 상법은 주주의 이해에 특히 중대한 관계가 있는 기본적 사항은 주주총회의 권한으로 유보하고 있다. 여기에는 주식회사의 기본조직을 그대로 유지하면서 통상적으로 운영하는 과정에서 주주에게 중요한 경상사항(經常事項)과 회사의 조직 내지 자본을 근본적으로 변경하는 비상사항이 있으나[22] 이익배당과 관련된 사항은 경상사항에 속한다. 그러나 이익배당금의 전용에 관한 규정이 상법에 없지만 상법은 정관의 규정에 의하여 주주총회의 의결사항을 확대하는 것을 인정하고 있기 때문에[23] 정관에 대차대조표상의 이익을 출석 프리미엄의 지급을 위해 사용할 수 있다는 규정을 두어 주주총회의 권한으로 할 수 있을 것이다.[24]

또한 상법 제361조는 '주주총회는 본법 또는 정관에 정하는 사항에 관하여 결의할 수 있다'고 정하고 있어 자구의 해석시 이익배당으로부터 주주의 완전한 혹은 부분적인 배제가 가능하다고 볼 수 있고, 그 결과 출석한 주주에게만 프리미엄을 지급한 경우에도 주주총회의 결의로 가능하게 될 것이다.

배당금의 전용이라는 개념은 적립금의 적립도 아니고 주주에 대한 이익배당도 아니기 때문에 제3자에 대한 기부금 정도로 생각할 수 있을 것이다.[25] 배당금의 전용으로써 프리미엄의 지급은 주주가 받게 되는 대차대조표상의

22) 정동윤, 「주석 상법」 [회사(Ⅲ)], 50면.
23) 정동윤, 앞의 책, 52면.
24) 독일의 지배적인 견해에 따르면 정관으로 이익배당금을 전용하는 경우 주주총회에서 결의하도록 할 수 있다고 한다. 거기에 대해서 Hüffer, AktG, 6.Aufl, § 58 Rdn. 25; Bayer, in : MüKo, AktG, Bd. 2, 2.Aufl, 2003, § 58 Rdn. 91; Lutter, in : Kölner Kom, AktG, Bd. 1, 2.Aufl, 1988, § 58 Rdn. 75;Hefermehl/Bungeroth, in : Geßler/ Hefermehl, AktG, Bd. 1, 1984, § 58 Rdn. 107.
25) Lutter, in : Kölner Kom, AktG, Bd. 1, 2.Aufl, 1988, § 58 Rdn. 25.

이익배당과 구분이 되게 된다. 즉, 수령권자에 대한 회사의 출석프리미엄지급의 법적 근거가 주주권으로부터 발생하는 청구권이 아니라 오히려 출석으로 인하여 발생한 비용을 수령권자에게 보장하는 정관상으로 확정된 청구권이다.

3. 비 용

이익배당결의와 관련된 문제를 회피하기 위해 그리고 주주총회의 출석과 관련된 프리미엄의 지급재원을 회사의 이익의 존부에 의존하지 않도록 하기 위해 순수한 비용으로 지급할 수도 있다. 이러한 비용은 주주총회에 참석하기 위해 주주가 지출한 금전을 보상하는 차원이라고 볼 수 있다. 그러나 회사의 이익이 존재하지 않는 경우 비용으로 출석프리미엄을 지급하는 것은 허용되지 않는 출자금의 반환[26] 혹은 회사의 이익이 존재하는 경우에는 부당한 이익배당[27] 혹은 의결권의 행사와 관련된 주주에 대한 이익공여를 의미하기 때문이다. 따라서 정관작성자의 행위의 여지는 대차대조표상의 이익으로 출석프리미엄을 지급함으로써 주주총회의 출석을 장려하는데 까지만 미치는 것으로 보인다.[28]

제 5 절 출석프리미엄의 지급형식

출석한 주주에게 출석프리미엄을 회사의 대차대조표상의 이익으로 혹은 준비금을 전용하여 지급할 수 있다면 이제는 어떠한 방법으로 프리미엄을 지급할 것인지를 정해야 하는 바, 이익 또는 준비금의 전부 혹은 일부, 주당 혹은 액면가에 따른 비율에 따라서 정할 수 있다. 그러나 이러한 방법은 상호 엄

26) Luxemburger, “Dividendenbonus zur Erhöhung der Hauptversammlungspräsenzen?”, Going Public 11/06, 76 (77); Lenz, NZG 2006, 534; Vetter, “Handgeld für in der Hauptversammlung präsente Aktionär?”, AG 2006, 32 (34).

27) BMF v. 2611.1984, BStBl. I. 1984, 591; RFH v. 25.7.1934, RStBL 1934, 1363; BFH v. 16.12.1955, BStBl Ⅲ 1956, 43.

28) 스페인의 예에 대해서 ISSA Handbook, 4th Edition, 1991, Spain, 4.7.2.

격히 구분되어 운용될 것이 아니라 상호 조화될 수 있을 것이다.

1. 이익 또는 준비금의 일정비율

출석프리미엄을 이익으로 지급할 것을 정하였다면 그 이익의 전부를 프리미엄으로 할 것인지 혹은 일부를 프리미엄으로 지급할 것인지를 확정하여야 한다. 이익의 전부를 출석프리미엄으로 지급한다는 것은 있을 수 없는 것으로 보인다. 이러한 방법은 출석에 의존하는 프리미엄지급액은 수령권자가 많을수록 늘어나게 되고, 주주의 원시적인 권리인 이익배당청구권을 행사할 수 있는 이익이 존재하지 않게 되기 때문이다. 특히 주주총회에 출석하지 않은 주주는 회사에 배당가능한 이익이 있음에도 불구하고 이익배당을 받을 수 없는 경우도 있을 수 있다. 그렇다면 이익의 일부를 프리미엄으로 지급하는 것이 타당한 것으로 보인다.[29] 왜냐하면 주주의 이익배당청구권을 해하지 않는 범위 내에서 주주총회에 참석한 주주에게도 프리미엄을 지급할 수 있기 때문이다.

2. 1주당 혹은 액면가에 따른 비율

그렇다면 그 대안으로써 1주식 당 일정액 혹은 액면가액의 몇 퍼센트 등으로 프리미엄을 정할 수 있을 것이다. 스페인의 경우 이러한 방법을 선택하였다. 그러나 이 경우에도 역시 문제가 발생한다. 주주총회에 출석한 주주들에게 대차대조표상의 이익을 출석프리미엄으로 지급함으로 인하여 주주들에게 배당되어야 하는 배당가능한 이익이 더 이상 남아있지 않거나, 출석프리미엄의 액수보다 이익배당금이 적은 경우, 출석하지 않은 주주들은 아무것도 얻지 못하거나 프리미엄의 액수보다 더 적은 이익배당을 받게 되는 경우가 있을 수 있기 때문이다. 따라서 대차대조표상 전체이익의 몇 페센트로 정하는 것이 가장 타당한 것으로 간주된다.

---

29) Schutzgemeinschaft der Kapitalanleger e.V, Pressekonferenz vom 02. 08. 2005 – Dividendenbonus zur Steigerung der HV–Präsenzen: “Dieser Bonus sollte mindestens 10% betragen.”

제 6 절 관련문제

1. 주주평등의 원칙

주주평등의 원칙은 주주총회 출석프리미엄의 지급과 관련하여 다양한 관점에서 의미가 있다.

(1) 출석한 주주와 출석하지 않은 주주의 동등취급

출석프리미엄의 도입과 관련하여 출석한 주주에게 특별히 금전을 지급하는 것이 주주평등의 원칙에 어긋나는 것이 아닌지의 문제가 제기된다. 즉, 왜 주주총회에 출석한 사람이 출석하지 않은 주주보다 많은 이익배당을 받아야 하는지에 대한 법적인 근거가 없다고 한다.[30)]

주주평등의 원칙에 대한 위반으로 볼 수 있는 경우는 주주가 직·간접적으로 어떤 다른 주주에 비하여 불이익을 받고 그러한 불이익에 대한 객관적·정당한 이유가 존재하지 않는 경우 즉, 이러한 불이익이 회사의 자의에 의해 이루어진 경우라고 할 수 있다.[31)] 그러나 정관에 상이한 권리를 사후적으로 도입하는 경우, 모든 주주들이 정관변경에 참여할 수 있는 가능성이 주어져 있는 한, 불평등취급은 존재하지 않는다.[32)] 형식적인 관점에서 보아, 대리인을 통하여 혹은 전자매체를 수단으로 하여 주주총회에 참석하고 그 결과 출석프리미엄의 수령을 위한 전제조건을 충족하는 것은 모든 주주에게서 동등하게 부여되어 있다. 그렇다면 출석프리미엄의 지급과 결부된 정관변경은 출석한 주주와 출석하지 않은 주주사이의 직접적인 불평등취급을 초래하지 않는다.

(2) 소액주주의 실질적인 불평등취급

그럼에도 불구하고 주주권과 관련된 어떤 조치가 나머지 주주와 달리 특정주주에게만 해당하는 때 형식적인 모든 주주의 평등취급은 배제될 수 있

30) Jürgen Kunz von der Deutschen Schutzvereinigung für Wertpapierbesitz – DSW, in einem Interview v. 09.06.2005, vgl. www.boerse.ard.de.

31) Bungeroth, in : MüKo, AktG, Bd. 2, 2.Aufl. 2003, § 53a Rdn. 12.

32) Lutter/Zöllner, in : Kölner Kom, AktG, Bd. 1, 2.Aufl, 1988, § 53a Rdn. 28.

다.[33] 그러한 이유로 개별적인 주주들이 실질적인 이유로 인하여 의결권행사로부터 배제될 수 있으며 그 결과 프리미엄의 지급을 통하여 실질적인 불평등이 발생할 수 있다. 이것은 주주가 스스로 주주총회에 출석을 하든지 혹은 대리인을 통하여 출석하든지 어느 경우든 출석하기 위해 지출한 비용(교통비, 일실이익 등)이 너무 많아 출석프리미엄을 수령한다고 하더라도 지출한 비용을 커버하지 못하는 경우에 발생한다.[34] 그와 반대로 지배주주(대주주)는 비교적 많은 출석프리미엄으로 인하여 대리인을 임명함으로 인하여 생기는 비용은 문제가 되지 않을 수 있다. 그렇다면 소액주주들은 프리미엄지급규정에도 불구하고 이성적인 계산을 이유로 하여 주주총회로부터 거리를 둔다면, 결과적으로 출석프리미엄은 소액주주들에게 돌아갈 프리미엄을 통해서 형성된다는 것을 초래한다.

그러나 이러한 사정이 주주평등의 원칙에 반하는지는 의문이다. 왜냐하면 소액주주의 경제활동비는 단지 주주총회에의 출석에만 관련이 있는 것이 아니라 주식을 취득하고, 양도하고, 관리하는 등 어느 때, 어느 곳에서도 필요하다는 점 때문이다. 게다가 주주총회에 출석하기 위해 지출한 비용을 커버하는 출석프리미엄을 수령하기 위해 필요한 범위 내에서 주식을 취득할 수 있는 가능성이 언제나 주어져 있다. 결과적으로 소액주주에게 지배주주(대주주)의 그것보다도 더 많은 것을 요구하지 않는다.[35] 따라서 소액주주에 대한 간접적인 불평등취급이 존재하지 않는다.

(3) 우선주주

불평등취급은 또한 우선주를 소유한 주주의 경우에도 있을 수 있다. 우선주주들은 보통주의 주주들에 비하여 그들의 의결권을 포기하는 대가로써 보통주대비 높은 이익배당을 받는다. 출석프리미엄수령권을 의결권의 행사에 의존하게 하는 경우 의결권이 있는 주주와 의결권이 없는 주주의 구분은 객관적인 차별근거를 나타내기 때문에 양자 사이의 불평등취급을 정당화할 수 있다. 그러나 수령권을 출석에 의존하게 한다면 우선주주도 주주총회에 참석할 권

33) Henze/Notz, in : GroßKom, AktG, 22. Lief, 4.Aufl, 2004 § 53a Rdn. 64.
34) Baums/v.Randow, "Der Markt für Stimmrechtsvertreter", AG 1995, 145 (147).
35) BGHZ 138, 71 (81).

한이 있기 때문에 이 경우 보통주와 우선주를 구분하는 것은 개관적인 차별근거가 될 수 없어 주주평등의 원칙에 반하게 될 것이다.

2. 이익공여와 관련된 문제

상법 제467조의2 제1항에 따르면 회사는 누구에게든지 주주의 권리행사와 관련하여 재산상의 이익을 공여할 수 없으며, 동법 제634조의2 제1항에 따르면 주식회사의 이사, 집행임원, 감사위원회 위원, 감사, 동법 제386조 제2항·제407조 제1항 또는 제415조의 직무대행자, 지배인, 그 밖의 사용인이 주주의 권리행사와 관련하여 회사의 계산으로 재산상의 이익을 공여한 경우에는 1년 이하의 징역 또는 300만원 이하의 벌금에 처한다고 규정하고 있다.

동조의 입법취지는 총회꾼의 농간에 의한 주주총회의 꼭두각시 노릇을 예방하고, 회사의 소유자로서 하는 주주권의 행사에 대하여 회사의 계산으로 금전을 공여하는 행위가 있어서 안되며, 공여된 금전이 불법원인급여나 비채변제에 해당하는 경우에는 회사 측에서 반환을 청구할 수 없는 결과가 되기 쉬우므로 이익공여금지를 위반하여 이익을 공여한 경우에는 회사가 이의 반환을 청구할 수 있음을 일반적으로 규정할 필요가 있고, 그 반환청구의 방법을 규정할 필요가 있다는 점에 있었으며, 이로 인하여 주주총회의 원활한 운영을 기하고, 또 회사의 이익을 보호하기 위하고자 함이었다.[36] 즉, 회사 보다 구체적으로는 이사가 자신에게 부정적인 주주의 권리행사에 대하여 영향을 미치기 위하여 회사의 부담으로 이익을 공여하는 행위를 금지하는 것으로 이익공여의 금지는 궁극적으로는 이사가 회사의 부담으로 경영자지배를 지속하려는 행위를 억지시키려는 의도가 반영되어 있다.[37] 이와 같이 상법상 이익공여죄의 기본적인 취지는 회사자산의 낭비를 방지하는데 있다고 본다면, 주주총회의 형해화의 방지 및 경영에 관심이 있는 주주들의 주주총회의 참석을 유도하여 정상적인 주주총회의 운영을 통하여 회사운영의 적정화를 추구할 목적이기 때문에 회사가 반드시 필요한 거래이거나 거래의 대가가 상당하다면

36) 정찬형, 「상법강의(상)」, 박영사, 2011, 1078면, 각주 1).
37) 권재열, 앞의 논문, 130면.

원천적으로 회사재산의 낭비가 존재하지 않게 되므로 이익공여죄를 구성하지 않게 된다.[38]

또한 이익공여의 행위주체는 이사, 집행임원, 감사위원회 위원, 감사 또는 일시이사(제386조 제2항)·그 직무대행자(상법 제407조 제1항, 제415조), 지배인, 그 밖의 사용인이다. 출석프리미엄은 주주총회를 거쳐 정관에 규정된 이익배당의 일종이라고 할 수 있기 때문에 주주총회의 결의를 거친 출석프리미엄의 지급은 주주의 권리행사와 관련된 이익공여로 볼 수 없다. 왜냐하면 주주는 이익공여의 행위주체에 포함되지 않기 때문이다.

3. 출석프리미엄 지급시의 문제

주주총회에 출석한 의결권이 있는 주주만이 출석프리미엄을 수령할 수 있는 권한이 있기 때문에 출석프리미엄의 지급과 이익배당의 특성에 유의하여야만 한다. 특히 어떤 주주 또는 의결대리권이 있는 자가 실질적으로 주주총회에 출석하였는지를 확인하는 것이 회사의 입장에서 쉽지 않다. 따라서 프리미엄의 지급시에 기명주식과 무기명주식을 구분을 해야만 할 것이다.

(1) 기명주식

회사가 기명주식을 발행하였다면 주주명부에 기재된 자만이 회사에 대해서 주주임을 주장할 수 있다. 기명주주 자체가 주주명부에 기재되어 있다면, 회사는 이 기명주주에게 주주총회의 소집을 직접 통지하여야 한다.[39] 회의장에서 출석표 혹은 (입장권을 발행한 경우)주주가 제시한 입장권 등을 기초로 하여 회사는 어떤 주주가 총회에 출석하였는지를 확인할 수 있고, 어떤 종류의 주식이 주주총회에 참석하였었는지를 확인할 수 있다. 그래서 회사는 이익배당에 관한 결의시점에 주주명부에 기재되고, 주주총회에 출석하였던 자에게 출석프리미엄을 지급할 수 있게 된다. 기술적으로 지급은, 주주총회에 출석한 주주(혹은 대리인)에게 수령권을 표창하는 증서를 발행하는 형식으로 이루어질 수 있을 것이고, 본인에게 이러한 서면이 송부되어야 할 것이다.

---

38) 권재열, 앞의 논문, 134면.

39) Semler/Volhard, Arbeitshdb. für die Hauptversammlung, 2.Aufl, 2003, § 9 Rdn. 9.

(2) 무기명주식

무기명주식의 경우에 수령권한의 확인은 어려운 일인 것 같다. 기명주식의 경우와 달리 일반적으로 회사는 주주총회에 출석한 무기명주주들을 알 수가 없기 때문이다. 그러나 주주총회에 출석하였음을 증명하는 혹은 출석시 프리미엄수령권한이 있음을 증명하는 증서를 무기명주주에게 발행함으로써 문제를 쉽게 해결할 수 있을 것이다. 즉, 회사에 주주권을 행사하기 위한 요건(주권의 공탁)을 충족하고 참석을 하였다 하더라도 그러한 증서를 소유하고 있지 않은 무기명주주는 회사에게 프리미엄지급을 요구할 수 없다.

4. 경영진의 이익배당안

주주총회가 이익배당안을 결의하면 배당액이 확정되는 것이지만 실제에 있어서는 재무제표와 이익배당안을 일괄하여 결의하는 것이 보통이다.[40] 이에 앞서 이사는 매 결산기에 이러한 재무제표를 작성하여 이사회의 승인과 감사 또는 감사위원회의 감사를 받은 후에 이를 주주총회의 승인을 받기 위해 제출한다.[41] 주주총회는 이익배당을 결의함에 있어 이사회가 작성한 배당안을 수정·변경할 수도 있다.[42] 이와 같이 주주총회의 재무제표에 대한 승인 및 배당안에 대한 결의가 있으면 회사의 이익배당은 확정되고, 주주는 회사에 대하여 구체적인 이익배당청구권을 취득한다.[43]

실질적인 문제는 정관상 출석프리미엄의 도입이 이사회의 배당안에 어떠한 영향을 미치는지 이다. 배당안의 제안시점에 몇 명의 주주가 출석하였는지 아직 확인되지 않았기 때문에 자본금의 비율에 따른 프리미엄의 지급은 확실하게 정해질 수 없다. 즉, 문제가 되는 것은 배당안이 어느 정도 구체적이어야만 하는가 이다. 원칙적으로 배당안은 결의안으로써 충분히 특정되어야만 한다.[44] 즉, 배당안에 주주에게 지급될 수 있는 총액[45]뿐만 아니라 또한 상응하

---

40) 정찬형, 앞의 책, 1116면.

41) 정찬형, 앞의 책, 1116면.

42) 정찬형, 앞의 책, 1116면.

43) 대판 1983. 3. 22, 81 다 343; 정찬형, 앞의 책, 1116면.

44) Kubis, in MüKo, AktG, Bd. 4, 2.Aufl, 2004, § 124 Rdn. 50; Werner, in GroßKom, AktG, 4. Lief,

는 지급비율이 언급되어야만 한다.[46)]

이 문제는 정관에 출석프리미엄의 비율에 따른 확정뿐만 아니라 액면가에 따른 확정과 관련된다. 예정된 대차대조표상의 이익의 일정비율을 분배하는 경우,[47)] 대차대조표상의 이익가운데 어느 정도 액수가 프리미엄지급에 사용되는지 이미 주주총회 이전에 정확하게 제시될 수 있다. 그와 반대로 주당 어느 정도의 프리미엄이 지급될 것인지를 배당안 결의시에 언급하는 것이 불가능하다. 왜냐하면 이것은 주주총회에 출석한 주주의 수를 미리 알 것을 전제로 하기 때문이다. 정관에서 주주총회에 참석한 개별 주식에 대하여 프리미엄지급으로서 액면가를 언급할 때에도 배당안은 여전히 부정확하다. 이것을 근거로 한다면 1주당 출석프리미엄을 정하는 것이 보다 정확할 수 있다. 그러나 어느 주주가 총회에 출석하였는지를 알지 못함으로 인하여 배당안 결의시에 전체한도에 대한 언급은 불가능 할 것이다. 이것은 또한 출석에 의존하지 않는 주주의 이익배당이 얼마나 높게 될 것인지가 주주총회 이전에 확인되지 않는다는 것을 의미한다.

5. 프리미엄지급청구권의 생성과 소멸시효

출석프리미엄이 대차대조표상의 이익을 재원으로 이익배당의 일종으로 형성되었다면 출석프리미엄지급결정은 원칙적으로 주주총회의 전권사항이다 (상법 제449조, 제462조 제2항 본문). 주주총회에서 배당안에 대한 결의가 있으면 회사의 이익배당은 확정되고 주주는 회사에 대하여 구체적인 이익배당청구권을 가지게 되며, 5년의 시효로 소멸한다. 그렇다면 출석프리미엄청구권도 이익배당청구권과 마찬가지의 방법으로 생성되며, 정관에서는 이와 달리 정할

4. Aufl, 1993, § 124 Rdn. 74; Butzke, in : Obermüller/Werner/ Winden, die Hauptversammlung der AG, 4.Aufl, 2001, B Rdn. 86.

45) Brönner, in: GroßKom, AktG, 3. Lief, 4. Aufl, 1993, § 170, Rn. 15.

46) Kropff, in: MüKo, AktG, Bd. 5/1, 2. Aufl. 2003, § 170, Rn. 49; ebenfalls für eine Aufschlüsselung Butzke, in: Obermüller/Werner/Winden, Die Hauptversammlung der AG, 4. Aufl, 2001, H, Rn. 81; Adler/Düring/Schmaltz, Rechnungslegung und Prüfung der Unternehmen, Bd. 4, 10. Lief, 5. Aufl, 1992, § 170, Rn. 16.

47) Schutzgemeinschaft der Kapitalanleger e.V, Persskonferenz vom 02.08.2005 – "Dividendenbonus zur Steigerung der HV–Präsenzen, Dieser Bonus sollte mindestens 10% betragen".

수도 있을 것이다. 또한 이익배당금 지급시기에 대해서 상법은 회사는 주주총회 또는 이사회에 의한 이익배당의 결의가 있은 날로부터 1년 내에 배당금을 지급하여야 하고, 주주총회나 이사회에서 지급시기를 따로 정한 경우에는 그에 의한다(상법 제464조의2 제1항)고 하지만 프리미엄지급의 경우에 법률을 따를지 혹은 정관에서 달리 정할지를 결정할 수 있을 것이다.

6. 지급가능한 이익이 존재하지 않는 경우

회사의 영업의 결과 대차대조표상의 이익이 존재하지 않는 경우 혹은 준비금이 존재하지 않는 경우도 있을 수 있기 때문에, 이에 대비하여 출석프리미엄으로 지급할 수 있는 이익이 존재하지 않는 경우에는 다음 영업연도의 이익으로 지급할 수 있다고 정할 수 있을 것이다.

제7절 결 론

주주들의 주주총회에 대한 관심과 참석률이 매우 저조함에도 불구하고 많은 회사들이 주주들의 총회참석을 유인하기 위한 별다른 노력을 기울이지 않는 이유는 소수주주 및 소액주주들이 주주총회에 참석하여 목소리를 높이는 것을 꺼리는 우리기업들의 주총에 대한 소극적인 태도를 가장 큰 원인으로 대다수의 사람들이 지목하고 있다. 대부분의 주주들은 생업 등을 이유로 주주총회에 참석하지 못하고 있으며, 주로 친기업 주주들이 주주총회에 참석하여 나머지 주주들의 의견이 기업경영에 제대로 반영되지 못하는 등의 문제점이 점점 더 고착화되고 있다. 주주의 이러한 태도와 문제의 고착화는 계속적으로 주주총회의 기능약화와 형해화를 초래하는 원인이 된다. 이와 관련하여 다수의 논문에서 주주총회의 활성화를 위한 여러 방안이 제시되었으나, 본 논문에서는 주주총회를 활성화하는 방안의 하나로 주주총회에 참석한 주주에게 그 대가로 경제적인 이익을 부여하는 출석프리미엄의 도입을 제안하고, 규정예를 아래와 같이 제시하고자 한다.

먼저 도입시 출석프리미엄의 근거를 법률상의 의무로 규정하는 것 보다는 각 회사의 사정에 맞게 시행할 수 있도록 회사의 자치에 맡겨두는 것이 타당한 것으로 보인다. 즉, 정관에 각 회사가 출석프리미엄의 지급과 수령의 전제조건 등을 선택하여 규정할 수 있도록 하는 것이 절적하다.

출석프리미엄의 수령권은 출석과 동시에 의결권을 행사해야만 하는 것이 아니라 출석함으로서 충분한 것으로 사료된다. 이 경우 참석을 정당화 할 수 있는 주주가 스스로 혹은 대리인을 통하여 혹은 전자적인 매체를 통하여 출석하였는지는 구분의 실익이 없다.

출석프리미엄의 수령권은 이익사용결의의 시점에 주주속성이 아니라 주주명부상 혹은 기준일에 주주자격을 가진 자에게 부여되어야 한다.

출석프리미엄을 비용지급하게 된다면 출자금의 반환 혹은 주주의 의결권 행사와 관련된 이익공여가 될 수 있기 때문에 지급재원은 대차대조표상의 이익 혹은 준비금을 전용하는 방법으로 지급하는 것이 타당하다. 따라서 임의준비금은 그 적립근거가 되는 정관 또는 주주총회의 결의에 다른 소정의 절차를 밟아 배당가능이익으로 환원시킨 후 출석프리미엄으로 사용할 수 있을 것이다.

프리미엄의 지급방법은 임의준비금 혹은 이익배당금의 전부 혹은 일부를 배당할 것인지 아니면 주당 혹은 액면금액의 비율에 따라서 지급할 수 있는 금액을 확정할 수 있다.

출석프리미엄의 지급은 주주평등의 원칙에 반하지 않는다. 출석하지 않는 주주에 대해서뿐만 아니라 소수(소액)주주도 받아들일 수 없는 불이익을 받는 것도 아니기 때문이다. 또한 출석프리미엄의 지급은 주주총회의 형해화의 방지 및 경영에 관심이 있는 주주들의 주주총회의 참석을 유도하여 정상적인 주주총회의 운영을 통하여 회사운영의 적정화를 추구할 목적이기 때문에 회사가 반드시 필요한 거래이거나 거래의 대가가 상당하다면 원천적으로 회사재산의 낭비가 존재하지 않게 되므로 이익공여의 일종으로 볼 수 없다.

제 4 장

의결권 행사의 특수문제

기업법총서 I

- 의결권행사 자문기관(Proxy Advisor Firm)을 둘러싼 외국의 규제논의 _ 안수현
- 연기금 의결권행사제도의 문제점 및 개선방안 _ 김순석

의결권행사 자문기관(Proxy Advisor Firm)을 둘러싼 외국의 규제논의 - 최근의 동향과 시사점 -

출전: 경영법률 제23집 제4호

안 수 현*

제1절 서 론

최근 국내에서 의안분석기관의 자문을 둘러싸고 학계에서의 관심이 높아지고 있다. 이전에도 논의가 없던 것은 아니나, 이번에는 국내 재벌계열 기업간의 합병을 둘러싸고 직접적으로 국제적으로 활동하는 의결권 자문사인 ISS(International Shareholder Service)와 Glass Lewis가 모두 합병안에 반대할 것을 권고하는 의견서를 내면서[1)] 특히 주목을 받고 있다. 이는 과거 2013년에 ISS가 국내 금융지주회사의 사외이사 선임 안건에 대해 반대한 보고서에 대해 해당 회사가 반론을 제기한 이후 업계와 실무에서 관심이 높아진 것과

* 한국외국어대학교 법학전문대학원 교수, 법학박사.

1) 제일모직과 삼성물산의 합병에 대하여 두 기관은 모두 반대하는 의견서를 공개하였다. ISS는 의견서에서 "삼성물산과 제일모직의 합병은 삼성물산 주주들에게 현저히 불리하다"고 하였고, "잠재적 시너지가 저평가의 이유가 될 수 없다"며 "합병을 통한 매출목표가 지나치게 긍정적"이라고 하면서 "1대 0.35로 결정된 제일모직과 삼성물산의 합병비율이 삼성물산의 주주에게 불리하다"고 제시하였다. Glass Lewis 역시 합병안에 대해 반대의사를 표명하여야 한다고 의견을 내면서 "합병의 전략적인 이점이 의심스럽고, 재정조건도 좋지 않다"고 의견을 제시하였다. 조선경제, 세계 최대의결권 자문사 ISS "삼성물산과 제일모직 합병을 반대하라", 2015. 7. 3자 보도자료.

달리[2)3)] 학계에서의 논의는 활발하지 못한 것과는 대조적이다. 그만큼 국내에서는 비록 활성화되지 않은 산업이지만, 국제적으로 활동하는 의결권행사자문기관의 역할과 영향력은 갈수록 높아지고 있음을 반영한다고 할 수 있다. 대표적으로 ISS는 전세계 기업 4만여개사의 정보를 수집하여 1,700여개의 기관투자자에게 주주총회의 안건관련 보고서를 제공하는 것으로 알려져 있다.[4)] 국내에서도 지배구조 내지 주주총회의 안건과 관련하여 국민연금의 자문사로

2) ISS는 KB금융지주사 2013년 정기주총 안건분석보고서를 통해 3인의 사외이사 선임안과 관련하여 추천된 후보자중 일부를 지정하여 반대입장을 표명하면서 반대사유로 다음과 같이 제시하였다. 즉 후보자중 1인의 경우 그가 주도하는 5인의 사외이사가 ING생명 인수에 반대표를 던지면서 지주사 운영에 리더십 혼란을 야기하였다는 점이다. 다른 하나는 추천된 다른 사외이사 후보자들이 정부와 상당한 인연이 있어 이들이 주주이익을 위하는 것인지 개인이나 정치적 목적을 위하는 것인지 의문이라는 점을 지적하였다. KB금융지주회사의 경우 외국인 지분율이 66%에 달하고 있어 이러한 의결권자문회사의 의견은 그 파급력이 클 것으로 전망되었다. 그러나 실제 정기주주총회에서는 원안대로 사외이사가 선임되었다. 금융감독원의 발표에 의하면 ISS가 보고서를 통해 KB금융지주의 ING한국법인 인수 무산이 이들 사외이사의 반대 때문이라고 하였으나 이들은 실제 ING인수건에 대해 찬성한 인사들로 나타났으며 이 사안은 ING 생명인수가 무산된 것에 대해 불만을 가진 KB금융측 인사가 왜곡된 정보를 ISS에 유출해 주주총회에 영향력을 행사하려 한 것이라고 분석되었다. 관련기사로는 KB금융 주총, 사외이사 재선임에 촉각, 이투데이, 2013. 3. 22자 기사; 금감원 "왜곡된 KB정보 ISS에 유출 정황 포착‥ 관련자 처벌, 2013. 4. 6. Chosun BIZ 기사 참조.

3) 일본에서도 의결권행사 자문회사들이 반대투표를 추천한 의견을 내자 해당 회사들이 다음과 같이 적극 반론을 제기한 사례가 있다.

대상회사	의결권행사자문회사	의안내용
TOTO	ISS	– 정관일부 변경의 건 이사 정원을 20인에서 14인으로 감원 – 감사임기 4년
横河電機	ISS	– 자본준비금 및 이익준비금의 감소 및 잉여금의 처분건 및 주식의 대량취득에 관한 대응책(매수방어책)의 계속도입의 건
オムロン (Omron)	Glass Lewis & CO	– 이사 7인 선임의 건(반대는 이중 1인에 대한 것으로 독립성 결여를 이유로 함

자세한 내용은, 大和總研, 議決權行使助言會社への反論事例, 2011年 6月 23日 참조. (http://www.dir.co.jp/souken/research/report/esg/cg/11062301cg.pdf#search='proxy+advisory+service');Omron주식회사가 Glass Lewis사의 의안권고결과에 대해 주주들에게 제공한 해명공시에 관해서는, http://www.omron.co.jp/ir/kabunushi/soukai/pdfs/addition_72nd_prop3_add.pdf 참조.

4) United States Government Accountability Offices(GAO), Report to Congressional Requesters, Corporate Shareholder Meetings– Issues Relating to Firms That Advise Institutional Investors on Proxy Voting, GAO–07–765, June 2007.

활동하고 있으며 외국인 투자자들의 투자판단에 상당한 영향을 미치는 것[5]으로 알려져 있다.

특히 국내의 경우 ISS의 분석의견이 상당히 영향력을 발휘하는 경우가 많은데, 그 이유로 국내 기업들의 주주총회 안건에 대한 공시가 개최 2주 전에 이루어져[6] 공시된 내용만으로는 분석에 필요한 정보가 충분하지 않은 데다[7] 주주총회 개최일이 3월에 집중되어 있어 단시간에 정보 분석이 쉽지 않고, 안건에 대하여 분석된 정보들이 실제 많지 않아 ISS에의 의존도가 적지 않다는 것이다.[8] 더욱이 ISS는 이러한 의결권행사관련 자문은 물론 투자대상 회사의 주주총회 일정을 확인하여 기관투자자에게 알려주고 의결권 행사 대행까지 하는 등 광범한 서비스를 제공하고 있다.

이러한 ISS 외에 국제적으로 규모와 영향력면에서 파급력이 큰 대등한 기관을 들면 무엇보다 Glass Lewis & CO를 들 수 있으며, 그 외에 Proxy Governance, Inc.(PGI), PIRC, Governance Visions, Marco Consulting Group(MCG), Egan－Jones Proxy Services(Egan－Jones) 등이 활발하게 영위하고 있다. 특히 유럽에서 활동하는 의결권행사 자문회사[9]로는 Ethos, Proxinvest(프랑스), Ivox(독일), European Corporate Governance Service(ECGS), Manifest and IVIS(영국) Shareholder Support(네덜란드), GES Investment Services and Nordic Investor Services(스웨덴) 등이 활동하고 있다.[10]

---

5) 과거 사례로 동아제약 임시주주총회에서 안건으로 상정된 지주회사 분할건과 신주발행건에서 ISS는 분할건에는 찬성하면서 신주발행에 대해서는 반대하였다. 결국 정기주주총회에서 20% 한도발행으로 수정되어 의결되었다. 관련기사로는 한겨레, 주총 분석회사 ISS의 힘, 2013. 3. 19자 기사; Chosun BIZ, 미 분석기관 "동아제약 지주회사 전환 긍정적", 2013. 1. 16자 기사. 참조.

6) 더욱이 기관투자자들은 주주총회 5일 전에 의결권 행사내용을 공시하여야 하므로 의안 확인과 분석은 9일안에 이루어져야 한다.

7) 예를 들어 사외이사 선임 안건시 독립성과 전문성을 파악하기에는 다양한 정보가 필요하지만 주주총회 소집통지에는 대표적인 경력만 기재되어 충분한 판단이 쉽지 않다. 이에 대해서는 송민경, "기관투자자의 의결권 행사 활성화방안", KRX Market, 8월호, 2011년, 19면.

8) 한겨레, 주총 분석회사 ISS의 힘, 2013. 3. 19자 기사 참조.

9) 이에 대해서는 The European Securities and Markets Authority, Discussion Paper: An Overview of the Proxy Advisory Industry－ Considerations on Possible policy Options, March 22, 2012 참조.

10) 이들간에 합병도 이루어지고 있다. 예컨대 ISS는 2005년 Deminor를 합병하였다.

국내에서도 일부 기관[11]이 주주총회 의안에 대해 분석을 시작하였지만 규모나 이용면에서 활성화되어 있지는 않다. 이 때문에 국내에서는 이들 국내 기관들의 활성화를 기관투자자들의 적극적인 의결권행사 활성화방안으로 권고하는 경향[12]이 있다. 다만, 소수의 자문서비스 회사로 의결권 자문서비스가 집중될 경우 새로운 유형의 이해상충 문제가 발생할 수 있으므로 복수의 자문서비스 제공자가 나타날 수 있도록 정책적 여건을 조성하여야 한다고 제안하고 있다.[13]

이처럼 의결권 행사 자문산업의 성장은 새로운 유형의 이해상충문제를 우려하게 하는데, 이러한 문제는 이미 이들 회사의 활동이 활발한 미국에서도 감사원(Government Accountability Office, GAO)이 지적한 바 있다. 2007년 미 감사원(GAO)은 이들 의결권자문회사가 수행하는 업무의 위법성 여부와 증권감독기구인 SEC가 이들 회사에 대하여 적정하게 감독하고 있는지 여부에 대한 그간의 조사결과를 발표하였다.[14]

한편, 상황은 다르지만 국내에서도 금융감독원이 의결권 행사 자문회사의 주주총회 관련 의견에 대해 내부통제를 경유한 정보 제공 및 부정확한 의견이 제시될 경우 적극적으로 행동하도록 요구하는 등의 대응책을 제시한 바 있다. 이러한 감독기관의 조치를 고려해볼 때 의결권 행사 자문회사의 파급력이 국내에서도 커지고 있는 것으로 보인다. 때문에 현 시점에서 이들 의결권 행사 자문회사에 관한 정확한 정보와 이해가 필요할 것으로 보인다. 왜냐하면

---

11) 좋은 기업지배구조연구소와 서스틴베스트, 한국기업지배구조원이 유료로 서비스를 제공하고 있다. 이중 한국지배구조원이 의안분석의 세부지침으로 "CGS 의결권행사 가이드라인"을 제정 발표한 바 있다. 이에 대한 소개로는 장정애, "우리나라 기관투자자의 의결권 행사에 관한 소고", 「경영법률」 제23집 제3호, 경영법률학회, (2013) 74면~98면 참조.

12) 송민규, "펀드의결권 행사의 실효성 제고방안", 주간 금융브리프 21권 46호 11면 (2012. 11. 24~11. 30), 국내 펀드의 의결권 행사가 적극적으로 이루어지지 못하는 원인으로 기관투자자의 단기 투자성향과 함께 영업관계 및 계열관계에 의한 이해상충 문제가 지적되고 있는바, 이러한 문제를 해결하는 방안으로 독립적 의결권행사 자문서비스시장을 활성화하는 방안이 제시되고 있다; 장정애, 전게논문, 93면 이하 참조; 매일경제, 주총 전자투표제 꼭 도입… 의결권 자문기관도 키워야, 2012. 10.30자 기사; 매일경제, 미국식 의결권 자문기관, 이젠 한국도 도입해볼만, 2013. 1. 9자 기사 참조.

13) 송민규, 전게자료, 11면,

14) United States Government Accountability Offices(GAO), Report to Congressional Requesters, Corporate Shareholder Meetings – Issues Relating to Firms That Advise Institutional Investors on Proxy Voting, GAO–07–765, June 2007.

많은 주식을 보유하는 기관투자자들에 대하여 회사측 안건을 반대하도록 권고하는 경우 회사에 따라서는 예측하지 못한 경영상의 어려움을 초래할 수 있기 때문이다. 더구나 안건에 대해 권고된 투표결과가 정확한 정보에 기초하지 않은 경우에는 더욱 문제가 심각할 것이기 때문이다.

이하에서는 이러한 인식하에 의결권 행사 자문기관의 주주권 강화에 기여하는 이유와 국내외적으로 영향력이 큰 의결권행사자문기관으로 알려진 ISS와 Glass Lewis & CO를 중심으로 이들 의결권행사 자문회사들의 성장 배경과 특징 및 영향 등을 살펴봄으로서 실상을 파악해 보기로 한다. 아울러 이들 기관의 성장으로 인해 발생하고 있는 새로운 이해상충문제와 이에 대한 외국의 규제기관의 규제움직임에 대해 살펴보고 향후 주주권 강화 및 주주총회제도 관련 개선방안을 마련함에 있어 시사점을 추출해 보기로 한다.

제 2 절 의결권 행사 자문산업이 자본시장에 미치는 효과

1. 의결권행사 자문회사의 의의

의결권행사 자문회사란 주식투자를 하는 연기금, 금융회사 등을 포함한 기관투자자를 주된 고객으로, 투자대상회사의 주주총회 의안에 대한 의결권 행사와 관련하여 찬성투표 내지 반대투표 등의 추천을 사업으로 하는 기관 내지 회사를 말한다. 이들은 기업지배구조같은 통상적인 이슈부터 매우 복잡한 안건인 M&A를 분석하고 이에 관련한 주주총회 안건에 대해 의견을 제공한다.

국제적으로 통상 기관투자자들은 분산투자를 하고 있고 그 투자규모가 매우 크기 때문에 이들 의결권행사 자문회사들이 제공하는 서비스인 주주총회 의안 분석과 개별 안건에 대해 이유를 제시하여 찬성·반대 등의 투표를 추천하는 서비스를 이용하는 경향이 있다.

그런데 이러한 서비스의 이용은 달리 말하면 주주총회에 상정된 의안분석에 상당한 비용과 노력이 들어간다는 것을 의미한다. 특히 기관투자자들과 같이 널리 분산투자한 경우 주주총회 안건을 분석할 투자대상회사들의 수도 많을 수밖에 없다. 수천개, 수백개의 회사에 투자하는 경우가 많은데, 이 경우 투자회사정보 그것도 국경을 초월하여 기업들을 분석하는 일은 상당한 시간과 비용이 드는 일이다. 때문에 이러한 서비스에의 진입은 쉽지 않은 편이다. 즉 진입장벽이 높다고 할 수 있다. 한편으로 이러한 서비스는 규모의 경제가 작동한다. 즉 모든 고객에게 동일한 권고를 할 수록 비용은 절감되며 이윤으로 연결될 가능성이 크다.

이처럼 규모의 경제가 작동하는 의안분석사업을 효율적으로 수행하기 위하여 일반적으로 의결권행사자문회사들은 분석기준으로서 투자대상기업이 자사가 권고하는 회사지배구조 규범 내지 기준들을 준수하고 있는지 여부에 기초하여 의견을 제공하는 경향이 있다. 물론, 경우에 따라서는 고객인 기관투자자가 채택한 의결권행사기준에 기초하여 분석, 검토하기도 한다. 혹은 기관투자자가 자신의 의결권행사기준에 의하거나 의결권행사자문회사의 의결권행사관련 정책과 기준에 의거해 분석 및 의견을 제시하도록 선택적으로 요청할 수도 있다.[15)]

2. 자본시장 및 기업지배구조에 미치는 영향

의결권행사자문회사의 자문서비스는 정보수집과 분석 관련 전문성 그리고 의결권행사기준의 마련과 주주총회에서 투자자의 참여를 촉진하는 등 자본시장에 긍정적으로 기능하는 측면이 많다. 특히 법제도상 기관투자자의 적극적인 의결권 행사를 지원하는 경우 이들 기관이 제공하는 서비스는 이들 기관의 의결권 행사를 보완하는 효과가 있다.[16)]

15) CSA Consultation Paper 25-401: Potential Regulation of Proxy Advisory Firms, June 21, 2012.

16) 규모가 큰 기관투자자의 경우 내부에 의결권행사 전담부서를 두고 의결권행사관련 이슈를 보다 심층적으로 파악하기 위하여 이들 의결권행사자문회사에게 자세한 분석을 맡기는 경우가 있다. 이와는 달리 소규모의 기관투자자들은 내부적으로 관련부서를 둘 여유가 없어 의결권행사자문회사같은 외부기관에 의결권 행사 판단기준과 관련한 의견 제시를 요청하는 것이 비용상 저렴할 수 있다. 기관투자자들의 다양한 이용 양상에 대해서는 GAO, Id, at 16 참조.

이처럼 기관투자자들은 의결권 자문서비스를 이용함으로써 다음과 같은 이점을 기대할 수 있다.[17] 우선, 내부적으로 전담조직을 구성해 의결권 행사 관련 업무를 담당하는 경우와 비교하면 저렴한 비용으로 특화되고 전문적인 업무수행으로 통해 의안분석에 소요되는 시간과 비용을 절약할 수 있다. 무엇보다 규모나 인력 등이 적은 기관투자자의 경우 이 같은 서비스의 이용은 매우 유용하다. 일반적으로 기관투자자들은 분산투자를 하고 있고 많은 종목을 대상으로 주식투자를 하고 있기 때문에 투자자로서는 모든 투자대상회사의 주주총회 의안과 관련하여 의결권 행사 여부 등에 대한 판단을 하기가 쉽지 않다. 더욱이 국가와 지역을 넘어 투자하는 경우 각 국가별로 법제와 투자 상황에 차이가 많은 데다 주주총회의 개최가 일정 기간에 집중하는 경우 분석은 더 쉽지 않다. 때문에 의결권 행사 자문회사가 제공하는 의결권 행사권고안(voting recommendation)은 이러한 문제에 직면하는 기관투자자의 의결권 행사 관련 판단을 지원하는 역할을 한다.

둘째, 기관투자자의 경우 이해상충문제를 극복하고 시장의 신뢰를 높이는 방안으로 기능할 수 있다. 즉 계열사인 투자대상회사에 대해 적극적으로 의결권 행사를 하지 않는 상황에서 객관적이고 공정하게 의결권 행사를 하고자 하는 노력의 일환으로 제3자에게 의결권 행사관련 조언을 구하고 이를 수용함으로써 지배구조와 관련하여 한층 개선된 모습을 보이는 효과를 기대할 수 있다.

3. 의결권행사 자문산업의 성장 배경

의결권행사 자문회사의 역사는 1980년대로 거슬러 올라간다. 왜냐하면 이 시기에 ISS와 PIRC가 설립되었기 때문이다. 종래 기관투자자들은 의결권 행사를 적극적으로 하지 않았다. 왜냐하면 이른바 "wall street rule"에 의하면 성과가 나쁜 투자대상회사의 경우라면 의결권 행사를 통해 수익 증대를 꾀하기 보다는 매각이 가장 저렴한 수단이 되기 때문이다.

그러나 현재는 많은 국가에서 기관투자자에 대하여 적극적인 의결권 행

17) 송민경, 전게논문, 21면 참조.

사를 의무화하고 하는 경향이 있고, 의결권 행사결과에 대하여 공시하도록 법제화하는 경향이 있다. 대표적으로 미국의 경우 의결권의 적극적인 행사가 기관투자자의 수탁자의무(fiduciary duty)의 발현으로 보고 있으며, 근로자퇴직연금에 관해 규정한 근로자퇴직소득보장법(ERISA: Employee Retirement Income Security Act of 1974)에 대한 해석지침에서 이에 관해 명확하게 규정하고 있다.[18] 또한 증권감독기구인 SEC도 투자회사에 대하여 적극적으로 의결권을 행사하는 것이 수탁자의무라고 보고 있다.[19][20] 때문에 이러한 법제도의 뒷받침은 2000년대 미국에서 다양한 의결권행사 자문회사들이 설립하게 된 배경이 되었다. 영국 역시 재무공시위원회(FRC, Financial Reporting Council)가 2010년 7월 발표한 수탁자규범(UK Stewardship Code)[21]에서 의결권의 적극적 행사를 기관투자자의 의무로 규정한 바 있다.

18) U. S. Department of Labor(DOL), Avon Letter, 29 C. F. R. § 2509. 08-2.

19) 17 C. F. R. § 270. 30b-1-4; 17 C.F.R. § 274. 129; 17 C. F. R. § 275. 206(4)- 6; Proxy Voting by Investment Advisers, investment Advisers Act Release No. IA-2106, 79 S.E.C. Docket 1673 (Jan. 31, 2003); Rule 30b1-4, Disclosure of Proxy Voting Policies and Proxy Voting Records by Registered Management Investment Companies, Securities Act Release No. 33-8188, Securities Exchange Act Release No. 34-47304, Investment Company Act Release No. IC-25922 (Jan. 31, 2003).

20) 우리나라의 경우에는 공적 연기금의 경우 국가재정법 제64조에 의해 의결권행사 및 공시의무가 부과되어 있다. 이에 따라 국민연금은 의결권행사를 위한 세부지침을 마련하여 공시하고 있으며, 주주총회 의안에 대한 찬반 여부 및 반대하는 경우 그 사유를 공개하고 있다. 반면, 금융회사 같은 기관투자자에 대해서는 강제하는 규정이 없다. 다만, 자본시장법 제79조에서 집합투자업자의 경우 선량한 관리자의 주의로서 집합투자재산을 운용하고, 투자자의 이익보호를 위한 해당 업무를 충실하게 수행하여야한다고 규정하고 있고, 공시사항의 하나로서 의결권의 행사를 간접적으로 지원하고 있다. 즉 의결권행사 여부와 그 구체적인 내용 및 행사하지 않은 경우 구체적인 사유에 대하여 공시를 의무화하고 있으며(자본시장법 제87조 제7항), 의결권행사 가이드라인을 내부지침으로 정하여 공시하도록 하고 있다(동조 제9항).

21) 2010년에 제정되었다. 자세한 것은 http://www.frc.org.uk/Our-Work/Codes-Standards/Corporate-governance/UK-Stewardship-Code.aspx 참조.

제 3 절 국제적으로 활동하는 의결권행사 자문회사의 사업 현황

1. 의결권행사 자문회사의 사업모델

(1) 전형적인 서비스

의결권행사 자문회사가 제공하는 전형적인 서비스는 기관투자자에 대하여 상장회사의 주주총회에 부의된 의안에 대해 정리 및 독자적으로 분석하고 어떻게 의결권을 행사할지를 권고하는 서비스를 들 수 있다.

(2) 부수적 업무

위의 전형적인 서비스에 부가하여 기관투자자의 지시에 좇아 의결권 행사의 대행사무나 의결권행사 기록 등의 부수적 업무를 함으로써 기관투자자의 의결권 행사에 관한 일련의 절차를 지원한다.[22] 그리고 이러한 서비스의 대가로 보수를 받아 사업을 영위하게 된다.

이외에 의결권행사 자문회사가 상장회사를 대상으로 기업지배구조 등급의 부여와 기업지배구조에 관한 조사연구사업[23] 및 기업지배구조실무 현황을 평가, 파악하는 등의 비상업적 서비스를 제공하기도 한다.[24]

2. 의안분석 관련 정책과 조직 등

한편, 이들 의결권행사 자문회사들은 회사별로 독자적으로 주주총회 안건을 판단하는 기준을 책정하고 있어 동일한 안건에 대해서도 자문회사에 따라서는 분석결과에 차이를 보이는 경우가 많다.[25] 또한, 의결권 행사지침과

22) SEC, Concept Release on the U.S. Proxy System[Release No. 34-62495](Jul. 14. 2010), at 106.

23) 대표적으로 Institutional Shareholder Services Inc.는 지배구조지표(Governance Risk Indicators: GRId)라는 기업지배구조등급을 제공하고 있다. 이에 관해서는 ISS, Governance Risk Indicators: A New Measure of Governance-Related Risk (Sep. 15. 2010) 참조.

24) European Securities and Markets Authority, Discussion Paper- An Overview of the Proxy Advisor Industry. Considerations on Possible Policy Options, 22 March 2012, at 9.

25) 통상 미국계 의결권행사 자문회사들은 독자적인 의결권 행사지침을 갖고 있는 반면, 유럽계

의안분석기준을 개정하는 경우 다양한 이해관계자 및 전문가를 참여시키는지 여부에도 차이가 있다. 다만, 의결권행사 자문회사가 채택한 분석기준의 개요가 홈페이지 등에 공표되어 있을 경우 각 사별로 의안내용의 추천결과와 추천내용 및 추천이유를 추론해 볼 수 있다.

홈페이지에 공시된 내용에 따라서는 정관변경의 경우 내용이 다양하기 때문에 사안별로 판단하는 경향을 보이고 있다. 일본의 경우 이사정원을 감원하는 경우 이를 기업매수방어전략으로 보는 경향이 있다.[26] 정원이 감원되는 경우에는 설사 적대적 M&A를 하려는 자가 이사후보자를 주주제안으로 한다해도 정원초과를 이유로 제안을 거절할 수 있기 때문에 매수자의 영향력을 감소시킬 수 있기 때문이다. 이와는 달리 적대적 M&A 방어수단들의 채택에 대해서는 대체로 반대하는 경향을 보이고 있다. 반면, 일반주주들의 이익을 손상하지 않는 방어수단의 경우에는 찬성하고 있다. 다만 이 경우 조건을 두는 경향이 있다. 예컨대, 적대적 M&A 방어수단을 채택할지 여부를 결정하는 M&A위원회를 설치하고, 이들이 경영자의 이해로부터 독립되어 있을 것 등이 대표적이다. 때문에 거래처기업의 임직원이 위원회에 위원으로 참여한 경우에는 독립성이 결여되어 있다고 보고, 이러한 위원이 참여한 위원회가 채택한 방어수단의 결정에는 반대하는 경향이 있다. 또한, 의결권행사 자문회사에 따라서는 최소 2인의 독립사외이사가 존재하지 않는 경우 대표임원의 선임(재임)에 반대하는 것으로 기준을 마련한 경우도 있다. 즉 단순히 사외이사인지 여부만이 아니라 실질적으로 독립성을 갖추고 있는 지를 판단하고 있는 것이다. 요컨대 의결권 행사 자문회사별로 의결권 행사지침이 마련되어 있거나 혹은 마련되어 있다하더라도 회사별로 공시하는 정책을 가졌는지 여부는 회사별로 차이를 보이는 경향이 있다.

한편, 의결권 행사 자문서비스에 대해 받는 보수수준도 차이가 있으며 보수지급조건에도 차이를 보이고 있다. 또한 분석에 투입되는 직원의 수, 훈련프로그램 및 이해상충방지시스템의 내부프로그램화 등에도 회사별로 차이가

회사들은 고객의 정책에 기초하여 판단하는 경향이 있다고 한다.

26) 大和總研, 議決權行使助言會社への反論事例, 2011年 6月 23日, 2면 참조(http://www.dir.co.jp/souken/research/report/esg/cg/11062301cg.pdf#search='proxy+advisory+service').

나고 있다. 특히 의안분석의 경우 계절적으로 특정 시기에 집중되어 있어 임시인력을 사용하는 경우가 적지 않으며, 자사의 의결권행사 정책과 지침 등의 개정이 정기적으로 이루어지는지, 개정시 다양한 전문가 및 이해관계자로부터 의견수렴절차를 거치는 등 여러 면에서 차이가 나타나고 있다.

3. 사업실태

국제적으로 가장 규모가 크고 추천의견의 잠재적 파급력이 큰 의결권자문회사로 ISS(International Shareholder Service)와 Glass Lewis & CO의 2개사를 들 수 있다.[27] 의결권자문산업에서 ISS가 차지하는 비중은 61%이며, Glass Lewis는 대략 36%를 점하고 있다.[28] 이하에서는 국제적으로 가장 점유율이 높은 두 개기관을 중심으로 업무수행 현황과 특징을 살펴보기로 한다.

(1) ISS

1985년 ISS가 의결권 행사 자문사업을 시작한 이후 2007년 Risk Metrics Group에 매수되었고, 다음 해 Group이 뉴욕증권거래소에 상장되어 현재는 뉴욕증권거래소에 상장하여 투자판단에 관한 각종 정보를 제공하는 MSCI Inc.의 완전자회사로 활동하고 있다. ISS는 세계 100개국 이상의 국가에서 4만건의 주주총회를 분석대상으로 하고 1300개사 이상의 기관투자자를 고객으로 두고 있다고 한다.

특히 ISS는 미국의 1940년 투자자문업법(Investment Advisors Act of 1940)상 투자자문업자로서 증권거래위원회에 등록되어 있다.

(2) Glass Lewis & CO

Glass Lewis & CO는 Ontario Teachers' Pension Plan Board의 완전자회사로 미국에 본사를 두고 있으나 미국에서 투자자문업자로는 등록되어 있지는 않다. 또한, ISS와 달리 기업에게 기업지배구조관련 자문서비스를 제공하고

27) 캐나다의 경우 이 두 개사가 지배하고 있다.

28) Tamara C. Belinfanti, The Proxy Advisory and Corporate Governance Industry: The Case for Increased Oversight and Control, Standard Journal of Law, Business and Finance, Spring 2009, at 12~14.

있지 않다.

(3) ISS와 Glass Lewis & CO의 차이

가. 사업영위 방식과 의결권행사권고의 범위[29)]

양 기관 모두 사업모델은 의결권행사 권고서비스를 제공하고 기관투자자로부터 보수를 받는 점에서는 공통된다. 그러나 ISS와 Glass Lewis의 사업실태나 의결권행사권고의 범위면에서는 다음과 같이 많은 차이를 보이고 있다.

우선, 의결권행사 권고서비스 외에 수행하는 사업범위면에서 차이가 있다. ISS의 경우 1997년 이래 임원등의 보수액 산출모델과 자본구성계획, 기타 기업지배구조문제에 관해 자문서비스를 기관투자자의 투자대상인 상장회사에게 제공하고 있다. 즉 기관투자자에 대해서는 그 투자대상회사인 상장회사의 주주총회에서 의결권 행사에 관해 권고하면서 한편으로 당해 상장회사에 대해 기업지배구조 등에 관해 자문서비스를 제공하고 있는 것이다. 이후 2006년 상장회사 등을 대상으로 자문서비스를 제공하는 사업은 완전자회사인 ISS Corporate Services Inc(ICS)로 분할 이전되었는데, 이 회사의 사업성과는 지속적으로 증대되어 2011년 기준 MSCI의 기업지배구조관련사업 수익의 20% 이상을 점하는 수준에 이르고 있다. 반면, Glass Lewis는 상장회사에 대해서는 자문서비스를 제공하고 있지 않다. 그런데 이러한 조치는 ISS와의 차별화를 꾀하려는 전략으로 파악된다.

이외에 의결권행사 권고의 제공방식에서도 두 기관은 차이를 보이고 있다. ISS의 경우 의결권행사 권고를 하는 경우 우선 당해 연도의 특정 지역에서의 의결권행사 자문방침(기준)을 정하여 공표하고, 이에 기초하여 넓게 일반적으로 입수가능한 정보에 기초하여 개별회사의 구체적인 의안에 관해 평가·판단하는 것을 원칙으로 하고 있다.[30)] 이러한 방침의 책정, 공표 그리고 당해 방침을 기초로 한 의결권행사 권고의 형성이라고 하는 절차를 거치면서 ISS의 분석 및 의결권행사 권고의 투명성, 일관성을 확보하는 동시에 고객은 물론 제3자가 ISS가 발표한 보고서의 내용을 계속적으로 감시, 평가하는 것을 가능

29) 자세한 내용은 高橋眞弓, 議決権行使助言会社の法的規制論に関する一研究, 一橋法学, 11(2), (2012), 43面 이하 참조.

30) 2012 ISS Policy Information.

하게 하고 있다.

아울러 ISS는 의결권행사 자문기준의 책정절차에 대해서도 공표하고 있다.[31] 즉 매년 다가오는 주주총회 시즌 전에 주목할 만한 새로운 이슈들을 책정하고, 다양한 채널을 통해 기관투자자, 발행회사, 산업관계자를 포함한 다양한 시장참가자로부터 정보를 입수하여 이를 기초로 산업집단과 외부의 전문가들과 회의하거나 학슬문헌 기타 실증연구 등의 검토를 하고 이에 기초하여 작성한 당해 년도의 방침을 결정하고 특히 최종방침으로서 공표하기 전에 공개의견 접수(public comment) 등의 수렴기회를 갖고 일반으로부터 의견을 청취하는 절차를 거치고 있다. 즉 이러한 내용들이 웹사이트 등에서 무료로 공표되어 있으며 그 책정절차에 관해서 일반의 의견청취기회를 갖는다는 점에서 특징이 있다.

또한, ISS는 기관투자자의 다양한 입장을 반영할 수 있도록 1개의 의안에 대해 복수의 의결권 행사에 대해 자문할 수 있는 가능성을 인정하고 있다.[32] 이외에도 ISS는 기관투자자 스스로 정한 의결권행사방침에 좇아 400개 이상의 특별히 조정한 의결권행사자문방침을 마련하여 적용하기도 한다. 때문에 현재 ISS의 고객이 운용하고 있는 주식에 대하여 일정한 카테고리에 특화한 방침인가 아니면 고객에 특화된 권고인가에 따라 동일 의안이라 하더라도 고객별로 다양한 권고가 행해질 수 있다.

반면, Glass Lewis는 고객에 특화한 방침이나 조언을 하지 않고 1개의 견해만을 표명하고 있어 기관투자자측이 당해 자문회사의 방침이나 구체적 권고예 등을 검토하여 자신의 방침에 유사한 경향에 있거나 특정의 문제에 관하여 자신과 동일한 철학을 갖고 있다고 판단하는 경우 동사의 의결권행사권고를 따르게 된다.

또한, 각 의안에 대한 의결권행사에 관한 권고시 ISS는 분석·권고에서 일

---

31) ISS Policy Gateway: Policy Formulation and Application.

32) 예를 들어 ISS는 벤치마크가 되는 일반적 의결권행사자문방침에 더해 사회책임투자의 의결권행사자문방침, 미국 종업원퇴직소득보장법(Employee Retirement Income Security Act, ERISA)의 규제 등에 의해 최종수익자에 대하여 수탁자책임을 부담하는 고객 등을 위하여 Taft-Harley자문서비스의 의결권행사방침, 특히 카톨릭신앙을 기초로 하는 의결권행사자문방침 등, 일정한 카테고리의 고객의 수요에 특화한 방침을 정하고 있는 것이 특징이다.

관성을 확보하고, 분석의 잠재적인 바이어스를 배제하려는 목적에서 사전에 상세하게 정하여 일반에게 공시한 방침에 기초하여 분석·권고를 하는 데 비해 Glass Lewis는 일반적인 방침을 책정하면서도 최종적인 의결권행사의 권고는 개별 회사·의안별로 개별적으로 판단한다는 점을 강조하고 있다.[33] 이외에 ISS는 기업지배구조 관련요소를 중시하는 반면, Glass Lewis는 감사와 공시 관련요소를 중시하는 경향이 있다. 때문에 이러한 차이를 고려할 때 이들 기관들의 특성을 정확히 파악하고 이들 자문결과를 판단하여야만 그 진정한 효과를 기대할 수 있을 것으로 보인다.

나. 분석대상회사로부터 사전에 분석결과에 대한 의견수렴 여부

한편, ISS는 분석한 결과보고서와 의안투표 권고안을 분석대상 회사에 사전에 보내고 이들에 대하여 사실 여부에 대해 확인하는 절차를 거치는 것으로 알려져 있다. 반면에 Glass Lewis는 M&A같은 민감한 사안을 제외하고는 그러한 절차를 이용하지 않고 분석대상회사와 접촉하지 않는 것이 내부정책으로 정해져 있다.[34]

제 4 절 외국의 의결권행사 자문기관의 규제움직임

1. 증권감독기관의 규제 검토배경

(1) 기관투자자들의 선관주의의무 준수를 입증하는 보험으로 인식하는 태도

외국에서 최근 의결권행사 자문회사에 대한 규제움직임이 확산되고 있는

33) 이에 대하여 의결권행사자문회사의 분석관련 평가기준이 충분히 공시되지 않고, 각 고려항목간의 비중도 반드시 명백하지 않기 때문에 일반적인 방침에서 특정의 의안에 관해 산출된 권고를 하는 것에는 문제가 있다는 지적이 있다. 자세한 것은 Stephen J. Choi, Jill E Fisch and Marcel Kahan, Director Elections and The Role of Proxy Advisor, 82 S. Cal. L. Rev. 649, (2009) 참조.

34) Davis Ward Philips and Vineberg LL, The Quality of the Shareholder Vote in Canada, October 2011, at 166; CSA Consultation Paper 25-401: Potential Regulation of Proxy Advisory Firms, June 21, 2012.

데, 이러한 배경에는 다음과 같은 문제들이 우려되고 있기 때문이다.

우선, 주주총회 안건에 대해 충분히 분석할 수 있는 내부분석팀을 두고 있지 않은 기관투자자는 물론 개인투자자들이 의결권행사 자문회사같이 외부에서 하는 추천이 적절하다고 신뢰하여 회사의 주주총회 안건에 대해 맹목적으로 투표할 가능성이 있음이 우려되고 있기 때문이다. 물론 기관투자자 내부에 의안전문 분석부서가 설치되어 있는 경우에는 의결권행사 자문회사의 역할이 보조적인데 그쳐 전반적으로 의결권 행사의 질을 높이는데 기여할 수 있다. 더구나 의결권 행사비율을 높이는데 의결권행사 자문회사의 역할이 상당히 기여한다는 점이 인정되는 경향이 있다.[35]

그럼에도 불구하고 최근 각국에서 이들 의결권행사 자문회사의 역할을 둘러싸고 상당한 논란이 야기되고 있다. 무엇보다 기관투자자의 투자실무에서 이들 의결권행사 자문회사의 의견을 받는 것을 保險처럼 이용하는 경향이 있음이 특히 문제로 지적되고 있다.[36] 예컨대, 미국의 경우가 그러한데 의결권행사 자문회사의 의견을 받으면 기관투자자의 선관주의의무 내지 수탁자책임을 다하는 것으로 보는 관행이 있다.[37] [38]

그런데 미국의 증권감독당국은 이러한 관행이 규제를 할만큼 심각한 문제로 보지는 않아 보인다.[39] 그 이유로 기관투자자들이 이들 의결권행사 자문회사의 의견에 기초하여 의안에 투표하는 경우는 두 가지로 보는데, 그중의 하나는 대체로 그러한 의견에 찬성하는 경우이거나 아니면 이들 회사의 의결

35) Center on Executive Compensation (Center), A Call for Change in Proxy Advisory Industry Status Quo: The Case for Greater Accountability and Oversight, Jan. 2011, at 15~19, ; CSA Id.

36) Leo E. Strine, Jr, The Delaware Way: How We Do Corporate Law and Some of the New Challenge We and Europe Face, 30 Del. J. Corp. L. 673, at 688 (2005).

37) CSA, Id.

38) 이러한 경향을 이른바 “network effect”라고 부를 수 있다. 많은 기관투자자들이 특정 의결권행사 자문회사를 이용할 경우 다른 시장참가자들은 이 기관을 양질의 명성을 인정받은 기관으로 보는데다 다른 기관이 선정된 경우 정당한 이유가 있을 것이라고 보고 더 신뢰할 가능성이 있기 때문이다. 더구나 기관투자자의 경우 대량의 주식투자를 하고 있기 때문에 일부 기관투자자들이 동일한 의결권행사 자문회사의 같은 의견을 취할 경우 그 영향력은 빠르게 인정될 수 있다. 자세한 것은 Lars Klöhn and Philip Schwarz, The Regulation of Proxy Advisors, Capital Markets Law Journal 8:1, at 90~107, (2012), ;Lars Klöhn The Case for Market-Mimicking Supranational Corporate Forms in Europe, March 13, 2012, (http:ssrn.com/abstract=2021061) 참조.

39) CSA, Id.

권행사지침이 자신들의 행사지침과 부합하였기 때문이라고 보는 경향이 있다. 때문에 이러한 영향이 반드시 부정적이지는 않다고 판단하고 있다. 다만, 과도하게 신뢰하는 경향이 있음에 대해서는 우려하고 있다. 왜냐하면 이러한 신뢰는 결과적으로 기관투자자들의 단체행동(Collective Action)으로 나타날 수 있기 때문이다. 결국 의결권행사관련 자문을 받으면서 기관투자자들이 의안분석에 주의를 기울이지 않고 다른 주주들과 접촉도 하지 않는 결과를 낳을 수 있음이 우려되기 때문이다. 반면, 맹목적으로 이들 자문회사의 의견을 신뢰하지는 않는다는 연구결과도 제시되고 있어 그리 우려할 수준은 아니라는 입장도 있다.[40]

(2) 개인투자자의 투자판단과 투자대상기업에 대해 영향이 미칠 가능성

개인투자자에게 영향을 미치는지에 대해서는 이견이 없지 않다.[41] 그러나 분석대상 기업의 경우 의결권 행사 자문회사의 추천의견에 대해 반론을 제기하는 경우도 적지 않은데다 외국의 경우 기업의 특유상황에 부합하지 않음에도 불구하고 부득이 이들 의결권행사 자문회사의 의견을 수용하지 않으면 안된다고 부담을 느낀다는 기업들이 적지 않은 것으로 나타나고 있어[42] 실제로는 기업이나 이해관계자들에게 상당한 영향을 미치고 있는 것으로 보여진다.

(3) 자본시장의 건전성에 미치는 영향력의 증대

한편, 의결권행사 자문산업의 독점적 지위로 경쟁이 기능하지 않을 경우 이들 의결권 행사자문회사가 제공하는 의견의 양질을 담보할 수 없다는 점도 크게 우려되고 있다. 실제 이러한 우려가 각국마다 규제움직임을 확산, 강화시키는 주된 요인이 되고 있다.

특히 의결권행사 자문회사에 내재한 이해상충과 투명성 결여 및 부정확한 정보 수집과 투자대상기업의 의견 수렴절차의 결여 등으로 자본시장에 미치는 잘못된 정보제공의 부정적 파급력을 고려하여 본다면 규제가 필요하다

---

40) 대표적으로 Michael C. Schouten, Do Institutional Investors Follow Proxy Advice Blindly?, 2012 (http://papers.ssrn.com/sol3/papers.cfm?abstract_id=1978343).

41) CSA, Id.

42) Wachtell, Lipton, Rosen & Katz, Report of the New York Stock Exchange Commission on Corporate Governance, September 23, 2010, at 23.

는 것이 공감대를 얻는 경향이 있다.

이들 문제를 좀 더 살펴보면 우선, (i) 이들 회사에 내재한 이해상충문제는 의결권 행사자문회사가 기관투자자들에게 회사지배구조와 관련하여 제기된 이슈에 대하여 투표를 권고하면서 한편으로 바로 이들 투자대상회사에게 지배구조 관련 컨설팅서비스를 제공하고 있는 데서 발생한다. 이 경우 특정 의안에 대해서는 항상 기관투자자가 찬성하게 하는 결과를 가져오기 때문이다. 만약 권고된 의견이 타협의 산물이라면 기관투자자에게 제공하는 의결권 행사 자문회사의 의견이 주주총회제도 및 의결권행사절차에서 긍정적인 역할을 한다고 단언하기는 어렵다. 더욱이 이들 이해상충사실을 공시한다고 해도 매우 추상적으로 공시하는데 불과한 경우가 적지 않아[43] 구체적이고 충분하게 공시하게 하거나 향후 이들 서비스를 겸영하는 데에는 엄격하게 대처하여야 한다는 주장도 제기되고 있다. 이러한 문제제기가능성을 의식하여 ISS는 현재 본체가 아닌 ISS Corporate Services(ICS)를 설립하여 동 기관에서 투자대상기업에게 지배구조관련 자문서비스를 제공하고 있는 상황이다.[44]

(ii) 한편, 투명성의 결여도 문제되고 있는데, 그러한 이유는 의결권행사 자문회사가 의안에 대하여 권고하는 이유와 과정에 이르게 된 절차 및 기준에 대한 정보가 충분히 외부에 제공되지 않는다는 것이다. 더구나 이들 내용에 대한 전문보고서를 외부에서 입수하기가 쉽지 않다. 이처럼 공개된 정보가 없거나 불충분하고 접근마저 어려운 경우 시장에서 이들 의견의 양질에 대해 평가 내지 모니터링하는 것이 쉽지 않게 된다. 그 결과 자본시장의 건전성에 영향을 미칠 가능성이 있음이 우려되고 있다. 물론 이러한 의견의 제공이 당사자간에 상업적 계약에 기초하여 제공하기 때문에 외부에 제공될 필요가 없다는 항변도 가능하지만, 의안 찬반에 대한 이유로서 기관투자자는 이들 보고서를 공시하는 것이 불가능하지는 않다.

이외 (iii) 최근 지역적으로 문제되는 것이지만, 부정확한 정보와 투자대상기업과의 활발한 접촉 없이 정보가 시장에 그대로 제공된다는 점이다. 특히 M&A나 민감한 이슈 같은 경우 부정확한 정보가 기관투자자의 투자판단 및

---

43) SEC Concept Release on the U.S. Proxy System, July 14, 2010. at 117.

44) Verdam, An Exploration of the Role of Proxy Advisors in Proxy Voting, 2006, at 14.

의안에 대한 태도에 미치는 파급력은 매우 큰 반면에 부정확한 정보에 기초한 의안으로 인해 회사가 받은 손실을 사후에 제대로 구상받기가 쉽지는 않은 형편이다. 이 때문에 외국에서 최근 감독기관들이 이러한 문제를 심각하다고 보고 대응방안을 마련하는 경향이 있다.[45]

그밖에 이들 기관들이 국제적으로 사실상 회사지배구조 기준 설정기관으로 정착하고 있고, 그 결과 증권발행기업들이 자사의 특유한 사정을 고려하지 않은 채 만병통치약적인 지배구조기준을 채택할 수밖에 없음을 큰 부담으로 호소하고 있는 것도 주목할 점이다.[46] 반면, 이에 대해 감독당국은 바람직한 회사지배구조 관행을 추천하는 한 투자자에게는 유익하다고 보는 태도가 강하다.[47]

(4) 의결권행사자문회사를 이용해 특정 행동을 유리하다고 인식시키게 할 가능성

다른 이해상충문제도 존재할 수 있는데, 즉 의결권행사 자문회사(금융회사 내지 산업회사)가 소유하거나 영향력 행사를 통해 특정 행동을 유리하게 보이게 할 가능성이 있다. 즉 독립된 제3자로서 의견을 제공하는 것이 아닐 수 있는 위험이 있는 것이다.[48] 예컨대, Glass Lewis & CO는 Ontario Teachers' Pension Plan Board의 완전자회사로 권고안 제공시 Ontario Teachers' Pension Plan의 이익을 선호하는 의견을 제공할 인센티브가 내재되어 있다. 반면 ISS는 MSCI의 자회사로 MSCI가 거래소에 상장되어 있으며, 동 회사가 주가지수를 산정하고 있어 의결권행사 권고지침을 형성하는데 영향을 줄 가능성이 없지 않다.[49]

(5) 의결권 행사자문 관련서비스의 지속적인 수요 증가

어느 나라건 주주권 행사를 강화하는 것과 관련해서 의결권 행사 자문서비스에 대한 수요는 증대될 수밖에 없고, 특히 기관투자자들에 대한 이들 서

45) 우리나라의 경우에는 금감원 " 왜곡된 KB정보 ISS에 유출 정황 포악 … 관련자 처벌, 2013. 4. 6 Chosun BIZ, 기사. 참조.; 캐나다의 경우도 마찬가지로 보인다.

46) 법무법인들도 이들 기관이 제시한 지배구조기준을 채택하는 것이 바람직하다는 의견을 제공하는 경향이 있다고 한다.

47) CSA, Id.

48) 이러한 위험에 대해서는 European Securities and Markets Authority, An Overview of the Proxy Advisory Industry－ Considerations on Possible Policy Options, March 2012, at 21 참조.

49) Lars Klöhn and Philip Schwarz, The Regulation of Proxy Advisors, Capital Markets Law Journal 8:1, at 90~107.

비스의 필요성은 감소되지 않을 전망인 점도 이들 의결권 행사 자문회사의 성장세 및 규제필요성에 주목하는 이유라 할 것이다.

2. 국가별 규제움직임

(1) 미 국

가. 1940년 투자자문업법(Investment Advisers Act)에 기초한 투자자문업자로서 규제

미국은 국제적으로 가장 영향력 있는 기관으로 인정된 ISS와 Glass Lewis & CO가 본사를 두고 있을 뿐 아니라 Marco Consulting Group, Egan－Jonex Proxy Services 등도 미국에서 활발하게 활동하고 있다.

이중 ISS와 Marco Consulting Group는 1940년 투자자문업법(Investment Advisers Act)에 의해 투자자문업자(investment advisor)로서 등록하여 규제를 받고 있다. 즉 이들 회사들은 동법에 의해 자문계약을 체결한 고객과의 사이에서 체결한 약정내용을 공시하여야 하며, 법상의 규정을 준수하기 위한 문서에 의한 정책 수립과 절차의 강구 등 내부 컴플라이언스 정책의 채택 및 프로그램 시행과 매년 점검 등이 요구되고 있다.[50] 왜냐하면 이들이 제공한 의견은 증권의 가치와 관련하여 의견을 제공하는 것이기 때문에 규제대상인 투자자문업자의 정의에 부합하기 때문이다. 다만, 규모가 작거나(예컨대 관리자산이 $ 25 million) 총 투자금액이 $50 million인 연기금에 투자하는 기관투자자에게 자문하는 경우에는 적용이 면제된다.[51]

나. 위임장 권유규제등

그 외에 위임장규칙에 기초한 위임장 권유(solicitation)에 해당할 경우 공시 및 신고의무가 부과된다. 다만, 고객과의 계약 등 사업관계에 기초하여 정보제공을 하는 의결권행사자문회사의 경우에는 적용에서 면제된다는 예외규정[52]을 두고 있어 대부분 적용이 제외되고 있다. 그러나 허위 및 오인가능한 서술을 금지하는 규제는 적용된다.[53]

---

50) SEC Concept Release on the U.S. Proxy System, July 14, 2010.
51) Advisers Act Rule 203A－2.
52) Stock Exchange Act Rule 14a－2(b) (3).

다. 거래소 자율규제

2010년 뉴욕증권거래소 내 설치된 회사지배구조위원회(Commission on Corporate Governance, CCG)는 지배구조보고서[54]를 발표하면서 의결권행사 자문회사는 시장에 미치는 영향력을 인식하고 투명성과 책임성을 충족하는 적절한 기준을 갖추어야 한다고 요구하였다. 아울러 의결권 행사 자문회사는 반드시 분석대상회사로부터 의견을 받는 등 분석대상회사의 반응에 대해 공시할 것을 요구하고 있다.

(2) 캐나다

가. 증권당국의 검토보고서 발표[55]

2012년 6월 캐나다 증권감독기구는 최근 의결권자문회사가 제공하는 의안분석 및 의견제공 등의 자문서비스와 관련하여 발생하는 문제점과 이로 인해 자국 증권시장에 미치는 영향 등에 대해 검토하고 그에 대한 가능한 규제방안들을 예고하면서 이에 대한 의견을 수렴하겠다는 계획을 발표한 바 있다.

동 보고서에서 의결권자문회사의 서비스로 인해 예상되는 문제점으로 다음과 같이 제시하고 있다. 즉 (i) 이해상충문제의 발생가능성, (ii) 투명성 결여, (iii) 분석대상인 증권발행기관에 대한 부정확한 정보와 분석대상기업과의 불충분한 접촉, (iv) 투자대상 기업의 지배구조에 미치는 잠재적 영향력 그리고 (v) 자문서비스기관에 대한 기관투자자의 의존도 등이 그것이다.

캐나다의 경우 상장회사에 대한 기관투자자의 투자비중이 32%에 달하고 있어 이들 의결권행사 자문회사의 분석결과는 상당히 영향을 미치고 있는 것으로 보고 있다. 다만, 실제 기관투자자들이 이들 의견에 전적으로 의존하는지는 의문이라고 보았다. 그러나 기관투자자들이 갈수록 투자정보의 홍수로 인해 분석에 따른 부담이 크다는 점과 이로 인해 증권시장에 잘못된 영향을 미칠 가능성이 있음을 고려하여 가능한 규제방안을 모색하고 이들 방안이 제도상 실행가능한지를 정밀히 검토하고자 하는 모습을 보이고 있다.

---

53) Stock Exchange Act Rule 14a–9.

54) Report of the New York Stock Exchange Commission on Corporate Governance, September 23, 2010, at 6.

55) CSA Consultation Paper 25–401: Potential Regulation of Proxy Advisory Firms, June 21, 2012.

나. 규제방안으로서 모색되는 방안들[56)]

2012년 캐나다의 증권감독기구(CSA, Canadian Securities Administrators)는 의결권행사 자문회사가 증권시장에 미치는 영향력이 없지 않음을 고려할 때 다음과 같은 방안을 제시하고 이에 대해 실무의 의견을 수렴하였다.

이에는 (i) 투자자문업자로서 규제하는 방안, (ii) 위임장권유규칙에 근거한 규제, (iii) 의결권행사 자문산업을 별도 규제산업으로 보고 독자적 행동규범을 마련하는 방안 (iv) 신용평가회사와 동일하게 규제하는 방안, (v) 인증받게 하는 방안 등이 그것이다.

그러나 한편으로 과연 의결권 행사자문회사가 투자자문업자로서 진입규제를 받을 필요가 있는 것인지, 그리고 위임장권유규칙은 불특정한 자를 대상으로 한 권유시 규제가 적용되는 데 반면, 의결권 행사 자문은 고객과의 계약으로 둘 간에 제공하는 점에 위임장권유규칙이 적용될 사안인지에 의문이 있다는 점 및 신용평가회사처럼 의견을 의무적으로 받도록 하고 있지는 않고 있는 점 등에서 신용평가회사와 동일한 규제를 할 성질은 아니라는 반박의 가능성 및 이외 인증을 요구하기 위해서는 인증할 상위감독기관이 필요한 점 등 규제방안 각각을 고려함에 있어 다양한 고려요소가 산재한다고 밝히고 있다. 이후 상당기간 검토하다가[57)] 2014년 4월 24일 의견을 발표한 후, 최종적으로 2014년 4월 30일 National Policy 25−201 "Guidance for Proxy Advisory Firms"를 발표하였다. 그 내용은 첫째, 의결권행사 자문회사들은 이해상충가능성을 감소시키는 정책과 절차를 담은 기준을 서면으로 구축하고, 당해 기준을 점검하는 내부통제시스템을 구축할 것과 행위규범을 제정할 것, 아울러 사전예방절차의 효과성을 정기적으로 평가할 것과 이들 이해상충의 가능성 내지 이해상충 발생시 이를 고객에게 지체없이 공시하고 가능할 경우 이해상충방지정책과 통제정책 및 행위규범을 홈페이지에 게시하여야 한다는 것이다. 둘째, 의결권행사 권고에 이른 절차에서의 투명성을 증대시킴으로써 시장참가자들

---

56) CSA, Id.

57) 때문에 실무에서는 적어도 이해상충 공시의무화 및 투자분석가(analyst)와 같은 규제가 적용되어야 한다는 지적이 제기되었다. 대표적으로 The Institute for Governance of Private and Public Organizations(IGOPP), The Troubling Case of Proxy Advisors, 2013. 3. 8.(http://igopp.org/IMG/pdf/cp_igopp_policypaper7−2013−v2.pdf)

이 의결권 권고에 대한 타당성을 판단하고 평가할 수 있게 하도록 하고 있다. 셋째, 의결권행사 자문회사들은 의결권행사 가이드라인을 제정하여야 하며 이를 갱신할 것과 정기적으로 고객과 이해관계자들과 상담하여야 하며 의결권행사기준을 최신화하고 발전시키는데 필요한 인적자원과 지식 및 전문성을 갖출 것과 이들 의결권행사가이드라인을 홈페이지에게 게시할 것을 요구하고 있다. 마지막으로 CSA는 의결권행사자문회사로 하여금 고객, 시장참가자, 기타 이해관계자, 대중매체 및 여론 등의 의사를 수렴하도록 권고하고 있다.

(3) 유 럽

가. EU 위원회 및 증권감독기구(ESMA)

EU 위원회(EU Commission)는 2011년 4월 5일 보고서[58]를 발표하면서 유럽 상장회사의 지배구조의 개선필요성을 제시하면서 그 개선방안의 일환으로 의결권행사 자문회사로 하여금 반드시 분석대상회사로부터 의견을 받는 등 분석대상회사의 반응에 대해 공시하여야 한다고 제안하였다. 즉 의결권행사 자문회사에 대하여 투명성 증대를 요구한 것이다.

한편, 유럽증권시장감독기구(ESMA, European Securities and Markets Authority)도 의결권행사 자문회사에 대하여 이들 기관의 전문성, 독립성, 신뢰성, 투명성 등에 대해 자세히 분석하면서 규제필요성 여부를 검토한 정책보고서를 발표하면서 EU위원회와 마찬가지로 의결권행사 자문회사로 하여금 반드시 분석대상회사로부터 의견을 받거나 접촉하는 등 분석결과 발표 전에 일정한 조치를 취할 것을 제안하였다.[59] 이후 2013년 2월에 의결권자문회사에 관한 최종보고서를 발표[60]하면서 현재 시점에서 볼 때 의결권자문회사에 대하여 공적규제가 필요할 정도로 시장실패가 있다고는 볼 수 없지만 의결권자문회사의 독립성, 신뢰성면에서 우려할 점이 없는 것은 아니라고 평가하였다. 이러한 우려가 여전히 상존하고 있음을 고려할 때 이해상충에 대한 확인 및 공시와

---

58) The European Commission, Green Paper: The EU Corporate Governance Frame Work, April 5, 2011.

59) The European Securities and Markets Authority, Discussion Paper: An Overview of the Proxy Advisory Industry－ Considerations on Possible Policy Options, March 22, 2012.

60) ESMA, Final Report on the Proxy Advisor Industry, http://www.esma.europa.eu/news/ESMA－recommends－EU－Code－Conduct－proxy－advisor－industry

관리 및 자문의 정확성 및 신뢰성 담보를 위한 투명성 강화 등을 포함한 EU차원의 행동규범을 마련하여야 한다고 권고하였다. 다만, 현재까지 특별히 규제를 하고 있지는 않다.

나. 프랑스

프랑스 금융감독청(AMF)은 2011년 의결권행사 자문회사들에 대하여 투명성 강화와 이해상충 관리를 요구하는 행동기준을 발표하였다.61) 아울러 의결권 행사자문회사들로 하여금 반드시 초안보고서를 대상 회사에게 전달하여 의견을 받을 것을 권고하였다. 이밖에도 투자대상회사가 요청하는 경우 이들의 반응을 의안분석보고서에 포함하여 기관투자자에게 제공하도록 권고하였다.

다. 영 국

재무공시위원회(FRC)는 수탁자규범(Stewardship Code)에서 기관투자자에 대하여 의결권 행사와 관련하여 자문회사의 의안분석서비스를 이용하는 경우 그에 관하여 공시할 것을 요구하면서(Principle 1), 특히 어느 정도로 의결권자문회사를 이용하는지 즉 의결권자문회사의 권고에 의존하여 그대로 따르는지 여부 등을 공시하는 의무를 부과하고 있다(Principle 6). 이와함께 Code를 준수하는데 합의한 의결권 행사자문회사들의 명단을 홈페이지에 공시하고 있다. 의결권 행사 자문회사들도 개별적으로 홈페이지에 FRC의 수탁자규범(Stewardship Code)을 준수하는지 여부에 대해 공시하는 경향이 있다. 영국의 이러한 입장은 규제를 하되 이른바 "준수 혹은 설명(comply or explain)"하게 하는 자율규제 방식을 채택하고 있다고 할 수 있다.

제 5 절 시사점 — 결론에 갈음하여

의결권행사 자문회사의 자문서비스는 주주의 의결권 행사의 전제인 의안분석에 있어 특히 분석대상기업수가 많고 전세계에 분산된 기업에 투자하는

61) Autorité des marches financiers (AMF), AMF Recommendation No. 2011－06, 18 March, 2011.

기관투자자에게는 시간이나 비용면에서 유용할 수가 있다.

그러나 한편으로 맹목적인 의존은 통상 주주총회가 특정 시기에 몰려 정밀한 검토가 쉽지 않을 수 있는 점, 이해상충문제가 내재될 수 있는 점 등에서 앞서 살펴본 바와 같이 각국의 증권감독기구들은 이들 산업의 비중과 역할을 예의주시하고 있는 상황이다. 아울러 이들 우려가 현실화될 가능성이 크다고 볼 경우 직간접적으로 규제할 가능성도 적지 않아 보인다.

그러나 이 경우 그 판단의 기준은 자본시장에 미치는 파급력을 고려하여 결정되어야 할 것이다. 이를 위해서는, 무엇보다 국내 기업지배구조에서 의결권행사 자문회사들의 의안분석 및 제공된 의견이 갖는 파급력에 대해 보다 정확히 파악할 것이 요구된다 할 것이다.[62)]

다만, 국제적으로 의결권행사 자문서비스의 기업지배구조에 미치는 영향이 적지 않음을 볼 때 몇 가지 규제방안이 향후 모색될 수 있을 것으로 예상된다. 이에 해당하는 것으로 대표적으로 (i)경쟁을 통한 독점적 영향력 해소, (ii) 자율적인 행동규범을 통해 자문의견 형성절차와 분석기준 및 이해상충을 공시하게 하는 방안, (ii) 증권법상 공시의무 부과, (iv) 절차적 요건 강구(예컨대 의결권행사 자문회사와 분석대상기업과의 접촉 내지 의견수렴 과정을 제도화하는 방안과 의결권자문회사 내부에 이해상충방지정책과 절차를 구축하도록 하는 내부통제 의무화 및 분석의견의 기초가 된 사실의 사후검증 의무화 등이 해당), (v) 자문의견에 대한 법적 책임 부과 및 (vi) 기업에 대한 기업지배구조관련 자문서비스와 기관투자자에 대한 의안분석 제공 등의 겸업 금지 등이 그것이다.

그러나 (i)의 방안은 실제 기관투자자들이 의결권행사 자문회사의 자문서비스를 개별적으로 검토할 시간과 의지가 그리 크지 않은 점에서 그 효과가 크지 않다는 평가가 많다.[63)] 또한 (ii)의 자율규제방안은 이미 국제적으로 활

62) 규제시 오히려 이들 기관의 명성에 대한 과대한 신뢰를 가져올 부작용도 있음이 지적되기도 한다. 왜냐하면 규제가 오히려 이들 기관을 신뢰할 만한 기관으로 인식시켜 궁극적으로 이들이 제공하는 조언의 질의 저하 및 기관투자자들의 맹목적인 의존 등의 문제를 야기할 수 있다는 것이다. 이에 관해서는 Asaf Eckstein, Grat Expectation: The Preil of an Expectations Gap in Proxy Advisory Firm Regulation", The Raymond Ackerman Family Chair in Israeli Corporate Governance, Working Paper No. 014, 2014 (http://www.israeli-corporate-governance.org/files/articles/Asaf_Eckstein___Expectations.pdf#search='Grat+Expectation%3A+The+Preil+of+an+Expectations+Gap+in+Proxy+Advisory+Firm+Regulation'). 다만, 이 논문은 규제를 하지 않아야 한다고 주장하는 것은 아니고, 규제시 부작용을 고려하여 정치하게 설계할 것을 제안하고 있다.

동하는 의결권행사자문회사들은 홈페이지에 자신들의 분석틀을 공시하고 있지만 그 효과는 그리 크지 않다는 지적이 있다. 반면, (iii) 증권법상 공시의무의 부과에 대해서는 많은 감독지구들이 검토하고 있는데, 이 경우 공시의무를 이들 서비스를 이용하는 기관투자자에게 부과할 것인지 아니면 의결권행사 자문회사에게 부과할 것인지, 그 외에 공시내용은 어디까지 요구할 것인지와 관련하여 검토할 사항이 적지 않을 것으로 보인다. 다만, 공시만으로는 효과가 미약하다는 의견도 적지 않다. 그 외 (iv) 절차적 요건을 충족하여야 하는 것으로 의결권행사 자문회사와 분석대상기업과의 접촉 내지 의견수렴 과정을 제도화하는 방안에 대해서는 이미 그러한 과정은 간접적으로 거치고 있어 효과가 크지 않다는 이견이 제기될 수 있다. 다만, 최근 기업의 미치는 불측의 손해가능성을 방지하는 차원에서 이러한 절차적 요건을 요구하는 제도에 대한 수요는 갈수록 높아지는 경향을 보이고 있어 참고할 점이 있다.[64] (v)자문의견에 대해 법적 책임을 부과하는 방안에 대해서는 회사에 미치는 손해가 무엇인지 그리고, 손해산정방법 등이 문제로 제기될 수 있다.[65] 마지막으로 (vi) 기업에 대한 기업지배구조관련 자문서비스와 기관투자자에 대한 의안분석 제공 등의 겸업 금지같은 방안은 이미 Glass Lewis같은 의결권행사 자문회사의 경우에는 적용이 되지 않아 규제로는 한계가 있다.

한편, 현재 국내에서 의결권행사 자문서비스를 시작한 기관은 모두 3개 기관으로 집계된다. 이에는 한국기업지배구조원[66]과 서스틴베스트, 그리고 좋

63) Lars Klöhn and Philip Schwarz, The Regulation of Proxy Advisors, Capital Markets Law Journal 8:1, at 90~107.

64) 스위스의 경우 기관투자자를 대표하는 기금협회와 의결권행사자문회사인 Ethos가 공동으로 가이드라인(Guidelines for Institutional Investors governing the exercising of participation rights in public limited companies)을 제정, 발표하였는데, 이에 의하면 "1. 기관투자자들은 반드시 의결권행사 자문기관을 주의를 다해 선정하여야 하며 이들을 감독하여야 한다. 2. 아울러 기관투자자들은 의결권행사 자문회사가 제공한 의견에 무조전적으로 따라서는 안되고 비판적으로 검토하고 이해상충 여부를 확인하여야 한다. 3. 주요안건의 경우 자문의견 제시전에 반드시 분석대상회사의 의견을 청취하지 않으면 안된다"고 하는 원칙을 제시하고 있어 시사점을 주고 있다. 이에 대해서는 Thomas U. Reutter, Is a Regulation of Proxy Advisers needed in Switzerland?, CapLaw-2015-16(http://www.caplaw.ch/2015/is-a-regulation-of-proxy-advisers-needed-in-switzerland/) 참조.

65) 유사한 방안이 이미 신용평가회사에 대해 채택된 바 있다. 대표적으로 European Commission, Proposal for a Regulation of the European Parliament and of the Council amending Regulation (EC) No. 1060/2009 on credit rating agencies, COM (2011) 747 final, 2011 · 361 (COD).

은 기업지배구조연구소[67]가 해당된다. 외국의 의안분석기관과 비교하여 볼 때 이들 기관들은 의안분석 경험이 짧은 데다[68] 이중 2개사는 2013년 처음으로 의안분석서비스를 유료로 제공하고 있다.[69]

이러한 점을 고려할 때 국제적으로 활동하는 의안분석회사들과 비교해 볼 때 국내 기관투자자들이 이들 국내 의결권행사 자문기관에 의존하는 정도 및 단체행동 등의 문제는 물론 이들 의안분석회사에 내재한 이해상충문제들이 현실화되어 그 파급력이 심각하다고 보기는 어려운 수준으로 분석된다. 다만, 이들 기관들이 제공하는 의안분석서비스는 그 경험과 성과에 따라서는 향후 자본시장의 원활한 기능을 담보하는데 필요한 주주권 행사에 상당한 영향을 미칠 수 있다.[70]

때문에 적어도 현재 국내 기관에 대해서도 자율적인 행동규범의 제정은 필요할 것으로 보인다. 아울러 이러한 행동규범 내지 의안분석지침과 개별 회사의 분석결과에 대해 자사 홈페이지에게 자세히 공시하는 것이 바람직할 것으로 보인다.[71] 이를 통해 일관된 분석이 이루어지고 있는지를 시장에서 용이하게 모니터링할 수 있기 때문이다. 다만, 이러한 모니터링만으로 의결권 행사자문회사에 대해 분석대상기업이 영향력을 미치는지에 대해 판단하는데에는 한계가 없지 않다. 그러나 현재 국내 기관들의 경우 이러한 잠재적인 이해상충의 문제는 현실화되어 우려할 정도는 아니라고 보여진다.

이와 함께 이들 의결권 행사 자문회사의 경쟁 활성화를 지원할 필요가 있

---

66) 한국기업지배구조원은 유가증권시장 상장회사 400사를 대상으로 의안분석을 하며 자문서비스를 제공하고 있다. 최근에는 2012년 제정 및 2013년 개정된 의결권행사 가이드라인에 기초한 의안분석결과를 공시하였다. 이에 관해서는 기업지배구원, 2013년 1분기 정기주주총회 의안분석 결과, 2013. 3. 29. 보도자료 (http://www.cgs.or.kr).

67) 좋은 기업지배구조연구소는 의안분석은 물론 상장회사의 기업지배구조 분석 및 평가등을 전반적으로 제공하고 있고 있고 3개 기관중 의안분석서비스 제공역사가 오래 되었다. 의안분석 활동 및 보고서 현황에 대해서는 홈페이지 (http://www.cgcg.or.kr/? lang=ko&mm=sub5&sm=9) 참조.

68) 기업지배구조원은 2012년부터, 서스틴베스트는 2013년부터 제공하고 있다.

69) 서스틴베스트의 경우 총 230개의 상장회사의 의안을 분석해 기관투자자에게 유료로 제공하는 서비스를 2013년도에 개시하였다. 연합뉴스, 서스틴 베스트, 민간업체 최초 의안분석 서비스 실시, 2013. 2. 25자 기사.

70) EU 증권감독기구인 ESMA 역시 EU에서 의결권 자문산업의 영향력이 커질 것으로 예측하고 있다.

71) 좋은기업지배구조연구소의 의안분석 활동 및 보고서 현황에 대해서는 홈페이지 (http://www.cgcg.or.kr/?lang=ko&mm=sub5&sm=9) 참조.

다고 본다. 특히 이들 기관의 의안분석결과와 기관투자자의 의안투표결과의 상관성에 대한 학계와 관련기관들의 세밀한 관심이 보다 필요할 것으로 보인다. 주주로서 기관투자자의 적극적인 의결권 행사를 기대하는 바탕에는 투자대상회사에 대한 정확한 이해와 분석을 전제로 감독효과를 갖는 진정한 주주권을 행사할 것으로 보기 때문이다. 때문에 이들 의결권 행사 자문서비스를 이용하는 연기금을 포함한 기관투자자의 의안 투표결과 및 채택 이유에 대해 보다 긴밀한 관심이 주어질 필요가 있으며[72] 국내 의결권 행사 자문회사들에 내재한 잠재적 이해상충가능성에 대해서도 국제적인 규제움직임을 지켜보면서 지속적으로 주목할 필요가 있다.

72) 다만, 일부 기관투자자들의 경우 자문계약 체결시 상대방의 규모 및 산업에서 점하는 지위 등도 감안하여 체결하도록 하는 등의 내부지침을 두는 경우가 있다. 이 경우 국제적으로 활동하는 의결권 행사 자문회사를 우선 선정하는 유인으로 작동하게 된다.

연기금 의결권행사제도의 문제점 및 개선방안

출전: 기업법연구 제27권 제4호

김 순 석*

제1절 서 설

연기금을 비롯한 기관투자자들은 원래 주주로서 의결권을 행사하는데 소극적이었으며, 투자기업의 경영성적이 악화되거나 경영활동에 불만이 있을 경우 그 회사의 주식을 매도하여 포트폴리오에서 제거함으로써 문제를 해결하는 것이 일반적이었다(이른바 Wall Street Rule). 따라서 연기금은 주주로서 보유하고 있는 주식의 의결권을 행사하지 않거나 운용수탁기관의 재량에 맡기는 소극적인 태도를 취했다. 그러나 주요국의 연기금은 점차 의결권 행사에 적극적인 자세를 보이고 있다. 즉, 운용수탁기관에 의결권행사를 지시하거나, 의결권을 행사할 때 판단기준을 위한 의결권행사지침을 작성하여 이를 운용수탁기관에 제시하고, 이에 따라 의결권을 행사하도록 요청하고 있다.

연기금이 이처럼 의결권을 적극적으로 행사하게 된 이유는 크게 두 가지이다. 첫째, 연기금이 자산운용을 하면서 그 대상인 주식투자를 종래처럼 월스트리트룰에 의해서 신속하게 할 수 없게 된 점이 거론된다. 버블경제가 붕괴되고 주가가 장기적으로 하락추세로 접어들면서 단기적인 주식투자에 의해

* 전남대학교 법학전문대학원 교수, 법학박사.

수익을 확보하기가 어렵게 되어 보유하는 주식을 장기적으로 투자할 수밖에 없게 되었다. 또한 시장의 평균수익률 이상을 확보하기 위하여 인덱스에 포함된 주식으로 포트폴리오를 구성하게 되었다.[1] 또한 투자펀드가 대규모됨에 따라 매각을 하는 경우 관련된 시장비용이 높아지고 시장에 영향을 미쳐 주가가 하락될 우려도 제기된다. 이에 따라 연기금의 주식투자 패턴이 주식을 장기 보유하여 주식가치의 상승을 기대하는 방식으로 변화되었다. 그 결과 투자대상기업의 기업가치를 높이는 경영을 기대하게 되고 의결권행사에 적극적으로 참여하게 된 것이다.[2]

둘째, 주식회사의 경영기구 개혁에서 논의되는 기업지배구조에 관한 최근의 동향도 영향을 미치고 있다. 연기금이 원하는 바람직한 지배구조는 결국 기업가치를 높이고 주식가치를 높이는 것이다. 연기금은 자산운용의 성과를 높이기 위하여 투자기업에 대하여 바람직한 지배구조를 요구하고 있다. 이는 전술한 연기금의 주식투자방식의 변화와 연관된 것이다.

또한 2008년 미국에서 발생한 금융위기는 지배구조의 중요성을 세계적으로 환기시키는 중요한 계기가 되었다.[3] 금융위기는 기관투자자의 역할에 대해서도 문제를 제기하였다. 2010년 OECD 보고서는 기관투자자의 의결권행사에 대한 지침을 공개하도록 권고하였다.[4] OECD는 2005년부터 기업지배구조원칙을 반영한 별도의 "연금지배구조 가이드라인"[5]을 제정하여 시행하고 있다.

---

1) 기관투자자의 투자전략이 인덱스화 됨에 따라 의결권행사에 적극적이 되고 있다는 점에 대해서는 Melvin A. Eisenberg, 「Corporations and Other Business Organizations」, 9th ed.–unabridged, Foundation Press, 2005, pp.158~159 참조.

2) Robert W. Hamilton, "Corporate Governance in America", 25 J. Corp. L. 349, 356 (2000).

3) OECD는 기업지배구조와 금융위기에 관한 실행계획의 일환으로 다음 3개의 보고서를 연속적으로 발간하였다. 즉, Grant Kirkpatrick, 「The Corporate Governance Lessons from the Financial Crisis」, OECD, 2009(기업지배구조의 결점 및 그로 인한 문제점을 검토한 보고서); OECD, 「Corporate Governance and the Financial Crisis : Key Findings and Main Messages」, 2009(권고안에 대한 기반을 제공하기 위한 후속적인 분석); OECD, 「Corporate Governance and the Financial Crisis: Conclusion and Emerging Good Practices to Enhance Implementation of the Principles」, 2010(기업과 정부가 기업지배구조의 취약점을 극복하고 OECD 기업지배구조원칙의 효과적인 실행을 지원하기 위한 권고) 등이다.

4) OECD, 「Corporate Governance and the Financial Crisis: Conclusion and Emerging Good Practices to Enhance Implementation of the Principles」, 2010, pp.24~31.

5) OECD, "OECD Guidelines for Pension Fund Governance", 5 June 2009. 이 가이드라인의 소개는 류건식·김대환·이상우, 「퇴직연금 지배구조체계 개선방안」, 보험연구원, 2013, 24~29면, 126~135면 참조.

그 이외에도 연기금의 고객에 대한 수탁자로서의 책임이 강조되고, 외국에서 기관투자자가 의결권 행사에 적극성을 보이고 있으며, 그 연장선에서 국내 주식에 투자한 외국인 주주가 의결권행사에 적극적인 점도 영향을 미치고 있다.[6)]

우리나라의 경우에도 국민연금은 2014년 12월말 기준으로 전체 운용기금 469조 8,299억 원의 17.9%인 83조 9,296억 원을 국내 주식시장에 투자하고 있다. 이에 따라 연기금의 투자가 국내 주식시장에서 차지하는 비중은 2009년 3.6%에서 2014년 6.2%로 증가하였으며, 국내 주식시장에서 기금의 비중은 당분간 확대될 것으로 보인다.[7)] 이와 더불어 국민연금의 의결권 행사를 둘러싼 논의가 활발해지고 있다. 이 논문에서는 국민연금의 의결권행사지침을 중심으로 의결권 행사의 문제점과 그 개선방안을 제시하고자 한다.

제 2 절 우리나라 연기금의 구조 및 의결권 행사 현황

1. 연기금의 구조

우리나라의 공적 연금은 국민연금, 공무원연금, 군인연금 및 사립학교 교직원을 대상으로 하는 사립학교교직원연금으로 구분된다. 4대 공적 연금은 확정급여형 지급방식을 채택하고 있다. 연금재원의 조달방식으로 국민연금과 사학연금은 부분 적립방식을 택하고, 공무원연금과 군인연금은 부과방식을 채택하고 있다. 연금관리기관은 모두 정부 및 산하기관들로만 구성되어 있다. 국민연금은 보건복지부 및 국민연금관리공단, 공무원연금은 안전행정부 및 공무원연금관리공단, 군인연금은 국방부, 사학연금은 사학연금관리공단과 교육부 등이 관리 및 운용업무를 담당하고 있다.[8)]

---

6) 前田重行, “機關投資家の議決權行使とその活性化 － 年金基金等の取組を中心として －”, 「近年の證券規制を巡る諸問題」, 日本證券經濟研究所, 2004, 61~64面.

7) 국민연금공단 기금운용본부, 「2014 국민연금 기금운용 보고서」, 2015, 40~41면.

8) 인태환, “우리나라 공적연금체제의 현황과 향후 과제: 4대 공적연금 구조 분석과 근본적 개혁

▌표 1▐ 우리나라 공적연금의 기본 구조[9)]

	공무원연금	군인연금	사학연금	국민연금
도입년도 (기금명)	1960년 (공무원연금기금)	1963년 (군인연금기금)	1975년 (사학연금기금)	1988년 (국민연금기금)
연금 급여 결정 방식	확정급여형	확정급여형	확정급여형	확정급여형
연금재원 조달 방식	부과방식	부과방식	부분 적립방식	부분 적립방식
연금관리방식 (관리기관명)	공적관리 (안전행정부, 공무원연금관리공단)	공적관리 (국방부)	공적관리 (사학연금관리공단, 교육부)	공적관리 (보건복지부, 국민연금관리공단)
연금 가입 강제성 유무(근거법)	법정제도 (공무원연금법)	법정제도 (군인연금법)	법정제도 (사립학교교직원 연금법)	법정제도 (국민연금법)

사적 연금은 1994년 도입된 개인연금을 제외하고는 아직 활성화되지 않고 있다. 대표적인 사적연금제도인 퇴직연금제도가 2005년 12월 1일 도입되어, 확정급여형(Defined Benefit: DB), 확정기여형(Defined Contribution: DC), 개인퇴직계좌(Individual Retirement Account: IRA) 등으로 구분되어 운영되고 있다. 2012년 말 현재 퇴직연금 가입자는 437.7만 명으로 전체 상용근로자 수의 46.0%에 달하며 전년 동기비 33.3% 증가하였고, 적립금 규모도 67조 3,459억 원으로 전년 동기비 34.9% 증가하는 등 급속도로 팽창하고 있다.

2. 국민연금의 주식투자 비중

국민연금은 2014년 12월말 기준으로 전체 운용기금 469조 8,299억 원의 17.9%인 83조 9,296억 원을 국내 주식시장에 투자하고 있다.[10)] 5% 이상 지분을 보유한 회사의 수는 2015년 6월말 기준으로 총 215개사로, 2011년 말의

을 중심으로", 「한국행정학회 추계학술발표논문집」, 2007, 8면.

9) 인태환, 전게논문, 9면을 수정 보완함.

10) 국민연금공단 기금운용본부, 전게서, 40면.

173개사에 비해 24.3% 증가하였다.[11)]

▌표 2▐ 국민연금 주식투자비중의 변화[12)]

구 분	2008년	2009년	2010년	2011년	2012년	2013년	2014년
운용기금 중 국내주식투자 비중(%)	12.00	13.08	16.97	17.81	18.70	19.7	17.9

국민연금의 2014년 말 국내주식 투자금액 83조 9,296억 원으로 직전년도에 비하여 1.8% 감소하였다. 그 중 50.8%인 42조 6,293억 원을 직접 운용하였으며, 나머지 49.2%인 41조 3,088억 원을 위탁운용하였는데, 주요국과 비교하였을 때 직접운용의 비중이 높은 편이다.

▌표 3▐ 국내주식의 운용방식[13)]

(단위: 조 원, %)

구분	2010		2011		2012		2013		2014	
	규모	비중	규모	비중	규모	비중	규모	비중	규모	비중
전체	55.1	100	62.3	100	73.3	100	83.9	100	83.9	100
직접	29.4	53.5	32.2	51.6	37.9	50.8	42.6	50.8	42.3	50.4
위탁	25.6	46.5	30.2	48.4	35.4	49.2	41.3	49.2	41.6	49.6

국민기금의 적립금이 시장의 성장에 비하여 급격하게 증가하고 있으므로 국내 주식시장에서 기금의 비중이 당분간 확대될 것으로 보인다. 기금의 투자가 국내 주식시장에서 차지하는 비중은 2009년 3.6%에서 2014년 6.2%로 증가하였다.

---

11) 국민연금기금운용본부 홈페이지, 운용현황－기금운용 세부내역－국내주식－대량보유내역, <http://fund.nps.or.kr/> 참조.

12) 국민연금공단 기금운용본부, 전게서, 40면.

13) 국민연금공단 기금운용본부, 전게서, 47면.

▌표 4 ▌ 국내 주식시장에서 국민연금이 차지하는 비중[14)]

(단위: 조 원, %)

구분	2010		2011		2012		2013		2014	
	기금	비중	기금	비중	기금	비중	기금	비중	기금	비중
전체	53.4	4.3	62.3	5.4	72.0	5.7	82.9	6.4	83.2	6.2
유가증권시장	52.2	4.6	60.6	5.8	69.7	6.0	80.3	6.8	80.5	6.8
코스닥시장	1.2	1.2	1.8	1.7	2.3	2.1	2.6	2.2	2.7	1.9

3. 국민연금의 의결권 행사 현황

(1) 의결권 행사 현황

국민연금은 2014년에 총 735회의 주주총회에 참석하여 2,755건의 상정의안에 대해 의결권을 행사하였으며, 이중 2,519건(90.8%)에 찬성하고, 251건(9.0%)에 반대하였으며 5건(0.2%)에 대해서는 중립/기권을 하였다.[15)]

▌표 5 ▌ 국민연금의 2014년 의결권행사 내역

(단위: 건)

연도	주식투자 기업수	행사 주주총회	행사 안건수	행사내역(비중%)		
				찬성	반대	중립/기권
2013	712	645	2,601	2,319(89.2)	281(10.8)	1(0.04)
2014	767	735	2,775	2,519(90.8)	251(9.0)	5(0.2)

(2) 안건별 의결권행사 내역

2012년 국민연금의 의결권행사 중 찬성은 전체 2,343건의 안건 중 총 1,915건으로, 81.73%의 비율을 보이는 것으로 나타났다. 반대한 안건은 총 426건으로 18.18%였으며, 중립 및 기권을 표시한 안건도 각각 1건씩 있었다. 반대 의결권행사는 주로 정관변경 의안에 집중(73.07%)되었으며, 그 외 이사, 감사,

14) 국민연금공단 기금운용본부, 전게서, 47면.
15) 국민연금공단 기금운용본부, 전게서, 42면.

감사위원 등 임원선임 의안에서 각각 16.55%, 25.23%의 비율로 높게 나타났다.16)

▌표 6 ▌ 국민연금의 안건별 행사 현황

(단위: 건)

	찬성	반대	중립	기권	총계
재무제표 승인	452	2	–	–	454
정관변경안	108	293	–	–	401
이사선임	357	71	1	–	429
감사선임	80	27	–	–	107
감사위원 선임	123	22	–	–	145
이사보수한도 승인	440	5	–	–	445
감사보수한도 승인	260	–	–	–	260
주식매수선택권 부여분 승인	–	–	–	–	–
주식매수선택권 부여	34	2	–	–	36
임원 퇴직금 규정 제정/변경	34	2	–	–	36
합병, 분할	4	–	–	–	4
기타	23	2	–	1	26
계	1,915	426	1	1	2,343
비율(%)	81.73	18.18	0.04	0.04	100.00

국민연금은 2012년에도 주주총회 안건에 대한 반대 비율이 18.18%로 일반 기관투자자 0.48%보다 월등히 높은 것으로 나타났다. 이는 국민연금이 일반 기관투자자들보다 적극적으로 의결권을 행사하고 있음을 의미하지만, 여전히 찬성비율은 81.73%로 높은 편이다.

안건별 행사현황은 정관변경 안건에 대한 반대가 293건(73.07%)으로 압도적으로 많았고, 이사, 감사, 감사위원 선임 안건에 각각 71건, 27건, 22건의 반

16) 강정민, “2012년 기관투자자 의결권행사 현황”, 「경제개혁리포트」 2012-21호(경제개혁연구소, 2012)(이하 “2012년 기관투자자 의결권행사 현황”이라 한다), 17면.

대를 기록하였다.

2012년 국민연금의 정관변경안에 대한 반대 비율은 무려 73.07%를 기록했는데, 이는 매우 이례적인 것이다. 2012년 4월 15일부터 시행 중인 개정 상법에 따라 이사의 회사에 대한 책임을 연봉의 6배(사외이사는 3배)로 제한하고(상법 제400조 제2항), 배당결정을 주주총회의 결의가 아닌 이사회의 결의로 할 수 있게 되었는데(상법 제462조 제2항, 제449조의2 제1항), 이는 임의규정으로 정관에 반영해야 효력이 발생한다. 이러한 법 개정은 주주의 이익 및 권리를 침해하는 요소를 갖고 있는 것으로 회사가 주주의 권익을 보호하고자 한다면 이러한 조항에 대하여 반대하는 것이 마땅하지만, 상당 수 회사들은 개정 상법이 시행되기 이전인 2012년 3월 주총에서 이러한 내용을 담은 정관변경안을 상정했다. 그러나 이와 같이 높은 반대비율은 법 개정으로 인한 일시적인 현상일 가능성이 높다. 따라서 국민연금이 의결권행사지침 또는 세부기준에 이러한 사항을 반영하지 않는 한 2013년부터 반대비율은 낮아질 것이다.[17)]

제 3 절 주요국의 연기금 구조 및 의결권 행사 제도의 시사점

1. 미 국

(1) 미국 연기금의 구조

미국의 연금제도는 공적연금과 기업연금으로 구분되어 운영된다. 공적연금인 '노령·유족·장애연금(Old－Age, Survivors, and Disability Insurance: OASDI)은 1935년 제정된 「사회보장법(Social Security Act)」에 근거하여 설립된 것으로 미국 대부분의 피용자 및 자영자가 가입되어 있다.[18)] OASDI의 운영은 1995년부터 사회보장청(Social Security Administration)이 맡고 있다. 이 기금은 정부가

17) 강정민, 2012년 기관투자자 의결권행사 현황, 18~19면.

18) Social Responsibility Administration, Retirement Planner, "Learn About Social Security Programs", <http://www.ssa.gov/r&m6.htm>.

원금과 이자를 보장하며, 사회보장신탁기금(Social Security Trust Fund)[19]에 적립되고 재무성이 발행하는 비시장성 특별채권에 전부 투자된다. OASDI가 금융시장의 상품을 거래하지 않는 이유는 거대한 자금 운영으로 인하여 시장에 초래될 수 있는 위험을 회피하고, 정부가 민간기업에 관여할 가능성을 차단하는 데에 있다.[20] OASDI는 주식거래가 허용되지 않으므로 연기금의 의결권 행사와 관련된 문제도 발생하지 않는다. 이 연금은 급여수준이 높지 않으며, 모든 국민을 대상으로 하는 것이 아니라 미국의 약 95% 지역을 관할하고 있다.[21]

이에 따라 공적연금을 보완하기 위하여 기업연금 제도가 발달하였으나 제2차 세계대전을 계기로 급격한 인플레이션과 이로 인한 연금고갈 및 기업도산 등의 문제에 처하였다. 이러한 문제를 해결하기 위하여 1962년 '기업연금에 대한 대통령위원회'가 발족하여 「종업원퇴직소득보장법(Employee Retirement Income Security Act: ERISA)」를 제정하였다. 이 법은 특히 기업연금의 수탁자 및 관리자에게 신인의무(Fiduciary Duty)를 부과하고 있다.[22]

ERISA법은 1974년 제정된 이래 몇 번에 걸쳐 개정되었지만, 여전히 오늘날 미국 민간부분의 퇴직급부, 의료급부의 근간을 이루는 법률이다. 2006년에 「연금보장법(Pension Protection Act: PPA)」이 연방의회에서 성립되었는데, 이는 1974년 ERISA법 제정 이래 퇴직급부에 관한 입법 가운데 가장 큰 규모의 개정으로 평가된다.

(2) 미국 캘리포니아공무원연금(CalPERS)의 의결권행사지침의 주요 내용 및 시사점

CalPERS(The California Public Employees' Retirement System)는 미국에서 가장 규모가 큰 공적연금[23]으로서 기금의 운용목표는 연금가입자의 이익을 최대한

---

19) 사회보장신탁기금은 1939년 사회보장법 개정에 의해 도입되었으며, 노령·유족연금보험신탁기금(Old-Age and Survivors Insurance Trust Fund)과 장애연금보험신탁기금(Disability Insurance Trust Fund)으로 구성된다.

20) 中川秀空, "アメリカの年金財政の展望と課題", 「レファレンす ス」, 2010, 42-43面.

21) 곽관훈, "공적연기금 의결권 행사의 문제점과 개선방안", 「상장협연구」 제67호(2013), 150~151면.

22) James Kwak, "Improving Retirement Savings Options for Employees", 15 U. Pa. J. Bus. L. 483, 486 (2013); ERISA §§401~414.

23) CalPERS은 2013년 4월 30일 기준으로 자산규모가 2,639억 불에 달하며 가입자는 약 165만 명

보장하기 위하여 기금의 재정건전성을 확보하는 것이다. CalPERS 운용위원회(Board of Administration)는 「책임 있는 기업지배구조에 관한 지침(Global Principles of Accountable Corporate Governance: CPACG)(이하 "기업지배구조지침"이라 한다)」[24]을 제정하여 운영하고 있다. 기금운용의 최종 목표는 주어진 리스크 아래에서 최대한의 수익을 올리는 것으로 기금을 효율적이고 효과적으로 운용할 수 있도록 시스템을 구축하려는 노력을 하고 있다.

CalPERS의 기업지배구조지침은 오랫동안의 경험과 제도의 성숙에 의해 완성된 것이다. CalPERS가 경험한 바에 의하면 좋은 기업지배는 책임 있는 기업지배이다. 즉 장기간 침체한 기업을 방관하는 것과 이러한 기업에 영향력을 행사하여 침체에서 벗어날 수 있도록 지원하는 것 사이에는 차이가 있는데, 후자가 좋은 기업지배라는 것이다.[25]

CalPERS의 기업지배구조지침의 목적은 책임 있게 의결권을 행사하고 리스크를 감안한 장기수익이 최대가 될 수 있도록 기업지배에 참여하는 것이다. CalPERS는 의결권행사가 장기적인 관점에서 해가 되는 경우 또는 회사이익에 반하지 않는 한, 지침에 따라 의결권을 행사한다.

기업지배구조지침은 기본지침, 국내지침, 해외지침, 신흥경제지침, 합작투자지침 등 5개 부문과 10개의 부록으로 구성된다. 동일한 기준을 미국 내외의 기업에 동일하게 적용하는 것은 기업의 경쟁수준, 각국의 제도 등이 달라서 어려움이 있으므로 서로 다른 원칙을 적용하고 있다. 기본지침은 장기적 관점에서 수익률을 추구하는 것을 강조하고 있기 때문에 거의 모든 기업에 적용될 수 있다. 미국 기업이나 미국 내 상장기업의 경우 기본지침을 국내지침에 적용하는 것을 지지한다. 신흥경제의 경우에도 기본지침을 적용하면서 환경보호와 사회적 이슈의 대해서도 배려하고 있다.[26]

CalPERS의 의결권행사 기본방향은 투자대상회사를 경영하지 않는다는 것

이다(CalPERS, Asset Allocation, <http://www.calpers.ca.gov/index.jsp?bc=/investments/assets/assetallocation.xml> (2013년 8월 12일 방문).

24) CalPERS, Global Principles of Accountable Corporate Governance, November 14, 2011, <http://www.calpers-governacen.org/docs-sof/principles/2011-11-14-global-principles-of accountable-corp/gov.pdf>

25) CalPERS, Global Principles of Accountable Corporate Governance, p.5.

26) CalPERS, Global Principles of Accountable Corporate Governance, p.6.

이며, 주주, 이사회, 경영진의 3자간 역할분담과 책임에 대해 강조하고 있다. 또한 「UN 사회책임투자원칙」(Principles for Responsibility Investment: PRI)이 제시하고 있는 책임 있는 투자에 적극 동참한다는 것도 명시하고 있다. 특히 UN PRI가 강조하고 있는 ESG(Environment, Social Factor, Governance)에 대한 공시를 적극 권장하고 있다.

CalPERS의 의결권행사지침은 이사의 독립성 조건에 관하여 비교적 자세한 규정을 두고 있다.[27] 그리고 독립성을 판단하는 경우 해당 기업뿐만 아니라 그 모회사나 자회사도 포함하여 독립성을 판단하고 있다. 또한 지난 3년간 연간 5만 불 이상의 보상을 해당기업으로부터 받은 적이 없어야 하고, 20만 불 이상의 거래관계가 있는 기업에서 근무하지 않았어야 한다. 또한 이사회는 이사 및 CEO의 능력 또는 성과를 평가할 수 있는 평가체계를 갖추어야 한다. 각 이사들은 이사회에 최저 75% 이상 참석하여야 한다.

이사의 보수에 대해서는 보수규정, 퇴직보상 규정을 작성하여 준수하고 급여내용을 공개하도록 하고 있다. 성과급으로 지급된 주식의 소유권은 최소 3년이 경과한 후 이전되도록 규정하고 있다.

---

27) CalPERS의 국내 의결권행사지침 부록B는 독립적 이사의 조건에 관하여 다음과 같이 규정하고 있다(CalPERS, Global Principles of Accountable Corporate Governance(November 14, 2011), Appedix B, Definition of Independent Director).
ⅰ) 현재 또는 과거 5년간 해당 기업의 집행임원으로 근무한 적이 없어야 한다. ⅱ) 지난 3년간 연 5만 불 이상의 보상을 해당 기업으로부터 받은 적이 없어야 한다. 단, 이사의 자격으로 받은 수당과 기업에 대한 투자로 얻은 이익금은 제외한다. ⅲ) 지난 3년간 연 5만 불 이상의 보상을 받고 해당 기업에 자문을 한 기업이나 해당기업의 고위 경영진의 구성원이었던 기업과 관련이 없어야 한다. ⅳ) 현재 해당 기업과 20만 불 이상의 거래관계에 있는 기업이나, 총매출의 2% 이상을 해당 기업과 거래하는 기업의 종업원이어서는 안 된다. ⅴ) 비영리단체로서 20만 불 이상의 기부를 받거나, 전체 기부금의 2% 이상을 해당 기업으로부터 받는 비영리단체에 관련되어서는 안 된다. ⅵ) 해당 기업의 CEO나 종업원이 이사를 고용하는 다른 기업의 이사회 구성원으로 근무하는 연계이사(interlocking director)이어서는 안 된다. ⅶ) 해당 기업의 모기업이나 자회사와도 위에 제시된 관계가 있어서는 안 된다. ⅷ) 부록 B에서 기술한 사람의 "직계가족"(immediate family)이어서는 안 된다.
여기서 직계가족이라 함은 배우자, 부모, 자녀, 형제, 자매, 장인 및 장모, 사위, 며느리, brother-in-law[(처남, 자형(매부), 시아주버니(동생), 동서], sister-in-law[형수(계수), 올케(시누이), 처형(처제), 동서] 등을 말한다.

2. 일 본

(1) 일본 연기금의 구조 및 운용주체

일본은 1985년 공적연금제도의 개혁을 단행하여 1986년 4월부터 국민연금을 모든 국민에게 기초연금으로 지급하고, 후생연금보험이나 공제연금을 보수에 비례한 연금으로 지급하면서 이를 '기초연금의 추가분'으로 위치시키는 소위 2단계의 연금제도를 구축하였다. 이러한 공적연금에 기업연금이 추가됨으로써 일본은 다음과 같이 3단계의 연금제도를 운영하고 있다.

제1단계는 기초연금으로서 국민연금이다. 이는 일본 국내에 주소를 가진 20세 이상 60세 미만인 자 전원이 대상이다. 피보험자의 종류에 따라서 제1호부터 제3호까지의 피보험자로 구성된다. 제2단계는 피용자연금으로서 후생연금보험과 공제연금으로 구분된다. 후생연금보험은 민간기업에서 활동하는 70세 미만의 종업원을 대상으로 하며, 기초연금의 추가분으로서 보수에 비례한 연금을 지급한다. 공제연금은 공무원 및 사립학교의 교직원 등이 대상이며, 후생연금과 마찬가지로 기초연금의 추가분으로서 보수에 비례한 연금을 지급한다.

제3단계는 기업연금으로 후생연금기금, 확정급부기업연금, 확정거출연금 등 세 가지로 구성되며, 이는 임의적으로 보충하는 방식이다. 후생연금기금은 기업이나 업계단체 등이 후생노동장관의 인가를 받아서 설립하는 법인이며, 국가의 연금급부 중 노령후생연금의 일부를 대행함과 동시에 후생연금기금 독자의 추가분(플러스 알파)을 관리하며, 연금자산을 관리·운용하여 연금급부를 한다. 확정급부기업연금은 운영형태에 따라 기업이 '법인격을 가진 기업연금기금'을 후생노동장관의 인가를 받아서 설립하는 '기금형'과, 노사합의로 규약을 제정하고 후생노동장관의 승인을 받는 '규약형'의 두 가지로 대별되며, 연금자산을 관리·운용하여 연금급부를 한다.[28] 확정거출연금은 운영형태에 따라 기업이 실시하는 '기업형'과 국민연금기금연합회가 실시하는 '개인형'의 두 가지로 대별된다.[29]

---

28) 곽관훈, 전게논문, 153면.
29) 企業年金聯合會, 홈페이지, <http;//www.pfa.or.jp/nenkin_tsusan/nenkin_tsuusan01.html> (2013년 8월 9일 방문).

2006년 4월 1일 '연금적립금관리운용독립행정법인'(Government Pension Investment Fund: GPIF)이 설립되었는데, 이는 2004년 「연금적립금관리운용독립행정법인법(이하 "GPIF법"이라 한다)」에 근거한 것이다. GPIF는 공적 연기금으로서 규모가 가장 큰 국민연금과 후생연금보험의 운용을 맡고 있다. GPIF는 GPIF법에 근거하여 후생노동장관이 기탁한 연금적립금의 관리운용을 하고, 그 수익을 국고에 납부함으로써 후생연금보험사업 및 국민연금사업의 안정을 도모하기 위하여 연금적립금을 관리운용한다.

한편 기업연금은 일본 연금구조의 3단계를 구성하는 후생연금기금, 확정급부기업연금, 확정거출연금으로 구성된다. 기업연금연합회는 연금급부 등 적립금(이하 "연금자산"이라 한다)의 운용에 관한 기본방침을 정하고, 본 기본방침에 근거하여 연금자산의 관리운용을 한다. 급부가 장래에 확실하게 이루어지도록 장기적으로 필요한 연금자산의 적립을 목적으로 운용한다. 연합회가 공적연금의 일부를 대행하고 있는 것을 근거로 위험관리를 중시하고 있다.

(2) GPIF의 관리운용방침

GPIF는 독립행정법인통칙법에 근거하여 후생노동장관으로부터 3년 이상 5년 이하의 기간에 GPIF가 달성해야 하는 업무운영에 관한 목표(이하 "중기목표"라 한다)의 지시를 받아서, 그 중기목표를 달성하기 위한 계획(이하 "중기계획"이라 한다)을 작성하여 후생노동장관의 승인을 받아야 한다.

GPIF의 중기목표에서는 업무운용의 효율화 등 일반적인 사항 이외에 수탁자책임의 철저한 이행, 연금적립금의 운용에 관한 기본적인 방식 등이 정해진다. 특히 기본방침에서 기금을 오로지 피보험자의 이익을 위하여 장기적인 관점에서 안전하고 효율적으로 운용함으로써, 장래 연금사업 운영의 안정에 이바지하는 것을 목적으로 한다는 점을 강조하고 있다. 중기목표를 달성하기 위한 중기계획에서 ⅰ) 중기목표에서 정한 연금적립금의 관리 및 운용의 기본방침을 수용하고, ⅱ) 장기적 관점으로부터 자산구성비율(이하 "기본포트폴리오"라 한다)을 유지하며, ⅲ) 운용에 관하여 준수해야 하는 사항 등을 정하고 있다.[30)]

30) 年金積立金管理運用獨立行政法人, "年金積立金管理運用獨立行政法人中期計劃", 2010. 3. 31,

GPIF는 독립행정법인통칙법 및 GPIF법 제20조에 따른 중기계획에 근거하여 '관리운용방침'을 규정하고 있다. GPIF는 독립행정법인통칙법의 규정에 근거하여 후생노동장관이 정한 중기목표의 달성을 위하여 업무방법서, 중기계획 및 관리운용방침에 따른 관리운용업무를 한다.

GPIF는 운용수탁기관에 관하여 운용방법, 운용목표수치, 위험관리지표, 벤치마크 기타 다음 사항에 관한 운용가이드라인을 정하고, 그 준수상황을 관리하고 각 운용수탁기관에 대하여 필요한 지시를 한다.[31)]

특히 각 자산에 공통된 사항으로서 주주의결권 행사의 기준을 정하고 있다. 첫째, 주주의결권 행사에 관한 기본적인 사고는 기업지배구조의 중요성을 인식하고, 의결권 행사의 목적이 장기적인 주주이익의 최대화를 목표로 하는 것을 방침으로 정하고, 이에 따라 적절하게 행사해야 한다. 둘째, 운용수탁기관의 주주의결권의 행사에 관한 방침을 GPIF에게 제출하도록 한다. 또한 이 방침 가운데 기업의 반사회적 행위가 있었던 경우에 어떻게 대응하는지에 대해 기재하여야 한다. 매년 주주의결권의 행사상황을 GPIF에 보고하여야 한다.[32)]

(3) 기업연금연합회 연금자산운용의 기본방침 및 주주의결권행사에 관한 실무 가이드라인 등

가. 기업연금연합회 연금자산운용의 기본방침[33)]

수탁자의 책임과 관련하여 운용수탁기관 및 자산관리기구는 연합회의 연금자산을 관리운용하는데 있어서 선량한 관리자의 주의로써, 오로지 위탁자인 연합회의 이익을 위하여 충실하게 직무를 수행해야 한다. 또한 운용수탁기관 및 자산관리기관은 이러한 내용을 연합회의 연금자산의 관리운용업무에 관여하는 자사의 모든 임직원에 대하여 철저하게 주지시켜야 한다(기본방침 5.(1)). 의결권의 행사에 대해서는 운용수탁기관은 오로지 투자자인 연합회의 이익증

<http://www.gpif.go.jp/operation/committee/pdf/h220604_appendix_02.pdf>.

31) 年金積立金管理運用獨立行政法人, "管理運用方針", 4面, <http://www.gpif.go.jp/pdf/ kanriunyou_h25.pdf>

32) 年金積立金管理運用獨立行政法人, 前揭方針, 7面.

33) 企業年金連合會, "企業年金連合會 年金資産運用の基本方針(2013년 7월 23일 개정)", 1, 4, 6面, <http://www.pfa.or.jp/jigyo/shisan/shisan05.html>.

대를 위하여 주주의결권을 행사하도록 규정하고 있다(기본방침 5.(2)). 한편 기본방침은 연금자산의 일부에 대해서 기업연합회가 직접 관리운용업무를 하는 경우(자가운용)에 대해서도 규정하고 있는데, 구체적인 의결권의 행사는 이사장이 별도로 정한 「주주의결권행사기준」에 따라 한다(기본방침 6.(4)).

나. 주주의결권행사에 관한 실무가이드라인[34]

실무가이드라인은 기본방침을 보완하기 위한 것이다. 연합회의 연금자산 운용은 중도탈퇴자 등에 대한 연금 지급을 장래에 확실하게 하기 위하여 장기적 관점에 입각한 분산투자의 일환으로서 기본 포트폴리오를 구성하고, 그 투자대상자산으로서 주식투자를 한다. 주식투자에 따른 주주의결권의 행사는 주주가치를 높이는 중요한 수단이며, 수탁자책임을 완수하기 위해서도 주식의 의결권을 적절하게 행사해야 한다. 의결권의 구체적인 행사는 운용위탁의 일환으로서 운용수탁기관의 판단에 위임하지만, 오로지 위탁자(수익자)인 연합회의 이익증대를 위하여 의결권을 행사하여야 한다. 또한 본 가이드라인은 국내주식의 수탁기관에 한정하여 적용된다.

다. 기업연금연합회 주주의결권행사기준(2010년 11월 4일 개정)[35]

이사선임의안에 대해서는 당기를 포함하여 과거 3기 연속 적자결산이면서 무배당, 혹은 과거 5년간 당기 최종이익을 통산하여 마이너스이며, 주주가치의 훼손이 명확한 경우, 이사의 재임의안에는 긍정적인 판단을 할 수 없다. 재임기간 중에 당해 기업에서 법령위반이나 반사회적 행위 등의 불상사가 발생하고, 경영상 중대한 영향이 있음에도 불구하고, 재임후보자로 추천된 경우에는 긍정적인 판단을 할 수 없다. 또한 불상사에 따른 경영상의 영향에 대해서는 매출액이나 수익의 상황, 주가동향, 사회적 평가, 기업으로서 그 후의 대응 등을 종합적으로 감안하여 판단한다.

임원보수 등에 관한 의안의 경우 당기를 포함하여 과거 3기 연속 적자결산이면서 무배당이거나, 또는 5기에 걸쳐 당기 최종이익을 통산하여 마이너스

---

34) 企業年金連合會, "年金資産運用に關する實務ガイドライン", 10－12面, <http://www.pfa.or.jp/jigyo/shisan/shisan05.html>.

35) 企業年金連合会, "企業年金連合會 株主議決權行使基準", 2010. 11. 4, <http://www.pfa.or.jp/jigyo/shisan/files/gov_20101228.pdf>.

이며, 주주가치의 훼손이 명확한 경우 감액하는 것이 타당하다. 보수액을 인상하는 경우에는 충분한 근거가 설명되어야 한다.

임원퇴직위로금 지급에 대해서는 당기를 포함하여 과거 3기 연속 적자결산이면서 무배당이거나, 또는 5기에 걸쳐 당기 최종이익을 통산하여 마이너스이며, 주주가치의 훼손이 명확한 경우 긍정적인 판단을 할 수 없다.

(4) 일본 GPIF 및 기금연금연합회의 주주의결권행사기준의 주요 내용 및 시사점

GPIF는 후생노동장관으로부터 기탁받은 연금적립금을 위탁계약 등을 통하여 민간수탁기관에 투자판단을 일임하고 있다. GPIF의 연금운용방식은 이처럼 운용수탁기관을 통한 간접적인 운용이 원칙이며, 예외적으로 일부 독자적인 운용을 한다. 후생노동장관이 정한 '중기목표'에 따라 GPIF가 '중기계획'을 수립하고, 기업경영에 직접적인 영향을 미치지 않도록 의결권 행사를 직접하지 않고 운용수탁기관에 위임하며, 운용수탁기관에 대하여 의결권행사의 지침이나 행사 상황 등을 GPIF에 보고하도록 요구한다. 따라서 GPIF는 자체의 의결권행사지침을 마련하지 않고 있다.

반면 기업연금의 운용을 관장하는 기업연금연합회는 자체적인 의결권행사지침을 자세하게 규정하고 있다. 즉, '연금자산운용에 관한 실무가이드라인'은 주주의결권 행사에 관한 가이드라인을 규정하고 있다. 동 가이드라인은 의결권 행사는 수탁자의 책임을 완수하기 위해서 적절하게 행사되어야 하며, 운용수탁기관의 판단에 따라 위탁자(연합회)의 이익증대를 위하여 의결권을 행사하여야 한다고 규정한다. 그 이외에도 주주에 대한 설명책임과 정보의 공시를 강조한다.

한편 기업연금연합회의 주주의결권행사기준은 회사가 과거 3년 연속 적자결산이면서 무배당이거나, 혹은 5년간 당기최종이익을 통산하여 적자인 경우 이사나 감사의 재선임에 반대하고, 퇴직위로금을 지급하지 않도록 하며 임원의 보수도 감액하도록 규정하고 있다. 스톡옵션의 경우 주주의 주식가치 희석화 비율이 발행주식총수의 5%를 초과하고 주주가치에 영향이 우려되는 경우 반대하도록 한다. 또한 잉여금의 배당결정 기관을 이사회로 변경하는 것에 대해서는 사안별로 판단하도록 한다.

3. 뉴질랜드

(1) 뉴질랜드 연기금의 구조

뉴질랜드는 19세기 말 세계에서 두 번째로 국가연금제도를 도입하였으며, 1930년대 후반 이미 보편적 사회보장제도를 구축하였다. 1938년 사회보장법은 당시 세계에서 가장 완비된 복지국가체계였으며, 그 주요내용을 새로운 연금제도의 도입이었다. 그러나 재정부담으로 인하여 1980년대 중반부터 1990년대 말까지 연금축소와 사회복지축소를 위한 개혁을 단행하였다.[36] 뉴질랜드의 연금제도는 사회보험방식이 아니라 조세방식에 의해 운영되고, 65세 이상의 모든 국민을 대상으로 자산에 관한 조사 없이 균일한 급여를 제공하는 보편적인 연금제도를 채택하고 있다.

미래의 연금재원을 확보하기 위하여 「2001년 뉴질랜드 노령연금 및 퇴직소득법」(New Zealand Superannuation and Retirement Income Act 2001: NZSRIA)을 제정하여 '뉴질랜드 노령연금'(The New Zealand Superannuation Fund: NZSF)을 창설하고, 정부는 향후 40년간 GDP 대비 일정비율에 해당하는 금액을 연금펀드에 불입하도록 하였다. 또한 노령연금제도를 보완하기 위하여 2006년 9월 자발적인 형태의 개인노령연금제도를 도입한 「키위세이버법」(KiwiSaver Act 2006)을 제정하여 2007년 7월부터 시행하였다. 이는 확정기여형 연금으로 임금의 3%, 4% 또는 8%[37]를 원천징수하여 민간사업자가 관리하는 금융자산 투자프로그램을 통하여 운용한 후, 5년 이상 불입한 경우 노령연금 지급이 시작되는 65세 이후 그 투자수익을 연금형태로 지급하는 구조이다. 그러나 키위세이버의 가입은 재량사항이며, 가입자들은 정부로부터 약간의 보조금을 받는다. 2013년 7월 현재 약 30개의 금융기관이 키위세이버계획에 자산운용자로 참여하고 있다.[38] 또한 2013년 6월말 현재 215만 명이 가입하여 전체 인구 447만 명의 약 48%가 가입하고 있다.[39]

---

36) 강욱모, "복지국가 축소정치와 뉴질랜드 노령연금개혁", 「한국사회정책」 제20집 제1호(2013), 51, 70~71면.

37) 납입비율은 일정한 비율을 정한 후 3개월이 지나면 변경할 수 있다.

38) KiwiSaver, Locate a KiwiSaver scheme provider, <http://www.kiwisaver.govt.nz/ providers/ks-providers.html>.

39) KiwiSaver, 2012/2013 KiwiSaver statistics, <http://www.kiwisaver.govt.nz/statistics>.

(2) 뉴질랜드 노령연금의 의결권행사 가이드라인의 주요 내용 및 시사점

2001년 뉴질랜드 노령연금 및 퇴직소득법 제58조 제2항은 '뉴질랜드 노령연금'(NZSF)이 신중하고 상업적 방식으로 투자되어야 하며, 이를 통해 최선의 포트폴리오를 운영하고, 연금 전체에 지나친 위험을 수반하지 않으면서 최소의 수익을 실현하고, 뉴질랜드의 명성에 손상이 가지 않는 방식으로 운영하도록 규정하고 있다. 또한 노령연금감독원(Guardians of New Zealand Superannuation Fund)은 제58조에 따라 연금을 신중하고 상업적 방식으로 투자하기 위한 투자의 정책, 기준 및 절차를 규정해야 한다(동법 제60조 제1항).

이러한 투자의 정책, 기준 및 절차는 투자대상 기업에 대한 의결권 행사에 관한 것도 포함하여야 한다(동법 제61조(i)). 이에 따라 「연금투자의 정책, 기준 및 절차에 관한 지침」[40]이 제정되어 노령연금감독원에서 만든 구조를 수용하여 연금투자에 관한 투자정책, 기준 및 절차를 명확히 규정하고 있다.

주주의 의결권행사와 관련하여 이 지침은 국내 및 국제 기준에 근거하거나, 투자관리자의 기준 등에 따라 의결권을 행사한다고 규정하고, 의결권행사기준을 웹사이트에 공시하고 있다(동지침 제5.2.4.조). 현재는 기관투자자 의결권행사 자문기관인 ISS(Institutional Shareholder Services Inc.)가 뉴질랜드 국내투자용 기업에 적용하기 위하여 제정한 의결권행사기준[41]을 사용하고 있다.

NZSF는 자신의 해외투자 담당자들에게 그들의 의결권행사 자문기관의 권고나 자신들의 기업지배구조지침에 따라 의결권을 행사하도록 지시하고 있다. 국내주식에 대해서는 NZSF의 의결권행사 자문기관(ISS)과 뉴질랜드 투자관리자의 권고를 고려한다. 특히 회사가 제안한 안건에 반대하거나 ISS의 권고에 반대하는 의견에 주목한다. NZSF의 의결권행사기준에 따라 의결권을 행사하지만, 특별한 상황이 발생한 경우 사안별로 대응한다.

ISS의 뉴질랜드 의결권행사기준은 독립이사가 과반수인 이사회를 지지한다. 독립이사의 요건으로는 의결권주식의 5% 이상을 소유해서는 안 되며, 지

40) Guardians of New Zealand Superannuation, 「Statement of Investment Policies, Standards and Procedures」, July 1, 2011, p.1.

41) ISS, 2012 New Zealand Proxy Voting Guidelines, December 19, 2011, <http://www.issgovernance.com/files/2012ISSNZGuidelinesSummary.pdf>.

난 3년간 회사의 집행임원이거나 집행임원 종료 후 이사였던 자, 회사의 중요한 컨설턴트가 아니어야 한다. 또한 이사로 20년 이상 재직한 경우 독립성을 충족하지 못한다.

이사가 최근 2년간 이사회 참석률이 75% 미만인 경우 재선임에 반대한다. 또한 이사가 5개 이상의 상장회사의 이사인 경우에도 반대한다. 비집행임원인 이사에 대해 옵션을 발행하거나 성과연계증권을 발행하는 데에도 반대한다. 그 이유는 이사에게 이러한 성과연계증권을 발행할 경우 이사의 독립적인 판단능력을 훼손할 우려가 있기 때문이다.

1년간 발행주식의 3%를 초과하지 않는 한 주주의 승인 없이 종업원에게 주식을 발행할 수 있다. 장기인센티브계획과 주식옵션계획은 우선 행사가격이 옵션부여일의 시장가격보다 높아야 한다. 옵션의 행사기간은 최소 2년 이상으로 한다. 옵션조건을 매년 재평가하는 것에는 반대한다. 종업원 및 집행임원의 인센티브계획에 따른 주식 및 옵션의 합계가 발행주식의 10%를 초과해서는 안 된다.

제 4 절 우리나라 연기금의 의결권 행사 제도

1. 국민연금 의결권행사지침의 기본구조

국가재정법에 따르면 기금관리주체는 기금이 보유하고 있는 주식의 의결권을 기금의 이익을 위하여 신의에 따라 성실하게 행사하고, 그 행사내용을 공시하여야 한다(동법 제64조). 또한 기금관리주체는 '보유 주식의 의결권 행사에 대한 기준과 절차에 관한 사항'을 포함하는 자산운용지침을 심의회의 심의를 거쳐 정하고, 이를 14일 이내에 국회 소관 상임위원회에 제출하도록 규정하고 있다(동법 제79조 제1항 및 제3항 제4호).[42]

---

42) 민간 기관투자자의 의결권 행사에 대해서는 자본시장법 제79조에서 집합투자업자가 투자자에 대하여 선량한 관리자의 주의로써 집합투자재산을 운용하고, 투자자의 이익 보호를 위해 해당 업무를 충실하게 수행하여야 한다고 규정하고 있다. 또한 일정한 경우 의결권 행사 여부 및

이에 따라 국민연금 기금운용위원회는 국민연금의 자산운용지침인 「국민연금 기금운용지침」에서 의결권 행사에 관하여 보유 주식의 의결권은 기금자산의 증식을 목적으로 행사하고, 국민연금 가입자와 수급자에게 이익이 되도록 신의에 따라 성실하게 행사하여야 하며, 장기적으로 주주가치 증대에 기여하는 방향으로 행사하도록 규정하고 있다(국민연금법 제103조, 제105조). 의결권의 행사기준, 행사절차 및 공시 등에 관한 사항을 기금운용위원회가 정한 별도의 「국민연금 주식 의결권 행사지침」에 따른다. 의결권행사는 원칙적으로 국민연금공단에서 행사하되, 공단에서 찬성 또는 반대의 판단을 하기 곤란한 안건은 '주식 의결권 행사 전문위원회'에서 결정한다. '주식 의결권 행사 전문위원회'는 매년 「국민연금 주식 의결권 행사지침」을 검토하여 기금운용위원회에 제출한다(국민연금 기금운용지침 Ⅷ).

이처럼 국민연금의 의결권 행사는 '국민연금 기금운용위원회'가 작성하고 '국민연금 주식의결권 행사 전문위원회'가 검토한 「국민연금 의결권 행사지침」[43]에 근거하여 이루어진다. 「국민연금 의결권 행사지침」은 의결권 행사의 목적을 가입자 및 수급권자의 이익 추구, 장기적 주주가치 증대로 설정하고 있으나, 환경·사회·기업 지배구조 등 사회책임투자 요소를 고려하여 의결권을 행사하도록 규정하고 있다. 국민연금의 의결권 행사는 기금운영 실무를 담당하는 기금운용본부 산하에 설치된 '투자위원회'가 관할하며, 투자위원회는 스스로 판단하기 곤란한 안건에 대해서는 '국민연금 기금운용위원회'에 결정을 요청할 수 있다. 또한 의결권 행사시 외부 의결권 전문기관의 자문을 받을 수 있다.[44]

국민연금의 주식의결권행사지침은 「국민연금법」에 의한 국민연금기금의 의결권행사에 관한 기준, 방법 및 절차 등에 필요한 사항을 정하는 것을 목적으로 한다. 지침은 제1장 총칙, 제2장 행사기준, 제3장 행사방법, 제4장 행사절차 등과 부칙으로 구성되어 있다.

그 내용(의결권을 행사하지 아니한 경우에는 그 사유)에 관하여 영업보고서에 기재하도록 하고 있으며(동법 제87조 제7항, 동법시행령 제90조 제2항), 구조조정 등의 경우 의결권을 행사하는 경우 공시하고(동법 제87조 제8항), 의결권행사와 관련된 집합투자업자의 내부지침을 공시하도록 규정하고 있다(동법 제87조 제9항, 동법시행령 제91조 제4항).

43) 보건복지부, "2012년도 국민연금 의결권 행사지침", 2012. 2.

44) 강성원, 「국민연금 의결권 행사의 구조적 문제점」, 한국경제연구원, 2011, 16면.

기금은 국민연금 가입자·가입자이었던 자 및 수급권자에게 이익이 되도록 신의에 따라 성실하게 의결권을 행사할 선관주의 의무를 부담하고 있으며(지침 제3조), 기금은 장기적으로 주주가치 증대에 기여하는 방향으로 의결권을 행사해야 한다(지침 제4조). 기금은 환경, 사회, 기업지배구조 등 사회책임투자 요소를 고려하여 의결권을 행사한다(지침 제4조의2). 기금은 기금 이름으로 보유하고 있는 모든 주식에 대해 의결권을 행사한다. 다만, 보유지분율이 100분의 1 미만이고 보유비중이 국내(또는 해외)주식의 경우 국내(또는 해외)주식 전체 대비 1000분의 5 미만인 경우 행사하지 아니할 수 있다(지침 제5조).

의결권 행사기준의 기본원칙은 i) 주주가치의 감소를 초래하지 않고 기금의 이익에 반하지 아니하는 경우에는 찬성한다. ii) 주주가치의 감소를 초래하거나 기금의 이익에 반하는 안건에 대하여는 반대한다. iii) 위 i), ii)의 어느 하나에 해당하지 아니하는 경우에는 중립 또는 기권의 의사표시를 할 수 있다(지침 제6조).

기금이 보유하고 있는 주식의 의결권은 국민연금관리공단의 기금운용본부에 설치한 투자위원회의 심의·의결을 거쳐 행사한다. 다만, 보유지분율이 1000분의 30 미만이고 보유비중이 국내(또는 해외)주식의 경우 국내(또는 해외) 주식전체 대비 1000분의 5 미만인 주식의 의결권 행사에 대하여는「국민연금 기금운용규정」에서 다르게 정할 수 있다(지침 제8조 제1항). 한편, 투자위원회가 판단을 하기 곤란한 안건에 대하여 공단은「국민연금 기금운용위원회」(이하 "기금운용위원회"라 한다)에 결정을 요청할 수 있다(동조 제2항). 의결권 행사시 외부 의결권 전문기관의 자문을 받을 수 있다(동조 제3항).

기금운용위원회는 의결권 행사에 있어 주요 사안을 결정하기 위해서 "국민연금 주식의결권 행사 전문위원회"(이하 "전문위원회")를 구성하고 있다. 전문위원회는 의결권 행사 일반원칙 및 세부기준 뿐만 아니라 찬성 또는 반대를 판단하기 곤란하여 기금운용본부가 판단을 요청하는 사안에 대해 검토하거나 결정하며, 이를 기금운용위원회에 보고하는 기능을 한다. 전문위원회는 9명의 위원으로 구성되어 있으며 임기는 2년이다. 위원들은 기금운용위원회의 추천을 받아 보건복지부 장관이 위촉하고 있다.[45]

---

45) 원종욱·김성민,「국민연금기금의 주식의결권행사 제도 선진화를 위한 해외사례 연구」, 한국보

기금운용본부는 공단의 인터넷 홈페이지에 국민연금기금 의결권 행사지침과 상장주식에 대한 의결권행사내역을 주주총회 후 14일 이내에 공시한다. 또한 분기별로 기금 보유주식의 의결권 행사내역을 기금운용위원회에 제출한다. 기금운용위원회는 이 지침을 매년 검토하여 심의·의결한다. 다만 필요 시 검토시기를 조정할 수 있다.

2. 국민연금 의결권 행사세부기준(지침 제7조)

국민연금의 의결권행사지침은 「국민연금법」상 국민연금기금운용위원회가 만든 내부규정으로, 의결권 행사에 관한 기준, 방법, 절차 등 13개 사항을 정하고 있다. 동 지침 제7조(의안별 세부기준)는 주주총회 의안별 의결권 행사 세부기준을 국내주식의 경우 [별표 1](국내주식 의결권 행사 세부기준), 해외주식의 경우 [별표 2](해외주식 의결권 행사 세부기준)에서 각각 규정하고 있다. 국민연금 의결권행사 지침 및 세부기준은 선관주의의무에 입각하여 정기적으로 주주가치를 증대시키는 방향으로 의결권을 행사하도록 하고 있다.

2012년 주주총회 의안별 '국내주식 의결권 행사 세부기준'은 총 42개 항목, '해외주식 의결권 행사 세부기준'은 총 47개 항목으로 구성되어 있으며, '국내주식 의결권 행사 세부기준'의 주요 내용은 아래와 같다.

▌표 7 ▌ 2012년 국민연금의 국내주식 의결권 행사 세부기준 주요 내용

구 분	내 용
재무제표승인	"적정" 이외의 의견일 경우에는 기권 또는 반대
	배당금 지급수준이 주주가치를 훼손할 정도로 과소하거나 또는 과다한 경우 반대

건사회연구원, 2008, 85~87면.

46) 사외이사 자격요건은 2012년 개정되었는데, '자문계약을 체결하는 등 회사와의 이해관계'를 이유로 판단한 것은 아쉬운 대목이다. 이는 자문계약은 현존하는 계약이어야 하며, 당해 회사와의 계약에 한하여 문제를 삼을 수 있기 때문에 계열회사와의 자문계약을 이유로는 사실상 반대하기 어려울 것이다(강정민, 2012년 기관투자자 의결권행사 현황, 33면).

구 분	내 용
주주의 권리 및 주주총회	정당한 사유가 없는 한 주주총회 결의요건을 변경하는 안건에 반대
	초다수결의 등 주주총회 결의 요건 강화에 반대
	다수의 정관변경 안건이 일괄 상정되고 이 중 일부 안건에 대하여 반대하는 경우에는 동 안건 전체에 대하여 반대
이사회	사외이사의 비중을 높이는 안에 찬성하고 정당한 사유 없이 낮추는 안에 반대
	이사회의장과 CEO의 분리에 찬성. CEO, CFO가 이사회 의장직 수행하는 것 금지하는 안에 찬성. 이사회 의장과 CEO가 분리되지 않은 경우 선임사외이사(lead director) 도입 등 사외이사의 독립성을 제고하는 안에 찬성
	이사추천위원회 도입과 동 위원회 내에서 사외이사 비중 증가에 찬성
	시차임기제 폐지에 찬성하고 도입에 반대
	집중투표제 배제에 반대
감사 및 감사위원회	감사위원회의 사외이사 비중을 정당한 사유 없이 낮추는 안에 반대
	피감사회사가 외부감사인으로부터 감사 외에 경영자문서비스 등을 제공받는 것을 금지하는 안에 찬성
임직원에 대한 보상	시장요인을 고려하거나 경영성과를 조건으로 임직원에게 주식매수선택권을 부여하는 안에 찬성
	주식매수선택권의 권리행사 유보기간을 단축하는 안에 반대
	사외이사들에게 지급된 주식 또는 주식매수선택권이 퇴직 전에 매도하거나 행사할 수 없도록 하는 안에 찬성
	임직원들에게 자사주 매수를 위해 자금을 대부해 주는 안에 반대
자본 구조	채무재조정, 증권의 전환의 경우 기존 주주의 권리 희석, 이해상충 등을 고려하여 사안별로 투표
	주주의 신주인수권을 약화시키는 안에 원칙적으로 반대
	우선주의 발행이 적대적 기업인수를 방어하는 수단으로 이용되는 경우에는 정당한 사유가 없는 한 반대

구 분	내 용
이사, 감사, 감사위원의 선임	과도한 겸임 또는 주주권익 침해 경력이 있는 이사 후보는 반대
	사외이사의 자격요건 강화(최근 5년 이내 당해 회사 또는 계열사의 상근임직원이었던 자, 이사회 참석률이 60% 미만이었던 자, 신규 임기를 포함하여 사외이사 재직연수 10년 초과, 법률자문·경영자문 등 회사와의 이해관계로 인해 사외이사로서 독립성이 훼손된 자는 반대)[46]
	이 두 항목은 감사 및 감사위원 선임에도 준용
이사 및 감사의 보상	황금낙하산 도입에 반대
주식매수선택권의 부여	연간 주식연계보상 물량이 발행주식총수의 3% 미만인 경우
	사외이사들에게 보상의 일부를 주식매수선택권으로 지급하는 경우 퇴직 전에 매도 또는 행사할 수 없도록 하는 안에 찬성
합병, 영업양수도	영업에 필요한 주요 자산을 처분하여 경영권을 방어하려는 안에 반대
자본의 감소	회사의 회생 등을 위하여 불가피한 경우를 제외하고 자본감소에 원칙적으로 반대
기타	상장폐지를 피하려는 주식병합에 찬성
	주식을 제3자에게 배정하는 안에 원칙적으로 반대. 필요한 경우 예외 인정
	지주회사 설립에 대해서는 사안별로 검토

제 5 절 우리나라 연기금 의결권 행사 제도의 문제점 및 개선방안

1. 국민연금기금 의결권 행사지침의 구체화

국민연금기금의 의결권행사지침 및 세부기준은 개선의 여지가 많다. 국민연금은 지난 3년간 의결권행사에서 특히 임원선임 의안에서 일관성이 없는 것으로 지적된다.[47] 이것은 국민연금의 의결권행사지침과 관련된 문제일 가능성이 높은데, 정관변경안의 경우 총 8개 조항에 이르는 구체적인 세부기준을 제시하고 있는 반면, 이사·감사·감사위원 선임에 관한 기준은 3개 조항에 불과하고, 그것도 "반대할 수 있다"는 임의규정으로 정하고 있어 자의적인 의결권행사의 가능성이 높다. 국민연금이 의결권 행사로 인한 문제의 소지를 줄이기 위해서는 의결권행사지침과 세부기준을 보다 구체화하는 작업이 필요하다.

(1) 의결권 행사기준의 기본원칙

의결권 행사기준의 기본원칙은 ① 주주가치의 감소를 초래하지 않고 기금의 이익에 반하지 아니하는 경우에는 찬성한다. ② 주주가치의 감소를 초래하거나 기금의 이익에 반하는 안건에 대하여는 반대한다. ③ 위 ①, ②의 어느 하나에 해당하지 아니하는 경우에는 중립 또는 기권의 의사표시를 할 수 있다(지침 제6조). 또한 사회책임투자와 관련하여 기금은 환경, 사회, 기업지배구조 등 사회책임투자 요소를 고려하여 의결권을 행사한다(지침 제4조의2). 그러나 여기서 말하는 '주주의 가치'나 '기금의 이익'을 어떻게 판단해야 하는지 명확하지 않아 자의적인 해석의 여지가 있다.[48] 일본 기업연금연합회의 의결권행사 실무 가이드라인[49]에 따르면 기업의 사회적 책임을 인정하면서도 운용수탁기관은 투자수익과 무관하게 전적으로 특정한 사회적, 정치적 문제를 해결하는 수단으로서 주주 의결권을 행사해서는 안 된다고 규정하고 있다.

(2) 이사, 감사 및 감사위원의 선임

이사 등의 선임과 관련하여 국민연금의 의결권 행사에서 문제가 되는 것은 대부분 주주가치의 훼손, 과도한 겸임에서 주로 발견되고 있다. 하지만 이에 대한 세부기준은 '과도한 겸임으로 충실한 의무수행이 어려운 자' 내지 '기업가치 훼손 내지 주주 권익의 침해의 이력이 있는 자'라는 매우 추상적이고 모호한 기준만을 두고 있을 뿐이다. 따라서 이를 근거로 의결권 행사방향을 정해야하는 투자위원회의 경우 명확한 기준을 정하여 일관되게 적용하는 것

47) 강정민, 국민연금의 문제성 의결권 행사 현황, 6면.
48) 곽관훈, 전게논문, 159면.
49) 企業年金連合會, "年金資産運用に關する實務ガイドライン", 10~12面, <http://www.pfa.or.jp/jigyo/shisan/shisan05.html>.

이 어려워지며, 담당자의 자의적인 판단이 개입될 가능성도 매우 커지게 된다.

일본 기업연금연합회의 주주의결권행사기준[50]은 회사가 과거 3년 연속 적자결산이면서 무배당이거나, 혹은 5년간 당기최종이익을 통산하여 마이너스인 경우 이사나 감사의 재선임에 반대하고, 퇴직위로금을 지급하지 않도록 하며 임원의 보수도 감액하도록 규정하고 있다. 국민연금의 의결권 행사지침은 수익률 제고라는 신인의무를 고려한 규정이 보이지 않는 반면, 일본은 구체적인 영업실적을 고려하고 있는 점에서 차이가 있다.

또한 이사, 감사 및 감사위원 선임에 있어 일정 요건에 해당하면 "찬성한다"거나 "반대한다"고 명확하게 정하고, 세부기준에서 그 의미가 모호하거나 담당자의 자의적인 판단이 개입될 여지가 높은 기준에 대해서는 명확한 판단의 기준을 정하는 것이 바람직하다.[51] 예컨대, 회사가 과거 3년 연속 적자결산이면서 무배당이거나, 혹은 5년간 당기최종이익을 통산하여 마이너스인 경우 이사나 감사의 재선임에 반대하거나, '5개 이상 계열사 이사겸임'을 겸직과다로 보거나,[52] 또는 과거 형사재판으로 형이 확정된 경우 최소 '3년간'은 당해 회사 및 그 계열회사의 임직원으로 선임될 수 없게 하는 방안 등을 생각해 볼 수 있을 것이다.

(3) 사외이사의 선임

사외이사의 선임에 대해서는 그 결격사유로서 ① 당해 회사 또는 계열회사의 최근 5년 이내 상근 임직원이었던 자, ② 이사회 참석률 60% 미만인 자, ③ 신규 임기를 포함하여 당해 회사에서 10년을 초과하여 사외이사로 장기 연임하는 자, ④ 법률자문·경영자문 등의 자문계약을 체결하여 독립성이 훼손된 자 등 비교적 판단의 기준이 명확하므로 이로 인한 문제성 있는 의결권 행사 내역은 많지 않다. 또한 사외이사의 독립성과 관련해서는 그 결격사유에 관하여 상법 제382조 제3항, 제542조의8 제2항, 상법시행령 제34조 제5항에서 상세하게 규정하고 있다. 이처럼 우리나라 사외이사 관련 규정은 매우 자세하게

---

50) 企業年金連合会, "企業年金連合會 株主議決權行使基準", 2010. 11. 4, <http://www.pfa.or.jp/jigyo/shisan/files/gov_20101228.pdf>.

51) 강정민, 2012년 기관투자자 의결권행사 현황, 44~45면.

52) 전술한 Ⅲ.3.나. 뉴질랜드 의결권행사 가이드라인 참조; 강정민, 국민연금의 문제성 의결권 행사 현황, 15~16면.

결격사유를 규정하고 있으므로, ISS가 제정한 「2013년 한국 의결권행사지침」[53]에서도 사외이사의 선임에 관해서는 특별한 문제를 제기하지 않고 있다. 다만, 사외이사의 이사회 출석률이 75% 미만인 자에 반대하고, 파산회사에 관여하였거나 회사의 신인의무를 위반하거나, 고의나 중과실로 회사에 손해를 끼친 이사에 반대한다.

의결권행사 세부기준이 단일 회사만을 주주가치 훼손의 판단기준으로 삼는 것도 문제점으로 지적할 수 있다. 우리나라 기업들은 총수를 정점으로 한 기업집단 단위로 운영되고 있지만, 이를 규율하는 상법(회사법), 금융관계법 등은 개별 회사만을 대상으로 하고 있다. 이에 법과 현실 사이에 상당한 괴리가 발생하고 있는데 의결권행사지침도 마찬가지다. 예컨대, 독립적인 이사회 구성을 위해서는 독립적인 사외이사 선임이 필수지만, 현재 국민연금의 사외이사 선임기준은 '당해 회사'에서 10년 초과의 경우 장기재임으로 본다든지, '당해 회사'와의 자문계약 등을 체결한 경우에 한하여 독립성이 훼손되는지 여부를 판단하고 있다. 이 경우 당해 회사는 물론이고, 계열회사로 적용범위를 확장하는 것이 바람직할 것이다.[54]

(4) 정관변경

2012년 주주총회에서는 개정된 상법에 따라 이사 등의 책임경감(제400조 제2항), 이사회로의 결산·배당 승인권한 위임(제449조의2 제1항, 제462조 제2항 단서), 대표이사로의 사채발행권한 위임(제469조 제4항) 등을 내용으로 하는 정관변경안을 서둘러 도입하는 기업이 많았고, 국민연금이 일부 회사에 대해 이사 선임에 관하여 중립표결을 한 것이 논란되었다. 이에 보건복지부와 국민연금이 2012년 3월 21일 발표한 보도자료를 통해, 주주가치 훼손 우려가 높은 이사의 책임경감, 이사회로의 결산·배당 승인권한 위임, 대표이사로의 사채발행권한 위임 등의 정관변경안에 대해 적절한 통제장치가 있는 경우에 한하여 정관변경안에 찬성할 것임을 밝혔다. 그리고 주주가치 침해기업의 이사 및 감사는 감시·감독의 의무를 소홀히 한 것으로 보아 연임에 반대할 수 있고, 주주

53) ISS, "2013 Korea Proxy Voting Summary Guidelines", December 19, 2012, <http://www.issgovernance.com/>.

54) 강정민, 2012년 기관투자자 의결권행사 현황, 45면.

가치 훼손 또는 주주권의 침해 적용시점 및 기간에 대해서도 원칙적으로 법원 1심판결 이후, 객관적인 사실이 인정되는 경우에는 검찰의 기소시점 이후 주주권행사부터 적용하는 것으로 하였다. 침해이력의 적용 시점에 대해서도 최소 3년 이상 동안 적용할 방침이다.[55]

한편, 의결권 행사지침과 세부기준을 구체적으로 정한다 하더라도 모든 사항을 상정하는 것은 쉽지 않다. 따라서 OECD와 같이 판단기준이 모호한 조항들에 대해 최소한의 가이드라인을 제시하는 해설집의 마련과 지침상의 조항들을 기계적으로 적용하지 않기 위해 해설서의 각 조항 별 예외사례를 적시하는 방안도 검토할 필요가 있다.[56]

2. 운용주체에 대한 신인의무의 강화

(1) 신인의무에 관한 외국의 입법례 및 도입의 필요성

미국의 경우 OASDI는 재무성이 발행하는 비시장성 특별채권에 전부 투자하고 주식거래를 하지 않으므로 연기금의 의결권 행사와 관련된 문제가 발생하지 않는다. 따라서 신인의무는 기업연금을 관장하는 ERISA에서 규정하고 있다.

영미법상 신인의무의 기본원칙은 수탁자의 충실의무(duty of loyalty)와 주의의무(duty of prudence)이다. ERISA에서도 신인의무는 기본적으로 양자를 의미한다.

신인의무를 규정한 ERISA 제404조(a)(1)에 따르면 신인의무를 세 가지로 요건으로 규정하고 있다.[57] 첫째, 충실의무(duty of loyalty)로서 프로그램의 수탁자는 연금의 참가자와 그 수익자의 이익만을 위해 행동해야 한다는 것이다. 충실의무에 따르면 ERISA에 관한 모든 결정은 참가자 및 수익자의 이익이라는 하나의 관점에서 이루어져야 한다.[58] 둘째 의무는 "신중인(prudent man) 요

55) 보건복지부, "국민연금, 상법 개정안에 따른 정관변경에 대해 주주가치를 지키는 방향으로 의결권 행사", 2013. 3. 21. 보도자료, 1~3면.

56) 강정민, 국민연금의 문제성 의결권 행사 현황, 17면.

57) 29 U.S.C. §1104(a)(1); Berlin v. Michigan Bell Telephone Co, 858 F.2d 1154 (6th Cir. 1988); Donovan v. Bierwirth, 680 F.2d 263, 271 (C.A.N.Y, 1982).

건이다. 이에 대해 "수탁자는 제도에 관하여 동일한 지위에 있거나, 이러한 문제에 정통한 신중인이 동일한 성격·목적을 가지는 사업에서 행동하는데 기울이는 주의(care), 기능(skill), 사려분별(prudence) 및 부지런함(diligence)을 가지고 의무를 이행하여야 한다"고 규정하고 있는데, 이는 주의의무 즉 신중인원칙(prudent person rule)에 관한 일반규정이다(제404(a)(1)(B)). 신중인의 기준은 충실의무와 결합하여 수탁자에게 연금의 참가자 및 수익자에 기여하는 결정하도록 하고, 그렇게 함으로써 신중인이 동일한 상황에서 해야 하는 주의의무를 기울이도록 하는 확고한 의무를 부과하고 있다. 이러한 원칙은 보통법상 신탁법에서 발전한 것이며, 의회는 이를 ERISA 수탁자에게 적용하고 있다.59) 셋째, 수탁자는 수익자에 급부를 제공한다는 것을 유일한 목적으로 행동하여야 한다.60)

ERISA 제404조(a)는 충실의무와 주의의무를 각각 규정하고 주의의무의 구체화한 분산투자의무를 규정하고 있다. 충실의무를 구체화한 조항으로는 제406조가 이익충돌거래의 금지의무, 제407조가 모기업에 대한 투자제한을 규정하고 있다. 제404(a)(1)(A)는 "수탁자는 제도에 관해서 오로지 가입자 및 수급자의 이익을 위해 그리고 ① 가입자 및 수급자에게 급부를 제공하고, ② 제도관리의 합리적 비용을 지불한다는 목적을 위해서만 그 의무를 이행하여야 한다"고 규정한다. 이는 수탁자의 충실의무를 규정한 일반규정이며, '배타적 이익의 원칙'(exclusive benefit rule)으로 불린다.61) 충실의무가 절대적 의무인데 비하여 신중의무는 상대적인 의무이며 결과책임이 아니라 과정에 관한 책임이라고 할 수 있다. 주의의무의 구체화는 제404조(a)(1)(C)에서 손실위험을 최소화하기 위한 분산투자의무로 나타나고 있다. 수탁자가 신인의무를 위반한 경우에는 다른 수탁자, 가입자 및 노동장관이 연금제도에 대한 손해배상이나 수탁자 지위의 해임을 청구하면서 수탁자를 상대로 소송을 제기할 수 있다(제

58) Bierwirth, 680 F.2d at 271.

59) Morse v. Stanley, 732 F.2d 1139, 1145 (2d Cir. 1984).

60) Berlin v. Michigan Bell Telephone Co, 858 F.2d 1154 (6th Cir. 1988); Mary O. Jensen, "Separating Business Decisions and Fiduciary Duty in ERISA Litigation", 10 BYU J. Pub. L. 139 (1996).

61) J.H. Langbein & B.A. Wolk, Pension and Employee Benefit Law, 3rd ed, Foundation Press, 2005, p. 678.

405조(a), 제409조(a)). 한편 사회적 책임투자(socially responsible investment)에 관해서도 ERISA 아래에서는 기업연금 가입자 및 수급자의 경제적 이익을 목적으로 한 투자만이 정당화되며, 투자판단에서 사회적 요청을 고려하는 것은 수탁자의 신인의무와 상응하지 않는 측면이 있다.[62)]

일본의 경우 연기금의 신인의무에 관해 미국 ERISA와 같은 단일한 법률은 없지만 개별적으로 규정하고 있다. 공적연기금은 GPIF, 기업연금은 기업연금연합회가 운용주체로서 운용수탁기관에 위탁하여 운용하고 있다. 운용주체인 GPIF나 기업연금연합회는 자체적으로 신인의무의 존재를 규정하고 있다. 운용수탁기관의 신인의무는 업종별로 신탁업, 투자자문업, 보험업법 등에서 규정하고 있다.

우리나라의 경우 국가재정법 제64조에서 기금관리주체는 기금이 보유하고 있는 주식의 의결권을 기금의 이익을 위하여 신의에 따라 성실하게 행사할 것을 정하고 있다. 또한 국민연금법에 따르면 보건복지부장관은 국민연금 재정의 장기적인 안정을 유지하기 위하여 그 수익을 최대로 증대시킬 수 있도록 기금을 관리·운용하도록 규정하고 있다(동법 제102조 제2항). 국민연금운용지침도 기금의 의결권 행사는 가입자 및 수급자의 이익이 되고, 장기적으로 주주가치 증대에 기여하는 방향으로 이루어져야 한다고 규정한다. 이처럼 우리나라는 신인의무를 명확하게 규정하지는 않고 있지만, 기금운용의 목적이 수익증대이고, 의결권행사도 이를 위해 이루어져야 한다는 기본원칙을 제시하고 있다.[63)]

그러나 기금의 운용에 있어서 신인의무가 고려되지 않고 있는데, 그 이유는 신인의무에 대한 명확한 개념규정이 없고, 신인의무를 위반할 때 제재방법이 없기 때문이다. 국민연금의 경우 운영주체가 사실상 국가이므로 신인의무나 운용주체의 책임문제에 대한 논의가 부족했다. 특히 이러한 문제를 해결하는 것은 국민연금에 발생하는 대리인 문제[64)]를 해소하기 위해서도 필요하다.

62) 植田淳, "エリサ法(ERISA)の信認義務に關する基礎的考察 －年金資産運用における受託者責任－", 「神戸外大論叢」 第54卷 第5号(2003), 31~36面.

63) 곽관훈, 전게논문, 164면.

64) 공적 연기금의 대표적인 대리인 문제는 첫째, 수탁자의 개인이익 추구 문제이고, 둘째, 정부가 기금을 경제 활성화 정책의 목적으로 운용하는 것이다.

국민연금법은 수탁자인 기금운용위원회가 누구에게 책임을 부담하고, 누구의 이익에 입각하여 활동하여야 하는지 명확하게 규정하지 않고 있다. 따라서 현재 기금운용위원회는 수탁자로서 부담해야 할 책임의 대상이 모호하고, 신인의무도 부담하고 있지 않다.[65)]

기업연금을 규정하고 있는 근로자퇴직급여보장법은 수탁자의 책임으로서 사용자책무(동법 제32조), 퇴직연금사업자책무(제33조), 정부책무(제34조)를 규정하고 있다. 그러나 신인의무를 명확하게 규정한 조문이 없고, 또한 수탁자의 책무를 위반하는 경우 제재조치가 약하게 규정되어 있다(동법 제44조~제46조, 제48조).

(2) 신인의무 규정의 입법 방향

국민연금의 경우 우선 운영주체의 의결권 행사에 관한 법적 책임을 명확히 하고 그 위반에 대한 제재수단을 규정해야 한다. 이렇게 되면 국민연금이 가입자와 수급자의 이익을 위해서가 아니라, 정치적 목적으로 이용되는 것을 방지할 수 있을 것이다. 또한 신인의무가 강화되면 의결권 행사를 신중하게 하여야 하므로 의결권 행사 자문회사의 활동이 활발해 질 것으로 예상된다.[66)] 또한 국민연금법에 수탁자의 범위를 규정하고, 기금운용위원회와 기금운용자인 펀드매니저 및 수탁운용기관의 수탁자 책임과 의무를 명확히 규정할 필요가 있다.[67)]

기업연금을 규정하는 근로자퇴직급여보장법의 경우에도 신인의무를 명확하게 규정하고, 신인의무를 위반하는 경우 제재조항을 명확하게 규정하여야 할 것이다.[68)]

---

65) 이상복, "기관투자자로서 연금제도의 개선과제 –국민연금과 퇴직연금을 중심으로–", 「상사판례연구」 제21집 제4권(2008), 386~387면; 장우영, "국민연금기금의 법적 성격과 운용원칙에 관한 연구", 「상사법연구」 제31권 제3호(2012), 244면.

66) 곽관훈, 전게논문, 165면.

67) 이상복, 전게논문, 390면.

68) 이상복, 전게논문, 391면.

3. 연기금의 투자운용 방식

연기금은 어느 나라에서나 그 규모가 가장 큰 투자재원이므로 투자방법에 따라 금융시장에 대한 막강한 영향을 미칠 수 있다. 따라서 각국은 연기금을 운용하는 데에 있어서 금융시장에 대해 영향을 미치지 않고 또한 정부가 민간기업에 관여하지 않도록 배려하고 있다. 미국의 OASDI는 재무성이 발행하는 비시장성 특별채권에 전부 투자하고 주식거래를 하지 않으므로 연기금의 의결권 행사와 관련된 문제가 발생하지 않는다. 반면 기업연금을 관장하는 ERISA는 기금운용자의 신인의무를 엄격하게 규정하고 있다. 일본의 국민연금과 후생연금보험을 운용하는 GPIF는 일부 예외적인 경우를 제외하고는 운용수탁기관을 통하여 기금을 운용하는 간접운용방식을 채택하고 있다. GPIF가 스스로 판단과 책임으로 주주의결권을 행사하는 것은 국가가 민간기업에 과도하게 개입할 우려가 생길 수 있으므로, 운용수탁기관의 판단에 위임하며, 운용수탁기관이 의결권행사의 방침이나 행사상황 등에 대해서 GPIF에 보고하도록 하고 있다. 반면 기업연금의 운용을 관장하는 기업연금연합회는 수탁자의 책임 등에 관하여 자체적인 의결권행사지침을 통하여 자세하게 규정하고 있다. 뉴질랜드의 경우 연금제도는 조세방식에 의해 운용되고, 정부가 일정한 금액을 NZSF에 불입한다. NZSF는 ISS의 기준에 따라 의결권을 행사하도록 운용기관에 지시한다. 또한 NZSF를 보완하기 위하여 '키위세이버법'을 제정하여 확정기여형 연금을 원천징수하여 민간투자업자가 운용하는 제도를 운용하고 있다.

우리나라 국민연금은 2012년 운용기금의 18.7%를 국내 주식시장에 투자하였으며, 국내 주식시장에서 차지하는 비중이 2011년 말 5.4%로 매년 높아지고 있다. 또한 전체 국내주식 투자금액 62조 3,451억 원 중 51.6%인 32조 1,540억 원 직접 운용함으로써 주요국과 비교하였을 때 직접운용의 비중이 높은 편이다. 미국이나 일본 등이 국내 금융시장에 미치는 영향과 민간기업에 대한 정부의 관여를 배제하기 위하여 투자포트폴리오를 구성하거나 간접투자방식을 위주로 운용하는 것과 대비된다. 향후 국민연금의 적립금 비중은 국내 금융시장의 성장에 비하여 빠른 속도로 증가할 것으로 예상되기 때문에 시장에서 차지하는 비중이 당분간 지속적으로 높아질 것으로 보인다. 따라서 국내 주식투자를 하는 경우에도 간접투자방식으로 전환하고, 주주의결권의 행사는 민간 운용수탁기관에 맡기는 방식으로 개선되어야 할 것이다. 물론 이러한 위임과정에서 국민연금이 수탁기관의 의결권행사지침과 그 행사상황을 보고받아 국민연금의 가이드라인과 일치하게 운용되고 있는지를 감시하는 체제를 구축해야 할 것이다.

4. 의결권행사 자문회사의 활용

연기금 등 기관투자자에 대한 신인의무가 강화될 경우 가입자 및 수급자의 이익을 제고하기 위해서는 의결권을 행사하는 데에 고도의 전문적인 지식과 경험이 필요하다. 투자에 대한 전문성이 결여된 상태에서 의결권을 행사하는 경우 손실이 발생할 우려가 있으며, 이를 보완하기 위하여 의결권행사 자문회사 제도의 도입을 검토할 필요가 있다.[69] 미국에서 의결권행사 자문회사가 발달하게 된 계기는 2003년 SEC가 등록된 투자자문업자에 대하여 의결권행사와 관련된 신인의무를 인정하고 투자자문업자법(Investment Advisers Act of 1940) 규칙 제206조(4)-6을 개정한 데에 기인한다.[70] 이를 통해 SEC는 등록투자자문업자에 대하여 고객에게 최선의 이익이 되도록 고객의 의결권을 행사하기 위하여 합리적으로 고안된 서면의 정책 및 절차를 채택하여 시행하고, 당해 절차에는 고객과 투자자문업자 간에 발생할 수 있는 중대한 이익충돌을 다루는 절차도 포함하도록 요구하였다.

그러나 의결권행사 자문회사의 활용에는 이해상충의 문제가 생길 수 있다.[71] 예컨대, ① 의결권행사 자문회사가 기관투자자에게 특정한 회사에 대해 긍정적인 정보를 제공하면서, 그 대가로 자신의 서비스를 구입하도록 요구하는 경우, ② 의결권행사 자문회사의 고객인 기관투자자가 주주제안을 통해 상

---

69) 2011년 국민연금은 의결권 행사지침을 개정하여 국내 기업에 대해 의결권을 행사할 때 외부 의결권 전문기관의 자문을 구할 수 있다고 규정하였다(동지침 제8조 제3항). 이에 따라 국내에서도 의결권 자문서비스를 활용할 수 있는 근거는 마련되었다.

70) 17 CFR §275.206(4)-6.

71) 의결권 자문회사의 활용에 수반되는 문제점으로는 최문희, "기관투자자의 의결권 행사의 개선과 의결권 자문회사의 활용", 「경제법연구」 제7권 제1호(2008), 155~158면.

정한 안건에 대해 권고안을 제시한 경우, ③ 의결권행사 자문회사의 주주가 기관투자자인 경우 등이다. 또한 의결권행사 권유를 하는데 있어서 정확성이나 투명성이 부족할 수 있다. 그리고 현재 의결권행사 자문회사 가운데 ISS가 나머지 회사를 모두 합한 것보다 더 많은 기관투자자를 수요자로 확보하고 있어서 경쟁 제한적 위치에 있는 점도 문제로 거론된다.[72] 이에 따라 최근 SEC는 의결권행사 자문회사에 관련된 법률문제에 대하여 의견을 접수하고[73] 새로운 가이드라인을 준비하고 있다.[74]

우리나라에서도 기관투자자에 관해 신인의무가 규정되면 의결권행사 자문회사에 대한 수요가 증가할 것으로 예상된다. 이에 대비하여 ISS는 이미 우리나라의 의결권행사 가이드라인요약판[75]을 제정하였다. 또한 한국기업지배구조원 등에서도 의결권행사 자문서비스를 준비 중인 것으로 보인다. 오늘날 의결권행사 자문회사로 인해 여러 가지 이해상충의 문제가 제기되고 의결권행사 자문회사인 ISS의 독과점으로 인하여 전 세계적으로 규제 움직임이 나타나고 있다.[76] 따라서 의결권행사 자문회사에 대한 적절한 규제조치를 강구하면서 도입하는 방안을 모색하여야 할 것이다. 즉 자격요건을 부과하고, 이해상충 방지체계를 갖추고 관련 사항을 공시하도록 하며, 의결권행사 가이드라인을 제정하여 공시하는 것 등을 고려할 수 있다.[77]

5. 국민연기금의 지배구조의 개선

국민연금의 가입자 및 수급자에게 안정적으로 연금을 지급하기 위해서는

---

72) United States Government Accountability Office, Corporate Shareholder Meetings – Issues Relating to Firms That Advise Institutional Investors on Proxy Voting, June 2007.

73) SEC, Concept Release on the U.S. Proxy System, 17 CFR Parts 240, 270, 274, and 275 [Release Nos. 34–62495], July 14, 2010, pp.114~115.

74) The Wall Street Journal, "SEC Plans New Guidance on Proxy Advisers", June 7, 2012.

75) ISS, 2013 Korea Proxy Voting Summary Guidelines, December 19, 2012, <http://www.issgovernance.com/files/2013ISSKoreaSummaryGuidelines.pdf>. ISS 가이드라인과 국민연금의 의결권 행사지침과의 차이점에 대해서는 원종욱·김성민·강지원, 전게서, 110–111면 참조.

76) 안수현, "의결권행사 자문기관(Proxy Advisor Firm)에 대한 국제적인 규제 움직임과 시사점", 「경영법률」 제23집 제4호(2013), 15~24면.

77) 송민경, "기관투자자의 의결권 행사 활성화 방안", 「KRX Market」 2011년 8월호, 27~28면; 장정애, "우리나라 기관투자자의 의결권 행사에 관한 소고", 「경영법률」 제23권 제3호(2013), 95면.

연금자산의 운용 및 의결권 행사는 기금의 수익률을 높이는 방향으로 이루어져야 한다. 이를 위해서는 기금의 운용이 독립성과 고도의 전문적 지식과 경험을 갖춘 투자전문가에 의해서 이루어져야 하지만, 현재 국민연금의 지배구조는 이를 충족하지 못하고 있다.[78)]

국민연금은 국민연금법에 의해 1988년부터 실시되었으며 주무부처는 보건복지부이고, 연금사업을 효율적으로 수행하기 위하여 국민연금관리공단을 설립하였다(동법 제24조). 보건복지부장관은 국민연금사업에 필요한 재원을 확보하고 연금급여에 충당하기 위한 책임준비금으로서 국민연금기금을 설치하고(동법 제101조 제1항), 그 관리 및 운용의 책임을 담당하고 있다(동법 제102조 제1항). 국민연금의 기금운용과 관련된 지배구조는 국회, 기획재정부, 보건복지부, 국민연금기금운용위원회(이하 "기금운용위원회"라 한다), 국민연금관리공단 등으로 구성되어 있다.[79)]

기금의 운용에 관한 사항을 심의·의결하기 위하여 보건복지부에 기금운용위원회를 둔다. 동 위원회는 기금운용지침에 관한 사항, 기금을 관리기금에 위탁할 경우 예탁 이자율의 협의에 관한 사항, 기금 운용 계획에 관한 사항 등을 심의·의결한다(동법 제103조 제1항). 기금운용위원회는 국민연금 자산운용의 최고 심의·의결기관이며 비상설기구이다. 동 위원회의 구성은 위원장인 보건복지부장관, 당연직 위원인 기획재정부차관·농림축산식품부차관·산업통상자원부차관·고용노동부차관과 공단 이사장 및 위원장이 위촉하는 위원 등 총 20명으로 구성한다. 위원장이 위촉하는 위원으로는 ① 사용자를 대표하는 위원으로서 사용자 단체가 추천하는 자 3명, ② 근로자를 대표하는 위원으로서 노동조합을 대표하는 연합단체가 추천하는 자 3명, ③ 지역가입자를 대표하는 위원으로서 농어업인 단체가 추천하는 자 2명, 농어업인 단체 외의 자영자 관련 단체가 추천하는 자 2명, 소비자단체 및 시민단체가 추천하는 자 2명, ④ 관계 전문가로서 국민연금에 관한 학식과 경험이 풍부한 자 2명 등이다(동법 제103조 제2항).

---

78) 이병기, 「국민연금기금의 주주권 행사 의무화 및 지배구조의 문제점과 개선과제」, 한국경제연구원, 2013, 46면.

79) 각 기관의 역할에 대해서는 문형표·이기영·한성윤·박영석·이지혜, 「선진 국가자산운용체계 구축방안: 국민연금기금의 지배구조 개선방안」, 한국개발연구원, 2007, 72면 참조.

국민연금기금의 운용주체는 보건복지부장관이지만, 보건복지부장관은 기금의 관리·운용에 관한 업무의 일부를 대통령령으로 정하는 바에 따라 공단에 위탁할 수 있다(동법 제102조 제5항). 이에 따라 보건복지부장관은 기금의 관리·운용, 기금의 계리, 기타 업무를 공단에 위탁한다(동법시행령 제76조). 기금의 운용을 담당하는 실무부서는 국민연금공단 내 기금운용본부이다.

이처럼 기금운용의 최고 의사결정기구인 기금운용위원회 위원들이 대표성을 위주로 구성되어 있어서 전문성이 부족한 실정이다. 또한 국민연금의 운용 주체가 정부 산하기관인 국민연금공단이고, 기금운용을 심의·의결하는 기금운용위원회에 정부 관료들이 다수(20명 중 6명) 참여하고 있어 정치적, 정책적 목표를 달성하기 위한 수단으로 국민연금을 사용할 우려가 있다.

우리나라 국민연금기금의 운용 관리체계는 대표성은 확보하였으나 독립성과 전문성이 부족하고,[80] 수익성 측면에서도 저조한 것으로 평가된다. 기금운용 관리체계의 독립성과 전문성을 확보한 국가(스웨덴, 아일랜드, 캐나다, CalPERS)의 수익률이 정부 주도의 기금운용관리체계를 유지하고 있는 국가(한국, 일본)보다 높게 나타나고 있다. 최근 연금체계를 개선한 국가(스웨덴, 아일랜드, 캐나다)는 적립금 운용에 있어서 기금운용의 독립성을 확보하는 독립적인 기구를 신설하여 전문성 및 수익성 제고를 도모하고 있다.[81]

국민연금의 효율적인 지배구조 구축을 위해서는 비효율적인 투자의 우려가 있는 외부 간섭을 방지할 수 있도록 독립성을 확보하고, 투자의 투명성을 보장할 수 있는 견제와 균형이 유지되는 체계를 구축하며, 의사결정의 단계별로 역할과 임무를 설정하고 그 책임과 권한을 분명하게 하여야 한다. 기금운용의 독립성을 확보하기 위해서 가장 중요한 것은 기금운용위원회가 정부 및 이익집단으로부터 독립적으로 운영될 수 있도록 하는 것이다. 이는 기금의 가치제고와 관계없는 정책적·정치적 영향력 행사로부터 독립되어야 한다는 의미이다. 또한 기금운용은 수탁받은 기금적립금에 대한 자산운용업이며, 자산운용업은 고도의 전문성을 요하는 업무이므로 기금관계자의 전문성을 확보하

80) 장우영, "공적 연금기금의 지배구조에 관한 연구 －국민연금기금을 중심으로－", 경희대학교 대학원 박사학위논문, 2009, 78~81면.

81) 문형표·이기영·한성윤·박영석·이지혜, 전게보고서, 130~131면.

는 것이 기금운용성과에 직결된다. 기금운용 집행기구의 인력뿐만 아니라 이를 통제하고 감시하는 기금운용위원회 위원들의 전문성을 높여야 한다.

기금운용의 독립성을 확보하기 위해서는 연금의 기금운용조직을 별도의 독립기관으로 분리하는 것이 바람직하다(캐나다의 Canada Pension Plan, 아일랜드의 국민연금적립금위원회(National Pensions Reserve Fund Commission), 스웨덴 AP펀드). 즉 기금을 운용하는 조직을 국민연금관리공단에서 분리하여 별도의 독립법인을 무자본 특수법인의 형태로 설립하고, 여기에 국민연금의 기금운용본부를 이관한다. 또한 기금운용위원회를 보건복지부에서 분리하여 독립행정기구화 하고[82] 기금운용에 대한 최고 의사결정기구의 역할을 부여할 필요가 있다. 최고 의사결정기구인 기금운용위원회가 기금운용을 담당하는 독립법인을 직접 통제하고 연금보험료의 징수, 연금급여의 지급 등 연금제도의 운영업무는 현재처럼 보건복지부(국민연금관리공단)가 담당하도록 해야 한다. 이를 통해 기금운용위원회가 정부의 특정한 정책목표를 달성하기 위한 수단으로 이용되는 것을 차단하고, 오로지 연금가입자 및 수급자의 이익에 부합하여 운용하도록 해야 한다. 또한 기금운용의 전문성을 확보하기 위해서는 최고의사결정 기구인 기금운용위원회를 전문가로 구성하는 동시에 전문가로 구성된 기금운용 실무조직을 갖출 것이 요망된다.[83]

제6절 결 어

우리나라 국민연금은 그 규모가 세계 4위에 이르게 되고 국내 주식투자의 비중이 높아지고 있다. 이에 따라 투자대상 국내기업에 대한 국민연금의 의결권행사가 매우 중요한 사회적 현안으로 대두되고 있다. 국민연금은 기본적으로 연금가입자의 이익을 최우선적으로 고려하여 운용되어야 하고, 의결권행사도 동일한 기준에 따라야 할 것이다. 그러나 국민연금의 출범 초기부터

82) 장우영, 전게학위논문, 192면.
83) 문형표·이기영·한성윤·박영석·이지혜, 전게보고서, 40~42면, 131면.

정치적, 사회 공공적 목적을 위하여 투자가 이루어진 바 있으며, 이러한 방식으로 투자할 수 있다는 인식이 아직 완전히 불식되지 않고 있다. 이는 연기금 운영에 대한 신인의무가 명확하게 규정되어 있지 않고 신인의무에 따라야 하는 책임주체도 명확하게 규정되지 않고 있는데 기인한다.

이러한 문제를 제도적으로 해결하기 위해서는 먼저 국민연금의 의결권 행사지침을 구체화할 필요가 있으며, 그 구체화 방안으로서 이사, 감사 및 감사위원의 선임에 있어서 찬성이나 반대에 관한 명확한 기준을 제시하여야 한다. 또한 사외이사의 독립성을 판단하는데 있어서도 당해 회사뿐만 아니라 계열회사를 포함하여 독립성을 판단하여야 할 것이다.

또한 운영주체에 대한 신인의무를 강화하기 위하여 국민연금 운영주체의 법적 책임을 명확히 하고 그 위반에 대한 제재수단을 규정해야 한다. 또한 국민연금법에 수탁자의 범위를 규정하고, 기금운용위원회와 기금운용자인 펀드매니저 및 수탁운용기관의 수탁자 책임과 의무를 명확히 규정할 필요가 있다.

연기금은 어느 나라에서나 그 규모가 가장 큰 투자재원이므로 투자방법에 따라 금융시장에 대해 막강한 영향을 미칠 수 있다. 따라서 연기금을 운용하는데 있어서 금융시장에 대해 영향을 미치지 않고 또한 정부가 민간기업에 관여하지 않도록 배려하여야 한다. 이를 위해 국내 주식에 투자를 하는 경우에도 간접투자방식으로 전환하고, 주주의결권의 행사는 민간운용수탁기관에 맡기는 방식으로 개선되어야 할 것이다.

우리나라에서도 기관투자자에 관해 신인의무가 규정되면 의결권행사 자문회사에 대한 수요가 증가할 것으로 예상된다. 오늘날 의결권행사 자문회사로 인해 여러 가지 이해상충의 문제가 제기되고 의결권행사 자문회사인 ISS의 독과점으로 인하여 전 세계적으로 규제 움직임이 나타나고 있다. 따라서 의결권행사 자문회사에 대한 적절한 규제조치를 강구하면서 도입하는 방안을 모색하여야 할 것이다. 즉, 자격요건을 부과하고, 이해상충 방지체계를 갖추고 관련 사항을 공시하도록 하며, 의결권행사 가이드라인을 제정하여 공시하는 것 등을 고려할 수 있다.

한편 국민연금이 효율적인 지배구조 구축을 위하여 기금운용의 독립성을 확보하고 기금관계자의 전문성을 확보하여야 한다. 기금운용의 독립성을 확보하기 위해서는 기금운용위원회를 독립행정기구화 하여 기금운용에 대한 최고 의사결정기구의 역할을 부여할 필요가 있다. 또한 기금 관계자의 전문성을 제고하기 위한 방안으로 기금운용위원회와 기금운용 실무조직 구성원의 전문성을 높여야 할 것이다.

제 5 장

주주총회 결의의 하자

기업법총서 I

Ⅰ. 주주총회 결의의 하자를 다투는 소송

- 위임장권유와 주주총회결의의 취소 _ 양만식

Ⅱ. 주주의결권 행사에 대한 이익공여

- 이익공여 금지 위반과 주주총회 결의 취소 _ 정쾌영
- 주주권 행사와 관련한 이익공여금지 소고 _ 최준선

위임장권유와 주주총회결의의 취소

출전: 기업법연구 제23권 제3호

양 만 식*

제 1 절 문제제기

(1) 상장회사인 주식회사 Y의 경영권을 Y의 현경영진과 다투고 있던 대주주 X주식회사는 제2순위 주주인 A와 공동으로 주주제안권을 행사하여, "이사 8명 선임에 관한 건" 및 "감사 3명 선임에 관한 건"을 2009년 3월 27일에 개최되는 정기주주총회(이하, 본건 주주총회라고 한다)의 목적으로 할 것을 청구하고, 각각 8명 및 3명의 후보자를 제안하였다(Y사의 정관상 본건 주주총회에서 선임할 수 있는 이사·감사의 상한은 8명 및 3명이다). 그리고 X는 3월 3일 이후에 Y사의 의결권(주식)을 가진 전 주주에 대해 위임장용지 및 참고서류를 송부하여 의결권을 대리로 행사할 것을 권유하였다. 본건의 위임장에는 「(본건 주주총회)…에 출석하여 다음에 기재한 X 및 A에 의한 주주총회의 의안(이하 원안이라고 한다)에 관해서 본인의 지시에(○로 표시) 따라 의결권을 행사할 것. 단지 찬부의 지시를 하지 않은 경우 원안에 수정안이 제출된 경우(Y로부터 원안과 동일한 의제에 관해 의안이 제출된 경우 등을 포함) 및 원안의 취급 기타 주주

---

* 단국대학교 법과대학 부교수, 법학박사.

총회의 운영에 관한 동의(動議)는 모두 백지위임으로 한다」는 기재와 X들의 주주제안과 관련된 이사·감사의 후보자란에 피권유자의 찬부를 기재하는 난을 두었고 참고서류에 이러한 후보자의 성명·약력 등을 기재하였지만 회사제안과 관련된 후보자에 관해서는 찬부란이나 성명·약력 등의 기재는 없었다.

(2) 한편, Y는 3월 11일 본건 주주총회의 소집통지와 의결권행사서면을 주주에게 발송하였고, 그 소집통지에는 "이사 8명 선임의 건"에 관한 X들의 주주제안과 관련된 의안과 이와는 전혀 다른 8명을 후보자로 하는 회사제안과 관련된 의안이, "감사 3명 선임의 건"에 관해 X들의 주주제안과 관련된 의안과 이것과 1명만이 공통되는 3명을 후보자로 하는 회사제안과 관련된 의안이 기재되어 있었다. 또한 의결권행사 서면에는 각 의안에 관해 찬부표시를 하지 않을 경우에는 회사제안에 관해 찬성하고 주주제안에 관해서는 반대하는 것으로 취급한다는 취지, 그리고 각 의안에 대한 찬부나 의결권행사방법을 불문하고 유효하게 의결권을 행사한 주주 1명에게는 문화상품권(5,000원 상당)을 증정한다는 취지가 기재되어 있었다. 그리고 Y가 3월 14일 주주에게 송부한 "「의결권행사서」의 반송을 바랍니다"라는 엽서에는 의결권의 행사를 의뢰하고 의결권을 행사한 주주에게는 문화상품권을 증정한다는 취지를 기재한 하단에 중요사항으로서 회사제안에 찬성하도록 의뢰하는 문언을 기재하였다.

본건 주주총회에서는 "이사 8명 선임의 건"과 "감사 3명 선임의 건"에 관해 회사제안과 주주제안이 일괄적으로 심의·의결되었다. Y는 본건 위임장과 관련된 회사제안에 관해서는 의결권 수에 산입하지 않고 주주제안에 관해서만 의결권 수에 산입하여 투표결과를 집계하였다. 그 결과로서 회사제안과 관련된 후보자는 전원 선임되었고, 주주제안과 관련된 후보자는 전원 선임되지 않았지만 만일 본건 위임장과 관련된 의결권수를 회사제안에 관해서도 의결권 수에 산입했다면 회사제안과 관련된 이사후보자 2명은 선임되지 않았을 것이다. 또한 Y는 의결권을 행사한 주주에 대해서 총액 5천 만원 이상의 문화상품권을 송부하였다.

(3) 위와 같은 사안에서, X는 의결권의 집계방법이 실제 주주의 의사에 반하여 회사제안이 성립되기 쉽게 하는 것이므로 위법이고, 문화상품권을 증정한 것에 관해서는 주주의 권리행사에 관한 이익공여에 해당하기 때문에, 의

결방법에 관한 법령위반 또는 현저하게 불공정하다는 것을 이유로 상법에 근거하여 회사제안과 관련된 이사선임결의의 취소를 요구하는 소송을 제기할 수 있겠는가.

본고에서는 위와 같은 문제에 대한 해결을 위해서 위임장 권유에 관한 현황을 검토하고, 위임장권유를 통한 의결권대리행사와 관련하여 이익이 공여된 경우에 있어서의 주주총회의 효력에 대해서도 아울러 살펴보고자 한다.

제 2 절 위임장권유제도와 의결권행사

1. 개 설

(1) 의 의

주식회사에서 주주는 대리인을 통해서 그 의결권을 행사할 수 있다(상법 제368조 3항 1문). 위임장권유란 회사 또는 그 이외의 자(주주를 포함)가 주주에 대해서 주주총회에서의 의결권을 자기 또는 제3자에게 대리행사하게 할 것을 권유하는 것을 말한다. 주식회사에서의 주주의 비개성적인 성격에서 보면[1] 의결권을 대리인으로 하여금 행사하게 할 수 있다는 점은 당연한 것이고 오히려 이 규정의 취지는 주주에게 의결권의 행사기회를 보장하는데 있다는 점에 우리는 주목할 필요가 있다. 그러나 회사로서도 주주총회가 적법하고 원활하게 진행될 것을 보장해야 하기 때문에 의결권의 대리행사에 관한 합리적인 범위 내에서의 제한을 두고 있는 것은 허용된다고 본다. 구체적으로 회사는 ① 대리인의 자격, ② 대리인의 원수, ③ 대리권을 증명하는 방법, ④ 기타 대리인에 의한 의결권 행사에 관한 사항 등에 대해서 사전에 정할 수가 있다(상법 제368조 3항 2문 참조). 단지 이렇게 회사가 의결권의 대리행사의 방법을 제한할 수 있다고 하더라도 그 내용이 주주의 의결권행사를 부당하게 제약하는 것이 되어서는 안 되며, 현저하게 불합리한 제한을 하게 될 경우에는 위법하게

1) 정찬형, 「회사법 강의(제12판)」, 박영사(2009년), 778면.

될 가능성도 배제할 수는 없다.[2] 한편 회사 측에서 백지위임장을 모으는 것을 허용하면, 경영진에 의한 회사지배의 수단으로서 남용될 염려가 있다. 따라서 의결권행사의 대리권수여는 총회마다 해야 할 것이다.[3]

이외에 대리권을 증명하는 서면(위임장)의 제출을 권유하는 경우에는 주주에 대해서 의안 등에 관한 정보를 공시하고, 주주의 의사를 정확하게 의결권 행사에 반영하기 위해 위임장 권유에 관한 여러 가지 규칙을 준수해야 할 필요가 있을 것으로 생각한다(자본시장과 금융투자업에 관한 법률 제152조 이하 참조, 이하 "자본시장법"이라고 한다). 이와 같이 상법 및 자본시장법 등은 특정한 자에 의해 남용되는 일이 없도록 다양한 규제를 마련하면서 주주총회에 출석할 수 없는 주주에 대해서 그 의결권 행사의 기회를 보장하기 위해 의결권의 대리행사를 인정하고 있다.

(2) 현 황

상장회사의 경영권분쟁이 빈발하게 발생하면서 의결권을 위임받는 위임장확보 경쟁도 최근 상당히 격화, 증가되고 있는 것으로 파악되고 있다. 금융감독원이 최근에 파악한 자료[4]에 따른 위임장권유에 관한 현황을 보면 다음과 같다.

(단위: 건)

구 분	2005년	2006년	2007년	계
유가증권시장	97	106	116	319
코스닥시장	36	38	71	145
계	133	144	187	464

즉 코스닥 기업에 대한 위임장의 권유건수가 급증하면서 전체 위임장에 대한 권유건수가 2007년의 경우에는 전년에 비해 22.9%나 증가하였음을 알

2) 정찬형, 전게서(주 1), 778면.
3) 이기수, 「會社法(제6판)」, 박영사(2008년), 396면; 일본회사법 제310조 2항, 이에 반하여 포괄적인 위임이 가능하다는 것으로서는 대법원 판례(1969. 7. 8. 69다688(集17②민316); 최기원,「新會社法論(제13대정판)」, 박영사(2009년), 476면; 정동윤,「회사법(제7판)」, 법문사(2001년), 334면; 정찬형, 전게서(주 1), 779면.
4) 2007년도 공개매수·위임장권유현황분석에 관한 보도자료(2008년 2월).

수 있다. 이 가운데에서 의결권정족수를 충족하기 위한 권유가 그 대부분을 차지하고 있는 것으로 파악되고 있으며, 특히 코스닥기업의 경영권분쟁이 증가되면서 의결권 확보를 위한 목적에서 위임장권유가 급증하고 있는 것으로 나타나고 있다.[5)]

(단위: 건)

구 분	2005년	2006년	2007년	계
의결권경쟁(유가, 코스)*	19(12, 7)	14(10, 4)	34(14, 20)	67
정족수 충족	114	130	153	397
계	133	144	187	464

*( )은 유가증권시장, 코스닥시장으로 구분

또한 주주의 권리강화현상에 따라 의결권경쟁목적의 위임장권유가 있었던 주주총회에서 경쟁자 측의 의사가 관철된 사례도 증가한 것으로 조사되었다.

(단위: 회)

구 분	2005년	2006년	2007년	계
경쟁자의도 관철	1	1	4	6
회사측 안 모두가결	7	5	10	22
계	8	6	14	28

2. 위임장권유에 대한 법적 규제

위임장 권유에 관해서는 법령상 다음과 같은 규제가 이루어지고 있다.

즉 자본시장법 제152조는 "「누구든지」[6)] 대통령령으로 정하는 바에 따라

---

5) 이러한 현상은 지배주주가 없는 코스닥 한계기업 등의 경영권분쟁(현경영진 대 전 경영진, 경영진 대 최대주주)이 증가한데서 기인한 것에서 찾아 볼 수 있다.

6) 법령상으로는 「누구든지」라는 용어가 없는 관계로 필자주이다. 일반적으로 본조에서 위임장을 권유하는 것은 그 권유를 하는 자에게 유리하도록 의결권이 대리 행사되어야 할 것이므로 "주주나 임원 또는 회사 등"을 말하는 것이라고 볼 것이다. 따라서 본조의 규제대상이 되는 주체에는 제한이 없는 것으로서 즉 상장회사 스스로 권유를 하는 경우는 물론이고 임원이나 주주, 나아가서는 이러한 자 이외의 자가 권유하는 경우를 포함한다는 점에서 "누구든지"라는 용어

상장주권(그 상장 주권과 관련된 증권예탁증권을 포함)의 의결권 대리행사의 권유를 하고자 하는 자는 그 권유에 있어서 그 상대방(의결권피권유자)에게 위임장 용지 및 참고서류를 교부하여야 한다"고 정하고 있으며, 본조에 의해 자본시장법 시행령에서 위임장 권유에 관한 구체적인 규제를 정하고 있다(시행령 제160조 이하). 이러한 자본시장법 및 동 시행령에 있어서의 규제를 총칭하여 "위임장규제"라고 할 수 있다.

이러한 위임장 권유에 대해 법적 규제를 두고 있는 것은 위임장 권유가 적절하게 운용되지 않으면 이사의 이익을 위해 악용되거나 주주에게 오해를 발생하게 할 위험이 있으며, 또한 주주로부터 다수의 의결권의 대리행사를 위임받은 자가 주주총회에서 자기 마음대로 의결을 행하고, 주가에 영향을 미치게 될 가능성도 있다는 점에서 합리적인 의결권행사의 판단에 필요한 정보에 근거하여 합리적인 의결권행사를 할 수 있도록 할 필요가 있기 때문이다.[7] 그리고 해당 규제목적이 주가에 대한 부당한 영향 등으로부터 투자자를 보호하려는 취지도 있다는 점에서 상법이 아니라 자본시장법(구 증권거래법)에서 규정하고 있는 것으로 생각된다.[8]

3. 의결권대리행사의 "권유"의 의의

(1) 문제점

자본시장법 제152조는 "상장주권의 의결권 대리행사의 권유를 하고자 하는 자는 그 권유에 있어서 … 대통령령으로 정하는 방법에 의한다"고 규정하고 있으며, 회사 또는 주주가 주주에 대해서 스스로 제안하는 의안에 관한 찬성이나 상대방이 제안하는 의안에 관한 반대를 요구하는 행위가 의결권 대리행사의 "권유"에 해당하는 경우에는 위임장권유규제에 따라서 위임장용지·위임장 참고서류의 작성·교부 등이 필요하다. 따라서 회사나 주주에게 있어서

를 삽입하였다(구 증권거래법 제199조 1항의 경우가 합리적이라고 생각됨).

7) 이기수, 전게서(주 3)397~398면; 河本一郎 外,「逐条解説証券取引法」, 商事法務(2002年), 1059面; 田中誠二·堀口亘,「再全訂コメンタール証券取引法」, 勁草書房(再全訂版, 1996年), 1139面; 神田秀樹監修,「注解証券取引法」, 有斐閣(2002年), 1343面.

8) 동지; 一松旬,「委任状勧誘制度の整備の概要」, 商事法務 第1662号(2003年), 58面.

어떠한 행위가 의결권대리행사의 권유에 해당하는가는 중요한 포인트가 된다.

미국의 1934년 증권거래법에 영향을 받은 증권거래위원회규칙(SEC규칙)에는 “권유(solicitation)”의 의의에 관한 정의규정을 두고 있으며(SEC규칙 14a−1(1)(1)), “권유”에서 제외되는 행위가 구체적으로 열거되어 있다(SEC규칙 14a−1(1)(2)). 우리나라의 자본시장법 제152조 2항에서도 포괄적인 정의규정을 두고 있기는 하지만, 다음의 구체적인 검토에서 살펴보는 바와 같은 경우가 권유에 해당되는지의 여부에 관해서는 논란의 여지가 발생할 수 있다.[9]

(2) 구체적인 검토

의결권대리행사의 “권유”에 해당되는지의 여부는 그 행위의 목적, 내용 및 그것이 행해진 시기 및 상황 등을 종합적으로 감안하여 결정된다. 의결권대리행사의 “권유”방법에 관해서 자본시장법 제152조는 “권유”와 그 형태(정의)에 관해서 규정하고 있다.

위임장용지를 제공하여 주주의 서명을 요구하는 행위나 주주에 대하여 단순히 위임장의 작성·교부를 요구하는 행위는 의결권대리행사의 권유에 해당되는 것으로서 다툼이 없다. 또한 주주에 대해서 단순히 위임장용지를 제공하는 것만으로도 주위의 사정으로부터 위임장제출을 요구하고 있다고 인정되는 경우에는 의결권대리행사의 권유에 해당되는 것이라고 생각된다.

그러나 실제로 문제가 되는 것은, 직접적으로는 의결권의 대리행사를 권유하는 것은 아니지만, 그 내용이나 상황 등에서 실질적으로는 의결권대리행사의 권유에 해당하는 것이라고 생각되는 행위이다. 즉 ① 자기의 의견을 공표하는 행위, ② 의결권행사를 재촉하는 행위, ③ 상대방의 위임장권유에 응하지 않도록 요청하는 행위 또는 위임장의 철회를 요구하는 행위, ④ 자기가 제안한 의안에 찬성하도록 요청하는 행위 등이 그것인데, 이하에서 구체적으로 검토해보기로 한다.

가. 자기의 의견을 공표하는 행위(상대방의 의견을 비판하는 행위)

예컨대 설명회나 보도자료 등에 의해 주주제안과 관련된 의안에 대한 회

9) 물론 자본시장법 제152조 2항에서는 정의규정을 두고 있고, 동법 시행령 제161조 1호~3호에서 위임장의 권유에서 제외되는 경우를 정하고 있기는 하지만, 동 조항은 아래의 구체적인 검토사항과 비교하여 보면 논란이 발생할 수 있는 포괄적인 규정이라는 점을 알 수 있다.

사경영진의 견해를 공표하거나 주주가 회사경영진을 비판하는 등의 행위가 여기에 해당된다. 그리고 회사나 주주의 웹사이트 상에 해당 주주총회에 관한 페이지를 특별하게 마련하는 등 하여 자신의 의견을 공표하는 경우도 있다. 의결권대리행사의 권유방법에 관해 권유가 직접 주주에 대해서 이루어졌는가는 묻지 않으므로, 설명회나 보도자료 등과 같이 특정한 주주에 대한 행위가 아니더라도 의결권대리행사의 "권유"에 해당된다고 본다. 그러나 자본시장법 제152조에서는 대통령령이 정하는 바에 따라 "의결권의 대리행사를 권유해야 한다"고 정하고 있는 바, "권유"는 의결권의 행사를 대리하게 하는 것, 즉 위임장을 교부하게 하는 것을 필요로 하는 것이다. 따라서 단순히 보도자료 등에 의해 자신의 의견을 공표한 것에 불과한 경우에는 위임장을 교부하게 하기 위한 것이라고 할 수 없으며, 의결권대리행사의 "권유"에는 해당되지 않는 것이라고 생각된다.

또한 자기의견을 표명하는 행위나 상대방의 의견을 비판하는 행위가 "권유"에 해당하지 않는다고 하면, 회사가 의결권행사서면을 송부할 뿐 위임장권유를 하지 않을 경우 위임장권유를 하는 주주만이 위임장권유규제의 제약을 받고 회사는 자유롭게 의견표명을 할 수 있게 되어 수단의 대칭성을 흠결하게 되어 타당하지 않다는 지적도 있다.[10)]

나. 의결권행사를 재촉하는 행위

회사가 소집통지서에 의결권행사촉진을 위한 문언을 기재하거나 그러한 문언이 기재된 서면을 동봉하는 등 소집통지를 발송한 후에 주주에 대해서 의결권행사촉진을 위한 서면을 송부하는 경우도 있는데, 이러한 행위는 의결권대리행사의 권유에 해당된다. 단지 설명한 바와 같이 이러한 경우에도 위임장을 교부하게 하는 행위이어야 한다고 본다.

다. 상대방의 위임장권유에 응하지 않도록 요청하는 행위 또는 위임장철회를 요구하는 행위

상대방의 위임장권유에 응하지 않도록 요청하는 행위 또는 위임장철회를

10) 寺田昌弘 外, 「委任状争奪戦に向けての委任状勧誘規制の問題点」, 商事法務 第1802号(2007年), 39面.

요구하는 행위는 주주에 대해 직접 요구하는 것에 한하지 않는다. 상대방에 의한 위임장권유가 있을 때에 그에 반대하는 내용의 의견표명이나 의결권행사를 재촉하는 서면을 송부하는 행위 등도 실질적으로는 위임장권유에 응하지 않도록 요청하는 행위 또는 위임장철회를 요구하는 행위에 해당될 우려가 있다.

이사가 자기의 이익을 위해 위임장제도를 악용하는 것 또는 주주에게 오해가 발생하는 것을 방지하는 것이나 의결권대리행사를 위임받은 자가 주주총회에서 자신이 생각한대로 의결권을 행사하여 주가에 영향을 주려는 것을 방지하는 것에 위임장권유를 규제하는 취지가 있는[11] 점에서 보면, 위임장권유에 응하지 않도록 요청할 때에 있어서도 주주에 대해 적절한 정보가 제공되어야 할 것이며 위임장권유에 응하지 않도록 요청하는 행위를 규제하는 것에도 합리성은 인정된다. 그러나 "의결권의 행사를 대리하게 하는 것"의 문언에서 "의결권의 행사를 대리하지 않도록 하는 것"으로 해석하는 것은 조문의 문언을 확장해석하지 않으면 이해에 어려움이 있다.[12] 그리고 위임장권유규제를 위반한 경우에는 벌칙이 적용되는 점에서 보더라도 조문의 문언을 안이하게 확장하여 해석할 것은 아니다. 따라서 위임장권유에 응하지 않도록 요청하는 행위[13]는 의결권대리행사의 권유에는 해당되지 않는다고 볼 것이다.

또한 한번 위임장을 제출한 주주에 대해서 그 위임장철회를 요구하는 행위에 관해서도 어디까지나 위임장 철회를 요구하는 것에 그치고, 자기에 대해서 위임장 교부를 요구하는 것이 아니한, 의결권대리행사의 권유에는 해당되지 않을 것으로 생각된다.

라. (위임장을 교부하지 않고) 자기가 제안한 의안에 찬성하도록 요청하는 행위

예컨대 회사나 제안주주가 일반 주주에 대해서 자기의 제안의안에 관한 찬성을 요구하는 내용(자기가 제안하는 의안에 관해 의결권행사서면의 찬성란에 날인하여 송부할 것을 요구하는 것 등)의 서면을 송부하는 것이나, 대주주를 방문하

---

11) 田中誠二·堀口亘, 전게서(주 7), 1139.

12) 森本滋　外,「委任状勧誘に関する実務上の諸問題－委任状争奪戦の文脈を中心に－(森本発言)」, 証券取引法研究会研究記録10号(2005年), 40面.

13) 즉 이러한 "위임장권에 응하지 않도록 요구하는 행위"도 자본시장법 제152조 2항 3호의 "그 밖의 방법으로 의견을 제시하는 행위"로까지 확장해석할 것은 아니라는 점이다.

여 찬성표를 던지도록 요청하는 것 등을 생각할 수 있다. 이러한 행위에 관해서도 위임장을 교부하지 않는 이상 위임장획득을 위한 행위라고 할 수는 없고, 의결권대리행사의 권유에는 해당되지 않는 것이라고 생각된다.14)

이상과 같이 의결권대리행사의 "권유"는, 그 본래의 취지가 의결권을 확보하기 위한 것이라는 점을 고려하면, 위임장을 교부하게 하는 것이라고 할 수 있으며, ① 내지 ④의 행위는 원칙적으로 의결권대리행사의 "권유"에는 해당되지 않는 것으로 생각된다. 그러나 이러한 행위의 목적·내용, 그리고 그것이 이루어진 시기 및 상황 등에 따라서는 의결권대리행사의 "권유"에 해당될 가능성은 존재한다. 특히 해당 행위를 한 후에 위임장권유를 행하는 경우 등에는 해당 행위가 최종적인 위임장의 획득을 위한 준비이며, 위임장권유행위의 일환으로서 의결권대리행사의 권유에 해당될 가능성이 있으므로 해당 행위를 행함에 있어서는 신중한 검토가 필요하다.

4. 위임장 권유규제의 적용범위

(1) 적용범위

주지한 바와 같이, 자본시장법 제152조는 "대통령령으로 정하는 바에 따라 상장주권(그 상장주권과 관련된 증권예탁증권을 포함)의 의결권 대리행사의 권유를 하고자 하는 자는 그 권유에 있어서 그 상대방(의결권피권유자)에게 위임장 용지 및 참고서류를 교부하여야 한다"고 정하고 있다. 따라서 위임장권유에 관한 규제가 적용되는 것은 주권상장회사가 발행한 주식에 관한 의결권의 대리행사의 권유에 한정되는 것이다. 환언하면 상장되지 않은 회사의 주식에 관한 의결권행사에 관해 위임장 권유를 했다고 하더라도 위임장권유규제에 관한 규정은 적용되지 않는다는 것이다.15)

---

14) 森本滋 外, 「会社法への実務対応に伴う問題点の検討－全面適用下の株主総会で提起された問題を中心に－(岩原發言)」, 商事法務 第1807号(2007年), 23面. 즉 이 경우에 있어서도, 자본시장법 제152조에서 2항 3호에서 "의결권의 확보 또는 그 취소 등을 목적으로 주주에게 위임장 용지를 송부‥‥ · 행위"라고 규정하고 있다는 점을 인식해야 할 것이다. 다시 말해서 의결권을 확보하기 위해서는 그 전제조건으로서 주주에게 위임장용지를 송부해야 한다고 하고 있으므로, 이를 따르지 않을 경우(즉 위임장을 송부하지 않을 경우)에 벌칙이 적용되는 것은 별론으로 하고서라도 의결권을 확보하기 위한 위임장권유가 되지 않는다는 것이다.

15) 김건식·정순섭, 「자본시장법」, 두성사(2009년), 256면.

본조의 규제대상이 되는 행위는 "자기 또는 제3자에게 의결권의 행사를 대리하게 하는 것"을 "권유"하는 것이다. 즉 권유의 대상이 의결권의 대리행사인 경우에 한하여 위임장권유규제는 적용된다. 따라서 예컨대 서면투표제도에 있어서의 의결권대리행사서면의 제출을 권유하였다고 하더라도 위임장권유규제는 미치지 않는다고 해석된다.[16)]

(2) 적용제외

위임장권유규제는 다음과 같은 경우에는 적용되지 않는 것으로 한다.

가. 해당 상장주권의 발행인(그 특별관계자를 포함)과 그 임원(그 특별관계자를 포함한다) 외의 자가 행하는 의결권의 대리행사의 권유로서 피권유자가 10인 미만인 경우(자본시장법 시행령 제161조 제1호)

이 경우가 적용제외로 된 이유는 권유자가 회사의 내부관계자가 아니고 또한 피권유자가 10인 미만이라는 극히 소규모라는 점에서 위임장권유제도의 남용이 그렇게 문제로 될 염려가 없기 때문이라고 본다.[17)] 임원의 범위에 관해서는 상법상의 임원 이외에 회사에서 실질적으로 이사와 유사한 지배력·영향력이 있는 자(상담역·고문 등)를 포함하는 것으로 해석된다. 또한 이사가 회사를 대표하여 권유를 하는 경우에는 "발행회사"에 의한 권유에 해당되므로, 여기에서의 임원의 권유에는 임원이 그 지위와 관계없이 순수하게 개인으로서 권유하는 경우를 포함하는 취지라고 해석해야 할 것이다.

나. 신탁, 그 밖의 법률관계에 의하여 타인의 명의로 주식을 소유하는 자가 그 타인에게 해당 주식의 의결권에 관해 의결권의 대리행사의 권유를 하는 경우(동 제2호)

예컨대 명의개서를 하지 않은 주식양수인이 주주명부 상의 주주인 양도인에 대해 위임장의 교부를 요구하는 경우가 여기에 해당될 것이다. 형식적으로는 권유라는 형식을 취하고 있지만 실질상의 주주가 의결권을 행사하기 위

16) 森本滋　外, 상게논문(주 14), 23面; 太田洋, 「株主提案と委任状勧誘に関する実務上の諸問題」, 商事法務 第1801号(2007年), 33面.

17) 田中弘一, 「上場株式の議決権の代理行使の勧誘に関する規制の一部改正について」, 財政経済弘報 第126号(1949年) 4面; 龍田節, 「株式会社の委任状制度ー投資家保護の観点からー」, インベストメント 第21巻 1号(1968年), 33面; 今井宏, 「議決権代理行使の勧誘」, 商事法務研究会(1971年) 111面.

한 방법으로서 대리형식을 요구하고 있는 것에 불과하며 위임장권유규제를 적용할 필요가 없기 때문이다.[18)]

다. 신문·방송·잡지 등 불특정 다수인에 대한 광고를 통하여 행하는 의결권의 대리행사의 권유로서 그 광고내용에 해당 상장주권의 발행인의 명칭, 광고의 이유, 주주총회의 목적사항과 위임장 용지, 참고서류를 제공하는 장소만을 표시하는 경우(동 제3호)

이 경우가 적용제외로 된 것은 권유의 일종이라고는 하지만, 그 실체는 권유에의 단순한 교량적 역할을 하기 위한 신문광고에 불과하기 때문이다. 따라서 해당 신문광고를 보고서 신문광고에 지정된 장소로 간 주주에 대해 위임장 용지 기타를 건네주는 것은 "권유"에 해당되고, 위임장 권유규제에 관한 적용을 받게 되는 것이다.[19)]

5. 위임장권유를 둘러싼 법 규제

(1) 개 설

의결권행사에 관해 의결권의 대리행사의 권유를 행하려는 자(권유자)는 해당 권유에 있어서 그 상대방(피권유자)에 대해 위임장용지 및 대리권수여에 관해 참고가 될 사항으로서 대통령령으로 정하는 것을 기재한 서면(참고서류)을 교부해야 한다(자본시장법 제152조 및 동 시행령 제160조). 자본시장법상 교부해야 할 서류의 명칭은 「참고서류」이지만, 상법상의 서면투표제도를 채용하는 회사가 주주에게 교부하는 "주주총회 참고서류"와 구별하기 위해 본 논문에서는 상장주권회사가 위임장권유에 있어서 그 교부가 의무화되어 있는 참고서류는 「위임장참고서류」라고 하기로 한다.

위임장용지와 위임장 참고서류의 교부가 의무로 되는 시점인 "권유에 있어서"의 의의에 관해서는 "권유와 동시에 또는 이에 앞서서"로 해석하는 것이 일반적이라고 본다.[20)] 또한 위임장용지와 위임장참고서류의 "교부"는 해당 서

18) 今井宏, 전게서(주 17), 112~113면.
19) 今井宏, 전게서(주 17), 112면; 田中弘一, 전게논문(주 14), 4面.
20) 김건식·정순섭, 전게서(주 15), 259면; 神崎克郎 外,「証券取引法」, 青林書院(2006年), 288面; 太

면을 물리적으로 교부하는 것을 의미하지만, 권유자는 피권유자의 승낙을 얻은 경우에는 위임장용지·위임장참고서류의 교부에 대신하여 전자적 방법에 의해 위임장용지 및 위임장참고서류의 기재사항을 제공할 수 있는 것도 가능하다(자본시장법 시행령 제160조 제3호).

(2) 위임장용지의 양식

위임장용지는 의안마다(각 항목) 피권유자가 찬부를 기재할 난을 준비해야 한다(자본시장법 제152조 4항, 동시행령 제163조 1항). 단지 기권을 표시하는 난을 두는 것도 가능할 것으로 생각된다. 여기서 말하는 "의안마다"는 복수의 의안을 일괄적으로 찬부를 기재하는 난을 두는 것(예컨대 「제○호부터 제○호 의안에 관한 찬·부」라는 형식)은 허용될 수 없다는 것을 의미한다. 찬부를 기재하는 난을 준비하는 취지에 비추어 주주에게 교부하는 위임장용지에 사전에 찬부의 기재를 해두는 것(예컨대 주주작성의 위임장용지에 회사제안에 관해서는 "부(否)"의 난에 ○를, 주주제안에 관해서는 "찬(贊)"의 난에 ○를 해두는 것 등)은 당연히 인정되지 않는다.

한편 서면투표제도에 있어서의 의결권행사서면의 경우에는 복수의 임원 등의 선임·해임에 관한 의안에 관해서는 각 후보자의 선임, 각 임원 등의 해임에 관한 찬부의 기재란을 둘 것이 요구되지만, 위임장 권유에 있어서의 위임장용지에는 그러한 각 후보자·각 임원마다에 관한 찬부의 기재란이 반드시 요구되지는 않는다고 본다. 그러나 실무상으로는 위임장용지에서도 각 후보자·임원 마다 찬부를 묻는 형식이 취해질 것으로 생각된다(자본시장법 제152조 4항).

여기에서 "의안마다" 찬부를 기재할 난을 준비해야 한다는 점에서 위임장 권유를 할 때에는 해당 주주총회에 제안되는 모든 의안에 관해 찬부를 기재하는 난을 둔 위임장용지를 교부할 필요가 있는가. 즉 일부의안에 관한 위임장 권유가 가능한가에 관한 것이 문제로 된다.

먼저 상법상으로는 서면투표제도에 관해서 강행적(의무화)이지 않고, 정관에 규정이 있는 경우에 한해서 실시할 수 있도록 하고 있는 점에서 그 자율성을 보장하고 있지만, 정관에서 서면투표제도를 채택하고 있는 회사에서는,

---

田洋, 전게논문(주 16) 29面.

서면투표제도를 대신하여 행하는 위임장권유의 경우에는 일부 의안만 위임장 권유를 하는 것은 허용되지 않는다. 왜냐하면, 서면투표제도에서는 회사제안의 의안만이 아니라 주주제안의 의안도 포함한 전체 의안에 관해서 주주총회 참고서류에 의한 주주에의 정보제공 및 의결권 행사서면의 교부가 필수이기 때문이며(상법 제368조의3 2항 참조), 그러한 서면투표제도의 대체수단으로서 인정되는 위임장권유에서도 당연히 모든 의안에 관해 위임장참고서류·위임장 용지의 교부가 요구된다고 해석해야 할 것이기 때문이다. 이러한 경우를 제외하고, 일부 의안의 위임장권유는 인정될 것으로 생각된다. 위임장 용지에서 "의안마다" 찬부를 기재할 난을 두어야 한다는 것은 어디까지나 위임장권유의 대상이 되는 의안이 복수인 경우에 각각에 대해 찬부를 기재하는 난을 둘 것을 요구하는 취지로서, 반드시 동일한 주주총회에 부의(附議)되는 모든 의안에 관해서 위임장 권유가 의무라는 취지는 아니라고 해석할 수 있으며, 일부의 의안에 관해서 위임장 권유가 인정되지 않는다고 하면, 주주 측으로서는 회사의 소집통지발송전에 회사제안의 의안 전부를 알 수 없기 때문에 소집통지의 발송전에 위임장 권유를 하는 것이 사실상 불가능하게 되며, 과도한 제약이 되기 때문이다.[21)]

(3) 위임장참고서류의 기재사항

위임장참고서류의 기재사항에 관해서는 회사와 일반 주주 사이에 의안에 관한 정보의 비대칭성이 존재하기 때문에, 위임장 참고서류의 기재사항에 관해 합리성이 도모되어야 할 것이다. 즉 회사 측이 권유자인 경우에는 상장회사가 주주에 대해서 하는 정보공시는 상법에 비해 자본시장법상 두텁게 보호되고 있으며(자본시장법 제152조 1항, 동 시행령 제163조), 위임장권유제도에 근거하여 주주에게 제공되는 정보의 내용은 서면투표제도를 채용하고 있는 회사의 주주에게 제공되고 있는 정보에 비교하여 손색이 없도록 할 필요가 있다는 점에서, 위임장참고서류의 기재사항은 기본적으로 상법에 근거한 서면투표제도와 관련된 주주총회 참고서류의 기재사항과 동일한 내용으로 하는 것이 타당할 것으로 생각된다. 한편 주주측이 위임장권유를 하는 경우에는 일반 주주

---

21) 寺田昌弘 外, 전게논문(주 10), 41面.

가 회사정보를 입수하는 것은 상당히 어려운 일이고, 따라서 위임장참고서류를 회사 측의 경우와 동일하게 작성하는 것은 상당한 어려움을 수반한다는 점에서, 위임장참고서류의 기재사항에 관해서는 회사와 동일한 정보의 기재를 요구하지 않고 주주가 각종 열람·교부청구권을 행사하여 얻을 수 있는 정보를 기재하는 것으로 충분하다고 해야 할 것이다.[22)]

(4) 전자적 방법에 의한 제공

권유자는 피권유자의 승낙을 얻어 피권유자에 대해 위임장참고서류·위임장용지의 교부를 대신하여 전자적 방법에 의해 위임장용지 및 위임장참고서류의 기재사항을 제공하는 것이 인정되고 있다(상법 제368조의4 제3항, 자본시장법 시행령 제169조 3호). 또한 권유의 상대방의 보호의 관점에서 권유의 상대방이 전자적 방법에 의한 정보제공을 받는 것과 관련된 승낙을 서면 또는 전자적 방법에 의한 신청에 의해 철회하는 것을 인정함과 동시에, 일단 철회를 했다고 하더라도 재승낙이 인정된다고 해야 할 것이다.

여기서 말하는 전자적 방법의 구체적인 내용으로서는, 인터넷 등을 통한 e-메일을 송신하는 방법, 웹사이트(홈페이지)에 정보를 제공하고 이것을 다운로드하는 방법, 해당 사항을 기재한 프로피디스크나 CD·DVD-ROM 등의 기록매체를 교부하는 방법 등이 있다. 위임장의 용지나 위임장참고서류에 관해서 전자적 방법에 의한 정보제공이 가능한 이상, 이러한 것이 권유자에 의해 전자적 기록에 의해 작성되는 것을 예상할 수 있으므로, 당국에 제출할 경우에도 종래의 서류에 의한 제출에 대신하여 전자적 기록으로도 제공할 수 있는 취지라고 이해할 것이다.

한편, 권유자가 회사 이외의 제3자인 경우에는 권유자는 사전에 피권유자인 주주와 직접적인 접촉수단을 갖지 못하기 때문에 사전동의를 구할 수 없는 경우가 많으며, 전자적 방법에 의한 교부수단은 현실적으로 어렵다고 본다.

(5) 허위기재의 금지

권유자는 중요한 사항에 관해서 허위기재 또는 기록이 있거나 기재 또는 기록해야 할 중요한 사항 또는 오해가 발생하지 않도록 하기 위해 필요한 중

22) 一松旬, 전게논문(주 8), 57面.

요한 사실의 기재 또는 기록이 흠결된 위임장 용지, 위임장참고서류 기타 서류 또는 전자적 기록을 이용하여 의결권의 대리행사를 권유해서는 안 된다(자본시장법 제154조). 즉 권유자는 위임장참고서류에 법정기재사항을 기재하면 충분하다는 것이 아니고, 오해가 발생하지 않도록 하기 위해 필요한 중요한 사실까지 기재할 것이 요구된다는 것이다.[23)]

제 3 절 주주총회소집통지서 발송전의 대응

1. 주주제안권의 행사

주주는 주주제안권을 행사하고자 할 경우 해당 권리를 행사하기 위한 법정 자격요건을 충족하고 있음을 확인하고 법정기한 내에 권리를 행사할 필요가 있다.

(1) 주주제안권을 행사할 수 있는 주주(자격요건)

가. 주식보유요건

일반적으로 회사에 적용되는 상법에서는, ㉮ 의결권 없는 주식을 제외한 발행주식총수의 100분의 3 이상에 해당하는 주식을 가진 주주(상법 제363조의2 제1항) 및 ㉯ 6개월 전부터 계속하여 상장회사의 의결권 없는 주식을 제외한 발행주식총수의 1천분의 10(대통령령으로 정하는 상장회사의 경우에는 1천분의 5) 이상에 해당하는 주식을 보유한 자(상법 제542조의10 제2항) 그리고 자본시장법상의 ㉰ 6개월 전부터 계속하여 금융투자업자의 의결권 있는 발행주식총수의 1만분의 50(대통령령으로 정하는 금융투자업자의 경우에는 1만분의 25) 이상에 해당하는 주식을 소유한 자(자본시장법 제29조 제6항)는 주주제안권을 행사할 수 있는 것으로 하고 있다. 여기서 상법 제363조의2 제1항의 주주에 관해서는 제안당시에 보유하고 있으면 충분하므로 특별하게 문제될 것은 없지만, 상법 제542조의10 제2항과 자본시장법 제29조 6항의 "6개월 전부터"에 관해서는 확실

23) 神崎克郎 外, 전게서(주 18) 291面.

하게 정의를 해둘 필요가 있을 것으로 생각된다. 즉 이것은 주주제안권을 행사한 날로부터 소급하여 만 6개월을 의미하는 것으로, 이 6개월을 산정함에 있어서는 주식취득일은 산입되지 않는다(민법 제157조). 따라서 주주제안권의 권리행사일과 의결권 있는 발행주식총수의 1만분의 50 이상의 의결권을 취득한 날 사이는 “만 6개월간”이어야 한다. 예컨대 2009년 9월 15일에 주식을 취득하여 위의 주식보유조건을 충족하고 있는 자는 2010년 3월 16일부터 주주제안권을 행사할 수 있게 되는 것이다.

한편, 주주제안권을 행사하는 주주가 6개월 전부터 주식을 보유하고 있음을 회사에 대항하기 위해서는 6개월 전의 시점에서 취득한 주식에 관해 명의개서를 하고, 주주명부 상에도 주주로 해 둘 필요가 있다(상법 제337조).

그리고 이 6개월의 기간(즉 주주제안권의 권리행사일로부터 소급하여 6개월 전의 날부터 권리행사 일까지) 동안 제안주주는 회사의 그 당시의 의결권총수에 비추어 발행주식총수의 1만분의 50 이상의 주식을 계속하여 보유하고 있는 것으로 충분하다(즉 6개월이라는 기간 중에 증자 등이 이루어져 대상회사의 의결권총수가 증가하였다고 하더라도, 그에 의해서 앞의 시점에서의 주식보유요건의 충족이 소급하여 부정되는 것은 아니다). 주주가 단독으로는 위와 같은 요건을 충족하지 못하더라도 복수의 주주에 의해서 공동으로 주주제안권을 행사할 경우에는 해당 각 주주의 보유의결권을 합산하여 위의 요건을 충족하면 된다.

나. 계속보유요건

위의 보유요건은 주주제안권을 행사한 날로부터 언제까지 충족해야 할 것인가에 관해서는 ㉮ 주주총회의 종결시까지 충족하고 있어야 한다는 견해,[24] ㉯ 주주명부의 기준일까지 충족할 필요가 있다는 견해,[25] ㉰ 행사일과 기준일 중 늦은 날까지라고 하는 견해[26] 등이 있다. ㉮의 견해는 실체법적으로는 솔직한 해석이라고 생각되지만 주주총회 직전 또는 주주총회개최 중에 주식보유요건을 체크하는 것은 실무상으로 볼 때 극히 어려운 일이며, ㉯의

24) 森本滋,「会社法 第2版」, 有信堂高文社(1995), 199面; 江頭憲治郎,「株式会社法」, 有斐閣(2006年), 301面.

25) 前田庸, 「会社法入門(第11版)」, 有斐閣(2006年), 353面.

26) 相澤哲 外,「論点解説新·会社法」, 商事法務(2006年), 126面.

경우에는 기준으로서 명확하고 주주제안권은 제안주주 자신이 의결권을 행사할 수 있는 사항에 한해서 인정된다고 해석할 수 있는 점에서(상법 제363조의3 제1항, 제371조 2항 참조), 내용적으로는 타당하지만 주주제안권이 기준일 후에 행사되는 경우도 있다. 따라서 실무상으로는 ㉰의 견해에 따라 기준일 전에 행사되면 기준일 시점까지 주식을 보유하고 있으면 되고, 기준일 후에 행사되는 경우에는 행사일에 주식을 보유하고 있으면 된다는 취급이 타당하다고 생각된다.[27] 따라서 회사로서는 주주제안권의 권리행사일이 주주총회의 기준일보다 전인 경우에는 권리행사일의 시점에서 제안주주가 주식보유요건을 충족하고 있다는 확인과 더불어 해당 권리행사일 후에도 해당 주주총회의 기준일까지 제안주주가 주식보유요건을 충족하고 있음을 확인할 필요가 있다.

(2) 행사기한

주주제안권의 행사기한은 주주총회일의 6주간 전까지이다(상법 제363조의3 제1항). 해당 기간은 정관에 의해 단축하는 것은 인정되지만, 연장하는 것은 인정되지 않는 것이 일반적이다.

여기서의 "6주간 전까지"는 주주제안권을 행사한 날과 주주총회일 사이의 6주간(즉 42일)이 필요하다는 의미이다. 주주는 주주총회 소집통지가 발송되기까지 주주총회 개최일을 알 수 없는 것이 일반적이므로(사실상 주주총회일이 확정되더라도 이사회에 의한 정식적인 결정이 있기 전에 회사가 주주로부터 질의를 받더라도 이에 응답할 의무는 없다), 주주총회일을 추측하여 제안할 수밖에 없다. 따라서 임시주주총회에서 주주제안권을 행사하기란 사실상 불가능에 가깝지만 주주제안권을 행사하는 주주 측으로서는 정기주주총회의 경우에도 예년보다도 주주총회 일이 일정 기간 당겨질 경우도 생각하여 충분한 여유를 가지고 주주제안권을 행사할 필요가 있다.

(3) 대리인에 의한 주주제안권의 행사

주주제안권은 대리인이 행사할 수도 있다. 정관에 "주주는 당 회사의 의

---

27) 宮谷隆,「株主総会の準備事務と議事運営」, 中央経済社(2006年), 174面; 久保利英明・中西敏和,「新しい株主総会のすべて」, 商事法務(2007年), 163面; 松山遥,「敵対的株主提案とプロキシーファイト」, 商事法務(2007年), 17面.

결권을 가진 다른 주주 1명을 대리인으로서 그 의결권을 행사할 수 있다"라는 규정이 존재하더라도 동일하게 해석할 수 있다고 본다.[28] 의결권의 대리행사를 주주에게 한정하는 것은 정관규정을 둔 회사에서도 주주제안권의 대리행사는 반드시 주주총회 일에서의 의결권행사의 대리행사 자격의 필요성을 전제로 하지 않기 때문이다. 대리인에 의한 주주제안권의 행사에 관해 외국에 거주하는 주주 등이 상임대리인을 선임하여, 회사에 상임대리인의 선임신고서에 "명의개서청구권의 행사, 주주총회에서의 의결권의 행사 … 기타 주주의 권리의무에 관한 일체의 행위"를 상임대리인에게 위임하는 취지의 문언이 기재되어 있는 경우 주주제안권의 행사가 "기타 주주의 권리의무에 관한 일체의 행사"에 해당되는가가 문제로 된다. 이 점에 관해 주주제안권과 같은 개별성이 강한 것은 상임대리인에 대한 위임과는 친하지 않다는 견해가 있다.[29] 한편 주주의 권리 전부를 행사할 수 있는 자는 상임대리인이라는 견해도 있다.[30]

(4) 행사방법

상법에서는 주주제안권의 행사방법에 관해서 서면 또는 전자문서에 의해서 할 수 있는 것으로 규정하고 있다(제362조의2 제1항). 그리고 회사가 정관 또는 정관의 정함에 의한 위임에 근거하여 주식취득규칙 등의 사내규정에 의해 주주의 청구방법에 관해 합리적인 제약을 두는 것도 가능하다. 주식취득규칙은 일반적으로 대외적으로 공표되는 것이 아니므로, 주주제안을 행사하려는 주주로서는 회사에 그러한 내부규정에 의한 제한의 유무를 사전에 확인하거나 또는 처음부터 서면에 의해 주주제안권을 행사하는 것이 안전하다.

서면에 의한 권리행사를 하는 경우에는 지참 또는 우송의 방법으로 하게 되는데, 실무적으로는 주주제안권의 행사의 의사표시가 회사 측에 송달한 것 및 권리행사의 내용을 명확하게 하기 위해서라도 내용증명우편을 활용하여 송부하는 것이 좋다.

---

28) 株主総会実務研究会編, 「Q&A株主総会の法律実務2(改正版)」, 新日本法規(2006年), 198面.
29) 中西敏和, 「株主提案権行使への実務対応(上)」, 商事法務 第1146号(1988年), 23面.
30) 株主総会実務研究会編, 전게서(주 28), 198面.

2. 회사 측에 의한 주주제안권의 적법성 확인

주주의 주주제안권의 권리행사의 의사표시를 수령한 경우 회사로서는 소집통지발송까지 해당 주주제안행사가 적법요건(형식적 요건, 실질적 요건)을 충족하고 있는지를 확인하고, 이것이 적법하다고 인정될 경우에는 소집통지·주주총회참고서류에 주주제안과 관련된 의제 및 의안을 기재하는 등의 대응이 필요하다.

또한 주주제안에 의한 의안을 주주총회에 부의하기 위해서는 의안으로서의 구체성·명확성을 갖추어야 한다. 예컨대 이익배당의안에 있어서 단순히 "증배한다", "이익배당을 1주당 100원 이상으로 한다"는 것과 같이 일의적으로 지급액을 확정하지 않는 내용의 의제가 있게 되면 부적법하게 된다. 그리고 주주제안의 의안이 회사제안의 의안과 양립하는 것인가, 택일적인 관계에 있는가 등 회사제안과의 관계가 문제로 되는 경우도 있다. 회사제안과의 관계가 불명확한 경우에는 제안한 주주에게 확인을 하여 제안의 요지를 명확하게 해야 한다.

예컨대 이사선임의안에 관해, 회사가 갑·을·병의 3명을 이사후보자로 하는 이사선임의안을 제안한 경우에, 주주가 A·B·C의 3명을 이사 후보자로 하는 이사선임의안의 주주제안이 있은 경우, 주주제안이 ① 회사제안과 양립하는 추가제안(회사제안의 갑·을·병의 3명 선임의 건과는 별개의 의제로서, A·B·C의 3명을 이사로 선임할 것을 요구하는 것)인가, ② 회사제안과 양립하지 않는 대체제안(회사제안의 갑·을·병의 3명을 대신하여, A·B·C의 3명을 이사로 선임할 것을 요구하는 것)인가 불명확한 경우가 있을 수 있다. 주주의 제안이 ①의 취지인 때에는 회사는 각각 개별심의를 하여 채결(採決)을 하면 충분하지만, ②의 취지인 경우에는 양자는 양립하지 않는 관련 의안이므로 회사로서는 일괄하여 심의를 하여 채결하면 될 것이다.

주주제안의 행사 및 의안의 내용이 형식적 요건·실질적 요건을 충족하지 못해서 부적법한 경우, 이것을 채용하지 않는다는 절차는 규정된 것이 없지만, 반드시 이사회 등에 의해 결의를 해야 하는 것은 아니다. 그러나 제안주주가 제안한 의안의 불채용을 이유로 주주총회결의취소소송을 제기할 가능성이 있다는 점에서 이사회에서 해당 제안을 불채용으로 할 것인가의 여부, 및 그 이유에 관해서 충분히 심의할 필요가 있으며, 이사회의사록에 그러한 심의의 경과 및 결과를 기재 또는 기록해두어야 할 것이다.

3. 위임장권유를 할 것인가의 판단(주주측)

(1) 주주명부열람·등사청구

주주는 주주제안권을 행사하거나 또는 회사제안에 대해서 반대할 것을 결정한 경우 위임장권유를 행하기에 앞서서 주주명부의 열람·등사청구를 하는 것이 일반적이다. 최근 상장회사의 외국인의 지주비율이 증가하고 있지만, 외국인이 보유하는 주식은 신탁은행이나 증권회사 등의 보관기관에 의해 예탁되는 경우가 많으며, 이러한 경우 주주명부에는 해당 외국인 주주자체의 기재는 없다. 그 때문에 그러한 경우에는 주주명부를 열람·등사하는 것만으로는 실질적인 권리자를 파악할 수가 없다. 이렇게 주주명부의 열람·등사의 유용성에는 한계가 있는 것이지만, 상위의 주주가 소위 안정주주에 의해 점유되는 경우 등에 있어서는 위임장권유를 하더라도 수고와 시간 및 비용 등이 들 뿐이며, 그러한 제비용에 합당한 효과를 얻는 것을 기대하기 어렵기 때문에 주주명부를 열람·등사하여 회사의 주주구성을 파악하려고 노력하는 것이 일반적이다. 주주는 회사의 영업시간 내에는 언제든지 이유를 분명하게 하여 주주명부의 열람 또는 등사를 청구할 수 있으며(상법 제396조 2항), 회사는 주주로부터 이러한 청구를 받은 때에는 특별한 사정이 없는 한,[31] 청구를 거부할 수 없다.

(2) 소집통지발송전 주주에 의한 위임장권유

가. 일부의안에 관한 위임장권유

주주가 주주제안에 관해 찬성을 요구하는 경우나 회사제안의안의 일부에

31) 일본의 회사법에서는 주주가 회사에 대해서 주주명부의 열람·등사를 청구한 경우에 있어서 그 청구를 거절할 수 있는 일정한 사유를 명문으로 규정하고 있다(일본 회사법 제125조 3항 참조). 대법원은 대법원 1997. 3. 19. 자 97그7 결정에서 상법이 규정하고 있는 주주 또는 회사채권자의 주주명부 등에 대한 열람·등사청구는 회사가 그 청구의 목적이 정당하지 아니함을 주장·입증하는 경우에는 이를 거부할 수 있다고 하였다.

관해서는 반대하지만 기타의 의안에 관해서는 찬성인 경우 등 주주총회에 상정된 의안의 일부에 관해서만 위임장권유를 하고 싶은 경우가 존재한다. 또한 소집통지의 수령 전에는 주주는 회사제안의 존부 등에 관해 알 수 없는 경우가 많으며, 위임장 용지에 회사제안에 관해서도 찬부의 기재란을 두어 권유를 하는 것은 곤란하다. 앞에서도 설명했듯이 "의안마다" 찬부를 기재하는 난을 두어야 한다는 점에서 위임장권유를 할 때에는, 해당 주주총회에서 제안된 모든 의안에 관해 찬부의 난을 둔 위임장용지를 교부할 필요가 있는가. 즉 일부 의안에 관한 위임장권유의 가부가 문제이다.

위임장용지에 "의안마다" 찬부를 기재할 난을 두어야 한다는 것은 위임장권유를 하는 의안마다 각각 찬부를 기재할 난을 둘 것을 요구하는 취지인 것이다.[32] 또한 특히 회사 측의 위임장권유에서 위임장권유를 하는 주주는 통상적으로 소집통지를 수령할 때까지 해당 주주총회의 의안의 존부·내용을 알 수 없으므로, 일부의안에 관한 위임장권유가 인정되지 않는다고 하면 소집통지수령 전에 하는 주주의 위임장권유는 사실상 불가능하게 되며, 주주를 과도하게 제약하게 된다.[33]

한편, 일부의안에 관해서만 위임장권유를 인정하면, 예컨대 주주측이 회사의 소집통지를 발송하기에 앞서서 회사제안과 모순되는 주주제안의안(대체제안)의 위임장권유를 할 경우, 주주는 제안의 존재 및 내용을 알지 못한 채로 위임장권유에 응하게 될 가능성이 있으며, 이것은 위임장권유규제의 취지에 반하는 것이라고 생각된다. 그러나 이러한 경우에 해당 주주는 회사의 소집통지서를 수령한 후에 먼저 제안주주에게 제출한 위임장을 철회할 수 있으므로, 이로써 일부의안만의 위임장권유가 부정된다고 해석할 필요는 없다.[34]

나. 위임장권유를 할 것인가의 판단

주주가 주주명부의 열람·등사를 한 결과, 위임장권유를 하게 된 경우 언제부터 위임장권유를 할 것인가가 문제이다. 주주는 가능한한 빠른 단계에서

32) 김건식·정순섭, 전게서(주 15), 260면; 証券取引法研究会編,「証券・会社法制の潮流(太田洋)」, 日本証券取引研究所(2007年), 233面.
33) 寺田昌弘 外, 전게논문(주 10), 41面.
34) 証券取引法研究会編, 전게서(주 32), 234面.

위임장권유를 개시할 수 있다면 자신의 의견을 다른 주주에게 전하여 위임장 권유를 할 시간을 길게 확보할 수 있고, 또한 반송된 위임장에 인감(또는 서명 날인)이 날인되어 있지 않는 등 불비한 사항이 있는 경우에는 새로이 유효한 위임장을 받기 위한 시간을 확보할 수 있으며, 나아가서는 자신의 권유내용과 반대의 찬부의 기재가 있는 위임장을 받게 된 경우에 해당 주주를 설득할 수 있다는 장점이 있다.

그러나 위임장권유를 할 때에는 권유받는 주주에 대해 위임장참고서류를 교부해야 하는데, 회사가 제안하는 의안에 반대의 위임장권유를 하는 것을 검토하고 있을 경우, 권유를 하는 주주가 회사가 제안한 의안내용에 관해 정보를 취득하여 위임장참고서류에 충분한 기재를 할 수 있는 것은 소집통지수령 후 또는 그에 근접한 시기로서, 위임장권유 시기를 앞당기는 것에도 한계는 있다.

설명한 바와 같이, 주주가 회사가 제안한 의안에 관해 위임장권유를 할 경우 위임장참고서류에 기재할 사항은 주주가 주주명부열람·등사청구권을 행사하여 입수할 수 있는 정보를 기재하면 충분하도록 하는 합리성이 도모되어야 할 것이다. 그러나 예컨대 신설합병계약이나 주식이전계획의 승인에 관한 회사제안의 의안에 관해서는 해당 신설합병계약이나 주식이전계획에 관한 내용과 더불어 신설회사의 임원 등에 관한 사항을 기재할 필요가 있으며, 주주로서는 기재가 필요한 정보를 보도자료 등의 정보만으로는 입수할 수 없으며, 소집통지를 수령할 때가지 모를 수도 있다. 따라서 주주에게 있어서 소집통지 수령 전에 위임장참고서류를 작성하는 것은 상당히 곤란한 일이 아닐 수 없다고 본다.[35)]

35) 東京地判平成19·12·6金融商事判例 1281号 37面(2007)(IDEC주식회사 v. (주)모리텍스사건판결)에서는, 주주에 의해 임원선임에 관한 주주제인이 있었고(회사로부터도 주주제안과 상반되는 내용의 임원선임의안이 주주총회에 상정되었다), 소집통지발송전부터 위임장권유가 이루어진 사안에 관해, 위임장권유 시 회사제안에 관해 위임장에 찬부의 기재란이 준비되지 않고서 위임장참고서류가 교부되지 않았다는 점에서 위임장권유규제를 위반하여 회사제안에 관한 의결권행사의 대리권 수여가 유효한가에 관해서 문제가 되었다. 이 점에 관해 법원은 그러한 규제의 취지는 위임장참고서류를 교부함으로써 의안의 가부를 판단하기 위해 충분한 정보를 일반 주주에게 제공함과 동시에 위임장에 의안마다 찬부의 기재란을 준비함으로써 권유자에게 의결권의 대리행사를 백지위임하는 것이 주주에게 불리한 의결권행사가 이루어져 불측의 손해를 입지 않도록 하는데 있다고 하면서, ① 위임장이 제출된 상황 등에서 주주는 회사제안

제 4 절 소집통지서발송후의 대응

1. 의결권행사서면 획득을 위한 권유행위와 위임장권유규제

주주에 대해서 주주총회의 소집통지서가 발송되면 회사가 제안한 의안내용도 명확하게 되며, 회사 측 및 주주 측의 의결권행사서면·위임장획득을 위한 권유활동이 본격적으로 이루어지게 된다. 소집통지의 발송부터 주주총회일까지의 기간에 주주와의 사이에 얼마만큼의 커뮤니케이션이 이루어졌는가는 위임장권유의 결과에 많은 영향을 주게 된다.

회사가 상법규정에 따라 주주에게 발송한 의결권행사서면에 관해, 회사가 단순히 제출을 요구하거나 찬성난에 날인을 하여 제출할 것을 요구하는 행위 등 의결권행사서면의 획득을 위한 권유행위에 대한 위임장권유규제의 적용에 관해서는 서면투표제도와 위임장권유제도가 병존하고, 각각 별개의 법규제에 따르고 있기 때문에 자본시장법 제152조의 문언에 따르면 위임장권유규제는 적용되지 않는다. 따라서 회사 측도 주주측도 위임장권유를 하지 않고 의결권행사서면에 관해 회사 측은 찬성의 의결권을 행사할 것을 요구하고, 주주측은 반대하는 의결권을 행사할 것을 요구하여 쌍방에 의한 의결권행사서면의 쟁탈전이 이루어지는 경우에 관해서도 실질적으로는 위임장권유가 이루어지는 국면과 이익상태는 동일하지만, 이러한 행위는 위임장획득을 위한 행위가 아니라는 점에서 의결권대리행사의 권유에는 해당되지 않고, 따라서 위임장권유규제는 적용되지 않는 것이다.

에 반대하는 취지로 대리권수여를 해석되어 주주가 불측의 손해를 입게 될 염려는 없다는 점, ② 주주는 주주총회참고서류를 수령하여 회사제안에 관한 정보를 얻은 후에 위임장의 철회가 가능하고, 실제로 회사가 전화를 한 시점에서 철회기회가 있었다는 점에서 정보부족으로 인해 주주가 불이익을 입게 될 염려는 없다는 점, ③ 주주제안에 찬성함과 동시에 회사제안에 반대하는 위임장권유를 함에 있어서 항상 회사제안에 관해서도 위임장에 찬부의 기재란을 준비해야 한다고 하면, 주주는 소집통지수령 후에 위임장 등의 작성·송부 등을 하고서 주주총회까지 남은 기간에 위임장권유를 해야 하고, 소집통지의 송부와 동시에 의결권행사의 권유를 할 수 있는 회사와 비교하여 상당히 불리한 위치에 처하게 되는 것 등을 이유로 하여 회사제안에 관한 대리권수여를 인정했더라도 위임장권유규제의 취지에 꼭 반하는 것은 아니며, 의결권행사의 대리권수여에 관한 유효성을 좌우하는 것은 아니라고 판시하였다.

2. 의결권행사촉진과 이익공여

정족수의 확보 등을 목적으로 의결권행사를 한 주주에 대해서 상품권 등을 제공하는 경우가 있다. 이러한 행위는 외견상으로는 주주의 권리행사에 관해 재산상의 이익을 제공하는 것을 금지하는 상법 제467조의2를 위반하는 것이 아닌가라는 의문이 발생하지만, 주주의 의결권행사를 촉진하여 주주총회의 결의의 성립을 확보하기 위해 이루어지고, 회사의 정당한 이익보호를 위한 목적에서 이루어진 것이므로 금지되는 이익공여에 해당되지 않는 것으로 이해되고 있다.[36] 그러나 회사제안의 의안에 찬성의 의결권행사서면을 송부한 주주에 대해서만 상품권 등을 제공하는 것은 이익공여금지에 위반된다고 생각된다. 또한 주주제안권을 행사하여 위임장권유가 이루어진 때에만 상품권 등을 제공하는 등, 의결권행사촉진을 위한 목적을 초월하여 회사제안의 의안에 대해서 찬성을 요구하는 것과 같은 의문을 초래하는 것은 피해야 할 것이며, 위임장권유가 있은 경우에 있어서의 상품권 등의 제공에 관해서는 신중한 검토를 거쳐야 할 것으로 생각된다.[37]

3. IR활동의 중요성

위임장을 획득하기 위해서는 주주에 대해서 자기의 의견이 이해되도록 노력해야 하며, 주주와 좋은 관계를 구축할 필요가 있고 각 회사의 주주구성에 따라 가장 적절한 전략을 취하는 것이 중요하다.

개인주주가 많은 회사에서는 주주가 의결권행사에 관심을 기울이지 않거나 의안의 내용이 복잡하거나 하면 주주총회의 소집통지나 주주총회참고서류를 보지도 않고 의결권행사를 하지 않는 주주가 많이 존재하는 것이 일반적이다.[38] 따라서 행사되지 않는 의결권을 획득하기 위해 주주가 이해하기 쉬운

36) 河本一郎・今井宏,「鑑定意見　会社法・証券取引法」, 商事法務(2005年), 68面.

37) 최기원, 「新會社法論(제13대정판)」, 박영사(2009년), 953면 이하.

38) 2009년 7월 발행된 「상장회사주주총회백서」(한국 상장회사협의회)에 의하면 최대주주 등을 제외한 모든 주주를 대상으로 한 의결권을 위임한 경우 권유대비 회신비율은 20%이하가 67.9%로 상당히 낮은 것으로 파악되고 있으며, 일부 주주를 대상으로 의결권대리행사를 권유한 경우 위임주주 수 및 주식수의 비율은 80%를 초과한 것이 42.3%로 가장 많아 높은 비율을 나타

문장으로 기재한 의결권행사를 재촉하는 서면을 송부하거나 한발 더나가 회사제안의 의안에 찬성을 요구하는 서면을 송부하는 방책을 강구하는 경우가 많다. 또한 주주에 대해서 전화를 걸어서 보다 직접적으로 자신의 제안에 따른 의결권행사를 의뢰하는 경우도 있다. 반대로 개인주주의 비율이 그렇게 많지 않고 기관투자가의 비율이 높은 회사에서는 IR컨설팅회사의 협력을 얻어 기관투자가와 직접 접촉을 하거나 자신의 의안의 취지를 설명하는 것이 효과적일 것이라고 생각된다.

어떠한 경우이든 보도자료에 의해 회사경영진 또는 대립하는 주주의 의견을 공표하여 하는 것도 있다. 보도자료는 회사경영진과 위임장권유를 하는 주주에 의해 상호 이루어지는 경우가 많으며, 회사경영진의 의견과 주주의 의견의 상위점이 명확하게 되는 점에서 중요한 행위이다. 또한 기관투자가는 그 독자적인 의결권행사기준을 가지고 있는 경우도 있는데, 특히 미국의 기관투자가들은 의결권행사조언회사(ISS(Institutional Shareholder Services, Inc.), 글래스루이스(Glass, Lewis & Co. LLC) 등)의 권고를 참고로 하는 경우가 많으며, 의결권행사조언회사의 의결권행사의 조언기준에 적합하도록 의안내용의 책정을 통해 배려를 함과 동시에 의결권행사조언회사에 대해서도 자신의 의견이 이해될 수 있도록 연구할 필요가 있다. 위임장권유가 이루어지는 주주총회는 사회적으로 주목을 많이 받게 되는 점에서 보도기관에 의한 보도내용도 중요하다.

4. 위법한 권유행위에 대한 대항수단

위임장 권유가 있었지만 의안마다 찬부의 난이 있는 위임장용지가 교부되지 않았거나, 위임장참고서류에 허위기재가 있는 등 해당 권유행위가 위임장권유규제에 위반하는 경우 상대방은 어떻게 대항하는 것이 현명할 것인가. 이러한 경우에는, 공익 및 투자자보호를 위해 필요하고 적당하다고 인정될 때에는 처벌규정을 두는 것은 별론으로 하더라도, 사전적인 예방차원에서 금융감독 당국의 신청에 의해 법원이 그 행위를 금지하거나 정지를 명하도록 하는

내고 있는데, 일부 주주라는 점에 모호한 점이 있기는 하지만, 모든 주주를 대상으로 한 경우와 차이가 있음을 알 수 있다.

명문규정을 두는 것도 좋을 것으로 생각된다. 또한 상대방으로서는 금융감독당국에 대해 해당 명령발동의 신청을 법원에 하도록 요청하는 것을 생각할 수 있으나, 개인주주들은 극히 소극적이라는 점을 고려하면 실효성 있는 수단이라고는 할 수 없다.

(1) 회사가 위법한 권유를 한 경우의 대항수단

가. 이사의 위법행위유지청구권

이사에 의한 위법한 위임장권유행가 이루어진 경우 주주로서는 상법 제402조에 정한 이사의 위법행위유지청구권을 행사할 수 있다. 위법유지청구대상이 되는 행위로서는 ① 위임장권유행위 그 자체(위임장용지·위임장참고서류의 송부행위, 각종서류의 송부행위 등), ② 위임장권유와 관련된 의제·의안을 취급하는 주주총회의 개최, ③ 해당 의제·의안의 주주총회에의 상정·결의, ④ 위법한 위임장권유에 의해 수집된 위임장과 관련된 의결권의 대리행사 등을 생각할 수 있다.

위임장권유가 개시되고서 주주총회가 개최되기까지는 그렇게 많은 시간이 없기 때문에 본안소송을 제기할 시간이 없다는 점에서 이사의 위법행위유지청구권을 피보전권리로 하여 가처분신청을 해야 할 것이다.

나. 금지가능여부

피보전권리인 이사의 위법행위유지청구권이 인정되기 위한 요건(상법 제402조)로서는 첫째로, 이사가「법령 또는 정관에 위반되는 행위」를 해야 하며, 여기서 말하는 법령에는 모든 법령이 포함되는 것이라고 볼 수 있는 바,[39] 상법 제402조의 법령에는 자본시장법 제152조도 포함된다. 둘째로는 이사의 행위로 인해「회사에 회복할 수 없는 손해가 발생할 염려」가 있어야 한다. 위임장권유규제를 위반한 경우에는 그에 따른 벌칙이 적용되며 그에 따라 회사가 손해를 입게 되어 금지를 인정할 것이라는 견해도 있지만, 이러한 견해는 벌칙을 적용할 수 없는 위임장권유규제에 명문규정이 없는 사항에 관해서는 금지를 할 수 없다는 점, 벌칙적용을 방지하기 위해서라는 근거에 의하면 권유 후에 모집된 위임장의 이용행위까지는 금지의 대상이 아니므로 타당하지 않다는

39) 江頭憲治郎, 전게서(주 24), 422面.

비판이 있다.[40] 그 때문에 위임장권유규제에 위반한 권유행위가 있음으로써 주주가 부당한 영향을 받아 주주총회가 공정하게 개최되지 않는 것이 "손해"라고 생각하는 견해도 있다.[41] 일단 결의가 이루어지면 그것이 위법한 위임장권유에 근거한 것이라고 하더라도 그것을 번복하기는 쉽지 않으며, 또한 해당 결의에 근거하여 등기가 이루어지면 그것을 신뢰한 제3자와의 관계에서 거래의 유무를 주장할 수 없게 되는 문제가 발생한다. 또한 공정한 결의의 성립을 방해함으로써 발생하는 손해는 명확하게 금전적으로 계산할 수는 없지만 "손해"가 발생할 염려가 있는 것은 유지요건이 되는 것은 주로 주주에 의한 위법행위유지청구권의 남용을 방지하는 취지에 근거하고 있으므로, 명확하게 재산적인 손해를 인정할 수 없다고 하더라도 위법한 위임장권유가 이루어진 경우에는 유지를 인정해도 될 것이라고 생각하는 것 등이 근거가 된다.

불공정한 결의성립의 위험을 사전에 방지하려는 유지의 목적에서 보면, 회사에 의해 위법한 위임장권유가 있은 경우 ㉮ 위임장권유행위 그 자체에 한하지 않고, ㉯ 주주총회의 개최, ㉰ 주주총회의 결의, 및 ㉱ 의결권의 대리행사에 관해서도 유지가 인정되는 것이라고 해석할 수 있다.[42] 한편 이사의 위법행위유지청구에 관한 가처분의 채무자는 원칙적으로 이사이지만 주주총회의 개최금지 및 주주총회의 결의금지의 가처분에 관해서는 이사에 더하여 회사도 채무자가 된다는 견해, 회사만을 채무자가 된다는 견해도 있다.[43]

(2) 주주가 위법한 권유를 한 경우의 대항수단

주주가 위임장권유규제를 위반한 위임장권유를 한 경우의 대항수단에 관해서는 회사에 의한 위반과는 별도의 검토가 필요할 것이다. 금지대상으로서는 위임장권유행위 그 자체나 의결권의 대리행사 등을 생각할 수 있다. 그러나 주주의 행위에는 이사의 행위와 같이 이사의 위법행위유지에 관한 규정인 상법 제402조가 적용되지 않는다는 점에 문제가 있다. 이에 관해서는 주주총회결의취소 또는 무효확인을 본안으로 하여 가처분을 신청하는 것도 생각할

40) 龍田節, 전게논문(주 17), 34面.
41) 今井宏, 전게서(주 17), 218面.
42) 今井宏, 전게서(주 17), 219面;龍田節, 전게논문(주 17), 35面.
43) 門口正人編,「新裁判実務体系Ⅱ　会社訴訟·商事仮処分·商事非訟」, 青林書院(2001年) 229面.

수 있다. 그러나 만일 이 가처분명령이 인정되면 본안에 있어서의 취소 또는 무효확인의 대상이 되는 결의가 존재하지 않는 것이 되므로, 이것을 인정하는 것은 자기모순이 되므로 이러한 것을 본안으로 할 수는 없다. 전제로 된 사실과는 다르지만, 이사 이외의 자가 권한 없이 주주총회를 소집하는 경우에 관해 그 경우에도 주주총회의 결의가 이루어진 때에는 회사에 "손해"가 발행할 염려가 있는 것을 이유로 상법 제402조를 유추적용 하는 등 하여 주주총회개최의 금지 또는 주주총회결의의 금지의 가처분을 청구하는 것을 긍정하는 견해가 있다.[44]

그리고 그것을 전제로 위법한 위임장권유가 있음으로써 주주의 의결권행사에 부당한 영향을 주어 주주총회결의의 공정한 성립을 방해하는 것은 회사(이사)에 의한 위임장권유의 경우와 다를 것이 없다는 것을 이유로 주주에 의한 위법한 위임장권유에 관해서도 금지가 가능하다는 견해가 있다.[45] 이 견해는 실질적으로 위임장권유규제 및 상법 제402조의 취지를 완수하려는 것이라고 할 수 있다. 그러나 위임장권유행위나 의결권대리행사에 관해 유지가 인정된다고 하더라도, 주주총회를 소집하여 의제·의안을 상정하는 회사측에 위법행위가 없음에도 불구하고 일부의 주주에 의해 위법한 위임장권유가 있었다는 것을 전제로 하여 주주총회의 개최나 결의금지가 인정되고 회사에 대해서도 효력이 미친다고 하는 것에 관해서는 의문이 있으며, 또한 회사가 해당 주주의 행위를 유지하는 수단으로서는 실효적이라고도 할 수 없다.

5. 주주총회결의취소의 소

위임장권유규제를 위반하여 수집된 위임장에 근거하여 의결권의 대리행사가 이루어진 경우에 사후적으로 주주총회의 결의를 취소함으로써 구제를 도모하는 방법을 약간 검토하기로 한다. 상법 제376조 1항에서는 "주주·이사·감사는 총회의 소집절차 또는 결의방법이 법령 또는 정관에 위반하거나 현저하게 불공정한 때 또는 그 결의의 내용이 정관에 위반한 때에는 결의의 날로

44) 田中淳一,「保全処分の体系(下巻)」, 法律文化社(1966年), 661面(大隅健一郎).
45) 今井宏, 전게서(주 17), 220面.

부터 2월내에 결의취소의 소를 제기"할 수 있는 것으로 하고 있다.

(1) 법령위반

위임장권유규제의 위반이 주주총회 등의 소집절차 또는 결의방법의 "법령"위반이라고 할 수 있는가가 문제이다. 제도의 목적 및 규정내용에 보아 위임장권유규제는 실질적 의의에 있어서 상법의 일부로서, 위임장권유규제의 위반은 결의방법이 "법령"위반이라는 견해가 있다.[46] 그러나 위임장권유는 주주총회의 개최 또는 결의의 성립요건으로서 법률상 강제되는 것은 아니므로,[47] 위임장권유규제의 위반은 "법령"위반으로서 주주총회결의취소의 사유로는 되지 않는다고 보는 것이 타당할 것으로 생각된다.

이 점에 관해, 서면투표제도의 이용에 더해서 회사에 의해 일부의 주주에 대해서 위임장권유가 이루어진 주주총회에 관해 위임장권유규제는 "의결권의 대리행사의 권유를 행하는 자가 권유 시에 지켜야 할 방식을 정한 규정"이며, 따라서 상법 제368조의3에 근거하여 회사가 서면투표제도의 채택을 대신하여 행한 위임장권유가 위임장권유규제를 위반한 경우에 관해서는 「법령」위반으로서 주주총회결의의 취사유가 된다고 해석할 것이다.[48]

(2) 결의의 방법이 현저하게 불공정할 것

주주총회의 소집절차 또는 결의방법이 현저하게 불공정하다고 하여 주주총회의 결의의 취소가 인정되는가가 문제로 된다.

위임장권유규제는 권유자가 권유를 할 때에 지켜야 할 방식을 정한 것으로 위임장권유규제를 위반하고서 행한 권유행위도 무효가 되는 것은 아니며, 이에 응해서 이루어진 주주의 위임행위의 효력도 무효가 아니므로, 위임장권유규제의 위반은 주주총회결의의 취소원인으로는 되지 않을 것으로 생각할 수 있다. 그러나 위임장권유규제에 대한 중대한 위반이 있고, 위임장이 주주의사에 근거한 것이라고 할 수 없는 경우에는 의결권대리행사의 위임은 무효가 될 것이다. 또한 위임장권유규제를 위반하여 권유가 있은 경우 해당 위반

---

46) 龍田節, 전게논문(주 17), 36面.
47) 정찬형, 전게서(주 1) 780면.
48) 江頭憲治郎, 전게서(주 24), 315面.

사실이 즉시 결의취소의 사유로 되는 것은 아니지만, 그 위반이 중대하거나(예컨대 위임장참고서류의 중요사항에 관해 허위기재가 있은 경우 등을 생각할 수 있다.) 결의의 공정한 성립을 방해한 경우에는 결의방법이 현저하게 불공정한 것으로서 결의취소사유가 될 것이다.[49] 이러한 것은 위반형태에 따르기도 하지만 위임장권유규제의 위반이 주주총회결의의 결과에 영향을 줄 가능성이 있는 이상 위임장권유규제를 위반한 권유가 이루어진 경우에는 결의방법이 현저하게 불공정한 것으로서 결의취소사유가 될 경우도 있다고 생각된다.[50]

제 5 절 결론 — 사안의 해결

주주총회에 있어서의 의안의 가결을 목적으로 의결권의 대리행사에 관한 위임장을 획득하려는 것을 소위 위임장쟁탈전(또는 경쟁)이라고 한다. 주주는 이사의 선임의안의 주주제안을 하여 그 가결에 필요한 위임장을 수집함으로써 대상회사 이사회의 동의를 얻지 않고서 대상회사의 이사회를 지배할 수 있다. 즉 위임장권유제도는 주식취득 및 대상회사의 이사회의 동의 없이도 대상회사의 경영지배권을 획득할 수 있는 하나의 방법으로서 그 중요성은 상당히 많다고 할 것이다.[51]

위임장권유에 있어서 권유를 받는 주주로서는 위임의 시비를 결정하기 위한 정보를 충분히 제공받아 그 내용을 충분히 숙지하고서 위임을 한 경우에는 자신의 의사가 의결권행사에 반영되기를 바라며 그것이 위임장권유제도에 있어서 가장 중요한 요소이다. 거기에서 상장회사에 관한 위임장권유에 있어서 권유자는 위임장용지와 참고서류를 피권유자인 주주에게 교부하는 것이 의무이며, 위임장용지에는 의안마다 피권유자가 찬부를 기재할 난을 두고, 참고서류에는 의안내용 · 제안자 · 권유자마다 지정된 내용을 기재하여 중요한 사

49) 今井宏, 전게서(주 17), 222面.
50) 森本滋 外, 전개논문(주 12), 49面(森本発言).
51) 김건식 · 정순섭, 전게서(주 15), 255면.

항이 흠결되는 일이 없도록 주의를 다해야만 하는 것이다. 상장회사의 주주총회에서는 주주의 합리적 무관심의 결과로서 정족수가 부족하게 되는 것을 방지하기 위해 출석 시 회사에서 준비한 간단한 선물이나 의결권행사에 대한 사례로서 소액의 금품을 주주에게 증정하는 경우를 종종 볼 수 있다. 이러한 행위는 의결권이라는 주주의 권리행사에 관한 이익공여로서 상법 제467조의2에 위반된다고 볼 것이지만, 권리행사의 촉진이라는 목적의 합리성에서 비추어 볼 때 사회통념상 상당한 범위라면 허용될 것이라고 본다.[52] 즉 회사에 의한 이익공여가 주주의 권리행사에 관한 것이라고 하더라도 예외적으로 허용되는 경우가 있을 것이며, 이러한 판단기준으로는 회사운영의 건전성과 회사재산의 낭비방지라는 이익공여금지의 취지에서 도출할 수 있다.

본 사안과 같은 경우에는 ① 주주에게 송부된 엽서에 상품권(5,000원 상당)의 증정과 회사제안에 찬성하는 것 사이에는 상호관련이 있다고 할 만한 기재가 있는 점, ② 문화상품권의 제공이 주주에 의한 의결권행사에 적지 않게 영향을 미쳤다는 것으로 볼 수 있다는 점, ③ 회사와 주주 쌍방이 주주의 찬성표획득을 둘러싸고 대립관계에 있는 사안이라는 점을 고려하면 해당 문화상품권의 증정은 회사제안에 찬성하게 하려는 의결권행사의 획득을 목적으로 한 것으로서 주주의 권리행사에 영향을 미칠 염려가 없는 정당한 목적에 의한 것이라고는 할 수 없고, 상법 제467조의2에서 금지하는 이익공여에 해당한다고 할 수 있으며, 이렇게 법령을 위반하여 수집된 위임장권유를 통해서 이루어진 주주총회의 결의는 불공정한 것으로서 결의취소의 소를 제기할 수 있다고 본다.

52) 최기원, 전게서(주 37), 954면; 森本滋, 「違法な利益供与の範囲」, 監査役第167号, 3面·9面.

이익공여 금지 위반과 주주총회 결의 취소
- 대법원 2014. 7. 11.자 2013마2397 결정을 중심으로 -

출전: 기업법연구 제29권 제1호

정 쾌 영*

제1절 서 설

상법은 회사에 대하여 주주의 권리행사와 관련하여 누구에게든지 재산상의 이익을 제공하는 것을 금지하고(제467조의2 제1항), 회사가 재산상의 이익을 공여한 때에는 그 이익의 공여를 받은 자는 이를 회사에 반환하게 하고, 회사에 대하여 대가를 지급한 것이 있는 때에는 그 반환을 받을 수 있다고 규정하고(제467조의2 제3항), 회사의 계산으로 재산상의 이익을 공여한 자와 그 이익을 수수한 자 및 제3자에게 공여하게 한 자에 대해서는 형사처벌을 하고 있다(제634조의2).

이 이익공여의 금지에 위반하여 회사로부터 재산상의 이익을 제공받은 주주가 의결권 등 주주의 권리를 행사한 경우에 그 권리행사의 효력에는 아무런 영향이 없다는 것이 우리나라 통설이었다. 즉 회사가 주주에게 재산상의 이익을 제공한 경우에 이익공여를 받은 상대방은 그 공여받은 이익을 반환할 의무만 부담하고, 이익공여와 관련된 권리행사의 효력에는 영향이 없으며,[1)]

* 신라대학교 공공인재학부 교수.

주주가 회사로부터 받은 이익을 대가로 의결권을 행사하였다고 하더라도 주주총회의 결의 자체의 효력에는 아무런 영향을 미치지 않는다는 입장이었다.[2]

그런데 최근 대법원은 이에 관하여 주목되는 결정을 했다. 주식회사가 사전투표에 참여한 다수의 주주에게 골프장 예약권 등의 이익을 제공하고 주주총회를 개최하여 이사 등의 선임결의를 한 경우에 그 주주총회 결의는 취소사유에 해당한다는 대법원의 결정이었다.[3] 원심법원은 "비록 이익을 얻은 대가로 의결권을 행사하였다고 하더라도 주주권 행사의 효력 자체에는 영향이 없어 주주총회의 결의 자체는 유효하다"고 하였으나, 대법원은 "정관을 위반하여 사전투표기간을 연장하고 사전투표기간에 전체 투표수의 약 67%에 해당하는 주주들의 의결권행사와 관련하여 사회통념상 허용되는 범위를 넘어서는 위법한 이익이 제공됨으로써 주주총회결의 취소사유에 해당하는 하자가 있다"고 판시하여 원심결정을 파기환송하였다.

이러한 대법원의 판시는 이익공여의 금지에 대한 종래의 학설과 전혀 다른 취지의 판결이어서 그 타당성 여부가 문제된다. 이에 본고는 이익공여를 받은 주주가 그 이익을 얻은 대가로 한 주주권 행사의 효력은 어떠한지, 또 주주총회 결의와 관련하여 주주에게 제공된 이익공여가 과연 주주총회 결의 취소사유에 해당하는지 여부에 관하여 검토한다.

---

1) 강위두·임재호, 「제3전정 商法講義(上)」, 형설출판사, 2009, 1006면; 박상조, 「신회사법론 제3증보판」, 형설출판사, 2000, 822면; 이철송, 「제22판 會社法講義」, 박영사, 2014, 987면; 김선정, "株主의 權利行使에 관한 利益供與의 禁止 -소위 총회꾼의 橫暴에 대한 法的 對應-", 「개발논총」 제2집, 동국대학교, 1992, 34면.

2) 정동윤, 「제7판 會社法」, 법문사, 2005, 648면; 정찬형, 「제18판 상법강의(상)」, 박영사, 2015, 1173면; 최준선, 「제9판 會社法」(삼영사, 2014), 402면.

3) 대법원 2014. 7. 11.자 2013마2397 결정.

제 2 절 사실관계 및 법원의 판단

1. 사실관계

주주제로 운영되는 골프장인 주식회사 창원컨트리클럽은 2012년 11월 13일 이사회를 개최하여, ① 2013년 3월 25일 정기주주총회에서 차기 임원들을 선임하고, ② 이 임원 선임 결의에 관한 사전투표의 시기를 주주총회일로부터 '2주 전'에서 '24일 전'으로 연장하여 2013년 3월 1일부터 2013년 3월 24일까지 24일간 사전투표를 실시하기로 결의하였다. 이 회사는 2013년 2월 5일 이사회를 다시 개최하여, ① 이 사건 사전투표에 참여하는 주주들에게 주주당 1회에 한하여 양도가능한 골프장 예약권을 부여하고, ② 사전투표에 참여하거나 주주총회에서 직접 의결권을 행사하는 주주들에게 20만 원 상당의 상품교환권을 지급하기로 결의하였다.

2013년 3월 25일 개최된 주주총회에서 채권자 '갑'과 당시 이 회사의 대표이사였던 채무자 '을'은 대표이사 후보자로, 채권자 '갑'과 회사 이사들이었던 채무자 A, B, C는 이사 후보자로 등록하였다. 이 주주총회의 사전투표나 주주총회에서 의결권을 행사한 주주들은 이 회사로부터 이사회의 결의 내용대로 골프장 예약권과 상품권을 제공받았다.

이 총회의 대표이사 선임 투표 결과 채권자 '갑'은 676표, 채무자 '을'은 711표를 획득하였고, 특히 사전투표에서는 채권자 '갑'이 226표, 채무자 '을'이 711표를 얻어 채무자 '을'이 압도적으로 우세하였다. 그리고 총 사전투표수 942표 중 연장된 사전투표기간(2013년 3월 1일부터 2013년 3월 10일까지)의 투표수는 610표이고, 나머지 사전투표기간(2013년 3월 11일부터 2013년 3월 24일까지)의 투표수는 332표이다. 이러한 투표결과에 따라 2013년 3월 25일 채무자 '갑'은 이 회사의 대표이사로, 채무자 A, B, C 등 10인은 이사로 선임되었다.

2. 채권자들의 가처분신청 이유

이 주주총회 결의에 대하여 채권자들은 ① 이 회사의 정관 제28조 제4항 후단은 임원 선임 결의에 관한 사전투표와 관련하여, "선거관리위원회는 사전투표함을 주주총회일 2주 전부터 주주총회 개최 1일 전 17시까지 비치하여야 한다"고 규정, 임원 선임 결의를 위한 사전투표의 시기를 주주총회일 2주 전부터로 정하고 있음에도 이 회사는 이사회 결의만으로 주주총회일 24일 전부터 사전투표를 실시하였고, ② 사전투표를 하는 주주에게 골프장 예약권과 상품권을 제공한 것은 주주의 권리행사와 관련하여 상법상 금지되는 이익을 공여한 것이므로, 이 주주총회 결의는 결의방법이 정관과 법령에 위반하여 결의부존재 또는 결의취소사유가 된다고 주장, 채무자들에 대한 직무집행정지가처분 등의 신청을 하였다.

3. 법원의 판단 내용

(1) 원심법원의 판단

원심법원은 채권자들의 이 가처분신청에 대하여, ① 이 정관규정은 사전투표의 종기를 규정한 것일 뿐이고 시기를 규정한 것으로 볼 수 없으므로 이사회 결의로 사전투표기간을 연장한 것이 정관에 위반된다고 볼 수 없으며, ② 골프장 예약권과 상품권의 공여로 인하여 임원 선임과 관련된 주주들의 의사가 왜곡되었다고 볼 수 없으며, ③ 주주의 권리행사와 관련하여 회사가 재산상의 이익을 공여하였다고 하더라도, 그 이익공여는 주주권 행사의 동기에 불과할 뿐이므로, 비록 이익을 얻은 대가로 의결권을 행사하였더라도 주주권 행사의 효력 자체에는 영향이 없어 주주총회의 결의 자체는 유효하다는 점 등에 비추어, 채무자들에 대한 직무집행정지를 구할 피보전권리가 소명되지 않았다고 하여 가처분 신청을 기각하였다.[4]

(2) 대법원의 판단

대법원은 이 사건 골프장 예약권과 상품권은 주주권 행사와 관련되어 교부되었을 뿐만 아니라 그 액수도 사회통념상 허용되는 범위를 넘어서는 것으로서 상법상 금지되는 주주의 권리행사와 관련된 이익공여에 해당하고, 이러

4) 부산고법 2013. 11. 13.자 (창원)2013라70 결정.

한 이익공여에 따른 의결권 행사를 기초로 한 이 사건 주주총회는 그 결의방법이 법령에 위반한 것이라고 봄이 상당하다고 판시했다.[5] 이 사건 주주총회 결의는 정관에 위반하여 사전투표기간을 연장하고, 그 사전투표기간에 전체 투표수의 약 67%(전체 투표수 1411표 중 942표)에 해당하는 주주들의 의결권 행사와 관련하여 사회통념상 허용되는 범위를 넘어서는 위법한 이익이 제공됨으로써 주주총회결의 취소 사유에 해당하는, 결의방법이 법령과 정관에 위반한 하자가 있다고 할 것이므로, 이 사건 가처분신청은 채무자들에 대한 직무집행정지가처분을 구할 피보전권리의 존재가 인정되며, 원심의 판단에는 주주총회결의취소사유에 관한 법리를 오해하여 재판에 영향을 미친 위법이 있다고 선고했다.

제3절 평 석

1. 개 설

이 사건에서 문제되는 논점은 사전투표에 관한 정관 규정의 해석과 이익을 공여받은 주주가 의결권을 행사한 주주총회 결의의 효력이다. 주주가 회사로부터 재산상의 이익을 공여받은 후 의결권을 행사한 경우에 그 의결권 행사의 효력 자체는 유효한가, 주주들의 의결권 행사와 관련하여 사회통념상 허용되는 범위를 넘어서는 위법한 이익의 제공이 주주총회 결의 취소 사유에 해당하는가, 사전투표함의 비치 기간에 관한 이 회사 정관의 규정이 사전투표의 종기를 규정한 것일 뿐이고 시기(始期)를 정한 것이 아닌가, 이사회 결의만으로 주주총회일 24일 전부터 사전투표를 실시한 것이 타당한가 등에 관하여 이하에서 검토한다.

5) 대법원 2014. 7. 11.자 2013마2397 결정

2. 이익공여와 의결권 행사에 관한 문제

(1) 서

상법은 회사에 대하여 주주의 권리행사와 관련하여 재산상의 이익을 제공하는 것을 금지하고(제467조의2 제1항), 회사가 재산상의 이익을 공여한 때에는 그 이익의 공여를 받은 자는 이를 회사에 반환하고, 회사에 대하여 대가를 지급한 것이 있는 때에는 그 반환을 받을 수 있다고 규정하고 있다(제467조의2 제3항). 이 이익공여 금지 규정은 총회꾼과 회사의 불건전한 거래를 근절시킴으로써[6] 회사 경영의 건전성을 확보하고 회사 재산의 낭비를 방지하기 위하여 1984년 개정상법에서 신설되었다.

회사가 주주의 권리행사와 관련하여 주주에게 재산상의 이익을 제공한 경우에 우리나라 학설은 회사로부터 이익공여를 받은 상대방은 그 공여받은 이익을 반환할 의무만 부담하고, 이익공여와 관련해 주주의 권리를 행사한 경우에 그 권리행사의 효력에는 영향이 없으며, 주주가 회사로부터 받은 이익을 대가로 의결권을 행사하더라도 주주총회의 결의 자체의 효력에는 아무런 영향을 미치지 않는다고 보고 있다.[7] 그러나 대법원은 상법상 금지되는 이익공여에 따른 의결권 행사를 기초로 한 주주총회는 그 결의방법이 법령에 위반한 것으로서 주주총회 결의 취소의 원인이라고 판시하고 있는 바, 이러한 대법원 판시의 타당성 여부에 대하여 이하에서 검토한다.

(2) 이익공여 금지의 내용

상법 제467조의2 제1항은 회사에 대하여 주주의 권리행사와 관련하여 누구에게든지 재산상의 이익을 제공하는 것을 금지하고 있다. 이익공여가 금지되는 것은 회사가 이익공여의 주체인 경우이며, 여기서 회사란 '회사의 계산으로'라는 뜻이다.[8] 이사·감사·지배인 등이나 자회사, 관련회사, 사업자단체 등

---

6) 법무부, 상법(회사편)해설자료, 2008. 11, 140면; 이철송, 앞의 책, 984~985면; 최준선, 앞의 책, 400~401면.

7) 정동윤, 앞의 책, 648면; 정찬형, 앞의 책, 1173면; 최준선, 앞의 책, 402면; 강위두·임재호, 앞의 책, 1006면; 박상조, 앞의 책, 822면; 이철송, 앞의 책, 987면; 김선정, 앞의 논문, 34면.

8) 최기원, 앞의 책, 952면; 최준선, 앞의 책, 401면; 박영길, "이익공여의 금지", 「고시계」 통권 392호, 고시계사, 1989, 126면.

을 이용한 공여라도 그 이익공여가 실질적·최종적으로 회사의 부담이 되는 때에는 회사의 이익공여로서 금지된다.[9] 이익공여의 상대방에는 주주는 물론 주주와 특별한 관계가 있는 자, 의결권대리행사자, 주주가 지정한 자 및 주주에 대하여 영향력이 있는 자를 포함하며, 또 자연인뿐만 아니라 법인이나 공공단체, 권리능력 없는 사단이어도 무방하다.[10]

이익공여로서 금지되는 것은 재산상의 이익의 제공이다. 여기서 재산상의 이익에는 금전의 교부, 물건의 제공, 신용 제공, 노무의 제공, 공사의 도급, 시설 이용의 허용, 각종 이권 제공, 신주인수권의 부여, 재산상의 이익이 수여되는 지위의 부여, 여행비나 골프 비용의 지급, 기업비밀이나 비공개 정보의 제공 등 적극적인 경우는 물론 채무 면제, 채권의 포기, 채무보증, 변제기일의 연기 등 재산적 가치가 있는 유·무형의 모든 경제적 이익을 포함한다(통설).[11]

그리고 회사가 주주에게 특별한 이익을 제공하는 경우에 그 이익의 제공이 주주평등의 원칙에 위배되지 아니하는 경우에는 이익공여에 해당하지 아니하나, 주주평등의 원칙에 위반하는 경우에는 동시에 이익공여에도 해당한다. 가령 대주주에 대한 고가의 신년 하례품 제공 등 일부 주주에게만 금전 등을 제공하는 것은 위법배당으로 될 수 있으며, 이러한 이익의 제공이 주주의 권리행사와 관련되는 경우에는 이익공여에 해당한다.[12]

또 가령 정족수 확보 등을 목적으로 의결권을 행사한 주주에게 상품권 등을 제공하는 행위는 주주의 의결권 행사를 촉진하여 주주총회 결의의 성립을 확보하고 회사의 정당한 이익을 보호하기 위한 목적에서 이루어진 것이므로 이익공여에 해당하지 않는다.[13] 총회 참석 주주들에게 의례적으로 제공하는

---

9) 김선정, 앞의 논문, 26면.

10) 정쾌영, "4. 이익공여금지", 「한국상사법학회편 주식회사법대계 Ⅱ」, 법문사, 2013, 236~237면.

11) 정찬형, 앞의 책, 1172면; 이철송, 앞의 책, 986면; 정쾌영, 위의 "4. 이익공여금지", 238~239면. 공여 금지 대상인 이익은 형법상의 증뢰죄와는 달리 사람의 욕망 또는 수요를 만족시킬 수 있는 모든 것을 제공하는 것을 금지하는 것이 아니라 재산상의 이익의 제공만이 금지되며, 의도적으로 시효소멸시키는 것, 기업비밀과 같이 재산상의 이익을 증식시키는 정보나 독점적 거래의 기회 등의 제공도 재산상의 이익 공여가 된다. 酒卷俊雄/龍田節, 「逐條解說 會社法」 第2券 株式·1, 일본; 中央經濟史, 2009, 176면.

12) 정쾌영, "주주평등의 원칙에 대한 재고", 「商事判例硏究」 제23집 제4권, 한국상사판례학회, 2010, 155면.

13) 양만식, "위임장 권유와 주주총회 결의의 취소", 「企業法硏究」 제23권 제3호(통권 제38호), 한국기업법학회, 2009, 179면.

음료수나 식사 접대, 기념품 증정, 주차요금의 회사 부담, 명절·신년의 관행상 선물 등도 이익공여에 해당하지 않는다. 그러나 출석 주주에 대한 일당이나 여비 또는 음식비 상당액 초과 식사비 지급, 고가의 기념품 제공, 회사 제안 의안에 찬성한 의결권 행사 서면을 송부한 주주에 대한 상품권 등의 제공은 이익공여에 해당된다.[14)]

이러한 이익의 공여가 금지되는 것은 그 이익공여가 주주의 권리행사와 관련되는 경우이다. 주주의 권리행사는 주주권의 적극적인 행사뿐만 아니라 소극적인 불행사를 포함하며, 그 행사 또는 불행사의 위법성 여부도 묻지 아니한다.[15)] 이익공여와 권리행사와의 관련성은 주주의 권리행사에 관하여 영향을 주려는 의도를 가지고 있을 때 인정된다.[16)] 이 관련성에 대하여 이익공여자와 그 상대방이 이익의 공여 당시에 인식을 하고 있어야 하는가에 관하여, 학설은 이익공여 당시에 이익공여가 주주의 권리행사에 관한 것이라는 공여 주체의 인식만 있으면 되고, 공여의 상대방에게는 이러한 인식이 없더라도 무방하다고 한다.[17)]

이익공여와 권리행사와의 관련성은 일정한 경우에 추정된다. 상법 제467조의2 제2항은 회사가 특정의 주주에 대하여 무상으로 재산상의 이익을 공여하거나, 유상으로 재산상의 이익을 공여하더라도 회사가 얻은 이익이 공여한 이익에 비하여 현저하게 적은 경우에는 주주의 권리행사와 관련하여 공여한 것으로 추정하고 있다. 이 추정에 관하여 이익이 특정의 주주가 아니라 주주 전체 또는 총회 출석 주주 전원이나 추첨방법으로 선별된 일부 주주에게 공여된 경우에는 이 추정이 인정되지 않는다는 견해가 있다.[18)] 물론 주주 전체를 특정의 주주라 할 수 없으나, 총회 출석 주주 전원은 상법 제467조의2 제2항의 '특정의 주주'에 포함된다고 보는 것이 타당하다. 사전투표를 하거나 총회에 출석하여 의결권을 행사하는 주주 전원에게 이익을 제공하는 것은 주주평등의 원칙과 관련하여 이익공여에 해당하며, 가령 회사 또는 현직 임원들이

---

14) 김선정, 앞의 논문, 28~30면; 양만식, 위의 논문, 179면.
15) 박상조, 앞의 책, 821면; 정동윤, 앞의 책, 647면; 최기원, 앞의 책, 953면; 이철송, 앞의 책, 987면.
16) 최기원, 앞의 책, 953면; 김선정, 앞의 논문, 31면.
17) 최기원, 앞의 책, 953면; 김선정, 앞의 논문, 26면, 32면.
18) 박영길, 앞의 논문, 130면; 김선정, 앞의 논문, 33면.

제안한 일정한 의안이나 의제를 관철시키기기 위하여 사전투표를 하거나 총회에서 의결권을 행사하는 주주 전원에게 무차별적으로 금품 등의 경제적 이익을 살포하는 경우에는 주주의 권리행사와 관련하여 공여한 것으로 추정하는 것이 합리적이기 때문이다.

이 사건에서 위 회사는 이사회를 개최하여, 사전투표에 참여하는 주주들에게 주주당 1회에 한하여 양도가능한 골프장 예약권을 부여하고, 사전투표에 참여하거나 주주총회에서 직접 의결권을 행사하는 주주들에게 20만 원 상당의 상품교환권을 지급하기로 결의하였으며, 실제 사전투표나 주주총회에서 의결권을 행사한 주주들은 회사로부터 이러한 이익을 제공받았는 바, 이러한 골프장 예약권과 상품권의 제공은 주주총회의 의결권 행사에 관련된 이익공여로서 상법상 이익공여 금지 규정의 위반이라는 점에 대해서는 이론의 여지가 없다.

(3) 이익공여금지 위반의 효과

가. 이익공여를 받은 자의 반환의무

이익공여 금지 규정에 위반하여 회사가 재산상의 이익을 공여한 때에는 그 이익의 공여를 받은 자는 이를 회사에 반환하여야 한다(467조의2 3항 전문). 원래 이익공여 금지 규정에 위반하는 이익의 공여는 강행법규 위반으로 무효이므로 공여받은 자는 그 이익을 부당이득으로 반환해야 하지만, 회사가 채무 없음을 알고 공여한 때에는 비채변제(민법 742조)가 되고, 회사에 불법원인이 있는 때에는 불법원인급여(민법 746조)로서 반환의무가 없으나, 이 규정은 이에 대한 특칙으로서 회사의 반환청구권을 인정하고 있다는 것이 통설이다.[19] 공여 이익의 반환에 있어서 이익공여를 받은 상대방의 선의 또는 악의는 문제되지 아니하며, 이익공여의 상대방이 이익을 공여받을 당시 선의였더라도 반환의무를 진다.[20]

이익공여 금지 규정에 위반하여 이익을 공여받은 자에 대해서는 회사가 그 받은 이익의 반환을 청구할 수 있으나, 소수주주도 상법 제403조 내지 제

---

19) 강위두·임재호, 앞의 책, 1006면; 정동윤, 앞의 책, 649면; 박상조, 앞의 책, 823면; 이기수·최병규·조지현, 「제8판 會社法」, 박영사, 2009, 543면; 이철송, 앞의 책, 987면; 최준선, 앞의 책, 402면.

20) 박영길, 앞의 논문, 132면; 김선정, 앞의 논문, 33면.

406조의 규정에 따라 주주대표소송에 의하여 그 반환을 청구할 수 있다(467조의2 4항).

나. 회사의 대가반환의무

이익공여 금지 규정에 위반하는 회사의 이익공여에 대하여 상대방이 회사에 대가를 지급한 때에는 회사는 상대방에게 그 대가를 반환하여야 한다(467조의2 3항 후문). 회사가 이익공여의 대가로서 상대방으로부터 대가를 받은 때에는 이익공여를 받은 자는 그 차액을 반환할 것이 아니라, 받은 이익 전부를 반환하여야 하며, 회사는 그 대가를 반환해야 하는 것이다. 회사의 반환의무는 형평의 원칙에 의한 법정의무로서 상대방의 반환의무와 동시이행의 관계에 있다.[21)]

다. 이사 및 감사의 민사책임

이사가 고의 또는 과실로 이익공여 금지 규정에 위반하여 이익을 공여한 경우에 이사는 이로 인하여 회사가 입은 손해를 연대하여 배상할 책임이 있다(399조 1항). 이익공여가 이사회의 결의에 의한 것인 때에는 그 결의에 찬성한 이사도 이와 동일한 책임을 지며(399조 2항), 그 결의에 참가한 이사로서 이의를 한 기재가 의사록에 없는 자는 그 결의에 찬성한 것으로 추정한다(399조 3항). 또 이사는 다른 이사나 사용인의 업무집행에 관하여 감시의무를 부담하므로, 다른 이사나 사용인의 위법한 이익공여에 대하여 감시의무 해태로 인한 손해배상책임을 진다(399조 1항, 382조 2항, 민법 681조).[22)] 감사와 감사위원회 위원도 이익공여행위에 대하여 그 임무를 해태한 때에는 회사에 대하여 이사와 연대하여 손해배상책임을 진다(414조 1,3항, 415조의2 7항).

라. 이익공여자 등의 형사책임

주식회사의 이사, 집행임원, 감사위원회 위원, 감사, 이사 등의 직무대행자, 지배인, 그 밖의 사용인이 주주의 권리 행사와 관련하여 회사의 계산으로 재산상의 이익을 공여한 경우에는 '주주의 권리행사에 관한 이익공여죄'로 처벌되며(상법 634조의2 1항), 이 이익을 수수하거나 제3자에게 이를 공여하게 한

21) 최기원, 앞의 책, 955면; 최준선, 앞의 책, 402면; 김선정, 앞의 논문, 34면.
22) 박영길, 앞의 논문, 133면.

자도 처벌된다(상법 634조의2 2항).

마. 이익공여를 받은 주주의 권리행사의 효력

상법은 이익공여를 받은 상대방에 대하여 그 공여받은 이익을 반환하도록 하고, 또 형사처벌을 하고 있으나, 이익공여를 받은 자가 주주의 권리행사와 관련하여 이익을 공여받은 경우에 그 권리행사의 효력에 대하여는 아무런 규정이 없다. 따라서 이익공여를 받은 자의 권리행사의 효력은 유효인가 아니면 무효인가 문제될 수 있다.

이에 관하여 종래 우리나라 학설은 주주가 이익공여와 관련해 권리를 행사한 경우에 그 권리행사의 효력에는 영향이 없으며, 이익을 대가로 의결권을 행사하였다고 하더라도 주주총회의 결의 자체의 효력에는 아무런 영향을 미치지 않는다는 것이 통설임은 앞서 기술한 바와 같다. 원심법원도 골프장 예약권과 상품권의 공여로 인하여 임원 선임과 관련된 주주들의 의사가 왜곡되었다고 볼 수 없으며, 주주의 권리행사와 관련하여 회사가 재산상의 이익을 공여하였다고 하더라도, 그 이익공여는 주주권 행사의 동기에 불과할 뿐이므로, 비록 이익을 얻은 대가로 의결권을 행사하였더라도 주주권 행사의 효력 자체에는 영향이 없다고 하여 이러한 통설의 입장을 따르고 있다.

그러나 이에 관하여 일본에서는 2007년에 회사가 주주총회에서의 의결권 행사를 조건으로 주주 1명에게 Quo카드 1매(500엔 상당)를 제공한 것은 일본 회사법 제120조 제1항에서 금지하는 이익공여에 해당하고, 이러한 이익공여를 받은 결의는 결의방법에 법령위반이 있다고 하여 주주총회 결의를 취소한 하급심의 판결[23]이 있었고, 일본의 학설도 이를 지지하고 있다.[24]

우리나라 대법원의 위 사건 결정에서는 "이 사건 골프장 예약권과 상품권은 주주권 행사와 관련되어 교부되었을 뿐만 아니라, 그 액수도 사회통념상 허용되는 범위를 넘어서는 것으로서 상법상 금지되는 주주의 권리행사와 관련된 이익공여에 해당하고, 이러한 이익공여에 따른 의결권 행사를 기초로 한

---

23) 東京地判 2007年 12月 6日 判決, 「判例タイムズ」 第1258號, 2008. 3, 69면.

24) 酒巻俊之, "會社法下における株主總會等の決議の取消しの訴え", 「日本法學」 제80권 제3호, 일본; 日本大學 法學研究所, 2015. 1, 416면; 村田敏一, "株主の権利行使に関する利益供与について—民事責任と刑事責任". 「立命館法學」 2012年 5·6号(345 · 346号), 일본; 立命館大學校, 823면.

이 사건 주주총회는 그 결의방법이 법령에 위반한 것이라고 봄이 상당하다"고 판시하였다. 이익공여에 따른 의결권 행사는 결의방법의 법령위반으로서 결의취소의 원인이라는 것이다. 따라서 이익공여가 주주총회 결의방법의 법령위반에 해당되는지 검토의 필요가 있다.

(4) 이익공여 금지 위반과 주주총회 결의취소의 원인

가. 주주총회 결의취소의 의의

상법은 주주총회 결의에 하자가 있는 경우에 그 하자가 비교적 경미한 경우에는 결의 취소의 대상으로 하며, 결의 내용이 법령을 위반한 경우와 같이 그 하자가 중대한 경우에는 결의 무효확인의 소의 대상으로 하고, 특히 하자가 명백하고 중대하여 총회 결의가 외형상으로도 존재한다고 볼 수 없는 경우에는 총회 결의 부존재 확인의 소의 대상으로 하고 있다.

결의취소는 결의취소의 원인이 있는 때에 소의 제기에 의하여서만 주장할 수 있으며, 결의취소의 소는 주주·이사 또는 감사가 결의의 날로부터 2월 내에 제기할 수 있다(상법 376조 1항). 결의 취소의 소는 본점소재지의 지방법원의 관할에 전속한다(상법 376조 2항, 186조). 결의취소의 소가 제기된 경우에 결의의 내용, 회사의 현황과 제반사정을 참작하여 그 취소가 부적당하다고 인정한 때에는 법원은 그 청구를 기각할 수 있다(상법 379조). 결의취소의 소에 대하여 법원이 심리하여 결의취소 판결을 한 경우에 결의의 효력이 무효로 되며, 결의취소의 판결은 제3자에 대하여도 그 효력이 있다(상법 376조 2항, 190조).

나. 주주총회 결의취소의 원인

주주총회 결의의 취소 원인은 주주총회의 소집절차 또는 결의방법이 법령 또는 정관에 위반하거나 현저하게 불공정한 때 또는 결의의 내용이 정관에 위반한 때이다(상법 376조 1항).

주주총회 소집절차의 법령 또는 정관 위반은 이사회의 소집결의의 하자, 소집권한 없는 자에 의한 소집, 소집통지의 흠결과 소집통지기간의 부준수 등의 소집통지상의 하자, 총회 소집 목적사항 이외의 결의 등이다.

결의방법의 법령 또는 정관 위반은 주주 또는 그 대리인 아닌 자의 결의 참가, 의결권이 제한되는 주주의 의결권 행사, 결의요건의 법령 또는 정관 위반, 의결권의 불통일 행사에 관한 규정 위반, 서면에 의한 의결권 행사 규정의 위반, 의결권 없는 주식의 의결권 행사, 집중투표에 관한 규정 위반, 정족수 및 의결권의 계산 등의 위반, 자회사가 보유하는 모회사 주식에 기한 의결권 행사, 정관상 의장이 될 수 없는 자가 정당한 사유 없이 의사에 관여한 경우,[25] 이사의 출석 없이 개최한 총회, 강행법규에 위반하는 정관 규정에 따른 총회의 결의 등과 같이 결의방법이 상법 기타 법령이나 정관의 규정에 위반하는 경우이다.

소집절차 또는 결의방법이 현저하게 불공정한 경우는 부당하게 주주의 발언을 제한하거나 퇴장시키는 경우, 총회꾼을 동원하는 등 불안정한 분위기를 조성하여 결의하는 경우, 결의에 반대가 예상되는 주주의 출석을 지연시키고 이를 틈타 의안을 가결시킨 경우, 표결이 주주의 의사표시를 왜곡시키는 방법으로 이루어진 경우,[26] 결의에 필요한 정보를 허위로 제공하거나 필요한 정보를 제공하지 않음으로써 주주의 의결권 행사를 오도한 경우 등이다.[27]

결의내용의 정관 위반은 정관이 정하는 이사의 자격이 없는 자를 이사로 선임하는 결의, 정관이 정하는 정원을 초과하여 이사를 선임하는 결의, 이사에게 정관에서 정한 금액 이상의 보수를 지급하는 결의 등이며,[28] 결의의 내용이 정관에 위반하고 동시에 법령에도 위반하는 경우에는 결의 취소의 원인이 아니고 주주총회 결의 무효의 원인(상법 380조)으로 된다.

다. 주주총회 결의 방법과 이익공여의 관계

대법원은 이익공여에 따른 의결권 행사를 기초로 한 이 사건 주주총회는 그 결의방법이 법령에 위반한 것이라고 한다. 이익공여 금지 규정의 위반을 결의방법의 법령위반으로 볼 수 있는지 문제된다. 이 회사는 2013년 2월 5일 이사회를 다시 개최하여, 이 사건 사전투표에 참여하는 주주들에게 주주당 1회에 한하여 양도가능한 골프장 예약권을 부여하고, 사전투표에 참여하거나 주주총회에서 직접 의결권을 행사하는 주주들에게 20만 원 상당의 상품교환

25) 대법원 1977. 9. 28. 선고 76다2386 판결.
26) 대법원 1996. 12. 20. 선고 96다39998 판결.
27) 이철송, "Ⅳ.주주총회결의의 하자", 「한국상사법학회편 주식회사법대계 Ⅱ」, 법문사, 2013, 279면.
28) 최준선, 앞의 책, 409면.

권을 지급하기로 결의하였으며, 실제 사전투표나 주주총회에서 직접 의결권을 행사한 주주들은 이 회사로부터 이사회의 결의 내용대로 골프장 예약권과 상품권을 제공받았는데, 이처럼 의결권 행사에 관한 이익공여가 결의방법의 법령 위반으로 되는가 하는 점이다.

주지하다시피 주주총회의 소집절차는 이사회의 소집 결정과 주주에 대한 통지로 구성되며, 결의방법은 총회장에서 공정한 결의를 이끌어 내기 위해 행해지는 절차와 형식이다.[29] 결의방법의 법령 또는 정관 위반은 의사의 진행과 발안, 질의와 답변, 표결 등 결의에 관한 일련의 절차와 형식에 관한 법령 또는 정관의 규정에 위반하는 것을 말한다. 앞에서 언급한 바와 같이 결의방법의 법령 또는 정관 위반은 주주 또는 대리인 아닌 자의 결의 참가, 의결권이 제한되는 주주의 의결권 행사, 결의요건의 법령 또는 정관 위반, 의결권의 불통일 행사에 관한 규정 위반, 서면에 의한 의결권 행사 규정의 위반 등과 같이 결의에 관한 규정을 직접 위반하는 경우이다. 따라서 이익공여는 상법의 이익공여 금지 규정을 위반한 것으로서 법령위반에 속하는 것은 분명하지만, 결의의 절차나 형식에 관한 것이 아니므로, 상법의 이익공여 금지 규정 위반을 결의방법의 법령위반으로 보는 것은 무리가 있다.

주주의 의결권 행사와 관련되는 이익의 공여는 결의방법의 불공정에 해당하지 않는지 문제된다. 일반적으로 결의방법이 현저하게 불공정한 경우란 결의방법이 법령에 위반한 것은 아니나, 공정한 결의의 성립을 방해하는 현저한 사유가 있는 경우를 말한다. 위에서 언급한 바와 같이 의결권 있는 주주의 총회장 출입을 막거나 결의에 필요한 정보를 허위로 제공하는 등의 방법으로 주주의 적정한 의결권 행사를 그르치게 하는 것이 이에 해당한다. 그렇다면 주주총회를 앞두고 일부 주주들에게 이익을 제공하는 것은 어떠한가. 물론 주주가 이익을 제공받더라도 주주총회에서 자신의 의결권을 그 이익의 수수에 관계없이 자신의 고유한 소신에 따라 행사하는 경우도 있을 수 있다. 그러나 주주 역시 자신의 의결권 행사에 관하여 상당한 이익을 제공받으면 그 이익제공자 측이 원하는 방향으로 의결권을 행사하는 것이 인지상정(人之常情)일 것이다.

29) 이철송, 앞의 "Ⅳ. 주주총회결의의 하자", 277면.

더욱이 회사가 이사회에서 사전투표에 참여하는 주주들에게 주주당 1회에 한하여 양도가능한 골프장 예약권을 부여하고, 사전투표에 참여하거나 주주총회에서 직접 의결권을 행사하는 주주들에게 20만 원 상당의 상품교환권을 지급하기로 결의하였다. 주주들에게 제공되는 이익의 규모가 매우 큰데다, 그 당시 현직 대표이사가 차기 대표이사 후보로, 현직 이사들이 차기 이사 후보로 출마하면서 사전투표나 주주총회에서 투표에 참여하는 주주들에게 골프장 예약권과 상품권을 제공하는 경우에 그 이익을 제공받는 일반주주들이 모두 그 이익의 제공에 관계없이 자신의 소신에 따라 투표할 것이라고 믿는다면 우리 사회의 일반적인 경험칙과는 동떨어진 발상이다. 회사가 의결권을 행사하는 주주들에게 이처럼 상당한 규모의 이익을 제공하는 경우에 그 이익을 수령하는 다수의 일반주주들로서는 당시 현직에 있던 임원들이 원하는 방향으로 의결권을 행사할 개연성이 매우 높다고 보는 것이 상식에 합치될 것이다.

따라서 이러한 점을 감안하면 임원 선임을 위한 주주총회에 종래의 대표이사와 이사들이 차기 대표이사 또는 이사 후보자로 출마하고, 그 선임을 위한 사전투표나 총회 투표 시에 표결에 참여하는 주주들에게 이익을 공여하는 것은 단순히 주주의 의결권 행사를 독려하여 주주총회 결의의 성립을 확보하고 회사의 정당한 이익을 보호하기 위한 목적이라고 보기 어렵다. 대표이사 또는 이사 후보자로 출마한 임원 등으로 구성된 이사회에서 결의하여 골프장 예약권과 20만 원 상당의 상품교환권을 지급하는 목적은 주주들의 소신에 따른 공정한 결의 성립을 위한 것이 아니라, 대표이사 또는 이사 후보자로 출마한 임원들에게 투표를 해달라는 의도에 기인한다고 보는 것이 논리적으로 맞다. 회사가 주주총회의 차기 임원 선출을 전제로 표결에 참여하는 주주들에게 상법의 이익공여금지에 위반하여 상당한 이익을 제공하는 것은 주주총회에 있어서 결의방법의 현저한 불공정에 해당한다고 보는 것이 타당하다.

3. 사전투표의 시기에 관한 문제

(1) 사전투표의 의의

이 사건에서 말하는 사전투표는 현행 상법상 주주총회 결의 전에 일부 주주가 주주총회에 참석하지 않고 서면투표 또는 전자투표를 통하여 의결권을 행사하는 것을 지칭하는 것으로 보인다.[30] 서면투표는 주주가 의결권을 행사하는데 필요한 서면에 의안에 대한 찬반의 표시를 하여 회사에 제출하면 주주총회에 출석하여 행사한 의결권으로 취급되고 그 표시의 내용에 따라 주주총회의 찬반 표결 수에 산입하는 제도를 말한다(상법 제368조의3 1항). 전자투표는 주주가 주주총회에 출석하지 않고 전자적 방법으로 의결권을 행사하는 것으로서 회사가 통지·공고한 인터넷주소로 회사가 정한 방법에 따라 전자적 방법으로 의결권을 행사하면 서면투표의 경우와 같이 주주가 주주총회에서 의결권을 행사한 것과 같이 취급하는 제도이다(상법 제368조의4 1항).

이 서면투표와 전자투표는 주주총회에 주주가 출석하기 어려운 경우에 주주총회장에 직접 출석하지 않더라도 그 의결권을 용이하게 행사할 수 있도록 함으로써 주주의 불출석으로 인한 주주총회 결의 불성립을 방지하기 위하여 서면투표는 1999년 12월 31일 상법 개정시에, 전자투표는 2009년 5월 28일 상법개정시에 신설된 제도이다.

(2) 서면투표와 전자투표의 실시방법

서면투표는 회사가 정관에 규정을 둔 경우에 한하여 실시되며, 정관에 서

30) 이 사전투표에 관하여 주주총회의 안건에 대하여 주주총회일보다 앞선 일정한 기간 또는 일시에 주주들이 개별적으로 의결권을 행사하고, 이를 주주총회 당일의 의결권 행사와 합하여 최종적으로 주주총회의 총의를 도출하는 방식으로 정의하고, 사전투표는 주주가 투표장에 출석하여 의결권을 행사하므로 출석투표이며, 부재자(불출석)투표의 일종인 서면투표나 전자투표와 차별성을 갖는다고 하여, 사전투표가 서면투표나 전자투표와 전혀 다른 것으로 보는 견해(김성탁, “사전투표에 의한 주주의 의결권행사－필요성, 가능성, 규율의 법리를 중심으로－”, 「상사판례연구」 제28집 제2권, 한국상사판례학회, 2015, 9면, 강대섭, “주주권행사에 관한 이익공여와 주주총회 결의의 효력”, 「상사법연구」 제34권 제1호, 한국상사법학회, 2015, 240면도 이와 유사한 입장이다)가 있다. 그런데 서면투표나 전자투표도 의결권 행사 방식에 있어서 서면에 의하는가, 전자적 방법에 의하는가의 차이가 있을 뿐, 주주총회일 이전에 총회 안건에 대하여 의결권을 행사하고, 이를 주주총회 당일의 의결권 행사 결과와 합하여 주주총회의 총의를 도출하는 방식이라는 점은 동일하다. 특히 서면투표에 있어서 상법 제368조의3 제1항의 ‘총회에 출석하지 아니하고’는 주주가 주주총회의 총회일 당일에 회의장에 출석하지 아니한다는 의미이며, 총회일 이전에 투표장에 직접 가는가 여부는 아무런 상관이 없다. ‘서면에 의하여 의결권을 행사’함에 있어서도 주주가 의결권 행사 서면을 우편으로 우송하든, 본인이 투표장에 직접 가든, 인편에 전달하든 모두 상법 제368조의3 제1항의 서면투표이다(이철송, 「회사법강의」, 박영사, 2015, 551면). 즉, 서면투표는 서면에 의한 사전투표이고, 전자투표는 전자적 방법에 의한 사전투표이다. 그러므로 주주가 주주총회일 전에 투표장에 가서 투표하는 것을 특히 사전투표라 하여, 상법 제368조의3 제1항의 서면투표와는 다른 별개의 투표방법이라고 보는 것은 타당하지 않다.

면투표를 할 수 있다는 규정을 둔 때에는 반드시 실시하여야 한다.[31] 따라서 정관에 의하여 서면투표를 채택한 회사가 주주총회를 개최하는 경우에는 총회소집통지서에 주주가 의결권을 행사하는데 필요한 서면과 참고자료를 첨부하여야 하며(상법 제368조의3 2항), 주주는 이 서면에 찬반의 표시를 하여 회사에 직접 또는 우편 등의 방법으로 제출하여야 한다.

전자투표는 정관의 규정이 없더라도 이사회의 결의만으로 실시한다. 이사회가 전자투표를 실시하기로 결의한 때에는 주주총회의 소집 통지·공고에 전자투표의 방법으로 의결권을 행사할 수 있다는 뜻과 전자투표를 할 인터넷주소, 전자투표를 할 기간, 그 밖에 주주의 전자투표에 필요한 기술적인 사항을 기재하여야 하고(상법 제368조의4 2항, 상법시행령 제13조 2항), 의결권행사에 필요한 양식과 참고자료를 전자적 방법으로 주주에게 제공하여야 하며, 주주가 전자투표를 할 때에는 「전자서명법」 제2조 제3호에 따른 공인전자서명을 통하여 주주 확인을 받아 회사가 통지·공고한 인터넷주소로 투표를 하여야 한다(상법 제368조의4 3항, 상법시행령 제13조 1항).

회사는 서면투표와 전자투표 중 어느 하나만 실시할 수도 있으나, 양자를 동시에 병행할 수도 있다. 물론 양자가 병행되는 경우에 주주는 동일한 주식에 관하여 전자적 방법 또는 서면 중 어느 하나의 방법을 선택하여야 하나(상법 제368조의4 4항), 의결권을 행사할 주식을 나누어 일부는 서면투표로, 일부는 전자투표로 의결권을 행사하는 것도 가능하다. 이 경우 투표의 내용이 다른 때에는 의결권 불통일 행사가 되므로 그 요건을 갖추어야 함은 두말의 필요가 없다.

(3) 서면투표와 전자투표의 투표기간

서면투표나 전자투표는 언제부터 언제까지 할 수 있는가 하는 점이 여기서 문제된다. 현행법상 전자투표의 시기(始期)에 관한 규정은 없으며, 종기(終期)에 대해서는 상법시행령에서 정하고 있다. 즉 상법시행령은 전자투표에 있어서 투표할 기간은 회사가 정하도록 하되 그 종료일은 주주총회 전날까지로 정하도록 규정하고 있다(상법시행령 제13조 2항 2호). 서면투표에 있어서는 그

31) 이철송, 앞의 책, 548면.

투표서면의 제출시기에 관하여 이와 같은 명문의 규정이 없다. 따라서 학설은 서면투표에 있어서도 전자투표의 경우와 그 제출시기를 차별할 이유가 없으므로 총회일의 전일까지 회사에 투표서면이 도달해야 한다고 해석하고 있다.[32]

그렇다면 서면투표나 전자투표의 시기는 언제인가 문제된다. 현행법상 이에 관한 규정이 없으므로, 그 시기에 관하여는 먼저 정관의 규정에 의하여야 하고, 정관의 규정이 없으면 주주총회의 소집에 관한 이사회의 결의 시에 정할 수 있다고 본다. 따라서 정관에서 이 시기에 관한 규정이 있는 때에는 그 시기부터 총회일 전일까지 서면투표의 경우에는 투표서면이 회사에 도달하여야 하고, 전자투표의 경우에는 회사가 지정한 정보처리시스템에 투표의 전자문서가 입력되어야 의결권 행사의 효력이 인정되는 것이다.[33]

(4) 사전투표의 정관 위반 여부

이 사건 회사의 정관 제28조 제4항 후단은 임원 선임 결의에 관한 사전투표와 관련하여, "선거관리위원회는 사전투표함을 주주총회일 2주 전부터 주주총회 개최 1일 전 17시까지 비치하여야 한다"고 규정하고 있다. 이 규정은 사전투표함의 비치에 관한 것으로 서면투표를 전제로 한 것으로 보아야 한다. 서면투표는 주주들이 기표하여 회사에 제출한 투표서면을 보관할 투표함이 회사에 비치된 이후에 실시하는 것이 합리적이라는 점을 감안하면, 이 규정은 서면투표의 투표기간을 정하고 있는 것으로 해석하는 것이 타당하다.

이 정관의 규정에 대하여 원심법원처럼 사전투표의 종기를 규정한 것일 뿐이고 시기를 규정한 것이 아니라고 볼 수도 있을까. 그러나 이 규정은 명백하게 주주총회일 2주 전부터 주주총회 개최 1일 전이라고 명시하고 있는데,

---

32) 최준선, 앞의 책, 370면, 이철송, 앞의 책, 549면.

33) 전자문서및전자거래기본법 제6조 2항은 전자문서의 수신시기에 관하여 수신자가 전자문서를 수신할 정보처리시스템을 지정한 경우에는 그 지정된 정보처리시스템에 입력된 때, 전자문서를 수신할 정보처리시스템을 지정하지 아니한 경우에는 수신자가 관리하는 정보처리시스템에 입력된 때, 전자문서가 지정된 정보처리시스템이 아닌 정보처리시스템에 입력된 경우에는 수신자가 이를 출력한 때 도달한 것으로 본다. 그런데 전자투표에 있어서는 회사가 투표의 전자문서를 수신할 정보처리시스템을 정하여야 하고, 그 밖의 정보처리시스템에 입력된 전자투표는 무효로 처리되므로 전자투표의 시점은 회사가 지정한 정보처리시스템에 투표의 전자문서가 입력된 시점으로 보아야 한다.

이를 오로지 종기로만 보는 것은 문언상 무리가 있다. 또 서면투표의 경우 투표함은 주주총회 2주 전에 비치하여야 하는데, 서면투표의 시기를 훨씬 더 앞당긴다면 투표함도 비치되지 않은 상태에서 서면투표를 하게 되는 경우도 있을 수 있고, 그 결과 투표서면의 유실, 훼손 등의 각종 문제를 초래할 수도 있다. 따라서 사전투표는 투표함이 비치되는 시점부터 실시할 수 있다고 보아야 하므로, 이 정관 규정에서 정하고 있는 '주주총회일 2주 전'은 서면투표의 시기로 보는 것이 합리적이다.

정관에서 이처럼 사전투표의 시기를 주주총회일 2주 전부터로 정하고 있음에도 불구하고, 이사회에서 주주총회일 24일 전부터 사전투표를 실시하도록 정하는 결의는 이러한 정관 규정에 정면으로 위반한 결의로서 무효로 보아야 하며, 이 무효의 결의에 기하여 주주총회일 24일 전부터 사전투표를 실시하고 그 사전투표의 결과를 산입하여 차기 이사들을 선임한 주주총회 결의는 그 결의방법에 있어서 정관을 위반한 하자가 있다고 보아야 한다.

제4절 결 론

대법원은 이 사건 가처분신청에 대한 결정에서 골프장 예약권과 상품권은 주주권 행사와 관련되어 교부되었을 뿐만 아니라 그 액수도 사회통념상 허용되는 범위를 넘어서는 것으로서 상법상 금지되는 주주의 권리행사와 관련된 이익공여에 해당하고, 이러한 이익공여에 따른 의결권 행사를 기초로 한 이 사건 주주총회는 그 결의방법이 법령에 위반한 것이라고 보았다. 이 사건 주주총회 결의는 정관에 위반하여 사전투표기간을 연장하고, 그 사전투표기간에 전체 투표수의 약 67%(전체 투표수 1411표 중 942표)에 해당하는 주주들의 의결권 행사와 관련하여 사회통념상 허용되는 범위를 넘어서는 위법한 이익이 제공됨으로써 주주총회 결의 취소 사유에 해당하는, 결의방법이 법령과 정관에 위반한 하자가 있다고 하였다. 사전투표기간의 연장은 결의방법의 정관 위반, 이익공여는 결의방법의 법령 위반이라는 것이다.

먼저 사전투표기간에 관하여 이 회사 정관의 “선거관리위원회는 사전투표함을 주주총회일 2주 전부터 주주총회 개최 1일 전 17시까지 비치하여야 한다”는 규정에서, 사전투표의 시기는 주주총회일 2주 전 부터라고 보아야 하며, 이사회에서 주주총회일 24일 전 부터 사전투표를 실시하도록 정하는 결의는 이러한 정관 규정에 정면으로 위반한 것으로서 결의방법의 정관 위반에 해당하므로 주주총회 결의취소 사유가 된다고 본 것은 타당하다.

그러나 이익공여 자체를 결의방법의 법령위반으로 본 대법원의 판단이 타당한지는 의문이다. 회사가 이사회의 결의에 따라 사전투표나 주주총회에서 의결권을 행사하는 주주들에게 이익을 공여하는 것은 당시 회사 임원들이 원하는 방향으로 주주총회의 결의를 유도하기 위한 의도 아래 공정한 결의의 성립을 방해하는 것으로 보아야 한다. 따라서 이익공여 자체가 결의방법의 법령위반에 해당하는 것이 아니라, 주주총회 결의 취소 원인을 규정하는 현행 상법 제376조 제1항의 ‘결의방법이 … 현저하게 불공정한 때’에 해당하여 결의취소의 원인이 된다고 보는 것이 타당하다. 어떻게 보든 주주총회 결의취소의 사유가 된다는 점에서는 차이가 없지만, 대법원이 이 점에 관하여 좀 더 명확하게 판단하였더라면 하는 아쉬움이 있다.

주주권 행사와 관련한 이익공여금지 소고

출전: 성균관법학 제27권 제1호

최 준 선*

제1절 서 론

1. 이익공여금지규정의 입법취지

회사는 누구에게든지 주주의 권리행사와 관련하여 재산상의 이익을 공여할 수 없으며(상법 제467조의2 제1항), 이에 위반하여 이익을 얻은 자는 그 이익을 회사에 반환하여야 한다(동조 제3항). 이 규정은 이른바 총회꾼과 회사의 불건전한 거래를 근절시키고자 하는 취지에서 둔 규정이다.[1] 과거 상장회사의 주주총회의 운영실태를 보면 총회꾼들이 소량의 주식을 소지하며, 주주총회에서 장시간 발언하거나 소동을 피우는 등 물리적인 수단을 행사할 수 있음을 예고하고 이를 삼가는 대가로 회사로부터 이익을 제공받거나, 반대로 임원과 결탁하여 회사로부터 대가를 받고 다른 주주의 발언을 봉쇄하는 등의 방법으로 임원의 연임에 협력하는 등 임원들의 사사로운 이익을 위해 의사진행을 불공정하게 이끌어 가는 폐단이 있었다. 총회꾼의 이러한 횡포는 회사재산 또는

* 성균관대학교 법학전문대학원 교수, 법학박사.

1) 법무부, 전게 「1984년 개정상법 축조해설」, 140면.

이익의 부당한 일실을 초래하고, 다른 주주의 정당한 권리행사를 방해함으로써 주주총회의 형해화를 재촉한다.

총회꾼은 우리나라와 일본에서 주로 나타나고 있는데,[2] 오늘날에도 총회꾼은 근절되지 않은 것으로 보인다. 대한상공회의소가 2014년 최근 3년간(2012~2014년) 주주총회에서 섀도보팅제도를 이용한 상장회사 302개사(유가증권 110개사, 코스닥 192개사)를 대상으로 '섀도보팅제도 폐지에 따른 기업의 대응과 과제'를 조사한 결과, 섀도보팅제도를 폐지하면 전문주주가 등장할 것을 우려한 응답이 5.6%로 나타났으며, 2013년에도 총회꾼의 난입을 애로사항이라고 응답한 비율이 27.0%나 되었다.[3] 오늘날의 총회꾼은 변호사와 회계사 등 고도의 회사법적, 재무적 지식을 갖춘 전문가들이 회사의 내용을 분석하고 주주의 정당한 권리행사의 외관을 갖추고 회사와 접촉한다는 점에서 '專門株主'라는 이름을 새로이 얻었다. 그러나 오늘날 기업의 투명경영과 기업공시제도의 활성화로 총회꾼의 발호가 거의 소멸되고 있어서 이익공여금지규정이 그 최초의 입법취지였던 총회꾼의 대책은 상당히 효과를 거두고 이제는 용도를 다 한 것으로 볼 수 있다. 총회꾼에 대하여 본조가 적용된 판례가 전무한 것만 봐도 알 수 있다.

총회꾼의 배후작용에 의한 총회의 형식화에 대해서는 상법상 권리행사방해 등에 관한 贈收賂罪(상법 제631조)를 이미 마련해 두고 있다. 이 밖에도 총회장의 교란행위에 대해서는 총회의장의 질서유지권으로 대처하고 있다(상법 제366조의2). 그런데 권리행사방해 등에 관한 증수뢰죄는 재산상의 이익의 수수 또는 공여가 '부정한 청탁'하에 이루어질 것을 요건으로 하므로 그 입증이 매우 곤란하고, 따라서 별로 실효가 없는 것이다.[4] 이에 상법은 민사법적으로

---

2) 김선정, "주주의 권리행사에 관한 이익공여금지–소위 주주꾼의 횡포에 대한 법적 대응", 동국대학교 지역개발대학원, 「개발논총」, 제2집, 1992, 22면.

3) 기업들은 섀도보팅 폐지로 인해 가장 크게 우려되는 상황으로 '감사 또는 감사위원 선임 불발에 따른 관리종목 지정'(67.6%)을 들었다. 이어 '주총 결의 성립의 무산'(14.2%), '기업의 주총참여 권유업무 과중 우려'(11.9%), '총회꾼 등 참석을 대가로 금품을 요구하는 악성주주 등장'(5.6%) 순으로 응답했다. 아주경제, 2014. 10. 26.자. 한편 2013년에도 대한상공회의소)가 코스피 상장기업 230개사를 대상으로 '주총 관련 기업애로 실태'를 조사한 결과, 가장 많은 기업이 '각종 의무 및 일정준수 부담'(48.3%)이라고 답했다. 또 다른 애로사항으로는 '주총 진행을 방해하는 총회꾼 난입'(27.0%), '의사정족수 확보'(17.4%), '외부감사 준비'(6.4%)를 차례로 들었다. 상공회의소 보도자료 2013. 3. 14.자.

이들에게 제공된 이익을 회사에 회복시키기 위한 사법적 수단이 필요하여 민사법적으로는 이익공여금지규정(상법 제467조의2)을 마련하였고,[5] 형사법적으로도 이익공여죄(상법 제634조의2)를 두어 대비하고 있다. 즉, ① 총회꾼의 횡포를 막고, ② 올바른 주주권의 행사를 확보하며, ③ 공여된 금전이 불법원인급여나 非債辨濟에 해당하여 회사가 이를 반환받을 수 없는 경우에 대비하여 이 규정에 의거, 회사가 이의 반환청구를 할 수 있게 된 것이다.[6]

이익공여금지제도는 본래 1981년 일본 개정상법 제423조에서 제425조까지를 입법례로 삼아 도입한 것이다. 일본상법은 1981년 주주의 권리행사에 관한 이익공여를 사법적으로 금지하고 사법상 금지규정의 실효성을 확보하기 위하여 벌칙으로서 이익공여죄를 마련하였다고 한다.[7] 1980년대 당시 일본에는 총회꾼이 6,000명이나 되었으며, 기업이 이들에게 부당하게 지급하는 돈이 연간 1,000억 엔에 이르렀다고 한다. 더욱이 폭력단이 총회꾼으로 진출함으로써 큰 사회적 부담이 되었으므로, 그 폐해방지에 부심하던 끝에 이 제도가 입법되었다고 한다.[8]

일본은 그 후 '자회사의 계산으로 한 이익공여'를 추가하고 이익공여요구죄를 신설하였으며 벌칙을 인상하는 등 이익공여금지의 범위와 실효성 확보를 도모하였다. 2005년 일본회사법은 제120조에 '주주의 권리행사에 관한 이익공여금지' 규정을, 제970조에 '주주의 권리행사에 관한 이익공여죄'를 각각 규정하여 조문을 정리하는 외에, 이익공여에 직접 관여한 자를 제외하고 이사 등의 책임을 과실책임으로 개정하였다.[9] 이 외에도 일본 회사법 제968조에는 '주주 등의 권리행사에 관한 뇌물증여죄'가 규정되어 있다.

---

4) 최기원, 「상법학신론(상)」, 2009, 1132면; 최준선, 「회사법」, 2015, 400면.

5) 이철송, 「회사법강의」, 박영사, 2014, 976면; 정찬형, 「상법강의(상)」, 박영사, 2014, 1143면; 최기원, 「신회사법론」, 박영사, 2012, 957면.

6) 최준선, 전게서, 400－401면; 정쾌영, "이익공여금지", 「주식회사법대계Ⅱ」, 2013. 232면; 北澤正啓, 「會社法」, 青林書院新社, 2001, 576면; 元木伸, 「改正商法逐條解說」, 商事法硏究會, 1981, 208면.

7) 이효경, "이익공여금지규정을 둘러싼 제 문제－최근 일본에서의 논의를 중심으로", 「경영법률」, 2013, 3면.

8) 前田ひとし, 「회사법입문」, 有斐閣, 2008, 365면.

9) 村田敏一, "株主の權利行使に關する利益供與について－民事責任と刑事責任", 「立命館法學」 2012年 5·6號(345·346號), 822면.

우리나라에서는 일본만큼은 아니지만 1984년 상법이 개정될 당시 총회꾼 문제가 사회적 이슈로 대두되었다. 특이한 것은 일본과 한국 외에는 총회꾼 문제가 거의 없다는 것이다. 아마도 기업문화와 관계있는 것이 아닌가 여겨진다. 우리나라 상법은 이러한 일본의 입법을 거의 그대로 계수하여 1984년 본 조항을 신설하게 되었다.[10)]

이익공여금지규정(상법 제467조의2)의 입법취지에 대하여는 회사재산의 낭비 방지에 있다는 견해, 주주총회 운영의 정상화에 그 목적이 있다는 견해, 회사운영의 공정성 확보에 있다는 견해 등이 있다.[11)] 한편 이익공여죄규정(상법 제634조의2)의 입법취지에 대하여는 회사재산의 낭비방지를 중시하는 의견과 주주권 행사에 대한 영향을 금지하는 것을 중시하는 의견, 그리고 이들 견해를 절충한 입장이 있다.[12)] 이익공여금지는 이익공여죄에 의하여 실효성이 확보되므로 이 두 규정은 서로 독립된 것이 아니므로 함께 고찰되어야 한다. 이익공여금지규정과 이익공여죄규정을 종합하여 입법취지를 살펴보면 대체로 ① 회사자산낭비방지설,[13)] ② 주주권행사에 대한 영향금지설,[14)] ③ 회사운영의 건전성 확보설[15)] 등의 견해가 있다. 일본에서는 이익공여금지규정의 입법

---

10) 이효경, 상게논문, 3면; 권재열, "상법상 이익공여죄에 관한 소고", 연세대학교 법학연구소, 「법학연구」, 제18권 제3호, 2008, 129~130면. 根本伸一, 전게논문, 277면 이하는 유사한 규정은 흔하지 않지만, 일본 외에 독일에서도 유사한 기능을 하는 규정으로 의결권 매매(Stimmenkauf, Vote Buying, 주식법 제405조 제3항 제6호·제7호), 뉴욕주 회사법(N.Y. Bus. Corp. Law §609(e))가 있고, 미국 판례로서 Schreiber v. Camey, 447A.2d 17.(Del.Ch.1982)가 있다고 소개하고 있다.

11) 정쾌영, 전게논문, 「주식회사법대계Ⅱ」, 233면 이하가 자세하다.

12) 권재열, 전게논문, 130면이 자세하다

13) 현재 일본의 통설로, 이 견해에 따르면 회사에게 필요한 거래이자 그 대가가 상당하다고 판단되는 경우에는 설령 그 거래가 총회꾼에게 이윤을 부여하더라도 이익공여죄를 구성하지 않는다고 본다. 박길준, "상법상의 벌칙규정에 대한 입법론적 고찰-일본법과의 비교를 중심으로", 「연세행정논총」, 제15집, 1989, 162면; 송호신, "상법상 회사관련 범죄에 대한 연구-벌칙조항 활성화 방안을 중심으로", 한양대학교 법학박사학위논문, 2002, 161면; 박영길, "이익공여의 금지", 「고시계」, 제392호, 1989, 134면; 권재열, 전게논문, 133면 등 참조. 市川兼三, "利益供與要求罪の新設と利益供與禁止規定の立法趣旨",「香法」, 1998, 1면 이하; 竹內昭夫, "利益供與罪(商法497條)の處罰範圍", 「産大法學」第34卷 第3号, 2000, 147~148면.

14) 이 입장에 따르면 상법이 금지하는 재산상의 이익의 공여는 대가의 유무를 요건으로 하지 않고 있으므로, 만약 회사가 시가에 상당한 대가를 받더라도 그 거래가 주주의 권리의 행사와 관계가 있는 것으로 인정된다면 그 거래는 위법하다. 일본의 많은 학자가 이를 주장하고 있다. 권재열, 전게논문, 132면 각주 17 및 18 참조; 박상조, 「신회사법론」, 2000, 820면; 안동섭, 「상법강의(Ⅱ) 회사법」, 1999, 343면; 최기원, 「신회사법론」, 2009, 952면.

15) 이익공여는 회사재산을 부당하게 사용하여 주주총회의 공정한 운영을 방해하는 것이며, 이는

취지가 ① 주주의 권리행사에 관하여 회사재산의 낭비를 방지하여 회사운영의 건전성을 확보하는 데 있다는 견해, ② 주주총회의 운영을 포함하여 정상적인 회사운영과 회사재산의 부당한 지출, 쌍방에 있다는 견해, ③ 주주의 권리행사의 공정성을 1차적 보호법익으로 한다는 견해가 있으나, 어떤 견해에 의하더라도 총회꾼에 대한 이익공여 뿐만 아니라 총회꾼 이외에도 적용될 것이 입법 당초부터 주장되었고, 판례도 이를 인정하여 왔다고 한다.[16] 또한 이익공여죄의 보호법익을 회사자산 낭비 방지로 인한 회사운영의 건전성 확보와 주주 권리행사의 적정 모두가 보호법익이라고 보는 견해도 있다.[17] 일본에서는 처음부터 총회꾼이라는 단어를 법조문에 구체적으로 사용함에는 입법기술적으로 곤란하여 "누구든지"라는 단어를 쓰게 되었고, 이로써 일본법이 총회꾼대책뿐만 아니라 광범하게 회사운영의 건전성 확보가 입법취지라고 설명되고 있다.[18]

학설의 소개에 관하여는 다른 연구자의 선행연구에서[19] 이미 자세히 소개되어 있으므로 재론을 피한다. 근래에는 한국에서도 본조의 입법목적인 총회꾼에 대한 대응을 넘어 그 적용범위가 날로 확대되어 가는 추세이며, 판례에서도 이 규정이 회사운영의 건전성의 측면에서 그 정용의 여부가 결정되고 있는 사례가 흔히 있게 되었다.[20]

특히 일본에서는 이 규정이 1981년에 도입된 지 35년이 지나면서 이익공여에 관한 많은 판례가 나와서[21] 이익공여행위의 전형으로 생각되었던 총회꾼에 대한 이익 공여 외에 종업원 지주회사제도와 관련한 장려금의 지급,[22]

곧 회사의 건전한 운영을 해치는 결과를 낳는다고 보는 견해이다. 우홍구, "주주의 권리행사에 관한 이익공여의 금지", 건국대학교 「법대논총」, 제3집, 1994, 47면; 김선정, 전게논문, 26면; 정찬형, 「상법강의(상)」, 2010, 1061면.

16) 根本伸一, 전게논문, 274면.

17) 한석훈, 「주식회사법 대계」, 2013, 948면.

18) 根本伸一, 전게논문, 274면. 일본에서의 이익공여금지규정과 이익공여죄규정의 입법취지에 대하여는 市川兼三, 전게논문 "利益供與要求罪の新設と利益供與禁止規定の立法趣旨"가 가장 자세하다.

19) 市川兼三, 전게논문, 2면 이하; 정쾌영, 전게논문, 「주식회사법대계 II」, 231면 이하; 권재열, 전게논문, 131면 이하. 강대섭, "주주권 행사에 관한 이익공여와 주주총회 결의의 효력", 한국상사법학회 2015년 동계학술대회 발표자료, 2015. 2. 13. 16면 이하.

20) 강대섭, 상게논문, 4면, 16면 이하.

21) 일본 판례와 일본 학설의 전개에 대한 자세한 소개로는 이효경, 전게논문, 8면 이하 참조.

주주우대승차권의 교부,[23] 적대적 주주에 대한 대처하기 위한 행위로서의 일정한 행위,[24] 蛇の目ミシン주주대표소송사건,[25] 위임장 쟁탈 사건인 モリテックス사건[26] 등을 거치면서 경영지배권을 둘러싼 주주제안권의 행사, 위임장 쟁탈 등에서 이익공여가 문제되는 국면에까지 나아가므로, 과거 이익공여가 민사책임과 형사책임문제에서 더 나아가 주주총회결의의 하자 즉 결의취소사유라는 관점에서 새롭게 문제성을 보이고 있다.[27]

이와 같은 점을 고려하면 제3설인 회사운영의 건전성 확보설도 일리가 있다고 본다.[28] 연구대상 판례도 회사운영의 건전성 확보설의 입장에서 그 타당성이 설명될 수 있다고 하겠다.

전술한 바와 같이 입법취지는 해석론의 중요한 근거가 된다. 입법취지를 무시하고 단순한 문구에만 집착하여 법규정을 해석하게 되면 전혀 의도하지 않았던 결과가 발생하기 때문이다. 한국에서 이익공여금지규정의 본래 입법취지는 법무부가 1984년에 발간한 「1984년 개정상법 축조해설」에 명확하게 나와 있는 것처럼, 이른바 총회꾼과 회사의 불건전한 거래를 근절시키고자 하는 데 있음은 부인할 수 없다.[29] 이제 상황이 바뀌어 총회꾼의 폐해가 상당히 사라지고 이 규정이 회사건전성확보에 유용한 도구로 활용된다고 하여, 이제 와서 이 규정의 입법취지가 본래 회사운영의 건전성에 있다고 주장하는 것은 결과론적인 것이다. 이익공여금지규정과 이익공여죄를 연결하여 해석해 보면 이들 규정의 입법취지는 회사자산낭비방지설이 타당할 것으로 본다. ① 이 규정들은 재산상 이익을 공여 금지하고, ② 이 규정에 위반하여 재산상의 이익을 공여한 때에는 그 반환을 하여야 하도록 규정하고 있으며, ③ 그 반환은 대표소송 등에 의하도록 하고 있고, ④ 통설에 따르면 이익공여죄의 보호법익도 회사의 재산보호에 있고, ⑤ 회사재산의 낭비가 없으면 형사적으로 이익공여

22) 熊谷組從業員持株會事件(福井地判 1985. 3. 29. 判例タイムズ 제559호 275면).
23) 土佐電氣鐵道事件(高松高判 1990. 4. 11. 金融商事判例 제859호 3면).
24) 國際航業事件(東京地判 1995. 12. 27. 判例タイムズ 제912호 238면).
25) 日本最高裁判所 2006. 4. 10. 民集 제60권 제4호 1273면.
26) 東京地判 2007. 12. 6. 金融商事判例 제1281호 37면.
27) 村田敏一, 전게논문, 823면.
28) 이효경, 전게논문, 17면, 19면 이하.
29) 법무부, 전게 「1984년 개정상법 축조해설」, 140면.

죄(상법 제634조의2)를 구성하지도 아니하며, 따라서 회사 이외에 주주가 다른 주주에게 이익공여하는 경우에는 처벌하지 않는 점, ⑥ 회사운영의 건전성을 해한다는 것은 범죄 구성요건이 아닌 점, ⑦ 상법에 이미 증수뢰죄(상법 제631조)가 규정되어 있는데 이 규정은 회사운영의 건전성 확보를 그리고 이익공여죄의 경우는 회사재산낭비방지가 그 보호법익이라고 보는 것이 옳다는 것, ⑧ 총회장의 교란행위에 대해서는 총회의장의 질서유지권으로 대처하고 있다는 것(상법 제366조의2) 등이 그 이유이다.

특히 이익공여죄의 보호법익은 재산범의 성격을 가지는 것으로 특별배임죄를 보충하는 것이다.[30] 이익공여죄를 설계할 때부터 회사자산낭비방지설의 견지에서 입법된 것이지 회사운영의 건전성 확보가 입법취지는 아니었던 것이다.[31] 그러므로 이익공여시 그 이익의 반환이 문제된 것이다. 즉, 공여된 이익이 사회통념상 허용되는 의례적인 수준을 초과한다면 회사재산의 낭비가 될 것이니 이를 금지하여야 할 것이며, 이에 대하여 제재를 가하면 그 반사적 효과로서 주주의 권리행사의 공정성이 확보되어 회사운영의 건전성이 확보되는 것이다.[32]

법률의 해석이 본래의 입법취지를 벗어나면 법적안정성이 침해된다. 물론 그렇다고 하여 모든 법규가 본래의 취지대로만 적용되어야 하고 다른 목적으로는 적용될 수 없다고 주장하여서는 곤란하다. 상법은 상거래가 매우 신속하게 변화, 발전해 감에 따라 끊임없이 변화, 발전해 가는 법률분야이다. 상법법규 역시 처음에 의도하지 않았던 부분에까지 확대적용될 가능성은 언제나 열려 있다. 다만, 이것은 법적 안정성의 관점에서 매우 신중한 접근이 필요하다고 본다. 특히 이 규정의 확대적용은 형사법적 제재, 즉 이익공여죄(상법 제634조의2)와 연동되어 형사범의 확대라는 부작용을 초래할 수 있으므로 신중을 기하여야 한다.[33]

실제로 이 글의 연구대상 사건에서도 창원지방검찰청 검사는 채무자 1에

30) 村田敏一, 전게논문, 841면; "株主の權利行使に關する利益供與に關する規律", 「特輯 "取り殘された", 會社法罰則の檢證」, 法律時報 1052호 32면 이하, 久保田安彦, "會社法からの分析", 33면.

31) 久保田安彦, 상게 "會社法からの分析", 33면.

32) 동지. 권재열, 전게논문, 133면.

33) 村田敏一, 전게논문, 824면; 森本滋, "違法な利益供與の範圍", 「監査役」, 제167호, 1982, 807면 이하, 이효경, 전게논문, 17면.

대하여 위와 같이 사전투표를 하거나 주주총회에 직접 참석하여 의결권을 행사한 주주들에게 골프장 예약권 및 20만 원 상당의 상품권을 제공한 행위가 주주의 의결권 행사 여부 및 그 행사 방법과 관련하여 재산상 이익의 공여를 금지한 상법을 위반하였다고 하여 벌금 100만 원의 약식명령을 청구하였고, 창원지방법원은 2013. 10. 21. 위와 같은 내용의 약식명령을 고지하였다. 이와 같이 입법의도의 유추적 확장은 민사사건의 형사화로 형벌권의 남용 문제를 일으킨다. 이익공여금지 및 이익공여죄 규정의 입법취지에 대한 무한정한 확대해석은 경계하여야 한다.

2. 입법례와 현황

일본과 한국을 제외한 외국에서는 총회꾼도, 또 총회꾼에 대한 대책으로서의 어떤 규제도 존재하지 않는다. 다만, 이익공여금지규정과 유사한 기능을 가진 제도가 있으니, 독일에서는 의결권 매매(Stimmenkauf, Vote Buying)가 예전에는 금지되는 경향이 있었으나 현재는 이를 허용하는 입장이 주류를 이루고 있다고 한다.[34] 독일 주식법 제405조 제3항 제6호·제7호에는 의결권 매매행위를 행정벌(Ordnungswidrigkeit)로서 최고 25,000유로의 과태료 처분을 받도록 하고 있으나, 이 규정은 실제로는 전혀 적용되지 않는다고 한다. 이 규정은 일본과 한국에서는 주주 등의 권리행사에 관한 증수뢰죄(일본회사법 제968조, 한국상법 제631조의 권리행사방해 등에 관한 증수뢰죄)의 모법이 되었다고 한다.[35] 미국에서는 의결권의 매매는 과거에는 당연히 위법으로 무효였고, 주 회사법에도 전면적으로 금지되었으나, 현재는 뉴욕주 사업회사법(N.Y. Bus. Corp. Law §609(e))이 조건부로 금지하고 있을 뿐이다. 미국 판례로서 Schreiber v. Camey, 447A.2d 17.(Del.Ch.1982)가 있는데, 과거의 당연위법으로 보던 견해를 바꾸어 다른 주주를 詐害할 목적, 또는 다른 주주의 의결권을 무효화할 목적이 없는 한 의결권 매수는 유효하다고 판시하고 있다.[36] 오히려 근래에는 hedge fund

34) 根本伸一, 전게논문, 277면.
35) 根本伸一, 전게논문, 277면.
36) 根本伸一, 전게논문, 277면.

에 의한 empty voting 등 새로운 문제가 등장하고 있고, 이러한 행태에 대하여 종래 의결권 매매에 관한 rule로는 충분히 대응할 수 없어, 회사 경영진이 의결권을 매수하여 이를 행사한 경우 경영진 등 이사의 신인의무(fiduciary duty) 위반만이 문제될 뿐이라고 한다.[37)]

다음으로, 숨은 이익배당(verdeckte Gewinnausschüttungen)의 수단으로 이익공여를 하는 수가 있다. 독일법에서는 해석상 주식법 제57조 제1항을[38)] 근거로 출자금반환금지의 원칙이 존재한다. 일본에서 이익공여금지규정이 입법화될 때 이 규정도 도입할 것인가가 논의되었으나, 일본에서는 이 규정이 직접 도입되지는 아니하여 과연 출자금반환금지의 원칙이 존재하는지에 관하여 논란이 있다.[39)] 한국에서도 같다. 일본에서는 오늘날 결합기업규제와의 관계에서, 즉 자회사로부터 모회사로의 이익이전에 이익공여금지규정이 적용되는가에 관한 문제가 중요한 이슈가 된다고 한다.[40)]

제 2 절 사례 분석

1. 사안의 개요

(i) 주주제로 운영되는 골프장인 주식회사 ○○컨트리클럽(이하 '이 사건 회사'라고 한다)은 2012. 11. 13. 이사회(이하 '이 사건 이사회'라고 한다)를 개최하여, ① 2013. 3. 25. 정기주주총회(이하 '이 사건 주주총회'라고 한다)에서 차기 임원들을 선임하고, ② 위 임원선임결의(이하 '이 사건 주주총회결의'라고 한다)에 관한 사전투표(이하 '이 사건 사전투표'라고 한다)의 시기(始期)를 주주총회일로부터 '2주 전'에서 '24일 전'으로 연장하여 2013. 3. 1.부터 2013. 3. 24.까지 24일간 사전투표를 실시하기로 결의하였다.[41)]

---

37) 根本伸一, 전게논문, 278면.

38) § 57 Keine Rückgewähr, keine Verzinsung der Einlagen.

39) 根本伸一, 전게논문, 278면.

40) 根本伸一, 전게논문, 278면.

41) 본고를 작성하는 도중에 2015. 2. 13. 한국상사법학회 동계학술대회에서 이 선에 대한 판례평석

1. 사전투표기간 : 2013. 3. 1. ~ 3. 24. (24일간) 2. 사전투표시간 가. 2013. 3. 1. ~ 2013. 3. 23. : 09:00 ~ 19:00까지 나. 사전투표마감일(2013. 3. 24.) : 09:00 ~ 17:00까지

(ii) 이 사건 회사는 2013. 2. 5. 이사회를 다시 개최하여, ① 이 사건 사전투표에 참여하는 주주들에게 주주당 1회에 한하여 양도가능한 골프장 예약권(이하 '이 사건 예약권'이라고 한다)을 부여하고, ② 사전투표에 참여하거나 주주총회에서 직접 의결권을 행사하는 주주들에게 20만 원 상당의 상품교환권(이하 '이 사건 상품권'이라고 한다)을 지급하기로 결의하였다. 그 후 실제 사전투표나 주주총회에서 직접 의결권을 행사한 주주들은 이 사건 회사로부터 위 이사회 결의내용대로 이 사건 예약권과 상품권을 제공받았다.

(iii) 채권자 1과 당시 이 사건 회사의 대표이사였던 채무자 1은 이 사건 주주총회결의의 대표이사 후보자로, 채권자 1과 위 회사 이사들이었던 채무자 2, 3, 4는 이사 후보자로 등록하였는데, 대표이사 선임투표결과 채권자 1은 676표, 채무자 1은 711표를 획득하였고, 특히 사전투표에서는 채권자 1이 226표, 채무자 1이 711표를 얻어 채무자 1이 압도적으로 우세하였다. 그리고 총 사전투표수 942표 중 연장된 사전투표기간(2013. 3. 1.부터 2013. 3. 10.까지)의 투표수는 610표이고, 나머지 사전투표기간(2013. 3. 11.부터 2013. 3. 24.까지)의 투표수는 332표이다.

	사전투표	위임장투표	직접투표	총 득표수
채권자 1	226	436	14	676
채무자 1	711	15	4	730
무효	5			
계	942	451	18	

인 강대섭, "주주권 행사에 관한 이익공여와 주주총회 결의의 효력"이라는 주제발표가 있었기에 본고에서 이를 반영하였다.

(ⅳ) 이러한 투표결과에 따라 2013. 3. 25. 채무자 1을 이 사건 회사의 대표이사로, 채무자 2, 3, 4 등 10인을 위 회사의 이사로 선임하는 이 사건 주주총회결의가 이루어졌다.

(ⅴ) 한편 이 사건 회사의 정관 제28조 제4항 후단(이하 '이 사건 정관규정'이라고 한다)은 임원선임결의에 관한 사전투표와 관련하여, "선거관리위원회는 사전투표함을 주주총회일 2주 전부터 주주총회 개최 1일 전 17시까지 비치하여야 한다"고 규정하고 있다.

(ⅵ) 채권자들은, ① 이 사건 정관규정(제28조 제4항)에서 임원선임결의를 위한 사전투표의 시기(始期)를 주주총회일 2주 전부터로 정하고 있음에도 이 사건 회사는 이사회결의만으로 주주총회일 24일 전부터 사전투표를 실시하였고, ② 사전투표를 하는 주주에게 이 사건 예약권과 상품권을 제공한 것은 주주의 권리행사와 관련하여 상법상 금지되는 이익을 공여한 것이므로, 이 사건 주주총회결의는 그 결의방법이 정관과 법령에 위반하여 결의부존재 또는 결의취소사유가 존재한다고 주장하면서 채무자들에 대한 직무집행정지 등을 구하는 이 사건 가처분을 신청하였다.

2. 쟁 점

(ⅰ) 이 사건 정관규정(제28조 제4항)에서 임원선임결의를 위한 사전투표의 시기(始期)를 주주총회일 2주 전부터로 정하고 있음에도 이 사건 회사는 이사회결의만으로 주주총회일 24일 전부터 사전투표를 실시한 것이 위법한 것인지 여부, 즉 사전투표함의 비치기간을 "주주총회일 2주 전"부터라고 규정한 정관이 사전투표의 始期를 정한 것인지 여부. 이 부분은 명백히 정관위반이므로 본고에서는 더 이상 논의하지 않기로 하겠다.

(ⅱ) 사전투표를 하는 주주에게 이 사건 예약권과 상품권을 제공한 것은 주주의 권리행사와 관련하여 상법상 금지되는 이익을 공여한 것인지 여부, 그리고 이 경우 결의취소사유인지 여부.

3. 대법원 결정

상법 제467조2 제1항은 "회사는 누구에게든지 주주의 권리행사와 관련하여 재산상의 이익을 공여할 수 없다"고 규정하고, 이어 제2항 전문은 "회사가 특정의 주주에 대하여 무상으로 재산상의 이익을 공여한 경우에는 주주의 권리행사와 관련하여 이를 공여한 것으로 추정한다"고 규정하고 있다. 이러한 규정에 비추어 보면, 이 사건 회사가 사전투표에 참여하거나 주주총회에서 직접 투표권을 행사한 주주들에게 무상으로 이 사건 예약권과 상품권을 제공하는 것은 주주의 권리행사와 관련하여 이를 공여한 것으로 추정된다.

뿐만 아니라 다음과 같은 사정, 즉 ① 기존 임원들인 채무자들과 반대파 주주들인 채권자들 사이에 이 사건 주주총회결의를 통한 경영권 다툼이 벌어지고 있는 상황에서 대표이사인 채무자 1 등의 주도로 사전투표기간이 연장되었고, 사전투표기간의 의결권행사를 조건으로 주주들에게 이 사건 예약권과 상품권이 제공된 점, ② 이 사건 예약권과 상품권은 그 액수가 단순히 의례적인 정도에 그치지 아니하고 사회통념상 허용되는 범위를 넘어서는 것으로 보이는 점, ③ 이러한 이익이 총 주주의 68%에 달하는 960명의 주주들(사전투표에 참가한 주주 942명과 주주총회 당일 직접 투표권을 행사한 주주 18명)에게 공여된 점, ④ 사전투표기간에 이익공여를 받은 주주들 중 약 75%에 해당하는 711명의 주주가 이러한 이익을 제공한 당사자인 채무자 1에게 투표하였고, 이러한 사전투표기간 중의 투표결과가 대표이사 후보들의 당락을 좌우한 요인이 되었다고 보이는 점 등에 비추어 보면, 이러한 이익은 단순히 투표율 제고나 정족수 확보를 위한 목적으로 제공되기보다는 의결권이라는 주주의 권리행사에 영향을 미치기 위한 의도로 공여된 것으로 보인다.

따라서 이 사건 예약권과 상품권은 주주권행사와 관련되어 교부되었을 뿐만 아니라 그 액수도 사회통념상 허용되는 범위를 넘어서는 것으로서 상법상 금지되는 주주의 권리행사와 관련된 이익공여에 해당하고, 이러한 이익공여에 따른 의결권행사를 기초로 한 이 사건 주주총회는 그 결의방법이 법령에 위반한 것이라고 봄이 상당하다.

이 사건 결의는 정관에 위반하여 사전투표기간을 연장하고, 그 사전투표기간에 전체 투표수의 약 67%(전체 투표수 1,411표 중 942표)에 해당하는 주주들의 의결권행사와 관련하여 사회통념상 허용되는 범위를 넘어서는 위법한 이익이 제공됨으로써 주주총회결의취소사유에 해당하는, 결의방법이 법령과 정관에 위반한 하자가 있다고 할 것이므로, 이 사건 가처분신청은 채무자들에 대한 직무집행정지가처분을 구할 피보전권리의 존재가 인정된다.

그럼에도 원심은 판시와 같은 이유만으로 채무자들의 직무집행정지를 구할 피보전권리가 소명되지 않는다고 보아 채권자들의 이 사건 가처분신청을 기각하였으니, 이러한 원심의 판단에는 주주총회결의취소사유에 관한 법리를 오해하여 재판에 영향을 미친 위법이 있다. 그러므로 원심결정을 파기하고, 사건을 다시 심리·판단하게 하기 위하여 원심법원에 환송하기로 하여 관여 대법관의 일치된 의견으로 결정한다.

제3절 검 토

1. 이익공여금지 위반

이 사건에서 도심에서 멀리 떨어진 골프장에서 주주총회를 개최한다면 주주들이 쉽게 출석할 수 없어서 총회가 무산될 우려가 크므로, 골프장 클럽하우스 내에 사전투표함을 설치하고 사전에 투표한 주주들에게 20만원 상당의 상품권을 제공한 것이 위법이 되는가 하는 것이다. 이 사건에서는 주주총회에서 문제된 안건에 대하여 찬성해 달라는 것이 아니라 투표참여만을 독려하기 위한 것이고, 특정 주주나 세력들이 아닌 모든 주주를 대상으로 투표참여를 독려한 것이므로 상법 제467조의2가 규정한 이익공여금지에 해당하지 않는다고 볼 여지도 있다. 본조의 입법취지는 이른바 총회꾼의 횡포에 대응하기 위한 것인데, 이와는 달리 총회 자체의 무산을 막기 위한 고육지책으로 동원된 조치에 대하여 이익공여에 해당하는 것으로 금지의 대상이 되는 것인지 의문이다. 이 사건의 원심(부산고법 2013. 11. 13.자(창원) 2013라70 결정)은, "이 사건 골프장 예약권과 상품권과 같은 이익공여로 인하여 주주들의 의사가 왜곡되었다고 보기에는 부족하며, 위임장에 의한 결의방법에 의한 폐해를 줄이고 사전투표를 통한 주주회원의 직접투표율을 제고하기 위하여 이사회 결의를 거쳐 시행한 점에 비추어 보면 그 방법에 주주총회의 임원선임결의를 취소할 정도의 하자가 있다고 보이지 않는다. 또한 주주의 권리행사와 관련하여 회사가 재산상의 이익을 공여하였다고 하더라도, 그 이익공여는 주주권행사의 동기에 불과할 뿐이므로, 비록 이익을 얻은 대가로 의결권을 행사하였다고 하더라도 주주권행사의 효력자체에는 영향이 없어 주주총회의 결의자체는 유효하다"고 판단하여 이를 이익공여에 해당하는 것으로 보지 아니하였다. 이와 같은 점 등에 비추어, 채권자가 채무자들에 대한 직무집행정지를 구할 피보전권리가 충분히 소명되지 않으므로 원고의 청구를 기각하였다.

그러나 대법원은 "예약권과 상품권은 주주권행사와 관련되어 교부되었을 뿐만 아니라 그 액수도 사회통념상 허용되는 범위를 넘어서는 것으로서 상법상 금지되는 주주의 권리행사와 관련된 이익공여에 해당하고, 이러한 이익공여에 따른 의결권행사를 기초로 한 이 사건 주주총회는 그 결의방법이 법령에 위반한 것이라고 봄이 상당하다"고 판단하고, 원심의 판단에는 주주총회결의 취소사유에 관한 법리를 오해하여 재판에 영향을 미친 위법이 있어 원심법원에 환송하는 판결을 하였다.

2. 주주총회결의 취소사유

사례의 결정에서 대법원은 "이 사건 주주총회결의는 ① 정관에 위반하여 사전투표기간을 연장하고, 그 사전투표기간에 전체 투표수의 약 67%(전체 투표수 1411표 중 942표)에 해당하는 주주들의 의결권행사와 관련하여 사회통념상 허용되는 범위를 넘어서는 ② 위법한 이익이 제공됨으로써 주주총회결의취소사유에 해당하는, 결의방법이 법령과 정관에 위반한 하자가 있다고 할 것이므로, 이 사건 가처분신청은 채무자들에 대한 직무집행정지가처분을 구할 피보전권리의 존재가 인정된다"고 하여 주주총회취소사유가 있다고 판단하고 있다. 이 사건에서는 ① 정관에 위반한 사전투표기간연장만으로 이미 주주총회

결의취소사유가 존재한다. 그 외에 ② 위법한 이익제공도 취소사유로 덧붙여진 것으로 보인다. 문제는 ② 위법한 이익제공만으로도 총회결의취소사유가 될 것인가에 있다.

(1) 종래 한국의 통설

이익공여를 받은 상대방은 그 공여받은 이익을 반환할 의무만 부담하고, 그 이익공여와 관련해 주주의 권리를 행사한 경우에 그 권리행사의 효력에는 영향이 없다는 것이 통설이다.[42] 그리고 이익의 수령은 의결권행사의 한 가지 동기에 불과하므로 이익을 얻은 대가로 의결권을 행사하였다고 하더라도 주주총회의 결의 자체는 영향이 없다고 본다.[43] 왜냐하면 상법 제467조의2의 목적은 주주권 행사와 관련된 불공정한 거래를 방지하자는 것이고, 또 주주권행사 자체는 위법, 불공정을 요하지 않기 때문이다.[44]

(2) 일본에서의 논의

일본에서는 주주총회의 결의의 하자는 이익공여의 태양에 따라 달라질 수 있다는 견해가 있다. 즉, 이익공여의 태양에 따라 주주총회결의의 하자를 결의방법의 법령위반, 결의방법의 현저한 불공정 및 현저하게 부당한 결의로 나누어 그 성립여부를 검토하는 것으로서, 이익공여가 있었던 결의는 그 결의방법이 법령에 위반하는 것으로 본다는 것이다.[45] 주주의 권리행사에 관하여 이익공여가 금지되고 있어, 의결권 행사 자체에 관하여 재산상의 이익이 공여되면 위법하게 된다고 해석된다는 것이다.[46] 실례로 일본의 이른바 모리텍스 사건에서 의결권을 행사한 주주에게 소액의 기프트 카드를 교부한 것은 이익공여위반으로 이 경우 그 결의는 취소를 면할 수 없고, 또한 위반 사실은 중대하고 주주에 의한 의결권 행사에 적지 않은 영향을 미쳤다는 사실이 밝혀졌기

42) 정동윤, 전게서, 729면; 강위두·임재호, 전게서, 1006면; 박상조, 전게서, 822면; 이철송, 전게서, 978면; 최준선, 전게서, 402면; 김선정, 전게논문, 34면; 정쾌영, 전게논문, 「주식회사법대계 Ⅱ」, 247면.

43) 이철송, 전게서, 978면; 정찬형, 전게서, 1146면; 정동윤, 전게서, 648면; 최준선, 전게서, 402면; 정쾌영, 전게논문, 「주식회사법대계Ⅱ」, 247면.

44) 이철송, 전게서, 978면.

45) 川島いづみ, "利益供與と株主總會の決議瑕疵", 「法律時報」, 제80권 제11호, 2008, 35면; 강대섭, 전게논문, 26면.

46) 川島いづみ, 상게논문, 35면; 강대섭, 전게논문, 26면.

때문에 재량기각이 될 수 없다고 한다.[47)]

(3) 사 견

생각건대, 20만원 상당의 상품권을 제공한 것은 참석 주주에 대한 통상적인 기념품의 수준을 넘어 상당한 액수의 금전제공이나 다름없으므로 사회통념상 허용되는 범위를 초과한 것으로서 상법상 금지되는 주주의 권리행사와 관련된 이익공여에 해당한다고 본다. 이 점을 지적한 대법원 판결은 타당하다고 본다.

다음으로 이 사건에서 총회결의취소사유가 있는지를 본다. 본조의 입법취지를 본래의 '총회꾼 대책'을 넘어 근래에는 '회사의 건전한 운영'을 위하여 필요한 경우에까지 본조의 확대적용이 가능한 점, 위법한 이익제공으로 의결권을 대규모로 매수하고, 이사의 선임에까지 영향을 주는 결과는 본래의 총회꾼 대책의 한계를 넘어 결의방법이 법령에 위반한 것으로 해석할 수 있는 점에서 위법한 이익제공만으로도 총회결의취소사유가 될 수 있다고 본다. 전술한 바와 같이 위임장 권유와 관련하여 5,000원 상당의 상품권을 교부한 경우 상품권의 증정과 회사제안에 찬성하는 것과 사이에 상호관련이 있어서 결의취소사유가 있다는 견해도 있다.[48)] 주주들의 의결권행사와 관련하여 사회통념상 허용되는 범위를 넘어서는 위법한 이익이 제공되는 경우 주주총회결의 취소사유(상법 제376조)에 해당하는, 결의방법이 법령에 위반한 하자가 있게 된다. 이 사건에서는 상법 제467조의2가 본래 의도하였던 목적, 즉 총회꾼 대책의 범위, 즉 보통 한 두명의 총회꾼들이 작은 돈을 노리고 은밀하게 불건전한 행위를 하는 경우를 넘어, 이사의 선임이라는 의도를 실현하고자 합법을 가장한 공개적이며 대담하고 조직적이며 광범위한 불법행위가 저질러졌다. 이것은 상법 제467조의2가 예정했던 총회꾼 대책의 범위를 넘어서 주주총회 자체의 효력에 영향을 줄 정도에 이르렀다고 볼 수 있다. 이 사건에서는 정상적인 주주총회가 개최되었다고 보기 어렵다. 따라서 이 주주총회에 취소사유가 있다는 대법원 결정에 찬동한다.[49)] 이익공여는 총회결의취소사유가 될 수 없다는 현재의 통설은 이 사례에서는 타당하지 않다고 본다.

---

47) 川島いづみ, 상게논문, 35면; 강대섭, 전게논문, 26면.
48) 양만식, 전게논문, 186면.
49) 대체로 동지: 강대섭, 전게논문, 27면, 30면.

(4) 기타의 논의

회사가 특정 주주제안을 부결시키기 위하여 일반주주에 대하여 이익공여를 하고 그로써 그 주주제안이 부결된 경우에는 주주의 권리행사에 관한 이익공여는 성립하지만 결의 자체가 성립하지 않았기 때문에 결의취소문제는 발생하지 않는다는 견해가 있다.[50] 타당한 지적이라 생각한다. 다만, 이때는 결의방법이 현저하게 불공정하여 부당하게 주주제안을 부결시켰기 때문에 민사소송법상 확인의 소에 의하여 결의의 존재확인을 구하여야 할 것으로 본다. 그러나 주주측 제안을 부결시키고 회사측 제안을 가결시키기 위하여 이익공여를 한 경우에는 회사측 가결을 취소하는 소가 가능하다고 본다.[51] 예컨대 위임장 쟁탈을 위하여 주주들이 이익공여를 하고 그 결과 주주제안이 가결된 경우는 본조의 이익공여에는 해당하지 않지만 결의방법이 현저하게 불공정하여 결의취소의 소의 대상이 된다고 본다. 이때 이익공여한 위임장에 의하였으나 결과적으로 주주제안이 부결되었다면 부결된 결의는 결의 자체가 존재하지 않으므로 취소가 문제되지 않는다.[52]

제4절 결 론

이익공여금지는 본래 회사법이 상정하고 있는 주주의 이익, 즉 주가의 상승으로 인한 이익의 증가나 배당 이외, 회사법이 본래 의도하지 아니한 이익을 취하는 주주에게 제재를 가하기 위한 규정이다. 총회꾼과 같은 목적을 가진 다른 주주도 흔히 있다. 예컨대 어떤 회사의 경영진과 합의하에 다른 회사가 순수투자목적 외에 주식을 보유하는 것이다. 경영자의 사적이익 추구나 적대적 기업인수 방어대책으로서 주식을 보유하므로 주식 가치의 향상에는 관심이 없다. 이 경우에도 주주와 경영자의 유착으로 회사법이 예정하고 있는

50) 강대섭, 전게논문, 26면.
51) 川島いづみ, 전게논문, 35면; 강대섭, 전게논문, 26면.
52) 川島いづみ, 전게논문, 35면; 강대섭, 전게논문, 26면.

정상적인 주주총회를 형해화하고, 총회꾼 못지않게 회사의 건전한 운영을 방해할 수 있다. 그럼에도 이러한 유형에 대한 규제는 없다. 이와 같은 점에서 이익공여를 형사벌로 처리하는 것이 과연 정당하고 공정한지도 의문이고, 주주총회결의 취소사유로 보는 것이 공정한지도 의문이다. 주주총회를 왜곡한다는 점에서는 자기주식에 대한 의결권행사의 금지, 주식상호소유의 경우 의결권 제한, 특별이해관계인의 의결권 제한 등과 궤를 같이하는 측면이 있다. 일본과는 달리 한국에서는 이익공여금지규정의 본래의 입법취지가 총회꾼 대책에 있었는데, 오늘날에 와서 회사운영의 건전성 확보라는 것으로 입법취지가 확장해석되는 것은 根本伸一이라는 학자가 적절하게 지적한 바와 같이 "헌 가죽 푸대에 새 술"(古い革袋に新しい酒)을 담으려고 애쓰는 형국이다.[53]

이익공여금지규정과 이익공여죄를 연결하여 해석해 보면 이들 규정의 입법취지는 회사자산낭비방지설이 타당할 것으로 본다. ① 이 규정들은 재산상 이익을 공여 금지하고, ② 이 규정에 위반하여 재산상의 이익을 공여한 때에는 그 반환을 하여야 하도록 규정하고 있으며, ③ 그 반환은 대표소송 등에 의하도록 하고 있다. ④ 통설에 따르면 이익공여죄의 보호법익도 회사의 재산보호에 있고, ⑤ 회사재산의 낭비가 없으면 형사적으로 이익공여죄(상법 제634조의2)를 구성하지도 아니하며, 따라서 회사 이외에 주주가 다른 주주에게 이익공여하는 경우에는 처벌하지 않는 점, ⑥ 회사운영의 건전성을 해한다는 것은 범죄 구성요건이 아닌 점, ⑦ 상법에 이미 증수뢰죄(상법 제631조)가 규정되어 있는데 이 규정은 회사운영의 건전성 확보를 그리고 이익공여죄의 경우는 회사재산낭비방지가 그 보호법익이라고 보는 것이 옳다는 것, ⑧ 총회장의 교란행위에 대해서는 총회의장의 질서유지권으로 대처하고 있다는 것(상법 제366조의2) 등이 그 이유이다. 오늘에 와서 이익공여금지규정이 회사운영의 건전성 확보규정으로 인식되고 있는 것은 결과론이 아닐까. 결과론일지라도 이와 같은 입법취지의 변경해석이 가능하다면 주주총회결의취소의 소가 용인될 수 있는 근거도 생긴다. 이익공여의 경우에는 무조건 주주총회결의취소사유가 아니라고 해석하는 것도 이사안 것이다. 그 정도가 심하여 주주총회가 왜곡되었다면 총회결의취소의 원인이 된다고 본다. 따라서 이와 같이 입법 취지의 보완

---

53) 根本伸一, 전게논문, 274면.

적 변경해석이 가능하다고 본다. 비록 입법 당시에는 입법자가 깨닫지 못하였지만, 그 후에 사정 변경에 따라 법률은 유연하게 해석되어야 한다고 믿는다.

다만, 변화된 환경에 맞게 입법적 정리가 이루어져야 한다고 본다. 즉, 총회꾼의 발호가 거의 소멸된 요즈음 이익공여금지에 대한 규정을 재정립할 필요가 있다. 즉, 이익공여금지규정을 총회꾼 대책규정에서 회사운영의 건전성 확보를 위한 규정으로 재인식하는 것이다. 주주는 일반적으로 주가의 상승을 바라는 투자가인데, 주식가치의 최대화와는 상관없이 주식을 보유하는 주주로서 총회꾼과 경영진과 공모한 주식보유가 있다. 이들은 투자자로서의 주주의 지위를 벗어나 개인적 이해관계를 갖는 자들이다. 이익공여금지규정은 회사를 이익공여의 주체로 하므로 주주가 이익공여의 주체가 될 경우, 예컨대 의결권 매매의 경우에는 효과가 없다. 이에 대한 대책으로 권리행사방해 등에 관한 증수뢰죄로도 충분히 교정이 가능하다. 한국에서도 일본처럼 이익공여금지규정을 회사재산의 낭비와 회사운영의 건전성 확보를 위한 이중적 취지를 가진 규정으로 인식한다면 이번 결정과 같이 주주총회결의취소의 소가 인정되면 충분할 것이다. 따라서 이익공여죄는 폐지하는 것이 타당하다. 이익공여죄는 민사사건의 형사화이다. 이익공여를 회피하기 위한 방안으로 의결권 매매가 있다. 의결권 매매 자체를 통제할 수 없으며 통제할 방법도 없다. 실제로 일본과 한국을 제외한 어떤 나라에서도 의결권 매매를 행정벌로 다룰 수는 있어도 형사범죄로 처리하고 있지는 않다. 일본과 한국 외에는 주주권의 행사에 관한 거래를 형사벌로 처벌하지 않는다. 한국은 형사벌이 남용되고 있는 것은 아닌지 진지한 반성이 필요하다.[54]

이번 대법원 결정은 회사의 재산을 활용하여 임원 선임을 둘러싸고 사적 이익을 꾀할 수 있다는 것이 증명된 사건을 다룬 점에서 이익공여금지규정이 회사재산의 낭비 외에 회사운영의 건전성 확보라는 입법목적을 가진 것을 확인하였다는 점에서 의미 있는 판결이라 본다.

54) 김일중, 「규제범죄에 대한 과잉범죄화」, 2015. 2. 24. 2면; 과잉범죄화로 인해 한국에서 벌금 이상의 형벌을 1회 이상 받은 전과자 수가 2010년 약 1,100만명에 근접하여 2000년대 들어 1.5배 증가(인구대비 비중은 약 22%, 15세 이상 인구대비 26.5%로서 성인대비 4명 중 1명 이상의 전과자이며), 이러한 추세가 지속되면 2020년 인구대비 전과자 비중의 추정치는 약 32%가 됨. 2000년대 증가율은 OECD회원국들 중 최상위권에 포함.

찾아보기

[ㄱ]
간접보유주주 400, 408
강행규정화 290, 293, 309
개표관리 390
거부권 135
거부권 주식 153
거부권부주식 198
결석설 384
결의방법 676
결의요건의 완화 274, 276
경영권 방어 13
경영권 양도 342, 343, 345, 359, 360, 361
경영권분쟁 636
경쟁선거 420
공공안전원칙 222
공시주의 192
공의결권(숨은 소유권, 소유권 숨기기) 91
공인전자서명 474, 681
공정성 47, 64
국가이익 210
국민연금 의결권 행사세부기준 613
국민연금 의결권행사지침 610
국민연금의 의결권 행사 현황 597
국민연기금의 지배구조 625
권고적 제안 242
권리행사방해 등에 관한 증수뢰죄 686
그림자투표 397
그림자투표제도 471
금권주의 69, 71, 72, 73, 74, 75, 79, 80, 86, 91, 98
기관투자자 566
기업가치 증대 64
기업지배구조 570

[ㄴ]
나미니제도 496
누적투표제 295
뉴질랜드 연기금의 구조 608

[ㄷ]
단순투표제 289
단원주 172
단체행동 580
대가반환의무 674
대리 344, 348, 351, 359, 361
대리인이론 100
대리인비용 158
대리인의 자격제한 317
대주주의 의결권 제한 76, 86, 92
대표이사 해임 349

[ㅁ]
명의개서 643

명의주주 400
모델상사회사법 353, 354
무상위임 359
미국 연기금의 구조 599
민영화 196

[ㅂ]
발행인 643
배타적 적용 280, 282, 283
백지위임 634
백지위임장 329, 331
법적 확실성 원칙 213
보통결의 262, 264, 265, 270, 271, 272, 274, 277, 278, 279, 285
보통주 146
복수의결권 16, 52, 150
본인인증 423
부동산 프로젝트 금융 340, 341
부재자투표 369, 374
분리선출방식 302, 307, 311
불문책서면 252
불법원인급여 673
비례의 원칙 207
비차별원칙 222
비채변제 673

[ㅅ]
사내전산망 투표 424
사전투표 366, 679
상법개정시안 288, 302, 304
상장주권 643
상장회사 특례규정 281, 283
상장회사의 집중투표제도 299
상환사유부주식 135
상환청구권부주식 134
상황적응 이론 101
섀도보팅제도 259, 260, 274, 275, 276, 278, 285, 460, 511, 686
서면결의 263, 273, 274, 368
서면결의제도 377
서면동의 378
서면투표 367, 478, 505, 656, 680
서면투표제도 330, 508
선거검사인 391
선관주의의무 578
선택적 적용 280, 282, 283
소규모주식회사 368
소수주주 673
소수주주권 280, 281, 282, 283, 284
소수주주의 주식소유비율 299
소액주주 506
소집절차 676
수정동의 382, 453
수탁자규범 587
시차임기제 311
신설합병 655
신주발행 12, 55
신주예약권 28, 35, 36, 50
신중한 중용의 의결권 제도 72, 80, 86
실질주주명부 열람 253
실질주주제도 496

[ㅇ]
연기금 569
연기금의 구조 594
연방주의 163
영구적 대리권 328
예탁결제원 470

웹 공시제도 494
위임의 철회 347, 358
위임장 324, 325, 470, 475
위임장권유 316, 370, 402, 633, 635
위임장권유규제 638
위임장규칙 403
위임장용지 633
위임장의 전자적 수여 444
위임장제도 370
위임장참고서류 644
위임장투표 417
유한회사 368
의결권 대리행사 344, 345, 350
의결권 대리행사 권유 344, 346
의결권 대리행사 권유의 법적 성질 438
의결권 불통일행사 471
의결권 행사 312
의결권계약 343, 361
의결권대리행사 527, 635
의결권대리행사권유제도 527
의결권대리행사의 권유 331
의결권배제주식 124
의결권의 대리행사 312, 313
의결권의 장기위임 345, 356
의결권의 포괄위임 345, 347, 349, 357
의결권정족수 637
의결권제한주식 124
의결권행사 자문기관 565
의결권행사 자문회사 624
의결권행사의 대리인 313, 314
의결권행사조언회사 658
의결정족수 259, 260, 271, 275, 277, 471
의사정족수 104, 105, 106, 109, 115, 259, 263, 264, 270, 271, 276, 277, 285, 471
의사진행상의 동의 386
의안분석기관 565
의안분석서비스 590
이사의 신인의무위반 23
이사회 673
이익공여 557, 634, 670
이익공여금지 60, 685
이익공여금지 위반 697
이익공여죄 674
이익배당안 559
이중의결권 185
이해상충문제 571
인터넷투표 413
일괄선출방식 302, 307, 311
일반 주식회사(비상장회사)의 집중투표 제도 297
일본 연기금의 구조 603
임시총회 262, 269, 282

[ㅈ]

자기주식 13, 54
자본다수결의 원칙 370
자본시장 570
자사주 처분 12, 54
자유재량배제원칙 222
자율규제방식 587
재산상의 이익 670
전문주주 686
전원출석총회 369
전자공고 473, 476
전자공시스템 468
전자문서 473, 651

전자서명법 416
전자연방관보 491
전자위임장 권유제도의 도입 절차 441
전자위임장권유 315, 316
전자위임장카드 423
전자적 방법에 의한 위임장권유 404
전자적 송신방법 412
전자주주총회 259, 260, 398, 510
전자투표 97, 109, 114, 400, 446, 505, 680
전자투표관리기관 456, 481, 486, 500, 509
전자투표시스템 509
전자투표의 이용절차 448
전자투표제도 285, 314, 469, 477, 505, 508
전체 위임장권유자료 송부방식 406
전화투표 413
전환사유부주식 131
정관자치 57
정기총회 262, 264, 269, 273
정보개시 379, 380
정보처리시스템 682
정부의존형 기업지배구조 288
제출제안의 기한 250
종류주식 9, 29, 52, 116, 151
종류주주총회 142
주식 질권 362, 363
주식구조 219
주식이전 655
주식평등 7, 9, 66
주주간 계약 343, 346
주주간 합의 57
주주권 강화 569
주주민주주의 43, 76, 77, 78, 80, 81, 83, 85, 369, 371
주주우대 58
주주의 권리행사 683
주주의 본인확인 450
주주의결권 66, 67, 69, 71, 83, 86, 88
주주제안 634
주주제안 배제사유 243
주주제안권 239, 540
주주제안사항 245
주주제안제도 237
주주주권 371
주주총회 65, 66, 74, 82, 86, 92, 94, 97, 103, 104, 105, 106, 107, 108, 111, 114, 466
주주총회 결의요건 259
주주총회결의취소 697, 698
주주총회의 결의의 취소 662
주주총회의 생략 262, 263, 273, 277
주주총회의 운영 261, 268
주주총회의 형해화 365
주주총회제도 569
주주평등 7, 9, 19, 40, 51, 66
주주평등의 원칙 66, 70, 230, 376
주주행동주의 84, 87
준수 혹은 설명 587
증권예탁증권 638
지배주주의 권리남용 20
지배주주의 충실의무이론 103, 114
집중투표 469
집중투표 배제 300, 304, 307
집중투표실시의 회피 301
집중투표제 287, 289
집중투표제도의 실시유형 290

집중투표제도의 의무화 304
집중투표제도의 장·단점 291

[ㅊ]
차등의결권 6, 20, 52, 150
차등의결권주식 80, 88
참고자료 380
참호구축효과 158
철회불능 위임 347, 354, 358
청지기 이론 100
총회꾼 370, 670, 685
총회의장의 질서유지권 686
출석프리미엄수령권 549
출석프리미엄의 법률상의 근거 546
출석프리미엄의 재원 550
출석프리미엄의 정관상의 근거 546
출석프리미엄의 지급근거 545
출석프리미엄의 지급조건 547
출석프리미엄의 지급형식 553
출석프리미엄지급청구권 560
출석프리미엄지급청구권의 생성과 소멸 시효 560
충성배당 61
취득조항 182

[ㅌ]
테뉴어 보팅 185
통지 및 접근 위임장모델 405
통지유일방식 405
투명성 증대 586
투자자문업자 585
투표함 682
특별결의 262, 264, 265, 266, 267, 271, 272, 273, 274, 277, 278, 279, 285
특별관계자 643
특별주주 199
특수결의 271, 272

[ㅍ]
포괄위임의 내용적 한계 349, 360
포괄적 위임장 326
프로젝트 금융 339, 340, 341, 342, 345, 360, 363

[ㅎ]
행정법 3, 237, 259, 261, 268, 274, 285, 365, 397, 505, 565, 592, 685
현장주주총회 508
황금주(거부권부주식) 56, 153, 197
회사민주주의 371
회사지배구조 규범 570

[기타]
1인 주주 338, 348, 349, 358
1주 1의결권 5, 8, 17, 19, 20, 40, 51
1주 1의결권원칙 66, 75, 76, 90, 151, 227
2단계 주주제안 249
3% 룰 95
Breakthrough provision 182
comply or explain 587
cumulative voting 287, 289, 294
Dauervollmacht 328
disclosure philosophy 192
Double Voting Right 185
dual class structure 162
E−Proxy 404
ERISA 619

federalism 163
Florange Law 187
Glass Lewis 565
Golden Shares 153, 197
irrevocable proxy 347, 354, 358
ISS 565
M&A 12, 55
national interest 210
non-discretion principle 222
non-discrimination principle 222
One share One Vote principle 155
opt-in 290, 294
opt-out 290, 305
principle of legal certainty 213
principle of proportionality 207
principle of public security 222
Priority shares 153
privatization 196
ProxyEdge 414
pull 방식 495
push 방식 495
Shadow Voting 97, 108, 511
share structure 219
special shareholder 199
Sunset provision 182
tenured voting 185

[저자 약력]

고 창 현

서울대학교 법과대학(법학사)
한양대학교 금융대학원(경영학 석사)
Harvard Law School(LL.M.)
한양대학교 대학원 무역학과(박사과정 수료, 국제 경영전공)
법무부 상법특례법제정위원회 위원
현, 김·장 법률사무소

권 재 열

연세대학교 법과대학 졸업(법학사)
버클리대학교 법과대학원 졸업(LL.M.)
조지타운대학교 법과대학원 졸업(S.J.D.)
대법원 재판연구관
현, 경희대학교 법학전문대학원 교수

김 병 태

경희대학교(법률 및 경영)
경희대학교 대학원(법학)
미국 SMU Law School(LLM)
미국 SMU Law School(SJD)
사단법인 은행법학회 회장
현, 영산대학교 법과대학(법률전공) 교수

김 순 석

성균관대학교 법과대학
성균관대학교 대학원
성균관대학교 대학원
한국기업법학회 명예회장
현, 전남대학교 법학전문대학원 교수

김 연 미

서울대학교 법과대학
Duke University, Law School(LL.M)
서울대학교 법과대학(수료)
변호사, 김&장 법률사무소(1997~2007)
현, 성균관대학교 법학전문대학원 부교수

김 지 환

성균관대학교 법학과
성균관대학교 법과대학원
성균관대학교 법과대학원
동경대학 법학정치학대학원 객원연구원
현, 경남대학교 법학과 교수

김 태 진

고려대학교 법과대학 법학과
New York University School of Law LL.M.
김·장 법률사무소 변호사
대법원 재판연구관
법무부 상법특별위원회 (회사편) 위원
법무부 신탁법 개정위원회 위원
현, 고려대학교 법학전문대학원 부교수

박 수 영

전북대학교 법과대학
전북대학교 대학원 법학과
전북대학교 대학원 법학과
(사)21세기 경제사회연구소 연구위원
사법시험위원/변호사시험위원
현, 전북대학교 법학전문대학원 교수

박 철 영

성균관대학교 법학과
성균관대학교 대학원(상법)
성균관대학교 대학원(상법)
건국대학교 법학전문대학원 겸임교수
금융위 금융개혁자문위원
현, 한국예탁결제원 부장

서 완 석

성균관대학교 법과대학 법학과
성균관대학교 대학원 법학과
미국 American University 로스쿨(L.L.M)
성균관대학교 대학원 법학과
원광대학교 법과대학 법학과 교수
한국기업법학회 부회장
현, 가천대학교 법과대학 법학과 교수

안 성 포

단국대학교 법학과
단국대학교 대학원 법학과
Phillips-Universität Marburg(LLM)
Phillips-Universität Marburg(Dr. iur.)
단국대학교 법과대학 조교수
현, 전남대학교 법학전문대학원 교수

안 수 현

이화여자 대학교 법학과
이화여자대학교 법학과 대학원
서울대학교 법학과 대학원
법무부 상법개정위원회 위원
공정거래위원회 약관심사위원회 위원 등
현, 한국외국어대학교 법학전문대학원 교수

양 만 식

고려대학교 법과대학 법학과
와세다대학 대학원 상법(일본)
와세다대학 대학원 상법(일본)
한국기업법학회 편집이사
경남대학교 법정대학 법학과 교수
현, 단국대학교 법과대학 법학과 교수

육 태 우

고려대학교 법학과
고려대학교 일반대학원
University of Pennsylvania The Law School
한국기업법학회 편집위원
한국증권법학회 편집위원 등
현, 강원대학교 법학전문대학원 부교수

정 성 숙

부산외대
부산외대, 독일 트리어(Trier)대
독일 마부르크(Marburg)대
한국법학회 부회장
한국기업법학회, 한국상사법학회 등 회원
현, 영산대학교 창조인재대학 공직인재학부

정 승 화

한국외국어대학교 법과대학
고려대학교 법학석사
미국 에모리대학교 로스쿨 석사(LL.M)
고려대학교 법학박사
현, 한국외국어대학교 법학전문대학원 겸임교수
한국예탁결제원 전략기획본부장

정 쾌 영

동아대학교 법경대학 법학과 졸업
부산대학교 대학원 법학과 수료
부산대학교 대학원 법학과 수료
한국기업법학회 이사
중국 칭다오과기대학교 연구교수
현, 신라대학교 공공인재학부(법학전공) 교수

최 준 선

성균관대학교 법과대학 법학과
성균관대학교 대학원 법학과
독일 Philipps-Universität zu Marburg
한국기업법학회 회장, 한국상사법학회 회장
법무부 상법개정위원회 위원장
현, 성균관대학교 법학전문대학원 교수

허 항 진

한양대학교 법학사
한양대학교 법학석사
서울대학교 법학박사
현, 한국기업법학회 이사
한국예탁결제원 증권정보부 부장
건국대학교 법학전문대학원 겸임교수

기업법총서 I
주주 의결권의 법리

초판인쇄　2015년 11월 25일
초판발행　2015년 11월 30일

지은이　(사)한국기업법학회
펴낸이　박노일

총괄기획　김중용
편　집　심성보 · 김인숙

펴낸곳　pnc publishing and culture 피앤씨미디어

경기도 고양시 일산동구 강송로 153 310-1501
등록 제396-2012-000203호

전　화　070)7550-3758　팩　스　02)718-8554
홈페이지　www.pncmedia.co.kr　이메일　pnc@pncmedia.co.kr
ISBN　979-11-5730-251-2　94360
979-11-5730-250-5 (세트)

정 가　45,000원